황금전설

일러두기

1. 성경의 인명·지명, 인용되는 성경 구절은 2005년 한국 천주교 주교회의가 펴낸 《성경》을 따랐다. 단 문맥상 필요한 경우 라틴어본에서 직역하였다.

2. 교회 내 인물, 즉 교황과 성인, 교회가 인정한 신학자들의 이름은 주교회의 천주교용어위원회가 편찬한 《천주교 용어집(개정 증보판)》(2017년)의 원칙에 따라 표기하였다. 단, 그 외의 인물, 즉 황제와 왕, 총독, 배교자와 비신자 등의 인물들은 중세 라틴어 발음에 따라 표기하였다.

   ① 한국 천주교회는 'Catholic'을 예외적으로 '가톨릭'으로, 'Christ'를 '그리스도'로 표기한다. 이 같은 이유로 'Catharina'를 '가타리나'로 표기한다.

   ② 한국천주교회는 'Benedictus'를 '베네딕토'라고 표기하지만, 고유명사화된 '베네딕도 수도원'의 명칭을 따라 예외적으로 '베네딕도'로 표기했다.

3. 교리상 주요한 단어들에는 라틴어를, 문장 이해를 돕기 위해서는 한자를 병기하였다.

4. 라틴어본과 영어본에 있는 각주 중 성경 본문을 알려주는 경우는 본문에 표시하였고, 성경의 장과 절이 잘못된 경우 별도의 각주 없이 수정하였고, 설명이 필요한 경우에는 '역자 주'라고 명시하였다.

5. 번역을 위해 다음의 책을 참조하였다.
   ① 현승종 저, 조규창 증보, 《로마법》, 법문사, 1996.
   ② 축성생활신학회 편, 《축성생활 용어집》, 프란치스코 출판사, 2015.
   ③ 한국교부학연구회, 《교부 문헌 용례집》, 수원가톨릭대학교 출판부, 2014.
   ④ 한국교부학연구회, 하성수 엮음, 《교부학 인명·지명 용례집》, 분도출판사, 2008.
   ⑤ 존 노먼 데이비슨 켈리·마이클 월시 저, 변우찬 옮김, 《옥스퍼드 교황 사전》, 분도출판사, 2014.

성인들의 이야기

황금전설

야코부스 데 보라지네 지음
변우찬 옮김

2012년판 입문

에이몬 더피 Eamon Duffy

야코부스 데 보라지네(Jacobus de Voragine)의《황금 전설》(Legenda Aurea, Golden Legend)은 중세 후기의 가장 영향력 있는 책 중 하나이다. 이 책은 교부(教父)들과 이전의 방대한 자료부터 1260년대에 선정된 성인들의 생애와 그들의 전례적이고 교의적인 가르침의 개요서이다. 편집자인 복자(福者) 야코부스 데 보라지네(라틴어로 Jacopus di Varazze, 1229?~1298)는 바쁜 사제들과 설교자들에게 강론과 교리문답[1]을 풍성하게 하기 위해 필요한 생생한 일화, 교훈, 함양의 유용한 보조자료가 되기를 희망하며 이 책을 썼다. 당시 유럽에서는 교회가 본당 성직자와 평신도 사이에서 보다 적극적인 종교적인 참여를 장려하고, 대중적인 믿음과 실천의 정통성을 옹호하기 위해 이러한 편집물이 많이 제작되었다. 새로운 탁발 수도회들이 평신도 그리스도인을 가르치고 독려하기 위해 이 운동에 앞장섰고, 1267년 랑고바르디 관구의 관구장이 된 이탈리아 도미니코회 수사 야코부스는 1200년대 초 비교적 신설 수도회였던 시기에 확립한 전통을 자신의 회원들이 따르기를 원했다. 장 드 마이(Jean de Mailly)는 1220년대 후반, 도미니코회가 설립된 지 10년이 채 안 되었을 때 저서《민족들에 대한 축약과 성인들의 기적들》(Abbreviatio in gestis et miraculis sanctorum) 집필 작업에 착수했고, 도미니코회 회원인 그의 동료 트렌트의 바르톨로메오(Bartholomew of Trent)는 1240년대 중반《성인들의 행적들에 대한 결론》(Epilogus in gesta sanctorum)을 출판했다.[2] 이 책들은 대중적이어서 야코부스는 이 두 모음집을 자유롭게 활용하였으나, 현재는 각각 20~30권의 필사본이 남아있을 뿐이다. 반면, 야코부스의《황금

---

1 원작 그대로의 연구는 G. Monleone, *Jacopo de Voragine e la sua Cronaca de Genoa* (Rome: Istituto storico italiano per il Medio Evo, 1941).

2 둘 다를 위해 Sherry L. Reames, *The Legenda Aurea: A Reexamination of Its Paradoxical History* (Madison: University of Wisconsin Press, 1985), pp. 164ff.를 보라.

전설》은 거의 1천 권에 가까운 라틴어 필사본이 남아있고, 500개 정도의 필사본은 전체 또는 일부분이 유럽 열강의 한두 개 언어로 번역되어 있다. 그의 소속 수도회는 처음에 야코부스의 《황금 전설》을 완전히 인정하지는 않았으며, 다른 도미니코회 회원들에 의해 14세기까지 비슷한 성인전들이 계속 편찬되었다. 그러나 야코부스의 《황금 전설》은 그의 생존시기부터 도미니코회 인맥을 통해 유럽으로 퍼져나갔고, 수도회의 경계를 넘어 옮겨졌고, 가장 널리 사용되는 개요서로 자리매김했다. 1280년경 영어로 번역된 《영국 남부의 성인집》(South English Legendary)[3]처럼, 《황금 전설》 역시 이탈리아에서 멀리 떨어져 있는 국가에서도 성인전 연구에 이미 영향을 미치고 있었다. 두 세대를 지나는 동안, 유럽 전역의 성인전 편집자들은 야코부스의 체계를 채택하고, 《황금 전설》에서 많은 소재를 인용하였다. 이 책의 인기로 그 중요성이 황금만큼이나 가치 있다는 의미로 '황금 전설'이라고 불리게 되었다. 전설(legenda)이라는 단어는 소설 혹은 공상과는 아무 관련이 없으며, 그 당시에는 단지 큰 소리로 읽을 문서를 의미했다.

초판 출간 200여 년 후, 야코부스의 《황금 전설》은 서유럽 대부분의 언어로 번역 또는 중역(重譯)되었다. 프랑스에만 7개의 판본이, 영국에는 2개의 판본이 있었다. 그리고 인쇄술의 출현과 함께 새로운 매체에서도 변함없이 대단한 베스트셀러가 되었다. 《황금 전설》은 1470년부터 1500년 사이에, 적어도 87개의 라틴어판이, 영국에서 제4판을 포함하여 여러 언어로 69판이 인쇄되었으며, 이는 같은 기간 특정 언어로 된 성경의 인쇄본의 수보다 훨씬 많다.[4]

---

3 비록 괴를라흐는 야코부스의 영향력을 최소화하려는 경향이 있지만, Manfred Gorlach, *The Textual Tradition of the South English Legendary* (Leeds: University of Leeds, 1974)

현대 독자들은 궁금증의 한 조각을 이 주목할 만한 중세의 베스트셀러에서 첫눈에 찾을 수 있을 것이다. 《황금 전설》은 쉬운 책이 아니다. 현대의 종교백과사전은 검색의 편의를 위해 그 주제를 알파벳순으로 정리하지만, 야코부스는 다른 법칙을 따랐다. 짧고 다소 혼란스러운 머리말은, 이 책이 세계사적으로 중요한 사건들, 인간 삶의 단계, 그리고 전례 주년의 단계에 부합하는 "4개의 각 시기들"에 따라 배열되었다고 주장한다. 야코부스는 이 4개의 시기를 탈선(脫線, Deviatio), 갱신(更新, Renovatio), 화해(和解, Reconciliatio), 순례(巡禮, Peregrinatio)의 시기로 특징지었다. 그렇지만 사실상 이 책은 전례 주년의 주된 구분에 따라 5개의 단락, 즉 대림부터 성탄까지(1~5장), 성탄부터 칠순까지(Septuagesima, 명목상 부활 70일 전의 주일, 6~30장), 칠순 시기부터 부활까지(31~53장), 부활 날부터 성령 강림까지(54~76장), 성령 강림의 팔일 축제부터 다시 대림까지(77~180장)로 나뉘었다. 야코부스의 책의 현대 표준판에서 성인들의 생애는 182장 중 153장을 차지하고, 그들의 축일이 더 큰 전례 주년 안에서 연대순으로 나열되어 있다. 23개의 비(非)성인전인 장(章)들은 이 책에서 더 많은 부분을 구별하고, 구원에 대한 중세 교회의 이해에 대해 체계적이고 충실한 해설로서, 주된 전례 주년과 축일에 따라서 배열되었다. 그 축일들은 주님 탄생 예고(수태고지), 대림, 그리스도의 탄생(크리스마스), 할례, 공현, 사순으로 이끄는 주일들(칠순주일, 육순주일, 오순주일), 사순(즉 사순시기의 첫째 주일), 사계 재일(四季齊日, Ember Day fasts), 수난, 부활, 삼천기도(三天祈禱), 승천, 성령 강림, 성 십자가의 발견과 현양 등을 망라하였다. 야코부스는 여기에 동정녀 마리아의 정교하고 열정적인 신학을 알리기 위해 사용했던 마리아의 축일들(탄생, 취결례, 성모 승천)의 주기, 모든 성인, 위령의 날(그가 연옥의 교리를 상술하였던 중에), 성당의 봉헌을 덧붙였다.

---

4 Robert Francis Seybolt, "Fifteenth Century Editions of the Legenda Aurea," Speculum 21, no. 3 (July 1946), pp. 327–338; 짧은 논문은 Alain Boureau in André Vauchez, ed., Encyclopaedia of the Middle Ages (Chicago, London: Fitzroy Dearborn Publishers; Paris: Editions du Cerf; Rome: Città nuova, 2000) pp. 620–621, 그리고 그것에서 인용되었던 자료들.

이 설명적인 장들은 성인들의 생애에 집중했던 장들과는 현저하게 다르다. 대부분의 "성인들의 절기"(sanctorale) 항목의 특징인 기적 이야기와 감동적인 사건에 따르는 파란만장한 이야기 대신, 이 "그리스도의 절기들"(temporale) 장에서 야코부스는 그리스도교 믿음의 난해한 주요 특징에 대해 중세 교회가 이해한 교리적이고 상징적인 해석을 제공한다. 사실상《황금 전설》의 이 장들은 교육 자료로 제공하려고 계획된 교리 백과사전적 안내이다. 또한, 이 부분들은 매우 압축된 형태를 띠지만, 객관적으로 연구되었으며, 출처와 근거를 바탕으로 하는 풍부한 인용은 야코부스의 가르침을 뒷받침해주었다. 비록 이 장들은 책 전체 분량의 6분의 1도 채 안 되지만, 초기 그리스도교 교부들과 성 아우구스티노, 성 요한 크리소스토모, 성 베다, 성 베르나르도와 같은 신학자들의 저술과 밥벌레 베드로(Petrus Comestor)의《교육독본》(敎育讀本, Historia Scholastica)과 카시오도로(Cassiodorus)의《교회사 3부작》(Historia Tripartita)처럼 유명한 중세 신학 참고서적들에서 가져온 1천 개 이상의 인용문들 중 야코부스는 절반을 이 부분에 할애하고 있다. 규칙과 체계화, 목록, 분석에 대한 학구적인 열정은 독자들에게 야코부스가 성 토마스 아퀴나스(그들은 같은 해인 1244년에 도미니코회에 입회)와 정확히 동시대의 사람임을 상기시키는 증거가 된다. 그러나 야코부스 편집본은 범주들, 즉 십계명, 칠죄종(七罪宗), 사추덕(四樞德)과 신망애 3덕, 일곱 가지 육체적인 선행(Seven Corporal Acts of Mercy) 등에 체계적으로 번호를 매기며 중세 교리교육 형식의 집약적인 형태를 관례에 따라 구성하고 전개된다. 이러한 방식으로, 야코부스의 '그리스도의 수난'에 대한 장(53장)은 그 자체를 하위 분류와 더 적은 목록들, 즉 수난의 다섯 가지 고통, 그리스도의 본성의 네 가지 특권, 그분이 받았던 비웃음 네 가지, 재판관들 앞에서 그분의 침묵에 대한 세 가지 이유, 그분의 수난에 대한 세 가지 특별한 열매, 십자가에 못 박혀 죽으심에서 나오는 4중의 은혜로 나누어 숫자로 분류한 목록들을 중심으로 조직화하였다. 교리와 신심에 대해 그 복잡하고 경직된 숫자로 나열한 구조는 특히 야코부스의 "그리스도의 절기들" 장의 특징이지만, 성인들 생애의 일부, 즉 성 안드레아의 설교(2장), 세례자 요한의 탄생에 대한 장(86장) 전체에서 넘쳐났다.

　이 설명적인 장들의 복잡성은 《황금 전설》이 그런 용도를 위해 개작되었지만, 이 책이 결코 평범한 평신도를 위한 간단한 신심서가 아님을 깨닫게 한다. 오히려 설교자를 위한 안내서로서, 발췌 가능한 자료로서, 강론대에서 좀 더 풀어 말하기 쉽고 담론적으로 제시하기 위한 것이었다. 예를 들어 아우구스티노회 규율 의전 사제 존 머크(John Mirk)가 편집한 14세기 후반의 영어본 《축일 강론집》(Liber Festialis)처럼, 각 언어권의 많은 강론집이 《황금 전설》에서 매우 많은 영향을 받았다. 머크에게는 야코부스의 본문이 진리였고 강론 자료의 유일한 원천이었다. 일반적으로 야코부스에게 의존하는 많은 설교자처럼, 머크도 단순함과 재미있는 일화를 위해[5] 어려운 교리적인 부분들을 자주 수정하거나 파기했다는 부분은 주목할 만하다.

　이 "그리스도의 절기들" 장이 야코부스의 책의 구조상 중요한 부분이기는 했지만, 더 큰 축일들과 시기들에 대한 적용 범위는 대단히 선택적이었다. 사순 시기의 전체 40일과 여섯 번의 주일들은 단 하나의 짧고 단편적인 기록으로 다루었으며(34장), 성지주일이나 성 목요일의 더 큰 전례적인 행사는 다루지 않았다. 갓 만들어진 그리스도의 성체 축일(1264년에 교황 우르바노 4세에 의해 제정)도 제외했다. 그 성체 축일 기도문의 저자가 토마스 아퀴나스라는 점과 도미니코회가 성체에 대한 정통 가르침의 전파에 광범위한 투자를 했던 점을 감안했을 때 당시 그 축일이 최근에 제정된 것일지언정 생략한 것은 놀라운 일이었다. 그는 성 목요일에 대한 모든 논의를 빠뜨렸고, 그의 책에서 미사에 대해 더 이상 다루지 않았다. 이러한 누락은 이단에 대해 점점 더 주의를 기울이던 시대에 주목할 만하다.

5　머크의 야코부스에 대한 의존에 대해서는, Susan Powell, ed., *John Mirk's Festial*, Vol. 1 (Oxford: Early English Text Society O.S. 339, 2009), pp. xxxii–xxxvii.를 보라.

그리스도의 성체에 대한 생략은 야코부스의 《황금 전설》이 구식(舊式)이라는 느낌을 주지만, 그런 인상은 그가 포함한 성인들의 면면을 고려하였을 때 긍정적인 고풍으로서의 깊이감을 더한다.

13세기 초는 거룩함[聖性]에 대한 개념 발전과 시성(諡聖)의 실제 과정에서 중요한 시기였다. 교황은 최근에야 성인들의 시성에 대한 독점권을 확립하였는데, 이전에는 일반 주교의 특권이었다. 로마가 도입한 생애에 대한 더 정밀하고 엄격한 조사 형식과 거룩함을 증명하는 후보자들의 기적은 두드러진 시성의 수적 감소를 가져왔을 것이다.[6] 그럼에도 불구하고, 야코부스가 《황금 전설》을 집필하기 70년 전, 20명 이상의 교황들이 잇따라 시성을 행하였고, 이들 새 성인들은 거룩함과 생애를 광범위하게 포함하였다. 가난한 사람들에게 선량함으로 존경받았던 결혼한 평신도인 크레모나의 호모보노(Homobonus Cremonae)부터 스코틀랜드의 마르가리타, 밤베르크의 쿠네군다(Cunegundis), 혹은 헝가리의 엘리사벳(Elisabeth)처럼 거룩한 여왕들과 황후들까지 포함한다. 거기에 링컨의 후고(Hugh of Lincoln)와 치체스터의 리카르도(Richard of Chichester), 아일랜드 사람 라우렌시오 오툴(Laurence O'Toole)과 같은 덕망 높은 주교들, 크라쿠프의 스타니슬라오(Stanislas of Cracow) 같은 성직자 순교자들, 초기 탁발 수도회들 설립자와 영웅들과 여걸들, 아시시의 프란치스코와 클라라, 파도바의 안토니오, 도미니코회 회원 중에서 성 도미니코와 성 베드로 순교자도 있었다.[7]

야코부스는 탁발 수도회의 수사로서 예상대로 위대한 두 설립자인 프란치스코(149장)와 도미니코(113장)의 생애에 긴 장(章)을 할애하였고, 도미니코회의 위대한 순교자로 1252년에 야코부스의 고향인 랑고바르디에서 이단자들에

---

6 이것들의 발전에 대해서는 André Vauchez, *Sainthood in the Later Middle Ages* (Cambridge: Cambridge University Press, 1997), pp. 33-84.를 보라.
7 시성자들의 목록은 Vauchez, *Sainthood*, pp. 252-256.를 보라..

의해 살해된 베로나의 베드로(63장)에 대한 논의를 비슷하게 할애하였다. 또한, 교회의 권위와 독립의 상징이며 유럽의 큰 순례지들 중 하나였던 영국의 순교자 토마스 베켓(11장) 대주교의 생애를 포함했다. 그러나 당시의 거룩함에 대한 야코부스의 관심은 거기에서 끝난 것 같다. 그는 이전 100년 동안의 모든 교황의 시성자뿐만 아니라, 이전 5세기의 모든 성인들은 무시하였다. 《황금 전설》의 표준 본문에는 1235년에 시성된 헝가리의 엘리사벳(168장)의 생애가 분명 포함되었으나, 그 생애는 《황금 전설》의 다른 성인들의 생애에 쓰인 실질적인 어조와 문체와 큰 차이점을 보여, 다른 이에 의해 가필되었을 가능성이 크다.

그러므로 야코부스의 성인들은 수 세기 동안 공경받았던 전통적인 목록에 전적으로 의지한 것이다. 그들은 신약성경의 주요 인물들(사도들, 복음사가들, 세례자 성 요한, 성녀 마리아 막달레나, 성 스테파노), 교부들, 교회 학자들, 교황들, 수도승들, 초기 교회의 은수자들(성 실베스테르, 성 아우구스티노, 성 대 그레고리오, 성 안토니오, 성 베네딕도), 그리고 특별히 첫 4세기 동안의 그리스도인 순교 성인들을 포함했다.

그 순교 성인들의 생애는 그들의 세상에 대한 도전과 거부, 무시무시한 고통의 충격적인 묘사로 가득 찼으며 극적인 기적으로 꾸며졌고, 연애와 자극, 경건한 오락으로 중세의 구미를 당길 만한 것들이었다. 그러한 독특한 특성으로 인해, 《황금 전설》은 엄청난 인기를 끌었다. 그러나 그것들은 야코부스의 책을 볼썽사나운 과장된 이야기로 여겨 광범위한 거부로 이어지기도 했을 것이고 "전설"이라는 단어에 부정적인 의미를 부여하는 데 기여했을 것이다. 이는 16세기 가톨릭과 프로테스탄트 종교개혁자들 모두가 정확히 지적한 특성들이었다.

성녀 아녜스 순교자 부분(24장)은 성인들의 생애를 전하는 야코부스의 솜씨의 표본으로 볼 만하다. 역사적인 성녀 아녜스(논문 《동정론》[De Virginitate]이 최초의 자료였던 성 암브로시오에 따르면, 열두 살이었다.)는 305년경에 디오클레티아누스 박해 때 그리스도교 믿음 때문에 처형된 어린 소녀였다. 그녀는 로마 밖 노멘타나 가도(Via Nomentana)에 묻혔고, 4세기 후반 그녀의 무덤 위에 대성전(basilica)이 건축되었다. 그녀는 로마의 가장 중요한 성인 중 한 사람이 되었고, 그녀의 이름은 미사의 감사기도 제1양식에서 암송된다. 암브로시오, 예로니모, 아우구스티노, 그리고 다른 4세기, 5세기 저술가들은 영웅적인 동정의 모범으로 기념하였고, 그녀의 순교의 불충분한 장면들이 곧 상세하게 묘사되었다. 암브로시오에 따르면, 그녀는 불에 태워져서 죽임을 당했다. 다마소 교황이 지은 그녀의 순례지 비문에 따르면, 처형 때 아녜스의 머리카락이 벗은 몸을 가리려고 기적적으로 자라났다. 그리고 찬미가 저술가인 프루덴시오(Prudentius)에 따르면, 그녀의 순결은 사창가 집에서의 노출로 시험을 받았다. 이외의 세부 사항은 야코부스의 주요 자료였던 5세기의 색깔이 화려한 《성녀 아녜스의 순교행전》에서 정교하게 다듬어졌다. 또한 《동정론》(De Virginitate)의 아녜스에 대한 성 암브로시오의 찬사를 광범위하게 인용하였다.[8]

야코부스의 성녀 아녜스에 대한 이야기는 아녜스 이름의 어원적 해설에 대한 세 가지 설명으로 시작된다. 먼저 그녀가 양처럼 온유한 사람임을 반영하는 "어린 양"의 라틴어 아뉴스(agnus)에서 비롯되었을 것이다. 그렇지 않으면, '신앙심이 깊은'이라는 뜻의 그리스어 아그노스(agnos)로부터 유래를 찾을 수 있을 것이다. 그녀는 신앙심이 깊고 연민어렸기 때문이다. 혹은 '알다'의 라틴어 분사 아뇨셴도(agnoscendo)로부터 유래를 찾을 수도 있다. 왜냐하면 "그녀는 진리의 길을 알았기" 때문이다. 그러나 사실, 아녜스에 대한 야코부스의 묘사에는 온순하다는 표현은 전혀 없다. 그녀는 도전적이고, 순결의 엄격한 모범이고, 그리스도에게 서약한 신부(新婦)이고, "몸은 아이였지만 영혼은 이미 성숙하였다." 어느 날 로마 총독의 아들이 길에서 하교중인 그녀를 보고 아름다

---

8 시키르시(J.P. Kirsch)가 《가톨릭 백과사전》(Catholic Encyclopedia)에 있는 성녀 아녜스에 대한 자신의 글에서, 초기 자료들에서 전설에 대한 고심은 그 자료들의 매우 오래된 시기에도 불구하고 그것의 가치를 유지한다. 그것은 온라인 www.ewtn.com/library/MARY/CEAGNES.HTM 에서 이용할 수 있다.

움에 매료되었다. 그녀는 애타는 젊은이의 구애의 말들을 "죄의 불에 불을 붙이는 불꽃이고, 당신은 사악함의 연료이고, 당신은 죽음의 음식!"이라고 말했다. 그리고 "내가 사랑하는 한 분은 훨씬 고결하고 … 그분의 어머니는 동정녀이고, 그분의 아버지는 … 천사들의 시중을 받고 있습니다."라고 비웃으면서 냉정하게 거부했다. 그런 다음 아녜스는 천상의 연인으로 그리스도의 다섯 가지 뛰어난 덕을 열거했다. 결국, 상사병에 걸린 젊은이는 몸져 누웠고, 아들을 걱정하는 아버지는 아녜스를 설득하기 위해 감언으로 꾀고 그럼에도 안 통하자 위협을 시도했다. 그녀가 천상 남편에 대한 정절을 고집하며 저항하자, 총독은 그녀를 그리스도인이라고 기소하였고, 그녀를 벌거벗겨 매음굴로 보냈다. 이때 그녀의 머리카락은 정숙함을 지키기 위해 자라났다. 한번은 매음굴의 집에서, 천사가 눈부신 빛이 나는 영광스러운 옷으로 그녀를 둘러쌌고, 그곳은 기도와 영적 치유의 장소가 되었다. 한편 상사병을 앓았던 그 젊은이는 본색을 드러내며 아녜스를 윤간하려고 친구들을 선동하였으나, 악마에게 목이 졸려 죽는 벌을 받았다. 죽은 청년의 아버지 요청으로 아녜스는 그 나쁜 청년을 되살려냈으나, 이번에는 질투심 많은 이교도 신관(神官)들에 의해 마녀라고 고발당했다. 이제 마음이 누그러진 총독은 그녀를 풀어주려고 하면서 비겁하게 대리인에게 그 사건을 넘겼고, 그 대리인은 아녜스를 불태우라고 선고를 내렸던 것이다. 화형의 불길은 그녀의 주위에서 갈라져 그녀의 죽음을 원하던 구경꾼들을 휩쓸었다. 걷잡을 수 없는 상황이 되자, 한 군인이 그녀의 목을 단도로 찔렀으며 아녜스는 죽임을 당했다.

야코부스는 천사들과 눈같이 흰 어린양의 시중을 받으며 영광 가운데 출현한 아녜스와 함께, 아녜스의 가공의 수양 자매인 에메렌시아나(Emerentiana)가 돌팔매질에 의해 순교한 짧은 이야기를 덧붙였다.

또한 노멘타나 가도(Via Nomentana)에 있는 아녜스의 순례지 성당에 관해 전해지는 사후(死後) 기적 두 가지도 추가했다. 그중 첫째에서, 나병환자였던 콘스탄티누스 황제의 딸 콘스탄티나(Constantina)가 아녜스의 무덤을 순례하며 병이 치료되기를 간구하던 중 그곳에서 잠들었을 때 아녜스가 그녀의 꿈에 나타나 병을 고쳤던 일이다. 콘스탄티나는 이에 대한 보답으로 아녜스의 무덤 위에 대성전을 건축하였으며 함께 했던 독신 여성들과 함께 동정녀의 삶을 살기로 서약하였다. 두 번째 기적은 성적 욕망에 시달렸던 한 사제가 스스로 아녜스와 약혼한다는 의미로 순례지 성당에 서 있는 그녀의 상(像) 손가락에 보석반지를 끼움으로써 성적 유혹에서 치유된 일이다. 야코부스는 완전히 다른 두 이야기를 전했으나 "이 반지는 여전히 그 동상의 손가락에서 볼 수 있다."라고 독자에게 보증했다. 이 부분은 성 암브로시오의 《동정론》에 있는 성녀 아녜스에 대한 찬사를 광범위하게 인용하며 마무리된다.

이 성녀 아녜스 순교자 장은 라틴어로 1천 500개 미만의 단어로 묶인 것이 특색이다. 그런 이유로 종교적 미묘함이나 세련된 심리학을 위한 여지를 남기지 않는다. 야코부스의 아녜스는 순결의 덕에 대해 매우 평면적으로 표현되어 은밀하기보다는 덜 거룩한 한 인간으로 느껴진다. 그 성녀가 분노한 이야기는 처음부터 단조롭고, 기적으로 가득한 이야기는 전기 연구보다는 설화나 동화에 더 가깝다.

그 이야기는 순교자가 겪었던 다양한 고문과 처형 장면으로, 또한 야코부스 스타일의 전형적이고 매력적인 예가 되었다. 현대의 분석은 야코부스의 이야기들에서 81개의 서로 다른 고통, 절단, 죽음을 확인할 수 있었다.[9]

중세의 독자나 경청자는 이 책을 읽고 즐거워하였을 뿐 아니라, 순례 여행의 특색, 순례지의 모습들, 서약들, 풍성한 봉헌, 특히 기적을 통해 알 수 있는 당시의 종교적인 관례를 쉽게 알게 되었을 것이다. 평범한 선남선녀들은 생생하고 충격적인 이야기들 안에서 하느님의 힘과 섭리에 대한 확신을 갖게

9 Alain Boureau, *La Legende doree: La systeme narratif de Jacques de Voragine* (Paris: Cerf, 1984), pp. 118-120.

되었을 것이다. 그러나 평범한 그리스도인의 삶을 위한 예식에 관련된 것들 외에, 어떤 모범으로서 모방하려고 하지는 않았을 것이다. 이것은 모방되어야 하는 모범이 아니라 활용되어야 할 능력이며 간구해야 하는 중재의 원천이 되는 거룩함이었다. 이야기들의 기적적인 요소들은 결국 야코부스가 인문주의자들과 프로테스탄트 학자들에게 남을 속이는 거짓 전파자로 멸시를 받게 하기도 했다.

그러나 성적 욕망에 시달렸던 사제의 기적 이야기에서 야코부스는 그 사건에 대한 전혀 다른 두 가지 해석을 제시했다. 아녜스의 이름이 지닌 세 가지 다른 어원학적 설명처럼, 독자들이 선택하도록 맡긴 것은 주목할 가치가 있다. 야코부스의 어원적 해석들은 당시 가장 널리 사용된 백과사전인 세비야의 이시도로(Isidorus Hispalensis)의 방대한 책 《어원》(Etymologiae)에서 인용되었으며 이는 중세 학문의 오랜 전통이었다.

《황금 전설》을 처음 읽는다면 본문 내용 자체와 그 안에 내포된 지적 즐거움, 둘 다 발견할 수 있었을 것이다. 그러나 그가 이야기한 불가사의한 이야기나 신비로운 사건들과 증거를 다루는 데 있어서 회의적인 태도와 일부 궤변을 모두 보여주기도 했다. 예컨대, 성녀 마르가리타(93장)에 대한 이야기에 주목해보자. 그는 그 성녀가 용의 모습을 한 악마에게 산 채로 먹혔지만, 십자성호를 그음으로써 악마의 배를 찢고 나왔다는 이야기를 반복한 후 이렇게 논평했다. "그러나, 여기에서 말하는 것은 … 출처가 불분명하다거나 진지하게 받아들여서는 안 된다." 이러한 예는 또 있다. 성 안드레아(2장) 이야기에서, 안드레아가 사도 마태오를 감옥에서 구출했다는 추정을 전하면서 이처럼 덧붙인다. "우리가 이미 알고 있는 내용이긴 하지만, 사실로 받아들이고 믿기에는 무리가 있다." 성 토마스를 모욕하였던 하인이 사자와 개들에게 잡아먹혔던 복수의 기적을 전하는 야코부스는 그 이야기(5장)에 대해 의구심을 제기한 성 아우구스티노의 긴 구절을 인용했다. "저서 《마니교도 파우스투스 반박》(Contra Faustum Manichaeum)에서 이런 복수의 행동은 받아들여지지 않았고, 이 사건의 출처가 명확하지 않기에 여러 면에서 의심스럽다고 선언했다." 같은 예로, 그리스도의 수난(53장)에 대한 단락에서, 야코부스는 본시오 빌라도의 마지막 말에 대한 이야기를 복음서 외경과 《교육독본》과 비교하고 "독자가 그 이야기가 믿을 만한 것인지 판단하기 바란다."라고 논평했다. 성 힐라리오(17장)의 생애에서 그는 이단적인 "레오 교황"에 대한 힐라리오의 승리에 대해 불신을 표현한다. 권위 있는 증거들 사이에서 이러한 회의적인 표현들은 모순이나 의견 충돌을 이유로 자주 발견된다. 성 마태오(140장)의 생애에서 성 예로니모, 성 베다, 위(僞)-디오니시오(Pseudo-Dionysius)로부터 가지각색의 의견들을 인용하면서, 결정을 내릴 때 제비뽑기를 했던 부분에 대해 그는 도덕성에 의문을 제기했다.

야코부스는 심지어 존경하는 교부의 권위가 서로 모순될 수 있다는 것을 정확히 깨닫고 있었고, 상충되는 설명들 사이에서 선택권을 독자에게 자주 맡겼다. 여기서 르네상스 이후 도입된 역사적인 증거에 근거한 비판적인 접근법을 다루지 않고 있으며, 안타깝게도 그 기준에 의하면 《황금 전설》이 매우 부족하다는 것을 알 수 있다. 그 모순과 의심은 교리적인 체계 내의 불일치로 야코부스 스스로를 난감하게 했을 것이다. 그는 의심스러운 출처 때문이 아니라 선험적으로(a priori) 교황들은 이단이 될 수 없기 때문에, 성 힐라리오가 물리친 이단적인 교황의 이야기를 의심한다. 고대의 권위 있는 해석들이 서로 모순되어서가 아니라, 제비뽑기의 합법성이 그의 생전에 여전히 결론이 나지 않은 신학적인 물음이었기 때문에, 제비뽑기 결정에 대한 실제적인 도덕성 논쟁은 그를 흥미롭게 했다. 그는 역사적인 증거의 진위가 아니라, 가톨릭교회(Catholicism) 내의 일관성을 지키는 것에 관심이 있었던 것이다.[10]

야코부스의 자료의 범위에 대해 알랭 보로(Alain Boureau)가 정량화하였고, 세

10 Boureau, *Legende doree*, p. 101 참조.

리 림즈(Sherry Reames)가 본질적으로 우호적인 것은 아니지만 자세한 분석을 했다.[11] 그가 참고한 자료의 폭은 인상적이다. 즉 복음서들, 시편, 이사야서, 바오로의 편지들, 사도행전이 성경적 권위의 최우선이 되고, 니코데모의 복음서 같은 외경 작품들을 사용하였다. 또한 교부 저술가들, 특히 성 아우구스티노, 성 대 그레고리오, 성 예로니모, 성 요한 크리소스토모, 성 암브로시오를 순서대로 많이 참조하였다. 자신과 동시대(중세) 혹은 가까운 동시대인들 중에 성 베르나르도는 인용 수에서 성 아우구스티노에 필적한다. 책의 마지막 부분에 있는 은수자 성인들의 생애에 대한 모음은 라틴어 《교부들의 생애》(Vitae Patrum) 중 사막 교부들의 이야기에서 선별하였고, 성 안토니오에 대한 이야기는 성 아타나시오의 생애에서 축약되었고, 부처(Buddha, 佛陀)의 그리스도교화된 변안(飜案)인 바를라암과 요사팟의 생애 이야기는 7세기 시리아 수도원본의 라틴어본에서 가져온 것으로서 야코부스 시대의 성 요한 크리소스토모의 것으로 추정된다.

편집과정에서 축소가 불가피함을 감안하면, 야코부스가 본래의 이야기 구조를 매우 면밀히 따르고 있을 때조차도 이 자료들 대부분 개작되거나 과감하게 축소되었을 것이다. 예외적으로 성 바오로(90장)에 대한 긴 장(章)은 절반 이상이 크리소스토모의 강론 〈사도 성 바오로를 찬가에 관한 강해〉(De laudibus sancti Pauli apostoli homiliae)를 엄청나게 많이 인용한 것으로 이루어져 있다.

4세기 로마의 과부 성녀 파울라(29장)에 대한 생애는 생략에도 불구하고 주안점과 미사여구에서 예로니모의 것임을 곧 눈치챌 수 있을 정도로 〈편지 108〉 중 예로니모의 장엄한 추도 연설의 단축 형태이다. 안티오키아의 동정녀(62장)에 대한 생애는 암브로시오의 《동정론》에서 전체를 인용했다. 《황금전설》에서 가장 긴 장 중 하나인 성 아우구스티노의 생애는 포시디오에 의한 동시대의 생애를 요약하였으나 아우구스티노의 자전적인 저술, 특히 《고백

11 Boureau, *Legende doree*, pp. 75–108; Reames, *Legenda Aurea*, passim.

록》과 《독백》(Soliloquia)을 참고하여 광범위하게 보완하였다.

현대의 주석가들은 야코부스의 저술에서 축소가 불가피할 뿐만 아니라, 당대의 종교 문화를 반영한 종교적인 동기의 조잡함과 감정의 객관화를 견지한 점을 들어, 초기 그리스도교 자료들의 사용에 대해 높이 사지 않는 상황이었다.[12] 이런 이유로 《황금 전설》은 세상과 타협하지 않는 영웅적인 덕으로서 거룩함에 그 초점을 맞추었고, 순교자, 성직자, 수도승 같은 성인의 항목들은 당시 거룩함의 개념을 상상할 수 없었던 성직자 중심주의(clericalization)를 고려하여 가장 필수적인 것 외에 포괄적인 종교적인 능력 중 일부분은 의도적으로 제외하였다.

야코부스가 기록한 성인 중에서 평범한 남성과 평범한 삶을 산 여성은 아무도 없다. 그들은 이루 말할 수 없는 고통을 겪은 사람들이었고, 종종 주변 세상과 조화를 이루지 못한 사람들이었다. 그들의 덕은 철저하게 세상을 포기하고 세상을 부정하는 것이고, 이로 인해 적, 즉 악마들의 세력, 불신앙의 부모와 가족들, 이단자들, 적대적인 세속의 통치자들로부터 종종 괴롭힘을 당했다.

자신의 동료인 베드로 순교자 같은 동시대의 인물뿐만 아니라 성 암브로시오(57장) 같은 먼 옛날의 사례를 전할 때에도, 야코부스는 당시 교회의 가장 시급한 관심사 중 몇몇에 대해 염려하고 있었던 것을 볼 수 있다. 암브로시오의 경우에는 교황권과 제국의 갈등이, 베드로 순교자의 경우에 도미니코회가 깊이 관련되었던 이단을 처단하려는 움직임이 반영된 것이 분명하다.

야코부스는 진정으로 그 시대의 사람이었다. 충직한 랑고바르디 사람인 그는, 자기 지역의 사건들과 저명한 인사들에 대부분 초점을 맞추었던(181장) 그

---

12 이것은 림즈(Reames)의 *Legenda Aurea*의 중심적인 주장이다.

리스도교 역사의 연대기를 펠라지오 교황의 생애를 구실로 포함시켰다. 그래서 그의 책은 "랑고바르디인들의 역사"라는 별명을 얻었다. 야코부스는 일에 몰입한 사람이었고, 큰 수도회의 책임자였고, 교황의 외교관이었으며, 제노바(Genova)의 탁월하고도 사랑받는 주교였다. 그러면서도 당대의 사람들에게서 거의 비난을 받지 않았다.

그가 13세기의 제도적인 그리스도교의 한계를 초월했는지 여부를 떠나, 그는 그 긴장과 모순의 일부와 신비로운 능력의 일부를 구체화하여 보여주었다. 그의 책은 동시대의 용기를 상당 부분 다루었고, 3세기 동안 오락과 시인, 극작가, 화가들을 위한 영감의 원천으로서 필수적인 사목의 수단으로 출판되기도 하였고 또 금지되기도 했다.

프로테스탄트 개혁자들이 《황금 전설》에서 중세 그리스도교에서 경멸하고 거부했던 미신과 우상 숭배의 원천과 구체적 표현을 보는 것은 불가피했다. 종교개혁 전과 이후에도 이 책은 구식이고 한물간 것으로 여겨졌던 것 같다. 15세기 중반의 위대한 가톨릭 개혁가인 쿠사의 니콜라오(Nicolaus Cusanus)는 자기 성직자에게 《황금 전설》의 우화를 가르치는 것을 금지했다. 에라스무스에 의해 초기 그리스도교의 순수한 근원을 되돌아보도록 훈련받고 역사적인 사실과 견고한 도덕성에 따라 종교를 세우려는 이후 가톨릭 인문주의 세대들에게 믿기 어려운 기적들과 순교를 다루는 야코부스의 책은 파문된 것이나 마찬가지였다. 성인들의 생애는 불가사의한 연대기보다는 진지하고 신뢰할 만한 덕의 모범이 되어야 했다. 스페인의 인문주의자인 후안 루이스 비베스(Juan Luis Vives)의 다음의 외침은 이 변화된 사고방식을 분명하게 보여준다. "《황금 전설》로 불리는 성인들의 역사서는 성인들과 모든 그리스도인에게 얼마나 부적절한가. 나는 철의 입과 납의 마음을 가졌던 한 사람이 쓴 이 책이 어떻게 '황금'이라 불렸는지 상상할 수 없다. 무엇이 이 책보다 더 끔찍할 수 있겠는가? 그리스와 로마의 작가들이 자신의 장군들, 철학자들과 현자들에 대해 그들의 덕을 모방하도록 집필할 때 우리의 훌륭한 성인들의 행위가 좀 더 진실하고 정확하게 보존되지 못했던 것은 우리 그리스도인들에게 얼마나 수치스러운 일인가."[13]

　가톨릭교회의 반종교개혁은 성인들에 대한 공경을 개혁하였고, 야코부스에게서 추려낸 더 기괴한 짧은 이야기들을 성무일도의 독서에서 제거하였고, 17세기 예수회 학자 장 볼랜드(Jean Boland)에 의해 성인전(hagiography)은 보다 정확한 학문이 되었다. 이같은 새로운 풍조로 야코부스의 책은 빛을 잃었다. 이후 19세기에 와서야 중세의 낭만적인 찬사와 중세, 르네상스 예술의 원천이 되는 고대 구전 설화의 보고로서, 그리스도교의 중세 시대적 상상력과 혼(魂), 이들 모두의 정수로 독자들은 잊혀졌던 《황금 전설》에게로 다시 돌아왔다.

13 Reames, *Legenda Aurea*, p. 52에서 인용하였다.

역자의 글

우리나라에서는 이 책의 라틴어 제목인 《레젠다 아우레아》(Legenda Aurea)를 문자 그대로 번역하여 《황금 전설》이라고 한다. 그러나 본래 제목은 《레젠다 상토룸》(Legenda sanctorum, 번역하면 '성인들의 전기')이었고, 널리 읽히면서 15세기에 '아우레아'(Aurea)라는 단어가 붙여졌다. '레젠다'(Legenda)라는 라틴어는 단지 '전설'(傳說)이라는 의미만 있지 않다. '모으다, 선발하다, 읽다, 낭독하다' 뜻을 지닌 동사 레제레(legere)에서 유래된 '레젠다'는 '읽을거리, 전기, 성인전, 종교 전설'이라는 의미가 있다. '아우레아'는 '금처럼 아름다운, 찬란한'이라는 의미를 갖고 있다. 그러므로 이러한 내용을 염두에 둔다면, 이 책의 제목은 우리나라 말로 "아름다운 성인전"이 더 어울릴 것 같다.

이 책의 저자 야코부스 데 보라지네(Jacobus de Voragine)는 이탈리아 사람으로 본명이 야코포 다 바라체(Iacopo da Varazze)이다. 바라체는 제노바로부터 멀지 않은 리구리아(Liguria) 해안에 있는 작은 마을이다. 야코부스 가족은 바라체 출신이지만, 야코부스는 제노바에서 태어난 것으로 추정된다. 중세의 일반적인 사례처럼, 야코부스의 생일은 알려지지 않았다. 그러나 그의 가족이 리구리아에서 하위 귀족이었고, 그는 1228년이나 1229년에 태어났을 가능성이 크다.

1244년, 청소년이었던 야코부스는 제노바에 있는 도미니코회에 입회하였고, 1267년 볼로냐 총회에서 롬바르디아(Lombardia)의 관구장이 되었다. 이는 그 관구의 부(富)와 명성, 지역적으로 북부 이탈리아의 전역, 에밀리아(Emilia), 그리고 안코나(Ancona) 남부의 아드리아 해 해안에 있는 피체눔(Picenum)을 포함하는 대단히 넓은 곳을 담당하는 매우 중요한 지위였다. 그는 1277년까지 10

년 동안 관구장을 역임 했고 1283년부터 1285년까지 도미니코회의 총장 임시 대리로 봉사했으며, 1288년에는 당시 공석이었던 제노바 대주교좌의 후보자였다. 그러나 그는 수도회 안에서의 격렬한 논쟁 동안 감금과 암살 협박을 받았다. 1292년, 그는 교황 니콜라오 4세에 의해 제노바의 대주교로 임명되었다. 그러나 그 교황이 곧 세상을 떠났고, 1292년 4월 13일 로마에서 야코부스를 대주교로 축성하였던 예식은 한 명의 추기경에 의해 거행되었다.

야코부스 데 보라지네는 13세기 후반에 제노바를 흔들었던 격렬한 정치투쟁에서 대단히 적극적인 역할을 하였다. 야코부스는 교황파(Guelph)와 황제파(Ghibelline) 사이에서 중재를 시도했으며 1295년에 제노바와 베네치아 사이의 평화를 복구하려는 중재에 나섰지만 실패하였다. 이후 제노바로 돌아왔지만, 파벌들 사이의 평화 붕괴와 폭력적인 대결을 막지 못하였다. 하지만 자신의 역할에 최선을 다했고 대교구의 경제적인 문제를 어느 정도 안정시켰다. 그는 약 70세였던 1298년 또는 1299년, 7월 13일과 14일 사이에 세상을 떠났다.

야코부스 데 보라지네는 문자와 구어(口語) 둘 다 자유롭게 사용하여 수도회 안에서 유명하였고, 연대학에 매우 뛰어났기 때문에 그의 생애는 꽤 잘 알려져 있는 편이다. 결과적으로 그의 작품들 안에, 도미니코회의 역사에 관련된 문서들에, 그리고 (대부분은 그의 생애의 말년, 제노바의 대주교였던 1292~1298년 사이의) 일련의 주요 행정조치들 안에 그의 자서전 전체 정보가 보존되어 있다. 그의 유해는 제노바에 있는 도미니코회 성당에 안장되었다. 성인들에 대한 이 위대한 전문가는 시성되지 않았고 단지 시복되었을 뿐이고, 그 시복은 제노바 사람들의 요청으로 1816년에 교황 비오 7세에 의해 선언되었다.

가톨릭교회의 초기부터 중세 초까지 대표적인 성인들의 삶과 죽음, 그들의 기적에 대한 가장 대중적인 모음집인 《황금 전설》은 13세기에 성직자들을 위해 만들어졌다. 그리고 곧 중세의 베스트셀러가 되었다. 성인들의 생애에 대한 가장 대중적인 중세의 모음집 《황금 전설》의 중요성을 파악함 없이 중세 후기를 이해하는 것은 불가능하다. 1500년대 당시에, 성경의 발행 부수보다 이 책의 복사본 수가 더 많았고, 현재까지 1천 개 이상의 이본(異本)들이 전해져오고 있다. 이들 중에서 1846년에 초판, 1850년 제2판이 발간되었던 그레세(Johann Georg Theodor Graesse, 1814~1885)의 것(Jacobi a Voragine Legenda aurea vulgo historia Lombardica dicta)이 가장 권위가 있다. 이후 그는 총 182개 장만을 받아들였고, 그 외 61개 장은 다른 저자의 것이라 하였다. 이에 따라 편집된 그레세의 제3판(Dresden-Leipzig, 1890)을 이 책의 번역에 사용하였다.

《황금 전설》이 발간되자 성직자들은 강론을 위해 이 책에 많이 의지하였고, 신자들은 자신들의 신심 함양을 위해 이 책을 사용하였고, 미술가들과 작가들은 작업에 참고하기 위해 이 책을 끝없이 뒤졌다. 그런 탓에 이 책은 신화와 전설만이 아니라 중세의 민속학, 역사, 문학, 예술, 그리고 종교 등 각종 분야를 연구할 수 있는 도구가 되었고 종교사만이 아니라 미술사에도 지대한 공헌을 하였다. 그럼에도 이 책은 마르틴 루터(Martin Luther, 1483~1546)에 의해 시작된 교회 분열 이후 신비주의적인 색채가 강하다며 배척받았다. 하지만 이 책은 나름대로의 근거와 증거를 제시하기 위해 그 인물이나 사건과 관련하여 유명한 교부들의 말과 책들을 인용한다. 하긴 전설은 역사상 사건을 소재로 하고 증거물이 남아 있다는 특징을 갖고 있다. 그런 탓에 역사와 깊은 관련이 있기에 역사에서 전설화되고, 이야기를 뒷받침하는 기념물이나 증거물이 있어, 화자(話者)와 청자(聽者)가 그 이야기를 사실로 믿는다는 특징을 갖고 있다. 달리 말해 이 책은 근거 없는 이야기를 하지 않으며, 그 내용이 의심스러운 경우 야코부스가 본문에서 그 사실을 분명히 밝히고 있다. 그런 이유로 미국의 시인 롱펠로(Henry Wadsworth Longfellow, 1807~1882)의 《황금 전설》(1851)은 그 제목과 자료 대부분을 이 책에서 차용하였다.

이 책의 이러한 중요성 때문에 번역을 하게 되었다. 물론 이미 한글로 번역된 책이 있다. 그런데 이 책은 어느 것을 모본(母本)으로 하였는지 밝히지 않아 모르겠지만, 번역의 수고에도 불구하고 오자나 탈역이 많았다. 더구나 천주교회의 용어, 전례, 역사, 신심을 이해하지 못하여 그릇된 번역도 있었다. 그런 이유로 더더욱 이 책을 번역해야겠다는 결심을 하게 되었다. 이번 번역은 최근에 단권으로 출판된 영어본(William Granger Ryan(trans. by), Eamon Duffy(intro. by), Princeton Univ. Press, 2012)을 번역본(모본)으로 사용하였다. 하지만 이 영어본마저 그레세의 라틴어본을 오역한 부분이 있어서 수정하였다. 또 문장의 괄호 안에는 그 용어를 뜻하는 라틴어와 한문을 넣어 오해의 여지를 줄이려고 하였다. 특히 성경 구절의 표시는 라틴어본이나 영어본 모두 잘못된 부분이 너무 많아 역주로 하기에는 복잡할 듯하여 본문 안에서만 바로잡았다. 그럼에도 번역에 많은 시간이 필요하였다.

프랑스의 대표적 계몽사상가인 볼테르(Francois-Marie Arouet Voltaire, 1694-1778)는 "번역으로 인해 작품의 흠은 늘어나고 아름다움은 훼손된다."라고 말했다. 그리고 문학비평가이자 인문학자인 해럴드 블룸(Harold Bloom, 1930-2019)은 "모든 독서는 오독이고, 모든 번역은 오역이다."라고 말하였다. 극단적인 표현이지만 이들의 말에 전적으로 동의한다. 본문의 느낌을 살리려고 하면, 우리말이 아니라 단순 번역문체가 되었고, 그렇다고 부연 설명을 해서 문장을 만들면 쉽게 이해할 수는 있겠지만, 그건 또 다른 창작이 되기 때문이다. 물론 본래의 문장을 가급적 정확하게 번역하려고 노력하였다. 그리고 "번역은 반역이다."라는 말을 실감하면서 이 책을 번역하였다. 혹시라도 이해가 안 되는 문장이 있다면 이는 역자의 부족한 실력 탓임을 인정한다.

처음에 번역을 시작하였을 때는 서울대교구 시흥4동 성당의 주임신부 (2013-2018)로 재직 중이었다. 그래서 번역작업이 쉽게, 또 빨리 진행되지 않았다. 번역에만 몰두할 수 있는 시간을 내려고 애썼지만, 생각만큼 쉽지 않았다. 그런데 5년간의 재직기간을 끝내고, 건강상의 이유로 쉴 수 있는 기회가 주어져서 번역을 무사히 마칠 수 있었다.

이 책의 번역을 놓지 않았던 것은 중세 미술, 르네상스 시대 작품, 특히 성경 내용을 그린 그림과 성인화를 이해하는 데 있어서 이 책만큼 좋은 자료가 없기 때문이었다. 그림의 제목만을 보고 이해하는 겉핥기식으로는 화가의 의도를 충분히 알 수 없다. 그 배경이나 등장인물, 소품들까지 왜 필요하였는지를 안다면, 그 그림을 보다 충실히 이해할 수 있다. 그리고 성인의 삶도 잘 알 수 있다. 그런 이해를 위해 이 책의 번역을 중요하다고 생각했다.

책의 번역을 마칠 수 있도록 휴양을 허락해 주신 당시 서울대교구의 염수정 안드레아 추기경님과 총대리 손희송 베네딕도 주교님께 감사드린다. 그리고 전례학을 전공하신 김종수 요한 신부님(현 잠실7동 주임신부)께 감사드린다. 13세기에 쓰인 책이기에 현재는 사용하지 않는 용어도, 변화된 전례도 있었고, 한글로 번역되지 않은 용어들도 있었는데, 신부님은 우리말로 어떻게 표현할지, 또 잘못 사용되어온 용어들을 어떤 말로 정리할지에 대해 많은 도움을 주셨다. 또 라틴어 번역을 직접 읽어주고 수정해 주고, 인용서들도 잘 정리해준 사랑하는 동생 변종찬 마태오 신부(가톨릭대학교 신학대학)에게 감사한다. 책을 번역하겠다고 할 때부터 지지와 격려를 아끼지 않은 형 변기찬 요셉 교수(부산외국어 대학교)에게도 존경과 감사를 드린다. 이 책을 출판하기로 선뜻 응해준 출판사 일파소와 문장을 교정하며 마음고생 많이 한 편집부장에게 고마움을 드린다.

역자의 글

–

그럼에도 불구하고 신속하게 출판되지 못한 것은 이 책을 읽는 독자가 어떻게 하면 더 잘 이해하고, 쉽게 읽을 수 있을까 하는 고민이 반복되었기 때문이다. 그래서 번역을 다시 손보고, 수정하기를 여러 번 반복하며 다시 4년이 지났다. 정말 오랜 시간이었다. 하지만 마무리됨에 감사를 드린다. 책 번역에 마음을 빼앗겨 많은 것에 소홀하였지만, 언제나 함께 해주신 하느님께 감사에 감사를 더 한다.

2023년 여름을 시작하며 우면산 아랫자락에서
변우찬 신부

감사의 말

이 책은 야코부스 데 보라지네(Jacobus de Voragine)의 《황금 전설》(Legenda aurea)을 1845년 그레세(Th. Graesse) 박사의 근대 라틴어로 출판된 책을 기초로 번역되었다. 이외에도 번역자는 프랑스어본 La légende dorée de Jacques de Voragine, by the Abbé J.-B. M. Roze, 3 vols. (Paris: Edouard Rouveyre, Editeur, 1902), 그리고 독일어본 Iacobus de Voragine Legenda aurea, by Richard Benz, 2 vols. (Jena: Eugen Diederichs, 1917-1921)에도 빚진 바 있음을 인정한다.

나의 예일 신학 대학원(Yale Divinity School) 동료들에게, 특히 성음악, 경신례, 그리고 예술 연구소(Institute of Sacred Music, Worship, and the Arts)의 소장인 존 쿡(John W. Cook) 교수의 격려에 감사드린다. 본문 교정에 도움을 준 나의 누이 마르고 라이언(Margot Ryan), 연구소 직원 마크 루니(Mark Looney)는 원고의 최종 준비에서 많이 도움이 되었다. 무엇보다도 나는 이 일을 마무리하기까지 후원과 격려를 해준 메닐 재단(Menil Foundation)과 도미니크 데 메닐(Dominique de Menil)에게 감사드린다.

머리말

이제 제노바(Genova) 출신 도미니코회*의 야코부스 수사가 편집한 일명 랑고바르드인들의 역사(Lombardica hystoria)로 불렸던 성인들의 이야기(vita Sanctorum)에 대한 머리말을 시작하려 한다.

현세에서의 모든 기간은 네 개의 시대, 즉 탈선(脫線, Deviatio) 또는 올바른 길에서 돌아서는 시기, 갱신(更新, Renovatio) 또는 다시 돌아오라고 부르는 시기, 화해(和解, Reconciliatio)의 시기, 순례(巡禮, Peregrinatio)의 시기로 구성된다. 탈선의 시기는 아담으로부터, 아니 아담의 하느님에 대한 변절로 시작되어 모세까지이다. 교회는 칠순시기(七旬時期, Septuagesima)부터 예수 부활까지를 이 시기로 지킨다. 그리고 이 시기에 아담의 타락 이야기가 있는 창세기를 읽는다. 갱신(혹은 다시 돌아오라고 부르는) 시기는 모세로부터 시작되어 그리스도의 탄생까지인데, 이 시기 동안 인류는 예언자들에 의해 갱신되었고 신앙으로 다시 돌아오라는 부르심을 받았다. 교회는 대림 시기의 시작부터 주님 탄생 때까지 이를 기념한다. 이때에는 이 부르심을 분명하게 다루었던 이사야 예언서를 읽는다. 화해의 시기는 우리가 그리스도와 화해했던 기간으로 교회는 부활 날부터 성령강림 때까지 이를 기념한다. 이 시기에는 화해의 신비가 충분히 다루어진 요한 묵시록을 읽는다. 순례의 시기는 우리가 순례의 여정에 있으며 끊임없는 전쟁터와 같은 현재 우리 삶의 시기이다. 교회는 성령강림의 팔일 축제부터 대림 시기의 시작 때까지 이를 기념하였고, 열왕기와 마카베오기가 우리 자신

---

* 성 도미니코(Dominicus, 1170~1221)에 의해 설립된 수도회의 공식 명칭은 '설교자 수도회'(Ordo Fratrum Praedicatorum, O.P.)로, 원문에도 이 용어로 표기되어 있다. 그러나 한국에서는 이 수도회를 일반적으로 '도미니코회'(Dominicani)라고 하기에 이하 본문에서도 이 용어로 번역한다. – 역자 주

의 영적 투쟁을 상기시키는 많은 전쟁이 기록되어 있으므로 이 책들을 읽는다. 마지막으로 주님 탄생과 칠순시기 사이의 간격은 부분적으로는 화해의 시기, 기쁨의 시간, 즉 주님의 성탄부터 주님 공현 팔일 축제까지, 그리고 (부분적으로는 순례의 시기, 즉 주님 공현 팔일 축제부터) 칠순시기에 속한다.* 역사적 시기의 네 분류는 계절과 연결될 수도 있는데, 첫 번째 시기는 겨울, 두 번째는 봄, 세 번째는 여름, 네 번째는 가을에 직관적으로 비교할 수 있다. 혹은 하루의 단계, 첫 번째 시기는 밤, 두 번째는 아침, 세 번째는 한낮, 네 번째는 저녁에 관련시킬 수도 있다.

탈선의 시기가 갱신의 시기보다 훨씬 앞에 있지만, 교회의 직무를 탈선의 시기(칠순 시기)가 아닌 갱신의 시기 즉 대림 시기로 시작하는 것에는 두 가지 이유가 있다. 교회는 범죄로부터 시작하기를 원하지 않았다. 왜냐하면, 복음사가들도 종종 시간의 순서보다는 현실을 우선하였기 때문이다. 또 그리스도의 오심과 함께 모든 것이 갱신되었고, 대림 시기는 묵시록 21장** "보라, 내가 모든 것을 새롭게 만든다."라는 말씀처럼 갱신과 소환의 시기로 정해졌다. 이에 따라서 교회가 이 절기부터 자기 직무를 재개하는 것은 적절하다.

교회가 설정한 시기의 순서를 고려하여 대림 시기 시작부터 그리스도 탄생까지의 갱신의 시기 내에 있는 축일들을 먼저 다루어야 한다. 그 다음은 부분적으로는 화해의 시기에 속하고 부분적으로는 순례의 시기에 속하는 기간들, 즉 대림 시기부터 칠순시기까지 교회에 의해 대표되는 기간에 대해 고찰할 것이다. 세 번째로 칠순시기부터 예수 부활까지인 탈선의 시기, 네 번째로 예수 부활부터 성령강림 팔일 축제까지인 화해의 시기에 봉헌되었던 축일을 보게 될 것이다. 마지막으로 성령강림 팔일 축제부터 대림 시기의 시작까지 순례의 시기 내의 축일들을 다룰 것이다.

---

* 그레세(Th. Graesse)의 책에서 누락된 괄호 안의 단어들은 Jacobus de Varagine, *Legenda aurea*(Ulm: Joh. Zainer, ca.1476), in Yale's Beinecke Library, 1972/+117에서 제공되었다.
** 라틴어본에서는 묵시록 3장이라고 기록되어 있지만, 성경 본문은 요한 묵시록 21장 15절에 언급되어 있다. – 역자 주

······ ✦ 1 ✦ ······

주님의 도래(到來)

주님의 도래는 그분의 오심이 4중(四重)의 의미를 지님을 보여주기 위해 4주 동안 거행된다. 즉 그분은 사람의 몸이 되어 우리에게 오셨고, 우리의 마음 안에 오셨고, 죽음으로 우리에게 오셨고, 우리를 심판하려고 오실 것이다. 마지막으로 오실 때에 성인들에게 수여될 영광이 결코 끝나지 않을 것이기 때문에, 넷째 주는 좀처럼 완결되지 않는다. 그래서 '영광송'(Gloria Patri)이 포함된 대림 제1주일을 위한 첫 번째 응송(responsorium)은 앞에 언급한 네 번의 오심에 상응하는 4개의 절(節)을 갖고 있다. 주의 깊은 독자는 어떤 구절이 각각의 오심에 가장 적합한지 알아야 한다.

주님의 오심은 네 가지지만, 교회는 대림 시기의 역할이 분명하기에 네 가지 중 두 가지, 즉 하나는 사람의 몸으로 오심, 또 하나는 마지막 심판 때 오심을 특별히 다룬다. 그러므로 대림 시기 단식*은 부분적으로는 사람의 몸으로 오신 그리스도에 대한 기쁨의 단식이고, 한편으로 심판을 생각하는 불안의 단식이다. 이것을 우리 마음에 상기시키려고 교회는 자비와 기쁨의 도래를 이유로 일부 기쁜 성가를 노래하고, 심판은 매우 엄격하고 불안을 유발하기 때문에 일부 다른 것들을 배제한다.

사람의 몸으로 주님의 오심에 관해서는 세 가지 측면, 즉 시기적절함, 필요성, 유용성을 검토해야 한다.

시기적절함은 첫째, 본성의 법칙에 따라 하느님에 대한 지식이 부족한 사람에게서 먼저 나타난다. 그래서 사람은 우상 숭배라는 최악의 오류에 빠졌다. 그러므로 사람은 "제 눈을 비추소서."(시편 13, 4)라고 부르짖게 되었다. 그때 율법이 계명들과 함께 왔고, 사람은 순명할 능력이 없다는 것을 알게 되었다. 이전에 사람은 이렇게 울부짖었다. "계명을 이행하고자 하는 이들은 있으나, 어느 누구도 명하지 않습니다." 이제까지는 죄로부터 해방되지 못했을 뿐

---

* 참회의 단식은 대림 시기뿐만 아니라 사순 시기에도 교훈이 될 수 있다.

아니라 선한 일을 행할 수 있는 은총의 도움을 받지 않았고, 다만 훈육만 받았다. 그래서 이젠 "명하는 사람은 있으나, 계명을 이행하려는 사람은 없습니다."라고 부르짖게 되었다. 그러므로 사람은 무지와 무력함의 죄를 지었기에 성자(聖子) 하느님의 오심은 그 어느 때보다 시기적절했다. 그리고 만일 그리스도가 좀 더 일찍 오셨다면, 사람은 구원을 자신의 공로로 돌렸을 것이고, 자신의 치유에 대해 감사하지 않았을 것이다. 둘째, 주님은 때가 무르익었을 때, 즉 "때가 차자 하느님께서 당신의 아드님을 보내시어"(갈라 4, 4) 오셨기 때문에 그분의 출현은 시기적절했다. 아우구스티노(Augustinus)는 "왜 그리스도는 빨리 오지 않는가에 대해서 묻는 이가 많습니다. 그것은 모든 것을 때에 맞춰 만들었던 분의 의지에 따라, 시간이 아직 충만하지 않았기 때문입니다. 그 충만함이 왔을 때 시간으로부터 우리를 해방시킨 분이 오셨고, 시간으로부터 해방된 우리는 시간이 존재하지 않는 영원함에 들어서게 될 것입니다."라고 말했다. 셋째, 온 세상은 상처입고 병들었다. 그리고 병은 보편적이었기 때문에 보편적인 약이 적용되는 순간이었다. 아우구스티노는 "세상 인류가 위독한 병자처럼 누워 있을 때 위대한 의사가 왔습니다."라고 말했다.

이런 이유로 교회는 주님의 탄생일 전에 부르는 일곱 개의 따름 노래 (antiphona)에서 우리의 다양한 병을 보여주고 각각의 병에 대해 의사의 치료를 간청한다. 성자 하느님이 사람의 몸이 되어 오기 전에 우리는 무지했거나 장님이었으며, 영원한 벌을 받기 쉽고, 악마의 노예들이었고, 죄가 되는 습관에 얽매였고, 어둠에 덮여 있었고, 우리의 본향(本鄕)에서 내몰린 추방자였다. 그러니 우리는 스승, 구세주, 해방자, 노예 해방자, 계시자, 구원자가 필요했다. 우리가 무지했고 그분의 가르침이 필요했기에 첫 번째 따름 노래에서 외친다. "오 지혜여, 당신은 끝에서 끝까지 다다르고 모든 것을 강렬하고도 부드럽게 명령하시는 하느님의 입에서 나오셨습니다. 오셔서, 신중함의 길을 저희에게 가르치소서!" 그러나 만일 우리가 가르침을 받았음에도 구원되지 않는다면 결코 우리에게 유익하지 않을 것이므로, 두 번째 따름 노래에서 하느님께 울부짖을 때 그분에 의해 구원되기를 청한다. "오 이스라엘 집안의 주님(Adonai)이시며 지도자시여, 당신께서는 불타는 떨기불의 불꽃 안에서 모세에게 나타나셨고, 시나이산에서 모세에게 율법을 주셨습니다. 오셔서 당신의 팔을 뻗어 저희를 구원하소서." 그리고 만일 우리가 가르침을 받고 구원도 받았지만, 구원 후에도 여전히 포로 상태라면 어찌 좋겠는가? 그러니 우리는 세 번째 따름 노래에서 다음과 같이 호소하며 해방될 수 있도록 기도한다. "오 이새의 뿌리여, 당신은 사람들에게 깃발로 세워졌습니다. 당신이 오시기 전에 모든 왕이 침묵을 지켰기에 모든 민족이 당신에게 도움을 청할 것입니다. 오셔서 저희를 자유롭게 하소서. 지체하지 마소서!" 하지만, 구원을 받고 자유를 얻은 포로들이 스스로 원하는 곳으로 자유롭게 갈 수 있다 할 지라도 여전히 족쇄가 풀리지 않고 있다면 무슨 소용이 있겠는가? 그래서 그분이 우리를 구원하고 자유롭게 하셨더라도 우리를 사슬에 묶어 놓는다면 아무 소용이 없을 것이니 네 번째 따름 노래에서 우리는 모든 죄의 굴레에서 벗어날 수 있기를 기도한다. "오 다윗의 열쇠여, 당신이 열면 닫을 사람이 없고, 당신이 닫으면 열 사람이 없습니다. 오소서, 그리고 죽음의 그늘에 얽매이고 앉아있는 사람들을 감옥으로부터 해방하소서!" 그러나 오랫동안 감옥에 갇혔던 이들의 눈은 침침해지고 더 이상 명확하게 볼 수 없기에 감옥에서 자유롭게 된 후에도 우리의 눈에 빛을 쐬어야 한다. 그래야 우리가 어디로 가야 하는지를 볼 수 있을 것이다. 그러므로 다섯 번째 따름 노래에서 우리는 기도한다. "오 떠오르는 새벽, 영원한 빛의 화려함과 정의의 태양이시여! 오소서, 어둠과 죽음의 그늘에 앉아있는 이들을 깨우치소서." 그리고 만일 우리가 가르침을 받고 구원 받았으며, 모든 적으로부터 자유로워지고 깨우쳤더라도 구원되지 않는다면 어떻게 우리에게 이득일 수 있겠는가? 그래서 다음 두 개의 따름 노래에서 우리는 구원의 선물을 간청하며 말한다. "오 이방인들의 왕이시여, 그들이 오래도록 기다린 분이여, 오 둘을 하나로 만드시는 머릿돌이시여! 오시어 당신이 땅의 진흙으로 만드셨던 사람을 구하소서." 또한 "오 임마누엘, 국가들과 자신들의 구세주로 기다려왔던 우리의 왕이며 입법자여, 오시어 저희를 구원하소서. 오 우리의 하느님 주님!" 그래서 우선 우리는 이교도들의 구원을 위해 간청하며 "오 이방인들의 왕이시여"라고 말하고는 하느님께서 율법을 주셨던 유다인들의 구원을 위해 기도한다.

주님 오심의 유용성

그리스도의 오심의 유용성에 대해 성인들은 각기 다르게 정의한다. 루카 복음 4장 "주님의 영이 내 위에 내리셨다.…"(루카 4, 18-19)에서 보듯이, 하느님은 그리스도가 일곱 가지 방식으로 유용하도록 보내졌음을 스스로 증언하셨다. 그분은 가난한 사람을 위로하기 위해, 슬픈 사람을 치유하기 위해, 포로들을 풀어주기 위해, 무지한 사람을 깨우치기 위해, 죄를 용서하기 위해, 모든 인류를 구원하기 위해, 공로를 보상하기 위해서라고 차례로 말씀하셨다.

아우구스티노는 그리스도의 오심이 유용하다는 것을 세 가지 방식으로 지적하였고, "이 악한 세대에서 태어나고, 일하고, 죽는 것을 제외하면 무엇이 풍부합니까? 태어나고 일하고 죽는 이것들은 여기 땅 위에서 우리가 거래하는 물품들이고, 이것들을 거래하려고 상인 되시는 우리의 주님이 오셨습니다. 그리고 모든 상인은 자신이 가진 것을 주고, 가지지 않은 것을 받으니, 그리스도는 이 시장에서 주시고 받았습니다. 그분은 여기에서 많은 것, 즉 탄생, 수고, 죽음을 받았고, 그분이 우리에게 준 것은 다시 태어나고, 부활하고, 영원토록 다스리는 것이었습니다. 이 상인은 수치를 거두어 우리에게 명예를 주며, 죽음으로써 우리에게 생명을 주고, 그분 스스로 수치를 겪음으로써 우리에게 영광을 주려고 하늘로부터 우리에게 왔습니다."라고 말한다.

그레고리오(Gregorius)는 주님 도래에 대한 네 가지 이유와 몇 가지 유용성을 제시했다. "아담의 혈통으로 태어났다는 것을 진심으로 마음속 자랑으로 생각하는 모든 이는 삶의 좋은 면을 바라고, 역경을 피하고, 굴욕에서 달아나고, 영광을 추구합니다. 주님은 세상의 좋은 것들을 뿌리치고 세상의 비난을 포용하고 영광을 피하면서 그들 가운데에 역경을 찾아 육화(肉化)되어 오셨습니다. 그래서 오랫동안 기다렸던 그리스도는 우리에게 와서 새로운 것들을 가르쳤고, 자신의 가르침으로 새로운 경이로움을 만들고, 기적을 행하며 병고를 짊어졌습니다."

한편, 베르나르도는 다르게 주장했다. "비참하게도 우리는 3중으로 된 질병 아래에서 노동합니다. 우리는 쉽게 호도되고, 실천에 약하고, 저항에 연약합니다. 우리는 선악을 분간하기를 원하지만, 우리는 속고 있습니다. 즉 우리가 좋은 일을 하려고 시도하면 힘이 모자라고, 우리가 악에 저항하려고 매진하면 압도당합니다. 그래서 구세주의 오심이 필요합니다. 우리 안에 사시는 그분은 우리의 무분별을 깨우치고, 우리와 함께 남아있어 그분은 우리의 병약함을 도와주고, 우리 곁에 서서 그분은 우리의 취약점을 보호하고 방어합니다." 여기까지는 베르나르도의 말이다.

주님의 도래, 즉 최후 심판에 대하여 심판 전에 무엇이 선행될 것인지와 무엇이 최후 심판을 동반할 것인지를 모두 고려해야 한다. 세 가지, 즉 무서운 표징들, 거짓 그리스도의 잘못된 주장들, 불의 폭풍, 이 세 가지가 선행되어야 한다. 루카 복음 21장은 심판에 선행하는 다섯 가지 표징을 기록했다. "해와 달과 별들에는 표징들이 나타나고, 땅에서는 바다와 거센 파도 소리에 자지러진 민족들이 공포에 휩싸일 것이다."(루카 21, 25) 요한 묵시록 6장은 처음 세 가지 표징을 묘사한다. "큰 지진이 일어나고, 해는 털로 짠 자루 옷처럼 검어지고 달은 온통 피처럼 물들었습니다. 하늘의 별들은 무화과나무가 거센 바람에 흔들려 설익은 열매가 떨어지듯이 땅으로 떨어졌습니다."(묵시 6, 12-13) 태양은 빛이 없어졌기 때문에, 그리스도의 광채라는 보다 큰 빛이 떠올랐기 때문에, 아우구스티노가 은유적으로 표현한 대로 하느님의 복수는 태양이 감히 바라보지 못할 정도로 심할 것이기 때문에 어두워지리라고 하였고, 그래서 한 가정의 아버지, 즉 사람을 애도하는 것으로 보일 수 있다. 한 신비주의적 해석에 따르면, 아무도 그분을 고백할 용기가 없기 때문에 정의의 태양인 그리스도는 어두워질 것이다. 여기서 "하늘"은 궁창(穹蒼)을 의미하고, "별들"은 별똥별이나 유성을 의미하는데, 그 성질이 별과 비슷하기 때문에 일반적으로 별은 유성을 볼 때 "하늘에서 떨어진다."라고 말한다. 이 경우 성경은 일반적인 용법을 채택한다. 그 사건은 불같은 성질 때문에 강렬한 인상을 불러일으킬 것이고, 주님은 죄인들을 겁먹게 하려는 것이다. 혹은 유성이 불타는 듯한 꼬리를 내뿜기 때문에, 교회 안에서 별처럼 되려고 등장하였던 많은 사람이 곤두박질칠 것이기 때문에, 별들이 자신들의 빛을 철회하고 떨어지는 것으로 알려졌다.

네 번째 표징인 민족들의 고통에 대해 우리는 마태오 복음 24장에서 읽는다. "그때에 큰 환난이 닥칠 터인데, 그러한 환난은 세상 시초부터 지금까지 없었다."(마태 24, 21) 다섯 번째 표징은 바다의 포효(咆哮)에 관한 혼란이다. 일부 사람들은 이것이 요한 묵시록에서 "바다는 더 이상 없었습니다."(묵시 21, 1)라고 말하는 것처럼, 천둥치는 소리와 함께 바다가 그 전과 같지 않을 것임을 의미하는 것으로 생각된다. 다른 사람들은 포효하는 것을 바다가 산들 위로 40큐빗 (cubit)* 치솟은 후 무너져 내리는 큰 소리로 이해한다. 그레고리오는 그 문장을 글자 그대로 판독했다. "그때 바다와 파도의 전대미문의 소동이 있었습니다."

예로니모는 저서 《히브리인들의 연대기》(Annalibus Hebraeorum)에서 심판 이전의 15개 표징을 생각해냈으나, 그 표징들이 연속적일지 간헐적일지 말하지 않았다. 첫 번째 날에 바다는 산꼭대기 위로 40큐빗 솟아 벽처럼 서 있을 것이다. 두 번째 날이 되어야 바다는 내려올 것이고 거의 보이지 않을 것이다. 세 번째 날에 바다짐승들이 육지로 올라와 하늘을 향해 포효할 것이며, 오직 하느님만이 그들의 고함을 이해할 것이다. 네 번째 날에 바다와 물이 말라버릴 것이다. 다섯 번째 날에 나무들과 풀들이 피비린내 나는 이슬을 흘릴 것이다. 또한 이날에, 다른 사람들이 주장하는 것처럼 하늘에 있는 새들이 모두 들판에 모이고 그 자리에 각각의 종(種)들이 함께 모였다. 심판이 도래했음에 겁에 질려 먹거나 마시지 못하고 있었다. 여섯 번째 날에 건물들이 붕괴될 것이다. 그리고 불타는 듯한 벼락이 석양으로부터 쏟아져 나올 것이고, 떠오르는 태양을 따라 하늘을 가로지를 것이다. 일곱 번째 날에는 바위들이 서로 충돌하여 네 부분으로 나뉘고, 각 부분은 서로 다른 것에 충돌할 것이라고 한다. 그리고 어느 누구도 그 소리를 듣지 못할 것이고, 오직 하느님만이 들으실 것이다. 여덟 번째 날에는 전 세계적인 지진이 올 것이고, 사람도 짐승도 서 있기조차 힘들 만큼 매우 강할 것이고, 모두 땅에 넘어져 엎드릴 것이다. 아홉 번째 날에 땅은 평평해지고, 산들과 언덕들은 먼지가 될 것이다. 열 번째 날에 사람은 동굴 밖으로 나와 마치 미친 것처럼 다니며, 서로 말을 할 수 없을 것이다. 열한 번째 날 해가 뜨고 질 때까지 죽은 사람들의 뼈가 일어나 무덤 위에 서는 것을 볼 것이며, 그래서 죽은 자들이 밖으로 나올 것이다. 열두 번째 날에 별들이 떨어질 것이다. 그리고 항성(恒星)과 행성(行星)은 불길을 퍼뜨리고, 그다음에 그 물질에서 다시 생성될 것이다. 또한 그날에는 모든 동물이 들판으로 나올 것이고, 으르렁거리고 앓는 소리를 내면서 먹지도 마시지도 않

---

* '큐빗'은 고대에 사용되던 길이 단위 중 하나로, 손가락 끝에서 팔꿈치까지의 길이를 의미하는데, 일반적으로 약 45cm를 뜻한다. 그렇기에 '40큐빗'은 18m 정도이다. – 역자 주

을 것이라고 한다. 열세 번째 날에 살아 있는 사람들은 죽은 사람들과 함께 부활하기 위해 죽을 것이다. 열네 번째 날에 하늘과 땅은 전소될 것이다. 열다섯 번째 날에 새로운 하늘과 새로운 땅이 나타날 것이고, 죽은 모든 사람이 다시 살아날 것이다.

또한, 마지막 심판 전에 거짓 그리스도(Antichristus)의 거짓 주장들이 있을 것이다. 거짓 그리스도는 모든 사람을 네 가지 방법으로 속이려고 애쓸 것이다. 첫 번째는 성경에 대한 교활한 주장과 거짓 해설이다. 그의 목적은 사람들을 설득하고, 자신이 율법에 약속된 메시아임을 성경으로 증명하려는 것이고, 그리스도의 법을 무너뜨리고 자신의 법을 확립하려는 것이다. 즉 시편은 "주님, 민족들을 공포에 떨게 하시어 그들이 인간일 뿐임을 깨닫게 하소서."(시편 9, 21) 그리고 《주해집》(註解集, Glossarium)은 "그것은 삐뚤어진 법의 제시자(提示者)인 거짓 그리스도입니다." 다니엘서 11장은 "그들은 (성소에) 황폐를 부르는 혐오스러운 것을 세울 것이다."(다니 11, 31)라고 적고 있다. 그리고 《주해집》은 "거짓 그리스도는 하느님의 법을 폐지하기 위하여 하느님이 되려고 하느님의 성전에 앉아있을 것입니다."라고 밝히고 있다.

두 번째, 거짓 그리스도는 기적들을 일으켜서 속이려고 애쓸 것이다. 테살로니카 2서 2장에는 "그 무법자가 오는 것은 사탄의 작용으로, 그는 온갖 힘을 가지고 거짓 표징과 이적을 일으키며"(2테살 2, 9)라고 말하고, 요한 묵시록 13장은 "그는 큰 표징들을 일으켰는데, 그는 또한 불이 하늘에서 땅으로 내려오게도 하였습니다."(묵시 13, 13)라고 말한다. 그리고 《주해집》은 "성령이 불의 형태로 사도들에게 주어졌던 것처럼, 사악한 영은 불의 형태로 주어질 것입니다."라고 말한다. 속임수의 세 번째 수단은 선물을 주는 것이다. 다니엘서 11장*은 "그는 그들에게 많은 사람을 다스리게 하며, 보수로 토지도 나누어 줄 것이다."(다니 11, 39)라고 했다. 그리고 《주해집》은 "거짓 그리스도는 사람들을 속이기 위해 많은 선물을 줄 것이고, 자신의 군대에게 땅을 분배할 것이며, 자신이 공포로 정복할 수 없었던 사람들을 탐욕으로 이길 것입니다." 그의 네 번째 방법은 고통의 형벌을 가하는 것이다. 다니엘서 8장은 "그는 모든 것

* 라틴어본에서는 13장이라 표기되어 있으나 11장이 맞다. - 역자 주

들을 낭비하고 번영하게 될 것이고 믿을 수 있는 것보다 더 많은 것을 할 것이다."(다니 8, 24) 그리고 그레고리오는 거짓 그리스도에 대해 주석하였다. "그는 정복되지 않고 남아있는 사람들을 육체적으로 정복하면서, 강한 사람들을 죽입니다."

심판에 앞서 마지막으로 일어날 일은 재판관의 얼굴 앞에 닥칠 불폭풍이 될 것이다. 첫 번째로 하느님께서 이 불을 이 세상의 갱신을 위하여 보내실 것이다. 즉 그는 모든 요소를 제거하고 갱신할 것이다. 노아 홍수의 물처럼 불은 산들보다 더 높이, 《교육독본》이 말한 것처럼 "사람들의 노력으로 도달할 수 있는 것보다 더 높이", 15큐빗*을 올라갈 것이다. 두 번째로, 연옥의 장소는 그때에도 여전히 살아 있는 사람들을 위한 곳이 될 것이기에, 그 불은 사람들을 정화시킬 것이다. 세 번째로 그 불은 지옥에 떨어진 사람들의 고통을 증가시킬 것이고, 네 번째로 성인들에게 더 큰 깨달음을 줄 것이다. 성 바실리오(Basilius)에 따르면, 일단 세상이 정화되면, 하느님은 그 빛으로부터 불의 열기를 분리할 것이고 모든 열기를 저주받은 사람들의 지역으로 보내어 그들을 고문할 것이고, 열기가 분리된 빛은 더 큰 즐거움을 위해 축복 받은 사람들의 지역으로 보낼 것이다.

최후 심판에 몇 가지 상황이 수반될 것이다. 우선, 심판하는 데 있어서 재판관의 절차이다. 그분은 요사팟 계곡으로 내려올 것이고 선한 사람들은 자신의 오른쪽에, 사악한 사람들은 왼쪽에 세우고 선한 사람들과 사악한 사람들을 심판할 것이다. 그분은 모든 사람이 자신을 볼 수 있도록 높은 곳에 있을 것이다. 모인 사람들이 단지 그 작은 계곡만 가득 채울 것이라고 생각해서는 안 된다. 예로니모는 그렇게 생각하는 것은 유치한 것이라고 했다. 사람들은 계곡뿐만 아니라 그 주변 지역에도 있을 것이다. 즉 무수한 사람들이 서로 바싹 붙어선다면 좁은 장소에 서 있을 수 있다. 게다가 지옥에 떨어진 사람들은 하느님의 능력으로 하늘 높이 감금되겠지만, 선택된 사람들은 몸에서 나는 빛 때문에 공중에 떠 있을 수도 있다.

그다음 재판관은 자선 행위를 하지 않은 사악한 이들을 직접 꾸짖을 것이

---

* 약 6.75m – 역자 주

다. 이때 모든 사람은 자신에 대해 한탄할 것이다. 그래서 마태오 복음서를 주석한 요한 크리소스토모(Ioannes Chrysostomus)는 말한다. "유다인들은 죽은 줄로 알았던 그 사람이 지금 살아 있고, 생명을 주는 것을 보며 한탄할 것입니다. 그리고 그분의 상처를 보고 자신들의 죄를 부인할 수 없음을 깨닫고 스스로 유죄임을 인정할 것입니다. 또한, 철학자들의 이론에 현혹된 이방인들은 십자가형을 당한 하느님을 향한 경배가 비이성적이고 어리석다고 여겨왔으므로 한탄할 것입니다. 그리스도인 죄인들도 하느님과 그리스도보다 세상을 더 사랑한 죄로 인해 한탄할 것입니다. 이단자들은 십자가형을 받은 분을 한낱 사람이라고 불렀고, 유다인들이 고통받게 한 그분을 재판관으로 보며 한탄할 것입니다. 그리고 지상에 있는 모든 사람은 그곳에는 더 이상 그분에게 저항할 어떤 힘도, 그분의 존재로부터 도망칠 가능성도, 회개를 위한 여지도, 속죄를 드릴 시간도 없기 때문에 애통해할 것입니다. 모든 것은 고통이고, 그들에게 남겨진 것은 비탄뿐입니다."

두 번째, 심판받을 사람들 사이에서 다른 계층과 집단이 구별될 것이다. 그레고리오에 따르면, 네 부류로 나뉘는데 두 부류는 버림받은 사람이고, 또 다른 두 부류는 선택받은 사람이다. 그들 중에 심판받고 멸망할 사람도 일부 있는데, 예를 들어 "너희는 내가 굶주렸을 때에 먹을 것을 주지 않았고 …"(마태 25, 42)라고 말한 사람들이다. "믿지 않는 자는 이미 심판을 받았다."(요한 3, 18)처럼 심판 없이 단죄를 받을 사람들도 있다. 그들은 그분의 말씀을 믿음으로 받아들이는 것을 꺼렸기 때문에 재판관에게 어떤 말도 듣지 못할 것이다. 그때 그곳에는 심판받는 사람과 다스리는 사람이 있다. 완전한 사람으로서 그들은 다른 사람들을 심판할 것이다. 심판은 재판관의 특권이지만 그들은 선고를 내리는 것이 아니며, 판결하는 것을 돕는 한에서 심판을 한다고 한다. "사람의 아들이 영광스러운 자기 옥좌에 앉게 될 때, 너희도 열두 옥좌에 앉아 이스라엘의 열두 지파를 심판할 것이다."(마태 19, 28)라고 주님께서 약속하신 것처럼 재판관인 그분과 함께 앉는 것은 가장 큰 영예이기 때문에, 성인들을 공경하기 위해 그들이 돕는다. 또한, 때로는 재판관을 돕는 사람들은 그분의 선고에 찬성하고, 찬성한다는 표시로 자신의 서명을 넣어 선고를 확정한다. "쓰인 대로 저들에게 심판을 내리기 위함이니 그분께 충실한 모든 이에게 영광이어라."(시편 149, 9) 게다가 재판관을 도움으로써 성인들은 삶을 올바르게 살았다는 사실에 따라 사악한 이들에게 선고를 내린다.

세 번째는 심판에 동반되는 주님 수난의 표(表)들, 즉, 십자가, 못, 그분 상처의 흔적들이다. 첫째, 영광스러운 승리의 증거이다. 그러니 그 표들은 영광 중에 눈부시게 빛나며 나타날 것이다. 이런 이유로 마태오 복음서를 주석한 크리소스토모는 "십자가와 상처들은 태양 광선보다 더욱 밝게 빛날 것입니다."라고 말한다. 또한 십자가의 놀라운 능력을 숙고하라. 태양은 어두워질 것이고 달은 자신의 빛을 내지 않으며, 십자가가 달보다 얼마나 더 빛나는지, 태양보다 얼마나 더 아름다운지 배울 수 있을 것이다. 둘째, 그 표는 선한 사람들을 구원하는 자비가 얼마나 큰지를 보여주는 자비의 증거이다. 셋째, 그 표들은 그분이 선한 사람들을 위해 흘린 보혈(寶血)을 아무렇지도 않게 여긴 사악한 사람들이 어떻게 공정하게 단죄를 선고받았는지 명백하게 보여주면서 그분의 정의를 설명한다. 마태오 복음서에 대한 주석에서 크리소스토모가 말한 것처럼, 그분은 다음과 같은 말들로 그들을 나무랄 것이다. "너희를 위해서 나는 사람이 되었고, 결박당하였고 조롱받았고 채찍을 맞았고 십자가형을 받았다. 그런데 너는 내 피의 값에 대한 대가로 나에게 무엇을 주었느냐? 나는 사람으로 온 하느님이지만, 나의 영광보다 너희를 더 높이 들고 있었다. 그리고 너희는 나를 너희의 모든 소유물보다 더 낮게, 몹시 하찮게 생각하였다. 세상에서 가장 가치 없는 것들을 나의 선함과 나의 믿음보다 더 소중하게 사랑하였다." 여기까지는 크리스소스토모의 말이다.

네 번째, 심판하시는 분의 엄격함을 명심하라. "그분은 전능하시기 때문에 어떤 두려움도 그분에게 영향을 미칠 수 없습니다." 그렇게 크리소스토모가 말했다. 그분에게 저항할 수 있는 어떤 힘도 없고, 그분에게서 도망칠 가능성도 없다. 베르나르도는 "그분은 매우 부유하기 때문에 뇌물이 그분을 부패하게 할 수 없습니다."라고 말한다. 그리고 아우구스티노는 "순수한 마음이 예리한 말보다, 선한 양심이 꽉 찬 지갑보다 더 쓸모가 있을 때, 그분은 그날 올 것입니다. 그분은 말에 속지도, 선물로 동요되지도 않습니다." 심판의 날이 기다리고 있고 가장 공정한 심판이 올 것이다. 그분은 영향력 있는 사람들을 우러러보지 않고 어떤 주교나 아빠스(abbas), 백작도 금과 은으로 그분의 궁전을 부패시킬 수 없을 것이다. 미움은 선한 분에게 덤벼들 수 없기 때문에 모든 것이 선한 그분은 증오에 의해 움직이지 않는다. 지혜서 11장은 "당신께서 지어내신 것을 싫어하실 리가 없기 때문입니다."(11, 24) 그분은 가장 공정하고 심지어 가짜 그리스도인인 자기 형제들조차도 석방하도록 허락하지 않을 것이기 때문에, 사랑도 그분을 만류하지 않을 것이다. "아무도 형제를 구원할 수 없다."(시편 49, 8) 그분은 전지(全知)하기 때문에 실수를 범하지 않을 것이다. 레오(Leo) 교황은 말한다. "아랑곳하지 않는 사람들을 꿰뚫는 그분의 통찰력은 위대해서 모든 비밀이 밝혀지고, 모호한 것들이 명백해지고, 말 못하는 사람들이 대답하고, 침묵으로 고백하시며 심지어 말없이 생각을 말합니다. 그래서 그분의 지혜는 너무 크고 위대해서 변호사의 변론, 철학자의 궤변, 웅변가의 유려한 연설, 영민한 자들의 섬세함까지도 모두 보잘 것 없게 만들어버립니다." 그리고 예로니모는 주석하였다. "말문이 막힌 벙어리가 언변이 유창한 사람보다, 목자가 철학자보다, 시골사람이 웅변가보다 더 좋겠습니까? 멍청이의 중얼거림이 키케로(Cicero)의 명석한 논쟁보다 어떻게 더 나을 수 있습니까?"

다섯 번째, 무서운 고발자가 있을 것이다. 사실 세 명의 고발자가 죄인들에 대항할 것이다. 첫 고발자는 악마일 것이다. 아우구스티노는 기록하였다. "악마는 그때 우리 고백의 말들을 암송하고, 우리의 잘못과 죄를 지은 장소와 시간을 토출하면서 죄를 지은 순간에 우리가 어떤 선한 행동을 했어야 하는지를 쏟아내며 그 자리에 있을 것입니다. 그런 다음 악마는 말할 것입니다. '오 가장 공정한 재판관이여, 이 죄인은 자신이 지은 죄로 인해 저의 것이라는 판결을 내려주소서. 그는 당신의 은총에도 당신 것이 되는 길을 선택하지 않았기 때문입니다. 그는 본성적으로 당신의 것이지만 비참하게도 제 것이 되었습니다. 당신의 수난으로 당신 것이었지만 나의 설득으로 내것이 되었습니다. 그는 당신에게 불복종하고 나에게 복종하였습니다. 그는 당신에게서 불멸의 예복을 받고, 나에게서는 누더기를 받았지만 당신의 예복은 벗어버리고 제가 준 누더기를 입고 내 것으로서 이곳에 왔습니다. 오 가장 공평한 재판관들이여, 그는 나의 것이고 나와 함께 지옥에 떨어져야 합니다.' 그러한 사람은 불행하여라! 악마와 함께 벌받아 마땅한 죄인이 어떻게 입을 열수 있겠는가!" 여기까지는 아우구스티노의 말이다.

그 다음 고발자는 그 자신의 죄일 것이다. 자신이 지은 각각의 죄들이 자신을 고발할 것이다. 지혜서 4장은 "자기들의 죄가 낱낱이 헤아려질 때에 그들이 떨며 다가오면 그들의 죄악이 그들을 면전에서 고발할 것이다."(지혜 4, 20) 베르나르도는 기록하였다. "그때 그의 모든 행위가 말할 것입니다. '네가 우리에게 행하였고, 우리는 너의 행동들이다. 우리는 항상 너와 함께 할 것이고, 심판에 너와 함께 갈 것이다.'" 많은 갖가지 범죄가 그의 고발자가 될 것이다.

마지막 고발자는 온 세상일 것이다. 그레고리오가 하는 말을 들어라. "만일 누가 너를 고발했냐고 물으면, 나는 '온 세상이다. 창조주가 기분이 상할 때, 온 피조물도 기분이 상한다.'" 크리소스토모는 마태오 복음서를 주석하였다. "우리의 죄를 증명하는 하늘과 땅, 물, 태양과 달, 밤과 낮, 온 세상이 하느님 앞에서 우리에 반대하는 그날, 이에 대응하여 우리가 말할 수 있는 것은 아무것도 없을 것입니다. 그리고 만일 모든 것이 침묵할 지라도, 우리의 생각들, 특히 우리가 한 일들이 우리 반대편에 서서 하느님께 우리를 단호하게 고발할 것입니다."

여섯 번째, 그곳에는 과오를 범하지 않은 증인이 있을 것이다. 죄인은 자신에 대항하는 세 명의 증인이 확실히 있다. 첫 증인은 그분의 위에 있는, 즉 재판하고 목격한 하느님일 것이다. 예레미야서 29장은 "나는 재판관이고 증인이다. 주님의 말씀이다."(예레 29, 23) 다음 증인은 그의 안에 있는 양심일 것이다. 아우구스티노는 "누구든 미래에 받을 심판을 두려워하는 사람은 현재 자신의 양심을 바르게 하십시오. 왜냐하면, 당신이 행한 일을 이야기해주는 것은 바로 당신 양심의 증언입니다." 마지막 증인이 그의 곁에 있을 것이며, 그 자신의 천사는 수호자로 임명될 것이다. 그리고 그가 하였던 모든 것을 아는 천사는 그에게 불리한 증거를 가지고 올 것이다. 욥기 20장에서 "하늘은 (즉, 천사들은) 그의 부당성을 밝힐 것이다."(욥 20, 27)

일곱 번째, 이 모든 것에 대한 죄인의 자책(自責)이 있다. 그래서 그레고리오는 말한다. "오 단죄를 받은 사람들의 길이 얼마나 좁은가! 그들 위에는 화가 난 재판관이, 그들 아래에는 무서운 심연이, 오른편에는 그들을 고발하는 죄들이, 왼편에는 그들을 고통으로 끄는 수많은 악령이, 그들 안에는 불타는 양심이, 밖에는 불타는 세상이 지키고 있다. 그래서 곤란을 겪는 죄인이 어디로 도망칠 수 있을까? 숨는 것은 불가능하고, 자신을 드러나 보이는 것은 더욱 견딜 수 없습니다."

여덟 번째, 선고는 변경할 수 없다. 그 선고는 결코 철회될 수 없기 때문에 어떤 상고도 할 수 없다. 선고에 대한 상고가 허용되지 않는 세 가지 이유가 있다. 첫 이유는 재판관의 최상권(最上權)이다. 왕국에서는 왕 위에 아무도 없기 때문에 왕의 왕국에서 그분의 선고에 대해 상고할 수 없다. 황제나 교황을 거스를 수 없는 것과 마찬가지이다. 모든 사람에게 그 범죄의 명백한 증거로 알려졌기 때문에 상고를 할 수 없는 것이 둘째 이유다. 집행을 연기하면 해악이 일어날 수 있기 때문에, 소송은 연기될 수 없다는 것이 셋째 이유다. 그래서 본 사건의 경우 상고는 가능하지 않다. 재판관은 최상위에 있다. 그 위에 아무도 없고 그분은 자신의 영원함, 자신의 위엄, 자신의 능력으로 모든 것을 뛰어넘는다. 황제나 교황이 하느님께 상고하는 몇 가지 방법이 있을 수 있으나, 더 높은 사람은 아무도 없기에 하느님에게서 누구든지 다른 사람에게 상고할 수 없다. 뿐만 아니라 그 범죄는 분명하다. 그러니 단죄를 받은 사람들의 모든 범죄와 악행은 그때 알려지고 드러나게 될 것이다. 예로니모는 "우리의 행위들이 그림을 그려놓은 것처럼 뚜렷하게 보일 때 그날이 올 것입니다." 마지막으로 그 사건은 연기되지 않을 것이다. 지연될 아무 이유가 없다. 모든 것이 순식간에, 눈 깜빡할 사이에 이루어질 것이다.

⋯⟩ 2 ⟨⋯

성 안드레아 사도

안드레아(Andreas, Andrew)는 '남성', '남자'를 의미하는 "안데르"(ander)에서 유래되어 '아름다운', '응답하는', '남자다운'으로 해석된다. 그리고 '위에'라는 의미의 "아나"(ana)와 '선회'(旋回)라는 의미의 "트로포스"(tropos)에서 파생된 안트로포스(anthropos), 즉 안드레아는 '남자'라는 뜻과 같다. 그래서 안드레아는 천상의 것을 향하여 위로 향하고 자신의 창조주에게 들어 올려진 사람이었다. 안드레아는 자신의 인생에서 아름다웠고, 지혜로운 교리에 응답하고, 고통 중에서도 늠름하고, 영광 속에서 들어 올려졌다. 아카이아(Achaia)의 신부들과 부제들은 직접 목격했던 안드레아의 순교를 기록했다.

안드레아와 몇몇 제자들은 우리 주님으로부터 세 번 부름을 받았다. 처음에 그분은 자신을 알리기 위해 그들을 부르셨다. 그날은 안드레아가 스승 요한과 다른 제자와 함께 서 있던 날로, 요한이 "보라, 세상의 죄를 없애시는 하느님의 어린양이시다."(요한 1, 29)라고 말하는 것을 들었다. 그 즉시 그와 다른 제자는 예수가 살던 곳으로 가서 보았고, 하루 종일 예수와 함께 머물렀다. 그리고 난 후에 안드레아는 형 시몬(Simon)을 예수에게 데리고 간 후, 다음날 본래 직업인 어부로 돌아갔다. 후에 예수가 그들을 두 번째로 불렀을 때는 자신의 친구로 부르셨다. 갈릴래아 바다로 불리던 겐네사렛 호숫가로 수많은 군중과 함께 온 예수는 안드레아와 시몬의 배로 갔고, 그분의 명령에 따라서 안드레아와 시몬은 많은 물고기를 낚았다. 그때 안드레아는 다른 배에 있던 야고보(Iacobus)와 요한(Ioannes)을 불렀고, 그들은 주님을 따랐고, 그 후에 다시 어부로 돌아갔다. 그러나 예수는 이내 그들을 다시 불렀고, 이때는 자신의 제자가 되도록 부르셨다. 어느 날 같은 호수(겐네사렛 호수) 옆을 걷던 예수는 그들에게 그물을 한쪽으로 던지도록 신호를 보내며, "나를 따라오너라. 내가 너희를 사람 낚는 어부로 만들겠다."(마태 4, 19)라고 말씀하셨다. 그러자 그들은 그분을 따랐고 본래 직업인 어부로 돌아가지 않았다. 게다가, 마르코가 3장에서 "당신께서 원하시는 이들을 가까이 부르시니 그들이 그분께 나아왔다. 그분께서는 열둘을 세우시고"(마르 3, 13-14)라고 기록하였듯이, 네 번째로 주님은 안드레아를 자신의 사도가 되도록 부르셨다.

주님의 승천 후 사도들은 뿔뿔이 흩어졌고, 마태오가 에티오피아(Ethiopia)로 불리던 무르군디아(Murgundia)로 갔던 반면, 안드레아는 스키티아(Scythia)로 갔다. 그러나 에티오피아 사람들은 마태오의 설교에 귀 기울이지 않고 그의 눈을 뽑고, 쇠사슬로 묶고, 단시일 내에 처형하기 위해 감옥에 가뒀다. 그 사이에 주님의 천사가 안드레아에게 나타나서 복된 마태오가 있는 에티오피아로 가라고 지시했다. 안드레아가 어떻게 가는지 모른다고 대답하자, 천사는 그에게 해변으로 가서 만나는 첫 배에 승선하라고 명령했다. 안드레아는 지체없이 행하였고, 그 배는 순풍을 타고 마태오가 있는 도시까지 신속하게 갔다. 이후 그를 안내한 천사는 복음사가 마태오가 있는 감옥으로 가게 했다. 마태오를 만난 안드레아는 많이 울었고 기도하였다. 그리고 주님은 기도의 응답으로 믿지 않는 사람들의 잔인함이 앗아갔던 마태오의 시력을 회복시켜 주었다.

그 다음에 마태오는 그곳을 떠나 안티오키아로 갔다. 안드레아는 무르군디아에 계속 머물렀고, 죄수를 탈옥시킨 것에 격분한 주민들은 안드레아를 체포해서 손을 묶고 이리저리 끌고 다녔다. 그의 몸에서는 피가 넘치도록 흘렀으나 자신을 괴롭히는 사람들을 위해 하느님께 끊임없이 기도했고 마침내 주민들을 개종시켰다. 그런 후 안드레아는 아카이아로 떠났다. 여기까지가 적어도 우리가 알고 있는 내용이다. 그렇지만 필자는 이 이야기를 믿기가 매우 어렵다. 왜냐하면 위대한 복음사가 마태오 스스로도 위기상황에서 벗어나지 못했는데 안드레아가 그렇게 쉽게 마태오를 구출하고 치유했다고 암시하는데 그럴 가능성이 매우 낮고 믿기 어렵기 때문이다.

귀족 가문의 한 젊은이가 성 안드레아에 의해 개종한 후 부모의 뜻을 거역하고 안드레아와 함께 하자, 젊은이의 부모는 아들이 사도와 함께 사는 집에 불을 질렀다. 불길이 그들 키만큼 치솟았을 때, 그 젊은이가 불 위에 유리병에 든 물을 뿌리자 불이 꺼졌다. 그때 부모는 "우리 아들이 마법사가 됐구나!"라고 소리쳤다. 부모는 사다리를 타고 올라가서 아들을 구하려고 애썼다. 그러나 하느님께서는 부모의 눈을 멀게 했고, 더 이상 사다리의 가로대를 볼 수 없었다. 그곳을 지나가던 한 사람이 외쳤다. "왜 그런 수고를 합니까? 당신들은 하느님께서 그들을 위해 싸우고 계신 것을 보지 않았습니까? 당장 멈추시오, 그러지 않으면 하느님의 진노가 당신들 위로 떨어질 것입니다!" 이것을 목격한 많은 사람이 주님을 믿었다. 그 젊은이의 부모는 50일 후에 죽었다.

살인자와 결혼한 여자가 아이를 낳으려고 하였으나 출산할 수가 없었다. 그녀는 자매에게 말했다. "나를 위해 우리의 디아나(Diana) 여신에게 가서 기도해라." 그 자매는 기도했지만, 디아나가 아닌 악마가 "나는 너를 위해 아무것도 할 수 없으니, 나를 부르는 것은 의미가 없다. 대신에 안드레아 사도를 찾아가라. 그가 너의 자매를 도와줄 수 있을 것이다."라고 대답했다. 그래서 그녀는 성 안드레아를 찾아서, 병든 자매가 누워있는 침대 옆으로 데려갔다. 안드레아는 그녀에게 말했다. "당신은 고통받아 마땅합니다. 당신은 잘못된 결혼을 하였고, 잘못된 임신을 하였으며, 악마에게 부탁했습니다. 그러니 회개하십시오. 그리스도를 믿으십시오. 그러면 당신은 출산하게 될 것입니다." 그 여자는 믿음으로 행동하였고 사산아(死産兒)를 낳았다. 그러자 그녀의 고통이 사라졌다.

니콜라오라는 이름의 노인이 안드레아에게 와서 말했다. "스승님, 저는 지금 70세이고, 늘 성욕의 죄를 짓고 있습니다. 그래서 저는 복음을 읽고 하느님께서 저에게 절제의 선물을 주시길 기도합니다. 하지만 강한 성욕을 참을 수가 없고, 다시 사악한 길로 빠집니다. 성욕에 이끌려 제 사람에게 복음을 전하는 것을 잊어버리고 사창가로 갑니다. 그런데 저를 본 매춘부가 외쳤습니다. '나가세요, 노인 양반, 여기서 나가세요! 날 건드릴 생각 하지 말고, 내 가까이 오려고 애쓰지도 마세요. 나는 당신에게서 경이로운 것들을 보았고, 당신이 하느님의 천사라는 것을 알았습니다!' 그녀의 말에 놀란 저는 제가 복음을 전했다는 것을 기억했습니다. 하느님의 거룩한 분이시여! 이제 제가 구원을 얻도록 당신께서 기도해 주십시오!" 이야기를 모두 들은 안드레아는 울기 시작했고 몇 시간 동안 계속 기도했다. 그런 후에 "나는 주님께서 이 노인에게 측은한 마음을 가진다는 것을 깨달을 때까지 아무것도 먹지 않을 것입니다."라고 말하며 식사를 거부했다. 단식을 시작한 지 5일 후에 그에게 한 음성이 들려왔다. "안드레아, 당신의 기도가 허락되었습니다. 하지만 당신이 니콜라오를 위해 단식하고 고행했던 것처럼, 그가 구원받기 위해서는 당신과 똑같은 단식을 해야 합니다." 노인은 그 말씀을 따랐다. 그는 6개월 동안 빵과 물만 먹으며 단식했고, 이후 많은 선행을 마치고 평화로이 잠들었다. 그리고 안드레아는 또다시 음성을 들었다. "너의 기도가 잃어버렸던 니콜라오를 나에게 돌아오게 하였다."

그리스도인 한 젊은이가 비밀리에 성 안드레아에게 말했다. "어머니가 제 훌륭한 몸을 보고는 나쁜 짓을 하려고 했습니다. 거부하자, 어머니는 재판관에게 가서 저를 가해자로 고소했습니다. 저는 제 자신을 변호하지 않을 것이니 저를 위해 기도해 주시고 부당한 죽음에서 구해주십시오. 저는 어머니의 수치를 드러내느니 차라리 죽겠습니다." 젊은이가 재판관 앞으로 소환될 때 안드레아가 함께 갔다. 어머니는 아들이 자신을 성폭행하려 했다고 끈질기게 기소했고, 사실여부를 확인하기 위해 몇 차례나 심문했음에도 불구하고 아들은 한 마디도 하지 않았다. 그때 안드레아가 어머니에게 말했다. "오, 여자의 잔인함이여, 당신의 욕정이 유일한 아들을 죽음으로 내모는 것도 꺼리지 않게 만들었구나!" 그 여자는 재판관에게 말했다. "재판관님, 제 아들이 저를 성폭행하려다가 실패한 후 이 남자에게 들러붙었습니다." 이 말에 몹시 화가 난 재판관은 젊은이를 역청(pitch)과 타르(tar)를 칠한 자루에 집어넣어 강으로 던지고, 안드레아에게는 사형집행을 위한 고문 방식이 결정될 때까지 감옥에 가두라고 명령했다. 그러나 안드레아는 기도했고, 그 결과 엄청난 천둥소리가 모두를 두려움에 떨게 했고 거대한 지진이 그들을 땅에 내동댕이쳤다. 그리고 벼락을 맞은 그 어머니는 말라비틀어지고 바스러져 재가 되었다. 다른 사람들은 안드레아에게 자신들이 해를 입지 않도록 기도해 달라고 애원했다. 안드레아가 그들을 위해 기도하자 폭풍이 잠잠해졌다. 이것을 본 재판관과 그의 가족 모두 믿음을 받아들였다.

사도 안드레아가 니케아(Nicaea) 시로 갔을 때, 그 도시 사람들은 일곱 악마가 도시 성문 밖에 진을 치고, 그 길을 지나가는 모든 사람을 죽이고 있다고 말했다. 성인은 사람들이 지켜보는 가운데 그 악령들에게 나오라고 명령했고, 악령들이 즉시 개의 모습으로 나왔다. 사도는 개들에게 아무에게도 해를 끼칠 수 없는 장소로 떠나라고 명령했다. 악마들은 즉시 사라졌고, 기적을 목격했던 사람들은 그리스도에 대한 믿음을 받아들였다. 그러나 안드레아가 다른 도시의 성문에 도착했을 때, 한 젊은이의 시신을 매장하려고 운반하는 것을 보게 되었다. 무슨 일이 일어났었는지 묻자, 일곱 마리의 개가 침대에 있는 젊은이를 죽였다고 대답했다. 사도는 눈물을 흘리며 외쳤다. "주님, 그들은 제가 니케아에서 쫓아냈던 일곱 악령입니다." 그리고 나서 안드레아는 젊은이의 아버지에게 말했다. "만일 내가 당신의 아들을 소생시키면 당신은 무엇을 줄 수 있습니까?" 아버지는 "제 아들보다 더 소중한 것을 가지고 있지 않습니다."라고 대답했고, "그러니 저는 당신에게 아들을 드리겠습니다." 그리고 안드레아가 주님에게 기도하자 젊은이는 일어났고 그를 따랐다.

40명의 사람이 안드레아에게서 믿음의 말씀을 받으려고 바닷길로 오고 있을 때, 악마가 폭풍을 일으켜 모두가 익사했다. 시신들이 파도에 밀려 기슭으로 올라왔다. 사도는 신속히 달려가서 그들을 되살렸고, 그들은 자신들이 겪은 일을 모두 이야기했다. 우리가 안드레아의 성무일도에서 나온 찬미가에서 읽은 내용이다.

젊은이들 40명
바다의 파도로 익사하였으나
그가 살려내었다.*

　　그 후에 복된 안드레아는 아카이아에 정착을 했고, 도시가 성당으로 가득 찼으며 많은 사람을 그리스도교 신앙으로 이끌었다. 안드레아는 그들 중에서 지방 총독[前執政官, proconsul] 에게우스(Aegeus)의 아내를 개종시키고 세례를 주었다. 에게우스는 이를 듣자마자 파트라스(Patras) 마을로 가서 그리스도인들에게 우상을 향해 제사를 드리라고 명령했다. 그때 안드레아는 에게우스를 만나러 왔고 "당신은 땅에서 사람을 재판할 권리를 부여받았습니다. 이제 당신이 해야 하는 것은 하늘에 계신 당신의 재판관을 인정하고, 그분을 경배하고 거짓된 신들로부터 완전히 돌아서는 것입니다"라고 말했다. 에게우스: "당신은 최근에 로마 황제들이 제거 명령을 내린 그 미신적인 종파를 설파한 안드레아구나." 안드레아: "그것은 로마 황제들이 하느님의 성자께서 이 땅에 오셨다는 것과 너희들의 우상은 악령이고 그들의 가르침은 하느님에 대한 공격임을 아직 깨닫지 못했기 때문입니다. 그래서 하느님은 분노하시어 우상을 경배하는 사람들을 외면하고 그들의 기도를 듣지 않으실 것입니다. 그리고 더 이상 하느님의 말씀을 듣지 못하는 그들은 악마에게 사로잡힐 것이고 벌거벗은 영혼이 자신의 육신을 떠날 때까지 악마에게 속을 것이며, 자신의 죄 외에는 아무것도 가져가지 못할 것입니다." 에게우스: "그래, 그런데 네가 믿는 예수는 이런 터무니없는 생각을 가르쳤기 때문에 십자가에 못 박힌 것이다." 안드레아: "그것은 우리에게 구원을 주려는 것이지 자신의 악행을 속죄하려는 것이 아니었으며, 그분은 십자가에서 극도의 고통을 자유롭게 받아들였습니다."

---

* Quaterdenos juvenes / Submersos maris fluctibus / Vitae reddidit usibus.

에게우스: "우리는 제자 한 명이 그를 넘기고 유다인들에게 잡혀 있다가 군인들이 십자가형을 내렸다고 알고 있는데, 어떻게 너는 그가 자유롭게 죽임을 당했다고 말하는가?"

그러자 안드레아는 다섯 가지 주장을 근거로 그리스도의 수난이 자발적이었음을 입증하려고 나섰다. 그리스도는 "보라. 우리는 예루살렘으로 올라가고 있다. 그리고 사람의 아들은 넘겨질 것이다."(마태 20, 18)라고 말하면서 자신의 수난을 예견하셨고, 그것을 제자들에게 예언하셨다. 베드로가 그분을 만류할 때, 예수는 말씀하셨다. "사탄아, 내게서 물러가라."(마태 16, 23) 예수는 "나는 목숨을 내놓을 권한도 있고 그것을 다시 얻을 권한도 있다."(요한 10, 18)라고 말하면서 자신이 죽음을 겪고 다시 일어날 수 있는 힘을 가졌음을 분명히 하셨다. 그분은 자신을 배반할 사람을 미리 알고 있었지만, 빵을 적셔서 그에게 주었고 피하려는 어떤 시도도 하지 않으셨다. 마지막으로 그 배반자가 자신을 넘겨주려고 올 것을 알고 있었음에도 그 장소를 선택하셨다. 안드레아 또한 이 모든 순간에 있었다고 선언했고, 십자가는 엄청난 신비였다고 덧붙였다. 에게우스: "그것은 신비가 아니고, 형벌일 뿐이다. 하지만 만일 네가 나의 명령을 거부한다면, 네가 말한 신비를 맛보게 할 것이다." 안드레아: "만일 내가 십자가의 고통이 두려웠다면, 십자가의 영광을 설교하지도 않았을 것입니다. 그러니 먼저 십자가의 신비를 당신에게 가르치게 해주십시오. 아마도 당신은 그 신비를 믿고, 흠숭할 것이고, 구원될 것입니다."

안드레아는 에게우스에게 이 신비가 얼마나 필요하고 적절한지를 다섯 가지 이유를 들어 증명하면서 구원의 신비를 설명했다. 첫 번째 사람 아담이 한 그루 나무로 세상 안으로 죽음을 가져왔기 때문에, 사람의 아들이 나무로 만든 십자가 위에서 죽음으로써 죽음을 추방해야 했던 것은 적절하였다. 죄인은 깨끗한 땅에서 만들어졌기 때문에, 화해자가 원죄 없으신 동정녀에게서 태어났어야 한다는 것은 적합했다. 아담이 금단의 열매를 향해 탐욕스러운 손을 뻗었기 때문에, 두 번째 아담이 십자가 위에서 자신의 죄 없는 손을 펼쳤어야 하는 것은 적합했다. 아담은 사과의 단맛을 보았고, 예수님은 쓸개의 쓴맛을 보아야 했다. 그리고 예수님은 사람에게 자신의 불멸성을 주고자 했기 때문에, 사람의 죽음을 취한 것은 적절한 바꿈이었다. 그 까닭은 만일 하느님이 사람이 되지 않았다면, 사람의 대답은 영원한 생명을 누릴 수 없었을 것이기 때문이다. 이를 모두 들은 에게우스는 "이런 지각없는 말들은 너의 사람들에게나 가서 가르치고, 지금은 그저 나에게 복종하고, 가장 강력한 신들에게 제사를 바쳐라!"였다. 그러자 안드레아는 "모든 사람이 잡아먹은 후에도 계속 살아있고, 저는 흠 없이 온전한 어린양을 날마다 전능하신 하느님에게 바칩니다."라고 말했다. 에게우스는 어떻게 그런 일이 가능한지 물었고, 안드레아는 대답했다. "당신이 그분의 제자가 되면 이야기 해드리겠습니다." 에게우스는 "그러면, 나는 너를 고문하여 대답을 들을 것이다."라고 격분하며 안드레아를 투옥시켰다.

다음 날 아침, 재판석에 앉은 에게우스는 "만일 네가 나에게 복종하기를 거부한다면, 네가 자랑한 십자가에 매달 것이다!"라고 말하며, 다시 우상들에게 제사를 바치라고 촉구했다. 그리고 에게우스는 다른 여러 고문으로 안드레아를 협박했다. 안드레아는 대답했다. "당신이 생각하는 최악의 고문을 하십시오! 나는 예수님의 이름으로 고통을 참을수록, 나의 왕에게 더 받아들여질 수 있습니다." 에게우스는 21명에게 안드레아를 붙잡고, 채찍으로 때리고, 고통이 더 오래 지속되도록 십자가에 손과 발을 묶도록 명령했다.

성인이 십자가로 끌려가는 동안, 수많은 군중이 모여 소리쳤다. "아무 잘못 없는 사람이 이유도 없이 피를 흘리도록 유죄 선고를 받았구나!" 그러나 안드레아는 군중에게 순교로부터 자신을 구하려고 애쓰지 않도록 간청했다. 그리고 저 멀리 십자가를 보면서 말했다. "만세, 그리스도의 몸으로 거룩해졌고 보석으로 그분의 팔다리를 꾸몄던 십자가여! 주님께서 네 위에 들어올려지기 전까지 너는 땅 위에서 심히 두려웠지만, 이제 너는 하늘로부터 사랑을 이끌어내고 축복으로 받아들여졌다. 나는 항상 너를 사랑하였고 너를 껴안기를 갈망하였으니 너에게 매달렸던 예수님의 제자인 나를 기쁘게 받아들일 수 있도록, 나는 확신과 큰 기쁨으로 너에게 왔다. 오 선한 십자가여! 주님의 지체로 영광스럽고 아름다운, 오랫동안 기다렸던, 끊임없이 사랑하였던, 쉬지 않고 찾았던, 그리고 이제 나의 희망의 마음으로 준비된 십자가. 나를 세상 사람들에게서 데려가고, 십자가를 도구로 나를 구원해주고, 십자가로부터 나를 받아주실 나의 스승님께 나를 돌려 보내다오." 그는 이런 말을 하면서 옷을 벗고, 십자가에 자신을 고정시킨 사형집행인들에게 그 옷을 주었다. 안드레아는 십자가에 매달려 이틀 동안 2만 명의 사람들에게 설교했다. 사흘째 되던 날 군중은 성인 같은 온화한 사람을 그렇게 고통받게 두어서는 안 된다고 말하면서, 지방 총독 에게우스를 죽일 듯이 위협하기 시작했다. 그러자 에게우스는 그 성인을 풀어주려고 왔다. 에게우스를 본 안드레아가 소리쳤다. "에게우스, 왜 여기에 왔습니까? 당신이 만일 용서를 구한다면, 용서받을 수 있을 것입니다. 그러나 만일 나를 십자가에서 끌어 내리려고 한다면, 나는 이미 나를 기다리는 나의 왕을 보았기 때문에 살아서 내려가지 않을 것입니다." 군인들이 안드레아를 풀어주려고 시도했지만, 손도 대지 못했다. 군인들의 팔은 허리에서 힘없이 떨어졌다. 한편, 사람들이 자신을 구출하기를 원한다는 것을 안 안드레아는 아우구스티노가 그의 책 《보속에 대하여》(De poenitentia)에서 인용한 것처럼 십자가에서 이 기도를 했다. "주님, 저를 살아서 내려가지 않게 하소서! 당신을 위하여 이 땅에 저의 육신을 맡길 시간입니다. 주님께서 이 육신을 저에게 맡기셨고, 저는 오랫동안 제 육신을 지키고 돌보며 매우 열심히 일했습니다. 이제 저는 이 순명에서 벗어나게 되고, 이 무거운 옷을 벗어 버리기를 원합니다. 제가 제 육신의 무거움을 견디려고, 자유분방함을 제어하려고, 나약함을 이기려고, 게으름을 극복하려고 힘을 다하였음을 고려해주십시오. 오 주님, 제 육신이 순수한 관상에서 저를 멀어지게 하고, 가장 고요하고 달콤한 휴식에서 저를 깨우려고 얼마나 애썼는지, 얼마나 많은 큰 고통이 저에게 엄습해왔습니까? 오 가장 친절하신 아버지, 저는 매우 오랫동안 육신의 공격에 저항하였고, 당신의 도움으로 스스로 제어하였습니다. 정의롭고 사랑하올 보상자(報償者)여, 제 육신을 더 이상 제 손에 맡기지 마시길 바랍니다! 저는 당신이 저에게 맡기신 것을 돌려드립니다. 제가 돌볼 필요가 없도록, 생명과 기쁨의 무궁한 근원이신 당신께 자유롭게 가기를 갈망하는 것처럼, 제 육신이 저를 방해하지도 억제하지도 않도록 땅에게 제 육신을 맡기소서." 여기까지는 아우구스티노의 말이다.

안드레아가 기도를 끝마쳤을 때, 눈부신 빛이 하늘에서 빛났고, 30분 동안 그를 감싸 시야에서 보이지 않았다. 그리고 그 빛이 점점 희미해졌을 때 그는 숨을 거두었다. 에게우스의 부인 막시밀라(Maximilla)는 그 거룩한 사도의 육신을 가져가서 예를 갖춘 장례식을 치렀다. 그리고 에게우스는 집으로 돌아가는 중에 악령에게 붙잡혔고 군중이 보는 가운데 길에서 죽었다.

밀가루 같은 만나와 향긋한 냄새가 나는 기름이 성 안드레아의 무덤에서 흘러나왔고, 이 표징으로 그 지역 사람들은 다음 해의 수확을 예측할 수 있었다고 한다. 흘러내리는 양이 적으면 수확은 빈약했고, 그 양이 많으면 수확량이 풍부했다. 이 이야기가 과거에는 사실이었을 수 있겠지만, 현재 안드레아의 시신은 콘스탄티노플로 옮겨졌다고 한다.

진심으로 신앙심이 깊은 한 주교가 다른 모든 성인보다 성 안드레아를 공경하며 "하느님과 성 안드레아의 영예를 위한" 간구(invocatio)와 함께 무엇인가를 시작하려고 했다. 이것이 악마의 질투를 불러일으켰고, 악마는 모든 교활함을 동원하여 주교를 속이려고 했다. 그래서 악마는 놀랍도록 아름다운 여자 모습을 하고 주교관에 와서 고해하고 싶다고 말했다. 주교는 자신이 적절히 임명한 고해신부에게 신청해야 한다고 전했지만, 그녀는 자기 양심의 비밀을 드러내 보일 수 있는 사람은 주교만이 유일하다며 거부했다. 마침내 주교는 허락하였고, 그녀는 말했다. "주교님, 제가 당신께 기도하니 저를 불쌍히 여겨 주십시오. 당신이 보시는 것처럼 저는 젊고 자애로움 속에서 양육된 왕족입니다. 저는 이곳에 홀로 순례자의 옷을 입고 왔습니다. 강력한 왕인 아버지는 저를 위대한 왕자와 혼인시키려고 했지만, 저는 그리스도께 평생 동정을 서약하였고 육체적인 관계에 결코 동의할 수 없었기 때문에 부부의 동침을 보류하겠다고 아버지에게 말했습니다. 아버지의 뜻에 굴복하거나 끔찍한 형벌을 겪는 어느 한쪽을 선택하여 제가 제 배우자와의 신의를 어기는 것보다는 차라리 유랑 생활을 하기로 마음먹고 몰래 도망쳤습니다. 당신 거룩함[聖性]의 명성이 저의 귀에 들려왔고, 제가 삶의 위험을 피하고, 시끄러운 세상의 장애에서 벗어나 거룩한 관상의 깊은 침묵을 좋아할 수 있는 장소를 당신과 함께 찾기를 희망하면서 저는 당신 보호의 날개 아래 피신하게 되었습니다."

주교는 그녀의 고귀한 혈통과 그녀의 열정과 능변(能辯)뿐만 아니라 외적 아름다움에 감탄하며 친절하게 대답했다. "나의 아이야, 두려워하지 말고 안심하거라. 그분은 네가 가진 모든 것, 너 자신, 너의 친척, 너의 모든 소유물을 포기했던 그 사랑 때문에 이승에서는 네 위에 은총을, 다음 생에서는 영광의 충만함을 담아줄 것이다. 나는 그분의 종으로서 나의 모든 것을 네게 준다. 네가 거주하길 원하는 어디든지 골라라. 그리고 오늘 너를 나의 식사 자리에 초대한다." 그녀: "오 주교님, 저를 초대하지 마십시오. 그것은 당신의 명성을 훼손시킬 수 있는 의혹을 불러일으킬 수 있습니다." 주교: "천만에! 그곳에는 다른 사람들도 참석할 것이고, 우리만 있지 않을 것이다. 어떤 것도 잘못된 것이 없으니 그 어떤 의심도 없을 것이다."

그래서 식탁에 함께 모였고, 그 여자는 주교를 마주 보고 다른 사람들은 양편으로 앉았다. 주교는 그녀의 얼굴에서 눈을 뗄 수 없었고 그녀의 아름다움에 감탄을 금할 수 없었다. 그녀에게 눈이 고정되었고, 그 영혼은 상처를 입었다. 이것을 깨달은 옛적 원수는 매혹적인 얼굴을 더욱 더 아름답게 만들면서 동시에 주교의 마음속 깊이 자신의 화살을 밀어 넣었다. 주교는 기회가 있을 때 여자에게 악행을 제안할 생각에 빠지기 직전이었는데, 갑자기 한 순례자가 와서 문을 쿵쿵 두드리며 큰 소리로 식탁에 들어오기를 요청했다. 아무도 낯선 사람에게 문을 열어주지 않았고 밖에서 나는 소리가 점점 커지자, 주교는 그 여자에게 순례자가 들어오도록 허락해도 괜찮겠냐고 물었다. 그녀가 응답했다. "우리가 그에게 매우 어려운 문제를 낼 것을 제안합니다. 만일 그가 만족할 만한 대답을 내놓는다면 들어오게 하시죠. 만일 아니라면 주교님 앞에 있을 자격이 없는 무식한 사람이니 쫓아내도록 하십시오!"

그 계획은 참석한 모두의 관심을 끌었고, 누가 문제를 내기에 충분히 지혜로운지 둘러보았다. 그때 주교는 그 여자에게 말했다. "우리 중에 당신만큼 잘할 수 있는 사람은 없습니다. 당신은 지혜와 달변에서 우리 모두를 능가하니, 그 문제를 제시해보십시오." 그래서 그 여자는 대답했다. "하느님께서 작은 형태로 만드셨던 가장 아름다운 것의 이름을 대라고 물어보세요." 그 질문은 심부름꾼을 통해 그 낯선 사람에게 전달되었다. "그것은 인간 얼굴의 다양성과 탁월함입니다. 왜냐하면, 세상의 시작부터 끝까지 많은 인간 존재들 사이에서 모든 점에서 서로 닮은 두 얼굴을 발견할 수 없고 존재하지도 않습니다. 그렇지만 비록 작은 면이지만 각각의 얼굴에, 하느님은 신체의 모든 감각의 자리를 마련하셨습니다." 이 해답은 함께 있는 사람들을 기쁘게 하였고, 그들은 "이것은 참되고 탁월한 대답입니다."라고 말했다. 그때 여자가 말했다. "두 번째이자 더 어려운 문제를 제안하시죠. 그래서 하늘보다 더 높은 땅의 지점이 어디인지 맞춘다면, 그의 지식 수준을 좀더 확실히 알 수 있습니다." 낯선 사람이 대답했다. "그곳은 최고천(最高天, caelum empyrium)에 있습니다. 왜냐하면, 그리스도의 몸이 그곳에 있기 때문입니다. 그리고 그리스도의 몸은 어떤 하늘보다 더 높은데, 그리스도의 몸은 우리의 육체로 만들어졌고, 우리의 육체는 흙으로 만들어졌습니다. 그러므로 그 점에서 땅은 하늘보다 더 높습니다." 이를 들은 참석자들은 낯선 사람의 지혜에 갈채를 보냈으나 여자는 다시 말했다. "이번 것은 훨씬 더 어렵고, 좀 더 모호하고, 그 어떤 사람들이 했던 것보다 더 풀기 어려운 다른 질문을 내야겠네요. 이것으로 그의 지식의 깊이를 헤아리도록 하시죠. 만일 대답한다면, 그는 주교님의 식탁에 앉을 자격이 있습니다. 그러니 그에게 땅에서부터 하늘까지 얼마나 먼지 물어보십시오." 순례자가 심부름꾼에게 답했다. "당신을 나에게 보냈던 그 사람에게 돌아가서 그 질문을 조심스럽게 전하십시오. 그가 하늘로부터 심연(深淵)으로 떨어졌을 때 그 거리를 횡단하였으니, 그는 내가 답하는 것보다 훨씬 더 그 대답을 잘할 수 있습니다. 나는 하늘로부터 떨어지지 않았기 때문에, 그 거리를 결코 측정할 수 없습니다. 그는 여자가 아니라 여자를 닮은 악마입니다." 자신이 들은 것에 겁을 먹은 심부름꾼은 안에 있는 사람들에게 그 이야기를 전하려고 서둘렀다. 사람들은 그 전갈에 혼란스러워하며 망연자실해졌고, 그 옛적 원수는 그들 가운데에서 사라졌다.

정신을 차린 주교는 몹시 자책했고 자기 잘못을 용서받기 위해 눈물로 기도했다. 주교는 그 순례자를 들어 오라고 문지기를 보냈으나 그 낯선 사람은 어디에서도 찾을 수 없었다. 그때 주교는 사람들을 불러 모아서 모든 일을 설명했고, 하느님께서 큰 위험으로부터 자신을 구하려고 낯선 사람의 신분으로 황송하게도 드러내 보이셨던 것에 단식과 기도를 해 달라고 부탁했다. 그 늦은 밤에 주교를 구하려고 순례자처럼 옷을 입고 왔던 사람은 성 안드레아였음이 주교에게 밝혀졌다. 그 후 그 주교는 거룩한 사도를 공경하는 데 더욱 열심히 했다.

한 도시의 총독이 성 안드레아에게 봉헌된 성당에 속한 들판의 소유권을 가져갔다. 주교가 기도를 하자, 총독은 그 죄에 대한 벌로 즉시 열병에 시달렸다. 그러자 총독은 주교에게 자신의 건강이 회복된다면 성당의 들판을 되돌려 주겠다고 약속하면서 자신을 위해 기도해 달라고 요청했다. 그러나 건강을 되찾자마자 총독은 그 들판을 도로 가져갔다. 그때 주교는 다시 기도에 의지했고, "주님께서 당신의 적에게 복수하시고 교회가 그 손실을 회복할 때까지 더 이상 불빛은 없을 것입니다."라고 말하면서 성당 안에 있는 모든 불빛을 꺼버렸다. 총독은 즉시 고열을 동반한 병에 다시 걸렸고, 그래서 훔친 들판과 동일한 크기의 다른 것을 돌려주겠다고 말하면서, 한 번 더 자신을 위해 기도해 줄 것을 주교에게 간청했다. 주교의 대답은 "저는 이미 기도하였고 하느님께서는 저의 기도에 응답하셨습니다."이었다. 총독은 직접 주교에게 갔고, 자신을 위해 다시 기도해 달라고 강요했으나 그 주교는 성당에 들어가지 않았다. 총독이 죽었고 들판은 성당에 반환되었다.

⋯⊱ 3 ⊰⋯

성 니콜라오

니콜라오(Nicolaus, Nicholas)라는 이름의 어원은 '승리'를 뜻하는 단어 '니코스'(nicos)와 '사람들'을 뜻하는 '라오스'(laos)에서 유래되었다. 따라서 니콜라오는 '사람들에 대한 승리' 즉, 비열한 '악에 대한 승리'라는 의미로 해석된다. 니콜라오는 자신의 삶과 교리를 통해 사람들이 죄와 악을 정복하도록 이끌었다는 점에서 '참다운 의미의 승리'로 해석할 수도 있다. 혹은 니코스를 '승리', 라우스를 '찬미'로 해석하여 '승리에 대한 찬미'라는 의미와 '니토르'(nitor)에서 유래한 의미로 보아 '빛나는 순결'과 라오스의 '사람들'이라는 의미가 합쳐져서 '사람들의 밝은 순결'이라는 의미로 해석되기도 한다. 암브로시오가 "진실한 고백, 거룩한 생각, 선행(善行)처럼 하느님의 말씀은 사람들을 깨끗하게 만듭니다."라고 설명했던 것처럼, 니콜라오는 자신 안에 순결함을 지니고 있었다.

성 니콜라오의 생애는 아르골릭스(Argolics)라고 불리던 아르고스(Argos)의 학자들이 썼다. 이시도로(Isidorus)에 따르면, 아르고스는 그리스에 있는 도시이며 그리스어로 아르골릭스라고도 불렸다. 그 외에 메토디오(Methodius) 총대주교가 그리스어로 썼고, 부제 요한(Johannes diaconus)이 내용을 많이 첨가하여 라틴어로 번역한 니콜라오의 전설을 우리가 읽고 있다.

파테라(Patera) 시민인 니콜라오는 부유하고 믿음이 강한 부모에게서 태어났다. 아버지 에피파네스(Epiphanes)와 어머니 요한나(Johanna)는 꽃다운 청춘의 나이에 니콜라오를 낳은 이후 순결한 생활을 했다. 니콜라오는 태어나서 첫 번째 목욕을 할 때, 욕조에서 똑바로 섰고 수요일과 금요일에만 한 번씩 젖을 먹었다. 그는 젊었을 때 성당에서 시간 보내는 것을 더 좋아하고 또래들의 방탕한 쾌락을 멀리했으며, 성경에 대해 이해하는 어떤 것이든 암기했다.

그는 돌아가신 부모에게서 물려받은 엄청난 재산을 칭찬받기 위해서가 아니라 하느님에게 영광을 드리기 위해 어떻게 사용할지 고민했다. 이때 귀족 출신이지만 매우 가난한 동료가 생계를 위해 비열하게 자신의 세 딸을 매춘시킬 생각을 하고 있었다. 이것을 들은 성인은 그 범죄를 혐오했지만, 다량의 금을 천으로 싸서 다른 사람의 눈에 띄지 않게 한밤중에 그 사람의 집 창문을 통해 던져주고 물러갔다. 아침에 일어나 금을 발견한 그 사람은 하느님께 감사를 드리고 큰 딸 결혼식을 치렀다. 그 후 오래지 않아 하느님의 종 니콜라오는 같은 일을 다시 했다. 이때 금을 발견한 그 남자는 큰 찬미를 터트리고, 자신의 극빈함을 구원하기 위해 누가 왔는지 살펴보기로 했다. 얼마 후에 니콜라오는 그 집안으로 두 배의 금을 던졌다. 그 소리에 남자는 깼고, "멈추시오! 멈추시오! 나에게서 숨지 마시오!"라고 소리치면서 달아나는 인물을 뒤쫓았다. 니콜라오는 더 빨리 달렸지만, 결국 그 남자는 니콜라오를 알아봤다. 그 남자는 땅에 엎드려 은인의 발에 입 맞추기를 원했으나, 니콜라오는 물러서면서 죽을 때까지 그 비밀을 지켜줄 것을 요구했다.

얼마 후 미라(Myra)의 주교가 죽었고, 계승자를 선택하기 위해 그 지방의 모든 주교가 모였다. 그들 중에는 대단한 권위를 지닌 주교 한 사람이 있었고, 그의 의견에 다른 사람들의 결정이 달려 있었다. 이 고위성직자는 다른 사람들에게 단식과 기도를 권고했다. 그리고 바로 그날 밤, 아침에 성당 문 앞에 서서 성당에 처음으로 들어오는 사람, 이름은 니콜라오이며 그를 주교로 축성하라고 말하는 목소리를 들었다. 고위성직자는 아침에 이 내용을 동료들에게 알렸고, 성당 문 앞에서 그를 기다렸다. 그 사이 하느님에 의해 기적적으로 인도된 니콜라오는 성당으로 일찍 갔고, 가장 먼저 들어갔다. 니콜라오에게 다가간 주교는 이름을 물었고, 비둘기*의 순박함으로 가득 찼던 그는 고개를 숙인 채 대답했다. "성하(Vestra Sanctitas)**의 종 니콜라오입니다." 그때 모든 주교가 그를 안으로 이끌어 주교좌에 앉혔다. 그러나 니콜라오는 영광 중에서도 이전의 겸손함과 엄숙한 태도를 항상 지켰다. 그는 기도로 밤을 보냈고, 고행하였고, 여자들의 모임을 피했다. 그는 겸손하였으며, 말에 설득력이 있었고, 조언에 단호했고, 책망할 때는 엄격했다. 한 《연대기》는 니콜라오가 니케아 공의회에 참석했다고 서술한다.

어느 날 바다의 거센 폭풍우에 위협을 받은 뱃사람들이 눈물을 흘리며 기도했다. "하느님의 종 니콜라오님, 만일 저희가 당신에 대해 들은 것이 사실이라면, 지금 당신의 도움을 체험하게 하소서." 그러자 즉시 성인을 닮은 사람이 나타나서 "당신들이 나를 불렀고, 나는 여기 있습니다!"라고 말했다. 그리고 돛과 밧줄과 그 배의 장비로 돕기 시작했고, 폭풍우는 즉시 잦아들었다. 이후 무사히 육지에 도착한 선원들은 곧바로 니콜라오가 있는 성당으로 갔고, 니콜라오를 직접 본 적이 없었음에도 즉시 그를 알아보았다. 선원들은 폭풍우의 위협에서 구조해준 것에 대해 감사했으나, 그는 자신의 공로에 의한 구조가 아니라 오직 하느님의 자비와 선원들의 믿음 덕분이니 하느님께 감사하라고 말했다.

성 니콜라오의 관구(管區)가 극심한 기근에 시달리는 시기가 왔었다. 곡물을 가득 실은 몇몇 배들이 항구에 정박해 있다는 소식을 들은 하느님의 사람은 지체없이 서둘러 가서 뱃사람들에게 각 선박에서 밀 백 포대씩을 굶주리는 사람들을 위해 도와달라고 간청했다. 그러나 뱃사람들은 "신부님, 저희 화물은 알렉산드리아에서 측정을 했고 황제의 곡물 저장고에 전체를 배달해야만 하기 때문에 도와드릴 수 없습니다."라고 대답했다. 그러자 성인은 "내가

---

* 비둘기는 성부, 성자, 성령으로 구성되어 있는 삼위일체로 구성된 하느님 중 한 분인 '성령'을 상징한다. – 역자 주
** '성하'는 교황에게 사용하는 존칭으로, 본문에 언급되고 있는 주교가 교황이라는 사실을 알려주는 것으로 보인다. 따라서 교황이 성 니콜라오를 주교로 서품했다는 뜻이다. – 역자주

당신들에게 말한 대로 하십시오. 황제의 세관원은 당신의 화물에서 빈 것을 발견할 수 없을 것임을 내가 하느님의 권능 안에서 약속합니다."라고 말했다. 이에 뱃사람들은 그렇게 하였고, 목적지에 도착했을 때 알렉산드리아에서 측정했던 것과 똑같은 양을 황제의 곡물 저장고에 넘겼다. 그들은 이 기적 소식을 퍼뜨렸고, 자신들의 성인 안에서 하느님을 찬미하였다. 한편, 니콜라오는 뱃사람들로부터 받은 곡물을 마을 사람들에게 분배하였고, 매우 기적적으로 2년 동안 모든 지방 사람들이 먹는 데 충분하였을 뿐만 아니라 씨뿌리기에도 충분히 공급되었다.

과거에 이 지방은 우상들을 숭배했었고, 심지어 성 니콜라오의 시대에도 사악한 여신인 디아나(Diana)에게 봉헌된 나무 아래에서 이교(異敎) 예식을 행하는 시골 사람들이 있었다. 성인은 이 우상숭배를 멈추기 위해 그 나무를 자르라고 명령했다. 이것이 물이나 돌에서도 불타는 비정상적인 기름을 만들었던 옛 원수를 극도로 화나게 만들었다. 그때 수녀승(monialis)으로 둔갑한 디아나가 성인을 방문하러 가는 사람들이 탄 배 옆으로 가서 그들을 불렀다. "나는 당신들과 함께 하느님의 거룩한 분에게 가기를 몹시 원하지만, 그럴 수가 없습니다. 저 대신 이 기름을 그분의 성당에 봉헌하고 저를 기념하여 벽에 발라주실 수 있겠습니까?" 그리고 곧 사라졌다. 그때 근처 배에 타고 있던 성 니콜라오와 매우 닮은 사람을 포함하여 정직해 보이는 사람들이 그 다른 배의 사람들에게 물었다. "저 여자가 무슨 말을 했고 무엇을 가져왔습니까?" 그 사람들은 무슨 일이 일어났었는지 경위를 설명했다. "그 여자는 수치를 모르는 디아나입니다."라고 그가 대답했다. "그리고 만일 그 증거를 원한다면, 그 기름을 물 위로 던지십시오." 그들이 기름을 바다에 던지자, 거대한 불길이 바닷물 위에서 타올랐고 자연의 이치를 거슬러 여러 시간 동안 탔다. 여행자들이 마침내 하느님의 종에게 와서 말했다. "정말로 당신은 바다에서 저희에게 나타나셨고 악마의 간계에서 구해주셨습니다."

그 무렵 그곳에 로마 제국에 대항하여 반란을 일으킨 부족이 있었고, 황제는 그들을 진압하라고 세 명의 지휘관(princeps) 네포시아누스(Nepotianus), 우르수스(Ursus), 아필리오누스(Apilionus)를 보냈다. 지휘관들은 역풍으로 어쩔 수 없이 아드리아 해 항구에 입항해야 했다. 니콜라오는 장날에 자주 등장하는 도독들을 피해 그들을 자신의 집으로 초대했다. 한편 성인의 부재 동안, 뇌물로 부패한 로마의 집정관(consul)이 세 명의 무죄한 군인을 참수하라고 명령했다. 이것을 들은 거룩한 사람은 세 지휘관에게 동행해 줄 것을 요청했고 사형이 집행될 장소로 서둘러 갔다. 그곳에서 이미 무릎을 꿇고 얼굴이 가려진 사형수들의 머리 위에서 칼을 휘두르는 사형집행인을 보았다. 니콜라오는 사형집행인에게 몸을 던져 칼을 잡아챘고, 그 무죄한 사람들을 무사히 풀어주었다. 그러고는 그 집정관의 본부로 서둘러 가서 잠겨 있던 문을 억지로 열고 들어갔다. 니콜라오는 황급히 마중나온 집정관을 퇴짜 놓으며 말했다. "하느님의 적인 당신, 법의 왜곡자여, 어떻게 감히 당신의 양심으로 그렇게 엄청난 죄를 짓고 우리를 볼 수 있느냐?" 니콜라오는 집정관을 마구 야단쳤는데, 지휘관들이 간청하였고, 그 사람이 뉘우치는 것을 보이자 너그럽게 용서했다. 그리고 황제의 사절들은 주교의 축복을 받은 후 목적지를 향해 떠났고 피 흘림 없이 반란을 평정했다. 황제는 성공리에 임무를 마치고 돌아온 지휘관들에게 화려한 환영 연회를 열어 주었다.

그러나 지휘관들의 행운을 부러워한 일부 다른 조신(朝臣)들이 제국의 총독을 매수하여 그 지휘관들을 불경죄로 황제에게 고발토록 했다. 그 고발로 인해 황제는 제정신이 아니었고, 피고인들을 즉시 감옥에 가두고 그날 밤에 재판 없이 사형에 처하라고 명령했다. 간수에게서 이 명령을 들은 그 세 사람은 자신들의 옷을 찢으며 비통하게 울었다. 그때 그들 중 한 사람인 네포시아누스가 복된 니콜라오가 얼마 전에 자신들이 보는 앞에서 세 명의 무죄한 사람들을 죽음에서 구했던 것을 기억해 냈고, 그 거룩한 사람의 도움을 간구하자고 제안했다. 그들의 기도 결과로 성 니콜라오가 그날 밤 콘스탄티누스 황제에게 나타나 말했다. "왜 당신은 세 지휘관을 부당하게 체포하고 무죄임에도 불구하고 사형 선고를 내렸습니까? 서두르십시오, 일어나서 즉시 그들을 석방하십시오! 그렇지 않으면 저는 하느님께 기도하여 전쟁을 일으켜 당신을 물리치고 짐승의 먹이가 되게 할 것입니다." 황제: "밤에 내 궁전에 와서 이렇게 말을 하는 너는 누구냐?" 니콜라오: "저는 미라 시의 주교인 니콜라오입니다." 성인은 또한 그날 밤 그 총독에게 나타나 "생각이 없고 분별없는 사람아, 왜 너는 죄 없는 사람들을 죽이려는 것이냐? 즉시 가서 그들을 석방시켜

라. 만일 네가 그러지 않으면 네 몸은 벌레들에게 게걸스럽게 먹힐 것이고, 네 집은 즉시 파괴될 것이다."라고 말했다. 두려워진 총독이 대꾸했다. "그런 위협으로 우리에게 대응하는 당신은 누구십니까?" 그 거룩한 사람이 대답했다. "나는 미라 시의 주교 니콜라오입니다."

잠에서 깬 황제와 총독은 서로 자신들의 꿈을 이야기했고, 곧 세 지휘관을 불렀다. "환시로 우리를 속이려는 너희들은 마법사들인가?"라고 황제가 따지듯 물었다. 그들은 자신들이 마법사가 아니며 사형 선고를 받을 만한 아무것도 하지 않았다고 대답했다. 그러자 황제가 말했다. "너희는 니콜라오라는 사람을 아느냐?" 그 이름이 나오자 세 사람은 하늘을 향해 손을 올리고 성 니콜라오의 공로로 자신들이 처한 위험에서 구해주시도록 하느님께 기도했다. 그리고 황제는 그 지휘관들로부터 성인의 생애와 기적들을 들은 후 말했다. "가라, 그리고 니콜라오의 기도로 너희들을 구해주셨던 하느님께 감사드려라. 또한 니콜라오에게 내 선물들을 가져가서 더 이상 우리를 위협하지 말고 주님께 나와 내 치세(治世)를 위해 기도하라고 부탁해라."

며칠 후에 그 지휘관들은 하느님의 종 니콜라오를 방문하러 와서 발 앞에 엎드리고 말했다. "진실로 당신은 하느님의 종이시고, 진실로 당신은 그리스도를 사랑하고 경배하십니다." 그리고 자신들에게 일어났던 모든 것을 말했다. 성인은 하늘을 향해 손을 들고 하느님께 진심 어린 찬양을 드렸고, 지휘관들에게 믿음의 진리를 가르친 후 집으로 돌려보냈다.

성인은 주님께서 자신을 부르실 때, 그분의 천사들을 보내달라고 기도했다. 그리고 천사들이 오는 것을 보았을 때, 머리를 숙이고 "주님, 당신 안에 희망이 있습니다."(In te Domine speravi)*시편을 암송하였고, "주님, 제 영을 아버지 손에 맡깁니다."(In manus tuas Domine commendo spiritum meum, 루카 23, 46)라는 말을 하고 하늘의 음악 소리에 자신의 영혼을 내쉬었다. 이 일은 343년에 일어났다. 그는 대리석 무덤에 묻혔고, 그의 머리에서 기름이, 발에서는 물이 샘처럼 흘러나오기 시작했다. 심지어 현재도 그의 지체에서 성유(聖油)가 나와 많은 이에

성 니콜라오

3

* 성 암브로시오의 사은 찬미가(Te Deum)에 나오는 구절로, 우리 말 기도문에서는 "주님, 저희가 주님께 바라오니"라고 번역하였다. – 역자 주

게 건강을 가져다 준다고 한다.

어느 날, 이 기름이 흐르는 것이 멈추었다. 이것은 성 니콜라오의 계승자가 경쟁자들의 질투로 주교좌에서 쫓겨났을 때 일어났다. 그러나 그 주교가 복위하자마자 그 기름은 다시 흘러나왔다. 오랜 후 튀르크 사람들이 미라 시를 완전히 파괴했다. 바리 마을에서 온 군인 47명이 지나가고 있는데, 네 명의 수도승들이 성 니콜라오의 무덤을 열어 주었고 군인들은 기름에 잠겨 있던 그의 뼈들을 서기 1087년에 바리로 옮겼다.

어떤 남자가 유다인에게서 가능한 한 빨리 상환할 것이라고 성 니콜라오의 제대에 맹세하며 약간의 돈을 빌렸다. 하지만, 약속된 날짜가 지나도 상환되지 않았다. 유다인은 빌려간 돈을 갚으라고 요구했지만, 그 남자는 이미 갚았다고 선언했다. 그 남자는 판사에게 소환되었고, 판사는 그 남자에게 빚을 갚았음을 맹세하라고 명했다. 하지만 그 남자는 속이 빈 지팡이 안에 그 돈을 집어넣었고, 맹세를 하기 전에 유다인에게 그 지팡이를 잠시 잡고 있으라고 요청했다. 그런 다음 그 돈을, 더구나 그 이상 돌려주었다고 맹세하고 나서 지팡이를 돌려받았다. 유다인은 그 계략도 모르고 지팡이를 건네주었다. 집에 돌아오는 길에 길가에서 잠든 그 남자는 빠른 속도로 달려온 마차에 치여 죽었으며, 지팡이가 부러지고 돈이 쏟아졌다. 이 사실을 전해 들은 유다인이 그 장소로 서둘러 갔고 그때서야 속임수를 간파했다. 그러나 구경꾼들이 그에게 돈을 집으라고 재촉했지만, 죽은 사람이 성 니콜라오의 공로로 소생하지 않는 한 돈을 집지 않겠다며 거절했다. 그리고 그렇게 된다면 자신이 그리스도인이 되고 세례를 받겠다고 했다. 즉시 그 죽은 사람이 되살아났고, 유다인은 예수 그리스도의 이름으로 세례를 받았다.

성 니콜라오의 기적을 본 다른 유다인이 성인의 동상을 주문해서 자기 집에 설치했다. 그는 오랫동안 멀리 떠날 때마다 동상에 대고 "니콜라오님, 저의 재산을 당신에게 맡기고 떠나니, 만일 부탁한 재산을 제대로 지켜주지 않으면 당신을 때려서 복수할 것입니다."라고 말을 했다. 그가 집을 비운 어느 날, 도둑들이 들어왔고 오직 그 동상만 남기고 모든 것을 훔쳐 갔다. 집에 돌아온 유다인은 도둑이 들었다는 것을 알고는 동상에게 말했다. "니콜라오님, 당신을 이 집에 둔 것은 제 재산을 지키도록 하기 위함이었는데, 왜 도둑들을 쫓아 보내지 않았습니까? 그러니 당신은 이제 대가를 치러야 할 것입니다! 저는 당신을 때려 산산이 부숨으로써 저의 손실을 만회하고 화를 가라앉힐 것입니다." 그리고 정말로 동상을 때려 부수었다. 그러나 그때 경이로운 일이 일어났다! 도둑들이 약탈품을 나누고 있을 때, 니콜라오가 나타나서 말했다. "내가 너희들 때문에 부서진 것을 보라! 내 몸은 여전히 멍투성이다! 빨리! 너희들이 훔친 것들을 돌려줘라, 안 그러면 하느님의 화가 너희들 위에 떨어질 것이다. 너희 죄는 모든 사람이 알게 될 것이고, 너희들 모두 교수형에 처해질 것이다." 도둑들은 "그런데 저희에게 말씀하시는 당신은 누구십니까?"라고 물었다. "나는 예수 그리스도의 종 니콜라오이다."라고 대답했다. "그리고 너희들이 훔쳤던 그 유다인이 복수로 나를 때려 부수었다." 겁에 질린 도둑들은 유다인의 집으로 달려가서 자신들에게 일어난 환시를 말했다. 유다인이 동상에 한 일을 니콜라오에게서 알게 되었고, 그의 모든 재산을 돌려준 후 올바른 생활로 돌아갔다. 그 유다인은 구세주에 대한 믿음을 받아들였다.

한 남자가 학교에서 문학을 배우는 아들에 대한 사랑으로 성 니콜라오의 축일을 매년 엄숙하게 기념했다. 어떤 특별한 이유로 소년의 아버지는 호화로운 연회를 열고 많은 성직자를 초대했다. 식사 중에 순례자처럼 옷을 입은 악마가 문을 두드리며 자선금을 요청했다. 아버지는 순례자에게 자선금을 가져다주라고 아들에게 지시했고, 아들은 문에서 순례자를 발견하지 못해 교차로까지 쫓아갔으나 악령이 그를 불러 세워 목 졸라 죽였다. 이를 전해 들은 아버지는 비탄으로 신음했고, 시신을 집으로 옮겨서 침대에 눕히고 울부짖었다. "오, 가장 소중한 아들아, 어떻게 이런 일이 너에게 일어날 수 있느냐? 성 니콜라오님, 이것이 지금껏 제가 당신께 바쳤던 존경에 대한 보답입니까?" 그런데 그가 말하는 동안, 그 아이는 마치 잠에서 막 깬 것처럼 눈을 뜨고 침대에서 일어났다.

한 귀족이 성 니콜라오에게 자신에게 아들을 허락해 주시길 주님께 기도해 달라고 요청하였고, 태어나는 아들과 함께 성인의 무덤으로 가서 금잔(金盞)을 봉헌하겠다고 약속했다. 그의 기도는 응답받았고 그는 금잔을 만들라고 지시했지만, 그 잔을 너무 좋아해서 그 잔을 자신이 갖기로 하고 비슷한 값어치의 다른 잔을 주문했다. 그 다음에 귀족은 성인의 무덤으로 여행하려고 아들과 함께 배를 탔다. 도중에 아버지는 아들에게 첫 번째 잔에 물을 조금 담아오라고 말했다. 소년은 잔에 물을 채우려다가 바다에 빠져서 행방불명되었다. 아버지는 비탄에 사로잡혔지만, 자신의 서약을 이행하려고 여행을 지속했다. 성 니콜라오의 성당에 도착한 귀족은 제대 위에 두 번째 잔을 올려놓자 보이지 않는 손의 밀침으로 인해 잔과 함께 바닥에 내동댕이쳐졌다. 그는 몸을 일으켜서 제대로 돌아왔지만, 다시 내동댕이쳐졌다. 그때 놀랍게도 아들이 다치지 않은 채 온전한 모습으로 첫 번째 잔을 들고 도착했다. 아들은 물에 빠졌을 때 성 니콜라오가 자신을 구해주고 보호해 준 것에 대해 말했다. 이것을 듣고 아버지는 크게 기뻐하였고, 복된 니콜라오에게 잔 두 개를 모두 바쳤다.

한 부자가 성 니콜라오의 전구(轉求, intercessio)를 통해 아들을 얻었고 아데오다토(Adeodatus)라는 이름을 지었다. 성인을 기념해 집에 경당(capella)을 짓고 매년 니콜라오의 축일을 장엄하게 기념했다. 그 경당은 아가레네스(Agarenes)*의 영토에 가까웠는데, 아데오다토가 아가레네스에게 붙잡혀 노예로 끌려간 일이 발생했다. 이듬해, 아버지가 성 니콜라오의 축일을 경건하게 기념하는 동안, 노예가 된 아들은 왕에게 값비싼 잔을 드리다가 자신이 잡혀온 것, 부모에 대한 그리움, 축일에 즐겼던 기쁨에 대한 생각으로 한숨을 쉬며 눈물을 흘리기 시작했다. 왕은 그에게 눈물에 대한 이유를 물었고 "너의 니콜라오는 자신이 원하는 대로 할 수 있다지만 너는 여기에 남아 있을 수밖에 없을 것이다."라고 말했다. 그때 갑자기 강한 바람이 불어와 왕의 궁전을 무너뜨리고 소년과 잔을 낚아챈 후 소년의 부모가 기념하고 있던 경당의 문지방으로 옮겨 놓았고, 모든 사람이 기뻐했다. 그러나 다른 출처에서는, 위에서 말한 소년이 노르만 출신이었고 성지(聖地)로 가는 도중 술탄(Sultan)에게 포로로 잡혀 성 니콜라오 축일에 채찍질 당하고 감옥에 갇혔다고 한다. 그곳에서 소년은 잠들었고 깨어보니 자기 아버지가 건축했던 경당에서 자고 있었다고 한다.

---

* 아가레네스는 아브라함의 아내 사라의 여종인 '하갈(Hagar)의 자손들'(Hagrites)을 의미한다. 그런 탓에 '이스마엘 부족'을 뜻하지만, 일반적으로 당대에는 '무슬림'을 의미하기도 했다. – 역자 주

성녀 루치아 동정녀

루치아(Lucia, Lucy)라는 이름은 '빛'이라는 뜻의 '룩스'에서 유래한 이름이다. 빛은 보기에도 아름답다. 암브로시오가 언급했던 것처럼 우아함은 겉모습에 표현되기 마련이다. 또한, 빛은 더러움 없이 주변을 밝힌다. 빛줄기가 통과하는 장소가 불결하든 말든 상관없이 빛은 늘 깨끗하게 남아 있다. 빛은 휘어지지 않고 직선으로 나아가며, 속도를 잃지 않고 매우 먼 거리를 가로지른다. 따라서 우리는 복된 동정녀 루치아가 타락하지 않은 동정의 아름다움과 순결한 사랑이 담긴 자선의 빛을 밝혔음을 알고 있다. 그녀는 하느님을 향해 곧게 나아갔으며, 일탈 없이 주저하지도 미루지도 않고 하느님의 일을 향해 나아갔다. 그래서 그녀의 이름은 '빛의 길'(lucia via)이라고 해석할 수 있다.

시라쿠사(Syracusa)에 있는 귀족 가문의 딸 루치아는 시칠리아 도처에 퍼져 있던 성녀 아가타의 명성에 대해 들었다. 그녀는 4년 동안 고칠 수 없었던 혈루증(血漏症)을 앓던 어머니 에우티치아(Euthicia)와 함께 아가타 성녀의 무덤으로 갔다. 두 여자가 성당에 도착했을 때는 미사 중이었는데, 그때 비슷하게 고통받았던 한 여자에 대한 주님의 치유 이야기가 복음 구절로 낭독되고 있었다. 그때 루치아가 어머니에게 말했다. "만일 어머니가 방금 들은 것을 믿는다면, 주님을 위해 순교했던 아가타가 그분 앞에 항상 있다는 것 역시 믿어야 합니다. 그리고 믿음으로 이 성녀의 무덤을 만진다면 즉시 건강이 회복될 것입니다."

그래서 모든 사람이 성당을 떠났을 때, 어머니와 딸은 무덤에서 기도하려고 남았다. 루치아가 잠시 잠들었을 때, 보석으로 꾸미고 천사들에 둘러싸여 서 있는 아가타의 환시가 나타나서 루치아에게 말했다. "나의 자매 루치아, 하느님께 축성된 동정녀여, 당신은 어머니를 위해 스스로 할 수 있는 것을 왜 나에게 요청합니까? 사실 당신의 신앙은 이미 그녀를 낫게 하였습니다." 잠에서 깬 루치아는 어머니에게 말했다. "어머니, 어머니는 치유되었습니다! 하지만 어머니의 치유가 이루어지도록 해주신 그분의 이름으로 부탁합니다. 부디 저를 약혼에서 풀어주시고, 제 지참금으로 모아둔 것 모두 가난한 사람들에게 나눠주시길 바랍니다." 어머니가 대답하기를 "내가 죽을 때까지 기다리는 것이 어떻겠니? 그 이후에 우리의 재산으로 네가 바라는 모든 것을 하렴." 그러나 루치아는 말했다. "죽을 때 내놓는 것은 어머니가 가져갈 수 없는 것입니다. 살아있을 때 주십시오. 그러면 보상을 받을 것입니다."

집으로 돌아온 모녀는 가진 것들을 가난한 사람들에게 나눠주기 시작했다. 이를 들은 루치아의 약혼자는 무슨 일이 일어나고 있는지 그녀의 보모에게 물었다. 보모는 루치아가 주님의 이름으로 사고 싶었던 더 좋은 것을 발견해서 자신의 소유물 일부를 팔고 있다고 대답하며 약혼자와의 만남을 연기했다. 이것을 그대로 믿은 약혼자는 미래의 이익을 예상하면서 판매를 돕기 시작했다. 결국 모든 것이 팔렸고 그 수익금을 가난한 사람들에게 주었을 때, 약혼자는 루치아가 그리스도인이 되었고 황제들의 법에 어긋난 행동을 했다고 집정관 파스카시우스(Paschasius)에게 고발했다.

파스카시우스는 루치아를 소환해서 우상들에게 제사를 바치라고 명령했다. 루치아는 "하느님을 기쁘게 하는 제사는 가난한 이들을 방문하고 어려운 이들을 돕는 것입니다. 그리고 봉헌하려고 남긴 것이 하나도 없기에, 저는 주님께 저 자신을 봉헌합니다."라고 대답했다. 파스카시우스는 반박했다. "그 이야기는 너 자신처럼 어리석은 사람들에게 해라. 나는 내 주인들의 법령에 따라 행동한다. 그러니 나에게 그것을 말하지 마라." 루치아: "당신은 당신 주인들의 법을 준수하고 저는 제 하느님의 법을 준수할 것입니다. 당신은 당신 주인들을 두려워하고 저는 하느님을 두려워합니다. 당신은 주인들을 화나게 하지 않으려고 조심하고, 저는 하느님이 화나게 하지 않도록 애를 씁니다. 당신은 당신 주인들을 기쁘게 하기를 원하고, 저는 그리스도가 기뻐하기를 바랍니다. 그렇다면 당신은 당신에게 도움이 된다고 생각하는 것을 하십시오, 저는 저를 위해 좋다고 생각하는 것을 할 것입니다." 파스카시우스: "너는 유혹자들과 함께 유산을 탕진해 버리고서는 매춘부처럼 말하는구나." 루치아: "제 유산은 안전한 장소에 두었고, 몸이나 마음의 유혹자들과는 아무런 관계도 없습니다." 파스카시우스: "몸과 마음의 유혹자들이 누구냐?" 루치아: "당신과 당신 같은 사람들의 마음을 유혹하는 사람들입니다. 왜냐하면, 당신은 영혼들이 창조주로부터 등을 돌리도록 유도하기 때문입니다. 육신의 유혹자들이라

하면, 영원한 기쁨보다 육신의 쾌락을 앞세우려고 하는 사람들입니다."

이 말에 파스카시우스는 말했다. "채찍의 가시가 너의 입술을 침묵하게 할 것이다!" 루치아: "하느님의 말씀은 잠잠할 수 없습니다!" 파스카시우스: "그래서 네가 하느님이냐?" 루치아: "저는 '너는 내 목적을 위해 총독들과 왕들 앞에 서게 될 것이다. 그러나 그들이 너를 데리고 갔을 때 무엇을 어떻게 말할까 생각하지 마라. 왜냐하면 말씀하시는 분은 네가 아니라 네 안에서 말씀하시는 분은 성령이시다.*라고 자신의 제자들에게 말씀하셨던 하느님의 시녀입니다." 파스카시우스: "그러면 성령이 네 안에 있느냐?" 루치아: "순결한 삶을 사는 사람은 성령의 성전입니다." 파스카시우스: "그렇다면 나는 너를 매음굴로 끌려가게 할 것이다. 너의 몸은 더럽혀질 것이고 너는 성령을 잃을 것이다." 루치아: "몸은 마음이 동의하지 않는 한 더럽혀지지 않을 것입니다. 만일 저를 강간하더라도, 제 순결은 두 배가 될 것이며 왕관은 저의 것이 될 것입니다. 당신은 결코 저를 강요할 수 없을 것입니다. 여기에 있는 저의 몸은 모든 고문에 대한 준비가 되었습니다. 당신은 무엇을 기다리고 있습니까? 악마의 아들이여, 시작하십시오! 당신의 잔인한 계획을 수행하십시오!"

그때 파스카시우스는 뚜쟁이들을 불러 모아 말했다. "군중을 불러 이 여자에게서 즐거움을 취하게 하여라. 그리고 그들에게 이 여자가 죽을 때까지 학대하게 하라." 그러나 뚜쟁이들이 그녀를 옮기려고 했을 때, 성령은 루치아를 움직일 수 없도록 그 자리에 매우 단단하게 고정시켰다. 파스카시우스는 천명을 불러와서 루치아의 손과 발을 묶게 하였으나 여전히 그녀를 들어 올릴 수 없었다. 황소 천 쌍을 보냈지만, 주님의 거룩한 동정녀를 움직이게 할 수 없었다. 마법사들을 불러 주문으로 움직이게 하려 했지만 효력이 없었다. 파스카시우스는 "천 명의 남자가 처녀 한 명을 꿈쩍도 할 수 없게 만든 이 요술은 무엇이냐?"라고 소리쳤다. 루치아는 "여기에 요술은 없지만, 그리스도의 능력은 있습니다. 그리고 당신이 만 명을 덧붙인다 하더라도, 여전히 나를 움직일 수 없을 것입니다."라고 대답했다. 파스카시우스는 어디에선가 소변이 마법을 쫓아낸다고 듣고 루치아에게 소변을 흠뻑 뿌렸지만 효력이 없었다.

---

* 마르코 복음 13장 9–11절 참조 – 역자 주

집정관은 마지막으로, 루치아에게 기름을 끼얹은 후 주변에 맹렬한 불을 지폈다. 그러자 루치아가 말했다. "저는 고통의 두려움에서 믿는 이들을 자유롭게 하고, 믿지 않는 사람들에게 저를 모욕할 시간을 주기 위해 저의 순교가 오래 지속되기를 기도하고 있습니다."

이때 집정관의 친구들은 그가 얼마나 괴로워하는지를 보면서 순교자의 목에 단검을 꽂았다. 그런데도 언어 능력을 전혀 잃어버리지 않은 루치아가 말했다. "저는 평화가 다시 교회로 돌아왔음을 당신들에게 알립니다. 바로 오늘 막시미아누스(Maximianus)가 죽었고, 디오클레티아누스(Diocletianus)는 왕좌에서 쫓겨났습니다. 그리고 하느님께서는 여자 수호자(protectrix)로서 나의 자매 아가타를 카타니아(Catania) 시에 주셨고, 나는 중재자(interventrix)로서 시라쿠사 시에 주어질 것입니다."

동정녀가 말하고 있는 동안, 사절들이 와서 파스카시우스를 쇠사슬로 묶어서 로마로 끌고갔다. 부황제(Caesar)는 그가 속주(屬州) 전역에서 약탈했다는 소식을 들었기 때문이다. 로마에 도착한 파스카시우스는 원로원의 심리(審理)를 받고 참수형에 처해졌다. 동정녀 루치아로 말하자면, 그녀는 자신이 고통받았던 그 지점에서 움직이지 않았을 뿐 아니라, 사제들이 성체(聖體)를 가져와서 참석한 모든 이들이 주님께 '아멘'으로 응답한 후에야 마지막 숨을 거두었다. 그녀의 순교는 서기 약 310년경에 일어났다. 그녀는 묻혔고 그녀를 기념하는 성당이 세워졌다.

5

성 토마스 사도

토마스(Thomas)라는 이름은 '심연'(深淵), 그리스어로 '쌍둥이'를 의미하는 '디디무스'(didimus), '나누기' 또는 '분리'(分離)를 의미하는 '토모스'(thomos)에서 유래되었다. 토마스가 '심연'이라고 불리는 이유는 그리스도가 그의 질문에 대한 대답으로 "나는 길이요 진리요 생명이다."(요한 14, 6)라고 말씀하셨을 때, 하느님 존재의 깊이에 대한 통찰력을 얻었기 때문이다.

토마스는 두 가지 방법, 즉 다른 사람들처럼 눈으로 본 것뿐만 아니라, 보고 만져본 후 주님의 부활을 알게 되었다는 점에서 '쌍둥이'라고 불리기도 한다. 그는 세상에 대한 사랑에서 마음을 분리하였기 때문에 '나누기', '분리'로 불린다. 또는 그가 처음에 그리스도께서 부활하셨다는 것을 믿지 않음으로써 다른 제자들과 구별되었기 때문이다. 다시 말하자면, 토마스는 하느님에 대한 사랑과 관상 안에서 완전히 자신을 벗어난 사람인 '토투스 메안스'(totus means, 완전한 방랑자)에서 유래되었다. 왜냐하면, 하느님께 대한 자신의 사랑을 보여주었던 세 가지 놀라운 일이 있었기 때문이다. 프로스페르(Prosper)는 《관상의 삶》(De Vita contemplativa)이라는 책에서 말했다. "마음속으로 하느님을 보려는 열망을 가지고 죄를 미워하며, 그리고 세상을 경멸하려는 것 외에 하느님을 사랑하는 것이 무엇이겠습니까?" 또 토마스는 그리스도께서 부활하셨음을 확신했을 때 "저의 주님, 저의 하느님"(Dominus meus et Deus meus)이라고 말했다. 토마스는 '하느님'을 의미하는 "테오스"(theos)와 '저의'를 의미하는 "메우스"(meus)에서 유래하였기에 '저의 하느님'을 의미한다.

토마스 사도가 카이사리아(Caesarea)에 있을 때, 주님께서 나타나셔서 말씀하셨다. "인도의 왕 군데페루스(Gundeferus)*가 숙련된 건축가를 찾으려고 자신의 토지 관리인 압바네스(Abbanes)를 보냈다. 함께 가거라, 나는 너를 그 사람과 함께 보낼 것이다." 토마스: "주님, 인도를 제외하고 당신께서 원하시는 어디든지 보내십시오." 하느님: "내가 너의 수호자가 될 것이니, 안전하게 가거라. 그리고 네가 인도인들을 개종시키는 데 성공하게 되었을 때, 너는 순교의 팔마가지를 들고 나에게 돌아올 것이다." 토마스: "당신은 저의 주님이시고 저는 당신의 종입니다. 당신 뜻대로 하옵소서."

압바네스가 시장 안을 걷고 있을 때, 주님께서 그에게 물으셨다. "젊은이, 무엇을 찾고 있느냐?" 압바네스가 대답했다. "저의 주인님께서 로마 양식의 왕궁을 건설하기 위해 건축 예술을 배운 사람을 데려오라고 하셨습니다." 그때 주님께서는 주저없이 토마스가 그 예술에 능통하다고 말씀하셨다.

압바네스와 토마스는 함께 배를 탔고 한 도시에 입항했는데, 그곳의 왕이

---

* 라틴어본에서는 Gundeferus라고 표기하였는데, 영어본과 다른 자료는 Gundoforus, Gundofor로 되어 있다. 여기서는 라틴어본을 따랐다. ― 역자 주

딸의 혼례식을 거행하면서 모든 사람에게 참석하라고 명령을 내렸다. 그래서 압바네스와 사도는 결혼식 피로연에 갔다. 손에 플루트를 든 히브리인 소녀가 돌아다니며 손님들에게 일일이 인사말을 했다. 소녀는 토마스가 아무것도 먹지 않고 하늘만 바라보고 있었기에 히브리인이라는 것을 알아차렸다. 그래서 소녀는 그에게 히브리어로 노래했다. "히브리인들의 하느님은 한 분이시며, 모든 것을 창조하셨고, 지금 자리에 바다를 놓으셨습니다." 사도는 소녀에게 똑같은 말을 반복해달라고 간청했다. 그사이 포도주 담당 집사는 사도가 먹거나 마시지도 않았고 시선이 하늘을 향하고 앉아 있음을 알아차리고, 그의 뺨에 일격을 가했다. 사도는 집사에게 말했다. "지금 짧게라도 벌을 받고, 내세에서 용서받는 것이 낫습니다. 나를 때린 손을 개들이 가져오기 전까지 나는 이 식탁을 떠나지 않을 것입니다." 집사는 물을 길러 밖으로 나갔으나, 사자 한 마리가 집사를 죽여서 그 피를 마셨고, 개들이 몸을 조각조각 찢었고, 검은 개 한 마리가 오른쪽 손을 연회장 한복판으로 가져왔다. 이것이 모든 참석자를 크게 불안하게 만들었다. 그 소녀는 사도가 뭐라고 말했는지 사람들에게 말한 다음, 플루트를 옆으로 던지고 토마스의 발 앞에 엎드렸다.

아우구스티노는 저서 《마니교도 파우스투스 반박》(Contra Faustum Manichaeum)에서 이런 복수의 행동을 받아들이지 않았고, 이 사건의 출처가 명확하지 않을뿐더러, 여러 면에서 의심스럽다고 선언했다. 사도가 집사에게 한 말은 복수를 위한 것이 아니라 교훈을 가르치고자 한 것으로 추정되기 때문이다. 아우구스티노의 말을 주의깊게 살펴보면, 노골적인 반대를 표현하지 않는 것 같다. 아우구스티노는 같은 책에서 말한다. "마니교 신자들(Manichaei)은 사도들의 이름 아래 무명의 우화(寓話) 작가가 쓴 위경(僞經)을 읽었습니다. 만약 그때 살았던 학식 있는 사람들이 위경 안에서 진리의 요소들을 찾았다면, 위경은 권위를 인정받아 거룩한 교회에 받아들여졌을 것입니다. 어쨌든 마니교 신자들은 사도 토마스가 사람들이 전혀 알아보지 못하는 순례자로서 결혼식 연회에 참석했고, 어떤 하인이 손바닥으로 그를 때리자, 사도는 잔인하고 즉각적인 벌을 간구했다고 읽었습니다. 그 하인이 손님들을 위해 물을 길러 갔을 때 사자가 하인을 공격하여 죽였고, 개가 사도의 머리를 쳤던 손을 사도의 식탁으로 가져왔습니다. 이보다 더 잔인한 이야기가 어디 있겠습니까? 이는 진실이 아닐 것입니다. 만일 내가 잘못 알고 있는 것이 아니라면, 그 책은 내세에서 사면을 받으라고 그 범죄자를 위해 사도가 기도했다고 말하기 때문입니다. 그래서 더 큰 유익한 보상이 이루어졌습니다. 그리고 그로 인한 두려움으로, 사도를 몰랐던 사람들도 하느님이 그 사도를 얼마나 소중히 여기는지 알게 했습니다. 그리고 그 다른 사람도 조만간 끝날 이 삶 후의 영원한 행복을 확신했습니다.

이 이야기가 진실이든 거짓이든 지금 나에게는 흥미가 없습니다. 교회가 위경을 정경에서 거부했음에도 불구하고 이 저작물을 진지하고 진실로 받아들인 마니교도들은 주님께서 '만일 누군가 너의 오른뺨을 치거든, 그에게 다른 쪽도 돌려대라.'라고 가르치셨던 인내심의 덕을 말과 몸짓으로 분명히 표현하지 못하지만, 마음 안에 존재할 수 있다는 것을 적어도 인정하도록 강요받았습니다. 그래서 얻어맞은 사도는 머슴에게 다른 쪽 뺨을 내놓거나 다시 때리도록 종용하기보다는, 잘못한 사람들이 이승에서 처벌받게 하고 내세에서 그 범법자를 살려 주시도록 주님께 기도했을 것입니다. 사도는 하나의 본보기로서 외적인 처벌을 찾은 것이지만, 그의 내적 마음은 확실히 일종의 사랑이었습니다. 게다가 이 이야기가 사실이든 허구이든, 왜 마니교도들은 이것이 하느님의 종 모세가 우상들을 만든 사람들을 칼로 쳐죽인 생각과 의도라는 것을 믿지 않으려고 합니까? 그리고 만일 형벌을 비교한다면, 칼로 죽이는 것이든 야수에 의해 갈기갈기 찢기는 것이든 어떤 차이가 있습니까? 결국에는 공공(公共)의 법을 집행하는 재판관은 야수들이든지 사형 집행인이든지 중죄를 저지른 이들에게 선고합니다." 지금까지는 아우구스티노가 한 말이다.

그럼, 토마스에게 돌아가자. 사도는 왕의 요청으로 신랑과 신부에게 "주님, 이 젊은이들에게 당신 오른쪽 손의 축복을 주시고 이들의 마음에 생명의 씨앗을 심으소서"라고 말하면서 축복했다. 그리고 사도는 떠났고, 신랑은 자기 손에 날짜가 적혀 있는 팔마가지를 발견했다. 과일을 먹은 후 잠든 부부는 둘 다 같은 꿈을 꾸었다. 귀중한 보석으로 치장한 왕이 그들을 포용하면서 "네가 영원한 생명을 공유할 수 있도록 그 사도가 너를 축복해 주었다."라고 말했다. 잠에서 깬 부부는 꿈에 대해 서로 이야기했다. 그때 사도가 그들에게 와서 말했다. "나의 임금님께서 방금 당신들에게 나타나셨고 비록 문이 잠겨 있었지만 이곳으로 나를 데려오셨습니다. 나의 축복을 통해 몸의 순결을, 덕(德)의 여왕이고 영원한 구원의 결실인 그 순결을 지키길 바랍니다. 동정(童貞)은 천사들의 자매이고, 모든 선(善)의 소유이며, 욕정에 대한 승리, 믿음의 상(賞)이자 보상, 악령들의 추방이고 영원한 기쁨의 보증입니다. 성욕은 부패를 야기하고, 부패에서 타락이 태어나고, 타락에서 범죄 행위가 되살아나고, 범죄 행위에는 혼란이 뒤따릅니다." 사도가 이렇게 말했을 때 두 천사가 나타나 부부에게 말했다. "우리는 당신들의 수호자로 보내진 천사이고, 당신들이 사도의 충고를 충실히 지킨다면 당신들의 모든 기도를 하느님께 올리겠습니다." 그러자 사도는 그들에게 세례를 주었고 믿음의 진리를 열심히 가르쳤다. 오랜 시간 후에 축성의 거룩한 머릿수건을 받았던 아내 펠라지아(Pelagia)는 순교했고 남편 디오니시오(Dionysius)는 그 도시의 주교로 서품되었다.

사도 토마스와 압바네스는 여행을 계속하였고 인도 왕의 궁궐에 도착했다. 토마스는 웅장한 궁전을 위한 계획을 세웠고, 왕은 토마스에게 궁전 건축을 할 수 있도록 큰 보물창고를 내주고 다른 지방으로 떠났다. 하지만 사도는 왕에게서 받은 모든 돈을 백성들에게 나눠 주었다.

왕의 부재 2년 동안 사도는 설교에 열성적이었고 엄청나게 많은 이를 믿음으로 개종시켰다. 그러나 왕이 돌아와서 토마스가 한 일을 알고 그를 지하 감옥에 가두었다. 그리고 압바네스와 토마스의 살가죽을 벗기고 함께 산 채로 화형시키려 했다. 한편으로는 당시 왕의 동생 가드(Gad)의 장례식 준비가 한창이었다. 그런데 가드가 죽은 지 4일째 되던 날 되살아났고 그를 본 모든 사람이 무서워하며 달아났다. 가드는 왕에게 말했다. "형제여, 당신이 살가죽을 벗기고 산 채로 불태워 죽이려는 분은 하느님의 친구이며 모든 천사가 그의 종입니다. 천사들은 저를 천국으로 데려갔고 저에게 금과 은, 보석들로 건축된 놀라운 궁전을 보여주었으며 그 아름다움을 감탄하는 저에게 말했습니다. '이것은 너희 형제를 위해 토마스가 지은 궁전이다.' 제가 그들에게 '저는 여기서 문지기가 되고 싶습니다.'라고 말했습니다. 그들이 대답했습니다. '네 형제는 이 궁전에 적합하지 않음을 증명했다. 만약 네가 이곳에서 살기를 원한다면 너를 부활시키도록 우리가 주님께 기도할 것이고, 너는 네 형에게서 이 궁전을 살 수 있을 것이며, 궁전을 사기 위해 형이 잃어버렸다고 생각하는 모든 보물을 지불해야 할 것이다.'" 그러고는 가드는 바로 감옥으로 달려가서 사도에게 자기 형을 용서해 달라고 간청했으며, 쇠사슬을 잘라내고 값비싼 망토를 받아달라고 졸랐다. 토마스는 "천상의 일에서 권능을 갈구하는 사람은 현세의 재보(財寶)를 원하지 않는다는 것을 당신은 모릅니까?"라고 대답했다.

사도는 이제 감옥에서 나왔다. 왕은 토마스를 만나러 와서 발 앞에 무릎을 꿇고 용서를 간청했다. 토마스가 말했다. "하느님께서 두 분에게 자신의 비밀을 보여주시기 위해 많은 것을 주셨습니다. 그리스도를 믿고 세례를 받으십시오. 그러면 당신들은 영원한 왕국에서 함께 하게 될 것입니다." 왕의 동생 가드: "저는 당신이 형을 위해 건축한 궁전을 보았고 그 궁전을 저를 위해 샀습니다." 사도: "그것은 당신 형의 결정에 달려 있습니다." 그때 왕이 끼어들었다. "그 궁전은 나의 것이 될 것이다! 너의 궁전은 사도에게 따로 건축하게 할 것이다. 만일 불가능하다면 우리는 내 궁전에서 함께 살 것이다!" 토마스는 그들에게 말했다. "하늘에는 세상이 시작될 때부터 준비된 셀 수 없이 많은 궁전이 있고, 그 궁전은 기도와 자선을 베풂으로 얻게 됩니다. 재물은 당신 앞에 있다 할지라도 당신을 따라가지는 않습니다."

한 달 후 사도는 그 지역의 모든 가난한 사람들을 불렀다. 모두 모였을 때 토마스는 병자와 절름발이, 허약한 사람들을 나오라고 했다. 토마스는 그들을 위해 기도했고 믿음을 받아들인 이들은 '아멘'(Amen)이라고 응답했다. 그때 엄청난 빛이 하늘에서 내려왔고, 사도와 모든 사람 위에서 30분 동안 빛났으며 그들은 마치 번개를 맞아 죽은 것처럼 땅바닥에 쓰러졌다. 토마스는 일어나서 말했다. "일어나십시오! 나의 주님께서 번개처럼 오셨고, 여러분 모두를 낫게 해주셨습니다!" 그래서 모든 사람이 온전하고 건강하게 일어섰고 하느님과 하느님의 사도인 토마스를 찬양했다.

그때 토마스는 사람들에게 덕(德)의 12등급을 설명하기 시작했다. 첫 번째 등급은 본체(本體)는 하나이지만 위(位)로는 셋인 하느님을 믿는 것이다. 사도는 그들에게 실질적인, 예를 들어서 어떻게 세 위격이 한 본체 안에 있을 수 있는지 보여주며 말했다. "사람의 지혜는 하나입니다. 지혜는 이해, 기억, 이성으로 구성되어 있습니다. 이해는 당신이 본 것이나 배운 것의 의미를 파악하게 합니다. 기억은 당신이 배운 것을 간직할 수 있게 해줍니다. 이성은 당신이 아직 배우지 않은 것을 깨닫게 하는 능력입니다. 또한, 포도나무는 나무, 잎사귀, 열매 세 가지 요소로 구성되어 하나의 포도나무를 형성합니다. 하나의 머리는 시각, 청각, 미각, 후각 4개의 감각으로 구성되지만 머리는 하나입니다." 덕의 두 번째 등급은 세례를 받는 것에 있다. 세 번째 등급은 간음을 피하는 것에, 네 번째는 탐욕을 통제하는 것에, 다섯 번째는 폭식을 피하는 것에, 여섯 번째는 뉘우치는 것에, 일곱 번째는 선행을 꾸준히 하는 것에, 여덟 번째는 낯선 이들을 너그럽게 돌보는 것에, 아홉 번째는 하느님의 뜻을 찾아 기꺼이 행하는 것에, 열 번째는 하느님께서 우리가 하지 않기를 바라는 것을 찾고 그것을 하지 않음에, 열한 번째는 친구와 원수를 사랑하는 것에, 열두 번째는 이 모든 것을 지키고자 주의를 기울이는 것에 있다. 그리고 토마스가 설교를 끝내고, 여인과 어린이는 말할 것도 없고 9천 명의 남자에게 세례를 주었다.

그런 다음, 토마스는 북부 인도로 갔고 많은 기적으로 명성을 얻었다. 토마스는 왕의 사촌 카리시우스(Carisius)의 아내 미그도미아(Migdomia)의 친구 신티체(Syntice)에게 믿음의 빛을 가져다주었다. 미그도미아는 신티체에게 물었다. "내가 그 사도를 만나도 될까?" 그리고 친구의 조언에 따라 화려한 옷을 벗고 사도의 설교를 듣고 있던 가난한 여인들에 섞였다. 토마스는 현세의 비참함을 설명하기 시작했다. "이것은 참으로 비참한 삶이며, 온갖 종류의 불행에 시달리며, 너무도 덧없어서 사람이 손에 쥐고 있다고 생각하면 슬그머니 사라지고 맙니다." 그러면서 토마스는 하느님의 말씀을 받아들이라고 청중들에게 호소했고, 말씀을 네 종류의 물건과 비교하며 네 가지 이유를 제시했다. 즉, 우리 지적 능력의 눈을 깨우쳐주기 때문에 안연고(眼軟膏)에, 육욕적인 모든 사랑에 대한 우리 의지를 정화하고 깨끗하게 하기 때문에 물약에, 우리 죄의 상처를 치유하기 때문에 고약에, 하늘의 존재들에 대한 사랑과 함께 우리에게 많은 기쁨을 주기 때문에 음식에 비교했다. 그리고 병든 사람이 하느님의 말씀을 잘 사용하지 않으면 도움이 안 되듯이 말씀을 신심 깊이 듣지 않으면 병든 영혼에게 도움을 주지 못한다. 미그도미아는 사도의 설교를 믿었고, 그 후 남편의 침대를 피했다. 이 일로 남편 카리시우스는 왕에게 불평했고 토마스를 감옥에 처넣었다. 미그도미아는 감옥에 있는 사도를 방문하여 자신 때문에 곤경에 빠진 것을 용서해달라고 간청했다. 그러나 토마스는 그녀를 위로했고 기꺼이 모든 고통을 참을 것이라고 말했다. 그때 카리시우스는 왕에게 아내의 사촌자매인 왕비를 아내에게 보내 달라고 요청했다. 왕비가 아내를 설득하여 자신에게 돌아오게 할 거라는 희망에서였다. 그러나 왕비는 그녀를 설득하다가 오히려 미그도미아에 의해 개종했다. 그리고 사도가 행했던 놀라운 기적들을 보면서 말했다. "매우 많은 표징과 일들을 믿는 것을 거부하는 이들에게 하느님은 천벌을 내리실 것이다!" 그동안에 토마스는 모든 참석자에게 짧게 세 가지 요점을 말했다. "교회를 사랑하고, 성직자들을 존경해야 한다. 그리고 하느님의 말씀을 들으러 기쁘게 함께 와라."

집으로 돌아온 왕비에게 왕이 물었다. "왜 이렇게 오래 걸린 것입니까?" 왕비는 "저는 미그도미아가 어리석다고 생각했지만 그녀는 매우 현명합니다. 미그도미아는 저를 하느님의 사도에게 이끌었고 진리의 길을 배우게 해주었습니다. 정말 어리석은 사람들은 그리스도를 믿지 않는 사람들입니다."라고 대답했다. 그리고 그때부터 왕비는 남편과 함께 눕는 것을 거부했다. 말문이 막힌 왕은 자신의 동서(同壻) 카리시우스에게 말했다. "나는 너를 위해 부인을 되찾도록 노력해 주다가 오히려 내 아내를 잃었다. 왕비는 네 부인이 너를 대했던 것보다 더 나쁘게 나를 대했네."

그런 다음 왕은 사도 토마스의 손을 묶어서 데려오게 한 후, 사도에게 부인들이 자기 남편에게 돌아가도록 충고하라고 명령했다. 토마스는 왕에게 세 가지 예, 즉 왕, 탑, 샘을 통해 남자들이 자신의 실수를 고집하는 한 여자들은 명령대로 하지 않을 것임을 입증하려고 이어서 말했다. "당신은 왕으로서 주변에 깨끗한 머슴과 시녀만 원하고 추잡한 종을 원하지 않습니다. 어떻게 해야 당신은 하느님께서 순결하고 깨끗한 종들을 사랑한다는 것을 확실하게 믿을 수 있겠습니까? 당신이 당신의 종을 사랑하듯이 하느님도 자신의 종을 사랑한다고 설교하는 내가 잘못입니까? 제가 높은 탑을 세웠는데, 당신은 '건축가여, 그것을 허물어라.'라고 저에게 말하겠습니까? 제가 깊은 우물을 파서 흐르는 샘을 만들었는데 당신은 그것을 덮으라고 말하겠습니까?"

왕은 이 말을 이해할 수 없었다. 왕은 빨갛게 달궈진 철판을 가져오게 하였고 사도에게 그 위에 맨발로 서라고 명령했다. 즉시 하느님의 표징으로 땅에서 샘이 올라와 철판을 식혔다. 그때 왕은 카리시우스의 조언에 따라 불타고 있는 화로에 사도를 던져 넣었으나 화롯불은 즉시 꺼졌고, 다음 날 아침 토마스는 무사히 나왔다. 카리시우스는 왕에게 말했다. "토마스가 태양신에게 제사를 지내게 하십시오. 지금까지 그를 보호하던 신의 분노가 그에게 내릴 것입니다." 그래서 그들은 강제로 토마스에게 제사를 지내도록 시도하자, 사도가 왕에게 말했다. "당신은 당신이 만든 것보다 위대합니다. 그런데도 당신은 참된 하느님에 대한 흠숭을 거절하고 손으로 만든 우상을 숭배합니다. 카리시우스가 생각하는 것처럼 당신은 제가 당신의 신을 숭배하면 저의 하느님이 저에게 분노할 것이라고 생각합니다. 그러나 제가 당신의 신을 숭배하는 그 순간, 하느님은 분노하여 그를 멸망시킬 것입니다. 만일 제가 우상을 숭배할 때 그 우상을 파괴하지 않으신다면, 저는 제사를 드릴 것입니다. 만일 정반대이면 당신이 저의 하느님을 믿을 것이라고 약속하십시오." 이에 대해 왕은 쏘아붙였다. "어떻게 감히 너는 나와 대등한 사람인 것처럼 말을 하느냐!"

이제 사도는 우상 앞에 무릎을 꿇자마자 히브리어로 말하면서 우상 안에 있던 악령에게 우상을 무너뜨리도록 명령했다. "보라, 나는 흠숭한다, 그러나 이 우상은 아니다. 나는 흠숭한다, 그러나 이 금속은 아니다. 나는 흠숭한다, 그러나 이 우상은 아니다. 나는 나의 주님 예수 그리스도를 흠숭한다, 그분의 이름으로 내가 너에게 명령한다. 오, 그 안에 숨어있는 악령아, 이 우상을 파괴하여라!" 그러자 즉시 그 우상은 마치 밀랍으로 만들어졌던 것처럼 녹았다. 이에 모든 신관(神官)이 소처럼 부르짖고, 그 신전의 대신관은 "그러므로 나는 나의 신에게 한 모욕을 갚겠다."라고 울부짖으면서 칼을 들어 사도를 찔러 죽였다. 하지만, 백성들은 사도의 복수를 원하며 대신관을 산 채로 불태웠고 왕과 카리시우스는 이것을 보고 도망쳤다. 반면 그리스도인들은 성 토마스의 시신을 운반하였고 명예로운 장례식을 치렀다.

오랜 후 서기 230년경, 알렉산데르(Alexander) 황제는 시리아인들의 요청으로 메디아(Media)의 라제스(Rages)라고 불리던 곳에 있는 토마스의 시신을 에데사(Edessa) 시로 옮겼다. 그 도시의 왕 아브가로(Abgarus, Abgar)는 예수님께서 손으로 쓰신 편지를 받을 정도로 가치 있는 사람으로 알려졌고, 이후 이곳에서는 이단자도, 유다인도, 이교도도 살 수 없었고, 폭군이 해를 끼칠 수도 없었다. 만일 누군가 그 도시에 대적해 반란을 일으키면, 세례받은 어린이가 그 도시 문 위에 서서 그 편지를 읽으면 구세주의 편지와 토마스 사도의 공로 덕분에 적은 바로 그날 떠나거나 화해하였다.

이시도로(Isidorus)는 저서 《거룩한 교부들의 출생과 삶, 그리고 죽음》(De vita et Vita vel obitu Sanctorum Patrum)에서 성 토마스에 대해 말했다. "구세주를 닮았던 그리스도의 제자 토마스는 자신이 들었던 것을 믿지 않았고, 자신이 주님을 보았을 때에야 믿었습니다. 그는 파르티아(Parthia) 사람, 메디아 사람, 페르시아 사람, 히르카니아(Hircania) 사람, 박트리아(Bactria) 사람에게 복음을 전하였습니다. 동양(東洋)의 기슭에 발을 디디고 내륙으로 깊숙이 들어가서 순교의 날까지 그곳 사람들에게 설교하였습니다. 그는 창에 찔려 죽었습니다." 그렇게 이시도로가 말했다. 또한, 크리소스토모는 토마스가 그리스도를 경배하러 왔던 동방박사들의 땅으로 나아갔고, 그곳에 있는 사람들에게 세례를 주었고 사람들은 그리스도교 신앙 전파를 도왔다고 말한다.

화해의 시기와 순례의 시기에 속하는
축일들에 대하여

우리는 모세와 예언자들로부터 시작되었고 육신으로 그리스도의 도래까지 지속되었고, 교회가 대림의 시작부터 그리스도의 탄생까지를 대표하는 갱신의 시기에 존재하는 축일들에 대해 이야기했다. 우리는 이제 화해의 시기에도 순례의 시기에도 존재하는 축일들을 이야기한다. 이 기간은 머리말에서 언급하였던 것처럼, 그리스도의 탄생부터 칠순 시기까지 교회를 대표한다.

6

인간의 몸으로 탄생하신 우리 주 예수 그리스도

일부 자료들에 따르면, 우리 주 예수 그리스도의 탄생은 아담 이후 5228년이라고 하고, 또 다른 자료에서는 6000년이라고 한다. 체사레아의 에우세비오(Eusebius Caesariensis)가 집필한 《연대기》에서는 5199년에 일어났다고 한다. 메토디오(Methodius)는 연대순의 추정보다는 상징적인 추정으로 6000이란 숫자에 이르렀던 것 같다.

어쨌든 옥타비아누스(Octavianus)는 당시 로마의 황제였다. 그의 첫 번째 이름은 옥타비아누스였다. 하지만 율리우스 체사르(Julius Caesar)의 조카였던 그는 체사르의 이름을 따서 체사르로 불렸다. 그가 국가의 영토를 확장했기 때문에 이전의 왕들과 구별하여 자신의 명예를 드높이기 위해 최초로 아우구스투스(Augustus) 칭호를 받게 된다. 성자 하느님이 육화(肉化)되었을 때, 전 인류는 너무나 평화로워 로마 제국의 황제가 전 세계를 다스렸다. 성자 하느님은 시간과 영원함 안에서 우리에게 평화를 주려고 오신 것이었기 때문에, 현세적인 평화가 성자의 탄생 때에 영광을 주려는 것은 주님의 뜻이었다.

그 당시 세상의 주인이었던 아우구스투스 황제(Caesar Augustus)는 이 세상에 얼마나 많은 지방, 도시, 요새, 마을과 사람들이 있는지 알고 싶었다. 그리하여 우리가 《교육독본》(Histora scholastica)에서 읽었던 것처럼, 그는 제국 내 모든 사람이 태어난 도시로 가서 지방 장관(praeses provinciae)에게 자신이 로마 제국에 복종한다는 서약으로 은 한 데나리온(denarius)을 납부하라고 명령을 내렸다. 당시 그 동전에는 황제의 이름과 모습이 새겨져 있었기 때문이다. 이 납부는 공언(公言, professio)과 등록(登錄, descriptio) 둘 다로 불렸는데, 각기 다른 이유가 있다. '공언'이란 말은 납세자가 인두세(人頭稅, 앞서 언급한 데나리온)를 지방 장관에게 낼 때 머리 위에 얹고 자신이 제국의 신하임을 큰 소리로 공개적으로 선언했기 때문에 사용되었다. '등록'은 인두세를 납부하면서 명부(名簿)에 번호를 부여하는 것을 의미했다.

이 첫 번째 등록은 시리아의 지방 장관 치리누스(Cyrinus)에 의해 수행되었다. (《교육독본》에서 치리누스에 관해 기록된 것처럼) 유다지역은 사람이 거주 가능한 대지의 배꼽(세상의 가장 중간 부분)으로 말하던 곳이기에 "첫 번째"로 인구조사가 시작되었다. 그 후에 주변 지역과 다른 지방 장관들에 의해 점차 진행되었다. 그런데 여기서 "첫 번째"는 '광범위한(전국적)'을 의미하고, 다른 것들은 지역적으로 진행된 것을 의미하는 것일 수도 있다. 또는 아마도 첫 번째 등록은 지방장관이 도시에서 사람 머리 수를 세어서 만든 인구조사였고, 두 번째는 황제의 특사가 지방 도시를 세어서 만들었으며, 세 번째는 황제가 있는 중앙에서 지방들의 소재를 확인하여 만들었다.

다윗 가문의 혈통이었던 요셉은 등록을 위해 출산이 임박한 마리아를 데리고 나자렛에서 베들레헴으로 갔다. 얼마나 오랫동안 자신이 떨어져 있어야 할지 알 수 없었고, 하느님이 자신에게 맡긴 이 보물을 낯선 사람에게 맡길 수 없었던 요셉은 직접 마리아를 보호하고자 했다. 그들이 베들레헴에 가까워졌을 때 (바르톨로메오 수사가 자신의 편집본에서 증언했던 《구세주의 유년기에 대한 책》[De libro Infantiae Salvatoris]에 근거하여) 동정녀는 기뻐하는 사람들과 애통해하는 사람들을 보았다. 한 천사가 그녀에게 "기뻐하는 사람들은 아브라함의 자손으로 인해 영원한 축복을 받게 될 이방인들입니다. 비통해하는 이들은 자신들의 공과(功過)에 따라 하느님에게서 거부된 유다인들입니다."라고 설명했다.

베들레헴에는 이미 같은 목적으로 온 사람들로 여관들이 가득 차 있어서 요셉과 마리아는 묵을 곳을 찾을 수 없었다. 그래서 공공 통로에 있는 보호소를 빌려야만 했다. 《교육독본》에 따르면, 이 통로는 두 개의 집 사이에 있는 공간이었다. 통로에는 머리 위로 지붕 같은 것이 있었고, 한가한 시간에 담소를 나누거나 함께 먹기 위해, 또는 날씨가 나쁠 때 마을 사람들을 위한 만남의 장소 역할을 하는 곳이었다. 아마도 요셉은 황소와 나귀를 위해 여물통을 준비하였을 것이다. 아니면 일부 사람들이 생각하는 것처럼, 소작농들이 시장에 와서 자신들의 동물을 묶으려고 사용하던 구유가 준비되어 있었을 것이다. 그 장소에서, 일요일 전날 밤중에 성모 마리아는 성자(聖子)를 낳았고, 여물통에 있는 건초에 그를 눕혔다. 황소와 나귀가 먹지 않았던 이 건초는 성녀 헬레나(Helena)가 로마로 가져왔다고 《교육독본》에 기록되어 있다.

그리스도의 탄생은 그 어머니, 그녀의 아기 탄생, 탄생 방식 면에서 기적이었다. 어머니는 출산 전과 후 모두 동정녀였는데, 이 사실은 다섯 가지 증거로 증명된다. 첫 번째는 이사야 예언서 7장의 "보십시오, 동정녀가 잉태하여 아들을 낳고 그 이름을 임마누엘이라 할 것입니다."(이사 7, 14)를 통해서이다. 두 번째는 상징의 방법으로이다. 인간의 어떤 돌봄 없이 꽃을 피웠던 아론의 지팡이와 항상 닫힌 채로 있었던 에제키엘의 문 둘 다로 예시(豫示)되었다. 세 번째는 요셉의 보호이다. 요셉은 마리아를 보호했고, 마리아의 동정성에 대한 증인이었다. 네 번째 증거는 다음과 같다. 바르톨로메오에 따르면, (분명히 《구세주의 유년기에 대한 책》에서 인용한) 마리아의 출산이 다가왔을 때, 요셉은 두 명의 산파 제벨(Zebel)과 살로메(Salome)를 불렀다. 요셉은 동정녀가 성자 하느님을 낳을 것을 의심하지 않았으나, 그 나라의 관습을 따른 것이었다. 마리아가 동정녀였음을 면밀히 살피고 알아차린 제벨이 동정녀가 출산을 했다고 외쳤을 때, 살로메는 믿지 않았고 직접 확인하려고 했다. 그러자 살로메의 손이 즉시 시들었다. 그때 한 천사가 나타나서 그 아기를 만지라고 살로메에게 말했다. 그러자 그녀는 즉시 치유되었다. 다섯 번째 증거는 기적적인 일대 사건이다. 교황 인노첸시오 3세가 증명한 것처럼 12년 동안 로마가 평화를 누렸을 때 로마인들은 평화의 신전을 지었고 그 안에 로물루스 상을 두었다. 아폴로는 그 신전이 얼마나 오랫동안 유지될 것인지에 대한 질문을 받았고, 그 대답은 '동정녀가 아기를 낳을 때까지'라는 것이었다. 이 대답을 들은 사람들은 그러한 일이 일어나는 것은 불가능하다고 생각했기 때문에 그 신전은 영원할 것이라고 말했다. 그리고 "영원한 평화의 신전"(Templum Pacis Aeternum)이란 명문(銘文)이 문 위에 새겨졌다. 그러나 마리아가 그리스도를 낳은 늦은 밤에 신전은 완전히 부서졌고, 그 자리에 산타 마리아 노바 성당(Ecclesia Sanctae Mariae Novae)이 오늘날까지 유지되고 있다.

　　주님의 탄생은 아기인 본인과 관련해서도 기적적이었다. 베르나르도가 말한 것처럼, 영원하신 분, 태고의 분, 새로운 분이 하나이고 같은 위격 안에 경이롭게 함께 오셨다. 즉, 영원한 분은 삼위일체 하느님이고, 태고의 분은 아담으로부터 인간의 몸으로 내려오신 분이고, 새로운 분은 새 영혼이 창조되었기 때문이다. 게다가 베르나르도가 말한 것처럼, 하느님은 세 가지 조합 혹은 세 가지 일을 일으켰고, 그것은 놀라울 만큼 하나이기 때문에 그러한 일은 이전에도 없었고 또한 다시 이루어지지 않을 것이다. 왜냐하면, 하느님과 인간, 어머니와 동정녀, 믿음과 인간의 마음이 결합했기 때문이다. 하느님과 땅의 진흙, 위풍당당함과 병약함, 고귀함과 천함이 놀랍게 합쳐졌기 때문에, 그리고 어느 것도 하느님보다 더 숭고한 것이 없고 진흙보다 더 천한 것은 아무 것도 없기에, 첫 번째는 정말 경이로운 결과이다. 두 번째 결합은 기적이나 다름없다. 태초부터 지금까지 동정녀 또는 동정녀로 남아있는 어머니가 있다는 것은 전례(前例)가 없는 것이었다. 세 번째 경이로움은 이전 두 가지보다는 열등하지만 그렇더라도 크다. 놀라운 것은 인간의 마음이 사람이 되신 하느님과 그를 낳았던 성모 마리아가 여전히 동정녀라는 것을 믿을 수 있다는 점이다. 지금까지 베르나르도가 말했다.

탄생 방식 또한 기적적이었다. 동정녀가 잉태하였다는 사실은 본성을 넘어서고, 하느님이 탄생하셨다는 점에서 이성을 넘어섰다. 출산의 고통이 없었다는 점에서 인간의 조건을 넘어섰다. 그리고 관습적인 것 이상으로, 잉태가 성령에 의해 이루어졌기 때문에, 동정녀는 인간의 씨에서가 아니라 신비한 숨결로부터* 아드님을 낳으셨기 때문이다. 참으로 성령은 동정녀의 가장 순수하고 가장 순결한 피를 취하여 육신을 만들었다. 그래서 이것은 하느님이 인간을 만드는 네 번째 경이로운 방법을 보여주셨던 것이다. 안셀모는 말한다. "하느님은 네 가지 방법으로, 즉 (그분이 아담을 만드셨던 것처럼) 남자 또는 여자 없이, (그분이 하와를 만드셨던 것처럼) 여자 없이 남자로부터, (일반적인 방법인) 남자와 여자로부터, 그리고 (오늘 기적적으로 하셨던 것처럼) 남자 없이 여자로부터 인간을 만드실 수 있습니다."

주님의 탄생은 여러 가지 방법으로 알려졌다. 우선, 그 탄생은 모든 단계 또는 계층의 창조물을 통해 명백해졌다. 돌처럼 단순히 물질적이거나 유형의 것과 같이 존재만 하는 피조물들이 있다. 다른 것들은 식물과 나무처럼 존재하고 생명을 지녔고, 존재, 생명, 감각을 갖고 있다. 즉 동물들이다. 이러한 재능 말고도 동물들은 인간과 마찬가지로 이성을 지니기도 한다. 그리고 마지

* "신비한 숨결로부터"(ex mistico spiramine)에서 '신비한 숨결'은 성령을 의미한다. – 역자 주

막으로 어떤 창조물은 이해력이나 지식을 지니고 있고, 이들은 천사이다.

그리스도의 탄생은 이 모든 창조물을 통해 알려졌다. 순수하게 형체만을 가진 것들 중에는 불투명한 것, 투명하거나 투과성이 있는 것, 맑거나 빛나는 것 세 가지 종류가 있다. 위에서 설명한 바와 같이, 불투명한 창조물은 로마의 신전을 파괴함으로써, 또한 아주 많은 장소에서 쓰러졌던 조각상들의 붕괴로 예수 탄생을 드러냈다. 이를테면 우리가 《교육독본》에서 읽었듯이 고돌리아스(Godolias)*의 죽음 후에 이집트로 내려간 예레미야 예언자는 이집트 왕들에게 동정녀가 아들을 낳았을 때, 그들의 우상은 다 허물어질 것이라고 내비쳤다. 그래서 우상들의 신관은 자기 무릎에 남자 아기를 안고 있는 동정녀의 조각상을 만들어 신전의 비밀장소에 세워 놓고, 그곳에서 숭배하였다. 프롤레마이오스 왕이 우상 신관들에게 조각상의 의미를 물었을 때, 그들은 그 신비가 조상들로부터 전해진 것이며, 조상들은 거룩한 사람 즉 예언자로부터 받은 것이며, 예언된 일이 실제로 일어날 것이라고 믿었다고 대답했다.

이제 투명하거나 투과성이 있는 것에 관해서는, 주님의 탄생 밤에 밤의 어두움이 낮의 광명으로 변했다. 오로시오[Orosius]와 인노첸시오 3세 교황이 증언한 것처럼 로마에서는 분수대의 물이 기름으로 바뀌어 티베르 강으로 흘러가서 그날 매우 광범위하게 퍼졌다. 그리고 여자 무당(Sibylla)은 기름 분수가 갑자기 나타났을 때 구세주께서 탄생하실 것이라고 예언했다.

그 다음에 하늘 위에 있는 것과 같은 빛나는 육체적인 창조물들이 있다. 그들은 또한 예수 탄생을 드러냈다. 바로 그날, 고대인들이 이야기하고 크리소스토모가 단언한 바에 따르면, 동방박사들은 산꼭대기에서 기도하고 있었고 그들 위에 별 하나가 나타났다. 이 별은 가장 아름다운 소년 모습을 지녔고 그 머리 위에는 십자가가 찬란히 빛났다. 그 소년은 동방박사들에게 말했다. 유다로 가라고 하였고, 그곳에서 한 갓난아이를 발견하게 될 것이라고 말했다. 같은 날 세 개의 태양이 동쪽에 나타났고 하나의 태양 덩어리로 서서히 합쳐졌다. 이것은 한 분이자 삼위일체인 하느님에 대한 지식이 세상에 막 주어지려는 때였고, 혼, 육신, 신성(神性)이 일치를 이룬 분이 이제 태어났다는 것을

---

* 신약성경에는 "그달야"라고 표기되어 있다. - 역자 주

의미했다. 그러나 《교육독본》에서는 세 개의 태양이 예수 탄생의 날이 아니라 그보다 좀 더 일찍 얼마 동안 나타났다고 말했다. 에우세비오는 자신의 《연대기》에서 율리우스 체사르의 죽음 후라고 적었다. 인노첸시오 교황이 말한 것처럼, 옥타비아누스 황제는 전 세계를 로마의 통치하에 두었고, 이에 매우 기뻐하고 만족한 원로원은 옥타비아누스를 신으로 숭배하기를 원할 정도였다. 그러나 신중한 황제는 자신이 언젠가 죽을 것을 알고 있었고, 불멸이란 칭호를 자신이 빼앗아 가지는 것을 거부했다. 원로원은 황제에게 여자 무당 예언자를 불러 신탁을 통해 세상에 황제보다 더 위대한 자가 태어나게 되어 있는지 알아보라고 요청했다. 따라서 그리스도의 탄생 그날에, 이 문제를 논의하기 위해 대책 회의가 소집되었다. 황제는 여자 무당과 단둘이 방에서 자신의 신탁을 의논하였고, 정오에 황금빛의 원이 태양 주변에 나타났고, 그 원의 중앙에 어린이를 무릎에 앉힌 가장 아름다운 동정녀가 있었다. 여자 무당은 이것을 체사르에게 보여주었고, 환시에 놀라고 있는 황제에게 "이것은 하늘의 제대이다."라고 말하는 목소리가 들렸다. 그때 여자 무당이 황제에게 말했다. "이 어린이는 당신보다 더 위대하고, 당신이 반드시 경배해야 할 그분입니다." 그들이 있던 바로 그 방은 거룩한 마리아의 영광에 봉헌되었고, 지금까지도 "하늘의 제대인 성 마리아"(Sancta Maria Ara Coeli)라고 불린다.

자신이 보았던 그 어린이가 자기보다 더 위대하다는 것을 깨달은 황제는 그에게 향을 드렸고 자신이 신이라고 불리는 것을 거절했다. 이에 대해 오로시오는 말한다. "옥타비아누스 시기에 약 3시간쯤 하늘에 맑고, 순수하고, 평화로운 무지개처럼 보이는 한 원이 마치 홀로 태양과 온 세상을 만들었고 그것을 통치하는 분이 오는 것처럼 태양의 구체(球體)를 에워쌌습니다." 지금까지는 오로시오가 한 말이다. 에우트로피오(Eutropius)도 그 사건에 대해서 유사하게 설명한다. 그리고 고대 로마 역사를 연구한 역사가 티모테오(Timotheus)는 옥타비아누스의 재위 제35년에 카피톨리누스 언덕에 올라갔었고, 신들에게 제국의 통치자로 누가 자신을 계승할 것인지를 걱정스럽게 물었다고 전했다. 그때 황제는 살아있는 하느님의 영원함 안에서 태어났던 천상의 아이, 더럽혀짐 없이 하느님이자 인간인 분이 순결한 동정녀에게서 곧 태어날 것이라고 자신에게 말하는 음성을 들었다. 음성을 들은 황제는 제대를 세웠고, 그 위에

"이것은 살아있는 하느님의 아드님의 제대이다."(Haec est ara filli Dei viventis.)라고 제목을 새겼다.

그리스도의 탄생은 식물과 나무처럼 살아있는 창조물들에서도 나타났다. 따라서 그리스도의 탄생일 밤에 (그리고 바르톨로메오가 자신의 편집본에서 기록하였듯이) 발삼을 생산하는 엔게디(Engedi)*의 포도원은 꽃을 피웠고 발삼이 흘러나오는 열매를 맺었다.

살아있고 지각 있는 창조물들은 자신들의 증거를 보였다. 임신중인 마리아와 함께 베들레헴을 향해 출발했던 요셉은 (아마도 인두세를 지불하고 음식 같은 것을 사기 위한 돈을 마련하기 위해 팔려고) 황소와 마리아가 탈 나귀를 데리고 갔었다. 기적적으로 주님을 알아본 그 황소와 나귀는 무릎을 꿇고 그를 경배했다.

이성과 분별력을 지닌 창조물인 인류는 목자들로 대표된다. 그리스도 탄생의 시각에 목자들은 (《연대기》에서 에우세비오가 긍정하였듯이) 관례적으로 1년에 두 번, 가장 길고 가장 짧은 밤에 자기 가축을 지켜보고 있었다. 이방인들은 각 지점(至點), 즉 태양을 숭배하는 방식으로 세례자 요한의 축일 전후의 여름과 예수 성탄에 가까운 겨울밤에 이러한 기도를 지키는 관습이 있었다. 그리고 유다인들은 이웃 민족들로부터 관습을 따왔을 수도 있다. 그리고 주님의 천사가 목자들에게 나타나 구세주의 탄생을 알렸으며, 어떻게 구세주를 찾을 수 있는지 말한 후 노래 불렀다. "지극히 높은 곳에서는 하느님께 영광, 땅에서는 그분 마음에 드는 사람들에게 평화!"(루카 2, 14) 목자들은 갔고 천사가 말했던 모든 것을 발견했다.

우리는 오로시오가 증언했던 것처럼, 이 징후가 당시 누구도 자신을 하느님으로 불러서는 안 된다고 선포했던 아우구스투스 황제를 통해서도 드러났음에 주목한다. 또한, 우리는 몇몇 《연대기》에서 주님의 탄생일이 다가왔을 때, 옥타비아누스는 자신의 제국 도처에 공공도로를 건설하고 모든 로마인

---

* 엔게디는 '광야의 오아시스', '들염소들의 샘'이라 불렸던 곳으로, 다윗이 사울 왕을 피해 숨어있었던 곳이다. 유다 광야의 동쪽 끝 오아시스 지대(헤브론 동쪽 약 24km)에 위치한 성읍(여호 15, 62)으로 솔로몬 때에는 이곳에 포도원이 있었고 헤나 꽃이 재배되었다(아가 1, 14). 여호사밧 때에는 암몬, 모압, 에돔이 이곳을 유다를 치는 침투로로 이용하고자 했다(2역대 20, 1-2). - 역자 주

의 빛을 탕감했다는 것을 읽었다. 그리고 예로니모가 "악을 행하는 모든 사람 위에 빛이 매우 밝게 떠올라서 그들은 모두 전멸되었습니다. 그리고 그리스도는 자신이 취하였던 본성에서 더러움이 전혀 발견되지 않게 하려고 이것을 하였습니다."라고 말하듯이, 심지어 남색자(男色者)들도 그 밤 세상 어디에 있건 몰살됨으로써 증명했다. 왜냐하면 아우구스티노가 말한 것처럼, 하느님은 자연을 거스르는 악이 인간 본성에 만연한 것을 보고, 육화되기를 망설이셨기 때문이다.

마지막으로 천사들이 목자들에게 주님 탄생을 알렸을 때, 존재와 생명, 분별력, 이해력을 지닌 창조물들은 위에서 언급한 것처럼 주님의 탄생을 보여주었다.

우리는 다음의 측면에서 그리스도 탄생의 징후가 우리에게 유용하였음을 숙고한다. 우선 악령들이 예전처럼 우리를 더 이상 제압할 수 없을 것이기 때문에, 악령들을 당혹하게 만드는데 기여했다. 클뤼니(Cluny) 수도승원의 아빠스 성 후고(Hugo)에 따르면, 탄생의 밤에 성자(聖子)를 안고 "예언자들의 신탁이 이루어지는 날이 왔습니다. 지금까지 사람들을 이겼던 그 적들은 지금 어디에 있습니까?"라고 말하는 성모 마리아의 환시가 있었다. 그 목소리를 들은 악마가 동정녀를 조롱하려고 바닥을 뚫고 올라왔다. 그러나 죄악은 거짓을 드러낸다. 왜냐하면, 악마가 수도승들 숙소 주변을 배회했지만 수도승들의 경건함이 악마를 기도실에서 몰아냈고, 수도승들의 영적 독서 소리가 악마를 식당에서 몰아냈고, 수도승들의 딱딱하고 부족한 침구가 악마를 공동 침실에서, 수도승들의 인내심이 악마를 회의실에서 몰아냈기 때문이다. 뿐만 아니라 주님의 탄생 전날 밤, 성모 마리아가 무릎에 성자를 받치고 함께 놀면서 클뤼니의 아빠스 성 후고에게 나타났다는 내용이 클뤼니 수도승원의 베드로(Petrus Cluniacensis)의 책에 나온다. 그리고 그 아기가 말했다. "어머니, 어머니는 교회가 큰 찬미, 잔치, 춤으로 저의 생일을 축하하는 것을 알고 있습니다. 그런데 악마의 힘은 지금 어디에 있습니까? 악마가 지금 무엇을 할 수 있을까요? 악마가 뭐라고 말할 수 있을까요?" 이때 말 그대로 악마가 땅에서 솟아오르는 것이 보였고 "제가 주님을 향한 찬미가 노래 불려지는 성당에 들어갈 수 없다고 하더라도, 저는 회의실, 공동 침실, 식당 안으로 들어갈 것입니다!"

라고 말한다. 그러나 악마가 이를 시도했을 때, 회의실 문이 자신의 뚱뚱한 허리둘레에 비해 너무 좁다는 것을, 공동 침실의 문이 자신의 키에 비해 너무 낮고, 식당의 문이 빗장과 볼트로 고정되어 있음을 발견했다. 그리고 그곳에서 봉사하는 사람들의 자선, 독서를 듣고자 하는 열망, 식음료의 절제를 발견했다. 그래서 당황한 악마는 사라졌다.

두 번째로, 그리스도의 탄생은 우리가 죄에 대한 사면을 구함에 있어서 유용하다. 우리는 타락한 한 여인이 마침내 자신의 죄를 뉘우치고 사면을 포기했다는 예를 어떤 책에서 읽었다. 그녀는 마지막 심판을 생각하며 자신은 지옥에 갈 만하다고 여겼다. 그리고 마음을 천상으로 돌리면서 자신이 부정하다고 생각했다. 또 주님의 수난을 깊이 생각하며, 자신이 은혜를 모르고 살아왔다는 것을 깨달았다. 하지만 그때 그녀는 아이들이 착함에 더 가깝다는 것을 생각해내고, 주님 어린 시절의 이름으로 주님에게 요청했다. 그러자 한 목소리가 들려와 그녀는 용서를 받았다.

세 번째로, 예수 탄생은 우리의 질병을 치유하는 데 도움을 준다. 베르나르도가 이 유익에 대해 말한다. "인류는 시작, 중간, 끝이란 세 겹으로 된 질병 아래에서 힘을 다했습니다. 인간의 탄생은 부정하였고, 삶은 비뚤어졌고, 죽음은 아주 위험했습니다. 그리스도가 오셨고 삼중의 치료약을 가져다주었습니다. 그의 탄생은 우리의 출생을 깨끗하게 하였고, 그의 삶은 우리의 삶에 질서를 만들었고, 그의 죽음은 우리의 죽음을 무너뜨렸습니다." 여기까지는 베르나르도의 말이다.

마지막으로 주님의 탄생은 우리의 교만을 겸손하게 도와줬다. 그래서 아우구스티노는 성자 하느님이 자신의 육화(肉化) 안에서 행하신 겸손은 우리를 위한 모범, 성사, 약이었습니다. 인간이 따를 수 있는 가장 적합한 모범, 인간을 죄의 굴레로부터 구속시킨 성사, 인간 교만의 종양을 치유하는 강력한 약이라고 언급했다 왜냐하면, 첫 번째 사람(아담)의 교만은 그리스도의 겸손으로 고쳐졌다. 구세주의 겸손이 배신자의 교만에 얼마나 정확히 상응하는지 주목하라. 첫 번째 사람의 교만은 하느님에게 반대하는 것이었다. 그 교만은 마치 하느님인 것처럼, 그리고 심지어 하느님 위로 올라갔다. 하느님이 선과 악을 아는 지식의 나무에서 먹는 것을 금지하였던 계명을 거슬렀기 때문에, 그 교만은 하느님을 반대하는 것이었다. 아담은 악마가 "너는 신들처럼 될 것이다."(창세 3, 5)라고 말했던 것을 믿고 신성(神性)을 갈망하여 하느님의 높이에 닿으려고 했기 때문이다. 안셀모가 말했듯이, 그것은 사람이 의지하지 말아야 할 것을 의지했기 때문에 하느님 위에 있었습니다. 따라서 아담은 하느님의 뜻보다 자신의 뜻을 우선시했습니다. 그러나 다마스쿠스의 요한(Johannes Damascenus)에 따르면 성자 하느님은 우리를 대항해서가 아니라 인간을 위해 스스로를 낮추었다. 성자의 겸손은 사람의 수준과 사람을 넘어 도달하였다. 그것은 사람들의 행복과 구원을 위한 것이었기 때문에 사람의 이익을 위한 것이었다. 탄생의 방식이 비슷하였기에 사람의 수준이었고 탄생이 달랐기에 사람 위에 있다. 한편으로 그리스도의 탄생은 즉 한 여자에게서 태어났고 같은 관문을 통해 나왔기에 우리와 비슷하지만, 다른 면에서 그분은 성령에 의해 잉태되었고 동정녀 마리아에게서 태어났기에 우리들과 달랐다..

···✦ 7 ✦···

성녀 아나스타시아

아나스타시아(Anastasia)라는 이름은 '위'를 뜻하는 '아나(ana)'와 '서 있는' 뜻의 '스타시스'(stasis)가 합쳐진 표현이다. 성인은 덕을 통해 악과 죄 위에 높이 올려졌기 때문이다.

아나스타시아는 로마의 귀족 가문에서 태어났고, 아버지 프래탁스타투스(Praetaxtatus)는 이교도였으나 어머니 파우스티나(Faustina)는 그리스도인이었다. 아나스타시아는 어머니와 성 크리소고노(Chrysogonus)에 의해 그리스도교 신앙 안에서 성장했다. 자신의 의지와 달리, 푸블리우스(Publius)라는 젊은이와 결혼한 아나스타시아는 쇠약해지는 병에 걸린 척하며 남편과 떨어져서 지냈다. 그 후 푸블리우스는 아내가 가난한 여인 복장으로 시녀 한 사람만 데리고 감옥에 있는 그리스도인들을 방문해서 돕고 있다는 사실을 알았다. 푸블리우스는 아나스타시아에게 음식도 주지 않고 철저하게 감금했으며, 이로 인해 아내가 죽을 것이라 기대하면서 아내의 엄청난 재산으로 사치스럽게 살기를 희망했다. 아나스타시아는 자신이 죽을 것을 예상하고 크리소고노에게 애처로운 편지들을 썼고, 크리소고노는 위로의 메시지로 답장했다. 그러나 죽은 것은 남편 푸블리우스였고 그녀는 자유의 몸이 되었다.

아나스타시아는 세 명의 매우 아름다운 시녀들을 데리고 있었는데 시녀들은 자매 사이였다. 시녀들 중 첫째는 아가페테(Agapete), 둘째는 테오니아(Theonia), 셋째는 이레네(Irene)라 불렸으며 모두 그리스도인이었다. 한 총독이 그 시녀들에 대한 욕망에 사로잡혔고, 시녀들이 총독의 접근을 거부하자 조리기구를 보관하는 방에 가두었다. 총독은 그녀들과 함께 할 생각으로 그곳에 갔다. 그러나 총독은 감각을 잃고 난로, 주전자, 냄비 등의 주방기구가 세 동정녀인 줄 알고 애무하고 입을 맞추었다. 이런 식으로 스스로 만족하였던 그는 그을음으로 검어졌고 너덜너덜해진 옷으로 밖으로 나갔다. 밖에서 기다리고 있던 하인들은 총독을 악령이라 생각하고 막대기로 때린 후 도망쳤다. 화가 난 총독은 황제에게 고소하려고 출발했고, 가는 길에 그가 미쳤다고 생각한 사람들이 회초리로 때렸고, 다른 이들은 진흙과 쓰레기를 던졌다. 그러나 그는 눈이 멀어 있어 다른 사람들에게 자신이 어떻게 보이는지 알 수 없었다. 그리고 왜 사람들이 자신에게 평소처럼 예를 차리지 않고 조롱하는지 이해할 수 없었다. 총독은 다른 모든 사람처럼 자신이 하얀색 옷을 입었다고 생각했기 때문이었다. 마침내 자신의 비참한 상태에 대해 들었고 그 시녀들이 자신에게 어떤 마술을 부렸다고 생각했다. 따라서 총독은 그녀들의 나체를 즐기려는 생각으로 그 시녀들을 데려오게 하였고 옷을 벗기라고 명령했다. 그러나 옷이 그녀들의 몸에 너무 단단히 달라붙어 있어서 벗길 수 없었다. 총독은 이에 놀랐고 곧 매우 깊은 잠에 빠져들어 심하게 코를 골고 심지어 누가 때려도 깨어나지 않을 정도였다. 마침내 그 동정녀들은 순교의 월계관을 썼다.

아나스타시아에 대해 말하자면, 황제는 그녀를 다른 총독에게 보내어, 만약 그녀가 신들에게 제사를 지내게 만든다면 그녀와 결혼을 허락한다고 했다. 총독은 그녀를 신방(新房)으로 데리고 가서 껴안으려 했다. 총독은 즉시 시력을 잃었다. 총독은 우상들에게 가서 자신이 치유될 수 있는지 물었다. 우상들의 대답은 "네가 거룩한 아나스타시아를 슬프게 했기 때문에, 너는 지옥에서 우리와 함께 영원히 극심한 고통에 시달리도록 우리에게 넘겨졌다."였다. 그리고 총독은 자기 집으로 인도되었고 종들의 품에서 죽었다.

그 다음, 치밀한 보안 속에서 아나스타시아를 감금하라는 명령과 함께 또 다른 총독에게 맡겨졌다. 이 총독은 아나스타시아가 매우 부자라는 것을 알고 그녀에게 비밀스럽게 말했다. "아나스타시아, 만일 당신이 그리스도인이 되고자 한다면, 누구든지 자신의 모든 재물을 버리지 않는 사람은 나의 제자가 될 수 없다고 말씀하셨던 당신 주님의 명령을 따르시오. 그러니 모든 재산을 나에게 주고 당신이 원하는 어느 곳이든 가서 진실한 그리스도인이 되시오." 그녀는 대답했다. "하느님께서는 제가 가진 모든 것을 부자가 아니라 가난한 사람들에게 주라고 명령하셨습니다. 당신은 부자입니다! 그러므로 제가 당신에게 모든 것을 준다면, 저는 하느님의 명령을 거역하는 것입니다."

그리고 아나스타시아는 굶겨 죽이라는 명령과 함께 끔찍한 감옥에 던져졌으나, 이미 순교의 월계관을 얻었던 성녀 테오도라가 하늘로부터 음식을 두 달 동안 그녀에게 공급했다. 마침내 그녀는 200명의 동정녀들과 함께 많은 그리스도인이 유배 보내졌던 팔마리아(Palmaria) 섬으로 실려 갔다. 며칠 후 총독은 그들 모두를 소환하여 아나스타시아를 말뚝에 묶어 산 채로 불태웠으며, 나머지 사람들은 여러 가지 방법으로 처형했다. 그들 중 여러 차례 재산을 빼앗겼던 한 남자가 반복해서 말했다. "적어도 당신은 나에게서 그리스도를 빼앗지 못합니다." 아폴로니아(Apollonia)는 성녀 아타나스타시아의 시신을 자신의 정원에 묻고, 그곳에 그녀를 기리기 위해 성당을 지었다. 아타나스타시아는 서기 287년경에 시작된 디오클레티아누스 시대에 순교했다.

⋯✦⟫ 8 ⟪✦⋯

성 스테파노

라틴어로 '화관'을 의미하는 스테파노(Stephanus, Stephen)는 그리스어 스테파노스(stephanos)에서 유래하였고, 히브리어로 '규범', '규칙'을 의미한다. 구약성경에서 아벨이 첫 번째 순교자였던 것처럼 스테파노는 신약성경에서 첫 번째 순교자였다는 점에서 순교자들의 왕관으로 비유되곤 한다. 그는 진리를 따라 어떻게 행동하고 살아야 하는지, 적을 위해 어떻게 기도해야 하는지 보여줄 뿐만 아니라 그리스도를 위하여 어떻게 고통을 받는지를 다른 사람들에게 보여주는 규범, 즉 모범이자 규칙이었다. 또는 성인이 말하는 방식과 하느님의 말씀을 훌륭하게 설교하는 방식에서 보여주었던 것처럼 스테파노는 '강경하게 말하기' 또는 '열성껏'이라는 의미의 스트레누에 판스(strenue fans)에서 유래했다. 또한, 사도들이 그에게 문자 그대로 나이든 여자(여기서는 과부를 의미함)들에 대한 책임을 맡겼기 때문에 스테파노는 '훌륭하게 서 있기'를 의미하는 스트레누에 스탄스(strenue stans), 또는 '과부'를 의미하고 '나이든 여자를 가르치고 다스리는'이라는 의미를 지닌 판스 아누스(fans anus)라는 의미로 이해할 수 있을 것이다. 그래서 스테파노는 순교에서 첫 번째이고 고통과 삶의 방식에서 모범이 되는 규범이며 과부들에 대한 칭찬할 만한 가르침으로 열성적인 연설가로 알려졌기 때문에 '순교자의 왕관'으로 알려져 있다.

스테파노는 사도들이 봉사를 위해 서품하였던 7명의 부제(副祭) 중 한 사람이었다. 제자들의 수가 늘어났을 때, 이방인 출신 그리스도인들은 유다교에서 개종한 사람들을 원망하기 시작했다. 왜냐하면, 이방인 출신 그리스도인에 속한 과부들이 매일의 봉사에서 소외되었기 때문이다. 이 불평의 원인은 과부들이 어떤 봉사를 하는 것이 허용되지 않았거나, 일과(日課)에서 해야 하는 일이 너무 많았기 때문일 수 있다. 그 문제가 어떤 것이었든 사도들은 과부들에게 약간의 봉사를 맡겼고, 자신들은 온전히 설교에 전념할 수 있었다. 이런 불평 사항들에 직면한 사도들은 모든 제자를 불러서 말했다. "우리가 하느님의 말씀을 제쳐 놓고 식탁 봉사를 하는 것은 바람직하지 않습니다. … (《주해집》은 '몸을 위한 잔치보다 마음의 양식이 더 낫기 때문입니다.'라고 덧붙인다.) … 그러니 형제 여러분, 여러분 가운데에서 우리가 이 직무에 임명할 수 있는 평판이 좋고 성령과 지혜가 충만한 사람 일곱을 찾아내십시오. … (《주해집》은 '… 봉사하기 위해 혹은 봉사자들을 관리하기 위해') … 우리는 기도와 말씀의 설교에만 전념하겠습니다." 참석한 제자들은 이 계획을 기뻐하며 7명을 선출하였고 스테파노가 지도자가 되었다. 그리고 이 7명을 사도들에게 데려갔으며, 사도들이 그들 위에 손을 얹었다.*

이제 은총과 불굴의 용기가 충만한 스테파노는 사람들 사이에서 큰 기적과 표징을 행하였다. 그때 유다인들은 스테파노를 시기하여 그의 평판을 떨어뜨리고 그의 죄를 찾으려고 세 가지 방법 즉, 논쟁하고, 거짓 증인을 매수하고, 고문하는 방법을 사용했다. 그러나 스테파노는 논쟁에서 이기고 거짓 증인들의 유죄를 입증하였고, 자신을 고문하는 자들을 이겨냈으며 각각을 맞닥뜨릴 때마다 하늘로부터 도움을 받았다. 우선 성령은 하느님의 지혜로 스테파노를 도왔다. 둘째로 천사의 얼굴을 닮은 그의 얼굴은 거짓 증인들을 겁먹게 했다. 셋째로 그리스도가 직접 나타나서 그에게 도움을 주고 강해지겠끔 준비시켰다. 그러니 세 가지 충돌은 각각 세 가지 측면, 즉 싸움을 시작하고, 도움을 주고, 승리를 성취하는 것에 유의해야 한다. 그 사건들에 대한 간략한 검토는 이 모든 것을 또렷하게 보여줄 것이다.

그래서 스테파노의 설교와 기적들에 질투심을 느낀 유다인들은 논쟁으로 그를 패배시키려고 노력하면서 첫 번째 전투에 착수했다. 들고 일어났던 사람 중 일부는 '자유인의 회당'(Synagoga libertinorum)에 속한 사람들이었다. 자유인(Liberti)이라고 불린 이유는 그들의 출신이 지방이거나 노예에서 해방되어 자유가 주어졌던 사람들의 아들이었기 때문이다. 노예의 후손인 그들은 처음에는 믿음을 배척했다. 그들은 키레네 시 출신의 키레네 사람들, 알렉산드리아 사람들, 킬리키아와 아시아 출신의 사람들이었다. 그들 모두가 스테파노와 논쟁했다. 첫 번째 전투가 있었다. 그때 승리가 왔다. 그들은 스테파노의 지혜에 맞설 수 없었다. 마지막으로 스테파노 안에서 말씀하시는 성령의 도움이 있었다.

스테파노의 반대자들은 그 방식으로는 스테파노를 이길 수 없음을 알았고 교활하게 두 번째 방법, 즉 거짓 증인들의 증언을 내세웠다. 반대자들은 두 명의 거짓 증언자를 의회에 데려왔는데, 이들은 네 가지 신성 모독, 즉 하느님을 반대하고, 모세를 반대하고, 율법을 반대하고, 성막(聖幕)이나 성전을 반대한 것으로 성인을 고발했다. 전투가 벌어지고 있다. 의회에 앉아있는 모두가 스테파노를 응시하였고 그의 얼굴이 천사의 얼굴을 닮은 것을 보았다. 그것

* 사도행전 6장 1–7절의 내용이다. – 역자 주

에는 도우심이 있다. 그 다음 거짓 증인들이 하나하나씩 반박을 당했을 때 승리가 왔다. 대사제가 스테파노에게 증인들의 증언이 사실이었는지 물었고 그 축복받은 사람은 자신에게 제기된 네 가지 고소에 적절하게 응답함으로써 무죄를 입증했다. 하느님을 반대하여 모독한다고? 조상들과 예언자들에게 말씀하신 하느님은 영광의 하느님이라고 스테파노는 그 용어를 설명할 수 있는 세 가지 방법으로 하느님의 영광을 찬미했다. 하느님은 영광을 주신다는 의미에서 영광의 하느님이다. 그래서 사무엘기 상권에서 "누구든지 나를 영광스럽게 하면, 나는 그를 영광스럽게 할 것이다."(1사무 2, 30)라고 하였다. 그분은 자신 안에 영광이 깃들어 있다는 점에서 영광의 하느님이다. 그래서 잠언 8장에서 "나와 함께 부와 영광이 있다."(잠언 8, 18)라고 한다. 그분은 모든 창조물에게 영광을 돌리는 하느님이다. "세대(世代)들의 왕, 죽지 않고, 보이지 않고, 유일한 하느님께 영예와 영광이 영원할 것이다."(1티모 1, 17)라고 하였다. 그래서 하느님의 영광을 찬미하고, 영광을 받고, 영광을 찬미할 가치가 있다.

그 다음에 스테파노는 모세 모독 혐의에 대해 많은 이유를 제시하며 모세를 칭찬함으로써 두 번째 고발과 싸웠다. 그러나 주로 세 가지, 즉 모세가 한 이집트인을 쳐서 죽였을 때 그의 열정, 그가 이집트와 사막에서 행하였던 기적들의 방식, 그리고 모세가 한 번 이상 하느님과 친밀하게 이야기를 나누었기에 하느님과 친밀한 관계에 있었음을 말했다. 율법을 모독한 혐의에 대해서 스테파노는 세 가지 근거, 즉 베푸는 분이고 통치자인 하느님 자신, 강력한 모세, 율법은 생명을 주는 것을 이유로 율법을 찬미했다. 성전에 대한 모독 혐의에 대해서 그는 네 가지 이유, 즉 성전은 하느님의 명령을 받은 것이고, 성전을 건축할 수 있었던 방법을 환시로 보여주었고, 모세에 의해 완성되었고, 계약의 궤가 들어 있기에 성전을 찬미함으로써 고발을 논박하였다. 스테파노는 성전은 성막을 계승하였다고 덧붙였다. 그러므로 복된 스테파노는 자신을 고발한 범죄들에 추론으로 스스로 깨끗함을 입증했다. 유다인들은 두 번째 공격이 첫 번째처럼 부질없음을 깨달았고 고문과 고통을 가하는 세 번째에 의지했다. 이렇게 하여 세 번째 전투에 착수했다. 복된 스테파노는 그들이 무엇을 하려는지 알았고, 형제 간의 교정(矯正)을 중요시하는 주님의 명령이 준수되기를 바라면서 그들을 바로잡으려고 노력하였다. 세 가지 방법, 즉 그들을 부끄럽게 함으로써, 그들의 두려움을 불러일으킴으로써, 그들을 향한 자신의 사랑을 증거를 들어가며 보여줌으로써, 그런 악의에서 그들을 돌이키려고 했다. 스테파노는 그들 마음의 완악함과 성인들을 죽인 일을 책망하여 그들을 부끄럽게 했다. "목이 뻣뻣하고 마음과 귀에 할례를 받지 못한 사람들이여, 여러분은 줄곧 성령을 거역하고 있습니다. 여러분도 여러분의 조상들과 똑같습니다. 예언자들 가운데 여러분의 조상들이 박해하지 않은 사람이 어디 있습니까? 그들은 의로우신 분께서 오시리라고 예고한 이들을 죽였습니다. 그런데 이제 여러분은 그 의로우신 분을 배신하고 죽였습니다."(사도 7, 51-52) 따라서 《주해집》이 말하는 것처럼 스테파노는 사악함의 세 가지 등급, 즉 성령을 거스르는 것, 예언자를 박해하는 것, 그들 중 일부는 악의가 더해져서 죽임을 당했다는 것을 단정적으로 말했다. 부끄러운 줄 알아라! 매춘부의 이마는 그들의 것이었고, 그들은 부끄러움을 알지 못했고, 그래서 자신들의 흉계(凶計)를 밀고 나가는 것을 단념하지 않았다. 청중들은 수치심을 느끼기는 커녕 더 상처를 입고 스테파노에 대해 이를 갈았다.

그래서 스테파노는 마치 자신을 도우려고 준비하고 적수들을 단죄하려는 것처럼 하느님의 오른편에 서 있는 예수를 보았다고 말하면서 그 두려움으로 유다인들을 바로잡으려고 노력했다. 사실 성령으로 가득 차고 하늘을 확고 부동하게 쳐다본 스테파노는 하느님의 영광을 보았고 "보십시오, 하늘이 열려 있고 사람의 아들이 하느님 오른쪽에 서 계신 것이 보입니다."(사도 7, 56)라고 말했다. 그러나 수치심을 자극하고 두려움으로 교정하려는 스테파노의 모든 노력에도 불구하고 그들은 그만두지 않았을 뿐만 아니라 이전보다도 더 나빠졌다. 《주해집》에 설명되었듯이 유다인들은 신성 모독을 듣지 않기 위해 귀를 막았고 합심해서 스테파노에게 달려들어 그를 도시 밖으로 내몰고 돌을 던졌다. 그들은 자신들이 신성 모독을 한 사람은 진(陣) 밖에서 돌을 던지라는 율법에 따라 행동을 한다고 생각했다. 그리고 율법에 따라 처음에 돌을 던진 두 거짓 증인은 신성 모독을 한 사람과의 접촉으로 부정하게 되지 않으려고, 또는 돌을 좀 더 쉽게 던지려고 옷을 벗었다. 그리고 이름이 사울(Saul)이며 후에 바오로(Paulus)라고 불렸던 한 젊은이 발 앞에 옷을 두었다. 그 젊은이는 그들의 옷을 지키고 서서 그 범죄에 가담했다.

스테파노는 수치심과 두려움으로 그들의 마음을 바꾸는 데 실패했고, 이제 자신의 세 번째 무기, 사랑을 사용했다. 그가 자기 자신과 그들을 위해 기도하는 것보다 더 큰 사랑을 보여줄 수 있을까? 그는 자신을 위해 이 수난이 오래 끌지 않음으로써 그들의 죄가 커지지 않기를, 그들이 이 죄로 유죄 판결을 받지 않기를 기도했다. 우리는 유다인들이 스테파노에게 돌을 던졌을 때 스테파노는 하느님에게 간청하며 "주 예수님, 제 영을 받아 주십시오."(사도 7, 59)라고 말했다고 읽었다. 그리고 무릎을 꿇고 "주님, 그들은 자신들이 무엇을 하는지 모르니 이 죄를 그들의 책임으로 돌리지 마십시오."라고 큰 소리로 말했다. 그의 경이로운 사랑을 보라! 그는 자신을 위해 기도할 때는 서서 했지만 자신에게 돌을 던진 이들을 위해서 기도할 때는 무릎을 꿇었다. 이는 마치 자신을 위해서 쏟은 기도보다 그들을 위한 기도가 더 잘 받아들여지길 열망하는 것 같았다. 《주해집》이 이 부분에서 말한 것처럼 보다 큰 죄악을 고치기 위해서는 보다 큰 애원이 요구되기 때문에 스테파노는 자신이 아니라 그들을 위해 무릎을 꿇었다. 여기서 순교자는 자신의 수난 때 "아버지, 제 영을 아버지 손에 맡깁니다."(루카 23, 46)라고 자신을 위하고 자신의 사형 집행인들을 위해 "아버지, 저들을 용서해 주십시오. 저들은 자기들이 무슨 일을 하는지 모릅니다."(루카 23, 34)라고 말하였던 그리스도를 본받는 것이다. 그리고 스테파노는 자신의 기도를 마치고 주님 안에서 잠들었다. 《주해집》은 "그는 사랑의 제사를 봉헌하였고 부활의 희망 안에서 잠들었기 때문에 죽었다가 아니라 잠들었다고 말하는 것이 얼마나 아름다운가"라고 언급한다.

스테파노의 순교는 우리 주님이 승천하신 해의 8월 세 번째 날에 일어났다. 성 가말리엘(Gamalielis)과 유다인들의 모든 의회에서 그리스도인들을 옹호했던 니코데모(Nicodemus)는 가말리엘에게 속한 땅에 그를 묻었고 크게 애도했다.

이제 예루살렘에 있는 그리스도인들을 향한 폭력적인 박해가 발생했다. 그리스도인들의 지도자 중 한 사람인 스테파노가 죽임을 당하였기 때문에 용기 있는 사도들을 제외한 다른 사람들은 급히 도피해야 했고, 모든 그리스도인은 유다인들의 지역 도처로 흩어졌다. 이는 "어떤 고을에서 너희를 박해하거든 다른 고을로 피하여라."(마태 10, 23)라는 주님의 명령과 일치한다.

아우구스티노는 복된 스테파노가 자신이 일으킨 셀 수 없이 많은 기적 덕분에 빛났다고 전하고 있다. 그는 6명의 죽은 사람들을 되살렸고, 여러 가지 병으로 고통받는 많은 이를 낫게 했고, 기억할 만한 가치가 있는 다른 기적들을 행하였다. 예를 들어, 성인의 제대 위에 놓였던 꽃들이 후에 그 꽃에 손을 댄 병자들을 치료하였다고 말한다. 제대 위에 놓였던 옷들은 많은 이를 치료하였다. 《신국론》(神國論, De Civitate Dei) 제22권에서, 한 시각장애인 여자가 그 제대에서 꽃들을 가져가 눈에 바르자 시력이 회복되었다고 전한다. 또한, 그 도시의 지도층 중 한 사람으로 개종하는 것을 거부하였던 마르티알리스(Martialis)의 이야기를 전한다. 이 사람은 중병에 걸렸고, 그리스도 신앙심이 두터운 사위가 성 스테파노 성당 제대에서 꽃을 조금 가져다가 장인의 침대 머리맡에 몰래 두었다. 그 침대에서 잠을 자고 동이 틀 무렵 깨어난 그 병자는 주교를 데려오라고 소리쳤다. 주교가 없었던 까닭에 다른 성직자가 마르티알리스의 침대 옆으로 왔다. 마르티알리스는 자신이 이제 믿는다고 선언하며 세례받게 해달라고 요청했다. 그 후에 그는 살아있는 동안, 성 스테파노의 마지막 말이었음을 모른 채 "그리스도님, 제 영혼을 받으소서."(사도 7, 59)라는 말을 반복했다.

또한, 아우구스티노는 페트로니아(Petronia)라는 귀부인에 대해 이야기한다. 그녀는 오랫동안 매우 심각한 병으로 고통 받았고 여러 가지 치료법을 시도했으나 성과가 없었다. 그녀는 한 유다인과 상의했다. 그 유다인은 페트로니아에게 돌이 박힌 반지를 주면서 그 돌이 낫게 할 힘이 있으니 맨살에 끈으로 묶으라고 했다. 페트로니아는 조언대로 했지만 소용이 없었다. 그래서 그녀는 첫 번째 순교자 성 스테파노의 성당으로 가서 성인에게 도움을 구하는 기도를 했다. 그러자 그 끈이 끊어지지 않았고 돌이 박힌 반지도 손상되지 않았음에도 바로 땅에 떨어졌다. 그리고 그 순간 그 여인의 건강은 완전히 회복되었다. 또 다른 기적도 이야기한다. 카파도키아(Capadocia)의 체사레아(Caesarea)에 남편을 잃었지만 7명의 아들과 3명의 딸을 둔 귀족 부인이 살고 있었다. 어느 날 아이들은 어머니의 기분을 상하게 했고 그녀는 아이들을 저주했다. 어머니의 저주에 아이들은 끔찍한 병에 걸렸다. 아이들은 팔다리를 끔찍할 정도로 떨었고 사람들이 자신을 보는 것이 부끄러웠다. 그래서 그들은 멀리까지 돌아다녔고 가는 곳마다 사람들이 빤히 쳐다봤다. 그들 중 두 사람, 파울로와 팔라디아(Paladia)라는 오빠와 여동생은 히포(Hyppo)에 이르러 그 도시의 주교 성 아우구스티노에게 자신들의 이야기를 하였다. 그때는 부활 2주 전이었고, 오빠와 여동생은 자신들의 건강을 되찾게 해달라고 성인께 청하면서 매일 성 스테파노의 성당으로 갔다. 성당이 신자들로 가득 찼던 부활 날에, 파울로는 갑자기 제단(祭壇, sanctuarium)의 문들을 통과하여 믿음과 경건함으로 제대 앞에 엎드려 기도했다. 그리고 회중들이 그가 나오기를 기다리는 동안 갑자기 그가 치료되어 일어섰고, 몸의 떨림은 다시 나타나지 않았다. 그 사내아이는 아우구스티노에게 불려갔고, 아우구스티노는 그를 사람들에게 보여주고 이 기적을 글로 쓰고 다음 날 읽어주겠다고 약속했다. 사내아이가 말하고 있는 동안 여동생 팔라디아가 사지를 부들부들 떨면서 일어섰고, 갑자기 군중에게서 벗어나 성 스테파노의 제대로 갔으며, 잠시 잠든 것처럼 보였다가 곧 완전히 치유되어 일어섰다. 그녀는 회중들에게 보여졌고, 엄청난 감사의 합창이 두 어린이의 건강을 위해 하느님과 성 스테파노에게 올려졌다. 우리는 오로시오 (Orosius)가 성 예로니모를 방문한 후 아우구스티노에게 돌아오면서 성 스테파노의 유물을 가져왔음을 추가해야 하고, 이 유물을 통해 방금 묘사한 기적과 다른 많은 기적이 일어났다는 것을 덧붙여야 한다.

성 스테파노의 순교는 주님의 탄생 바로 다음 날이 아니라 우리가 이미 말했던 것처럼 8월의 셋째 날 아침, 즉 그의 시신 발견을 기념하는 날에 이루어졌음은 주목할 가치가 있다. 이렇게 바꾼 이유는 그 '발견'을 다룰 때 설명될 수 있다. 현재로서는 지금처럼 교회가 주님 탄생에 뒤이어서 세 개의 축일을 두는 것에 두 가지 동기가 있다는 것만으로도 충분할 것이다. 첫 번째는 배우자요 '머리'인 그리스도가 자기 동료들을 자신과 가까운 곳에 두었을 수 있다는 것이다. 교회의 배우자인 그리스도는 이 세상에 태어났을 때 세 명의 동반자와 함께 했다. 솔로몬의 노래 중에 "나의 연인은 하얗고 붉으며 만인 중에 뛰어난 사람이랍니다."(아가 5, 10)라고 말했다. "흰색"은 사랑하는 증거자인 요한 복음사가, "붉은 색"은 첫 번째 순교자인 스테파노, "만인 중에 뛰어난 사람"은 다수의 순결한 무죄한 어린이들로 언급된다. 교회의 두 번째 동기는 순교의 원인인 그리스도의 탄생과 밀접하게 연관되어 있는 모든 다른 순교자들을 품위에 따라 함께 묶는 것이었다. 왜냐하면, 순교에는 세 가지 종류가 있다. 첫째는 자발적으로 허용된 것이고, 둘째는 자발적이지만 허용되지 않은 것, 셋째는 비자발적이지만 허용된 것이다. 성 스테파노는 첫 번째의 사례이고, 두 번째는 성 요한, 세 번째는 무고한 어린이들이다.

성 요한 사도 복음사가

요한(Johannes, John)은 '하느님의 은총'(Dei gratia), '하느님의 은총 안에 있는 사람', '은사(恩賜)를 받은 사람', '하느님에 의해 특별한 은총을 받은 사람'으로 해석된다. 이것으로 하느님이 성 요한에게 베풀어 준 네 가지 특권을 이해한다. 첫 번째는 그에 대한 그리스도의 특별한 사랑이다. 그리스도는 다른 사도들보다 요한을 많이 사랑하였고 사랑과 친밀한 우정의 더 큰 표징을 주었다. 주님이 그에게 은총을 베풀었기에, 하느님의 은총이라 불린다. 또한, 그리스도는 베드로보다 요한을 더 많이 사랑했던 것으로 보인다. 마음 안에 있는 사랑과 겉으로 드러나 보이는 사랑이 있는데, 겉으로 드러나 보이는 사랑에는 또 두 종류가 있다. 하나는 친밀한 우정을 보여주는 데 있고, 다른 하나는 겉으로 드러나는 선행을 베푸는 데 있다. 마음의 사랑과 관련하여, 그리스도는 두 사도를 똑같이 사랑하였다. 친밀한 우정을 보여주는 데에서는 요한을 좀 더 사랑하였고, 겉으로 드러나는 선행에 있어서 베드로에게 더 많은 사랑을 보여주었다.

이름의 두 번째 의미 '하느님의 은총 안에 있는 사람'에서 언급된 은총은 육체적인 타락으로부터 요한의 해방이다. 왜냐하면, 요한은 동정남(童貞男)으로 선택되었고, 동정남으로서의 순결을 지속하는 은총이 있었던 사람이기 때문이다. 즉 그는 결혼하려는 생각을 가졌었지만, 주님으로부터 부르심을 받았다. 세 번째로 그 이름은 "은사를 받은 사람"이라는 것을 의미하며, 요한의 경우에 이 은사는 비밀의 계시이다. 왜냐하면, 그에게 말씀의 신성(神性)과 세상 종말과 같은 엄청난 비밀을 알도록 주어졌기 때문이다. 그리고 네 번째 의미에서 "특별한 은총", "함축된 은혜"는 하느님의 어머니를 요한에게 위탁한 것이다. 이 때문에 그는 '하느님이 은총을 주었던 사람'이라고 불렸다. 요한에게 하느님의 어머니를 보살피도록 하였을 때, 참으로 가장 큰 은총이 주님에 의해 그에게 주어졌다.

라오디체아(Laodicea)의 주교 밀레토(Miletus)가 요한 사도의 생애를 썼고, 이시도로(Isidorus)가 저서 《거룩한 교부들의 출생과 삶, 그리고 죽음》(De Ortu et Vita vel Obitu Sanctorum Patrum)에서 요약했다.

성령강림 후 사도들이 헤어졌을 때 그리스도로부터 대단히 사랑받는 사람이고 동정남으로 선택된 사도이자 복음사가 요한은 아시아로 가서 많은 성당을 설립했다. 요한의 명성을 들은 도미티아누스 황제는 로마로 그를 소환하여 포르타 라티나(Porta Latina)라고 불리던 문 밖에서 기름이 끓는 가마솥에 처넣었다. 그러나 복된 요한은 육신의 부패를 피한 것처럼 상처 없이 나왔다. 이 방법이 그가 설교하는 것을 단념시키지 못함을 본 황제는 파트모스(Pathmos) 섬으로 추방했다. 요한은 그곳에서 혼자 살면서 묵시록을 썼다. 같은 해에 그 황제는 자신의 잔인함 때문에 살해되었고, 원로원은 황제의 모든 법령을 폐기했다. 이렇게 하여 부당하게 강제 추방되었던 요한은 명예롭게 에페소로 돌아왔고, 그를 보려고 달려 나온 군중들은 "주님의 이름으로 오시는 분, 찬미받으소서!"(Benedictus, qui venit in nomine domini)라고 외쳤다.

요한이 에페소로 돌아왔을 때, 다른 사람보다 더 그의 귀환을 고대했던 친한 친구 드루시아나(Drusiana)라는 여자가 매장되려고 밖으로 실려 나왔다. 여자의 친척과 에페소의 과부들, 고아들이 성 요한에게 말했다. "이제 저희는 당신의 지시에 따라 하느님의 말씀으로 우리를 키웠던 드루시아나를 묻으려고 합니다. 당신의 귀환을 동경하던 그녀는 '아, 내가 죽기 전에 다시 한번 하느님의 사도를 볼 수 있으면 좋을 텐데'라고 말하곤 했습니다. 이제 당신이 돌아오셨지만, 그녀는 당신을 볼 수 없게 되었습니다." 그러자 요한은 그들에게 관대(棺臺)를 내리고 시신을 묶은 것을 풀라고 명령한 후 "드루시아나, 나의 주님 예수 그리스도께서 당신을 소생시키실 것입니다! 일어나십시오, 당신 집으로 가서 나를 위한 음식을 준비하십시오!"라고 말했다. 드루시아나는 일어났고 사도가 명령한 대로 곧장 집으로 갔다. 그녀는 죽음에서가 아니라 잠에서 깨어난 것으로 생각했다.

그 사도가 에페소에 도착한 다음 날, 크라토(Crato)라는 철학자가 어떻게 세상의 것을 경멸해야 하는지 보여주려고 사람들을 모두 광장(forum populum)으로 불렀다. 엄청나게 부자인 두 젊은 형제에게 모든 유산을 팔아서 그 돈으로 값을 매길 수 없는 최고의 보석들을 사고, 모든 사람이 보는 앞에서 그 보석들을 조각조각 부숴 버리라고 명령했다. 그러나 마침 사도 요한이 지나가는 길이었고 그는 철학자를 불러 세 가지 이유를 들어 이런 식으로 세상을 경멸하는 것을 맹렬히 비난했다. 우선 한 가지 이유는 그 행동은 사람들의 칭찬은 얻지만, 하느님의 심판으로 단죄받는다. 다른 이유는 병을 결코 치료할 수 없는 약은 무가치하다고 말하는 것처럼, 그런 경멸은 치료법이 없는 악폐이며 가치가 없다. 셋째로 재물에 대한 멸시는 주님이 부자 청년에게 "만일 네가 완전해지기를 원한다면 가서 가진 것을 다 팔아 가난한 사람들에게 나누어주어라."(마르 10, 21)라고 말하였던 것처럼, 가난한 사람들에게 나누어 주었을 때만 가치가 있다.

이 말에 크라토가 대답했다. "만일 당신의 주인이 참으로 하느님이고, 이 보석들이 가난한 사람들을 위해 유익하게 쓰이는 것이 그분의 뜻이라면, 그래서 당신이 보석들을 다시 하나로 만든다면 제가 사람들의 박수를 받았던 것처럼 그분을 위한 영광을 얻을 것입니다." 성 요한은 그 보석 조각들을 손에 모아서 기도했다. 그러자 조각들이 이전 모습으로 복원되었다. 이때 그 철학자와 두 젊은이가 믿었고, 그들은 보석들을 팔아 그 돈을 가난한 사람들에게 돈을 나눠주었다.

그들의 사례는 다른 상류 가문 출신의 젊은이 두 명이 소유한 모든 것을 팔고 가난한 사람들에게 그 돈을 주도록 이끌었고, 두 젊은이는 사도의 제자가 되었다. 그러나 어느 날 그들은 오직 망토 하나만 가진 반면, 자신들의 이전 종들이 우아하고 값비싼 의복을 과시하는 것을 보고 후회하기 시작했다. 성 요한은 그들의 우울한 표정 안에서 그 마음을 알게 되었다. 그래서 그들에게 바닷가에서 막대기와 조약돌을 조금 가져오도록 하였고, 그것들을 금과 보석으로 바꾸었다. 그런 다음 그 금과 보석들을 모든 금 세공인들과 보석상들에게 보이도록 했다. 그리고 그들은 일주일 후에 돌아와서 전문가들이 그렇게 순도 높은 금과 그렇게 질 높은 보석을 본 적이 없다고 했다고 전했다. 사도는 그들에게 말했다. "가서 당신들이 팔았던 그 땅들을 다시 사라! 당신이 하늘의 보물들을 잃어버렸기 때문에, 번창하지만 쇠퇴할 것이다. 그리고 잠시 부자이겠지만 영원한 거지가 될 것이다!" 그러고 나서 부(富)에 대한 지나친 욕망으로부터 우리를 단념시킬 수 있는 여섯 가지 이유를 열거하며 부에 반대하여 말하기 시작했다. 첫 번째는 성경 안에 있으며, 하느님이 거부했던 탐욕스러운 부자와 하느님이 보상하였던 가난한 사람 라자로 이야기를 했다. 두 번째는 자연 그 자체에서 비롯되었다. 즉 사람은 벌거벗고 재물 없이 태어나서 재물 없이 죽는다. 세 번째는 창조에서 볼 수 있다. 즉 해, 달, 별, 비와 공기처럼 모든 사람에게 공통되고 모든 사람에게 공통의 이익이 있다. 그래서 사람들 사이에서 모든 것이 공통으로 유지되어야 한다. 네 번째는 거금(巨金) 그 자체이다. 즉 부자는 자기 돈의 노예이다. 부자는 돈을 소유하지 않고, 돈이 부자를 소유한다. 그리고 돈을 사랑하는 사람은 재물(Mammona)의 노예라고 복음은 말하고 있기에, 부자는 악마의 노예이다. 다섯 번째는 근심과 걱정에서 온다. 즉 부자는 밤낮으로 더 얻으려는 방법과 가진 것을 지키는 방법에 대해서 걱정한다. 여섯 번째이자 마지막으로 요한은 재물이 손실의 위험을 수반한다는 것을 제시했다. 재물 획득에는 이중적인 악이 있다. 즉 부는 현세에서는 부풀려진 자만심으로, 내세에서는 영원한 지옥살이로 이끈다. 그리고 지옥살이로 판정받은 부자는 현세에서 하느님의 은총을 잃고, 미래에서는 영원한 영광을 잃는다.

성 요한이 부에 반대하는 담론을 계속하는 동안, 불과 한 달 전에 결혼했던 한 젊은이가 장례를 치르기 위해 밖으로 실려 나왔다. 그의 어머니, 아내, 문상객들이 와서, 요한이 드루시아나를 되살렸던 것처럼 하느님의 이름으로 죽은 젊은이를 살려달라고 간청하면서 사도의 발 앞에 엎드렸다. 오랫동안 울고 기도한 후에 사도는 죽은 사람을 살려냈고, 살아난 젊은이에게 앞서 언급된 두 제자에게 얼마나 큰 형벌을 초래하였고, 얼마나 많은 영광을 잃어버렸는지에 대해서 말하라고 명령했다. 다시 살아난 젊은이는 자신이 보았던 천국의 영광과 지옥의 고통에 대해 상세히 말했다. "오, 불쌍한 사람들이여, 나는 당신의 천사들이 눈물을 흘리고 악령들이 흡족한 듯이 당신을 바라보는 것을 보았습니다!" 그리고 그는 두 제자가 잃어버린 영원한 궁전들이 빛나는 보석으로 만들어졌고, 연회장으로 가득 찼고, 즐거움과 지속적인 기쁨으로 풍부하다고 말했다. 또한, 다음과 같은 운문으로 지옥의 여덟 가지 고통에 대해서도 말했다.

벌레들과 어두움, 채찍, 추위와 불
악마가 바라봄, 악행들의 혼합, 슬픔*

그 소생한 사람과 다른 두 사람은 사도의 발 앞에 엎드렸고, 자신들에게 자비를 베풀어달라고 애원했다. 성 요한은 대답했다. "30일 동안 보속하고, 그 시간 동안 그 막대기와 돌이 이전 모습으로 되돌아가도록 기도하십시오." 보속과 기도가 끝난 후 사도는 그들에게 말했다. "가서 이것들을 발견했던 곳에 되돌려 놓으십시오." 그들은 그렇게 하였고, 막대기와 돌들은 다시 원래 상태로 돌아갔다. 그러자 그 젊은이들은 자신이 지니고 있었던 모든 덕의 은총을 받았다.

성 요한이 아시아 지방 전역에서 설교할 때, 우상 숭배자들이 대중의 폭동을 선동하며 그를 디아나(Diana)의 신전으로 끌고 가서 여신에게 제사를 바치라고 강요했다. 그때 성인은 대안을 제시했다. 만일 디아나를 불러내서 그리스도의 성당을 뒤집으면 자신이 그 우상에게 제사를 바칠 것이고, 만일 그리스도를 불러서 자신이 디아나의 신전을 파괴한다면 그들이 그리스도가 존재함을 믿어야 할 것이라고 제안했다. 이 제안에 대다수 사람이 동의했다. 모든 사람이 그 건물 밖으로 나갔을 때 사도는 기도하였으며, 신전은 완전히 무너졌고 디아나의 상은 먼지가 되었다.

그러자 대제관(大祭官)인 아리스토데무스(Aristodemus)가 사람들 사이에서 더 큰 소동을 선동하여 두 파벌이 다투기 직전이었다. 사도는 대제관에게 물었다. "당신은 질서를 회복하기 위해 무엇을 원합니까?" 대제관: "나는 당신에게 독을 줄 것입니다. 만일 내가 당신의 하느님을 믿기를 원한다면, 당신이 그 독을 마시고도 해를 입지 않는다면, 당신의 하느님이 진실됨을 확신할 것입니다." 요한: "당신이 말한 대로 하십시오! 그러나 우선, 나는 그 독이 얼마나

* Vermes et tenebrae, flagellum, frigus et ignis / Daemonis adspectus, scelerum confusio, luctus.

치명적인지 알 수 있게 다른 사람들을 죽이는 것을 보았으면 좋겠습니다." 그래서 아리스토데무스는 지방 총독(proconsul)에게 급히 가서 참수형을 선고받은 두 죄인을 데리고 왔고 군중들 앞에서 독을 주었다. 두 죄인은 독을 마시고 쓰러져 죽었다. 그때 사도는 잔을 잡았고 십자성호로 무장한 후 잔을 비웠고 어떤 해도 받지 않았다. 그리고 모든 참석자는 하느님을 찬미하기 시작했다.

그럼에도 불구하고 아리스토데무스는 확신할 수 없었고, "만일 당신이 죽은 두 사람을 되살린다면 저는 믿는 데 주저하지 않을 것입니다."라고 말했다. 사도는 자기 외투를 그에게 건네주었다. 아리스토데무스: "왜 당신의 외투를 저에게 줍니까?" 요한: "당신을 두 번 생각하게 해서 불신을 포기하게 하려는 것입니다!" 대제관: "결코 당신의 망토가 저를 믿게 만들 수는 없을 것입니다!" 요한: "가서 그 시체들 위에 이 외투를 펼치고 말하십시오. '그리스도의 사도가 나를 보냈으니, 너는 그리스도의 이름으로 일어날 것이다.'" 대제관은 요한의 명령대로 하였고 죽은 사람들은 즉시 일어났다. 그때 대제관과 지방 총독이 믿었고, 사도는 그들과 그들의 가족에게 세례를 주었다. 나중에 그들은 성 요한을 기념하여 성당을 건축했다.

우리가 《교회사》의 제4권에서 찾은 것처럼, 성 클레멘스(Clemens)는 복된 요한은 고집불통의 잘생긴 젊은이를 개종시켰고 그를 한 주교에게 "보관품"(depositum)으로 맡겼다는 이야기를 들려준다. 그러나 얼마 후에 그 젊은이는 주교를 떠났고 강도 두목이 되었다. 마침내 사도가 돌아와서 주교에게 자신의 보관품을 돌려달라고 요청했다. 사도가 돈에 대해 말한다고 생각한 주교는 깜짝 놀랐으나, 사도는 주교의 보살핌에 맡겼던 젊은이를 의미한다고 설명했다. 주교는 대답했다. "오 저의 공경하올 사부님, 그 남자는 적어도 영적으로 죽었습니다. 그는 저기 보이는 산에서 도둑 무리와 함께 살고 있고 그들의 두목이 되었습니다." 그때 그 성인은 자기 망토를 찢고, 주먹으로 자신의 머리를 때리며 울었다. "당신은 내가 맡겼던 한 형제 영혼의 좋은 보호자였어야 했는데!"

사도는 신속히 말에 안장을 얹으라고 명령하여 산을 향해 말을 몰았다. 다가오는 요한을 본 그 젊은이는 부끄러움에 휩싸여 말을 타고 전속력으로 도망쳤다. 사도는 나이도 잊은 채 말에 박차를 가했고 "사랑하는 아들아! 너의 아버지, 빈손인 노인에게서 왜 달아나느냐? 나의 아들아, 두려워하지 마라! 내가 그리스도께 너를 설명할 것이고, 그리스도께서 우리 모두를 위해 죽으셨던 것처럼 내가 너를 위해 기꺼이 죽을 것임을 명심해라. 돌아와라 나의 아들아, 돌아와라! 주님께서 직접 너를 뒤쫓으라고 나를 보내셨다."라고 부르면서 뒤쫓았다. 이것을 들은 젊은이는 후회로 가득 찼고 되돌아와서 비통하게 울었다. 사도는 젊은이 앞에 무릎을 꿇고, 마치 뉘우침으로 이미 깨끗해진 것처럼 손에 입을 맞추기 시작했다. 그런 다음 사도는 보속을 위해 단식하고 기도하였고, 그를 위해 하느님의 용서를 구하였고, 후에 그를 주교로 서품했다.

또한, 우리는 《교회사》와 정경(正經)인 요한의 두 번째 편지에 대한 《주해집》에서 배운다. 한번은 요한이 에페소에 목욕하러 갔을 때, 이단자(異端者) 체린투스(Cerinthus)가 목욕탕에 있는 것을 보고, "진리의 적 체린투스가 이곳에서 목욕 중이니 목욕탕이 무너질까 두렵구나, 밖으로 나가자."라고 말하면서 즉시 서둘러 나왔다고 한다.

카시아노(Cassianus)가 자신의 《담화집》(Collationes)에서 우리에게 말한 것처럼, 어떤 사람이 살아있는 자고새(鷓鴣—, partridge) 한 마리를 복된 요한에게 주었고, 요한은 그 새를 조심스럽게 쓰다듬었다. 이것을 본 한 소년이 웃으며 친구들을 불렀다. "노인이 어린애처럼 작은 새와 노는 것을 봐라!" 마음으로 무슨 일이 일어나고 있는지 알았던 성인은 소년을 불러서 손에 있는 것이 무엇인지 물었다. 소년은 활이라고 대답했고, 요한은 그것으로 무엇을 하였는지 묻자 "우리는 새들과 동물들을 쏘았습니다."라고 대답했다. 그리고는 활을 당겨 팽팽하게 잡았으나 사도가 아무 말이 없자 느슨하게 풀었다. 요한이 소년에게 왜 활시위를 느슨하게 풀었는지 묻자 "이걸 너무 오랫동안 계속 당기고 있으면 오히려 약해져서 화살을 쏠 수 없기 때문입니다."라고 대답했다. 그래서 요한은 소년에게 말했다. "인간의 연약함도 마찬가지란다. 우리가 느슨해지지 않고 때때로 우리 자신의 연약함에 굴복하기를 거부한다면, 관상을 위한 힘이 줄어들 것이다. 그래서 어떤 다른 새보다 더 높이 날고 태양을 똑바로 보는 독수리 또한 그 본성으로 인해 반드시 다시 내려와야 한다. 그리고 관상 안에 잠시 휴식을 하면 인간의 마음은 생기를 되찾고 천상의 생각들도 좀 더 간절함으로 되돌아온단다."

예로니모에 따르면, 성 요한은 사람들 사이에서 가장 많은 나이가 될 때까지 에페소에 머물렀다. 그는 너무 쇠약해져서 성당에 갈 때는 제자들의 부축을 받아야만 했고 거의 말을 할 수 없었다. 그러나 멈출 때마다 같은 말을 반복했다. "나의 아들들아, 서로 사랑하여라!" 이것을 이상히 여긴 신자들이 물었다. "스승님, 왜 항상 같은 말씀을 하십니까?" 성인이 대답했다. "이것이 주님의 계명이고, 만일 이것 하나만이라도 지킨다면, 충분하기 때문입니다."

헬리난도(Helinandus)는 성 요한이 자신의 복음서를 쓰려고 했을 때, 먼저 신자들에게 단식하고 자신의 글이 주제에 합당하도록 기도하길 부탁했다고 전한다. 그가 하느님의 책을 쓰려고 외딴곳으로 낙향하였을 때, 바람과 비가 작업에 방해되지 않기를 기도하였다고 한다. 그리고 오늘날까지도 비바람은 그장소에 대해 같은 존경심을 유지한다. 여기까지는 헬리난도의 말이다.

마지막으로 이시도로에 따르면, 요한이 99세, 주님의 수난으로부터 67년이 되었을 때, 그리스도는 제자들과 함께 나타나서 말씀하셨다. "나에게 오너라, 나의 총애를 받는 사람아, 나의 식탁에서 너의 형제들과 함께 너를 위한 잔치를 벌일 시간이 왔다." 요한이 일어서서 갈 준비를 하였으나 주님이 말씀하셨다. "너는 주일에 나에게 올 것이다." 주일 이른 아침에 모든 주민이 그의 이름으로 건축된 성당에 모였다. 첫 번째 닭이 울 때, 요한은 신앙 안에서 하느님의 계명을 준수하는 데 열심히 하기를 권고하면서 설교하였다. 그리고 제대 근처에 정사각형 모양으로 무덤을 파게 했고 성당 밖에서 흙을 가져오게 했다. 그는 무덤 안으로 내려가서 하느님께 손을 들고 말했다. "주 예수 그리스도님, 당신께서는 저를 당신 식탁에 초대하셨습니다. 보소서, 제가 갑니다! 그곳에서 저를 환영해주시고 제가 진심으로 당신을 열망하였음을 아시니당신께 감사드립니다." 이렇게 기도했을 때, 그의 주변에서 빛이 빛났고, 너무밝아서 그가 보이지 않을 정도였다. 그 빛이 사라졌을 때, 지금까지도 그러하듯이 무덤이 만나(manna)로 가득한 것 같았고, 무덤 바닥은 봄의 대지처럼 고운모래로 덮인 듯했다.

잉글랜드의 왕 성 에아드문도(Eadmundus, Edmund)는 누군가 성 요한 복음사가이름으로 부탁을 하면 결코 거절하지 못했다. 그래서 어느 날 왕실 시종이 결근했을 때, 한 순례자가 왕에게 그 성인의 이름으로 자선을 베풀어주기를 성

가시게 조르는 일이 일어났다. 손에 아무것도 없었던 그 왕은 손가락에서 귀중한 반지를 **빼서** 그에게 주었다. 얼마 후에 해외 근무 중인 한 잉글랜드 군인이 같은 순례자로부터 왕에게 다음과 같은 전갈을 전해주라는 요청과 함께 반지를 받아서 가지고 왔다. "당신이 요한에 대한 사랑으로 준 반지를 돌려보냅니다." 이는 성 요한이 순례자로 가장하여 그에게 나타났었던 것이 분명하다.

이시도로는 저서 《거룩한 교부들의 출생과 삶, 그리고 죽음》에서 말한다. "요한은 숲 나무의 나뭇가지를 금으로, 해변의 조약돌을 보석으로 바꾸었습니다. 그는 깨진 보석을 온전하게 만들었습니다. 그의 명령에 과부는 살아났고, 젊은이의 영혼은 되살아나서 육신으로 돌아왔습니다. 그가 마셨던 독성이 있는 한 모금은 해를 입히지 않았고, 독약이 죽은 이들의 생명을 되찾게 하였습니다."

···✦ 10 ✦···

죄 없는 아기들

"죄 없는 아기들"(Innocentes)은 세 가지 이유, 즉 그들의 삶, 그들이 당한 죽음, 그들이 갖고 있던던 무죄함 때문에 "죄 없는 아기들"로 불린다. 그들의 생애는 죄가 없기에, 해를 끼치지 않았기에 죄 없음으로 간주한다. 그들은 누구에게도 해를 입히지 않았다. 하느님께 불순명하지 않았고, 이웃에게 불의를 저지르지도 않았으며 스스로에게 어떤 죄도 짓지 않았다. 그러므로 시편은 말했다. "결백함과 올곧음이 저를 지키게 하소서."(시편 25, 21) 그들은 삶에서 결백했고 신앙에서 올곧았기 때문이다. 그들은 죄 없이 부당하게 고통을 받았다. 그러므로 시편 저자는 "(그들은) 무죄한 피를 흘렸다."(시편 106, 38)라고 한다. 그리고 그들은 순교로 세례의 무죄함을 얻었고 원죄에서 깨끗해졌다. 이 무죄함에 대해 시편은 "흠 없는 이를 지켜보고 올곧은 이를 살펴보아라."(시편 37, 37)라고 적혀 있듯이, 세례의 무죄함을 지키고 그 후에 선행의 정의(正義)를 보라고 말한다.

죄 없는 아기들은 아스칼론의 헤로데(Herodes Ascalonita)에 의해 살해당했다. 성경은 잔인함으로 악명 높은 3명의 헤로데를 언급한다. 첫 번째는 아스칼론의 헤로데이다. 그의 재위 기간에 주님께서 태어나셨고, 그에 의해 죄 없는 아기들이 살해되었다. 두 번째는 헤로데 안티파스(Herodes Antipas)이다. 그는 세례자 성 요한의 참수(斬首)를 명령하였다. 세 번째는 성 야고보를 처형하였고, 성 베드로를 투옥했던 헤로데 아그리파(Herodes Agrippa)이다. 이 모든 것이 다음과 같은 운문(韻文)으로 표현된다.

아스칼론은 어린이들을, 안티파스는 요한을,
아그리파는 야고보를 죽였고, 베드로를 감옥에 감금하였다.*

첫 번째 헤로데의 이야기를 살펴보자. 우리가 《교회사》**에서 읽었듯이 이두매아 사람인 안티파테르(Antipater)는 아랍 왕의 조카딸과 결혼하여 아들 헤로데를 얻었는데, 후에 아스칼론의 헤로데라는 별칭으로 불렸다. 이 헤로데는 아우구스투스 황제에 의해 유다의 왕으로 임명되었고, 그래서 왕권은 처음으로 유다에서 벗어났다. 헤로데에게는 6명의 아들, 안티파테르, 알렉산데르, 아리스토불루스(Aristobulus), 아르켈라우스(Archelaus), 헤로데 안티파스, 필립보(Philippus)가 있었다. 알렉산데르와 아리스토불루스는 같은 어머니인 유다인 여자에게서 태어났고,*** 자유 학예(自由學藝, artes liberales)를 공부하러 로마로 갔다. 고국으로 돌아온 후에 알렉산데르는 문법학자가 되었고 아리스토불루스는 강렬한 웅변술로 유명했다. 그 두 사람은 종종 왕위 계승에 대해 아버지와 말다툼을 했다. 헤로데는 이 분쟁으로 기분이 상했고, 안티파테르를 계승자로 삼으려 했다. 그래서 두 형제는 아버지의 살인을 모의하기 시작했다. 이를 안 헤로데는 두 아들을 추방했고, 형제는 아버지의 잘못에 대한 불만을 토로

---

* Ascalonita necat pueros, Antipa Johnnem, Agrippa Jacobum, claudens in carcere Petrum.
** 라틴어본에서는 《교육독본》(Hystoria scholastica)으로 되어 있지만, 여기서는 영어본에 따랐다. – 역자 주
*** 이들의 어머니는 사마리아 사람인 말타케(ΜαλΘάκη)였기에, 본문의 "유다인 여자"는 잘못된 설명이다. – 역자 주

하기 위해 로마 황제에게 갔다.

동방박사들이 예루살렘으로 와서 새로운 왕의 탄생에 대해 열심히 알아볼 때가 이때쯤이었다. 이 소문을 들은 헤로데는 누군가가 진정한 왕의 혈통에서 태어났고 자신을 옥좌의 찬탈자라며 쫓아낼 수도 있다는 생각에 두려워했다. 비록 헤로데의 의도는 그 아기를 죽이려는 것이었지만, 새로 태어난 왕에게 경배하기를 원한다고 가식적으로 행동하면서, 동방박사들에게 그 아기를 찾는다면 자신에게 알려달라고 요청했다. 그러나 동방박사들은 다른 길을 이용해 자기 나라로 돌아갔다. 그래서 헤로데는 동방박사들이 별에게 속았고 그런 사실이 낯 부끄러워 그냥 돌아갔다고 생각했다. 더 이상 아기를 찾을 필요가 없었다. 하지만 목자들이 들은 것과 시메온과 한나가 예언했던 것을 들었을 때, 헤로데는 모든 두려움이 되살아났다. 헤로데는 동방박사들이 비열한 속임수를 썼다고 생각했다. 그렇게 두려워하는, 알려지지 않은 그 아기를 반드시 죽이기 위해 베들레헴에 있는 모든 남자 아기를 학살하기로 결심했다.

그러나 요셉은 한 천사로부터 경고를 받고, 아기 예수와 아기 어머니를 이집트 헤르모폴리스(Hermopolis) 시로 데리고 가서 헤로데가 죽을 때까지 7년 동안 머물렀다. 그리고 주님이 이집트로 갔을 때는 이사야 예언자가 예언한 것처럼 그곳의 모든 우상이 파괴되었다. 또한, 이스라엘 자손이 이집트에서 탈출 때 이집트인 모든 가정의 맏이가 죽은 일이 일어났던 것처럼, 당시 우상이 파괴되지 않은 신전이 없었다고 전해진다. 그리고 카시오도로(Cassiodorus)는 저서 《교회사 3부작》(Historia Tripartita)에서 테베(Thebae)에 있는 헤르모폴리스에 페르시디스(persidis)라는 나무가 있는데, 그 나무의 열매나 잎, 나무껍질을 아픈 사람의 목에 바르면 어떤 질병도 치유되었다고 전한다. 복되신 마리아가 자신의 성자(聖子)와 함께 이집트로 피신했을 때 이 나무는 몸을 완전히 굽혀 그리스도를 충심으로 공경하였다. 여기까지는 카시오도로의 말이다.

헤로데가 베들레헴에 있는 아기들을 살해하려는 계획을 세우고 있을 때, 아우구스투스 황제 앞에 출두하여 두 아들의 고발에 답변하라는 소환장을 받았다. 로마로 가기 위해 타르수스(Tarsus)로 갔고, 동방박사들이 그 도시에서 배편으로 떠났다는 것을 알게 되었다. 그래서 그는 그곳의 배를 모두 불태웠다. 이는 "열풍으로 너는 타르수스의 배들을 산산조각으로 부수리라."라는 예언을 실현한 것이다.

아버지와 두 아들은 황제 앞에서 각자의 주장을 폈다. 이에 황제는 모든 일에서 아들이 아버지를 따라야 하고, 왕(아버지)은 원하는 사람에게 왕국을 줄 수 있다고 결정했다. 그 뒤 로마에서 돌아온 헤로데는 자신의 권한을 인정받은 까닭에 더욱 대담해졌고, 자신이 동방박사들로부터 들었던 그 시간부터 계산하여 베들레헴에 사는 두 살 이하의 모든 남자 아기를 죽이라고 명령했다.

그러나 "두 살 이하"(a bimatu et infra, secundum tempus)라는 구절은 두 가지로 해석할 수 있다. 만일 "이하"를 경과한 시간을 나타내는 것으로 해석하면 "두 살 된 아기부터 하루 된 아기에 이르기까지"가 될 것이다. 헤로데는 동방박사들에게 별이 나타났던 그날에 주님이 태어났다고 들었다. 그리고 자신이 로마를 오가느라 1년이 지났기 때문에, 주님이 한 살하고 며칠이 지난 나이라는 결론을 내렸다. 심지어 별들도 그 아기를 섬기고 있었기 때문에, 나이나 외모를 바꿨을 수 있다고 두려워 했다. 그 아기가 바꿔치기한 아기일까 봐, 왕은 이 아기보다 나이가 더 많은 두 살까지, 또는 그 '이하', 즉 태어난 지 하루 된 아기에게까지 분노를 터뜨렸다. 이 해석이 좀더 일반적으로 받아들여지며 올바른 것으로 간주된다.

그렇지만 크리소스토모에 따르면 이 구절은 다르게 해석된다. "이하"는 숫자의 순서나 연속을 나타내기에, 그 의미는 "두 살 된 아기부터 세 살, 네 살 등에 이르기까지"이다. 크리소스토모는 별이 구세주의 탄생 전에 1년 동안 동방박사들에게 나타났고, 그 후 헤로데는 동방박사들로부터 들었고, 그는 로마 여행으로 1년을 더 떠나 있었다. 헤로데는 동방박사들이 그 별을 보았을 때 예수가 태어났고 현재 두 살이 되었을 것이라고 생각했다. 그래서 두 살과 두 살 이하가 아니라 다섯 살에 이르기까지 모든 남자아이를 죽였다. 이 해석이 좀 더 가능성이 있어 보인다. 왜냐하면, 죄 없는 아기들의 뼈 중 일부가 보존되어 있으며, 두 살짜리라고 생각할 수 없을 정도로 크기 때문이다. 하지만 그 당시의 사람들이 지금보다 더 크게 자랐다고 생각할 수도 있을 것이다.

헤로데는 즉시 벌을 받았다. 마크로비우스(Macrobius)가 전하고 《연대기》에서도 읽었듯이, 왕은 베들레헴에 있는 한 여자에게 어린 아들을 키우라고 보냈었는데, 그 아들도 다른 아기들과 함께 살해당했다. 그때 예언자가 예언했던 것이 일어났다. "라마(Rama)에서 소리가 들린다. 비통한 울음소리와 통곡 소리가 들려온다."(예레 31, 15) 그리고 《교육독본》에서 읽었듯이, 최고의 공정한 재판관 하느님은 헤로데의 엄청난 사악함이 지속되는 것을 허용하지 않았다. 많은 아버지에게서 아들을 빼앗은 사람이 하느님의 명령으로 자기 아들을 훨씬 더 비참하게 빼앗겨야 하는 일이 일어났다. 그때 헤로데는 자기 아들들인 알렉산데르와 아리스토불루스를 한 번 더 의심할 수밖에 없었다. 공범들 중 한 명은 헤로데를 독살하면 알렉산데르가 많은 선물을 주기로 약속했었음을 자백했다. 또한, 젊게 보이기 위해 머리를 염색하는 노인 헤로데에게서 많은 걸 희망하지 말라는 경고를 받았다고 덧붙였다. 게다가 헤로데의 이발사는 왕을 면도하는 동안 왕의 목을 벤다면 보상을 약속받았다고 고백했다.

이 모든 것이 아버지 헤로데를 화나게 했다. 헤로데는 그 둘을 처형했고, 또 다른 아들 안티파테르를 다음 왕으로 정했으나 후에 헤로데 안티파스로 교체했다. 게다가 입양한 아리스토불루스의 아이들인 아그리파와 필립보의 아내 헤로디아(Herodias)에게 아버지 같은 애정을 보였다. 이런 이중적인 이유로 안티파테르는 아버지에 대한 참을 수 없는 증오로 아버지를 독살하려 했다. 그러나 이를 예견한 헤로데는 안티파테르를 감옥에 가두었다. 아우구스투스 황제는 헤로데가 아들들을 죽인 것을 듣고 다음과 같이 말했다. "나는 헤로데의 아들보다 차라리 그의 돼지가 되는 것이 낫다. 왜냐하면, 그는 돼지에게는 인정을 베풀지만 아들은 죽이기 때문이다."

마침내 헤로데가 70세가 되었을 때 치명적인 병에 걸렸다. 그는 고열로 괴로워하고 온몸이 가려웠으며, 끊임없는 통증이 찾아왔고, 발에는 염증, 고환에는 벌레가 생겼으며, 지독한 냄새가 났고, 숨을 가쁘고 불규칙적으로 내쉬며 고통받았다. 의사들이 그를 기름 욕조에 두었다가 꺼냈을 때, 거의 죽음에 가까운 상태였다. 그때 유다인들이 자신의 죽음의 순간을 기쁘게 손꼽아 기다리고 있다고 들은 헤로데는 유다에서 명문 가문 출신의 모든 젊은이를 투옥시킨 후 자신의 여동생 살로메에게 말했다. "그래, 나는 유다인들이 나의 죽음을 기뻐할 것임을 알지만, 만일 네가 나의 바람을 들어준다면 그들 중 많은 사람이 비통해하고 나의 위풍당당한 장례식이 거행될 것이라고 생각한다. 그러니 내가 죽게 되면 감옥에 가둔 젊은 유다인들을 모두 죽여라. 그렇게 하면 모든 유다인이 자신의 뜻과 달리 나의 죽음에 대한 애도에 동참하게 될 것이다."

헤로데는 식사 때마다 사과를 직접 깎아 먹는 습관이 있었다. 어느 날 사과를 깎는 중에 심한 기침 발작이 일어났고 칼이 가슴을 향하게 됐다. 주위를 둘러보니 아무도 자신을 구해주려는 자가 없었다. 그런데 한 조카가 그의 손을 움켜잡아 멈추었다. 그러나 마치 정말로 왕이 죽은 것처럼 궁전 안에서 엄청난 울음이 터져 나왔다. 감옥에서 그 소리를 들은 안티파테르는 매우 기뻐하였고 간수들에게 만일 자신을 풀어준다면 많은 보상을 약속했다. 이것이 헤로데의 귀에 들어갔고, 자신의 임박한 죽음보다는 아들의 열광을 더 통탄스럽게 받아들인 그는 안티파테르를 죽이라고 군인을 보냈고, 아르켈라우스(Archelaus)를 왕위 계승자로 지명하였다.

5일 후에 헤로데는 죽었다. 많은 면에서 운이 좋은 사람이었지만, 가정 문제에서는 아주 불행했다. 그의 여동생*인 살로메는 헤로데가 처형하라고 명령했던 이들 모두를 석방했다. 그러나 레미지오(Remigius)는 《성 마태오 주해서》에서 헤로데는 과도에 스스로 찔려 죽었고, 살로메는 오빠가 명령한 대로 그 재소자들을 처형하였다고 전한다.

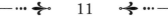

11

캔터베리의 성 토마스

토마스(Thomas)는 '깊이', '두 겹으로 된', '넘어 뜨리다'를 의미한다. 그는 자신의 고행복(苦行服)과 가난한 사람들의 발을 씻기는 모습에서 보여준 것처럼 굉장히 겸손하였고, 말과 모범으로 백성을 가르치며 두 배로 일하였고, 순교로 죽임을 당했다.

캔터베리의 토마스(Thomas Cantuariensis)는 잉글랜드 왕의 궁전에 있는 동안, 종

---

* 영어본에서는 "딸"(daughter)이라고 되어 있으나, 라틴어본과 역사적 근거에 따라 "여동생"(soror)으로 수정하였다. - 역자 주

교에 어긋나는 일들이 일어나는 것을 보았다. 그래서 궁전을 떠나 자신을 대부제(archidiaconus)로 삼은 캔터베리의 대주교를 섬겼다. 그러나 악랄한 왕이 교회에 죄를 범하는 것을 막기 위해 대주교가 제안한 수상 직무를 수락했다. 토마스에 대한 애착이 매우 강했던 왕은 대주교가 죽자 그를 캔터베리의 주교좌에 지명하였다. 토마스는 그 제의를 완강히 거부했지만, 결국 순명하고 그 무거운 짐을 짊어졌다. 새로운 직책의 품위는 그를 완전히 다른 사람으로 만들었다. 그는 단식을 하고 고행복과 무릎까지 내려오는 마미단(馬尾緞) 속바지를 입음으로써 육욕을 억제하기 시작했으며, 자신의 거룩함을 감추려고 조심했다. 예의범절에 유념한 그는 외출복과 가구들을 주변 사람들과 비슷하게 맞췄다. 그는 매일 무릎을 꿇고 13명의 가난한 사람들의 발을 씻기고, 그들의 음식을 준비하였으며 각자에게 은화 4페니씩을 주었다.

그러나 왕은 자기 뜻에 토마스를 굴복시키려고 교회를 훼손시키면서까지 온갖 노력을 다했다. 왕은 전임자들이 그랬던 것처럼, 교회의 자유에 반하는 특정 관습을 대주교가 추인하기를 원했다. 토마스는 단호히 반대함으로써 왕과 남작(男爵)들의 분노를 초래했다. 그로 인해 토마스는 다른 주교들과 함께 왕으로부터 협박과 살해 위협을 받았다. 결국, 국가 최고 지도자들의 조언으로 토마스는 왕의 요구에 구두(口頭)로 동의했다. 그러나 토마스는 자신의 행동으로 인해 영혼의 위험을 인지하고 훨씬 더 가혹한 보속을 자신에게 부과하고 교황이 복직시키기에 합당하다고 판단할 때까지 제대(祭臺)에서의 직무를 스스로 정직(停職)시켰다. 그때 왕은 토마스가 했던 구두 승인을 서면으로 공식화하라고 요구했다. 그는 거절하고, 집무실의 십자가를 높이 들고 밖으로 나갔다. 이를 본 신앙심이 없는 사람들은 뒤에서 "도둑 잡아라! 배반자를 매달아라!"라고 외쳤다.

그때 토마스에게 충성을 다했던 남작 두 명이 와서 눈물을 흘리며 남작들 대다수가 살해 음모를 꾸미고 있다고 알려줬다. 그래서 자신보다는 교회를 염려한 하느님의 사람 토마스는 상스(Sens)로 피신했고, 그곳에서 알렉산데르 교황의 환영을 받았다. 교황은 퐁티니(Pontigny)에 있는 수도원을 추천했고, 그는 프랑스에 정착했다. 이 같은 상황 속에서 왕은 교황 특사들이 언급한 의견 차이를 더 이상 거론하지 말 것을 요청하기 위해 로마로 사람을 보냈다. 그러나 요청은 거부되었고, 이것이 대주교에 대한 왕의 분노를 악화시켰다. 그래서 왕은 토마스와 그의 친척의 모든 재산을 몰수한 후 나이, 성별, 지위, 건강 상태를 고려하지 않고 모두 추방하라고 명령했다. 반면에 토마스는 영국과 그 왕을 위하여 매일 기도를 하고 있었다. 그때 토마스는 자신의 교회로 돌아 갈 것이고, 후에 순교의 팔마와 함께 이 세상을 떠나 하늘에서 그리스도와 함께 있게 될 것이라는 계시를 받았다. 그래서 추방된 지 7년 만에 영국으로 돌아가는 것이 허락되었고 영예로운 환영을 받았다.

토마스 성인의 순교 며칠 전에 죽었다가 기적적으로 되살아났던 한 젊은이가 성인들의 가장 높은 무리로 이끌려갔었고 사도들 가운데에 빈 옥좌 하나를 보았다고 말했다. 젊은이는 그 옥좌가 누구 것인지 물었고, 한 천사로부터 잉글랜드 출신의 위대한 사제를 위해 남겨 둔 자리라는 대답을 들었다.

복되신 동정 마리아를 기리기 위해 매일 미사를 봉헌하던 한 사제가 있었다. 사제는 이 일로 고발되어 대주교 앞에 불려갔는데, 대주교는 그를 어수룩하고 배우지 못한 사람으로 여기고 직무를 정직시켰다. 그 당시 성 토마스는 자신의 고행복을 수선할 시간을 낼 수 있을 때까지 침대 아래에 숨겨두었었다. 그때 복되신 마리아가 그 사제에게 나타나서 "대주교에게 가서 네가 봉헌했던 그 미사들에 대한 사랑으로 내가 네 침대 밑에 있던 고행복을 수선하였고, 내가 바느질에 사용했던 붉은색 비단을 그곳에 남겨 두었다고 전해라. 또한, 내가 너를 보냈다고 말하면, 그가 너에게 부과했던 정직을 풀어줄 것이다."라고 말했다. 이 말을 들은 토마스는 수선된 고행복을 발견하고 경악했으며, 그 사제의 정직을 풀었고 모든 일을 비밀로 하라고 명령했다.

대주교는 이전처럼 교회의 권리를 유지했고, 왕은 회유나 협박으로 대주교를 움직이는 것이 불가능하다고 깨달았다. 그래서 왕의 무장 군인들이 성당으로 가서 대주교는 어디에 있냐고 큰 소리로 물었다. 토마스가 직접 나와서 말했다. "나는 여기 있습니다! 무엇을 원합니까?" 군인들: "우리는 당신을 죽이러 왔소! 당신은 더 이상 살 수 없을 것이오!" 토마스: "나는 하느님을 위해 정의를 수호하고, 교회의 자유를 보호하기 위해 죽을 준비가 되어 있습니다. 그러니 전능하신 하느님의 이름과 파문의 고통 아래에서 내 주변의 어느 누구에게도 해를 입히지 않기를 요구합니다. 나는 나 자신과 교회를 위해 하느님, 복되신 동정 마리아, 성 디오니시오, 그리고 모든 성인께 맡깁니다." 이 말을 한 다음 토마스는 공경받아 마땅한 머리를 사악한 사람의 칼 아래 숙였고, 두개골이 쪼개지고 뇌가 성당의 포석(鋪石) 위로 쏟아졌다. 이렇게 하여 토마스 순교자는 서기 1174년에 주님께 바쳐졌다.

성직자들이 죽은 사람을 위한 미사(Requiem aeternam, 그들에게 영원한 안식을 주소서)를 막 봉헌하려던 그 순간, 천사들의 합창단이 와서 노래하는 사람들을 중단시키고, 성직자와 함께 순교자들을 위한 미사 성가(Laetabitur justus in Domino, 의인은 주님 안에서 기뻐하며)를 부르기 시작했다고 한다. 이 변화, 즉 슬픔의 성가가 찬양의 노래로 변하고, 죽은 사람을 위한 기도로 시작되었다가 순교한 토마스를 위한 찬양의 찬미가가 된 것은 가장 높으신 분의 오른편에 있는 분의 역사(役事)하심이 확실하였다. 천사들이 토마스의 명예를 찾아주고 순교자들의 성가대로 인도했기 때문에, 그는 놀라운 거룩함을 부여받고 주님의 영광스러운 순교자가 되었음을 보여준다. 성 토마스는 고통받은 사람의 거룩함과 박해자들의 잔인함을 모두 드러내기 위해, 교회를 위해, 거룩한 장소인 성당 안에서, 거룩한 순간에, 자신의 사제들과 수도자들에 둘러싸여 고통을 겪었다.

하느님께서는 성인을 통해 많은 기적을 일으키셨다. 토마스의 공로로 눈먼 사람이 보았고, 귀먹은 사람이 들었고, 절름발이가 걸었고, 죽은 사람이 되살아났다. 그의 피로 얼룩진 옷을 씻었던 물은 많은 사람에게 치유를 가져왔다.

남자들의 관심을 끌기 위해 좀 더 아름다워지려는 한 잉글랜드 귀부인이 자기 눈 색깔을 바꾸길 원하면서 서약을 하고 성 토마스의 무덤까지 맨발로 걸어갔다. 그곳에서 무릎을 꿇고 기도하였으나 그녀가 일어섰을 때 자신이 장님이 되었음을 깨달았다. 귀부인은 뉘우치면서 토마스에게 눈 색깔이 변하지 않더라도 예전처럼 회복시켜 달라고 기도했다. 그녀가 고통을 충분히 느낀 후에야 호의가 베풀어졌다.

한 사기꾼이 성 토마스의 물 대신에 평범한 물이 담긴 주전자를 주인의 식탁에 가져왔다. 주인이 말했다. "만일 네가 나에게서 결코 어떤 것도 훔치지 않았다면 성 토마스는 그 안에 물을 가져오도록 허락하셨을 것이다. 그러나 네가 도둑질을 한 죄가 있다면 그 물은 즉시 증발할 것이다!" 그 종은 자신이 주전자에 물을 가득 채웠음을 알았기에 동의하였다. 놀랍게도 주인이 주전자를 기울이자 비어 있었다. 그 종의 거짓말이 탄로 났으며 설상가상으로 종이 도둑이라는 것이 폭로되었다.

말할 줄 아는 새 한 마리가 매에게 쫓기고 있었고, 배웠던 구절을 소리쳤다. "성 토마스 님, 살려주세요!" 매는 떨어져 죽었고 그 새는 도망쳤다.

성 토마스에게 큰 애정을 가졌던 한 남자가 중병에 걸렸다. 그는 성인의 무덤에 가서 건강을 위해 기도하였고 온전해졌다. 집에 돌아온 그는 비록 질병은 치유되었으나, 그 치유가 자신의 영혼을 위해 최선이 아니라고 생각이 들었다. 그래서 그 남자는 무덤으로 갔고, 만일 건강이 자신의 영적인 선(善)에 적합한 것이 아니라면 병에 걸리는 것이 더 낫다고 기도하였고, 즉시 다시 병에 걸렸다.

성인을 살해한 자들에 대해서는 하느님의 진노가 혹독했다. 그들 중 일부는 자기 손가락을 조금씩 갉아 먹었고, 일부는 침을 질질 흘리는 바보가 되었다. 일부는 몸이 마비되었고, 일부는 미치광이가 되어서 비참하게 죽었다.

12

성 실베스테르

실베스테르(Silvester)는 '땅의 빛' 즉, 교회는 좋은 땅처럼 선행, 치욕의 어둠, 신앙심의 달콤함에서 비옥함을 갖는다고 말하는 것처럼, '빛'을 의미하는 실레(sile)와 '땅'을 의미하는 테라(terra)에서 유래되었다. 팔라디오(Palladius)가 말한 것처럼, 좋은 땅은 이 세 가지 특성에 의해 인식된다. 또 성 실베스테르는 야만적인, 무지한, 이해 못하는 사람들을 신앙으로 이끌었기 때문에, 그 이름은 실바(silva, 숲)와 테오스(theos, 하느님)에서 왔다. 혹은 《주해집》에 기록된 것처럼, 그 이름은 밭을 갈고 심는 데 전념하고, 나무가 무성하고 그늘을 드리워 주는 것을 의미한다. 그리고 실베스테르는 천국에 대한 관상(觀想, contemplatio)에서 신록과 같았고, 모든 육욕(肉慾)으로부터 냉정하게 물러난 그늘에서 자신을 경작하는 농부였고, 수목이 울창했던 하늘의 나무들 가운데 심어졌다. 체사레아의 에우세비오(Eusebius Caesariensis)는 성 실베스테르의 전설을 편집하였고, 성 블라시오(Blasius)는 70인 주교들의 교회회의에서 가톨릭 신자들이 읽어야 할 책으로 추천했다.

실베스테르의 어머니 유스타(Justa)는 명실상부 정의로운 사람이었다. 치리노(Cyrinus)라는 사제가 실베스테르를 가르쳤고 실베스테르는 사람들에게 후한 환대로 유명했다. 다른 사람들은 박해의 두려움 때문에 믿음이 강한 그리스도인 티모테오(Timotheus)를 피했지만, 실베스테르는 자신의 가정에 받아들였다. 티모테오는 1년 3개월 동안 그리스도에 대한 믿음을 꾸준히 설교한 후에 순교의 월계관을 얻었다. 총독 타르퀴니우스(Tarquinius)는 티모테오가 매우 부자라고 생각하고 실베스테르에게 죽이겠다는 위협을 하며 그의 재산을 요구했다. 그러나 후에 그 순교자가 재산이 없다는 것을 확인한 총독은 실베스테르에게 우상들에게 제물을 바치지 않으면 다음날 온갖 고문을 받게 될 것이라고 했다. 실베스테르는 "어리석구나, 당신은 오늘 밤 죽어서 영원한 고통에 시달릴 것이며, 싫든 좋든 우리가 경배하는 하느님이 참된 하느님인 것을 알게 될 것이다."라고 말했다.

그래서 실베스테르는 감옥에 수감되었고, 타르퀴니우스는 만찬에 참석했다. 식사를 하던 중 생선 뼈가 목에 걸려서 삼키지도 뱉지도 못했다. 결국, 타르퀴니우스는 한밤중에 죽었고 애도 속에서 무덤으로 실려 갔다. 그리고 실베스테르는 그리스도인들뿐만 아니라 이교도들에게서도 깊은 애정을 받고 있었기 때문에 모두가 크게 기뻐하는 가운데 감옥에서 석방되었다. 그의 외모는 천사 같았으며 말은 세련되었고, 몸은 날렵했으며, 행동은 거룩하고, 회의에서는 지혜로웠고, 믿음은 가톨릭이었으며, 희망에서는 인내심이 강했으며, 자선에서는 아낌이 없었다.

로마시의 주교 멜키아데(Melchiades)가 죽자 실베스테르는 본인의 완강한 거부에도 불구하고 전체 주민들에 의해 최고의 사제장(Summus Pontifex)*으로 선출되었다. 그는 모든 고아, 과부, 가난한 사람들의 이름을 모아놓은 명부(matricula)를 가지고 그들에게 필요한 것이 제공되도록 조처했다. 그는 수요일,

---

* 경건함: 피에타스(pietas)라는 전통적인 로마의 덕(德)은 신들, 부모와 가정, 사회를 향한 충실함으로 구성된다. 그것은 친절과 온정을 포함한다.

금요일, 토요일은 단식일처럼 준수하고, 목요일은 주일처럼 장엄하게 기념하라고 명했다. 토요일을 목요일보다 더 장엄하게 지켜야 한다는 그리스계 그리스도인들에게 실베스테르는 자신이 명령한 것이 사도의 전통에 부합하고 토요일은 주님이 무덤에 누워 계신 것을 기념해야 하기 때문에 옳지 않다고 대응했다. 그리스인들은 대답했다. "그리스도는 오직 토요일 하루 동안만 묻혔고, 그의 묻히심은 매년 한 번만 단식으로 준수해야 합니다." 실베스테르는 "모든 주일에 부활의 영광을 경축하는 것처럼, 그렇게 모든 토요일에 주님의 묻히심을 공경해야 합니다."라고 말했다. 그래서 그리스인들은 토요일에 관해서는 굴복하였으나, 목요일을 장엄하게 기념해야 할 이유는 없다고 격렬하게 반대했다. 그러나 실베스테르는 세 가지 점에서, 즉 그날은 주님께서 하늘로 승천하셨고, 자신의 몸과 피의 성사를 제정하였고, 교회는 축성 성유(Sacrum chrisma)를 만든다며 목요일의 품위를 옹호했다. 마침내 모두가 이 논증(論證)에 찬성했다.

콘스탄티누스는 계속해서 그리스도인들을 박해했고, 실베스테르는 자신을 따르는 성직자들과 함께 로마를 떠나 산에 정착했다. 황제는 폭압적인 박해에 대한 벌로 난치병 나병에 걸렸다. 이때 황제는 우상을 섬기는 신관들의 조언에 따라 3천 명의 유아를 도살하여 그들의 신선하고 따뜻한 피로 목욕을 하려고 했다. 그러나 황제가 목욕이 준비된 궁전으로 가려고 나왔을 때, 아이들 어머니들이 산발한 채 통곡하면서 궁전 앞을 가득 메웠다. 콘스탄티누스는 눈물을 흘리며 마차를 세우고 일어서서 말했다. "내 말을 들으라, 백작들과 동료 기사들과 현재 여기 있는 모든 백성아! 로마인들의 명예는 경건함의 샘에서 유래한다.* 경건함은 전쟁에서 어린이를 죽인 어떤 사람이든지 사형에 처해야 한다는 법을 우리에게 주었다. 그러니 만일 우리가 외국인들에게도 해서는 안 되는 일을 우리 자녀들에게 한다면, 그건 얼마나 잔인할 일인가! 잔인함이 우리를 정복하도록 허용한다면, 이방인들을 정복함으로써 무엇을 얻을 수 있겠는가? 우월한 힘으로 적국을 무찌르는 것은 호전적인 민족에게 적합하지만, 악과 죄는 도덕적인 힘으로 극복된다. 전투에서는 우리가 적보다

---

* 로마의 주교, 즉 교황을 뜻하기 위하여 교회법에서 드물게 사용한 용어 – 역자 주

더 강하다고 생각하지만, 이 도덕적인 싸움에서 우리는 우리 자신을 극복한다. 도덕적인 싸움에서는 패배당함으로써 승리를 얻는 반면, 만일 잔인함이 경건함을 누르고 이긴다면 승리 후에 정복될 것이다. 그러니 이 중차대한 시기에 경건함이 이기도록 하자. 만일 우리가 경건함만으로 이긴다면, 우리 모두의 적에게 승리하는 것이 우리를 위한 길이다. 스스로 경건함의 종임을 보여주었던 사람은 모든 것의 주인임을 스스로 증명하는 것이다. 그러므로 이 무고한 사람들의 생명을 살리는 것이, 나의 생명을 회복하는 것보다 낫다. 기껏해야 불확실한 회복이지만, 확실한 것은 그렇게 회복한 생명은 잔인한 삶일 뿐이라는 것이다."

콘스탄티누스는 아이들을 어머니들에게 돌려보내고 많은 선물과 마차들을 제공하도록 명령했다. 그래서 눈물로 왔던 어머니들은 크게 기뻐하며 집으로 돌아갔다.

황제는 궁전으로 돌아왔다. 그날 밤 성 베드로와 바오로가 나타나서 "네가 죄 없는 피 흘림을 피했기에, 주 예수 그리스도께서 너의 건강을 회복할 방법을 알려주라고 우리를 보내셨다. 시랍테(Sirapte) 산에 숨어 있는 주교 실베스테르를 불러라. 그는 너에게 나병 치유를 위해 몸을 세 번 담가야 하는 웅덩이를 보여줄 것이다. 그 대신 너는 그리스도를 위해 우상 신전들을 철거하고, 그리스도교 성당들을 돌려주고, 그리스도의 숭배자가 되어야 한다."라고 말했다. 콘스탄티누스는 잠에서 깼고, 즉시 군인을 보내 실베스테르를 찾았다. 군인들이 오는 것을 본 실베스테르는 자신이 순교의 월계관을 받으라는 부름을 받았다고 생각했다. 그는 하느님께 자신을 맡겼고, 자신과 함께 있던 사람들을 격려한 후 황제를 직접 대면하러 갔다. 콘스탄티누스는 "당신이 오니 나는 행복합니다!"라는 말로 경의를 표했다. 실베스테르가 답례로 황제에게 인사하자, 황제는 꿈에서 본 환시에 대해 자세히 설명했다. 황제는 그 두 명의 신이 누구냐고 물었고, 실베스테르는 그들은 신이 아니라 그리스도의 사도라고 대답했다. 그때 실베스테르는 황제의 요청으로 그 사도들의 상(像)을 가져오게 했고, 그 상을 살펴본 콘스탄티누스는 자신에게 나타났던 두 사람처럼 보인다고 소리쳤다. 그래서 실베스테르는 황제를 예비신자로 만들었고, 일주일간의 단식을 부과하고 감옥을 열라고 말했다. 황제가 세례의 물속으로 들어갔을 때, 신비롭고 아주 밝은 빛이 주변을 비추었다. 황제는 나병이 깨끗해져서 웅덩이에서 나왔고, 이는 그가 그리스도를 보았음을 알려준다.

콘스탄티누스는 세례 후 첫날, 로마시에서는 그리스도를 참된 하느님으로 흠숭해야 한다고 법으로 선포했다. 둘째 날에는 그리스도를 모독하는 사람은 누구든지 처벌받을 것이다, 셋째 날에는 그리스도인에게 잘못하는 사람은 누구든지 재산의 반을 빼앗길 것이다, 넷째 날에는 로마 황제가 세상에서 최고인 것처럼 로마의 주교는 세계 모든 주교의 수장이 될 것이다, 다섯째 날에는 성당으로 피신한 누구든지 모든 상해에서 면제될 것이다, 여섯째 날에는 어느 누구도 지역 주교의 허락 없이 도시 안에 성당을 지을 수 없다, 일곱째 날에 왕실 수입의 십일조는 성당 건축에 배당된다고 선포했다. 여덟째 날에 황제는 성 바오로 성당으로 가서 눈물을 흘리며 자기 죄를 고백했다. 그런 다음 그곳에 건축될 대성전(basilica)의 공사에서 첫 삽을 뜨고, 흙 열두 바구니를 어깨에 지고 날랐다.

그 당시 베타니아(Bethania)에 있던 콘스탄티누스 황제의 어머니 헬레나는 아들의 개종에 대해 듣고 우상숭배를 포기한 아들을 칭찬했지만, 유다인들의 하느님을 버리고 십자가에 못 박혔던 사람을 하느님으로 흠숭하는 것에 대해 심하게 꾸짖는 편지를 썼다. 황제는 헬레나가 유다인 중 가장 유명한 학자들을 로마로 데려와야 한다고 답장을 썼다. 참된 믿음을 이끌어내기 위해 상호 토론으로 그리스도인 학자들과 대면하기 위함이었다. 그래서 헬레나는 유다인 중 학식이 높은 161명을 선별하여 성으로 데려 왔고, 특히 그중 12명은 지혜와 웅변에서 특출났다. 실베스테르와 황제의 성직자가 앞서 언급한 유다인들과 황제 앞에서 토론하려고 모였을 때, 그들은 만장일치로 학식과 명성이 대단히 높은 두 이방인, 크라토(Crato)와 제노필루스(Zenophilus)를 재판관으로 임명했다. 그들은 논쟁하는 사람들 사이에서 중재자 역할을 했다. 비록 그들은 이교도였지만, 공평하고 충실한 판단을 했다. 한 사람의 토론자가 일어서서 말하고 있을 때에는 어느 누구도 중단시킬 수 없다고 결정했다.

이제 12명 가운데서 아비아타르(Abiathar)가 첫 번째로 말하기 시작했다. "이 사람들은 세 분 하느님, 성부, 성자, 성령이 있다고 말하므로, 그것은 '나 홀로 하느님이고, 나 외에는 다른 하느님이 없다는 것을 너희는 알라.'(이사 45, 5)

는 확실히 율법에 어긋납니다. 그리고 만일 그들이 그리스도가 많은 표징을 일으켰기 때문에 하느님이라고 말한다면, 우리의 율법 아래에서 많은 기적을 일으켰던 사람이 많았지만, 이 사람들이 흠숭하는 그 사람처럼 스스로 하느님의 이름을 주장할 엄두를 감히 내지 못했습니다." 실베스테르는 그에게 대답했다. "우리는 한 분 하느님을 경배하지만, 그분이 아드님을 낳는 기쁨을 누리지 못할 만큼 외롭다고 생각하지 않습니다. 게다가 우리는 당신들의 책에서 위격(位格)의 삼위일체를 보여줄 수 있습니다. 예언자가 말했던 우리가 말하는 성부(聖父)는 그곳에 있습니다. '그는 나를 불러 당신은 저의 아버지 저의 하느님 하리라.'(시편 89, 27) 우리는 성자(聖子)가 있다고 말하는데, 그분에 대해 '주님이 나에게 말씀하셨다. 너는 나의 아들, 내가 오늘 너를 낳았노라.'(시편 2, 7)라고 말합니다. 그리고 성령에 대해 '주님의 말씀으로 하늘이, 그분의 입김으로 그 모든 군대가 만들어졌네.'(시편 33, 6)라고 말합니다. 또한, 하느님께서 '우리와 비슷하게 우리 모습으로 사람을 만들자.'(창세 1, 26)라고 말씀하셨을 때, 위격의 복수성(複數性)과 신적 본성의 유일함을 둘 다 확실히 보여주었습니다. 비록 세 위격이지만 하느님은 한 분이시며, 우리는 이것을 뚜렷한 예(例)로 보일 수 있습니다." 그는 황제의 자주색 망토를 쥐고 "여기 세 개 주름을 보시오."라고 말하면서 그 옷에 세 개의 주름을 만들었다. 그러고는 그 옷을 펼치고 말하였다. "당신이 세 개 주름이 하나의 천 조각임을 보았고, 이처럼 세 위격이 한 분이신 하느님입니다. … 또한, 그리스도가 일으킨 기적 때문에 그리스도를 하느님으로 믿어서는 안 된다고 말합니다. 왜냐하면, 그리스도는 자신이 일으킨 기적에 의해서 자신의 신성(神性)을 드러내고자 하지만, 다른 많은 거룩한 사람들은 하느님이라고 주장하지 않고 기적을 일으키기 때문입니다. 확실히 하느님은 다탄(Dathan)과 아비론(Abyron)과 다른 많은 사람의 사례에서 분명히 알 수 있듯이, 자신에 반대하여 자만심으로 반역하였던 자들이 무서운 별을 면하도록 허용하지 않았습니다. 그렇다면 많은 하느님 능력을 동반하였던 그리스도의 주장에 아무런 별도 닥치지 않았다면, 자신이 하느님이 아니면서 어떻게 자신이 하느님이라고 거짓말을 할 수 있을까요?" 그때 재판관들은 말했다. "만일 그리스도가 하느님이 아닌데도 하느님이라고 말하였다면, 결코 죽은 사람을 되살릴 수 없었을 것이라고 가르치는 이유 그 자체 때문에 아비아타르는 확실히 실베스테르에게 압도당하고 있습니다."

그래서 첫 번째 유다인 학자는 물러났고, 두번째 요나스(Jonas)라는 사람이 나서서 말했다. "아브라함은 하느님에게서 할례를 받으라는 명령을 받았고, 그렇게 함으로써 의롭게 되었습니다. 그리고 아브라함의 모든 아들도 할례를 통하여 의롭게 되었습니다. 그러므로 할례를 받지 않은 어느 누구도 의롭게 될 수 없습니다." 실베스테르는 대답했다. "우리는 아브라함이 할례를 하기 전에 하느님을 기쁘게 하였고 하느님의 친구라고 불리었음을 압니다. 그러므로 아브라함을 거룩하게 하였던 것은 할례가 아니었고 하느님을 기쁘시게 만들었던 그의 믿음과 정의였습니다. 아브라함은 자신을 거룩하게 하려고 할례를 받은 것이 아니라 자신에게 한 가지 차이점을 표시하기 위해서였습니다."

이와 같이 요나스가 패하였고, 세 번째 스승인 고돌리아스(Godolias)가 나서서 말했다. "당신네 그리스도는 태어났고, 유혹받고, 배반당하였고, 벌거벗겨졌고, 쓸개즙을 마셨고, 묶였고, 그리고 묻혔다고 당신이 진술하는 반면, 이 모든 것은 하느님이라면 겪지 말았어야 할 일인데 어떻게 그가 하느님이 될 수 있습니까?" 실베스테르: "우리는 이 모든 것이 그리스도에 대하여 예언된 것임을 당신의 책에서 증명합니다. 그리스도의 탄생에 대해 이사야는 '젊은 여인이 잉태하여 아들을 낳을 것입니다.'(이사 7, 14)라고 말했습니다. 즈카르야는 그리스도의 유혹에 대해 '그가 주님의 천사 앞에 서 있는 예수아 대사제를 나에게 보여주었다. 그의 오른쪽에는 사탄이 그를 고발하려고 서 있었다.'(즈카 3, 1)라고 말했습니다. 시편 저자는 그의 배반에 대해 '제가 믿어온 친한 벗마저, 제 빵을 먹던 그마저 발꿈치를 치켜들며 저에게 대듭니다.'(시편 41, 10)라고 말합니다. 그리스도는 자기 옷을 빼앗겼고, 시편 저자는 '제 옷을 저희끼리 나누어 가지고 제 속옷을 놓고서는 제비를 뽑습니다.'(시편 22, 19)라고 말합니다. 그가 쓸개즙을 마신 것에 대해 시편 저자는 '그들은 저에게 음식으로 독을 주고 목말라할 때 초를 마시게 하였습니다.'(시편 69, 22)라고 말합니다. 그리스도는 묶였고, 에즈라는 '너희는 재판관의 법정 앞에서 부르짖으며 이집트 땅에서부터 너희를 해방시켜 주신 아버지처럼 나를 결박하였다. 너희는 나를 모욕하고 나무에 매달았다. 너희는 나를 배반하였다.'라고 말합니다. 그리스도의 매장에 대해서 예레미야는 '그의 묻힘으로 죽은 사람은 다시 살아날 것입니다.'

라고 말하였습니다." 그리고 고돌리아스가 응답을 할 수 없자 판단은 내려졌고 물러났다.

이제 네 번째 스승 안나스(Annas)의 차례였다. "실베스테르는 다른 사람에 대해 말한 것들이 자기 그리스도에 대한 예언이라고 단언합니다. 그는 이것들이 정말로 자신의 그리스도를 예언하였는지 증명해야 합니다."라고 말했다. 실베스테르: "동정녀가 낳으신 그리스도 외에 쓸개즙을 먹고, 가시관을 썼고, 십자가에 못 박혀 죽고 묻혔으며, 죽음에서 부활하였고 하늘로 승천하셨던 분이 누군가를 알려 주시오." 이때 콘스탄티누스가 말했다. "안나스가 그 누구도 말하지 못한다면, 이 논쟁에서 패하였음을 인정하게 하라." 안나스가 어느 누구의 이름도 밝히지 못하고 한쪽으로 걸어갔고, 도에스(Doeth)라는 이름의 다섯 번째 학자가 나섰다.

도에스는 시작했다. "만일 그리스도가 다윗의 자손으로 태어났고 거룩하게 되었다면, 당신이 말한 것처럼 다시 거룩해지기 위해서 세례를 받지 않았어야 했습니다." 실베스테르: "그리스도의 할례로 할례가 폐지된 것과 마찬가지로, 그리스도의 세례 안에서 우리의 세례는 거룩해지기 위해 제정된 것입니다. 그리스도는 거룩해지려고 세례를 받은 것이 아니라 거룩해지게 하려고 세례를 받으셨습니다." 도에스는 아무것도 말하지 못했고 콘스탄티누스는 말했다. "만일 도에스가 반박할 거리가 있다면, 침묵을 지키지 않았을 것이다."

그때 여섯 번째 학자로 추시(Chusi)가 나와서 "우리는 실베스테르가 동정녀에게서의 탄생에 대한 이유를 자세히 설명해 주시길 바랍니다."라고 말했다. 실베스테르: "아담이 만들어졌던 땅은 타락하지 않았고 순결하였습니다. 왜냐하면, 땅이 스스로 열려서 인간의 피를 마시지 않았으며 가시의 저주로 저주받지 않았기 때문입니다. 땅에서 죽은 사람이 묻히지도 않았고 뱀에게 먹히지도 않았습니다. 그러므로 새 아담이 동정녀 마리아에게서 태어나신 것은, 뱀이 처녀지(處女地)에서 만들어졌던 사람을 정복했던 것처럼 동정녀에게서 태어난 사람에 의해 정복당하게 하려는 것은 마땅하였습니다. 그리고 낙원에서 아담의 정복자로 떠올랐던 뱀은 사막에서 주님의 유혹자가 되어, 아담이 먹은 것을 그리스도의 단식으로 정복되게 하려는 것은 마땅했습니다."

이제 일곱 번째 스승인 벤자민(Benjamin)이 말했다. "당신의 그리스도는 배고 팠을 때 돌로 빵을 만들라는 도전을 받고, 그다음 신전의 꼭대기에 들어 올려져 악마를 숭배하라는 명령을 받음으로써 악마의 유혹을 받았는데… 그가 어떻게 하느님의 아드님이 될 수 있습니까?" 실베스테르: "만일 악마가 아담이 먹는 소리를 들었기 때문에 아담을 정복했다면, 그리스도가 단식하고 악마를 멸시함으로써 악마를 이겼다는 것은 확실합니다. 우리는 그리스도가 자신의 신성이 아니라 인간으로서 유혹받았다는 것을 공언합니다. 게다가 우리에게서 모든 유혹을 물리치고 어떻게 다루어야 하는지 보여주기 위해 그리스도는 세 가지 방법으로 유혹을 받았습니다. 인간의 경험에서 흔히 금욕에 의한 승리에는 세속적인 영광에 대한 유혹이 뒤따르며, 이 유혹은 권력과 명성에 대한 갈망을 동반합니다. 그러므로 그리스도는 이 모든 것을 이겨내는 교훈을 우리에게 주려고 이 유혹을 이겼습니다."

여덟 번째 스승인 아로엘(Aroel)이 말했다. "하느님은 완벽함의 절정이고 아무도 필요하지 않다는 것은 확실합니다. 그렇다면 그리스도 안에서 태어나는 것이 하느님에게 무슨 소용이 있겠습니까? 두 번째로 당신은 그리스도를 어떻게 말씀이라고 부를 수 있습니까? 이것은 너무 확실합니다. 왜냐하면, 하느님이 아들을 갖기 전에는 하느님을 아버지라고 부를 수 없었기 때문입니다. 그러므로 만일 이후에 하느님을 그리스도의 아버지라고 부른다면, 그분은 변할 수 있는 존재가 된 것입니다." 실베스테르: "그 아드님은 모든 시간 이전에, 아직 존재하지 않는 것을 창조하기 위해 아버지에게서 태어났고, 아드님은 잃어버린 것들을 다시 만들려고 때맞춰 태어났습니다. 아드님은 그것들을 말씀 한 마디로 다시 만들 수 있었지만, 자신의 신성으로 인해 고통을 받을 수 없었기에 사람이 되지 않는 한 자신의 수난으로 그들을 구원할 수 없었습니다. 그가 자신의 신성으로 고통받을 수 없다는 것은 결함이 아니라 완벽함이었습니다. 더구나 하느님의 아드님이 말씀으로 불리는 것은 예언자가 '제 마음은 좋은 말을 말합니다.'라고 말했기 때문에 명백합니다. 또한, 아드님이 항상 존재하기 때문에, 하느님은 언제나 아버지이십니다. 아드님은 그분의 말씀이시고 그분의 지혜이며 그분의 권능이기 때문입니다. '제 마음은 말씀을 말하였습니다.'(시편 45, 2)라는 내용에 따르면 아드님은 항상 하느님의 말씀으로 아버지 안에 있습니다. 그는 항상 아버지의 지혜이십니다. '나는 모든 창조물들 전에 맏이로 지극히 높으신 분의 입에서 나왔다.'(집회 24, 3) 그는 항상 권능이십니다. '물 많은 샘들이 생기기 전에 나는 태어났다. 언덕들이 생기기 전에 나는 태어났다.'(잠언 8, 24-25) 그러므로 아버지는 자신의 말씀, 자신의 지혜, 자신의 권능 없이 결코 계시지 않았는데 아버지라는 이름이 제 때에 아드님에게 왔다고 어떻게 생각할 수 있습니까?"

아로엘이 퇴장했고, 아홉 번째 학자 유발(Jubal)이 말했다. "하느님은 결혼을 단죄하지도 저주하지도 않았다는 것을 우리는 압니다. 그러니 결혼을 폄하하려는 의도가 아니라면, 당신이 흠숭하는 분은 왜 결혼에서 태어나기를 거부하였습니까? 다른 질문으로는, 어떻게 전능하신 분이 유혹을 받고, 어떻게 권능이신 분이 고통을 받으며, 생명이신 분이 죽습니까? 그리고 마지막으로 두 아들이 있는데 한 아들은 아버지께서 낳고 다른 아들은 동정녀에게서 태어났다고 말해야 합니다. 그리고 다시, 인성을 취한 신성이라고 하면서 어떻게 그 신성에 해를 끼치지 않고 그 안의 인성이 고통을 받았다고 할 수 있습니까?"

이 모든 것에 실베스테르가 응답했다. "그리스도가 동정녀에게서 태어났다고 하는 것은 결혼을 비난하기 위한 것이 아니며, 우리는 이미 그가 동정녀에게서 태어난 이유를 말했습니다. 그 주장으로 결혼의 평판을 떨어뜨리려는 것은 아닙니다. 그와는 반대로 그리스도는 이 동정녀의 결혼으로 인한 자녀였기 때문에, 결혼은 영광스러운 것입니다. 그리스도는 모든 악마의 유혹을 이겨내기 위해 유혹받으셨고, 모든 고통을 복종시키기 위해 고통을 받으셨고, 죽음의 지배를 좌절시키려고 죽으셨습니다. 그리스도 안에서 한 분이자 유일한 하느님의 아드님이 계십니다. 그리스도는 참된 하느님의 보이지 않는 아드님인 것처럼, 그 아드님은 보이는 그리스도이십니다. 그 안에서 보이지 않는 분은 하느님이고, 보이는 분은 사람입니다. 하느님은 고통을 지닐 수 없는 반면, 사람은 고통을 지닐 수 있다는 예를 보일 수 있습니다. 그 예로 황제의 자주색 망토를 들 수 있습니다. 망토는 양털이었습니다. 이 양털에 피를 바름으로써 자주색이 되었습니다. 그런데 양털을 손가락으로 잡고 실로 꼰 후에 무엇이 꼬여 있었습니까? 그 색은 왕의 위엄을 의미하지만 그 양털은 자주색으로 염색하기 전에는 그저 양털이었습니다. 그러면 그 양털은 사람을 의미하고, 자주색은 하느님을 의미합니다. 하느님은 그리스도가 십자가에서 고통을 받을 때 그리스도의 수난 안에 존재하였으나, 어떤 방법으로든 고통을 받지 않았습니다."

열 번째 스승인 타라(Thara)가 말했다. "그 색은 양털과 함께 비틀은 것이기 때문에 나는 이 예에 만족하지 않습니다." 모든 참석자가 동의하지 않자, 실베스테르가 말했다. "좋습니다, 다른 예를 들겠습니다! 햇빛으로 가득 찬 나무를 상상해 보십시오. 그 나무를 베어 넘길 때 나무는 도끼의 날카로운 아픔을 느끼지만, 햇빛은 그 타격으로부터 아무런 고통도 못 느낍니다! 그처럼 사람이 고통스러웠을 때, 신성(神性)은 고통을 겪지 않습니다."

열한 번째 학자인 실레온(Sileon)이 말했다. "만일 예언자들이 당신의 그리스도에 대해 이러한 것들을 예언했다면, 우리는 이 모든 조롱과 고통과 죽음에 대한 이유를 알기 원합니다!" 실베스테르: "그리스도는 우리에게 먹을 것을 주려고 굶주림에 시달렸고, 생명을 주는 한 모금으로 우리의 갈증을 해소하기 위해 목말라 하였고, 유혹으로부터 우리를 자유롭게 하려고 유혹을 받았고, 악령의 포획으로부터 우리를 구하기 위해 포로로 잡혔고, 악령의 조롱으로부터 우리를 자유롭게 하려고 조롱을 받았고, 속박과 저주의 매듭에서 우리를 풀어주려고 그리스도는 묶였고, 우리를 높여 주기 위해 굴욕을 당했고, 우리를 태고의 벌거벗음을 용서해 주려고 자기 옷의 벗김이 있었고, 잃어버린 낙원의 꽃을 우리에게 돌려주려고 가시관을 받아들였고, 한 나무가 부추겼던 악한 욕망을 단죄하려고 나무에 매달렸고, 사람을 젖과 꿀이 흐르는 땅으로 데려가고 꿀이 흐르는 샘물을 우리에게 열어 주기 위해 쓸개즙과 식초를 마셨고, 우리에게 불멸함을 주려고 스스로 죽음을 면치 못할 운명을 수락하셨고, 성인들의 무덤을 축복하려고 묻히셨고, 죽은 이들에게 생명을 회복시키려고 부활하였고, 하늘의 문을 열려고 하늘로 승천하셨고, 믿는 이들의 기도를 듣고 허락하려고 하느님의 오른편에 앉아 계십니다."

실베스테르가 연설을 마치자, 황제와 유다인들을 포함하여 그 자리에 참석한 모든 이가 크게 박수쳤다. 그러나 열두 번째 유다인 스승인 잠브리(Zambri)는 매우 분개하며 말했다. "당신의 애매모호한 말장난으로 모든 현명한 재판관들을 현혹하였다는 것과 하느님의 전능하심을 인간의 이성으로 이해할 수 있게 한 것이 나에게는 놀라운 일입니다! 그러나 말로는 충분하니 행동합시다. 십자가에 못 박힌 사람을 흠숭하는 사람들은 참으로 어리석습니다. 전능하신 하느님의 이름은 바위들도 견딜수 없고 어떤 창조물도 그 이름을 듣고 견뎌 낼 수 없음을 알고 있습니다! 그리고 내가 진실을 말하고 있다는 것을 증명할 수 있게 야생 황소 한 마리를 데려오십시오, 그리고 내가 그 이름을 황소의 귀에 속삭이면 황소는 즉사할 것입니다!" 실베스테르는 그에게 물었다. "어떻게 당신은 그 이름을 들었으면서도 죽지 않았습니까?" 잠브리가 응수했다. "유다인들의 적인 당신이 이 신비를 알 수 없을 것입니다!"

100명의 사람이 제어할 수 없을 정도의 매우 사나운 황소를 데려왔고, 잠브리가 그 귀에 이름을 속삭이자 황소는 으르렁거리며 눈을 굴리다가 쓰러져 죽었다. 이때 모든 유다인은 환호성을 질렀고 실베스테르에게 모욕적인 말을 퍼부었다. 실베스테르는 말했다. "그는 하느님의 이름을 말하지 않았으며 매우 악독한 악령의 이름을 말했습니다! 우리 하느님은 살아있는 것을 죽게 하실 뿐만 아니라 죽은 것들도 살아나게 하십니다. 사자, 뱀, 야수는 죽이기만 하고 생명을 회복시키지 못합니다! 만일 이 학자가 말한 이름이 악령의 이름이 아니라는 것을 믿게 하려면, 다시 그 이름을 말해서 자신이 죽인 황소를 되살리도록 하십시오! 하느님에 대해 쓰인 것에 따르면, '나는 죽일 수도 있고 살게 만들 수도 있다.'라고 되어 있습니다. 만일 이것을 할 수 없다면, 그는 살아있는 존재를 죽일 수는 있지만 죽은 것을 되살리지 못하는 악령의 이름을 말한 것이 틀림없습니다."

그때 재판관들은 황소를 일으키도록 잠브리에게 압박을 가했고 잠브리는 말했다. "실베스테르에게 갈릴래아 사람 예수의 이름으로 황소를 일으키도록 합시다, 그러면 우리는 모두 예수를 믿을 것입니다. 왜냐하면, 실베스테르가 날개가 돋아 하늘을 날지라도, 죽은 황소를 살리지는 못할 것입니다!" 그때 모든 유다인이 만일 실베스테르가 황소를 되살린다면 자신들이 믿을 것이라고 약속했다. 따라서 그는 기도했고 허리를 굽혀서 황소의 귀에 대고 말했다. "황소야, 일어나서 너의 무리로 돌아가거라!" 황소는 자기 발로 일어섰고 얌전하고 조용하게 떠나갔다. 그러자 황후, 유다인들, 재판관들, 그 밖의 모든 사람이 믿음으로 개종했다.

며칠 후, 우상 신관들이 황제에게 와서 말했다. "오 거룩한 황제여, 당신이 그리스도교 신앙을 택한 이후 우리가 가진 구덩이에 있는 용이 입김으로 하루에 3백 명 이상의 사람을 죽였습니다." 콘스탄티누스는 이것에 대하여 실베스테르와 상의했고, 그가 대답했다. "그리스도의 능력으로 제가 그 짐승이 행한 모든 나쁜 짓을 그만두도록 만들겠습니다!" 신관들은 실베스테르가 그렇게만 해준다면 자신들은 믿을 것이라고 약속했다. 실베스테르가 기도하자 성령이 나타나 말했다. "너는 안전할 것이다. 두 명의 사제와 함께 용에게 내려가라, 그리고 네가 그 짐승에게 도착하면 다음과 같이 말하여라. '동정녀에게서 태어나셨고, 십자가에 매달리셨고, 묻히셨고, 부활하셨고 성부 오른편에 앉아 계신 우리 주 예수 그리스도께서 살아있는 사람과 죽은 사람을 심판하러 오실 것이다. 그러므로 너 사탄아, 이 웅덩이 안에서 그분이 오실 때까지 기다려라.' 그런 다음 너는 그 입을 실로 묶고 십자가가 있는 반지로 봉인하여라. 그 뒤에 건강하게 돌아오고, 너희 모두는 내가 너희를 위해 준비한 빵을 먹을 것이다."

실베스테르는 등불을 든 두 명의 사제와 함께 웅덩이 안으로 40계단을 내려가서, 지시받은 대로 용에게 말하자 용은 으르렁거리며 쉬익 소리를 냈지만 실베스테르는 용의 입을 묶어 봉인했다. 그들은 구덩이 밖으로 올라오다가 두 명의 마법사를 만났다. 마법사들은 실베스테르와 사제들이 실제로 용에게 갔는지 확인하려고 따라왔던 것이다. 하지만 마법사들은 용의 악취에 질식해서 거의 죽어가고 있었다. 성인은 마법사들을 무사히 밖으로 데리고 나오자, 셀 수 없이 많은 군중과 그 두 마법사는 즉시 개종했다. 이렇게 하여 로마 사람들은 이중적인 죽음, 즉 악마에 대한 숭배와 용의 독으로부터 구조되었다.

이윽고 죽음이 가까워진 복된 실베스테르는 성직자들에게 세 가지, 즉 자선을 실천하고 교회를 근면하게 다스리고 양떼인 신자들이 늑대에게 물리지 않도록 보호하라고 훈계했다. 그 후 서기 약 320년에 주님 안에서 행복하게 잠들었다.

주님의 할례

주님의 할례일은 네 가지 이유로 주목할 만하고 엄숙하다. 그날은 주님의 탄생에서 여드레째 되는 날이고, 새롭고 구원하는 이름의 부여, 그분의 피 흘림, 할례의 증표를 기념한다.

첫번째, 그날은 그리스도의 탄생에서 여드레째 날이다. 만일 다른 성인의 여드레째 되는 날이 엄숙한 날이면 성인들의 성인이신 분의 여드레째 되는 날은 얼마나 더 많이 엄숙해야 하겠는가! 그러나 주님의 탄생은 팔일축제(八日 祝祭, octava)가 있어야 할 것 같지 않다. 주님의 탄생은 죽음으로 이어지는 반면, 성인들의 죽음은 팔일축제를 한다. 왜냐하면, 성인들은 영원한 생명으로 이끄는 탄생과 함께 태어나서 결국 영광스러운 몸으로 부활하기 때문이다. 같은 이유로 성모 마리아와 세례자 성 요한의 생일은 팔일축제를 가질 필요가 없으며, 이미 일어난 주님의 부활도 마찬가지이다.[*]

그러나 프레포시티보(Praepositivus)가 말한 것처럼 보충의 팔일축제, 예를 들어 그리스도 탄생의 팔일축제가 있음에 주목하자. 여기서 우리는 그 축일 자체로 충분히 기념하지 못했던 것, 그분을 낳은 분의 직분을 보완하는 것이다. 그러한 까닭에 과거에는 성모 마리아를 기리기 위해 '불툼 투움'(Vultum tuum)[**] 미사를 부르는 관례가 있었다. 또한, 부활, 성령 강림, 마리아의 특정 축일들, 세례자 성 요한의 축일을 포함하는 공경의 팔일축제들이 있었다. 어떤 성인을 위해 도입될 수 있었던 신심의 팔일축제들과 부활의 팔일축제를 의미하는 것처럼 성인들을 위한 형상화의 팔일축제들이 도입되었다.

두 번째, 이 날은 새롭고 구원하는 이름을 부여했기 때문에 엄숙히 거행된

---

[*] '팔일 축제'는 대축일이 지나고 나서도 그 분위기가 지속되는 8일간을 뜻한다. 이 축일 동안 미사, 성무일도는 해당 대축일을 연장하여 기념한다. 현재는 성탄과 부활 대축일 후에만 한 주일 동안 거행하고 있다. − 역자 주

[**] 오래된 로마 미사 경본에서 복되신 동정녀의 축일들과 기념일들을 위한 미사의 첫 번째 단어가 불툼 투움(Vultum tuum, 당신의 외모)이다.

다. 이날에 참으로 새로운 이름이 아기에게 부여되었는데, 그 이름은 성부 하느님의 입에서 나왔다. 그리고 우리를 구원할 수 있는 다른 것은 없다. 베르나르도에 따르면, 그 이름은 입안의 꿀이며, 귓속의 음악이고, 마음 안에서 기쁨의 외침이다. 또한, 그 이름이 기름 같다고 말한다. 그 이름은 빛을 주었고, 설교하였을 때 비옥하게 하고, 묵상하였을 때 평온함을 가져오고, 간구하였을 때 기름부음을 받았다.

우리는 여러 복음서를 통해 주님이 세 가지, 즉 하느님의 아드님, 그리스도, 예수란 이름을 가졌음을 알았다. 그분은 하느님에게서 온 하느님이기에 하느님의 아드님이라 불렸다. 그리고 인간이기 때문에, 신적 위격(位格)으로 인간 본성을 취하였다. 그분은 인간성에 결합된 하느님이기 때문에 예수이다. 이 세 개의 이름에 관하여 베르나르도는 말한다. "오, 먼지 속에 있었던 당신은 정신을 차리고 찬미를 드려라! 자, 너의 주님이 구원과 함께 오신다, 도유(塗油)와 함께 오신다, 영광과 함께 오신다. 예수는 구원 없이 오지 않기 때문에, 그리스도는 도유 없이, 하느님의 아드님은 영광 없이도 오지 않습니다. 그분은 구원이고 도유이고 영광이기 때문입니다."

주님의 수난 이전에는 이 세 가지 이름이 완전히 알려지지 않았었다. 예를 들어 첫 번째는 그분이 하느님의 아드님이라고 말했던 악령들에 의해 추측으로 알려졌었다. 두 번째는 그리스도로 그분을 인정하였던 특정한 소수 사람에게만 알려졌었다. 세 번째는 예수라고 불렸던 이름으로 알려졌지만, 그 뜻은 구세주라는 의미로서는 아니었다.

하지만 부활 후에 세 가지 이름의 완전한 의미가 좀 더 명확하게 드러났다. 첫째는 그분이 하느님의 아드님이라는 확실한 지식에 의해, 둘째는 세상 도처에 퍼짐으로, 셋째는 그 이름에 대한 이유에 관한 것이다. **첫 번째 이름인 하느님의 아드님**을 고찰하자. 예수에게 당연히 속해 있었던 이 이름은 힐라리오(Hilarius)의 저서 《삼위일체론》(De Trinitate)에서 나타난다. "우리 주 예수 그리스도는 참으로 하느님의 독생자(獨生子)임이 많은 방식으로, 즉 성부(聖父)의 증언, 자신에 대한 진술들, 사도들의 설교, 신앙심이 깊은 사람들의 믿음, 악령들의 인정, 유다인들의 부인(否認), 수난에서 이방인(異邦人)들의 인정으로 알려졌습니다." 또한 힐라리오는 말한다. "우리는 이러한 방법들에서, 즉 그의 이름, 그의 탄생, 그의 본성, 그의 능력에 의해, 그가 자기 자신에 대해 말하였던 것들로 우리 주 예수 그리스도를 압니다."

두 번째 이름인 그리스도는 '기름부음 받은 자'를 의미한다. 그분은 자기 동료들보다 앞서서 기쁨의 기름으로 기름부음을 받았기 때문이다. 그분이 기름부음을 받은 사람이라 불리는 것은 예언자, 투사, 사제, 왕이었음을 암시한다. 왜냐하면, 이 네 가지 유형의 사람들은 일반적으로 기름부음을 받았기 때문이다. 그는 교리 지식에 있어서 예언자이고, 악마와의 시합에서 투사였으며, 성부와 하는 모든 화해에 있어서는 사제, 보상을 분배하는 데에 있어서 왕이었다. 우리도 이 두 번째 이름인 그리스도의 이름을 따서 명명되었으며, 여기서 그리스도인이란 칭호가 나온다. 이 이름에 대해 아우구스티노는 말한다. "그리스도인은 정의, 친절, 성실, 인내, 순결, 겸손, 자애(慈愛), 순결, 경건의 이름입니다. 그리고 수많은 덕 중 소수만 당신 안에 있는데, 어떻게 당신은 그 이름을 주장하고 그 이름에 대한 권리를 변호하라고 요구할 수 있습니까? 그리스도인은 단지 이름이 아니라 행동을 하는 사람입니다." 그렇게 아우구스티노가 말했다.

세 번째 이름은 예수이다. 베르나르도에 따르면, 이 이름은 음식, 샘, 치료약, 빛을 연상시킨다. 이 음식은 다양한 효과를 가졌다. 즉, 생기를 주고, 살찌우고, 강하게 하고, 활기를 북돋운다. 베르나르도는 말한다. "이 예수라는 이름은 음식입니다. 당신이 이 이름을 기억할 때마다 강해지지 않았습니까? 이 이름이 그러하듯이 이 이름을 숙고하는 사람의 정신을 북돋아 주는 또 다른 것은 무엇입니까? 지친 마음을 상쾌하게 하고 덕을 강화하며 순결한 사랑을 키우는 것은 무엇입니까?"

또한, 베르나르도는 그 거룩한 이름은 '하나의 샘'이라고 말한다. "예수는 네 가지 줄기에서 평지로 흘러나오는 봉인된 생명의 샘이다. 그래서 예수는 우리를 위해 지혜, 정의, 성화(聖化), 구원, 즉 그의 설교 속의 지혜, 우리의 죄를 용서하실 때의 정의, 행동이나 회개에서의 성화, 그의 수난 속에서의 구원이 되셨습니다." 여기까지는 베르나르도의 말이다. 그리고 그는 다른 곳에서 말한다. "세 가지 줄기, 즉 고백 중에 슬픔의 말씀, 고통 중에 뿌려진 피, 뉘우침 중에 죄를 씻어주는 물이 예수로부터 흘러나왔습니다."

세 번째, 그 이름 예수는 치료약이라고 베르나르도는 말한다. "이 이름 예수는 약(藥)입니다. 분노의 폭발을 강하게 억제하고, 교만의 종양을 진정시키며, 시기심의 상처를 치료하고, 음란한 욕정을 억제하고, 성욕의 불길을 끄며, 갈증을 가라앉히고, 탐욕과 모든 부도덕함에 대한 갈망을 달래는 것 외에 다른 것은 없습니다." 네 번째로 그 이름은 빛이라고 베르나르도는 말한다. "생각해 보십시오. 예수가 설교 중이거나 설교하셨을 때처럼 온 세상 어디에 이처럼 밝고 갑작스러운 믿음의 빛이 있었습니까? 이것은 등경(燈檠) 위의 등불처럼 바오로가 이방인들에게 전하였던 그 빛입니다."

더욱이 이 이름은 많은 달콤함을 가졌으며 베르나르도는 그 유래에 대해 말한다. "당신이 쓰는 것이 무엇이든 내가 예수의 이름을 읽지 않는 한 나에게는 아무런 맛이 나지 않습니다. 만일 당신이 토론하거나 연설을 하더라도, 내가 그의 이름을 듣지 않는 한 맛이 없습니다." 마찬가지로 생빅토르의 리카르도(Richardus de Sancto Victore)는 "예수는 사랑스러운 이름이며, 기쁨의 이름이며, 죄인에게 위안을 주는 이름이자 희망의 축복을 받은 이름입니다. 그러므로 예수는 나에게 예수님입니다!" 또한, 그 이름은 라벤나의 베드로(Petrus Ravennas)가 말한 것처럼 막강한 능력의 이름이다. "당신은 그의 이름을, 즉 눈먼 이에게 시력을 주었고, 듣지 못하는 이에게 청력을, 다리 저는 이에게 걷기를, 말 못하는 이에게 언어능력을, 죽은 사람에게 생명을 주었던 그 이름을 예수라 부를 것입니다. 그리고 이 이름의 능력이 귀신이 들린 사람의 육신에서 악마의 모든 힘을 몰아냈습니다." 예수는 가장 뛰어나고 숭고한 이름이다. 그래서 베르나르도는 말한다. "우리 구세주, 나의 형제, 나의 살과 나의 피의 이름이고, 옛날부터 숨겨져 있었으나 시대의 끝에 드러날 이름이며, 너무 위대하고 형언할 수 없으며 헤아릴 수 없는 이름이기 때문에 더 헤아릴 수 없을수록 위대해지고 더 환영받을수록 자유롭게 주어집니다."

예수의 이름은 영원하신 하느님에 의해, 천사에 의해, 아버지라고 추정되는 요셉에 의해 부여되었다. 예수가 구세주로 해석되고, 구세주로 불리는 이유는 세 가지다. 즉 구원하려는 능력, 구원하려는 기질, 구원하려는 행동 때문에 구세주로 불리고 있다. 그 이름이 구원하는 능력을 나타낸다는 점에 있어서는, 영원하신 하느님에 의해 부여되었다는 것은 합당하다. 그리고 구원하려는 기질을 의미하는 그 이름은 잉태 순간부터 그분에게 속한 것으로 천사에 의해 부여되었다. 또 구원하는 행동을 나타내는 것은 주님의 수난을 예상한 요셉에 의해 부여되었다. 그러므로 《주해집》은 "너는 그의 이름을 예수라고 부를 것이다."라고, "너는 천사 혹은 영원하신 분에 의해 부여되었던 그 이름을 부여할 것이다."라고 말한다. 그리고 여기서 《주해집》은 앞에 설명하였던 세 부분으로 이루어진 이름을 간단히 언급하였다. 그것이 "너는 부여할 것이다. …"라고 말하였을 때는 요셉에 의해 거론된 이름을 언급하는 것이고, "… 천사 혹은 영원하신 분에 의해 부여되었던" 것이라고 말했을 때는 나머지 두 이름을 언급하는 것이다. 그러므로 당연히 로마의 법령으로 그해의 머리가 되어 세상의 머리요 알파벳의 머리글자인 A로 지정된 이 날에 교회의 머리인 그리스도는 할례를 받았고, 그에게 이름이 부여되었고, 그의 탄생에서 팔 일째 되는 날을 기념한다.

세 번째, 그리스도의 피 흘림 때문에 이날을 엄숙히 거행한다. 그분은 우리를 위해 총 다섯 번 피를 흘리셨는데, 처음으로 우리를 위해 피를 흘린 날이 오늘이라는 것을 보여주기 때문이다. ① 할례였고, 이것은 우리 구원의 시작이었다. ② 동산에서 기도하였을 때였고, 이것은 우리를 구원하고자 하는 그분의 갈망을 보여주었다. ③ 그분의 상처로 우리가 치유되었기 때문에 채찍질 당함은 우리를 구원할 만하였다. ④ 십자가에 못 박힘이었고, 그분은 자신이 빼앗기지 않았던 것을 위해 대가를 치른 것이기 때문에 이것은 우리 구원의 대가(代價)였다. ⑤ 군인이 창으로 그분의 옆구리를 찔렀을 때였고, 거기서 피와 물이 분출하였기 때문에 이것은 우리 구원의 성사였다. 그 성사는 그리스도의 피로 효력이 있기 때문에, 이것은 세례의 물로 우리의 죄를 씻음을 예시(豫示)했다.

네 번째 이유는, 우리는 그리스도가 황송하게도 이날 받기로 하였던 증표로서 할례를 지적하였다. 그리스도가 할례받기를 원했던 이유는 많다. 첫 이유는 자신을 위해서였다. 그분은 자기 몸이 실제가 아니라 환상(幻像)이라고 말하는 사람들이 있다는 것을 알고 있었기 때문에, 자신이 진짜 인간의 몸을 취하였다는 것을 보여주기 위해서였다. 그러니 그들의 오류를 반박하려고 그리스도는 할례를 받고 피를 흘리는 것을 선택하였다. 왜냐하면, 환상은 피를 흘릴 리가 없기 때문이다. 둘째 이유는 우리를 위해 우리가 영적으로 할례를 받아야 한다는 것을 보여주기 위해서였다. 베르나르도에 따르면 우리가 받아야 하는 할례는 이중적, 즉 외적으로는 육신에, 내적으로 영혼에 있다고 한다. 외적인 할례는 우리 삶의 방식이 비난받지 않도록, 우리 행동이 비난받지 않도록, 우리의 말이 모멸감을 자아내지 않도록 하는 세 가지 방식이 있다. 내적인 할례도 이와 마찬가지로, 우리의 생각이 반드시 거룩하도록, 우리의 애정이 반드시 순수하도록, 우리의 의도가 반드시 옳을 수 있도록 세 가지 형태를 지닌다. 지금까지 성 베르나르도가 한 말이다.

게다가 그리스도는 우리를 구하기 위하여, 우리를 위해서 할례를 받았다. 몸 전체의 건강을 유지하려고 한 부분에 뜸을 뜨는 것처럼, 그리스도는 온 신비체(神祕體)의 건강을 위하여 한 지체에 뜸을 뜨도록 선택되었다. "여러분은 사람 손으로 이루어지지 않는 할례 곧 그리스도의 할례를 받았습니다."(콜로 2, 11) 《주해집》은 이 내용에 덧붙인다. "악으로부터, 매우 날카로운 바위처럼 '왜냐하면 그 바위가 그리스도이셨습니다.'(1코린 10, 4)" 이 내용은 탈출기를 연상시킨다. "즉시 치포라(Tzipora, Sephora)는 날카로운 차돌을 가져다 제 아들의 포피(包皮)를 잘랐다."(탈출 4, 25) 《주해집》은 이것을 두 가지 방법으로 설명한다. 첫 방법은 다음과 같다. "내가 말합니다. 당신은 손으로 이루어지지 않은 할례, 즉 사람의 행위에 의해서가 아니라 하느님의 행위로 영적인 할례를 받았습니다. 이 할례는 단어에 육신이 사용된다는 의미에서, 이 할례는 육체의 몸을 벗기는 것, 즉 육체라는 단어가 사용된다는 의미에서 육신의 악과 욕망의 사람, 즉 육욕적인 사람을 벗어버리는 것으로 구성됩니다. 다른 말로 육신(肉身)을 벗어버리는 것으로 되어 있습니다. 그래서 성 바오로는 '살과 피는 하느님의 나라를 물려받지 못합니다.'(1코린 15, 50)라고 하였습니다. 나는 말합니다. 당신은 손으로 하는 할례가 아니라 영적인 할례를 받은 것입니다." 다음 방법은 "내가 말합니다. 당신은 그리스도 안에서 할례를 받았고, 이것은 손으로 하지 않는 할례로, 율법에 따른 할례가 아닙니다. 이는 법적인 할례로 육신의 살, 그 살의 피부가 벗겨지는 율법에 따른 할례가 아닙니다. 내가 말합니다. 당신은 그런 방식으로 할례를 받은 것이 아니고 그리스도의 할례, 모든 악을 절단하는 영적인 할례를 받았습니다. 이런 이유를 우리는 로마서에서 읽었습니다.

'겉모양을 갖추었다고 참 유다인이 아니고, 살갗에 겉모양으로 나타난다고 할례가 아닙니다. 오히려 속으로 유다인인 사람이 참유다인이고, 문자가 아니라 성령으로 마음에 받는 할례가 참할례입니다. 그렇게 하는 이는 사람들이 아니라 하느님께 칭찬을 받습니다.'(로마 2, 28-29) 그래서 당신은 손으로 육신을 훼손하는 할례가 아니라 그리스도의 할례를 받습니다."

주님이 할례를 받아들인 셋째 이유는 이렇게 하여 유다인에게 변명의 여지가 없게 하려는 것과 관계가 있었다. 만일 할례를 받지 않았다면 유다인은 "우리는 당신이 우리 조상과 같지 않기 때문에 당신을 받아들일 수 없다."라고 말하면서 핑계를 대었을 것이다. 그리고 넷째 이유는 육화(肉化)의 신비를 마음속에 있는 악령이 배우지 못하게 하기 위해서이다. 할례는 원죄에 대항제(對抗劑)로 행해졌기 때문에, 악마는 할례받은 사람도 할례의 치료약이 필요한 죄인이라고 생각하였다. 같은 이유로 주님은 자신의 어머니가 영원한 동정녀이지만, 결혼하기를 원하셨다.

그리스도의 할례에 대한 다섯째 이유는 모든 정의가 실현될 수 있을 것이기 때문이다. 그분은 모든 정의, 즉 (하위(下位) 것에 스스로를 복종함을 의미하는) 완전한 겸손을 이루기 위해 세례받기를 바랐듯이, 율법의 저자이자 주인인 그가 스스로 율법에 복종했다는 점에서 우리에게 같은 겸손함을 보여주기 위해 할례를 받기를 선택한 것이다.

여섯째 이유는 선하고 거룩하며 이행(또는 수행)되어야 하는 모세의 율법을 승인하는 것이었다. 그분은 율법을 파괴하러 오신게 아니고 성취하러 오셨다. "그리스도께서는 하느님께서 진실하심을 드러내시려고 할례 받은 이들의 종이 되셨습니다. 그것은 조상들이 받은 약속을 확인하시고,"(로마 15, 8)

그러나 왜 여드레째 되는 날에 할례를 행한 것일까? 많은 이유를 인용할 수 있다. 첫 번째는 '여드레'라는 용어의 역사적인, 문자상의 이해에 근거를 둔다. 비록 유다인이지만 저명한 철학자이며 신학자인 랍비 모이세스(Rabbi Moyses)*는 다음과 같이 설명한다. 태어난 지 7일 된 사내아이의 육신은 어머

주님의
할례

13

–

135

---

* 마이모니데스(Maimonides, 1135~1204)로 더 잘 알려진 모세스 밴 마이몬(Moses ben Maimon)은 그 시대와 이후에 저명한 철학자이자 신학자로서뿐만 아니라 또 의사이자 의학서들의 저자로도 알려졌다.

니의 태(胎) 안에 있을 때처럼 여전히 부드럽지만, 여드레째 날에 좀 더 강하고 좀 더 단단하게 된다. 그러므로 하느님은 아기의 부드러운 육신이 중상(重傷)을 입을 수 있기 때문에 아기가 태어난 지 여드레 이전에 할례를 받는 것을 원하지 않았다. 또한, 하느님은 세 가지 이유로 여드레 이후로 연기되는 것을 원하지 않으셨다고 모이세스는 설명한다. ① 위험을 피하기 위해서인데, 만일 더 길게 지연된다면 그 아기가 죽을지도 모르기 때문이다. ② 아기의 고통을 완화하기 위해서이다. 할례는 매우 아프다. 그래서 주님은 아기가 아직 상상력이 적고 너무 많은 고통을 느끼지 않을 때 하라고 명령하셨다. ③ 부모의 비통함을 배려하는 것이다. 왜냐하면, 아주 많은 아기가 할례를 받고 죽는데, 만일 장성한 후에 할례를 받고 죽는다면, 아이가 태어난 지 8일 만에 죽는 것보다 부모가 더 슬퍼할 것이기 때문이다.

여드레째 날을 고수하는 두 번째 이유는 유비적(類比的), 신비적 이해에 근거하고 있다. 이 예식은 부활의 8일 이내에 모든 형벌과 모든 고통의 할례를 받게 될 것임을 우리의 이해를 돕기 위해 여드레째 되는 날에 행하였다. 이런 이유로 여드레는 여덟 세대, 즉 아담부터 노아까지, 노아부터 아브라함까지, 아브라함부터 모세까지, 모세부터 다윗까지, 다윗부터 그리스도까지, 그리스도부터 세상 종말까지, 그다음에 죽음의 세대, 마지막으로 부활의 세대이다. 혹은 8일 동안 우리는 영원한 생명 안에서 우리의 것이 될 여덟 가지의 선을 이해하게 될 것이다. 그것은 아우구스티노에 의해 열거되었다. "'나는 그들의 하느님이 될 것이다.'는 무엇을 의미하는가? '내가 그들의 모든 명예로운 소망을 만족시켜 줄 것이다. 나는 그들에게 생명, 건강, 음식, 풍요, 영광, 명예, 평화, 그리고 모든 선이 될 것이다.'가 아닐까?" 또는 7일까지 우리는 육신과 영혼으로 이루어진 사람을 이해하게 될 것이다. 7일 중 4일은 육체를 구성하는 4가지 요소이고, 3일은 영혼의 3가지 능력, 즉 열망, 성급함, 이성적인 것이다. 그러므로 이제 이렛날을 지낸 사람은 영원불변함의 단일성에 결합될 때 여드렛날을 맞이할 것이고, 그 여드렛날에 모든 형벌과 잘못에 대한 할례를 받을 것이다.

여드렛날을 이해하는 세 번째 방법은 교훈적 혹은 도덕관념 안에 있고, 이 관념 안에서 여드렛날은 여러 가지 의미가 있다. 1일째는 우리 죄에 대한 지식이 될 수 있다. "저의 죄악을 제가 알고 있으며 저의 잘못이 늘 제 앞에 있습니다."(시편 51, 5) 2일째는 악을 피하고 선을 행하겠다는 결심일 수 있다. 탕자가 "일어나 아버지께 가야지."(루카 15, 18)라고 말했던 것을 볼 수 있다. 3일째는 죄에 대한 수치심일 수 있다. 그래서 사도는 "여러분이 지금은 부끄럽게 여기는 것들을 행하여 무슨 소득을 거두었습니까?"(로마 6, 21)라고 말했다. 4일째는 다가올 심판의 두려움일 것이다. "하느님의 파멸이 나에게는 두려울 수밖에 없고 그분의 엄위를 내가 견디어 내지 못할 것이기 때문일세."(욥 31, 23) 그리고 예로니모는 "내가 먹든 마시든, 또 다른 무언가를 하든, '일어나라, 오 죽은 자여, 그리고 심판을 받으러 와라.'라는 목소리가 항상 내 귀에서 소리 나고 있는 것 같다."라고 말했다. 5일째는 뉘우침일 것이다. 즉 "외아들을 잃은 것처럼 구슬피 통곡하여라."(예레 6, 26) 6일째는 고백이 있을 것이다. 즉 "저의 죄악을 제가 알고 있으며"(시편 51, 5) 7일째는 용서의 희망이 있을 것이다. 비록 유다는 자신의 죄를 고백하였지만, 그는 용서를 바라지 않았기 때문에 자비를 얻을 수 없었다. 8일째는 속죄의 날이 될 것이다. 그리고 그날에 사람은 자신의 잘못뿐만 아니라 모든 처벌도 영적으로 할례를 받을 것이다. 그래서 처음 이틀은 우리가 범하였던 죄를 위한 슬픔과 개심(改心)의 소망을 위한 날이고, 그 다음 이틀은 우리가 하였던 잘못이나 우리가 실패하였던 선한 일의 고백을 위한 날이고, 나머지 4일은 기도, 눈물을 흘림, 육신의 고행, 너그러운 자선을 위한 날들이다. 그러니 8일은 진지하게 고려하면 죄에 대한 모든 의지의 할례를 받을 수 있는 8일이 될 수 있으며, 그중 어느 하나에 대해 진지하게 생각하는 것은 선한 삶을 살기 위한 훌륭한 처방이 될 것이다. 베르나르도는 그중 일곱 가지를 열거하면서 말한다. "사람의 본질에 관한 일곱 가지가 있는데, 그 본질을 숙고하면 영원히 죄를 짓지 않을 것입니다. 일곱 가지 본질은 절대 용납할 수 없는 문제, 파렴치한 행동, 개탄스러운 결과, 불안정한 상태, 한심한 죽음, 비참한 소멸, 끔찍한 지옥살이입니다." 여드레째 날은 형언할 수 없는 영광의 보답이 될 것이다.

8일과 여드레째 날을 이해하는 네 번째 방법은 우화적(寓話的)이거나 영적인 해석이다. 이에 따르면 5일은 모세오경일 것이고, 2일은 예언서들과 시편일 것이고, 8일째는 복음서 교리가 될 것이다. 처음 7일까지 할례는 온전히 수행되지 않았으나, 8일째 되는 날에 마침내 그들의 바람 대로 모든 죄와 벌에서 온전히 할례하였다. 그래서 할례를 위한 이유는 뜸질, 표징, 공로, 치료약, 표상, 모범, 여섯 가지로 요약할 수 있다.[*]

주님의 할례에 의해 떼어냈던 살은 어찌 되었는가? 한 천사가 그 살을 카롤루스 대제(Carolus Magnus)에게 운반하였고, 대제는 복된 마리아의 성당 안에 있는 엑스라샤펠(Aix-la-Chapelle)에 모셨고, 후에 샤루(Charroux)로 옮겼으나, 현재는 로마의 상타 상토룸(Sancta Sanctorum) 성당[**] 안 다음의 비문(碑文)이 있는 곳에 있다고 한다.

여기에 그리스도의 할례 받은 살과 확실한 그분의 신발,
여기에 또한 배꼽의 귀중한 잘린 부분이 보존되어 있다.[***]

그 이유 때문에 이날 이 성당에서는 금육재(禁肉齋)가 이뤄진다. 그러나 만일 이 모든 것이 사실이라 하더라도, 분명히 의문이 들 것이다. 살은 참된 인간 본성에 속하기 때문에, 우리는 그리스도가 부활하였을 때 그 살은 영광스럽게 된 자리로 돌아간다고 믿는다. 아담으로부터 물려받은 것만이 참된 인간 본성에 속하며, 죽은 사람으로부터 홀로 부활했다는 사람들의 의견에 따라 이것이 진실이라고 말하는 사람들도 있다.

고대에 이교도들과 이방인들이 1월의 첫째 날에 많은 미신적인 의식을 치렀고, 성인들은 심지어 그리스도인 사이에서 이런 미신을 믿는 관례를 뿌리 뽑으려고 많은 고통을 받았다는 것은 주목할 만하다. 아우구스티노는 이에 대해 설교한다. 아우구스티노는 그들이 자신들의 지도자 야누스(Janus)를 신(神)이라고 믿었고 많은 숭배를 바쳤다. 그리고 그날이 한 해의 끝과 다음 해의 시작이기 때문에, 하나는 앞을 보고 다른 하나는 뒤를 보는 두 얼굴을 지닌 야누스의 상(像)을 만든다고 한다. 또한, 이날 일부는 괴물 같은 가면을 뒤집어썼

---

[*] Cauterium, signum, meritum, medicina, figura, / Exemplum fuit olim circumcisio dura.
[**] 로마에 있는 라테라노 성당 건너편의 성 계단(Scala Sancta) 경당에서 계단의 끝에 있는 경당을 의미한다. – 역자 주
[***] Circumcisa caro Christi sandalia clara / atque umbilici viget hic praecisio cara.

고, 다른 사람들은 짐승의 가죽을 입었고, 또다른 사람들은 짐승의 머리를 쓰기도 했다. 이렇게 짐승처럼 보이게 옷을 입은 것뿐만 아니라 짐승 같은 감정도 가졌다. 심지어 스스로 여자옷을 입고, 군인다운 근육을 여성스러운 세련미로 속이는 사람들도 있었다. 일부 사람들은 점술에 대한 믿음이 커서 누군가가 화로나 다른 이유로 불을 요청한다면 그들은 거절하였을 것이다. 사악한 선물을 주고 받는 관례 역시 행해졌을 것이다. 어떤 이는 1년 내내 이러한 풍성한 축제를 즐길 것이라고 믿으며 밤에 호화로운 식탁을 펼치고, 밤새 연회를 즐겼을 것이다. 그리고 아우구스티노는 덧붙인다. "이런 이교 관습에 참여하는 사람은 누구나 그리스도인이라는 것이 자신에게 도움이 되지 않음을 두려워할 것입니다. 신앙심이 없는 사람들의 게임에 우호적으로 참여하는 사람은 자신이 그들의 죄를 공유한다고 확신할 것입니다. 그러니 형제들이여, 이 악을 피하는 것으로 충분하지 않습니다. 어디에서든 그 악을 볼 때마다 비난하고, 꾸짖고, 내려 놓으십시오." 그렇게 아우구스티노가 말했다.

⋯⤙ 14 ⤚⋯

주님의 공현

주님의 공현(Epipania Domini) 축일에는 네 가지 기적을 기념한다. 따라서 그날은 네 가지 다른 이름을 가졌다. 이날에 동방박사들은 그리스도를 경배했고, 요한이 그리스도에게 세례를 주었고, 그리스도는 물을 포도주로 변화시켰고, 빵 다섯 덩어리로 5천 명의 사람을 먹였다.

　예수가 태어난 지 13일이 되었을 때, 동방박사들이 별에 이끌려서 그에게 왔다. 별이 하늘에서 나타났고, 그 별은 그리스도가 참 하느님이라고 동방박사들에게 가르쳐 주었기 때문에, 그날을 '위에서'를 의미하는 에피(epi)와 '나타남'을 의미하는 파노스(phanos)를 따서 공현(公顯, Epiphania)이라 일컫는다. 29년 후 같은 날에 예수는 30세에(그때 29세 13일이었다.) 접어들었고, 루카가 말한 것처럼 30세가 시작되고 있었다. 혹은 베다(Beda)가 말하고 로마 교회가 단언한 것처럼, 예수는 이미 30세였다. 그때 그분은 요르단 강에서 세례를 받았고, 그러므로 그날은 '하느님'을 의미하는 테오스(theos)와 '발현'이란 파노스(phanos)로 만들어진 현현(顯現, Theophania)이라 불리고 있다고 나는 말한다. 성부(聖父)는 목소리로, 성자(聖子)는 육신으로, 성령(聖靈)은 한 마리 비둘기의 모습으로 그날 삼위일체 하느님 전체가 나타났다.

그로부터 1년 후 같은 날에 예수가 30세 혹은 31세 13일이 되었을 때, 그분은 물을 포도주로 변화시켰다. 그래서 집에서 기적을 일으킴으로써 예수가 참된 하느님으로 나타났었기 때문에, 그날을 '집'이란 뜻의 베트(beth)에서 유래한 베타니아(Bethania)로 부르고 있다. 다시 1년 후, 그분이 31세 혹은 32세였을 때, 베다가 말하고 많은 교회에서 노래 부르고 있는 "빛나는 가장 높으신 분"(Illuminas altissimus)으로 시작하는 찬미가에서 우리가 들은 것처럼 그분은 빵 다섯 덩어리로 5천 명을 먹였다. 그래서 그날은 '한 입'이나 '먹다'를 의미하는 파고스(phagos)에서 유래한 '파지파니아'(Phagiphania)라고 불린다. 그러나 이 네 번째 기적이 이 특정한 날짜에 일어났는지는 약간의 의심이 있다. 베다는 저서에서 이것을 명쾌하게 말하지 않았고, 요한복음 6장에서 우리는 "파스카가 가까운 때였다."라고 읽는다.

네 가지 출현이 이날에 일어났다면, ① 별을 통한 구유 안에서, ② 성부의 목소리를 통해 요르단 강에서, ③ 물을 포도주로 변화시킨 혼인잔치에서, ④ 빵 덩어리를 늘린 사막에서 일어났다. 그러나 이날에 처음 출현을 가장 중요하게 기념하여 우리는 그 이야기만 하고자 한다.

주님이 태어났을 때, 세 명의 동방박사가 예루살렘에 왔다. 그리스어로 그들의 이름은 아펠리우스(Apellius), 아메리우스(Amerius), 다마스쿠스(Damascus)였고, 히브리어로는 갈갈라트(Galgalat), 말갈라트(Malgalat), 사라틴(Sarathin)이었고,* 라틴어로 카스파르(Caspar), 발타사르(Balthasar), 멜키오르(Melchior)였다. 동방박사들이 어떤 부류의 사람이었는지를 생각할 때, 마구스(magus)라는 단어가 가진 삼중의 의미에 기초한 세 가지 의견이 있다. 마구스는 '사기꾼, 마법사, 현

---

* 라틴어본에는 그리스어와 히브리어의 동방박사 명단이 바뀌어 있다. 이름의 형태로 보아 영어본을 따랐으며, 영어본에서는 사라틴이 Sarachin으로 되어 있다. – 역자 주

자'(賢者)를 의미한다. 어떤 사람들은 이 왕들이 하였던 일, 즉 헤로데에게 돌아가지 않음으로써 헤로데를 속였기 때문에 '마구스', '사기꾼'으로 불렸다고 한다. 이런 이유로 성경은 "헤로데는 박사들에게 속은 것을 알고"(마태 2, 16)라고 적고 있다. 그런데 파라오의 마법사가 마구스로 불렸던 것처럼, 마구스는 마법사를 의미할 수도 있다. 크리소스토모는 그 세 명의 왕은 마법사였으나 후에 회개하였기 때문에 마구스라고 불렸으며, 주님은 자신의 탄생을 그들에게 드러내고 자신에게로 인도하려고 선택했다고 말씀하신다. 이로써 용서의 희망이 모든 죄인에게 확대된다. 또한 마구스는 현자에 해당한다. 즉 히브리어에서 마구스는 율법 학자라 불리고, 그리스어에서는 철학자, 라틴어로는 사피엔스(sapiens), 즉 현자란 뜻이고, 마구스는 대단히 지혜로운 사람이었기 때문에 그렇게 불리었다.

현자이자 왕인 그 세 사람은 많은 동행과 함께 예루살렘에 왔다. 그러나 주님이 그곳에서 태어나지 않았기 때문에 '왜 예루살렘으로 왔냐?'라고 물을 수 있다. 레미지오(Remigius)는 이에 대한 네 가지 이유를 부여했다. 첫째는 동방박사들이 그리스도의 탄생 시간은 알았으나 장소를 몰랐다고 한다. 예루살렘은 왕의 도시였고 대사제가 있는 도시였기 때문에, 그렇게 위대한 아기가 다른 곳에서 태어날 수 없다고 생각했다. 두 번째 이유는 율법 학자들과 율법에 정통한 사람들이 거주하는 그 도시가 그 아기가 어디서 태어났는지 알 수 있는 장소가 될 것이기 때문이다. 세 번째는 유다인들은 변명의 여지 없이 남겨질 것이다. 그렇지 않으면 그들은 "우리는 그의 탄생 장소를 알았지만 시간은 몰랐고, 그래서 우리는 믿지 않는다."라고 말할지도 모르기 때문이다. 따라서 동방박사들은 유다인들에게 아기 탄생의 시간을 보여주었고, 유다인들은 동방박사들에게 그 장소를 알려주었다. 네 번째 이유는 동방박사들의 열성적인 조사로 유다인들의 무관심을 비난하고자 한 것이었다. 동방박사들은 한 예언자를 믿었고, 유다인들은 다수의 예언자를 믿는 것을 거부했다. 동방박사는 외국인 왕을 찾았고, 유다인들은 자신들의 왕을 찾으려고 하지 않았다. 동방박사들은 꽤 먼 거리를 왔고, 유다인들은 근처에 살았다. 이 왕들은 발람(Balaam)의 자손이었고, "한 별이 야곱에게서 뛰어오를 것이고 한 사람이 이스라엘로부터 갑자기 나타날 것이다."라는 조상의 예언에 따라 별을 보며 왔다.

게다가 동방박사들의 도래(渡來)에 대한 다른 이유를 크리소스토모는 자신의 마태오복음 주석에서 제시하고 있다. 크리소스토모는 숨겨진 비밀을 조사하던 어떤 사람이 자신들의 무리 중에서 12명을 선택했고, 만일 그들 중 한 사람이 죽으면 아들 또는 가까운 친척 한 사람이 대신하게 하였다고 사람들이 말했던 것을 언급하면서 주장한다. 1년 후, 선발된 12명은 한 달에 한 번 승리의 산 정상으로 올라갔고, 3일을 머무르며 목욕 후에 발람이 예언했던 그 별을 자신들에게 보여 달라고 하느님께 기도했다. 그리스도의 탄생 그날에도 산 정상에 있는 동안 별 하나가 산 위의 그들에게 다가왔다. 그 별은 가장 아름다운 아기의 모습을 하고 있었는데, 그 머리 위에 십자가가 빛나고 있었다. 그 아기는 현자들을 불러 "당신들이 할 수 있는 최대한 빨리 유다의 땅으로 가라, 그러면 그곳에서 당신들이 찾고 있던 갓 태어난 왕을 발견할 수 있을 것이다."라고 말했다. 그들은 즉시 출발했다. 그러나 우리는 그렇게 짧은 시간에, 즉 30일 만에 어떻게 동방에서부터 세계의 중심에 있다고 말하는 예루살렘까지, 그 엄청난 거리를 여행할 수 있었는지 언급해야 한다. 레미지오에 따르면, 그 아기가 자신을 향해 서둘러 오고 있는 동방박사들이 짧은 시간에 자신에게로 올 수 있도록 하는 힘을 가졌기 때문에 가능했다고 한다. 혹은 예레미야에 따르면, 그들은 말 한 마리가 3일 동안 갈 수 있는 거리를 하루 만에 달릴 수 있는 매우 날쌘 동물인 단봉(單峰)낙타(dromedarius)를 타고 있었을 것이라고 한다. 단봉낙타는 '뛰고 있는'이란 드로모스(dromos)와 '힘'이란 아레스(ares)로부터 유래된 단어이다.

동방박사들이 예루살렘에 도착했을 때, 그들은 "유다인들의 임금으로 태어나신 분이 어디 계십니까?"(마태 2, 2)라고 물었다. 동방박사들은 이미 그가 태어났다고 믿고 있었기 때문에 그가 태어나셨는지 아닌지를 묻지 않고 어디에서 태어나셨는지를 물었다. 그리고 마치 사람들이 어떻게 이 왕이 태어나셨는지를 알았느냐고 묻기라도 하는 것처럼, 그들은 "우리는 동방에서 그분의 별을 보고 그분께 경배하러 왔습니다."라고 말했고, "동방에 있었던 우리는 그분이 태어났다고 일러준 별을 보았다."라고 첨언했다. 우리는 유다 위에 놓인 별을 보았다고 말한다. 또는 ("우리의 동방에서"를 의미하는) "우리는 우리 지역의 동쪽에서 그의 별을 보았다."라고 말한다. 레미지오가 저서 《원본》

(Originali)에서 말한 것처럼, 이런 말로 그들은 참 인간, 참 왕, 참 하느님인 한 분 안에서 자신들의 믿음을 고백했다. 즉 그들이 "태어나신 분이 어디 계십니까?"라고 말했기 때문에 참 인간이고, "유다인들의 임금"이라 말했기 때문에 참 왕이며, "우리는 그분께 경배하러 왔습니다."라고 첨언했기 때문에 참 하느님이다. 그 계명은 오직 하느님 외에는 아무도 경배받아서는 안 된다는 것이다.

이것을 들은 헤로데는 걱정했고, 온 예루살렘도 함께 불안해했다. 헤로데 왕은 세 가지 이유 때문에 염려했다. 첫째, 유다인들은 갓 태어난 왕을 자신들의 왕으로 받아들이고, 외국인인 헤로데를 추방할 수 있었다. 이런 이유로 크리소스토모는 "심지어 가벼운 산들바람이 나무 위 높은 나뭇가지를 흔드는 것과 마찬가지로, 소문의 속삭임은 명예의 무게를 짊어진 신분이 높은 사람들을 불안하게 만들 수 있다." 둘째, 로마인들은 황제의 허락과 승인 없이 신을 경배해선 안 되고 어떤 사람도 왕으로 불릴 수 없다고 공표했기 때문에, 헤로데는 만일 황제가 임명하지 않은 사람이 예루살렘의 왕으로 불린다면 로마인은 자신을 탓할 것이라고 두려워했다. 셋째, 자기 나라의 최고인 헤로데는 그레고리오가 말한 것처럼, 하늘의 왕의 탄생과 함께 하늘 높은 곳이 열리고, 땅에서 높은 이는 몰락할 것이기 때문에 걱정했다.

또한 모든 예루살렘인은 세 가지 이유에서 걱정했다. 첫째, 신앙심이 없는 사람들은 실제로 하느님의 오심에 기뻐할 수 없었기 때문이었다. 둘째, 그들은 두려워하고 있는 자기 왕에게 아첨하고자 자신들 역시 불안하다는 것을 그에게 보여주었다. 셋째, 거센 바람이 바다의 물결을 일렁이듯 서로 대적하는 왕들이 백성을 선동하고, 유다인들은 현재의 왕과 앞으로 오실 왕 사이의 다툼이 백성들 사이에서 선동을 일으킬까 두려워했다. 이 마지막 이유는 크리소스토모의 의견이다.

그때 헤로데는 모든 사제와 율법 학자들을 소집하여 그리스도가 태어날 곳이 어디인지 물었다. 그들이 유다의 베들레헴일 것이라고 말하자, 헤로데는 그 현인들을 몰래 소환했다. 그리고 그는 동방박사들이 자신에게 돌아오지 않을 경우, 무엇을 할지 알고 있었기 때문에 그 별의 시기에 대해 열심히 질문했다. 또한, 그 아기를 죽이려는 속내를 감춘 채 가식적으로 자신이 그 아기를 흠숭하려 한다며 아기를 발견하는 즉시 자신에게 알려달라고 말했다.

동방박사들이 예루살렘에 들어갔을 때 그 별은 더 이상 그들을 안내하지 않았는데, 이것은 세 가지 이유임에 주목하자. 첫째는 그들이 그리스도의 탄생지를 찾도록 하여 별의 출현과 예언자들의 예언 둘 다로 그리스도의 탄생을 확신하게 하는 것이었다. 그리고 그렇게 이루어졌다. 둘째는 그들이 인간의 도움을 구했을 때 하늘로부터의 도움을 마땅히 잃을 만했다. 셋째는 사도가 말한 것처럼, 표징들은 믿지 않는 이들에게 주어지지만, 예언은 믿는 이들에게 주어지는 것이다. 그러므로 동방박사들이 여전히 믿지 않는 사람들이었을 때 주어졌던 표징이, 믿는 유다인 가운데 있을 때에는 나타나지 않았다고 했다. 이러한 세 가지 이유는 《주해집》에서 언급되었다.

동방박사들이 예루살렘을 출발했을 때, 그 별은 그곳에 이를 때까지 그들 앞에서 갔고, 아기가 있던 장소 위에서 멈췄다. 이것은 별의 종류가 무엇인지에 대해 레미지오가 저서 《원본》에서 준 세 가지 의견이 있다. 어떤 사람들은 그 별이 후에 그리스도의 세례 때 비둘기가 내려왔었던 것처럼 동방박사들에게 별로 나타났었던 성령이라고 말한다. 크리소스토모를 비롯한 다른 사람들은 그 별은 천사였고, 같은 천사가 목자들에게 나타났었다고 말한다. 그러나 목자들은 유다인이었기 때문에 이성적이었고, 천사들은 이성적인 존재로 그들에게 나타났었던 반면, 동방박사들은 이교도(異敎徒)였고 이성적이지 않았기 때문에 천사는 그들에게 별로 나타났었다. 그런데도 다른 사람들은 그 별은 새로이 창조되었고 자신의 사명을 완수한 후 기저 물질로 돌아갔다는 좀 더 사실적인 설명으로 주장한다.

풀젠시오(Fulgentius)에 따르면, 이 별은 세 가지 측면에서 다른 것과 다르다. 즉 위치 면에서, 그 별은 창공에 고정되지 않고 지구에서 가까운 하늘의 높이에 걸려 있었다. 밝기 면에서, 그 별은 다른 별들보다 더 밝아서 햇빛에도 가려지지 않았고, 심지어 정오에도 모든 것 중에서 가장 밝게 나타났을 정도로 정말 매우 밝았다고 한다. 움직임에서, 그 별은 여행자처럼 동방박사들을 앞서가면서 빙글빙글 돌지 않고 똑바로 갔다. 세 가지 차이점이 《주해집》의 마태오 복음 2장 편에서 다루어지며, "주님 탄생의 이 별은 …"이 첫 단어이다. 여기서 첫 번째 차이점은 별의 기원(起源)에 있다. 다른 별은 세상의 시작 때인 반면, 이 별은 한순간에 창조되었기 때문이다. 두 번째로 별의 목적에 차이가 있다. 창세기 1장이 우리에게 말하는 것처럼 다른 별들은 12궁(宮)들과 사계(四季)를 위해 하늘에 있어야 하지만, 이 별은 동방방사들에게 길을 보여주려는 것이었다. 세 번째 차이점은 기간(期間)에 있다. 즉 다른 별들은 영원하지만, 이 별은 목적이 채워지면 기저 물질로 돌아간다.

별을 본 동방박사들은 엄청난 큰 기쁨과 함께 환호했다. 그들이 보았던 별은 5중(重)의 별, 즉 물질적, 영적, 지적, 이성적, 초실체(超實體)의 별이었다. 첫째, 물질적인 별을 그들은 동방에서 보았다. 둘째, 믿음인 영적인 별을 자신의 마음에서 보았다. 만일, 이 믿음의 별이 그들의 마음 안에서 빛나지 않았다면, 그들은 그 첫 번째 별의 환시를 결코 따라오지 않았을 것이다. 그들은 (그들이 "태어나신 분이 어디 계십니까?"라고 말하였기 때문에) 그리스도의 인간성 안에서, (그들이 "유다인들의 임금"이라고 말하였기 때문에) 그리스도의 왕의 위엄 안에서, ("우리는 그분께 경배하러 왔습니다.") 그리스도의 신성 안에서 믿음을 가졌다. 셋째 지적인 별은 꿈에서 보았던 천사였다. 동방박사들에게 헤로데에게 돌아가지 말라고 경고를 했던 천사였던 것이다. 그러나 다른 《주해집》에 따르면, 그들에게 경고했던 분은 천사가 아니라 주님 자신이었다고 한다. 넷째 이성적인 별은 그들이 아기와 함께 보았던 성모 마리아였다. 그들은 그리스도 그 자신인 초실체의 별을 구유에서 보았다. 그리고 마지막 두 개의 별에 대해서 우리는 "그 집에 들어간 그들은 어머니 마리아와 함께 있는 아기를 발견했다."(마태 2, 11)에서 읽는다. 이 5개의 각각을 "그 별"이라고 부른다. ① 시편에서 "당신이 만드셨던 달과 별들을."(시편 8, 4)이고, ② 집회서 43장 "별들의(즉 덕들의) 영광은 하늘(즉, 천상 남자의)의 아름다움이다."(43, 9), ③ 바룩서 3장 "별들은 때맞추어 빛을 내며 즐거워한다."(3, 34), ④ 찬미가 「바다의 별이여, 기뻐하소서!」(Ave maris stella) 안에 , ⑤ 요한 묵시록 "나는 다윗의 뿌리이며 자손이고 빛나는 샛별이다."(묵시 22, 16)이다.

동방박사들은 그 별들의 첫째와 둘째를 보고 크게 기뻐했다. 셋째를 보면서 기쁨과 함께 환호했다. 넷째를 보고 큰 기쁨과 함께 환호했고, 다섯째를 보고는 엄청난 큰 기쁨으로 환호했다. 또는 《주해집》이 말하는 것처럼 "큰 기쁨으로 크게 기뻐하는 사람은 참된 기쁨인 하느님에 대해서 즐거워한다." 그리고 "큰 기쁨과 함께"라고 덧붙인다. 왜냐하면, 하느님보다 더 큰 것은 없기 때문이며, 큰 기쁨은 다소 클 수 있기 때문이다. 또한 복음사가는 이 문구들에서 강조의 강도를 높임으로써 사람들은 항상 소유하고 있을 때보다 잃었다가 다시 찾았을 때 좀 더 크게 기뻐한다는 사실을 보여주려고 의도했다.

동방박사들은 그 작은 집에 들어갔고 어머니와 함께 있는 아기를 발견했다. 그들은 무릎을 꿇었고 황금, 유향(乳香), 몰약(沒藥)을 선물로 바쳤다. 여기서 아우구스티노는 외쳤다. "오, 별들을 지배하는 어린아이여! 오, 위대하고 영광스러운 아기여, 그 포대기를 천사들이 지켜보고 있도다! 별들이 네게 순종하고, 왕들은 네 앞에서 떨고 지혜를 추구하는 사람들은 무릎을 꿇는구나! 오, 복된 집이여! 오, 하느님의 자리는 하늘에 버금간다, 등불이 아니라 별빛으로 빛나는구나! 오, 보석으로 꾸민 왕이 아니라 육신을 입은 하느님이 계시고, 부드러운 방석이 아니라 딱딱한 구유에 누워 있는 하늘의 궁전이여, 황금 천장이 아니라 그을음으로 검게 되었지만, 별이 박힌 초가지붕으로 보호되셨도다! 나는 그 옷을 보고 하느님을 알아챘을 때 놀랐고, 구유에서 영광이 행성 위에 솟아 있는 거지 아기를 보았을 때 나는 흔들렸도다!" 같은 맥락에서 베르나르도는 이렇게 썼다. "당신은 무엇을 하는가? 오, 동방박사들이여, 당신은 무엇을 하는가? 당신은 허름한 오두막에서 형편없는 옷으로 감싸였던, 가슴에 안긴 아기를 경배한다! 이분이 하느님인가? 당신은 무엇을 하는가? 그에게 황금을 바치는가? 그렇다면 그는 왕이다! 그러나 그의 왕궁이 어디이고, 그의 옥좌는 어디에 있고, 그의 신하들은 어디에 있는가? 이 마구간이 그의 왕궁, 이 구유가 그의 옥좌, 그의 신하들은 요셉과 마리아인가? 이제 현인은 지혜로워지기 위해 자신의 지혜를 포기한다." 힐라리오도 자신의 논문《삼위일체론》(De Trinitate) 두 번째 권에서 이에 대해 말했다. "한 동정녀가 출산했으나 그 탄생은 하느님의 탄생이다. 그 아기는 훌쩍였고 천사들은 찬사를 노래하고, 그 옷은 때가 묻었고 하느님은 흠숭받고 있다. 육신의 하찮음이 드러났지만, 능력의 위엄은 잃지 않는다. 아기 예수 안에서 초라함과 나약함뿐만 아니라 신성(神性)의 장엄함과 뛰어남을 보라." 그리고 예로니모는 히브리서에 대한 주석에서 말했다. "그리스도의 요람을 지켜보고 하늘을 보라! 당신은 구유에서 우는 아기를 보고, 천사들의 찬사의 노래를 동시에 들어라. 헤로데는 쫓았으나 바리사이들은 알지 못했고 별이 가리켰던 그 한 분을 동방박사들은 흠숭했다. 그분은 하찮은 사람에게 세례를 받았으나 우레같은 하느님의 음성을 들었다. 그리고 물에 잠겼으나 비둘기가 내려온다, 확실히 비둘기처럼 성령이 내려온다."

동방박사들은 왜 세 가지 선물을 드렸을까? 여기에는 여러 가지 이유가 있다. 첫 번째, 레미지오가 말한 것처럼 고대인들 사이에는 어느 누구도 신이나 왕 앞에 빈손으로 서지 않는 것이 전통이었고, 이처럼 페르시아인과 칼대아인은 예물을 바치는 데 익숙했다. 《교육독본》에서 읽은 것처럼 동방박사들은 페르시아와 사바(Saba) 강이 흐르는 (그래서 그 지방은 사배아[Sabaea]라 부르고 있다.) 칼대아의 국경지방에서 왔다. 또 다른 이유는 베르나르도가 제시했다. 즉 그들은 성모 마리아의 가난을 해소하려고 금을, 마구간의 악취를 없애려고 유향을, 아기의 팔다리를 튼튼하게 하고 해로운 벌레를 쫓아내려고 몰약을 드렸다고 한다. 세 번째 이유는 찬사를 위해 황금을, 제사를 위해 향료를, 죽은 사람의 장례를 위해 몰약을 드렸다. 그래서 이 세 가지는 그리스도의 왕권, 하느님의 장엄함, 인간의 죽을 운명에 일치했다. 네 번째로 황금은 사랑을, 향료는 기도를, 몰약은 육신의 고행을 상징한다. 그리고 이 세 가지를 우리는 그리스도에게 드려야 한다. 마지막으로 그 선물들은 그리스도의 세 가지 속성, 즉 그의 가장 귀한 신성, 그의 가장 신앙심이 두터운 혼, 그의 온전하고 부패하지 않는 육신을 의미한다.

이 세 가지 속성은 계약의 궤 안에 있는 세 가지 물품에 의해 상징화되었다. 아론의 싹이 난 지팡이는 죽음으로부터 부활하였던 그리스도의 육신을 전조(前兆)한다. 그래서 시편의 "그리고 나의 육신은 다시 잘 자랐다."(시편 27, 7) 계명이 기록된 돌판은 그의 혼을 나타냈다. 그 안에는 숨겨진 하느님의 지식과 지혜의 모든 보물이 들어 있었다. 모든 맛과 모든 달콤함을 가졌던 만나는 그의 신성을 상징한다. 그러므로 금속 중 가장 귀중한 황금을 우리는 그리스도의 귀중한 신성으로 이해한다. 향료는 신심과 기도를 상징하기 때문에 향료는 자주 기도하는 그의 영혼이다. 그래서 시편에서 "저의 기도 당신 면전의 분향으로 여기시고."(시편 141, 2)라고 한다. 부패로부터 보호하는 몰약은 그의 타락하지 않은 육신을 예시(豫示)했다.

꿈에서 헤로데에게 돌아가지 말라고 경고를 받았던 동방박사들은 다른 길로 고국으로 갔다. 이제 그들이 행했던 단계들을 보라! 별은 그들을 인도했고 그들은 그 별을 따랐다. 사람이 아니라, 예언자들이 그들을 가르쳤다. 천사들은 그들에게 집에 가는 길을 보여주었고, 그들은 그리스도 안에서 잠들었다.

동방박사들의 시신은 밀라노에 있는 도미니코회의 성당에 있었으나 현재는 퀼른에 있다. 콘스탄티누스의 어머니 헬레나는 그들을 콘스탄티노플로 옮겼고, 후에 밀라노의 주교인 성 에우스토르지오(Eustorgius)가 밀라노로 옮겼다. 하인리히 황제가 밀라노를 차지한 후에 그 시신을 라인 강 위 퀼른으로 옮겼고 그곳에서 동방박사들은 사람들로부터 큰 존경과 헌신적인 사랑으로 공경을 받았다.

···✦ 15 ✦···

성 바오로 은수자

예로니모(Hieronymus)는 바오로의 생애를 집필하며 그가 최초의 은수자(隱修者, eremita)라고 증언한다. 그는 데치우스(Decius)의 박해를 피하려고 끝없이 펼쳐진 사막으로 피신하였고, 그곳 동굴 안에서 사람들에게 알려지지 않은 채 60년을 살았다.

두 개의 이름을 가졌던 데치우스 황제는 갈리에누스(Gallienus)라고도 불렸다. 그의 재위는 256년에 시작되었다.* 데치우스가 그리스도인들에게 가한 고문을 본 바오로는 사막으로 달아났다. 그때 두 명의 젊은 그리스도인 남자가 체포되었다. 그들 중 한 사람은 온몸에 벌꿀을 바른 채 뜨거운 태양 아래 노출되어 파리, 말벌, 꿀벌에 쏘여 죽었다. 다른 사람은 부드러운 미풍(微風)으로 시원하고 살랑거리는 시냇물 소리와 새들의 지저귐이 가득하고 달콤한 꽃

---

* 로마 황제인 데치우스(Gaius Messius Quintus Traianus Decius)의 재위 기간은 249–251년이다. 이를 미뤄볼 때 저자는 역사적 정보를 잘못 알고 있었다. – 역자 주

향기가 감도는 쾌적한 장소의 보송보송한 침대에 눕혀졌다. 그러나 꽃으로 엮인 밧줄로 묶여 있어서 손이나 발을 움직일 수 없었다. 그때 매우 아름답지만 완전히 타락한 여성이 오직 하느님만을 사랑하였던 그 젊은이의 몸을 더럽히라고 보내졌다. 스스로를 보호할 어떤 무기도 갖고 있지 않았던 젊은이는 육신의 폐해를 느끼자마자 혀를 깨물었고 그 혀를 음란한 여성의 얼굴에 뱉었다. 이렇게 하여 그는 스스로 만든 고통으로 유혹을 몰아냈고 순교의 월계관을 얻었다. 이러한 고문을 목격하고 겁에 질린 바오로는 사막에서 안전을 찾게 되었다.

한편 성 안토니오(Anthonius)는 자신이 은수자의 삶을 살려는 첫 번째 수도승이라고 생각했으나, 자신보다 더 거룩한 은수자가 있다는 것을 꿈에서 알게 되었다. 안토니오는 이 은수자를 찾으려고 숲으로 출발했다. 숲에서 반인반마(半人半馬)인 창조물 힙포첸타우루스(hippocentaurus)를 만났는데, 오른쪽으로 가라고 알려 주었다. 다음으로 대추를 조금씩 나르고 있는 동물을 만났는데, 동물 몸의 윗부분은 사람이고 아랫부분은 염소였다. 안토니오는 하느님의 이름으로 누구인지 말하라고 요구했고, 그 동물은 자신이 사티리쿠스(satyricus, 이교도들이 숲의 신이라고 잘못 믿고 있던 창조물)라고 대답했다. 마침내 늑대 한 마리가 안토니오를 만나러 왔고, 그를 성 바오로의 작은 방으로 이끌었다. 그러나 바오로는 안토니오가 와 있음을 알면서도 문을 잠갔다. 안토니오는 돌아가느니 그 자리에서 죽는 것이 낫다고 선언하면서 들어가게 해달라고 간청했다. 잠시 후에 바오로는 문을 열고 안토니오와 따뜻한 포옹을 나눴다.

식사 시간이 되었을 때, 까마귀가 두 조각으로 나눠진 빵 한 덩어리를 지니고 날아와 앉았다. 안토니오는 이 모습에 놀랐으나 바오로는 하느님이 매일 음식을 제공해 주셨다고 말했다. 그리고 오늘은 손님을 돌보라고 그 양이 두 배라고 말했다. '그들 중 누가 빵 한 덩어리를 나눌 자격이 있는가?'라는 경건한 논쟁이 뒤따랐다. 바오로는 손님인 안토니오에게, 안토니오는 연장자인 바오로에게 미뤘다. 결국 그 빵 한 덩어리를 한쪽씩 잡고 반반으로 나누었다.

안토니오가 자신의 작은 방으로 돌아가는 길에 성 바오로의 영혼을 하늘로 데려가는 천사를 보았다. 황급히 되돌아간 안토니오는 기도 자세로 무릎을 꿇고 있는 바오로의 시신을 발견했다. 안토니오는 그 성인이 아직 살아 있을거라고 생각했으나 확실히 죽었음을 깨닫고 외쳤다. "오, 복된 영혼이여, 당신은 살아서 실천했던 것을 이제 죽어서 본보기로 삼고 있습니다!" 그는 바오로의 시신을 매장할 도구가 아무것도 없었으나 사자 두 마리가 다가와 무덤을 팠고, 성인이 묻힌 후에 숲으로 돌아갔다. 안토니오는 팔마나무 잎들로 짜여진 바오로의 망토를 가져갔고, 장엄한 행사에서 그 망토를 입었다. 바오로는 약 287년에 죽었다.

⋯⋯✦ 16 ✦⋯⋯

성 레미지오

레미지오(Remigius, Remy)라는 이름은 '먹이를 주다'라는 레미(remi), '땅'을 의미하는 '게오스'(geos)에서 유래되어 정통한 교리로 세상 사람을 먹이는 사람을 뜻한다. 혹은 '목자'를 의미하는 '레미'(remi)와 '몸싸움을 벌이는'을 뜻하는 '기온'(gyon)이라는 단어에서 유래되어 '자신의 양떼를 지키기 위해 몸싸움을 하는 사람'이라는 의미를 가지기도 한다. 레미지오는 설교 말씀, 삶의 좋은 모범, 기도를 통한 후원으로 자신의 양떼를 먹였다. 게다가 방패와 같이 방어용, 칼과 같은 공격용, 흉갑(胸甲)과 투구와 같은 보호용의 세 종류의 무기가 있었다. 레미지오는 믿음의 방패, 하느님 말씀의 검, 희망의 투구를 갖고 악마에 대항하여 싸웠다. 그의 생애는 랭스(Reims)의 대주교 힝크마로(Hincmarus)에 의해 기록되었다.

레미지오는 학식으로 유명했으며, 주님의 영광스러운 증거자였다. 그의 탄생은 한 은수자에 의해 다음과 같이 예견되었다. 프랑크족의 나라 전역이 반달족의 박해로 완전히 파괴되었을 때, 실명(失明)한 거룩한 은수자가 갈리아(Gallia)에 있는 교회의 평화를 위해 주님께 기도했다. 한 천사가 그에게 나타나서 "칠리나(Cilina)라는 이름의 여자가 아들을 낳을 것이며 그 이름은 '레미지오'이다. 그 아들은 사악한 적들의 공격으로부터 자기 백성을 해방할 것이다."라고 말했다. 그 은수자는 깨어난 즉시 칠리나의 집으로 가서 환시로 본 모든 것을 말했다. 칠리나는 자신은 이미 나이가 들었기에 그 말을 믿으려고 하지 않았지만, 은수자는 말을 계속했다. "당신이 아이에게 젖을 먹일 때, 그 젖을 내 눈에 발라 내 시력을 회복시켜야 합니다."

예언처럼 모든 일이 일어났고, 레미지오는 후에 속세를 떠나 은수자가 되었다. 레미지오의 명성은 높아져갔고, 22세가 되었을 때 랭스의 전체 주민이 그를 대주교로 선출했다. 그는 매우 온화하여 새들이 그의 식탁에 와서 그의 손에서 음식 부스러기를 먹었다. 그리고 한번은 나이 지긋한 부인의 집에 손님으로 갔을 때의 일이다. 레미지오는 그녀의 포도주 비축량이 다 떨어진 것을 알고, 지하 저장실로 가서 포도주 통 위에 십자성호를 그었다. 그렇게 기도한 후 포도주가 그 통을 넘쳐흘렀고 지하 저장실의 반을 채웠다.

프랑크족의 왕 클로도베코(Chlodovechus, Clovis)*는 당시 이교도였고, 매우 신심 깊은 그리스도인 아내는 남편을 믿음으로 이끌 수 없었다. 그러나 그가 알라만족(Alamanni)의 엄청난 군대가 자신을 대항하여 오는 것을 보고, 아내가 흠숭하는 주 하느님께 서약을 하며 만일 전쟁에서 승리한다면 그리스도에 대한 믿음을 받아들이겠다고 맹세했다. 클로도베코의 바람은 이뤄졌고, 복된 레미지오에게 가서 세례를 청했다. 그가 세례반(洗禮盤)에 도착했을 때 축성 성유(祝聖聖油, Oleum Chrisma)가 없었지만, 비둘기 한 마리가 작은 축성 성유 병을 물고 와서 앉았고, 레미지오 주교는 그 성유로 왕을 도유했다. 이 작은 병은 랭스에 있는 성당에 보존되어 있고, 지금까지도 프랑스의 왕들은 이 축성 성유로 기름부음을 받는다.

오랜 세월이 지나 신중하고 훌륭한 남자인 제네발도(Genebaldus)가 레미지오의 조카 딸과 결혼했다. 그러나 종교적인 이유로 헤어졌고, 레미지오는 제네발도를 랑(Laon)의 주교로 서품했다. 그러나 제네발도는 아내가 가르침을 받기 위해 종종 자신을 방문하는 것을 허락했고, 그들의 빈번한 만남으로 욕정이 자극되어 그 두 사람은 죄를 범했다. 여자는 임신하여 아들을 낳았으며, 제네발도에게 이 소식을 알렸다. 그는 당황하여 다음과 같은 답장을 보냈다. "그 아기는 강도짓으로 얻었으니, 나는 그를 라트로(Latro, 강도)라고 부르길 원합니

---

* 영어식 이름인 클로비스(Clovis)의 라틴어 표기는 Chlodovechus, Clodovicus인데, 라틴어본에 Clodoveus로 오기(誤記)되어 있다. – 역자 주

다." 그러나 의심을 사는 일을 피하려고 제네발도는 전처럼 아내의 방문을 허용했고, 첫 실수에 대한 눈물에도 불구하고 그들은 다시 죄를 지었다. 이때 그녀는 딸을 낳았고, 그는 이 이야기를 듣고 "이 아이 이름은 불페쿨라(Vulpecula, 작은 여우)"라고 대답했다.

마침내 제네발도는 정신을 차렸고 성 레미지오를 직접 만나 그의 발 앞에 엎드리고, 자신이 주교로서 입었던 영대(領帶, stola)를 벗기를 원했다. 성인은 안된다고 명령하면서 자초지종을 듣고는 그 참회하는 주교를 다정하게 위로한 후 7년 동안 비좁은 독방에 가두고, 그동안 직접 랑의 교회를 관리했다. 7년째 되는 해의 성 목요일, 제네발도가 기도에 몰두하고 있을 때 주님의 천사가 나타나 그의 죄는 용서받았다고 말하면서 그 독방에서 떠나라고 명령했다. 제네발도는 "저는 그렇게 할 수 없습니다. 나의 주인 레미지오가 문을 잠갔고 그 위에 그의 봉인을 부착했기 때문입니다."라고 하자, 천사가 말했다. "당신은 하늘이 당신에게 열려 있음을 알 수 있도록, 봉인의 손상 없이 이 방의 문이 열릴 것이다." 그리고 즉시 그 문이 열렸다. 그러나 제네발도는 그 입구에서 팔을 십자가의 형태로 길게 뻗어 납작 엎드렸고 "저의 주님 예수 그리스도가 이곳에 있는 저에게 오신다 하더라도, 저를 가둔 저의 주인 레미지오가 직접 이곳에 오지 않는 한 나갈 수 없습니다."라고 말했다. 그때 천사의 명을 받은 성 레미지오가 랑에 왔고, 그를 주교좌에 복직시켰다. 제네발도는 남은 여생을 거룩한 일에 매진하였고, 그의 아들 라트로가 그를 계승하여 주교가 되었고, 역시 성인이 되었다.

덕을 많이 베풀기로 유명한 레미지오는 서기 약 500년에 평화로이 안식에 들었다. 같은 날에 푸아티에의 힐라리오(Hilarius Pictaviensis) 성인의 생일이 기념되고 있다.

성 힐라리오

하느님에 대한 봉사에서 항상 쾌활했던 힐라리오(Hilarius, Hilary)는 '힐라리스'(hilaris, 명랑한, 쾌활한)라는 형용사의 뜻을 그대로 지닌 것처럼 보인다. 또는 지식이 높고 삶에서 덕이 높았기 때문에, 그 이름은 '높은'의 알투스(altus)와 '덕'의 아레스(ares)에서 유래한 알라리우스(alarius)와 비슷하다. 또는 그 이름은 이해하기 힘든 '근본적인 문제'인 힐레(hyle)에서 유래하였고, 힐라리오의 말은 언문(言文) 둘 다 이해하기 힘들고 심오했다.

아퀴타니아(Aquitania) 지방의 본토인으로 푸아티에(Poitiers) 시의 주교가 된 힐라리오는 빛나는 샛별처럼 떠올랐다. 그는 결혼하고 딸 하나가 있었으나 평신도로서 수도승(修道僧, monachus, monk)의 삶을 살았다. 그는 삶의 방식과 학문의 깊이로 푸아티에 주교로 선출되었고, 그 도시에서뿐만 아니라 갈리아 전역에서 이단들에 대항하며 참된 신앙을 지켰다. 그러나 힐라리오는 이단에 빠진 두 주교의 재촉으로 이단에 호의적이었던 황제에 의해 베르첼리의 에우세비오(Eusebius Vercellensis) 주교와 함께 추방되었다.

아리우스주의(Arianism) 이단은 사방에 퍼져 있었고, 황제는 주교들이 회의를 소집하여 그리스도교 신앙의 진실을 토론하는 것을 허가했다. 회의에 참석한 힐라리오의 웅변을 이겨낼 수 없었던 두 주교(앞서 말한 이단에 빠진 두 주교)는 그를 푸아티에로 돌려보냈다. 그는 뱀이 들끓던 갈리나리아(Gallinaria)라는 섬으로 갔으나, 뱀들은 그에게서 달아났다. 그는 파충류가 지나가는 것을 금지하는 표지처럼 섬의 중앙에 말뚝을 세웠고, 그래서 파충류에게 섬의 반은 땅이 아니라 바다와 같았다. 그리고 푸아티에로 돌아온 힐라리오는 세례를 받지 못하고 죽은 한 아기를 부활시켰다. 성인은 오랜 시간 동안 흙먼지 속에 누워서 기도했다. 그리고 두 사람이 함께 일어나니, 노인은 기도를 마쳤고, 아기는 죽음에서 일어났다.

힐라리오의 딸 아피아(Apia)는 결혼하기를 원했으나, 주교인 아버지는 거룩한 동정을 선택하라고 권고했다. 하지만 딸의 결심이 확고함을 보고 딸이 약해질까 두려워한 그는, 주님께 더 이상 그녀의 삶을 허락하지 말고 직접 그녀를 데려가시라고 기도했다. 그의 기도는 허락되었다. 며칠 후 딸은 주님에게로 옮겨갔고, 아버지는 자기 손으로 딸을 묻었다. 복된 아피아의 어머니는 무슨 일이 있어났는지 마음 속으로 곰곰이 생각하며 힐라리오에게 딸에게 했던 것과 같은 은총을 자신도 얻게 해달라고 간청했다. 그는 그렇게 하였고, 기도로 자기 아내를 하늘의 왕국으로 보냈다.

그때 이단자들의 배신으로 유혹을 받은 레오 교황은 모든 주교의 교회회의를 소집하였고, 힐라리오는 초대받지 않았음에도 그곳에 갔다. 그가 도착했다는 것을 들은 교황은 어느 누구도 그에게 인사하려고 일어서거나 자리를 제공해서는 안 된다고 명령했다. 힐라리오는 안으로 들어갔고 레오는 그에게 "당신이 수탉(gallus)* 힐라리오요?"라고 물었다. 힐라리오: "저는 수탉이 아닙니다. 저는 갈리아에서 태어났고 갈리아에서 온 주교입니다." 레오: "당신이 갈리아에서 온 힐라리오라면, 나는 사도좌의 주교이자 로마 주교좌의 재판관이오!" 힐라리오: "당신이 레오일지도 모르지만, 유다의 사자(Lion)는 아니고, 만일 당신이 재판관의 자리에 앉아 있더라도 황제의 자리에 앉아 있는 것이 아닙니다." 교황은 "내가 돌아올 때까지 잠시만 기다리시오, 그리고 당신이 마땅히 받아야 할 대우를 할 것이오."라고 말하면서 화가 나서 일어났다. 힐라리오: "만일 당신이 돌아오지 못한다면 누가 당신의 위치에서 제게 대답할까요?" 레오: "나는 곧 돌아올 것이오. 그리고 내가 돌아왔을 때 당신의 콧대를 꺾고야 말겠소!"

교황은 생리적인 욕구를 처리하려고 밖으로 나갔으나 이질(痢疾)에 걸렸고 비참한 최후를 맞았다. 한편, 어느 누구도 자신에게 의자를 주지 않는 것을 본 힐라리오는 "땅은 주님의 것이다."(시편 24, 1)를 인용하면서 바닥에 앉았다. 그 순간 하느님의 뜻으로 그가 앉았던 바닥이 위로 올라왔고 다른 주교들과 같은 높이에 그를 두었다. 그 다음 교황의 비참한 최후가 알려지자 힐라리오는 일어나 모든 주교가 가톨릭 신앙을 더 견고하고 확실히 갖게 한 후 집으로 돌려보냈다.

---

* 언어유희(言語遊戲). 갈루스(gallus)는 '갈리아 사람'(Gallus) 혹은 '수탉'을 모두 의미한다.

그러나 레오 교황의 이 기적적인 죽음에 대해 약간의 의심이 있다. 왜냐하면 《교회사》*와 《교회사 3부작》(Historia Ecclesiastica Tripartita)에서는 이에 대해 어떠한 내용도 없을 뿐만 아니라 《연대기》(Chronica)도 당시 그 이름을 사용한 교황에 대한 기록이 없기 때문이다. 더욱이 예로니모는 "거룩한 로마 교회는 항상 자신을 티끌 하나 없이 지키며, 그 어떤 이단에도 영향을 받지 않고 영원히 그렇게 계속될 것이다."라고 말한다. 그러나 그때 레오라고 일컫는 누군가가 교회법적인 선출에 의해서가 아니라 압제적인 강탈로 교황이 되었다고 생각할 수도 있다. 혹은 이단적인 황제 콘스탄티누스(Constantinus)의 편에 있던 리베리오(Liberius) 교황이 레오라고 불렸었을 수도 있다.**

마침내 많은 기적을 행한 후 노쇠해지고 끝이 다가왔음을 안 힐라리오는 깊은 애정을 갖고 있던 사제 레온시오(Leontius)를 찾았다. 때는 밤이었고, 그는 레온시오에게 밖으로 나가서 보고 듣는 어떤 것이든 자신에게 이야기 해 달라고 부탁했다. 밖으로 나갔던 레온시오가 돌아왔고, 도시 군중의 소리 외에는 아무것도 듣지 못했다고 말했다. 레온시오는 죽어가는 주교의 곁을 지켰고, 자정쯤에 다시 나가서 들은 것을 보고하라고 명령을 받았다. 이번에도 아무것도 들리지 않는다고 말하려고 돌아온 그때 그 사제가 감당할 수 없을 정도로 큰 빛이 주교를 비추었고, 그 빛이 서서히 사그라지자 성인은 주님에게로 떠났다. 그는 콘스탄티누스의 재위 시기인 340년경에 활약하였다.*** 그의 축일은 주님 공현의 8일째 날이다.

상인 두 사람이 밀랍(蜜蠟) 한 덩이를 소유하고 있었는데, 그들 중 한 사람이 성 힐라리오의 제대에 밀랍을 봉헌하려고 했지만 다른 한 사람은 봉헌하기를 거부했다. 밀랍은 즉시 두 부분으로 갈라졌고, 하나는 성인과 함께 남겨졌고, 다른 하나는 봉헌하기를 거부하였던 상인에게 돌아갔다.

---

* 영어본에는 《교육독본》(Hystoria scholastica)라고 되어 있지만, 라틴어본은 《교회사》(Ecclesiastical History)로 되어 있다. – 역자 주
** 실제로 레오 1세 대교황(440~461) 이전에 레오 교황은 없었다. 리베리오 교황은 아리우스의 오류들을 승인하기를 거부하였기 때문에 콘스탄티우스 2세(콘스탄티누스가 아니라)에 의해 추방되었다. 후에 그는 아리우스파 주교들에 의해 작성되었던 절충안에 서명하였지만, 후에 그 자신의 서명을 부인하였다. 아래 "103. 성 펠릭스, 교황" 주석 1의 언급 참조.
*** 버틀러(Bulter)의 《성인들의 생애》(New York : P. J. Kenedy & Sons, 1963), 1:79에 따르면 힐라리오는 약 350년에 푸아티에의 주교가 되었고, 368년경에 죽었다.아리우스파 주교들에 의해 작성되었던 절충안에 서명하였지만, 후에 그 자신의 서명을 부인하였다. 아래 "103. 성 펠릭스, 교황" 주석 1의 언급 참조.

성 마카리오

마카리오(Macarius)는 '숙달'을 의미하는 마카(macha)와 '덕'(德)을 의미하는 아레스(ares)에서, 또는 '때림'을 의미하는 마카(macha)와 '능통한 사람'을 의미하는 리오(rio)에서 유래되었다. 성 마카리오는 악령들의 속임수를 간파하는 데 능숙하였고 삶은 고결하였다. 그는 자신의 육신을 길들이려고 매질하였고 수도승(monachus) 형제들을 다스리는 데 능숙하였다.

어느 날 광활한 사막을 가로질러 가던 아빠스 마카리오는 이교도들의 시신이 묻혀 있는 한 무덤에서 자려고 멈추었고, 베개로 사용하려고 시신 하나를 빼냈다. 악령들은 그를 놀라게 하려고 여자 목소리로 불렀다. "일어나서 우리와 함께 목욕하러 가자!" 다른 악령은 그 시신에 들어가서 마치 자신이 그 죽은 사람인 것처럼 응답했다. "어떤 순례자가 내 위에 누워 있어서 갈 수 없어!" 그러나 악령들의 소란에도 전혀 두렵지 않았던 성인은 "만일 네가 할 수 있다면 일어나서 가라!"라고 했다. 이를 들은 악령들은 "선생님, 당신이 우리를 패배시켰습니다!"라고 큰소리로 비명을 지르면서 도망쳤다.

또 다른 날, 마카리오는 습지를 거쳐 자신의 독방으로 가는 도중에 악마를 만났는데, 악마는 큰 낫으로 성인을 죽이려고 했지만 공격할 수 없었다. 그 악마는 마카리오에게 말을 걸었다. "마카리오, 나는 당신을 이길 수 없어서 많은 고통을 받았습니다. 어떻게 이럴 수 있습니까? 당신이 무엇을 하든 저도 합니다. 당신이 단식하면 저는 거의 먹지 않습니다. 당신이 잠을 자제하면 저는 항상 깨어 있습니다. 당신이 저를 능가하는 것은 오직 이것 한 가지입니다!" 마카리오는 "그 한 가지가 무엇이냐?"라고 물었다. 악마는 "당신의 겸손, 그것이 제가 당신에게 승리할 수 없는 이유입니다."라고 대답했다.

유혹을 육신의 고통으로 참고 있던 마카리오는 큰 모래 한 자루를 어깨에 짊어지고 사막을 며칠 동안 걸었다. 그를 만난 테오세비오(Theosebius)는 왜 그렇게 무거운 짐을 옮기는지 물었다. 그는 대답했다. "나는 나를 괴롭히는 사람을 괴롭히고 있습니다."

다른 때에 마카리오 성인은 사람처럼 옷을 입은 사탄이 지나가는 것을 보았는데, 사탄이 걸친 아마포 망토 주머니 사이로 술병들이 튀어나와 있었다. 마카리오는 "당신은 어디로 가고 있소?"라고 물었다. 사탄: "저는 수도승들에게 줄 술을 가져가고 있습니다." 마카리오: "하지만 왜 그렇게 많은 병을 가지고 왔소?" 악마: "저는 그들의 입맛을 만족시키길 원합니다. 만일 첫째 술병이 그들 중 한 사람을 기쁘게 하지 않는다면, 저는 그가 좋아하는 것을 찾을 때까지 두 번째, 세 번째를 제공할 것입니다." 마카리오는 돌아오는 사탄을 다시 만나 물었다. "어떻게 되었소?" 사탄: "그들은 모두 매우 거룩하여서 테오티스토(Theotistus) 한 사람을 제외하고 아무도 술 마시는 것에 동의하지 않았습니다." 마카리오는 급히 테오티스토를 찾아가서 간곡한 권고로 그 수도승을 변화시켰다. 다음 날 마카리오는 전날과 같이 술병을 지닌 사탄을 만났고 어디로 가는지 물었다. 사탄: "수도승들에게" 돌아오는 길에 그 둘은 다시 만났고 마카리오가 물었다. "오늘은 어땠소?" "나빴습니다!" "어째서 그렇소?" "이제 그들은 모두 거룩하고, 무엇보다도 나쁜 것은 제가 가졌던 그 한 사람마저 잃었고 그는 이제 가장 거룩한 사람이 되었습니다." 이것을 듣고 성인은 하느님에게 감사를 바쳤다.

언젠가 성 마카리오는 죽은 사람의 해골을 발견했고, 기도 후에 누구의 머리였는지 해골에게 물었다. 그 대답은 자신은 이교도였다는 것이었다. 마카리오는 물었다. "당신의 영혼은 어디에 있는가?" "지옥에!" 다음 질문은 그가 지옥에서 매우 깊은 곳에 있는지의 여부였다. "하늘과 땅 사이의 거리만큼 매우 깊습니다." "그곳에 당신보다 좀 더 깊은 아래에 어떤 사람이 있느냐?" "예, 유다인들!" "유다인들보다 여전히 더 깊은 사람은?" "모두 중에서 가장 깊은 곳에는 그리스도의 피로 구원을 받았지만 그렇게 엄청난 대가를 작게 생각하는 거짓 그리스도인들이 있습니다."

마카리오는 가끔 고독을 찾으려고 사막으로 점점 더 멀리 걸어가면서 자신이 돌아갈 길을 찾을 수 있도록 중간중간 갈대 하나를 땅에 찔렀다. 그러나 한 번은 9일 동안 앞으로만 갔었고 쉬려고 잠시 멈추었을 때, 악마는 모든 갈대를 모아서 성인의 머리 옆에 두었다. 그로 인해 집으로 돌아가는 길을 매우 힘들게 했다.

그의 수도승 한 사람이 독방에 머무는 한 자신은 쓸모없는 반면, 만일 다른 사람들 사이에서 살았다면 많은 사람에게 도움이 되었을 것이라는 생각으로 깊은 시름에 잠겼다. 그 수도승은 이런 불안감에 대해 마카리오에게 말했다. 마카리오가 대답했다. "나의 아들아, 이것이 그러한 생각들에 대응하는 하나의 방법일 것이다. 나는 내 작은 독방에 머무는 것이야말로 내가 그리스도를 위한 최소한의 행동이다."

한번은 벼룩이 마카리오를 물자 손으로 그 벼룩을 죽였는데, 많은 피가 나왔다. 그는 자신에게 상처를 입혔다는 이유로 그렇게 복수한 것에 대한 벌로 6개월 동안 사막에서 벌거벗고 살았고, 몸 전체에 물린 상처가 생기고 그 상처에 딱지가 생겼을 때에야 사막에서 나왔다. 그가 주님 안에서 잠든 이후에야 그의 많은 덕으로 명성이 높아졌다.

19

성 펠릭스

성인은 핀치스의 펠릭스(Felix in Pincis)라고 불렸는데, 그가 묻힌 곳에서 유래했거나 그가 첨필로 죽임을 당했다고 알려져 있기 때문이다. 핀카는 '첨필'을 뜻하는 단어이다. 펠릭스는 교사였고 학생들에게 대단히 엄격했다고 한다. 그는 자신이 그리스도인임을 공언했기 때문에 이교도들에게 체포되어 그의 학생들에게 넘겨졌다. 그러자 학생들은 가지고 있던 핀카로 그를 찔러 죽였다. 그래서 교회는 그가 순교자가 아니라 증거자(confessor)였다고 여기는 것 같다.

펠릭스는 우상 앞에 끌려가 제물을 바치도록 강요당할 때마다 우상에 일격을 가해 산산조각을 냈다. 또 다른 기록에 따르면, 놀라(Nola)의 주교 막시모(Maximus)가 박해자들로부터 도망치고 있었고 배고픔과 추위로 기진맥진해서 쓰러졌다. 한 천사가 막시모를 도와주라고 펠릭스를 보냈고, 펠릭스는 가시나무에 달린 포도송이를 따서 주스를 짜 주교의 입에 넣었다. 그런 다음 그 노인을 어깨에 메고 집으로 데려갔다. 그 주교가 죽자 펠릭스는 그의 계승자로 선출되었다.

어느 날 펠릭스가 설교하고 있을 때 박해자들이 그를 찾아 다니자, 그는 폐허가 된 집의 벽에 있는 좁은 구멍으로 들어가서 숨었다. 하느님의 명령으로 순식간에 거미들이 그 공간을 가로질러 거미줄을 쳤다. 거미줄을 본 추적자들은 누구도 그 구멍을 통과할 수 없다고 생각하고 그대로 지나갔다. 그 다음에 펠릭스는 다른 장소로 피신하였고 한 과부가 석 달 동안 음식을 가져다주었는데, 결코 그의 얼굴을 보지 못했다. 마침내 평화가 찾아왔고, 펠릭스는 자신의 성당으로 돌아와 주님 안에서 마지막 휴식으로 돌아갔다. 그는 도시 밖 핀치스(Pincis)라는 장소에 묻혔다.

펠릭스에게는 같은 이름 펠릭스라고 불리던 형제 한 명이 있었다. 박해자들이 형제 펠릭스에게 우상숭배를 요구하자 그가 말했다. "만일 당신이 나를 데려가면, 나는 내 형제가 했던 것처럼 우상에 일격을 가해 산산조각을 낼테니 결과적으로 당신은 당신 신(神)들의 적이 될 것입니다."

성 펠릭스는 정원을 가꾸었던 것으로 알려져 있다. 어느 날 밤에 몇몇 남자들이 채소를 훔치려고 왔다가, 무엇인가가 그들을 강제로 밤새 그 정원을 가꾸게 한 일이 일어났다. 아침이 되자, 성 펠릭스는 그 남자들에게 다가와서 인사했고 남자들은 잘못을 고백한 후 용서를 받고 떠났다.

몇몇 이교도들이 펠릭스를 체포하려고 왔지만, 갑자기 팔에 견딜 수 없는 통증을 느꼈다. 그들은 고통으로 울부짖었고 펠릭스는 말했다. "'그리스도는 하느님이다.'라고 말하면 그 고통에서 벗어날 수 있을 것입니다." 그들은 그 말을 했고 치료되었다. 거짓 신을 믿는 신관(神官)이 와서 말했다. "선생님, 저의 신이 당신이 오는 것을 보고 달아났습니다. 제가 왜 달아나느냐고 물었더니 신은 '나는 펠릭스의 거룩함을 견딜 수가 없다.'라고 말했습니다. 그러니 만일 저의 신이 당신을 그렇게 두려워한다면 저는 얼마나 더 많이 당신을 두려워해야 할까요!" 그때 펠릭스는 그 신관을 가르치고 세례를 주었다. 펠릭스는 아폴로(Apollo)를 경배하는 사람들에게 말했다. "만일 아폴로가 참된 하느님이라면 내가 내 손에 잡고 있는 것이 무엇인지 말하라고 해보시오." 펠릭스가 잡고 있던 것은 주님의 기도가 쓰인 종이였다. 아폴로로부터 아무런 대답이 없었고 이교도들은 개종했다.

성 펠릭스는 죽음의 시간이 다가왔을 때, 미사를 봉헌하고 신자들에게 평화를 주고 기도하며 스스로 교회의 바닥에 몸을 쭉 편 후 주님께로 떠났다.*

20

성 마르첼로

마르첼로(Marcellus)는 '악을 내쫓는', '바다를 치는'을 의미하는 아르첸스 말룸(arcens malum) 즉, "세상에서 삶의 역경에 부딪히고 격퇴하는" 뜻의 마리아 페르첼렌스(maria percellens)에서 유래했다. 세상은 바다에 비유된다. 크리소스토모가 마태오 복음 주석에서 말한 것처럼, 바다에는 소리의 혼란, 끊임없는 두려움, 죽음의 영상(映像), 지칠 줄 모르는 파도의 충돌, 끝이 없는 변화가 있기 때문이다.

마르첼로는 로마에서 최고의 사제장(Summus Pontifex)으로서, 그리스도인에게 무자비하고 잔인한 막시미아누스(Maximianus) 황제를 비난했다. 그는 자신의 집을 성당으로 축성된 로마인 귀부인 집에서 미사를 봉헌했다. 분노에 휩싸인 황제는 그 집을 소 외양간으로 바꾸었고, 마르첼로를 외양간에 가두고 짐승을 돌보게 했다. 마르첼로는 여러 해 동안 이 노예 생활을 한 후, 287년경 주님 안에서 잠들었다.

---

* 이 짧은 전설에 있는 일부 요소들은 놀라의 성 바울리노가 쓴 놀라의 성 펠릭스의 생애에 나타난다. 버틀러(Butler)의 《성인들의 생애》(*Lives of the Saints*, [New York: P.J. Kenedy & Sons, 1963]), 1:81, 주석에는 "'핀치스의 성 펠릭스'의 날조된 이야기…. 이 혼란은 아마도 놀라의 성 펠릭스에게 봉헌된 로마의 핀치오(Pincio)에 있는 성당의 존재로 인한 것이었다." 놀라의 성 펠릭스는 제2차 바티칸 공의회 이전 교회력에 "사제요 순교자"로 기념되었으나, 현재의 전례력에는 포함되어 있지 않다.

21

성 안토니오

안토니오(Antonius, Anthony)는 '위'(상)의 아나(ana)와 '잡다'라는 의미의 테넨스(tenens)에서 유래되었고, 더 높은 것에 의지해서 세속적인 것들을 경멸하는 사람을 의미하는 말에서 유래했다. 성 안토니오는 부정하고 평온하지 않으며, 일시적이고, 기만적이며 격렬한 세상을 경멸하였다. 이를 두고 아우구스티노는 다음과 같이 설명했다. "오 추악한 세상아, 너는 왜 그렇게 시끄럽냐? 너는 왜 우리를 오도(誤導)하느냐? 너는 곧 지나갈 뿐이면서, 우리를 붙잡고 싶어한다. 만일 네가 머문다 한들 무엇을 하려느냐? 너는 달콤함으로 누구를 속이지 않겠느냐, 쓰디쓴 너는 달콤함으로 누구를 유혹하려느냐?" 성 안토니오의 생애는 성 아타나시오(Athanasius)가 기록했다.

안토니오가 20세였을 때, 성당에서 "네가 완전한 사람이 되려거든, 가서 너의 재산을 팔아 가난한 이들에게 주어라."(마태 19, 21)를 읽는 것을 들었다. 그는 자신이 가졌던 모든 것을 팔아서 그 돈을 가난한 사람들에게 나눠주고 은수자(隱修者)의 삶을 살았다. 그는 악령들로부터 셀 수 없이 많은 시련을 받았다. 언젠가 믿음의 덕으로 간음의 영을 극복했을 때, 흑인 아이의 모습으로 나타난 악마가 스스로 엎드려서 안토니오가 이겼다고 인정했다. 안토니오는 젊은 자신을 괴롭힌 악마의 불결함을 볼 수 있게 해달라고 하느님께 기도했다. 그리고 방금 묘사한 모습의 악마를 본 그는 말했다. "이제 너의 모든 추악함을 보았으니 더 이상 너를 두려워하지 않을 것이다."

또 한번은 안토니오가 무덤 속에서 숨어 살 때, 악령들 무리가 그를 매우 사납게 잡아 뜯는 것을 본 하인이 안토니오가 죽었다고 생각하고 어깨에 메고 옮겼다. 그때 함께 왔던 모든 사람도 그를 죽은 사람이라 생각하고 애도했다. 그런데 안토니오는 갑자기 의식을 회복했고, 하인은 그를 원래 있던 무덤으로 다시 옮겼다. 부상으로 인한 고통으로 몸을 가누지 못한 채 누워 있던 그는 영혼의 힘으로 악령들과의 전투를 재개했다. 악령들은 여러 야수의 모습으로 나타나 이빨과 뿔, 발톱으로 사납게 잡아 뜯었다. 그때 갑자기 아름다운 빛이 그 장소를 비추어 모든 악령을 몰아냈고 안토니오의 상처가 치유되었다. 그리스도가 그곳에 있음을 깨달은 그는 말했다. "어디에 계셨습니까? 착한 예수님, 어디에 계셨습니까? 왜 좀 더 일찍 저의 상처를 치유하고 도와주러 오시지 않으셨습니까?" 주님이 대답했다. "안토니오야, 나는 여기에서 네가 어떻게 싸우는지 보려고 기다렸다. 이제, 네가 용감하게 싸웠기 때문에 나는 너의 이름을 온 세상에 알려지게 할 것이다." 실제로 성인의 열정이 매우 커서 막시미아누스 황제가 그리스도인들을 처형할 때, 안토니오는 순교할 자격이 있기를 희망하면서 순교자들을 따라갔고, 그 은혜가 자신에게 주어지지 않았을 때 매우 슬퍼했다.

또 한번은 그가 동굴로 갔을 때 그곳에서 은접시를 발견하고 혼잣말을 했다. "사람의 흔적이 없는데, 어떻게 여기에 은접시가 있는 걸까? 만일 어떤 여행자의 배낭에서 떨어진 것이라면 은접시가 너무 커서 알아차리지 못했을 리 없다. 오, 이것은 악마의 짓이구나, 그러나 악마는 결코 나의 의지를 바꿀 수 없을 것이다." 그 말을 하자마자 접시는 연기처럼 사라졌다. 후에 엄청난 순금 덩어리를 발견했지만, 그 금 역시 화염에 싸여 불타 없어졌다.

이제 성인은 산악지대에서 은신처를 찾았고 그곳에서 20년 동안 살면서 셀 수 없이 많은 기적으로 알려지게 되었다. 언젠가 그가 탈혼(脫魂)에 몰입했을 때 온 세상이 올가미로 뒤덮인 채 서로 연결되어 있는 것을 보고 "오, 어떻게 이 올가미에서 벗어날 수 있을까?"라고 외쳤다. 그리고 "겸손으로!"라고 말하는 음성을 들었다. 다시 안토니오가 천사들에 의해 하늘 높이 옮겨졌으나 악령들이 그가 어린 시절부터 저질렀던 죄들을 발설하면서 막으려고 했다. 천사들이 악령들에게 말했다. "하느님의 자비로 용서받았기 때문에 네가 그 죄를 말해서는 안 된다. 만일 그가 어떻게 수도승이 되었는지 안다면 그것을 말하라!" 악령들은 더 이상 할 말이 없었다. 안토니오는 자유로이 위쪽을 향하였고 자유롭게 땅에 내려왔다.

안토니오는 자신에 대해 다음과 같이 말했다. "한번은 스스로 하느님의 능력과 지식을 건방지게 주장하는 키가 큰 악마를 본 적이 있습니다. 악마가 나에게 물었습니다. '안토니오야, 내가 너에게 무엇을 주기를 원하느냐?' 그러나 나는 악마의 얼굴에 침을 뱉고 그리스도의 이름으로 무장하고 공격하였더니 즉시 사라졌습니다." 다시 악마는 하늘에 닿을 것처럼 키가 매우 큰 형상으로 나타났다. 안토니오가 누구냐고 묻자 자신이 사탄이라고 말하며 덧붙였다. "수도승들은 왜 나를 공격하고 그리스도인들은 왜 나를 욕하는가?" 안토니오: "네가 항상 음흉한 계획으로 그들을 괴롭히기 때문에 그들의 행동은 정당하다." 사탄: "나는 결코 그들을 괴롭히지 않았고 그들이 서로를 괴롭힌다! 그리고 그리스도가 모든 곳을 통치하고 있어서 나는 흔적도 없이 약화되고 있다!"

한번은 궁수(弓手)가 수도승들과 편안하게 이야기하는 성 안토니오를 보았고, 그 광경에 기분이 상했다. 안토니오는 궁수에게 말했다. "당신 활에 화살을 걸고 쏘시오!" 궁수는 그렇게 하였으나 그가 똑같은 일을 두 번 세 번 하도록 명령하자 "계속한다면, 제 활은 부러질 것입니다!"라고 말했다. 안토니오는 말했다. "우리가 하느님의 일을 하는 것처럼 우리의 삶도 그렇습니다. 만일 우리가 우리 자신을 지나치게 늘리면, 우리는 쉽게 부러집니다. 그래서 가끔 우리의 엄격함에서 긴장을 푸는 것이 우리를 위해 좋습니다." 이것을 들은 궁수는 교화되었고 자신의 길을 갔다.

어떤 사람이 안토니오에게 어떻게 해야 하느님을 기쁘게 할 수 있는지 물었다. 성인은 대답했다. "당신이 어디를 가든 항상 눈앞에 하느님을 두시오. 당신이 하는 모든 일을 성경의 증언에 따르십시오. 그리고 어떤 장소에 정착할 때마다 다른 곳으로 너무 빨리 가지 않도록 하십시오. 이 세 가지 규칙을 준수하면 당신은 구원될 것입니다." 한 아빠스가 그에게 "저는 무엇을 해야 합니까?"라고 물었다. 안토니오는 "당신 자신의 정의에 대해 자신감을 갖지 마십시오. 음식과 말에서 절제하십시오. 그리고 과거에 했던 것들에 대해 걱정하지 마십시오." 다시 안토니오는 말했다. "물 밖에서 오래 머문 물고기가 죽는 것처럼, 자신의 독방을 오래 벗어나 평신도들과 가까이 지내는 수도승은 평온한 생활을 살겠다는 결심이 약화됩니다." 그리고 다시 "고독과 평온함 안에서 사는 누구나 듣고, 말하고, 보는 것에 대항하는 세 가지 전투에서 구원받습니다. 여전히 맞서 싸워야 하는 모든 것은 오로지 자신의 마음입니다."라고 말했다.

몇몇 수도승이 한 노인과 함께 안토니오 아빠스를 방문했고, 안토니오는 그들에게 말했다. "당신은 이 노인과 좋은 관계를 유지하고 있습니다." 그런 다음 노인에게 물었다. "선하신 신부님, 이 수도승들이 선량하다는 것을 발견하셨습니까?" "그들은 충분히 선량합니다. 그들의 집에는 문이 없습니다. 원하는 사람 누구나 마구간 안으로 걸어 들어가 당나귀를 풀어줍니다." 이는 생각하는 무엇이든 입으로 뱉어버린다는 뜻이었다. 안토니오 아빠스는 말했다. "육신에는 세 가지 움직임이 있음을 알아야 합니다. 하나는 본성에서, 하나는 과식에서, 또 하나는 악마로부터 나옵니다." 세상과 관계를 끊었던 한 수도승이 있었으나 약간의 재산을 갖고 있었기 때문에 완전히는 아니었다. 안토니오는 그 수도승에게 가서 고기를 사라고 말했고, 수도승은 그렇게 하였다. 그리고 돌아오는 길에 개들에게 공격당해서 물어 뜯겼다. 안토니오는 그에게 말했다. "세상과 관계를 끊고도 여전히 돈을 가지려는 이들은 악령들의 공격을 받고 갈가리 찢어지게 됩니다."

그 성인은 지루한 사막에서 삶을 발견하고 기도했다. "주님, 저의 구원이 이루어지기를 원하지만, 저의 생각을 통제할 수가 없습니다." 그는 일어나서 걸어가다가 어떤 사람이 앉아서 일하다가 기도하려고 일어서는 것을 보았다. 그 사람은 주님의 천사였고, 천사는 그에게 말했다. "내가 하는 것처럼 하여라. 그러면 너는 구원 받을 것이다."

몇 명의 수도승들이 안토니오에게 자신들의 영혼 상태에 대해 물었고, 다음 날 밤 한 음성이 그를 부르며 말했다. "일어나라, 밖으로 나가라, 그리고 너에게 무엇이 보이는지 봐라." 그가 보았던 것은 머리가 구름 위로 솟은 거대하고 무서운 존재였고, 날개로 퍼득여 위로 날아오르려 하지만 괴물의 손이 저지하는 형상이었다. 그렇지만 자유롭게 위로 날아오르는 사람들도 있었고, 이를 악마가 멈출 수 없었다. 안토니오는 비통의 소리와 커다란 기쁨의 소리가 뒤섞인 소리를 들었는데, 그 소리는 죄지은 영혼이 저지되고, 거룩한 사람들이 하늘을 향해 날아오르는 것을 막지 못해 슬퍼하는 악마가 내는 신음 소리라는 점을 깨달았다.

어느 날 수도승들과 함께 일을 하던 안토니오는 하늘을 올려다보았고 슬픈 환시를 보았다. 그는 무릎을 꿇었고 다가오는 해악(害惡)을 피하도록 하느님에게 간청했다. 수도승들이 이유를 묻자, 그는 흐느껴 울면서 지금까지 여러 세대를 거쳐 전례가 없는 범죄가 임박했다고 말했다. "나는 보았습니다. 한 떼의 말이 하느님의 제대(祭臺)를 둘러싸고 발굽으로 짓밟고 찢어발겼습니다. 가톨릭 신앙이 거센 폭풍우에 갈기갈기 짓밟히고 사람들의 말처럼 그리스도의 성사를 위에서 짓밟을 것입니다." 그때 "나의 제대가 모욕을 당할 것이다."라고 말하는 주님의 음성이 들렸다. 실제로 2년 후에 아리우스주의자들이 일어났고 교회의 일치를 분열시켰다. 세례당(baptisterium)과 성당들을 더럽혔고, 마치 제사에 바쳐지는 어린양인 것처럼 그리스도인들은 제대 위에서 도살되었다.

고위직 이집트인이고 아리우스주의자인 발라키우스(Ballachius)가 하느님의 교회를 공격하였고, 동정녀들과 수도승들을 벌거벗겨 거리로 쫓아내고 공개적으로 채찍질했다. 안토니오는 그에게 편지를 썼다. "나는 하느님의 분노가 당신 목전까지 왔음을 압니다. 그분은 곧 다가올 죽음으로 당신을 위협하고 있으니, 하느님의 화를 초래하고 싶지 않다면 그리스도인들을 박해하는 것을 멈추십시오." 불행한 그 남자는 편지를 읽고 비웃으며 편지에 침을 뱉어 던지고, 편지 심부름꾼들을 채찍질한 후 전갈과 함께 안토니오에게 돌려보냈다. "그런 방식으로 제자를 가르치는 너! 곧 혹독한 가르침을 주기 위해서 너를 찾아갈 것이다." 5일 후 발라키우스가 말을 타자, 평소 순했던 말이 그를 땅에 내동댕이치고 물고 다리를 짓밟고 으스러뜨렸다. 그는 3일 만에 죽었다.

수도승 몇 명이 안토니오에게 구원의 말씀을 해달라고 요청했다. 그는 말했다. "당신은 주님이 '누군가 당신 오른뺨을 치거든, 그에게 왼뺨을 대라.'(마태 5, 39)라고 말씀하신 것을 들었습니다." 수도승들: "우리는 그것을 이행할 수 없습니다." 안토니오: "그러면 적어도 한 사람이 때리면 끈기 있게 참으십시오." 수도승들: "우리는 그것 또한 할 수 없습니다." 안토니오: "그럼, 차라리 맞기만 하고 때리지 마십시오." 수도승들: "그것도 너무 벅찹니다!" 그래서 안토니오는 제자들에게 말했다. "이 수도승들은 너무 약하니 이들의 기운을 돋울 수 있는 음료를 준비하여라." 그리고 수도승들에게 "내가 너희에게 말할 수 있는 모든 것은 '기도하여라!'이다."라고 말했다. 우리는 이 모든 것을 《교부들의 생애》(Vita Patrum)에서 읽었다.

약 340년에 시작된* 콘스탄티누스의 재위 기간, 마침내 복된 안토니오는

* 337~340년에 재위하였던 콘스탄티누스 2세

생애 105번째 해에 자기 수도승들을 포옹한 후 편안히 이승을 하직하였다.

22

성 파비아노

파비아노(Fabianus, Fabian)는 '건축하는'이라는 뜻의 '파브리칸스'(fabricans)와 비슷하다. 파비아노는 선정, 획득, 경쟁에서 승리하는 모습의 세 가지 권리를 통해 천상의 지복을 건축할 수 있었다.

파비아노는 로마 시민이었다. 교황이 선종한 후 계승자를 선출하기 위해 사람들이 모였고, 파비아노는 결과를 확인하러 홀로 갔다. 보라, 하얀색 비둘기가 그의 머리에 내려왔고, 놀란 사람들은 그를 교황으로 선출했다.

다마소(Damasus) 교황은 파비아노 교황이 7명의 부제(diaconus)를 교회 전역으로 보냈고, 순교자들의 전기(acta)를 기록하기 위해 7명의 차부제(subdiaconus)를 배정했다고 전한다. 헤이모(Haymo)의 기록에 따르면, 필립푸스 황제는 부활 전야(Paschae vigiliis)에 참석해서 그 신비를 공유하기를 원했지만, 파비아노는 황제가 자신의 죄를 고백하고 참회자들과 함께 앉기 전까지는 금지했다고 한다.

파비아노는 교황 재위 13년에 데치우스 황제의 명으로 참수되었고 순교의 월계관을 받았다. 그는 약 253년에 고통을 받았다.

23

성 세바스티아노

세바스티아노(Sebastianus, Sebastian)는 '뒤따르는'을 뜻하는 세켄스(sequens), '지복'[至福]의 베아티투도(beatitudo), '도시'의 아스팀(astim), '위에'의 아나(ana)로부터 유래되었다. 그러므로 높은 곳에 있는 도시, 최고의 영광을 얻은 도시의 지복을 추구하는 사람, 즉 그 도시를 얻고 소유한 사람이다. 아우구스티노는 영광의 도시를 소유하기 위해서는 왕국에 지불하는 가난, 기쁨을 위한 고통, 휴식을 위한 노동, 영광을 위한 불명예, 삶을 위한 죽음, 이 5개의 대가를 치러야 한다고 말했다. 또한, 세바스티아노는 '안장'[鞍裝]이라는 의미를 가진 바스툼(bastum)에서 유래되었다. 그리스도가 기병(騎兵)이라면 교회는 말이다. 세바스티아노는 그리스도가 교회에서 전투를 하기 위해 탄 안장이고, 많은 순교자들의 승리를 얻었다. 또한, 그 이름은 '둘러싸인', '돌아다니다'를 의미한다. 왜냐하면 고슴도치가 뻣뻣한 털로 덮여 있는 것처럼 그 성인은 화살들에 둘러싸여 순교자들 사이를 돌아다녔고 그들 모두를 강하게 하였기 때문이었다.

나르본(Narbonne) 출신의 밀라노 시민 세바스티아노는 최고의 그리스도인이었다. 디오클레티아누스와 막시미아누스 황제는 평판이 좋은 세바스티아노를 제1 보병대의 사령관에 임명하여 자신의 개인 수행단에 배속시켰다. 세바스티아노는 고문을 당한 그리스도인들의 정신이 약해지는 것을 보면서 그들을 격려하기 위해 방문할 목적으로 군대 계급을 얻으려고 애썼다.

마르첼리아노(Marcellianus)와 마르코(Marcus)는 쌍둥이 형제로, 높은 계급의 귀족이었다. 그들은 그리스도에 대한 믿음 때문에 참수될 예정이었고, 부모가 두 아들을 구하기 위해 설득하러 왔다. 어머니가 먼저 와서 옷을 찢고 산발로 가슴을 치며 울었다. "오, 나의 사랑하는 아들들아, 전례가 없는 고통과 참을 수 없는 큰 슬픔이 나를 덮치는구나! 아 슬프도다, 기꺼이 죽음으로 가려는 나의 아들들을 곧 잃을 것이다! 만약에 원수가 뺏어가는 것이라면, 나는 치열한 전투를 뚫고 포로가 된 아들들을 따라갈 것이다! 만약에 내 아들들이 감옥에 갇히게 된다면 내 목숨을 잃는다 해도 침입할 텐데! 이 새로운 죽음의 방식은 무엇인가, 사형 집행인에게 목을 치도록 촉구하고 삶의 유일한 소원은 죽음이 그 자리를 차지하도록 초대받는 것인가? 젊은 자식들이 죽고 부모가 살아가야 하는 노년은 매우 슬프고 비참한 것이다!"`

아버지는 머리에 재를 뿌리고 종들의 도움을 받아 도착한 후 하늘을 향해 큰소리로 외쳤다. "나는 죽음으로 가는 내 아들들에게 작별을 고하러 왔다! 나 자신을 위해 준비한 장례식을 내 아이들을 위해 거행해야 합니다. 내게 찾아온 불행! 내 노년의 지팡이자 내 허리에서 나온 두 열매인 오, 나의 아들들아, 왜 너희는 그렇게 죽음을 사랑하느냐? 젊은이들은 이리로 와서 나와 함께 나의 아들들을 애도하자! 노인들은 와서 나의 아들들을 위해 나와 함께 울자! 젊은이들의 아버지들은 여기 모이시오. 당신들은 나와 같은 괴로움에 시달리지 않도록 해야 합니다! 나의 아들들이 칼에 찔려 쓰러지는 것을 내 눈으로 못 보게 눈물을 흘려 나의 눈을 약해지게 하여라!"

그때 그 두 아들의 부인들이 남편들 앞에 자식들을 두고 크게 울면서 말했다. "당신은 우리를 누구에게 맡기려고 합니까? 누가 이 아이들의 삶을 인도할 것입니까? 누가 당신의 많은 재산을 나눌 것입니까? 아아, 철심장을 가진 당신들, 당신들은 부모를 외면하고 친구들을 냉대하고 부인을 버리고 자식들을 유기하고 직접 사형 집행인들에게 넘어갈 작정입니까!"

이 모든 것은 그 두 사람의 마음을 약하게 만들었다. 그때 참석했던 성 세바스티아노는 군중 가운데로 들어가서 말했다. "오, 그리스도의 강한 군사들이여, 이 눈물 어린 감언이설이 영원한 왕관을 포기하지 못하게 하십시오!" 그리고 부모에게 말했다. "두려워하지 마십시오. 그들은 당신들과 떨어지는 것이 아니라 하늘로 갈 것이고, 당신들을 위해서 별같이 빛나는 집을 준비할 것입니다. 세상이 시작된 이래로 삶은 희망을 품었던 사람들을 배신하였고, 기대를 속였고, 재산을 당연하게 여기도록 오도하였고, 그 다음에 남는 것은 아무 것도 없게 함으로써 그 자체가 거짓이라는 사실을 스스로 증명해 줍니다. 삶은 도둑이 도둑질하게 하고 화를 내서 분노하게 하며 거짓말쟁이는 속이도록 유발합니다. 삶은 범죄를 명령하고 사악함을 지시하고 불의를 권합니다. 그러나 우리가 여기 지상에서 고통받는 이 박해는 오늘 타오르고 내일이면 꺼지고 오늘은 뜨겁게 불타고 내일은 식으며 한순간에 다가오고 한순간에 사라집니다. 하지만 영원의 고통은 좀 더 깊이 찌르기 위해 늘 갱신되고 좀 더 맹렬하게 타오르기 위해 증가하고 형벌을 연장하듯 부채질합니다. 그러므로 우리는 순교에 대한 열망과 사랑을 일으킵시다! 악마는 순교자들을 만듦으로써 정복했다고 생각하지만 순교자들은 악마가 잡으면 잡히고, 묶으면 묶이고, 이기면 지고, 고문하면 고문을 받고, 목을 조르면 죽고, 조롱하면 웃습니다!" 성 세바스티아노가 이 모든 것을 말하고 있을 때, 갑자기 하늘에서 광채가 내려와 빛나는 망토처럼 그를 둘러싸면서 거의 한 시간 동안 비추었고 빛나는 일곱 천사가 에워쌌다. 또한, 한 젊은이가 그의 곁에 나타나서 "너는 항상 나와 함께 있을 것이다."라고 말하면서 평화의 입맞춤을 했다.

이제 거룩한 두 젊은이가 감시를 받고 있던 그 집에 니코스트라토(Nicostratus)의 아내 조에(Zoe)는 언어능력을 잃은 상태라서 고개를 끄덕이고 몸짓을 하며 세바스티아노 성인의 발 앞에 무릎을 꿇고 용서를 빌었다. 세바스티아노는 말했다. "만일 제가 그리스도의 종이라면, 이 여인이 내가 하는 말을 듣고 믿는다면, 예언자 즈카르야의 입을 열게 만든 분이 말을 하도록 만들어 주실 것입니다!" 즉시 그 여자의 언어능력은 돌아왔고 그녀는 말했다. "당신의 말은 복되고 당신의 말을 믿는 사람들은 모두 복됩니다! 당신 앞에서 당신이 말한 모든 것이 쓰여진 책을 들고 있는 천사를 보았기 때문입니다."

이것을 들은 그녀의 남편도 성 세바스티아노의 발치에 무릎을 꿇고 용서를 구하며 기도했다. 그때 그는 두 젊은이의 끈을 풀어주며 자유롭게 가라고 말했다. 두 사람은 승리가 직전에 있기에 포기할 수 없다고 했다. 마르첼리아노와 마르코가 순교를 받아들이려 함으로써 주님은 그들을 더욱 견고하게 하였을 뿐만 아니라, 성인의 말에 그들의 아버지 트란퀼리노(Tranquillinus), 어머니, 그들 집안의 많은 사람이 믿음으로 개종하는 은총과 능력을 덧붙여 주셨다. 사제 폴리카르포(Policarpus)가 그들 모두에게 세례를 주었다.

트란퀼리노는 고통스러운 병을 앓았으나 세례를 받자마자 병이 나았다. 같은 병을 앓고 있던 로마시의 총독(praefectus)은 트란퀼리노에게 병을 치유해준 사람을 데려와 달라고 요청했다. 그래서 세바스티아노와 사제 폴리카르포는 총독에게 갔다. 세바스티아노는 총독에게 거짓 신에 대한 경배를 포기하고 그 우상들을 철거할 수 있는 권한을 자신에게 주면 건강을 되찾을 것이라 말했다. 총독은 세바스티아노가 아니라 자기 종들이 그 우상들을 파괴할 것이라고 말했으나 세바스티아노는 대답했다. "그들은 자기 신들을 철거하는 것을 두려워할 것이고 만일 그들이 철거를 한 후 악마로부터 해를 입는다면, 믿지 않는 사람들은 자신들의 신에게 손을 댔기 때문이라고 생각할 것입니다." 그래서 폴리카르포와 세바스티아노는 직접 200개가 넘는 우상들을 부쉈다.

그 다음에 그들은 총독 크로마티오(Chromatius)에게 말했다. "우리는 우상들을 산산조각냈고 당신은 낫지 않았습니다. 이것은 당신이 아직 거짓 믿음을 포기하지 않았거나 적어도 몇 가지 우상을 간직하고 있기 때문입니다." 총독은 별들의 모든 질서가 정리된 방을 갖고 있다고 인정했다. 총독은 자신의 아버지가 그 일에 금 200파운드를 사용했고, 그 별자리로 미래를 예측할 수 있었다고 말했다. 세바스티아노는 "당신이 그 방을 유지하는 한, 온전해지지 않을 것입니다."라고 단언했다. 총독은 그 말에 동의했지만, 그의 아들 티부르시오(Tiburtius)는 거리낌 없이 말했다. "나는 그 방을 부순다 해도 별 일을 겪지 않겠지만, 아버지의 회복을 방해하는 것처럼 보이고 싶지는 않습니다. 그 대신 나는 두 개의 화덕에 불을 붙일 것이고 방이 파괴된 후 아버지가 치유되지 않는다면 이 두 사람을 산 채로 구워버릴 것입니다!" 세바스티아노는 "당신이 말한 대로 하시오!"라고 대답했다. 문제의 그 방이 분해되고 있을 때, 한 천사가 총독에게 나타나서 주 예수가 그의 병을 고쳐 주셨다고 말했다. 총독은 자신이 확실히 치유되었음을 깨닫고, 천사의 발에 입맞춤하려고 따라갔으나 천사는 그가 아직 세례를 받지 않았기 때문에 허락하지 않았다. 그래서 그와 아들 티부르시오, 그리고 가문의 1천400명과 하인들이 세례를 받았다.

그동안에 조에(Zoe)는 이교도들에게 붙잡혀 오랫동안 고문을 받고 순교했다. 이를 들은 트란퀼리노는 버럭 소리를 질렀다. "그 여자가 우리보다 빨리 월계관을 획득하고 있다! 왜 우리가 살아가야 하는가?" 그리고 며칠 후에 돌에 맞아 죽었다. 성 티부르시오는 신들에게 향을 피우지 않으면 타오르는 석탄 위를 맨발로 걸어야 할 것이라는 명령을 받았다. 그는 십자성호를 긋고 "나는 우리 주 예수 그리스도의 이름으로 장미꽃 잎사귀들을 발로 밟고 있는 것처럼 느낀다."라고 말하면서 맨발로 석탄 위를 걸었다. 총독인 파비아누스(Fabianus)는 쏘아붙였다. "그리스도가 너에게 마법 기술을 가르쳤다는 것을 모든 사람이 안다." 티부르시오: "입을 다무시오, 당신은 달콤한 거룩한 이름을 말할 자격이 없습니다!" 분개한 총독은 그를 참수했다. 마르첼리아노와 마르코는 말뚝에 묶였고 시편을 노래했다. "보라, 얼마나 좋고 얼마나 즐거운가, 형제들이 함께 사는 것이!"(시편 133, 1) 총독은 "가엾은 사람들아, 미친 행동을 그만두고 너희 스스로를 구해라!"라고 고함쳤다. 그들은 "우리는 단 한 번도 배불리 먹어본 적이 없었습니다! 우리가 육신을 입고 있는 동안만큼은 제발 내버려 두십시오!"라고 대답했다. 총독은 군인들에게 긴 창으로 그들을 찔러 죽이라고 명령했고, 그래서 그들은 자신들의 순교를 완성했다.

이 모든 일 후에 총독은 디오클레티아누스 황제에게 세바스티아노를 고발하자, 황제는 그 성인을 소환해서 말했다. "나는 너를 내 궁전의 1인자로 두었는데, 지금까지 너는 몰래 나의 행복에 반하는 행동을 하고 신들을 불쾌하게 했다." 세바스티아노는 말했다. "저는 하늘에 계신 하느님을 항상 흠숭하였고 당신의 구원과 로마 제국의 안녕을 위해 그리스도에게 기도했습니다." 그러나 황제는 막사 중앙에 있는 기둥에 세바스티아노를 묶으라고 명령을 내렸고 모든 화살을 그에게 쏘라고 명령했다. 그래서 군인들은 많은 화살을 쏘았으며 그는 마치 고슴도치처럼 보였고 당연히 죽었으리라 생각하고 버려두었다. 기적적으로 자유의 몸이 된 그는 며칠 후에 황궁 계단에 서 있었고, 황제가 나왔을 때 그리스도인들에 대한 잔인한 학대에 대해 단호히 비난했다. 황제는 "이 사람은 우리가 쏴 죽였던 세바스티아노가 아닌가?"라고 소리쳤다. 세바스티아노는 대답했다. "당신을 만나서 당신이 그리스도의 종들에게 가한 악에 대해 질책할 수 있게 주님께서 황송하게도 저를 되살려 주셨습니다." 그때 황제는 그가 죽을 때까지 곤봉으로 때리라고 명령했고, 그리스도인들이 그를 순교자로 공경하는 것을 막으려고 하수관에 시신을 버리게 했다. 다음 날 밤에 성 세바스티아노는 성녀 루치아(Lucia)*에게 나타나서 자신의 시신이 어디에 있는지 밝혔고, 사도들의 유적 근처에 묻으라고 요청했다. 이 일은 이루어졌다. 세바스티아노는 약 287년에 통치가 시작되었던 디오클레티아누스와 막시미아누스 황제들 아래에서 고통을 받았다.

그레고리오 교황의 《대화집》 제1권에서 전한다. 토스카나(Toscana)에 살면서 최근에 결혼했던 한 여자가 친구들로부터 성 세바스티아노에게 성당을 봉헌하는 자리에 초대를 받았다. 그러나 그곳에 가기로 했던 전날 밤, 그녀는 육체의 욕망에 사로잡혀 남편과 동침하는 것을 자제할 수 없었다. 아침이 왔고, 그녀는 하느님 앞보다 사람들 눈을 더 부끄러워하고 두려워하며 성당으로 갔

---

* 영어본에서는 루치나(Lucina)로 되어 있고, 라틴어본은 루치아(Lucia)로 되어 있다. 여기서는 라틴어본을 따랐다. - 역자 주성인의 생애에 대해 간략하게 언급하였다. - 역자 주

다. 그녀가 성인들의 유해가 보존된 장소에 발을 들여놓자마자 악마가 그녀를 붙잡아 모든 사람이 지켜보는 가운데 그녀를 괴롭히기 시작했다. 그 성당의 사제가 제대에서 제대포(祭臺布)를 집어 그녀에게 던졌고, 그 악마는 사제에게 잡혔다. 그 여자의 친구들은 그녀에게서 악마를 내쫓아줄 마법사들에게 데려갔으나, 마법의 주문을 외쳤을 때 하느님의 심판으로 숫자상으로 6666인 악령 군단이 그 여자를 괴롭혔고 점점 더 혹독하게 들볶았다. 그때 거룩함으로 유명한 사람 포르투나토(Fortunatus)가 그녀를 위해 기도했고 그녀는 구원을 받았다.

《랑고바르디족의 연대기》(Annales Langobardorum)에 따르면, 굼베르투스(Gumbertus) 왕의 재위 동안 이탈리아 전역은 지독한 전염병에 시달려서 죽은 사람을 묻어줄 사람조차 거의 남아 있지 않았고, 이 전염병이 그 어떤 지역보다도 로마와 파비아(Pavia)에서 맹위를 떨쳤다고 한다. 이때 선한 천사가 나타났고 그 뒤를 이어 창을 든 악한 천사가 뒤따랐다. 선한 천사가 명령을 내리자 악한 천사가 집을 내리치면 그 안에 있는 모든 사람이 죽음으로 옮겨졌다. 그리고 성 세바스티아노를 기념하여 파비아에 제대가 세워질 때까지 전염병은 결코 멈추지 않을 것이라는 것이 성스럽게 계시되었다. 즉시 쇠사슬의 성 베드로 성당 안에 제대가 세워졌고, 악성 전염병은 중단되었다. 성 세바스티아노의 유해는 파비아로 옮겨졌다.

암브로시오는 성 세바스티아노를 위한 〈서문경〉(序文經, praefatio)*에서 말한다. "주님, 당신의 이름을 고백하기 위한 복된 순교자 세바스티아노의 피 흘림은 당신의 놀라운 일을 보여줍니다. 당신은 약함에 힘을, 우리의 노력에 성공을 주고, 세바스티아노의 기도에 병자들에게 도움을 주십니다."

---

* 현재 미사에서는 '감사송'이라고 하며, 감사 기도 직전에, "주님께서 여러분과 함께,"부터 "거룩하시도다!"(Sanctus, Sanctus, Sanctus)의 화답까지 이어지는 부분이다. 프래파시오(Praefatio)라는 라틴어는 책의 '서론'(序論)을 의미하는데, 미사에서는 감사 기도에 앞서 하느님을 찬미하는 서론, 시작 부분이라는 뜻이다. 이 기도문은, 특히 암브로시오 전례에서 그날 미사에 따라 내용에 차이가 많았고, 성인을 기념하는 미사에서는 그 성인의 생애에 대해 간략하게 언급하였다. - 역자 주

24

성녀 아녜스 동정녀

아녜스(Agnes)는 어린 양처럼 온순했고 겸손했기에 '어린 양'을 뜻하는 '아냐'(agna)라는 단어에서 이름이 유래했다. 그녀는 경건했고 인정이 많았기에 그리스어로 '경건한'을 뜻하는 단어 아그노스(agnos)와도 연관되며, 진리의 길을 알았기 때문에 '지식'이란 뜻을 지닌 '아뇨센도'(agnoscendo)에서 파생된 것으로 보기도 한다. 아우구스티노에 따르면, 진리는 허영심과 거짓과 의심에 반대되며 그녀는 이 모든 것을 진리의 덕으로 피했다.

아녜스의 순교 이야기를 쓴 암브로시오(Ambrosius)가 증언하듯이, 그녀는 가장 현명하고 지혜로운 동정녀였다. 그녀가 13세였을 때, 죽음을 잃고 생명을 찾았다. 그녀는 나이는 어렸지만, 헤아릴 수 없는 지혜로 인해 나이보다 노련했다. 즉 신체적으로는 아이였지만 영적으로는 이미 성숙했다. 그녀의 얼굴은 아름다웠고, 그녀의 믿음은 더 아름다웠다.

어느 날 아녜스가 학교에서 집으로 가는 길에 총독의 아들이 그녀를 보고 사랑에 빠졌다. 총독 아들은 그녀에게 엄청난 보석과 재산을 약속하며 청혼했다. 아녜스는 대답했다. "비키세요, 당신은 죄에 불을 붙이는 불꽃이고, 사악함의 연료이고, 죽음의 음식! 나는 이미 다른 사랑하는 사람과 서약하였습니다!" 그녀는 여자가 결혼하려는 남자에게서 일반적으로 기대하는 다섯 가지, 즉 혈통의 고귀함, 인격의 아름다움, 풍부한 재산, 용기와 힘, 초월적인 사랑에 대해 말하기 설명했다. "내가 사랑하는 한 분은 당신보다 훨씬 고결하고 더 저명한 혈통의 자손입니다. 그분의 어머니는 동정녀이고, 그분의 아버지는 여자를 알지 못하고, 그분은 천사들의 시중을 받고 있습니다. 태양과 달은 그분의 아름다움에 놀랍니다. 그분의 재산은 부족하거나 줄어들지 않습니다. 그분의 향기는 죽은 사람에게 생명을 불어넣고, 그분의 손길은 허약한 사람을 튼튼하게 하고, 그분의 사랑은 순결 그 자체이고, 그분의 손길은 거룩하고, 그분과의 결합은 동정입니다." 이어서 이 다섯 가지 주장을 뒷받침했다. "이분의 혈통보다 더 고귀하고, 이분의 권력보다 더 천하무적인, 이분의 얼굴

생김새보다 더 아름다운, 이분의 사랑보다 더 기쁨을 주는, 모든 은총에 있어서 이분보다 더 풍성한 사람이 누가 있습니까?" 그리고 아녜스는 자신의 배우자가 자신에게 수여하고 그분의 다른 모든 배우자에게 수여한 다섯 가지 혜택을 열거했다. 그분은 신의의 증표로 반지를 주고, 그분은 그들에게 아주 많은 덕목으로 옷을 입히고 장식하며, 그분은 자신의 수난과 죽음의 피로 그들과 계약을 맺고, 그분은 자신의 사랑의 유대로 결속시키고, 그들에게 영원한 영광의 보물을 준다. "그분은 나의 오른손에 결혼반지를 끼워주셨습니다. 그리고 보석으로 만든 목걸이와 금과 보석들로 짠 예복을 나에게 입혔고, 나에게 그가 아닌 다른 연인이 생기는 것을 막으려고 이마에 표시를 하였고, 그분의 피는 나의 뺨을 물들였습니다. 이미 그의 순결한 포옹은 나를 꼭 안아 주었고, 그분은 나에게 자기 몸을 결합시켰고, 그분은 나에게 비할 데 없는 보물을 보여주었고, 만일 내가 계속해서 그분에게 진실하다면 나에게 그것들을 주겠다고 약속하였습니다."

이 모든 것을 들은 젊은이는 제정신이 아니었고 침대에 몸져 누워 깊은 한숨을 쉬면서 의사들에게 자신은 상사병에 걸렸다고 말했다. 그의 아버지는 그 처녀를 찾아내어 아들의 상태를 말했으나, 그녀는 약혼자와의 계약을 훼손할 수 없다고 단호하게 말했다. 총독은 그녀에게 약혼자가 누구인지, 그녀를 지배하는 힘이 누구의 것인지 말하라고 압박을 가했다. 누군가가 그녀의 약혼자가 그리스도라고 말해 주었고, 총독은 부드러운 말과 무서운 위협으로 설득하려고 노력했다. 감언이설과 조롱으로 위협받는 이 교착에 직면한 아녜스가 말했다. "당신이 원하는 어떤 것이든 하세요, 그러나 당신은 나에게서 원하는 것을 얻지 못할 것입니다." 총독: "너에게는 단지 두 가지 선택이 있다. 하나는 너의 동정이 너에게 큰 의미가 있다고 하니 여신 베스타(Vesta)의 동정녀들과 함께 베스타 신에게 제사를 드리는 것이고, 또 다른 하나는 매춘부들에게 던져져서 매춘부와 같은 대우를 받을 것이다." 하지만 그녀는 귀족 신분이었기 때문에 총독이 강제로 위압할 수 없었다. 총독은 그녀의 그리스도교 혐의가 떠올랐다. 아녜스는 말했다. "나는 당신의 신들에게 제사드리지 않을 것이고, 내 몸의 수호자인 주님의 천사가 나와 함께 있기 때문에 아무도 나의 덕을 훼손할 수 없습니다." 그때 총독은 그녀의 옷을 벗겨 나체로 매음굴에 데리고 갔으나 하느님께서는 그녀의 머리카락을 매우 길게 자라게 만들었고, 어떤 옷을 입은 것보다도 더 그녀를 가려주었다. 그녀가 그 수치심의 집에 들어갔을 때, 자신을 기다리고 있는 한 천사를 발견했다. 천사의 광채가 그 장소를 빛으로 채웠고, 그녀를 덮어 줄 빛나는 망토를 만들어냈다. 이렇게 하여 그 매음굴은 기도의 장소가 되었고, 그 빛을 공경한 사람은 누구든지 들어갔을 때보다 더 깨끗해져서 나왔다.

이제 다른 젊은이들과 함께 온 총독 아들은 젊은이들에게 들어가서 그녀와 재미를 보라고 하였으나, 그들은 기적적인 빛을 무서워하여 급히 되돌아갔다. 총독 아들은 젊은이들을 겁쟁이라 경멸했고 분노에 차서 아녜스에게 덤벼들었지만 같은 빛이 그를 집어삼켰다. 그는 하느님을 공경하지 않았기 때문에 악마가 그의 목을 졸랐고 그는 숨을 거두었다. 이 소식을 들은 총독이 비통하게 눈물을 흘리면서 아녜스에게 왔고, 아들의 죽음의 이유를 물었다. 그녀는 말했다. "그의 친구들은 자신들이 본 기적에 겁에 질려 물러남으로써 다치지 않은 반면, 그는 자신의 뜻을 관철시키려다가 빛의 힘으로 죽었습니다." 총독은 집요하게 계속했다. "만일 네가 너의 기도로 내 아들을 되살린다면, 마법을 부리지 않았다는 것을 증명할 수 있다." 그래서 아녜스는 기도하였고, 그 젊은이는 소생하였고, 공개적으로 그리스도를 설교하기 시작했다. 이때 성전의 신관들이 "마녀를 죽여라, 사람의 생각을 어지럽게 하고 지혜를 혼란스럽게 하는 여자 마법사를 죽여라!"라고 소리치면서 소동을 일으켰다. 반면, 그 기적에 깊은 인상을 받은 총독은 그녀를 석방하려 했으나 사회에서 매장되는 것이 두려워 대리인에게 맡기고 슬프게 떠나갔다.

그 대리인 아스파시우스(Aspasius)는 아녜스를 맹렬한 불길에 던졌으나 그 불길이 갈라져서 양쪽의 적대적인 군중을 불태웠고 그녀는 다치지 않았다. 마침내 아스파시우스는 한 군인에게 단도로 그녀의 목을 찌르게 하였고, 이렇게 하여 그녀는 하늘의 배우자에게 신부이자 순교자로 바쳐졌다. 그녀는 서기 309년에 시작되었던 콘스탄티누스 대제* 재위 기간에 고통 받은 것으로

---

* 로마 제국의 황제인 콘스탄티누스 대제(Gaius Flavius Valerius Constantinus)의 재위 기간은 306-337년이다. – 역자 주

전해진다. 그녀의 친척들과 다른 그리스도인들은 기쁘게 그녀를 묻었고, 자신들에게 돌을 던졌던 이교도들을 간신히 피했다.

성녀 아녜스에게는 세례를 받지 않았으나 거룩한 동정녀인 에메렌시아나(Emerentiana)라는 수양 자매가 있었다. 그녀는 무덤을 지키며 자신을 돌로 쳐서 죽이려 하는 이교도들을 계속 꾸짖었다. 이어서 하느님은 번개와 천둥을 동반한 지진을 보냈고, 많은 이교도인이 죽었다. 이후 이교도들은 아녜스의 무덤에 온 사람들을 더 이상 해치지 않았다. 여드레 되던 날, 무덤을 지켜보던 성녀의 부모와 친척들은 빛나는 금빛 옷을 입은 천사들의 합창단과 그들 가운데에서 비슷하게 옷을 입고 눈보다 더 하얀 어린 양이 오른편에 서 있는 아녜스를 보았다. 아녜스는 그들을 위로했다. "저는 지금 이 모든 거룩한 사람들 가운데서 빛의 월계관을 가졌으니 저의 죽음을 슬퍼하지 말고 저와 함께 기뻐하세요." 이것을 기념하여 성녀 아녜스 축일의 팔일 축제가 준수되고 있다.

콘스탄티누스의 딸 처녀 콘스탄시아(Constantia)는 나병에 시달렸는데, 방금 설명한 환시에 대해 듣고 성녀의 무덤으로 갔다. 그녀는 그곳에서 기도하다가 잠들었고, 자신에게 "변치 말아야 한다, 콘스탄시아! 만일 당신이 그리스도를 믿는다면, 질병에서 자유로워질 것입니다."라고 말하는 성녀 아녜스를 보았다. 그 목소리를 듣고 깨어난 그녀는 자신이 완치되었음을 깨달았다. 콘스탄시아는 동정녀의 삶을 지속했고 그녀의 모범으로 주위에 많은 동정녀가 모였다.

성녀 아녜스 성당에서 일하는 사제 파울리노(Paulinus)는 육신의 격렬한 유혹에 괴로워하였고, 하느님께 죄를 짓는 것을 원치 않았기에 결혼을 하려고 최고의 사제장(Summus Pontifex)의 허가를 구했다. 사제의 선량함과 순박함을 안 교황은 그에게 에메랄드로 만든 반지 한 쌍을 주었고 성당에 세워진 성녀 아녜스의 아름다운 동상 앞에 가서 그녀에게 약혼자가 되어줄 것을 교황의 이름으로 허락을 구해보라고 했다. 사제가 동상 앞에 가서 지시대로 했을 때, 그 동상은 즉시 약지를 내밀었고, 그 반지를 받아들인 후 손을 거두었다. 사제는 즉시 자신을 괴롭히는 유혹에서 해방되었다. 이 반지는 그 동상의 손가락에서 여전히 볼 수 있다고 한다. 그러나 다른 곳에서, 교황은 그 사제가 배우자를 충실히 잘 보살펴 양육시키길 원했고, 그 배우자는 바로 폐허가 되어가던 성녀 아녜스 성당이라고 말했던 것을 읽었다. 교황은 그에게 앞서 언급한 동상과의 약혼을 나타내는 반지 하나를 주었고, 그 동상은 손가락을 내밀어 반지를 거두었다. 이렇게 하여 그 사제는 그 동상과 결혼했다.

암브로시오(Ambrosius)는 저서 《동정녀》(De Virginibus)에서 성녀 아녜스에 대해 말한다. "노인, 젊은이, 어린이가 그녀를 찬미합니다! 모든 사람에게서 칭찬을 받는 이 한 사람보다 더 칭찬할 만한 사람은 또 없습니다! 모든 사람은 그녀에 대해서 말함으로써 그녀의 순교를 선포하는 전달자입니다. 여러분, 경이로운 것은 그녀는 아직 자신에 대해 결정할 수 없는 어린 나이였음에도 불구하고 하느님의 증인으로서 나타났다는 것입니다! 그리하여 그녀가 하느님에 대해 한 말은 믿을 수 있지만, 그녀가 사람에 대해 한 말은 아직 믿을 수 없습니다. 본성을 넘어서는 것은 본성의 창조자가 하신 일이기 때문입니다. 이것은 순교의 새로운 종류입니다! 고통을 애써서 겪을 수 있는 사람은 이미 승리의 기회가 가까이 온 것이고, 싸울 준비가 되지 않은 사람은 아직 왕관을 얻을 수 없습니다. 심판의 시기가 이르기 전에 미덕을 체득한 사람이여! 동정녀로서 신방(新房)으로 서둘러가지 않고 고문의 장소로 걸어갔던 신부여, 그녀는 기쁨으로 다가갔고 신속하게 걸어갔습니다!" 그리고 암브로시오의 〈서문경〉에서는 "귀족 출신이 가지는 혜택을 경멸한 성녀 아녜스는 하늘의 영광을 받을 만했습니다. 인간 사회의 욕망에 관심이 없었던 그녀는 영원한 왕과의 교제를 얻었습니다. 그녀는 그리스도를 고백하기 위해 값진 죽음을 받아들임과 동시에 그의 모습에 일치하게 되었습니다."

25

성 빈첸시오

빈첸시오(Vincentius, Vincent)라는 이름은 '악덕을 불태우다.', '불을 정복하는', '승리를 지키는'으로 해석될 수 있다. 성 빈첸시오는 확실히 악덕을 불태우고, 육신의 고행으로 악을 제거했다. 즉, 그는 고통에 대한 불굴의 인내로 고문의 불을 정복했고, 악을 경멸함으로써 세상에 대한 승리를 지켰다. 그는 세상에 있는 세 가지, 즉 그릇된 오류, 순수하지 못한 사랑, 세속적인 두려움을 정복했고, 지혜, 순수함, 항구함으로 이겨냈다. 이와 관련하여 아우구스티노는 말한다. "성인들의 순교는 잘못된 생각, 열정, 두려움으로 점철된 세상을 어떻게 정복하는가를 우리에게 가르쳤고 가르치고 있습니다." 아우구스티노는 빈첸시오의 수난에 대해 편찬했고, 프루덴시오(Prudentius)는 시로 기념했다.

귀족 태생으로 신앙과 종교적 헌신으로 더 고귀한 빈첸시오는 발레리오(Valerius) 주교*의 부제였다. 발레리오 주교는 말을 더 잘하는 부제 빈첸시오에게 설교 직무를 맡기고 기도와 관상에 전념했다. 하지만, 그 둘은 지방장관 다치아누스(Dacianus)의 명령으로 발렌시아(Valencia)로 끌려갔고 혹독한 감옥에 유폐되었다. 지방장관은 그들이 굶주림으로 거의 죽게 되었을 때 데려오라고 명령했다. 하지만 그들이 여전히 영혼과 육체 모두 건강함을 알고 화를 내며 소리 질렀다. "발레리오야, 종교의 이름으로 통치자들의 법령에 거역하는 행동을 하는 너는 스스로 어떤 말을 하려고 하느냐?" 발레리오 주교가 대답하기를 주저하자 빈첸시오가 말했다. "공경하올 신부님, 의지가 나약한 사람처럼 중얼거리지 마시고, 크게 또렷하게 말씀해 주십시오! 아니면, 당신께서 명령하신다면, 제가 이 재판관에게 대답하겠습니다." 발레리오가 대답했다. "소중한 내 아들아, 나를 대신해 말하도록 너를 임명한 지 오래되었다. 이제 나는 우리가 서 있는 신앙에 대한 답변을 너에게 맡긴다." 그때 빈첸시오는 지방장관에게 돌아서서 말했다. "당신이 말한 것은 우리 믿음을 부인하는 것으로 요약됩니다. 그러나 올바른 생각을 하는 그리스도인들에게 하느님의 흠숭을 거부하는 것은 사악한 신성모독임을 아십시오!"

몹시 노한 지방장관은 발레리오 주교를 추방하도록 명령했고, 반항적이고 건방진 젊은이 빈첸시오를 다른 사람들에게 겁을 주는 본보기로 만들도록 했다. 그래서 그는 고문대 위에서 잡아 당겨져 갈기갈기 찢겨졌다. 이렇게 하여 불구가 된 그에게 지방장관이 말했다. "말해라, 빈첸시오, 너의 비참한 육신이 어떻게 보이느냐?" 그러나 성인은 웃으면서 대답했다. "사실, 이것은 제가 항

---

*사라고사(Saragossa)의 교구장

상 열망하던 것입니다!" 더 화가 난 지방 장관은 명령에 항복하지 않으면 온갖 고문을 가할 것이라고 협박했으나, 빈첸시오는 외쳤다. "오, 나의 행복이여! 당신이 나를 겁주려고 할수록 나에게 호의를 베푸는 것이다! 비열한 인간아, 일어나서 너의 악의를 만족시켜라! 나를 고문하고 있는 당신보다 하느님의 능력으로 내가 더 강함을 볼 것이다!"

이 말을 들은 지방장관은 소리치며 주먹으로 고문자들을 인정사정없이 때렸고 빈첸시오는 그를 조롱했다. "말하는 것을 보라, 다치아누스여! 네 말은 내가 옳고 고문자들이 틀렸다는 것을 증명하는 것이다!" 이에 미친 듯이 화가 난 지방장관은 고문자들에게 큰 소리로 말했다. "너희는 아무것도 얻지 못하고 있구나! 어서 계속해라! 그동안 너희는 존속 살해범과 간통자들을 고문해서 무엇이든지 인정하게 만들더니, 빈첸시오에게는 모든 고문을 견뎌내게 하는구나!" 이에 자극받은 고문자들은 성인 옆구리에 쇠갈고리를 밀어 넣었다. 성인의 온몸에서 피가 뿜어져 나왔고 탈구(脫臼)된 갈비뼈(肋)들 사이에 내장이 매달려 나왔다.

그때 지방장관 다치아누스는 말했다. "빈첸시오야, 자신을 불쌍히 여겨라! 너의 젊음을 되찾고 더 이상의 고통을 면하도록 해라!" 빈첸시오는 쏘아붙였다. "악마의 악의가 가득 찬 혓바닥이여, 나는 너의 고문도구들을 두려워하지 않는다! 내가 두려워하는 것은 네가 나에게 자비를 베푸는 척하는 것이다. 네 분노가 심해질수록 나의 기쁨은 더욱 커지고 더 충만해진다! 네 고문의 일점일획도 잊지 마라… 그때 당신은 모두에게 패하였음을 인정해야 할 것이다!"

그래서 그는 불로 달궈지고 있는 석쇠로 옮겨졌다. 성인은 오히려 너무 느리다며 고문자들을 책망하면서 자신을 기다리고 있는 고통을 향해 서둘러 나아갔다. 자진해서 석쇠에 오른 그는 그슬리고, 태워지고, 구워지고, 쇠갈고리와 시뻘겋게 달군 대못들이 몸 안에 박혔다. 상처 위에 상처가 쌓였고, 그 상처에 더 큰 고통이 가해지도록 소금이 뿌려졌다. 고문도구가 그의 관절들을 지나 배 밖으로 구멍을 냈고, 내장이 몸에서 쏟아졌다. 하지만 이 모든 상황에도 그는 여전히 움직이지 않고 하늘을 향해 주님께 기도했다.

이러한 상황을 본 다치아누스가 말했다. "유감이군! 지금까지 너는 고문을 당했지만, 살아서 더 오래 고통받도록 해야겠다! 쇠고랑을 채워 가장 어두운 지하 감옥에 가두고, 날카로운 파편이 깔린 바닥에 눕게 하고, 그 어떤 사람에게서도 위로받지 못하게 혼자 두었다가 죽으면 나에게 알려라." 그 비정한 부하들은 더 비정한 주인의 명령을 수행했다. 그러나 보라! 그의 고통이 영광으로 바뀌었다. 지하 감옥의 어둠은 눈부신 빛에 의해 사라지고, 질그릇 조각의 날카로움은 꽃의 부드러움으로 바뀌었고, 발에서 쇠고랑이 떨어져나갔고, 성인은 천사들의 위로를 즐겼다. 그리고 그가 꽃송이 위를 걷고 천사들의 성가를 함께 불렀을 때, 사랑스러운 선율과 아름다운 꽃향기가 널리 퍼졌다. 경비들은 지하 감옥 벽 사이 틈새를 통해 목격한 상황에 무서워했고 믿음으로 개종했다.

이 일을 보고 받은 다치아누스는 격노하여 말했다. "이제 우리가 그에게 무엇을 더 할 수 있겠는가? 보아라, 그는 우리를 이겼다! 그를 푹신한 침대로 옮겨라. 그를 고문으로 죽게 함으로써 영광스럽게 만들어서는 안 된다. 그러나 그가 생기를 되찾으면 다시 고문할 것이다!" 그래서 빈첸시오는 푹신한 침대로 옮겨졌으나 잠시 그곳에서 휴식을 취한 후 마지막 숨을 쉬었다. 이는 디오클레티아누스와 막시미아누스의 재위 기간 중인 서기 약 287년이었다.

이 소식을 들은 다치아누스는 벼락을 맞은 듯했고 이내 자신이 패배하였음을 깨달았다. "살아있는 동안 그를 꺾을 수 없었다. 그렇지만 죽은 그를 여전히 벌할 수 있고, 나의 이 고통이 편해지고 결국에는 승리할 것이다!" 지방장관은 성인의 시신을 새와 짐승이 집어삼키게 들판에 버리게 했으나, 천사 수호대가 그의 시신을 재빨리 에워싸서 어떤 동물도 접근할 수 없었다. 천성이 게걸스러운 까마귀지만 날개를 퍼덕여 자기보다 더 큰 새들을 공격하며 쫓아내어 시신을 지켰다. 그리고 늑대 한 마리가 왔을 때 까마귀는 늑대를 물고 큰 소리로 까악 까악 울어서 늑대를 쫓아냈다. 그런 다음 까마귀는 시신을 향해 고개를 돌려 불을 밝혔다. 천사의 호위병들이 경탄하듯 이를 응시했다.

이러한 사건에 대해 보고받은 다치아누스는 말했다. "심지어 그가 죽은 지금조차도 크기를 가늠할 수 없다는 것을 알겠다." 그리고 땅에 묶여 사는 맹수들이 먹지 못한다면 최소한 바다 괴물들이 먹어 치울 수 있지 않을까 하여, 거대한 맷돌을 달아 바다에 던지라고 명령했다. 뱃사람들이 먼바다에 시신을 던졌지만, 시신은 그 배보다 더 빨리 해안으로 돌아왔다. 그 다음에 빈첸시오는 한 귀부인에게 자신의 소재를 밝혀 명예로운 장례식을 치를 수 있게 했다.

아우구스티노는 이 순교자에 대해 말한다. "복된 빈첸시오는 말씀에서 승리를 거두었고, 고통에서 승리를, 자신의 믿음을 고백하는 것에서 승리를, 고난에서 승리를, 불태워짐에서 승리를, 물속에 빠짐에서 승리를, 해안에서 승리를, 죽음에서 승리를 거두었습니다. 그를 더 길들이기 위해 늘이고 뒤틀고, 더 잘 알아듣게 하기 위해 채찍질하였고, 그를 더 확고하게 만들려고 연달아 때렸고, 그를 더 깨끗하게 만들려고 불에 태웠습니다." 암브로시오는 《서문경》에서 빈첸시오에 대해 말한다. "빈첸시오는 고문당했고, 매 맞고, 채찍질 당하고, 불태워졌으나 정복되지 않았습니다. 거룩한 이름을 위한 그의 용감함은 흔들림 없고, 열성의 불은 뜨거운 쇠보다 더 그를 뜨겁게 만들었습니다. 그는 세상에 대한 두려움보다 하느님에 대한 두려움에 더 묶여 있었고, 재판관보다는 하느님을 기쁘게 하려고 결정을 하고, 하느님의 영원을 위해 세상에서 죽기를 간절히 바랬습니다." 그리고 아우구스티노는 다시 "우리는 경이로운 놀이, 즉 사악한 재판관, 피에 굶주린 고문자, 잔인함과 경건함 사이의 시합에 직면했습니다."

서기 387년에 시작되었던 대(大) 테오도시우스의 재위 동안 이름을 날렸던 프루덴시오(Prudentius)는 빈첸시오가 다치아누스에게 "고통을 주는 사람들, 지하 감옥들, 쇠갈고리들, 불타는 듯한 못들, 죽음, 극한의 고통, 이 모든 것은 그리스도인들에게 놀이입니다."라고 대답했다고 전했다. 그때 다치아누스는 말했다. "그를 묶고, 구부리게 하고, 팔을 비틀고, 팔의 관절을 부러뜨리고 찢어질 때까지 사방으로 당기고, 그 상처들을 통해 그의 간의 떨림을 볼 수 있을 것이다." 하느님의 군인은 쇠갈고리들이 팔다리에 강제로 더 깊게 넣을 수 없었던 피투성이의 손을 조롱하며 웃었다. 그가 지하 감옥에 누워있을 때 천사가 그에게 말했다. "일어나라, 영광스러운 순교자여, 두려워하지 말고 일어서고 천사의 군대에서 우리 동료로 우뚝 서라. 오 가장 정복하기 어려운 군인이요, 가장 강한 것보다 더 강합니다. 잔인한 자여, 지독하게 괴롭히는 자들 스스로가 자신들의 정복자인 당신을 두려워합니다" 프루덴시오는 외쳤다. "오 그 무엇보다도 유명한 분이여, 당신은 두 가지 승리의 팔마를 받았고, 당신은 두 개의 월계관을 함께 얻었나이다!"

성 바실리오 주교

바실리오(Basilius, Basil)는 존경받는 주교였고 교회의 저명한 학자였다. 그의 생애는 이코니움(Iconium)의 주교 암필로키오(Amphilochius)가 편찬했다.

바실리오의 위대한 거룩함은 은수자 에프렘(Ephrem)에게 주어진 환시에서 명백하게 드러났다. 에프렘은 탈혼(ecstasis) 중에 넋을 잃고 하늘에 닿는 불기둥을 보았고, "바실리오는 네 앞에 보이는 거대한 기둥만큼이나 위대하다."라고 말하는 음성을 위로부터 들었다. 그래서 에프렘은 이 위대한 사람을 보고 싶어서 공현 축일에 그 도시로 갔다. 에프렘은 바실리오 주교가 반짝이는 흰색 제의를 입고 성직자와 함께 엄숙하게 행렬을 지어 움직이는 것을 보고 스스로 말했다. "내 수고가 헛되었구나. 내가 보려고 기대했던 위대한 성인이 이런 영예를 즐기는 사람일 리 없다! 땡볕의 무더위를 짊어진 우리는 그 어떤 보상도 받지 못하는데, 자신의 모든 영예와 수행원들과 함께 하는 이 사람이 불기둥이라니 … 이해할 수 없구나!"

바실리오는 에프렘의 생각을 영으로 알았고 그 은수자를 데려오게 했다. 바실리오 앞에 불려온 에프렘은 그가 말할 때 입에서 불꽃의 혀가 나오는 것을 보고 "바실리오는 진실로 위대하다."라고 외쳤다. "진실로 바실리오는 하나의 불기둥이고, 그의 입을 통해 성령께서 진실로 말씀하신다." 그리고 그 바실리오 주교에게 말했다. "주인님, 제가 그리스어를 말할 수 있는 능력을 얻게 해 주십시오." 바실리오는 "당신은 매우 어려운 요청을 하고 있습니다."라고 대답했다. 그럼에도 불구하고, 바실리오는 은수자를 위해 기도했고, 은수자는 즉시 그리스어로 말하기 시작했다.

그곳에 또다른 은수자가 주교 예복을 입고 행렬을 하는 바실리오를 보고, 주교가 화려함을 즐긴다고 여기며 경시했다. 그러자 한 음성이 그에게 "이봐, 자네는 바실리오가 자기 의복을 받아들인 것보다 네가 네 고양이의 꼬리를 쓰다듬는 것에서 더 큰 기쁨을 갖는구나!"라고 말했다.

아리우스주의(Arianismus)에 편파적이었던 발렌스(Valens) 황제는 가톨릭교회에 속한 한 성당을 몰수해서 이단자들에게 주었다. 바실리오는 황제에게 가서 말했다. "폐하, 왕의 명예는 재판을 사랑하고 왕의 재판은 정의를 사랑한다고 쓰여 있습니다. 그런데 왜 정의롭지 못하게 가톨릭 신자들을 교회에서 쫓아내고 그 교회를 아리우스주의자들에게 주도록 명령하였습니까?" 황제는 쏘아붙였다. "바실리오, 그래서 당신은 나를 부끄럽게 하려고 여기에 있는가! 이것은 너답지 않은 행동이다!" 바실리오는 대답했다. "제가 해야 할 합당한 행동은 정의를 위해 죽는 것입니다!"

그때 황제의 요리사이자 아리우스주의 신봉자인 데모스테네스(Demosthenes)가 그 이단을 옹호하면서 바실리오 주교를 무례하게 대했다. 이에 대해 바실리오는 "당신의 일은 왕의 식사가 잘 준비되는지 보는 것입니다. 그리고 하느님의 교리를 날조하지 않는 것입니다!"라고 대응했다. 요리사는 당황해서 더이상 아무 말도 하지 못했다.

황제는 이제 주교에게 말을 걸었다. "바실리오, 가서 이 사건에 대한 판결을 내리시오, 그러나 사람들에 대한 과도한 사랑에 사로잡히지 않도록 하시오." 그래서 바실리오는 가톨릭 신자들과 아리우스주의자들보다 먼저 그 성당에 가서 문을 다 닫고 각 종교의 인장으로 봉인한 후, 어떤 종교의 기도로 성당 문이 열리는지 보고 결정하자고 했다. 이 제안에 모두 동의했다. 그때 아리우스주의자들이 3일 동안 밤낮으로 기도한 후 다음 날 아침 성당에 왔을 때 문은 열리지 않았다. 그다음, 바실리오가 성당으로 행렬을 이끌고와 기도하였고, 자신의 목장(牧杖)으로 그 문을 가볍게 치면서 말했다. "머리를 들어라, 오랜 문들아, 영광의 임금님께서 들어가신다."(시편 24, 7) 문은 즉시 열렸고, 모두들 하느님께 감사하면서 안으로 들어갔다. 성당은 가톨릭 신자들에게 반환되었다.

《교회사 3부작》(Historia ecclesiastica tripartita)에서 읽었던 것처럼, 발렌스 황제는 바실리오에게 만일 생각을 바꾼다면 엄청난 보상을 약속했으나, 바실리오는 말했다. "그런 종류의 약속은 어린이들을 속일 수 있을지 모르지만, 하느님의 말씀으로 양육된 사람들은 하느님의 교리들이 한 가지 음절이라도 변경되는 것을 용납하지 않습니다." 이에 황제는 분개하여 주교의 추방을 선고하는 칙령을 작성하려고 준비했다. 그러나 첫 번째 펜이, 두 번째, 세 번째 펜까지 그의 손에서 부러졌고, 그 손은 오들오들 떨기 시작했다. 황제는 포기하고 칙령을 파기했다.

헤라디오(Heradius)라는 매우 존경받는 사람이 있었는데, 외동딸을 주님께 봉헌하려고 했다. 그러나 이 풍문을 들은 악마가 헤라디오에게 연모를 품고 있던 노예 한 사람을 자극했다. 노예 신분으로 귀족 아가씨를 결코 안을 수 없다는 것을 알고 있는 노예는 마법사에게 의지하여, 만일 자신의 소원을 이룰 수 있다면 많은 돈을 주겠다고 약속했다. 마법사: "나는 그렇게 할 수 없다. 그러나 네가 원한다면 나의 스승인 악마에게 너를 보낼 것이고, 스승의 말을 따른다면 열망하는 것을 얻을 수 있을 것이다." 노예: "그렇게 하겠습니다!" 따라서 마법사는 악마에게 보내는 편지를 써서 노예 손에 들려 보냈다. 그 편지에는 "주인님, 당신이 나날이 성장할 수 있도록 사람들을 그리스도교에서 멀어지게 하고 당신을 섬기도록 끌어들이는 것이 저에게 주어진 역할이기에, 저는 젊은 여자에 대한 욕망으로 불타고 있는 이 젊은이를 당신에게 보냅니다. 저는 젊은이가 소망하는 것을 가질 수 있게 되기를 바랍니다. 그래서 저는 이 사람에게서 영광을 얻고, 다른 사람들을 당신에게 데려갈 수 있을 것입니다."라고 적혀 있었다.

마법사는 노예에게 편지를 주며 말했다. "가서 한밤중에 이교도의 무덤 위에 서서 외쳐라. 이 편지를 하늘을 향해 들고 있어라, 그러면 악령들이 즉시 올 것이다!" 그래서 그 젊은이는 가서 하늘로 편지를 던지면서 악령들을 호출했다. 순식간에 한 무리의 악령에 둘러싸인 어둠의 왕자가 나타났다. 그리고 그 편지를 읽은 후 물었다. "네가 원하는 것을 내가 할 수 있다고 믿느냐?" 노예: "믿습니다. 나의 주인님!" 악마: "그러면 너는 그리스도를 포기하겠느냐?" 노예: "저는 그를 포기합니다!" 악마: "너희 그리스도인들은 신뢰할 수 없다. 너희는 때때로 필요할 때만 나에게 온다. 그리고 소원이 이루어지면, 나를 부인하고 다시 그리스도에게로 돌아선다. 그러면 그는 엄청나게 관대한 처분으로 너희를 다시 받아준다! 하지만 만일 내가 너의 욕망을 충족시켜주기를 원한다면, 그리스도와 세례, 그리스도교 신앙을 포기하고 나의 종이 될 것이고, 최후 심판 날에 나와 함께 단죄받을 것이라고 서약하는 문서를 써라."

노예는 그리스도를 부인(否認)하고 악마를 섬기기로 계약하며 지시받은 대로 썼다. 새로운 주인은 즉시 간음을 담당하는 영들을 불러서 앞서 언급한 처녀에게 가서 그녀의 마음이 그 노예에 대한 사랑으로 타오르게 하라고 지시했다. 부하 영들은 악마의 명령을 철저히 수행했고 소녀는 땅에 엎드려 흐느끼며 아버지에게 외쳤다. "저를 불쌍히 여겨주세요! 저는 우리 노예 한 사람에 대한 사랑으로 몹시 괴롭습니다! 저에게 아버지의 사랑을 보여주시고 제가 사랑하는 이 사람과 결혼하게 해 주세요! 그러지 않으면 아버지는 곧 제가 죽는 것을 보게 될 것이고 심판의 날에 저에 대해 설명해야 할 것입니다!"

그녀의 아버지는 큰소리로 울부짖으며 말했다. "오, 불쌍한 내 아이에게 무슨 일이 일어난 건가? 누가 내 보물을 훔쳐간 것인가? 누가 내 눈의 부드러운 빛을 꺼버렸는가? 나는 천국의 배우자에게 너를 연결하기를 희망했고, 너를 통해 나의 구원을 얻으려고 기대했는데 여기서 너는 음탕한 사랑에 미쳐 있으니! 오 내 딸아, 나의 계획대로 주님께 너를 연결하게 해다오! 내 늙은 나이에 슬픔으로 지하 세계로 몰아넣지 마라!" 그러나 소녀는 계속해서 큰 소리로 울었다. "아버지, 저의 소원을 빨리 들어주시지 않으면, 제가 곧 죽는 것을 보게 될 것입니다!" 그녀는 몹시 울었고 거의 미쳐 날뛸 지경이었다. 결국, 그녀의 아버지는 황량함의 구렁텅이에 빠졌고 친구들의 형편없는 조언을 받아 딸의 소원대로 노예와 결혼시키면서, "네가 원하는 대로 하여라, 내 불쌍한 딸아!"라고 말하며 자신이 소유한 모든 것을 그녀에게 넘겨주었다.

이제, 그 부부가 가정을 꾸리는 동안 노예는 성당에 가거나 십자성호를 긋지도 않았고, 어떤 식으로든 하느님께 자신을 맡기지 않았다. 노예의 지인 중 몇 사람이 이 사실을 아내에게 말했다. "당신의 남편이 그리스도인이 아니며 결코 성당에 가지 않는다는 것을 아나요?" 그녀가 이 말을 듣고 두려움에 사로잡혀 땅에 엎드려 손톱으로 살을 찢고 가슴을 치며 말했다. "오 내 비참함이여! 왜 나는 태어났고, 내가 태어났을 때 왜 죽음이 나를 즉시 데려가지 않았는가?" 그녀는 자신이 들었던 것을 남편에게 말했고, 남편은 완전히 거짓이라고 답했다. 그녀는 "만일 당신의 말이 사실이라면, 내일 나와 함께 성당에 가야 할 것입니다!"라고 말했다.

더 이상 진실을 숨길 수 없음을 깨달은 노예는 아내에게 모든 이야기를 했고, 그녀는 큰 소리로 신음했다. 그런 다음 그녀는 복된 바실리오에게 서둘러 가서 남편과 자신에게 일어난 모든 것을 말했다. 바실리오는 남편을 호출하여 그에게서 이야기를 듣고 다시 물었다. "나의 아들아, 너는 하느님께 돌아오기를 원하느냐?" 남편이 대답했다. "주인님, 저는 원하지만 할 수 없습니다! 저는 그리스도를 포기한다고 서약한 각서를 악마에게 주었습니다."

"걱정하지 마라, 나의 아들아!"라고 바실리오가 말했다. "주님은 친절하시고 회개하는 사람으로서 너를 받아주실 것이다." 바실리오는 그 젊은 노예에게 손을 얹고 이마에 십자성호를 그었다. 그 다음 3일 동안 독방에 가두었고 그 후에 그를 방문하여 어떤 일들이 있었는지 물었다. "참을 수가 없습니다. 주인님, 악마가 저에게 소리 지르고, 공포에 떨게 하고 공격합니다! 그들이 '네가 우리에게 왔지, 우리가 너에게 갔던 것은 아니다!'라고 말하면서 각서를 제시합니다!"라고 노예가 말했다. 바실리오는 "두려워하지 마라! 그저 믿어라!"라고 말한 후 적은 양의 음식을 주고, 다시 그의 이마에 십자성호를 긋고 독방을 닫은 다음 그를 위해 기도했다. 며칠 후에 바실리오는 그를 다시 방문해서 물었다. "어떤 일이 있었느냐, 나의 아들아?" 그 사람이 대답했다. "저는 여전히 악마의 함성과 협박을 듣습니다, 사부님. 그러나 더 이상 보이지는 않습니다." 바실리오는 다시 그에게 음식을 주고 축복한 후, 문을 닫고는 그를 위한 기도를 계속했다. 며칠 후에 바실리오는 돌아와서 물었다. "이젠 어떠냐?" 젊은이가 대답했다. "저는 잘 지내고 있습니다, 오 하느님의 성인이시여! 오늘 저는 당신이 저를 위해 싸우고 악마를 패배시키는 모습을 환시 중에 보았습니다!" 그때 바실리오는 그를 독방에서 나오도록 하였고, 모든 성직자와 수도자, 온 대중을 모으고 그 사람을 위해 기도하라고 권고했다. 그런 다음 바실리오는 그의 손을 잡고 성당으로 인도했다. 그곳에는 악마가 큰 무리의 악령과 함께 왔고, 비록 보이지는 않았지만 그 노예를 붙잡고 주교의 양손에서 떼어내려고 노력했다. 젊은이는 소리쳤다. "하느님의 성인이시여, 저를 도와주십시오!" 그러나 그 사악한 존재가 매우 센 힘으로 그 사람을 끌고 가면서 성인도 끌려갔다. 바실리오는 악마에게 말했다. "사악한 영아, 네가 하느님의 창조물을 무너뜨리려고 노력하는 만큼, 그 천벌이 너에게 내릴 것이다!" 악마: "나를 오해하고 있소! 내가 그를 찾아간 것이 아니고 그가 나에게 왔소!

그가 자신의 그리스도를 부인한다고 나에게 고백했고, 그의 친필로 된 서약서를 가지고 있소!" 바실리오: "우리는 네가 그 문서를 포기할 때까지 기도를 멈추지 않을 것이오." 그리고 바실리오가 기도하고 하늘을 향해 손을 들었을 때, 모두가 보는 중에 그 문서가 바람에 실려 와서 바실리오의 손에 안착했다. 성인은 문서를 잡고 젊은이에게 물었다. "형제여, 이 글씨를 알아보겠느냐?" "예, 제가 쓴 것입니다."라고 대답했다. 그래서 바실리오는 그 문서를 파기하고 그를 성당 안으로 인도하여 성사를 받을 자격이 있는 사람으로 만들었으며 그를 가르치고 올바른 삶을 위한 규칙을 주어 아내에게 돌려주었다.

양심에 많은 죄를 갖고 그 내용을 종이에 썼던 한 여자가 있었다. 그 목록의 끝에 다른 죄들보다 좀 더 심각한 죄 하나를 덧붙였다. 그 다음 그녀는 복된 바실리오에게 그 목록을 주면서 죄들을 모두 없앨 수 있게 자신을 위해 기도해 줄 것을 요청했다. 그래서 성인은 기도하였고, 이후 그 종이를 열었을 때 가장 심각한 한 가지를 제외하고 모든 죄가 삭제되어 있었다. 그 여자는 바실리오에게 말했다. "저를 가엾게 보아주세요, 하느님의 종이시여, 당신이 저의 죄를 위해 용서를 얻었던 것처럼 나머지 죄에 대해서도 용서를 빌어주세요."

바실리오는 그녀에게 말했다. "여자여, 나에게서 떠나시오. 나도 당신만큼 죄 많은 사람이고 당신만큼 용서가 필요합니다!" 그러나 그녀는 고집했고, 주교가 다시 말했다. "거룩한 사람 에프렘에게 가시오. 그는 당신이 용서받을 수 있도록 해줄 것입니다." 그래서 그녀는 거룩한 사람인 에프렘에게 갔고, 방문 이유를 말하자 그가 말했다. "여자여, 나는 죄 많은 사람이니 바실리오에게 돌아가시오, 나의 딸이여. 너의 죄를 위해 용서를 얻어주었던 그 사람이 이 죄에 대해서도 똑같이 할 수 있을 것이오. 그러나 만일 아직 살아있는 그를 만나려면, 서두르시오!"

그녀가 서둘러 도시로 돌아왔지만, 성 바실리오는 무덤으로 옮겨지고 있었다. 그녀는 뒤따르며 "하느님께서 우리를 지켜보시고 당신과 저 사이에서 심판하게 하소서, 당신은 저를 위해 하느님의 자비를 얻어줄 수 있었음에도 불구하고 저를 다른 사람에게 보냈기 때문입니다!"라고 소리쳤고 자신의 종이를 관대(棺臺) 위에 던졌다. 잠시 후 그 종이가 펄럭이며 그녀에게 떨어졌고, 그녀가 펼쳐보니 그 죄가 완전히 지워져 있었다. 그래서 그녀와 그 자리에 있던 모든 사람은 하느님께 진심으로 감사를 드렸다.

하느님의 사람 바실리오가 중병으로 육신을 떠나기 전이었다. 의술에 고도로 숙련된 사람인 요셉이라는 유다인을 찾아왔다. 바실리오는 그가 유다교에서 그리스도교로 개종할 것을 예견했기 때문에 이 사람을 대단히 사랑했다. 요셉은 주교의 맥박을 재자마자 그가 죽음의 문턱에 있음을 깨닫고 참석한 사람들에게 말했다. "그의 죽음이 임박했으니 장례 준비를 하시오."

이 말을 들은 바실리오는 요셉에게 말했다. "당신이 무슨 말을 하는지 모르겠습니다." 요셉: "저를 믿으세요, 주인님, 태양이 오늘 오후에 지는 것과 마찬가지로 틀림없이 오늘 당신의 빛이 꺼질 것입니다!" 바실리오: "그런데 만일 내가 오늘 죽지 않는다면, 당신은 무엇이라고 말할 것입니까?" 요셉: "그것은 가능하지 않습니다, 주인님!" 바실리오: "그러면 만일 내가 내일 6시까지 살아 있다면, 당신은 무엇을 하겠습니까?" 요셉: "만일 당신이 그 시간에 여전히 살아 계신다면, 제가 죽을 것입니다." 바실리오: "그래. 당신은 죄에서는 죽을 것이지만, 그리스도에게서는 살게!" 요셉: "저는 당신이 무슨 말씀을 하시는지 압니다. 만일 당신이 그 시간까지 살아 계신다면, 저는 당신의 권고를 실행할 것입니다."

그때 복된 바실리오는 물론 자연의 법칙에 따라 곧 죽었어야 했지만, 자신에게 시간을 좀 더 주시길 주님께 간청했고, 다음 날 9시까지 살았다. 요셉은 이것을 보고 깜짝 놀랐고 그리스도를 믿었다. 그리고 영혼의 힘으로 육체의 연약함을 극복한 바실리오는 침대에서 일어나서 성당으로 갔으며, 직접 유다인 요셉에게 세례를 주었다. 그 다음 침대로 돌아와서 하느님께 자신의 영혼을 기쁘게 넘겨드렸다. 그는 서기 370년경에 활약했다.

27

성 요한 자선가

요한 자선가(Johannes Eleemosynarius)는 알렉산드리아의 총대주교(patriarcha

Alexandrinus)로 재직했었다. 어느 날 밤 기도하는 동안, 환시에서 올리브 잎으로 만든 왕관을 쓰고 자신 옆에 서 있는 매우 아름다운 여인을 보았다. 깜짝 놀란 그는 누구냐고 물었다. 그녀는 "저는 자비(misericordia)입니다. 하늘에서부터 하느님의 아드님을 모셔온 사람이 바로 저입니다. 저를 당신의 배우자로 받아주면 모든 것이 당신과 함께 잘 될 것입니다." 요한은 그 올리브 왕관이 자비와 동정심을 상징한다는 것을 알았다. 그날부터 동정심이 풍부해지고 자비를 베푸는 사람을 의미하는 엘레에몬(Eleymon)*이라고 불리게 되었다. 지금까지도 구호 기사 수도회(Hospitalarii)에서는 가난한 사람들을 주인이라고 부르는 것처럼, 그도 항상 가난한 사람들을 주인이라고 불렀다. 그래서 그는 자신의 봉사자들에게 말했다. "도시를 샅샅이 훑어 한 사람도 빠지지 않게 나의 주인들의 명단을 만들어 주십시오." 봉사자들은 그 말 뜻을 이해하지 못했고, 그는 다시 말했다. "당신이 가난한 사람 혹은 거지라고 부르는 그 사람이 바로 내가 말하는 우리의 주인입니다. 그들이 우리가 하늘나라에 갈 수 있도록 도와줄 것입니다."

그는 사람들에게 자선을 베풀도록 격려하며, 몇몇 가난한 사람들이 양지에 모여서 자선을 베푸는 사람들 이야기를 하면서 선한 사람은 칭찬하고 나쁜 사람은 욕한 것을 들려주곤 했다. 매우 부유하고 권력을 가진 세금 징수관 페트로(Petrus)는 가난한 사람들에게 아주 냉혹했다. 가난한 사람들이 그의 문 앞에 오면 화를 내며 쫓아버렸고 누구에게도 자선을 베풀지 않았다. 그때 한 사람이 말했다. "만일 내가 오늘 그에게서 무언가를 얻는다면 당신들은 나에게 무엇을 줄 수 있습니까?" 그들은 내기를 했고, 그 사람은 페트로의 집으로 가서 자선을 청했다. 그때 집으로 돌아오던 페트로는 가난한 사람이 문 앞에 서 있는 것을 보았다. 바로 그때 그의 노예가 밀가루 빵을 집으로 운반하고 있었는데, 던질 돌을 찾지 못한 페트로는 빵 한 덩어리를 거지에게 화를 내며 던졌다. 그 사람은 그 빵을 잡았고 동료들에게 서둘러 돌아가서 그 세금 징수관에게서 받은 자선품을 보여주었다.

이틀 후에 페트로는 치명적인 병으로 몸져누웠고 환시로 재판관 앞에 서

* 그리스어 '엘레에몬'(Ελεήμων)은 '자비로운, 동정적인, 연민 어린'이란 뜻을 갖고 있다.

있는 자신을 보았다. 저울 한쪽에는 검은 옷을 입은 사람들이 자신의 악행을 쌓고 있었고, 반대편에는 흰색 옷을 입은 사람들이 자기 편이 될 만한 것을 찾지 못해 슬퍼하는 표정을 짓고 서 있었다. 그때 흰옷을 입은 한 사람이 말했다. "우리는 그가 이틀 전에 그리스도께 억지로 던져 주었던 밀가루 빵 한 덩어리만 있습니다." 그 사람은 그 빵을 저울접시에 놓았고, 그것은 다른 쪽에 있는 모든 악행과 균형을 유지하는 것처럼 보였다. 흰색 옷을 입은 천사들이 말했다. "이 빵에 무언가를 더해라, 안 그러면 악령들이 너를 차지하게 될 것이다!"

세금 징수관은 정신을 차렸고 자신의 병이 치유되었음을 깨닫고는 말했다. "내가 화가 나서 던진 한 덩어리의 빵이 나에게 매우 많이 좋은 일을 해준다면, 내가 가진 모든 것을 가난한 사람들에게 준다면 얼마나 더 많이 도움이 될까!" 그다음 어느 날 그가 가장 좋은 옷을 입고 혼자 걷고 있을 때, 조난 사고로 모든 것을 잃어버린 한 사람이 입을 것을 요청했다. 그는 즉시 비싼 망토를 벗어 주었고, 그 사람은 그 옷을 가져가서 최대한 빨리 팔았다. 세금 징수관이 집에 가서 자신의 망토가 걸려 있는 것을 보고, 너무 슬퍼서 먹지도 못한 채 말했다. "나는 가난한 사람이 나를 기억하도록 무언가를 간직하게 할 자격이 없다." 그러나 그가 잠자는 사이에 자신이 어려움에 처했던 사람에게 준 망토를 입고 머리에 십자가를 얹고서 태양보다 더 빛나는 인물을 보았다. "페트로야, 왜 울고 있느냐?"라고 갑자기 나타난 사람이 물었다. 페트로가 슬픔의 이유를 설명하자, 그 사람이 물었다. "너는 이 망토를 알아보느냐?" 그는 "예, 주님"이라고 대답했다. 주님은 그에게 말했다. "나는 네가 준 망토를 입고 있다. 나는 추위로 얼어가고 있었는데 나를 덮어준 너의 친절에 감사한다."

정신이 든 페트로는 가난한 사람들에게 은혜를 베풀기 시작하면서 말했다. "하느님께서 살아계신 것처럼, 나는 가난한 사람이 될 때까지 죽지 않을 것이다!" 그래서 그는 어려움에 직면한 사람들에게 자신이 가졌던 모든 것을 주었고, 공증인을 불러서 말했다. "나는 당신에게 비밀을 말하려고 합니다. 그리고 만일 당신이 한 마디라도 발설하거나 내가 말한 것에 주의를 기울이지 않는다면, 나는 당신을 야만인들에게 팔 것입니다!" 그리고 공증인에게 금 10파운드*를 주면서 말했다. "거룩한 도시로 가서 당신 자신을 위한 물품을 사십시오. 그리고 그리스도인인 낯선 사람에게 저를 팔아서 그 수익금을 가난한 사람들에게 나눠 주십시오!" 공중인은 거절했으나 페트로가 다시 말했다. "만일 당신이 내 말대로 하지 않으면 나는 당신을 이교도에게 팔 것입니다!" 그래서 공중인은 그에게 누더기 옷을 입혀 자신의 노예인 것처럼 데려가서 은 세공인에게 은 30닢에 판 후 그 돈을 가난한 사람들에게 나눠 줬다.

이제 노예가 된 페트로는 가장 하찮은 일을 했고, 심지어 다른 노예들로부터 바보라고 불리며 괄시받고 폭행까지 당했다. 그러나 주님은 자주 그에게 나타나셨고 가난한 사람들이 받은 옷과 다른 선물들을 보여주면서 그를 위로했다. 그동안에 황제와 다른 사람들은 그렇게 소중한 사람이 실종됐음에 한탄했다. 그때 페트로의 예전 이웃 중 몇 사람이 성역(Loci sancti, Holy places)을 방문하려고 콘스탄티노폴리스에서 왔고, 그때 그의 주인에게 손님으로 초대받았다. 그들이 만찬 중에 귓속말을 주고받았다. "저 노예는 우리 친구 페트로 같지 않아?" 그리고 그를 응시하던 한 사람이 말했다. "확실히 페트로야, 내가 일어나서 그를 붙들게!" 페트로는 이 상황을 감지하고 도망쳤다. 그때 문지기는 듣지 못하는 청각장애인으로 신호만 보고 문을 열어주던 사람이었으나, 페트로는 신호가 아니라 말로 열라고 지시했다. 그 사람은 즉시 들었고 페트로에게 대답하면서 문을 열어 그를 내보냈다. 그리고 집 안으로 들어가서 "부엌에서 일하던 노예가 도망쳤습니다, 하지만, 기다리십시오! 그는 하느님의 종이 틀림없습니다. 그가 저에게 '내가 너에게 말한다, 열어라!'라고 말했을 때 그의 입에서 나온 불꽃이 제 귀와 혀에 닿았고, 저는 곧바로 듣고 말할 수 있었습니다."라고 크게 말을 함으로써 모든 사람을 놀라게 했다. 그들은 모두 벌떡 일어나서 뒤쫓았으나 페트로를 찾을 수 없었다. 그 뒤 그 집에서 그와 함께 지냈던 사람들은 자신들이 그토록 훌륭한 사람을 그렇게 비열하게 대했다는 데 속죄했다.

비탈리스(Vitalis)라는 이름의 수도승은 성 요한이 소문을 듣고 쉽게 분개하는지 아닌지 시험해 보기를 원했다. 그래서 비탈리스는 도시로 가서 모든 매

---

* 여기서 사용되는 무게 단위이자 화폐 단위인 libra는 약 327그램이다. 이것의 약자는 lb로 영국 화폐의 파운드(pound)와 같다. – 역자 주

춘부의 명단을 얻었다. 그는 매춘부들 한 명 한 명에게 가서 "오늘 밤을 나에게 다오, 그리고 어떤 다른 일도 해서는 안 된다."라고 말했다. 그런 다음 한 여자의 집에 간 비탈리스는 구석에서 무릎을 꿇고 그 여자를 위해 기도하며 머물렀다. 아침에 그는 자신이 무엇을 했는지 사람들에게 말하지 말 것을 당부하고 떠났다. 그러나 한 여자가 그 이야기를 했고, 노인의 기도에 대한 응답으로 즉시 악령으로 괴로워하기 시작했다. 다른 모든 사람이 그녀에게 말했다. "네가 거짓말을 했기 때문에 하느님에게서 받아야 할 벌을 받는 것이다! 그 악당이 네게 간 것은 간음을 저지르려고 갔던 것이고 그밖의 다른 것은 아무것도 아니었다!"

그날 밤에 비탈리스는 모든 사람에게 말했다. "나를 기다리는 분이 있어서 가봐야겠습니다!" 그리고 자신에게 잘못된 행동을 하려 한다고 비난하는 사람들에게 대답했다. "나도 다른 사람처럼 육체를 갖고 있습니다! 아니면 하느님께서는 오직 수도승에게만 화를 내십니까? 수도승도 다른 사람들처럼 남자입니다!" 그러나 몇몇이 그에게 말했다. "가서 아내를 취하시오, 신부님. 아니면 그 수도복을 벗거나 괜한 추문을 일으키는 일은 멈추시오!" 비탈리스는 화가 난 척하면서 말했다. "나는 당신의 말을 듣지 않을 것입니다, 나를 좀 내버려 두시오! 화를 내고 싶은 사람은 그냥 화를 내십시오! 하느님께서 나를 재판하라고 당신을 보내셨습니까? 가서 당신 일이나 신경 쓰시오! 당신은 나를 위해 해명할 필요가 없습니다!" 그는 목청껏 말을 했고, 이런 불평들이 복된 요한에게 들어갔지만, 하느님은 요한이 들은 것을 믿지 않도록 요한의 마음을 무감각하게 만드셨다. 비탈리스는 자신이 죽은 후에 이러한 행동의 이유를 밝혀 달라고 하느님께 간청했다. 그의 행동으로 분개했던 누군가에게 죄로 전가되지 않도록 하기 위해서였다. 사실 비탈리스는 그 여자들 중 많은 사람을 회개로 이끌었고 그들을 위해 수도원에 자리를 마련했다.

그러나 어느 날 아침, 그가 매춘부들 중 한 사람의 집을 떠나고 있을 때, 죄를 범하려고 안으로 들어가던 한 남자가 그와 마주쳤고 "이 몹쓸 놈아, 너를 위해 행실을 고치고 추잡한 행동을 그만둬야 하지 않느냐?"라고 말하면서 그의 얼굴을 때렸다. 비탈리스는 대답했다. "나를 믿으시오, 당신은 모든 알렉산드리아 사람들이 한달음에 달려오는 그런 타격을 나에게서 받을 것이오." 그리고 그 일은 일어났다. 얼마 후에 악마가 무어인(Mauri)으로 가장하여 "이것은 비탈리스 신부가 너에게 보내는 타격이다."라고 말하면서 그 남자에게 일격을 날렸다. 그리고 한 악령이 그의 비명소리에 모든 사람이 달려 나오도록 괴롭히기 시작했다. 결국 그는 뉘우쳤고, 비탈리스의 기도로 풀려났다. 그리고 하느님의 사람 비탈리스는 자신의 죽음이 다가옴을 느끼고 "때가 되기 전에 판단하지 마십시오!"라는 훈계를 남겼다. 여자들은 그가 무엇을 하였는지 고백했고, 모든 사람은 하느님을 찬미했다. 복된 요한은 가장 먼저 "그가 받았던 뺨을 맞은 것을 내가 받았더라면 좋았을 텐데!"라고 말했다.

순례자의 옷을 입은 한 가난한 사람이 요한에게 와서 자선을 구걸했다. 요한은 집사에게 말했다. "그에게 금화 여섯 닢을 주세요!" 그 사람은 돈을 가지고 갔고, 옷을 바꿔 입은 후 돌아와서 다시 총대주교에게 자선을 구걸했다. 그는 집사를 불러서 말했다. "그에게 금화 여섯 닢을 주세요!" 그 거지가 떠나고 난 후, 집사는 총대주교에게 말했다. "오늘 두 번째입니다. 옷만 바꿔 입고 온 것뿐인데, 당신께서 주라 하셨기에 그리 했습니다." 하지만 복된 요한은 모르는 척했다. 그런데 그 거지가 또 옷을 갈아입고 세 번째로 와서 구걸했다. 집사는 총대주교의 팔을 건드리며 이번에도 같은 사람이라고 고개를 끄덕이며 신호를 줬다. 복된 요한이 응답했다. "금화 12닢을 주세요! 아마도 나의 주님 예수 그리스도께서 나에게 이 사람이 요청하는 것을 내가 가진 것보다 더 많이 계속해서 줄 수 있는지 시험하는 것입니다!"

한번은 귀족이 교회의 일부 자금을 무역에 투자하기를 원했으나 총대주교는 그 자금을 가난한 사람들에게 나눠줄 계획이었으므로 단호히 거부했다. 그 두 사람은 신랄하게 언쟁했고 화를 내며 헤어졌다. 그리고 날이 저물었을 때, 총대주교는 자신의 수석사제(archipresbyter)를 통해 그 귀족에게 "각하, 해가 기울고 있습니다."라는 말을 전했다. 이것을 들은 그 귀족은 요한에게 와서 눈물을 흘리며 용서를 청했다.

요한의 조카가 가게 주인에게 엄청난 모욕을 당했다. 조카는 총대주교에게 눈물을 흘리며 불평했고 위로받기를 거부했다. 그래서 총대주교는 "어떻게, 어떤 사람이 감히 너를 반박하거나 너를 거스르는 말을 할 수 있겠느냐? 아이야, 보잘 것 없는 내 모습을 믿어라! 바로 오늘 나는 모든 알렉산드리아 사람들을 놀라게 할 일을 그에게 할 것이다!"라고 말했다. 소년은 자기 친척이 그 가게 주인을 크게 채찍질할 것이라고 생각하고 요한의 말에서 위로를 받았다. 그 아이가 진정되는 것을 본 총대주교는 그를 품에 안고 입을 맞추며 말했다. "아들아, 만일 네가 진실로 이 보잘 것 없는 나의 조카라면 모든 사람에게서 곤욕을 치루고 두들겨 맞을 준비를 하여라! 진정한 친척 관계는 살과 피가 아니라 마음의 힘으로 결정되는 것이다." 그리고 그는 곧 가게 주인에게 가서 모든 임차료와 지불금을 관면(寬免)하여 주었다. 이것을 들은 모든 사람이 경탄했고, 요한이 모든 알렉산드리아 사람들이 놀랄 무언가를 그 사람에게 할 것이라고 말한 의미를 이해했다.

복된 요한은 황제가 즉위하자마자 무덤 건축업자들이 다른 색의 작은 대리석 견본 네 다섯 개를 가져와서, "폐하께서는 어떤 대리석이나 금속으로 무덤으로 만들기를 원하십니까?"라며 황제를 불러서 묻는 관습에 대해 배웠다. 요한은 이 관습을 따랐고 황제의 무덤 건설에 대해 명령을 내렸다. 그러나 자신이 죽을 때까지 기념비는 미완성으로 남겨 두라고 지시했다. 그리고 더 나아가 어떤 축하 행사나 축제에 참석한 사람들과 성직자 중 일부가 와서 황제에게 "주인님, 당신의 무덤은 미완성입니다. 도둑이 언제 올지 모르니 무덤을 완성하라는 명령을 내리십시오."라고 말해야 한다고 추가로 명령했다.

어떤 부자가 복된 요한이 좋은 것은 가난한 사람들에게 나누어 주어서 정작 그 자신의 침대는 싸구려에다가 얇은 침구뿐인 것을 보았다. 그래서 매우 값비싼 누비이불을 사서 총대주교에게 주었다. 그 이불이 자신을 덮고 있음을 발견한 요한은, 이 침대보 한 개 가격으로 자신의 주인 300명이 덮을 수 있을 것이라고 생각하면서 밤새도록 잠을 잘 수 없었다. 그는 밤새도록 슬퍼하며 "오늘 밤 저녁도 못 먹고 누워있는 사람이 얼마나 될까? 비에 흠뻑 젖어 광장에 누워있는 사람은 얼마나 많을까? 얼마나 많은 사람이 추위에 떨며 있을까? 그런데 여기서 나는 좋은 넙치를 먹고 은 30닢의 가치가 있는 침대보로나 자신을 따뜻하게 하고 큰 침대에서 모든 죄를 짊어진 채 쉬고 있구나! 다음에는 그렇게 덮지 않을 것이다!"라고 말했다. 그래서 다음 날 아침, 요한은 그 이불을 팔아서 수익금을 가난한 사람들에게 나누어 주었다. 이것을 들은 부자는 그 누비이불을 다시 사 왔고, 복된 요한에게 이번만은 팔지 말고 덮으라고 요청하면서 주었다. 요한은 이불을 받았으나 또다시 팔아서 수익금을 자신의 주인들에게 전달하라고 명령했다. 이 사실을 들은 부유한 친구는 다시 누비이불을 사서 복된 요한에게 주면서 이번에는 팔지 말고 덮으라고 부탁했다. 요한은 받아 들였지만 다시 팔아서 그 수익을 자기 주인들에게 넘기라고 명령했다. 부자는 다시 가서 이불을 사 와서 요한에게 주며 웃으면서 말했다. "당신의 것을 판매하는 당신과 나의 것을 다시 사는 나와 누가 먼저 포기하는지 봅시다!" 말하자면 이런 식으로 성인은 부자를 온화하게 잡아당겼고, 가난한 사람을 유익하게 하려는 의도로 죄를 짓지 않고 도둑질할 수 있었다고 말했다. 이는 각 당사자가 그렇게 함으로써, 즉 한 사람은 영혼들을 구원했고, 다른 한 사람은 매우 큰 보상을 받았기 때문이다.

복된 요한은 사람들에게 자선을 후하게 베푸는 동기를 유발하기 위해 종종 성 세라피온(Serapion)의 이야기를 했다. 세라피온은 추위로 고통받고 있는 사람을 만났을 때, 자기 외투를 벗어 주었다. 세라피온은 자신의 셔츠를 주었고 요한의 복음서를 손에 들고 거의 벌거벗은 채로 앉았다. 한 행인이 물었다. "신부님, 누가 당신을 털었습니까?" 세라피온은 복음서를 보여주며 말했다. "이 복음서가 그랬습니다." 그러나 후에, 다른 가난한 사람을 본 세라피온은 그 복음서를 팔아서 수익금을 그 사람에게 주었다. 누군가가 그에게 복음서가 어디에 있느냐고 물었고 그는 대답했다. "복음은 우리에게 '당신이 가진 모든 것을 팔아서 가난한 사람들에게 주어라.'라고 명령하는데, 나는 여기에 복음서를 가지고 있었고 복음서가 명령하셨던 것처럼 그것을 팔았습니다."

다른 때에 어떤 사람이 복된 요한에게 자선을 청했고 요한은 수행원에게 다섯 닢을 그 사람에게 주라고 명령했다. 하지만 그 사람은 조금 주는 것에 대해 분개해서 음란한 말과 함께 버럭 소리를 지르며 저주했다. 수행원들이 그 거지에게 달려가 매질하려고 했지만, 요한이 말리면서 말했다. "그가 나를 저주하도록 내버려두시오, 이제 나는 60세이고 내 악행으로 인해 그리스도를 모욕하였는데, 이 사람의 단 한 번의 저주를 참지 못하겠는가?" 그리고 그 사람 앞에 지갑을 열어 원하는 만큼 가져갈 수 있도록 했다.

사람들이 복음 봉독(奉讀) 후에 성당 밖으로 나가 문 주변에 서서 부질없는 이야기를 나누고 있었다. 한번은 총대주교는 봉독 후에 그들과 함께 나갔고 그들 한가운데에 앉았다. 이 상황에 놀라는 그들에게 총대주교가 말했다. "나의 자녀들이여, 양이 있는 곳에 목자가 있어야 합니다! 그러니 당신들이 들어가면 나는 당신들과 함께 들어갈 것이고, 당신들이 안 들어가면 나도 똑같이 안 들어갈 것입니다." 그는 이 가르침으로 사람들이 성당 안에 머물도록 했다.

한 젊은이가 수녀승과 함께 도망쳤고 성직자들은 성 요한에게 그 젊은이는 자신의 영혼과 수녀승의 영혼, 두 영혼을 잃어버렸으니 지상에서 파문해야 한다고 젊은이를 고발했다. 요한은 "그렇지 않습니다, 나의 아들들아, 그렇지 않습니다! 당신들은 스스로 두 가지 죄를 저지르고 있습니다. 첫 번째로 당신들은 '판단하지 마라, 그러면 너도 판단 받지 않을 것이다.'라고 말씀하신 주님의 계명을 거스르고 있습니다. 두 번째로 그들이 여전히 오늘도 죄 속에 살고 있고 뉘우치지 않고 있는지 확실히 알고 있지 않기 때문입니다."라고 말하면서 그들을 제지했다.

복된 요한이 기도하면서 탈혼에 완전히 몰입하였을 때, "그러니 선하신 예수님, 당신의 은사를 주고 있는 나인지, 아니면 그것들을 제공하는 당신인지, 우리 중 누가 뛰어난지 봅시다"와 같은 말로 하느님과 언쟁하는 것이 들렸다.

고열에 시달리던 요한이 자신의 끝이 가까웠음을 깨닫고 말했다. "오 하느님, 제가 죽을 때 단지 한 푼만 지닐 수 있게 당신의 자비를 간구하는 저의 궁핍함을 들어주셔서 감사합니다. 그리고 저는 이제 그 한 푼을 가난한 사람에게 주라고 명령합니다." 공경받을 그의 시신은 두 명의 주교의 시신이 묻혀 있던 무덤에 뉘어지게 되는데, 그 두 시신은 놀라운 방법으로 자신들 사이에 성 요한을 위한 공간을 만들어주었다.

매우 악랄한 죄를 저질렀고 어느 누구에게도 그 죄를 고백할 용기가 없던 한 여자가 있었다. 죽음이 임박해 있던 요한은 글 쓰는 법을 알고 있는 그녀에게 그 죄를 적고 그 종이를 봉인해서 가져오면 그녀를 위해 기도할 것이라고 말했다. 그녀는 자신의 죄를 자세히 쓰고 조심스럽게 봉인하여 성인에게 넘겨주었으나, 며칠 후에 성인은 병으로 주님 안에서 잠들었다. 성인이 죽었다는 것을 들은 그 여자는 그가 누군가에게 자신의 종이를 맡겼을 것이라 생각하면서 이제 모욕과 수치를 당할 것이라고 두려워했다. 그녀는 눈물을 펑펑 흘리며 성 요한의 무덤에 가서 "아, 저는 불명예를 피할 수 있을 것이라

기대했는데, 이제 저는 모든 사람이 보는 앞에서 망신을 당할 것입니다."라고 소리쳤다. 그녀는 비통하게 울면서 자신의 글을 어디에 두었는지 보여 달라고 요청했다. 그런데 보라, 성 요한은 완전한 주교 예복을 입고 자신과 함께 쉬고 있던 두 주교에 의해 양쪽으로 받들어져서 나왔다. 그는 말했다. "너는 왜 우리를 방해하느냐? 너는 왜 우리를 평화롭게 내버려 두지 않느냐? 봐라! 우리의 영대(領帶)들이 너의 눈물로 젖었다!" 그 다음에 그는 원래처럼 봉인된 그녀의 글을 내밀고 말했다. "너의 봉인이다! 그 종이를 열어서 읽어라!" 그녀는 종이를 개봉했고 자신의 죄가 완벽하게 지워진 것을 보았다. 종이에는 "나의 종 요한 때문에 너의 죄는 없애버린다."라고 쓰여 있었다. 그래서 그 여자는 하느님께 감사의 말을 쏟아냈고 복된 요한은 다른 주교들과 함께 무덤으로 돌아갔다. 요한은 서기 약 605년경, 포카스(Phocas) 황제 시대에 활약했다.

28

성 바오로 사도의 회심

한 해를 1월부터 12월까지의 일반적인 방식이 아니라 단순히 12개월의 공간으로 연도를 계산한다면, 성 바오로의 회심은 그리스도가 수난을 받고 스테파노가 돌에 맞은 같은 해에 일어났다. 왜냐하면, 바오로가 1월 25일에 회심하였던 반면에 그리스도는 3월 25일에 고통받았고 스테파노는 같은 해 8월 3일에 돌에 맞았기 때문이다.

다른 성인들의 회심은 기념하지 않는 반면, 왜 바오로의 회심을 기념하는 것일까? 일반적으로 세 가지 이유가 있다. 첫 번째는 바오로의 모범이다. 그의 죄가 얼마나 중대한지 상관없이 과실이 컸던 바오로가 나중에 은총으로 훨씬 더 크게 된 것을 보고 용서에 대해 절망할 죄인은 없다. 두 번째는 그의 박해로 크게 슬퍼했고 그의 회심으로 더욱 큰 기쁨을 얻게 된 교회의 기쁨이다. 세 번째는 주님이 이 잔혹한 박해자를 매우 신심 깊은 설교자로 바꾼 기적이다.

바오로의 회심은 그것을 야기했던 한 분 때문에, 바오로를 회심하도록 만드는 데 사용된 수단 때문에, 바오로 그 대상 때문에 기적적이었다. 첫째, 그를 회심시켰던 그분은 "막대기를 차면 너만 아프다."(사도 26, 14)라는 말씀 안에서 자신의 놀라운 힘을 보여주었던 그리스도였기 때문에, 그리고 너무 갑자기 바오로를 바꾸었고, 바뀌자마자 "주님, 당신은 제가 무엇을 하기를 원하십니까?"(사도 9, 6)*라고 바오로가 대답했던 것은 기적적이다. 아우구스티노는 주석을 달았다. "늑대들에게 죽임을 당한 어린 양이 늑대를 어린 양으로 바꾸었습니다. 이전에 박해하는 것에 자신의 분노를 다 써버렸던 그가 지금은 순종할 준비가 되어 있습니다." 또한, 그리스도는 위엄의 높이가 아니라 겸손의 깊이를 제시하여 교만의 종양을 지닌 바오로를 치료하였다는 점에서 놀라운 지혜를 보여주었다. 그리스도는 말씀하셨다. "너에게 말한 나는 네가 박해하고 있는 나자렛 사람 예수이다." 여기에 《주해집》은 덧붙였다. "그분은 자신을 하느님 혹은 하느님의 아들이라고 부르지 않았으나 '내 겸손의 깊이를 받아들여라, 그리고 교만의 저울에서 너의 눈을 떼라.'라고 말하였습니다." 게다가 그리스도는 행동과 의도에서 바오로가 그리스도인들을 박해하던 바로 그때 바오로를 회심시켰기 때문에, 자신의 놀라운 인내를 보여주었다. 바오로가 악에 사로잡혀 그리스도인들을 학살하려는 위협과 의지를 내뿜었기 때문이다. 말하자면 바오로는 강요하려고 대사제에게 갔었기 때문에 그가 시도한 것은 삐뚤어진 것이었다. 그리고 그리스도인들을 쇠사슬로 묶어서 예루살렘으로 데려가려고 다마스쿠스로 가던 길이었기 때문에 그의 행동은 악의적이었다. 그러므로 그의 여행은 완전히 나쁜 것이었지만, 하느님의 자비가 그를 회심시켰다.

두 번째, 한 사람이 회심하도록 만드는 데 사용된 수단, 즉 빛 때문에 회심은 기적적이었다. 그 빛은 갑작스럽고 거대하며 하늘이 보낸 것이라고 말한다. "갑자기 하늘에서 내려진 빛이 그의 둘레를 비추었다."** 바오로는 세 가지 악을 가졌다. 첫 번째는 그가 대사제에게 감으로써 입증했던 악의적인 대

---

* 한글본 성경에는 이 말이 언급되지 않지만, 불가타(Vulgata)본 라틴어 성경에는 이 구절이 언급된다. – 역자 주
** 사도 9, 3. 바오로 회심의 전모와 많은 언어가 여기서 사용되었음이 이 장(章)에서 볼 수 있다.

담함이었다. 《주해집》은 말한다. "그는 소환되지 않았지만 열정에 이끌려 충동적으로 움직였습니다." 그는 주님의 제자들에 대해 폭력적인 위협을 내뱉었다고 전해지기 때문에, 그의 두 번째 악은 무례한 교만이었다. 세 번째는 육체에 따라 율법을 이해하였던 것이다. 그래서 《주해집》은 "나는 네가 박해하는 예수다."라는 말을 주해하면서 말한다. "사물을 판단하는 유다인들의 방식으로 죽은 자로 생각한 자가 바로 나, 하늘의 하느님이다." 그래서 그 거만한 자를 두렵게 하고, 오만하고 고압적인 자를 천상의 겸손으로 낮추고, 하늘에 이르게 하여 그의 세속적인 이해를 천상의 이해로 만들려고 하느님의 빛이 갑자기 찾아왔다. 또는 회심하도록 만든 수단은 부르는 음성, 빛나는 빛, 하느님 능력의 표명으로 삼중(三重)이었다.

　마지막으로, 바오로의 회심에 영향을 준 주체가 바오로 자신이란 이유로 기적적이었다. 바오로에게는 표면적이고 기적적인 세 가지 일, 즉 그가 땅에 떨어졌고, 눈이 멀었고, 3일 동안 먹지도 마시지도 않은 일이 일어났다. 그는 자신의 삐뚤어진 의도가 깨끗이 정리되기 위해 땅에 내던져졌다. 아우구스티노는 말했다. "바오로는 눈멀기 위해 엎드렸고, 변화되기 위해 눈멀었고, 보내지기 위해 변화되었고, 진리를 위해 고통받도록 하기 위해 보내졌습니다. 그는 믿는 사람이 되기 위해 격분하였고 찌부러졌습니다. 늑대는 찌부러져 한 마리 어린 양이 되었습니다. 그 박해자는 찌부러졌고 설교자가 되었습니다. 지옥의 아들이 선택된 그릇으로 세워질 수 있도록 찌부러졌습니다." 바오로는 어두운 지식이 깨달음을 얻기 위해 눈이 멀었다. 그러므로 그가 눈이 먼 채로 남아있던 3일 동안 복음을 배웠다는 것은 그가 사람으로부터 받은 것이 아니고 예수 그리스도의 계시를 통해 받은 것이라고 증언하기 때문이다. 아우구스티노는 "나는 바오로가 그리스도의 참된 전사였고, 그분에게서 가르침을 받고, 기름부음을 받았고, 그분과 함께 십자가에 못 박혔고, 그분 안에서 영광을 받았다고 말합니다. 그는 금욕 생활을 함으로써 육체가 선한 일을 할 수 있도록 준비했습니다. 그 이후로 그의 몸은 모든 선한 일을 하기에 좋은 상태가 되었습니다. 그는 어떻게 배가 부르거나 배가 고프거나, 목마르거나 충만하게 되는지 알았습니다. 그는 어디서나 편하게 있었고 모든 상황에 대처할 수 있었습니다." 크리소스토모는 말했다. "폭군들과 분노를 내뿜는 백성들은 마치 그를 모기떼처럼 여겼고, 죽음과 십자가의 못박힘을 주었습니다. 수천 번의 고문은 그에게 어린이 장난이었고, 그 고문들을 기꺼이 받아들였습니다. 그는 자신이 왕실의 왕관을 쓰는 것보다 사슬로 묶였을 때 좀 더 돋보임을 느꼈고, 다른 사람들이 귀한 선물을 받는 것보다 더 기꺼이 상처를 받아들였습니다." 그리고 그의 안에 있던 세 가지는 아담과 하와 안에 있었던 세 가지와 대조적이었던 것으로 알려져 있다. 아담은 하느님을 거슬러 일어섰지만, 바오로는 땅에 자기 자신을 엎드렸다. 아담의 눈은 열렸지만, 바오로의 눈은 멀었다. 아담은 금지된 음식을 먹었고 바오로는 허락된 음식을 피했다.

29

성녀 파울라

파울라(Paula)는 로마의 상류 귀족이었다. 성 예로니모는 그녀의 생애를 다음과 같이 집필했다.* 내 몸 전체가 혀로 변하고 내 몸의 모든 기능이 말하는 것에 집중된다 하더라도, 나는 거룩하고 공경할 파울라의 덕에 어울릴 합당한 말을 찾을 수 없을 것이다. 그녀는 귀족 태생이었지만 거룩함으로 한층 더 고결했고, 많은 재산으로 영향력이 있었으나 후에 가난으로 더 유명해졌다. 그리고 나는 예수와 거룩한 천사들, 특히 이 칭송받는 여자의 벗이자 수호자인 그녀의 천사를 증인으로 부른다. 아첨과 감언이 아니라, 내가 그녀의 덕을 증언하려는 것조차 그녀의 당연한 응보에 크게 미치지 못한다. 나의 독자는 파울라의 덕을 간단히 알기를 원하는가? 그녀는 자신에게 속한 모든 사람을 가난하게 내버려 두었고, 자신은 어느 누구보다 더 가난했다. 금액을 헤아릴 수

---

* 이 장(章)은 성 파울라의 생애(Migne, *PL* 22 : 878-906 비교)에 대한 예로니모의 편지에서 발췌됐다. 12개 정도의 단어를 제외한 모든 단어가 예로니모에게서 가져온 것이며, 야코부스는 평상시의 덕 즉, 겸손, 자선, 가난, 세상 경시(contemptus mundi), 순결에 대해 깊이 생각함으로써 파울라의 거룩함을 규명하려는 문단과 충분한 정보를 뽑았다. "정보"는 때로 잘 알려지지 않은 꼬리를 물고 이어지는 생각을 자주 맥락을 무시하고 따 온 것이다. 예로니모의 "편지"는 야코부스의 시기 동안 다섯 번 내지, 여섯 번 정도로 인용되었지만, 그 편지의 수사적이고 찬미체 방식은 우리 저자에게 완전히 이질적이다.

없는 많은 보석 사이에서 빛나는 것처럼, 태양 빛이 아주 작은 별빛을 흐릿하고 어둡게 만드는 것처럼, 그렇게 그녀는 자신의 겸손으로 다른 모든 사람을 뛰어 넘었고 모든 사람보다 더 큰 사람이 되기 위해 사람들 사이에서 자신을 가장 작게 만들었다. 그녀가 자신을 낮추면 낮출수록 그리스도에 의해 더 높게 들어 올려졌다. 그녀는 숨었으나 감추어지지 않았다. 그녀는 헛된 영광을 피함으로써 그림자처럼 덕을 따라오는 영광을 얻었다. 영광을 찾는 사람은 피하고 영광을 멸시하는 자는 뒤따라오는 영광을 얻은 것이다.

파울라는 다섯 아이의 어머니였다. 로마에서 죽었을 때 내가 위로했던 블래실라(Blaesilla), 성인답고 존경할 만한 남편인 팜마키오(Pammachius)를 자신의 모든 재산과 사업의 상속자로 만들었고 내가 그녀의 죽음에 대해 작은 책을 썼던 파울리나(Paulina), 아직도 성역(Loci sancti)에 살고 있는 딸이고 교회의 가장 귀중한 자산인 에우스토키움(Eustochium), 이른 죽음으로 어머니의 영혼을 몹시 고통스럽게 하였던 루피나(Rufina), 아들 톡소치오(Toxocius)가 있다. 그녀는 톡소치오 이후 더 이상 아이를 낳지 않았다. 이것으로 그녀가 더 이상 부부관계의 결합을 원하지 않았다고 이해할 수 있을 것이다. 그녀는 남편의 죽음을 매우 많이 애도했고 슬픔을 못 이겨 거의 죽음에 이르렀으나, 이후 하느님의 일에 열렬히 돌아섰다. 그래서 마치 그녀가 배우자의 죽음을 열망하고 있었던 것처럼 여겨지기도 했다. 그러나 그녀의 웅장한 저택의 엄청난 재산과 보물을 모두 가난한 사람들에게 준 것에 대해 뭐라고 말할 수 있을까?

안티오키아의 파울리노(Paulinus) 주교와 에피파니오(Epiphanius) 주교가 로마에 왔을 때 파울라는 그들의 덕에 감명받아 집과 나라를 떠날 생각을 했다. 무슨 말을 더 해야 할까? 그녀는 항구로 갔고, 자녀들은 물론, 형제, 가까운 친척들, 친구들까지 따라와 만류했다. 결혼을 앞두고 있었던 루피나는 울음을 참으며 자신의 결혼식까지 기다려 주기를 간청했다. 돛이 올려졌고 노를 저으면서 배가 점점 멀어지는 동안 어린 톡소치오는 두 손을 벌리고 애원하며 해변에 서 있었다. 그렇지만, 파울라는 자녀들에 대한 사랑 위에 하느님에 대한 사랑을 놓으면서 하늘을 보았다. 그녀는 자신이 그리스도의 여종임을 증명하기 위해 스스로를 어머니라고 생각하지 않았다. 하지만 그녀는 자신의 비통함과 싸울 때, 마치 몸 안에서 내장이 찢어지는 듯하게 고통스럽게 뒤틀렸다.

하지만 그녀의 믿음은 이 고통을 견딜 수 있게 해주었다. 더욱이 그녀의 마음은 고통을 기꺼이 견디게 해주었고, 하느님에 대한 사랑을 위해 아들과 딸들에 대한 사랑을 제쳐 놓았다. 그녀의 유일한 위안은 자신의 계획에 함께 하고 여행에 동행해준 에우스토키움이었다. 배는 출항했고 모든 승객이 해안을 돌아보고 있을 때, 파울라는 고통 없이는 볼 수 없어 가족을 보지 않으려고 시선을 돌렸다.

배는 성지(聖地, Terra sancta, Holy land)가 있는 항구에 도착했고, 그녀의 가족을 매우 잘 아는 팔레스티나의 총독은 궁전에 그녀를 위한 방을 준비하고 미리 종들을 보냈지만, 그녀는 호의를 마다하고 변변찮은 작은 방을 선택했다. 그녀는 그리스도의 흔적이 있는 모든 장소를 열정과 열의를 갖고 방문했다. 서둘러 다른 곳도 둘러봐야 했지만 특히 처음 방문지는 떠나기가 힘들었다. 그녀는 십자가에 매달린 주님을 보는 것처럼 십자가 앞에 공경하며 엎드렸다. 부활의 동굴로 가는 길에 천사들이 입구에서 옮겨 놓았던 돌에 입 맞추었고, 마치 그리워했던 믿음의 물을 갈망하는 것처럼 주님의 시신이 눕혀져 있었던 장소를 혀로 핥았다. 그녀가 얼마나 많은 눈물의 홍수와 폭풍 같은 한숨, 마구 쏟아지는 슬픔을 온 예루살렘에 쏟아부었는지, 참으로 그녀가 간청하였던 주님 그 자체였다고 증언하고 있다.

그 다음에 그녀는 구세주의 동굴에 들어가려고 베들레헴으로 갔고, 동정녀의 거룩한 피신처를 보았다. 그리고 나의 말을 듣고 그녀는 믿음의 눈으로 포대기에 싸인 아기, 구유에서 우는 아기, 주님을 경배하는 동방박사들, 머리 위에서 빛나는 별, 동정녀 어머니, 지켜보는 수호자, 말씀이 이루어진 것을 보러 밤에 온 목자들을 보았다고 맹세했다. 마치 "처음에 한 말씀이 계셨다. 말씀은 하느님과 함께 계셨고, 말씀은 육체로 나타나셨다."(요한 1, 1 참조)라는 요한 복음사가의 말을 다시 확증하는 것처럼 말했다. 그녀는 학살당했던 무죄한 어린이들, 격노한 헤로데, 이집트로 피신했던 요셉과 마리아를 보았다. 그녀는 기쁨이 뒤섞인 눈물을 흘리며 말했다. "행복하여라, 베들레헴,* 빵의 집이여, 하늘로부터 내려와서 태어났었던 빵이 있었던 곳이여! 행복하여라 에프라타

---

* 사베들레헴(בֵּית לֶחֶם)을 단어 그대로 번역하면 "빵의 집"이다. – 역자 주

(Ephratah)여, 가장 비옥한 땅이여, 하느님의 비옥한 땅 하느님의 비옥함이여! 다윗은 '우리는 그분의 성막(聖幕,tabernaculum)에 들어갈 것이다. 우리는 그분의 발이 섰던 그 장소에서 흠숭할 것이다.'라며 말했습니다. 그리고 불쌍한 죄인인 나는 아기 주님이 울고 계셨던 그 구유에 입맞춤할, 동정녀 어머니가 하느님을 낳았던 그 동굴에서 기도할 자격이 있다고 생각합니다. 이곳이 내 주님의 탄생 장소기 때문에 여기는 나의 휴식처입니다. 나의 구세주께서 이곳을 선택하셨기 때문에, 나는 이곳에서 살 것입니다."

파울라는 그런 겸손으로 자신을 낮추었다. 그 명성을 듣고 어떤 이가 그녀를 찾아왔는데, 그녀를 보고도 믿을 수 없었다. 하녀 중에서도 가장 낮은 사람이 틀림없다고 생각했다. 그녀는 모여든 동정녀들의 합창단에 둘러싸였다. 그렇지만 그녀의 행색이나 말투, 걸음걸이에서 모든 사람 중 가장 작은 사람으로 보였다. 그녀는 남편이 죽은 이후부터 세상을 떠나는 날까지, 성인이든 교황이든 어떤 남자와도 식탁에 함께 앉지 않았다. 그녀는 질병으로 인한 경우가 아닌 이상 욕조를 사용하지 않았다. 고열에 시달릴 때를 제외하고는 부드러운 누비이불이 깔린 침대를 사용하지 않았고, 만일 그녀의 밤낮 끊임없는 기도로 보내는 시간을 휴식이라고 말할 수 있다면, 그녀는 딱딱한 땅에서 굵은 베를 덮고 휴식을 취했다. 그녀는 사소한 잘못에도 마치 큰 범죄를 저지른 것처럼 몹시 통곡했다. 그리고 우리(예로니모)가 그녀에게 복음을 읽을 수 있게 눈을 보호하라는 권고를 자주했고 그때마다 그녀는 말했다. "하느님의 명령을 거스르고 볼 연지와 분칠과 마스카라를 그리려고 사용했던 이 얼굴은 추해져 마땅합니다! 그렇게 많은 기쁨을 즐겼던 육체는 고통을 받아야 마땅합니다! 오랜 웃음은 꾸준한 울음으로 보속해야만 합니다. 부드러운 리넨과 값비싼 비단은 보상처럼 고행복의 꺼칠꺼칠한 감촉을 요구합니다. 과거에 저는 남편과 함께 우리 세계를 기쁘게 하려고 모든 것을 했습니다. 이제 저는 그리스도를 기쁘게 하길 원합니다."

그렇게 많고 그렇게 위대한 덕 중에서 만일 내가 그녀의 정결을 강조하고자 한다면, 이런 칭찬은 필요치 않을 것이다. 그녀가 세속적인 삶을 살고 있는 동안, 그녀의 처신은 로마의 모든 부인의 귀감이 되었고 심지어 매우 심술궂은 수다쟁이도 거짓된 소문을 감히 퍼뜨릴 수 없을 정도였다. 나는 사도의 말씀을 인용하여 그녀의 지나친 자선을 질책했던 나의 실수를 인정한다. 즉 너그러움은 좋으나 "다른 이들은 편안하게 하면서 당신은 괴롭히자는 것이 아니라, 균형을 이루게 하자는 것입니다. 지금 이 시간에 당신이 누리는 풍요가 그들의 궁핍을 채워 주어 나중에는 그들의 풍요가 당신의 궁핍을 채워 준다면, 균형을 이루게 됩니다."(2코린 8, 13~14) 나는 그녀에게 예지를 사용하라고, 그렇지 않으면 나누어 줄 아무것도 남지 않을 것이라는 비슷한 충고를 했다. 그녀의 응답은 겸손하고 간단하고 현명했다. 그녀는 자신이 했던 모든 것이 주님의 이름을 위해 하였음을 증언하려고 주님을 불렀고, 자신의 한 가지 소원과 서약은 자기 딸에게 1페니조차 남길 수 없는 거지로 죽고 자기 것이 아닌 수의(壽衣)에 싸여 장례를 치르게 하는 것이었다. 마지막으로 그녀는 말했다. "내가 만일 구걸하면 도움을 줄 사람이 많을 것입니다. 그렇게 받은 것이라 할지라도, 내가 나눠 주는 것을 어느 불쌍한 거지가 받지 못해 죽게 된다면 그 목숨은 누가 책임질 수 있겠습니까?"

파울라는 이 땅과 세상과 함께 사라질 보석에 돈 쓰는 것을 꺼렸으나 묵시록에서 요한이 말했던 것처럼 하느님의 도시가 지어져 있는 땅 위에서, 그중에서 움직이는 살아있는 보석들에 돈을 쓰는 것을 선택했다. 그녀는 축일을 제외하고 자기가 먹을 음식에 기름을 거의 혹은 전혀 사용하지 않았고, 이는 음료, 생선, 우유, 꿀, 계란 등 미각을 자극하는 다른 모든 것에 똑같은 태도를 취했다. 일부 사람들은 음식을 매우 절제하고 있다고 생각하고, 심지어 배불리 먹으면서 덕을 행하고 있다고 확신한다. 나는 남의 추문을 퍼뜨리는 한 사람(가장 비도덕적인 부류의 사람)을 안다. 그 사람은 마치 친절을 베푸는 것처럼 파울라에게 그녀가 덕에 대한 열정으로 자제력을 잃고 제정신이 아닌 것처럼 보인다면서 지혜를 더 잘 돌봐야 한다고 말했다. 그녀가 대답했다. "우리는 세상, 천사들, 그리고 사람들에게 구경거리가 되었습니다. 우리는 그리스도를 위한 어리석은 사람들이지만, 하느님의 어리석음은 사람보다 더 지혜롭습니다."(1코린 4, 9~10 ; 1, 25)

그녀는 남자를 위한 수도원을 설립했고 남자가 다스리도록 했다. 또한 여러 지역과 사회의 귀족, 중산층, 최하위 계급 출신인 많은 젊은 여자를 함께 모았다. 이 여자들을 위해 세 개의 조직과 세 개의 수도원을 설립했고, 그래서 그들은 일하는 한편, 오직 시편을 노래하고 기도하기 위해 함께 모였으며 식사는 별도로 했다. 만일 그들 사이에 분쟁이 생기면, 그녀는 온화함으로 합의를 이끌어냈다. 그녀는 정신보다는 육체적 고통을 선호하면서 자주 두 배의 단식을 부과함으로써 젊은 여자들의 육체적인 충동을 억제했다. 그녀는 육체와 옷의 청결은 혼의 불결함이었고, 세상의 사람들이 가볍거나 중요하지 않다고 여기는 몇몇 잘못은 수도원 내에서는 매우 심각한 문제라고 말했다. 다른 사람들이 병들었을 때, 그녀는 그들이 필요로 하는 무엇이든 주었고 심지어 고기를 먹도록 허락했지만, 만일 자신이 병들면 그러한 것을 허락하지 않았다. 자신에게 가혹함으로써 다른 사람에게 관대함을 보충했기 때문에, 이 점에서 그녀의 대우는 확실히 불공평했다.

내가 지금 이야기 하는 것은 내가 직접 확인한 것이다. 어느 해 7월에 파울라는 지독한 열병에 걸렸다. 우리는 그녀의 상태에 절망했지만, 그녀는 하느님의 자비로 좀 더 편안하게 숨쉬기 시작했다. 의사들은 그녀의 기운을 회복하기 위해 약간의 묽은 포도주를 마시게 하고, 수종증(水腫症)을 우려하여 물을 마시지 말아야 한다고 결정했다. 나는 비밀리에 거룩한 주교인 에피파니오(Epiphanius)에게 포도주를 마시도록 그녀에게 충고하거나 강요하도록 요청했다. 그러나 그녀는 빠르고 통찰력이 있었기에 그 주교가 말한 것이 나에게서 나온 것임을 알고 미소를 지었다. 무엇을 더 말할 수 있겠는가? 그 거룩한 주교가 많은 권고를 한 후 밖으로 나왔을 때, 나는 주교에게 어떻게 일을 진척시켰는지 물었고, 주교는 대답했다. "오히려 제가 설득 당해 포도주를 마시지 말라고 할 뻔했습니다."

그녀는 슬픔을 끈기 있게 견뎠으나 그녀가 사랑하는 사람들, 특히 자녀들의 죽음으로 타격을 받았다. 배우자와 딸들의 죽음은 그녀를 죽음에 가까워지게 만들었다. 그녀는 그 표징이 아내와 어머니로서 느꼈던 슬픔을 덜어줄 것으로 희망하면서 자신의 입과 가슴에 십자성호를 그으며 극복하였으나, 어머니로서의 내적인 고통은 믿음을 가진 그녀의 영혼을 불안하게 만들었다. 영혼의 힘으로 정복한 것을 육체의 연약함으로 정복당했다.

그녀는 성경을 외우고 있었고, 사람들이 진리의 기초라고 전하는 이야기를 사랑했지만, 영적인 해석을 선호하여 자기 영혼의 교화를 위한 정점으로 삼았다. 그리고 부러워하는 사람들에게는 믿기지 않는 것처럼 보이겠지만, 나는 다른 것을 말하고자 한다. 나는 많은 고생과 노력으로 히브리어를 청소년기부터 공부하여 상당히 잘 익혔고, 잊어버리지 않으려고 부단한 노력을 했다. 히브리어를 배우기를 원했던 파울라는 매우 열심히 공부해서 히브리어로 시편을 노래했고 어떤 라틴어적인 특성 없이 말했다. 지금 우리는 그녀의 성녀같은 딸 에우스토키움이 똑같은 일을 하고 있음을 본다.

이제까지 우리는 순풍으로 항해했고, 우리의 유연한 배는 바다의 출렁이는 파도를 통해 미끄러지듯 갔지만, 이제 바위들과 모래톱들이 나의 이야기 앞에 놓여 있다. 누가 지상에서 파울라의 마지막 날에 대해 눈물을 흘리지 않고 말할 수 있겠는가? 그녀는 매우 심각한 병으로 몸을 가누지 못했다. 아니면 그녀는 우리를 떠나고 자신이 가장 열망하던 주님과 더욱 완전한 일치를 이루려는 것을 찾고 있었다. 왜 내가 지체함으로 다른 사람들이 슬픔을 더 겪게 할까? 이 가장 신중한 여자는 죽음이 다가오고 있다는 것을 느꼈다. 그녀의 몸과 팔다리가 차가워졌고, 단지 그녀 영혼의 온기가 그녀의 거룩하고 독실한 가슴에서 생명을 유지했다. 그렇지만, 그녀는 마치 자신이 가는 길에 있는 낯선 사람에 대해 더 이상 관심이 없는 것처럼, 다음 구절을 계속 속삭였다. "주님, 저는 당신께서 계시는 집과 당신 영광이 깃드는 곳을 사랑합니다." 그리고 "만군의 주님 당신의 거처가 얼마나 사랑스럽습니까! 정녕 당신 앞뜰에서 지내는 하루가 다른 천 날보다 더 좋습니다."(시편 26, 8 ; 84, 2. 11) 그리고 나는 왜 말하지 않느냐고 물었고 고통이 있느냐고 물었을 때 그녀는 대답하지 않았다. 그녀는 그리스어로 자신은 아무런 문제를 느끼지 않으며 모든 것이 조용하고 고요해 보인다고 대답했다. 그 후 그녀는 침묵에 빠졌고 마치 인간사를 차단하려는 듯 눈을 감고 누워있었다. 그녀가 자신의 영혼이 숨을 쉴 때까지, 그녀가 말하는 것이 거의 들리지 않아서 우리가 들으려고 몸을 굽혔고 그녀는 매우 낮은 목소리로 같은 구절을 반복했다.

팔레스타나의 도시들에서 수많은 사람이 그녀의 장례식에 왔다. 사막에 은둔해 있던 수도승들도 자신의 헛간에 머물러 있는 것을 참을 수 없었고, 어떤 동정녀라도 독방의 은밀함에 머물러 있을 수 없었다. 모든 사람이 그녀가 교회 아래 그리고 후에 주님이 태어나셨던 동굴에 매장될 때까지 그렇게 훌륭한 한 여자에게 자신들의 마지막 의무를 하지 않는 것은 신성모독이라고 생각했다. 그녀의 존경받는 딸 동정녀 에우스토키움은 젖을 뗀 어린이처럼 눈에 입 맞추었고, 시신을 껴안고 뺨에 얼굴을 댔다. 자신도 함께 묻히기를 원하는 그녀를 어머니의 시신에서 떼려야 뗄 수 없었다. 예수는 어머니가 딸에게 1페니도 남기지 않고 가난한 사람들을 돌보는 일만 남겼고, 단순히 먹이기도 어렵고 외면하기도 어려운 수많은 형제자매를 남겨 두었다는 것을 증언한다.

안녕히 가십시오, 오 파울라여, 그리고 최고령에 이른 당신의 추앙자를 당신의 기도로 도와주십시오!

30

성 율리아노

율리아노(Julianus, Julian)는 '승리감에 넘치는'을 뜻하는 유빌루스(Jubilus)와 비슷하게 시작되고 아나(ana)는 '위쪽'을 의미한다. 그래서 율리아노는 승리감으로 하늘을 향해 올라가려고 노력한 사람인 유빌란스(Jubilans)에 가깝다. 또 그 이름은 율리우스(Julius, 시작하는 사람)와 아누스(anus, 노인)에서 유래했다. 왜냐하면, 율리우스는 자신에 대한 깨달음으로 시작했으며 하느님을 섬기며 오랫동안 고통 속에서 늙어갔기 때문이다.

율리아노는 르망(Le Mans)의 주교였다. 그는 그리스도가 나병을 고쳤고 축제의 식사 자리로 주님을 초대했던 나병환자 시몬(Simon)으로 전해지는 사람이다.(마태 26, 6) 그리스도의 승천 후에 사도들은 율리아노를 르망의 주교로 서품했다. 율리아노는 많은 덕으로 명성이 높았다. 그는 세 명의 죽은 사람을 소생시켰고 때맞추어 평화중에 죽음을 맞이했다. 또한, 자기 집에 그리스도를 손님으로 맞이했었기 때문에 여행자들이 좋은 숙소를 찾으며 율리아노를 자주 언급했다고 한다. 그러나 이 사람은 자신도 모르게 부모를 죽였던 다른 율리아노일 가능성이 높은 것으로 추정된다. 이 율리아노에 대한 이야기는 앞으로 하게 될 것이다.

또 다른 율리아노가 있는데, 이 사람은 오베르뉴(Auvergne) 출신으로 귀족 태생이지만 믿음으로는 더 고귀한 사람으로, 순교에 대한 열망으로 박해자들에게 자신을 내놓기까지 했다. 마침내 집정관 크리스피누스(Crispinus)가 율리아노를 사형에 처하라고 사람 한 명을 보냈다. 율리아노가 통지를 받자 즉시 뛰어나가 자신을 찾고 있던 사람 앞에 두려움 없이 자리 잡고 참수하는 칼을 맞이했다. 그 공격자는 거룩한 머리를 집어 들고 율리아노의 친구 성 페레올로(Ferreolus)에게 가서 그가 신들에게 제사를 드리지 않는다면 이와 같은 죽음을 받을 것이라고 협박했다. 페레올로는 거부했다. 그들은 페레올로를 사형에 처했고 그의 시신과 율리아노의 머리를 함께 묻었다. 여러 해가 지난 후 비엔(Vienne)의 주교 성 마메르토(Mamertus)가 페레올로의 손에 있는 성 율리아노의 머리를 찾았다. 그 머리는 마치 바로 그날 묻힌 것처럼 손상되지 않았고 상처가 없었다.

이 성인의 많은 기적 중에 종종 회자되는 한 가지가 있다. 한 부제가 성 율리아노 성당에 속한 양 몇 마리를 가지고 막 도망가려던 참이었고, 목동들은 성인의 이름으로 부제를 말리려고 했다. 부제는 "율리아노는 양을 먹지 않는다!"라고 응수했다. 그 후 오래지 않아 부제는 심신이 쇠약해지는 지독한 열병에 걸려 자신을 불태우고 있는 것은 그 순교자라고 시인했다. 그때 부제는 열을 식히려고 몸에 물을 끼얹었으나 몸에서는 즉시 자욱한 연기가 피어오르며 심한 악취가 났다. 이 광경을 본 사람들은 달아났고 부제는 곧 죽었다.

투르의 그레고리오(Gregorius Turonensis)는 말한다. 주일에 밭을 경작하던 한 농부가 있었는데, 쟁기를 잡은 손잡이에 오른쪽 손가락들이 꽉 붙어 굳었다고 한다. 그러나 2년 후, 성 율리아노 성당에서 기도했고 치유되었다.

성 율리오(Julius)의 형제인 또 다른 율리아노가 있었다. 두 형제는 최고의 그리스도인 황제 테오도시우스(Theodosius)에게 자신들이 발견하는 우상 신전들을 파괴하고 그리스도의 성당들을 건축할 수 있는 허가를 요청하러 갔다. 황제는 그들의 요청을 기꺼이 승인했고 모든 사람은 그들에게 복종하고 도와줘야 하며 위반하는 사람은 사형에 처한다는 명령을 내렸다. 그래서 거룩한 형제인 율리아노와 율리오는 가우디아눔(Gaudianum)이라고 불리는 장소에 성당 건축을 시작했으며 황제의 명령에 따라서 그 길을 지나가던 모든 사람이 그 일을 도왔다.

몇몇 남자가 수레를 끌고 지나가면서 말했다. "이곳에서 일을 하지 않고 지나가려면 무슨 변명을 해야 할까?" 그리고 결론을 내렸다. "우리 중 한 사람을 수레에 눕혀서 시트로 덮자. 그들에게 수레에 죽은 사람이 있다고 말하면, 우리가 그냥 지나가는 것을 허락할 것이다." 그래서 한 사람을 뽑아 "우리가 위기를 벗어날 때까지 눈 감고 죽은 사람처럼 누워있어라!"라고 말하며 수레에 태웠다. 그리고 "착한 사람들이여, 잠시 멈추고 여기서 우리를 도와주시오!"라고 말하는 하느님의 종 율리아노와 율리오에게 갔다. 그들: "저희는 마차에 죽은 사람을 싣고 있기에 여기서 멈출 수 없습니다." 복된 율리아노: "그런 거짓말을 우리에게 말해서 좋은 것이 뭐가 있겠습니까?" 그들: "어르신, 저희는 거짓말을 하고 있지 않습니다." 성 율리아노: "그렇다면 알겠습니다! 자네들이 말한 것처럼 될 것입니다!"

그 사람들은 황소 수레를 몰고 충분히 멀리 갔을 때 동료의 이름을 부르며 "이제 일어나서 황소를 몰아라, 앞으로 더 빨리 움직여야 해!"라고 말했다. 아무런 대답이 없자 동료를 쿡 찌르며 "장난 그만하고 나와서 네 일을 해야지!"라고 말했다. 여전히 아무런 대답이 없어 덮개를 벗겼고 죽은 동료를 발견했다. 그러자 모든 사람에게 두려움이 깊이 스며들었으며 그때부터 누구도 하느님의 종에게 감히 거짓말을 하지 않았다.

자신도 모르게 부모를 죽였던 또 다른 율리아노*가 있었다. 태어날 때부터 귀족인 이 율리아노가 젊었을 때, 어느 날 사냥 중에 수사슴을 뒤쫓기 시작했다. 갑자기 하느님의 뜻으로 수사슴은 고개를 돌려 그에게 말했다. "아버지와 어머니를 죽일 당신이 나를 죽이려고 뒤쫓고 있습니까?" 이를 듣고 수사슴에게서 들었던 일이 실제로 자신에게 일어날 수 있다고 두려워한 그는 모든 것을 남겨 두고 비밀리에 떠났다. 매우 먼 지방에 도착한 그는 한 왕자 밑에서 매우 대담하게 일을 하여 인정을 받았고, 그 왕자는 그에게 기사 작위를 주고 지참금으로 성(城)을 가진 귀족 출신의 과부와 결혼을 허락했다.

---

* 이 율리아노는 9세기 경의 인물로 추정되며, '율리아노 여관주인'(Julianus Hospitator)이라고 부른다. – 역자 주

그동안에 아들을 잃어버리고 큰 슬픔에 빠진 율리아노의 부모는 아들을 찾으러 모든 곳을 헤맸으며, 이윽고 율리아노가 살고 있는 그 성에 도착했다. 공교롭게도 율리아노는 부재중이었으나 그의 아내가 방문객에게 누구냐고 물었다. 그들은 아들에 대한 모든 것을 말했고, 그녀는 그들이 자기 남편의 부모임을 깨달았다. 아마도 배우자로부터 같은 이야기를 자주 들었기 때문일 것이다. 그녀는 진심으로 환영했고, 그들에 대한 사랑으로 자기 남편의 침대를 내주고 자신은 다른 방에서 잤다. 아침이 되어 그녀는 성당에 갔고 그 사이 집에 도착한 율리아노는 자신의 침실로 갔다. 자기 침대에서 자고 있는 두 사람을 발견한 율리아노는 그들이 아내와 그녀의 정부(情夫)라고 착각하고 조용히 칼을 꺼내어 죽였다. 그리고 그는 성을 떠났는데 성당에서 집으로 돌아오는 아내를 만났다. 놀란 그는 아내에게 자신의 침대에 있던 두 사람은 누구냐고 물었고, 그녀는 대답했다. "당신의 부모님입니다. 그분들은 아주 오랫동안 당신을 찾으러 다니셨습니다. 그래서 제가 우리 침대에서 쉬게 했습니다."

이 말에 율리아노는 비통하게 눈물을 흘리면서 말했다. "아, 슬프도다! 몹쓸 놈은 나다, 나는 이제 어떻게 해야 하는가? 나는 나의 사랑하는 부모님을 죽였다! 보아라. 나는 그 수사슴의 예언을 벗어나려고 열심히 노력했음에도 불구하고 이 끔찍한 방법으로 예언을 이행했다. 하지만 이제, 귀여운 아내여, 잘 있으시오! 나는 하느님께서 나의 보속을 받아들이심을 깨달을 때까지 쉴 수 없습니다." 아내가 응답했다. "사랑하는 여보, 당신을 버리거나 당신이 나 없이 떠나가도록 할 마음이 추호도 없습니다! 나는 당신의 기쁨을 나누었듯이 슬픔도 함께 나눌 것입니다!"

그들은 함께 떠났고 많은 사람의 생명을 위협하는 넓은 강에 이르렀다. 그들은 그곳에서 자신들의 보속을 성취할 수 있는 매우 큰 여관(hospitale)을 설립했다. 그리고 강을 건너길 원하는 모든 사람을 무사히 건너게 해주었고, 가난한 모든 사람을 친절하게 여관으로 받아들였다. 오랜 시간이 흘렀고 몹시 추운 어느 밤이었다. 몹시 지친 율리아노가 휴식을 취하고 있을 때, 몹시 슬픈 음성으로 운송을 구걸하는 애처로운 음성을 들었다. 재빨리 일어나 밖으로 나간 그는 추위로 거의 죽어가는 사람을 발견했고, 그 사람을 집 안으로 옮겨 불을 피워서 따뜻하게 해주려고 노력했다. 그러나 낯선 사람은 대답하지 않았고 율리아노는 그 사람이 죽을지도 모른다는 두려움에 자신의 침대에 눕히고 주의 깊게 보살폈다. 얼마 후에 거의 나병 환자처럼 보였던 병약한 그 낯선 사람은 반(半)공중에 화려하게 떠올랐고 집주인인 율리아노에게 말했다. "율리아노, 주님께서 당신의 보속을 받아들이셨고, 잠시 뒤에 당신들 둘 다 주님 안에서 휴식을 찾을 것임을 알려주라고 나를 보내셨습니다." 그 심부름꾼이 사라졌고 그 후 오래지 않아 선행과 자선을 채운 율리아노와 아내는 영원한 안식으로 들어갔다.

　마지막으로 가장 사악한 범법자이자 배교자인 다른 율리아누스(Julianus apostata)가 있었다. 이 율리아누스는 수도승이었고 신앙과 경건함을 과시했다. 스승인 요한 벨레토(Joannes Belethus)가 저서 《교회의 직무 대전(大全)》(Summa de officio ecclesiae)에서 전하는 바에 따르면, 한 여자가 세 개의 병에 금으로 채우고 이것을 감추기 위해 윗부분을 재로 채웠다. 그런 다음에 자신이 매우 거룩한 사람으로 여겼던 율리아누스에게 금 이야기는 하지 않은 채 그 병을 맡겼는데 그 자리에는 몇몇 수도승도 있었다. 그 병에서 다량의 금을 발견한 율리아누스는 금을 꺼낸 후 다시 재로 채웠다. 시간이 지난 후 그 여자가 맡긴 병을 되찾으려고 왔을 때, 그는 재로 가득 채운 병들을 돌려주었다. 그러나 그녀는 병 속의 금이 없어진 것을 알았지만, 금이 있었다고 말해 줄 증인이 없어서 그의 유죄를 입증할 수 없었다. 처음에 넘겨줄 때 참석했던 수도승들은 재 외에 아무것도 보지 못했던 것이다. 율리아누스는 그렇게 훔친 금을 가지고 로마로 달아났고, 금을 이용해서 집정관 직을 손에 넣은 후 결국 황제가 되었다.

　율리아누스는 어린 시절부터 자신에게 많은 기쁨을 주었던 마술을 배웠고, 그에게는 마술을 가르쳐준 많은 달인이 있었다. 우리는 《교회사 3부작》에서, 어느 날 그가 아이였을 때 그의 선생이 잠시 자리를 비워 홀로 있게 되자 악령들의 육화(肉化)를 읽기 시작했고 에티오피아 흑인처럼 보이는 악령들이 그 앞에 나타났다고 읽었다. 이것을 본 율리아누스가 즉시 십자성호를 긋자 모든 악령이 사라졌다. 그 선생이 돌아왔고 율리아누스가 이 일을 말하자, 그의 선생은 악령들은 그 표시를 특히 혐오하고 두려워한다고 설명했다.

　그가 황제에 올랐을 때 이것을 기억했다. 그리고 자신의 목적을 이루기 위해 마술을 사용하기로 결심한 그는 그리스도교 신앙을 버렸고 어디에서든지 십자가를 발견할 때마다 파괴했다. 그러지 않으면 악령들이 자신을 따르지 않을 거라고 생각해서 힘이 닿는 한 힘껏 그리스도인을 박해했다. 우리는 《교부들의 생애》(Vita Patrum)에서, 율리아누스가 페르시아를 침략했을 때 악령 하나에게 서방의 소식을 가져오라고 보냈다고 읽었다. 그 악령은 어떤 장소에 도착하였으나 한 수도승이 밤낮으로 기도하고 있어서 더 이상 가지 못하고 10일 동안 움직이지 못했다. 그 악령은 아무것도 성취하지 못한 채 돌아왔고 율리아누스는 악령에게 물었다. "왜 이렇게 늦었느냐?" 악령: "10일 동안 노천에서 기도하는 수도승으로 인해 지체됐습니다. 저는 그를 지나갈 수 없었기 때문에 빈손으로 돌아왔습니다." 화가 난 황제는 자신이 그곳에 가서 수도승에게 복수하겠다고 선언했다. 악령들이 율리아누스에게 페르시아에 대한 승리를 약속했기 때문에 그의 점쟁이는 몇몇 그리스도인에게 물었다. "너희는 목수의 아들이 오늘 무엇을 하고 있다고 생각하느냐?" 그리스도인들은 대답했다. "율리아누스를 위한 관(棺)을 만들고 있을 걸!"

우리가 성 바실리오(Basilius)의 역사에서 읽었고 샤르트르의 주교 풀베르토(Fulbertus)가 확인한 것처럼, 율리아누스가 카파도키아의 체사리아(Caesaream Cappadociae)까지 진격했을 때, 성 바실리오는 그에게 보리빵 네 덩어리를 선물로 보냈다. 기분이 상한 율리아누스는 그 빵 받기를 거부하면서 바실리오에게 "너는 동물 사료를 우리에게 제공했다. 네가 보냈던 것을 가져가라."라는 전갈과 함께 건초 한 묶음을 보냈다. 바실리오는 답신을 보냈다. "저희는 진실로 저희가 먹는 것을 당신에게 보냈습니다. 그러나 당신은 짐승이 먹는 것을 저희에게 주었습니다." 이것에 율리아누스는 화가 나서 응답했다. "내가 페르시아를 지배하게 되면, 나는 이 도시를 완전히 파괴하고 이 땅을 갈아엎을 것이며, '사람을 낳는' 곳이 아니라 '곡물을 낳는' 곳으로 불리게 할 것이다."

다음 날 밤에 바실리오는 성모 마리아 성당에서 많은 천사와 그 가운데 옥좌에 한 여자가 앉아 있는 환시를 보았다. 그 여자는 시종들에게 말했다. "빨리 메르쿠리오(Mercurius)를 불러주세요! 그는 무례한 교만으로 나와 내 아들을 신성 모독한 배교자 율리아누스를 처벌할 것입니다!" 메르쿠리오는 그리스도에 대한 믿음으로 율리아누스로부터 죽임을 당한 군인이었고 그 성당 안에 묻혔다. 그의 무기들이 근처에 보관되어 있었고, 성 메르쿠리오는 즉시 '차

렷' 자세를 취하여 싸울 준비를 하라는 그녀의 명령을 받았다. 바실리오는 즉시 성 메르쿠리오의 무덤과 그의 무기들이 보관된 곳에 가보았지만 시신뿐만 아니라 무기도 발견할 수 없었다. 바실리오는 경비원에게 무덤에서 무엇인가를 옮겼는지 물어보았지만, 경비원은 항상 지키고 있었고 그 장소에서 전날 밤에도 무기들을 보았다고 맹세했다. 바실리오는 집으로 돌아갔다가 아침에 다시 왔고, 평소의 자리에서 그 성인의 시신과 피로 뒤덮인 긴 창과 무기들을 발견했다.

그때 한 사람이 와서 다음과 같이 보고했다. "율리아누스 황제가 군대와 함께 있는 동안, 한 무명의 말을 탄 군인이 무기와 긴 창을 들고 율리아누스에게 용감하게 돌진하여 긴 창으로 그의 몸을 관통하여 지나갔고 다시 보이지 않았습니다." 아직 숨이 붙어 있던 율리아노는 (《교회사 3부작》에도 기록되어 있음) "갈릴래아 사람아, 당신이 이겼다!"라고 말하면서 피로 물든 손을 하늘로 쳐들었고 비참하게 이승을 하직했다. 그의 부하들이 그를 매장하지 않고 남겨 두었고 페르시아 사람들은 그의 피부를 벗겨 왕의 왕좌 방석에 덮었다.

탈선의 시기에 일어난
축일들에 대하여

부분적으로는 화해의 시기, 부분적으로는 교회가 그리스도의 탄생부터 칠순주일(七旬主日)까지로 대표하는 순례의 시기 안에서 일어난 축일들에 대해 이야기하는데, 이 장에서는 교회가 칠순주일부터 부활까지로 대표하는 탈선(脫線)의 시기 안에 일어난 축일들을 이야기할 것이다.

31

칠순시기^(칠순주일)

칠순시기(칠순주일, Septuagesima)는 탈선(脫線, Deviatio) 혹은 하느님을 외면하는 시기를, 육순시기(육순주일, Sexagesima)는 과부(寡婦) 상태의 시기를, 오순시기(오순주일, Quinquagesima)는 용서의 시기를, 사순시기(四旬時期, Quadragesima, Lent)는 영적인 보속의 시기를 가리킨다. 칠순시기는 입당송(入堂頌) "죽음의 슬픔이 저를 둘러쌌습니다."(Circumdederunt me gemitus mortis)가 노래되는 주일(主日)에 시작하고 부활 후 토요일에 끝난다.

우리가 스승인 요한 벨레토(Joannes Belethus)의 《교회의 직무 대전》(Summa de officio ecclesiae)에서 배웠듯이, 칠순시기는 세 가지 이유로 제정되었다. 첫 번째 이유는 보상(補償)을 하기 위해서였다. 거룩한 교부(敎父)들은 우리 인간 본성이 하늘로 올라가 천사들의 합창단보다 위로 들리는 그날, 주님 승천의 날에 합당한 경의를 표하기 위해 목요일은 항상 장엄한 거룩한 날로 다뤄져야 한다고 선언했다. 그날에 어떤 단식도 준수되지 않아야 할 것이다. 정말로, 원시 교회에서 목요일은 주일과 똑같이 기념되었고, 제자들이나 천사들의 행렬을 상징하고자 엄숙한 행렬을 거행했다. 그 점에서 과거에 목요일은 정말 봉헌된 날이었기 때문에 "목요일은 주일의 조카이다."라는 속담이 있었다. 그러나 성인들의 축일이 추가되면서 많은 축일을 기념하기가 부담스러웠다. 그래서 목요일을 엄숙히 거행하는 것은 폐기되었다. 거룩한 교부들은 보상으로 사순시기 전에 금욕(禁慾)의 일주일을 덧붙였고 '칠순시기'라고 불렀다.

칠순시기 제정의 두 번째 이유는, 이 절기는 아담부터 세상의 끝날까지 인류가 탈선하고 하느님을 외면하여 시작된 유배와 고난의 시기를 의미하기 때문이다. 이 유배는 70일의 기간으로 확장되었고 7천 년의 경과 안에 포함된다. 우리는 70일이 7천 년을 나타내는 것으로 이해한다. 우리는 세상의 시작부터 주님의 승천까지 6천 년을 계산하고, 세상의 끝 날까지 남은 시간을 일곱 번째 천 년으로 이해한다. 그것이 언제 끝날 것인지 오직 하느님만이 아신다.

그리스도의 세례가 우리를 유배지에서 해방시키고 무죄함의 옷을 입혀주고 영원한 상급을 받을 수 있다는 희망을 준 것이 세상의 여섯 번째 시대였으나, 우리의 유배 기간이 끝나면 우리는 둘 다의 예복으로 완벽하게 영광을 받을 것이다. 그렇기에 이 탈선과 유배의 시기에 우리는 기쁨의 성가를 멀리 했다. 그러나 부활 전야의 시간 전례에서 우리는 영원한 고향에 대한 희망과 그리스도를 통한 세상의 여섯 번째 시대에 무죄함의 예복으로의 회복에 대한 감사를 표현하면서 한 번의 알렐루야를 노래한다. 이 알렐루야에는 우리가 여전히 하느님의 명령을 수행해야 하는 임무를 나타내는 영송(詠誦, tractus)*이 이어진다. 이 세상의 기간이 완료되었을 때 우리는 영광의 이중(二重) 예복을 얻을 것이기 때문에, 칠순시기를 끝내게 해줄 부활 대축일 후 토요일에 우리는 두 번의 알렐루야를 노래한다.

칠순시기의 준수에 대한 세 번째 이유는 이스라엘 자손들이 바빌론에서 포로생활을 했던 70년을 의미한다. 그때 그들은 자신들의 수금(竪琴)**을 끊고 "우리 어찌 주님의 노래를 남의 나라 땅에서 부를 수 있으랴?"(시편 137, 4)라고 말했다. 그래서 우리는 칠순시기에 우리의 찬양 노래들을 제쳐둔다. 그러나 그 다음 60년이 되던 해 키루스(Cyrus)가 집으로 돌아가도록 그들에게 허가했을 때, 그들은 기뻐하기 시작했고, 우리는 성 토요일에 60년이 되던 해였던 것처럼 그들의 기쁨을 상기하면서 알렐루야를 노래한다. 그러나 그들은 귀환 준비를 하고 자신들의 짐을 함께 가지고 가려고 열심히 일을 해야 했고, 우리는 그 노동을 회상하려고 영송에 알렐루야를 덧붙였다. 그런 다음 부활 후 토요일, 칠순시기의 마지막 날에 우리는 알렐루야를 두 번 부르는데, 이것은 그들이 고향에 도착하였을 때의 충만한 기쁨을 상징한다.

이스라엘 백성의 포로와 유배시기는 우리 자신의 순례시기를 대표한다. 왜냐하면, 그들이 60년 되던 해에 해방되었던 것처럼, 우리는 세상의 여섯 번째 시대에 자유롭게 되었기 때문이다. 그리고 그들이 자신의 꾸러미를 준비하기 위해 열심히 일했던 것처럼, 우리도 자유로워진 채로 계명을 이행하려고 수

---

* 이 영송(詠誦)은 시편을 노래하였거나 전례력에서 어떤 참회의 날들에 알렐루야를 대체하면서 미사 중에 낭송하였던 연(聯)으로 구성된다.
** 히브리인들이 최초로 사용했던 현악기의 한 종류. 일반적으로 7현 악기가 사용되었는데, 음역을 넓히려고 30현까지 확장하기도 했다. 비파와 함께 하느님께 예배드릴 때, 절기나 축제 등에, 전쟁 승리를 기념할 때 사용되었다. – 역자 주

고해야 한다. 그러나 우리가 참된 고향으로 가게 될 때, 모든 노동은 중지될 것이고, 우리의 영광은 완전해질 것이며, 우리는 몸과 마음으로 이중의 알렐루야를 노래할 것이다.

그러므로 이 유배의 시기에 많은 문제로 짓눌려 절망에 빠졌던 교회는 전례 안에서 "죽음의 슬픔이 나를 둘러쌌다."라고 말하면서 깊은 탄식으로 울부짖었다. 따라서 교회는 스스로 초래했던 고통, 교회에 가했던 이중의 처벌, 일부에 의해 행해진 나쁜 행동 때문에 교회가 견뎠던 많은 고난을 묘사했다. 그런데도 절망으로부터 교회를 구하려고 세 가지 치료약과 세 가지 보상이 복음과 서간에서 모두 제공되었다.* 만일 교회가 고난에서 완전히 해방되기를 원한다면 다음과 같이 해야 한다. 즉 교회는 악덕과 죄악을 잘라내는 영혼의 포도밭에서 일해야 한다. 또 현세의 경주에서 교회는 보속의 일을 하면서 달려야 한다. 그 다음, 교회는 악마의 모든 시련에 대항해서 투쟁하고 충실히 싸워야 한다. 만일 교회가 이 처방을 따른다면, 노동자에게 하루의 임금이, 경주자에게는 상이, 전사에게는 왕관이 주어질 것이기 때문에, 교회는 삼중의 보상을 받을 것이다.

다시 말하면, 칠순시기는 우리 자신의 유배기간을 의미하므로, 보속을 행하고 악으로부터 도망치고 악마의 모든 시련에 대항하여 싸우고 악의 유혹을 이겨내면 그 보상으로 우리는 유배에서 해방된다.

32

육순시기(육순주일)

육순시기(육순주일, Sexagesima)는 입당송 "깨어나소서, 주님, 어찌하여 주무십니까?"(Exsurge, quare obdormis domine)(시편 44, 24)를 노래하는 주일에 시작하며, 부활 후

---

* 씨뿌리는 사람의 비유인 마태오복음 13장 23절에 대해 주석가들은, 공로의 다른 등급에 따라 100배의 수확량은 동정녀들에게, 60배는 과부들에게, 그리고 30배는 부인들의 것이라고 보았다.

수요일에 끝난다. 육순시기는 보상, 표징, 표상으로서 도입되었다.

첫째, '보상으로서'이다. 교황 멜키아데(Melchiades)와 성 실베스테르(Silvester)는 1년 내내 단식일인 금요일에 음식에 대한 절제로 인해 사람의 체질이 약해질 것을 우려하여 매주 토요일에 두 끼를 먹어야 한다고 선언했다. 그러므로 이 시기의 토요일을 보상하려고 교황들은 사순시기 전에 일주일을 덧붙였고 육순시기(육순주일)라고 불렀다.

둘째, '표징으로서'이다. 60일은 교회의 과부(寡婦) 상태의 시기와 배우자의 부재(不在)에 대한 비탄을 의미한다. 왜냐하면, 작물의 60분의 1은 과부에게 주어지기 때문이다.* 하늘로 데려간 배우자의 부재 때문에 과부가 된 교회를 위로하려고 두 개의 날개, 즉 자비의 여섯 가지 일의 실행과 십계명의 수행이 교회에 주어졌다. 이제 육순시기는 60(6×10)을, 6은 자비의 여섯 가지 일을 나타내고 10은 십계명(十誡命)을 나타낸다.

셋째, '표상으로서'이다. 육순시기는 과부 상태의 시기뿐만 아니라 우리 구원의 신비를 의미한다. 10이란 숫자는 10번째 드라크마(drachma)**인 사람을 의미한다. 사람은 9품천사(九品天使)의 붕괴를 보완하기 위해 창조되었기 때문이다. 또한, 10은 사람의 몸이 네 가지 기질로 구성되어 있고, 사람의 영혼 안에서는 가장 복되신 삼위일체를 섬기기 위해 만들어진 세 가지 능력, 즉 기억, 지성, 의지가 있기 때문에 우리는 세 위격 안에서 충실히 믿고, 열렬하게 그분들을 사랑하며, 항상 기억 속에 그분들을 간직할 수 있다. 숫자 6은 사람, 즉 10을 통해 구원받는 여섯 가지 신비를 대표한다. 그것은 그리스도의 육화, 탄생, 수난, 저승에 내려감, 부활, 하늘로의 승천이다.

자비를 실행하였던 사람들은 (그리스도가 직접 증언하였던 것처럼) 그 문이 신부(新婦)인 교회에게 열려 있고, 교회는 배우자의 포옹에 즐거워할 때 이 말씀을 들을 것이기 때문에, 육순주일은 그날의 입당송이 "와라, 내 아버지께 복을 받은 이들아"(Venite benedicti Patris mei)(마태 25, 34)인 부활 후 수요일까지 연장

---

* 씨뿌리는 사람의 비유인 마태오복음 13장 23절에 대해 주석가들은, 공로의 다른 등급에 따라 100배의 수확량은 동정녀들에게, 60배는 과부들에게, 그리고 30배는 부인들의 것이라고 보았다.

** 37장 "복되신 동정녀 마리아의 정화"에서 야코부스(Jacobus)는 "10드라크마는 사람을 상징하기 때문에" 십일조는 (여기서는 10분의 1이라 불렸다) 구원받은 사람과 동일시하였다고 언급하였다.

된다.

육순주일을 위한 미사의 서간(書簡)에서 교회는 배우자의 부재로 인한 자신의 시련을 인내심 있게 참음으로써 바오로의 모범을 닮으라는 충고를 받는다. 복음에서 교회는 선행의 씨를 뿌리는 데 인내심을 갖도록 고무된다. 절망에 빠진 교회는 울부짖었다. "죽음의 슬픔이 나를 둘러쌌구나" 이제, 다시 교회 자신을 통제하면서 "깨어나소서, 주님, 어찌하여 주무십니까? 잠을 깨소서, 저희를 영영 버리지 마소서! 어찌하여 당신 얼굴을 감추십니까? 어찌하여 저희의 가련함과 핍박을 잊으십니까? 정녕 저희 영혼은 먼지 속에 쓰러져 있으며 저희 배는 땅바닥에 붙어 있습니다. 저희를 도우러 일어나소서. 당신 자애를 생각하시어 저희를 구원하소서."(시편 44, 24~27)라고 말하면서 시련 중에 도움을 청하기 위해서, 교회의 문제로부터 자유롭게 되기 위해서 기도했다. 이 입당송에서 교회는 "일어나소서!"를 세 번이나 반복한다. 교회 안에는 역경으로 탄압받지만 낙담하지 않는 사람들이 있다. 탄압받고 낙담하는 사람들도 있다. 반면에 탄압받지도 않고 낙담하지도 않는 사람들은 참아야 할 역경이 없고 번영으로 인해 무너질 수 있기 때문에 위험에 처해 있다. 그러므로 교회는 주님께서 잠에서 깨어나 첫 번째 무리를 강화할 것을 요청한다. 왜냐하면, 주님은 역경에서 그들을 구하지 않음으로써 잠자는 것처럼 보이기 때문이다. 두 번째 무리를 변화시켜 달라고 주님께 요청한다. 왜냐하면, 그분이 그들에게서 얼굴을 돌리고 어떻게든 그들을 버린 것처럼 보이기 때문이다. 세 번째 무리를 돕고 그들을 자유롭게 하기 위해 주님께 요청한다.

····✦······ 33 ······✦····

오순시기(오순주일)

오순시기(오순주일, Quinquagesima)는 입당송 "이 몸 보호할 반석되시고"(Esto mihi in Deum protectorem)(시편 31, 3ㄴ)가 있는 주일부터 부활 대축일까지 이어진다. 오순시기는 하나의 완료, 하나의 표징, 하나의 표상으로서 제정되었다.

하나의 완료로서, 우리는 그리스도가 하였던 것처럼 40일 동안 단식을 해야 한다. 그러나 사순시기에는 주일에 단식하지 않기 때문에 단지 36일의 단식일이 있다. 주일은 주님의 부활에 대한 우리의 기쁨뿐만 아니라 존경을 표시하고, 죽은 사람들로부터 부활한 당일에 음식을 두 번 드셨던 (한번은 그분이 제자들에게 갔을 때 문들이 닫혀 있었지만, 제자들은 그분에게 구운 생선한 조각과 꿀송이 하나를 제공했고, 일부 사람들이 말하는 것처럼 다시 엠마오(Emmaus)로 가는 두 명의 제자와 함께) 그리스도의 모범을 따르기 위해 면제되었다. 따라서 주일을 보완하기 위해 4일의 단식일이 사순시기 전에 첨가되었다. 그러자 성직자는 사제 서품으로 백성보다 앞서는 것처럼 거룩함으로도 신자들보다 앞서야 한다고 생각하고 추가된 4일에 더하여 이틀을 더 단식하고 자제하기 시작했다. 따라서 한 주간 전체가 사순시기 앞에 추가되었고 오순시기라고 불렸으며, 암브로시오가 말한 것처럼 교황 텔레스포로(Telesphorus)가 이를 공식화했다.

두 번째로, 오순시기는 면죄의 시기, 즉 모든 것이 용서받는 보속의 절기를 의미한다. 매 50년은 모든 빚이 면제되었고, 노예들이 자유의 몸이 되었고, 모든 사람이 자기 재산을 회복했기 때문에 희년(禧年, Jubilaeum), 면죄의 시기였다. 이것은 보속에 의해 죄가 없어졌고 모든 사람이 악마의 노예에서 해방되었고 천국에 내자리가 다시 생겼음을 의미했다.

세 번째로, 표상으로서 오순시기는 면죄의 시기뿐만 아니라 지복(至福)의 상태도 나타낸다. 50년째 해에 노예들은 해방되었고 부활 후에 성령을 보내셨다. 숫자 50은 지복, 즉 자유의 수령, 진리의 지식, 자선의 완전함을 나타낸다.

오순주일의 서간과 복음은 완벽한 보속 행위를 위해 필요한 세 가지, 즉 서간에서 제안된 자선, 수난의 암시, 장님의 시력을 회복시킴에서 이해되었던 믿음이 우리의 관심을 끈다. 이것은 복음 안에서 제시된다. 믿음 없이 하느님을 기쁘게 하는 것은 불가능하기 때문에, 믿음 그 자체는 일을 받아들일 수 있게 하고 하느님을 달래게 만든다. 그리고 우리 주님 수난의 기억은 보속을 쉽게 만든다. 이런 이유로 그레고리오는 말했다. "만일 그리스도의 수난이 기억 속에 머물러 있다면, 영혼의 평온 안에서 못 견딜 것은 아무것도 없습니다." 자선은 그레고리오가 말한 것처럼, 하느님의 사랑은 게으르지 않기 때문에 보속을 계속해서 해야 한다. 만일 사랑이 있다면 위대한 업적을 초래하고, 만일 어떤 일도 다가오지 않는다면, 그곳에는 사랑이 없다.

그래서 시작 때처럼 교회는 거의 절망하여 소리쳤다. "죽음의 슬픔이 나를 에워쌌다." 그리고 후에 교회 스스로 회복되고 도움받기를 애걸했고, 이제 교회의 신뢰가 재건되었고 용서받을 수 있다는 희망이 이 보속을 통해 활기를 되찾았으며, 교회는 "보호자이시고 피난처이신 하느님, 저에게로 오셔서 저를 구하소서. 당신만이 저희 힘이시고 저의 피난처가 되시고 당신 이름의 유익을 위하여 당신께서는 저를 이끌고 저를 기르실 것이기 때문입니다."라고 기도한다. 여기서 교회는 네 가지 은혜, 즉 보호, 힘, 피난처, 인도를 요청한다. 교회의 모든 자녀는 은총 상태 혹은 죄의 상태, 역경 또는 번영에 있다. 교회는 은총 안에 있는 사람들을 위해 그들이 은총 안에서 확신을 얻을 수 있도록 힘을 달라고 기도한다. 교회는 죄를 지은 사람들을 위해 하느님께 자신들의 피난처가 되도록 기도한다. 그리고 교회는 번영하는 사람들을 위해 하느님이 그들이 재물을 무고하게 사용하도록 인도해주길 기도한다.

우리가 말했던 것처럼 보속은 우리가 새로운 삶에 잘 대처하도록 만들기 때문에, 오순 주일은 부활 주일에 끝난다. 오순시기 동안 시편 50편, 미세레레(Miserere)가 빈번히 낭송된다.

34

사순시기

사순시기(Quadragesima)를 위해 사순의 첫 번째 주일에 입당송 "나를 부르면 나그에게 대답하고"(Invocavit me)(시편 91, 15 참조)가 불려진다. 매우 많은 고난으로 짓눌렸던 교회는 "죽음의 슬픔이 나를 둘러쌌다."라고 외쳤고, 그 후에 숨을 고르면서 "일어나소서, 오 주님" 그리고 "저에게 보호자 하느님이 되소서."라고 말하며 도움을 청했다. 이제 교회는 자신이 들었던 것을 "그는 나에게 외쳤고 나는 그의 얘기를 들은 적이 있다."라고 말하면서 보여준다. 그러나 사순시기는 주일을 포함하여 42일이지만 6개의 주일을 빼면 단지 36일의 단식일이 남음을 유의하자. 1년은 365일이고 36일은 이 중 10분의 1이기 때문에, 이 날의 수는 한 해의 10분의 1에 이른다. 그러나 구세주가 사막에서 자신의 단식으로 축성하였던 수인 40일의 거룩한 수를 채우기 위해 첫 번째 주일에 앞선 4일을 추가했다.

우리가 이 날들의 숫자만큼 단식을 준수해야 하는 이유가 세 가지 있다. 아우구스티노에 의해 주어진 첫 번째는, 마태오는 그리스도의 오심으로 이어지는 40세대(世代)를 가졌다는 것이다. "이런 취지로 주님은 40세대를 통해 우리에게 내려왔고, 우리는 단식의 40일을 통하여 그분에게로 올라가야 할 것입니다." 아우구스티노는 또 다른 설명을 덧붙인다. "우리가 50일에 이르기 위해서는 40일에 10일을 더해야 합니다. 왜냐하면, 우리의 복된 휴식을 얻기 위해서는 현세 내내 수고해야 하기 때문입니다. 이런 이유로 주님은 제자들과 함께 40일 동안 머무셨고, 10일 후에 보호자(Paracletus) 성령을 보냈습니다."

스승인 프레포시티보(Praepositivus)는 저서 《직무 대전》(Summa de officio)에서 "세상은 네 부분으로, 1년은 네 계절로 나뉘어 있습니다. 사람은 네 가지 요소와 네 가지 양상으로 구성되어 있습니다. 그리고 우리는 네 복음서로 구성된 새로운 법과 십계명이 담긴 옛 법을 위반했습니다. 그렇다면 마땅히 4에 10을 곱해서 40을 만들고, 이승의 시간 동안 내내 구법(舊法)과 신법(新法)의 계명을 이행해야 합니다. 우리가 말한 바와 같이 우리의 몸은 네 가지 요소로 구성되어 있고, 이를테면 우리 안에 네 가지 '자리'를 갖고 있습니다. 불은 대부분 눈 안에, 공기는 혀와 귀에, 물은 생식기 안에, 땅은 손과 다른 기관(器官)들 안에 있습니다. 그래서 호기심은 눈에서, 상스러움은 혀와 귀에서, 감각적인 쾌락은 생식기에서, 잔인함은 손과 다른 기관들에서 머뭅니다. 복음 안에서 세리 [稅吏]는* 이 네 가지 모두를 고백했습니다. 그는 마치 '저는 감히 더 가까이 갈 수 없습니다. 주님, 저의 악취가 당신의 콧구멍에 닿지 않게 하소서.'라고 말하는 것처럼 악취가 나는 자신의 육욕을 고백하고 멀리 떨어져 서 있었습니다. 그는 이렇게 하여 자신의 호기심을 고백하면서 자기 눈을 하늘로 들어 올

---

* 이때의 세리는 루카 복음 18장 10-14절에서 언급된 내용에 따른 것이다. - 역자 주

리지 않았습니다. 그는 잔인함을 고백하면서 자기 손으로 자기 가슴을 쳤습니다. '하느님, 죄인인 저에게 자비를 베푸소서.'라고 말했을 때, 그는 '죄인은 종종 어릿광대, 악의적인 동료, 아니면 호색한이라고 불렸기 때문에 자신의 악의적인 행동을 스스로 고발하였습니다.'"라고 말하면서 세 가지 이유를 제공했다. 여기까지는 프레포시티보의 말이다.

또한, 그레고리오는 자신의 강론 중 하나에서 세 가지 이유를 제의했다. "십계명의 힘이 거룩한 네 복음서를 통하여 충만해지지 않는 한, 왜 숫자 40이 단식을 위해 유지되고 있겠습니까? 더욱이 우리는 언젠가는 반드시 죽을 이 몸 안에서 네 개의 요소에 의해 존속되고, 우리는 몸에 탐닉함으로써 주님의 계명을 어깁니다. 그러니 우리는 육체적 욕망에 굴복하여 십계명의 계명을 위반하고 있기 때문에, 우리는 4×10 이상 육체를 크게 책망해야 하는 것은 옳습니다. 또 사순시기 주일부터 부활 대축일까지 6주간 42일이고, 그중 6번의 주일이 단식으로부터 제외되기 때문에 단식을 하는 36일이 남습니다. 이제 1년 365일이고, 그래서 우리는, 말하자면 하느님께 올해의 10분의 1을 드리고 있습니다." 이것은 그레고리오의 말이다.

우리는 왜 그리스도가 단식했던 같은 시간에 단식을 하지 않는가? 그분은 세례를 받은 후에 즉시 단식을 시작하였으나, 우리는 오히려 부활 대축일과 우리를 연결시킨다. 스승인 요한 벨레토(Joannes Belethus)는 《교회의 직무 대전》(Summa de officio ecclesiae)에서 이것을 위한 네 가지 이유를 지적했다. 첫 번째는 그리스도는 우리를 위해 고통받았고, 만일 우리가 그분과 함께 부활하기를 원한다면 그분과 함께 고통받아야 한다는 것이다. 두 번째는 우리가 이스라엘 백성을 본받는다는 것이다. 언젠가 그들이 이집트로부터, 다시 바빌로니아로부터 탈출했을 때, 그들은 파스카를 거행했고, 그러므로 우리는 그들을 본받고 있음을 입증하는 파스카(Pascha)를 기념했다. 그래서 또한 그들의 모범을 따르면서 우리가 이집트와 바빌로니아로부터, 즉 이 세상으로부터 마땅히 탈출하고 우리의 영원한 유산의 땅으로 마땅히 들어가기 위해 이때 단식한다. 세 번째 이유는 욕정의 불이 봄에 좀 더 뜨겁게 타오르기 때문이며, 육신의 갈망을 진정시키기 위해 이 계절에 우리의 가장 긴 단식을 한다. 그리고 네 번째로 단식을 마친 후에 우리는 즉시 주님의 몸을 받아야 한다. 이스라엘 백성이 파스카 양을 먹기 전에 야생의 맛이 쓴 상추를 먹음으로써 스스로를 질책했던 것처럼, 우리도 보속을 함으로써 생명의 어린 양을 먹기에 합당한 자가 되어야 한다.

···✦ 35 ✦···

사계의 단식

사계(四季, Quattuor tempora)의 단식은 교황 갈리스토(Callistus)에 의해 도입되었고 1년의 네 절기에 따라서 1년에 4번 준수되었다. 이 관행에는 많은 이유가 있다. 첫 번째 이유는 봄은 따뜻하고 습하며, 여름은 뜨겁고 건조하며, 가을은 서늘하고 건조하며, 겨울은 춥고 습하다. 그러므로 봄에는 우리 안에 있는 관능적인 해로운 체액을 통제하기 위해, 여름에는 탐욕의 해로운 열기를 완화하려고, 가을에는 교만의 건조함을 누그러뜨리려고, 겨울에는 악의(惡意)의 냉담함과 믿음의 부족을 극복하려고 단식한다.

단식의 이런 네 주기(週期)에 대한 두 번째 이유는 첫 번째가 3월, 즉 사순시기의 첫 번째 주에 찾아온다. 그래서 우리 안에 있는 악덕이 완전히 소멸되지 않고 시들고 덕의 씨앗이 싹이 날 수 있다. 두 번째 단식은 성령강림 주간인 여름에 찾아온다. 왜냐하면, 성령이 그때 오고 우리는 성령 안에서 당연히 열렬해야 하기 때문이다. 9월에는 성 미카엘의 축일 전에 단식한다. 왜냐하면, 그때 땅의 열매가 수확되고 우리는 선행(善行)의 열매를 하느님에게 봉헌해야 하기 때문이다. 네 번째 단식은 12월에 온다. 그때에는 풀이 죽고 우리도 세상에 대해 죽어야 하기 때문이다.

세 번째 이유는 우리가 유다인을 본받기 위해서 단식한다는 것이다. 그들은 1년에 4번, 즉 파스카 전에, 그들의 오순절 전에, 9월의 초막절(草幕節) 전에, 12월의 성전 정화 기념 축제 전에 단식한다.

네 번째 이유는 사람은 몸에 관한 네 가지 요소와 영혼에 관해서는 이성적, 탐욕적, 화를 잘 내는 3가지 힘으로 구성되어 있다는 점이다. 우리 안에 있는 이런 요소와 힘을 제어하기 위해, 우리는 1년에 4번 3일 동안 단식하는데, 4라는 숫자는 몸에, 3이라는 숫자는 영혼이다. 이 이유는 스승인 요한 벨레토(Joannes Belethus)에 의해 제안되었다.

다마스쿠스의 요한(Johannes Damascenus)에 의해 언급된 것처럼, 다섯 번째 이유는 봄에 혈기, 여름에는 담즙, 가을에는 우울증, 겨울에는 가래가 증가한다는 것이다. 그러므로 다혈질적인 사람은 호색적이고 변덕스럽기에 봄에 우리 안에 있는 강한 성욕과 무의미한 쾌락을 약화시키려고 단식한다. 여름에 화를 잘 내는 사람은 자연적으로 고약한 성질과 기만이 강해지기 때문에, 격분함과 허위성을 약화시키려고 단식한다. 우울함은 자연스럽게 탐욕적이고 음울하기에, 가을에 탐욕과 낙담을 약화시키려고 단식한다. 가래가 많은 사람은 따분하고 나태한 천성으로 있기에, 겨울에 우리의 단식은 나태함과 게으름의 가래를 줄인다.

여섯 번째 이유는 봄은 공기에, 여름은 불에, 가을은 땅에, 겨울은 물에 비유되는 것이다. 그래서 봄에 우리의 기고만장함과 교만을 길들이려고, 여름에는 끝없는 욕망과 탐욕의 불을 끄려고, 가을에는 영적인 냉담과 어두운 무지(無知)의 땅을 극복하려고, 겨울에는 우리의 경솔함과 변덕스러움의 물을 활용하려고 단식한다.

일곱 번째 이유는 봄은 아동기, 여름은 청소년기, 가을은 성인기 혹은 인생의 전성기, 겨울은 노년기에 연관되어 있다는 것이다. 따라서 봄에 어린이의 천진난만함을 유지하기 위해, 여름에는 순결한 삶을 살면서 힘을 기르려고, 가을에는 지조로 젊고 정의로 원숙함을 성장시키려고 단식한다. 겨울에 단식을 통해 노인처럼 신중하고 고결하게 성장하고자 노력하고, 더 정확히 말해서 초기에 하느님에게 했던 모든 범죄행위에 대해 속죄하려고 노력한다.

오세르의 귈렐모(Guillaume d'Auxerre, Guillelmus Altissiodorensis)는 우리에게 여덟 번째 이유를 주었다. 우리는 같은 네 계절에 우리의 실패에 대해 속죄하려고 1년에 4번 단식한다. 뿐만 아니라, 매월 저질렀던 잘못에 대해 하루 사이에 속죄하려고 3일 동안 단식한다. 우리는 수요일에 유다가 주님을 배반했기 때문에, 금요일에 그리스도가 십자가에 못 박혔기 때문에, 토요일에 그리스도는 무덤에 누워있었고 사도들은 스승의 끔찍한 죽음을 한탄했기 때문에 단식한다.

성 이냐시오

이냐시오(Ignatius)라는 이름은 "하느님의 사랑으로 불타오른다"를 의미하는 '이넴 파티엔스'(ignem patiens)에서 유래되었다.

이냐시오는 성 요한의 제자였고 안티오키아의 주교였다. 그는 성모 마리아에게 다음과 같이 편지를 썼다고 한다. "그리스도의 전달자인 마리아께, 당신의 이냐시오가. 요한의 제자인 저는 당신의 예수에 대해 많은 것을 배우면서 그 경이로움에 말문이 막혔습니다. 예수와 친밀했고 그분의 비밀을 공유한 당신에게서 제가 배운 것들에 대한 확신을 받고 싶은 소망이 있습니다. 잘 지내시길 빕니다. 그리고 저와 함께 있는 초보자들이 믿음 안에서, 당신에 의해, 당신을 통해, 당신 안에서 강해지도록 해주십시오." 성모 마리아, 하느님의 어머니는 다음과 같이 대답했다. "예수 그리스도의 겸손한 여종이 사랑하는 동료 제자 이냐시오에게. 당신이 요한으로부터 듣고 배운 것은 진실입니다. 그 진실을 믿고 지키는 그리스도인으로서의 헌신을 확고히 수행하며 당신의 삶과 행동을 형성하십시오. 나는 요한과 함께 당신을 방문하러 갈 것입니다. 꿋꿋이 서서 믿음 안에서 대담하게 하십시오. 박해의 고난에 흔들리지 말고, 하느님 안에서 당신의 영혼이 강하고 행복하기를 바랍니다. 아멘."

철학에서 탁월하고 하느님에 대한 지식에서 으뜸갔던 사도 바오로의 제자 디오니시오(Dyonisius)는 복된 이냐시오를 매우 존경했으며 이냐시오의 작업을 자신의 가르침을 확증해주는 권위 있는 것으로 인정했다. 디오니시오는 저서 《신명론》(神名論, De divinis nominibus)에서 하느님과 관련하여 아모르라는 이름 사용을 거부하는 일부 사람들의 견해에 대해 '딜렉시오'(dilectio, agape)가 '아모르'(amor, eros)보다 더 신성하다고 말한다. 디오니시오는 명사이자 이름인 '아모르'가 하느님에 관련된 모든 것에 사용할 수 있음을 보여주길 원하면서, "하느님의 이냐시오는 '내 사랑(amor meus)이 십자가에 못 박히셨다.'*라고 썼습니다."라고 말한다.

《교회사 3부작》에는 이냐시오가 천사들이 산 위에 서서 따름노래(antiphona)를 노래하는 것을 들었다고 전한다. 그 결과, 이냐시오는 따름노래를 교회에서 노래하고 따름노래에 따라 시편을 읊조릴 수 있는 규칙을 만들었다.

복된 이냐시오는 자신을 위해서가 아니라 나약한 그리스도인들이 박해 받을 것을 두려워하여 교회의 평화를 위해 오랫동안 기도했다. 그래서 서기 100년에 집권했던 트라야누스(Trajanus) 황제가 동방에서의 전쟁을 승리하고 돌아와 모든 그리스도인을 죽이겠다고 위협했을 때, 이냐시오는 황제에게 자신이 그리스도인이라고 공개적으로 선언했다. 트라야누스는 열 명의 군인을 시켜 이냐시오에게 쇠사슬을 채워 로마로 데려가라고 명령했다. 또한, 황제는 로마에서 이냐시오가 야수(野獸)에게 산 채로 잡아먹힐 것이라고 경고했다. 이냐시오는 로마로 가는 도중에 그리스도에 대한 믿음 안에서 신자들을 강하게 하려고 모든 교회에 편지를 썼다. 이냐시오가 로마의 신자들에게 보낸 편지에는 자신의 순교를 방해하지 말 것을 요청했다고 《교회사》에서 전하고 있다. 이 편지에서 그는 말했다. "시리아에서 로마까지 밤낮으로 육지와 바다를 건너며 짐승들과 싸우고 있습니다. 사슬에 묶인 채 표범처럼 포악한 열 명의 군인에 끌려가고 있습니다. 관대하게 대할수록 군인들은 더 사나워질 뿐이지만, 그들의 사악함을 통해 저는 더 많이 배웁니다. … 오! 저를 위해 준비된 짐승들이여! 언제 올 것인가? 언제 그 짐승들을 풀어줄까? 언제 그들이 저의 몸을 맘껏 먹도록 허락될 것인가? 짐승들이 저를 집어삼키도록 초대할 것입니다! 저는 다른 사람들처럼 두려워하지 않고 어서 시작하라고 간청할 것입니다. 그들에게 저 자신을 던질 것입니다! 로마 사람들이여, 용서하십시오, 제발 부탁합니다! 저에게 가장 좋은 것이 무엇인지 압니다. 불, 십자가, 야수, 흩어진 내 뼈들, 사지가 찢기고 살이 뼈에서 찢겨지는 것, 악마의 모든 고문이 저에게 쌓이는 것입니다. 제가 그리스도를 얻을 수만 있다면!"

로마에 도착한 그가 트라야누스 앞에 끌려갔을 때, 황제가 물었다. "이냐

---

* 그리스어 아가페(agape)와 에로스(eros)의 차이, 그리고 라틴어 딜렉시오(dilectio) 혹은 카리타스(caritas)와 아모르(amor)의 차이는, 모든 이 말들이 "사랑"(love)으로 번역되어서 영어에서는 나타나지 않았다. (DN 4. 12, 708 B-C)에 인용하였던 구절에서 디오니시오는 거룩한 작가들(the sacred writers)이 딜리고(diligo)와 딜렉시오, 그리고 아모(amo)와 아모르를 같은 의미로 사용하였다고 주목하였다. (cf. Pseudo-Dionysius, *The complete Works* [New York: Paulist Press, 1987], p. 81)

시오, 당신은 왜 안티오키아에서 반란을 선동하였느냐? 왜 나의 백성들을 그리스도교로 개종시키려고 노력하였는가?" 이냐시오: "저는 당신이 모든 것의 가장 높은 으뜸을 소유할 수 있도록 당신도 개종시키려고 할지 모릅니다." 트라야누스: "네가 나의 신들에게 제사를 바친다면 너는 모든 신관의 일인자가 될 것이다!" 이냐시오: "저는 당신의 신들에게 제사를 지낼 수 없고 높은 지위를 갈망하지도 않습니다. 당신이 저에게 하려는 무엇이든지 하십시오! 당신은 저를 조금도 바꿀 수 없을 것입니다!" 트라야누스는 명령을 내렸다. "납을 씌운 채찍으로 그의 어깨를 때려라! 못으로 옆구리를 찢고 날카로운 돌로 그 상처를 문질러라!" 이 모든 일이 그에게 행하여졌고 그가 움직이지 못할 때, 트라야누스는 "불타는 석탄을 가져와서 맨발로 그 위를 걷게 해라!"라고 말하였다. 이냐시오는 소리쳤다. "불타는 화염도, 끓는 물도 제 안에 있는 그리스도 예수님에 대한 사랑을 끌 수 없습니다!" 트라야누스: "네가 이 큰 고통을 겪으면서도 여전히 굴복하지 않으니, 이것은 악마의 마법이다!" 이냐시오: "저희 그리스도인들은 그 어떤 마법도 부리지 않으며, 우리의 법으로는 마법을 행하는 자는 사형에 처해집니다. 우상을 숭배하는 당신이야말로 마법사입니다!" 트라야누스: "갈고리로 그의 등을 찢고 그 상처에 소금을 부어라!" 이냐시오: "이 시간의 고통은 앞으로의 영광과는 비교할 가치가 없습니다." 트라야누스: "이제 그를 사슬로 묶은 후 말뚝에 묶어라! 지하 감옥 맨 아래에 가두고 3일 동안 음식과 물을 주지 마라, 그리고 야수들에게 던져서 집어삼켜 버리게 해라!"

3일 후 황제와 원로원, 모든 시민이 야수들에게 삼켜질 안티오키아의 주교 이냐시오를 보려고 모였다. 트라야누스가 말했다. "이냐시오는 너무나 거만하고 고집스러우니 어떤 유해도 남겨지지 않도록 묶어두고 두 마리 사자를 풀어라!" 그때 이냐시오는 주위에 모인 사람들에게 말했다. "로마의 사람들이여, 나의 노력이 보상 받지 못할 것이고, 내가 받는 이 고통은 단정하지 못한 품행 때문이 아니라 나의 의무에 대한 충성 때문이라는 것을 압니다."《교회사》에도 기록되어 있듯이 그는 계속했다. "나는 그리스도의 밀알입니다! 나는 짐승의 이빨로 곱게 갈려 깨끗한 빵으로 만들어질 수 있습니다!" 이 말을 들은 황제가 "그리스도인의 인내심은 대단하다! 자신의 하느님을 위해 이토록 견딘 그리스도인이 또 어디에 있는가?"라고 물었다. 이냐시오가 응답했다. "제가 이 모든 것을 견디는 것은 스스로의 힘이 아니라 그리스도의 도움에 의한 것입니다!" 그리고는 자신을 공격해서 먹으라고 사자들을 부추기며 도발하기 시작했다. 그러니 두 마리 흉포한 사자가 그에게 달려들었지만 사자는 그를 질식시켰을 뿐, 그의 몸을 전혀 손상시키지 못했다. 이것을 본 트라야누스의 경이로움은 끝이 없었고, 누구든지 그 시신을 수습해도 된다는 명령을 내리고 현장을 떠났다. 그때 그리스도인들이 성인의 시신을 모셔가서 예를 갖춘 장례식을 치렀다.

트라야누스 황제는 소(小) 플리니우스(Plinius Secundus)로부터 자신이 죽였던 그리스도인들을 높이 평가하는 편지들을 받고 이냐시오에 대한 처리를 후회했고, 그리스도인들을 더 이상 찾지 말라고 명령했다. 하지만 만일 그리스도인이 법망에 걸리면 처벌을 받아야 했다. 또한, 우리는 복된 이냐시오가 모든 고문을 받는 중에도 예수 그리스도의 이름을 부르는 것을 결코 멈추지 않았다는 것을 읽었다. 사형집행인이 이냐시오에게 왜 그 이름을 자주 반복하느냐고 물었을 때, 그는 "나는 이 이름을 나의 심장에 새겼기에 그 이름을 언급하는 것을 멈출 수가 없습니다."라고 대답했다. 그가 죽은 후에 그의 이 말을 들었던 사람들이 호기심으로 그 말이 사실이었는지 알고자 했다. 그래서 그의 시신에서 심장을 가져와 반으로 나누었을 때, 금빛 글자로 '예수 그리스도'라고 새겨진 이름을 발견했다. 이를 본 많은 사람이 믿음을 받아들였다.

시편 "사는 이"(Qui habitat, 91, 1)에 대한 주석에서 성 베르나르도는 우리의 성인 이냐시오에 대해 썼다. "예수가 사랑했던 제자에게 배웠고, 순교자였던 그의 귀중한 유해가 우리의 가난을 풍요롭게 한 저 위대한 이냐시오는 마리아에게 썼던 편지에서 그녀에게 최고 위엄의 명칭이자 헤아릴 수 없는 영예의 표징인 '그리스도의 전달자'로 경의를 표하였습니다."

복되신 동정녀 마리아의 정결례

동정녀 마리아의 정결례(淨潔禮, purificatio)는 예수의 탄생 후 40일째 되는 날에 치러졌다. 이 축일은 전통적으로 세 가지 이름인 정결례, 만남(Hypopanti), 초 축복의 날(聖燭節, candelaria)로 알려져 있다. 그 축일은 자신의 아드님 탄생 후 40일째 날에, 비록 성모 마리아는 율법에 묶이지 않았지만 율법에 규정되어 있는 관습에 따라 정화되기 위해 성전에 왔기에 정결례로 불린다. 레위기 12장은 사람의 씨앗으로 임신하여 남자아이를 낳은 여자를 부정(不淨)하다고 여겼다. 따라서 7일 동안 남자와의 관계와 성전에 들어가는 것을 삼가야 한다고 규정했다. 그 이후 33일간은 성전 출입이 금지된다. 40일째 되는 날에 성전에 가서 제물과 함께 아들을 봉헌해야 한다. 그러나 만일 딸을 낳은 여자라면, 금지된 날수가 두 배로 늘어났다.

하느님이 40일째 되는 날에 남자아이를 성전에 봉헌하라고 하신 이유는 세 가지로 설명된다. 첫 번째 이유는 그날에 영혼이 영혼의 성전 안으로, 즉 몸으로 가장 많이 들어가므로 40일째 되는 날에 성전으로 아이를 데려온다는 것이다. 이것을 우리는 《교육독본》에서 배웠다. (그러나 의사들은 남자의 육체는 46일 안에 완전히 형성된다고 말한다.) 두 번째 이유는 영혼은 40일째 되는 날에 몸에 들어와 더러워지는데, 생후 40일째 되는 날에 아기를 성전에 데려와 제물을 바치면 다시 정결해지기 때문이다. 세 번째 이유는 네 복음사가에 의해 공표된 십계명을 준수하는 사람들이 하늘의 성전에 들어갈 자격이 있다는 것이다.

여자 아기를 낳은 경우, 여자의 몸이 형성되는 데 두 배의 기간이 걸리는 것처럼 성전에 들어가는 날수는 두 배가 된다. 남자의 몸이 만들어지고 영혼이 불어넣어지는 데 40일이 걸리지만, 여자 몸의 형성과 혼의 주입에는 두 배가 더 걸린다. 그 기간이 두 배인 이유에 대해서는 자연적 부분을 생략하더라도 세 가지 이유가 있다. 첫째, 그리스도는 남자에서 살을 취한 이래, 남성을 기리고 더 많은 은총을 줌으로 아이가 태어나고 어머니는 더 빨리 정결해졌다. 둘째, 여자는 남자보다 더 많은 죄를 지었기 때문에, 그녀의 어려움은 세상 남자들보다 두 배가 되고 자궁 안에서도 두 배일 것이다. 셋째, 같은 이유로 여자가 남자보다 더 많이 하느님을 피곤하게 했다는 것이 확실하다. 하느님은 이사야서 43장에서 "너는 도리어 너의 죄로 나를 괴롭히고 너의 죄악으로 나를 싫증나게 만들었다."(이사 43, 24)라고 말한 것처럼, 우리의 사악한 행동들로 지쳐 있었다. 예레미야서는 "주님의 분노가 저를 가득 채우니 더 이상 그 분노를 견딜 수 없습니다."(예레 6, 11)라고 말했다.

복되신 동정녀는 이 정결례의 법에 매여 있지 않았다. 왜냐하면, 사람의 씨앗이 아닌 신비로운 숨결로 아이를 잉태하였기 때문이다. 그래서 모세가 "사람의 씨앗으로"를 덧붙였다. 일반적인 방식으로 임신하는 여자들은 이렇게 덧붙일 필요가 없었는데, 베르나르도는 이 말이 주님의 어머니를 신성모독한다는 두려움 때문에 모세가 덧붙였다고 언급했다.

그럼에도 마리아가 율법을 따르기로 한 데는 네 가지 이유가 있었다. 첫 번째는 겸손의 모범을 보일 수 있기 때문이었다. 그래서 베르나르도는 말했다. "오, 복되신 동정녀여! 당신은 정결례를 할 이유도, 필요도 없었습니다. 당신의 아드님은 할례가 필요했습니까? 당신의 아드님이 남자아이인 것처럼 당신도 여인 중 한 명이었지요." 이 겸손은 어머니뿐만 아니라 아들도 마찬가지였다. 그분은 다음과 같이 율법을 따르려고 했다. 태어날 때부터 가난한 사람을 자처했으며, 죄 많은 이를 자처하여 할례를 받았다. 그분은 가난한 자, 죄인, 노예로서 율법을 따랐다. 그분은 가난한 사람들의 봉헌을 선택했다는 점에서 가난한 자로, 자신의 어머니와 함께 정결하게 되기를 원하였다는 점에서 죄인으로, 구원되기를 원하였다는 점에서 노예로 따랐다. 또한, 죄가 있어서 깨끗해지려는 것이 아니라 겸손의 깊이를 보여주기 위해 세례받기를 위함이었다. 따라서 그리스도는 원죄에 대항하는 모든 해결책을 스스로 받아들이기로 하셨다. 그것이 필요하다기보다는 겸손을 드러내며 그 해결책이 당시에 효과적이었음을 보여주려는 것이었다.

원죄에 대한 다섯 가지 해결책이 시간이 지남에 따라 시행되었다. 성 빅토르 후고(Hugo de Sancto Victore)에 따르면, 그중 세 가지, 즉 봉헌, 십일조, (우리 구원에 대한 일을 가장 잘 표현하였던) 번제물을 올리는 것은 구약성경에 의해 제정되었다. 인당 10드라크마는 구원을 받기 위한 봉헌 제물 즉 구원을 위한 번제물, 구원을 위한 십일조의 가치를 의미한다.

그러니 첫 번째 해결책은 봉헌이었다. 카인은 땅의 결실 중에서, 아벨은 양 떼 중에서 바쳤다. 두 번째 해결책은 십일조였다. 아브라함은 사제 멜키체덱에게 십일조를 봉헌했다. 아우구스티노 말처럼 십일조는 주는 자가 정말로 소중하게 여기는 것 중에서 바치기 때문이다. 세 번째 해결책은 그레고리에 따르면 부모 중 한쪽이 비신자이거나 둘 다 비신자인 요건은 원죄에 반하는 것이므로 번제물을 바치는 것이며, 그래서 할례가 부모가 신자이든 아니든 효력이 있기 때문에 네 번째 해결책인 할례가 마련되었다. 그러나 이 해결책은 단지 남자에게만 효과적이어서 단지 남자를 위한 천국의 문을 열 수 있었다. 그래서 다섯 번째 해결책으로 남녀 모두에게 천국을 열어준 세례가 할례를 계승했다.

그리스도는 원죄에 대한 다섯 가지 해결책 모두 이루었다. 첫 번째, 주님은 성전에서 자신의 부모에 의해 봉헌되었다. 두 번째, 그는 십일조로 바칠 어떤 것도 없었기 때문에, 주님은 40일 밤낮을 단식하여 적어도 하느님께 10일을 4번 봉헌하였다. 어머니가 산비둘기 혹은 어린 비둘기 두 마리를 제물로 바쳤을 때와 십자가에서 희생 제물로 자기 자신을 봉헌했을 때, 이 두 가지가 그의 세 번째 해결책이었다. 그는 할례를 하면서 네 번째 해결책을 받아들였고, 다섯 번째는 그가 요한에게 세례를 받았을 때이다.

율법을 따르려는 그리스도의 두 번째 이유는 율법을 완성하기 위해서였다. 주님은 율법을 폐지하려고 오신 게 아니고 완성하러 오셨다. 만일 그가 율법을 준수하지 않았다면, 유다인은 변명하며 "당신은 우리 조상들 같지 않고 당신은 율법의 전통을 준수하지 않기 때문에 우리는 당신의 가르침을 받아들일 수 없습니다."라고 말했을 것이다. 정말로 이날 그리스도와 성모는 세 가지 율법, 즉 우리가 모든 일을 해낸 후에 '저희는 부족한 종들입니다.'라고 말할 수 있도록 덕의 모범으로서 첫째 정결례법에, 둘째 겸손의 모범으로서 구원의 법에, 셋째 가난의 모범으로서 봉헌의 법에 순명하였다.

주님의 세 번째 이유는 정결례법이 끝나게 될 것이기 때문이었다. 왜냐하면, 낮이 오면 어둠이 사라지고 태양이 떠오를 때 밤의 그림자가 사라지듯이,

진정한 정결례의 도래는 상징적인 정결례를 끝내기 때문이다. 그때 우리의 참된 정결례, 즉 "믿음으로 그들의 마음을 정화하시어"(사도 15, 9)라고 말한 것처럼, 그분이 믿음을 통해 우리를 정화하였기 때문에, 적극적인 의미에서 정결례라고 불리는 그리스도가 오셨기 때문이다. 그렇기 때문에 아버지들은 더 이상 돈을 쓰지 않아도 되고, 어머니들이 성전 안에 들어가 정결례를 치르지 않으며, 아들을 봉헌하지 않아도 된다.

주님의 네 번째 이유는 우리가 어떻게 정화되어야 하는지 가르치기 위해서였다. 우리가 스스로 정화하려는 것은 유아기에서 시작하는 다섯 가지 방법에 의해서다. 죄의 포기를 뜻하는 서약, 세례로 씻겨짐을 뜻하는 물, 성령의 주입을 나타내는 불, 다수의 호의적인 말을 뜻하는 증거, 유혹을 뜻하는 전쟁이 있다. 그래서 성모 마리아는 성전으로 가서 자신의 아들을 봉헌하였고, 5세켈(siclus, shekel)로 그를 되찾았다. 12지파의 맏이가 5세켈로 속량되었던 것과 같이, 일부 맏이도 속량되었다는 것을 주목하라. 결코 되찾을 수 없었던 레위 지파의 맏이처럼 일부는 되찾을 수 없었지만, 그들이 성인으로 성장하였을 때 항상 성전에서 주님께 봉사했다. 거기에는 되찾을 수 없었으나 주님께 봉헌되었던 깨끗한 동물의 맏배가 있었다. 일부 맏배 동물은 양이 나귀의 맏배를 대신해서 봉헌되었던 것처럼 대체되었고, 일부는 개의 맏배처럼 죽임을 당했다. 그래서 그리스도는 12지파의 하나인 유다 지파에 속했기 때문에 되찾아져야 했고, 마리아와 요셉은 하느님께 가난한 이의 봉헌물인 한 쌍의 산비둘기나 두 마리의 어린 집비둘기를 봉헌했다. 그러나 부유한 사람들은 어린 양을 봉헌했다. 다 자란 비둘기나 어린 집비둘기는 언제나 구할 수 있었지만 어린 산비둘기는 부족하여 구할 수 없었기 때문에, 성경은 "어린 집비둘기"가 아니라 "어린 산비둘기"라고 말한다. 왜냐하면, 집비둘기는 음탕한 새이기에 제물로 봉헌하지 않았다. 그래서 두 마리 집비둘기가 아니라 두 마리 산비둘기가 필요했다. 다른 한편으로 비둘기는 고결한 새이다.

그러나 우리는 성모 마리아가 불과 얼마 전에 동방박사들로부터 다량의 금을 받았었다는 것을 보지 않았는가? 그러므로 그녀는 어린양 한 마리를 살 여유가 있었을 것 같다. 베르나르도가 주장한 것처럼, 그 위대한 왕들이 아기 예수에게 봉헌을 작게 했을 리가 없기 때문에, 동방박사들은 엄청난 무게의 금을 확실히 드렸을 것이라고 말해야 한다. 그렇지만 사람들 중에서는 성모 마리아가 그 금을 챙기지 않고 가난한 사람들에게 즉시 나누어 주었다고 생각하거나, 아마도 이집트에서 7년간 체류할 것을 내다보고 저축하는 예지력이 있었다고 생각하는 사람들이 있다. 또는 그 선물이 신비한 의미를 가졌기 때문에 그들이 그렇게 많은 금을 봉헌하지 않았을지도 모른다. 한 주석가(註釋家)는 세 가지 봉헌이 그리스도를 위해 만들어졌던 것이라고 한다. 그러므로 첫째는 부모에 의해 그분에게서 비롯되었고, 둘째, 즉 새는 그분을 위해 만들어졌고, 셋째는 모든 사람을 위해 십자가 위에 매달린 그분에 의해 만들어졌다. 첫 번째 봉헌은 그가 율법에 복종하였기 때문에 그의 겸손을, 두 번째 봉헌은 그가 가난한 사람의 봉헌을 선택하였기 때문에 그의 가난을, 세 번째 봉헌은 그가 죄인들에게 자신을 내놓았기 때문에 그의 사랑을 보여주었다. 산비둘기의 특징이 다음의 운문에 적혀 있다.

산비둘기는 높이 날아오르며, 노래하며 탄식한다.
봄의 도래를 알리며, 순결하게 살고 혼자 머무른다.
밤에는 자신의 새끼들을 따뜻하게 하고 썩은 고기를 피한다.*

집비둘기의 특징 또한 운문에 똑같이 기록되었다.

집비둘기는 낱알을 모으고. 떼를 지어 날고, 시체를 피한다.
앙심을 품지 않으며 동료를 애도하고 입맞춤으로 접촉한다.
바위에 둥지를 틀고, 강에서 적들로부터 피해 날아갔다.
자신의 부리로 상처를 주지 않고
자신의 두 새끼에게 조심스럽게 먹이를 먹인다.**

---

* Alta petit turtur, cantando gemit, veniens ver / Nuntiat et caste vivit solusque moratur, / Pullos nocte fovet morticinumque fugit.

** Grana legit, volitat sociata, cadavera vitat, / Felle caret, plangit sociam, per oscula tangit, / Petra dat huic nidum, fugit hostem in flumine visum, / Rostro non laedit, geminos pullos bene nutrit.

오늘 이 축일의 두 번째 이름은 아기 예수를 성전에 봉헌했기 때문에 '나타남'(repraesentatio)을 뜻하는 '만남'(Hypopanti)이다. '히포판티'는 아기 예수가 성전에 봉헌될 때 시메온과 한나와 만났기 때문에 '만남'을 의미한다. 그 단어는 '가다'를 의미하는 히파(hypa)와 '반대하여', '향하여'를 의미하는 안티(anti)로부터 유래되었다. 그때, 시메온은 아기 예수를 팔에 안았다. 여기서 세 가지 면에서 아기 예수에게 그림자가 드리웠거나, 아기 예수가 하찮게 여겨졌음을 주목하라. 첫째, 진리 자체이자 자신을 통해 진리로 모든 사람을 인도하고 생명으로 자신을 인도하는 분이지만, 이날은 복음이 알려주는 대로 사람들이 예루살렘으로 어린 예수를 데리고 갈 때 자신을 인도하게 했기 때문에 그의 진리는 무의미하게 여겨졌다. 둘째, 그분의 선함이 숨겨져 있었다. 홀로 거룩하고 선한 그분은 마치 자신이 불결한 것처럼 자신의 어머니와 함께 정화되는 것을 선택하셨다. 셋째, 권능의 말씀으로 모든 것을 지키는 그분이 이날 본인이 노인의 팔에 안기는 것을 허락하였기에, "노인이 아기를 안았고, 그 아기는 노인을 다스렸다."라고 말한 것처럼 그의 위엄은 가볍게 여겨졌다.

그때 시메온은 그를 축복하며 말했다.

주님, 이제야 말씀하신 대로 당신 종을 평화로이 떠나게 해 주셨습니다.
제 눈이 당신의 구원을 본 것입니다.
이는 당신께서 모든 민족들 앞에서 마련하신 것으로
다른 민족들에게는 계시의 빛이며
당신 백성 이스라엘에게는 영광입니다.(루카 2, 29-32)

시메온은 구원, 빛, 당신 백성 이스라엘의 영광으로 그를 불렀다. 이 명명(命名)의 의미는 네 가지로 볼 수 있다. 첫째, 우리의 존재를 의롭게 만들었던 것에 관련하여 "구원"은 죄의 감형을 의미하고, 예수는 그들의 죄로부터 자신의 백성을 구할 것이기 때문에 그 이름은 "구세주"로 해석된다. "빛"은 은총의 부여를, "백성들의 영광"은 영광의 부여를 보여준다. 둘째 우리의 재생(再生)에 관련하여, '구원'은 그 아기가 정화되고 세례를 받고, 그래서 죄에서 깨끗해졌음이 암시되었다. '빛'을 떠올리며 그에게 촛불을 밝혀 주는 것이다. 당신 백성 이스라엘의 영광으로 그는 제단에 봉헌되었다. 셋째, 그날의 행렬과 관련해 초들은 축복을 받고 정화되었고, 그다음에 불을 붙여 신자들에게 주고, 백성들은 찬미가를 부르며 성당 안으로 들어간다. 넷째, 이 축일에 삼중(三重)의 이름을 붙여줌과 죄로부터의 정화와 관련해서 "정결례" 또는 "구원"이라고 불린다. 그것은 "빛"이란 이름에서 유래된 은총에 의한 빛으로 "초 축복의 날"(candelaria, Candelmas)이라 불린다. "주님의 백성 이스라엘의 영광"이란 말로 보여주었던 그때 우리는 그리스도를 하늘에서 만날 것이기 때문에(1테살 4, 16) 영광의 수여에 관련해 "만남"으로 불린다. 다시 그리스도는 이 찬가(讚歌) 안에서 평화, 구원, 빛, 영광으로 오신다. 즉, 우리의 중개자로서의 평화, 우리의 구원자로서의 구원, 우리 스승으로서의 빛, 우리의 보상하는 분으로서의 영광으로 칭송받으신다.

이날은 촛불을 가지고 왔기 때문에, 오늘 이 축일의 세 번째 이름은 '초 축복의 날'이다. 교회는 네 가지 이유로 '초 축복의 날'을 정착시켰다. 첫 번째 이유는 잘못된 관습을 폐지하려는 것이다. 2월의 초하루에 로마인은 밤새 촛불과 횃불로 도시를 밝힘으로 전쟁의 신 마르스(Mars)의 어머니 페브루아(Februa)를 공경했다. 어머니들은 아들의 승리를 위해 5년마다 아주 엄숙하게 기념했다.(거행되는 해의 기간을 재계식[齋戒式, lustrum]이라 불렀다.) 또한, 로마인들은 2월에 페브루우스(Februus, 로마신화에 등장하는 정화의 신), 즉 플루토(Pluto)*와 지하 세계의 다른 신들에게 제물을 바쳤다. 신들이 자기 조상들의 영혼에 호의를 갖도록 하기 위해서였다. 로마인들은 그 신들에게 제물을 바치고 밤새도록 촛불과 횃불의 빛으로 찬미를 노래했다. 인노첸시오 교황은 로마의 아내들이 일부 시인의 우화에서 유래한 빛의 향연을 지켰다고 말하는데, 프로세르피나(Proserpina)**가 너무 아름다워서 욕망에 빠진 플루토 신이 그녀를 납치해 여신으로 만들었다고 한다. 그녀의 친척들이 횃불과 등불을 들고 숲과 산림지대를 돌아다니며 오랫동안 그녀를 찾았고, 로마의 부인들은 이것을 모방하여 횃불과 촛

---

* 그리스 신화에서는 하데스(Ἄδης)로 불리며, 저승의 지배자인 동시에 지하의 부(富)를 인간에게 가져다준다고 해서 플루톤(Πλούτων, 富者)이라고도 하였다. 이 호칭에서 유래하여 로마에서는 플루토 또는 디스라고 불렸다. – 역자 주
** 로마신화에 나오는 저승의 여왕으로 플루트(그리스어로 하데스)에게 납치되어 그의 비(妃)가 되었다. – 역자 주

불을 갖고 돌아다녔다. 이교에서 개종한 그리스도인들은 이러한 관습을 포기하기 어려웠기 때문에, 세르지오 교황은 '신자들은 등불과 촛불로 세상을 환하게 만듦으로써 이날에 주님의 거룩한 어머니를 공경해야 한다'고 결정하고 변화시켰다. 이렇게 하여 로마인들에게 의식은 살아 있지만, 그 의미는 변화되었다.

초 축복의 날 축일을 엄숙하게 거행하기 위한 두 번째 이유는 성모 마리아의 정결(淨潔)을 보여주기 위한 것이었다. 성모가 정결례를 받아들였다는 이유로 정화가 필요해서라고 생각할 수도 있다. 그래서 교회는 그녀가 완전히 순수하였고 빛났다는 것을 보여주려고 한다. 실제로 교회는 "오 복되신 동정녀여, 당신은 정결례가 필요하지 않습니다! 당신은 온전히 밝고, 온전히 눈부시게 빛나십니다!"라고 말하는 것처럼, 빛나는 초들을 들고 다니라고 명령했다. 마리아는 정결례가 필요하지 않았다. 그녀는 사람의 씨앗으로 임신하지 않았고 모태에서 완전히 깨끗하고 거룩하였다. 참으로 그녀는 성령으로 모태에서 완전히 영광스럽게 거룩해졌고, 어떤 죄도 남아 있지 않았다. 더욱이 그녀의 거룩함은 다른 사람들에게 흘러 들어가 영향을 주었으며, 그들 안의 모든 욕정이 소멸되었다. 유다인들은 마리아를 본 모든 사람에게 그녀의 순결함이 흘러 들어갔기 때문에 지극히 아름다웠음에도 불구하고 어떤 사람도 그녀에게 욕정을 느끼지 않았다고 말한다. 그래서 삼나무가 냄새로 뱀을 죽이듯이, 그녀의 거룩한 빛이 다른 육체를 비춤으로써 그 안에 있는 음흉한 활동을 소멸시켰기에 마리아는 삼나무에 비유된다. 몰약이 벌레를 죽이는 것처럼 그녀의 성스러움이 욕망을 죽이기 때문에 그녀는 몰약에 비유된다. 게다가 이 특권은 그녀에게만 있었고 모태에서 거룩해졌던 다른 사람들이나 동정녀들에게는 주어지지 않았다. 그들의 거룩함과 순결은 다른 사람들에게 주입되지 못했을 뿐만 아니라 육체적인 욕망을 없애지 못했지만, 동정녀의 순결함은 육욕적인 사람의 마음에 매우 깊게 침투하여 즉시 순수하게 만들었다.

초 축복의 날 축일을 기념하는 세 번째 이유는 마리아와 요셉, 시메온과 한나가 엄숙하게 행렬을 하였고 성전에서 아기 예수를 바쳤던 이 날에 일어났던 행렬을 상기하려는 것이다. 또한, 우리는 이 축일에 예수를 의미하는 불 켜진 초를 성당 안으로 옮기는 행렬을 한다. 초에는 '심지, 밀랍, 불'이라고 하는 세 가지가 있다. 이것은 그리스도에 대한 세 가지를 의미한다. 벌들이 서로 섞이지 않고 꿀을 만드는 것처럼, 밀랍은 육체의 오염 없이 동정녀 마리아에게서 태어났던 그분의 몸을 상징한다. 심지는 그분의 육체 안에 숨겨진 가장 순수한 영혼을 의미한다. 우리의 하느님은 매우 강렬한 불이어서 불과 빛은 그의 신성을 나타낸다. 그래서 어떤 사람이 이렇게 썼다.

거룩한 마리아에게 경의를 표하며 내가 옮긴 이 초는
동정녀에게서 태어난 참된 육체를 위한 밀랍을 갖고
하느님과 그의 최고 위엄을 위한 빛을 갖고
매우 값진 밀랍 안에 감춰진 영혼을 위한 심지를 갖고 있다.*

초 축복의 날 축일을 기념하는 네 번째 이유는 우리를 교육하려는 것이다. 만일 우리가 하느님 앞에서 정화되고 깨끗해지기를 원한다면, 우리 안에 '진실한 믿음, 선행, 옳은 지향'이라는 세 가지를 지녀야 한다고 배웠다. 손으로 들고 있는 불이 켜진 초는 선행과 함께 하는 믿음이다. 빛이 없는 초는 죽은 것이라고 하는 것처럼, 믿음이 없는 행위와 선행이 없는 믿음은 죽었다고 할 수 있다. 밀랍 안에 숨겨진 심지는 옳은 지향이고, 따라서 그레고리오는 말한다. "의도는 계속 숨겨 놓고 대중이 볼 수 있게 하십시오." 한 귀족 부인은 성모 마리아에게 매우 헌신적이었다. 그녀는 자기 집 바로 옆에 경당(capella)을 짓고 자신의 담당 사제를 고용했다. 그녀는 매일 복되신 마리아를 기념하여 미사에 참석하기를 원했다. 정결례 축일이 다가왔을 때, 사제가 개인적인 일로 자리를 비워서 부인은 그날 미사에 참석할 수 없었다. 혹은 다른 기록에 따르면, 부인은 성모 마리아에 대한 사랑으로 자신이 가진 모든 것, 심지어 옷까지 다 내어 주었다. 그래서 입을 게 아무것도 없어서 성당에 갈 수 없었고, 그 축일에 미사 없이 지내야 했다고 한다. 상심한 부인은 자신의 경당(혹은 자신의 방)으로 가서 성모 마리아 제대 앞에서 엎드렸다. 그때 부인은 영적으로 완전

---

* Hanc in honore pio Candelam porto Mariae. / Accipe per ceram Carnem de Virgine veram, / Per lumen numen Majestatis que cacumen. / Lychnus est anima Carne latens praeopima.

히 몰입하였고 자신이 아름다운 성당 안에 있는 것처럼 느꼈다. 반짝거리는 왕관을 쓴 가장 빛나는 동정녀를 앞세우고 여러 동정녀가 성당 안으로 들어오는 것을 보았다. 그들이 적절한 순서로 모두 앉았을 때, 이번에는 젊은 남자들 무리가 들어왔고 순서에 따라 앉았다. 그때 한 남자가 큰 초 꾸러미를 들고 들어왔다. 그는 행렬을 이끌었던 동정녀에게 초를 주고 다른 동정녀들과 젊은이들에게 나누어준 후, 마지막으로 그 부인에게 가서 초를 내밀었고 부인은 감사히 받아들였다. 부인은 교회의 성가대와 장엄 미사를 봉헌하려고 열을 지어 제대(祭臺)로 이동하는 두 명의 촛대잡이와 한 명의 차부제, 한 명의 부제, 거룩한 제의를 입은 사제를 보았다. 두 명의 시종은 성 빈첸시오와 성 라우렌시오, 부제와 차부제는 천사들이었고, 사제는 그리스도였음을 감지했다.

고백의 기도(Confiteor) 암송 후에 두 명의 잘생긴 젊은이가 성가대 중앙으로 갔고, 높고 깨끗한 목소리와 열렬한 신앙심으로 미사 전례를 시작했고, 성가대에 있는 모든 이가 성가를 시작했다. 봉헌송(奉獻誦, offertorium)을 바치는 시간에 동정녀들의 여왕과 다른 동정녀들은 성가대에 있는 모든 사람과 함께 무릎을 꿇었고 그 사제에게 자신들의 초를 봉헌했다. 사제는 그 부인이 초를 봉헌하기를 기다렸으나 그녀는 앞으로 나서지 않았고, 동정녀들의 여왕은 그녀가 사제를 기다리게 하는 것은 무례한 행동이라는 말을 심부름꾼을 통해 보내왔다. 그러나 그녀는 초를 봉헌하러 가지 않을 것이니 미사 집전자는 미사를 계속해야 한다고 대답했다. 그런 다음 여왕은 또 다른 심부름꾼을 보냈다. 그 부인은 같은 대답, 즉 자신이 가진 초를 아무에게도 주지 않고 믿음 없이 가지고 있겠다고 했다. 이번에는 여왕이 그 심부름꾼에게 다음과 같은 명령을 내렸다. "그녀에게 초를 봉헌하라고 다시 말하라, 만일 그녀가 거부한다면 초를 빼앗아라!" 심부름꾼은 부인에게 가서 또다시 거부한다면 초를 빼앗을 것이라고 말했다. 그리고 심부름꾼은 모든 힘을 써서 그 초를 뺏으려고 했으나 부인은 더 강하게 초를 고수했다. 긴 실랑이가 이어지면서 그들 각자가 초가 부러질 때까지 잡아당겨 반은 심부름꾼의 손에, 나머지는 부인의 손에 남았다. 그 찰나에 부인은 정신이 돌아왔고 손에 부러진 초를 갖고 제대 앞에 엎드려 있는 자신을 발견했다. 놀란 부인은 축일에 미사 없이 보내지 않게 하시고 예식에 참여할 수 있는 길을 제공해 준 동정녀 마리아에게 경건한 감사를 드렸다. 그녀는 그 초를 조심스럽게 자신의 가장 귀중한 유물과 함께 보관했다. 그리고 그것을 만졌던 모든 사람은 병이 나았다고 한다.

임신했던 또 다른 부인이 있었는데 어느 날 밤 꿈에 피 색깔이 물든 깃발을 들고 있는 자신을 보았다. 그녀는 잠에서 깨자마자 정신을 잃었고, 악마는 그리스도에 대한 믿음을 잃도록 그녀를 현혹시켰다. 그녀는 동정녀 마리아의 성당에서 이 축일의 밤을 보내기 전까지 이러한 현혹에 대한 치료법을 찾지 못했으나 그곳에서 완전히 건강을 회복했다.

38

성 블라시오

블라시오(Blasius, Blaise)는 '부드러운'을 의미하는 블란두스(blandus)와 유사하며 '습관'이나 '기질'을 의미하는 밸라(bela), '작은'이란 시요르(syor)에서 형성되었다. 성인의 화법은 달콤함으로 부드러웠고, 습관은 고결했고, 겸손한 생활 방식으로 다소 초라했다.

온화함과 거룩함의 강력한 모범을 보여주는 블라시오는 카파도키아(Cappadocia)에 있는 도시 세바스테(Sebaste)의 그리스도인들에 의해 주교로 선출되었다. 그러나 블라시오는 주교임에도 불구하고 디오클레티아누스의 박해로 동굴에서 은수자의 삶을 살았다. 새들이 그에게 음식을 가져왔고 들짐승들이 그에게로 모여들어 그가 손을 얹고 축복해 줄 때까지 떠나지 않았다. 더욱이 동물들은 조금이라도 앓게 되면, 곧바로 그에게 와서 치료를 받고 떠났다.

한번은 그 지방의 총독이 사냥하러 군인들을 보냈고, 사냥감을 발견하지 못한 군인들은 우연히 성 블라시오의 동굴 앞에서 야생동물들이 크게 무리지어 있는 것을 보았다. 군인들은 동물 모두를 잡는 것이 불가능하였기에 돌아가서 사령관에게 보고했다. 지방 총독은 즉시 더 많은 군인을 파견하여 그들이 발견했던 주교와 그리스도인들을 데려오라는 명령을 내렸다.

같은 날 밤 그리스도는 블라시오에게 세 번 나타나셔서 "일어나서 나에게 제물을 바쳐라!"라고 말씀하셨다. 때마침 도착한 군인들이 "밖으로 나오시오, 지방 총독이 당신을 소환하였소!"라고 말했다. 성 블라시오는 대답했다. "잘 왔다, 나의 아들들아! 이제 나는 하느님께서 나를 잊지 않으셨음을 알았다!" 그가 군인들을 따라가는 동안에도 결코 설교를 멈추지 않고 그들의 눈 앞에서 많은 기적을 행했다. 예를 들어 한 여자가 아들이 생선 가시가 목에 걸려 죽어가고 있다며 주교의 발 앞에 아들을 두고 눈물을 흘리며 치료를 간청했다. 성 블라시오는 소년에게 손을 얹고 이 아이와 자신의 이름으로 하느님의 도움을 구하는 누구든지 건강해질 수 있기를 기도했다. 소년은 즉시 치유되었다. 한 가난한 과부는 가진 것이라곤 돼지 한 마리가 전부였는데 늑대가 그 돼지를 끌고 가버렸다. 여자는 돼지를 찾아달라고 애원했고, 성인은 미소를 지으며 말했다. "착한 여자야, 슬퍼하지 마라, 너의 돼지는 돌아올 것이다." 곧 그 늑대가 와서 과부에게 돼지를 돌려주었다.

이제 도시로 들어간 블라시오는 감옥에 감금되었다. 다음 날, 총독은 그를 데려오게 하였고, "안녕하시오, 신들의 친구인 블라시오여!"라며 기만하는 말로 환영했다. 블라시오는 "각하도 마찬가지로 안녕하십니까! 그들을 신이라 부르지 말고 악령이라고 부르십시오. 왜냐하면 악령들은 자신에게 영광을 주는 모든 사람과 함께 영원한 불 속으로 넘겨질 것이기 때문입니다!"라며 응답했다. 이 말에 화가 난 총독은 블라시오를 곤봉으로 때리고 감옥에 다시 가두라고 명령했다. 블라시오는 총독에게 말했다. "어리석은 사람이여, 저에겐 힘을 주시는 하느님이 제 안에 있는데, 당신은 하느님에 대한 저의 사랑을 뺏어갈 수 있다고 생각합니까?"

돼지를 되찾았던 가난한 과부가 블라시오 소식을 듣고서 돼지를 도축해 대가리와 족발 그리고 초와 빵 한 덩어리를 성 블라시오에게 넘겨주었다. 성인은 감사히 먹은 후 그녀에게 말했다. "나의 이름을 따서 붙인 성당에 매년 초를 봉헌하시오, 그러면 모든 것이 잘 될 것입니다." 과부는 해마다 블라시오가 말한 대로 하였고 큰 번영을 누렸다.

총독은 그를 다시 감옥 밖으로 끌어냈지만 우상들에게 절하게 하는 데 실패했다. 그래서 서까래에 성인을 매달고 쇠못으로 살을 찢은 후 다시 감옥에 넣으라고 명령했다. 그러자 7명의 여인이 뒤따르며 그 핏방울을 모았다. 결국 여인들은 체포되어 신들에게 제물을 바치라는 명령을 받았다. 여자들은 말했다. "만일 저희에게 당신의 신을 숭배하기를 바란다면, 우상들을 호숫가에 경건하게 두십시오. 그러면 저희가 우상들의 얼굴을 씻기고 더 깨끗하게 숭배하겠습니다!" 이 말에 만족한 총독은 그 요청을 신속하게 들어주었다. 그러나 여자들은 "그들이 진정한 신인지를 이제 보게 될 것이다!"라고 말하면서 우상들을 호수 한가운데로 던졌다. 이 소식을 들은 총독이 화가 나서 어쩔 줄 몰라 부하들에게 소리쳤다. "우리 신들이 호수에 던져지는 동안 너희는 무엇을 하느라 막지 못했냐?" 부하들은 "그 여자들이 총독을 속였습니다!"라고 항변했다. 여자들이 말했다. "참 하느님은 속임수에 넘어가지 않을 것입니다. 그리고 만일 그 우상들이 신이었다면, 우리의 의도를 미리 알았을 것입니다."

몹시 화가 난 총독은 뜨거운 납 물과 쇠 빗, 시뻘겋게 달군 7개의 흉갑(胸甲)을 한쪽에, 다른 쪽에는 7개의 리넨 셔츠를 배열하라고 명령했다. 그런 다음 여자들에게 이 중에서 무엇을 입고 싶은지 선택하라고 말했다. 어린 두 자녀를 둔 한 여인이 과감히 앞으로 달려가서 리넨 셔츠들을 집어 불 속에 던졌다. 그 자녀들은 어머니에게 말했다. "사랑하는 어머니, 저희만 두고 떠나지 마세요! 당신 젖의 달콤함으로 저희를 채워주셨으니, 하늘 왕국의 달콤함으로 저희를 채워주세요!" 총독은 그 여자들을 매달고 쇠갈퀴로 살을 난도질하라고 명령했다. 그러자 여인들의 찢긴 몸에서는 피 대신 눈처럼 흰 젖이 흘러나오는 것처럼 보였다. 여자들은 조금도 기가 꺾이지 않고 그 고문들을 견뎌냈고, 주님의 천사가 와서 여인들을 격려하며 말했다. "두려워하지 마라! 자신의 일을 좋게 시작하여 잘 끝낸 착한 일꾼은 하느님으로부터 축복을 받고 그 일에 대한 대가를 받는다. 그리고 기쁨은 그가 가진 대가이다!"

그때 여인들은 다시 불가마에 던져졌으나, 그 불은 하느님의 능력에 의해 꺼졌고 여자들은 다치지 않고 나왔다. 총독은 여자들을 타일렀다. "너희의 마법을 끝내고 우리의 신을 경배하라!" 여자들은 대답했다. "당신이 시작한 것을 끝내십시오! 저희는 지금 하늘의 왕국으로부터 부르심을 받았습니다." 그래서 총독은 참수를 선고했다. 여자들은 무릎을 꿇고 "오, 하느님, 당신의 놀라운 빛으로 저희를 어둠의 밖으로 데려오셨고, 저희를 당신의 제물로 만드셨습니다! 이제 저희의 영혼을 받으시고 영원한 생명으로 저희를 들어가게 하소서!"라고 말하면서 하느님을 흠숭했다. 그들의 머리가 떨어졌고 주님께로 이주했다.

충독은 블라시오를 데려오게 했고 그에게 말했다. "신들을 경배하겠는가, 아니면 거부하겠는가!" 블라시오가 대답했다. "불경한 사람, 저는 당신의 협박을 두려워하지 않습니다! 당신 의지대로 하십시오!" 충독은 그를 호수에 빠뜨리라고 명령했다. 하지만 그가 물 위에 십자성호를 긋자 즉시 땅처럼 단단해졌다. 그는 구경꾼들에게 말했다. "만일 당신들의 신이 참된 신이면 물 위를 걸음으로써 그 신들의 능력을 보이시오!" 65명의 사람이 호수 안으로 들어갔고 즉시 익사했다. 그때 주님의 천사가 내려와서 그에게 말했다. "블라시오, 나와라, 그리고 하느님이 너를 위해 준비하신 왕관을 받아라!" 그는 나왔고 충독은 말했다. "음, 네가 신들에게 경배하지 않겠다고 결정한 것이냐?" 블라시오는 "가엾은 사람, 저는 그리스도의 종이고 악령을 경배하지 않습니다!"라고 대답했다. 참수 명령이 내려졌고, 그는 인후장해(咽喉障害)나 다른 병으로 고통받을 때 자신의 중재를 간청하는 사람은 즉시 듣고 치유되기를 주님께 기도했다. 그리고 보라, 그가 기도한 것이 이루어질 것이라는 음성이 하늘로부터 내려왔다. 서기 283년경, 성인은 앞서 언급한 두 어린이와 함께 참수되었다.

39

성녀 아가타 동정녀

아가타(Agatha)는 '거룩하다'는 뜻의 그리스어 아기오스(agios)와 '하느님'을 뜻하는 테오스(theos)에서 유래한 단어로, '하느님의 성녀'를 뜻한다. 크리소스토모에 따르면, 성인이 되기 위한 세 가지 필요조건이 있는데, 아가타는 마음의 깨끗함, 성령의 존재, 충분한 선행이라는 세 가지 모두에서 완벽했다. 또 그 이름은 '없음'을 의미하는 아(a), '땅'인 게오스(geos), '하느님'이란 테오스(theos)에서 유래한 것으로, 땅이 없는, 즉 세속적인 것을 사랑하지 않는 여신(女神)을 뜻하기도 한다. 또한, 아가타는 '말하기'의 아가(aga), '완료'란 타우(thau)에서 유래한 것으로, 그녀는 대답에서 알 수 있듯이 완전하고 완벽하게 말했음을 의미한다. 또 "그리스도의 노예가 된다는 것은 가장 높은 귀족의 증거입니다."가 그녀의 대답이었기 때문에 '섬김'인 아가트(agath), '더 높은'인 타아스(thaas)로부터 그 이름이 유래된 것으로 본다. 그리고 '장엄한'인 아가(aga), '완료'인 타우(thau)로부터 그 이름이 유래되었는데, 이는 그녀가 장엄, 즉 그녀를 묻었던 천사들의 탓으로 돌려지는 매장이 이루어졌기 때문이다.

동정녀 아가타는 상류 가문 태생으로 대단한 미인이었고, 카타니아(Catania) 시에 살면서 모든 거룩함 안에서 항상 하느님을 흠숭했다. 태생이 천한 시칠리아의 집정관(執政官) 퀸시아누스(Quintianus)는 우상 숭배자이며 호색적이고 탐욕스러운 사람으로 그녀를 차지하겠다는 결심을 했다. 신분이 낮은 그는 귀족위에 군림함으로써 존경을 받으려 했다. 그녀의 아름다움으로 자신의 성적충동을 만족시키려 했고, 탐욕을 채우기 위해 그녀의 재산을 훔치려 했으며 우상들에게 제사를 강요하려고 했다.

그래서 그녀를 데려왔지만, 그녀의 결심은 확고부동했다. 그는 아가타를 음탕한 뚜쟁이 아프로디시아(Aphrodisia)와 그 여자의 아홉 명의 딸에게 넘겼다. 그는 그 여자들에게 아가타를 회유하도록 30일을 주었다. 여자들은 아가타에게 기쁨을 약속하고 때로는 고통으로 위협하면서 마음을 바꾸려고 노력했다. 복된 아가타는 여자들에게 말했다. "저의 결정은 반석 위에 세워져 있고 그리스도 안에 세워져 있습니다! 당신의 약속은 빗방울이며, 당신의 위협은 강이니 제 집의 기초를 세게 두드려도 무너지지 않을 것입니다." 그리고 아가타는 순교의 팔마를 획득하기를 갈망하면서 날마다 기도하며 울었다. 여자는 아가타의 의지가 흔들리지 않을 것이라 판단하고 퀸시아누스에게 말했다. "그 소녀의 마음을 그리스도인의 지향에서 철회시키는 것보다 바위를 쪼개거나 납을 부드럽게 하여 쇠를 줄이는 것이 더 쉬울 것입니다."

그때 퀸시아누스가 아가타를 다시 소환해서 "너의 사회적 지위가 무엇이냐?"라고 물었다. 그녀는 "제 조상이 증명하는 것처럼, 저는 자유인이고 저명한 혈통 출신입니다."라고 대답했다. 퀸시아누스: "만일 네가 그렇게 상류 가문이라면, 왜 노예처럼 사는 것이냐?" 아가타: "저는 그리스도의 노예입니다, 그러므로 저는 종처럼 제 자신을 내보입니다." 퀸시아누스: "너는 귀족 태생이라면서 왜 자신을 노예라 부르느냐?" 아가타: "그리스도의 노예가 되려는 것은 가장 높은 귀족의 증거이기 때문입니다." 퀸시아누스: "결정해라! 신들에게 제물을 바치거나 고문을 받아라!" 아가타는 항변했다. "당신의 아내가 당신의 여신 베누스(Venus)와 같기를, 당신은 당신의 신 주피터(Jupiter)와 같기를 바랍니다!" 퀸시아누스는 그녀의 뺨을 때리라고 명령하면서 "너의 어설픈 혀로 판사를 모욕하지 마라!"라고 말했다. 아가타: "당신처럼 분별력 있는 사람이 본받아선 안 될 삶을 사는 이들을 신으로 받드는 어리석음에 빠진다는 사실이 놀랍습니다! 거짓 신들을 따르는 당신은 스스로 모욕하는 것입니다. 만일 당신의 신들이 선하다면, 저는 당신을 위해 좋은 소원을 빌었을 것입니다. 만일 당신이 그들을 거부한다면, 그때 당신의 의견에 동의하겠습니다." 퀸시아누스: "이 모든 쓸데없는 이야기가 무슨 소용이란 말인가? 신들에게 제물을 바쳐라, 아니면 고통을 받을 것이다!" 아가타: "만일 당신이 저에게 야수들을 보낸다면, 그리스도의 이름에 대한 음성이 그들을 순하게 할 것입니다! 만일 당신이 불로 시험한다면, 천사들이 하늘로부터 치유의 이슬로 나를 섬길 것입니다! 만일 저에게 상처와 고통을 주려 한다면, 저는 성령으로 그 모든 것을 이겨낼 것입니다!" 퀸시아누스는 그녀의 말이 사람들 앞에서 자신을 어리석어 보이게 만들었다는 이유로 그녀를 감옥에 가두었다. 그녀는 마치 연회에 초대받은 것처럼 행복하고 당당하게 감옥으로 갔으며, 자신의 재판을 주님에게 맡겼다.

다음 날 퀸시아누스는 그녀에게 말했다. "그리스도를 포기하고 신을 숭배하라!" 그녀가 거절하자 그는 그녀를 고문대 위에서 세게 잡아당기라고 명령했다. 아가타는 말했다. "이런 고통은 저의 기쁨입니다! 이것은 마치 제가 좋은 소식을 듣거나, 오랫동안 원했던 누군가를 보거나, 엄청난 보물을 발견하는 것과 같습니다. 밀은 철저히 탈곡되고 껍질에서 분리되어야 헛간에 보관됩니다. 그와 마찬가지로 목을 베는 사람들이 저의 육체를 가혹하게 다루지 않으면, 제 영혼은 낙원에 들어갈 수 없습니다." 이 말에 매우 화가 난 퀸시아누스는 사형집행인들에게 그녀의 젖가슴을 오랫동안 비튼 후에 자르라고 명령했다. 아가타는 말했다. "불경스럽고, 잔혹하고, 인정사정없는 폭군이여, 당신 어머니가 당신에게 젖을 먹였던 가슴을 여자에게서 잘라내는 것이 부끄럽지 않습니까? 저의 영혼에는 손상되지 않은 가슴이 있는데, 이 가슴으로 나는 모든 감각을 기르고 어려서부터 주님에게 축성 받았습니다."

폭군은 아가타를 감옥으로 돌려보내라고 명령한 후, 음식이나 물을 금지하고 의사의 진료도 막았다. 그러나 한밤중에 한 노인이 등불을 든 소년과 함께 그녀에게 왔다. 여러 가지 약을 가져온 노인이 아가타에게 말했다. "미친 집정관이 너에게 고통을 가했지만, 너의 대답이 훨씬 더 그를 괴롭혔다. 비록 그가 너의 젖가슴에 상처를 입혔지만, 그의 과잉행동은 괴로움으로 바뀔 것이다. 이 모든 것이 너에게 행해질 때 나는 그곳에 있었고, 너의 젖가슴이 치유될 수 있음을 보았다." 아가타: "저는 어떤 약도 결코 제 몸에 바르지 않을 것입니다. 하지만 오랫동안 지켜온 것을 잃는다는 것은 부끄러운 일이 될 것입니다." 노인: "나는 그리스도인이다. 그렇기에 너는 부끄러워할 필요가 없다." 아가타: "당신은 매우 나이가 많은 할아버지입니다. 저는 매우 잔인하게 난도질당해 아무도 저를 탐내거나 원하지 않을 텐데 어찌 부끄러워하겠습니까? 그러나 친절하시고 어르신인 당신이 황송하게도 저를 이렇게 배려해 주셔서 감사합니다." 노인: "너를 치료하려는 나를 왜 허락하지 않느냐?" 아가타: "왜냐하면 저는 저의 주님 예수 그리스도를 모시고 있기 때문입니다. 그리고 그분은 한 마디 말로 모든 것을 고칠 수 있으니 그분의 말씀으로 다 회복시킬 수 있습니다. 만일 그분이 원하신다면 즉시 저를 고쳐 주실 것입니다." 노인은 미소를 지으며 말했다. "나는 그분의 사도이다. 그분이 나를 너에게 보내셨다. 그분의 이름으로 너는 치유되었다." 그리고 베드로 사도는 사라졌다. 아가타는 감사하면서 무릎을 꿇었고, 자신의 상처가 모두 치유되었고 젖가슴이 회복되었음을 발견했다. 눈부신 불빛에 두려움을 느낀 간수들은 감옥 문을 열어둔 채 도망쳤으며, 남아 있던 사람들은 그녀에게 도망가라고 말했다. 그녀는 "도망가서 인내의 월계관을 잃는다거나 간수들을 곤란하게 할 마음이 조금도 없습니다."라고 말했다.

4일이 지난 후, 퀸시아누스는 그녀에게 다시 신을 경배하지 않으면 더 지독한 형벌을 내릴 것이라고 말했다. 아가타: "당신의 말은 어리석고 쓸모없으며, 사악하고 공기를 오염시킵니다! 가엾은 당신은 어떻게 저에게 돌을 숭배하라 하며, 저를 치유해 주신 하늘의 하느님을 버리라고 바라십니까?" 퀸시아누스가 물었다. "누가 너를 치유하였느냐?" 아가타: "하느님의 아들 그리스도이십니다!" 퀸시아누스: "내가 그리스도의 이름 듣기를 원하지 않는데도 불구하고 너는 감히 다시 입에 올리느냐?" 아가타: "제가 살아있는한 마음과 입술로 그리스도를 부를 것입니다!" 퀸시아누스는 "이제 우리는 그리스도가 너를 치유할 것인지 아닌지를 볼 것이다!"라고 말하며 아가타의 옷을 벗기고 땅에 흩뿌려져 있는 질그릇 조각과 타고 있는 석탄 위로 굴리라고 명령했다. 이 일이 벌어지는 동안 엄청난 지진이 도시를 흔들었고 궁전이 붕괴되고 퀸사아누스의 고문 두 명이 압사했다. 이때 많은 사람이 달려와서 아가타에게 부당한 대우를 해서 이런 일이 벌어졌다고 소리를 질렀다. 그래서 지진과 민중의 폭동 사이에 낀 퀸시아누스는 아가타를 감옥으로 돌려보내라고 명령했다. 그곳에서 그녀는 "주 예수 그리스도님, 당신께서는 저를 창조하셨고, 당신은 유아기 때부터 저를 지켜보셨고, 타락으로부터 저의 몸을 지켜주셨고, 고문을 견뎌낼 수 있도록 저를 보호해주셨고, 고문 중에 인내의 덕을 저에게 주셨습니다. 이제 저의 영혼을 받으시고 당신의 자비로 저에게 명령하소서."라고 말하면서 기도했다. 기도를 끝낸 그녀는 서기 약 253년, 다치아누스* 황제의 재위기간에 자신의 영혼을 넘겨 드렸다.

신앙심이 두터운 그리스도인들이 와서 그녀의 몸에 향신료를 바르고, 석관(石棺)에 안치했다. 그때 그 지역에서 이제껏 본 적이 없는 비단옷을 입은 한 청년과 화려한 흰색 제의를 입은 100명이 넘는 청년들이 성녀의 시신에 가서 머리맡에 대리석 명판(名板)을 얹었다. 그런 다음, 모두 사라졌다. 명판에는 "그녀는 거룩하고 너그러운 영혼을 가졌으며 하느님께 영예를 드렸고, 자기 조국의 독립을 성취했다."(mentem sanctam, spontaneam, honorem Deo et patriae liberationem)라고 새겨져 있었다. 이 기적이 널리 퍼졌을 때, 심지어 많은 이교도와 유다인들이 그 무덤을 공경하기 시작했다.

이후, 퀸사아누스가 아가타의 재물을 찾아서 급히 떠나려고 할 때, 그의 두 마리 말이 이를 갈고 발굽으로 걸어차기 시작했다. 한 마리는 그를 물었고 다

---

* 그레스(Th. Graesse)는 "최근 판에 '그렇지 않으면 데치우스라고 불렸다.'라고 첨부한다."는 것에 주목하라. 로마 제국의 황제 중에 다치아누스(Dacianus)라는 이름을 가졌던 인물은 없었다. 또 데치우스(Decius) 황제의 재위기간은 249-251년이기에 본문의 연대와 맞지 않는다. 현대 학자들은 아가타 성녀의 순교연대를 데치우스 황제의 재위기간 중인 251년으로 여기고 있다. - 역자 주

른 한 마리는 그를 강으로 걷어찼다. 끝내 그의 시신은 발견되지 않았다.

아가타가 하늘에서의 새로운 삶으로 태어난 날부터 1년 후에, 카타니아 (Catania)를 굽어보고 있던 산이 폭발하여 불이 강처럼 흘러내리고 바위들이 도시를 향해 뿜어져 내려왔다. 그러자 이교도 무리가 성녀의 무덤으로 달아났고, 무덤을 덮었던 관 덮는 보를 꺼내서 불이 지나는 길에 걸었다. 그러자 동정녀의 탄생 당일에 용암(熔岩)의 흐름이 멈추었다.

이 동정 성녀에 대해 암브로시오는 자신의 〈서문경〉에서 말한다. "주님을 찬양하는 순교자로서 충실하게 자신의 피를 흘렸던, 오 거룩하고 영광스러운 동정녀여! 가혹한 고문 속에서 온갖 기적을 행했고, 위로부터의 도움으로 강화되어 사도의 방문으로 치유를 받을 만하였기에 이중의 영광이 비쳤던 오 빛나는 동정녀여! 그래서 공기는 신부(新婦)를 천국의 그리스도께로 데려갔습니다. 천사 합창단이 그녀의 거룩함과 그녀 조국의 해방을 찬양할 때 현세의 그녀 몸에 영광스러운 장례식이 빛나고 있습니다."

···✦ 40 ✦···

성 베다스토

베다스토(Vedastus, Vaast)는 베레(vere, 진실로), 단스(dans, 주는 사람), 애스투스(aestus, 열)로부터 유래했고, 이 성인은 진실로 고통과 속죄에 불살랐다. 또는 영원한 불행에서 벗어나 있었기 때문에, 그 이름은 베(vaeh, 불행)와 디스탄스(distans, 떨어져 있는)에서 유래했을 수도 있다. 단죄 받은 사람은 "불행하여라!" 하고 계속해서 말할 것이다. 즉 "내가 하느님을 화나게 하였기 때문에 불행하여라! 내가 악마의 뜻대로 하였기 때문에 불행하여라! 내가 태어났기 때문에 불행하여라! 나는 죽을 수 없기에 불행하여라! 나는 너무 극심하게 고통스러웠기에 불행하여라! 나는 결코 자유로울 수 없기에 불행하여라!"라고 말할 것이다.

베다스토는 아라스(Arras)의 주교로 성 레미지오(Remigius)에 의해 서품되었다. 그가 그 도시의 성문에 다다랐을 때, 장님과 절름발이인 두 거지를 만났다. 그는 자선을 청하는 그들에게 말했다. "나는 금이나 은은 없지만, 내가 가진 것을 당신에게 주겠습니다." 그래서 기도하였고, 두 사람 모두 온전해졌다. 그때 그곳에는 가시나무와 가시덤불로 뒤덮인 채 버려진 성당이 있었는데 그 안에 늑대 한 마리가 살고 있었다. 성 베다스토는 늑대에게 즉시 떠나라고 명령했고, 늑대는 복종했다.

그는 40년 동안 주교로 일하면서 말씀과 일로 많은 사람을 믿음으로 개종시켰으며, 어느 날, 하늘에서 자기 집으로 불기둥이 내려오는 것을 보았다. 자신의 끝이 가까워졌음을 깨달았고, 얼마 후 서기 550년경에 주님 안에서 잠들었다.

장례를 위해 시신이 옮겨지고 있을 때, 주교의 시신을 직접 볼 수 없는 것을 슬퍼하던 장님인 노인 아우도마토(Audomatus)는 즉시 시력이 회복되었다. 그러나 후에 그의 기도로 다시 장님이 되었다.

⋯✦ 41 ✦⋯

성 아만도

'사랑스러운'을 의미하는 아만도(Amandus, Amand)라는 이름은 그에게 적합했다. 그는 사람을 사랑스럽게 만드는 세 가지 특성을 가졌기 때문이다. 첫째, 다른 사람에게 친절했다. 잠언 18장에서 "서로 해나 끼치는 친구들이 있는가 하면 형제보다 더 가까운 벗이 있다."(잠언 18, 24) 둘째, 에스테르기 2장에서 "에스테르는 그를 보는 모든 이들의 귀여움을 받았다."(에스 2, 15)라고 언급된 것처럼 행동에서 명예로웠다. 셋째, 강직하고 도덕적이었다. 사무엘기 하권 1장에서 "사울과 요나탄은 살아있을 때에도 서로 사랑하며 다정하더니 죽어서도 떨어지지 않았구나."(2사무 1, 23)

귀족 집안에서 태어난 아만도는 수도원에 입회했다. 수도원 정원을 거닐다가 거대한 뱀을 본 아만도는 십자성호를 그으며 기도했고 그 뱀이 구덩이로 돌아가서 다시는 나오지 못하게 만들었다. 그런 다음 성 마르티노의 무덤으로 가서 15년 동안 고행복(苦行服)을 입고 보리 빵과 물만 먹고 살았다.

이후 로마로 간 그는 성 베드로 성당 안에서 기도하며 밤을 보내다가 성당 경비원으로부터 쫓겨났다. 아만도가 성당 문에서 잠들었을 때 성 베드로가 환시로 나타나 갈리아(Gallia)의 다고베르투스(Dagobertus) 왕에게 가서 왕이 저지른 범죄에 대해 질책하라고 지시했다. 아만도는 즉시 실행했고, 그의 말에 분개한 왕은 아만도에게 왕국에서 떠나라고 명령했다. 후에 아들이 없었던 왕은 주님에게 아들을 달라고 기도했고, 그의 기도는 이루어졌다. 왕은 아들에게 세례를 줄 사람을 고민하다가 아만도가 적임자라는 생각이 떠올랐다. 왕은 아만도를 수소문하여 모셔오게 한 후, 그의 발 앞에 무릎을 꿇고 용서를 빌며 주님이 주신 아들에게 세례를 줄 것을 청했다. 아만도는 용서를 청하는 것에 대해서는 자비롭게 수락하였지만, 아들에게 세례를 주는 것은 세속적인 일에 관여하게 될까 두려워 거절하고 떠났다. 그러나 결국 아만도는 왕의 기도에 굴복했다. 그리고 세례 때 모든 사람이 침묵을 지키는 동안 아기는 "아멘"이라고 응답했다.

그후 다고베르투스는 아만도를 마스트리흐트(Maastricht) 주교좌에 주교로 취임하게 하였으나 백성들은 아만도의 설교를 무시하였으며, 아만도는 가스코뉴(Gascony)*로 물러났다. 그곳에서 그를 경멸하고 조롱하던 한 어릿광대가 악령에게 사로잡혀 이빨로 자기 살을 잡아 뜯으며 자신이 하느님의 사람에게 잘못했다는 고백을 한 후 비참한 죽음을 맞았다. 그리고 한 주교는 아만도가 손을 씻었던 물을 모아 두었다가 그 물로 장님을 치유했다.

다른 때에 아만도는 왕의 명령으로 수도원을 설립하려고 했지만, 인근 도시의 주교가 화를 내며 자신의 부하들에게 아만도를 죽이거나 강제로 내쫓으라고 명령했다. 아만도를 찾은 부하들은 수도원을 위한 매우 좋은 터를 보여주겠다며 함께 가자고 했다. 순교를 열망한 아만도는 그들의 나쁜 의도를 알면서 모른 척 산꼭대기까지 함께 갔다. 그러나 갑자기 살인자들이 서로를 알아볼 수 없을 정도로 매우 심한 폭풍우가 산을 뒤덮었다. 살인자들은 두려움

---

* 본문에는 바스코니아(Vasconia). 역사적으로 선교사 주교로서 아만도의 활동은 현재는 벨기에인 지역에서 이루어졌다. 그가 남부 프랑스에서 어느 때인가 있었다는 증거는 없다. Cf. *Butler's Lives of the Saints*, New York : P.J. Kenedy & Sons, 1963, 1, 263.

에 떨며 아만도에게 무릎을 꿇고 살아서 떠나도록 해달라고 간청하면서 용서를 애걸했다. 아만도가 간절히 기도하자 날씨는 즉시 고요해졌다. 회개한 부하들은 집으로 갔고, 아만도는 많은 기적을 행한 후 평화롭게 죽었다. 그는 헤라클리우스(Heraclius) 황제 시대인 서기 653년경에 활약했다.

42

성 발렌티노

발렌티노(Valentinus, Valentine)라는 이름은 발로렘(valorem, 가치)과 테넨스(tenens, 보유)로 구성되어 있다. 성 발렌티노는 이름처럼 거룩한 삶을 살았다. 또 그 이름은 '그리스도의 용맹한 군인'인 발렌스 티로(valens tiro)와 같다. 용맹한 군인은 결코 패하지 않으며, 쳐부수고, 용감하게 방어하고, 결과적으로 정복한 사람이다. 발렌티노는 순교를 피함으로써 결코 실패하지 않았고, 우상 숭배를 내려놓음으로써 강하게 부딪쳤으며, 신앙을 고백함으로써 신앙을 수호했고, 고난을 통해 정복했다.

클라우디우스(Claudius) 황제는 덕망 있는 발렌티노 사제를 소환해서 "발렌티노, 이것이 무엇이냐? 왜 너는 헛된 미신을 버리지 않느냐? 우리의 신을 숭배함으로써 얻게 될 우리와의 우정을 거부하느냐?"라고 물었다. 발렌티노가 대답했다. "만일 당신이 하느님의 은총을 안다면, 그런 말을 하지 않을 것입니다! 당신은 우상들로부터 마음을 돌려 하늘에 있는 하느님을 흠숭해야 합니다." 클라우디우스 옆에 서 있던 사람이 말했다. "발렌티노, 당신은 우리 신들의 거룩함에 대해 무엇을 말하려고 합니까?" 발렌티노: "우상들은 부정함으로 가득 찬 거짓 신입니다." 클라우디우스: "만일 그리스도가 참 하느님이라면, 왜 너는 나에게 그 진리를 말하지 않느냐?" 발렌티노: "참으로 그리스도 홀로 하느님이십니다! 만일 당신이 그분을 믿는다면 당신의 영혼은 구원될 것이고, 제국은 번성할 것이며, 모든 적에게 승리할 것입니다!" 클라우디우스는 주변 사람들에게 "로마 사람들이여, 이 사람이 말하는 것이 얼마나 지혜롭

고 올바른지 주의를 기울이시오!"라고 웅답했다. 그때 총독이 말했다. "황제
는 미혹되는 중입니다! 어떻게 우리가 어릴 때부터 믿던 믿음을 포기할 수 있
겠습니까?"

이 말을 들은 클라우디우스는 발렌티노를 유치장에 감금시키라고 총독에
게 넘겼다. 그러나 총독은 발렌티노를 감옥이 아닌 자신의 집으로 데려갔다.
발렌티노는 들어가면서 말했다. "참된 빛이신 주 예수 그리스도님께서 이 집
을 비추시고 이곳의 모든 사람에게 당신을 참 하느님으로 알게 하소서!" 총
독은 말했다. "나는 당신이 그리스도는 빛이라고 말하는 것을 듣고 궁금합니
다. 만일 그분이 오랫동안 장님이었던 내 딸에게 빛을 준다면, 나는 당신이 말
씀하시는 모든 것을 하겠습니다!" 발렌티노는 그 딸을 위해 기도했고, 그녀의
시력은 회복되었으며 모든 가족이 믿음으로 개종했다. 이후, 황제는 서기 280
년경에 발렌티노를 참수하도록 명령했다.

43

성녀 율리아나

율리아나(Juliana)는 니코메디아(Nicomedia)의 총독 에울로지우스(Eulogius)와 약혼
했지만, 그가 그리스도 믿음을 받아들이지 않으면 혼인하지 않겠다고 선언했
다. 이에 아버지는 딸의 옷을 벗기고 호되게 때린 후 총독에게 넘겼다. 에울로
지우스는 그녀에게 말했다. "사랑하는 율리아나, 왜 나를 속이면서까지 거부
하는 겁니까?" 그녀: "만일 당신이 제 하느님을 흠숭한다면 당신을 받아들일
것입니다. 그렇지 않으면 저는 결코 당신의 아내가 되지 않을 것입니다!"라고
대답했다. 총독: "사랑하는 율리아나, 나는 그렇게 할 수 없습니다. 그랬다가
는 황제가 나를 참수할 것입니다." 율리아나: "만일 당신이 언젠가는 죽을 황
제를 두려워하는데, 내가 어떻게 불멸의 분을 두려워하지 않을 것이라고 기
대하십니까? 당신이 원하는 대로 하십시오. 당신은 나를 이길 수 없을 것입니
다!"라고 대답했다.

그래서 총독은 그녀를 심하게 매질하고 그녀의 머리카락으로 반나절 동안 매달고, 뜨거운 납물을 머리에 부으라고 명령했다. 그러나 어떤 고문도 그녀에게 해를 끼치지 않았고, 총독은 그녀를 쇠사슬로 묶어 감옥에 가두었다. 악마가 천사의 모습을 하고 감옥에 있는 그녀에게 와서 말했다. "율리아나, 나는 주님의 천사입니다. 당신이 오랜 고문을 당하고 끔찍한 죽음을 당하길 원하지 않는다면, 신들에게 제물을 바치라는 말을 전하기 위해 나를 보냈습니다!"

율리아나는 "오 주님 저의 하느님, 저를 죽지 않게 하소서, 그리고 이런 충고를 하는 자가 누구인지 저에게 보여주소서!"라고 말하면서 울며 기도했다. 그때 방문자를 잡고 스스로 누구인지 시인하게 하라는 음성이 들려왔다. 그녀는 방문자를 단단히 꽉 잡고 물었다. 그는 자신이 악령이며 아버지가 보냈다고 말했다. 율리아나: "그러면 너의 아버지는 누구냐?" 악령: "온갖 나쁜 짓을 시키며 우리가 그리스도인들에게 뒤처질 때마다 무자비하게 채찍질을 하는 베엘제불(Beelzebul)입니다. 내가 당신에게 패했으니 나는 고통을 받을 것입니다." 악령은 무엇보다도 자신은 그리스도인들이 주님의 몸의 신비를 거행하고 있을 때와 기도와 설교에 몰두하고 있을 때 멀리 떨어져 있었다고 시인했다. 율리아나는 그 악마가 "율리아나 아가씨, 저를 가엾게 여겨 주십시오!"라고 빌면서 소리 내어 우는 동안 그의 손을 등 뒤로 묶고 땅에 내던진 후 자신이 묶였던 쇠사슬로 매질했다.

그때 총독은 감옥에 있는 율리아나를 데려오라고 명령을 내렸고, 그녀는 묶여 있는 악령을 질질 끌고 나왔다. 그 악령은 "율리아나 아가씨, 나를 바보로 만드는 것을 멈추세요, 그러면 누군가를 현혹하는 짓을 다시 하지 않겠습니다! 그리스도인들은 자비로워야 한다면서 당신은 제게 조금의 자비도 보여주지 않는군요!"라고 말하면서 간곡하게 부탁했다. 그러나 그녀는 시장(市場)의 한쪽 끝부터 반대쪽 끝까지 그를 끌고 다닌 후 시궁창에 던졌다.

이 소식을 전해 들은 총독은 그녀의 모든 뼈가 부서지고 골수가 솟구칠 때까지 형거에 매달아 당기도록 했지만, 주님의 천사가 형거를 산산조각냈고 그녀를 즉시 치유했다. 이를 본 사람들이 믿었고, 그로 인해 500명의 남자와 130명의 여자가 참수당했다. 그런 다음 율리아나는 끓는 납으로 가득 찬 통에 던져졌지만, 그 납은 냉수욕(冷水浴)처럼 되었다. 이에 자신들에게 그렇게 많은 모욕을 준 한낱 소녀를 처벌하는 것이 불가능함을 깨달은 총독은 자기 신들을 저주했다. 그런 다음 그는 그녀를 참수하라고 명령했고, 그녀가 처형의 장소로 가고 있는 동안 그녀가 채찍질했던 악령이 청년의 모습으로 나타나 소리쳤다. "그녀를 용서하지 마라! 그녀는 당신의 신들을 비방했고 지난밤에 나를 끔찍하게 때렸다! 그녀에게 합당한 벌을 주어라!" 율리아나가 눈을 약간 뜨고 소리치고 있는 그 사람을 보자, 악령은 "아 슬프도다! 그녀는 여전히 나를 잡아 묶기를 원하는구나."

복된 율리아나가 참수된 후, 총독이 34명의 사람과 함께 바다로 갔으나 폭풍이 몰려와서 모두 익사했다. 그리고 시신들이 해안가로 밀려 왔을 때, 새와 야수가 모두 먹어 치웠다.

···✦ 44 ✦···

성 베드로 사도좌

의자에는 세 종류가 있다. 먼저, 옥좌(玉座) 혹은 왕좌(王座)는 사무엘기 하권 23장에서 "다윗은 왕좌에 앉아 있고"(2사무 23, 8)*라고 언급되며, 사제의 의자는 사무엘기 상권 1장에서 "엘리 사제는 주님의 성전 문설주 곁에 있는 의자에 앉아 있었다."(1사무 1, 9)라고 언급된다. 스승(교수)의 의자는 마태오 복음 23장에 "율법 학자들과 바리사이들은 모세의 자리에 앉아 있다."(마태 23, 2)라고 언급된다. 베드로는 모든 왕 가운데 으뜸이었기에 옥좌에 앉았다. 모든 성직자의 목자였기에 사제의 의자에 앉았다.**

교회는 복된 베드로가 안티오키아에서 존귀한 자리에 올랐다고 전하며 이날 성 베드로 사도좌를 축일로 기념한다. 이 축일의 제정에는 여러 이유가 있다. 복된 베드로가 안티오

---

* 라틴어본에는 사무엘기 하권 22장이라고 하지만, 이는 잘못하다. 또 이 내용은 한글 성경에 번역되지 않았다. – 역자 주
** "의자"라는 용어는 그리스어/라틴어 단어로 '좌석'인 cathedra에서 유래되었고, 여기서 사용된 것처럼 일반적으로 특별한 위엄의 자리, 옥좌를 나타낸다. 교회 용어에서 cathedral은 주교의 의자인 cathedra가 위치해 있는, 말하자면, 역시 '좌석'을 의미하는 라틴어 sedes에서 유래하였던 단어인 주교좌(see)가 중심인 성당이다.

키아에서 설교하고 있을 때, 그 도시의 원수(元首, princeps)인 테오필로(Theophilus)가 "베드로, 당신은 왜 내 백성을 타락시키고 있는가?"라고 물었다. 베드로는 테오필로에게 그리스도에 대한 믿음을 설교하는 것으로 응답하였고, 테오필로는 즉시 베드로를 수감하고 음식과 물을 제공하지 않았다. 기진맥진한 사도는 간신히 기운을 차리고 하늘을 향해 "의지할 곳 없는 사람을 돕는 그리스도 예수님, 저에게 도움을 주소서! 이 시련이 저를 파괴하였습니다!"라고 말했다. 주님이 그에게 대답했다. "베드로, 내가 너를 버렸다고 생각하느냐? 너는 아무 두려움 없이 나에게 그런 말을 하는 걸 보니, 나의 친절을 의심하는구나! 너의 고통을 없애 줄 수 있는 사람이 가까이에 있다!"

그동안 성 바오로는 베드로의 투옥 소식을 들었다. 바오로는 테오필로에게 가서 자신을 소개하며 많은 예술과 공예에 능숙해 나무와 돌로 조각을 할 줄 알며 다른 일도 할 수 있다고 말했다. 테오필로는 그에게 자기 가족의 일원으로 있으라고 압력을 가했다. 며칠 후에 바오로는 몰래 독방에 가서 쇠약해져 거의 죽어가는 베드로를 발견했다. 바오로는 베드로를 팔에 안고 많이 울면서 소리쳤다. "오, 저의 영광, 저의 기쁨, 제 영혼의 반쪽 나의 형제 베드로여! 이제 제가 여기에 있는 이상 당신은 힘을 회복할 것입니다!" 간신히 눈을 뜬 베드로는 바오로를 알아보고 울기 시작했으나 말을 할 수 없었다. 바오로는 재빨리 그의 입을 벌려 강제로 음식을 먹이며 몸에 온기를 불어넣었다. 그 음식은 베드로에게 힘을 주었고, 바오로는 베드로를 품에 안은 채 서로 눈물을 쏟았다.

　바오로는 조심스럽게 감옥을 떠나 테오필로에게 가서 말했다. "선한 테오필로 님, 당신의 명성과 품위는 매우 명예롭습니다. 그러나 한 가지 작은 악이 그 큰 선(善)을 상쇄합니다! 당신이 하느님을 흠숭하는 사람 베드로에게 한 일을 생각해 보십시오! 그는 누더기 옷을 입고 피골이 상접한 보잘것없는 사람이며, 그저 말하는 것으로만 유명한 사람입니다. 그런 사람을 감옥에 가둬 놓는 것이 옳다고 생각하십니까? 만일 그에게 다시 자유를 준다면 그는 당신에게 유용한 봉사를 할 것입니다. 예를 들어, 어떤 사람은 그가 병든 사람을 건강하게 하고 죽은 사람을 부활시켰다고 말합니다." 테오필로: "쓸데없는 말이다! 그가 죽은 사람을 부활시킬 능력이 있었다면, 벌써 감옥에서 탈출했을 것이다!" 바오로: "그리스도가 부활한 것처럼, 혹은 그들의 말대로 아직 십자가에서 내려오지 않은 것처럼, 베드로도 그리스도의 모범을 따라 스스로 자유롭게 하지 않고 그리스도를 위한 고통을 두려워하지 않습니다." 테오필로: "그렇다면 14년 전에 죽은 나의 아들을 소생시켜 데려오면 석방할 것이라고 전해라!" 이에 독방의 베드로에게 간 바오로는 테오필로의 아들을 소생시켜 데려온다는 약속을 했다고 말했다. 베드로는 "그것은 지키기 어려운 약속입니다. 하지만, 하느님은 쉽게 하실 수 있을 것입니다!"라고 말했다. 이후, 베드로는 감옥에서 풀려나와 무덤으로 갔다. 베드로가 기도하자, 원수의 아들은 즉시 소생했다.

그러나 여기에는 바오로가 다양한 부분에서 타고난 기술이 있다거나, 그 아들의 죽음 선고가 14년 동안 유예되었다는 것에 믿기 힘든 몇 가지가 있다. 어쨌든 이 일로 테오필로와 안티오키아의 모든 주민은 함께 그리스도를 믿었다. 그들은 웅장한 성당을 건축하고, 모든 사람이 베드로의 설교를 보고 들을 수 있도록 중앙에 높은 왕좌를 세워 올렸다. 베드로는 7년 동안 그 자리를 지킨 후 로마로 가서 25년 동안 로마의 주교좌(主敎座)를 통치했다. 그렇지만 교회는 장소, 권한, 이름으로 주교들을 구별하는 관습이 있었기 때문에 이 첫 영예를 기념한다. 여기에는 우리가 시편에서 읽었던 "백성의 모임에서 그분을 높이 기리고 원로들의 집회에서 그분을 찬양하여라."(시편 107, 32)라는 구절에서 이 내용을 입증한다.

복된 베드로가 높임을 받은 교회는 신전교회(神戰敎會, ecclesia militans), 단련교회(鍛鍊敎會, ecclesia malignantiens), 개선교회(凱旋敎會, ecclesia triumphans) 세 군데이다. 그는 이 삼중의 교회가 자신을 기리기 위해 거행하는 세 개의 축일에서 높임을 받았다. 첫째, 베드로는 신전교회에서 혼과 믿음, 고결한 삶으로 교회를 관장하고 훌륭하게 다스림으로써 높임을 받았다. 그리고 베드로가 안티오키아 교회에서 교황직을 맡아 7년 동안 존경받을 만한 방식으로 통치하였기 때문에 사도좌의 이름을 딴 오늘날의 축일에 적용된다. 둘째, 베드로는 단련교회 안에서 높임을 받았다. 그는 그 단련교회를 확산시키며 참된 믿음으로 개종시켰다. 그가 이 교회를 확산시켰고 많은 사람을 다시 믿음으로 돌아오게 하였기 때문에, 그의 쇠사슬의 이름을 따서 그를 영예롭게 하는 두 번째 축일에 적용된다. 셋째, 그는 개선교회에서 높임을 받았는데, 베드로의 수난에 대한 세 번째 장엄화에 적용된다. 그의 수난으로 개선교회에 들어갔기 때문이다.

더욱이 교회는 1년 동안 베드로의 직무, 특전, 그에게 빚진 우리의 빚, 그가 우리를 위해 세웠던 모범 외에도 다른 많은 이유로 베드로를 기리기 위해 세 가지 축일을 거행한다.

첫째, 그는 특전을 입었기 때문에 존경받는다. 복된 베드로는 다른 사도들보다 자신을 높여준 세 가지 특전을 누렸고, 이에 교회는 매년 세 차례 그를 공경한다. 그는 사도들의 으뜸으로 우뚝 서서 하늘나라의 열쇠를 받았기 때문에, 그 권위로 다른 사람들보다 좀 더 높은 존엄을 누렸다. 그는 사랑에 있어서 누구보다 열렬했다. 이는 복음서들의 많은 구절에서 명백히 기록하고 있듯이, 그는 더 큰 열정으로 그리스도를 사랑하였기 때문이다. 사도행전에서 읽은 것처럼, 그의 권한은 그의 그림자가 지나쳤을 때 병약한 사람이 치유되었기에 좀 더 효과적이었다.

둘째, 그는 교회에서 직무 때문에 존경받는다. 그는 보편 교회의 최고의 사제장(summus pontifex)으로 세상의 세 부분 즉, 아시아, 아프리카, 유럽에 퍼져 있는 온 교회의 으뜸이자 고위성직자였으며, 교회는 매년 세 차례 그의 축일을 기념한다. 셋째, 베드로는 자신이 제공한 특전 때문에 존경받는다. 구속과 해방의 권한을 부여받은 그는 우리를 세 종류의 죄, 즉 생각하는 죄, 말하는 죄, 행동하는 죄, 즉 하느님에게, 이웃들에게, 자신을 거스른 죄에서 해방시킨다. 그리고 죄인이 면죄부를 통해 얻는 다른 삼중의 특전, 즉 죄의 사죄(赦罪), 영벌(永罰)에서 잠벌(暫罰)로의 감형, 잠벌의 일부를 사죄받게 된다. 그리고 이 삼중의 특전 때문에 삼중으로 존경을 받는다. 넷째, 그는 우리가 그에게 진 빚 때문에 존경받는다. 그는 '말, 모범, 현세적인 도움'이라는 세 가지 방법, 또는 그의 대리기도[代禱]로 우리를 먹여 살렸기에, 우리는 그에게 삼중으로 빚졌고 따라서 세 가지 축일로 공경받는다. 다섯째, 그가 우리에게 준 모범이다. 왜냐하면 베드로처럼 세 번이나 하느님을 부인한 죄인이라도 절망해서는 안 되기 때문이다. 베드로처럼 마음과 말, 행동으로 하느님을 고백하면 된다.

오늘의 축일 제정에 대한 이유는 성 클레멘스의 여행기(Itinerarium)에서 가져온 것이다. 우리는 이 책에서 베드로가 복음을 설교하며 다니던 중 안티오키아에 도달했을 때, 그 도시의 모든 사람이 참회복을 입고 머리에 재를 뿌리고 맨발로 그를 만나러 나왔다고 읽었다. 사람들은 마술사 시몬과 함께 그에게 대항하였기 때문에, 속죄의 방법으로 이렇게 했다. 베드로는 그들이 회개하는 모습을 보고 하느님께 감사했다. 그때 그들은 병들었거나 악령이 들린 모든 사람을 데려왔다. 베드로는 그들을 눕힌 후 하느님의 축복을 내려 주십사 빌었고, 엄청난 빛이 나타나서 모든 사람이 치유되었다. 그 후에 그들은 베드로를 따라가며 그의 발자국에 입 맞췄다. 일주일 이내에 1만 명이 넘는 사람이 세례를 받았다. 그 도시의 원수인 테오필로는 모든 사람이 베드로가 보고 들을 수 있도록 자신의 집을 베드로를 위한 높은 의자를 세울 대성전(basilica)으로 봉헌하였다. 그리고 이 이야기는 위에서 했던 이야기와 유사하다. 베드로는 바오로의 중재로 테오필로와 그 도시인들에게 대환영을 받은 후 그 도시를 떠났을 것이다. 그다음에 마법사 시몬이 사람들을 삐뚤어지게 하면서 사도에 대항하도록 선동하였으나 후에 그들은 속죄하였고 다시 베드로에게 영예로운 환영을 했다.

또한, 성 베드로의 사도좌 축일은 성 베드로의 착좌 축일(festum de incathedratione Sancti Petri)이라 불리면서 이 축일의 제정 이유를 제공한다. 스승인 요한 벨레토(Johannes Belethus)에 따르면, 이교도들에게는 매년 2월의 특정한 날에 조상 무덤에 성찬(盛饌)을 바치는 관습이 있었다. 그러면 그 밤에 악령들이 그 음식을 먹었지만, 이교도들은 죽은 사람들의 영혼이 무덤 사이를 다니며 음식을 가져간다고 생각했다. 또한, 고대인들은 영혼이 인간의 육체 안에 있을 때는 영혼(靈魂, anima), 지하 세계에 있을 때는 망령(亡靈, manes), 하늘로 승천할 때 영(靈, spiritus)이라 불리고, 최근에 묻혔거나 무덤 주변을 돌아다니면 유령(幽靈, umbra)이라고 말했다. 교회의 거룩한 교부들은 이 성찬의 관습을 근절시키기 힘들 것이라 보고, 대신에 사도좌 축일 혹은 성 베드로의 착좌를 도입했다. 이것은 고대 연회가 개최되었던 같은 날에 로마와 안티오키아의 축일들을 결합하였고, 그래서 일부는 지금도 이 축일을 성 베드로의 착좌 축일로 부르고 있다.*

---

* 로마 전례력에서 이 축일의 전통적인 날짜는 2월 22일이다. 죽은 사람들을 위한 로마 축제의 마지막 날짜인 21일과 거의 정확히 일치한다.

마지막으로 축일을 제정한 이유는 성직자의 삭발에 대한 존경에 있다. 일부 사람들이 고수하는 전통으로, 성직자의 삭발이 여기에 그 기원을 두기에 주목할 만하다. 베드로가 안티오키아에서 복음을 설교하기 시작했을 때, 이교도들은 그리스도인의 이름을 경멸하는 표시로 그의 머리 정수리를 깎았다. 그리고 시간이 지나면서 사도들의 으뜸에게 수치의 표시로 부과되었던 삭발은 영예의 흔적으로 모든 성직자에게 전해졌다. 이 성직자의 "화관"과 관련하여 주목할 만한 세 가지가 있다. 즉 머리의 면도, 머리카락의 깎기, 삭발의 둥근 모양이다. 머리 정수리는 세 가지 이유로 면도하였는데, 그중 두 가지는 디오니시오가 《교회 위계》(De Ecclesiastica Hierarchia)*에서 기록한 것이다. 머리의 면도는 깨끗하고 검소하고 꾸밈없는 태도를 뜻한다고 한다. 머리카락의 자르기나 삭발은 '청결의 유지, 꾸밈이 없음, 헐벗음'이라는 사실이 수반되기 때문이다. 먼지를 모으는 머리카락은 삭발함으로써 청결이 유지되고, 그로써 꾸밈이 없어진다. 그래서 삭발은 청결, 소박한 삶을 의미한다. 이것은 성직자들이 마음의 내적인 청결과 외적인 유행에 관심이 없어야 한다는 것을 의미한다. 두피를 비우는 것은 성직자와 하느님 사이에 아무것도 없어야 한다는 것을 의미한다. 성직자는 하느님과 일치해야 하고, 베일을 벗은 얼굴로 주님의 영광을 바라보아야 한다. 성직자는 머리카락을 깎음으로써 모든 불필요한 생각을 제거하고, 하느님의 말씀을 들을 각오를 하고 준비하는 것으로 이해하게 해주며, 따라서 절대적으로 필요한 것을 제외한 세속적인 모든 것을 완전히 제거해야 한다.

삭발의 둥근 모양에 대해 많은 이유가 있다. 우선, 원형은 시작과 끝이 없고, 이것으로 성직자는 시작도 없고 끝도 없으신 하느님의 봉사자라고 믿어진다. 또한, 원형은 각(角)을 갖지 않았고, (베르나르도의 말처럼) 각을 지닌 곳은 더러워지기 쉬우므로 성직자는 자신의 삶에 때묻은 부분을 갖지 않아야 한다는 것을 의미한다. 진리는 (예로니모의 말처럼) 각을 좋아하지 않기 때문에, 그들은 자신의 가르침 안에 진리를 가지고 있어야 한다. 그리고, 원은 모

---

* 그레스(Th. Graesse)는 실수로 《천상 위계》(De Coelesti Hierarchia)라고 하였다. 정확한 참조는 《교회 위계》(The Ecclesiastical Hierarchy), chap. 6, sec. 2, in Pseudo-Dionysius, *The Complete Works*, New York : Paulist Press, 1987, 246-247.

든 형태에서 가장 아름답다. 이런 이유로 하느님은 하늘의 창조물을 이 형태로 만드셨다. 즉 성직자는 내적으로 자신들의 생각 안에, 외적으로 자신의 행동 안에 아름다움을 가져야 한다는 것을 의미한다. 또 다른 이유는, 원은 도형 없이 (아우구스티노의 말처럼) 오직 하나의 선으로 구성되었기 때문에 모든 형태에서 가장 단순하다. 원은 단 한 줄의 선으로 끝나는 유일한 것이다. 이것은 성직자는 "비둘기처럼 순박하게 되어라."(마태 10, 16)라는 주님의 말씀에 따라 비둘기의 순박함을 가져야 한다는 것을 의미한다.

45

성 마티아 사도

히브리어 이름 마티아(Matthias)는 '하느님에 의해서 주어진', '하느님의 선물'을 의미하고, '겸손한', '대수롭지 않은'을 의미할 수 있다. 성 마티아는 하느님이 세상에서 그를 선택했을 때 받은 것이며, 72명의 제자 중 하나가 되었다. 마티아가 제비뽑기로 사도의 이름을 얻은 것은 하느님의 선물이었다. 마티아는 진정한 겸손을 항상 지켰다. (암브로시오가 말한 것처럼) 겸손은 세 가지이다. 첫째는 강요당한 겸손으로 스스로 굴욕감을 느낀다고 한다. 둘째, 성찰의 겸손으로 스스로를 돌아보는 것에서 나온다. 셋째는 신앙심의 겸손으로 창조주에 대한 지식에서 비롯된다. 마티아는 순교의 고통으로 첫 겸손을, 자기 자신을 과소평가함으로써 다음 겸손을, 하느님의 주권 앞에 절함으로 마지막 겸손을 행하였다. 또한, 그의 이름은 '좋은'(bonum)을 의미하는 마누(manu)*와 '지위'를 의미하는 테시스(thesis)에서 파생되었을 것이다. 선한 사람인 마티아는 악마인 유다 대신에 자리를 잡았다. 베다(Beda)는 교회에서 읽는 《마티아의 생애》의 저자로 추정된다.

마티아 사도는 유다의 자리를 받았다. 먼저 유다의 출생과 출신에 대해 간략

---

* 영어본은 이 단어를 '마누스'(manus)라고 하지만, 이 단어는 그리스어이기 때문에 라틴어본에 따라 마누(manu)가 맞다. ― 역자 주

하게 살펴보자. 우리는 일반적으로 인정하듯이 어떤 외경 역사서에서 예루살렘에 단(Dan) 지파 혹은 예로니모에 따르면, 이사카르(Ysaschar) 지파 출신의 이름이 르우벤(Ruben, 시몬(Symon)으로도 불림)인 사람과 아내 치보레아(Cyborea)가 있었다고 한다. 어느 날 밤에 부부관계를 맺은 후 치보레아는 잠들었는데 꿈을 꾸다 겁에 질려 흐느끼며 남편에게 이야기했다. "저는 너무나 사악한 아들을 낳아 우리 백성 전체를 파멸시킬 것이라는 꿈을 꾸었습니다." 르우벤: "당신이 말하는 것은 결코 일어나서는 안 될 매우 나쁜 일이군. 아마도 점치는 영이 당신을 붙잡고 있다고 생각해!" 그녀: "만일 내가 아들을 낳는다면, 그것은 점치는 영이 아니고 진리의 계시일 것입니다."

머지않아 아들이 태어났고, 잔뜩 겁을 먹은 부부는 어떻게 해야 할지 생각했다. 부부는 아들을 살해할 엄두는 내지 못했으나 백성의 파멸자를 양육하는 것이 내키지 않았다. 그래서 부부는 아기를 바구니에 넣어 바다에 띄웠다. 그리고 파도는 그 바구니를 스카리옷(Scarioth)이라는 섬으로 데려갔다. 그때 아이가 없었던 그 섬의 여왕이 해변을 걷고 있었다. 그녀는 밀려드는 파도에 떠 있는 바구니를 보고 가져오게 했다. 바구니 안에서 아름답게 생긴 아기를 발견한 그녀는 한숨을 쉬었다. "오, 나의 왕국은 나를 이을 후계자가 없는 상황인데, 만일 내가 이런 아기를 가질 수 있다면 얼마나 좋을까!" 결국 그녀는 임신한 척하면서 아기를 몰래 보살폈다. 때가 되었을 때 아들을 낳았다고 발표하였고, 여왕이 아들을 낳았다는 소식은 왕국 전역에 퍼졌다. 왕은 아들을 얻은 것에 미칠 듯이 기뻐했으며 온 백성은 기쁨을 나누었다. 물론 아기는 왕실의 방식으로 양육되었다. 그래서 유다는 그 섬에서 이스카리옷(Iscariot)*이란 성(姓)을 얻었다.

그러나 오래지 않아 왕비는 왕의 아이를 임신하고 아들을 낳았다. 두 아이는 성장하면서 함께 놀았고, 유다는 왕의 아이를 자주 학대하고 울렸다. 이에 분개한 왕비는 친아들이 아닌 유다의 악행을 자주 꾸짖었다. 그러나 유다는 나쁜 행동을 계속했고 결국, 왕비의 아기가 아니라 업둥이였다는 사실이 알려졌다. 이 사실을 안 유다는 심한 수치심을 느꼈고, 친동생이라 생각했던 왕

* 이스카리옷(Ἰσκαριώτης)은 '스카리옷 사람'(Σικάριοι, Scariotes)이란 의미이다. – 역자 주

의 아들을 아무도 몰래 죽였다. 그러고는 자신이 사형에 처해질 것을 두려워하여 조공으로 바쳐지는 다른 젊은이들 틈에 끼여 예루살렘으로 달아났고, 총독 빌라도(Pylatus)의 집에서 일했다. 유다가 마음에 든 빌라도는 그에게 모든 일을 맡겼다. 곧 유다의 말은 법이 되었다.

어느 날 빌라도는 궁전에서 가까운 과수원의 과일이 너무 탐나서 거의 기절할 정도였다. 그 과수원은 유다의 아버지 르우벤의 소유였다. 그러나 유다는 아버지를 몰랐고, 르우벤은 아들을 알아보지 못했다. 왜냐하면, 르우벤은 아기가 바다에서 죽었다고 생각했고, 유다는 아버지를 본 적이 없으며 출신도 몰랐기 때문이다. 빌라도는 유다를 큰 소리로 불러서 말했다. "나는 저 과일이 너무 탐나서 조금이라도 갖지 못하면 죽을 것 같다!" 그래서 유다는 과수원 울타리를 뛰어넘어가 재빨리 사과 몇 개를 따왔다. 그 순간 사과를 훔치는 것을 본 르우벤은 유다와 격렬한 말다툼을 시작했고, 말은 모욕으로 번져 결국 주먹질과 부상으로 이어졌다. 결국, 유다는 르우벤의 뒷목을 돌로 쳐 죽였다. 그런 다음 유다는 빌라도에게 사과를 전달하면서 이 일을 보고했다.

밤이 되어 르우벤의 시신이 발견되었으나 모두 급사한 것으로 생각했다. 빌라도는 치보레아를 포함한 르우벤의 모든 소유물을 유다에게 수여했다. 그러던 어느 날 유다는 우울하고 울먹이는 치보레아를 발견하고 괴로운 이유를 말하라고 재촉했다. 그녀는 "아아, 저는 가장 불행한 여자입니다. 저는 어린 아들을 바다에 익사시켰고, 남편은 급사로 죽었으며 빌라도는 슬퍼하는 저를 제 아들과 함께 당신에게 넘겨주었으나 저는 당신의 아내가 되기를 원하지 않습니다."라고 대답했다. 그녀는 자신의 아기 이야기를 계속했고, 유다는 자신의 일들을 그녀에게 말했다. 그래서 유다는 자신이 아버지를 죽였으며 어머니를 아내로 맞이했다는 사실을 알게 되었다. 그때 치보레아는 유다가 뉘우치도록 설득했고, 유다는 우리 주 예수 그리스도에게 돌아가 자신의 모든 죄에 대해 용서를 간청했다. 지금까지의 이야기는 앞에서 언급한 외경 역사서에서 유래된 내용이다. 우리가 이 이야기를 믿고 전해야 할지에 대해서는 독자의 판단에 맡긴다.

그럼에도 불구하고, 주님은 유다를 제자로 받아들이셨고 사도로 선택하셨다. 실제로 주님은 그를 너무나 끔찍이 사랑해서 돈 관리인으로 만들었고 결국에는 배신자로서의 그를 보았다. 유다는 돈주머니를 가지고 다녔고 그리스도에게 바쳐진 희사금을 훔쳤기 때문이다. 주님의 수난 때에 그는 300펜스 가치의 향유가 팔리지 않아서, 자신이 그 돈을 훔칠 수 없었다고 항의했다. 그리고 밖으로 나가 한 냥이 10펜스의 가치가 있던 은전 30냥에 주님을 팔아서 향유에서 얻지 못한 300펜스를 만들었다. 또는, 어떤 사람들이 말하는 것처럼, 그는 그리스도에게 주어졌던 모든 것의 10분의 1을 정기적으로 훔쳤고, 그러니 향유 판매가격인 300펜스의 10분의 1을 위해 주님을 팔았다. 그러나 자신이 한 일을 후회한 유다는 그 돈을 버리고 밧줄로 목을 매달아 (복음서가 우리에게 전하는 것처럼) "배가 산산이 터지고 그의 내장이 모조리 쏟아졌다."* 그러나 그의 입은 더러움을 면하여 입을 통해서는 아무것도 나오지 않았다. 이는 그리스도의 영광스러운 입술에 닿았던 입이 그렇게 지저분하게 더러워지는 것은 어울리지 않기 때문이다.** 배신을 품고 있었던 창자가 터져 쏟아지는 것과 배신자의 목소리가 나온 목을 밧줄로 목 졸라 죽인 것도 적절했다. 게다가 천사가 있는 하늘에도, 사람들이 있는 땅에도 닿지 못하고 허공에서 죽었다. 결국 악령들과 함께 공중에 남게 되었다.

주님의 승천과 성령 강림 사이에 사도들은 다락방에 함께 있었다. 베드로는 12라는 수, 즉 세상 곳곳에 삼위일체 믿음을 전하도록 주님에 의해 선택된 사도의 수가 줄어들었다고 언급했다. 형제들 한가운데에서 일어선 베드로가 말했다. "형제 여러분, 주님은 우리에게 '너희는 예루살렘과 유다(judea), 사마리아에서 세상 끝까지 나의 증인이 되어줄 것이다.'라고 말씀하셨기에, 유다를 대신하여 그리스도의 부활을 우리와 함께 증언할 수 있는 사람을 찾아야 합니다. 증인은 자신이 보았던 것에 대해서만 증언해야 합니다. 그러니 우리는 줄곧 우리와 함께 한 사람들 중에서 주님의 기적들을 보고 그분의 가르침을 들었던 한 사람을 선택해야 합니다." 그래서 그들은 두 명의 제자를 추천했다. 즉 거룩함 때문에 유스투스(Justus)로 불리던 요셉(알패오의 야고보(Jacobus Alphei)

---

* 이 내용은 본문이 설명하는 것처럼 복음서에 언급된 것이 아니라 사도행전 1장 18절에 언급된 내용이다. – 역자 주
** 유다는 겟세마니에서 기도하고 있던 예수를 넘겨주러 왔을 때, 예수에게 입을 맞추었다(마태 26, 48-49 참조). – 역자 주

의 형제)과 사도로 선택된 것만으로도 칭찬받을 존재였던 마티아였다. 그들은 "모든 사람의 마음을 아시는 주님, 이 둘 가운데에서 주님께서 뽑으신 한 사람을 가리키시어, 유다가 제 갈 곳으로 가려고 내버린 이 직무, 곧 사도직의 자리를 넘겨받게 해 주십시오."(사도 1, 23-26)라고 말하면서 기도했다. 그들이 제비를 뽑았고 마티아가 선택됨으로써 이제 열두 사도에 포함되었다.

예로니모가 말한 것처럼 이 한 가지 사례로 제비뽑기가 일반적인 관행으로 승인된 것은 아니다. 소수에게만 허용된 특권은 일반법을 만들지 않는다. 아니면 베다가 말한 것처럼, 진리가 오기 전에 수치를 사용하려는 것은 합법이었다. 참된 주인은 수난으로 희생되었으나 성령 강림 때 완성되었다. 그러므로 마티아를 선출할 때에는 제비를 뽑아 수석 사제를 뽑도록 규정한 율법에 따라 행해졌다. 성령 강림 후 진리가 세상에 알려졌을 때 일곱 명의 부제는 제비뽑기가 아니라 제자들에 의한 선출, 사도들의 기도, 안수를 통해 서품되었다. 위와 같은 제비뽑기의 종류에 대해서 거룩한 교부들로부터 받은 두 가지 의견이 있다. 예로니모와 베다는 그 제비뽑기가 구약성경에서 매우 자주 등장하는 제비뽑기와 같은 종류였다는 데 동의한다. 한편 바오로의 제자 디오니시오는 이 견해가 반종교적이라고 생각하면서, 이 제비뽑기는 마티아가 사도로서 받아들여졌다는 것을 보여주려고 하느님이 마티아에게 내린 찬란한 빛줄기라고 선언한다. 그래서 디오니시오는 《천상 위계》(De Coelesti Hierarchia)* 에서 말한다. "하느님의 뜻에 따라 마티아에게 내려진 신적인 제비뽑기에 대해 다른 사람들은 다른 의견을 말했다. 나의 견해로는 이는 종교와 조화를 이루지 않는다. 이제 나는 내가 이해한 것을 진술할 것이다. 즉, 성경은 마티아가 신적인 제비뽑기에 의해 받아들여졌다는 것을 사도단에 보여주는 신적인 선물을 설명하려고 '제비뽑기'라는 용어를 사용했다."

제비뽑기로 유다 지방을 맡은 사도 마티아는 부지런히 설교하며 많은 기적을 일으킨 후, 평안히 영원한 안식처로 갔다. 그러나 어떤 고문서에서는 그가

---

* 《교회 위계》(The Ecclesiastical Hierarchy)(다시, 천상의[The Celestial]가 아닌), chap. 5, sec. 3, in Pseudo-Dionysius, *The Complete Works*, New York, Paulist Press, 1987, p.241 참조. 이 영어 본에서 번역가는 sors divina라는 단어를 '신적인 선택'(divine choice)으로 번역하였지만, 나는 그것들을 '신적인 제비'(divine lot)로 번역하였다는 것에 주목하라. 영어본에서는 《천상의 역사》(The Celestial History)라고 하였는데, 이는 《천상의 위계》를 잘못 이해하여 오기한 것으로 이해된다. ― 역자 주

십자가형으로 순교의 월계관을 쓰고 하늘로 올라갔다고 전한다. 그의 시신은 로마에 있는 성모 마리아 대성전(Ecclesia Sanctae Mariae Majoris)에 있는 반암(斑岩) 평판 아래에 묻혔고, 머리는 사람들이 볼 수 있다고 전한다.

트리어(Trier)에서 발견된 다른 전설에서는 유다 지파의 마티아가 특히 베들 레헴의 명문가에서 태어났다고 한다. 그는 율법과 예언자들에 대한 많은 지식을 빠르게 습득했고, 음탕한 것을 피하며 성숙한 행동으로 청소년기의 유혹을 극복했다. 그는 덕을 스스로 익혔고 이해력이 빨랐으며 풍족함으로 우쭐하기보다는 동정심이 많았고, 역경에도 흔들리지 않고 용감했다. 규범을 실천하고 행동함으로써 그 가르침을 설명하려고 모든 노력을 기울였다. 그가 유다 전역에서 설교하는 동안 나병 환자들을 치료하고, 악령들을 내쫓았다. 다리를 저는 이는 걷게, 눈먼 이는 보게, 귀먹은 이는 듣게 하고, 죽은 이를 소생시켰다. 그는 수석 사제 앞에 불려가서 많은 고발에 대답했다. "저는 당신이 범죄라고 말하는 것들에 대해 답할 필요가 없습니다. 그리스도인이 되는 것은 범죄가 아니라 영광이기 때문입니다!" 수석 사제: "만일 네게 깊이 생각할 시간이 주어진다면, 철회하겠느냐?" 마티아: "진리를 발견하였는데 그것을 배교하고 부인할 생각은 추호도 없습니다!"

마티아는 율법에 대한 학식이 매우 높았고, 마음이 깨끗하고, 판단에 신중했으며 성경에 관한 문제를 푸는 데 열심이고, 조언에 신중하고, 연설에서 솔직했다. 유다 지방에서 설교하면서 표징과 기적을 행하여 많은 사람을 믿음으로 개종시켰다. 이를 시기한 유다인들은 그를 의회로 끌고 갔다. 그를 고발했던 두 명의 거짓 증인이 먼저 그에게 돌을 던졌다. 마티아는 증인들에 대항한 증거로 그 돌들을 자신과 함께 묻으라고 요구했다. 그는 돌에 맞으며 로마 방식인 도끼로 참수되었고, 자신의 손을 하늘로 들고 숨을 거두었다. 그의 시신은 유다에서 로마로, 다시 트리어로 옮겨졌다.

또 다른 전설에서 마티아는 마케도니아로 가서 설교했다고 한다. 그는 눈을 멀게 하는 독약을 받았지만, 그리스도의 이름으로 마셨고 아무 해가 없었다. 250명이 넘는 사람들이 그 독약으로 인해 눈이 멀었고 마티아는 그들에게 안수하여 시력을 회복시켰다. 그러나 악마가 어린아이의 모습으로 그들에게 나타나서 자신들의 종교를 약화시킨다는 이유로 마티아를 죽이라고 설득했다. 마티아는 그들 가운데 있었으나, 그들은 그를 보지 못하고 3일 동안 찾아 헤맸다. 그러나 사흘째 날에 그는 그들에게 "제가 여기 있습니다!"라고 말함으로써 자신을 알렸다. 그들은 그의 손을 등 뒤로 묶고 목에 밧줄을 묶고 잔인하게 고문한 다음 감옥에 가두었다. 그곳에서 악령들은 그를 향해 이를 갈았으나 그의 근처에 갈 수 없었다. 주님은 큰 빛으로 와서 그를 땅에서 들어올리고 결박을 풀어준 후 부드럽게 위로하시고 감옥의 문을 열어주었다. 그는 밖으로 나가 하느님의 말씀에 대한 설교를 재개했다. 그곳에는 여전히 그의 설교를 완강하게 거부하는 일부 사람들이 있었고, 그는 그들에게 "당신들은 산 채로 지옥에 갈 것임을 경고합니다!"라고 말했다. 이후, 땅이 열리고 그들을 삼켰으며, 남은 사람들은 믿음으로 개종했다.

···✦·❖·✦··· 46 ···✦·❖·✦···

성 그레고리오

그레고리오(Gregorius, Gregory)라는 이름은 '그렉스'(grex, 무리)-와 '-고레'(gore, 설교하다, 말하다)의 합성어로서, 그 이름은 에그레지우스(egregius, 뛰어난)에서 유래한 '에그레가리우스'(egregarius)와 '고레'(gore)와 비슷하다. 성 그레고리오는 자신의 양떼를 위한 뛰어난 설교자이자 학자였다. 그레고리오는 우리 언어로 '경계', '주의 깊음'을 암시한다. 따라서 성인은 자기 자신, 하느님, 자신의 양떼를 지켰다. 즉 덕이 있는 삶으로 자기 자신을, 내적인 관상으로 하느님을, 근면 성실한 설교로 양떼를 지켰고, 이 세 가지 방법으로 하느님의 계시를 받을 만했다. 그래서 아우구스티노는 저서 《질서》(De Ordine)에서 "잘 살고, 잘 공부하고, 잘 기도할 줄 알았던 그레고리오는 하느님을 볼 수 있었다."라고 말한다. 랑고바르디족(Langobardi)의 역사가인 바오로가 그레고리오의 생애를 썼고, 나중에 부제 요한이 좀 더 주의를 기울여 다시 편찬했다.*

---

* 전승은 교황 성 그레고리오 1세(590~604)에게 "대"(大, the Great)라는 칭호를 수여했다. 오직 단 하나의 다른 교황, 성 레오(440~461)는 그렇게 불리고 있다.

원로원 의원의 가정에서 태어난 그레고리오는 아버지 이름은 고르디아노 (Gordianus), 어머니는 실비아(Silvia)였다. 그는 이미 청소년 시기에 높은 학문 수준에 도달했다. 그는 대단히 부유했지만 모두 버리고 수도자의 삶에 전념할 것인지를 고민했다. 그러나 오랫동안 이 선택을 미루었다. 그는 로마의 시민 관할 법무관(praetor urbanus)으로 세상에 남아 그리스도를 섬기는 일에 더 안전하게 자신을 바칠 수 있다고 생각한 것이다. 그러나 세속적인 일은 그를 무겁게 짓눌렀다.

아버지가 죽은 후, 그레고리오는 시칠리아에 6개의 수도원을 지었고 도시 성벽 안에 있는 자신의 집 안에 일곱 번째 수도원을 설립한 후 성 안드레아 사도를 기념하여 봉헌했다. 그리고 금과 보석으로 장식된 비단옷 대신 수도승의 거친 튜니카를 입고 집 안에 있는 수도원에서 살았다. 그는 새로운 삶을 시작할 때 이미 완벽한 사람으로 여겨질 수 있는 거룩함을 얻었다. 실제로 그 완벽함의 정도는 그가 후에 집필한 《대화집》(Dialogi)의 머리말에서 다음과 같은 말로 측정할 수 있다. "현재의 걱정에 시달리는 나의 불행한 영혼은 수도승원 안에서의 삶이 얼마나 달랐는지 회상합니다. 영혼이 모든 것을 그 아래로 지나가게 하고 일시적인 것을 초월하여 하늘의 일 외에는 아무것도 생각하지 않습니다. 심지어 육체에서 남아 있으면서도 관상으로 육신의 속박을 벗어나 (대부분의 사람에게 너무나 고통스러운 생각인) 죽음 자체를 사랑하였습니다. 왜냐하면, 죽음은 생명의 입구이자 노동의 대가이기 때문입니다." 더욱이 그는 스스로 육신을 혹독하게 다루는 바람에 위가 약해져 간신히 살았다. 그는 그리스어로 신코페(syncope)라고 불리는 일종의 실신(失神)의 고통에 자주 시달렸고, 그때마다 거의 죽을 것 같은 고통을 느꼈다.

어느 날 그가 아빠스로 주재하던 수도원들 중 한 곳에서 글을 쓰고 있을 때, 주님의 천사가 난파된 선원 모습으로 와서 많은 눈물을 흘리며 도움을 요청했다. 그레고리오는 약간의 은화를 그에게 주었지만, 돌아와서 받은 것이 적다고 하소연하며 다시 돈을 받아 갔다. 그런데도 그 사람은 세 번째로 와서 큰 소리로 그레고리오를 귀찮게 했다. 수도승원의 재산을 담당하는 수도승은 거지에게 줄 수 있는 것이 아무것도 없고 과거에 그레고리오의 어머니가 아들의 식사를 위해 채소를 담아 보냈던 은접시만 있다고 알렸다. 성인은 즉시 접시를 주라 했고, 거지는 은접시를 받고 기쁘게 돌아갔다. 그러나 그 거지는 후에 스스로 알린 것처럼 정말로 하느님의 천사였다.

또 다른 날, 그레고리오가 로마에 있는 시장을 가로질러 걸을 때, 훌륭한 외모에 금발 머리를 지닌 한 무리의 젊은이들에게 관심을 기울였다. 그들은 노예였고 팔리는 중이었다. 그레고리오는 상인에게 그들이 어디에서 왔는지 물었고, 상인은 "모든 주민이 고운 피부와 금발을 가지고 있는 브리탄니아(Britannia)에서 왔습니다."라고 대답했다. 그레고리오는 그들이 그리스도인인지 물었고, 상인이 대답했다. "아닙니다. 그들은 미개한 이교도들입니다." 그레고리오는 슬프게 신음소리를 내며 "어둠의 왕자가 이처럼 환한 얼굴을 지니고 있다니 애석한 일이다!" 말한 후 그 사람들의 이름을 물었고, 그들은 앵글리치(Anglici)라고 대답했다. 성인: "이름도 잘 지었군! 천사같은 이름에 얼굴도 천사 같다." 성인은 그들의 지방 이름을 물었고 그들은 데이리(Deiri)라고 대답했다. 성인은 "지방 이름도 잘 명명되었다, 그들은 '데 이라'(de ira), 즉 분노로부터 구해질 것이기 때문이다."라고 말했다. 성인은 다시 왕의 이름을 물었고 상인은 엘레(Aelle)라고 대답했다. 성인은 "엘레가 맞다, 알렐루야(Alleluja)가 그 땅에서 노래될 것이기 때문이다."라고 말했다.

그 후에 그레고리오는 교황을 방문했고, 교황은 성인의 끈질긴 간청에 굴복하여 잉글랜드를 개종시키기 위한 파견 요청에 동의했다. 로마인들이 그의 부재에 괴로워하면서 교황에게 가서 다음과 같이 말할 때는 그는 이미 잉글랜드로 가고 있었다. "당신은 그레고리오를 쫓아 보냄으로써 성 베드로를 불쾌하게 하고 로마를 망쳤습니다." 이 말에 놀란 교황은 아빠스에게 급히 전령을 보내 성인을 다시 불렀다. 그레고리오는 3일 동안 길을 가다가 여행 동료들에게 쉴 기회를 주려고 멈추었다. 그가 책을 읽고 있을 때 메뚜기(locust) 한 마리가 그의 책에 붙어 독서를 멈추게 했고, 메뚜기는 그 장소에 머문다는 의미를 지니고 있었기 때문에 그는 같은 장소(locus)에 머물러야 한다는 점을 깨달았다. 이는 예언과 같았다. 따라서 동료들에게는 가능하면 빨리 여행을 계속하라고 권고하고, 그 자신은 그 자리에서 교황의 전령을 기다렸다. 결국, 원치 않았지만, 로마로 돌아가야 했다. 그리고 성인은 교황의 수석부제 추기경(cardinalis diaconalis)으로 서품되었다.

티베르 강이 제방을 범람하여 도시의 수많은 집을 허물었다. 많은 뱀과 거대한 용이 강물에 휩쓸려 바다로 내려갔으며, 파도가 짐승들을 질식시켜 죽였고 육지에 던졌다. 죽은 짐승들에서 나는 악취는 선(腺)페스트라고 불리는 치명적인 악성 전염병을 일으켰고, 사람들은 하늘에서 화살이 날아와 이 사람 저 사람을 치는 것을 보는 것 같았다. 첫 번째로 피해를 입은 사람은 교황 펠라지오(Pelagius)로, 발병 몇 시간 만에 죽었으며 전염병이 너무 치명적으로 휩쓸어서 도시의 많은 집이 비게 되었다.

그러나 하느님의 교회는 수장 없이 있을 수 없었고, 그레고리오의 계속되는 거부에도 불구하고 사람들의 만장일치로 주교로 선출했다. 성인은 로마의 주교로 축성되어야 했지만, 전염병으로 도시 전체가 큰 혼란에 빠져 있어서 사람들에게 성체 거동을 조직하여 모든 사람에게 주님께 열심히 기도하라고 권고하며 호칭기도(litania)를 하게 했다. 그러나 온 주민이 하느님에게 탄원하는 동안에도 한 시간에 90명이 죽었다. 그레고리오는 하느님의 자비로 전염병을 몰아낼 때까지 모든 사람이 기도하도록 계속 강력히 권고했다.

성체 거동이 끝났을 때 그레고리오는 로마에서 벗어나려고 했지만, 사람들이 도시 성문에서 밤낮으로 지키고 있어서 그럴 수 없었다. 마침내 그는 옷을 갈아입고 몇몇 상인을 설득하여 포도주 통에 숨어 수레를 타고 로마에서 나갔다. 숲에 도착한 그는 동굴에 은신처를 만들어 3일 동안 숨어 있었다. 그에 대한 끈질긴 수색이 진행되던 중 밝은 빛기둥이 하늘에서 내려와 그가 숨어 있던 동굴 위에 나타났다. 어떤 은수자는 이 빛줄기 안에서 천사들이 오르내리는 것을 보았다고 한다. 물론 이 빛기둥은 수색하던 사람들을 그레고리오에게로 이끌었고, 그들은 로마로 성인을 모셔가 최고의 사제장(Summus Pontifex)으로 축성했다.

그가 자신의 의지와 상관없이 이 최고의 영예를 받아들인 것에 대해서는 그의 저서에서 분명히 나타난다. 귀족인 나르소(Narsus)에게 보낸 편지에서 "당신이 관상의 극치를 묘사한 것을 보며 나 자신의 몰락에 대한 슬픔을 새롭게 합니다. 왜냐하면 나는 이 권력(주교)에 합당하지 않게 축성되었을 때 내적으로 잃어버린 것을 들었기 때문입니다. 내가 말할 수 없는 슬픔에 잠겨 있다는 것을 당신이 알아주길 바랍니다. 그러므로 나를 나오미(Noemi, 아름다움)라 부르지 말고 마라(Mara, 쓰라린)라고 부르십시오.* 나는 괴로움으로 가득 차 있습니다."
라고 썼다. 그리고 다른 곳에서 "내가 주교의 자리에 올랐다는 것을 알고 나를
사랑한다면, 나 자신이 끊임없이 눈물을 흘렸듯이 당신도 눈물을 흘려주시길
바랍니다. 그리고 나를 위해 하느님께 기도하기를 간청합니다."라고 썼다. 그
는 《대화집》 머리말에서 "나의 영혼은 사목적인 책임 때문에 세상 인간사에
연루되어 고통받고, 영적으로 평온한 아름다움을 누린 후에는 세속의 먼지로
더럽혀집니다. 그러므로 나는 무엇을 참아야 하는지, 무엇을 내가 잃었는지
생각합니다. 내가 잃어버린 것에 주의를 집중할수록, 현재의 짐은 더 무거워
집니다. 보라, 나는 마치 바다의 파도가 내 마음의 배를 덮치는 거센 폭풍우처
럼 요동칩니다. 내가 이전의 삶을 회상하면, 내 눈은 뒤를 돌아보고 해안을 보
고 한숨짓게 됩니다."라고 말한다.

　전염병이 여전히 로마를 황폐화하고 있었고, 그레고리오는 성체 거동을 위
해 도시를 계속 순회했고, 성체 거동에 참여한 자들은 호칭기도를 노래했다.
평생 동정이신 복되신 마리아의 초상이 그 성체 거동에서 운반되었다. 이 초
상은 의사이자 저명한 화가 성 루카가 그린 작품으로 성모님을 완벽하게 닮
았다고 하며 여전히 로마 성모 마리아 대성전(Sancta Maria Major)에 있다. 그리고
보라! 더럽게 퍼져 있는 공기의 독이 마치 그 초상으로부터 도망치고 그 존재
를 견뎌낼 능력이 없는 것처럼 굴복했다. 그 초상이 지나가는 것만으로 공기
가 놀랍도록 화창해지고 청결해졌다. 또한 다음과 같이 노래하는 천사들의
음성이 초상 주변에서 들렸다고 한다.

하늘의 모후님, 기뻐하소서. 알렐루야,
태중에 모시던 아드님께서, 알렐루야,
말씀하신 대로 부활하셨나이다. 알렐루야!

그리고 그레고리오가 덧붙였다.

---

* 룻기 1장 20절을 인용한 구절이다. 여기서 마라는 '쓰라린'이란 의미이며, 나오미는 남편과 아들이 사망
　한 후 슬픔의 표현으로 자신의 이름을 '마라'라고 주장했다. – 역자 주

저희를 위하여 하느님께 빌어주소서. 알렐루야!*

그때 교황은 주님의 천사가 크레셴티우스 성(Castrum Crescentii) 꼭대기에 서서 피 묻은 칼을 닦고 칼집에 넣는 것을 보았다. 그레고리오는 이로 인해 전염병이 종식될 것으로 이해했다. 그 후에 그 성은 천사의 성(castrum Angeli)**으로 불렸다.

더욱이 시간이 흐르면서 교황은 자신이 오랫동안 원했던 아우구스티노, 멜리토(Mellitus)와 요한, 몇몇 선교사들을 잉글랜드로 보냈다. 그리고 그들의 기도와 공로(功勞)로 잉글랜드의 개종이 이뤄졌다.

그레고리오는 너무 겸손해서 자신에 대해 칭찬하는 것을 허락하지 않았다. 자신에게 칭찬하는 편지를 썼던 스테파노 주교에게 "당신은 편지에서 자격이 없는 나에게 너무 많은 호의를 보여주었습니다. 성경은 우리에게 '아무도 살아 있는 동안에는 칭찬하지 말라'고 했습니다. 그러나 내가 이에 합당하도록 기도해 주길 간청합니다. 이는 내 안에 선한 것이 있지 않음에도, 당신이 있다고 말함으로써 내 안에 있게 하려는 것입니다."라고 썼다. 마찬가지로 귀족 나르소에게 보낸 편지에서 "당신은 나에게 편지를 쓸 때 사물의 이름을 정확하게 언급하며 놀랍고 수사학적으로 정확한 표현을 씁니다. 사랑하는 형제여, 당신은 원숭이를 사자로 부르는 것입니다. 지저분한 새끼 고양이를 표범이나 호랑이라고 부르는 것처럼 보입니다." 그리고 안티오키아의 총대주교 아타나시오에게 보낸 편지에서 "당신이 나를 주님의 입이라고 말했을 때, 당신이 나를 등불이라고 불렀을 때, 나의 연설로 내가 많은 사람을 유익하게 하고 많은 사람을 깨우치게 한다고 말할 때, 나에 대한 평가를 심각하게 의심하게 만듭니다. 나는 나 자신에게서 그런 선함을 분별하지 못하기 때문입니다. 나는 또한 당신이 그런 거짓말을 할 수 없다고 확신합니다. 그러니 내가 당신이 말한 것을 믿으려 하면 내 우유부단함이 쉽게 받아들이지 못하게 만들고, 당신이

---

* Regina coeli laetare, alleluia, / Quia quem meruisti portare, alleluia, / Resurrexit sicut dixit, alleluia! / Ora pro nobis, Deum rogamus, alleluia!

** 영어본은 거룩한 천사의 성(castle of the Holy Angel)으로 번역하였으나, 라틴어본에 따라 '거룩한'은 삭제했다. – 역자 주

나를 칭송했던 점을 반박하려 해도 당신이 거룩하기 때문에 반박하기도 어렵습니다. 그러나 성하(聖下), 우리의 의견 차이에서 좋은 결과가 나오기를 간청합니다. 그래서 당신이 내게 말했던 것이 다르다면, 그건 당신이 그렇게 표현했기 때문일 겁니다."

그레고리오는 과장된 직함을 원하지 않았다. 자신을 '보편적인 교황'(universalis papa)으로 불렀던 알렉산드리아의 총대주교 에울로지오(Eulogius)에게 편지를 썼다. "당신이 나에게 보낸 편지의 머리말에서 나를 보편적인 교황이라고 부름으로써 교만한 의미의 단어를 부과하였습니다. 나는 친절하신 성하께 이를 다시 사용하지 않기를 간청합니다. 왜냐하면, 이성적인 표현을 넘어선 단어를 다른 사람에게 이야기하는 것이 오히려 당신 자신을 깎아내릴 수도 있기 때문입니다. 나는 말을 따르는 대신 선한 행실로 나아갈 필요가 있다고 생각합니다. 내 형제들의 명예를 잃게 만드는 것을 이해한다면 그것은 더 이상 명예라고 보기 어렵습니다. 그러므로 허영심을 부추기고 자비에 상처를 주는 말을 버리십시오." 또 콘스탄티노폴리스의 주교였던 요한이 교회 회의에서 허영심에 차서 '보편적 교황'이라고 부를 수 있는 권리를 마치 사기꾼처럼 다른 사람에게서 빼앗았을 때, 그레고리오는 그에 대해 이렇게 썼다. "복음적인 규칙과 교회법의 법령에 어긋나고, 자신을 위해 새 이름을 빼앗아 사용하고, 다른 주교들의 위상은 생각하지 않으면서 최고이자 보편적인 이름을 갈망하는 이 사람은 도대체 누구입니까?" 또한, 그레고리오는 동료 주교들이 자신에게 "명령을 내리소서."라고 말하는 것을 허락하지 않았으며, 그 이유를 알렉산드리아의 주교 에울로지오에게 썼다. "당신의 자비는 '당신이 명령하였던 것처럼'이라고 나에게 말합니다. 나는 내가 누구이고 당신(다른 사람들)이 누구인지 잘 알기 때문에, 제발 다시는 그런 말을 내게 하지 마십시오. 당신은 지위 면에서 나의 형제들이고, 덕의 면에서 나의 교부들입니다."

그레고리오는 여자들이 스스로 하녀라 부르는 것을 원하지 않았는데, 이 역시 엄청난 겸손 때문이다. 그래서 그는 귀족 부인 루스티카나(Rusticana)에게 편지를 썼다. "당신의 편지에서 불편했던 것은 여러 번 되풀이해서 '당신의 하녀'라고 말하는 방식이었습니다. 나는 주교로서 모든 사람의 종입니다. 나는 주교직을 맡기 훨씬 이전부터 내가 당신의 종이었는데, 왜 당신은 스스로 나의 종이라고 말씀하십니까? 그러니 당신의 편지에서 나에게 사용하는 이 단어를 결코 다시 쓰지 않기를 전능하신 하느님의 이름으로 부탁합니다."

그는 겸손하여 자신의 책이 생전에 세상에 알려지는 것을 원치 않았다. 그의 판단에 따르면 자신의 책들은 다른 저자들의 책과 비교해서 가치가 없다고 생각했다. 그는 아프리카 지방의 총독 인노첸시오(Innocentius)에게 편지를 썼다. "당신이 욥기에 대한 나의 소책자에 관심을 보이는 것에 대해 큰 기쁨을 느낍니다. 그러나 만일 당신이 마음의 양식으로 살찌우기를 원한다면, 복된 아우구스티노의 논문을 읽으십시오. 그리고 그의 밀가루와 우리의 겨를 비교하지 마십시오. 게다가 내가 이 육체를 가지고 살아 있는 한 내가 우연히 말했던 어떤 것도 사람들에게 이용되기를 원하지 않습니다." 또한 그리스어에서 라틴어로 번역된 책에서, 거룩한 교부인 요한 아빠스가 사도들의 출발점인 로마로 왔을 때, 도시 중앙을 걷고 있는 복된 그레고리오를 보았다고 전한다. 그레고리오를 만나기를 원했던 요한은 예의에 맞게 경의를 표했다. 그러나 다른 사람이 땅에 막 엎드리려던 찰나 복된 그레고리오는 요한 역시 무릎을 꿇으려는 것을 예상했고 교부가 일어나기 전에는 자신도 일어나려고 하지 않았다. 여기서 다시 그레고리오의 위대한 겸손이 확인되었다.

그는 가까이 있는 사람들뿐만 아니라 멀리 시나이 산에 있는 수도승들도 부양했으며 어려움에 처한 이들을 장부에 기록하여 돌보았다. 그는 예루살렘에 수도원을 설립했고 그곳에 사는 하느님의 종이자, 하느님의 하녀 3천 명의 일일 경비를 위해 매년 금 80파운드를 따로 남겨 두었다. 그리고 매일 순례자들을 식사에 초대했다. 어느 날 그는 그런 순례자의 손에 물을 부어줌으로써 스스로 겸손하려고 했고 물 주전자를 들려고 돌아섰다가 다시 돌아보니 씻어주려던 그 순례자가 사라졌다. 그리고 바로 그날 밤, 주님이 그에게 나타나서 말씀하셨다. "너는 지체 속에서 나를 기다렸지만, 어제 네가 맞이하였던 사람이 나였다."

또 다른 때에 그는 집사에게 함께 저녁 식사할 12명의 순례자를 초대하라 했고, 집사는 그대로 따랐다. 그러나 모든 사람이 앉았을 때 둘러보니 13명이었다. 그는 집사에게 왜 13명의 손님을 초대했는지 물었다. 그 집사는 수를 세었고 12명임을 확인한 후 말했다. "믿으십시오 성하, 여기에는 단지 12명이 있습니다." 그때 그레고리오는 자신 가까이에 앉은 한 순례자의 얼굴이 계속해서 변하는 것을 주목했다. 젊은이의 얼굴이었다가 그 다음에는 덕망 있는 고대인의 얼굴 같았다. 식사가 끝났을 때, 교황은 이 사람을 곁방(夾室)으로 데려가서 이름을 알려달라고 간청했다. 순례자가 대답했다. "나의 이름을 왜 묻습니까? 나는 당신이 어머니의 은 접시를 주었던 난파된 배의 선원이라는 것을 알아두십시오. 당신이 나에게 그 접시를 주었던 바로 그날부터 주님께서는 당신을 당신 교회의 수장으로, 그리고 사도 베드로의 후계자가 되도록 예정하셨다는 것도 명심하십시오." 그레고리오는 질문했다. "주님께서 교회를 다스리는 일에 나를 지목했다는 것을 당신이 어떻게 아십니까?" 그 대답은 "나는 그분의 천사이기 때문에 알았고, 주님이 나를 다시 보내셨으니 이는 내가 항상 당신을 보호하고 당신이 요청하는 것은 무엇이든지 나를 통해 주님에게서 얻을 수 있게 하셨습니다." 그리고 눈 깜짝할 사이에 사라졌다.

그때 하느님을 위해 모든 것을 포기하고, 마치 아내처럼 무릎 위에 두고 쓰다듬어 줄 고양이 한 마리 외에는 아무것도 소유하지 않은 후덕한 은수자가 있었다. 은수자는 하느님에 대한 사랑으로 세상의 부를 하나도 소유하지 않은 보상으로 앞으로 누구와 함께 살기를 희망해야 하는지 황송하게도 자신에게 보여 달라고 기도했다. 어느 날 밤, 그는 교황 그레고리오와 한집에 함께 지내야 한다는 계시를 받았다. 그러나 은수자는 만일 그렇게 세속적인 풍족함을 누렸던 사람과 함께 보상을 받는다면 자신의 자발적인 가난은 그다지 득이 없다는 생각에 실망 가득한 신음소리를 냈다. 그가 날마다 비통해하며 시간을 보내고 있던 어느 날 밤, 주님께서 자신에게 말씀하시는 것을 들었다. "사람을 부자로 만드는 것은 소유 자체가 아니라 부에 대한 사랑이다. 감히 너의 가난을 그레고리오의 부와 비교할 수 있느냐? 너는 고양이를 쓰다듬는 것으로 너의 보물을 사랑한다고 매일 증명하지만, 그는 자신을 둘러싸고 있는 부를 사랑하지 않고 경멸하고 포기하면서 필요로 하는 모든 사람에게 공개적으로 나눠주었다." 그 결과, 그 독수도생활(vita solitaria)을 하는 은수자는 하느님께 감사를 드리고 자신의 공로가 교황의 공로와 비교해서 비천하다고 생각해 그레고리오와 함께 살기에 합당한 사람이 되기를 기도했다.

전에 마우리치우스(Mauricius) 황제와 그의 아들이 어떤 주교의 죽음과 관련이 있다고 거짓으로 고발을 하자마자, 그레고리오는 동로마 황제에게 파견된 교황 사절(apocrisarius)에게 편지를 썼다. "당신이 나의 주인들에게 말해도 좋은 한 가지는, 그들의 종인 내가 만일 랑고바르디족(Langobardi)의 죽음이나 해를 초래하는 데 관여했다면, 오늘날 랑고바르디 국가는 왕도, 공작도, 백작도 존재하지 않았을 것이고 혼란에 빠졌을 것입니다. 그러나 나는 하느님을 두려워하기 때문에, 사람의 죽음에 관련되는 것을 두려워하곤 했었습니다."이었다. 비록 그가 최고의 사제장(Summus Pontifex)이었음에도 불구하고, 스스로를 황제의 종이고 황제를 자신의 군주이자 주인으로 부르는 데서 얼마나 겸손한지를 당신은 보았다. 그가 적들의 죽음에 관여하기를 거부했을 때, 그의 겸손을 보라. 그리고 마우리치우스 황제가 그레고리오와 하느님의 교회를 박해할 때, 그레고리오는 황제에게 이렇게 썼다. "물론 저는 죄인이기는 하지만, 당신이 하느님을 섬기는 제게 고통을 줄수록, 전능하신 하느님이 당신을 더 많이 진정시켜줄 것이라고 믿고 있습니다."

어느 날 수도승복을 입은 한 인물이 마우리치우스 황제 앞에서, 겁 없이 칼을 휘두르며 칼에 죽게 될 것이라고 예언했다. 겁이 난 황제는 교황에 대한 박해를 끝내고 최후 심판까지 자신의 처벌을 유예하기보다는 하느님이 자신의 악행에 대해 이 생애에서 벌할 것을 기도해달라고 그레고리오에게 간청했다. 그런 후 마우리치우스는 환시를 보았다. 황제는 재판관의 법정 밖에 서 있는 자신을 보았고, 재판관은 "마우리치우스를 여기에 데려오라!"하고 외쳤다. 그러자 수행원들이 자신을 재판관 앞에 앉혔다. 그 재판관이 물었다. "너는 이 세상에서 저질렀던 잘못들을 어디에서 갚기를 원하느냐?" 황제는 대답했다. "주님, 죽어서가 아니라 이 세상에서 상응한 벌을 주소서!" 즉시 하느님의 목소리는 마우리치우스와 그의 아내와 자식들을 군인인 포카스(Phocas)에게 넘기며 살해당하게끔 했다. 그리고 그 일은 즉시 일어났다. 즉 그 후 얼마 되지 않아 그의 군인 포카스가 그와 그의 모든 가족을 칼로 처형했고, 황제의 자리를 계승했다.

한 부활 대축일에 그레고리오가 성모 마리아 대성전에서 미사를 봉헌하던 중에 "주님의 평화"(Pax Domini)라고 발음하였을 때, 한 천사가 큰 소리로 "또한 사제의 영과 함께!"(Et cum spiritu tuo!)라고 대답했다. 그때부터 교황들은 그 대성전을 '교황청 밖의 교황전례 집전 장소'(statio)로 만들었고, 이 기적을 증언하기 위해 "주님의 평화"가 그곳에서 불려졌을 때 대답하지 않게 만들었다.

언젠가 로마 황제 트라야누스(Trajanus)가 전쟁에 참전하기 위해 서둘러 나서고 있을 때 한 과부가 눈물을 흘리며 달려와 말했다. "죄없이 죽임을 당한 제 아들의 피를 아무쪼록 복수해 주시기를 간청합니다!" 트라야누스는 만일 자신이 전쟁에서 건강하게 돌아오면, 그녀의 사건을 처리해 주겠다고 대답했다. 과부는 "그런데 만일 당신이 전투에서 죽는다면? 그러면 어떻게 정의가 행해질 수 있겠습니까?"라며 이의를 제기했다. 트라야누스는 "만일 그런 일이 생긴다면 나 다음에 통치하는 사람이 할 것이다."라고 대답했다. 과부는 억지를 부렸다. "만일 제가 잃은 것을 다른 사람이 해결한다면, 당신에게 어떤 도움이 되겠습니까?" 황제는 "아무것도 없다."라고 응수했다. 그 여자는 계속했다. "그렇다면 다른 사람에게 그 일을 전가하기보다 당신 스스로 정의를 보여주고 보상을 받는 것이 더 좋지 않겠습니까?" 동정심에 끌렸던 트라야누스는 말에서 내렸고 무죄한 사람의 피가 복수되는 것을 보았다.

또한, 트라야누스의 아들이 시내에서 말을 타고 전속력으로 달리다가 한 과부의 아들을 치어 죽였다고 한다. 비탄에 빠진 어머니가 트라야누스에게 이 사건을 이야기했다. 그러자 트라야누스는 잃어버린 아들 대신 자신의 그 아들을 과부에게 넘겨주었고, 그 외에도 아낌없이 그녀에게 주었다.

황제가 죽고 오랜 세월이 지난 어느 날, 그레고리오가 트라야누스 광장을 가로질러 가고 있을 때, 그 황제의 친절함이 떠올라 성 베드로 대성전으로 가서 그 통치자의 잘못에 대해 비통한 눈물로 슬퍼했다. 위로부터 하느님의 음성이 응답했다. "나는 너의 탄원을 받아들여 트라야누스의 영원한 벌을 면하게 해주겠다. 그러나 이제부터 지옥에 떨어진 영혼을 위해 기도하는 것을 자중하여라!" 뿐만 아니라 다마스쿠스의 요한(Joannes Damascenus)은 강론 중에 "그레고리오가 트라야누스를 위해 기도를 쏟고 있을 때, '나는 너의 목소리를 들었고 나는 트라야누스를 사면했다.'라는 하느님의 목소리를 들었다"고 전했다. 요한의 강론 내용처럼, 이것에 대해 동방과 서방 모두가 증인이다.

이 내용에 대해 어떤 사람들은 트라야누스가 부활했고 이승에서 은총을 얻었으며 용서를 받을 만하다고 말한다. 따라서 트라야누스는 지옥에 떨어지지도, 영원한 벌을 선고받지도 않았으며 영광을 얻었다고 한다. 트라야누스의 영혼은 단순히 영원한 벌을 선고받는 것에서 자유로워진 것이 아니었고, 그의 형(刑)은 최후 심판 날까지 잠시 유예된 것이라고 말하는 사람들이 있었다. 그 사람들은 트라야누스의 벌은 고통의 장소와 방식에서 '조건 아래'(sub conditione)로 평가되었고, 그레고리오가 그리스도의 은총을 통해 장소나 방식의 변화가 있기를 기도할 것이라는 조건이었다고 주장했다. 그들 중에서 이 전설을 엮은 요한 부제(Johannes Diaconus)는 그레고리오는 기도하지 않고 눈물을 흘렸으며, 주님은 사람이 너무나 간절하지만 감히 청하지 못하는 것을 종종 자비로 들어주신다고 말한다. 그리고 트라야누스의 영혼은 지옥에서 구출되어 하늘에 있는 것이 아니라, 단지 지옥의 고문에서 해방되었다는 것이다. (요한이 말한) 영혼은 지옥에 있을 수 있고 하느님의 자비를 통해 아직 그 지옥의 고통을 느끼지 않는다는 것이다. 따라서 영원한 벌은 감각의 고통[覺苦]과 상실의 고통[失苦], 즉 하느님의 현시를 박탈당하는 것으로 이중적(二重的)이라고 설명하는 사람들이 있다. 그러므로 트라야누스의 벌은 감각의 고통은 면제해 주었을 것이나 상실의 고통은 유지되었을 것이다.

천사가 "네가 지옥에 떨어진 사람을 위해 탄원했기 때문에 너에게 두 가지 선택이 주어졌다. 너는 연옥에서 이틀간의 고통을 견딜 것인가, 아니면 평생 질병과 통증으로 괴롭힘을 당할 것인가."라고 말했다고 한다. 그레고리오는 연옥에서 이틀을 견디는 것보다 삶 동안의 고통을 선택했고, 그래서 끊임없이 열병에 시달리거나 통풍과 위경련의 극심한 고통에 시달렸다. 그는 편지에서 다음과 같이 썼다. "나의 삶이 가장 극심한 벌이듯이 나는 매우 심한 통풍과 매우 많은 종류의 고통으로 괴롭힘을 당하고 있습니다. 매일 고통으로 연약해지고 죽음으로 치유되기를 기대하며 한숨 짓습니다." 같은 맥락에서 다른 편지에서는 "내가 감당하는 고통은 매우 약하지도 않고 나를 죽일 정도로 가혹하지도 않습니다. 나는 내가 매일 죽어가고 있다는 점도 알고 있습니다. 이 같은 쓸모없는 생각에 매몰되며 사는 것은 내게 시련이고, 차라리 내 고통에 대한 유일한 치료법은 죽음이며 그 죽음을 간절히 바랍니다."

한 여자가 매주 주일 아침에 그레고리오에게 제병(祭餠)을 가져다주곤 했다. 그러던 어느 주일 영성체 시간에 그가 "우리 주 예수 그리스도의 몸이 영원한 생명으로 당신에게 도움이 되기를 바랍니다."라고 말하면서 손을 내밀었을 때, 여자는 마치 농담을 들은 것처럼 웃었다. 그는 즉시 축성된 성체를 제대 위에 놓은 다음 온 회중(會衆) 앞에서 그녀가 감히 웃은 이유를 물었다. 그녀는 "제 손으로 만든 이 빵을 당신이 그리스도의 몸이라고 불렀기 때문입니다."라고 대답했다. 그 여자의 믿음 부족에 직면한 그레고리오는 엎드려 기도하다가 일어났을 때 빵 조각이 손가락 형태의 살로 변하였음을 발견했다. 이것을 본 여자는 믿음을 회복했다. 그런 다음 그는 다시 기도했고, 다시 빵의 형태로 변한 성체를 여자에게 주었다.

어떤 군주들이 그레고리오에게 약간의 귀중한 유물을 요청했고, 그는 복음사가 성 요한의 달마티카(dalmatica) 천 조각을 주었다. 그러나 군주들은 천 조각이 자신들의 지위에 걸맞지 않는 가치 없는 것으로 여겨 분개하여 돌려주었다. 그때 성 그레고리오는 그 천 위에서 기도를 하고, 칼 하나를 청하여 그 옷조각을 베었다. 칼로 자른 곳에서 즉시 피가 쏟아졌고, 이렇게 하여 유물의 귀중함을 기적적으로 입증했다.

로마의 한 부자가 아내를 버린 까닭에 교황으로부터 영성체를 거부당했다. 부자는 이것을 모욕으로 받아들였으나, 최고의 사제장(Summus Pontifex)의 권위에 공개적으로 저항할 수 없었기에 마법사들에게 도움을 청했다. 마법사들은 주문으로 교황의 말에 악령을 넣어 교황을 위험에 빠뜨리겠다고 약속했다. 그래서 그레고리오가 말을 타고 갈 때, 마술사들은 악령을 보내서 말이 미쳐 날뛰게 했다. 그러나 그레고리오는 성령으로 악령이 든 것을 알았고, 그 말 위에 십자성호를 그음으로써 악령의 주문에서 말을 구조했으며, 그 주문은 마술사에게 영구적인 실명(失明)을 가져왔다. 마법사들은 자신들의 죄를 인정했고 후에 세례의 은총을 얻었다. 그러나 교황은 그들이 마법을 다시 사용할지 모른다는 두려움 때문에, 시력을 회복시켜 주지 않았으며, 그들의 생활비는 교회 재정에서 제공하라는 명령을 내렸다.

그리스어로 《리몬》(Lymon)이라고 하는 책에서, 성 그레고리오 수도원을 관장하는 아빠스가 한 수도승이 돈 3닢을 따로 떼어 놓은 것을 그레고리오에게 보고했다고 전한다. 그레고리오는 수도승들에게 벌의 두려움을 깨우쳐주기 위해 죄를 지은 그 형제를 파문했다. 얼마 후 그 나쁜 짓을 한 수도승이 죽었고 나중에 그 소식을 들은 그레고리오는 수도승이 사죄없이 죽은 것에 괴로워하여 묘비명에 파문의 굴레 중에 작고한 사람을 사죄하는 기도문을 썼다. 그는 한 부제에게 이 기도문을 죽은 수도승의 무덤에서 읽으라고 명령했다. 그 명령은 수행되었고, 다음날 밤에 고인이 아빠스에게 나타나서 자신은 감금되어 있었으나 전날 풀려났다고 말했다.

그레고리오는 교회의 직무와 성가를 개정하고 성가대원을 위한 학교를 설립했는데, 하나는 성 베드로 대성전 옆에, 또 하나는 라테라노 대성전 인근에 건축했다. 그곳에는 그가 노래를 부를 때 기대어 앉는 소파와 소년 성가대원에게 주의를 주려고 사용하던 회초리와 직접 쓴 《따름노래집》(Antiphonarium)이 함께 보존되어 있다. 그는 미사 전문에 "저희를 한평생 평화롭게 하시며 영원한 벌을 면하고 뽑힌 이들의 무리에 들게 하소서."*라는 내용을 덧붙였다.

마침내 13년 6개월 10일 동안** 재위했던 복된 그레고리오는 선행으로 가득 찬 이승을 떠났다. 그의 무덤 위에 다음과 같이 새겨져 있다.

> 땅이여! 그대의 몸에서 취한 것을 받아라,
> 하느님께서 생기를 불어넣으실 때 다시 돌려다오.
> 영혼은 별들을 향해 솟아오르고 질병은 행복한 자를 해할 수 없으니
> 죽음은 또 다른 생명으로 가는 길이기 때문이니
> 이 무덤 안에 대사제의 유해가 머물러 있으니
> 언제나 어디에서나 선행으로 살았던 자로다.***

그의 죽음은 포카스 황제 치하, 주님의 강생부터 604년이 되던 해에 발생했다.

복된 그레고리오의 죽음 후에 모든 지방이 대기근으로 고통받았고, 그레고

---

* diesque nostros in tua pace disponas atque ab aeterna damnatione nos eripi et in electorum tuorum jubeas grege numerari. ─ 현재 감사기도 제1양식. ─ 역자 주
** 590년 9월~604년 3월 12일.
*** Suscipe terra tuo de corpore sumptum, / Reddere quod valeas vivificante Deo, / Spiritus astra petit, leti nil vira nocebunt, / Cui vitae alterius mors magis ipsa via est. / Pontificis summi hoc clauduntur membra sepulchro, / Qui innumeris semper vixit ubique bonis.

리오로부터 항상 음식을 제공받던 가난한 사람들은 그의 계승자에게 가서 말했다. "성하, 저희 아버지 그레고리오가 그동안 저희를 먹여 살려주셨으니, 성하께서는 지금 저희가 굶어 죽는 것을 허락하지 않으셨으면 합니다." 이 말이 신임 교황을 화나게 했고, "그레고리오는 명성과 칭송을 얻으려고 직접 모든 사람을 챙겼지만, 우리는 당신들을 위해 할 수 있는 것이 아무것도 없습니다." 라고 대답하면서 항상 빈손으로 돌아가게 했다. 성 그레고리오는 세 차례 신임 교황에게 나타나서 너무 야박하고 몰인정한 행동에 대해 점잖게 꾸짖었음에도 교황은 바뀌지 않았다. 그래서 그레고리오는 엄격하고 무시무시한 모습으로 나타나서 그의 머리에 치명타를 때려 요절시켰다.

기근이 지속되자 그레고리오를 시기하던 일부 동료들은 그가 교회 재산을 허비하는 낭비벽이 있는 사람이라고 헐뜯기 시작했다. 그들은 사람들이 성인의 책들을 불태우도록 유도함으로써 성인의 낭비에 대해 복수하려고 했다. 일부 책은 불태워졌고, 그 사람들은 성인의 책 전부를 불태우려 했으나 성인과 매우 가깝고 성인의 네 권짜리 책 《대화집》에서 대화 상대였던 베드로(그레고리오의 부제)가 심하게 반대했다. 베드로는 교황의 책 사본이 이미 세계 각처에 유통되고 있어서 책을 태운다 하더라도 이미 고인이 된 교황의 기억을 훼손하지 못할 것이라고 주장했다. 또한, 그레고리오의 머리 위에서 비둘기 모양의 성령을 종종 직접 보았던 그렇게 위대한 교부의 위대한 많은 작품을 파괴하는 것은 끔찍한 신성모독이라고 덧붙였다. 마침내 베드로는 그 말이 진심임을 맹세하면서 만일 자신이 이 자리에서 즉시 죽는다면 그 책을 태우는 것을 그만둬야 하고, 맹세 후에도 죽지 않는다면 책 태우는 일을 돕겠다고 했고, 동료들도 동의했다. 사실 그레고리오는 베드로에게 비둘기의 환시에 대한 기적을 사람들에게 전한다면, 그 자리에서 죽게 된다고 말한 것을 우리는 읽었다. 그러므로 존자(尊者) 베드로는 부제의 예복을 입고 복음서를 들고 그레고리오의 거룩함을 증언했고, 이 같은 고백을 한 순간에 더 이상 고뇌하지 않고 영혼을 주님께 바칠 수 있었다.

성 그레고리오 수도원의 한 수도승이 돈을 일부 따로 모아두었다. 다른 수도승에게 나타난 복된 그레고리오는 3일 안에 그 수도승이 죽을 것이니 빨리 돈을 처분하고 속죄하도록 지시하라고 말했다. 이 말을 들은 수도승은 두려움에 떨며 속죄했고, 돈을 포기했다. 그러나 그는 곧 새벽부터 3일째 날의 3시까지 타는 듯한 고통을 느끼며 혀가 입 밖으로 나왔고 마지막 숨을 쉬고 있는 것처럼 보였다. 시편을 노래하면서 주변에 서 있던 형제 수도승들은 잠시 후 시편 독송(讀誦, psalmodia)을 중단하고 그의 잘못에 대해 말하기 시작했다. 그때 그는 미소를 지으면서 눈을 깜박일 만큼 회복하여 "저의 결점을 들추어내려고 한 형제 여러분을 주님께서 용서해 주시길 바랍니다. 당신들은 저를 어려운 선택에 빠뜨렸습니다. 왜냐하면, 저는 당신들과 악마에게 동시에 비난을 받고 있었고, 어떤 비난에 먼저 답해야 할지 모르기 때문입니다. 만약에 죽어가는 어떤 사람을 본다면, 그 사람을 폄하하지 말고, 재판관에게 그 사람과 함께 심판을 받는 것처럼 동정심을 가지고 대하십시오. 나는 나를 비난하는 악마와 함께 심판을 위해 서 있었지만, 성 그레고리가 나의 부끄러운 행동 단 한 가지를 제외하고 모든 비난에 대해 좋은 대답을 해주었습니다. 당신들이 보았듯이 저는 큰 형벌을 받았고 아직 그 형벌에서 벗어나지 못했습니다."라고 말했다. 수도승들은 기소당한 것이 무엇인지 말하라고 압박하자 그가 대답했다. "나는 감히 말할 수 없습니다. 복된 그레고리오가 당신들에게 돌아가라고 명령했을 때, 악마는 하느님께서 제가 그 한 가지를 직접 속죄하도록 돌려보낸다고 생각하고는 격렬하게 항의했기 때문입니다. 그래서 나는 복된 그레고리오에게 문제가 되는 중상모략을 누구에게도 알리지 않겠다는 증명서를 써 드렸습니다." 그런 다음 소리쳤다. "오, 안드레아야! 안드레아야! 너의 못된 꾀임으로 나를 이 위험에 빠뜨렸으니 너는 금년에 멸망할 것이다!" 그런 다음 무섭게 눈을 굴리면서 숨을 거두었다.

그런데 도시에 안드레아라는 이름의 남자가 있었다. 죽어가는 수도승이 그에게 저주를 내렸던 바로 그 순간에, 이 안드레아는 뼈에서 살이 떨어지는 매우 치명적인 병에 걸렸지만 죽을 수 없었다. 안드레아는 성 그레고리오 수도원의 수도승들을 함께 불러 앞서 언급한 수도승의 도움으로 수도원에 속한 종이들을 훔쳐서 팔았다고 고백했다. 그리고 죽을 수 없었던 이 사람은 이 고백을 한 후 마지막 숨을 거두었다.

이 시기에 성 에우제니오의 생애에서 읽었던 것처럼, 교회는 여전히 그레고리오식 성무일과(聖務日課)보다 암브로시오의 성무일과를 준수했고, 로마의 하드리아노(Hadrianus) 교황은 그레고리오식 성무일과를 보편적으로 따라야 한다고 선언하는 공의회를 개최했다. 이 교령의 집행자로 활동한 카롤루스 대제(Carolus Magnus)는 여러 속주를 돌아다니면서 모든 성직자에게 위협과 처벌을 가하면서 이 칙령을 따르도록 강요했다. 또한, 암브로시오식 성무일과 책들을 불태웠고 반대하는 많은 성직자를 감옥에 가두었다.*

복된 주교 에우제니오는 그 공의회 참석을 위해 출발했으나 도착 3일 전에 이미 해산되었음을 알게 되었다. 하지만 교황은 공의회에 참석했던 모든 고위 성직자를 재소환하는 결정을 신중하게 내렸다. 새로 소집된 공의회에서 교부들은 암브로시오식과 그레고리오식 미사 경본을 성 베드로의 제대 위에 놓고, 성당의 문들을 단단히 닫은 후 여러 주교의 인장으로 봉인하자고 만장일치로 결정했다. 그리고 주교들은 두 성무일과 중 어떤 것이 교회에서 지켜지기를 원하는지 표징으로 보여주시기를 기도하며 밤을 보냈다. 모든 것이 요청한 대로 행해졌다. 그들이 아침에 성당 문을 열었을 때, 제대 위에 펼쳐져 있는 두 개의 미사 경본을 발견했다. 또는 다른 사람들의 진술처럼, 그레고리오 미사 경본은 분해되고 낱장이 여기저기 흩어져 있는 반면, 암브로시오식 경본은 제대 위에 놓였던 곳에 펼쳐진 채 있는 것을 발견했다. 주교들은 이것을, 하느님으로부터의 징조로 보았고, 이는 그레고리오식 성무일과가 세상 도처에 퍼져야 하는 반면, 암브로시오식은 오직 성 암브로시오의 성당에서만 준수되어야 함을 의미하는 것으로 받아들였다. 거룩한 교부들은 그렇게 결정했고, 그 교령은 오늘날까지 지켜지고 있다.

성 그레고리오의 생애를 편집한 요한 부제는 자료를 모으고 집필하는 동안, 꿈에 사제복을 입은 한 남자가 나타나서 등롱(燈籠)의 빛으로 집필하는 자신 옆에 서 있었다고 전한다. 그 남자는 흰색 겉옷을 걸쳤고 그 안에 검은 예복이 비칠 만큼 매우 얇았다. 그 남자는 가까이 와서 큰 웃음소리로 자신의 두 볼을 불룩하게 부풀렸다. 요한은 그에게 그렇게 위엄 있는 직책의 사람이 그

---

* 하드리아노 1세(772~795)는 771년부터 814년까지 프랑크족 영역의 유일한 통치자인 카롤루스 대제와 일반적으로 중요하고 우호적인 거래가 있었다. 여기에 관련된 이 모든 사건은, 아무리 낙관하여도 역사적으로 사실 같지 않은데 반하여, 전례의 발전에서 야코부스의 관심과 로마의 권위에 대한 그의 열성을 보여주고 있다.

렇게 장난스럽게 웃냐고 묻자 그 사람이 대답했다. "네가 결코 살아 있는 모습을 본 적이 없는 죽은 사람에 대한 글을 쓰기 때문이다." 요한은 "비록 제가 이 사람의 얼굴을 본 적 없지만, 그에 대해 읽고 배운 것을 썼습니다."라고 대답했다. 그 사람은 "그렇구나. 너는 네가 원한 대로 했고, 나는 내가 할 수 있는 것을 하러 갈 것이다!"라고 말한 후 등불을 끄고 마치 목을 베는 것처럼 겁을 주었다. 그 순간에 그레고리오가 오른쪽에 성 니콜라오, 왼쪽에 베드로 부제와 함께 나타나서 요한에게 말했다. "왜 너는 의심을 하였느냐, 오 믿음이 적은 자여?" 그때 불신자가 침대 커튼 뒤에 숨으려고 하자, 그레고리오는 베드로 부제의 손에 있던 큰 횃불을 잡아챘다. 그레고리오는 불타는 횃불로 불신자의 입과 얼굴이 에티오피아 사람처럼 보일 때까지 검게 태웠다. 작은 불똥이 불신자의 하얀 옷 위에 떨어져 불이 붙었고 그는 완전히 검게 보였다. "우리는 그를 충분히 검게 만들었습니다."라고 베드로가 성 그레고리에게 말하자 "우리가 그를 검게 하지 않았습니다. 우리는 그가 실제로 검다는 것을 보여주었을 뿐입니다!"라고 말했다. 그리고 그들은 자신들 뒤에 많은 빛을 남기고 떠났다.

···❧··· 47 ❧···

성 론지노

론지노(Longinus)는 주님의 십자가를 지키며 빌라도의 명령으로 창으로 그리스도의 옆구리를 찔렀던 군인들의 백인대장이다. 그분의 죽음과 어둠, 그리고 지진을 동반한 징후를 본 론지노는 그리스도를 믿게 된다. 그렇지만 일부 자료에 따르면, 그가 확신하게 된 것은 노쇠하고 병이 들어 시력을 거의 잃은 자신의 눈에 창 자루에서 흘러내린 피가 닿자 즉시 시력이 회복되었기 때문이라고 한다.

론지노는 그 일로 군인 생활을 그만둔 후 카파도키아에 있는 카이사리아에서 사도들로부터 가르침을 받았다. 그 후 28년 동안 수도승 생활에 전념하며 말과 모범으로 많은 사람을 믿음으로 개종시켰다.

지방 장관의 우상 숭배 명령을 론지노가 거부하자, 지방 장관은 그의 치아를 모두 뽑고 혀를 자르도록 명령하였으나 론지노는 언어능력을 잃지 않았다. 더욱이 론지노는 도끼로 "우리는 그들이 신인지 아닌지를 보여줄 것이다!"라고 말하면서 모든 우상을 박살냈다. 악령들이 우상들에서 나와 지방 장관과 시종들의 몸을 괴롭혔고 그들 모두가 개처럼 화를 내며 고함치고 짖다가 론지노의 발 앞에서 지쳐 쓰러졌다.

그는 악령들에게 물었다. "왜 너는 우상들 안에서 사느냐?" 악령들이 대답했다. "저희는 그리스도의 이름이 들리지 않고 그의 십자가 표시가 없는 곳은 어디에서든 살 수 있습니다!" 론지노는 갑자기 시력을 잃고 격분해 있는 지방 장관에게 말했다. "당신이 저를 죽여야 치료될 것입니다. 저는 죽자마자 하느님에게 당신을 위해 기도할 것이며 당신의 몸과 영혼을 건강하게 회복시켜 달라고 청할 것입니다." 그래서 지방 장관은 론지노의 참수를 명령한 후 순교자의 시신에 가서 엎드려 눈물을 흘리며 참회하고 시력과 건강이 회복되었다.

지방 장관은 남은 삶을 선행을 하며 보냈다.

48

성녀 소피아와 그녀의 세 딸들

이 이야기는 거룩한 순교자 소피아(Sophia)와 그녀의 세 딸 피데스(Fides, 믿음), 스페스(Spes, 희망), 카리타스(Caritas, 사랑)에 대한 전설이다.* 콘스탄티노폴리스에 있는 주요한 사원은 '지혜'를 의미하는 성녀 소피아의 이름에서 명명되었다는 것에 주목하라.

성녀 소피아는 하느님에 대한 경외감 속에서 세 딸을 현명하게 키웠다. 소

---

* 그레세(Th. Graesse)는 이 전설이 좀 더 최근 판에 결여되어 있다는 것에 주목한다.

피아는 주일마다 로마의 성당을 방문하여 많은 여자를 그리스도에게로 이끌기 위해 설득했다. 당시 첫째 딸은 11세, 둘째는 10세, 셋째는 8세였다. 이러한 이유로 그녀와 딸들은 하드리아누스 황제에게 기소되었다. 황제는 세 소녀의 아름다움에 매료되어 자기 딸로 입양하기를 원했으나, 소녀들은 그를 쓰레기처럼 경멸했다.

피데스는 먼저 36명의 군인에게 매질을 당하고 젖가슴이 떼어지는 형벌을 받았다. 모든 사람이 잘린 가슴에서 피가 흐르고 젖이 흐르는 것을 보았다. 목격자들이 울부짖었지만, 어린 소녀는 기뻐하며 그에게 모욕을 퍼부었다. 그녀는 시뻘겋게 달궈진 석쇠 위에 던져졌으나 다치지 않았고, 기름과 밀랍으로 가득한 프라이팬에 넣어졌고, 마지막으로 참수되었다.

그다음에 소환된 동생 스페스 역시 우상에게 제사를 지내라는 협박에 굴복하지 않았다. 그녀는 먼저 역청(pitch), 밀랍, 송진으로 가득 찬 가마솥에 던져졌고, 가마솥에서 튀어 오른 방울들이 일부 불신자(不信者)에게 떨어져서 그들을 불태웠다. 그녀는 마침내 칼로 죽임을 당했다.

어린아이였던 셋째 딸 카리타스는 어머니에게서 용기를 얻었고 하드리아누스의 감언이설에 굴복하지 않았다. 그래서 신앙심이 없는 황제는 먼저 소녀의 팔다리가 부러지고 관절이 빠질 때까지 고문대 위에서 잡아당기라고 명령했다. 그런 다음, 곤봉(棍棒)으로 때렸고 채찍으로도 때렸다. 불타고 있는 화로 안에 던져졌고, 밖으로 불길이 60큐빗* 이상 솟아올라서 우상 숭배자 6천명을 죽였으나 그 아이는 불 가운데에서 상처 하나 없이 걸어 나왔고 금처럼 빛났다. 그러나 그녀는 하얗고 뜨거운 못에 찔렸고, 그런 다음 순교자의 춤추는 발걸음으로 칼에 찔려 기꺼이 월계관을 받았다.

이제 가장 고결한 어머니는 지켜보던 많은 사람과 함께 딸들의 유해를 묻은 후 무덤 위에 누워 말했다. "사랑하는 딸들아, 나의 바람은 너희와 함께 있는 것이다." 그리고 그녀는 평화중에 자신의 마지막 숨을 쉬었고, 그곳에 있던 사람들이 성녀 소피아를 사랑하는 아이들과 함께 묻어주었다. 그녀와 세 딸

---

* 팔꿈치에서 가운뎃 손가락 끝까지의 길이로 약 44cm를 뜻한다. 그런 탓에 본문에서 언급된 길이는 약 26~27m를 뜻한다. - 역자 주

은 각자의 고통을 감내하였고 그래서 한 사람의 순교자 그 이상이었다.

하드리아누스에 대해 말하자면, 그는 온몸이 썩고 자신이 하느님의 성인들에게 부당하게 해를 가했음을 인정하면서 극도로 쇠약해졌다.

49

성 베네딕도

그 이름이 '복된'을 의미하는 베네딕도(Benedictus, Benedict)는 많은 사람을 축복했기에, 많은 축복을 받았기에, 모든 사람이 그에 대해 좋게 말하였기(bene dicere)에, 영원한 축복을 받을 만하였기에 그렇게 불릴 만했다. 그의 생애는 성 그레고리오가 썼다.

베네딕도는 누르시아(Nursia) 지방 출신이었다. 그는 일반 교양 과정(Liberalium Studiorum)을 배우기 위해 어릴 때 로마로 가게 되었다. 그러나 그는 어렸음에도 불구하고, 학교 교육을 포기하고 사막에 머물기로 결심했다. 그를 몹시 사랑하던 유모는 애시데(Aeside, Effide)라는 장소까지 따라갔다. 한번은 그녀가 밀을 체질하기 위해 이웃에게서 체를 빌렸는데 식탁에서 떨어뜨려 그만 두 조각으로 부서지고 말았다. 이 작은 사고로 슬퍼하는 유모를 본 베네딕도는 그 조각들을 집어 기도하였고 그 체는 수리되었다.

후에 그는 몰래 유모를 떠나서 자신을 세심하게 이해해주던 수도승 로마노(Romanus)만 아는 곳에서 3년 동안 살았다. 그러나 로마노의 수도원에서 베네딕도의 동굴까지 길이 없었고, 로마노는 긴 밧줄에 빵 한 덩어리를 묶어 베네딕도에게 내렸다. 밧줄에는 작은 종(鐘)이 매여 있었고, 종이 울리면 로마노가 보낸 음식임을 알고 하느님의 사람이 나와서 받았다. 그런데 로마노의 자선을 시샘하고 베네딕도에게 음식 주는 것을 아까워한 옛 원수는 돌을 던져 종을 부숴버렸다. 그렇지만 로마노는 다른 방법을 찾았다.

얼마 후 부활 날 저녁 식사를 준비하고 있던 한 사제에게 주님이 나타나서 말씀하셨다. "저기 있는 나의 종은 굶주림에 시달리고 있는데, 너는 별미를 준비하고 있구나." 그 사제는 곧바로 베네딕도를 찾아 나섰다. 어렵사리 그를 발견하고는 말했다. "오늘은 주님의 파스카이니 일어나 우리 함께 음식을 먹도록 합시다." 베네딕도: "나는 틀림없이 파스카임을 압니다. 왜냐하면, 나는 당신을 보는 기쁨을 누리기 때문입니다." 사실 그는 사람들에게서 아주 멀리 떨어져 살았기에 이날이 부활 대축일이었음을 알 수 없었다. 사제: "진실로 오늘이 주님 부활의 날이고, 당신은 단식을 하면 안 되기에 내가 당신에게 보내진 이유입니다." 그들은 하느님을 찬양하며 함께 식사를 했다.

어느 날 작고 검은 새가 와서 베네딕도의 얼굴 가까이에서 파닥이며 귀찮게 했는데, 성인은 손으로 잡을 수 있었지만 십자성호를 그었고 새는 날아가 버렸다. 악마가 그 거룩한 사람의 마음에 언젠가 본 적 있는 여자의 모습을 떠올리게 했으며, 그녀에 대한 기억으로 자극을 받은 그는 욕망에 사로잡혀 자신의 독수도생활(vita solitaria)을 그만둘까 고민하기 시작했다. 하지만 갑자기 하느님의 은총으로 감화되어 정신을 차렸고, 옷을 벗고 주변에 있는 가시덤불 속에서 뒹굴었다. 그리고 그는 온몸이 할퀴고 찢겨진 육신의 고통으로 영혼의 상처가 치유되었다. 이렇게 욕정의 불을 끔으로써 죄를 정복한 후에는 더 이상 욕정의 유혹을 느끼지 않았다.

베네딕도의 명성은 높아졌고 널리 퍼졌다. 그리고 인근 수도원의 아빠스가 죽었을 때, 수도승들이 다 함께 그에게 와서 자신들을 통할(統轄)해 줄 것을 간청했다. 그는 그들의 생활방식에 동의할 수 없으리라 예상하고 여러 차례 거절했다. 그렇지만 결국 그들의 간청에 수락하게 된다. 아빠스가 된 베네딕도는 그동안 수도승들의 생활이 올바른 규범에 맞지 않다고 여기고 아주 엄격한 규칙을 준수할 것을 요구했다. 그러자 수도승들은 아빠스 자리를 제안한 것에 대해 서로를 비난했다. 수도승들은 나쁜 습관을 포기하기가 힘들었고, 엄격히 규제한 규칙들이 지켜지지 않는 것을 베네딕도가 용납하지 않을 것임을 깨달았다. 결국 식사중인 베네딕도에게 독이 든 포도주를 건네게 된다. 그런데 베네딕도가 포도주잔에 십자성호를 긋자 마치 돌에 맞은 것처럼 산산이 부서졌다. 십자성호를 견디지 못한 독약 때문에 잔이 깨졌다는 사실을 깨달은 그는 즉시 일어나서 침착하게 "형제들이여, 전능하신 하느님께서 당신들에게 자비를 베푸시길 바랍니다! 나의 방식이 당신들에게 적합하지 않을 것이라고 말하지 않았습니까?"라고 말했다.

그 후 그 성인은 원래 머물던 고독의 장소로 돌아갔다. 그가 행한 놀라운 일들이 크게 증가되었고, 매우 많은 제자가 따르자 그는 12개의 수도승원을 건축했다. 그 수도원 중의 한 수도승이 기도에 전념하지 못하고 다른 수도승들이 기도하는 동안 밖으로 나가서 세속적인 일에 몰두했다. 성 베네딕도는 수도승원의 아빠스에게서 수도승 이야기를 듣고 그곳에 갔는데 작은 흑인 소년이 태만한 수도승의 옷을 잡고 밖으로 끌어내는 것을 봤다. 베네딕도는 아빠스와 마우로(Maurus)라는 이름의 수도승에게 물었다. "당신들에게는 그를 끌고 가는 사람이 보이지 않습니까?" 그들은 보이지 않는다고 대답했고, 베네딕도는 "당신들도 볼 수 있도록 기도합시다."라고 말했다. 그들은 기도했고, 마우로는 보았지만 아빠스는 볼 수 없었다. 다음 날 기도가 끝났을 때, 하느님의 사람은 성당 밖에서 그 수도승을 발견하고 그의 무분별한 행동을 벌주려고 지팡이로 때렸다. 그 후에 그 수도승은 꼼짝 않고 기도에 전념했고, 악마는 마치 자기가 타격을 받은 것처럼 더 이상 그의 묵상을 방해하지 못했다.

12개의 수도원 중 3개는 가파른 산 정상에 세워졌다. 절벽 아래에서 물을 길어 정상까지 끌어올리기가 힘들었던 수도승들은 종종 하느님의 사람에게 수도원을 이전하자고 간청했다. 그러던 어느 날 밤 한 젊은이와 함께 산을 오른 베네딕도는 오랫동안 기도한 후 산꼭대기에 3개의 돌을 가지런히 놓았다. 아침이 되어 거처로 돌아온 그에게 수도승들이 늘 그렇듯이 같은 요청을 하자, 그는 말했다. "그 절벽의 정상으로 가면 3개의 돌을 발견할 것입니다. 그곳을 파십시오. 하느님께서 당신들을 위해 그곳으로 물이 흐르게 하실 것입니다." 그가 알려준 곳으로 달려간 제자들은 바위 근처에서 이미 물이 흘러나오는 지점을 발견했다. 그들은 구덩이를 팠고 물로 가득 찬 것을 보았다. 그리고 지금도 물은 절벽 정상부터 아래까지 흐를 만큼 풍부하게 넘쳐흐른다.

언젠가 한 남자가 큰 낫으로 베네딕도의 수도승원 주변의 나무딸기들을 없애고 있었는데 칼날이 헐거워져 호수 깊은 곳으로 빠졌다. 그 남자가 몹시 당황해하고 있을 때, 성인이 낫자루를 물에 담그자 칼날이 올라와서 자루에 고정되었다.

매우 어린 수도승 플라치도(Placidus)는 물을 길으러 갔다가 강에 빠졌는데,

물살이 몰아쳐 둑에서 화살을 쏜 것처럼 멀리 그를 쓸어가고 말았다. 자신의 독방에 있던 성 베네딕도는 즉시 내적인 환시로 알게 되었다. 성인은 마우로를 불러 상황을 설명하면서 플라치도를 구조하라고 명령했다. 아빠스의 축복을 받은 후 마우로는 서둘러 갔고, 자신이 단단한 땅 위에 있다고 생각하면서 물 위를 성큼성큼 걸어 그 젊은이에게 다가가 머리칼을 잡아서 끌어 올렸다. 그런 다음 마우로는 하느님의 사람에게 가서 그 일을 말했고, 베네딕도는 그 구조가 자신의 공로가 아니라 마오로의 순명 덕으로 돌렸다.

베네딕도에게 적의를 품은 플로렌티우스(Florentius)라는 이름의 사제가 나쁜 마음을 먹고 독이 든 빵 한 덩어리를 마치 축성된 것처럼 성인에게 보냈다. 베네딕도는 빵을 고맙게 받아들였고, 규칙적으로 빵을 주던 까마귀에게 빵을 던지며 말했다. "예수 그리스도의 이름으로 이 빵을 가져가서 누구도 발견할 수 없는 곳에 내려놓고 먹어라." 까마귀는 부리를 벌리고 날개를 펼치고 빵 덩어리 주위를 날아다니기 시작했다. 마치 순명하고 싶지만 명령을 수행할 수 없다고 말하는 것처럼 까악까악 소리를 냈다. 그럼에도 불구하고 성인은 "빵을 집어라. 그 빵은 너에게 해가 되지 않는다. 그리고 내가 말한 대로 빵을 처리해라."라고 명령을 되풀이했다. 마침내 까마귀는 그 빵 덩어리를 가져갔고 3일 후에 평소처럼 배급을 받기 위해 돌아왔다.

스승의 육신을 죽일 수 없다는 것을 깨달은 플로렌티우스는 베네딕도의 제자들 영혼을 죽이고자 하는 열망에 불타올랐다. 그는 수도승들의 욕정을 불러일으키기 위해 7명의 젊은 여자에게 수도원 정원에서 춤추고 노래하게 했다. 그 거룩한 사람은 자신의 독방에서 이것을 보았고 제자들이 죄에 빠질 것을 두려워했다. 그래서 베네딕도는 여러 명의 수도승과 함께 살 곳을 찾아 다른 장소로 떠났다. 발코니에 서서 떠나는 성인을 보며 흡족해하던 플로렌티우스는 갑자기 발코니가 붕괴되어 죽었다. 그때 마우로는 하느님의 사람을 뒤쫓아 가서 말했다. "돌아오십시오! 당신을 그렇게 슬프게 하던 그 사람이 더 이상 없습니다!" 그러나 베네딕도는 자기 제자가 적의 죽음을 기뻐하는 것에 유감스러워하며 신음하였고 마우로에게 보속을 부과했다.

그렇게 베네딕도가 다른 지역으로 떠남으로써 거처가 바뀌었지만, 그의 진짜 적이 달라진 것은 아니었다. 그는 아폴로의 신전이 있는 몬테카시노(Monte

Cassino)로 갔다. 그곳에서 세례자 요한을 기리기 위해 경당(oratorium)을 건축했고 우상을 숭배하던 인근 주민들을 참된 믿음으로 개종시켰다. 그의 행동에 분개한 옛 원수가 눈과 입으로 화염을 뿜으며 소름끼치는 모습으로 나타나 "베네딕도야, 베네딕도야!"라고 말했다. 성인이 대답하지 않자 악마가 외쳤다. "말레딕도야(Maledicte),* 베네딕도가 아니라 말레딕도야, 너는 왜 나를 박해하느냐?"

어느 날 수도승들이 건축물의 벽을 쌓으려고 땅에 놓여 있는 큰 돌을 들어 올리려고 했지만 그럴 수 없었다. 여러 사람이 함께 시도했지만 역시 실패했다. 그때 하느님의 사람이 와서 축복을 했고, 그 큰 돌이 즉시 올려졌다. 수도승들은 악마가 돌 위에 앉아 누르고 있었다는 것을 깨달았다. 그런 다음 수도승들이 좀 더 높이 벽을 쌓고 있을 때, 악령이 성인에게 나타나서 일하고 있던 수도승들을 뒤쫓는다는 것을 알렸다. 베네딕도는 즉시 수도승들에게 전갈을 보냈다. "형제들이여, 경계심을 늦추지 마십시오! 악마가 당신들을 쫓고 있습니다!" 심부름꾼이 말을 마쳤을 때, 악령이 벽을 무너뜨려 떨어진 돌에 젊은 수도승이 깔렸다. 하느님의 사람은 찢겨져 훼손된 시신을 데려오게 했고, 기도로 그 젊은이를 되살아나게 하여 일터로 돌려보냈다.

고결한 삶을 사는 한 평신도가 1년에 한 번 단식하면서 성인을 찾아오곤 했다. 한번은 그가 이 여행을 하는 동안, 거리에서 머물 것에 대비해 식량을 가지고 다니던 한 여행자와 합류했다. 여행자가 신자에게 말했다. "형제여, 오십시오. 체력 유지를 위해 음식을 먹읍시다. 우리는 아직 갈 길이 멉니다." 그 신앙심 깊은 신자는 자신은 이 여행을 하는 동안 항상 단식한다고 대답했다. 잠시 침묵한 여행자는 다시 권유했으나 똑같이 거절당했다. 한 시간이 지나 그들이 지쳤을 때쯤, 샘물과 원기 회복을 시켜줄 만한 것이 있는 풀밭에 도착했다. 동행자는 조금만 먹으면서 약간의 휴식을 취하자고 그 순례자를 설득했다. 그 제안은 그의 귀를, 그 광경은 그의 눈을 매혹했고, 그는 동의했다. 그가 성 베네딕도에게 왔을 때, 성인이 말했다. "형제여, 사악한 적은 첫 번째도 두

---

* 베네딕도(Bebedictus)는 '축복하다'(benedicere)에서 유래된 단어인데, 이 이름과 정반대의 의미인 '저주하다'(maledicere)를 응용하여 '저주받은 사람'(Maledictus)이라고 부르는 것으로 베네딕도를 욕하는 것이다. – 역자 주

번째도 당신을 유인할 수 없었지만, 세 번째는 당신의 가장 알맞은 점을 활용했습니다." 그러자 순례자는 성인의 발 앞에 엎드려 자신의 잘못을 한탄했다.

고트족의 왕인 토틸라(Thotila, Totila)는 하느님의 사람이 정말로 예언의 영을 가졌는지 궁금해서 자신의 검을 드는 사람에게 왕의 옷을 입혀 수도승원에 보냈다. 베네딕도는 그 사람이 오는 것을 보고 소리쳤다. "그 옷을 벗어라, 그 옷은 너의 것이 아니다!" 감히 위대한 사람을 속인 그 사람은 땅바닥에 쓰러져 숨을 거두었다.

악마에게 사로잡혔던 한 성직자가 치료받으러 하느님의 사람에게 왔고, 성인은 그 성직자의 몸에 있는 악령을 내쫓은 후에 말했다. "집으로 가십시오, 지금부터 고기를 먹지 마십시오, 그리고 고위 성직을 가지려 하지 마십시오. 이를 지키지 않는 그날, 다시 악마에게 팔릴 것입니다." 성직자는 한동안 이 경고를 지켰으나 자신보다 젊은 사람이 더 높이 수품되는 것을 보고, 성인의 말씀에 저항하여 자기 스스로 사제직에 서품했다. 악마는 이내 그를 장악했고 마지막 숨을 쉴 때까지 괴롭혔다.

어떤 사람이 포도주 두 병을 소년을 시켜 성인에게 보냈으나, 소년은 그중 하나를 길가에 숨기고 하나만 배달했다. 술병을 공손히 받아든 베네딕도는 소년이 떠나려고 할 때 "네가 감춘 그 술병을 마시지 않도록 조심해라. 그리고 술병을 기울여 그 안에 들어 있는 것을 신중하게 보아라."라고 경고했다. 소년은 겸연쩍어하며 떠났고 돌아가는 길에 베네딕도의 경고를 시험해 보기로 했다. 소년이 술병을 기울이자 뱀 한 마리가 빠져 나왔다. 한번은 성인이 저녁 식사 중일 때, 고관(高官)의 아들인 한 수도승이 그의 시중을 들며 등불을 들고 있었다. 자존심이 상했던 이 수도승은 혼자서 생각했다. "이 사람은 누구인가, 그가 저녁 식사를 하는 동안 나는 누구를 기다리는가?, 나는 누구를 위해 등불을 들었는가? 나는 누구에게 봉사를 하는가? 나는 누구인가, 나는 그의 하인이어야 하는가?" 곧 하느님의 사람이 그에게 말했다. "형제여, 당신의 가슴에 십자가를 그으십시오! 당신은 스스로에게 무엇을 말하고 있습니까?" 그런 다음 그는 수도승들을 불러 들고 있던 등불을 가져오게 하였고, 그 수도승에게 독방으로 돌아가서 조용히 머물라고 명령했다.

토틸라의 시대에 아리우스주의 이단자인 갈라(Galla)라는 이름의 한 고트인이 가톨릭교회의 수도자들에게 끔찍한 잔학 행위를 했다. 그와 대면한 성직자나 수도승은 그의 손에서 죽음을 피할 수 없었다. 어느 날, 탐욕에 휩싸여 약탈을 노린 갈라는 한 소작농에게 고문을 가하고 있었는데, 고통을 견디지 못한 농부는 자신과 재산을 하느님의 종인 베네딕도의 보호 아래에 두었다고 말했다. 이 말을 믿은 갈라는 농부의 고통을 경감해 주면서 튼튼한 가죽끈으로 그의 팔을 묶어두고, 재산을 넘겨받은 베네딕도를 향해 말 앞에 그 농부를 세워 행진시켰다. 농부는 팔이 뒤로 묶인 채 그 거룩한 사람의 수도승원으로 그 자를 이끌었고, 독방 앞에서 책을 읽고 있는 성인을 발견했다. 농부는 자신을 따라오고 있던 갈라에게 말했다. "이분이 제가 말씀드렸던 그분, 베네딕도 사부님입니다."

비뚤어진 분노에 싸인 갈라는 다른 사람들처럼 이 수도승도 공포에 떨 것이라고 생각했다. 갈라는 소리쳤다. "일어나라, 일어나서 이 녀석의 재산을 돌려주어라!" 이 소리를 들은 하느님의 사람은 책을 읽다가 쳐다보았고, 갈라와 끈에 묶여 있는 사람을 응시했다. 성인이 그 농부의 팔을 힐끗 보았을 때 농부를 묶었던 가죽끈이, 그것을 풀 수 있는 그 어떤 사람보다도 빨리 기적적으로 떨어졌다. 묶여 있던 농부가 풀려난 것을 본 갈라는 성인의 능력에 충격을 받았다. 갈라는 말에서 내려 땅에 엎드리고 잔인하고 뻣뻣한 목을 베네딕도의 발 앞에 구부리며 그 거룩한 사람의 기도에 자신을 의탁했다. 성인은 자신의 독서를 중단하는 일이 거의 없었기에, 수도승들을 불러 갈라를 안으로 데려가 축복과 음식을 받을 수 있게 하라고 명령했다. 그 고트인이 돌아왔을 때, 베네딕도는 미친 잔인함을 버리라고 충고했다. 갈라는 그 농부에게 더 이상 그 무엇도 요구하지 않고 떠났다.

캄파니아 지방에 기근이 퍼져 있었고, 모든 사람이 극심한 식량 부족으로 고통받았다. 베네딕도의 수도원에서는 비축된 밀이 이미 고갈되었고 빵도 거의 소진되었다. 식사 시간 전까지 수도승에게는 고작 다섯 덩어리의 빵이 있었다. 그러한 고충에 있는 수도승들을 본 존경하는 사부님은 부드러운 질책과 함께 그들의 심약함을 바로잡고 "당신들은 왜 빵의 부족을 걱정합니까? 오늘의 부족은 내일의 풍요로움으로 이어질 것입니다."라고 약속하며 그들의 정신을 북돋우려고 애썼다. 그러고는 다음 날 밀가루 200되가 들어있는 부대가 성인의 독방 문 앞에서 발견되었다. 전능하신 하느님이 그들에게 보내신 것이었으나 누가 옮겼는지는 오늘날까지 알려지지 않고 있다. 이것을 본 수도승들이 하느님께 감사를 드렸고 풍부할 때든 궁핍할 때든 의심하지 않는 것을 배웠다.

상피병(象皮病)에 걸려 머리카락이 빠지고, 두피는 부어올라 고름이 흘러나올 정도로 심하게 앓는 아들을 둔 사람이 있었다. 아버지는 아들을 하느님의 사람에게 보냈고, 그는 소년을 건강하게 회복시켰다. 그 은혜로 그들은 하느님에게 끝없는 감사를 드렸다. 그 후에 소년은 주님 안에서 행복하게 잠들 때까지 선행을 계속했다.

한번은 베네딕도가 수도승원을 건축할 특정 장소에 여러 수도승을 보내면서 자신이 가서 어떻게 건축해야 할 것인지 알려줄 날을 정했다. 약속했던 날이 밝기 전날 밤에, 그는 자신이 임명했던 아빠스와 그의 보좌의 꿈에 나타나서 건물을 건축할 장소들에 대해 상세하게 지시했다. 그러나 그들은 그 환시를 믿지 않고 그가 도착하기를 기다리다가 그냥 돌아와서 "사부님, 저희는 약속대로 당신이 오시기를 기다렸는데, 당신은 오시지 않았습니다."라고 말했다. 베네딕도는 "형제들이여, 내가 당신들에게 나타나서 기본 계획을 알려주지 않았습니까? 이제 가서 당신들이 환시 중에 보았던 그 도안대로 실행하십시오."라고 대답했다.

베네딕도의 수도승원에서 멀지 않은 곳에는 조심성 없는 말 때문에 자신의 장상(長上)을 화나게 하는 귀족 출신의 수녀승 두 명이 살고 있었다. 장상은 이것을 하느님의 사람에게 보고하였고, 베네딕도는 "그 두 수녀승의 혀에 재갈을 물려라, 그렇지 않으면 너희를 파문할 것이다."라는 파문 선고가 아닌 위협하는 명령을 보냈다. 하지만 자신들의 삶을 조금도 바꾸지 않은 두 수녀승은 며칠 만에 죽어 성당 안에 묻혔다. 그곳에서 미사가 봉헌되었고 부제가 "영성체를 하지 않는 사람들은 밖으로 나가시오."라고 선언했을 때, 그 두 수녀승을 위해 항상 예물을 바치던 그녀들의 유모는 두 수녀승이 무덤에서 나와 성당을 떠나는 것을 보았다. 그녀가 성 베네딕도에게 이것을 말하자, 그는 유모에게 예물을 주며 "그녀들을 위해 이 예물을 바치십시오. 그러면 더 이상 파문당하지 않을 것입니다."라고 말했다. 유모가 명령을 수행한 이후부터 부제가 관례적인 공고를 하였을 때, 수녀승들이 성당을 떠나는 모습이 보이지 않았다.

아빠스의 축복을 구하지 않고 수도승원을 떠나 부모를 방문하려던 한 수도 승이 집에 도착한 바로 그날 죽었다. 그는 매장되었으나 땅은 몇 번이고 그를 토해내었다. 부모는 베네딕도에게 와서 죽은 아들에게 축복을 해달라고 간청했다. 성인은 성체를 주며 말했다. "그의 가슴 위에 두십시오. 그러면 그가 무덤으로 돌아올 것입니다." 부모는 그렇게 하였고 땅은 그 시신을 다시 거부하지 않았다.

또 다른 수도승이 불만으로 가득 차 그곳을 벗어날 수 있게 해달라고 하느님의 사람에게 끈질기게 졸랐고, 베네딕도는 결국 허락했다. 하지만 그 수도 승은 삼키려고 입을 떡 벌리고 있는 용을 보고 문 밖으로 나가지 못하고 소리쳤다. "용이 나를 잡아먹으려 한다!" 다른 수도승들이 달려왔으나 용은 보이지 않았고, 떨면서 두려워하는 수도승을 안으로 다시 이끌었다. 그는 결코 다시는 떠나지 않겠다고 약속했다.

또 다른 때에 대기근이 모든 지방을 덮쳤고, 성 베네딕도는 찾을 수 있는 모든 것들을 가난한 사람에게 주었다. 수도승원에 단지 소량의 기름만 남아 있었는데, 성인은 저장고 관리인에게 이를 요청하는 사람에게 주라고 명령했다. 그러면 수도승들이 쓸 기름이 남지 않으므로 관리인은 순명하지 않았다. 어떤 것도 수도승원 안에 남겨지기를 원하지 않았던 하느님의 사람은 이것을 알고 기름이 담긴 유리병을 창문 밖으로 던졌다. 그 유리병은 큰 바위에 떨어졌지만 깨지지 않았고 기름이 쏟아지지도 않았다. 아빠스는 그것을 요청하는 사람에게 주라고 다시 명령한 후 관리인의 불순명과 믿음의 부족을 엄하게 꾸짖고 기도하였다. 그 즉시 옆에 있던 큰 통에 기름이 가득 차서 돌바닥 위로 흘러내렸다.

한번은 성인이 여동생을 만나려고 수도원을 떠났다. 그리고 두 사람이 저녁 식사를 하는 동안, 그녀는 그 밤을 함께 머물자고 요청했다. 성인은 그녀의 제안을 절대적으로 거부했다. 그때 그녀는 주님에게 기도하려고 자신의 손 안으로 머리를 숙였다. 그녀가 머리를 들었을 때, 비록 몇 분 전까지 놀랍도록 맑았던 하늘에서 엄청난 번개와 천둥이 치고 억수 같은 비가 쏟아져서 누구도 집 밖으로 한 발짝도 나갈 수가 없었다. 동생의 눈물이 홍수가 되어 평온했던 하늘을 변하게 하였고 비를 끌어내렸기 때문이다. 하느님의 사람은 이에 화가 나서 "누이여, 하느님께서 너를 용서해 주시기를! 네가 무엇을 하였느냐?"라고 말했다. 그녀는 "저는 당신에게 간청하였습니다. 그런데 당신은 내 말을 들으려고 하지도 않았습니다. 그래서 저는 주님에게 기도하였고 그분께서는 들으셨습니다. 이제 만일 당신이 할 수 있다면 당신의 길을 가세요!"라고 대답했다. 그래서 그들은 밤새도록 거룩한 대화와 상호 신앙심의 함양으로 나아갔다. 그리고 보라! 3일 후에 그는 수도승원으로 돌아왔고, 눈을 들어 보니 비둘기의 형상을 한 여동생의 영혼이 하늘의 비밀 공간을 뚫고 들어가는 것을 보았다. 그는 그녀의 시신을 수도승원으로 옮겨와 자신을 위해 준비한 무덤에 안장했다.

어느 날 밤 성 베네딕도가 창밖을 바라보며 주님께 기도하고 있을 때, 밤의 모든 어둠을 몰아낼 만큼 아주 밝은 빛이 하늘에 퍼지는 것을 보았고, 온 세상이 마치 태양의 한 줄기 빛 아래에 있는 것처럼 모여 눈앞에 나타났다. 그곳에서 하늘로 올라가고 있는 카푸아(Capua)의 주교 제르마노(Germanus)의 영혼을 보았다. 그리고 후에 그 시간에 그 주교의 영혼이 몸에서 나갔다는 것을 알게 되었다.

성인이 이승을 떠나려고 하던 그해, 그는 수도승들에게 임종 날짜를 예견하고 떠나기 6일 전에 자신의 무덤을 열라고 명령했다. 그는 열병에 시달렸고 나날이 악화되었다. 6일째 날에 직접 성당에 가서 자신의 마지막을 위한 준비로 주님의 몸과 피를 받아 모셨다. 그리고는 자신의 형제 수도승들의 부축을 받고 서서 하늘로 자신의 손을 들고 기도 중에 마지막 숨을 쉬었다.

성 베네딕도가 이승을 떠나 그리스도에게 가던 날, 같은 계시가 두 명의 수도승에게 주어졌다. 그들 중 한 명은 자신의 독방에 있었고, 다른 한 명은 좀 떨어져 있었다. 그들은 양탄자가 깔려 있고 무수한 등불이 켜진 빛나는 길이 복된 베네딕도의 독방에서 동쪽 하늘나라까지 솟아 있는 것을 보았다. 본받을 만한 용모와 빛나는 모습의 사람이 그 길 위에 서 있었고, 그는 수도승들에게 앞에 보이는 길이 무엇인지 아느냐고 물었다. 그들이 모른다고 대답하자 그는 말했다. "이것은 하느님의 사랑받는 사람 베네딕도가 하늘로 올라가는 길입니다."

성인은 폐허가 된 아폴로의 제단 위에 자신이 건축한 세례자 성 요한의 경당에 안장되었다. 그는 대(大) 유스티누스 시대인, 서기 약 518년에 활약했다.

——— ···✦✦✦ 50 ✦✦✦··· ———

성 파트리치오

파트리치오(Patricius, Patrick)는 약 280년경에 살았다. 한번은 그가 지팡이에 기대어 서서 스코트족(Scoti)의 왕에게 그리스도의 수난에 대해 설교를 하고 있었다. 우연히 그 지팡이의 날카로운 부분이 왕의 발을 스치면서 발을 찔렀다. 왕은 그 거룩한 주교가 고의로 그랬다고 생각했지만, 그리스도를 위해 이 정도의 고통도 견디지 못하면 자신의 믿음을 인정받을 수 없다고 생각하여 참았다. 이에 경탄한 성인은 기도하여 왕의 발을 치료했다. 또한, 그는 독이 있는 파충류가 그 지방 전체에 피해를 주고 있다는 사실을 하느님에게서 들었다. 그리고 그의 기도에 대한 응답으로 그 지역에 있는 나무에서 얻은 목재들과 나무껍질이 독을 효과적으로 중화했다고 전해진다.

한 남자가 이웃에게서 양 한 마리를 훔쳐서 잡아먹은 일이 있었다. 성 파트리치오는 누구든지 간에 장물을 반환하라고 부탁했으나 아무도 나서지 않았다. 그래서 어느 날 모든 사람을 모이게 한 성인은 그리스도의 이름으로 명령하여 그 양을 먹은 사람의 뱃속에서 '매애~'하고 울리게 하였다. 결국 죄를 범한 사람은 속죄하였으며 그때부터 모든 사람은 절도죄를 저지르지 않으려고 조심하였다.

파트리치오는 자신이 보았던 모든 십자가를 경건하게 공경하는 습관이 있었는데, 한번은 크고 아름다운 십자가를 그냥 지나쳤다. 그와 함께 있던 사람들은 왜 그가 십자가 앞에서 경의를 표하지 않았는지 궁금해 했다. 파트리치오는 기도하였고 주님께 이 십자가가 누구의 것인지 물었을 때, "이교도인 나는 그곳에 묻혔고, 십자가의 표시를 받기에 합당하지 않다는 것을 당신은 보지 못하였습니까?"라고 땅에서 나오는 음성을 들었다. 그래서 파트리치오는 그 십자가를 철거했다.

그는 아일랜드(Hybernia) 전체를 돌며 설교하였으나 성과는 무척이나 미미했다. 그래서 그는 사람들을 두렵게 하고 뉘우침으로 움직이게 할 표징을 보여 달라고 주님께 간청했다. 그런 다음 주님께서 자신에게 명령하신 대로 하였고, 어떤 장소에 지팡이로 큰 원 하나를 그렸다. 그리고 보라, 그 원 안에서 땅이 열렸고, 매우 깊고 넓은 구덩이가 나타났다. 이곳이 연옥의 장소라고 복된 파트리치오에게 밝혀졌다. 그곳으로 내려가기를 원하는 사람은 다른 보속이 없고 자신의 죄로 인해 연옥을 견디지 못할 것이다. 대부분의 사람은 그곳에서 돌아오지 못할 것이고, 돌아온다 할지라도 아침부터 다음 날까지 아래에 머물러야 했을 것이다. 그 구덩이로 내려갔다가 나오지 못한 사람이 참으로 많았다.

파트리치오가 죽은 후 오랜 시간 뒤에 니콜라오라는 사람이 자신의 많은 범죄를 뉘우치고자 성 파트리치오의 연옥을 경험하기를 원했다. 그는 모든 사람이 그랬던 것처럼 2주 동안의 단식으로 스스로 절제한 후, 수도원에 보관된 열쇠로 그 문을 열었다. 구덩이로 내려간 그는 다시 문을 열고 들어간 그곳에서 경당을 보았다. 하얀색 수도복을 입고 성무일도를 낭송하면서 경당으로 가던 몇몇 수도승들은 니콜라오에게 악마로부터 많은 시련을 견뎌야 하니 용기를 가지라고 말했다. 그가 이 시련에 대해 어떤 도움을 줄 수 있는지 묻자 그들은 "당신에게 가해지고 있는 고통을 느낄 때 즉시 '살아계신 하느님의 아들 예수 그리스도님, 죄인인 저에게 자비를 베푸소서!'라고 큰 소리로 말하시오."라고 답한 후 물러났다.

이제 악령들이 나타나서 자신들에게 순종하라고 니콜라오를 재촉했다. 그러나 니콜라오가 거부하자, 즉시 야수들의 포효(咆哮)와 마치 모든 것이 혼란에 빠진 것처럼 우르릉거리는 소리가 들렸다. 그는 소름 끼치는 공포에 떨며 소리쳤다. "살아계신 하느님의 아들 예수 그리스도님, 죄인인 저에게 자비를 베푸소서!" 그러자 바로 대혼란이 가라앉았다.

그 다음에 니콜라오는 "네가 우리 손에서 달아날 수 있다고 생각하느냐? 당치도 않다! 이제 너는 난도질당하고 고문받는 것이 어떤지 배우게 될 것이다!"라고 말하는 악령들이 있는 장소로 끌려갔다. 격렬한 무서운 불이 나타났고 악령들이 말했다. "네가 우리에게 굴복하지 않으면 너를 불에 던져 재가 되게 할 것이다." 그가 그 제의를 일축하자, 악령들은 그를 무서운 불 속으로 던졌다. 그리고 불의 고통을 느낀 그가 예수님께 기도로 부르짖자 불이 꺼졌다.

그는 또 다른 곳으로 끌려갔는데, 악령들이 산 채로 불에 타고 있는 몇몇 사람들의 몸에 뜨거운 쇠 칼날로 찌르는 것을 보았다. 더 격렬해진 악령들의 공격으로 극심한 고통을 겪던 사람들이 땅에 엎드려 "우리를 살려 주십시오! 우리를 살려 주십시오"라고 비명을 지르면서 땅을 갉아먹었다. 그는 사람들이 뱀에게 물리고, 악령들은 시뻘겋게 달아오른 쇠갈고리로 그들의 내장을 끌어내는 것을 보았다. 니콜라오가 계속 저항하자, 악령들은 그를 불 속에 던져 같은 칼날, 같은 고통을 느끼게 만들었다. 그러나 그가 다시 예수 그리스도를 불렀고 곧 고통에서 벗어났다. 그런 다음 그는 사람들이 대형 솥에서 튀겨지고 있는 곳으로 옮겨졌고, 그곳에는 불타는 쇠갈고리로 가득 찬 매우 큰 형거(刑車)가 있어 그 위에 사람들이 매달려 있었다.

다음에 쇳물로 가득 찬 참호(塹壕)가 있는 큰 건물 하나를 보았다. 참호 안에는 쇳물에 다리가 하나 혹은 두 개 다 잠긴 사람들이 있었는데, 무릎까지 잠긴 사람도 있고 허리, 가슴, 목, 눈까지 잠겨 있기도 했다. 그러나 니콜라오는 그리스도를 불렀고, 이 모든 것을 무사히 통과했다. 그는 더 멀리 나아갔고 끔찍한 연기와 견딜 수 없는 악취가 나는 매우 넓은 구덩이가 나타났다. 마치 불꽃처럼 타오르고 쇠붙이처럼 벌겋게 달아오른 사람들이 벗어나려고 발버둥 쳤지만, 악령들이 다시 끌고 들어갔다. 그들이 니콜라오에게 말했다. "네가 보고 있는 그 장소는 우리의 주인인 베엘제불(Beelzebub)이 살고 있는 지옥이다. 만일 네가 우리의 뜻을 계속 거부한다면, 우리는 너를 그 안에 던질 것이고 결코 탈출할 수 없을 것이다!" 니콜라오가 그 말을 무시하였고, 그들은 그를 구덩이 안으로 던졌다. 그리고 그는 고통이 너무 심해 주님의 이름을 부르는 것조차 잊을 지경이었다. 그러나 그는 지혜를 모아 마음속으로 소리쳤다. (그는 말하는 것이 불가능한 상태였다.) "살아 계신 하느님의 아들 예수 그리스도님, 죄인인 저에게 자비를 베푸소서!" 그는 무사히 구덩이에서 나왔고 악령 무리는 패배를 인정한 후 사라졌다.

이제 다리가 있는 장소로 끌려갔다. 그런데 그 다리는 매우 좁고 얼음처럼 미끄러우며, 아래에는 유황과 불의 강이 흘렀다. 그는 다리를 건널 수 없을 거라 생각했으나 자신을 수없이 구해 주었던 말을 기억하고, 당당하게 걸어가서 다리 위에 발을 올려놓고 예수 그리스도에게 드리는 기도를 암송했다. 갑자기 아래에서부터 터져 나오는 고함 소리에 겁을 먹어 발걸음을 내디딜 수 없었으나 기도와 함께 나아갔고 아무런 해도 입지 않았다. 한 걸음 한 걸음 옮기며 같은 기도를 반복했다.

그가 다리를 건너 도착한 곳은 온갖 꽃향기로 가득한 쾌적한 초원이었다. 이제 두 명의 잘생긴 젊은이가 그에게 나타나 금과 보석으로 빛나는 화려한 도시로 안내했다. 성문에서 풍기는 향기가 그를 감쌌고 더 이상 고통이나 악취가 없는 상쾌함으로 가득 찼다. 젊은이는 그곳이 천국이라고 말했다. 그는 들어가고 싶었지만, 안내자는 그가 자기 자리로 돌아가야 하며, 왔었던 그 길을 정확히 돌아서 가야 한다고 말했다. 아울러 30일 후에 평화롭게 죽을 것이고 영원한 시민으로 천국에 올 것이라고 말했다.

니콜라오는 구덩이 밖으로 나왔고 자신이 출발했던 장소로 돌아왔음을 깨달았다. 그는 자신에게 일어났던 모든 일에 대해 사람들에게 말했고, 30일 후에 주님 안에서 행복하게 잠들었다.

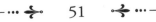

51

주님 탄생 예고

이 축일은 이날에 천사가 하느님의 아드님이 오신다는 것을 알렸기 때문에 그렇게 이름 붙여졌다. 주님 탄생 예고(annuntiatio)가 육화(肉化, incarnatio)에 선행되어야 하는 것은 적절했고, 여기에는 세 가지 이유가 있다. 첫 번째는 보상의 순서가 범죄나 일탈의 순서와 일치해야 한다는 것이다. 그러므로 악마는 여자를 유혹하여 의심으로 이끌고, 의심을 통해 동의로, 동의를 통해 죄를 짓게 하였다. 그러므로 천사는 동정녀에게 믿도록 촉구하고, 믿음을 통해 동의하고, 동의를 통해 하느님의 아드님을 잉태한다고 고지했다. 두 번째 이유는 천사의 직무와 관련이 있다. 천사는 하느님의 심부름꾼이자 종이고, 복되신 동정녀는 하느님의 어머니로 선택되었다. 그리고 자신의 여주인을 섬기는 것이 심부름꾼에게 옳은 일이기에, 천사가 복되신 동정녀에게 탄생 예고를 하는 것은 합당했다. 세 번째 이유는 타락하는 천사들을 위해 만들어졌던 보상이라는 것이다. 육화는 인간의 죄뿐만 아니라 타락한 천사들의 파멸을 위한 보상이었다. 그러니 천사들이 배제되어서는 안 되었다. 그리고 여자들이 육화와 부활(resurrectio)의 신비에서 배제되지 않은 것처럼, 전령천사(傳令天使, angelicus nuntius)도 배제되지 않았다. 하느님은 천사들을 통해 성모 마리아에게 육화의 신비를, 마리아 막달레나에게는 부활의 신비를 알렸다.

동정녀 마리아는 3세 때부터 14세까지 성전에서 살았고 하느님의 다른 뜻이 없는 한 순결하게 살겠다고 서약했다. 하느님은 요셉의 지팡이를 꽃피워 그 뜻을 계시하였고 그때 그녀는 요셉과 약혼하였다. 마리아가 나자렛에 있는 부모 집에 가 있는 동안, 요셉은 결혼식에 필요한 준비를 하려고 자기 가문의 도시 베들레헴에 갔다. 나자렛은 '꽃'을 의미한다. 그래서 베르나르도는 꽃이 꽃의 계절에 "꽃" 안에서 한 송이 꽃으로 태어나기를 원했다고 말한다.

그때, 나자렛에서 천사가 마리아에게 나타나서 "은총이 가득한 이여, 기뻐하여라. 주님께서 너와 함께 계시다! 당신은 여자들 가운데에서 가장 복되십니다."*라고 말하며 인사를 했다. 베르나르도는 말한다. "우리는 가브리엘의 모범과 어머니의 태중에서 기뻐서 태동하는 요한, 그리고 환영에 대한 답례와 보상으로 마리아에게 경의를 표하도록 초대받았습니다."

이제 우리는 주님은 왜 마리아의 결혼이 필요했는지 알아야 한다. 이 점에 관해서 베르나르도는 "마리아가 요셉과의 약혼은 필요했습니다. 그렇게 해야 악령에게 그 신비를 숨길 수 있고, 마리아의 동정은 배우자에 의해 확인되었고, 그녀의 겸손과 선한 이름은 보호되기 때문입니다."라고 세 가지 이유를 말한다. 이어서 네 번째는 마리아 자신이 결혼하였고, 처녀, 결혼한 사람, 동정녀, 과부와 같은 여성의 모든 지위와 조건에서 마리아의 약혼자가 불명예를

---

* 앞의 두 문장은 루카 복음 1장 28절에 언급된 천사의 언급이지만, 뒷 문장은 같은 복음 1장 42절에 언급되는 세례자 요한의 어머니 엘리사벳의 인사말이다. – 역자 주

제거했다는 것이다. 다섯 번째, 그녀는 배우자의 봉사와 보살핌을 받았다. 여섯 번째, 남편으로 말미암아 족보의 계보가 확립되었다.

천사는 "은총이 가득한 이여, 기뻐하여라!"라고 말했다. 베르나르도는 "그녀의 태중에는 하느님 존재의 은총이, 그녀의 마음 안에는 애덕(愛德)의 은총이, 그녀의 입술에 인자(仁慈)함의 은총이, 그녀의 손에 자비와 관대함의 은총이 있었습니다. 모든 이들이 구원을 받고, 병든 이들이 치유를, 슬픈 이들이 위로를, 죄인들이 용서를, 의인들이 은총을, 천사들이 기쁨을 받고, 마지막으로 온전한 삼위일체가 영광을 받고 사람의 아들은 인간 육신의 실체(實體)를 받기 때문에, 참으로 은총이 가득한 분입니다."라고 말한다.

"주님께서 너와 함께 계시다."에 대해 베르나르도는 말한다. "당신의 임신을 초래하였던 한 분인 주 성부 하느님, 당신을 임신시킨 주 성령님, 자신의 살을 주었던 주 성자님이 당신과 함께 있습니다. 당신은 여인들 가운데에서 가장 복되십니다. 당신은 동정인 어머니와 하느님의 어머니가 될 것이기 때문에 당신은 여인들 가운데 복되시며, 참으로 모든 여인 위에 복되십니다."

여자들은 삼중의 저주, 즉 임신할 수 없었던 라헬(Rachel)이 임신하고 아들을 낳았을 때 그녀가 "하느님께서 나의 수치를 없애 주셨구나."(창세 30, 23)라고 말했던 수치의 저주, 시편에서 "보소서, 저는 죄 중에 태어났고 허물 중에 제 어머니가 저를 배었습니다."(시편 51, 5)라고 말하듯이 임신했을 때 죄의 저주, 출산했을 때 고통의 저주에 사로잡혀 있었다. 그래서 창세기는 "너는 괴로움 속에서 자식들을 낳으리라."(창세 3, 16)라고 했다. 동정 마리아가 여인들 가운데 홀로 복된 것은 그녀의 동정성에 비옥한 결실이, 임신함으로써 그녀의 비옥한 결실에 거룩함이, 출산 안에서 그녀의 거룩함에 행복이 더해졌기 때문이다.

베르나르도가 말한 것처럼 마리아의 영혼은 네 가지 종류의 은총, 즉 그녀가 가진 겸손의 신심(信心), 정숙함의 경의, 믿음의 위대함, 마음의 순교가 빛났기 때문에 그녀는 "은총이 가득한 이"라고 불린다. 베르나르도가 말한 것처럼 그녀는 하늘에서부터 자신에게 비추어졌던 네 가지, 즉 마리아의 성화(聖化), 천사의 인사말, 성령의 뒤덮음, 하느님의 아드님의 육화 때문에 "주님께서 너와 함께 계시다."라고 들었다. 역시 베르나르도에 따르면 앞서 말한 네 가지가 그녀의 몸에서 빛나고 있었기 때문에 그녀는 "당신은 여인들 가운데에서 가장 복되십니다."라고 들었다. 그녀는 동정녀들의 동정녀였고, 타락 없이 결실을 맺었고, 괴로움 없이 잉태하였고, 고통 없이 출산하였다.

천사의 말을 들은 마리아는 이 인사말이 무엇을 의미하는지 걱정하며 생각하였다. 여기에서 우리는 성모 마리아가 그 말을 듣고 잠시 생각에 잠기셨을 때 찬양받기에 합당한 분임을 알 수 있다. 그녀가 그 말을 듣고 침묵을 지켰을 때의 겸손함, 그 말을 받아들이는 것에서의 주저함, 그 인사말의 의미에 대해 생각하는 사려 깊은 신중함은 칭찬할 만하였다. 그녀가 천사의 말에 걱정한 것이지, 천사를 보고 걱정한 것이 아니라는 점에 주목하라. 그리고 그녀는 종종 천사들을 보았지만 이렇게 말했던 천사는 결코 본 적이 없었다. 라벤나의 베드로(Petrus Ravennas)는 말한다. "천사는 친절하게 다가왔으나 말은 무시무시했습니다." 천사를 보는 것이 그녀에게 기쁨을 주었던 반면, 그 말을 듣는 것은 괴로웠다. 이런 이유로 베르나르도는 주석한다. "그녀는 순결한 정숙함에 걸맞게 두려워했지만, 자신의 강인함으로 너무 괴로워하지는 않았다. 그녀는 조용하고 사려 깊었고 신중함과 사려분별의 증거였습니다."

천사는 그녀를 안심시키려고 "두려워하지 마라, 마리아야. 너는 하느님의 총애를 받았다."(루카 1, 30)라고 말하였고, 베르나르도는 외친다. "참으로 얼마나 은혜로운가! 하느님과 인간 사이의 평화, 죽음은 파괴되고, 생명은 온전하게 되었습니다! 보라, 이제 네가 잉태하여 아들을 낳을 터이니 그분의 이름을 구세주를 의미하는 예수라 하여라. 그분은 자신의 백성을 죄로부터 구할 것이다. 그분께서는 큰 인물이 되시고 지극히 높으신 분의 아드님이라 불리실 것이다. 이것은 위대한 하느님이신 그가 위대한 사람, 위대한 스승, 위대한 예언자가 됨을 의미합니다."

마리아는 천사에게 "저는 남자를 알지 못하는데, 어떻게 그런 일이 있을 수 있겠습니까?"(루카 1, 34) 즉 남자를 알고 싶지 않다고 대답하였다. 그래서 그녀는 자신의 마음 안에서, 자신의 육신 안에서, 자신의 의도 안에서 순수하였다. 여기서 우리는 마리아가 질문하는 것을 볼 수 있으며, 질문하는 사람들은 누구든지 의심한다. 그렇다면 왜 즈카르야는 말문이 막히는 것으로 홀로 벌을 받았을까? 이 점에 대해 라벤나의 베드로는 네 가지 이유를 말한다. "죄인을 아는 하느님은 그들의 말이 아니라 그들의 마음에 주의를 기울이고, 그들이 무엇을 말하였는가가 아니라 그들이 무엇을 의미하였는가로 판단하였습니다. 질문하는 것에 대한 그들의 이유는 똑같지 않고, 그들의 희망은 달랐습니다. 마리아는 본성을 거슬러 믿었습니다. 그러나 즈카르야는 본성을 변호하여 의심하였습니다. 그녀는 단순히 그런 일이 어떻게 일어날 수 있는지 물었습니다. 하지만 즈카르야는 하느님이 원하시는 것이 이루어질 수 없다고 결정하였습니다. 그는 비록 본보기로 삼았지만 믿음을 키우는 데 실패한 반면, 그녀는 본보기로 삼을 것 없이 믿음으로 서둘러 나아갔습니다. 마리아는 처녀가 어떻게 출산할 수 있는지 궁금하였습니다. 그러나 그는 부부의 임신에 대해 회의적이었습니다. 그녀가 의심하였다는 것은 사실이 아니지만, 임신이 어떻게 일어날 수 있는지는 임신의 세 가지 방법, 즉 자연적인 것, 영적인 것, 기적적인 것이 있기 때문이었습니다. 그리고 그녀는 이들 중 어떤 방식으로 자신이 임신될 것인지 물었습니다."

천사는 대답했다. "성령께서 너에게 내려오시고, 성령은 너를 임신하게 하실 분이다." 이런 이유로 그녀에게서 태어날 아기는 성령으로 임신되었다고 다음의 네 가지 이유를 말한다. 첫째는 하느님의 말씀이 하느님의 형언할 수 없는 사랑에서 육신을 위하셨다는 것을 보이려는 끝이 없는 사랑의 발로(發露)이다. 즉 요한복음 3장 16절 "하느님께서는 세상을 너무나 사랑하신 나머지 외아들을 내주시었다." 그 이유는 명제집의 스승(Magistri sententiarum)*에 의해 주어졌다. 둘째는 공로에 의한 임신이 아니라 오직 은총에서 비롯되었다는 것을 명확히 하려는 것이다. 천사의 말은 어떤 사람의 공로 없이 오직 성령의 은총으로 임신 되었음을 보여준다. 이 이유는 아우구스티노가 말했다. 셋째는 성령이 미치는 영향력이다. 그 임신은 성령의 능력과 활동에 의해 일어났다. 이것은 암브로시오가 말했다. 생 빅토르의 후고(Hugonis de Sancto Victore)는 네 번째 이유를 동기가 수반되었다고 덧붙였다. 자연적인 임신으로 이끈 동기는 여자를 위한 한 남자의 사랑과 남자를 위한 여자의 사랑이라고 말한다. 그래서 후고는 성모 마리아의 마음속에서 성령의 큰 사랑이 불타고 있었기 때문

---

* 《명제집》(Sententiarum libri)을 저술한 신학자 베드로 롬바르두스(Petrus Lombardus, 1095~1160)를 지칭하는 말. – 역자 주

에 그 사랑이 기적을 행하였다고 말한다.

"그리고 지극히 높으신 분의 힘이 너를 덮을 것이다."(루카 1, 35) 《주해집》에 따르면 "그림자는 일반적으로 단단한 물질 위에 떨어지는 빛으로 형성되며, 동정녀뿐만 아니라 어떤 순수한 인간도 신성의 충만함을 담을 수 없습니다. 그러나 '지극히 높으신 분의 힘이 너를 덮을 것'이며, 그녀 안에서 하느님의 무형(無形)의 빛이 인간의 육신을 취하여 그녀가 하느님을 잉태할 수 있게 되었습니다."라고 말한다. 베르나르도의 말 또한 이 설명에 근접한 것으로 보인다. "하느님은 영이고 우리는 그분 몸의 그림자이기 때문에 그분은 생명을 주는 육체의 견고함을 통해 우리에게 육신 안에서 말씀을, 구름 속에서 해를, 등잔 안에서 빛을, 등롱(燈籠) 안에서 초를 보도록 자신을 낮추셨습니다." 또한, 베르나르도는 그 천사의 말을 다음과 같이 읽을 수 있다고 한다. "하느님의 힘인 그리스도는 성령으로 임신하게 될 방식을 자신의 가장 비밀스런 그림자 안에 감추어 오직 천사와 당신에게만 알려주실 것입니다. 그리고 만일 천사가 '당신은 왜 저에게 묻습니까? 제가 당신에게 말한 것을 곧 경험할 것입니다!'라고 말했듯이, 당신은 스스로 알게 될 것입니다. 당신은 행복하게 알게 될 것입니다. 당신 안에서 활동하시는 하느님이 안내해 줄 것입니다. 저는 동정녀의 임신을 알리려고 파견된 것이지, 창조하려고 파견된 것이 아닙니다." 또는 "너를 덮을 것이다"는 그녀가 악의 모든 열기로부터 침착하고 가려지게 될 것임을 의미한다.

"그리고 보라, 네 친척 엘리사벳 또한 아들을 잉태하였다."(루카 1, 36 참조) 베르나르도에 따르면, 엘리사벳은 기쁨으로 가득 차 있고, 지식적으로 완벽하였고, 교리에서 완벽하였고, 자비로운 일을 하게 될지도 모르는 네 가지 이유 때문에 엘리사벳의 임신은 마리아에게 알려졌다. 예로니모는 진실로 말한다. "아이를 낳지 못했던 그녀의 친척 여자가 임신한 것은 기적에 기적을 더하는 것처럼, 그녀의 기쁨에 더 많은 기쁨이 더해질 수 있도록 마리아에게 알려졌습니다. 또 성모 마리아가 천사를 통해 그 소식을 가장 먼저 들었는데 이것은 다른 사람을 통해 듣지 않게 하기 위함이었습니다. 그리고 이것은 하느님의 어머니가 아드님에게서 멀리 떨어져 있다고 생각하지 않게 하기 위함이었고, 하느님이 지상에서 일어나는 일을 모른다고 생각하지 않으려는 것입니다.

오히려, 그녀는 선구자의 현재와 구세주 이후에 오심에 대해 온전히 알게 됨으로써 이 사건들의 시간과 순서를 알고, 후에 저술가들과 설교자들에게 진실을 알게 해줄 수 있었습니다. 게다가 나이 든 여인(엘리사벳)의 임신 소식을 들은 젊은 여인(마리아)은 나이든 여인에게 가려고 할 것이고, 태어나지 않은 예언자는 주님에게 경의를 표할 기회가 주어질 것이며, 하나의 기적이 더 놀라운 일을 위한 기회를 제공할 수 있을 것입니다."

이제 베르나르도는 "동정녀여, 빨리, 대답해 주십시오! 오 여인이여, 말씀을 말하고 그 말씀을 받아들이고, 당신 것을 봉헌하고 하느님 것을 받아들이고, 덧없는 것을 선포하고 영원한 것을 받아들이고, 일어나십시오, 달려 나가십시오, 당신 자신을 여십시오! 믿음으로 일어나고, 신심으로 달려가 마음을 열고 받아들이십시오!" 그때 마리아는 손과 눈을 들어 하늘을 보며 "보십시오, 저는 주님의 종입니다. 말씀하신 대로 저에게 이루어지기를 바랍니다."(루카 1, 38)라고 말했다. 베르나르도는 "어떤 사람들은 하느님의 말씀을 입으로, 어떤 사람들은 귀로, 또 다른 사람들은 손으로 받았다고 합니다. 마리아는 그 말씀을 천사의 말로 귀에, 믿음에 의해 마음에, 고백함으로 입에, 만짐으로 손에, 자신 안에 육신을 취함으로 태중에, 자신이 젖을 먹일 때 가슴에, 자신이 봉헌하였을 때 품에 받아들였습니다."

"말씀하신 대로 저에게 이루어지기를 바랍니다." 베르나르도는 이렇게 해석한다. "나는 선동가가 설교나 화술로 꿈에서 상상하는 것처럼 하지 않을 것입니다. 그러나 조용히 숨 쉬고, 육화된 인간 안에서, 내 육체 안에서 온전히 살아 있는 것처럼 저에게 이루어지게 할 것입니다." 그리고 그 즉시 하느님의 아드님이 그녀의 태안에 완벽한 하느님이자 완벽한 인간으로 잉태되었다. 그리고 그분이 30세에 가졌던 많은 지혜와 능력을 잉태된 첫날부터 가졌다.

그런 다음 마리아는 일어나 산악지방에 있는 엘리사벳에게 갔고, 요한은 어머니 엘리사벳의 태중에서 뛰면서 성모 마리아에게 인사했다. 《주해집》은 주석을 달았다. "요한은 자신의 말로 인사를 할 수 없었기 때문에, 영혼의 기쁨으로 기뻐 뛰었고 그리스도의 선구자로서의 일을 수행하기 시작했다." 마리아는 요한이 태어날 때까지 3개월 동안 엘리사벳의 곁에서 시중들었고, 우리가 《의인들》(liber justorum)에서 읽은 것처럼 자신의 손으로 요한을 들어 올렸다. 세월이 흐르면서 이날에 하느님은 많은 일을 하셨다고 전해지고 있는데, 한 시인은 기억할 만한 시에서 이렇게 말한다.

> 기뻐하소서, 우리의 상처들을 치료하기에 마땅한 날들이여!
> 천사가 파견되었고, 그리스도는 십자가에서 수난 당하였다.
> 아담은 만들어졌고 오래지 않아 타락하였다,
> 아벨은 십일조의 공덕 때문에 형제의 칼에 의해서 죽었다.
> 멜키체덱은 봉헌하였다, 이사악이 양을 대치하였다,
> 그리스도의 복된 세례자는 목 잘려 죽었다.
> 베드로는 기어서 나왔고, 야고보는 헤로데 치하에서 살해되었다.
> 그리스도와 함께 많은 성인의 몸은 부활할 것이고,
> 마찬가지로
> 우도(右盜)*는 그리스도를 통해 행복하게 받아들였나이다. 아멘

부자 귀족인 기사가 세상과 인연을 끊고 시토회에 입회했다. 그는 글을 몰랐는데, 수도승은 고귀한 이 사람을 원하지 않아 그가 성가대 수도승을 할 수 있는 학식을 갖추었는지 확인하기 위해 스승 한 분을 보냈다. 그는 스승과 오랜 시간을 보냈으나 어디에 가든지 무엇을 하든지 끊임없이 반복하는 "마리아 님 기뻐하소서."(Ave Maria) 이 두 단어밖에 배울 수 없었다. 한참 후, 그가 죽고 수도승들 사이에 묻혔다. 그리고 보라! 아름다운 백합 한 송이가 그의 무덤 위에 피어났고, 한 잎사귀에 "마리아 님 기뻐하소서"라고 금으로 글씨가 새겨져 있었다. 이 황홀한 광경을 보려고 달려온 수도승들은 무덤을 팠고 죽은 사람의 입에서 솟아난 백합 뿌리를 발견했다. 수도승들은 그제서야 하느님을 영광스럽게 여기며 그 두 단어를 암송하던 그의 신심의 깊이를 이해했다.

도로 옆 요새에 살고 있던 한 기사가 지나가는 모든 여행자를 인정사정없이 털었다. 그러나 그는 매일 성모송(Ave Maria)으로 하느님의 어머니 동정녀께

---

* 우도는 예수님이 십자가에 못박혔을 때 오른쪽에 못박혔던 도둑을 말한다. 이는 회개한 도둑으로 일명 착한 도둑이라고도 한다. 그러나 왼쪽에 못박혔던 좌도는 회개하지 않고 오히려 예수님을 모욕한 도둑이었다(루가 23,39).

경의를 표했다. 한 거룩한 수도승이 그 길을 따라가고 있었고 기사의 부하들이 수도승을 불러 세웠으나, 그 거룩한 사람은 그들의 두목에게 전할 비밀 전갈을 가졌으니 두목에게 데려가 달라고 요청했다. 기사에게 간 거룩한 사람은 하느님의 말씀을 설교하기를 원하니 그의 가정과 성에 있는 모든 백성을 소집하라고 요청했다. 사람들이 왔을 때, 거룩한 사람은 "여기 모두 모이지 않았습니다! 누군가가 부족합니다!"라고 말했다. 그들이 모든 사람이 참석했다고 말했으나 수도승이 말했다. "잘 둘러보면 불참한 누군가가 있을 것입니다!" 그때 한 사람이 시종이 오지 않았다고 대답했다. 수도승은 "그 사람이 불참한 사람입니다."라고 말했다. 사람들은 서둘러 시종을 데려왔고, 하느님의 사람을 본 시종은 두려워서 눈을 굴리며 미치광이처럼 머리를 흔들며 더 가까이 가지 못했다. 그 거룩한 사람은 시종에게 말했다. "너는 누구이며 왜 네가 여기에 있는지 솔직하게 말하기를 우리 주 예수 그리스도의 이름으로 명한다!" 그 시종이 대답했다. "아 슬프다! 그의 엄한 명령은 제가 사람이 아니라 인간의 모습을 한 악령으로 14년을 그 기사와 함께 있었다는 것을 자백하게 합니다. 저의 군주는 이 기사가 성모송 암송을 멈추어 악의 무리 속으로 떨어질 그날을 위해 감시하라고 저를 보냈습니다. 나의 제압으로 그가 삶을 마감한다면 그는 우리 것이 될 예정이었습니다. 그러나 그가 기도를 암송하는 날에는 저는 힘을 쓸 수가 없었습니다. 아무리 지켜봐도 그는 단 하루도 성모 마리아께 기도를 드리지 않는 날이 없었습니다."

이 말을 들은 기사는 경악했다. 그는 직접 하느님의 사람 발 앞에 엎드려 자신의 죄에 대한 용서를 청하였고, 그 후에 자신의 행실을 고쳤다. 거룩한 사람이 악령에게 말했다. "악마야, 나는 네가 여기서 떠나 하느님의 영광스러운 어머니에게 간구하는 어떤 사람도 해칠 수 없는 곳에 머물기를 우리 주 예수 그리스도의 이름으로 명령한다!" 악령은 사라졌고, 기사는 경건하게 그 거룩한 사람이 여행을 다시 하도록 허락하였다.

성 티모테오

성 티모테오(Timotheus)의 축일은 로마에서 거행되고 있다. 교황 멜키아데
(Melchiades)의 재위 기간에 안티오키아에서 온 티모테오는 사제 실베스테르
(Silvester, 후에 그 도시의 주교가 됨)에 의해 당시 교황들이 직접 하기 꺼리던 직무를 수
행하도록 임명되었다. 실베스테르는 티모테오를 기꺼이 집으로 초대했을 뿐
만 아니라, 거리낌 없이 그의 생활방식과 가르침을 칭찬했다. 티모테오는 1
년 3개월 동안 그리스도의 진리를 설교하며 수많은 개종자를 만들었고, 이교
도 주민들에게 체포되어 그 도시의 총독 타르퀴니우스(Tarquinius)에게 넘겨졌
다. 하느님의 훌륭한 신자로서 우상에 제사 드리기를 거부해 투옥되었고, 심
한 고문으로 사흘 만에 쓰러져 살인자 몇 명과 함께 참수되었다.

성 실베스테르는 밤에 자신의 집으로 티모테오의 시신을 옮겨왔고 교황 성
멜키아데를 초대하여 모든 사제와 부제들과 함께 그의 순교를 칭송하면서 그
밤을 보냈다. 테오네(Theone)라는 이름의 신심 깊은 여자가 성 티모테오의 시신
이 성 바오로의 무덤 근처에 안장될 수 있기에, 자비(自費)로 자신의 정원에 기
념비를 세울 수 있도록 허락해줄 것을 교황에게 요청했다. 이 요청은 이루어
졌고, 그리스도인들은 티모테오라는 이름의 순교자가 티모테오라는 같은 이
름의 제자를 두었던 사도 바오로 가까이에 매장되는 것을 기뻐했다.*

주님의 수난

그리스도의 수난은 쓰라린 고통과 경멸적인 조롱을 받았으나 그 수난을 통

---

*그레세(Th. Graesse)는 이 전설이 "최근의(혹은 가장 최근의) 책들"에 결여되어 있다는 것과 이 책과 그
레세의 편집본 둘 다에 121번 번호가 붙은 같은 제목의 전설과 뚜렷하게 다르다는 것에 주목한다.

해 열매를 맺게 되었다. 그리스도의 수난에는 다섯 가지 유형의 고통이 수반되었다. 첫 번째는 수치스러움이다. 악인들이 형벌을 받던 골고타(Golgotha, Calvaria)에서 일어났기 때문에 수치스러운 것이었다. 도둑들의 형벌 도구로 사용되는 가장 수치스러운 죽음인 십자가형을 선고받았기 때문에 수치스러웠다. 그렇지만 그때 수치스러웠던 그 십자가는, 아우구스티노가 "범죄자들의 수치심과 고문이었던 십자가는 이제 황제들의 이마를 장식하고 있습니다. 만일 하느님이 형벌 도구에 그렇게 엄청난 영예를 주었다면, 자기 종에게는 얼마나 더 큰 영예를 주겠습니까?"라고 말한 것처럼 지금은 무한한 영광의 표징이다.

주님의 수난은 그가 고통받던 곳에 함께 있던 사람들 때문에 수치스러운 것이었다. 그들은 도둑과 강도인 범죄자이면서 나중에 그리스도의 오른쪽 십자가에 못 박혔던 디스마스(Dismas)는 우리가 《니코데모의 복음서》(Evangelium Nicodemi)에서 읽었던 것처럼 개종하였고, 왼쪽에 있던 사람 게스마스(Gesmas)는 지탄받았다. 이렇게 하여 한 사람에게는 왕국이 주어졌고, 다른 사람에게는 고통이 주어졌다. 암브로시오는 말한다. "십자가에 매달려 있는 자비의 창시자는 여러 사람에게 자비의 선물과 의무를 나누어 주셨습니다. 그분은 사도들에게 박해를, 제자들에게 평화를, 유다인들에게 자신의 몸을, 자신을 십자가에 못 박았던 이들에게 본인의 옷을, 자신의 아버지께는 영혼을, 어머니 성모 마리아에게는 수호자를, 착한 도둑에게 낙원을, 죄인들에게 지옥을, 회개하는 그리스도인들에게 십자가를 남겼습니다. 이것이 그리스도가 십자가에 매달림으로써 만들었던 계약입니다."

두 번째, 수난은 부당하였기 때문에 고통스러웠다. 그리스도는 잘못한 것이 없었고, 말에 속임수가 없었다. 그러니 그가 당한 일은 부당했고 극심한 고통을 초래했다. 그에게 부당하게 주어진 주요 혐의는 세 가지, 그가 공물(貢物) 지불을 거부하고, 스스로를 왕이라고 칭하고, 하느님의 아들이라고 주장했다는 것이었다. 이 세 가지 고발에 대한 대답으로 우리는 구세주를 대변하면서 "내 백성아, 내가 너에게 잘못한 것이 무엇이냐? 등등"이라고 노래하는 성금요일에 세 가지 응송(應誦, responsorium)을 만들었다. 그 시구(詩句)에서 "그리스도께서는 마치 말씀하시는 것처럼 이집트에서 구출해 내시고, 광야에서 인도해

주시고, 매우 좋은 땅에 아주 많은 포도나무로 심어 주신 세 가지 혜택을 언급하십니다. "너희는 공물을 바친 것에 대해 나를 비난하지만, 오히려 너희는 공물을 바치지 않게 해준 것에 대해 나에게 감사해야 한다. 내가 스스로를 왕이라고 불렀다고 나를 비난하지만, 오히려 내가 사막에서 너희를 위해 제공한 왕실 음식에 대해 감사해야 한다. 내가 나를 하느님의 아들이라고 불렀다고 나를 비난하지만, 오히려 너를 내 포도나무로 택하여 매우 좋은 장소에 심어 준 것에 대해 감사해야 한다."

세 번째, 그리스도의 수난은 친구들에 의한 것이었기에 고통스러웠다. 만일 수난이 그분을 적으로 생각하는 사람들이나 나그네, 외국인, 골칫거리였던 사람들로 인해 일어난 일이라면 그 고통은 참을 만했을 것이다. 오히려 친구들, 자신의 친구였어야만 했던 사람들과 친척들, 같은 민족 사람들 때문에 고통받았다. 그들 양쪽 모두에 대해 시편은 "제 동무들과 이웃들은 저의 재앙을 보고 물러서 있으며 제 친척들도 멀찍이 서 있습니다."(37, 12)라고 말하고, 욥기 19장은 "내 친구들은 남이 되어 버렸다네. 친척들은 떨어져 나갔다네."(19, 13-14)라고 말한다. 우리가 요한복음 10장에서 "나는 아버지의 분부에 따라 너희에게 좋은 일을 많이 보여주었다. 그 가운데에서 무엇 때문에 나에게 돌을 던지려고 하느냐?"(10, 32)라고 읽었던 것처럼, 그분이 좋은 일을 많이 베푼 사람들이 있었다. 베르나르도는 말한다. "오 착한 예수님, 당신은 얼마나 친절하게 사람들을 대하셨습니까, 당신은 얼마나 크고 많은 선물을 그들에게 아낌없이 주셨습니까, 당신은 가혹한 말, 더 가혹한 매질, 가장 가혹한 고문으로 받은 쓰라린 고통을 얼마나 견뎌야 하셨습니까!"

네 번째, 고통은 육신의 연약함이었다. 다윗이 비유적으로 사무엘기 하권에서 "그는 나무의 가장 연약하고 작은 벌레 같았습니다."(2사무 23, 8)*라고 말하는 것처럼 말이다. 베르나르도는 말한다. "오 유다인들이여, 당신들은 돌입니다! 당신들은 자비의 종소리가 울려 나오고 사랑의 기름이 솟아나는 더 부드러운 돌을 때렸습니다." 예로니모도 비슷하게 말한다. "군인들에게 넘겨져

---

* 불가타(Vulgata)본에는 이 구절이 있지만, 우리말 성경에는 없다. 또 영어본은 이 구절이 열왕기 하권 23장 23절이라고 하지만 오류이다. - 역자 주

예수님의 거룩한 몸과 하느님이 계시는 가슴을 채찍질하였습니다.”

다섯 번째, 고통은 총체적으로 영향을 주었다. 고통은 그분의 육신의 모든 부분을 관통하고, 모든 감각을 강타했다. 히브리서 5장에서 “큰 소리로 부르 짖고 눈물을 흘리며”(5, 7)라고 말하는 것처럼, 눈물을 흘렸다는 점에서 시각적 고통으로 볼 수 있다. 베르나르도는 “그는 꽤 먼 거리에서 들릴 수 있도록 높이 올려졌고, 모두가 들을 수 있도록 더 크게 말씀하셨고, 사람들에 대한 연민의 눈물을 흘렸습니다.” 또한, 그는 다른 때와 장소, 즉 라자로의 부활과 예루 살렘 위에서 눈물을 흘렸었다. 우선 그는 사랑의 눈물을 흘렸고, 그의 눈물을 본 어떤 이들은 “보시오, 저분이 라자로를 얼마나 사랑하셨는지!”(요한 11, 35-36)라고 말했다. 전자는 연민의 눈물이었지만, 후자는 고통의 눈물이었다.

그는 모욕과 신성모독이 퍼부어졌을 때, 청각으로 고통을 겪었다. 이 고통 은 그리스도의 네 가지 특권을 겨냥한 것이었다. 그의 신성(神性)으로는 영원한 왕의 아드님이었고, 인성(人性)으로는 왕의 혈통이고, 인간으로서는 만왕의 왕 이고, 거룩한 주님이었기에 그는 탁월한 고귀함을 소유했다. 그는 길이요 진 리요 생명이기 때문에 형언할 수 없는 진리를 소유하였고, 자기 자신에 대해 “당신의 말씀이 진리입니다.”(요한 17, 17), 아버지의 말씀(언어)이 되는 아드님이 라고 말하였다. 모든 것이 그분에 의해 만들어졌고 그분 없이 아무것도 만들 어지지 않았기 때문에, 그분은 무한한 능력을 가졌다. 그리고 그분의 선함은 유일무이한 선함이었다. 선한 사람은 오직 하느님뿐이시기 때문이다.

그리스도는 이런 특권 각각에 대해 모욕과 신성모독을 들었다. 그의 고귀 함에 대해 그들은 다음과 같이 물었다. 마태오복음 13장에서 “저 사람은 목수 의 아들이 아닌가? 그의 어머니는 마리아라고 하지 않나?”(13, 55) 그의 능력은 비웃음을 받았다. 마태오복음 12장에서 “저자는 마귀 우두머리 베엘제불의 힘을 빌리지 않고서는 마귀들을 쫓아내지 못한다.”(12, 24), 마태오복음 27장에 서 “다른 이들은 구원하였으면서 자신은 구원하지 못하는군.”(27, 42)이라고 비 웃음을 받았다. 목소리만으로도 혼자서 자신의 박해자들을 쓰러뜨릴 수 있는 충분한 능력을 보여주었음에도 그들은 예수가 무력하다고 말했다. 그가 “누 구를 찾느냐?”라고 물었을 때 그들은 “나자렛 사람 예수요.”라고 말했다. 예 수가 “‘나다.’ 하지 않았느냐?”라고 대답하였고, 그들은 즉시 땅에 거꾸러졌다

(요한 18, 4-8). 아우구스티노는 "그는 이 증오에 찬 무장한 무리를 아무런 무기 없이 말 한마디로 공격하였습니다. 그는 자신에게 숨겨진 하느님의 능력으로 그들을 격퇴하고 쓰러뜨렸습니다. 심판을 앞둔 그분이 심판하러 오면 무엇을 하겠습니까? 죽음을 앞둔 그분이 통치를 맡으면 무엇을 할 수 있겠습니까?"

그의 진리는 거절당했다. 요한복음 8장은 "당신이 자신에 관해 증언하고 있으니, 당신의 증언은 유효하지 않소."(8, 13)라고 전한다. 그래서 그들은 그를 거짓말쟁이로 불렀지만, 그는 길이요, 진리요, 생명이었다. 빌라도는 진리에 따라서 그리스도를 재판하지 않았기 때문에, 이 진리를 알거나 들을 자격이 없다. 빌라도는 진리에 근거하여 그분의 재판을 시작하였으나, 진리에 따르지 않았다. 그러니 빌라도는 진리에 대해 질문을 제기할 자격이 있었지만, 그 해답을 들을 수 없었다. 아우구스티노는 빌라도가 왜 질문의 해답을 들을 수 없었는지 다른 이유를 설명한다. 파스카 축제 때 죄수 한 사람을 석방한다는 유다인의 관습을 떠올린 빌라도는 해답을 기다리지 않고 급히 나가버렸다. 그리고 크리소스토모는 또 다른 이유를 제시한다. 즉 빌라도는 자신의 질문이 매우 어려워서 많은 시간과 토론이 필요하다는 것을 알았지만, 그리스도를 풀어주려고 서둘러 나갔다. 그러나 우리는 《니코데모의 복음서》에서 빌라도가 예수에게 "진리가 무엇이오?"(요한 18, 38)라고 물었을 때 예수는 "진리는 하늘에서 온다."라고 대답하자 "이 세상에는 진리가 없는가?"라고 빌라도가 반박했다고 읽었다. 예수는 대답하였다. "진리가 이 세상에서 권력을 지닌 이들에 의해 판단되고 있는데, 어떻게 이 세상에 진리가 있을 수 있겠는가?"

그리스도의 선함과 관련하여 그분을 고발한 사람들은 그분이 진심으로 죄인이라고, 그래서 요한복음 9장에서 "우리는 그자가 죄인임을 알고 있소."(9, 24), 또한 그분은 말로 사람들을 잘못된 방향으로 이끌었다고, 그래서 루카복음 23장에서 "이 자는 갈릴래아에서 시작하여 이곳에 이르기까지, 온 유다 곳곳에서 백성을 가르치며 선동하고 있습니다."(23, 5), 그리고 더 나아가 그분은 행동으로 율법을 어겼다고, 그래서 요한복음 9장에서 "그는 안식일을 지키지 않으므로 하느님에게서 온 사람이 아니오."(9, 16)라고 말하였다.

그는 후각을 통해 온몸으로 고통을 받았다. 방치된 시신이 가득한 골고타는 시체 썩는 냄새로 가득했다. 골고타는 엄밀하게 '벌거벗은 사람의 두개골'

을 의미한다고 《교육독본》(教育讀本, Scholastica hystoria)에서 전하고 있다. 그러므로 범죄자들이 그곳에서 참수되었고 많은 두개골이 여기저기 흩어져 있어서 '해골 터', '골고타'로 불렸다.

그는 미각으로 고통받았다. 그가 "목마르다!"라고 외쳤을 때 경비병들은 그에게 몰약과 쓸개즙을 혼합한 신포도주를 주었다. 십자가에 못 박힌 사람이 신포도주를 마시면 좀 더 빨리 죽는다고 간주해 감시 업무에서 빨리 벗어나려 했던 것이다. 또한 몰약은 그의 후각에, 쓸개즙은 그의 미각에 불쾌감을 주었을 것이다. 그래서 아우구스티노는 말한다. "순수성은 포도주 대신에 신포도주가 주어졌고, 단맛은 쓸개즙에 흠뻑 젖고, 무죄함은 죄인을 대신하고, 생명은 죽은 사람을 위하여 죽습니다."

그는 촉각을 통해서 고통받았다. 그의 발바닥부터 정수리까지 어디 한 군데 성한 곳이 없었다. 베르나르도는 그분이 모든 감각에서 고통을 받았다고 말한다. "천사들이 떨며 바라보던 머리는 가시나무 다발에 찔렸습니다. 아이들의 얼굴보다 더 아름다운 얼굴은 유다인들의 침으로 더럽혀졌습니다. 태양보다 더 빛나던 눈은 죽음으로 흐려졌습니다. 천사들의 노래를 들었던 귀는 죄인들의 비웃음을 들으며, 천사들을 가르쳤던 입은 쓸개즙과 신포도주를 마셨고, 거룩하여 발 받침 위에 서 있던 발은 십자가에 못으로 고정되었습니다. 하늘을 빚었던 손은 펼쳐져서 십자가에 못 박혔습니다. 그의 몸은 채찍을 맞았고, 옆구리는 창으로 뚫렸고, 그리고 거기에 무엇이 더 있겠습니까? 혀 이외에는 아무것도 남지 않았습니다. 그래서 죄인들을 위해 기도할 수 있었고, 한 제자에게 자신의 어머니를 맡길 수 있었습니다."

그리스도의 수난은 고통스러웠으며 경멸스러운 조롱을 받았다. 그는 네 번이나 조롱 받았다. 첫 번째는 한나스의 집에서 눈이 가려졌고, 뺨을 맞고, 침을 맞았다. 베르나르도는 "오 착한 예수님, 천사들이 보기를 바라는 그 얼굴, 당신의 사랑스러운 얼굴이 그들의 침으로 더럽혀졌고, 그들의 손에 맞았으며, 조롱의 베일로 덮이고, 혹독한 부상을 당했습니다." 두 번째는 헤로데의 궁전에서 예수가 대답을 거부하였기 때문에 그들은 예수를 숙맥이고 정신이상으로 여겨 웃음거리로 만들려고 흰색 예복을 입혔습니다. 베르나르도는 말한다. "오 사람이여, 사람인 너는 화관을 쓰고, 하느님인 나는 가시관을 썼다.

너의 손은 장갑을 끼고 나의 손은 그들에 의해 못이 박혔다. 너는 흰색 옷을 입고 춤추고, 헤로데가 나에게 흰색 옷을 입혔을 때 나는 조롱 받았다. 너는 너의 발로 춤추고, 나는 내 발의 고통을 참았다. 너는 기뻐 춤추면서 십자가처럼 팔을 펼치고, 나는 불명예의 표시로 십자가 위에서 팔을 뻗어야만 했다. 너는 팔을 십자가 형태로 펼치면서 즐거워했고, 나는 십자가 위에서 고통을 참아야 했다. 너는 가슴과 허리를 자만심으로 노출하고 나의 옆구리는 너를 위해 찔렸다. 그럼에도 네가 나에게 돌아오면 나는 너를 환영할 것이다!"

그러나 주님은 고통을 당하면서도 왜 헤로데, 빌라도, 유다인들 앞에서 침묵하셨을까? 우리는 이에 대한 세 가지 이유를 안다. 첫째, 그들은 대답을 들을 만하지 않았다. 둘째, 하와는 너무 많은 말을 함으로써 죄를 지었고 그리스도는 아무것도 말하지 않음으로써 속죄하려고 애를 썼다. 셋째, 예수가 어떤 말을 하더라도 그들은 왜곡하고 악용했을 것이다.

그리스도는 빌라도의 집에서 세 번째로 조롱받았다. 군인들은 그에게 진홍색 망토를 둘렀고 손에는 갈대, 머리에는 가시관을 씌우고, 무릎을 꿇리고 "유다인들의 임금님, 만세!"라고 말했다. 가시금작화로 엮은 가시관은 매우 단단해서 그의 머리를 깊게 관통하여 피를 빼냈을 것으로 짐작된다. 이에 대해 베르나르도는 "가시 다발이 그 신성한 머리의 뇌 속으로 박혔습니다."라고 말한다. 육신 안에 영혼의 자리에 대한 세 가지 의견이 있다. 마태오복음(15, 19)에 따르면, "마음에서 나쁜 생각들이 나온다."라고 하였기 때문에 마음 안에, 레위기 17장 11절 "생물의 생명이 그 피에 있기 때문이다."에 따라 피 안에, 요한복음(19, 30)에 따르면 "고개를 숙이시며 숨을 거두셨다."라고 하였기 때문에 머리 안에 있을 것이다. 그들이 그리스도에게 가했던 고문들로 보면 적어도 이 세 가지 의견은 유다인에게 이미 알려져 있었으리라 판단된다. 그들은 그분의 몸에서 영혼을 꺼내기 위해 가시를 뇌 속으로 완전히 밀어 넣어 머릿속에 있는 영혼을 찾았고, 그의 손과 발에 있는 정맥을 열어서 피 안에 있는 영혼을 보려 하였고, 옆구리를 찌름으로써 마음 안에 있는 영혼을 찾으려고 했다. 이 경멸스러운 행동들에 대응하여, 우리는 성 금요일에 십자가를 드러내기에 앞서 세 차례 무릎을 꿇고 "하기오스 호 테오스"*라고 노래하면서 우리를 위해 세 번 모욕을 당했던 그리스도를 세 차례 흠승한다.

그리스도는 십자가 위에서 네 번째 조롱을 받았다. 마태오복음 27장에서 "이런 식으로 수석 사제들도 율법 학자와 원로들과 함께 조롱하며 말하였다. '이스라엘의 임금님이시면 지금 십자가에서 내려와 보시지. 그러면 우리가 믿을 텐데.'"(27, 41-42)라고 읽었다. 이에 대해 베르나르도는 말한다. "이때 그분은 그 어느 때보다도 더 인내심을 드러내며 겸손을 권하고, 순명하고, 완벽한 사랑을 보입니다. 이것은 십자가의 네 부분을 장식하는 네 가지 보석입니다. 맨 위에는 사랑, 오른쪽은 순명, 왼쪽은 인내심, 아래는 모든 덕의 뿌리인 겸손입니다."

베르나르도는 그리스도가 고통받았던 모든 것을 짧게 요약했다. "나는 살아있는 동안 그분이 설교에 쏟았던 수고, 설명의 노고, 밤샘의 기도, 단식 중받은 유혹, 그의 연민 어린 눈물 흘림, 논쟁에서 반대자들이 놓은 덫, 침을 뱉고 모욕함, 뺨 맞음, 조롱하는 몸짓, 못질, 비난들을 기억할 것입니다."

이제 우리는 주님 수난의 다양한 열매, 즉 죄의 용서, 은총의 수여, 영광의 현현(顯現)을 삼중(三重)으로 묘사할 수 있다. 이 세 가지는 십자가에서 예수 위에 붙인 칭호에 암시되어 있다. 첫 번째는 "예수", 두 번째는 "나자렛 사람", 세 번째는 "유다인들의 임금"이다. 하늘의 영광에서 우리 모두가 왕이 될 것이기 때문이다. 아우구스티노는 수난의 열매에 대해 말한다. "그리스도는 현재, 과거, 미래 즉, 과거의 죄는 용서함으로써, 현재의 죄는 우리를 저지함으로써, 미래의 죄는 피할 수 있는 은총을 우리에게 줌으로써 모든 죄를 지워 버리셨습니다." 아우구스티노는 또한 같은 주제로 말한다. "우리 구세주의 죽음을 통해 우리는 어둠에서 빛으로, 죽음에서 생명으로, 부패에서 부패하지 않음으로, 추방에서 고국으로, 비통함에서 기쁨으로 부름을 받았기 때문에 우리는 놀라움과 기쁨, 사랑과 찬미로 공경합시다."

우리 구원의 방법이 우리에게 얼마나 유익한지는 네 가지 이유로 분명해진다. 그것은 하느님께 가장 합당한 친교 제물로 바치는데, 인간의 병을 고치는데 가장 적당하고, 인류를 끌어모으는 데 가장 효과적이며, 인간의 적을 무찌

---

* 현재 성 금요일의 십자가 경배 예식 때 부르는 '비탄의 노래'에 이 구절이 들어가는데, 그리스어 하기오스 호 테오스(Ἅγιος ὁ Θεός)는 '거룩하신 하느님'이라는 의미이다. - 역자 주

르는 데 가장 적합하였다.

첫 번째, 우리의 구원 방법은 하느님에게 애원하고 우리를 그분과 화해시키는 방식으로 하느님이 가장 잘 받아들일 수 있었다. 왜냐하면, 안셀모가 저서 《왜 하느님은 인간이 되셨는가?》(Cur Deus homo)에서 다음과 같이 전하고 있기 때문이다. "사람이 하느님의 영광을 위해 자발적으로 죽임을 당하는 것보다 더 고통스럽고 어려운 일은 없습니다. 빚 때문이 아니라 자유의지에 의한 것입니다. 하느님의 영광을 위해 자신을 죽음에 내어놓는 것보다 더 온전히 자신을 바칠 수 있는 사람은 아무도 없습니다." 그래서 우리는 에페소서 5장에서 "그리스도께서 당신 자신을 하느님께 바치는 향기로운 예물과 제물로 내놓으셨습니다."(5, 2)를 낭독한다. 아우구스티노는 《삼위일체론》(De Trinitate)에서 이 제물이 어떻게 하느님을 달래고 하느님과 우리를 화해시켰는지 말한다. "우리 희생의 살이 우리 사제의 몸이 되는 것만큼 쉽게 받아들여질 수 있는 것이 무엇입니까?" 따라서 모든 제사에는 네 가지, 곧 누구에게 봉헌하고, 무엇을 봉헌하며, 누구를 위해 봉헌하며, 누가 봉헌하는지가 고려되어야 한다. 그러므로 이 제사에서 그리스도는 유일한 중개자이며 친교 제물로 우리를 하느님과 화해시키고, 제물을 봉헌한 사람과 함께 머무를 수 있고, 자기 자신이 제물을 봉헌하고 자기가 봉헌한 제물이 될 수 있다.

아우구스티노는 그리스도를 통해 우리를 어떻게 화해시키는지에 대해 말한다. 그리스도는 자신을 통해 우리를 화해시켰던 사제이고, 자신으로 인해 우리를 화해시켰던 제물이고, 우리가 화해하였던 하느님이고, 우리가 화해하였던 성전이라고 말한다. 그래서 아우구스티노는 그리스도의 위격에 대해 말하면서 이 화해를 경시하는 일부 사람을 비난했다. "너희가 내 아버지의 적이었을 때, 그분은 나를 통해 너희를 화해시켰습니다. 네가 그분에게서 멀리 있을 때, 나는 너희를 구원하려고 왔습니다. 너희가 산과 숲에서 길을 잃었을 때, 나는 너를 찾아왔고, 바위와 나무숲 가운데에서 너희를 발견하고 너희가 늑대들과 사나운 맹수들의 이빨에 의해 산산조각이 나지 않도록 보호했습니다. 나는 너희를 어깨에 메고, 나의 아버지께 너희를 돌려드렸고, 내 머리에 가시들을 밀어 넣게 했고, 못으로 내 손을 드러냈고, 창으로 나의 옆구리를 열고 찢겨졌습니다. 나는 모욕으로 말하지 않고 아주 많은 고통으로 말할 것입니다. 나는 내 피를 흘렸고, 나는 너희를 나와 밀접하게 결합시키려 내 영혼을 주었고, 너희는 나에게서 너희 자신을 떼어놓았습니다."

두 번째, 우리 구원의 방법은 인류의 병을 치료하기 위해, 시간, 장소, 치료가 행해진 방법의 관점에서 보면 가장 적합하였다. 아담은 3월, 주간의 여섯 번째 요일인 금요일과 하루의 제6시에 창조되었고 죄에 빠졌으며, 그리스도는 자신의 도래가 알려지고 자신이 사형된, 즉 여섯 번째 날, 금요일, 제6시, 3월의 그날에 고통받기로 결정했기 때문에 시간의 관점에서 적절했다.

장소가 일반적이든, 특별하든, 유일하든 적절하였다. 일반적인 장소는 약속의 땅이었고, 특별한 장소는 골고타였고, 유일한 것은 십자가였다. 첫 번째 사람이 만들어졌던 곳은 일반적인 장소로 아담이 다마스쿠스 주변 도시의 영토에서 만들어졌다고 말하기 때문이다. 아담은 그 특별한 장소에 묻혔거나 적어도 그리스도가 고통받은 장소에 묻혔다고 말한다. 그러나 예로니모에 따르면, 여호수아기 14장 15절에서 아담은 헤브론 산에 묻혔다고 분명히 언급하기 때문에 이것은 믿을 만하지 않다.* 아담은 유일한 장소에서 속아 넘어갔다. 그리스도가 고통을 당했던 그 나무에 속았던 것이 아니라 아담이 나무숲에서 속았던 것처럼 그리스도도 십자가 나무에서 고통을 당했다는 의미에서 속았다는 것이다. 그러나 그리스 역사는 그것이 같은 나무였다고 말한다.**

***치료법이 유사점과 반대점을 통해 작용했기 때문에, 치료가 실행되는 방식은 적절했다. 유사점을 통해 이루어진 것은 다음과 같다. 아우구스티노는 책 《그리스도교 교양》(De doctrina christiana)에서 남자가 한 여자의 속임수에 넘어갔기 때문에, 남자는 한 여자에게서 태어난 한 남자에 의해, 한 인간에 의해 인간들이, 그의 죽음에 의해 죽은 사람이 해방되었다고 말한다. 암브로시오는 말한다. "아담은 처녀지(處女地)에서 만들어졌고 그리스도는 동정녀에게서 태어났습니다. 아담은 하느님의 모습에 따라 만들어졌고 그리스도는 하느님의 모

---

* 라틴어역 성서에는 "에나킴 중에서 가장 위대한 아담이 그곳에 누워있었다."(Adam maximus ibi inter Enacim situs est)라고 되어 있는데, 현재는 "아나킴 가운데서 아르바만큼 큰 인물은 없었다."라고 번역한다. 번역상의 차이로 인한 오류로 추정된다 – 역자 주
** 십자가 나무에 대하여 이런 종류의 더 많은 안내를 위해서는 아래의 십자가의 발견(68장)과 부활(54장)에 대한 장들을 보라.
*** 이 문장 앞에 "셋째"라는 단어가 라틴어 본문에 있지만, 문맥상 맞지 않기에 번역하지 않는다. – 역자 주

습입니다. 한 여자를 통해 어리석음이 왔고, 한 여자를 통해 지혜가 왔습니다. 아담은 벌거벗었고, 그리스도도 벌거벗었습니다. 죽음은 한 나무로, 생명은 십자가로 왔습니다. 아담은 광야에 있었고, 그리스도도 광야에 있었습니다."

또한, 치료법은 반대의 방식으로 이루어졌다. 그레고리오에 따르면, 첫 번째 사람은 교만, 불순명, 탐식으로 죄를 지었다. 그 사람은 하느님처럼 되기를 원하였고, 하느님이 정한 한계를 넘어서고 사과의 달콤함을 맛보고 싶었다. 그리고 치료는 반대점에 의해 행해져야 했기 때문에, 우리를 위해 만들어졌던 속죄 방식은 가장 합당한 것이었다. 왜냐하면, 치료는 굴욕, 하느님 뜻의 성취, 육체적인 고통을 통하여 이루어졌기 때문이다. 이 세 가지가 필립피서 2장 8절에 반영되어 있다. 즉 (예수 그리스도는) "당신 자신을 낮추시고"가 굴욕을, "순종하셨습니다."가 하느님 뜻의 성취를, "죽음에 이르기까지"가 육체적 고통을 가리킨다.

세 번째, 우리 구원의 방법은 인류를 끌어들이기에 가장 효과적인 방법이었다. 사람이 선택의 장애 없이 하느님을 사랑하고 그분을 믿도록 좀 더 강하게 끌릴 수 있는 다른 방법은 없다. 베르나르도는 우리가 어떻게 사랑에 끌렸는지에 대해 말한다. "오 착한 예수님, 당신이 마셨던 잔(우리 구원 사업)은 다른 그 어느 것보다도 더 당신을 사랑스럽게 만듭니다. 그 사업은 우리의 전적인 헌신에 대한 당신의 주장이 충분히 타당함을 보여줍니다. 그것은 부드럽게 유인하고, 정당하게 요구하고, 신속하게 움켜잡고, 우리의 사랑을 튼튼하게 만듭니다. 왜냐하면 당신이 당신 자신을 비우고 당신의 타고난 영광을 버렸을 때, 당신의 동정심은 좀 더 밝게 빛났고, 당신의 사랑은 좀 더 찬란히 빛났고, 당신 은총의 빛이 좀 더 넓게 퍼져나갔기 때문입니다." 그리고 하느님 안에서 우리의 신뢰에 관해 로마서 8장은 "당신의 친아드님마저 아끼지 않으시고 우리 모두를 위하여 내어 주신 분께서, 어찌 그 아드님과 함께 모든 것을 우리에게 베풀어 주지 않으시겠습니까?"(8. 32)라고 한다. 이 점에 관해서 베르나르도는 말한다. "머리는 입 맞추려고 숙였고, 팔은 포옹하려고 뻗었고, 손은 은사(恩賜)를 쏟으려고 꿰뚫렸으며, 옆구리는 사랑을 위해 열렸고, 발은 우리와 그를 지키려고 지탱하였고, 그의 몸은 온전히 우리에게 주려고 늘어났으며, 그의 수난에 우리가 참여할 때 구원될 거라는 희망에 사로잡히지 않은 사람은 누구입니까?"

네 번째, 우리의 구원은 인간의 적을 패배시키는 데 가장 적합하였다. 그래서 욥기 26장 12절에 "그의 지혜는 그 오만한 자를 쳐부수셨네.", 그리고 더 나아가서 욥기 40장 25절에는 "너는 갈고리로 레비아탄을 낚을 수 있느냐?"라고 한다. 그리스도는 자기 인성 아래에 자기 신성의 갈고리를 숨겼고, 그의 육신을 삼키기를 원한 악마는 그의 신성의 갈고리에 걸렸다. 이에 대해 아우구스티노는 다음과 같이 말한다. "구세주가 오셨고 사기꾼은 정복되었습니다. 구세주는 우리를 붙잡고 있던 사기꾼에게 무엇을 하였습니까? 그리스도는 쥐덫, 자신의 십자가를 내밀었고, 자신의 피를 미끼로 달았습니다." 그리스도는 채무자의 피가 아니라 자기 피를 흘리려 하였고 그러한 이유로 사기꾼은 채무자에게서 물러났다. 그리스도가 선택하였고, 십자가에 못 박았던 이 빚의 종류를 사도는 자필증서, 친필 청구서라 부른다. 아우구스티노는 이 청구서에 대해 말한다. "하와는 악마로부터 죄를 빌렸고 청구서를 썼고 보증금을 제공하였습니다. 그리고 빚에 대한 이자는 후대에 수북이 쌓였습니다. 하와가 하느님의 명령에 위배되는 악마의 사악한 명령과 제안에 동의했을 때, 악마로부터 죄를 빌렸습니다. 하와가 금지된 사과에 손을 뻗었을 때 청구서를 썼습니다. 하와가 아담에게 죄에 동조하게 만들었을 때 그녀는 보증금을 주었습니다. 그래서 죄에 대한 빚의 이자는 후대의 짐이 되었습니다."

그리스도를 대변하는 베르나르도는 그분이 적의 권세로부터 우리를 벗어나게 한 이 구원을 과소평가하는 사람들을 비난했다. "내 백성아, 주님이 말한다. 내가 하지 않은 것을 너희를 위해 무엇을 할 수 있을 것 같으냐? 너희가 나보다 적을 섬기기를 더 좋아하는 이유는 무엇이냐? 적은 너희를 창조하거나 먹이지 않았다. 만일 이것이 너에게 하찮게 여겨진다면, 적이 아니라 너희가 배은망덕한 사람들이다. 내가 너희를 구원하였다. 대가가 무엇인 줄 아느냐? 뇌물로 좌우되는 금이나 은이 아니고, 태양이나 달도 아니며, 천사들 중 하나도 아니다. 나는 나의 피로 너희를 구원하였다. 그럼에도 불구하고 나의 종이 되어야겠다는 의무감이 생기지 않는다면, 다른 모든 것을 제쳐두고라도 그 대가는 하루에 1데나리온으로 하자."

이제 그리스도는 유다의 탐욕, 유다인들의 질투, 빌라도의 두려움으로 인해 배신을 당하고 죽음에 이르렀기 때문에, 우리는 하느님이 이 죄 때문에 그들에게 내리신 형벌이라고 생각할 수 있을 것이다. 그러나 당신은 성 마티아의 전설(45장 참조)에서 유다의 출신과 처벌에 대한 이야기, 성 소 야고보의 전설(67장 참조)에서 유다인들의 형벌과 몰락 이야기를 볼 수 있을 것이다. 이어지는 내용은 우리가 빌라도의 출신과 처벌에 관해 위경(僞經)으로 인정되고 있는 역사서에서 읽었던 것이다.

이름이 티루스(Tyrus)인 왕이 제분업자 아투스(Atus)의 딸 필라(Pyla)라는 여자를 유혹하여 그녀에게서 아들을 낳았다. 필라는 아들의 이름을 자신과 자신의 아버지의 이름을 넣어서 빌라도(Pylatus)라고 지었다. 빌라도가 세 살이 되었을 때, 필라는 아들을 아버지인 왕에게 보냈다. 왕에게는 이미 왕비에게서 태어난 아들이 한 명 있었는데, 이 아들은 빌라도와 거의 같은 나이였다. 나이가 들면서 두 사람은 종종 서로 레슬링, 권투, 돌팔매질로 겨루었지만, 왕의 적자는 더 귀한 출신답게 온갖 시합에서 좀 더 활발하고 능숙한 모습을 보였다. 빌라도는 간 질환으로 고통받고 있었고 질투심에 불타 자기 형제를 몰래 죽였다. 아들의 죽음과 그 전말을 알게 된 왕은 비탄에 빠졌고 이 범죄자이자 살인자인 아들 빌라도를 어떻게 할지 결정하려고 의회를 소집했다. 모든 사람이 빌라도가 죽어 마땅하다고 동의했다. 그러나 왕은 곰곰이 생각한 후 로마에 진 빚으로 매년 보내야 했던 공물 대신 빌라도를 인질로 보냈다. 왕은 이것으로 자기 아들을 살인한 빌라도의 죄를 정화하고 로마의 공물에서도 벗어나게 되기를 희망했다.

그때 로마에는 이처럼 공물 대신에 보내진 프랑크족 왕의 아들이 있었다. 빌라도는 그와 동료가 되었으나 성격과 행동, 모든 면에서 상대방에 뒤졌고, 또다시 질투심이 생긴 빌라도는 그의 생명을 앗아갔다. 이제 빌라도에 대한 처리를 고민한 로마인들이 말했다. "자기 형제를 죽였고 동료 인질을 교살한 이 녀석을 살려둔다면 오히려 공화국에 대단히 유용할 것이다. 그는 짐승 같은 자이니 우리의 야수 같은 적들을 어떻게 다뤄야 할지 알 것이다. 그는 죽어야 마땅하지만, 주민들이 재판관에게 적대적인 폰투스(Pontus) 섬에 재판관으로 배치하자. 그의 사악함으로 괴팍한 주민들을 길들일 수 있다면 더 좋은 일이고, 만일 그렇지 않다면 그가 받을 만한 벌을 받게 하자." 그래서 빌라도는 적대적인 주민들이 있는 폰투스 섬으로 보내졌다. 빌라도는 주민들이 재판관의 파괴자이며 자신의 목숨이 앞날을 알 수 없다는 것을 알았다. 그래서 그는 화를 면하기 위해 조용히 조정하였고, 협박과 약속, 고문과 뇌물로 이 반항적인 군중을 완전히 지배하였다. 그의 승리는 '폰투스의 빌라도', '본시오 빌라도'(Pontius Pylatus)의 칭호를 얻게 했다.

교활한 모사꾼 헤로데는 빌라도의 행동 방식과 술수를 좋아해서 방문을 요청하는 초대 사절을 선물과 함께 보냈다. 그런 다음 헤로데는 빌라도를 자신의 대리자로 만들어 유다와 예루살렘에 대한 권력을 주었다. 빌라도는 엄청난 부를 축적했고 헤로데에게 알리지 않고 로마로 갔다. 빌라도는 막대한 돈을 로마의 티베리우스 황제에게 바치며 헤로데와 같은 권력을 달라고 요청했다. 이 일로 주님의 수난 때까지 헤로데와 빌라도 두 사람 사이에 반목을 일으켰다. 《교육독본》은 그들의 적대감에 대해 다른 이유가 있었다고 말한다. 거기에는 하느님의 아들이라고 주장하고 갈릴래아에서 대다수를 현혹하는 한 개인이 있었다. 그는 자신의 추종자들을 가리짐(Garizim)으로 이끌었고, 그곳에서 자신이 천국으로 올라갈 것이라고 이끌었다. 빌라도는 유다 백성이 호도되는 것이 두려워 그들을 모두 죽였다. 이로 인해 빌라도와 헤로데 사이에 적대감이 생겼다. 왜냐하면, 갈릴래아는 헤로데의 관할권이었기 때문이다. 아마도 이런 이유 모두가 진실일 것이다.

빌라도가 예수를 십자가에 못 박으라고 유다인들에게 넘겼을 때, 무죄한 피에 대한 유죄 판결이 티베리우스 황제를 기분 상하게 할 수 있다며 두려워했고, 자신의 정당성을 입증하려고 친구 한 사람을 황제에게 보냈다. 그 사이에 예루살렘에 말로 모든 질병을 치료하는 의사에 관한 이야기가 중병을 앓고 있던 티베리우스에게 알려졌다. 빌라도와 유다인들이 이 의사를 처형한 사실을 알지 못하는 티베리우스 황제는 친한 친구 볼루시아누스(Volusianus)에게 말했다. "최대한 빨리 바다를 건너 빌라도에게 가서 나의 건강을 회복시킬 수 있는 이 치유자를 보내라고 말하시오." 볼루시아누스는 빌라도에게 가서 황제의 명령을 전했으나 공포에 사로잡힌 빌라도는 14일의 유예를 요청했다. 이 기간 동안 볼루시아누스는 예수의 일행이었던 베로니카(Veronica)라는 여자에게 어디에서 예수 그리스도를 찾을 수 있을지 물었다. 그녀가 대답했다.

"아아, 그분은 저의 주님이고 저의 하느님이셨습니다. 그런데 빌라도가 그분을 질투하여 유다인들에게 넘겼고 유죄 선고를 받게 하고 십자가형에 처하게 했습니다." 이 말에 볼루시아누스가 애통해하며 말했다. "내 주인의 명령을 수행할 수 없다는 것이 유감스럽습니다." 베로니카: "선생님께서 설교하러 다니셔서 그분과 함께 할 수 없을 때, 그분의 모습으로라도 위안받고자 그분의 초상을 갖기를 원했습니다. 그래서 제가 아마포 조각을 가지고 다니던 어느 날 예수님을 만났고, 그분은 저에게 어디로 가느냐고 물었습니다. 저는 저의 용건을 말씀드렸습니다. 그분은 제가 가지고 있던 천에 자신의 공결하올 얼굴을 대고 자신의 형상을 남기셨습니다. 만일 당신의 주인이 이 형상을 경건하게 바라보면, 황제는 즉시 치유의 보상을 받게 될 것입니다." 볼루시아누스: "이 모습을 금이나 은으로 살 수 있겠습니까?" 베로니카: "안 됩니다. 오직 진정한 경건함만이 효과가 있습니다. 그러니 제가 당신과 함께 가서 황제가 이 형상을 보게 하고, 그 후에 저는 형상이 새겨진 이 천을 갖고 집으로 돌아올 것입니다." 그래서 볼루시아누스는 베로니카와 함께 로마로 갔고 티베리우스 황제에게 말했다. "당신이 오랫동안 보기를 열망하였던 그 예수는 빌라도와 유다인들의 질투로 인해 십자가 교수대에 못 박혀 부당하게 죽었습니다. 그러나 예수의 초상을 갖고 있는 한 여자를 만났습니다. 그리고 만일 당신이 경건하게 그림을 본다면, 건강을 되찾을 수 있을 것입니다." 황제는 바닥에 비단 천과 카펫을 깔고 그림을 가져오라고 명령하였다. 황제는 그림을 본 순간 즉시 건강을 되찾았다.

본시오 빌라도는 황제의 명령으로 포로로 잡혀 배편으로 로마로 보내졌다. 그리고 그의 도착 소식을 들은 황제는 노기가 충천하여 끌고 오라고 했다. 그러나 빌라도는 주님의 솔기가 없는 속옷(튜니카)을 입고 황제 앞으로 갔다. 티베리우스는 속옷을 입고 있는 빌라도를 보자마자 분노가 사라졌다. 황제는 빌라도를 만나려고 일어섰으나 가혹한 말을 할 수 없었다. 그렇게 빌라도가 없을 때는 매우 무섭고 화가 난 것처럼 보였던 황제가 빌라도의 앞에서는 어떻게든 차분해졌다. 그러나 빌라도가 나가자 곧 황제는 다시 분노가 끓었고 자신의 마음 안에 있던 화를 내지 못했기 때문에 스스로를 '가엾은 사람'이라고 불렀다. 황제는 빌라도가 죽음의 아들이고 이 땅에 살려두면 안 된다고 욕하면서 다시 불렀다. 그러나 막상 빌라도를 보자 황제는 분노를 가라앉히고 오히려 반겨주었다. 황제는 빌라도가 없을 때는 흥분하였지만, 정작 앞에서는 말조차 할 수 없다는 것에 놀랐고 모두가 놀랐다. 마침내 하느님의 계시 혹은 아마도 일부 그리스도인들의 암시를 통해, 황제는 그에게서 그 속옷을 벗겨버렸다. 그러자 즉시 이전의 격렬한 분노를 일으켰다. 빌라도가 그 속옷이 주 예수의 것이었다고 말하자, 황제는 경악을 금치 못했다. 황제는 이 죄인을 어떻게 처벌할지 현명한 사람들이 위원회에서 결정을 내릴 때까지 감옥으로 돌려보냈다. 빌라도는 곧 수치스러운 죽음을 선고받았고, 이 소식을 들은 빌라도는 칼로 스스로 생명을 끝냈다. 황제가 이것을 듣고, "그는 참으로 가장 수치스러운 죽음을 선택했다. 그 손이 자신을 그냥 두지 않았을 것이다."라고 말했다.

시신에 거대한 돌을 매달아 티베르 강에 던졌으나, 사악하고 더러운 영들이 사악하고 더러운 육신을 물에 처넣었다가 잡아채어 공중으로 들어 올리면서 조롱했다. 이로 인해 강에서 어마어마한 홍수를, 공중에서 번개와 폭풍, 우박을 일으켰고, 그 공포가 백성들 사이에 널리 퍼졌다. 그래서 로마인들은 티베르 강 밖으로 시신을 끌어올려, 경멸의 표징으로 비엔(Vienne)으로 가져가서 론(Rhone) 강 속으로 버렸다. 그 도시의 이름은 비아 게헨네(Via Gehennae, 지옥으로 가는 길)에서 유래하였는데, 당시 그곳은 저주의 장소였기 때문이다. 또는 이 도시가 비엔니움(biennium, 2년) 만에 건축되었다고 알려졌기 때문에 비엔 또는 비엔나(Bienna)로 불렸을 가능성이 더 크다. 그러나 그곳에서 다시 사악한 영들이 모여서 같은 소동을 일으켰고, 악령들의 심각한 전염병을 참고 견디기를 거부한 사람들은 함께 모인 한가운데서 저주의 그릇을 치우며 로잔(Lausanne) 시의 관할구역에 매장하라고 넘겼다. 그곳에서 앞서 언급한 격변들에 의해 심한 곤란을 겪던 주민들은 악마의 술책이 가득 둘러싸인 산에 시신을 묻었다. 지금까지는 우리가 앞서 언급하였던 위경 역사서에서 인용한 이야기이다. 이 책을 읽고 있는 독자들이 이 내용이 믿을 만한 것인지 판단하기 바란다.

그러나 《교육독본》에 따르면, 유다인들은 빌라도가 저지른 무죄한 사람들에 대한 무자비한 학살, 유다인들의 저항에도 불구하고 성전 안에 우상들의 설치, 헌금함(corbona)에서 훔친 돈으로 자신의 집에 수도관을 건설하는 등 돈의 유용에 대해 티베리우스에게 고소하였다고 말하는 것에 주목해야 한다. 이 모든 악행 때문에 빌라도는 출신 도시인 리옹(Lyons)으로 강제 추방되었고, 그곳에서 자기 사람들로부터 멸시당하며 죽었다. 만일, 이 이야기에 어떤 진실이 있다면, 티베리우스가 빌라도의 유배를 칙령으로 포고했고 볼루시아누스가 예루살렘에서 로마로 돌아와 티베리우스 황제에게 보고하기 전에 그를 리옹으로 추방하였다. 그런 다음 빌라도가 그리스도를 어떻게 죽였는지 알게 된 황제가 그 범법자를 유배지에서 끌어내고 로마로 돌아오게 하였다는 것일 수 있다. 에우세비오나 베다는 《연대기》에서 빌라도는 추방되었다고 말하지 않고, 단지 그는 많은 재앙을 입었고 자살했다고 말한다.

화해의 시기 안에서 일어나는
축일들에 대하여

아담에게서 시작하여 모세로 끝나는 탈선(脫線, Deviatio)의 시기 안에서 일어나는 칠순주간(七旬週間)부터 예수 부활까지 교회가 대표하는 축일들을 살펴보았다. 이제 우리는 교회가 예수 부활부터 성령강림의 팔일 축제까지 대표하는 화해의 시기에 일어난 축일들을 시작한다.

주님의 부활

그리스도의 부활은 그분의 수난 후 3일째 되는 날에 일어났다. 부활에 관해서 고려해야 하는 일곱 가지 질문이 있다. 첫째, 주님이 3일 밤낮으로 무덤에 누워 있었고 셋째 날 되살아났다는 것을 어떻게 진실이라고 말할 수 있는가? 둘째, 왜 그분은 죽은 후 바로 부활하지 않고 셋째 날까지 기다렸는가? 셋째, 그분은 어떻게 부활했는가? 넷째, 왜 그분은 죽은 모든 이의 부활(公復活, resurrectio generale)까지 기다리기보다 자신의 부활을 서둘렀을까? 다섯째, 왜 그분은 부활했는가? 여섯째, 부활 후에 그분은 몇 번이나 나타났는가? 일곱째, 그분은 어떻게 고성소(古聖所, Limbo)에 있던 성조(거룩한 조상)들을 데려왔고, 그곳에서 무엇을 하였는가?

첫 번째, 주님이 3일 밤낮으로 무덤에 누워 있었고 셋째 날 되살아났다는 것을 어떻게 진실이라고 말할 수 있는가? 이와 관련하여 아우구스티노에 따르면, 그리스도가 사흘 밤낮을 무덤 안에 있었다고 말하는 것은 비유적 표현, 제유법(提喩法)이다. 첫째 날의 마지막 부분(늦은 밤)은 하루 전체를 의미하고, 둘째 날은 그날 전체로 계산되었고, 셋째 날의 첫 번째 부분(이른 아침)이 하루 전체를 나타낸다는 점에 주목하라. 이렇게 하여 3일이 있었고 매일 그날에 앞선 밤이 있었다. 베다에 따르면 이것은 낮과 밤의 일반적인 순서를 뒤집었다. 이전에는 낮이 먼저 오고 밤이 뒤따랐기 때문이다. 그러나 그리스도의 수난 후에 이 순서가 밤이 먼저 오고 낮이 뒤따르도록 변화되었다. 이것은 첫 번째 사람이 은총의 낮에서 죄의 밤으로 떨어졌다가 그리스도의 수난과 부활을 통하여 죄의 밤에서 은총의 빛으로 돌아왔기 때문에, 신비의 순서와 일치한다.

두 번째, 왜 그분은 죽은 후 바로 부활하지 않고 셋째 날까지 기다렸는가?
이에 관해서는, 그리스도가 죽은 후 바로 부활하지 않고 셋째 날까지 기다렸어야 하는 것이 옳았다. 여기에는 다섯 가지 이유가 있다. 첫째는 지연(遲延)이 의미하는 것, 즉 그분의 죽음의 빛이 우리의 이중(二重)적인 죽음을 치료했다는 것이다. 그러므로 그분은 하루 종일과 이틀 밤을 무덤에 누워 있었는데, 이는 그날이 그분의 죽음의 빛을 의미하고 이틀 밤은 우리의 이중적인 죽음을 의미하는 것으로 이해되게 하기 위함이다. 《주해집》은 루카복음 24장에 있는 "성경에 기록된 대로, 그리스도는 고난을 겪고 사흘 만에 죽은 이들 가운데에서 다시 살아나야 한다."(24. 46)라는 그리스도의 말씀을 설명하려고 이 이유를 제시한다. 둘째 이유는 그분이 정말 죽임을 당했음을 증명하려는 것이었다. 왜냐하면, 두세 증인의 입에서 나온 모든 말이 유효한 것처럼 3일 후에는 그분에게 무슨 일이 일어났는지 사람들은 깨닫는다. 그러므로 그리스도는 자기 죽음의 증거를 주고 자신이 죽음을 경험하였다는 것을 보여주기 위해 그리스도는 3일 동안 묻히기를 선택하셨다. 셋째 이유는 자신의 능력을 보여주기 위해서이다. 만일 그분이 즉시 부활하였다면 자신의 생명을 내려놓고 죽음에서 다시 일어서는 능력을 갖고 있다는 것이 확실하지 않을 수 있기 때문이다. 이는 코린토 1서 15장에서 "그리스도께서는 … 돌아가시고 묻히셨으며, … 사흘날에 되살아나시어,"(15. 3-4)에서 암시되는 것과 같다. 그의 죽음이 사실이라고 증명되듯이 부활의 진리가 증명되도록 그분의 죽음이 우선 언급되었다. 넷째 이유는 회복되어야 하는 모든 것이 예시되었기 때문이다. 라벤나의 베드로는 이 이유를 "그분은 하늘에 있는 것을 회복하려고, 땅에 있는 것을 바로잡으려고, 지하에 있는 것을 구원하려 했다는 것을 보여주려고 3일 동안 묻혀 있기를 의도하셨습니다."라고 제시했다. 다섯째 이유는 세 가지의 공정한 상태를 나타내기 위함이었다. 그레고리오는 에제키엘서 주석에서 이 이유를 제시했다. "그리스도는 금요일에 고통받으셨고, 토요일에 무덤에서 쉬셨고, 일요일에 죽음에서 다시 살아나셨습니다. 우리에게 현재 삶은 우리가 고통과 아픔을 겪는 시간인 금요일이지만, 토요일에 우리는 죽은 후에 우리 영혼의 안식을 찾기 위해 무덤에서 휴식합니다. 그리고 일요일, 여덟 번째 날, 우리는 육신의 상태에서 부활하고 영혼과 육신의 영광 안에서 크게 기뻐합니다. 그래서 여섯 번째 날에 고통이, 일곱 번째 날에 휴식이, 여덟 번째 날에 영광이 우리의 것입니다."* 여기까지는 그레고리오의 말이다.

* "여덟 번째 날"은 "미래", 즉 영원의 날이다.

세 번째 질문, 즉 그리스도는 어떻게 부활했는가? 첫째, 그분은 자신의 능력으로 부활했다는 것에 주목하라. 요한복음 10장에서 "나는 목숨을 내놓을 권한도 있고 그것을 다시 얻을 권한도 있다."(10, 18), 그리고 요한복음 2장에서 "이 성전을 허물어라. 그러면 내가 사흘 안에 다시 세우겠다."(2, 19)라고 한다. 둘째, 그분은 모든 고통을 남기고 행복하게 부활하였다. 마태오복음 26장에서 "나는 되살아나서 너희보다 먼저 갈릴래아로 갈 것이다."(26, 32)라고 한다. "갈릴래아"는 '건너감'(transmigratio)을 의미하며, 부활했을 때 그리스도는 고통에서 영광으로, 부패에서 반(反)부패로 건너갔기 때문에 갈릴래아로 앞서갔다. 레오 교황은 "그리스도의 수난 후에 죽음의 쇠사슬은 끊어졌습니다. 약함이 강함으로, 언젠가 죽어야 함이 영원으로, 수치심이 영광으로 변했습니다." 셋째, 그분은 희생했기 때문에 부활하였다. 예레미야서 4장에 "사자가 숲에서 달려 나오고 민족들의 파괴자가 길을 나섰다."(4, 7), 요한복음 12장에 "나는 땅에서 들어 올려지면 모든 사람을 나에게 이끌어들일 것이다."(12, 32). 즉 내가 땅에서, 내 영혼이 림보(limbo)에서, 나의 몸이 무덤에서 들어 올려질 때 모든 것을 끌어낼 것이다. 넷째, 무덤이 닫혀 있었기 때문에 기적적으로 부활하였다. 어머니의 태가 닫혀 있었음에도 그분이 태어났던 것처럼, 비록 문이 닫혀 있었음에도 자신의 제자들에게 들어왔던 것처럼, 그렇게 그는 닫혀 있던 무덤 밖으로 나올 수 있었다. 그러므로 우리는 《교육독본》에서 천주강생 후 1111년에 성 밖 성 라우렌시오(Sancti Laurentii extra muros) 대성전의 한 수도승이 자신이 띠(cingulum)로 맸던 끈이 불가사의하게 자신 앞에 떨어져 있는 것을 보고 놀랐고, 동시에 "이리하여 그리스도가 무덤 밖으로 나올 수 있었다."라고 하늘에서 한 음성이 들려왔다고 읽었다. 다섯째, 그분은 진실로, 자신의 참된 육신으로 부활하였다. 그분은 자신이 죽음으로부터 진실로 부활하였다는 여섯 가지 증거를 주었다. ① 거짓말을 하지 않는 천사가 그렇게 말하였고, ② 그분의 잦은 출현에 의해서이다. 이 두 가지 방법으로 그분은 자신이 진실로 부활하였다는 것을 보였다. ③ 먹음으로써 그분은 자신이 어떤 마술도 사용하지 않았다는 것을 증명하였다. ④ 부활이 자신의 진정한 몸이었어야 했기 때문에 그분은 자신을 만지도록 허락하였다. ⑤ 자신의 상처들을 보여줌으로써 자신이 죽었었던 그 몸과 같은 몸이라는 것을 증명하였다. ⑥ 닫힌 문을 통하여 집으로 들어옴으로써, 그분은 자신이 영광스럽게 부활하였다는 것을 보여주었다. 그러므로 이런 모든 관점에서 제자들이 그분의 부활에 대해 의심했다는 것이 확실하다.

여섯째,* 그분은 결코 다시 죽지 않을 것이기 때문에 영원히 부활하였다. 로마서 6장에 "우리는 그리스도께서 죽은 이들 가운데에서 되살아나시어 다시는 돌아가시지 않으리라는 것을 압니다."(6, 9) 그런데도 디오니시오는 데모필로(Demophilus)에게 보낸 편지에서 그리스도는 승천 후 카르포(Carpus)라는 사람에게 "나는 사람들의 구원을 위해 다시 고통받을 준비가 되어 있다."라고 말했다고 전한다. 따라서 만일 그러한 일이 가능하다면, 그분은 인류를 위해 다시 죽을 준비가 되어 있었다는 것이 분명하다. 같은 편지에서 알 수 있듯이, 앞서 언급한 존경받고 거룩한 사람 카르포는 복된 디오니시오에게 어떤 신앙심이 없는 사람이 신자 한 사람을 잘못 인도했다는 이야기를 듣고 너무 슬퍼서 병이 들었다고 했다. 그뿐만 아니라, 카르포의 거룩함이 너무 커서 거룩한 신비들을 거행하기 전에 항상 하늘의 환시를 경험했지만, 그와 반대로 두 사람의 회개를 위해 기도할 때는 하느님이 자비를 베풀지 말고 그들을 불태워 생명을 끊으시기를 기도했다. 그리고 한번은 한밤중에 깨어 이 기도를 할 때, 그가 있던 집이 갑자기 둘로 나뉘었고 그 중앙에 거대한 용광로가 나타났다. 그리고 카르포가 위를 보았는데 하늘이 열리고 많은 천사에게 둘러싸인 예수가 있는 것을 보았다. 다음에 그는 용광로 근처에서 공포에 떨며 서 있는 앞서 언급한 두 사람을 보았다. 용광로에서 나온 뱀들이 두 사람을 휘감아 아궁이 속으로 끌고 가려고 할 때 다른 사람들은 그들을 용광로 쪽으로 밀었다. 카르포는 두 사람의 고통을 보고 기뻐하여 환시보다는 그들의 시련에 주의를 기울이며 그들이 아직 아궁이에 빠지지 않은 것을 유감스러워했다. 카르포는 마지못해서 올려다보았고 앞서와 같이 하늘의 환시를 보았다. 그리고 이제 예수는 두 사람을 불쌍히 여기고 하늘의 옥좌에서 일어나 천사들과 함께 내려와 손을 내밀어 두 사람을 위험에서 들어 올린 후 손을 들고 있던 카르포에게 말했다. "만일 네가 때리기를 원한다면, 나를 때려라! 나는 사람들의 구원

* 라틴어본과 영어본에서는 "일곱째"로 되어 있으나, 내용상 "여섯째"가 맞다. – 역자 주

을 위해 고통받을 준비가 되어 있다. 그것이 나의 기쁨이지, 다른 사람이 죄를 짓는 것이 아니다." 디오니시오가 그것에 관련된 환시에 대해 이런 설명을 설정한 것은* 그리스도의 이 말씀을 보존하기 위해서다.

네 번째 질문, 주님이 죽은 모든 이의 부활 때 함께 부활하지 않고 왜 먼저 하셨을까? 거기에는 세 가지 이유가 있다. 첫째 이유, 그의 육신의 존엄성이다. 이 육신은 신화(神化, deificatio), 즉 그의 신성(神性)에 일치하였기 때문에 가장 높은 존엄성을 지녔다. 그러므로 그 육신이 그렇게 오랫동안 먼지 아래에 누워있는 것은 부적절하다. 이런 이유로 시편은 "당신께서는 부패를 보려고 당신의 거룩한 것(즉, 축성되었고 신화된 육신)을 시들지 않게 하십니다."(16, 10), 그리고 "주님, 일어나시어 당신의 안식처로 드소서. 당신께서, 당신 권능의 궤와 함께 드소서."(시편 132, 8)라고 한다. 신성이 함유되어 있는 그 육신은 여기서 궤로 불리고 있다. 둘째 이유는 믿음이 강해지기 때문이다. 왜냐하면, 만일 그리스도가 그 당시 부활하지 않았다면, 믿음은 소멸되었을 것이고 아무도 그가 참된 하느님이라고 믿지 않았을 것이기 때문이다. 이것은 성모 마리아를 제외하고 모든 사람이 그리스도가 십자가에 못 박힐 때 믿음을 잃었으나 부활이 알려지자 회복되었다는 사실에서 분명하다. 그래서 코린토 1서 15장은 "그리스도 께서 되살아나지 않으셨다면, 그때 우리의 설교는 덧없고, 여러분의 믿음은 또한 덧없습니다."(15, 17)라고 하였다. 셋째 이유는 그리스도의 부활은 우리 자신의 모범이었다는 것이다. 만일 과거에 일어난 일을 볼 수 있는 것이 아니라면 미래에 부활에 대한 희망을 가진 누군가를 발견하기 힘들 것이다. 그래서 사도는 그분의 부활은 우리 부활의 모범이므로 만일 그리스도가 죽음에서 부활하셨다면 우리도 부활할 것이라고 말한다. 그레고리오는 "주님은 이 모범으로 자신이 상급으로 약속하였던 것을 보여주었습니다. 그래서 모든 신앙인이 그분이 부활하신 것을 아는 것처럼 세상 종말에 부활의 상급을 바라고 있습니다." 또한 "그분은 자신의 죽음이 3일 이상 지속되지 않기를 바랐습니다. 만일 부활이 지연되었다면, 우리 안에서 희망을 완전히 상실하였을 것입니다. 그러므로 우리의 머리이신 분의 영광에 대해 알게 되면, 우리는 우리의 부

---

* 위 디오니시오(Pseudo-Dionysius), 《전집》(The Complete Works), 278~280과 비교하라.

활을 희망합니다."라고 말한다.

다섯 번째 질문, 왜 부활하셨는가? 그분의 부활은 우리에게 네 가지 혜택을 주었다고 알려졌다. 그 혜택은 죄인들을 위한 의화(義化, justificatio)가 이루어졌고, 삶의 새로운 방법을 가르쳤고, 받게 될 상급들에 대해 희망을 갖게 했고, 모든 이의 부활을 야기하였다. 첫째, 의화는 로마서 4장에서 "예수님께서는 우리의 잘못 때문에 죽음에 넘겨지셨지만, 우리를 의롭게 하시려고 되살아나셨습니다."(4, 25)라고 하였다. 둘째, 삶의 새로운 방법은 로마서 6장에서 "그리스도께서 아버지의 영광을 통해 죽은 이들 가운데에서 되살아나신 것처럼, 우리도 새로운 삶을 살아가게 되었습니다."(6, 4)라고 하였다. 셋째, 희망은 베드로 1서 1장에서 "하느님께서는 당신의 크신 자비로 우리를 새로 태어나게 하시어, 죽은 이들 가운데에서 다시 살아나신 예수 그리스도의 부활로 우리에게 생생한 희망을 주셨습니다."(1, 3)라고 하였다. 넷째, 모든 이를 위한 부활은 코린토 1서 15장에서 "이제 그리스도께서는 죽은 이들 가운데에서 되살아나셨습니다. 죽은 이들의 맏물이 되셨습니다. 죽음이 한 사람을 통하여 왔으므로 부활도 한 사람을 통하여 온 것입니다."(15, 20-21)라고 하였다.

이제까지 언급된 것처럼, 그리스도의 부활은 네 가지 특징이 있음에도 주목하라. 첫째, 우리의 부활은 마지막까지 미루어졌지만, 그분의 부활은 사흘째 되는 날에 기념되었다. 둘째, 우리는 그분을 통해 부활하지만, 그분은 자신의 능력과 자기를 통해 부활하였다는 것이다. 그러므로 암브로시오는 "다른 사람을 살리신 그분이 어떻게 자기 몸의 생명을 회복시키는 데 도움을 청할 수 있겠습니까?"라고 말한다. 셋째, 우리는 먼지로 돌아갈 것이지만 그리스도의 몸은 먼지로 되돌려지지 않을 것이다. 넷째, 그분의 부활은 우리 부활의 작용인(作用因)인, 모범적인, 우리 부활의 성사적인 원인이다. 이 원인의 첫 번째 작용인에 대해서, 《주해집》은 시편 30장 6절의 운문 "저녁에 울음이 깃들지라도 아침에는 환호하게 되리라."에 대해 말한다. 즉 "그리스도의 부활은 현재에 영혼의 부활과 미래에 육신 부활의 작용이다." 모범적인 원인에 대해 코린토 1서 15장은 "그리스도께서는 죽은 이들 가운데에서 되살아나셨습니다. 죽은 이들의 맏물이 되셨습니다."(15, 20)라고 한다. 성사적인 원인에 대해서 로마서 6장은 "그리스도께서 죽은 이들 가운데에서 되살아나신 것처럼, 우리도 새로운 삶을 살아가게 되었습니다."(6, 4)라고 하였다.

여섯 번째 질문, 즉 '부활한 그리스도는 몇 번이나 나타났는가?'에 이르렀다. 그분은 자신의 부활 날에 다섯 번, 그다음 날에 다섯 번 더 나타나셨다고 알려져 있다. 그의 발현 중 첫 번째는 요한복음 20장 1~18절과 마르코복음 16장 9절, 즉 "예수님께서는 주간 첫날 새벽에 부활하신 뒤, 마리아 막달레나에게 처음으로 나타나셨다."에 있는 것처럼 마리아 막달레나에게였다. 여기서 마리아는 모든 회개한 죄인들을 대표한다. 사실 그분이 그녀에게 처음 나타난 것에는 다섯 가지 이유가 있다. 첫째, 그녀는 그분을 열렬히 사랑하였다. 루카복음 7장에서 "그녀는 많이 사랑하였기 때문에 그녀는 많은 죄들을 용서받았다."(7, 47)라고 한다. 둘째, 그분은 죄인들을 위해 죽었다는 것을 보여주려고 했다. 마태오복음 9장은 "나는 선한 사람을 부르러 온 것이 아니라 죄인을 부르러 왔다."(9, 13)라고 한다. 셋째, 창녀들이 하늘의 왕국에 지혜로운 자들보다 먼저 들어가기 때문이다. 마태오복음 21장은 "창녀들이 너희보다 먼저 하느님의 나라에 들어간다."(21, 31)라고 한다. 넷째, 참으로 한 여자가 죽음의 전달자였던 것처럼 한 여자는 생명을 알리는 사람이 될 것이기 때문이다. 이것은 《주해집》에 의한다. 다섯째, 우리가 로마서 5장 20절에서 읽었던 것처럼 참으로 죄가 아주 많은 곳에 은총은 넘치도록 많을 것이다.

부활 날에 주님의 두 번째 발현은 우리가 마태오복음의 마지막 장에서 읽었던 것처럼, 무덤에서 돌아가던 여자들에게 나타나서 "평안하냐?"라고 말씀하시며 다가갔고 여자들은 그분의 발을 붙들었다. 여기 있는 여자들은 주님의 발을 붙잡았기 때문에, 그들의 성별을 떠나 애정으로 자신을 보여주었던 겸손한 사람들을 의미한다.

그분의 세 번째 발현은 시몬 베드로에게였으나, 베드로가 요한과 함께 무덤에서 돌아오고 있을 때였다는 것 말고는 언제, 어디서인지 우리는 알지 못한다. 베드로가 어느 시점에서 요한과 다른 길을 택했을 수도 있고, 그때 주님이 그에게 나타났는지도(루카복음, 마지막 장) 모른다. 혹은 베드로가 혼자 무덤 안에 들어갔을 때, 또는 《교육독본》이 말하는 것처럼 동굴이나 지하 동굴에 들어갔을 때 일어났을 수 있다. 또한, 《교육독본》에서는 '베드로가 그리스도를 부인한 후, 현재 갈리칸투스(Gallicantus)*라고 불리는 동굴로 도망쳤다. 그곳에서 베드로는 그리스도를 부인했기 때문에 3일 동안 울었고, 그리스도가 그곳에 나타나서 위로했다'고 한다. "베드로"라는 이름은 '순종적인'을 의미하는 것으로 해석되고, 베드로는 여기서 주님께서 나타나셨던 순종하는 사람들을 대표한다.

그분의 네 번째 발현은 엠마오(Emmaus)에서 제자들에게였다. 그 이름은 "상담에 대한 갈망"으로 해석되며 "가서 너의 재산을 팔아 가난한 이들에게 주어라."라는 권고를 성취하고자 하는 그리스도의 가난한 사람들을 의미한다. 다섯 번째 발현은 함께 모여 있던 제자들에게였는데(요한 20, 19), 그곳에서 그들은 수도자들을 대표하며, 그들의 눈의 감각이 가려 알아보지 못했다고 한다.

이 다섯 번의 발현은 부활날에 일어났고, 사제는 미사 중에 사람들을 향해 다섯 번 돌아서면서 다섯 번의 발현을 표현한다. 세 번째는 이 돌아섬이 베드로에게 발현, 알려지지 않은 그 장소와 시간을 나타내기 때문에 침묵 중에 한다.

여섯 번째 발현은 보고 만지지 않는 한 믿을 수 없을 것이라고 말한 토마스가 제자들과 함께 모여 있던 부활의 여드레째 날에 예수가 나타났다. 여기서 토마스는 믿음을 주저하는 사람들을 대표한다.(요한 20, 26-29) 일곱 번째 발현은 낚시를 하고 있는 제자들에게였다.(요한 21, 4) 그들은 사람의 어부인 설교자들을 대표한다. 여덟 번째 발현은 마태오복음의 마지막 장에 있는 것처럼 타볼산 위에 있던 제자들에게였다. 여기서 그리스도는 그 산 위에서 변모했기 때문에 관상가(觀想家)들을 나타낸다. 아홉 번째 발현은 우리가 마르코복음 16장 14절에서 읽었던 것처럼, 11명의 제자가 식탁에 앉아 있을 때 예수님은 그들의 불신과 냉정한 마음에 대해 꾸짖을 때였다. 여기서 우리는 죄의 수인 '11'명의 죄수들이 모여 있는 것으로 이해하며, 주님은 자비로운 마음으로 때때로 그들을 방문하신다. 열 번째이자 마지막 발현은 루카복음의 마지막 장에서처럼 올리브 산에 있던 제자들에게였다. 그곳에서 그분은 하늘로 승천하셨다. 왜냐하면 티모테오 1서 4장에서 "신심은 모든 면에서 유익합니다. 현재와 미래의 생명을 약속해 주기 때문입니다."(1티모 4, 8)이기 때문이다.

* 갈리 칸투스(galli cantus), 즉 닭이 홰를 칠 무렵

본문에는 포함되지 않은 내용이지만, 그 외에도 다른 세 번의 발현이 더 있었다고 전해진다. 이는 부활 당일에 일어난 것으로 여겨진다. 소 야고보(67장 참조)의 전설에 따르면, 그곳에는 의인 야고보, 또는 알패오의 아들 야고보가 있었다. 《니코데모의 복음서》에 따르면, 예수는 또한 같은 날에 요셉에게 나타나셨다고 한다. 유다인들은 요셉이 빌라도에게 예수의 시신을 요청하여 자신의 무덤에 모셨다는 것을 듣고 분개하여 요셉을 작은 방에 가둔 후 문을 잠그고 봉인했다. 안식일 후에 요셉을 죽이려고 했으나 부활 당일 밤, 그 집 네 모퉁이가 들렸고 예수가 요셉에게 와서 눈물을 닦아주고 포용하며, 봉인을 떼지 않은 채로 아리마태아(Arimathea)에 있는 그의 집으로 데리고 갔다.

또한, 동정녀 마리아에게였다. 비록 복음사가들이 이에 대해 말하지 않지만 다른 모든 사람에 앞서 나타났을 것이라고 믿고 있다. 로마 교회는 이 믿음을 승인하는 것 같다. 부활 주일에 성모 마리아 성당에 있는 교황 전례 집전처(statio)*에서는 이것을 기념하기 때문이다. 실제로 믿지 않는다면 복음사가가 이 내용을 증언하지 않는다는 이유만으로 예수가 부활한 후에 마리아에게 나타나지 않았다는 결론을 내릴 수는 없다. 왜냐하면 어떤 복음도 어디서, 언제 이런 일이 일어났는지 알려주지 않기 때문이다. 그러나 그런 아들이 그토록 태만하게 어머니를 공경하지 않았다는 생각은 버려라! 이 경우에 복음사가들이 오직 부활의 증인을 제시하는 것에 책임이 있는데, 어머니가 아들을 위해 증언하는 일이 적절하지 않다고 여겨 침묵을 지켰을 것이다. 만일 정말로 다른 여자의 말이 헛소리로 받아들여졌다면 어머니가 아들에 대한 사랑을 꾸며 낸 이야기라고 생각했을 것이다! 그래서 복음사가들은 이 발현에 대해 쓰지 않는 것이 더 낫다고 판단하고 그 일을 당연하게 여겨지게 내버려 두었다. 그리스도는 무엇보다도 먼저 자신의 부활로 어머니를 행복하게 만들었음에 틀림없다. 왜냐하면, 어머니는 확실히 다른 사람들보다 더 그의 죽음을 슬퍼했기 때문이다. 그가 다른 사람들을 위로하면서 어머니를 소홀히 하지는 않았을 것이다. 암브로시오는 《동정녀》(De Virginibus) 제3권에서 이에 대해 "그의 어

---

* 교황 전례 집전처를 위해 그 도시에 사는 사람들이 주요 성당 중 하나(이 경우, 성모 마리아 대성전)에 함께 모이고, 이곳에서 교황이 주요 축일을 엄숙히 거행을 이끈다.

머니는 부활한 주님을 보았고, 제일 처음 그분을 보았고 제일 처음 믿었습니다."라고 증언했다. 마리아 막달레나는 그분을 보았지만, 그 순간까지도 믿는 것을 망설였다. 그리고 그리스도의 발현에 대해 세둘리오(Sedulius)*는 말한다.

평생 동정으로 남아 있는 그분
주님은 그분께 새벽 미명 가장 먼저 자신을 보여 드렸네.
그리하여 그분 선하신 어머니
위대한 기적들을 알게 되심으로
그의 강림을 위한 길이 되어 주셨고
재림의 길잡이가 되시네.**

일곱 번째이자 마지막 질문, 그리스도가 림보에 있던 성조들을 어떻게 데리고 나왔으며 그곳에서 무엇을 하였는가? 복음서에서는 무엇도 대놓고 말하지 않는다. 하지만 아우구스티노는 강론에서, 그리고 니코데모는 복음서에서 간략하게 정보를 제공한다. 성 아우구스티노는 다음과 같이 썼다. "그리스도가 자신의 영혼을 포기하자마자, 자신의 신성과 결합한 그분의 영혼은 저승(inferi)의 깊은 곳으로 내려갔다. 그분이 어느 훌륭하고 무서운 약탈자처럼 어둠의 가장자리에 이르렀을 때, 불경한 저승의 군단은 그분을 보자마자 겁에 질려서 묻기 시작했다. '그는 어디에서나 그토록 강하고, 그토록 무섭고, 그토록 훌륭하고, 그토록 고귀한가? 우리에게 종속된 그 세계는 결코 우리에게 이렇게 죽은 사람을 보내지 않았으며 저승에 그런 선물을 보내지 않았다! 그렇다면 매우 대담하게 우리의 문으로 와서 우리의 고통을 두려움 없이 우리의 쇠사슬에서 사람들을 풀어주는 이 사람은 누구인가? 우리의 공격을 받고 신음하던 이들이 이제 구원을 눈앞에 두고 아무것도 두려워하지 않을 뿐만 아니라 우리를 위협하는 것을 보라! 여기 아래에 있는 죽은 자들이 그렇게 자신만만했던 적이 없었고, 붙잡힌 상태에서 그렇게 기뻐한 적이 없었다! 오

---

* 5세기 후반의 그리스도인 시인인 챌리오 세둘리오(Caelius Sedulius)

** Semper virgo manet, hujus se visibus astans / Luce palam Dominus prius obtulit, ut bona mater, / Grandia divulgans miracula, quae fuit olim / Advenientis iter, haec sit redeuntis et index.

우리의 군주님, 무슨 이유로 이곳에 이 사람(그리스도)을 데려오셨습니까? 군주님의 기쁨은 사라졌고, 대신 탄식하고 있습니다! 군주님이 그리스도를 나무위에 매달고 있는 동안, 저승에서 어떤 손실을 입게 되는지 모르고 있습니다!'

저승의 잔인한 영혼들의 울부짖음 후, 주님의 명령으로 모든 쇠창살이 산산조각났다. 그리고 그리스도의 발 아래에 엎드렸던 셀 수 없이 많은 성인이 눈물어린 음성으로 소리쳤다. '당신께서 오셨군요, 세상의 구세주님, 저희가 갈망하며 매일 기다렸던 당신께서, 당신께서 오셨군요! 당신께서는 저희를 위해 저승으로 내려오셨습니다! 당신께서 위에 있는 세상으로 다시 승천하실 때 저희를 내버려두지 마소서! 올라가소서, 주 예수님, 저승에서 죽음의 장본인을 쇠사슬에 다시 묶으십시오! 세상에 기쁨을 회복시키고 저희를 돕고, 저희의 치열한 고통을 지금 끝내고 사로잡힌 이들을 당신의 자비로 자유의 몸이 되게 하소서! 당신께서 여기에 계시는 동안 죄인들을 사면하소서! 당신께서 승천하는 동안 당신 자신을 지키소서!'" 지금까지는 아우구스티노의 말이다.

《니코데모의 복음서》는 연로한 시메온의 아들들 카리노(Carinus)와 레우치오(Leucius)가 그리스도와 함께 부활했고, 한나스(Hannas)와 카야파(Caiaphas), 니코데모, 요셉, 가말리엘(Gamaliel)에게 나타났고, 이들의 요청에 따라 저승에서 그리스도가 하셨던 것을 말했다고 전한다. 그들의 이야기는 다음과 같다.

"우리가 우리 성조(聖祖)들과 함께 짙은 어둠 속에 있는 동안에 금색과 푸르스름한 자주색 햇빛이 갑자기 우리 위에 나타났다. 즉시 인류의 조상 아담이 기뻐하며 '이것은 자신의 영원히 공존하는 빛을 우리에게 보내겠다고 약속하신 창조자의 영원한 빛입니다.' 그리고 이사야가 '이것은 내가 땅에서 살 때, 어둠 속을 걷던 백성이 큰 빛을 볼 것입니다.'라고 말하며 예언하였던 하느님의 아드님, 즉 성부의 빛입니다."라고 말했습니다.

그때 우리 조상 시메온이 올라와서 기뻐하면서 말했습니다. "나는 성전에서 아기예수를 팔에 안고 성령의 감동을 받아 '제 눈이 당신의 구원을 본 것입니다. 이는 당신께서 모든 민족들 앞에서 마련하신 것으로 다른 민족들에게는 계시의 빛이며 당신 백성 이스라엘에게는 영광입니다.'(루카 2, 25-32)라고 선포했으니, 주님을 찬미합시다." 그리고는 사막에서 사는 사람이 왔고, 우리가 누구냐고 물을 때, "나는 그리스도에게 세례를 주고 그의 길을 준비하려고 그에게 갔으며, 나는 그를 손가락으로 가리키며 '보라, 하느님의 어린 양!'이라고 말했고, 그리스도는 곧 우리를 방문하실 것이라고 너희에게 알려주려고 내려온 요한이다."라고 말했습니다.

그때 셋(Seth)이 말했습니다. "나는 낙원의 문에 가서 약간의 기름을 받을 수 있도록 천사를 보내달라고 주님께 기도하였습니다. 나는 노쇠한 아버지 아담의 몸에 기름 바르기를 원했습니다. 미카엘 천사가 나타나서 저에게 말했습니다. '자비의 나무에서 기름을 얻기 위해 기도할 때 울어서 너를 지치게 하지 마라. 너는 아마도 5,500년이 지날 때까지 받을 수 없을 것이다.'"

이 모든 것을 들은 성조들과 예언자들은 크게 기뻐했습니다. 그때 죽음의 군주이며 우두머리인 사탄이 저승에 고했습니다. "자신이 하느님의 아들이라고 자랑하지만 죽음을 두려워하고 '내 영혼은 죽을 때까지 슬프다.'라고 말한 그저 사람에 불과한 예수를 맞을 준비를 하여라. 그는 내가 귀먹게 한 많은 사람을 고쳐 주었고, 내가 절름발이로 만들었던 사람들을 다시 똑바로 걷게 했다." 저승: "당신이 이토록 강력한데, 죽음을 두려워하면서도 당신 힘을 거스르는 이 예수는 도대체 어떤 사람입니까? 그는 당신을 속이려고 죽음이 두렵다고 말하고 있습니다. 당신에게는 영원한 고민거리입니다!" 사탄: "나는 그에게 맞서 사람들을 유혹하고 선동했었다. 나는 창을 갈았고, 쓸개즙과 식초를 섞었고, 십자가 나무를 준비하였다. 이제 그의 죽음이 임박했고 너에게 그를 데려올 것이다!" 저승: "저의 것이었던 라자로를 부활시켰던 사람이 그입니까?"라고 물었고, 사탄은 "바로 그 사람이다!"라고 대답했다. 저승은 "저는 당신의 힘과 나의 힘으로, 저에게 그를 데려오지 않기를 간청합니다. 나는 그의 명령을 듣고 두려움에 몸을 떨었고, 속박에서 벗어나 독수리처럼 날아오른 라자로를 결코 붙잡을 수가 없었습니다. 그는 민첩하게 튀어 올라 우리에게서 떠났습니다!"

이제 "군주시여, 당신의 문을 젖히고, 영원한 문을 젖히고, 영광의 왕이 들어올 것입니다!"라고 말하는 천둥소리 같은 음성이 들렸습니다. 그 소리에 악령들이 달려가서 청동 문을 닫고 쇠 빗장을 꽂았습니다. 그때 다윗이 말하였습니다. "나는 예언하지도 말하지도 않았다, 그분께서 청동 문을 산산조각내고 쇠 빗장 두 개를 잘라내셨기 때문에 그들에게 그분의 변함없는 사랑에 대하여 주님께 감사하도록 해라."(시편 107, 15-16) 그때 다시 큰 소리로 음성이 들렸다. "너의 문들을 젖혀라." 저승은 그 음성이 두 번 부르는 것을 들었지만, 모른 척하며 물었습니다. "누가 영광의 왕입니까?" 다윗이 대답하였습니다. "강하고 힘센 주님, 싸움에서 힘센 주님, 그분이 영광의 왕입니다!"(시편 24, 8)

그때 영광의 왕이 오셨고 영원한 어둠 속에 빛을 비추었습니다. 그리고 주님이 손을 뻗어 "너와 너의 모든 아들에게 평화가 있기를, 나의 의인들아!"하고 말하면서 아담의 오른손을 잡으셨습니다. 그 후에 주님은 저승 밖으로 올라가셨고 모든 성인이 그를 뒤따랐습니다. 아담의 손을 잡은 주님은 자신을 낙원으로 이끌었던 미카엘 대천사에게 아담을 맡겼습니다. 고령의 두 사람이 앞으로 나섰고 성인들이 그들에게 물었습니다. "당신들은 누구십니까? 당신들은 아직 죽지 않아서 저승에서 저희와 함께 있지 않았고 여기 낙원에서 육신 안에 계십니다!" 그 두 사람 중 한 사람이 대답하였습니다. "나는 에녹(Enoch)이고, 여기에 끌어 올려졌습니다. 그리고 이분은 불마차를 타고 여기로 옮겨진 엘리야입니다. 우리는 아직 죽음을 경험하지 않았으나 거짓 그리스도(Antichristus)의 내림[來臨] 전까지 유지될 것입니다. 우리는 거짓 그리스도와 싸울 것이고 죽임을 당할 것이며, 3일 반나절 후에 구름 속에 있을 것입니다."

그가 말했을 때, 어깨에 십자가 표징을 지닌 다른 사람이 앞으로 왔습니다. 누구냐는 질문에 그 사람이 말했습니다. "저는 강도였고 예수와 함께 십자가에 못 박혔습니다. 저는 그분이 창조주라는 것을 믿었고 그분에게 기도하였고 '주님, 당신의 왕국에 들어가실 때 저를 기억하소서.'라고 말하였습니다. 그때 그분이 저에게 말하였습니다. '내가 진실로 너에게 말한다. 너는 오늘 나와 함께 낙원에 있을 것이다.'(루카 23, 42-43) 그리고 그분은 저에게 '이것을 가지고 낙원으로 걸어가라. 만일 경계 중인 천사가 너를 안으로 들어가지 못하게 하면, 그에게 이 십자가 표징을 보이고 십자가에서 지금 죽어가고 있는 그리스도께서 나를 보내셨다고 말하여라.'라고 말하면서 이 십자가 표징을 주셨습니다. 그리고 제가 이것을 하고 천사에게 말하자 즉시 문을 열어주었고 저를 안으로 안내하여 낙원의 오른쪽에 두었습니다."

카리노와 레우치오가 이것을 모두 말하였을 때, 갑자기 그들은 변모하였고 더 이상 볼 수 없게 되었다.

니사의 그레고리오(Gregorius Nyssenus), 혹은 일부 서적에 따르면 아우구스티노가 위의 내용에 대해 말한다. "갑자기 그리스도가 내려왔을 때 저승의 영원한 밤이 빛으로 채워졌고, 두려움에 사로잡힌 밤의 문지기들은 어두운 침묵을 깨며 속삭였습니다. '광채로 빛나는 이 무서운 사람은 누구인가? 우리 저승은 결코 그런 사람을 받지 않았고, 세상은 우리의 동굴에 그와 같은 사람을 결코 쏟아내지 못하였네! 그는 채무자가 아니라 침략자, 허무는 자이고 파괴자이며, 죄인이 아니라 약탈자이다. 우리는 탄원자가 아니라 재판관을, 굴복이 아니라 싸우려는, 머무르는 것이 아니라 우리의 것인 무언가를 우리에게서 가져가려고 온 사람을 본다.'"

···✦ 55 ✦···

성 세쿤도

세쿤도(Secundus)는 '자신을 확립하는'을 의미하는 세 콘덴스(se condens)와 유사한데, 이는 '흠 없는 도덕성으로 자신을 구성함'을 의미한다. 또한 이 이름은 세쿤단스(secundans), 즉 '준수하는(따르는)' 뜻의 옵세쿤단스(obsecundans)와 같다. 그래서 주님의 명령을 준수하는 것이다. 또 그 이름은 '자신의 사령관'이란 뜻의 세쿰 둑스(secum dux)로부터 형성되었다. 성 세쿤도는 이성으로 관능을 통제하고 모든 선행을 수행할 수 있도록 자신의 감각들에 지시를 내렸기 때문에 자기 자신의 사령관이었다. 혹은 '두 번째'를 의미하는 세쿤두스(secundus)는 '첫 번째'를 의미하는 프리무스(primus)를 언급하는데, 거기에는 영생에 이르는 두 가지 길이 있기 때문이다. 첫 번째는 참회하며 애통해 하는 것이고, 두 번째는 순교에 의해서이다. 고귀한 순교자 세쿤도는 첫 번째 길만이 아니라 두 번째 길도 선택했다.

세쿤도는 그리스도를 위한 용맹한 군인이자 강건한 전사이며, 주님을 위한 영광스러운 순교자였다. 그는 아스티(Asti) 시에서 순교자의 월계관을 획득하였고, 아스티 시는 세쿤도의 영광스러운 주재(駐在)에 감사하고 기뻐하며 세쿤도를 도시의 특별 수호성인으로 모셨다. 세쿤도는 사프리시우스(Sapritius) 총독에 의해 아스티에 있는 감옥에 감금되어 있던 복된 칼로체로(Calocerus)에게서 그리스도교 신앙을 배웠다. 복된 마르치아노(Marcianus) 역시 **토르토나**(Tortona) 시에 감금되어 있었고, 사프리시우스는 마르치아노에게 제사를 바치도록 강요하기 위해 그곳에 가려고 했다. 이때 휴가를 핑계로 총독과 함께 간 세쿤도의 진짜 목적은 마르치아노를 만나는 것이었다.

그들이 아스티의 외곽을 따라 말을 타고 가고 있을 때, 비둘기 한 마리가 세쿤도의 머리 위에 앉았다. 사프리시우스가 말했다. "보십시오 세쿤도, 우리의 신들이 당신을 너무 많이 사랑해서 하늘에서 새를 보냈습니다." 그들이 타나로(Tanaro) 강에 도착했을 때, 세쿤도는 주님의 천사가 물 위를 걷는 것을 보았다. 천사가 그에게 말했다. "세쿤도여, 믿음을 가지시오, 당신은 우상 숭배자들 위를 이처럼 걸을 수 있을 것입니다." 사프리시우스: "세쿤도 형제, 나는 신들이 당신에게 말하는 것이 들립니다!" 세쿤도: "우리 마음의 소망을 이루기 위해 걸읍시다!" 그들이 보르미다(Bormida) 강에 왔을 때, 천사가 다시 나타나서 그에게 물었다. "세쿤도, 너는 하느님을 확고히 믿느냐? 아니면 의심을 갖고 있느냐?" 세쿤도: "저는 그분의 수난의 진리를 믿습니다!" 사프리시우스가 외쳤다. "지금 내가 듣고 있는 것은 무엇입니까?" 그들이 토르토나에 도착했을 때 마르치아노는 천사의 지시에 따라 감옥에서 나와 세쿤도 앞에 나타나 말했다. "세쿤도, 진리의 길로 들어가 믿음의 팔마를 받을 때까지 계속하십시오!" 사프리시우스: "마치 꿈속에서처럼 우리에게 말하고 있는 사람은 누구입니까?" 세쿤도: "당신에게는 꿈이고, 저에게는 훈계이고 격려입니다!"

그 후, 세쿤도는 밀라노로 갔고, 한 천사가 감옥에 갇혀 있던 파우스티노(Faustinus)와 요비타(Jovita)를 세쿤도와 만나게 하기 위해 도시 밖으로 인도했다. 세쿤도는 그들에게서 세례를 받았으며 구름이 물을 제공했다. 그때 갑자기 하늘에서 비둘기 한 마리가 주님의 몸과 피를 싣고 와서 파우스티노와 요비타에게 맡겼다. 파우스티노는 성체와 성혈을 세쿤도에게 주며 마르치아노에게 전하도록 했다. 그때는 밤이었고, 세쿤도가 포(Po) 강 제방에 도착했을 때, 천사가 말의 굴레를 잡아 강을 건너게 해주고 토르토나에 있는 마르치아노의 감옥으로 이끌었다. 세쿤도는 감옥에 들어가서 마르치아노에게 파우스티노의 귀중한 선물(성체와 성혈)을 주었다. 선물을 받은 마르치아노는 "주님의 몸과 피가 저와 함께 하여 영원한 생명에 이르게 하소서!"라고 말했다. 이후 세쿤도는 천사의 명령으로 감옥을 떠나 자신의 임시숙소로 갔다.

마르치아노는 사형 선고를 받고 참수되었다. 그리고 세쿤도는 그의 시신을 가져와 매장했다. 이것을 들은 사프리시우스는 세쿤도를 불러서 말했다. "내가 볼 때, 당신은 스스로 그리스도인임을 인정하고 있습니다." 세쿤도: "저는 그리스도인이라고 자처합니다!" 사프리시우스: "당신은 불운한 죽음을 바라는군요!" 세쿤도: "오히려 그 죽음이 당신에게 다가오고 있습니다!" 세쿤도는 신들에게 제사 지내는 것을 거부했고, 사프리시우스는 그에게 벌거벗으라고 명령하였으나 즉시 주님의 천사가 그의 옆에서 가려줄 준비를 했다. 그때 사프리시우스는 세쿤도를 고문대 위에 묶은 후 팔이 빠질 때까지 늘렸으나 천사가 그 부상을 치료하자, 감옥으로 되돌려보냈다. 그곳에서 천사가 그에게 와서 말했다. "일어나라, 세쿤도, 내가 너를 창조주께 인도할 것이다!" 그런 다음 천사는 그를 아스티 시로 안내하였고, 칼로체로와 구세주가 함께 있던 감옥에 그를 두고 갔다. 구세주를 본 세쿤도는 그분의 발 앞에 엎드렸다. 구세주는 그에게 말했다. "세쿤도야, 두려워하지 마라. 나는 주 너의 하느님이고, 나는 모든 악으로부터 너를 구해낼 것이다." 그리고 그들을 축복하시고 하늘로 올라가셨다.

아침이 왔고 사프리시우스 총독은 감옥에 사람을 보냈으나, 문이 잠겨있고 봉인이 그대로 있음에도 불구하고 세쿤도가 사라진 것을 발견했다. 그래서 사프리시우스는 세쿤도 대신에 칼로체로를 처벌하려고 토르토나에서 아스티로 갔다. 총독은 칼로체로를 데려오라고 명령했다. 하지만 부하들은 돌아와서 세쿤도가 칼로체로와 함께 있다고 보고했다. 그래서 총독은 그들 두 사람을 데려오게 했다. "우리의 신들은 너희가 자신을 존경하지 않는다는 것을 알고 너희를 함께 죽이기를 원한다." 그들은 여전히 제물 바치기를 거부하였으며, 총독은 역청(瀝靑, pix)을 송진과 함께 뜨겁게 만들어 그들의 머리 위부터 목구멍 안에까지 부었다. 그들은 그것이 마치 달콤한 물인 것처럼 음미하면서 삼킨 후 크고 또렷하게 말했다. "오 주님, 당신의 말씀이 저의 입에 얼마나 달콤합니까!" 그때 사프리시우스는 세쿤도를 아스티에서 참수하고, 칼로체로는 알벤가(Albenga)로 데려가서 처형하라고 선고했다. 복된 세쿤도가 참수되었을 때, 주님의 천사들이 그의 시신을 가져가서 찬양 속에 성가를 부르며 매장해주었다. 그는 3월의 서른 번째 날에 고통을 받았다.

···✦ 56 ✦···

이집트의 성녀 마리아

죄인이라 불린 이집트의 마리아(Maria Aegyptiaca)는 클라우디우스 시대인 서기약 270년에 시작하여 47년 동안 사막에서 매우 엄격한 삶을 살았다. 조지모(Zozimus)라는 이름의 한 사제가 몇몇 교부를 찾기를 바라면서 요르단 강을 건너가 넓은 숲을 두루 돌아다니기 시작했다. 그리고 벌거벗고 불타는 태양으로 검게 그을린 채 걸어 다니는 한 형상을 보았는데 바로 이집트의 마리아였다. 그녀는 즉시 도망쳤고, 조지모는 그녀를 뒤쫓았다. 그녀가 말했다. "조지모 신부님, 왜 쫓아오십니까? 저를 용서하십시오, 저는 여자이고 벌거벗었기에 당신을 마주 볼 수 없습니다. 그러니 제가 부끄럽지 않게 당신의 망토를 빌려주십시오." 이름이 불린 것에 놀란 조지모는 그녀에게 망토를 주었고 자신을 축복해주길 요청하며 땅에 엎드렸다. 그녀는 말했다. "신부님, 품위 있는 사제인 당신이 저에게 축복을 주셔야 합니다." 그는 그녀가 자신의 이름과 직책을 모두 알고 있는 것에 더욱 경이로워하면서 축복해주길 끈질기게 요청했다. 그때 그녀는 "우리 영혼들의 구세주, 하느님께서 축복해 주시기를!"라고 기도하면서 손을 내밀었고, 그는 땅 위에 발이 약간 떠 있는 그녀를 보았다. 조지모 신부는 이것이 기도하는 척하는 영(靈)이 아닐까 의심하기 시작했다. 그러자 그녀가 "하느님께서 당신을 용서해 주시기를! 당신이 죄 많은 여자인 저를 더러운 영일 것이라고 생각하기 때문입니다."라고 말했다.

이제 조지모는 자신에 대해 말하라고 하느님의 이름으로 그녀에게 엄명했다. "죄송합니다, 신부님. 만일 제가 누구이고 무엇을 했었는지 말한다면, 당신은 마치 뱀에게 겁을 먹은 것처럼 도망칠 것이며, 당신의 귀는 제 말로 인해 더러워지고, 공기는 추잡하게 오염될 것입니다."

그런데도 조지모는 강력하게 요청했고, 그녀는 이야기를 시작했다. "형제님, 저는 이집트에서 태어났고 제가 12세였을 때 알렉산드리아로 갔습니다. 그곳에서 17년 동안 매춘부로 일하며 어느 누구에게나 몸을 허락했습니다. 그러다 그 지역의 몇몇 사람들이 거룩한 십자가에 경의를 표하러 예루살렘에 올라가려고 할 때, 저는 선원들에게 함께 가게 해달라고 요청했습니다. 그들이 저에게 비용을 요구했을 때 '형제들이여, 저는 요금 대신 저의 몸을 드리겠습니다.' 그래서 그들은 저를 승선시켜 주었고 저는 몸으로 요금을 지급했습니다. 예루살렘에 도착한 저는 거룩한 십자가를 경배하려고 다른 사람들과 함께 성당으로 갔습니다. 그러나 갑자기 보이지 않는 힘에 의해 문에서 밀쳐졌고 들어가는 것이 허락되지 않았습니다. 저는 몇 번이고 입구에서 거부당하는 고통을 겪었던 반면, 다른 사람들은 어떤 장애물도 없이 들어갔습니다. 저는 이것이 저의 끔찍한 죄 때문인 것을 깨달았습니다. 가슴을 치며 쓰라린 눈물을 흘렸고, 마음속 깊은 곳에서부터 한숨을 쉬었습니다. 그때 위를 올려다보니 그곳에 복되신 동정녀 마리아의 상(像)이 보였습니다. 저는 그녀에게 눈물을 흘리며 기도하기 시작했습니다. 그녀에게 저의 죄를 위한 용서를 얻도록 청하고, 제가 세상을 버리고 순결하게 살겠다고 약속하면서 제가 성당으로 들어가 거룩한 십자가를 경배하게 해달라고 간청했습니다. 이 기도를 바치고 성모 마리아의 이름을 신뢰하며 다시 성당 문으로 가서 어려움 없이 들어갔습니다.

제가 최고의 경건함으로 그 십자가를 경배하였을 때, 누군가 저에게 빵 세 덩어리를 살 수 있는 동전 세 닢을 주었고, "만일 당신이 요르단 강을 건넌다면, 당신은 구원될 것입니다."라는 음성을 들었습니다. 그래서 저는 요르단 강을 건너 이 사막으로 와서 한 명의 사람도 보지 못한 채 47년 동안 머물렀습니다. 제가 가져왔던 빵 덩어리들은 돌처럼 단단하게 변했으나 이 세월 동안의 음식으로 충분했습니다. 저의 옷들은 갈기갈기 떨어졌습니다. 17년 동안 육체의 유혹으로 고통받았으나, 이제 하느님의 은총으로 그 모든 것을 극복했습니다. 이제 당신께 자초지종을 말하였으니, 저를 위해 하느님께 기도해 주기를 간청합니다."

사제는 무릎을 꿇고 주님의 시녀(侍女) 안에 있는 그분께 감사를 드렸다. 그녀가 말했다. "저는 주님의 만찬 날에 당신이 주님의 몸을 모시고 요르단 강으로 돌아오기를 간청합니다. 제가 이곳에 온 날부터 주님의 성체를 받지 못하였기 때문에 저는 그곳에서 당신을 만나 거룩한 몸을 받고자 합니다." 조지모는 자신의 수도승원으로 돌아갔고, 이듬해 성 목요일이 다가오자, 성체를 갖고 요르단 강 제방으로 갔다. 그는 그녀가 반대편 제방 위에 서 있는 것을 보았다. 그런데 그녀가 강 위에 십자성호를 긋고 물을 가로질러 걸어왔다. 놀란 사제는 그녀의 발 앞에 엎드렸다. 그녀는 "그러지 마십시오! 당신은 주님의 성사를 몸에 지니고 있으며 사제직의 품위로 빛납니다. 그러나 신부님, 내년에 저에게 다시 오실 수 있기를 기도합니다."라고 말하고는 다시 요르단 강 위에 십자성호를 한 번 더 긋고 건너 사막의 외딴 장소로 돌아갔다.

사제는 수도승원으로 돌아갔고, 1년 후 그 여자에게 처음 말했던 그 장소를 찾아갔다. 그는 그곳에 죽은 채 누워 있는 그녀를 발견했다. 그는 울면서 "나는 이 성녀의 시신을 매장하길 원하지만, 이 행동이 그녀를 불쾌하게 할까 봐 두렵다."라고 말하며 감히 그녀를 만지려고 하지 않았다. 그가 이런 생각을 하던 중 그녀 머리 옆 모래에 무엇인가가 쓰여 있는 것을 발견했다. "조지모님, 주님의 명령에 따라 4월 두 번째 날에 이 세상을 떠나니 저를 매장하여 땅으로 되돌려 주고 저를 위해 주님께 기도해 주십시오." 그리하여 주지모는 그녀가 주님의 성사를 받고 사막으로 돌아온 직후 삶의 마지막에 이르렀고, 같은 거리를 이동하는 데 자신은 30일이 걸렸던 반면, 그녀는 한 시간 만에 이 광활한 사막을 건너 하느님께로 옮겨갔다는 것을 확실히 알았다.

조지모는 무덤을 위해 땅을 파려고 노력하였으나 할 수 없었다. 그때 사자 한 마리가 자신을 향해 온순하게 오는 것을 보고 사자에게 말했다. "이 거룩한 여자가 여기에 시신을 묻어달라고 나에게 부탁하였으나, 나는 늙어서 땅을 팔 수 없는 데다 삽도 없다. 그러니 네가 땅을 파준다면 우리는 이 거룩한 시신을 묻을 수 있을 것이다." 그 사자는 땅을 파서 적당한 깊이의 무덤을 준비하였다. 그리고 그 일이 끝났을 때 순한 양처럼 떠났으며, 노인은 하느님께 영광을 드린 후 수도승원으로 돌아갔다.

성 암브로시오

암브로시오(Ambrosius)라는 이름은 향기롭고 귀중한, 즉 '호박'을 뜻하는 '암브라'(ambra, 琥珀)에서 유래했다. 암브로시오는 교회에서 소중한 사람이었고 말과 행동에서 기분 좋은 향기를 퍼뜨렸다. 또는 암브로시오는 암브라(호박)와 '하느님'을 의미하는 시오스(syos)에서 유래되었는데, 말하자면 '하느님의 호박'이라는 뜻이다. 왜냐하면 하느님은 그를 통해 호박 향이 사방으로 퍼지듯 좋은 말씀을 널리 퍼트리셨기 때문이다. 암브로시오는 어디서나 하느님의 좋은 향기였고, 지금도 마찬가지다. 그 이름은 '빛의 아버지'를 의미하는 암보르(ambor)와 '작은'의 시오르(sior)에서 유래한다. 그는 많은 영적인 자녀를 낳은 아버지였기 때문이다. 그는 성경을 설명하는 데 탁월했으며 다른 사람을 대할 때는 겸손한 태도로 자신을 낮추었다. 게다가 《고어(古語) 사전》(Glossarium)에서 우리는 '천사들의 양식'인 암브로시아(ambrosia)와 '하늘의 벌집'인 암브로시움(ambrosium)을 발견한다. 왜냐하면 암브로시오는 명성의 확산으로 하늘의 향기를, 관상기도로 천상의 맛을, 성경을 설명함으로써 천상 벌집의 달콤함을 맛보았으며, 자신은 영광스러운 열매가 되어 천사들의 양식이 되었기 때문이다.

놀라(Nola)의 주교 파울리노(Paulinus)가 암브로시오 성인의 생애를 집필하여 성 아우구스티노에게 주었다.

로마 총독 암브로시오의 아들 암브로시오가 궁전 안마당 요람에서 자고 있을 때 갑자기 벌떼가 날아들어 마치 벌집을 드나드는 것처럼 얼굴을 완전히 덮어버렸다. 그런 다음 벌들은 인간의 눈이 간신히 따라갈 수 있는 높이까지 위로 치솟았다. 이 광경을 본 아버지는 깜짝 놀랐고, "만일 이 아기가 산다면 틀림없이 위대한 일이 있을 것이다."라고 말했다. 시간이 흘러 청소년이 된 암브로시오는 어머니와 거룩한 동정녀인 누이가 사제들의 손에 입맞춤하는 것을 보고, 자신에게도 똑같이 행동하는 것이 당연하다며* 장난스럽게 오른손

---

* 야코부스(Jacobus)는 파울리노의 설명하기 위한 절, "만일 그녀가 그가 주교가 될 사람이었다는 것을 명심하였다면"을 생략하였다.

을 누이에게 내밀었다. 누이는 그가 너무 어려서 아무 의미도 모르고 말하는 것이라 여기고 거절했다.

암브로시오는 로마에서 공부했고 대단한 웅변으로 법정에서 사건들을 변호하였으며 발렌티니아누스(Valentinianus) 황제에 의해 리구리아-에밀리아(Liguria-Emilia) 지방을 다스리도록 임명되었다. 그가 그 지방의 수도 밀라노에 도착한 후 도시의 주교가 죽자, 사람들은 새 주교를 선출하기 위해 주교좌성당에 모였다. 그러나 아리우스주의자와 가톨릭 신자들 사이에 소란이 발생했고, 암브로시오는 그 소란을 가라앉히러 성당으로 갔다. 그가 들어섰을 때 한 어린이가 "암브로시오를 주교로!"라고 외쳤다.

그러자 암브로시오는 사람들의 마음을 바꾸기 위해 겁을 주는 방법을 선택했다. 그는 성당을 떠나 자신의 법정으로 가서 평소의 온건함과는 달리 몇몇 사람들을 고문하라고 선고했다. 그럼에도 불구하고 주민들은 단념하지 않고, "당신의 죄가 저희에게 내리기를!"이라고 소리쳤다. 깊은 고민에 빠진 암브로시오는 집으로 돌아가 단지 철학 교사에 불과한 것처럼 보이려고 애썼지만, 백성들은 받아들이지 않고 그를 다시 불렀다. 그러자 공개적으로 거리의 여자를 집으로 데려가며, 이를 본 백성들이 결정을 철회할 것을 희망했다. 그러나 이 방법 또한 실패했다. 그는 도망치기로 결심하고 한밤중에 그 도시를 떠나 아침이 되어 파비아(Pavia)에 도착했다고 생각했으나, 밀라노의 포르타 로마나(Porta Romana) 성문에 있다는 것을 깨달았다. 백성들이 그를 발견하고 놓아주지 않았다.

이 모든 것을 보고 받은 황제 발렌티니아누스는 자신이 임명한 재판관이 사제직에 거론되는 것을 기뻐했으며 특히 자신이 암브로시오에게 했던 말이 실현되는 것에 특히 더 기뻐했다. 황제가 그를 밀라노로 파견할 때 "가라, 그리고 재판관처럼 행동하지 말고 주교처럼 행동하여라."라고 말했던 것이다. 한편, 황제에게 올린 보고에 대한 회신이 오기 전에 암브로시오는 또다시 몸을 숨겼지만 곧바로 사람들에게 발견되었다. 사람들은 그제서야 그가 아직 세례를 받지 않았다는 사실을 알았다. 그는 즉시 세례를 받았고 일주일 이내에 주교좌까지 올라갔다. 4년 후 그가 로마를 방문했을 때 거룩한 동정녀인 누이가 그의 오른손에 입을 맞추었다. 그는 웃으며 말했다. "보세요, 그때 제가 이 주교의 손에 입을 맞출 것이라고 말하지 않았습니까!"

한번은 새롭게 지명된 주교를 서품하기 위해 다른 도시로 갔는데, 유스티나 황후와 다른 이단자들이 자기파에서 임명되기를 바라며 반대했다. 그들 중에서 뻔뻔한 젊은 아리우스주의 여자 한 명이 강론대로 올라가서 암브로시오의 제의 소매를 붙잡고 여자들이 모여 있는 쪽으로 끌고 가려 했다. 그곳에서 여자들이 그를 때리고 모욕을 주며 성당 밖으로 쫓아낼지도 모르는 상황이었다. 암브로시오는 그녀에게 말했다. "내가 이 대사제의 지위에 합당하지 않을 수 있지만, 당신은 어떤 사제에게도 손을 댈 권한이 없으며, 하느님의 심판과 벌을 두려워했어야 합니다." 그가 말한 것이 확인되었다. 바로 다음 날, 그는 그녀의 시신을 무덤으로 인도하여 모욕을 축복으로 갚았다. 이것은 모든 사람에게 하느님에 대한 두려움을 심어주었다.

밀라노로 돌아왔지만, 암브로시오는 뇌물과 명예를 앞세워 사람들을 끌어들이는 유스티나 황후가 선동하는 온갖 종류의 음모와 싸워야 했다. 그래서 사람들이 암브로시오를 강제로 유배 보내려고 했다. 어떤 사람은 주교좌성당 옆에 집을 빌려서 네 필의 말이 딸린 마차를 준비하고 있을 정도였다. 그 사람은 유스티나의 묵인 하에 암브로시오를 붙잡는 순간 바로 유배지로 보내려던 계획이었다. 그러나 하느님의 심판은 다른 방향을 지시했다. 납치가 계획된 그날, 오히려 그 음모자가 자신의 4두 마차(quadriga)에 실려 유배지로 옮겨졌다. 그러나 암브로시오는 그 사람에게 필요한 물품이 제공되도록 보살핌으로써 악을 선으로 갚았다.

성인은 밀라노 교회에서 따라야 하는 성가와 전례를 위한 규칙을 만들었다.

그 당시, 밀라노에는 악령에 사로잡힌 사람들이 많이 있었는데, 암브로시오에게 고문을 당했다고 거짓 주장을 했다. 유스티나와 그녀의 측근으로 있던 아리우스주의자들은 자신이 부정한 영들에게 괴롭힘을 당하고 있다고 거짓말을 하도록 암브로시오가 돈을 주었다고 주장했다. 그때 갑자기 악령에게 사로잡힌 한 이단자가 "암브로시오를 믿지 않는 사람들은 내가 고문당한 것처럼 고문받을 것이다!"라고 소리치면서 군중 속으로 뛰어들었다. 혼란에 빠진 이단자들은 그 사람을 웅덩이로 밀어 넣어 익사시켰다.

토론에서 특히 날카롭고 빈틈이 없으며 개종을 완강히 저항하는 또 다른 이단자가 암브로시오의 설교를 듣던 중, 천사가 귀에 속삭여주면 암브로시오가 다시 사람들에게 말해주고 있는 모습을 보았다. 그 후 이단자는 박해해왔던 그 믿음을 옹호했다.

어떤 점쟁이가 악령들을 불러 암브로시오에게 해를 입히라고 보냈다. 하지만, 악령들은 돌아와서 그의 집 근처에도 갈 수 없었다고 말했다. 왜냐하면, 꺼지지 않는 불이 건물 전체를 보호하고 심지어 멀리 떨어져 있었음에도 자신들을 집어삼키려 했기 때문이라고 했다. 재판관이 이 점쟁이를 고문관들에게 넘겨 악행을 처벌할 때, 점쟁이는 암브로시오가 훨씬 더 심하게 고문했다고 외쳤다.

악령 들린 한 사람이 밀라노에 들어갔을 때 악령은 잠시 빠져나갔다가 그가 밀라노를 벗어나자 다시 돌아왔다. 이유를 묻자, 악령은 암브로시오가 두려워서라고 말했다.

또 다른 사람이 유스티나의 지시로 주교를 살해하려고 밤에 그의 침실로 들어가서 칼을 들어 찌르려 하자, 그의 팔은 바로 시들어 버렸다.

테살로니카의 시민들이 황제의 노여움을 불러일으켰으나, 황제는 암브로시오의 요청으로 시민들을 용서했다. 하지만 황제는 후에 악의적인 아첨꾼들의 계략으로 용서했던 그 사람들을 엄청나게 많이 처형하고 만다. 나중에 이 소식을 들은 암브로시오는 황제의 성당 출입을 금했다. 다윗이 간음과 살인을 저질렀다는 황제의 말에 암브로시오가 대답했다. "당신이 범법행위에서 다윗을 따랐으니 뉘우침에서도 그를 따르십시오." 관대한 황제는 그 명령을 기꺼이 받아들였고 공적 참회를 받아들였다.*

악마에게 홀린 한 사람이 암브로시오에게 고문을 당했다고 소리치기 시작했다. 암브로시오는 그 사람에게 조용히 하라고 명령한 후 말했다. "악마야, 너를 고문한 것은 내가 아니라 너의 질투심이었다. 네가 불명예스럽게 떨어진 곳에서 그 장소로 오는 사람들을 보았기 때문이다. 나는 교만을 알지 못한다!" 그 사람은 즉시 조용해졌다. 한번은 암브로시오가 도시를 걷고 있을 때,

---

* 그레세(Graesse, 252n)는 이 절에서 말해진 "짧은 이야기"(historiola)는 "초판에서는 부족하다."라고 언급하였다. 그 이야기는 아래에서 좀 더 자세하게 반복되고 있다.

어떤 사람이 우연히 바닥에 넘어진 사람을 비웃는 것을 보았다. 암브로시오는 그 사람에게 말했다. "당신은 지금 서 있지만 넘어지지 않도록 조심하십시오!" 결국 비웃던 사람도 넘어졌고, 자신이 한 짓 때문에 한탄할 수도 없었다.

또 한번은 암브로시오가 궁재(宮宰, Magister Officiorum)인 마체도니우스(Macedonius)의 궁전을 방문했을 때였다. 곤경에 처한 사람을 위해 중재하러 간 것이었는데 문이 잠겨 있어 들어갈 수 없었다. 그러자 "잘됐구나! 당신은 언젠가 성당에 오겠지만, 문이 열려 있어도 들어오지 못할 것입니다."라고 말했다. 얼마 후 마체도니우스는 적들을 두려워하여 피신처를 찾아 성당으로 도망쳤지만, 모든 문이 열려 있음에도 들어갈 수 없었다.

암브로시오의 금욕은 매우 엄격해서 토요일과 주일, 중요한 축일을 제외하고는 거의 먹지 않았다. 스스로는 아무것도 소유하지 않으면서 가진 모든 것을 성당과 가난한 이들에게 나누어 줄 만큼 너그러웠다. 누가 죄를 고백하면 너무 비통하게 울어서 고백하는 사람조차 따라 울게 될 정도로 동정심이 많았다. 겸손하고 근면한 그는 육체적으로 쇠약할 때 빼고는 직접 손으로 책을 썼다. 그는 애정이 많고 친절해서 거룩한 사제나 주교의 죽음을 들으면, 너무나 크게 울어서 다가가 위로하기도 힘들 정도였다. 영광으로 간 거룩한 사람에 대해 왜 그토록 비통하게 슬퍼하느냐는 질문에 대해 그가 대답했다. "그들의 죽음이 비통해 우는 게 아닙니다. 나보다 앞서 갔기 때문이며, 그들을 대신할 사람을 찾기 어렵기 때문입니다." 그의 지조와 용기는 너무나 커서 황제나 왕자의 악덕을 결코 봐주는 법이 없었고, 단호하게 책망했다.

극악무도한 범죄를 저지른 사람이 끌려왔을 때, 암브로시오가 말했다. "그는 사탄에게 넘겨 육신을 죽여야 합니다. 그래야 감히 더 이상 죄를 짓지 않을 것입니다." 이 말을 하자마자 더러운 영이 그의 뜻대로 죄 지은 사람을 찢기 시작했다.*

한번은 복된 암브로시오가 로마로 가던 중에 매우 부유한 토스카나 집에서 환대를 받았다는 이야기를 들려준다. 암브로시오는 그 사람에게 어떻게 지내

---

* 그레세(Graesse, 253n)는 Ed. Pr.이 이 일화를 누락시켰다는 것을 주목한다. "Ed. Pr."은 "초판" 혹은 "주요 판"을 의미할 것이다. 두 명칭 모두 정확한 의미가 없었을 것이다.

는지 묻자 그 사람이 대답했다. "모든 일이 항상 잘 진행되었습니다. 심지어 저는 유명하기까지 합니다. 당신이 본 것처럼 저는 재산이 풍부합니다. 제게 필요한 것보다 더 많은 노예와 하인이 있습니다. 항상 모든 것을 가졌고, 저에게 아무 일도 일어나지 않았으며 슬퍼할 일도 없었습니다." 이것을 듣고 깜짝 놀란 암브로시오는 자신의 여행 길동무들에게 말했다. "주님이 이곳에 계시지 않으니 최대한 빨리 떠납시다. 나의 아들들아, 서둘러라! 우리는 시간을 낭비해서는 안 됩니다, 그렇지 않으면 우리도 이 사람의 죄에 연루되어 하느님의 처벌을 받을 수 있습니다." 그래서 그와 동료들은 급히 떠났고, 그곳에서 어느 정도 멀어졌을 때 뒤에서 갑자기 땅이 열려 부자와 재산이 흔적 하나 남기지 않고 완전히 사라졌다. "보라, 형제들이여, 하느님께서는 역경을 보낸 이들을 얼마나 자비롭게 아껴주시는지, 늘 번영을 누리는 이들에게 그분의 분노가 얼마나 가혹할 수 있는지를!" 그 자리에는 매우 깊은 협곡이 있다고 하는데, 그곳에서 일어난 일을 상기시켜 준다.

암브로시오는 모든 악의 뿌리는 탐욕인데, 권력을 휘두르고 대가만 지불하면 뭐든 가능하다고 생각하는 사람들이 갈수록 늘어나고 있었다. 이는 교회의 고위 직무를 맡은 사람들도 다르지 않았다. 이로 인해 그는 몹시 슬퍼했고 하느님에게 이 세상의 악에서 구해달라고 기도했다. 바람이 곧 이루어지리라는 것을 깨달은 그는 기뻐하며 신자들에게 자신이 부활까지만 함께 하겠다고 밝혔다. 그러더니 몸져눕기 며칠 전 비서에게 시편 43장에 대한 주석을 구술하고 있을 때, 비서는 방패 형태의 작은 불 하나가 성인의 머리를 덮은 후 입속으로 천천히 들어가는 것을 보았다. 그의 얼굴은 눈처럼 하얗게 변하였으나 곧 회복되었다. 그날의 집필과 구술은 끝났으나 시편 해설을 완성하지 못한 채 며칠 후 몸 상태가 악화되었다. 그때 이탈리아 밀라노에 있던 백작이 지방 고위급 사람들을 소집했다. 백작은 그렇게 위대한 사람의 죽음이 이탈리아로서는 행복을 크게 위협받는 거라고 말하면서 하느님의 사람을 방문해서 1년간 하느님으로부터 유예받도록 요청하길 부탁했다. 그들의 애원을 들은 암브로시오가 대답했다. "저는 그런 부끄러운 방식으로 살고 싶지 않습니다. 우리 모두는 선한 주님을 모시고 있기에 죽는 것도 두렵지 않습니다."

그때 암브로시오가 있는 곳에서 좀 떨어진 곳에서 부제 네 사람이 그의 뒤를 이을 적합한 사람에 대해 의논하고 있었다. 그들이 조용히 심플리치아노 (Simplicianus)를 지명하고 그 이름을 미처 말하기도 전에 멀리 있던 성인이 그들에게 세 차례 소리쳤다. "그는 나이가 많지만 올바른 사람이다!" 이 소리를 들은 부제들은 두려움에 흩어졌고 암브로시오가 죽은 후에는 심플리치아노 외에 아무도 선택하지 않았다.

임종을 앞둔 성인은 기쁘게 미소 지으며 자신을 향해 오는 예수를 보았다. 그리고 암브로시오의 죽음을 예상하고 있던 베르첼리(Vercelli)의 주교 호노리오(Honorius)는 잠이 들었을 때, "일어나라, 그의 죽음의 시간이 다가왔다."라고 부르는 음성을 세 차례나 들었다. 주교는 일어나 서둘러 밀라노로 갔고, 죽어가는 주교에게 성체성사를 주기 위해 제시간에 도착했다. 잠시 후 암브로시오는 십자가 형태로 팔을 펼쳐 직접 기도하며 마지막 숨을 쉬었다. 그는 서기 약 379년에 활약했다. 부활절 밤에 그의 시신이 주교좌성당으로 옮겨질 때 세례 받은 많은 어린이들이 그 성인을 보았다. 어린이들 중 일부는 그가 주교좌에 앉아 있는 것을 보았고, 일부는 그가 주교좌로 올라가는 모습을 보고 자신의 부모들에게 그를 가리켰다. 또 다른 사람들은 그의 시신 위에 있는 별을 보았다고 말했다.

한 사제가 몇몇 사람들과 저녁 식사를 하면서 성 암브로시오의 병에 대해 말했다. 사제는 곧 치명적인 병에 걸려서 죽었다. 카르타고 시에서 세 명의 주교들이 흥겹게 저녁 식사를 하고 있었고, 그들 중 한 사람이 암브로시오를 업신여기는 말을 했다. 그는 다른 사제에게 발생한 이야기를 비웃었다. 즉시 그는 치명적인 부상을 입고 그 자리에서 자신의 날을 끝냈다.

성 암브로시오는 높은 덕으로 본보기가 되었다. **첫째**, 그는 크게 관대했다. 그의 소유물은 모두 가난한 사람들의 것이었다. 이러한 점에서 황제가 그의 대성전(Basilica)을 넘겨주기를 명령했을 때, "만일 황제가 재산, 돈 등 내가 가진 것들을 요구했다면 나의 모든 것은 가난한 사람들의 것이기 때문에 반대하지 않았을 것입니다."라고 대답했다.(칙령 Convenior, XXIII, qu. 8에 기록하였던 것처럼) **둘째**, 그는 티끌 하나 없이 순수했고, 동정(童貞)이었다. 이런 이유로 예로니모는 암브로시오가 "우리는 동정을 칭찬할 뿐만 아니라, 우리는 그것을 실행합니다."라고 말했던 것을 전한다. **셋째**, 그는 믿음이 굳건했다. 황제가 그 대성전을 요구했을 때, 암브로시오는 (이것은 제시된 위의 장[章]에 기록되어 있듯이) "그는 나에게서 나의 주교좌를 가져가기 전에 나의 생명을 죽여야 할 것입니다."라고 말했다. **넷째**, 그는 순교를 간절히 간청했다. 그의 편지 〈넘겨줄 수 없는 대성전에 대하여〉(De basilica non tradenda)에서 발렌티니아누스 황제의 대리인이 암브로시오에게 "발렌티니아누스를 존경하지 않으면 나는 당신의 머리를 가질 것이다."라는 명령을 보냈다는 것을 읽을 수 있다. "하느님이 너의 협박을 수행하도록 허락하시고 교회의 적을 교회로부터 물리치게 하시기를! 그들이 모든 창으로 저를 겨누게 하고 저의 피로 그들의 갈증을 해소하게 하소서."라고 답했다.

다섯째, 그는 기도에서 인내의 모범이다. 그래서 우리는 《교회사》의 제11권에서 암브로시오는 황후의 분노에 대항하여 자신의 능력이 아니라 단식과 지속적인 밤샘으로 자신을 방어하였다고 읽었다. 제대 아래에서 그의 기도로 자기 자신과 교회를 위한 옹호자로 하느님을 얻었다. **여섯째**, 넘쳐났던 그의 눈물이다. 어떤 사람이 죄를 고백하였을 때 암브로시오는 아주 많이 울었고 그 죄인을 똑같이 울게 만들었다고 바울리노(Paulinus)가 자신의 전기(傳記)에서 기록했다. 이는 다른 사람들의 죄를 위한 연민의 눈물이다. 이미 인용된 바와 같이 바울리노가 그 성인에게 거룩한 사람들이 죽었을 때 왜 그토록 우느냐고 물었다. 그는 "그들이 나보다 먼저 영광으로 가기 때문입니다."라고 대답했던 것처럼 영원의 기쁨에 대해 동경하는 신앙심이 두터운 눈물을 지녔다. 그가 스스로 말하였고 우리가 위에서 인용했던 칙령에서 "고트족 군대에 대항한 나의 무기는 바로 눈물입니다. 눈물로 충분히 방어할 수 있기 때문입니다. 나는 다른 어떠한 저항을 해서는 안 되고 할 수도 없습니다."라는 대답처럼 다른 사람들의 잘못을 위해 흘린 눈물을 가졌었다.

일곱째, 그의 세 가지 원칙으로 보여준 불굴의 용기를 생각해 보라. 그중 첫 번째는 가톨릭 진리를 옹호하는 것이었다. 《교회사》의 제11권에서, 아리우스주의 이단을 지지했던 발렌티니아누스 황제의 어머니 유스티나가 교회의 건전한 질서를 어지럽혔고, 리미니(Rimini) 교회회의의 교령을 철회하지 않는 한 주교들을 추방하고 유배 보내겠다며 협박했다고 읽었다. 이와 같은 말로 그녀는 가장 용맹한 암브로시오를 몰아쳤다. 성인의 축일 미사의 〈서문경)에서 그에 대해 노래한다. "당신은 그런 덕으로 암브로시오를 강하게 하셨고 위대한 불변의 은사로 그를 꾸미셨으므로 그로 말미암아 악령이 쫓겨나고 고문을 당하고 아리우스주의 배교가 진압되고 시들어 버렸으며 세속 군주들의 목이 당신의 멍에에 숙여졌고 겸손해졌습니다." 그의 행동을 형성했던 두 번째 원칙은 교회의 자유를 보호하는 것이었다. 따라서 황제가 대성전을 소유하기를 원했을 때, 암브로시오는 자신이 증명하고 칙령 XXIII, qu. 6에 적혀 있듯이 군주에게 반대했다. "제가 직접 백작들을 만났습니다. 그들은 당장 대성전을 양도하라는 황제의 명령을 전달하고 그 요구는 자신의 권리라고 말했습니다. 저는 대답했습니다. '만일 그가 나의 유산을 원한다면 가져가십시오. 만일 그가 내 육신을 원한다면 나는 준비되어 있으니 만일 차꼬로 나를 채우려 한다면 채우십시오. 제가 죽기를 원한다면, 당신의 뜻을 따르겠습니다. 저는 군중을 방패로 사용하지 않을 것이고, 생명을 구걸하기 위해 제대에 매달리지 않을 것이고, 기쁘게 불태워질 것입니다. 당신은 대성전을 포기하라는 황제의 명령을 가져왔고, 우리는 왕명(王命)의 압력 아래에 있습니다. 그러나 우리의 결심은 성경의 말씀들로 강합니다. 황제여, 당신은 어리석은 사람처럼 말합니다. 당신이 하느님의 것에 대한 권한을 가졌다는 생각으로 당신 스스로 짐을 지지 마십시오. 궁전은 황제에게 속하고, 성당은 사제들에게 속합니다. 성 나봇(Naboth)은 피로 포도밭을 방어하고 지켰습니다. 그런데 우리가 그리스도의 성당을 넘겨줄 것 같습니까? 공세(貢稅)는 마땅히 황제의 것이니 취해도 되겠지만, 성당은 하느님께 속하니 황제에게 기부되지 않게 하십시오. 만일 저의 재산이나 집, 금, 은 등 정당하게 저에게 속한 것을 요구하거나 강제로 가져가려 한다면 자진해서 제공할 것이나 성전에 속한 것은 어떤 부분도 줄 수 없습니다. 제가 신뢰로 받은 것이기에 찢겨져서는 안 됩니다.'" 그의 세 번째 원칙은 악과 모든 불법에 대해 공공연하게 비난하는 것이었다. 따라서 우리는 《교회사 3부작》과 또 다른 《연대기》에서 테살로니카 시에서 폭동이 발생했고 폭도들이 재판관들에게 돌팔매질을 했다는 것을 읽었다. 격분한 테오도시우스는 유죄인 사람과 무죄한 사람을 구분하는 어떤 노력도 하지 않고 모든 사람을 사형에 처하라고 명령했고, 약 5,000명의 사람이 죽임을 당했다. 그래서 밀라노에 온 황제가 성당에 들어서려고 할 때, 암브로시오는 "오 황제여, 왜 당신은 화가 난다는 이유로 그 큰 죄를 짓고도 스스로 인정하지 않습니까? 황제라고 해서 죄를 인정하지 않아도 되는 것입니까? 당신은 권력을 이성적으로 제어해야 합니다. 오 황제여, 당신은 군주이지만, 당신의 백성은 당신처럼 하느님의 종들입니다. 당신은 어떤 눈으로 우리 모두의 주님의 성전을 지켜보십니까? 어떻게 감히 당신은 이 거룩한 곳에 발을 들입니까? 부당하게 흘린 피가 흠뻑 젖어 있는 손을 내밀려 합니까? 당신이 뱉은 분노에 찬 말들로 인해 그렇게 많은 피를 부당하게 흘리게 하고서 어떻게 당신은 주제넘게 당신의 입 안에 주님의 피를 맛보려고 합니까? 돌아가십시오! 이미 저지른 큰 죄에 다른 죄를 더하려고 애쓰지 마십시오! 그것이 최고의 약이고, 건강에 가장 좋은 방법이니 이제 주님이 당신을 묶으려고 한 굴레를 받아들이십시오."라고 말하면서 황제가 들어오지 못하게 막았다.

이 말에 복종한 황제는 탄식하고 울면서 궁전으로 돌아갔다. 황제가 오랫동안 슬픔에 빠져 있자, 군대 사령관 루피누스(Rufinus)가 무엇 때문에 슬퍼하는지 물었다. "너는 내가 얼마나 슬픈지 모를 것이다. 성당들이 노예와 거지에게는 열려 있으나 나는 그곳을 들어갈 수 없다." 그리고 황제의 말은 흐느낌으로 끊어졌다. 루피누스: "만일 당신이 원하신다면, 제가 곧장 암브로시오에게 가서 당신에게 씌운 굴레를 풀도록 만들겠습니다." 황제: "너는 암브로시오의 마음을 바꿀 수 없을 것이다. 제국의 권력도 그를 하느님의 법에서 벗어나게 하지 못하기 때문이다." 그러나 루피누스가 주교를 데려오겠다고 장담하자, 황제는 허락하였고 그의 뒤를 바싹 따랐다. 그러나 암브로시오는 루피누스를 보자마자 "루피누스야, 너는 뻔뻔스러운 개처럼 행동하는구나! 학살의 가해자인 너는 얼굴에서 수치를 닦지 않고, 하느님의 위엄에 짖으면서도 너의 얼굴로부터 부끄러움을 닦지 않는구나!"라고 말했다. 그럼에도 불구하고 루피누스는 계속 애원하며 황제가 뒤에 오고 있다고 말했다. 천국의 열의에 불탄 암브로시오가 말했다. "나는 그가 거룩한 문턱을 넘지 못하게 하고 만일 그가 권력의 폭정을 휘두른다면 기꺼이 받을 것을 선언한다."

이 상황에 대해 루피누스로부터 보고를 받은 황제가 대답했다. "나는 그에게 가서 내가 마땅히 받아야 할 창피를 받겠다!" 그리고 황제는 암브로시오에게 가서 자신의 굴레를 없애 달라고 간청했으나, 암브로시오는 "당신은 그런 범죄들에 대해 어떤 보속을 하였습니까?"라고 말하면서 성당 안으로 들어오는 것을 거부했다. 황제는 "보속을 부과하는 것은 당신의 몫이고, 나는 시키는 대로 따르겠다."고 대답했다. 그리고 황제가 다윗은 간통과 살인을 저질렀다는 것을 지적하자, 암브로시오가 대답했다. "당신은 죄에서 다윗을 따랐듯이 징계에서도 그를 따르십시오." 이에 동의한 황제는 공적인 고행을 하는 것을 거부하지 않았고, 화해함으로써 성당 안으로 들어가서 성체 난간(cancellus)의 문 안쪽에 서 있었다. 암브로시오는 황제에게 왜 그곳에 있냐고 물었다. 황제는 미사(sacrum ministerium)에 참여하려고 기다리는 중이라고 말했고, 암브로시오는 대답했다. "오 황제여, 성체 난간 안쪽 공간은 사제들을 위한 것입니다. 그러니 밖으로 나가서 다른 사람들과 함께 참여하십시오. 자주색 옷은 황제를 위한 것이지 사제들을 위한 것이 아니듯 말입니다." 그 황제는 즉시 시키는 대로 했다.

콘스탄티노플로 귀환한 테오도시우스는 성당에 갔을 때 성체 난간 바깥쪽에 앉았으나 주교는 안쪽으로 오라고 말을 전해 왔다. 황제는 "나는 황제와 사제 사이의 차이를 배우기가 어려웠습니다. 그리고 진리를 나에게 가르쳐줄 사람을 찾는 데 시간이 걸렸습니다. 암브로시오는 내가 주교라고 부를 수 있는 유일한 사람입니다."라고 말했다.

여덟째, 암브로시오는 교리의 순수성이 뛰어났다. 예로니모가 《12명의 학자》(De XII Doctoribus)에서 말한 것처럼, 그의 교리는 심오했다. "암브로시오는 깊은 곳에서 위로 들어 올려졌고, 그가 깊은 곳으로 갔었지만 하늘의 새인 그는 높은 곳에서 자신의 과일을 모으려고 했던 것처럼 보인다." 예로니모가 같은 책에서 말한 것처럼 그의 교리는 견고하고 단단했다. "그의 모든 문장은 신앙, 교회, 모든 덕의 단단한 기둥이다." 아우구스티노가 《혼인과 정욕》(De nuptiis et contractibus)에서 말한 것처럼, 그의 작품은 아름답고 우아함을 가졌다. "이단(異端)의 창시자인 펠라지우스(Pelagius)는 '로마의 믿음이 저서에서 빛난 복된 주교 암브로시오는 라틴 저술가들 사이에서 한 송이 꽃처럼 드러났다.'라고 말하며 암브로시오를 칭찬했다." 그리고 아우구스티노는 덧붙였다. "어떤 적도 감히 그의 믿음과 성경의 정확한 이해에 대해서 질문하려고 하지 않았다." 그의 교리는 매우 높은 권위가 있었다. 왜냐하면 고대의 저술가들 중에서도 아우구스티노가 그의 말은 영향력이 크다고 했다. 그래서 아우구스티노의 어머니 모니카(Monica)가 밀라노에서는 토요일에 금식하지 않는 이유를 궁금해 하며 야누아리오(Januarius)에게 편지를 썼고, 아우구스티노는 그것에 대해 암브로시오에게 물었다. 암브로시오는 "나는 로마에 가면 안식일에 단식을 합니다. 그러므로 여러분도 어떤 교회를 방문하든 그곳의 관례를 따르십시오. 그러면 아무도 여러분을 분개하게 만들지 않을 것입니다."라고 대답했다. 아우구스티노는 덧붙였다. "나는 이 문장을 여러 번 생각하였고, 하늘로부터의 하느님 말씀처럼 받아들였으며 그렇게 되도록 항상 노력하였다."

티부르시오(Tiburtius)와 발레리아노(Valerianus)의 생애와 순교는 성녀 체칠리아의 수난(169장 참조)에 포함되어 있다.

····✦ 58 ✦····

성 제오르지오

제오르지오(Georgius, George)라는 이름은 '땅'을 의미하는 제오스(geos)와 '일하다'를 의미하는 오르제(orge)에서 파생된다. 그러므로 그는 땅을 경작하는 사람, 즉 자신의 육체를 다스리는 사람이다. 이제 아우구스티노는 《삼위일체론》(De Trinitate)에서 좋은 땅은 높은 산과 언덕의 온화한 기후, 평지에서 발견된다고 했다. 높은 산은 좋은 풀을, 언덕의 온화한 기후는 포도를, 평지는 들판의 열매를 맺는다. 이처럼 복된 제오르지오는 비열한 짓을 경멸하고 청렴의 신록(新綠)을 가졌기 때문에 높은 곳에 있었다. 그는 신중함으로 자신을 절제하였고 그래서 천국의 기쁨의 포도주를 함께 나누었다. 그는 겸손으로 자신을 낮추어 선한 일의 열매를 맺었다. 또한, 제오르지오는 '거룩한'이란 제라르(gerar)와 '모래' 지온(gyon), 그러니 '거룩한 모래'에서 파생된다. 그는 덕의 무게로 무겁고, 겸손으로 작고, 육체의 정욕(情慾)이 건조한 모래 같았다. 또한 그 이름은 '거룩한'이란 제라르와 '투쟁하다'라는 지온에서 파생되었다. 그는 용과 사형 집행인에 대항하여 싸웠기 때문에 거룩한 전사(戰士)이다. 혹은 제오르지오는 '순례자'란 의미의 제로(gero), '자르다'의 지르(gir), '조언자'란 이스(ys)에서 왔다. 그는 세속을 경멸하는 순례자이고, 순교의 월계관을 확보함으로 일찍 세상을 떠났고, 하느님 나라에 대한 설교에서 조언자였다. 니케아 공의회에서는 그의 순교에 대한 확실한 기록이 없어서 그의 이야기를 외경(外經)에 포함시켰다. 베다(Beda)의 축일표(Calendarium)에서는 릿다(Lidda)라고 불렸고 욥페(Joppe) 인근에 있는 페르시아의 도시 디아스폴리스(Dyaspolis)에서 그가 순교했다고 전한다. 다른 자료에서는 디오클레티아누스와 막시미아누스 황제 치하에서, 또는 그의 제국에 70명*의 왕들이 있을 때 페르시아의 황제 다치아누스(Dacianus) 치하에서 고통받았다고 기록하고 있다. 아니면 디오클레티아누스와 막시미아누스의 재위 기간에 다치아누스 총독에 의해 처형되었다고도 한다.

카파도키아(Cappadocia) 출신의 제오르지오는 호민관(護民官)이라는 계급의 군인이었다. 그는 리비아 지방의 실레나(Silena) 시로 여행한 적이 있었다. 이 마을 근처에는 전염병을 일으키는 용(龍)이 숨어 있는 호수만한 큰 연못이 있었다. 용이 그 도시 성벽에 올라가 숨이 닿는 곳에 있는 사람들을 독으로 죽이곤 했다. 이 때문에 사람들이 무장하고 용에 대항하기 위해 왔지만, 용은 번번이 사람들을 달아나게 했다. 마을 사람들은 이 괴물의 분노를 달래려고 매일 양 두 마리를 바쳤다. 그렇지 않으면 용은 도시를 침략하여 많은 사람을 죽이곤 했다. 그러나 양이 떨어져 갔고 더 이상 구할 수가 없었다. 그래서 회의 끝에 한 마리 양과 남자나 여자 한 사람을 공물로 바치기로 했다. 이는 제비뽑기로 정했고 어떤 예외도 없었다. 그러나 곧 거의 모든 젊은이가 잡아먹혔다. 그러던 어느 날 왕의 외동딸이 제비로 뽑히자, 왕은 슬픔에 빠져 제 정신이 아니었다. "내 금과 은, 내 왕국의 반을 가져가시고 내 딸을 죽음에서 피하게 해 주시오." 그러나 백성들은 몹시 화가 나서 소리쳤다. "오 왕이시여, 당신이 직접 칙령을 발표했고, 이제 우리의 자녀들은 모두 죽었는데 당신은 딸을 구하려 하십니까! 당신은 남은 사람들을 위해 정해진 룰을 따르십시오. 안 그러면 우리는 당신을 가족과 함께 산 채로 불태울 것입니다!" 이 말을 들은 왕은 울며 딸에게 말했다. "나의 사랑하는 아이야, 나는 너에게 무엇을 해야 하느냐? 내가 무슨 말을 할 수 있겠느냐? 너의 결혼식을 결코 볼 수 없다는 것이냐?" 그리고 백성들에게 돌아서서 말했다. "내가 당신들에게 간청합니다. 우리가 함

---

* 영어본에서는 70명, 라틴어본은 80명이라고 표기에 차이가 있다. – 역자 주

께 울 수 있게 일주일 동안만 내 딸과 함께 지내게 해주시오." 이 요청이 받아들여졌으나 약속된 마지막 날에 백성들은 격분하여 "왜 당신은 딸을 구하려고 백성은 죽게 내버려 두십니까? 용 때문에 우리 모두 죽어가고 있다는 것을 왜 보지 못하십니까?"라고 울부짖었다. 그래서 딸을 구할 수 없다는 것을 깨달은 왕은 딸에게 제왕의 옷을 입히고 눈물을 흘리며 껴안고 말했다. "슬프도다! 내 귀염둥이야, 네가 왕가의 젖을 먹이면서 아들을 키우는 모습을 볼 것이라고 생각했는데, 이제 너는 용에게 잡아 먹혀야만 한다! 아아, 나의 귀여운 아기야, 나는 너의 결혼식에 왕자들을 초청하고 진주로 궁전을 장식하기를, 탬버린과 하프 음악을 듣기를 희망하였는데, 이제 너는 가야 하고 짐승에게 삼켜져야 하는구나." 그는 딸에게 입 맞추었고 "오, 내 딸아, 이런 식으로 너를 잃는 것보다 네 앞에서 내가 죽었어야 했는데!"라고 말했다. 그때 그녀는 아버지 앞에 몸을 엎드리고 축복을 간청했다. 왕은 울면서 딸을 축복했고, 그녀는 호수를 향해 출발했다.

바로 이때 복된 제오르지오가 지나다가 눈물을 흘리는 처녀를 보고 왜 우는지 물었다. 그녀는 대답했다. "착한 청년이여, 빨리 도망치십시오, 그렇지 않으면 당신도 나처럼 죽을 것입니다." 제오르지오: "아가씨, 두려워하지 마십시오, 저에게 말해 보십시오, 이 모든 사람이 무엇을 보려고 기다리는 것입니까?" 그녀: "착한 청년이여, 당신의 숭고한 마음은 잘 알겠으나 나와 함께 죽고 싶지 않으면 빨리 도망치세요!" 제오르지오: "이유를 말할 때까지 떠나지 않을 것입니다." 결국, 자초지종을 들은 그가 말했다. "두려워하지 마십시오! 그리스도의 이름으로 당신을 도울 것입니다!" 그녀: "용감한 기사님, 서둘러 당신 자신을 구하십시오. 저는 혼자 죽는 것으로 충분합니다."

그들이 대화를 나누는 동안, 용이 호수 밖으로 머리를 들어 올렸다. 떨고 있는 처녀가 소리쳤다. "저리 가세요, 친절하신 분, 빨리 도망치세요!" 그러나 제오르지오는 말에 올라 십자성호로 무장하며 하느님에게 자신을 맡기고 다가오는 용을 향해 창으로 공격하여 중상(重傷)을 입히고 쓰러뜨렸다. 그런 다음 그 처녀를 불렀다. "두려워하지 마라! 너의 허리띠를 용의 목에 던져라! 주저하지 마라!" 그녀가 그의 말대로 하자, 용은 가죽끈에 매인 작은 개처럼 그녀를 따랐다. 그녀는 도시로 용을 이끌었다. 그러나 이 모습을 본 백성들은 산과 언덕으로 달아나면서 "이제 우리가 모두 산 채로 먹힐 것이다!"라고 비명을 질렀다. 그러나 복된 제오르지오는 백성들에게 손을 흔들며 말했다. "여러분은 이제 두려워하지 않아도 됩니다! 주님께서 용의 위협으로부터 당신들을 구하라고 저를 보내셨습니다. 여러분 모두 그리스도를 믿고 세례를 받으십시오, 그러면 제가 용을 죽일 것입니다!" 그러자 왕과 모든 백성이 세례를 받았고, 제오르지오는 칼로 용을 죽인 후 도시 밖으로 옮기라고 명령했다. 네 쌍의 황소가 성벽 밖의 넓은 들판으로 용을 끌고 갔다. 그날, 여자들과 어린이들을 제외하고도 2만 명이 세례를 받았다. 왕은 복되신 마리아와 성 제오르지오를 기념하여 그곳에 성대한 성당을 건축하였고, 제대에서는 모든 질병을 치료하는 샘물이 흘러나왔다. 또한, 왕은 복된 제오르지오에게 막대한 돈을 주려고 했지만, 그는 거부하며 가난한 사람들에게 나눠주라고 했다. 그리고 왕에게 네 가지 가르침을 주었다. 즉 하느님의 교회를 잘 돌보고, 사제들을 공경하고, 성무일과에 헌신적으로 돕고, 마음속에 항상 가난한 사람들을 품으라는 것이었다. 마침내, 제오르지오는 왕을 포옹하고 작별을 고했다. 그러나 일부 책들에서는 용이 소녀를 산 채로 막 삼키려는 순간에 제오르지오가 십자성호를 긋고 용에 올라타서 죽였다고 전하기도 한다.

이때, 디오클레티아누스와 막시미아누스의 재위 기간에 다치아누스 (Dacianus) 총독은 그리스도인들에게 난폭한 박해를 가해 한 달 동안 1만 7천 명이 순교의 월계관을 얻었고, 반면에 고문으로 위협받은 많은 사람이 굴복하여 우상들에게 제사를 드렸다. 이것을 보고 비탄에 빠진 성 제오르지오는 자신의 모든 소유물을 나누어 주었고, 군복을 벗고 그리스도인들의 의복을 입었다. 그러고는 군중의 중앙으로 들어가서 외쳤다. "당신들의 모든 신은 악령이고 우리의 하느님 홀로 하늘의 창조주이십니다!" 이에 화가 난 총독은 "너는 감히 우리의 신들을 악령이라고 말하는 것이냐? 너는 어디에서 왔고 이름은 무엇이냐?"라고 쏘아붙였다. 제오르지오는 대답했다. "제 이름은 제오르지오이며 카파도키아에 있는 고귀한 선조의 후손입니다. 저는 그리스도의 도움으로 팔레스티나를 정복하였으나 지금은 좀 더 자유롭게 하늘의 하느님에게 봉사하기 위해 모든 것을 그만두었습니다." 그를 설득할 수 없다는 것을 깨달은 총독은 그를 고문대 위에서 잡아당기고 갈고리로 갈기갈기 찢으라고 명령했다. 횃불로 몸에 불을 붙이고 벌어진 상처에는 소금을 발랐다. 바로 그날 밤에 거대한 빛의 한가운데에 주님이 그에게 나타나셔서 자신의 존재와 말씀으로 매우 다정하게 위로하셨고 성인은 고문 같은 건 아무렇지도 않았다.

이제 고통이 전혀 쓸모없다는 것을 깨달은 다치아누스는 마법사를 호출해서 말했다. "그리스도인들이 우리의 고문을 가볍게 여기는 것은 마술을 부린 게 틀림없고, 우리의 신에게 제물 바치는 것을 무가치하다고 생각한다." 마법사는 대답했다. "만일 제가 그의 주문을 무력화하지 못한다면, 제 목을 베십시오." 마법사는 주술을 부리려고 자기 신들의 이름을 부르며 독이 든 포도주를 복된 제오르지오에게 마시라고 주었다. 그러나 성인은 포도주 위에 십자성호를 그은 후 마셨고, 아무런 해도 입지 않았다. 마법사는 다시 포도주에 더 많은 양의 독을 넣었으나, 다시 그 잔 위에 십자성호를 긋고 마신 성인은 어떤 일도 일어나지 않았다. 이것을 본 마법사는 제오르지오의 발 앞에 엎드리고, 큰 한탄과 용서를 간청하며 자신을 그리스도인으로 만들어 달라고 간청했다. 얼마 지나지 않아 마법사는 참수되었다. 다음 날 총독은 제오르지오를 예리한 칼이 장착된 형거(刑車)에 묶으라고 명령했으나, 형거가 즉시 허물어졌고 성인은 다치지 않았다. 그리고 납을 녹인 가마솥에 던져졌으나 제오르지오는 십자성호를 긋고 하느님의 권능으로 마치 원기를 북돋우는 욕조 안에 있는 것처럼 편안히 누웠다.

협박과 고문으로는 효과가 없음을 깨달은 다치아누스는 달콤한 말로 성인의 마음을 돌리려고 했다. "여보게 젊은이 제오르지오, 우리의 신들이 얼마나 오랫동안 고통받고 있는지 짐작할 것이다. 신들은 너의 신성모독을 매우 끈기 있게 참고 있으며, 만일 네가 회개한다면 용서할 준비가 되어 있다. 그러니 나의 조언을 따르라. 너의 미신을 포기하고, 우리의 신에게 제사를 지내고, 신들과 우리에게서 큰 명예를 얻어라." 제오르지오는 미소를 지으며 대답했다. "왜 전에는 친절하게 말하지 않고, 고문으로 굴복시키려고 하였습니까? 알겠습니다. 저는 당신이 말한 것처럼 할 준비가 되어 있습니다." 이 말에 기뻐한 다치아누스는 오랫동안 저항하다가 마침내 굴복하여 신을 숭배하는 제오르지오를 모든 백성이 보게 하라고 명령했다. 도시는 화환으로 장식되었고 축하로 가득 찼다. 그리고 제오르지오가 제사를 지내려고 신전 안에 들어왔을 때 많은 사람이 대기하고 있었다. 그는 무릎을 꿇고 하느님의 영광과 백성들의 회개를 위해 우상들이 하나도 남지 않게 완전히 파괴되길 주님께 기도했다. 그 즉시 하늘에서 불덩이가 떨어졌다. 결국, 신전과 우상들, 신관(神官)들을 전소시켰고 땅이 열리고 그곳에 남겨졌던 모든 것을 삼켰다. 성 암브로시오는 〈서문경〉에서 성 제오르지오에 대해 말한다. "그리스도교가 침묵의 덮개 아래에서만 공언되는 동안, 그리스도의 최고의 충실한 군인이고 그리스도인들 사이에서 홀로 두려움을 모르는 제오르지오는 하느님 아드님께 믿음을 공개적으로 천명했다. 그리고 하느님의 은총은 제오르지오에게 폭군들의 명령을 멸시하고 무수한 고문의 고통에 맞설 수 있는 불굴의 용기를 주었다. 오, 주님을 위한 복되고 고귀한 전사여! 세속적인 힘에 아첨하는 약속에 설득당하지 않았을 뿐만 아니라, 자신의 박해자를 우롱하였고 심연(深淵) 속으로 거짓 신들의 상을 내던졌다." 여기까지는 암브로시오의 말이다.

이 일을 들은 다치아누스는 제오르지오를 데려오라고 명령했다. "사악한 제오르지오야, 그렇게 큰 죄를 저지른 너는 도대체 얼마나 악하다는 것이냐?" 제오르지오는 항변했다. "억울합니다. 저와 함께 가셔서 다시 제사를 지내는 저를 보십시오!" 다치아누스: "넌 사기꾼이다! 땅이 신전과 나의 신들을 집어 삼키게 만든 것처럼 지금 네가 하려는 것은 나 역시 집어 삼켜지게 하는 것이다." 제오르지오: "불쌍한 사람! 당신의 신은 그들도 구하지 못했는데 어떻게 당신을 구하겠습니까?" 몹시 화가 난 다치아누스는 아내 알렉산드리아를 향해 말했다. "저 사람이 나를 이겼다. 나는 결국 죽게 될 것이다." 그녀: "잔혹하고 피에 굶주린 폭군이여! 제가 그리스도인들의 하느님은 그들을 위해 싸울 것이니, 그들을 학대하지 말라고 하지 않았습니까? 이제 저는 그리스도인이 되길 원합니다." 얼이 빠진 다치아누스가 울부짖었다. "오, 설상가상이구나! 그래서 당신 또한 잘못된 방향으로 이끌렸구나!" 그리고 그는 아내의 머리카락을 잡고 채찍으로 때렸다. 그녀가 매를 맞으면서 제오르지오에게 말했다. "오, 제오르지오, 진리의 빛이여, 저는 세례의 물로 다시 태어나지 않았는데 어떻게 될 것이라고 생각하십니까?" 그가 대답했다. "당신은 아무것도 두려워하지 않아도 됩니다. 부인! 당신 피의 흘림이 당신의 세례이고 당신의 월계관이 될 것입니다." 그 말을 들은 그녀는 바로 주님께 기도하였고 자신의 마지막 숨을 쉬었다. 암브로시오는 〈서문경〉에서 "이런 이유 때문에 이교도인 페르시아 왕비는 비록 세례를 받지 않았지만, 잔혹한 배우자가 그녀를 죽이라고 선고하였을 때 자비를 보여주었고 순교의 팔마를 받았다. 이런 이유로 우리는 자신이 흘린 피의 이슬로 진홍색으로 물든 그녀가 하늘의 입구를 통해 들어갔고 하늘나라를 받을 만했다는 것을 믿어 의심치 않는다."라고 이 사실을 증언했다. 여기까지는 암브로시오의 말이다.

다음 날 제오르지오는 도시를 관통하여 끌려다니는 형벌을 받은 후 참수되었다. 그는 도움을 간청하는 모든 사람의 요청을 들어주시기를 주님께 기도했다. 그러자 하늘의 음성이 그에게 와서 그렇게 될 것이라고 말했다. 그의 기도가 끝나자, 그는 목이 잘렸다. 그의 순교는 서기 약 287년에 시작되었던 디오클레티아누스와 막시미아누스 황제들의 재위 시기에 이뤄졌다. 다치아누스에 대해 말하자면, 처형 장소에서 궁으로 돌아가는 길에 불덩이가 떨어져 그와 수행원 모두 불살랐다.

투르의 그레고리오(Gregorius Turonensis)는 몇몇 사람이 성 제오르지오의 유해들을 옮기고 하룻밤 동안 경당(Capella)에서 받은 환대에 대해 이야기한다. 아침에 그들은 유물이 담긴 관을 경당과 나눌 때까지 옮길 수가 없었다고 한다. 그리고 십자군 전쟁 동안, 그리스도인들이 예루살렘을 포위하러 갈 때, 매우 아름다운 젊은이가 한 사제 앞에 나타났다고 《안티오키아의 역사》(Hystoria Antiochena)에서 전하고 있다. 그 젊은이는 사제에게 자신은 그리스도인 군대의 지휘관 성 제오르지오이고, 만일 십자군이 예루살렘으로 자신의 유해를 옮긴다면 십자군과 함께 할 것이라고 말했다. 그 다음에 십자군이 그 도시를 포위했을 때, 사라센 사람들의 저항으로 사다리를 올라갈 엄두도 내지 못하고 있었다. 그러나 성 제오르지오가 빨간 십자가가 표시된 흰색 갑옷을 입고 나타나서 자신을 따라 안전하게 성벽을 올라갈 것이며 승리할 것이라고 말했다. 이렇게 자신감을 되찾은 군대는 그 도시를 점령했고 사라센 사람들을 패배시켰다.

59

성 마르코 복음사가

마크[Mark]의 라틴어 어형[語形]* 마르코(Marcus, Mark)는 '명령에 의한 숭고함', '확실한', '몸을 굽히다', '쓰라린'으로 해석된다. 복음사가 마르코는 자신의 삶이 완전하기 때문에 명령에 의해 숭고하였다. 그는 일반적인 명령뿐만 아니라 권고와 같은 숭고한 명령도 준수하였다. 그는 자기 복음의 가르침에 대해 확신하였기 때문에 확신에 찬 사람이었다. 그는 자신의 스승인 성 베드로에게서 배웠던 대로 자기 복음서의 가르침을 확실한 가르침으로 물려주었다. 그는 깊은 겸손으로 몸을 굽혔다. 우리가 말하는 것처럼 그가 사제직에 부적합하다는 판단을 받기 위해 자신의 엄지손가락을 자른 것은 겸손 때문이었다. 그는 자신이 겪은 형벌의 쓰라림에 괴로워하였고 도시의 거리를 관통해 끌려다니며 고문 중에 죽어갔다. 또한, 마르코는 단순히 철을 부수고 악보를 크게 울리며, 모루를 더 튼튼하게 하는 무거운 망치인 망치(marcus)일 수 있다. 이와 같이 마르코는 자기 복음의 가르침으로 이단자들의 배신을 무너뜨렸고, 하느님에 대한 찬미를 크게 울리고, 교회를 더 튼튼하게 하였다.

복음사가 마르코의 태생은 레위의 사제 지파에 속했다. 그는 세례로 사도 베드로의 아들이 되었고, 하느님의 말씀 안에서 베드로의 제자였다. 마르코는 베드로와 함께 로마로 가서 복음을 설교할 때, 로마에 있는 신앙인들은 복된 마르코에게 그 복음의 말씀을 기록해 달라고 부탁하여 영원히 기억될 수 있게 하였다. 그는 참으로 스승인 복된 베드로에게서 들은 대로 복음을 기록했다. 그리고 베드로는 기록된 복음을 검토하고 완전히 정확하다는 것을 확인한 후에 모든 그리스도인이 받아들일 수 있도록 승인했다.

베드로는 믿음 안에서 마르코의 지조(志操)를 보았기에 그를 아퀼레이아(Aquileia)로 보냈으며, 마르코는 그곳에서 하느님의 말씀을 설교하고 수많은 이교도를 그리스도 믿음으로 개종시켰다. 그는 그곳에서 자신의 복음서 복제본을 썼다고 전해지며, 지금까지도 그 필사본이 보존되어 아퀼레이아에 있는

* 영어본에만 언급되어 있다 – 역자 주

성당에 전시되고 있다. 마르코는 이름이 헤르마고라스(Hermagoras)였던 아퀼레이아의 한 시민을 개종시키고, 로마의 베드로에게 데려가서 아퀼레이아의 주교로 축성되도록 했다. 헤르마고라스는 주교의 직책을 맡았고 믿음이 없는 사람들에게 끌려가서 순교의 월계관을 받을 때까지 아퀼레이아 교회를 완벽하게 다스렸다.

그 다음에 베드로는 마르코를 알렉산드리아로 보냈고, 마르코는 그곳에서 하느님의 말씀을 설교했다. 유다인들 중 가장 많이 배운 필로(Philo)는 마르코가 알렉산드리아에 도착했을 때부터 수많은 사람이 믿음과 신심(信心)과 금욕의 실천으로 함께 모였다고 말한다. 또한 히에라폴리스(Hierapolis)의 주교 파피아스(Papias)는 매우 아름다운 언어로 마르코에 대한 칭찬을 자세히 설명한다. 베드로 다미아노(Petrus Damianus)는 마르코에 대해 말한다. "(하느님은) 알렉산드리아에서 그에게 매우 많은 은총을 주셨기에 믿음의 기초를 받으려고 왔던 모든 사람은 거룩한 삶의 방식으로 절제와 인내로 수도승 같은 완벽함의 절정으로 날아올랐습니다. 마르코는 엄청난 기적과 유창한 설교뿐만 아니라 빛나는 모범으로도 사람들에게 강력히 권고했습니다. 또한, 마르코는 죽은 후이탈리아로 돌아갔고, 복음을 기록하도록 허락하였던 땅이 그의 거룩한 유해를 소유하는 특전을 얻었습니다. "그 승리의 피로 자줏빛이 되게 하였던 오, 알렉산드리아여, 너는 복되다! 오, 이탈리아여, 그 시신의 보물로 풍요로워진 너는 행복하다!"

마르코는 매우 겸손하여서 스스로 엄지손가락을 절단함으로써, 인간의 판단으로 자신이 사제직에 오르지 못하게 하였다고 한다. 그럼에도 불구하고 성 베드로의 권위로 마르코를 알렉산드리아의 주교로 만들었다. 마르코가 그 도시에 도착한 바로 그때 그의 신발은 망가졌고, 그는 이 상황의 영적인 의미를 깨달았다. "내가 죽음에 이르는 길에 주님에게 이미 용서를 받았기 때문에 참으로 하느님은 나를 위한 길을 확실히 하셨고 나의 길에서 사탄이 장애물을 두도록 허락하지 않으셨다." 마르코는 신발 수선공에게 낡은 신발을 수리하도록 주었다. 그러나 수선공은 신발을 수선하면서 왼손을 크게 다쳤고 큰 소리로 외쳤다. "하느님은 한 분이시다!" 이 말을 들은 마르코는 "참으로 주님이 나의 여정을 성공적으로 준비하셨다!"라고 말했다. 마르코가 자신의 침으로 진흙을 개어서 신발 수선공의 손에 바르니 바로 나왔다. 그가 보여준 능력을 목격한 한 남자는 마르코를 자기 집으로 데려가서 그가 누구인지, 어디에서 왔는지에 대해 면밀히 질문했다. 마르코가 자신은 주 예수님의 종이라고 솔직하게 말하자, 그 사람: "저도 그분을 보고 싶습니다!" 마르코: "내가 당신에게 그분을 보여줄 것입니다!" 그리고 마르코는 그리스도에 대해서 가르치고 그 사람과 가족에게 세례를 주었다.

이제 그 도시의 사람들은 어떤 갈릴래아 사람이 신들에 대한 숭배를 맹렬히 비난했다는 것을 듣고 음모를 꾀하기 시작했다. 이것을 안 마르코는 자신이 치유했던 아니아노(Anianus)라는 사람을 알렉산드리아의 주교로 서품하고 펜타폴리스(Pentapolis)로 갔다. 그곳에서 2년 동안 설교한 후 알렉산드리아로 돌아와 북쿨리(Bucculi)로 불리던 바다 근처 바위 위에 성당을 건축하였는데, 신자 수가 상당히 늘어났다. 복된 마르코가 부활 주일에 미사를 집전하는 동안, 신전 제관들이 성당에서 모여 그의 목에 밧줄을 두르고 "들소를 도축장으로 끌고 갑시다!"라고 소리치면서 도시를 관통하여 끌고 갔다. 그의 살 조각들이 길 위에 흩뿌려졌고, 그의 피로 길 위의 돌들이 흠뻑 젖었다. 감옥에 갇힌 마르코는 천사의 위로를 받았으며, 주 예수 그리스도가 "마르코, 나의 복음사가야, 두려워하지 마라! 나는 너를 구하려고 너와 함께 있다."라고 말하면서 그에게 용기를 주려고 왔다.

아침이 왔을 때, 제관들은 다시 그의 목에 밧줄을 걸고 "들소를 도축장으로 끌고 갑시다!"라고 소리치면서 여기저기 끌고 다녔다. 마르코는 줄곧 끌려 다니면서, "오, 주님. 저의 영혼을 당신 손에 맡깁니다."라고 감사를 드렸고 이 말과 함께 서기 약 57년이 시작되었던 네로(Nero)의 재위 기간에* 이승을 하직했다. 이교도들은 그 순교자의 시신을 불태우기를 원했으나, 갑자기 하늘이 요동치며 우박이 쏟아지고 번개가 쳤다. 그래서 사람들은 그 거룩한 시신을 그대로 남겼고, 그리스도인들은 시신을 모셔가서 성당 안에 모든 존경으로 안장하였다.

성 마르코는 긴 코, 아름다운 눈, 풍성한 턱수염이 있는 체격이 좋은 중년

* 로마 제국의 제5대 황제인 네로는 서기 54~68년에 재위하였다. - 역자 주

이었는데, 머리가 벗겨지고 하얗게 세었다. 그는 모든면에서 말을 아꼈고 하느님의 은총이 충만하였다. 성 암브로시오는 그에 대해서 말한다. "복된 마르코는 셀 수 없이 많은 기적을 일으킨 일꾼으로서 빛났습니다. 그의 신발을 수선한 수선공이 자신의 왼쪽 손에 상처를 입고 '하느님은 한 분이시다!'라고 외쳤던 일이 일어났습니다. 하느님의 종은 이 말을 들으면서 기뻐했습니다. 그는 자신의 침으로 진흙을 개어 그 사람의 손에 진흙을 발라 상처를 치료했습니다. 그리고 수선공은 신발 수선을 끝낼 수 있었습니다. 이렇게 하여 장님으로 태어난 사람의 눈을 뜨게 하였던 예수의 복음을 설교한 그 성인은 예수에 의해 행해진 기적을 따라 하였습니다." 여기까지는 암브로시오의 말이다.

주님의 육화 후 468년, 레오 황제의 재위 기간에 베네치아 사람들은 성 마르코의 시신을 알렉산드리아에서 베네치아로 옮겼으며, 그를 기념하기 위해 놀라울 만큼 아름다운 성당을 건축했다.* 이 일은 알렉산드리아에서 사업을 하던 몇몇 베네치아 상인들이 성 마르코의 시신을 맡은 두 명의 사제를 선물과 약속으로 설득해서 베네치아로 몰래 옮긴 것이다. 무덤에서 시신을 들어 올렸을 때 나온 향기가 알렉산드리아 시 전역에 퍼졌다. 향기가 너무 달콤해서 모든 사람이 그 향기가 어디에서 왔는지 궁금해 했다. 바다를 통해 옮겨질 때, 선원들은 자신들이 성인의 시신을 태우고 있다는 사실을 다른 배 선원들에게 알려 주었다. 그들 중 한 사람이 "당신들은 아마도 이집트인의 시체를 태우고서 성인의 시신이라고 생각하는 것이오!"라고 말했다. 성인의 시신을 태운 배는 즉시 놀라운 속도로 돌아 의심하는 사람의 선박을 들이받았고, 모든 승선자가 진짜 성 마르코의 시신이라고 믿게 될 때까지 풀려날 수 없었다.

그 후 어느 날 밤, 배가 강풍을 가르며 달리고 있었고 폭풍으로 심하게 흔들리며 어둠으로 혼란스러워진 선원들은 자신들이 어디를 향해 가는지 전혀 몰랐다. 이때 성 마르코가 자신의 시신을 지키고 있던 수도승에게 나타나서

---

* 동로마제국의 황제 레오 1세(Flavius Valerius Leo, 457-474 재위) 시기에 성당이 건축되었다고 하나, 본래 아마세아의 테오도로(Theodorus Amaseae)에게 봉헌된 성당은 9세기 초 현재의 산 마르코 대성당 부근에 세워졌었다. 그런데 이집트 알렉산드리아에 매장되었던 성 마르코의 유해가 828년 베네치아 상인들의 도굴로 베네치아로 옮겨지면서 베네치아의 새로운 수호성인으로 선언되었다. 이에 따라 마르코의 유해를 안장하기 위한 새로운 성당의 건축이 결정되었다. 산 마르코 대성당의 건설은 832년에 마무리되었으나 976년에 일어난 폭동으로 소실되고 978년에 재건한 후, 1063~1094년에 오늘날과 같은 모습으로 완성되었다. – 역자 주

"이 배는 육지 가까이에 있으니 선원들에게 빨리 돛을 내리라고 말하여라!" 라고 했다. 돛이 내려졌고, 새벽이 되자 자신들이 섬에서 아주 가까이에 있다는 것을 알았다. 선원들은 정박하는 곳마다 자신들이 그 거룩한 성 마르코 시신을 싣고 있음을 숨겼지만, 원주민들이 몰려와서 "오, 당신들은 성 마르코의 시신을 운반하고 있다는 것이 얼마나 행운인가! 우리가 그를 공경하고 기도하게 해 주시오!"라고 소리쳤다. 게다가 그곳에는 악령에 사로잡혀 믿지 않는 한 사람이 있었고, 거룩한 유해 앞으로 와서 믿는다고 선언할 때까지 몹시 괴로워했다. 악령에게서 자유로워진 사람은 하느님께 영광을 드렸고 그 후에 큰 신심으로 성 마르코를 굳게 지켰다.

성인의 시신은 대리석으로 만들어진 원주(圓柱) 안에 모셔졌고, 그 위치는 보안상의 이유로 성당의 소수의 사람에게만 알려졌다. 언젠가 그 사람들이 이승을 떠났고, 그 거룩한 시신의 소재에 관해 아는 사람이 아무도 없게 되었다. 이로 인해 교회에서는 큰 애통함을 느꼈다. 신자들 사이에서 고적감이 확산되었고, 슬픔의 그림자가 모든 사람의 뇌리를 떠나지 않았다. 정말로 신앙심이 두터운 사람들은 자신들의 수호성인을 남몰래 빼앗겼다고 두려워했다. 그래서 장엄한 단식이 공포되었다. 그런데, 자, 보라. 모든 사람이 보는 앞에서, 모든 사람이 경탄하는 가운데 그 원주에서 돌이 튀어나왔고 성인의 시신을 숨겼던 관이 드러났다. 백성들은 황송하게도 자신들의 수호성인을 보여준 창조주께 찬양의 기도를 올렸고, 그 엄청난 사건으로 영광스럽게 되었던 그날을 몇 년 후에 축일로 기념하게 되었다.

가슴이 암에 갉아 먹히고 있던 한 젊은이가 진심어린 기도로 성 마르코의 도움을 간청했다. 그런 다음 잠이 들었을 때, 어떤 목적지에 가기 위해 서두르는 것처럼 보이는 순례자 복장을 한 사람이 그의 앞에 나타났다. 젊은이는 순례자에게 누구이며 어디를 서둘러 가는지 물었다. 그는 자신이 성 마르코이며 위험 상황에서 자신에게 도움을 요청하고 있는 선원들 배에 가기 위해 서두르고 있다고 대답했다. 마르코는 손을 뻗어 그 병자를 만졌다. 그 병자가 아침에 일어났을 때, 자신이 치료되었음을 깨달았다. 위험에 처했던 그 배는 단시간에 베네치아 항구에 도착했고, 선원들은 자신들이 처했던 위험과 성 마르코가 어떻게 자신들을 구해 줬는지 말했다.

알렉산드리아에서 몇몇 베네치아인 상인들이 사라센인의 배를 타고 항해를 하던 중 그 배에 곧 위험이 닥칠 것임을 알았다. 그래서 상인들은 선박에 견인되고 있던 소형 보트로 옮겨가서 밧줄을 잘랐고, 이후 그 배는 가라앉았고 아귀같은 파도는 모든 사라센인을 바닷속으로 쓸어버렸다. 그러나 사라센인들 중 한 사람은 할 수 있는 한 성 마르코를 불렀고, 만일 그 성인이 자신을 구해준다면 세례를 받고 그의 성당을 방문하겠다는 서약을 맺겠다고 하였다. 즉시 빛나는 사람이 나타나서 바닷속에 있던 그를 빼내어 베네치아인들이 타고 있는 소형 보트에 옮겨 놓았다. 이 사람은 무사히 알렉산드리아로 돌아갔지만, 자신이 구조된 것에 감사를 보이지 않았고, 성 마르코의 성당을 방문하지도, 믿음의 성사를 받지도 않았다. 마르코는 다시 그에게 나타나서 은혜를 모름에 대해 책망했다. 그래서 자신의 잘못을 깨달은 그 사람은 베네치아로 가서 거룩한 세례반(洗禮盤)에서 다시 태어나 마르코의 이름을 선택하였으며 그리스도 안에서 믿음을 공언하였고, 선행으로 삶을 살았다.

베네치아에 있는 성 마르코 성당의 종탑 꼭대기에서 일하던 한 사람이 갑자기 탑에서 떨어져 온 몸을 다쳤다. 그러나 떨어지는 바로 그 순간에 성 마르코를 잊지 않았다. 그는 그 성인의 도움을 간청하였고 구조물에서 돌출해 있던 예기치 않은 판재 위에 떨어졌다. 밧줄이 전달되어 무사히 구조된 그 사람은 상처가 회복된 후 자신이 하던 일을 마치기 위해 경건하게 올라갔다.

지방의 귀족에게 임시로 고용되어 있던 사람이 성 마르코의 시신을 방문할 것을 맹세했으나 주인의 허락을 얻을 수 없었다. 그러나 시간이 흘러 그 사람은 육신의 주인에 대한 두려움보다 주님에 대한 두려움이 강해져, 말없이 경건한 마음으로 성인을 방문하려고 갔다. 이에 분노를 느낀 주인은 종이 돌아왔을 때 눈을 뽑으라고 명령했다. 자신들의 주인보다 더 잔인하고 언제나 명령을 따를 준비가 되어 있던 악한들은 그 사람을 땅바닥에 밀치고 날카롭고 뾰족한 막대기로 눈을 찌르려고 했지만, 하느님의 종이 성 마르코를 부르자 막대기가 산산조각이 나서 아무것도 할 수 없었다. 그때 주인은 다시 그 종의 다리를 부러뜨리고 손도끼로 발을 자르라고 명령했지만, 단단한 연장들의 쇠가 녹아 납이 되었다. "그러면, 쇠망치로 입을 때리고 이빨을 부러뜨려라!" 그러나 하느님의 능력으로 쇠는 강함을 잃고 무디어졌다. 이 모든 것을 보고 당황한 주인은 하느님의 용서를 간청하였으며, 종과 함께 진지한 신심으로 성 마르코의 무덤을 방문했다.

한 기사가 전투에서 팔에 지독한 상처를 입고 손이 손목에서 늘어졌다. 친구들과 의사는 손을 절단하라고 충고했으나, 불구가 되었을 때의 곤란한 상황을 생각한 기사는 손에 약만 바르고 붕대로 묶었다. 그러고는 성 마르코의 도움을 간구하였고, 그 부상은 즉시 회복되었다. 남겨진 모든 상처는 기적의 증거이자 기사에게 수여된 커다란 축복의 기념비와 같은 흉터였다.

만토바(Mantova) 시에 사는 한 사람이 모략으로 고발당해 감옥에 투옥되었다. 40일이 지나자 더 이상 견딜 수 없었다. 그는 3일 동안 단식함으로써 스스로를 단련했고, 그 다음에 성 마르코에게 기도했다. 성인은 그에게 나타나서 감옥을 떠나라고 명령했다. 반쯤 잠이 들었던 그가 환상이라 생각하고 성인의 명령에 복종하지 않자, 마르코는 두 번, 세 번 반복해서 나타나서 명령했다. 이제 주의를 집중해서 살핀 그 사람은 문이 활짝 열린 것을 보았고, 족쇄를 마치 아마(亞麻) 같은 실인 것처럼 푼 후 간수들과 모든 사람을 지나쳐 한낮에 아무 방해 없이 걸어 나왔다. 그 사람은 성 마르코의 무덤으로 가서 감사의 빚을 충심으로 갚았다.

아풀리아(Apulia) 도처의 땅이 비가 내리지 않아 척박해진 때가 있었다. 그때 성 마르코의 축일을 준수하지 않았기 때문에 그 땅에 전염병이 일어난 것이라고 계시로 알려졌다. 백성들은 그 성인에게 간구하면서 그의 축일을 기념하겠다고 약속했다. 그래서 마르코는 그 흉년을 사라지게 만들었고, 살기 좋은 공기와 필요한 비를 보냄으로써 백성들에게 풍요로움을 주었다.

서기 1212년경 파비아(Pavia) 시에 있는 도미니코회(Ordo Fratrum Praedicatorum)의 수도원에 신앙심이 깊고 거룩한 생활로 알려진 파엔차(Faenza) 출신의 율리아노라는 이름의 수사가 있었다. 그는 젊었고 지혜는 원숙(圓熟)했지만, 치명적인 병으로 앓아누웠다. 율리아노는 수도원 원장에게 자신의 상태에 대해 물었다. 원장이 죽음이 가까워졌다고 대답하자, 그의 얼굴은 즉시 행복감에 빛났다. 그는 온몸을 활용해 손으로 박수를 치며 큰소리로 외쳤다. "형제들이여, 자리를 비우십시오. 기쁨이 너무나 풍부해서 내 영혼이 몸 밖으로 뛰쳐나오려고 합니다. 나는 그 행복한 소문을 들었습니다!" 그는 하늘을 향해 손을 들어 올리고 말했다. "제 영혼을 감옥 밖으로 이끌어 내소서, 제가 주님의 이름을 찬양하게 하소서! 저는 불행한 사람이니, 누가 이 죽음의 몸에서 저를 구원하겠습니까?"

그리고 그는 깊은 잠에 빠졌고 옆에 누워 있는 성 마르코를 보았다. 그리고 그때 한 음성을 들었다. "마르코야, 너는 이곳에서 무엇을 하고 있느냐?" 마르코는 대답했다. "이 수사의 직무는 하느님께 인정받은 것이기 때문에 저는 죽어가는 그에게 가까이 와 있습니다!" 다시 그 음성이 "너는 다른 많은 성인 사이에서 왜 특별히 이 사람에게 와 있느냐?" 그러자 마르코는 "그가 저에 대한 특별한 신심을 가졌고 끊임없는 경건함으로 제 몸이 쉬고 있는 장소를 방문했기 때문입니다. 그래서 저는 그의 임종 시간에 그를 방문했습니다." 그때 흰색 옷을 입은 다른 사람들이 온 집안을 채웠다. "당신들은 왜 왔습니까?" 마르코가 그들에게 물었다. 그들은 "이 수사의 영혼을 주님 앞으로 데려가려고 합니다."라고 대답했다.

그 수사는 깨어나서 즉시 수도원 원장을 모시러 사람을 보냈고, 자신이 보았던 모든 것을 말한 후 큰 기쁨으로 주님 안에서 행복하게 잠들었다.

60

성 마르첼리노 교황

마르첼리노(Marcellinus)는 9년 4개월 동안* 로마 교회를 다스렸다. 그는 디오클레티아누스와 막시미아누스 황제의 명령으로 끌려왔다. 처음에 그는 제물 바치기를 거부함으로써 다양한 고문으로 위협을 받았다. 그러다 고문의 고통에 대한 두려움으로 신들에게 향 두 알갱이를 내려놓았다. 이것이 비신자들에게 큰 기쁨을 주었지만, 신자들에게는 엄청난 슬픔을 안겨주었다. 그러나 약한

---

* 마르첼리노 교황의 재위 기간은 296년 6월 30일~304년 10월 25일까지이다. 그래서 그의 재위 기간은 8년 4개월이다. – 역자 주

수장(首長) 아래에서 강한 지체(肢體)들이 일어났다. 그래서 신자들이 교황에게 와서 그를 혹독하게 비난했다. 그는 자기 잘못의 심각성을 깨닫고 주교 공의 회(concilium episcoporum)에 의해 심판받도록 자신을 내놓았다. 주교들은 "당신은 최고의 사제장(Summus Pontifex)이기 때문에 다른 사람에 의해 심판받는 것은 불가능합니다. 그러나 당신이 직접 자신의 마음 안에서 사건을 따져 보고 자신의 판단을 선언하십시오!"라는 반응을 보였다. 뉘우치는 교황은 자신의 잘못을 한탄하고 스스로를 퇴위시켰으나, 모인 사람들 전부가 즉시 그를 재선출했다. 이것을 들은 황제들이 그를 다시 체포했다. 그는 제물 바치기를 거부하였고, 그래서 황제들은 그를 참수하라고 선고했다. 그 후 박해가 재개되었고한 달 안에 1만 7천 명의 그리스도인이 사형에 처해졌다.

마르첼리노가 막 참수되려고 할 때, 그는 교회장(敎會葬)을 받을 자격이 없다고 선언하면서 자신을 매장하려고 하는 모든 사람을 파문했다. 그래서 그의 시신은 35일 동안 땅 위에 있었다. 그 시간의 끝에 사도 베드로가 그를 계승한 마르첼로(Marcellus)에게 나타나서 "마르첼로 형제, 왜 당신은 나를 매장하지 않고 있습니까?"라고 말했다. 마르첼로: "당신이 아직 매장되지 않았다는 것입니까?" 베드로: "나는 마르첼리노가 묻히지 않은 것을 보는 한, 나 자신을 묻히지 않은 것으로 간주합니다." 마르첼로: "그러나 그가 자신을 묻는 누구든지 저주했다는 것을 당신도 아시지 않습니까?" 베드로: "자기 자신을 겸손하게 만드는 사람은 높아지리라고 기록되어 있지 않습니까? 당신은 이 점을 염두에 두어야 합니다! 이제 가서 그를 나의 발 앞에 묻으십시오!" 마르첼로는 곧바로 달려가서 그 명령을 훌륭하게 수행했다.

─────────── ⋯✦ **61** ✦⋯ ───────────

성 비탈리스

비탈리스(Vitalis)는 '그와 같은 삶', '같은 삶'이란 비벤스 탈리스(vivens talis)에서 유래된 것으로 추정된다. 왜냐하면 성 비탈리스는 내면의 마음속에 있는 것을 외형적으로 일에서 드러내며 살았기 때문이다. 또는 그 이름은 '삶'을 의미하는 비타(vita)에서 파생되었거나, '덕의 날개로 자신을 보호하는'을 의미하는 비벤스 알리스(vivens alis)에서 형성된 것이다. 성인은 에제키엘이 보았던 4개의 날개, 즉 그가 하늘로 날아간 희망의 날개, 그가 하느님께 날아간 사랑의 날개, 그가 지옥으로 날아간 두려움의 날개, 그가 자기 자신 속으로 날아간 지식의 날개를 가졌던 하느님의 동물 중 하나같았다.

성 비탈리스의 순교에 대해서는 성 제르바시오(Gervasius)와 프로타시오(Protasius)의 책에서 발견된 것으로 추정된다.

집정관 군인 비탈리스에게는 아내 발레리아(Valeria)와 두 아들 제르바시오와 프로타시오가 있었다. 그는 한때 재판관이었던 파울리누스(Paulinus)와 함께 라벤나(Ravenna)로 가서 우르시치노(Ursicinus)라는 의사의 재판을 목격했다. 많은 고문 후에 참수 선고를 받은 우르시치노는 두려움에 떨고 있었고, 비탈리스는 그에게 소리쳤다. "오, 의사이자 형제인 우르시치노여, 당신은 언제나 사람들을 치료하였습니다. 영원한 죽음으로 가기 위해 아직은 스스로를 죽이지 마십시오. 당신은 많은 고통을 돌보며 팔마나무에 이르렀습니다. 하느님께서 당신을 위해 준비한 월계관을 잃지 마십시오!" 이 말에 힘을 얻은 우르시치노는 자신의 두려움을 후회하고, 기꺼이 순교를 받아들였다. 그리고 성 비탈리스는 그의 명예로운 장례식을 지켜보았다.

비탈리스는 이 경험 후에 상관 파울리누스와 다시 합류할 수가 없었다. 파울리누스는 비탈리스가 자신에게 돌아오지 않을 뿐만 아니라 우르시치노가 우상 숭배를 거부하도록 설득하고 공개적으로 그리스도인임을 선언한 것에 매우 기분이 나빴다. 그래서 파울리누스는 비탈리스를 고문대 위에서 세게 잡아당기라고 명령했다. 비탈리스: "어리석은 사람, 내가 다른 사람들을 자유롭게 하는 것에 매우 열성적이었는데, 당신은 나를 우롱할 수 있다고 생각하십니까?" 파울리누스: "그를 야자나무로 데려가고, 아직도 우리의 신에게 제사 지내기를 거부한다면 깊은 도랑을 파서 산 채로 묻어라!" 부하들이 비탈리스를 산 채로 매장했는데, 이는 서기 52년경에 시작된 네로의 재위 기간이었다.*

---

* 로마 황제 네로의 재위 기간은 54~68년이었다. – 역자 주

이 형태의 형벌을 명령했던 이교도 신관(神官)은 즉시 악령에 사로잡혔고, 비탈리스가 매장된 곳에서 7일 동안 "당신이 나에게 불을 지르고 있소!"라고 외치면서 화를 내고 고래고래 소리를 질렀다. 7일째 되던 날에 악령에 의해 물속으로 거꾸로 떨어졌고 비참한 최후를 마쳤다.

성 비탈리스의 아내 발레리아는 밀라노로 가는 길에 우상에게 제물을 바치는 사람들을 보았다. 그들은 그녀에게 제물로 바쳤던 음식을 함께 먹자고 했으나, 그녀는 "나는 그리스도인이므로 당신들의 제물 음식을 먹는 것은 정당하지 않습니다!"라고 대답했다. 이 말에 그들은 그녀를 매우 무자비하게 때렸다. 그녀와 함께 했던 사람들이 거의 죽어가는 그녀를 밀라노로 데려갔고, 3일 후 그녀는 행복하게 주님께로 이주하였다.

···✦ 62 ✦···

안티오키아의 한 동정녀

암브로시오는 《동정녀》(De Virginibus) 제2권에서 안티오키아의 한 동정녀에 대해 이야기한다.

안티오키아에 남들 앞에 드러내기를 꺼리는 한 동정녀가 있었다. 하지만 그녀가 욕정에 가득 찬 사람의 눈을 피할수록 그들의 욕망을 더욱 부추겼다. 그녀는 성적인 사랑스러움과 지적인 아름다움으로 더 욕정을 끓어오르게 했다. 왜냐하면, 감출수록 나쁜 것은 보이지 않고 보여지는 아름다움은 더욱 즐거운 것으로 상상되기 때문이다. 눈은 판단하려고 살피는 것이 아니라 음탕한 마음이 갈망하는 것이다.

이 거룩한 동정녀는 모습을 드러내지 않음으로써 호색한들의 욕정을 단념시키고 자신의 정결을 보호하기로 결심했다. 그러나 너무 철저히 감춘 까닭에 그들은 그녀에 대한 갈망 대신 그녀를 밀고하고 박해했다. 그 소녀는 불순한 자들의 함정이 두려웠으나 도망칠 방법이 없으므로 스스로 강해지기로 했다. 신앙심이 깊은 그녀는 죽음을 두려워하지 않았으며, 죽음을 고대할 정도로 매우 순결했다. 그녀가 월계관을 쓸 날이 가까워졌고, 사람들의 기대도 커졌다. 어린 소녀는 순결과 종교를 지키기 위해 이중의 전쟁을 벌일 준비가 되었다고 스스로 공언하며 앞으로 끌려 나왔다. 하지만 그들은 그녀의 신앙고백에 대한 지조와 순결에 대한 두려움을 알아차렸다. 고문 준비를 마쳤을 때 그녀의 얼굴이 붉어지는 것을 볼 수 있었다. 그들은 종교와 순결을 지킬 수 있으리라는 그녀의 희망을 빼앗을 방법을 고심하기 시작했다. 그녀에게 가장 중요한 종교와 순결의 희망을 빼앗겼을 때, 그녀를 가로채기로 했다. 드디어 지시가 내려졌다. 동정녀는 신들에게 제물을 바치거나 매춘부로 일해야 한다는 것이었다.

이런 식으로 자기 신들의 정당성을 입증하는 그들이 어떻게 신을 숭배하고 있다고 생각할 수 있겠는가? 이런 판결을 내린 사람들은 어떻게 살겠는가? 이 소녀는 자신의 종교에 대해 어떤 의심도 없지만, 순결을 잃는 것을 두려워하며 스스로에게 말한다. "오늘 우리는 무엇을 하였는가, 순교 혹은 동정? 어느 월계관이든 우리는 거부당한다. 그러나 동정성의 창조주를 부인하는 사람은 동정녀의 이름을 알지 못한다. 어떻게 너는 동정녀이면서 매춘부를 숭배할 수 있겠는가? 너는 동정녀이면서 어떻게 간음한 자를 사랑할 수 있겠는가? 만일 네가 육체적인 사랑을 추구한다면 어떻게 동정녀가 될 수 있겠는가? 육체보다 순결한 마음을 유지하는 것이 더 칭찬할 만하다. 가능하다면 둘 다 지키는 것이 좋겠지만, 불가능한 상황이라면 사람의 시각이 아니라 하느님의 시각에서 적어도 우리의 순결을 지키자. 라합(Rahab)은 매춘부였지만 주님을 믿은 후 구원을 받았다. 유딧(Judith)은 비단과 보석으로 한껏 꾸미고 간통한 남자를 유혹하려고 하지만, 이는 사랑을 위해서가 아니라 종교를 위한 것이었기에 아무도 그녀를 간통을 범한 여자로 생각하지 않았다. 사례는 쉽게 찾을 수 있다. 만일 종교에 헌신적이었던 유딧이 자신의 순결과 조국 둘 다 구했다면, 우리도 종교를 지킴으로써 순결을 보존할 것이기 때문이다. 그러나 만일 유딧이 종교보다 순결을 지키는 것을 더 중요하게 여겼다면, 유딧은 조국과 순결도 모두 잃었을 것이다."

이런 사례들을 생각하며 강해진 동정녀는 "나 때문에 제 목숨을 잃는 사람은 목숨을 얻을 것이다."(마태 10, 39)라는 주님의 말씀을 마음속으로 숙고했다.

그녀는 간통을 범한 남자에게 말소리가 새어 나갈까 봐 그저 소리 죽여 울었다. 그녀는 자신의 순결에 해를 입히는 것을 선택하지도 않았지만, 그리스도에게 해를 입히는 일에서도 물러나지 않았다. 목소리로라도 간통하지 않는 그녀가 어찌 육적적 간통을 저지른다고 짐작할 수 있을까.

이렇게 오랫동안 내가 해온 말들에 수치심을 느끼고, 이제 그 계속된 불명예스러운 행동들을 상기시키고 누누이 말해야 하는 것에 치가 떨린다. 하느님의 동정녀들은 귀를 닫아라! 하느님의 처녀는 매음굴로 끌려간다. 하지만 이건 들으라, 하느님의 동정녀들이여! 동정녀는 매춘에 노출될 수 있지만, 간통을 범한 여자가 될 수 없다. 하느님의 동정녀가 있는 곳마다 그리스도의 성전이 있다. 매음굴은 순결을 더럽힐 수 없고, 순결은 매음굴의 수치심조차 없애준다.

그때 음탕한 사람들이 매음굴로 몰려들었다. 거룩한 동정녀들이여, 여기서 어린 순교자의 기적을 배워라, 이 장소에서 나온 언어를 배워라! 비둘기는 안에 잡혀 있고, 밖에서 맹금(猛禽)들은 누가 첫 번째로 먹이를 덮칠 것인지 싸우면서 시끄럽게 굴었다. 그러나 그녀는 마치 성욕의 집결지가 아니라 기도의 집에 온 것처럼 하늘로 손을 들어 올리고 말한다. "오, 그리스도님, 당신은 야생 사자들을 만드셨듯이 동정녀를 위해 사람들의 사나운 마음을 길들이실 수 있습니다. 칼데아 사람들 위에 불이 비 오듯이 쏟아졌습니다. 당신의 자비는 거친 바다를 갈라 유다인들에게 길을 터주었습니다. 수산나(Susanna)는 사형 집행을 위해 가는 길에 무릎을 꿇었고 여색을 밝히는 늙은이들에게 승리하였습니다. 당신 성전의 선물을 모독했던 오른쪽 손은 쪼글쪼글해졌습니다. 이제 비도덕적인 손들이 당신의 성전인 이 몸에 닿으려고 합니다. 도둑질을 용납하지 않을 당신은 이 배타적인 신성모독을 용납하지 마소서. 그리고 저는 동정을 강탈당하려고 이곳에 왔지만, 여전히 동정인 채로 이곳을 떠날 것이기에 당신의 이름은 복 받으소서."

무시무시한 모습의 군인 한 명이 그녀를 둘러싸고 있는 군중을 뚫고 들어왔을 때 그녀는 아직 기도를 끝내지 못한 상태였다. 사람들이 그를 두려워하여 길을 터 줄 때 소녀는 얼마나 무서웠을까! 그러나 소녀는 읽은 것을 잊지 않았다. 그녀는 자신에게 말했다. "다니엘은 단지 수산나에 대한 심판을 보기 위해 온 것이었지만, 군중의 비난을 받던 수산나에게 자유를 주기 위해 혼자서 맞섰다. 여기에 늑대의 탈을 쓴 양이 숨어 있을지도 모른다. 그리스도에게도 진정 자신의 군대가 있다. 아니면 망나니가 왔을지 모르지만, 내 영혼아 두려워 마라! 망나니들이 순교자들을 만들었다!"

오 동정녀여, 당신의 믿음이 당신을 구하였다! 군인은 그녀에게 말한다. "나의 누이여, 두려워하지 마십시오! 나는 당신의 영혼을 빼앗으려는 게 아니라 구하러 왔습니다. 내가 당신을 구할 수 있도록 나를 구해주십시오! 나는 간음을 저지르는 남자처럼 왔지만, 당신이 원한다면 나는 순교자로 나갈 것입니다. 우리의 옷을 교환합시다. 내 옷은 당신에게, 당신의 옷은 내게 맞을 것이고 둘 다 그리스도에게 맞을 것입니다. 당신의 의복은 나를 진정한 군인으로 만들어 줄 것이고 나의 옷은 당신을 동정녀로 지켜줄 것입니다. 당신은 제대로 옷을 입을 것이고 나는 옷을 벗는 것이 더 나으니 사형 집행인이 나를 알아볼 것입니다. 당신이 여자라는 사실을 숨길 수 있는 나의 옷을 가져가고, 순교를 위해 나를 축성할 수 있는 당신의 의복을 주십시오. 이 망토를 감싸서 처녀 모습을 숨기고 당신의 순결을 보호하십시오. 이 모자(Bonnet)를 써서 당신의 머리와 얼굴을 가리십시오. 매춘굴에 있는 사람들은 일반적으로 자신의 발그레함을 가립니다. 당신이 이곳 밖으로 나갈 때 뒤돌아보지 않도록 조심하십시오. 비록 순수한 눈을 통해서지만, 행실이 나쁜 자들을 보았으니 수명을 단축했던 롯(Loth)의 아내를 기억하십시오. 두려워하지 마십시오, 아무것도 잃지 않을 것입니다. 당신을 대신하여 나의 하느님께 나 자신을 제물로 바칠 것이고, 나 대신 당신은 그리스도의 군사가 될 것이고, 순결의 선한 싸움을 할 것이며 영원한 대가(代價) 즉, 영적인 보호와 함께 몸에 입히는 정의의 흉갑(胸甲), 상처를 피하려는 믿음의 방패, 구원의 투구를 받을 것입니다. 그리스도가 있는 곳에 우리 구원의 성체가 있습니다. 남편이 아내의 머리인 것처럼, 그리스도는 동정녀들의 머리입니다."

그는 자신을 박해자이자 간음을 범한 사람으로 보이게 만들었던 망토를 벗었다. 그 동정녀는 군인에게 머리를 숙였고, 그 군인은 동정녀에게 자신의 망토를 내놓았다. 얼마나 극적인가! 죄악의 집에서 한 군인과 한 동정녀인 그 행위자들이 순교를 위해 서로 경쟁하였을 때 얼마나 은혜로운가! 선천적으로 그들은 서로 달랐지만, 하느님의 자비로 비슷하다. 그리고 하느님의 말씀 "늑대와 새끼 양이 함께 풀을 뜯고"(이사 65, 25)가 실현되었다. 사실 그들은 단지 함께 먹기만 한 것이 아니라, 함께 불에 태워 죽임을 당했다.

내가 당신에게 무엇을 더 말할 수 있겠는가? 망토는 교환되었고, 그녀는 영적인 날개들에 받쳐지고 있었기 때문에 아직 그녀 자신의 날개로는 아니지만, 그 소녀는 덫의 밖으로 날아갔다. 그리고 이전에는 결코 본 적 없는 그리스도의 한 동정녀가 매음굴 밖으로 걸어 나왔다. 그러나 자신들의 눈으로 보았고 마음으로는 보지 못했던 그들은 (그들은 늑대들이었다!) 어린 양을 쫓는 늑대처럼 먹이를 보고 으르렁거렸다. 그들 중 매우 파렴치한 한 사람이 들어왔다가 상황을 파악하고 소리쳤다. "이것이 무슨 일이냐? 한 여자아이가 들어왔는데, 여기에는 웬 남자가 있다! 아름다운 여인이 있어야 할 곳에 아무도 없다. 처녀가 군인으로 바뀌어 있다! 나는 그리스도가 물을 포도주로 바꾸었다는 것을 믿지 않았으나 성별이 변했다. 우리가 아직 무사할 때 얼른 나가자! 나 자신이 변화된 것은 아닐까! 나는 한 가지만 보고 무언가 다른 것을 본다고 생각하는가? 나는 매음굴에 왔다. 그곳에서 내가 사람이 바뀐 것을 봤다. 나는 떠날 것이고, 간음을 범하러 들어왔던 나는 순수하게 나갈 것이다!" 군인은 유죄 판결을 받고 월계관은 이 위대한 승자의 것이다. 그는 동정녀를 대신하여 체포되었기 때문에 동정녀 대신 선고를 받았다. 그래서 동정녀들뿐만 아니라 순교자들도 그 매음굴에서 나왔다.

그 소녀가 고문 장소로 달려갔고 두 사람이 죽을 권리를 다투었다는 것으로 이야기가 계속된다. 군인은 "나는 죽음의 형을 선고받은 사람입니다. 형벌은 당신을 자유롭게 해주었습니다. 그들이 체포했던 사람은 저입니다."라고 말했다. 그러자 그 소녀가 외쳤다. "저를 대신하라고 당신을 택한 것이 아니고 저의 덕의 보호자로 당신을 원했습니다. 만일 그들이 저의 순결을 원하는 것이라면 저는 여전히 여자이고, 그들이 원하는 것이 피라면, 저는 아무도 제 보석금을 내주기를 원하지 않습니다. 저는 제가 빚진 것을 갚는 데 필요한 것을 가지고 있으며 형을 선고받은 사람은 바로 저입니다. 빚의 보증인으로 당신을 선택했고, 당신이 제 빚을 대신 갚게 되면 재판관의 명령에 따라 당신은 제 유산에서 상환받을 수 있습니다. 만약 제가 거절한다면, 죽어 마땅하다고 누구나 생각하지 않겠습니까? 그게 사형선고와 관련된다면 더욱 그렇겠지요. 유죄로 죽지 않기 위해 결백하게 죽을 것입니다. 더 이상 타협안은 없습니다. 저는 당신 피로 죄를 범하든지 아니면 순교자로서 스스로 피를 흘릴 것입니다! 저는 서둘러서 여기에 왔습니다. 누가 감히 저를 가로막겠습니까? 만일 제가 도망쳤다면 누가 감히 저를 용서하겠습니까? 저는 도망자가 될 뿐만 아니라 다른 사람을 죽음에 이르게 한 죄를 지음으로써 법에 더 많은 빚을 질 것입니다. 저의 육체는 죽임을 견딜 만큼 충분히 강하지만, 불의를 저지르기에는 적합하지 않습니다. 이 동정성 안에 상처를 줄 여지가 있지만, 불명예를 위한 것은 없습니다. 저는 순교가 아니라 수치심을 피하려고 했습니다. 저는 옷을 갈아입었을 뿐이고, 제가 고백했던 것을 바꾸지 않았습니다. 만일 당신이 저에게서 죽음을 빼앗으려 한다면 당신은 저를 속이는 것이며 당신이 저를 구원하지 못하게 할 것입니다! 그러니 제발 저와 논쟁하지 마십시오, 제발 저를 반박하지 마십시오. 당신이 저에게 베풀었던 선(善)을 없애지 마십시오. 사형선고를 제가 받는 것을 부인한다면, 저는 처음에 받은 판결인 신들에 제물을 바치고 매춘부가 되라는 그 벌을 받겠습니다. 그러면 사형선고는 무효화됩니다. 사형선고가 효력을 잃으면 처음 받은 판결에 효력이 생깁니다. 만일 저에게 먼저 고통을 허락해 주시면 우리는 둘 다 선고에 만족할 수 있습니다. 그들은 당신에게 다른 형벌을 가할 수 있지만, 동정녀의 대가는 순결뿐입니다. 그러므로 만일 당신이 순교자를 간음을 범한 여자로 바꾸는 것보다 동정녀로서 순교하게 만드는 것이 더 큰 영예를 얻는 길입니다."

어떤 결과가 일어났을까? 그 두 사람은 다투었고 그 두 사람은 승리하였다. 월계관은 나누어지지 않았으며 두 번째 월계관이 더해졌다. 그래서 그 두 명의 거룩한 순교자 즉, 동정녀는 순교의 기회를 군인에게 줌으로써, 군인은 동정녀가 순교를 얻도록 허용함으로써 서로를 위해 잘하였다.

철학자들의 학파는 다몬(Damon)과 피티아스(Pythias)라는 이름의 두 피타고라스 추종자들을 높이 평가하였고, 사형을 선고받은 그들 중 한 사람이 자신의 사적인 문제를 해결하려고 시간을 요청했다. 그에게 선고를 내렸던 교활한 폭군은 그가 보증인을 찾기 힘들 것이라 생각하고, 만일 그가 돌아오지 않으면 대신 고통을 당할 누군가를 지정하라고 요구했다. 그 두 사람 중 누가 더 유명한지 나는 알지 못하지만, 분명한 것은 둘 다 유명했다. 한 사람은 자기 죽음을 위한 보증인을 찾았고, 다른 사람은 자신을 내놓았다. 그래서 선고를 받은 사람이 약속된 시간에 나타나지 않았을 때, 그 보증인은 죽음을 받아들였다. 그가 처형의 장소로 끌려가고 있을 때 그 죄인이 돌아왔고, 친구를 옆으로 밀고 자기 머리를 단두대에 놓았다. 생명보다 더 소중한 우정을 가졌던 철학자들의 행동에 감탄한 폭군은 유죄 판결을 내린 자신이 그 우정을 지킬 수 있게 해달라고 두 사람에게 간청했다. 그것이 폭군을 이겼던 덕의 은총이었다. 이 이야기도 칭찬할 만하지만, 여기 두 사람보다는 부족하다. 철학자 이야기에서는 둘 다 남자인 반면, 우리 이야기에서는 한 사람이 성별의 약점을 극복해야 했던 젊은 여성이었다. 또한 철학자들은 친구였고 우리 두 사람은 서로를 몰랐다. 친구들은 한 폭군에게 자신을 바쳤지만, 동정녀와 군인은 더 잔인한 여러 사람에게 자신을 바쳤다. 그리고 잔인한 사람들이 죽음을 가하는 동안 한 폭군은 용서를 베풀었다. 철학자 중 한 사람은 불가피한 필요에 묶여 있었고, 동정녀와 군인에게는 양쪽 모두에 완전한 선택의 자유가 있었다. 철학자들은 더 계산적이었고 더 많은 위험이 그들의 우정에 걸려있었다. 동정녀와 군인의 목표는 순교였다. 철학자들은 인간을 위해, 순교자들은 하느님을 위해 다투었다. 지금까지는 암브로시오의 말이다.

성 베드로 순교자

베드로(Petrus)라는 이름은 '지식'과 '인식', '누군가의 신발을 벗기다'로 해석되며, '단단한'이란 의미의 페드로스(petros)에서 파생되었다. 따라서 성 베드로가 소유했던 세 가지 특권이 암시된다. 첫째, 그는 뛰어난 설교자였기에 성경에 대한 완벽한 지식을 가졌었고, 설교에서 청중 각각이 어떤 말씀을 들어야 하는지를 잘 알고 있었기 때문에 지식이라 불린다. 둘째, 그는 가장 순수한 동정남(童貞男)이었고 그래서 자기 신발을 벗는 사람이라 불리고 있다. 왜냐하면 애착과 애정이라는 발에서 세속적 애정을 모두 벗어 버렸기에, 육체뿐만 아니라 마음도 동정남이었다. 셋째, 그는 주님의 영광스러운 순교자였고 믿음의 방어에서 한결같이 순교를 밀고 나아갔기 때문에 확고했다.

민음을 위한 유명한 전사(戰士)로 설교자 수도회(Ordo praedicatorum)*의 '베드로 순교자'(Petrus Martyr)라고 불렸던 새로운 베드로(Petrus Novus)는 베로나(Verona) 시 출신이었다. 그는 연기구름 속의 한 줄기 빛나는 빛, 찔레 사이에서 한 송이 흰 백합, 가시나무들 사이에서 한 송이 빨간 장미처럼 나타났다. 이 뛰어난 설교자는 실수로 눈이 멀었던 부모의 아들이었다. 그의 순결한 명예는 육체와 영혼이 타락한 사람들 사이에서 일어났고 가시나무들 사이에서 두드러졌는데, 이는 영원한 불로 나아갈 운명인 사람들을 의미한다.

베드로는 이단자인 부모의 실수에 물들지 않도록 자신을 지켰다. 한번은 그가 7세였고 학교에서 집에 왔을 때, 이단의 악취를 풍기는 삼촌이 그에게 무엇을 배우고 있는지 물었다. "저는 하늘과 땅의 창조주, 전능하신 하느님 아버지를 믿습니다."를 배웠다고 대답했다. 삼촌이 반박했다. "하느님은 보이는 것들의 창조주가 아니니 '하늘과 땅의 창조주'라고 말하지 마라. 악마가 모든 것을 창조했다."** 소년은 자신이 믿고 있는 성경에서 읽고 배운 것을 말하겠다고 대답했다. 삼촌은 자신의 권위를 이용해 소년의 마음을 바꾸려고 노력했지만, 성령으로 충만했던 베드로는 삼촌의 온갖 회유에도 흔들리지 않았다. 삼촌은 어린 소년에게 뒤처진 것에 화가 나서 어린 베드로를 퇴학시키려고 베드로의 아버지에게 모든 일을 알렸다. 삼촌은 "나는 두렵습니다. 어린 베드로가 공부를 마쳤을 때, 음탕한 로마 교회에 집중할 것이고 결국 우리의 민음을 혼란스럽게 만들고 파괴할 것입니다."라고 말했다. 삼촌은 조카 베드로가 카야파(Cayphas)처럼 이단의 거짓 교리를 파괴할 것이라고 주장했다. 그러나 아버지는 비록 지금은 하느님이 통제하고 있다고 할지라도 베드로의 배움이 좀 더 발전하면, 이단의 학식 높은 스승이 베드로를 종파로 끌어들일 것이라고 희망하면서 형제의 주장에 동의하지 않았다.

---

* 성 도미니코 수도회, 혹은 도미니코회 – 이하 본문에서는 "도미니코회"로 번역한다. – 역자 주
** 이단 심문관으로 싸웠던 베로나의 베드로(Petrus Veronensis)에 대항하여 가타리파(Cathari) 이단은 알비파(Albigenses)처럼 모든 물질은 악이라고 비난하였다.

거룩한 소년은 전갈 같은 사람들과 사는 것이 안전하지 않다는 것을 깨닫고, 세상과 가족을 뒤로하고 도미니코회에 입회했다. 인노첸시오 교황은 편지에서 베드로가 그 수도회 생활에서 보여준 삶을 칭찬한다. "베드로는 청소년기에 세상의 속임수들에서 신중하게 돌아서 도미니코회에 입회했습니다. 30년 동안 선두에서 믿음과 희망을 수호하고 자선을 동반한 덕과 열정으로 믿음을 지키며 진보하였고 승리했습니다. 그는 사나운 적들에 대항하여 마음의 용맹함과 영혼의 열정으로 끊임없는 전투를 벌였고, 오랜 투쟁을 순교의 승리로 기쁘게 마무리했습니다. 이처럼 베드로는 믿음의 반석 위에서 굳건히 버티고, 수난의 바위에 대항하여 내던져지고, 순교자의 월계관을 받을 만했기에 그리스도의 반석으로 올라갔습니다."

베드로는 마음과 육체의 순결을 지켰고, 신뢰할 만한 고해 신부들의 증언으로 입증된 것처럼 결코 대죄(大罪)의 손길을 느껴본 적이 없다. 너무 세심하게 영양을 갖춘 식사를 제공받은 노예는 주인에게 등을 돌리기 쉬우므로, 베드로는 소식으로 육체를 다스렸다. 게으름과 나태함으로 적의 술책에 희생될 수 있다는 두려움 때문에, 그는 오직 주님의 법령에 끊임없이 자신을 종속시켰다. 그는 삶에서 금지된 것을 할 틈이 없이 오직 명령받은 것에 매달렸기 때문에 영적인 결함에서 안전했다. 휴식을 위해 주어진 밤의 침묵 시간 동안에도 베드로는 짧은 잠을 잔 후에 독서와 연구*에 전념했고 기도하는 마음으로 잠자는 시간을 보냈다. 그가 특별한 은총의 선물로 축복을 받았기 때문에 과업, 곧 도움이 필요한 영혼을 보살피고, 설교할 강론을 준비하고, 고백을 듣고, 이단자들의 해로운 교리를 반박할 타당한 논리를 정리하다 보면 금세 날이 밝았다. 경건함으로 하느님을 기쁘게 하고, 겸손으로 온화하고, 순명으로 조용하고, 친절로 부드러우며, 동정심이 많고, 인내에서 변함이 없고, 자선에서 탁월하며 모든 행동에서 성숙했던 그는 이러한 덕을 널리 확산시킴으로써 사람들의 마음을 끌었다. 또한 참된 믿음을 열렬히 사랑하고 실천함에서 열심이었고, 믿음을 변호하기 위해서 격렬하게 싸웠다. 믿음은 그의 영혼에 매우 깊게 각인되었고, 진심으로 봉사에 헌신했기 때문에 그의 말과 행동 하나

* 의심할 여지 없이 성경, 순교록, 그리고 다른 경우 전례 시간과 다른 집회에서 읽혀질 가르침이다.

하나가 믿음의 덕을 반영하였다. 또한 믿음을 위해 순교하기를 갈망하였고 수난의 잔을 마시기 전까지 이승을 떠나지 않게 해 달라고 주님께 자주 간청한 것으로 알려져 있다. 그리고 그의 희망은 이루어졌다.

복된 베드로는 많은 기적으로 명성이 높았다. 예를 들어, 그는 밀라노에서 신자들을 포로로 잡았던 이단적인 주교를 조사하고 있었는데, 많은 주교와 수도자들, 도시 사람의 대부분이 재판을 보려고 모여들었다. 게다가 그 이단 지도자(haeresiarcha)의 설교와 주교에 대한 질의로 시간이 길어졌고 여름날의 극심한 열기가 모든 참석자를 괴롭히고 있을 때, 이단 지도자는 모두가 듣도록 말했다. "외고집의 베드로야, 네가 어리석은 백성들의 말처럼 거룩하다면, 왜 너는 그들을 열기로 죽게 내버려 두느냐? 왜 너는 백성들이 열사병으로 죽지 않게 구름이 태양을 가리게 해달라고 주님께 요청하지 않느냐?" 베드로가 대답했다. "만일 당신이 이단을 포기하고 가톨릭 믿음을 받아들일 것을 약속한다면, 저는 주님께 요청할 것이고 주님은 당신의 말처럼 행할 것입니다." 이단 지지자들은 이단 지도자에게 "약속해라! 약속해라!"라고 큰 소리로 소리쳤다. 특히 그곳에는 하늘에 한 줄기 구름조차 없었기 때문에, 베드로가 모든 사람 앞에서 스스로 맹세한 것을 이룰 수 없으리라 생각했다. 반면에, 그 맹세로 가톨릭 믿음이 손상될 것을 두려워한 가톨릭 신자들은 베드로의 약속에 대해 걱정하기 시작했다.

그 이단적인 주교는 약속을 거부하였으나, 확실한 신뢰를 갖고 있는 복된 베드로가 말했다. "참된 하느님이 보이는 것과 보이지 않는 모든 것의 창조주임을 보여주기 위하여, 신앙인의 확신과 이단자들의 혼란을 위하여, 저는 구름 모양의 작은 조각을 만들어 태양과 백성 사이에 두기를 하느님께 요청합니다." 그가 십자성호를 긋자, 구름 하나가 꼬박 한 시간 동안 태양으로부터 백성을 보호하는 천막처럼 하늘을 가로질러 펼쳐졌다.

5년 동안 온몸이 마비되어 썰매 같은 보조기구를 타고 이곳저곳 끌려다니던 아세르부스(Asserbus)라는 이름의 남자가 밀라노에 있는 복된 베드로에게 옮겨졌다. 베드로가 그에게 십자성호를 긋자 곧 치유되어 일어났다.

이미 언급하였던 인노첸시오 교황의 편지에서 하느님이 베드로를 통해 행했던 많은 기적에 대해 이야기한다. "한 귀족의 아들은 목에 큰 종양이 있어서 말을 하거나 숨을 쉬기가 매우 어려웠습니다. 복된 베드로가 그 사람에게 자기 망토를 걸쳐주고 손을 얹자 즉시 치유되었습니다. 후에 귀족은 심한 경련을 일으키게 되고 죽음의 공포에 휩싸이자 보관중이던 성인의 망토를 가져오게 했습니다. 망토를 가슴에 대자 두꺼운 털로 덮인 머리 두 개 달린 벌레 하나를 토해냈고, 완벽하게 치유되었습니다. 성인은 말을 못하는 한 젊은이의 입에 손가락을 넣어 혀를 묶고 있던 끈을 끊어 말의 축복을 얻게 해주었습니다. 하느님은 황송하게도 베드로를 통해 이외에도 많은 기적을 행하게 해주었습니다." 지금까지 인노첸시오의 말이다.

이단의 전염병이 롬바르디아(Lombardia) 등 많은 도시에 퍼졌다. 교황은 이 극악무도한 전염병을 없애기 위해 도미니코회 회원인 이단 심문관 몇 명을 여러 지방에 파견했다. 밀라노에는 이단자들이 매우 많이 있었으며 세속적인 권력을 남용하고 있었다. 교황은 복된 베드로가 매우 용감하여 아주 많은 적이라 할지라도 겁내지 않고, 절대 적의 힘에 흔들리지 않을 덕을 갖고 있음을 알고 있었다. 그뿐만 아니라 베드로는 웅변이 뛰어나 이단자들의 속임수를 쉽게 밝혀낼 것이고 신적인 지혜에 조예가 깊어 이단자들의 하찮은 주장을 논박할 수 있다는 것을 알았다. 그래서 교황은 이 용감한 전사 베드로를 자신의 전권(全權)을 가진 이단 수석심문관으로 임명했다.

베드로는 이단 심문관으로서의 일에 열심히 전념해 이단자들이 어디에 있든 찾아내고 그들에게 그 어떤 휴식도 용납하지 않았다. 그는 이단자들을 강력하게 물리치며, 지혜롭게 변론하여 자신을 통해 말씀하는 지혜와 성령에 저항할 수 없게 하였다. 이러한 행동에 고통을 받은 이단자들은 베드로의 살인을 도모한다. 이 강력한 박해자가 제거되어야 자신들이 살아남기 때문이다. 마침내 용감무쌍한 설교자는 이단자들을 찾으러 코모(Como)에서 밀라노로 가는 도중에 순교의 승리를 얻었다.

인노첸시오는 다음과 같이 그 사건을 묘사했다. "그는 사도좌(Apostolica Sedis)에게 위임받은 이단자들의 이단 심문을 수행하려고 자기 수도회의 분원장으로 있던 코모시에서 밀라노로 가는 길이었습니다. 그때 그가 공개 설교에서 예견했던 것처럼, 이단자들 중 한 사람이 맹렬히 그에게 덤벼들었습니다. 마치 간청과 대가에 넘어가 주요한 임무라도 진 것 같았습니다. 그것은 어린 양을 쫓는 늑대, 온순한 사람에 맞서는 야만인, 경건한 사람에 맞서는 신앙심이 없는 사람, 부드러운 사람에 맞서는 분노하는 사람, 침착한 사람에 맞서는 몹시 화가 난 사람, 성인에 맞서는 세속적인 사람 같았다. 이단자는 살의를 띄고 공격하기 시작했다. 신성한 머리를 잔혹하게 때렸고, 피로 흥건해질 때까지 칼로 찔렀다. 한편 공경할 희생자는 공격자에게서 등을 돌리지 않았고 기꺼이 자신을 희생하면서 야만적인 공격에 참을성 있게 자신을 맡겼습니다. 그래서 그는 고통받던 바로 그 자리에서 자신의 영혼을 하늘을 향해 날아오르게 보냈고, 신성모독적인 살인자는 여전히 그리스도의 성직자에게 타격을 멈추지 않고 비처럼 쏟아냈습니다. 성인은 어떤 신음도, 어떤 불평도 내지 않았고, 끈기 있게 모든 고통을 받았고 '오 주님, 제 영혼을 당신 손에 맡깁니다.'라고 말하면서 주님께 영혼을 맡겼습니다. 또한, 그는 죽음의 순간에도 여전히 심부름꾼[使者]으로서 신경을 암송하기 시작했습니다. 이것은 신자들에게 체포된 암살범과 베드로와 동행했던(같은 공격자에 의해 치명상을 입고 며칠 후에 죽은) 도미니코회 수사에 의해 보고되었습니다. 잔혹한 살인자는 주님의 순교자의 마지막 숨이 끊어질 때까지 단검으로 옆구리를 찔렀습니다."

이렇게 하여 성 베드로는 순교 당일에 증거자, 순교자, 예언자, 학자가 되는 공로를 쌓았다. 그는 고통 중에서 최고의 절개로 그리스도에 대한 믿음을 고백하였고, 평소처럼 고백을 하고 하느님께 찬미의 제물을 바쳤다는 점에서 증거자였다. 그는 믿음을 방어하기 위해 피를 흘렸다는 점에서 순교자였고, 그날 아침에 예측했다는 점에서 예언자였다. 동료들은 4일열(四日熱)에 걸린 그에게 코모로에서 밀라노까지 가는 것이 불가능하다고 말했었다. 하지만 그는 "만일 우리가 수도원까지 도달할 수 없다면, 우리는 산 심플리치아노(San Simpliciano)에서 하룻밤을 묵을 것입니다."라고 대답했다. 그리고 그 일이 발생한 것이다. 수도자들은 그 거룩한 시신을 밀라노로 옮겼으나 매우 많은 군중이 밀집해 있어서 분원에 도착할 수 없었다. 그래서 거룩한 유해를 산 심플리치아노의 성당 안에 하룻밤을 두었다. 또한, 그는 고통을 받으면서도 크고 분명한 소리로 신경을 암송하며 참된 믿음을 가르쳤다는 점에서 학자였다.

베드로의 공경할 만한 수난은 그리스도의 수난과 여러 측면에서 비슷해 보인다. 그리스도는 자신이 설교했던 그 진리 때문에, 베드로는 자신이 옹호했던 그 믿음의 진리 때문에 고통을 받았다. 그리스도는 믿지 않는 유다인들에 의해, 베드로는 믿지 않는 이단자들에 의해 고통을 받았다. 그리스도는 파스카 시기에 십자가에 못 박혔고, 베드로는 같은 기간에 순교를 당했다. 그리스도는 고통받을 때 "오 주님, 제 영을 아버지 손에 맡깁니다."라고 말하였고, 베드로는 자신의 마지막 순간에 같은 기도를 큰 소리로 암송하였다. 게다가 그리스도는 은화 서른 닢 때문에 배신당하여 십자가형을 받았고, 베드로는 파비아 화폐 40파운드 때문에 배신당하고 살해당했다. 그리스도는 자신의 수난으로 많은 사람을 믿음으로 데려왔고, 베드로는 자신의 순교로 많은 이단자를 개심(改心)케 했다. 비록 믿음을 위한 이 저명한 학자이자 전사는 이단자들의 해로운 교리를 근절하려고 살아있는 동안 많은 것을 하였지만, 죽음 후 그의 공로와 기적들 덕분에 이단이 상당 부분 근절되었고 아주 많은 사람이 자신의 오류를 포기하고 거룩한 교회의 품으로 서둘러 되돌아왔다. 특히 이단자 무리가 많이 머물던 밀라노와 근방은 매우 철저하게 이단이 척결되었다. 많은 이단자가 탈출했고 더욱 많은 이들이 믿음으로 개심함에 따라 더 이상 자신을 감히 드러내지 못하였다. 게다가 그 시대의 가장 위대하고 가장 유명한 설교자 중 많은 이가 수도회에 입회했고, 지금까지* 그들은 감탄스러운 열성으로 이단자들을 추적하고 있다. 그래서 우리의 삼손은 살아서 죽였던 것보다 죽어가면서 더 많은 필리스티아인들을 죽였다. 따라서 땅에 떨어지고 믿지 않는 사람들의 손에 의해 죽은 밀알 하나가 풍성한 결실을 가져온다. 이렇게 해서 포도즙을 짜는 기구에서 으스러졌던 포도송이는 풍부하게 즙을 나눠준다. 분쇄기 안에서 빻아졌던 향료는 더 풍부한 향기를 뿜어낸다. 겨자씨는 분쇄되었을 때 그만큼 더 강하다.

그 거룩한 사람의 영광스러운 승리 후에 주님은 많은 기적으로 그에게 영예를 주었으며, 교황은 그중 일부를 설명한다. "베드로의 죽음 후에 그의 무덤 주위에 걸렸던 등(燈)들이 인간의 도움 없이 하느님에 의해 여러 번 점화되었

---

* 베드로는 1252년에 순교하였고, 야코부스는 1250년경 후반에 《황금 전설》을 편집했다. "지금까지"(usque nunc)는 《황금 전설》의 구성보다 후대시기를 연상시킨다. 그레세(Graesse)의 284, n. 2와 288 n. 1은 "피렌체에 이단자인 젊은이가 …"로 펼쳐진 이야기로 시작하는 이 장(章)의 후반부에 있는 일화(逸話)의 대부분이 편집 인쇄본에 있지 않고, 그러니 후에 첨가되었다는 것에 주목한다.

습니다. 믿음의 불과 빛으로 찬란히 빛난 한 사람을 위해 불과 빛의 신비로운 기적이 일어나야만 했고, 그것은 적절했습니다. 몇몇 사람들과 식탁에 둘러앉아 베드로의 거룩함을 업신여기는 말을 한 사람이 자신의 주장을 입증하려고, 만일 자기 말이 부당하다면 이 작은 음식 조각을 삼키지 못할 거라며 먹었습니다. 그는 음식 조각이 목에 달라붙어 삼키거나 뱉을 수도 없었고, 얼굴색이 변하면서 질식사할 지경에 이르렀습니다. 그는 자신의 악의적인 이야기를 후회하며 결코 다시는 그런 말을 하지 않을 것이라고 마음속으로 맹세하자, 즉시 그 작은 조각을 토해내 목숨을 건질 수 있었습니다. 수종(水腫)으로 고통받던 한 여자가 남편의 도움으로 성 베드로가 살해되었던 장소로 왔습니다. 그곳에서 그녀는 성인에게 기도하였고 빠르게 건강이 회복되었습니다.

그 순교자는 악령에 사로잡힌 여자들이 피를 많이 토하게 해 악령을 신체 밖으로 나오게 했으며 열병을 비롯한 여러 질병을 치료했습니다. 한 남자가 자기 왼쪽 손의 한 손가락에 구멍이 많이 나는 피부병에 걸렸습니다. 베드로는 그를 치료하였고 아주 놀라운 위안을 주었습니다. 한 어린이가 낙상사고로 움직이지 못하고 감각도 못 느낄 정도로 매우 심하게 다쳐 사람들은 그 아이가 죽었다고 슬퍼하였으나, 순교자의 거룩한 피가 쏟아졌던 흙을 소년의 가슴 위에 두자 소년은 무사히 일어났습니다. 육신이 암으로 갉아 먹히고 있던 또 다른 여자가 이 흙을 병든 부위에 대자 치료되었습니다. 그리고 각종 질병에 걸린 사람들이 짐마차 등에 실려 성인의 무덤에 왔습니다. 그곳에서 그들의 병은 완치되었고, 도움 없이 스스로 집으로 갈 수 있었습니다."

교황 인노첸시오 4세가 성인들의 목록에 복된 베드로의 이름을 새겼을 때, 수사들은 밀라노에서 열린 총회에 모여 1년 이상 지하에 묻혀 있는 순교자의 시신을 더 높은 장소로 옮기기로 결의했다. 그들은 마치 바로 그날 매장된 것처럼 부패 냄새 없는 온전한 시신을 발견했다. 수사들은 큰 존경심으로 그가 살해당했던 길 옆에 대형 관대(棺臺)에 시신을 안치하고, 온 백성이 보고 공경할 수 있도록 전시했다.

교황의 편지에서 언급했던 것처럼 위에 언급한 기적들 외에도 매우 많은 것이 기억되고 있다. 신앙심을 지닌 많은 사람이 순교한 자리에서 하늘로부터 내려오는 빛들을 보았고, 그 빛에 둘러싸인 도미니코회 수도복을 입은 두 명의 수사를 보았다고 증언했다.

코모 시에서 살던 군프레도(Gunfredus, Geoffrey) 또는 귀프레도(Guifredus, Godfrey)라는 이름의 젊은이가 성 베드로의 망토에서 잘라낸 천 조각을 가지고 있었다. 한 이단자가 젊은이를 비웃으며 만일 그 천을 불에 던졌는데도 타지 않는다면 베드로가 성인이란 것을 믿겠다고 말했다. 타오르는 석탄 위로 던지자, 천은 불 밖으로 높이 뛰어오르고 석탄불은 완전히 꺼졌다. 믿지 않는 그 사람은 "그래! 내 망토도 똑같이 할 수 있을 것이다!"라고 말했다. 그들은 다시 불을 붙여 그 이단자의 망토 조각을 한쪽에, 성 베드로의 망토에서 잘라낸 천을 다른 쪽에 놓았다. 이단자의 옷은 불에 닿자마자 활활 타오른 반면, 베드로의 천 조각은 불을 압도하여 꺼버렸고 천 조각의 실 한 오라기도 그슬리지 않았다. 이단자는 믿음의 길로 돌아왔고, 모든 사람에게 이 기적에 대해 말했다.

이단자이며 방탕한 피렌체에 사는 한 젊은이가 동료 몇 명과 수사들의 성당에서 성 베드로의 순교를 묘사한 그림을 보고 있었다. 젊은이는 암살자가 칼로 베드로를 공격하는 것을 보고 소리쳤다. "만일 내가 그곳에 있었더라면, 그를 더 세게 때렸을 텐데!" 젊은이는 이 말을 뱉자마자 벙어리가 되었다. 동료들이 어떻게 된 것인지 물었지만 그 사람은 대답할 수가 없었다. 동료들이 그를 집으로 데려다주는 도중에 성 미카엘 성당을 본 젊은이는 친구들과 헤어져 성당으로 갔다. 그는 무릎을 꿇고 성인에게 용서를 빌고, 만일 자신이 치료된다면 죄를 고백하고 모든 이단을 포기하겠다는 서약으로 스스로 의무를 지우면서 성 베드로에게 진심으로 기도했다. 그리고 갑자기 언어 능력을 회복한 그는 수도원으로 가서 자신의 이단을 버렸고, 고해 신부에게 사람들에게 이에 대해 설교해도 된다고 하면서 자신의 죄를 고백했다. 이후 설교 중간에 그 젊은이는 일어나서 수많은 군중에게 자신이 겪은 모든 것을 말했다.

밤의 어둠에 둘러싸인 아주 먼 바다에서 배 한 척이 조난 당했고, 거센 파도로 인해 거의 물에 잠겼다. 승선한 사람들은 다양한 성인들에게 도움을 요청했으나, 구조의 기미가 없어 곧 죽음이 닥치리라는 두려움에 사로잡혔다. 그때 그들 중 제노아(Genoa) 출신의 한 사람이 조용히 하라고 소리친 후 다음과 같이 연설했다. "동포 여러분, 도미니코회의 베드로 수사가 최근에 믿음을 옹호했다는 이유로 이단자들에게 죽임을 당한 일과 하느님이 많은 표징으로 그를 구별한 것에 대해 여러분은 듣지 못하였습니까? 그러니 이제 우리가 그 성인의 보호를 경건하게 간청합시다. 저는 우리의 기도가 헛되지 않을 것이라는 선한 희망을 가지고 있습니다." 모든이가 동의하고 열렬한 기도와 함께 복된 베드로에게 도움을 간구했다. 그들이 기도하자 돛이 매달렸던 활대 양쪽 끝이 불 켜진 초들로 점점이 박혀 있는 듯 보였다. 밤의 어둠은 초들의 빛에 소멸되어 밝아졌다. 그들이 위를 올려다보니, 돛 꼭대기에 도미니코회 수도복을 입은 한 남자가 서 있는 것을 보았고, 그가 성 베드로라는 사실에 의심이 없었다. 무사히 제노아에 도착한 선원들은 도미니코회 수도원으로 가서 하느님과 복된 베드로에게 감사를 드렸고, 수사들에게 이 기적을 말했다.

플랑드르(Flandre)에 사는 한 여자가 유산(流産)을 세 번 했다. 이 일로 남편은 아내를 미워하게 되었고 그녀는 성 베드로에게 도움을 요청했다. 이윽고 그녀는 네 번째 임신에서 아이를 출산하지만, 이 아이 역시 다른 아이들처럼 죽었다. 그녀는 죽은 아이를 데리고 가서 살려 달라고 경건하게 간청하면서 성 베드로에게 완전히 자기 자신을 맡겼다. 그 아이는 살아났다. 아이는 이미 요한이라고 불리게 되리라 확정되어 있었으나, 사제는 이를 모르고 베드로라는 이름으로 세례를 주었다. 그 이름은 새로운 그리스도인이 성 베드로에게 헌신하도록 하기 위함이었다.

튜턴(Teuton) 지방에 있는 위트레흐트(Utrecht)에서 몇몇 여자가 길가에 둥글게 앉아 도미니코회 성당으로 가는 큰 무리의 사람들을 구경하고 있었다. 여자들은 주변에 서 있는 사람들에게 말했다. "저 수사들은 돈을 마련하는 방법을 압니다! 그들은 큰 궁전을 건축할 많은 돈을 모으려고 새로운 순교자를 만들어냈다는 사실을 아시나요?" 여자들이 이런 말을 하는 동안 갑자기 잣고 있던 실이 모두 피로 흥건해지고 그녀들의 손가락은 피로 뒤덮였다. 크게 놀란 여자들은 혹시 손가락이 잘렸는가 싶어 손을 조심스럽게 닦았다. 그러나 손가락은 멀쩡했고, 피로 흥건했던 것은 실 그 자체였다는 사실을 깨닫고 뉘우치며 말했다. "이것은 우리가 귀한 순교자의 피에 대해 나쁜 말을 했기 때문에 이 엄청난 피의 기적이 우리에게 일어난 것이다." 그래서 그녀들은 수도원으로 달려가서 원장에게 피 묻은 실을 건네주며 그 이야기를 했다. 원장은 서둘러 장엄한 설교 예식을 소집해서 모든 참석자에게 이 일을 이야기해주며 피투성이의 실을 보여주었다.

　이것을 들은 문법학(ars grammatica)의 매우 독선적인 스승 한 사람이 이야기를 비웃으면서 주위 사람들에게 말했다. "그 수사들이 단순한 사람들의 마음을 속이는 것을 보십시오! 그들은 친절하고 천한 이웃 여자들을 모아서 약간의 피에 실을 살짝 담근 후 기적이 일어난 척하게 했습니다!" 그가 말을 계속하는 중에 하느님의 노여움이 찾아왔다. 그는 많은 사람이 지켜보는 중에 매우 극심한 열병에 걸렸고 친구들의 부축을 받아 간신히 집으로 돌아갔다. 열병은 점점 심해졌고 죽을까 봐 두려워했다. 그래서 그는 원장을 불러 하느님께 자신의 죄를 고백했고, 만일 성인의 공로로 건강이 회복된다면 특별한 신심을 가질 것이며 다시는 그런 추문을 말하지 않을 것이라고 약속하면서 성 베드로에게 서약했다. 놀라지 마라! 그가 서약을 표명하자마자 회복되었다.

　앞서 언급한 대로 수도원의 부원장은 성당 건설을 위해 매우 크고 아름다운 돌들을 운송 중이었는데, 배가 갑자기 좌초되어 모래에 단단히 박혀 꼼짝할 수 없었다. 선원들은 배를 밀어서 빼내려고 시도했지만 소용이 없었다. 부원장이 사람들에게 한쪽으로 비켜서도록 명령한 후 선체에 손을 얹어 가볍게 누르면서 "이 돌들을 영예롭게 나르고 있는 성 베드로 순교자의 이름으로 뒤로 물러서라!"라고 말하자 즉시 그 배는 손상되지 않은 채 물에 떴고, 선원들은 배를 타고 안전하게 집으로 항해했다.

　프랑스 지방에 있는 상스(Sens)에서 한 소녀가 개울에 빠져 오랫동안 물속에 있었고 결국 시신으로 발견됐다. 그녀의 죽음은 네 가지 사실, 즉 물속에서 오랜 시간 있었고, 경직, 차가움, 시신의 흑색에 의해 입증되었다. 그럼에도 불구하고, 사람들이 소녀를 수사들의 성당으로 옮기고 성 베드로에게 맡기자 생명과 건강을 되찾았다.

　볼로냐에서 폴란드의 요한(Johannes Polonus) 수사가 성 베드로 순교자의 축일에 공동체에서 설교할 예정이었으나 4일열(四日熱)에 걸렸다. 그는 이미 강론 전날 밤에 병이 발발할 것을 예상하고 설교를 할 수 없을지도 모른다는 두려움에 싸였다. 그는 성 베드로의 제대로 가서 성인의 공로로 자신이 그의 영광을 설교할 수 있기를 기도하였고, 그래서 실현되었다. 바로 그 밤에 열병은 그를 떠났고 다시 고통받지 않았다.

발레사나의 야고보(Jacobus de Vallesana)의 아내로 13년 동안 더러운 영들에 사로잡혔던 지롤다(Girolda)라는 이름의 여자가 한 사제에게 가서 말했다. "저는 악령에 홀려 있고 그 악령이 저를 괴롭힙니다!" 그 사제는 겁에 질려서 제의실로 가서 구마(驅魔) 방법이 수록된 책을 찾았다. 사제는 망토 아래에 영대(領帶)를 걸친 후 몇 명의 사람들과 함께 여자에게 돌아왔다. 그녀는 사제를 보자마자 "사악한 도둑놈아, 어디에 갔었느냐? 망토 아래에 숨긴 옷은 무엇이냐?"라고 말했고, 사제는 결국 구마에 실패했다. 그런 다음에 그 여자는 아직 수난을 겪기 전이었던 복된 베드로에게 가서 도움을 간청했다. 예언자처럼 말하는 베드로는 그녀에게 대답했다. "나의 딸아, 절망하지 마라! 내가 지금 너의 요청을 들어주지 못하더라도, 네가 나에게 요청한 모든 것을 얻을 수 있는 시간이 올 것이다." 이것은 실현되었다. 그의 수난 후에 앞서 그 여자는 베드로의 무덤으로 가서 악령들의 고통에서 완전히 해방되었다.

밀라노 교구에 있는 코리온고(Corriongo) 지역 출신인 에우페미아(Euphemia)가 7년 동안 악령에 시달렸다. 그녀가 성 베드로의 무덤에 왔을 때, 악령들은 평소보다 훨씬 더 괴롭히며 그녀의 입을 통해 크게 소리쳤다. "마리아여, 마리아여! 베드로여, 베드로여!" 그런 다음 악령들은 그녀를 죽도록 방치한 채 떠났으나, 그녀는 단시간에 완벽하게 치료되어 소생했다. 그녀는 그 악령들이 주일과 축일, 특히 미사가 올려지고 있을 때 가장 괴롭혔다고 분명히 말했다.

베레뇨(Beregno)의 베르보나(Verbona)는 6년 동안 악령에 시달렸다. 그녀를 성 베드로의 무덤으로 데려갔을 때, 12명의 남자가 그녀를 붙잡을 수 없을 정도였다. 그중 한 사람은 성 베드로의 기적들을 조롱하려고 온 이단자 라드리아노의 콘라도(Conradus de Ladriano)였다. 그가 다른 사람들과 함께 그녀를 제지하고 있을 때 악령들이 그 여자를 통해 말했다. "너는 우리의 것이다! 왜 너는 우리를 붙잡느냐? 우리가 데려간 모처에서 너는 살인을 저지르지 않았느냐? 우리가 안내한 이런저런 장소에서 너는 범죄들을 저지르지 않았느냐?" 이기적이고 죄 많은 악령이 말을 하자, 콘라도는 잔뜩 겁을 먹었다. 악령들은 그 여자의 목과 가슴의 피부를 찢었고 반쯤 죽인 채 남겨두고 떠났으나, 잠시 후 그녀는 원기 왕성하게 일어났다. 앞서 언급한 이단자 콘라도는 이것을 모두 보았고 가톨릭 신앙으로 개종했다.

언젠가 베드로는 특히 예리하고 유창한 이단자와 논쟁을 벌일 때, 이단자의 실수에 매우 절묘한 기운으로 대응했지만 그다지 성공하지 못했다. 베드로는 생각할 시간을 요청하고, 인근의 경당으로 가서 눈물을 흘리며 하느님께 기도했다. 믿음을 방어하고 이 교만한 연설가를 참믿음으로 되돌려 주시거나 그의 혀를 침묵케하는 벌하시기를 기도했다. 그런 다음 베드로는 그 이단자와 대면하여 모든 청중 앞에서 공개적으로 다시 말하도록 요청했다. 그러나 이단자는 말문이 막혀 한마디 말조차 할 수 없었다. 그래서 가톨릭 신자들이 하느님께 감사를 드리는 동안 이단자들은 당황하여 자리를 떠났다.

독실한 이단자 오피소(Opiso)라는 남자가 역시 이단자인 친척 여자를 만나려고 수사들의 성당으로 왔고 성 베드로의 무덤을 지나면서 그 위에 놓인 동전 두 개를 보고 "좋아! 이 동전으로 술을 마시자!"라고 말했다. 그리고 갑자기 사시나무 떨듯 떨며 그 자리에서 전혀 움직일 수 없었다. 겁을 먹은 그는 동전들을 다시 제자리에 갖다 둔 후에야 떠날 수 있었다. 이 경험은 성 베드로의 힘을 그에게 보여주었고 그는 이단을 버리고 가톨릭 신앙으로 개종했다.

독일 콘스탄츠(Konstanz) 교구에 있는 오텐바흐(Ottenbach)의 성 식스토회 수도승원의 한 수녀가 1년 이상 무릎 통풍으로 고통을 받고 있었는데, 치료약을 찾을 수 없었다. 그녀는 수도회의 규칙 때문이 아니더라도 건강 상태가 나빠성 베드로의 무덤을 방문하는 것이 불가능했다. 그래서 그녀는 마음속으로나마 진실한 신심으로 무덤을 방문하는 여행을 상상했다. 그녀는 오텐바흐에서 밀라노로 가는 데 13일이 걸린다는 사실을 알고, 13일 동안 매일 성 베드로를 기념하여 주님의 기도를 100번 암송했다. 경이로운 이야기지만, 그녀가 마음속으로 이 여행을 계속하는 동안에 매일매일 조금씩 호전되는 것을 느꼈다. 그리고 마지막 날이 되었고 정신적인 걸음으로 무덤에 다다랐을 때, 마치 몸이 그곳에 있다는 듯이 무릎을 꿇고 전적인 신심으로 시편 전체를 읽었다. 그러자 단지 작은 고통만 남았을 뿐 질환에서 자유로워짐을 느꼈다. 그런 다음 그녀는 진짜 여행을 시작했고 13일이 지나기 전에 완전히 치유되었다.

빌라 마차티(Villa Mazzati)의 카나피초(Canapicio) 출신인 루피노(Rufinus)라는 이름의 남자가 중병에 걸렸다. 정맥(靜脈)이 신체 아랫부분에서 파열되었고 피가 끊임없이 흘러나왔다. 어떤 의사도 치료약을 찾지 못했다. 이 일이 6일 밤낮 동안 계속되자, 루피노는 성 베드로의 도움을 절실히 간구하였다. 기도의 봉헌을 올리자마자 출혈이 멈추면서 놀랍도록 금세 치유되었다. 그리고 잠이 든 루피노는 도미니코회 수도복을 입고 뚱뚱하고 안색이 어두운 한 수사를 보았는데, 실제로 그곳에 그렇게 보이는 한 사람이 있었다. 그 수사는 피로 가득 찬 자기 손과 달콤한 냄새가 나는 향유를 루피노에게 내밀며 말했다. "이 피는 아직도 신선하다. 성 베드로의 신선한 피가 있는 곳으로 와라." 잠에서 깬 그는 성 베드로의 무덤을 방문하기로 결심했다.

이브레아(Ivrea) 교구에 있는 마시노(Masino) 성의 몇몇 귀족 여자가 성 베드로에 대한 특별한 신심으로 그의 축일 전야에 단식하고 저녁기도를 드리러 그의 성당으로 갔다. 그들 중 한 사람이 성 베드로 순교자를 공경하려고 초 하나를 밝히고 성 베드로 사도의 제대 앞에 두었다. 귀부인들이 집으로 돌아간 후에 탐욕스러운 사제가 그 초를 껐으나 불꽃은 곧 다시 점화되었다. 사제는 두 번 세 번 그 초를 끄려고 시도하였으나, 그때마다 빛이 돌아왔다. 사제는 지쳐서 성가대석으로 갔고 중앙 제대 앞에 있는 또 다른 초를 보았다. 성인의 축일 전야를 위해 단식하던 한 성직자가 성 베드로를 기념하여 밝힌 초였다. 사제는 이 초를 끄려고 두 번 시도했지만 실패했다. 이것을 본 성직자가 화를 내며 소리쳤다. "너 악마야! 이것이 기적이라는 것을 너는 알지 못하느냐? 성 베드로가 자신의 초를 끄는 것을 원하지 않는다는 것을 너는 모르느냐?" 두 사람 모두 깜짝 놀라 두려워하였고, 사제와 성직자는 성으로 올라가서 이 기적에 대하여 모든 사람에게 말했다.

메다(Meda)의 로바(Roba)라는 사람이 입은 옷을 제외하고 자신이 가진 모든 것을 도박으로 잃었다. 밤늦게 집으로 간 그는 등불을 밝히고 잠자리에 들었다. 그러나 그는 너덜너덜한 홑이불을 보고 손해에 너무 낙담하여 악령들을 부르고 불경스러운 말로 그들에게 자신을 맡겼다. 즉시 세 악령이 와서 등잔을 테라스에 던진 다음, 로바의 목을 움켜잡고 목을 졸랐다. 악령들이 너무 시끄럽게 떠들자 그 집 아래층 사람들이 올라와서 물었다. "로바, 당신은 무엇을 하는 겁니까?" 악령들이 대답했다. "평안히 가서 잠자리로 돌아가시오!" 사람들은 로바의 목소리라고 생각하고 되돌아갔다. 사람들이 돌아가자, 악령들은 로바를 더욱더 잔인하게 괴롭혔다. 아래층의 사람들은 무슨 일이 일어나고 있는지 깨달았고 성 베드로의 이름으로 악령들을 떠나도록 명령할 사제를 불렀다. 악령들 중 두 악령이 떠났다. 다음 날 로바는 성 베드로의 무덤으로 갔다. 한 번도 본 적 없는 베르첼리의 귈헬모(Guilhelmus Vercellensis) 수사가 로바에게 와서 악령을 꾸짖기 시작했다. 악령이 "귈헬모 수사, 그는 우리의 것이고 우리의 일을 하기 때문에 이 사람에게서 나가지 않을 것이다!"라고 말했다. 귈헬모 수사가 그 영혼에게 이름을 묻자, 악령은 "나는 발체파스(Balcephas)이다."라고 대답했다. 그러나 성 베드로의 이름으로 떠나라고 명령하자 악령은 로바를 땅에 던지고 떠났다. 로바는 다시 건강해졌고 속죄를 받아들였다.

어떤 성지주일에 성 베드로가 밀라노에서 설교할 때 매우 많은 사람이 몰려들었고, 베드로는 공개적으로 분명하게 말했다. "나는 이단자들이 나의 죽음을 노리고 있으며 이를 위해 돈이 이미 지불되었다는 사실을 알고 있습니다. 그러니 그들이 무엇이든지 하게 내버려 두십시오. 나는 현세에 있을 때보다 내가 죽었을 때 더 그들을 박해할 것입니다." 그가 말한 것이 사실이었다는 것은 확실하다.

피렌체의 수녀승원에서 한 수녀가 복된 베드로가 죽임을 당한 날에 기도하던 중 환시로 성모 마리아가 영광스러운 높은 옥좌에 앉고 도미니코회 두 수사가 하늘로 승천하여 그녀의 양쪽에 자리를 차지하는 것을 보았다. 수녀는 누구인지 물었고 한 음성을 들었다. "이분은 주님의 판단으로 향의 연기처럼 영광스럽게 승천한 베드로 수사입니다." 베드로의 죽음이 이 수녀가 환시를 보았던 그날 일어났다는 것이 확증되었다. 그녀는 오랫동안 중병으로 고통을 받았으나 성 베드로에게 기도하는 데 전념하였고 이내 건강을 회복했다.

한 학생이 마귈론(Maguelone)에서 몽펠리에(Montpellier)로 가는 길에 뛰어내리다가 떨어졌다. 사타구니가 파열된 소년은 매우 고통스러워 한 발짝도 움직일 수 없었다. 소년은 한 설교자가 성 베드로의 피가 떨어졌던 곳의 흙을 육체를 갉아 먹는 암 위에 놓음으로써 치유되었던 여자에 대해 말하는 것을 들은 적이 있었다. 흙을 한 줌 집은 소년은 "주 하느님, 저는 그 흙을 갖고 있지 않습니다만 당신은 성 베드로의 공로로 매우 많은 힘을 그 땅에 주었고, 당신은 이 흙에 같은 힘을 주실 수 있습니다!"라고 말했다. 그는 한 줌 흙 위에 십자성호를 그으며 순교자에게 간구하며 환부 위에 흙을 뿌리자 즉시 상처가 나았다.

서기 1259년에 아포스텔라(Apostella) 시에 베네딕도(Benedictus)라는 이름의 한 남자가 있었다. 그런데 다리는 포도주를 담는 가죽 부대처럼 부어올랐고 배는 임산부처럼 불룩했으며 얼굴은 종기로 흉측하였고 온몸이 부풀어 올라 괴물처럼 보였다. 지팡이로 간신히 의지하고 서 있던 그 사람이 한 여자에게 구걸했다. 여자가 "당신은 지금 다른 무엇보다도 무덤이 필요하지만, 나의 조언을 따르십시오! 도미니코회 수도원으로 가서 당신의 죄를 고백하고 성 베드로의 도움을 간구하십시오!"라고 말했다. 다음 날 아침 일찍 그 남자는 수도원으로 갔으나 성당 문이 닫혀 있어서 문밖에 앉아 잠이 들었다. 그런데 보라! 도미니코회 수도복을 입은 공경할 만한 사람이 나타나서 자신의 망토로 남자를 덮어주고 교회 안으로 이끌었다. 잠에서 깬 그 사람은 완치된 자신을 발견했다. 죽은 것이나 다름없었는데 갑자기 완치된 그 사람을 보고 많은 사람이 감탄과 놀라움을 금치 못했다.

·· ✦ 64 ✦ ··

성 파비아노

성 파비아노(Fabianus)는 로마 교회를 여러 해 동안 다스렸고 마침내 데치우스의 재위 기간에 순교했다. 파비아노가 로마 시의 주교로 선출되었을 때, 많은 사람이 비둘기의 모습으로 나타난 성령을 보았고, 이후 공중인들이 보존하지 않은 순교자들의 수난에 대한 자료를 수집하고 기록하도록 명령했다. 또한, 그는 순교자들의 무덤에 많은 대성전을 건축하고 직접 순교자들에게 봉헌했다. 그는 오래된 축성 성유(chrisma)를 태우고 매년 성 목요일에 새 축성 성유를 축성하는 관습을 확립했다. 그에 대한 보다 자세한 것은 복된 파비아노와 세바스티아노 순교자들의 축일을 참조하라.*

---

* 이 장(章)은 22장의 주제인, 교황이자 순교자인 성 파비아노의 전설과 확실히 중복되었다. 성 세바스티아노의 전설에서 파비아노 교황에 대한 언급은 없다. 그레세(Graesse)는 현재의 장이 "더 최근 개정판에"가 나타나지 않고 있다는 것을 주목한다.(291. n.1)

성 필립보 사도

필립보(Philippus)는 오스 람파디스(os lampadis, 등(燈)불의 입), 혹은 오스 마누움(os manuum, 손들의 입)이라 말한다. 또한 필립보는 '사랑'을 의미하는 필로스(philos)와 '보다 위에'란 의미의 이페르(yper)로 구성되어 있다. 그 사도는 빛나는 설교 때문에 '등불의 입', 지칠 줄 모르는 일 때문에 '손들의 입', 하늘에 대한 관상(觀想) 때문에 '위의 것들을 사랑한 사람'이라 불린다.

필립보 사도가 20년 동안 스키티아(Scythia) 도처에서 설교한 후, 이교도들이 그를 붙잡아 마르스(Mars) 조각상 앞에 제물로 바쳤다. 그때 갑자기 조각상 바닥에서 나온 거대한 용 한 마리가 제물을 위한 불을 지키던 이교도 신관(神官)의 아들과 쇠사슬로 필립보를 붙들고 있던 두 명의 호민관을 죽이고, 악취가 나는 숨을 내뿜어 모든 사람을 감염시켰다. 그때 필립보가 말했다. "내가 하는 말을 믿으십시오! 저 조각상을 박살 내고 그 자리에 주님의 십자가를 경배하십시오, 그러면 당신들의 병은 치유될 것이고 죽은 사람도 살아나게 될 것입니다." 그러나 고통을 받고 있던 사람들이 외쳤다. "그저 우리가 치유되게만 해 주십시오. 그러면 우리가 마르스 조각상을 박살 낼 것입니다!" 필립보가 누구도 해칠 수 없도록 사막 같은 곳으로 떠나라고 하자, 용은 즉시 떠났다. 그런 다음 필립보는 병자들을 치료하였고 죽은 세 사람이 생명의 은혜를 얻었다. 모든 사람은 믿음을 받아들였으며 그는 1년 동안 그들에게 설교하고 그들을 위해 사제들과 부제들을 서품했다. 사도는 아시아에 있는 히에라폴리스(Hierapolis) 시로 가서 그리스도가 취한 육체는 단지 환영(幻影)이라고 가르쳤던 이단자 에비온파(Ebionites)를 처치했다. 그곳에는 헌신적인 동정녀였던 그의 두 딸이 있었는데, 그들을 통해 주님은 많은 이들을 믿음으로 개종시켰다.

필립보는 죽기 7일 전에 주교들과 사제들을 소집해서 말했다. "주님은 내가 당신들에게 좋은 조언을 줄 수 있도록, 나에게 이 7일을 허락하셨습니다." 그는 그때 87세였다. 비신자들이 그를 체포하여 스승 예수처럼 십자가에 못 박았고, 그는 그렇게 주님께 옮겨져 기쁘게 생애를 끝냈다.

이시도로(Ysidorus)는 저서 《거룩한 교부들의 출생과 삶, 그리고 죽음》(De Ortu et Vita vel Obitu Sanctorum Patrum)에서 필립보에 대해 다음과 같이 기술했다. "갈릴래아 사람인 필립보는 그리스도를 설교했고 거친 바다의 해안에서 어둠 속에 살았던 이방인들을 지식의 빛과 믿음의 안식처로 이끌었다. 결국, 프리기아(Phrygia) 지방에 있는 마을인 히에라폴리스에서 십자가에 못 박혔고 돌에 맞았다. 그는 죽었고 딸들과 함께 안장되었다." 이것은 이시도로의 말이다.

예로니모는 《순교록》(Martirologium)에서 일곱 부제 중 한 사람이었던 필립보가 행한 표징과 경이로운 일들로 인해 7월 6일 카이사리아(Caesaria)에서 죽었다고 말한다. 그의 세 딸이 함께 묻혔고, 넷째는 에페소에 안장되었다. 위의 필립보는 이 필립보와 다른 사람이다. 전자는 사도였고 후자는 부제였다. 전자는 히에라폴리스에서, 후자는 카이사리아에 안치되었다. 전자는 예언의 은혜를 가졌던 두 딸을 가졌고, 후자는 네 명의 딸을 가졌다. 그러나 《교회사》는 사도 필립보가 여자 예언자였던 네 명의 딸을 가졌다고 말하려는 것처럼 보인다. 그러나 필립보 사도에게 몇 명의 딸이 있었는지에 대해서는 예로니모가 좀 더 믿을 만하다.

66

성녀 아폴로니아

데치우스(Decius) 황제의 통치 기간에 알렉산드리아에서 하느님의 종들에 대한 야만적인 박해가 발생했다. 그렇지만 악령의 비열한 인간인 디비누스(Divinus)가 통치자의 이 칙령을 예상하고 같은 미신을 믿는 폭도들을 선동하여 그리스도의 종들, 그야말로 경건한 사람들의 피를 갈망했다. 첫 번째 포로들은 봉헌된 수도자들이었다. 수도자 일부를 난도질하고 갈기갈기 찢었다. 또는 얼굴을 훼손하고 뾰족한 막대기로 눈을 도려낸 후 도시 밖으로 내쫓았다. 또 다른 수도자들은 우상 앞에 끌려가 숭배하도록 압력을 받았다. 하지만 그들이 우상을 거부하고 저주하자 발을 쇠사슬로 묶어서 이 잔혹하고 지독한 고문으

로 육체가 갈가리 찢기고 나달나달해질 때까지 도시 거리에서 끌고 다녔다.

이때 알렉산드리아에 아폴로니아(Apollonia)라는 상당히 나이가 많고 칭찬받을 만한 동정녀가 살았다. 그녀는 순결, 진지함, 순수함의 꽃으로 둘러싸여 있었고, 주님의 영으로 강화된 견고한 기둥처럼 서 있었다. 그녀의 믿음의 공로와 덕이 주님에 의해 인지되었으며 천사들로부터 존경받았고, 사람들에게 모범을 보여주었다. 맹렬한 폭도가 하느님의 종들의 집을 휩쓸고 적대적인 잔인함으로 모든 것을 부수었을 때, 복된 아폴로니아는 신앙심이 없는 자들의 법정으로 끌려갔다. 순박함 안에서 무죄하고 덕 안에서 겁이 없는 그녀는 용맹한 정신의 불변함과 흐트러지지 않는 양심의 순수함 외에는 아무것도 가져가지 않았다. 그래서 그녀는 자신의 독실한 영혼을 하느님께 봉헌했으며 자신의 가장 순결한 육체를 고문하려는 박해자들에게 넘겨주었다. 사형집행인들은 그녀에게 잔인한 분노를 터뜨리며 모든 치아를 부수었다. 그런 다음 나무를 쌓고 거대한 장작더미를 만들어 그녀가 자신들의 신앙에 가담하지 않는다면 산 채로 불태울 것이라고 협박했다. 그러나 그녀는 이미 타고 있는 장작더미를 보고 잠시 생각을 한 후 갑자기 사악한 자들의 손에서 빠져나와 스스로 불 속으로 몸을 던졌다. 무자비한 고문자들은 죽음을 가하는 것보다 죽음을 겪기를 더 열망하는 여자를 보고 큰 충격을 받았다. 이미 많은 고문을 받은 이 두려움 없는 순교자는 자신에게 가해지는 고문이나 화염의 열기에도 정복되지 않을 것이다. 그녀의 영혼은 훨씬 더 열렬한 진리의 광선으로 불타고 있었기 때문이다. 그래서 사람의 손으로 붙인 물질적인 불은 지칠 줄 모르는 그 가슴에 하느님이 불어넣은 열기를 이길 수 없었다.

이 동정녀의 위대하고 경이로운 투쟁은 하느님의 연민 어린 은총으로 불도 고문도 그녀를 해칠 수 없었던 것처럼, 불타지 않기 위해 불로 갔고, 불탔으나 소실되지 않았다. 자유 안에 안전이 있겠지만, 싸움을 피하는 사람을 위한 영광은 없을 것이다. 그리스도의 충실한 동정 순교자인 아폴로니아는 세상의 쾌락을 경멸하고 세속적인 번성을 짓밟으며 오직 자신의 배우자인 예수 그리스도를 기쁘게 하기만을 갈망했다. 그녀는 동정녀로 머물려는 결심과 행복한 인내로 몹시 고통스러운 고문 중에도 변함이 없었다. 매우 훌륭히 그리고 다행히도 큰 승리를 거둔 이 동정녀의 공로는 순교자들 사이에서 탁월하고 두

드러졌다. 더구나 이 여자의 강건한 정신은 엄청난 투쟁 아래에서 무너지지 않았다. 그녀는 하늘나라에 대한 그녀의 사랑으로 모든 세속적인 두려움을 쫓아버렸고 그리스도의 십자가의 기념비를 움켜잡았다. 그녀는 육체적인 욕정과 모든 고문에 대항하여 칼 대신에 자신의 믿음으로 무장하여 싸웠고, 그녀는 이겼다.

그리고 이것을 황송하게도 하느님 아버지와 성령과 함께 영원히 살아 있고 지배할 우리에게 주실 것이다.*

성 야고보

야고보(Jacobus, James)는 '넘어지게 하는 삶', '서두르는 사람을 걸려 넘어지게 하는 사람', '준비하는 사람'으로 해석된다. 야고보는 하느님의 이름인 야(Ja)와 '짐'과 '무게'를 의미하는 코바르(cobar)에서 유래했다. 또는 야쿨룸(Jaculum, 창)과 '절단'이란 코페(cope)에서 유래된 것으로 보면 '창으로 베는 사람'을 의미한다. 그러므로 야고보는 세상에 대한 경멸로 세상을 넘어뜨리고, 항상 서두르는 악마의 다리를 걸어 넘어뜨리고, 모든 선한 일을 위해 자신의 육신을 준비했다. 니사의 그레고리오(Gregorius Nyssenus)가 말한 것처럼, 나쁜 열정은 세 가지 원인, 즉 나쁜 양육이나 나쁜 교제, 나쁜 건강, 무지(無知)의 악덕 때문에 발생한다. 그는 그런 나쁜 열정은 좋은 습관, 좋은 운동, 좋은 교리 공부로 치유된다고 말한다. 복된 야고보는 자기 자신을 잘 돌보았고, 그래서 모든 선한 일을 위해 자신의 육신을 준비하였다. 또한 그는 자기 행동의 근엄함 때문에 하느님의 무게로 불리며, 창에 찔려 순교했다.

야고보 사도는 알패오(Alpheus)의 야고보(알패오의 아들), 주님의 형제, 소(小) 야고보, 의인 야고보라 불린다. 그는 육신으로만 아니라 그 이름의 의미에 따라서도 알패오의 아들 야고보라고 불린다. 야고보는 영감을 통해 지식을 배웠고,

---

* 그레세(Graesse, 293 n. 1)는 이 장(章)이 "좀 더 최근판"에 없다는 것에 주목하였다.

사람들을 가르침으로써 문서이며, 세상을 경멸했기 때문에 세상으로부터의 도망자, 겸손으로 인해 천(千) 번째로 불리기에 알패오는 '학식이 있는', '문서', '도망자', '천 번째의'로 해석된다.

야고보는 예수와 매우 닮아서 주님의 형제로 불리며, 사람들은 종종 예수와 야고보를 혼돈했다. 그래서 유다인들은 그리스도를 체포할 때 야고보와 헷갈리지 않기 위해 두 사람과 친분이 있는 유다에게 입맞춤을 하게 함으로써 그리스도를 구분했다. 이냐시오는 요한 복음사가에게 보낸 편지에서 얼마나 닮았는지에 대해 다음과 같이 확증한다. "만일 제가 당신의 허락을 받는다면, 저는 의인이란 별명으로 불리는 존경하올 야고보를 만나러 예루살렘으로 올라가기를 원합니다. 그는 외모와 생애가 예수 그리스도를 닮아서 그리스도의 쌍둥이 형제로 태어났을 것이라고 말합니다. 사람들이 말하는 것처럼 만일 제가 야고보를 본다면 저는 모든 신체적 이목구비에 관한 한 그리스도 예수를 보는 것이라고 우려하고 있습니다."

다시 말하자면, 야고보는 주님의 형제라고 불린다. 그리스도와 야고보가 외사촌 지간인 요셉과 클레오파스 두 형제의 후손으로 여겨지기 때문이다. 몇몇 사람들이 주장하는 것처럼, 야고보가 마리아의 남편 요셉의 다른 아내에게서 태어난 아들이라서 주님의 형제라 불리는 것이 아니다. 야고보가 클레오파스의 딸인 마리아의 아들이고, 클레오파스는 마리아의 배우자 요셉의 형제이기 때문이다. 스승인 요한 벨레토(Joannes Belethus)는 야고보의 아버지 알패오가 요셉의 형제였다고 말하지만, 이는 사실로 생각되지 않는다. 유다인들은 친가와 외가의 친척 관계인 사람들을 "형제들"이라고 불렀다. 또한 야고보는 탁월한 거룩함으로 주님의 형제라고 불렸으며, 그로 인해 그에게 우선권이 주어졌으므로 그는 모든 사도 중에서 예루살렘의 주교로 서품될 수 있었다.

그는 제베대오의 아들 야고보와 구별하기 위해 소(小) 야고보라고 불린다. 알패오의 야고보는 제베대오의 야고보보다 늦게 태어났고 나중에 사도로 부름을 받았기 때문이다. 많은 수도회에서는 나이나 거룩함의 정도와는 상관없이 더 일찍 들어온 사람(prior)을 대(大, major), 후에 들어온 사람(posterior)을 소(小, minor)라고 부르는 것이 관례이다.

야고보는 탁월한 거룩함 때문에 의인(義人)이라고 불린다. 예로니모에 따르면 사람들은 그의 거룩함을 존경하여 그의 옷자락이라도 만져보기를 간절히 원했다. 사도 시대와 가깝게 살았던 헤제시포(Hegesippus)는 《교회사》(Historia ecclesiastica)에서 야고보의 거룩함[聖德]에 대해 기록했다. "주님의 형제인 야고보는 교회의 통치를 맡았습니다. 그는 주님의 시대부터 우리 시대에 이르기까지 어디에서나 의인이라고 불렸습니다. 그는 어머니의 태중에서부터 거룩했습니다. 그는 포도주나 독주(毒酒)를 마시지 않았고, 고기를 절대 먹지 않았으며, 머리에 면도칼을 대거나 기름을 바르는 일이 없었고, 결코 목욕탕에 목욕하러 가지 않았습니다. 그는 아마포로 만든 옷을 입었습니다. 또한 무릎에 굳은살이 박힐 정도로 자주 무릎을 꿇고 기도했습니다. 이 끊임없고 탁월한 정의로움 때문에 그는 의인이었고 사람들의 지주(支柱)와 정의로움을 의미하는 것으로 해석되는 아빠(Abba)로 불렸습니다. 그는 탁월한 거룩함 때문에 사도들 중에서 유일하게 지성소(至聖所)에 들어가는 것이 허락되었습니다." 여기까지 헤제시포의 말이다.

또한, 야고보는 미사를 봉헌한 첫 번째 사도로 전해진다. 주님의 승천 후에 사도들은 그의 뛰어난 거룩함을 인정하여 예루살렘에서 처음으로 미사를 봉헌하는 영예를 수여했다. 이것은 그가 주교로 서품받기 전의 일이었다. 우리는 사도행전에서 그의 서품 전에도 이미 제자들이 사도들의 가르침과 미사를 봉헌한 것으로 이해되는 빵 나눔(fractio panis)의 공동체에서 꾸준히 매진했었다는 것을 읽었다. 아니면 베드로가 후에 안티오키아에서, 마르코가 알렉산드리아에서 했던 것처럼 그가 주교의 제의를 입고 미사를 봉헌했던 첫 번째 인물이었던 것으로 들었기 때문에 첫 번째로 집전한 사도라고 말할 수도 있다. 예로니모가 저서 《요비니아누스 반박》(Contra Jovinianum)에서 증언했듯이, 야고보는 평생 동정이었다.

요세푸스, 그리고 예로니모는 저서 《명인록》(名人錄, De viris illustribus)에서 '주님께서 안식일 전날에 돌아가신 후, 야고보가 부활하신 그리스도를 볼 때까지 먹지 않을 것임을 서약했다.'고 전한다. 부활 날, 야고보가 그때까지 음식을 먹지 않고 있을 때, 주님이 그에게 나타나서 그와 함께 있던 사람들에게 말씀하셨다. "식탁을 차리고 빵을 준비하여라!" 그러고는 빵을 잡고 축복한 후

"일어나라, 내 형제여, 사람의 아들이 부활하였으니 먹어라!"라고 말하면서 의인 야고보에게 주었다.

야고보의 주교직 제7년째 해에 사도들이 부활 주일에 예루살렘에 모였을 때, 야고보는 주님께서 사도들을 통하여 사람들 사이에서 얼마나 많은 것을 하셨는지를 물었고, 사도들은 각자 자신의 이야기를 했다. 그런 다음 7일 동안 야고보와 사도들은 성전에 모인 카야파(Caiaphas)와 많은 유다인 앞에서 설교하고 사람들이 세례받을 때가 되었을 때 갑자기 한 사람이 성전 안으로 들어와서 소리쳤다. "오, 이스라엘의 사람들아, 당신들은 무엇을 하고 있느냐? 왜 당신들은 이 마법사들이 우리를 속이도록 내버려 두느냐?" 그가 사람들을 크게 자극하면서 사도들에게 돌을 던지려고 했다. 그 남자는 야고보가 설교하고 있던 연단으로 올라가서 그를 바닥으로 던졌다. 이 사건으로 야고보는 남은 생을 심하게 절뚝거리며 살게 되었다. 이 일은 주님의 승천 후 일곱 번째 해에 일어났다.

그의 주교직 제30년째 해, 유다인들은 로마로 보내졌던 바오로를 죽일 수 없다는 것을 알고 자신들의 포악한 박해를 야고보에게로 돌리며 황제에게 항소한다. 헤제시포가 전하고 《교회사》에서 볼 수 있듯이, 유다인들이 야고보에게 몰려와서 말했다. "사람들이 예수를 그리스도라고 잘못 생각하고 있기에 사람들을 다시 불러 모으기를 간절히 바랍니다! 그러므로 우리는 파스카의 날을 위해 오는 모든 사람에게 예수에 대해 바로잡아 주기를 간청합니다. 우리 모두는 당신이 말하는 것을 따를 것이고, 당신이 의로운 사람이고 당신이 남을 차별대우하지 않는 사람이라는 것을 증언할 것입니다." 그래서 유다인들은 야고보를 성전의 작은 첨탑에 세우고 소리쳤다. "우리 모두가 존경해 마땅한 가장 옳은 분이시여, 사람들이 십자가에 못 박혔던 예수를 따르는 잘못을 하고 있습니다! 당신이 그에 대해서 어떻게 생각하는지 명백하게 말씀해 주십시오!" 그러자 야고보가 대답했다. "당신들은 왜 사람의 아들에 대해서 나에게 질문합니까? 보십시오, 그분은 하늘에서 주권자(主權者)의 오른편에 앉아 있고, 그분은 산 자와 죽은 자를 심판하러 오실 것입니다!"

그리스도인들은 이것을 듣고 기뻐하며 귀를 기울인 반면, 바리사이들과 율법학자들은 서로에게 말했다. "우리가 예수에 대한 증언을 허용하는 실수를 했습니다! 이제 우리가 올라가서 그를 밑으로 던집시다! 그러면 군중이 놀라 그의 말을 믿지 않을 것입니다!" 그런 다음 모두 함께 큰 소리로 소리쳤다. "오! 오! 의인이 실수를 범했다!"

그들은 올라가서 야고보를 아래로 던진 후 내려와서 "의인 야고보에게 돌을 던집시다!"라고 말하면서 돌을 던지기 시작했다. 그러나 야고보는 땅에 세게 부딪쳤지만 죽지 않았을 뿐만 아니라 무릎을 꿇고 스스로 일어났다. 그리고 "주님, 그들은 자신들이 무엇을 하는지 알지 못하니, 저는 그들을 용서해 주시길 당신께 기도합니다!" 이때, 사제들과 라합(Rahab)의 한 아들이 소리쳤다. "멈추시오! 당신들은 지금 무엇을 하는 겁니까?? 당신들이 돌을 던진 이 의인은 당신들을 위해 기도하고 있습니다!" 그때 다른 한 사람이 축융공(縮絨工)의 망치를 낚아채 야고보의 머리를 내려치는 바람에 두개골이 갈라졌다. 그렇게 해서 헤제시포는 그의 순교를 서술했다. 야고보는 서기 57년에 통치를 시작한* 네로(Nero) 아래에서 주님께로 이주하였다. 그는 그곳 성전 옆에 매장되었다. 사람들은 그의 죽음을 복수하고자 악한들을 처벌하려고 하였지만, 이미 도주한 뒤였다.

요세푸스는 예루살렘의 파괴와 유다인들의 분산이 의인 야고보를 죽인 죄에 대한 처벌이었다고 말한다. 그러나 예루살렘은 야고보의 죽음 때문만이 아니라 특히 그리스도가 직접 "돌 하나도 다른 돌 위에 남아 있지 않게 만들어 버릴 것이다. 하느님께서 너를 찾아오신 때를 네가 알지 못하였기 때문이다."(루카 19, 44)라고 말한 것에 따르면 주님의 죽음 때문에 파괴된 것이다.

그러나 주님은 죄인의 죽음을 바라지 않았다. 유다인들이 자신들의 죄에 대해 변명할 여지가 없도록 40년의 속죄 기간을 주었고, 사도들을 통해, 특히 그들 사이에서 회개를 지속적으로 설교했던 주님의 형제 야고보를 통해 속죄하도록 요구했다. 그러나 아무리 많은 훈계도 소용이 없자, 하느님은 경이로운 것으로 그들에게 겁을 주었다. 40년 동안 그들이 참회할 수 있도록 허락한 뒤, 요세푸스의 말에 따르면 기이한 현상들과 전조(前兆)들이 많이 발생했다고 한다. 1년 동안이나 칼 모양으로 생긴 엄청나게 눈부신 별 하나가 불길

---

* 네로의 재위 기간은 서기 54-68년이다. – 역자 주

을 내뿜으며 그 도시를 뒤덮었다. 어느 무교절(無酵節)의 밤 9시, 성전 제단 주위에 빛이 모두들 깜짝 놀랄 만큼 밝게 빛났다. 같은 축제일에 제물로 바치려고 사제가 끌고 가던 어린 암소 한 마리가 새끼 양을 낳았다. 며칠 후, 해 질 녘에 전차들과 마차들이 하늘을 가로질러 달리고, 무장한 남자들의 대대(大隊)가 구름 속에서 맞붙었고 예기치 않은 군대들이 그 도시를 둘러싸고 있는 것이 보였다. 오순절이라고 불리던 다른 축제일에 사제들이 평소처럼 봉사하기 위해 밤에 성전으로 갔다. 그런데 움직이는 소리와 충돌 소리, "우리는 이곳에서 벗어납시다!"라고 말하는 소리를 들었다. 그리고 그 전쟁 4년 전 초막절(草幕節)에 아나니아스(Ananias)의 아들인 한 남자가 갑자기 예수의 이름으로 소리치기 시작했다. "동쪽으로부터 한 음성이, 서쪽으로부터 한 음성이, 사면팔방으로부터 한 음성이, 예루살렘과 성전 위로 한 음성이, 남편들과 아내들 위로 한 음성이, 모든 사람 위로 한 음성이!" 그 남자는 붙잡혀 매를 맞고 채찍질 당했지만 아무 말도 할 수 없었고, 채찍질 당할수록 더 크게 소리쳤다. 그는 재판관 앞으로 끌려가서 살이 찢기고 뼈가 드러날 때까지 고문을 받고 난도질당했다. 그렇지만 그는 애걸하거나 울지 않았으며, 매를 맞을 때마다 울부짖고 같은 말을 되풀이하면서 이렇게 덧붙였다. "화가 미칠 것이다, 예루살렘에 화가 미칠 것이다!" 이 모든 것은 요세푸스의 말이다.

유다인들은 경고에도 회심하지 않았고 경이로운 것에 겁먹지도 않았다. 그래서 40년 후 주님은 베스파시아누스와 티투스를 예루살렘으로 데려왔고, 그들은 그 도시의 토대까지 완전히 파괴했다. 외경(外經, Apocrypa)으로 인정되는 한 역사서에서 그들이 예루살렘으로 온 이유를 설명하고 있다. 빌라도가 무죄한 예수에 유죄를 선고했다는 것을 깨닫고 티베리우스 황제가 불쾌해할까 봐 두려워 사절 알바누스(Albanus)를 보내 대신 변론하려고 했다는 내용이 나온다. 그러나 알바누스의 배는 역풍을 맞아 갈라티아(Galatia)에 있는 해안으로 밀려났고, 그 당시 티베리우스로부터 갈라티아의 군주(monarcha)를 차지했던 베스파시아누스에게 가게 되었다. 그 나라에서 널리 행해지던 관습은 난파되어 입항한 사람은 반드시 자신의 소유물을 바쳐야 했고 군주를 위해 봉사해야 했다. 그래서 베스파시아누스는 알바누스에게 누구이며 어디에서 왔는지, 어디로 가는 중이었는지를 물었다. 알바누스: "저는 예루살렘에서 살며 로마로 가고 있었습니다." 베스파시아누스: "너는 현인(賢人)의 땅 출신이니 의술을 알 테고, 너는 의사이겠구나! 너는 나를 치료해야 할 것이다!" 실은 베스파시아누스는 어린 시절부터 코 안에 어떤 벌레가 있었고, 그래서 이름이 베스파시아누스였다. 알바누스: "주인님, 저는 약에 대해 몰라서 당신을 치료할 수 없습니다." 베스파시아누스: "나를 치료하라, 그렇지 않으면 죽일 것이다!" 알바누스: "장님에게 시력을 주고, 악령들을 몰아내고, 죽은 사람을 부활시켰던 그분은 제가 치료법에 대한 지식이 없음을 압니다." 베스파시아누스: "네가 말한 그렇게 위대한 일들을 한 그 사람은 누구냐?" 알바누스: "유다인들의 시기심으로 처형당한 나자렛 예수입니다! 만일 당신이 그분을 믿는다면 건강의 은총을 얻을 수 있을 것입니다." 베스파시아누스가 "죽은 사람을 부활시켰던 그는 이 질병으로부터 나를 자유롭게 할 수 있으리라 나는 믿는다."라고 말을 하자마자 벌레들이 코 밖으로 떨어졌고, 즉시 건강을 얻었다. 기쁨으로 가득 찬 베스파시아누스가 말했다. "나는 나를 치유해준 그가 하느님의 아드님이라고 확신한다. 나는 황제의 허락을 얻어 무장한 사람들과 함께 예루살렘으로 갈 것이고, 그분을 팔아먹고 죽였던 모든 사람을 타도할 것이다!" 그리고 빌라도의 사절 알바누스에게 말했다. "너의 생명과 소유물은 안전하고 네가 고향으로 돌아가는 것을 허락한다."

그런 다음 베스파시아누스는 로마 티베리우스 황제에게 가서 예루살렘과 유다를 파괴하는 데 허락을 얻었다. 네로의 재위 기간 때, 유다인들은 수년 동안 황제에 대항하여 반란을 일으키기 위해 군대의 규모를 늘렸다. 《연대기》들에 따르면, 이런 이유로 베스파시아누스가 그리스도에 대한 열의 때문이 아니라 유다인들이 로마의 통치를 부인하는 것에 대한 대항으로 행동을 한 것이라고 한다. 베스파시아누스는 엄청난 부대를 이끌고 예루살렘으로 진격하여 파스카 날에 그 도시를 공격하였고, 마침 축제로 모였던 셀 수 없이 많은 사람을 가두었다. 베스파시아누스의 도착 얼마 전에 예루살렘에 있던 그리스도교 신자들은 성령에 의해 그 도시를 떠나 요르단 건너편 마을 펠라(Pella)로 피신하도록 경고를 받았다. 그래서 교회의 모든 거룩한 사람이 철수하자, 예루살렘은 그 신성모독의 도시이자, 범죄를 저지른 사람들에게 하늘의 복수가 떨어진 장소가 되었다.

로마인들의 처음 공격은 요나파다(Jonapata)라고 불리던 유다의 마을이었다. 그곳에서 지도자이자 통치자인 요세푸스와 백성들은 용감하게 저항했다. 그러나 도시 함락이 불가피하다는 것을 깨달은 요세푸스는 11명의 유다인들을 데리고 지하실로 피신했다. 4일을 굶은 유다인들은 비록 요세푸스가 동의하지는 않았지만, 베스파시아누스에게 노예로 복종하기보다는 차라리 죽기를 택했다. 그들은 서로 죽임으로써 하느님께 자신들의 피를 제물로 바치기를 원했으며 가장 높은 지위의 요세푸스부터 죽어야 한다고 생각했다. 요세푸스가 피를 흘림으로 하느님이 더 빨리 진정될 것이라 생각했기 때문이었다. 또는 (다른 《연대기》에서 알 수 있듯이) 그들은 로마인들에게 붙잡히면 안 되므로 서로 죽이기를 원했다.

　　죽기를 원하지 않은 요세푸스는 스스로를 이 죽음과 희생의 결정권자로 임명하였고, 다른 사람들에게 두 사람씩 짝을 지어 제비를 뽑게 하여 누가 먼저 상대방을 죽일지를 결정하라고 했다. 제비가 뽑혔고 한 사람씩 차례로 죽음에 넘겨진 후에, 마지막 사람이 요세푸스와 제비뽑기를 하도록 남았다. 그때 강하고 민첩한 요세푸스는 상대방의 칼을 뺏어 그에게 삶과 죽음 중 하나를 선택하라고 명령했다. 그 사람은 두려워하며 지체없이 대답했다. "만일 당신의 호의로 생명을 구할 수만 있다면, 살고 싶습니다."

　　마침 살아남은 마지막 사람은 베스파시아누스의 절친한 친구였고, 요세푸스는 그와 함께 숨어서 대화하는 동안 친해졌다. 요세푸스는 베스파시아누스에게 살려달라고 간청했고, 허락을 받아냈다. 베스파시아누스가 끌려나온 요세푸스에게 말했다. "나의 절친한 이 사람이 너의 석방을 청원하지 않았다면, 너는 죽은 목숨이었다." 요세푸스: "만약 잘못된 부분이 있다면 바로 잡도록 하겠습니다!" 베스파시아누스: "정복된 사람이 무엇을 할 수 있다는 것이냐?" 요세푸스: "만약 제 주장에 동의해주신다면, 저는 무엇인가 할 수 있을 것입니다." 베스파시아누스: "마땅히 너의 말에 어떤 선한 것이 있으면 귀를 기울일 것이다." 요세푸스: "로마 황제가 죽었고 원로원은 당신을 황제로 추대했습니다." 베스파시아누스: "만일 네가 예언자라면, 왜 너는 이 도시가 나의 지배 아래 떨어질 것이라고 예언하지 않았느냐?" 요세푸스: "저는 40일 동안 공개적으로 이 도시의 미래를 예언했습니다!"

바로 그때, 로마로부터 도착한 특사들이 베스파시아누스가 정말 황제위(皇帝位)에 올려졌다는 소식을 알렸고, 로마로 그를 데려갔다. 또한, 에우세비오는 자신의 《연대기》에서 요세푸스가 황제의 죽음과 베스파시아누스의 승진에 대한 두 가지 모두 예언했다는 것을 진술한다.

베스파시아누스는 아들 티투스(Titus)에게 예루살렘 포위를 맡겼다. 위의 역사서에 따르면, 티투스가 아버지의 즉위 소식을 듣고 기뻐하던 중 갑자기 오한을 느끼고 신경과 근육이 수축되면서 한쪽 다리가 마비되었다고 한다. 이소식을 들은 요세푸스는 그 병의 원인과 그 일이 일어난 시간에 대한 정보를 부지런히 찾았다. 병의 원인과 종류는 알 수 없었지만 티투스가 자기 아버지의 황제 임명을 알게 되었을 때 발생했다는 사실을 알았다. 요세푸스는 이처럼 두뇌회전이 빠르고 예지력이 있어 둘과 둘을 합쳐서 시간을 알아내고 병의 종류와 치료법 모두를 추측했다. 요세푸스는 티투스가 과도한 기쁨과 반가움으로 쇠약해졌다고 판단했다. 반대는 반대에 의해 치유된다는 것을 염두에 두고 사랑으로 인해 생기는 병은 종종 미움으로 치료된다고 생각하고, 티투스에게 특히 마음에 걸리는 사람이 있었는지 물었다. 실제로 티투스에게는 이름을 부르고 보는 것만으로도 짜증이 나고 화가 나는 노예가 있었다. 그래서 요세푸스는 티투스에게 말했다. "만일 당신이 치유받기를 원한다면, 나의 모임에 오는 모든 사람의 안전을 보장하십시오." 티투스는 "당신의 모임에 오는 누구든지 안전하고 안심하게 지켜질 것이다!"라고 말했다.

요세푸스는 만찬을 마련하고, 자신의 탁자를 티투스와 마주 보게 놓은 후 자기 오른편에 그 노예를 앉혔다. 티투스가 노예를 보고 불쾌함으로 으르렁거렸다. 그리고 격노하여 뜨거워지더니 기쁠 때 느긋해지는 것처럼, 이내 그의 힘줄이 풀어지며 치료되었다. 그 후 티투스는 그 노예에게 호의를 베풀었고 요세푸스와 우의를 다졌다. 이 이야기가 말할 만한 가치가 있는지 여부는 독자의 판단에 맡긴다.

티투스는 2년 동안 예루살렘을 봉쇄했다. 그 포위된 도시 안에서 사람들을 무겁게 짓눌렀던 불행 중에서도 특히 부모가 아이에게서, 아이는 부모에게서, 남편은 아내에게서, 아내는 남편에게서 음식을 뺏고, 심지어 입에 있는 것까지도 뺏을 정도로 매우 극심한 기근이 있었다. 젊은이들은 유령처럼 거리를 배회했고 굶주림으로 기진맥진해져서 쓰러졌다. 죽은 자들을 묻고 있던 사람들이 종종 그 시신들 위로 쓰러져 죽기도 했다. 사체에서 나오는 악취에 견딜 수 없게 되자 공적 자금으로 묻게 되었고, 그 기금이 모두 떨어졌을 때는 매장되지 않은 시체들이 너무 많아서 그 도시 성벽 너머로 던져졌다. 성벽 주변을 순시하고 있던 티투스는 사체들로 가득 찬 해자(垓字, 적의 공격을 막기 위해 성 밖을 둘러 파서 못으로 만든 곳)와 모든 지역이 죽음의 냄새로 물든 것을 보고, 하늘로 손을 들어 올려 울면서 "신이여, 이는 제 탓이 아니라는 것을 당신은 아십니다!"라고 말했다.

굶주림이 극심하여 사람들은 신발과 신발끈을 씹을 정도였다. 《교회사》는 한 고귀한 여인의 출생과 부에 대한 이야기를 들려준다. 그녀의 집은 가진 모든 것은 물론, 음식의 마지막 한 조각까지 강도들에게 강탈당했다. 그녀는 젖먹이를 안고 말했다. "불행한 엄마의 더 불행한 아들아, 나는 누구를 위해 이 전쟁과 기근과 약탈에서 너를 지켜야 할 것인가? 그러므로, 내 맏이야, 이제 너는 나의 음식이, 강도들에겐 추문이, 노인들에겐 증거가 될 것이다!" 그녀는 아기를 목 졸라 죽이고, 시신을 요리해서 반은 먹고, 다른 반은 숨겼다. 고기를 요리하는 냄새를 맡은 강도들은 그 집 안으로 돌아가서 음식을 주지 않으면 죽이겠다고 협박했다. 그녀는 아기의 유해를 보여주며 말했다. "여기를 보시오. 내가 당신들을 위해 가장 좋은 부분을 남겨두었습니다!" 강도들은 너무나 공포로 가득 차서 아무 말도 할 수 없었다. 그녀가 "이것은 나의 아들입니다. 그 죄는 나의 것입니다! 아기를 낳은 내가 먼저 먹었으니 두려워하지 말고 드십시오. 엄마보다 더 신앙심이 깊고 여자보다 더 마음이 약하려고 하지 마십시오! 그러나 만일 경건함이 당신을 압도하고 당신이 먹기를 두려워한다면, 이미 반을 먹은 나는 남은 것을 마저 먹을 것입니다!"라고 말하자 강도들은 겁에 질려 슬그머니 도망쳤다.

마침내 베스파시아누스의 재위 제2년에 티투스는 예루살렘을 차지한 후 폐허로 만들고 성전을 무너뜨렸다. 그리고 유다인들이 은화 서른 닢에 예수 그리스도를 샀던 것처럼, 티투스는 은화 한 닢당 30명의 유다인들을 팔았다. 요세푸스가 전하는 말에 의하면, 9만 4천 명이 팔렸고 11만 명이 굶어 죽거나 칼에 맞아 죽었다고 한다. 또 우리는 티투스가 예루살렘에 들어갔을 때, 특별히 두꺼운 성벽을 주목하고 그곳으로 진입 명령을 내렸다고 읽었다. 그들은 그 성벽 안에서 덕망 있어 보이는 한 노인을 발견하고 누구냐고 묻자, 자신은 유다의 도시인 아리마태아 출신의 요셉이며 자신이 그리스도를 묻었기 때문에 유다인들이 자신을 가두고 유폐시켰다고 대답했다. 그리고 유폐된 이후부터 하늘로부터 음식을 제공받았으며 하느님의 빛으로 위로를 받았다고 덧붙였다. 그러나 《니코데모의 복음서》에는 유다인들이 그를 성벽으로 에워쌌지만, 부활한 그리스도가 그를 벗어나게 하였고 아리마태아로 데려갔다고 전하고 있다. 이 이야기는 일단 풀려났던 요셉이 그리스도를 전하는 것을 그만두지 않았을 것이고 그래서 두 번째에 성벽에 갇혔다고 말할 수 있다.

베스파시아누스가 죽고 아들 티투스가 황제직을 계승했다. 티투스는 온화하고 관대한 사람이었다. 예로니모와 카이사리아의 에우세비오(Eusebius Caesariensis)는 자신의 《연대기》에서, 어느 날 저녁 그날 하루 동안 어떤 선한 일도 하지 않았고 누구에게도 무언가 주지 않았음을 깨달은 티투스는 "오, 나의 친구여, 나는 오늘을 잃었네!"라고 말했다고 전해질 만큼 그의 선함은 매우 훌륭했다.

오랜 후에 몇몇 유다인들은 예루살렘 재건축에 착수하였고 첫째 날 아침에 땅 위에 이슬이 십자가 모양으로 맺힌 것을 발견하고 겁을 먹고 달아났다. 둘째 날 아침에 그들이 돌아왔고, 그들 각자는 자신들 옷에 그려진 피투성이의 십자가를 발견했다고 밀레토(Miletus)의 《연대기》에서 전한다. 그들은 무서워서 달아났다. 그들이 셋째 날에 돌아왔을 때, 불의 증기가 땅에서 나왔고 그들을 완전히 소멸시켰다.

68

성 십자가의 발견

세평에 의하면, 이 축일은 십자가가 이날 발견되었기 때문에 '성(聖) 십자가의 발견'(Inventio sanctae crucis)이란 이름으로 불린다. 성 십자가는 일찍이 지상 낙원에서 아담의 아들 셋(Seth)에 의해, 레바논에서 솔로몬에 의해, 솔로몬의 성전에서 스바(Sheba) 여왕에 의해, 연못에서 유다인들에 의해 발견되었다. 그리고 이날에 골고타(Golgotha, Calvaria) 산에서 헬레나(Helena)에 의해 발견되었다.

성 십자가의 발견은 주님의 부활 후 200년이 지나서 일어났다. 《니코데모의 복음서》에서, 아담이 노쇠해졌을 때 그의 아들 셋(Seth)이 낙원의 문으로 가서 자비의 나무에게 아버지의 건강을 회복시킬 수 있는 기름을 조금 간청했다고 전한다. 대천사 미카엘이 셋에게 나타나서 말했다. "5,500년이 지나기 전에는 기름을 얻을 수 없으니, 자비의 나무에서 기름을 얻으려고 애쓰거나 눈물을 낭비하지 마라!"… 이 말로 아담의 시대부터 그리스도의 수난까지 단지 5,199년 정도 지난 것으로 추정되나, 다른 기록에서는 천사가 그 나무순(筍) 하나를 셋에게 주면서 레바논 산에 심으라고 명령했다고 전한다. 그리스인의 외경 역사서에서도 천사가 아담이 죄를 지었던 나무에서 가지 하나를 셋에게 주며 그 가지가 열매를 맺으면 아버지가 나을 것이라고 알려주었다는 내용을 전한다. 셋이 돌아와서 아버지가 죽은 것을 발견하고 아버지(아담)의 무덤 위에 그 가지를 심었다. 가지가 성장하여 큰 나무가 되었고 솔로몬의 시대까지 서 있었다고 한다. 하지만 사실인지 아닌지는 독자의 판단에 맡긴다. 왜냐하면 믿을 만한 《연대기》나 역사서의 어느 부분에서도 찾을 수 없기 때문이다.

솔로몬은 이 나무의 아름다움에 감탄했고 그 나무를 베어 자신의 수풀 궁 건축에 사용했다.* 그러나 요한 벨레토(Joannes Belethus)는 그 나무 몸통이 사용될 적당한 장소를 찾기가 어려웠다고 말한다. 나무는 항상 사용될 장소에 비해 너무 길거나 너무 짧았다. 그래서 일꾼들은 쓸모가 없는 나무를 차라리 물 위를 건너는 사람들을 위한 다리로 쓰라고 연못 위에 던져 버렸다.

스바의 여왕이 솔로몬의 지혜의 말을 들으려고 와서 이 다리를 막 건너려 할 때, 세상의 구세주가 이 나무에 매달릴 것을 영적으로 보았다. 그래서 여왕은 그 다리 위를 걷지 않고 즉시 무릎을 꿇고 경배했다. 하지만 《교육독본》(Hystoria

---

* 나는 아베 로제(Abbé Roze, La légende dorée, Paris, Ed. Rouveyre, 1902, 2, 53-54) 덕분에 이 집은 열왕기 상권 7장에서 거론되었다는 취지의 쪽지를 알게 되었다. 매우 많은 삼나무 재목이 건축에 사용되었기 때문에 그 집은 "숲 집"(domus saltus)이라고 불렸다. 반면, 우리말 구약성경에는 "수풀 궁"이라고 번역되어 있다.

scholastica)에서는 스바의 여왕이 솔로몬의 수풀 궁에서 그 나무를 보았고, 고향으로 돌아와서 어떤 사람이 그 나무에 매달릴 것이며 이 사람의 죽음으로 유다인의 왕국이 멸망할 것이라고 솔로몬에게 전갈을 보냈다고 전한다. 그래서 솔로몬은 그 나무를 건져서 땅속 가장 깊은 곳에 묻었다. 후에 그 지점에서 프로바티카(Probatica)*라고 불리는 연못이 솟아났고, 나티네안들(Nathineans)**이 그 연못에서 제물로 바칠 짐승들을 씻었다. 주님의 천사가 가끔 내려올 때, 또는 나무의 힘으로 물이 움직일 때 병자들이 치유를 받았다고 한다.

그리스도의 수난 시간이 다가오고 있을 때, 그 나무가 연못 수면 위로 떠올랐고, 유다인들은 그 나무를 주님의 십자가를 만드는 데 사용했다. 십자가는 네 종류의 나무, 즉 종려나무, 삼나무, 편백나무, 올리브나무로 만들어졌다고 한다. 이런 이유로 운문이 있다.

십자가 나무는 종려나무, 삼나무, 편백나무, 올리브나무***

십자가에는 나무의 네 부분, 즉 똑바로 세워 둔 기둥, 대들보, 위에 명판(名板), 십자가를 고정시킨 목재, 또 투르의 그레고리오가 말한 것처럼 그리스도의 발을 받쳤던 가로대가 있었다. 이런 이유로 그 각각의 부분들은 위에 열거한 네 종류 중 하나의 나무로 만들어졌을 것이다. "여러분이 모든 성도와 함께 너비와 길이와 높이와 깊이가 어떠한지 이해할 수 있을 것입니다."(에페 3, 18)라고 사도가 말했을 때 이런 다양한 나무를 염두에 두고 있는 것 같다. 저명한 박사****는 다음과 같이 그 단어들을 설명했다. "주님의 십자가의 너비는 그분의 손을 뻗은 대들보입니다. 길이는 지면에서부터 대들보까지의 축(軸)을 의미하며, 여기서 온 육체가 손으로 매달립니다. 높이는 대들보부터 머리가 닿았던 상단까지를 의미합니다. 깊이는 십자가가 서 있던 땅에 숨겨진 부분입

---

* '양 문'이라는 뜻이다. 요한 5,2 참조
** (그레스 판에서) 나트메이(Natmei)는 NEB가 "성전 막일꾼들"로 번역한 역대기 상권 9장 2절의 나티내이(Nathinaei)에 대한 사본 필경사의 (혹은 그레스 판의) 실수라는 것에 의심의 여지가 없다.
*** Ligna crucis palma, cedrus, cypressus, oleva.
**** 《황금 전설》의 다른 곳에서 사용한 것을 봤을 때, 야코부스가 여기에서 사용한 저명한 박사(doctor egregius)는 아우구스티노일 가능성이 크다.

니다. 이 십자가의 표지로 모든 인류와 그리스도인의 행동, 즉 그리스도 안에서 선한 일을 하고 그분께 끈기 있게 매달리며, 천국을 소망하며, 성사들을 더럽히는 일을 피하는 것이 설명됩니다."

십자가의 이 소중한 나무는 200년 이상 땅속에 감춰져 있었고 콘스탄티누스의 어머니 헬레나에 의해 다시 발견되었다. 그때 셀 수 없이 많은 야만인 무리가 도나우(Donau) 강의 제방 위에 모여 있었다. 그들의 목표는 강을 건너 서쪽 끝에 달하는 땅 전부를 정복하는 것이었다. 콘스탄티누스 황제가 이를 알고 도나우 강 맞은편 제방을 따라 군대와 함께 서 있었다. 그러나 점점 더 많은 야만인이 도착해서 강을 건너기 시작했고, 콘스탄티누스는 다음 날의 전투에 대해 두려움을 느꼈다. 그날 밤에 한 천사가 그를 깨우며 위쪽을 보라고 재촉했다. 황제가 하늘을 보니 금색 글자들로 "이 표식을 지니고 승리하라."(In hoc signo vinces)라는 전설을 지닌 활활 타오르는 빛 속의 십자가 표징을 보았다. 하늘의 환시로 용기를 얻은 그는 십자가를 복제하여 군대의 선두로 세우라고 명령했다. 그런 다음에 그의 군대는 적에게 달려들어 수많은 적을 죽이고 달아나게 만들었다. 그 후에 곧 콘스탄티누스는 모든 신전의 책임자를 불러서 자신이 표지로 지녔던 십자가로 표현되는 신이 누구인지 질문했다. 그들은 모른다고 말했으나, 몇몇 그리스도인들이 십자가의 신비와 삼위일체 안에서의 믿음에 대해서 말했다. 콘스탄티누스는 그리스도를 완전히 믿었고 에우세비오 교황, 혹은 일부 책에서 주장하는 것처럼 카이사리아의 주교로부터 세례성사를 받았다. 그러나 이 설명은 《성 실베스테르의 생애》(Vita sancti Silvestri)*와 《로마 교황들의 행적》(Gesta pontificum Romanorum) 뿐만 아니라, 《교회사 3부작》과 《교회사》에 의해서 부정되었다. 일부 사람들은 일부 역사가가 암시한 것처럼 교황 성 에우세비오로부터 세례를 받고 회개한 사람은 콘스탄티누스 대제가 아니고, 일부 다른 역사서들에서 기록된 콘스탄티누스라는 이름의 콘스탄티누스의 아버지라고 추정된다. 우리가 성 실베스테르의 전설에서 읽은 것처럼, 아버지 콘스탄티누스는 다른 방법으로 신앙을 갖게 되었고, 에우세비오가 아니라 실베스테르에 의해 세례를 받았다.

---

* 위 12장을 보라.

아버지 콘스탄티누스가 죽었을 때, 아들은 아버지가 성 십자가의 힘으로 승리한 것을 기억하고, 아래에서 들려주는 것처럼 십자가를 찾으려고 어머니 헬레나를 예루살렘으로 보냈다. 《교회사》는 이 승리에 대해 다른 설명을 한다. 여기에는 막센티우스(Maxentius)가 로마 제국을 침입했을 때, 콘스탄티누스 황제는 전투를 위해 알비네(Albine)* 다리에 도착했다고 적혀 있다. 콘스탄티누스는 이 전투에 대해 극도로 불안해하였고 하늘의 도움을 구하려고 자주 하늘을 바라보았다. 그때 꿈에서 하늘의 동쪽 편에서 불타는 듯한 광채와 함께 십자가의 표지가 눈부시게 빛나고, 천사들이 그 곁에서 "콘스탄티누스여, 이것으로 승리하라."(Constantine, In hoc vinces)라고 말했다. 그리고 《교회사 3부작》에서는 콘스탄티누스가 이 의미에 대해서 어리둥절하는 동안, 다음날 밤에 콘스탄티누스가 하늘에서 보았던 표지와 함께 그리스도가 그에게 나타났고, 전투 중에 도움이 될 것이니 이 표지를 새긴 군기를 만들라고 명령하였다고 기록되어 있다. 다시 승리를 확신한 콘스탄티누스는 하늘에서 봤던 십자가 표지를 자기 이마에 그렸고, 군대의 군기(軍旗)를 십자가의 모양으로 바꾸고, 오른손에 금 십자가를 가지고 다녔다. 그 후 그는 십자가의 표지로 무장한 오른손이 로마인의 피로 더러워지지 않게 하고, 피 흘리지 않고 폭군을 이길 수 있게 해달라고 주님게 간구하였다.

그동안에 막센티우스는 배들에 덫을 설치한 후 평평한 다리처럼 보이게 강에 배치하라고 명령했다. 이제 콘스탄티누스가 강에 다가왔을 때, 막센티우스는 소규모 군대는 콘스탄티누스와 싸우고 나머지는 자신을 따라오라고 명령했다. 그러나 막센티우스는 자신의 계략을 잊어버렸고, 콘스탄티누스를 속이려고 했던 가짜 다리를 건너다가 깊은 물에 빠져 익사했다. 그 결과 그 자리에 있던 모든 사람이 콘스탄티누스를 만장일치로 황제로 인정했다.

우리는 신뢰할 수 있는 한 《연대기》에서 당시 콘스탄티누스의 믿음은 완벽하지 않았으며 세례도 받지 않았으나, 시간이 지난 후 그에게 성 베드로와 바오로의 환시**가 나타났고 교황 실베스테르에게서 거룩한 세례를 받고 다시

---

* 본문이 일반적으로 밀비오 다리라고 불렸던 곳에 대해 이 용어를 썼는지 명확하지 않다.
** 성 실베스테르의 전설, 위의 12장을 보라.

태어났다고 읽었다. 그 다음에 나병이 나은 콘스탄티누스는 그리스도를 완전히 믿게 되었고, 어머니 헬레나를 주님의 십자가를 찾으라고 예루살렘으로 보냈다. 그러나 테오도시오의 죽음에 대해 편지를 쓴 암브로시오와 《교회사 3부작》은 그가 세례를 미루다가 죽기 직전에야 요르단 강에서 세례를 받았다고 말한다. 예로니모는 그가 교황 실베스테르에게서 그리스도인이 되었다고 말한다. 그가 세례를 미루었는지 아닌지에 대해 의혹이 있기에, 성 실베스테르의 전설 역시 의심스러운 점이 있다. 우리가 《교회사》에서 읽었던 십자가의 발견에 대한 설명이 교회 안에서 일반적으로 통용되는 이야기보다 좀 더 믿을 만한 것으로 생각된다. 후자에는 분명히 진실과 일치하지 않는 많은 것이 언급되어 있다. 단, 위에서 언급한 바와 같이, 콘스탄티누스가 아니라 콘스탄티누스라고 불리던 그의 아버지가 관련된 사건이라고 말하는 사람은 없을 것이다. 그러나 이것은 우리가 외국에서 온 역사서들에서 읽은 내용이지만, 가능성이 그리 높지 않은 것 같다.*

예루살렘에 도착한 헬레나는 그 지역에 거주하는 유다인 현인(賢人)은 모두 모이라고 명령했다. 헬레나는 전에 여관 주인(또는 하인)**이었지만, 그녀의 아름다움 때문에 (아버지) 콘스탄티누스는 그녀를 아내로 삼았다. 암브로시오는 헬레나에 대해서 이렇게 말한다. "그들은 이 여자가 여관 주인 혹은 하인이었으나, 후에 황제가 된 대(大) 콘스탄티누스와 결혼했다고 주장합니다. 그녀는 주님을 위한 구유를 열심히 찾았던 좋은 여관 주인이었고, 강도를 만난 사람들의 상처를 치료해 주었던 좋은 여주인이었고, 그리스도를 얻기 위해 모든 것을 퇴짜 놓는 것을 더 선호했던 좋은 하인이었습니다. 그래서 그리스도는 그녀를 똥 더미에서 왕좌로 들어 올렸습니다." 그러나 이 헬레나는 브리튼 족 클로헬리스(Clohelis) 왕의 외동딸이었다고 상당히 믿을 수 있는 《연대기》에서 찾을 수 있다. 콘스탄티누스가 브리튼 섬에 왔을 때, 헬레나를 아내로 맞

---

* 십자가의 발견에서 콘스탄티누스의 부분에 대한 혼동(혹은 이름이 콘스탄티누스가 아니라 콘스탄티우스[Constantius]였던 그의 아버지의 부분)은 틀림없이, 에우세비오와 《교회사 3부작》뿐만 아니라 정도의 차이는 있어도 "진품인 것", 혹은 솔직히 말하면 외경, 야코부스가 참조하였던 문서들을 포함하여 야코부스가 이용가능한 필사본 자료들로 거슬러 올라간다. 그의 세례 시기에 대한 불확실성은 현재 학자들 사이에서 계속 지속된다.

** 스타불라리아(stabularia)란 단어는 여관 주인이나 하인을 의미한다.

이했고, 그래서 그 섬은 클로헬리스의 죽음 후에 콘스탄티누스에게 양도되었다. 심지어 영국의 자료들은 이것을 입증하지만, 다른 자료에서는 헬레나가 트리어(Trier) 출신자였다고도 한다.

어떤 것이 진실이든지 간에, 유다인 학자들은 불안해하며 서로에게 물었다. "당신은 황후가 왜 우리를 불렀다고 생각하십니까?" 이름이 유다(Judas)인 사람이 말했다. "저는 그 이유를 압니다! 그녀는 그리스도가 십자가형을 받았던 십자가 나무의 소재를 알고 싶어 합니다. 그러니 조심해야 하고 함부로 말하지 맙시다! 그렇지 않으면 우리의 율법이 무효화 되고 조상의 전통이 완전히 파괴될 수 있습니다. 나의 할아버지 자캐오(Zachaeus)는 내 아버지 시몬(Simon)에게 이에 대해 예언했고 아버지는 죽을 때 나에게 말씀하셨습니다. '보아라, 나의 아들아! 그들이 그리스도의 십자가를 찾으러 오면, 어디에 있는지 보여 주어라, 아니면 너는 고문을 당할 것이다. 그때부터 유다 민족은 결코 통치를 계속 하지 못할 것이며, 십자가에 못 박혔던 분을 흠숭하는 사람들이 통치할 것이다. 왜냐하면 그리스도는 참으로 하느님의 아드님이기 때문이다.'" 저는 아버지에게 물어보았습니다. "아버지, 만일 우리 조상들이 진정으로 예수 그리스도가 하느님의 아드님이었음을 알았다면, 왜 그를 십자가의 교수대에 못 박았습니까?" 아버지는 "그들의 하느님께서 아신다. 나는 결코 그들의 결심에 가담하지 않고 그들에게 대항했다는 것을 하느님은 아신다. 그러나 그리스도는 바리사이들의 악행을 책망하였기 때문에, 그들은 그분을 십자가 위에서 사형시켰다. 그분은 사흘날에 다시 살아났고 그분의 제자들이 보았던 것처럼 하늘로 승천하였다. 나의 형제인 스테파노는 그분을 믿었고 유다인들은 미친 듯이 그분을 돌로 쳐 죽였다. 그러니 나의 아들아, 조심하고 그분이나 그분의 제자들을 함부로 욕하지 말아라." 그러나 그 시대 사람들이 현재 사람들보다 더 오래 살지 않았던 이상, 이 유다인의 아버지가 그리스도의 수난 때에 살아있었을 것이라는 가능성은 매우 적다. 왜냐하면, 이때부터 헬레나의 시대까지, 즉 이 유다가 자기 이야기를 했다고 하는 때는 270년 이상이 지나 있었기 때문이다.

그러나 그것이 사실일지 모르지만, 유다인 학자들은 이제 유다에게 이렇게 말했다. "우리는 그 어떤 것도 결코 들어본 적이 없습니다. 그러나 만일 황후가 당신에게 질문한다면, 아무것도 말하지 마시오!" 그들 모두 헬레나 앞에 섰을 때, 그녀는 주님이 십자가에 못 박혔던 장소에 대해 물었다. 그들은 대답하기를 거부했고, 그녀는 그들 모두를 화형 시키라고 명령했다. 이를 두려워한 그들은 "이 사람이 공정한 사람이자 예언자의 아들입니다. 그는 율법을 배웠고 당신의 모든 질문에 대답할 것입니다."라고 말하면서 유다를 그녀에게 넘겼다. 그래서 그녀는 유다만 남겨 두고 모두 해산시킨 후 그에게 말했다. "너는 삶과 죽음 중 택할 수 있다. 하나를 선택하라! 내가 그분의 십자가를 찾을 수 있도록, 주님이 십자가에 못 박혔던 골고타가 어디인지 말해라!" 유다: "제가 어떻게 그 장소를 알 수 있겠습니까? 그 후로 200년 이상 지났습니다!" 황후: "나는 십자가에 못 박힌 분의 이름으로 맹세한다. 네가 진실을 말하지 않는다면, 너를 굶겨 죽일 것이다." 결국 유다를 마른 우물 속으로 던져 방치했다. 유다는 극심한 배고픔에 시달렸고 6일 동안 음식 없이 지낸 후, 7일째에 십자가 위치를 알려주겠다고 약속하면서 우물 밖으로 올려 달라고 요청했다. 유다는 올려졌고, 그가 그 장소에 가서 기도하자, 갑자기 땅이 마구 흔들렸고 향기로운 안개가 가득했다. 이에 크게 놀란 유다는 손뼉을 치며 "오 그리스도님, 당신은 진실로 세상의 구세주이십니다."라고 말했다.

《교회사》는 그곳에 베누스(Venus)의 신전이 있었는데, 하드리아누스는 그곳에 기도하러 오는 모든 그리스도인이 베누스를 숭배하는 것처럼 보이도록 건축했다고 말한다. 그러한 이유로 소수만 방문했을 뿐, 그 장소는 금세 잊었다. 그러나 헬레나는 그 신전을 완전히 파괴하고 그 현장을 파냈다. 유다는 대담하게 파기 시작했고, 20야드(약 18.3m)를 파 내려갔을 때 3개의 십자가를 발견해 즉시 황후에게 가져갔다. 그들은 그리스도의 십자가와 도둑들의 십자가를 구분할 방법이 없었기 때문에, 도시 중앙에 십자가를 두고 주님이 영광을 드러내 보이시기를 기다렸다. 그런데 보라! 9시쯤 젊은이의 시신이 그곳을 지나 옮겨지고 있었고, 유다는 장례 행렬을 멈추게 했다. 그는 첫 번째 십자가와 두 번째 십자가를 그 시신 위에 대었으나 아무 일도 일어나지 않았다. 그 다음 세 번째 십자가를 내밀었고, 죽은 사람이 즉시 살아났다. 교회의 역사서들에서는 그 도시에 있는 가장 중요한 여인 한 명이 죽음에 가까워져 예루살렘의 주교인 마카리오(Macarius)가 첫 번째 십자가와 또 다른 십자가를 가져왔지만 아무 효과가 없었다고 한다. 하지만 그 여인 옆에 세 번째 십자가를 두자 그녀는 즉시 눈을 떴고 치유되어 일어났다.

암브로시오는 빌라도가 십자가 위에 설치했던 명패를 발견하고 읽음으로써 주님의 십자가가 어떤 것이었는지 확인했다고 말한다. 그때 악마가 공중에서 비명을 지르며 고함을 질렀다. "오 유다야, 너는 왜 이것을 하였느냐? 나의 유다는 너와 정반대였다. 나는 그를 압박했고 그는 자신의 스승을 팔아먹었다. 그러나 나의 명령에도 불구하고 너는 예수의 십자가를 찾아냈다! 다른 유다를 통해서 나는 많은 영혼을 얻었고, 너를 통하여 내가 얻었던 사람들을 잃어버리는구나. 그를 통하여 나는 사람들을 다스렸는데, 너로 인하여 나는 내 영역에서 추방당하는구나. 그러나 나는 너에게 갚아줄 것이다. 나는 너에 대항하여 다른 왕을 일으킬 것이고, 왕은 십자가에 못 박히신 분에 대한 믿음을 포기할 것이고, 고문으로 십자가에 못 박히신 분을 부인하게 할 것이다!" 악마는 유다가 예루살렘의 주교가 되었을 때 그에게 많은 고문을 가하고 그를 그리스도의 순교자로 만들었던 배교자 율리아누스를 지칭하여 말한 것으로 여겨진다. 유다는 마귀가 비명을 지르며 고함을 치는 것을 들었으나 조금도 공포를 느끼지 않았다. 그는 흔들림 없이 "그리스도가 너에게 영원한 불로 천벌을 내리시길!"이라고 말하면서 악한 영에게 저주를 내렸다.

유다는 후에 세례를 받았고 퀴리아코(Quiriacus)라는 이름을 받았다. 예루살렘의 주교가 죽자, 퀴리아코(유다)는 주교로 서품을 받았다. 복된 헬레나는 그리스도의 십자가에서 나온 못을 찾지 못해서 새 주교에게 그곳에 가서 찾아봐 달라고 요청했다. 퀴리아코는 그곳에 가서 많은 기도를 했다. 즉시 금처럼 빛나는 못들이 표면에 나타났고, 그 못들을 거두어 왕비에게 주었다. 왕비는 무릎을 꿇고 고개를 숙이고 큰 공경심으로 그 못들에게 경배했다. 헬레나는 십자가의 한 조각을 아들에게 가져다주고 다른 조각들은 은으로 싸서 십자가가 발견된 곳에 남겨 두었다. 그녀는 또한 주님의 몸을 고정했던 못들을 콘스탄티누스에게 가져갔다. 체사레아의 에우세비오는 황제가 그중 하나는 전투용 말굴레를 위한 재갈로 만들고, 나머지는 자신의 투구에 용접했다고 전한다. 그러나 몇몇 사람들은 투르의 그레고리오가 했던 것처럼, 4개의 못들이 그리스도의 살을 꿰뚫었고, 헬레나는 그중 2개를 황제의 말굴레에 넣었고, 세 번째 것은 로마시에 높이 솟아 있던 콘스탄티누스의 동상에 대고 고정시켰고, 네 번째 것은 그때까지 뱃사람들을 위협하는 소용돌이가 있는 아드리아해(海) 속으로 던졌다고 주장한다. 또한, 그녀는 성 십자가의 발견을 기념하여 이 축일을 매년 장엄하게 거행하라고 명령했다.

암브로시오는 이 내용에 덧붙인다. "헬레나는 주님의 못들을 찾았습니다. 그리고 하나는 재갈로 만들고 다른 것들은 왕관에 넣었습니다. 마음은 탁월해야 하고 믿음은 밝게 빛나야 하고 왕의 권력은 통치해야 하도록, 못은 머리 위에, 왕관은 맨 위에, 말굴레는 손에 있도록 한 것은 잘한 일이었습니다."

나중에 배교자 율리아누스 황제는 모든 곳에서 십자가의 표시를 없애려고 하는 동안 성 십자가를 발견했다는 이유로 성 퀴리아코(유다) 주교를 처형했다. 당시 율리아누스는 페르시아인들을 공격하러 가는 중에 우상들에게 제물을 바치려고 퀴리아코를 초대했다. 퀴리아코가 초대를 거절하자 율리아누스는 "너는 그 손으로 많은 사람에게 신의 숭배를 상기시키는 편지를 썼다."라고 말하면서 그의 오른손을 자르라고 명령했다. 퀴리아코가 그에게 말했다. "당신은 나에게 호의를 베푸는구나, 미친개야, 내가 그리스도를 믿기 전에 모든 사람이 그리스도를 믿지 못하게 하려고 유다인 회당에 자주 편지를 썼는데, 이제 당신은 내 몸에서 이 추문을 잘라내는구나." 그때 율리아누스는 납을 녹여서 그 성인의 입에 부었고, 불타는 석탄과 기름을 뿌린 철제 침대 위에 퀴리아코를 눕히려고 준비하였다. 그 성인이 움직이지 않고 누워 있을 때, 율리아누스가 말했다. "만일 네가 신들에게 제물을 바치지 않으려면, 그리스도인이 아니라고 말하여라!" 퀴리아코는 율리아누스를 저주하며 거부하였고, 그래서 율리아누스는 깊은 도랑을 파서 독이 있는 뱀들을 그 안에 넣고, 퀴리아코를 그 위에 던지라고 명령했다. 그러나 뱀들이 즉시 죽었다. 율리아누스는 끓는 기름으로 가득한 가마솥에 주교를 던지라고 명령하였고, 십자성호를 그은 성인은 스스로 가마솥 안에 들어가며 순교의 목욕으로 다시 자신에게 세례를 베풀어 주시기를 주님께 기도했다. 이 행동에 화가 난 율리아누스는 군인들에게 퀴리아코의 가슴에 칼을 꽂으라고 명령하자 그 성인은 주님 안에서 자신의 삶을 마치는 보답을 받았다.

십자가의 위대한 능력이 그리스도인인 한 젊은 공중관의 체험으로 확연히 드러난다. 한 마법사가 그를 속여 엄청난 부를 약속하였다. 그런 다음 마법사가 악령들을 부른 장소로 그를 데리고 갔다. 그곳에서 공중관은 높은 왕좌에 앉아 있던 한 거대한 에티오피아 사람*과 그 주위에 창과 곤봉으로 무장한 다른 에티오피아 사람들이 서 있는 것을 보았다. 그 거구의 에피오피아 사람은 마법사에게 물었다. "이 남자는 누구냐?" 마법사는 "주인님, 그는 우리의 노예입니다."라고 대답했다. 악령은 공중관에게 "만일 너의 주님을 부인하고 나를 경배하고 종이 된다면, 너를 나의 오른편에 앉게 할 것이다."라고 말했다. 공중관은 재빨리 십자성호를 그으며 구세주 그리스도의 종이라고 선언하였다. 그러자 악령들이 사라졌다. 이 공중관이 자신의 주인과 함께 성 소피아 성당에 가게 되었다. 구세주 그리스도의 초상 앞에 섰을 때, 주인은 그 초상이 공중관에게 시선을 고정하고 있는 것에 주목했다. 놀란 주인은 공중관에게 오른쪽으로 움직이라고 지시하자 그 초상의 눈이 돌아서 다시 그에게 고정되는 것을 보았다. 주인은 공중관에게 왼쪽으로 가라고 하였지만 역시 같은 결과를 가져왔다. 그 주인은 어떻게 성상(聖像)의 눈이 그를 계속 주시하는지, 어떻게 하느님의 공로를 얻었는지 알려달라고 간청했다. 공중관은 자신이 악마 앞에서 주님을 부인하라고 한 것을 거부했던 것 외에는 어떤 칭찬할 만한 행동을 한 적이 없다고 대답했다.

·····❖····· **69** ·····❖·····

라틴 문 앞의 성 요한

사도이자 복음사가인 요한이 에페소에서 설교하던 중에 지방 총독(proconsul)에게 포로로 잡혔다. 신들에게 제물을 바치라고 강요받았으나, 거부하다 재투옥되었다. 총독은 그가 엄청난 신성모독을 하고 십자가형을 받은 사람을 공

---

* 야코부스의 시대에 흰색이 덕(德)을 의미하는 것처럼 검은색은 악을 상징하고, 에티옵스(Aethiops)는 흑인을 의미한다. 이것은 구약과 신약성경에 있는 구절들에 대한 교부들의 주해에 따랐다. 흑인들은 설사 야코부스의 시대와 장소에 알려져 있다 하더라도 드물었기 때문에 그것에는 인종간의 분규가 없다.

경한다는 이유로 유죄임을 적은 편지를 도미티아누스 황제에게 보냈다. 황제의 명령으로 로마로 끌려간 요한은 조롱 속에 삭발을 당했다. 그 다음에 '라틴문'(Porta Latina)이라고 불리던 도시 정문에서 뜨거운 기름 가마솥 안에 던져졌으나, 아무런 고통도 느끼지 않은 채 다치지 않고 밖으로 나왔다.(그래서 그리스도인들은 그 지점에 성당을 건축하고 사도들의 순교일처럼 그날을 엄숙히 거행한다.) 심지어 기름 가마솥으로도 그리스도를 설교하는 것을 단념시키지 못하자, 도미티아누스의 명령으로 그는 파트모스(Patmos) 섬으로 추방되었다.

　로마 황제들이 사도들을 박해한 이유는 그들이 그리스도를 전하였다거나 황제들이 어떤 신을 배제한 것이 아니라, 원로원의 승인 없이 그리스도가 신성하다고 선언했기 때문이다. 사실은 빌라도가 언젠가 그리스도에 관해 티베리우스에게 편지를 썼다. 티베리우스는 그 편지를 받고 그리스도교 믿음을 로마인들에게 설교하도록 허락하였으나, 원로원은 황제에게는 그리스도를 신으로 인정할 수 있는 권한이 없다는 근거를 들어 이를 처음부터 거부했다는 것을 우리는《교회사》에서 읽었다.

　한《연대기》에서 밝히는 박해에 대한 다른 이유는 그리스도가 로마인들에게 먼저 나타나지 않았다는 것이었다. 또 다른 하나는 요한이 로마인들이 믿었던 모든 신에 대한 숭배를 금지했다는 것이다. 또는 요한이 세속적인 재화를 멸시하는 설교를 했던 반면, 로마인들은 탐욕스럽고 야심적이었다는 것이다. 더욱이 그리스도는 원로원이 자신의 신성을 확인함에 있어 인간의 권력으로 하기를 원하지 않으셨다. 스승인 요한 벨레토(Joannes Belethus)에 따르면, 황제들과 원로원이 사도들을 박해한 또 다른 이유는 그분이 자신의 신성을 공유하는 다른 신을 거들떠보지 않았다는 점에서 너무 교만해 보였기 때문이다. 오로시오(Orosius)가 제시하는 또 다른 이유는 빌라도가 그리스도의 기적에 대한 편지를 자신들(원로원)에게가 아니라 티베리우스에게 보냈기 때문에 감정이 상했고, 그런 이유로 그리스도를 신들 사이에서 축성을 허락하지 않았다는 것이다. 이것에 화가 난 티베리우스는 많은 원로원 의원들을 처형하거나 유배형을 선고했다.

　아들이 로마에서 죄수로 있다는 것을 들은 요한의 어머니는 아들을 만나러 갔다. 하지만 도착하자마자 아들이 추방되었다는 소식을 듣고 집으로 돌아가는 길에 캄파니아(Campania)에 있는 네룰라나(Nerulana) 시에서 죽었다. 그녀의 시신 위치는 아들 요한에 의해 성 야고보에게 알려질 때까지 오랫동안 동굴 안에 놓여 있었다. 만연한 향기를 풍기는 그 시신은 앞서 언급한 도시(로마)로 많은 공경을 받으며 옮겨졌고 많은 기적을 불러일으켰다.

···✦ **70** ✦···

대기원제와 소기원제

기원제는 1년에 두 번 한다. 대기원제(大祈願祭, litaniae majores)는 성 마르코 축일에 거행하고, 소기원제(小祈願祭, litaniae minores)는 주님의 승천 축일 전 3일 동안 거행한다. "기원제"(litania)는 '탄원'이나 '간구의 날'(rogationes)을 의미한다.

대기원제는 대기원제라는 이름 외에도 일곱 부류로 된 성체거동(processio septiformis), 검은 십자가들(cruces nigrae) 등 세 가지 이름으로 불린다. 처음 이름인 대기원제라고 불리는 데에는 다음의 세 이유가 있다. 첫째, 기원제를 제정한 사람인 교황 대(大) 그레고리오이기 때문이다. 둘째, 기원제가 시작된 장소, 즉 로마는 사도들의 으뜸이신 분의 시신과 사도좌가 현존하고 있는 세상의 중심이기 때문이다. 셋째, 대기원제가 제정된 계기 때문이다. 그때는 치명적인 전염병이 퍼지고 있었기 때문이다.

사순 시기 동안 극기와 금욕적인 삶으로 부활 때 주님의 몸을 받았던 로마인들은 그 후 모든 규제에서 벗어나 잔치와 놀이로 방탕한 생활을 했다. 그래서 하느님은 이 방탕함에 노여워하여서 치명적인 전염병을 보냈다. 전염병은 사타구니에 부기나 종기를 야기했기 때문에 인귀나리아(inguinaria)라고 불렸다. 전염병은 치명적이어서 사람들은 거리를 걷거나 식탁에서, 놀이 중에, 사람과 이야기하는 중에 갑자기 죽었다. 사람들이 재채기를 빈번히 했고, 재채기를 하는 중에도 목숨을 잃었다. 그래서 누군가 재채기를 하면 옆에 있던 사람은 빨리 "God bless you!"(하느님의 축복이 있기를!)이라고 말했다. 이것은 우리가 어떤 사람이 재채기하는 것을 보면 "God bless you!"하고 말하는 관습의 기원이라고 전해진다. 게다가 어떤 사람은 하품했을 때, 그것이 그 사람의 마지막 숨이었다고 한다. 그래서 만일 하품이 나오는 것을 느끼면, 재빨리 십자성호를 그었다. 이 역시 우리 사이에 흔한 또 다른 관습이다. 이 전염병에 대한 내용은 성 그레고리오의 생애에서 살펴볼 수 있다.

대기원제의 둘째 이름은 '일곱 부류로 된 성체거동'이다. 성 그레고리오가 일곱 계층(계급), 즉 성직자, 모든 수도승과 수사, 수녀, 모든 어린이, 모든 평신도, 모든 과부와 결혼하지 않은 여자들, 기혼 여자들*에 따라 성인 호칭기도와 관련된 성체거동을 마련하였기 때문이다. 우리 시대에는 많은 사람을 기대할 수 없으므로, 우리는 휘장을 내리기 전에 암송되는 7개의 성인 호칭을 규정하여 제공한다.

또한, 대기원제는 '검은 십자가들'로 불린다. 그 이유는 사람들이 전염병으로 죽은 사망자에 대한 슬픔의 표시로 검은색 옷을 입었고, 아마도 이와 같은 이유로 십자가와 제대가 거친 삼베에 싸여 있다. 또한, 속죄의 이 날들에는 속죄의 옷을 입어야 한다.

주님 승천 전 목요일부터 3일간 하는 소기원제는 458년에 통치하기 시작한 레오 황제**의 시기에 비엔(Vienne)의 주교 성 마메르토(Mamertus)에 의해 제정되었다. 따라서 소기원제는 대기원제의 제정보다 더 일찍 시작되었고, '소기원제', '간구의 날', '성체거동'이라는 세 가지 이름이 있다. 만일 대(大)와 구분하려고 소(小)라 불렀다면, 직급이 낮은 주교에 의해, 덜 두드러진 장소에서, 앞서 묘사한 전염병보다 덜 심각한 상황 때문이었다.

소기원제의 제정 이유는 다음과 같다. 그 당시 비엔은 잦은 지진으로 고통받고 있었다. 지진이 매우 심해서 많은 집과 성당이 무너졌고, 밤에는 우르릉거리는 굉음이 자주 들렸다. 그런 다음에 좀 더 끔찍한 일이 일어났다. 부활날에 하늘로부터 불이 떨어져 왕의 궁전이 잿더미가 되었다. 그리고 더 끔찍한 것은, 악한 영들이 늑대들과 다른 야수들에게 들어갔고, 사람을 두려워하

---

* '그레스는, 짐작건대 그래서 결혼한 남자들과 여자들인 '모든 관계들'(omnes conjugati)로서 일곱 개의 범주를 가졌다. 그는 초판이 결혼한 여자들인 '결합들'(conjugatae)을 가졌다는 것에 주목하나 "근거가 없는"이라고 그는 말한다. 그러나 이전의 열거에서 기혼 여자를 제외하고 남은 계급이 없었던 것으로 보인다.

** 동로마제국의 황제인 레오 1세는 457년에 즉위하여 474년까지 재위하였다. – 역자 주

지 않는 그 짐승들은 도시에서 뛰어다니며 어린이와 노인, 여자들을 잡아먹었다. 이는 마치 과거에 하느님이 악령들이 돼지 속으로 들어가도록 허락하신 것처럼 이제는 주님이 사람의 죄 때문에 허락하셨다. 그렇게 통탄할 재앙을 매일같이 직면하던 주교는 3일 동안의 단식을 선포하고, 기원제를 제정함으로써 이 시련들을 끝냈다. 후에 교회는 전 세계적으로 준수하기 위해 이 기원제를 확립하고 공식화했다.

소기원제는 3일 동안 우리가 성인들의 도움을 간청하기 때문에 '간구의 날'이라 불린다. 이 관례는 확실히 유지되어야 하며, 성인들에 대한 기도와 단식을 여러 가지 이유로 고집하였다. 첫째, 우리는 봄철에 매우 자주 발생하는 전쟁을 끝내 달라고 하느님에게 청한다. 둘째, 우리는 땅의 어린 열매를 보존하고 번성하도록 그분께 청한다. 셋째, 우리는 이 계절에 다른 때보다 더 강해지는 육체적 충동을 모든 사람이 제어할 수 있도록 그분의 도움을 청한다. 봄에는 피가 더 뜨거워지고 범죄에 대한 유혹이 많기 때문이다. 넷째, 우리는 성령을 받을 준비를 도와달라고 기도한다. 단식은 훌륭한 준비이고 우리의 탄원은 우리의 가치를 증가시킨다.

스승인 오세르의 귈렐모(Guillaume d'Auxerre, Guillelmus Autissiodorensis)는 간구의 날을 준수하기 위한 두 가지 이유를 더 제안한다. 첫째, 그리스도가 승천하면서 "구하여라, 그러면 너는 받을 것이다."(마태 7, 7)라고 말한 것처럼, 교회는 더 자신감 있게 그분에게 청원할 수도 있다는 것이다. 둘째, 기도는 하늘로 날아갈 수 있는 영혼의 날개이기 때문에, 교회는 고행으로 살을 찌우지 않고 기도로 날개를 갖기 위해 단식하고 기도한다. 그래서 영혼은 오르고 있는 그리스도를 자유롭게 따를 수 있게 할 것이다. 그분은 우리 앞에 길을 열며 승천하셨고, 그분은 바람의 날개로 날아갔다. 살찌고 깃털이 적은 새는 잘 날 수 없다. 예를 들어, 타조를 생각하라.

이때 성당은 십자가를 하늘 높이 들고, 종을 울리고, 깃발을 들고 가야 하는 커다란 성체거동을 하기 때문에 소기원제는 '성체거동'이라 불린다. 일부 성당에서 사람들은 거대한 꼬리를 가진 용을 나른다. 모든 성인이 신자들의 보호를 위해 차례차례 간청된다. 이 성체거동에서 우리는 악마들이 두려움을 느껴 달아나게 하려고 십자가를 나르고 종을 울린다. 왜냐하면, 군대의 중앙에 있는 왕이 왕실의 휘장, 즉 나팔과 깃발 혹은 문장(紋章)이 든 사각의 기를 둔 것처럼, 자신의 신전교회(神戰敎會, Ecclesia Militans) 중앙에 영원한 왕인 그리스도는 나팔 대신에 종을, 깃발 대신에 십자가를 두었다. 만일 어떤 폭군이 자신의 땅에서 나팔 소리를 듣고 상대 왕의 문장이 새겨진 사각의 깃발을 본다면 공포에 휩싸일 것이다. 마찬가지로 그 어두운 하늘에 있는 악령들이 그리스도의 나팔(종) 소리를 듣고 그의 깃발(십자가)을 볼 때 심하게 두려워한다. 이것이 폭풍우가 오려고 할 때 성당 종을 울리는 이유이다. 폭풍을 일으킨 악령들이 영원한 왕의 나팔 소리를 듣고 놀라서 달아나게 할 것이며, 따라서 폭풍이 약해진다. 또 다른 이유는 종소리가 신자들에게 경고하고 임박한 위험에 대비하여 열심히 기도하게 하였기 때문이다.

십자가 그 자체는 성주간을 위한 찬미가가 지녔던 것처럼, 영원한 왕의 문장이 든 사각의 기이다.

> 임금님 높은 깃발 앞장서 가니
> 십자가 깊은 신비 빛을 발하네.
> 생명이 죽음마저 당하셨기에
> 죽음이 새 생명을 돌려주었네.*

크리소스토모가 "어디에서든지 악령들이 주님의 표지를 보게 되면, 고통스럽게 때리는 회초리가 두려워 달아납니다."라고 말한 것에 따르면, 악령들은 이 깃발을 두려워한다. 게다가 폭풍이 왔을 때, 정확하게 악한 영들이 왕의 깃발을 보고 두려워 달아날 수 있도록 성당에서 십자가를 밖으로 가져가서 폭풍우에 대항했던 것이 이 이유이다. 요약해서 말하면, 십자가를 성체거동에서 하늘 높이 들고 종을 울리는 이유는 공중에 있는 악령들이 두려워서 달아나게 하고 우리를 괴롭히는 것을 그만두게 하려는 목적이다.

성체거동에서 깃발을 가지고 가는 또 다른 이유는 그리스도 부활의 승리

---

* Vexilla Regis prodeunt; Fulget crucis mysterium; Qua vita mortem pertulit Et morte vitam protulit.

와 승천의 승리를 나타내려는 것이다. 그분은 많은 전리품과 함께 하늘로 승천하였기에 허공을 가르며 전진하는 문장이 든 사각의 기는 하늘로 승천하는 그리스도이다. 승천하는 그리스도를 엄청난 성인들의 무리가 따랐던 것처럼, 성체거동에서 그 문장이 든 사각의 기를 많은 신자가 깃발을 들고 따른다.

성체거동 중에 노래하는 성가는 승천하는 그리스도를 만나고 그분을 그분의 동료들과 함께 하늘로 이끌었던 천사들에 대한 찬양과 찬송을 성가로 상징하는 것이다. 몇몇 성당, 특히 프랑스에서는 긴 꼬리가 달린 용을 짚이나 비슷한 재료로 채워 옮기는 관습이 있다. 처음 이틀은 용이 십자가 앞에서, 셋째 날에는 꼬리가 비어 있는 채로 십자가의 뒤에서 옮겨졌다. 이 의미는 첫째 날에는 율법 앞에서, 둘째 날에는 율법 아래에서 악마가 이 세상을 다스렸고, 셋째 날인 은총의 날에 용은 그리스도의 수난으로 인해 자기 나라에서 추방당했다는 것이다.

다시 말하자면, 성체거동에서 우리는 모든 성인의 보호를 간구한다. 이에 대한 몇 가지 이유가 이미 언급되었지만, 하느님이 우리와 성인들에게 기도하라고 명령했던 또 다른 보편적인 이유가 있다. 우리의 궁핍함, 성인들의 영광, 하느님에 대한 공경 때문이다. 성인들은 간구자의 기도에 대해 알 수 있다. 왜냐하면 그 영원한 거울 안에서 자신의 기쁨이나 자신의 도움에 관한 무엇이든 인식하기 때문이다. 그러므로 첫 번째 이유는 우리의 궁핍함이며 이는 공로가 부족하기 때문일 수 있으며, 이 경우 우리의 공로가 충분하지 않기에 우리는 다른 사람들이 우리를 위해 공급해 주기를 기도한다. 또는 우리는 관상이 부족할 수도 있고, 우리가 그 자체로 최고의 빛을 볼 수 없기 때문에, 적어도 성인들에게서 그 빛을 볼 수 있게 되기를 기도한다. 또한, 우리의 결점은 우리의 사랑에 있을 수 있다. 불완전한 사람이 하느님보다 특정 성인에게 좀 더 마음이 끌린다고 느끼는 것은 흔하지 않은 일이기 때문이다. 두 번째 이유는 성인들의 영광이다. 하느님의 뜻은 성인들의 전구를 통하여 우리가 청하는 것을 얻게 하고 그들의 위대함을 높이고 그들을 영광스럽게 하여 그들을 찬미하게 할 것이기 때문이다. 세 번째 이유는 우리 죄인들이 하느님을 화나게 하기 때문에, 말하자면 감히 자신의 몸으로 그분에게 다가가지 않고, 친구들의 도움을 간청할 수 있다는 점에서 하느님에 대한 경외심이다.

이 기원제들에서는 천사 같은 찬가 "거룩하신 하느님, 거룩하시고 용맹하신 분, 거룩하시고 영원하신 분이시여, 저희를 불쌍히 여기소서."*가 자주 노래되었다. 다마스쿠스의 요한은 책 3권(Book III)에서 일찍이 어떤 공적인 고난으로 기원제가 거행되고 있을 때 한 소년이 사로잡혀 하늘로 옮겨졌다고 말한다. 소년은 그곳에서 이 찬가를 배우고 신자들에게 돌아왔으며, 사람들이 보는 데서 이 찬가를 노래한 후 그의 고난은 끝났다. 칼케돈 공의회에서 이 찬가는 승인되었다. 다마스쿠스의 요한은 다음과 같이 끝맺었다. "우리는 또한 이 찬가를 통해 악령들이 도망쳤다고 말합니다." 그 찬가는 네 가지 점에서 칭찬할 만한 가치와 권위를 지닌다. 첫째, 천사가 찬가를 가르쳤다는 사실에서, 둘째, 그 찬가가 공개적으로 불렸을 때 앞에 말한 고난이 멈추었기 때문에, 셋째, 칼케돈 공의회가 승인했고, 넷째, 악령들이 그 찬가를 두려워하기 때문이다.

------------ ···⦙ 71 ⦙··· ------------

성 보니파시오 순교자

성 보니파시오(Bonifacius, Boniface)**는 디오클레티아누스와 막시미아누스 황제 치하의 타르수스(Tarsus) 시에서 순교하여 로마의 '비아 라티나'(Via Latina)라는 거리에 묻혔다.

보니파시오는 아글라에(Aglaë)라는 귀족 부인의 재산을 관리하는 수석 집사였다. 귀족 부인과 불법적인 결혼생활을 하고 있던 보니파시오는 하느님의 은총에 감화되어 부인의 허락하에 몇몇 순교자의 시신을 찾으러 가기로 결심했다. 그들은 거룩한 순교자들의 유해를 공경함으로써 성인들을 섬기고 공경한다면 기도를 통해 구원을 얻을 수 있을 것이라 희망했다.

보니파시오는 여러 날 만에 타르수스 시에 도착해서 함께 있던 사람들에

---

* Sancte Deus, sancte fortis, sancte et immortalis, miserere nobis.
** 그레세(Th. Graesse)는 316쪽에서 이 전설이 좀 더 최근 판들에 빠져 있다는 것에 주목한다.

게 말했다. "여보게들, 우리를 위한 임시 숙소를 찾게! 나는 시련 속에 있는 순교자들을 찾으러 가려고 하네!" 그가 급히 복된 순교자들이 있는 곳으로 가보니, 한 사람은 타오르는 불 위에 거꾸로 매달려 있었고, 다른 사람은 오래전부터 고문대 위에서 잡아 당겨지는 고통을 받고 있었고, 어떤 사람은 갈고리로 찢겨지고, 어떤 사람은 손이 잘렸고, 어떤 사람은 목에 말뚝이 관통된 채 땅에 세워져 있었다. 믿음이 없는 사형집행인이 창안한 이러한 고문과 순교를 멀리서 보며, 그리스도의 사랑으로 활활 타올랐다. 그는 거룩한 순교자들의 위대한 하느님을 부르며 달려가 그들의 발 앞에 앉아 쇠사슬에 입 맞추며 말했다. "오, 그리스도의 순교자들이여, 악마를 짓밟으시오! 잠시만 인내심을 가지시오! 이제 충분한 휴식을 취하고 형언할 수 없이 충만해질 것입니다! 하느님의 사랑을 위해 당신들이 겪고 있는 고통은 일시적이며 한순간에 끝날 것이고, 짧은 고통의 시간이 지나가면 영원한 행복의 기쁨으로 넘어갈 것입니다! 그때 당신들은 불멸의 영광의 옷을 입고 당신의 왕의 환시를 즐기며 천사들의 합창단 가운데에서 천국의 노래를 그분에게 찬양하게 될 것이고 지금 당신들을 고문하고 있는 저 악한 사람들이 영원한 재앙의 심연 속에서 고문 받는 것을 볼 것입니다!"

이 모든 것을 본 재판관 심플리치우스(Simplicius)는 보니파시오를 데려오게 해서 "당신은 누구요?"라고 물었다. 성 보니파시오는 대답했다. "저는 그리스도인이며 보니파시오라고 불립니다!" 재판관은 노하여 그를 매달고 뼈가 보일 때까지 갈고리로 몸을 베라고 명령했다. 나무 조각들이 그의 손톱 아래에 박혔다. 하느님의 순교자는 하늘을 우러러보며 고통을 참았고, 이것을 본 믿음이 없는 재판관은 그의 입 안에 녹인 납물을 부으라고 명령했다. 거룩한 순교자는 말했다. "저는 살아있는 하느님의 아드님, 주 예수 그리스도님께 감사드립니다!" 그때 재판관은 통 하나를 가져와서 끓는 역청을 채워 그 속에 거룩한 순교자를 머리부터 집어넣게 했음에도 그는 무사했다. 결국, 그는 참수되었다. 참수되던 그 순간, 엄청난 지진으로 땅이 흔들렸다. 그 순교자 안에서, 그 순교자를 통해서 그리스도의 힘을 깨달은 많은 사람이 신자가 되었다.

아직 이 사실을 모르는 동료와 하인들이 밤새도록 순교자 보니파시오를 찾아 다녔다. "그는 매춘부와 함께 있는 거야, 그렇지 않으면 고주망태가 되어 여관에 있을 거야!" 하인들이 그렇게 말하던 중에 감옥 간수 한 사람을 만나게 되어 물었다. "어디에선가 낯선 로마 사람을 보지 못했습니까?" 간수: "어제 한 외국인이 경기장에서 참수되었습니다!" 하인들: "그가 어떻게 생겼습니까? 저희가 찾는 사람은 건장하고 육중한 몸매에, 머리숱이 많고 빨간 망토를 입고 있습니다." 간수: "당신들이 찾고 있는 그 사람이 어제 이곳에서 순교자로 죽었습니다!" 하인들은 "우리가 찾고 있는 사람은 여자나 쫓아다니는 남자이고 술고래입니다!"라며 다른 사람일거라며 반문했다. 간수: "가서 보시오!" 하인들이 그 거룩한 순교자의 시신과 소중한 머리를 보고 "이 사람이오! 제발, 그를 우리에게 주시오!"라고 부탁했다. 간수는 "지불금 없이 시신을 줄 수 없습니다."라고 말했다. 하인들은 간수에게 500솔(sol)을 주고 거룩한 순교자의 시신을 받아 향기로운 향료를 바르고 좋은 아마포로 쌌다. 그런 다음 그들은 시신을 사인교(四人轎)에 놓고 하느님을 찬양하면서 로마로 데려갔다.

그때 주님의 천사가 보니파시오가 일했던 부인에게 나타나 복된 순교자의 소식을 알려주었다. 그녀는 존경하는 마음으로 거룩한 시신을 만나기 위해 서둘렀고, 로마시 외곽으로 약 반 마일 떨어진 곳에 매장하고 기념비를 세웠다.

보니파시오는 실리시아(Cilicia)의 주요 도시인 타르수스에서 5월 14일에 순교하였고 6월 9일에 로마 근교에 묻혔다. 복된 부인 아글라에는 속세와 허영을 버리고 노예들을 자유롭게 풀어주고 모든 소유물을 가난한 사람들과 수도원에 나누어 주었다. 그녀는 끊임없는 기도와 단식에 생애를 바쳤으며 그리스도의 이름으로 행한 기적들로 유명해진다. 그녀는 주 예수 그리스도로부터 그런 위대한 은총을 받을 만하였다. 그녀는 12년 동안 수도자의 옷을 입고 살았고, 경건한 삶을 산 후 죽었다. 그리고 거룩한 순교자 가까이에 묻혔다.

72

주님의 승천

주님의 승천은 그분의 부활 후 40일째에 일어났다. 이 사건에 관련된 7개의 질문, 그분은 어디에서 승천하였는지, 부활 후 왜 즉시 승천하지 않고 40일을 기다렸는지, 어떻게 승천하였는지, 누구와 함께 승천하였는지, 어떤 공로로 승천하였는지, 어느 곳으로 승천하였는지, 왜 승천하였는지에 대해 생각해 보고자 한다.

처음 질문, 그분은 어디에서 승천하였는가? '그분은 올리브 산에서 베타니아 쪽 하늘로 올라가셨다.'는 것에 주목하라. 이 산은 다른 번역본에서 '세 빛의 산'(Mons trium luminum)이라고도 불리곤 하였다. 해가 지기 전까지는 서쪽으로부터 성전의 빛이 산 위로 내리쬐어 제단 위 불이 계속 타오르게 하고, 아침에는 동쪽으로부터 햇빛을 시내보다 먼저 받아 빠르게 밝아졌으며, 산 위의 올리브 나무들은 빛을 밝히는 기름을 많이 만들어냈기 때문이다.

그리스도는 승천 날에 제자들에게 두 차례 나타나서 올리브 산으로 가라고 하였다. 맨 처음, 그분은 11명의 사도가 다락방에서 식사하고 있을 때 나타났다. (여자들뿐만 아니라 모든 사도와 다른 제자들은 멜로[Mello]라 불리던 예루살렘의 구역, 아니면 다윗이 자신의 궁전을 건설했던 시온 산에서 살고 있었다. 그곳에는 주님이 2명의 제자에게 자신을 위해 파스카 만찬을 준비하라고 명령했던 가구가 딸린 큰 다락방이 있었고, 11명의 사도는 그 인근에 숙박했다.) 주님이 나타나 그들의 부족한 믿음을 꾸짖을 때 그들은 다락방에서 식사 중이었다. 그리고 그들과 함께 식사한 후에, 그분은 상술한 바와 같이 베나티아로 가는 길에 있는 올리브 산으로 가라고 명령하였다. 그곳에서 그분은 그들에게 다시 나타났고 그들의 때 이른 질문에 대답하였고, 그런 다음 손을 들어 그들을 축복하였다. 그 후 그들이 보았던 것처럼 하늘로 승천하셨다.

그리스도가 승천한 장소에 대해, 예루살렘의 주교인 술피치오(Sulpicius)와 《주해집》의 기록에 의하면 나중에 그곳에 성당이 건축될 때, 그리스도가 서 있었던 지점은 포장 재료로 결코 덮어지지 않았다고 한다. 그 자리에 대리석 평판을 두면 대리석이 작업 인부의 얼굴로 솟구쳐 산산조각이 났던 것이다. 또한 지면에 있는 발자국은 주님이 그 지점에 서 있었다는 것을 증명하는 것이라고 한다. 그 땅에는 여전히 그분이 남긴 움푹 파인 발자국이 있다고 한다.

두 번째 질문, 그리스도는 왜 하늘로 승천하려고 40일을 기다렸는가? 세 가지 이유 때문으로 알려져 있다. 첫째 이유는 그가 죽은 자 가운데서 부활했다는 확실한 증거를 보여주려는 것이었다. 첫째 날부터 셋째 날까지 수난은 증명할 수 있었지만, 부활의 진리를 확증하는 데는 더 많은 날이 필요했기 때문에, 수난의 증거보다 부활의 증거를 제시하는 것이 더 어려웠다. 그러므로 수난과 부활 사이보다 부활과 승천 사이에 더 긴 시간이 필요했다. 레오 교황은 주님의 승천에 대한 설교에서 다음과 같이 말한다. "오늘 40일이라는 기간이 완전하게 되고 가장 거룩한 계획으로 정해진 기간이며 우리를 교훈하기 위해 더 길어졌습니다. 육신으로 머무르는 기간의 연장은 주님의 부활에 대한 믿음을 뒷받침하는 것이었습니다. 하느님의 명령과 거룩한 교부들이 지체해 주어 감사합니다. 우리가 의심하지 않도록 주의를 기울여 주었습니다." 둘째 이유는 사도들을 위로하기 위함이다. 우리의 시련보다 하느님의 위로가 더 많고, 주님이 수난받은 시간은 사도들에게는 고난의 시간이었기에, 위로의 날이 고난(고통) 받은 날보다 더 많아야 하기 때문이다. 셋째, 신비로운 의미가 내포되어 있다. 우리는 1년을 하루로, 하루를 한 시간으로, 한 시간을 순간으로 비교하듯이 하느님의 위로가 우리의 고난에 비유되어야 함을 이해하게 되었다. 하루에 대한 1년의 비교를 우리는 이사야서 61장 "주님의 은혜의 해, 우리 하느님의 응보의 날을 선포하고"(이사 61, 2)에서 발견한다. 이렇게 하여 시련의 1일은 위로의 1년으로 대응한다. 시간에 대한 날의 비유는 주님이 40시간 동안 죽어 있었고 죽음에서 부활하여 그들의 위로를 위해 40일 동안 제자들에게 나타나셨다는 사실로 분명해진다. 이런 이유로 《주해집》은 말한다. "그분은 40시간 동안 죽었고, 40일 동안 살아있다는 것을 보여주었습니다." 순간에 대한 시간의 비율은 이사야서 54장 "분노가 북받쳐 내 얼굴을 잠시 너에게서 감추었지만 영원한 자애로 너를 가엾이 여긴다."(이사 54, 8)에서 볼 수 있다.

세 번째 질문, 어떻게 승천하였는가? 우선, 이사야서 63장에서 "에돔에서 오시는 이분은 누구이신가? … 위세 당당하게 걸어오시는 이분은 누구이신가?"(이사 63, 1), 요한복음에서 "하늘에서 내려온 이, 곧 사람의 아들 말고는 하늘로 올라간 이가 없다."(요한 3, 13)라고 전하듯이, 그분은 자신의 능력으로 승천하셨다. 그분은 공 모양의 구름으로 승천하셨지만, 구름의 도움이 필요했던 것이 아니고, 단지 모든 창조물이 자신의 창조주에게 봉사할 준비가 되어 있음을 보여주기 위해 그렇게 한 것이다. 그분은 신격(神格)의 능력으로 부활하셨고, 다른 사람들의 승천과 차이를 보여주는 것이라고 《교육독본》에서 전한다. 에녹은 낙원으로 옮겨졌고, 엘리야는 회오리바람에 의해 하늘로 올라간 반면, 예수는 자신의 능력으로 승천하셨다. 그레고리오에 따르면 에녹은 성관계로 태어났고 자식을 보았고, 엘리야는 성관계로 생겨났으나 자식을 낳지 않았고, 예수는 성관계로 태어나지도 않았고 자식을 보지도 않았다.

다음으로, "그들이 보는 앞에서 하늘로 오르셨는데"(사도 1, 9), 요한복음 16장 "이제 나는 나를 보내신 분께 간다. 그런데도 '어디로 가십니까?' 하고 묻는 사람이 너희 가운데 아무도 없다."(요한 16, 5), 《주해집》의 "그러므로 공개적으로 말하여 누구든지 본인의 눈으로 보는 것을 묻지 않게 하려는 것이다."에 따르면, 그분은 공개적으로 승천하셨다. 제자들이 그 승천을 지켜보려고 그곳에 있었기 때문이다. 그분은 제자들이 승천을 목격하는 증인으로 가까이에 있게 하고, 인간이 하늘로 올려짐을 기뻐하고, 그곳에서 그분을 따르기를 원한 것이었다.

또한, 천사들이 환호하였으므로, 시편에서 "하느님께서 환호 소리와 함께 오르신다."(시편 47, 6)고 말한 것처럼, 그분은 기쁨에 차서 올라갔다. 아우구스티노는 "그리스도가 승천할 때 온 하늘이 진동하였고, 별들이 놀라고, 하늘의 군대가 박수를 치며 나팔을 울리고 그들의 잔잔한 화음과 기뻐하는 합창단이 조화를 이루었습니다."라고 하였다.

마지막으로, 시편에서 "용사처럼 길을 달리며 좋아하네"(시편 19, 6ㄴ)라고 말하는 것처럼, 그분은 신속히 올라가셨다. 그분은 그 거리를 순식간에 횡단하였기 때문에, 굉장한 속력으로 승천한 것이 분명하다. 위대한 철학자 모세스 랍비*는 행성의 각 궤도 혹은 어떤 행성들의 궤도는 직경으로 500년이라고 말한다. 즉 한쪽에서 다른 쪽까지의 거리는 사람이 평탄한 길을 500년 동안 걸어야 할 만큼의 먼 거리이며, 한 하늘과 다음 하늘 사이의 거리도 500년의 여정이라고 말한다. 그러므로 땅의 중심에서 일곱 번째 하늘인 토성의 하늘 궁창(穹蒼)까지 일곱 하늘이 있으므로, 모세스 랍비에 따르면 7천 년이 걸리는 여행이 있을 것이라고 한다. 그리고 가장 높은 하늘의 둥근 천장까지 7천

---

* 모세스 마이모니데스(Moses Maimonides), 유다인 철학자(1135~1204)

700년이 걸리는데, 만일 그가 그렇게 오래 산다면, 7천 700년 동안 평탄한 길을 갈 수 있는 것과 같다. 이는 매년 365일을 하루에 40km의 행군을 하며, 각 km의 길이는 2천 보나 2천 큐빗(cubit)이 될 것이다. 그것이 사실인지 아닌지는 오직 하느님만이 안다. 만물을 수와 무게, 양(量)으로 만든 분이 이 측량을 알기 때문이다. 그래서 그리스도가 지상에서 하늘로 이른 것은 위대한 도약이었다. 그리고 이 도약과 그리스도가 만든 다른 것들에 대해서 암브로시오는 다음과 같이 말한다. "그리스도는 한 번의 도약으로 이 세상 속으로 왔습니다. 그분은 아버지와 함께 있었고 동정녀의 몸으로 왔고 동정녀에게서 구유로 도약하였고, 요르단으로 내려갔고, 십자가로 올라갔고, 무덤 속으로 내려갔고, 무덤을 빠져나갔고, 아버지의 오른편에 앉았습니다."

네 번째 질문, 그리스도는 누구와 함께 승천하였는가? 그분은 포로들과 아주 많은 천사와 함께 승천하였다는 것을 밝혔다. 그분은 시편에서 "당신께서는 포로들을 거느리시고 높은 데로 오르셨으며"(시편 68, 19)라고 말한 것처럼, 자신과 함께 포로들을 데리고 갔다는 것은 명백하다. 그분이 많은 천사와 함께 승천하였다는 것은 "에돔에서 오시는 이분은 누구이신가? 물든 옷을 입고 보츠라(Bozrah, Bosra)에서 오시는 이분은 누구이신가?"(이사 63, 1)라고 읽었던 것처럼, 그리스도가 승천하는 것을 본 낮은 직급의 천사들이 더 높은 천사들에게 질문한 것을 볼 때 분명하다. 《주해집》은 주님의 육화, 수난, 부활의 신비를 충분히 인식하지 못했던 천사들이 일부 있었고, 본인의 능력으로 하늘로 승천하는 그분을 본 많은 천사와 거룩한 사람들은 이 신비를 궁금해하였고 주님과 동행한 천사들에게 "영광의 이 임금은 누구입니까?"라고 말했다고 설명한다. 디오니시오는 저서 《천상 위계》(De Coelesti Hierarchia)*의 제7장에서 그리스도가 승천하는 동안 천사들로부터 세 번의 질문을 받았다는 것을 암시하는 것 같다. 상급 천사들이 자신들끼리 주고받은 질문, 승천하는 그리스도를 향한 질문, 하급 천사들은 더 높은 천사들에게 하는 질문이 있었다.

그래서 상급 천사들은 서로에게 물었다. "보츠라로부터 물든 옷을 입고 에

---

* 라틴어본에는 《천사의 위계제도》(Angelicae Hierarchia)라고 표기되어 있지만, 디오니시오가 4세기 혹은 5세기경에 집필한 책의 제목은 《천상 위계》이다. – 역자 주

돔에서 오시는 이분은 누구이신가?", "죄에 의해 피로 더럽혀지고 하느님을 향한 악의로 무장된 세상으로부터 오는 이 사람은 누구인가?", "피로 더럽혀진 세상과 요새화한 지옥으로부터 누가 오는가?"라고 말했다. 에돔은 '피로 더럽혀진'을 의미하고, 보츠라는 '무장된'을 의미하는 것으로 해석된다. 주님은 "나다. 의로움으로 말하는 이, 구원의 큰 능력을 지닌 이."(이사 63, 1ㄴ)라고 대답한다. 디오니시오는 "왜냐하면 나는 정의와 구원의 심판에 대해 말합니다."라고 말한다. 창조주가 자신에게서 멀어진 자신의 창조물을 도로 데려왔다는 점에서 인류 구속(救贖, redemptio)의 정의가 있었다. 그리고 그분이 자기 능력으로 악마를 사람에게서 쫓아내는 심판이 있었다. 그럼에도 불구하고 디오니시오는 다음의 질문을 제기했다. "그 상급 천사들은 하느님과 가까이 있고 하느님에 의해 즉시 깨우쳤음에도 불구하고, 왜 서로에게 배우기를 열망하는 것처럼 질문을 하였을까?" 천사들이 서로 묻는 그 사실은 주석가가 설명하듯이 천사들이 스스로 지식을 탐구한다는 것을 보여준다는 점이다. 그들이 먼저 서로 의논한다는 사실에서 그들은 자신들에 대한 하느님의 전달을 감히 예상하지 못했다는 것을 보여준다. 그래서 그들은 너무 성급한 질문으로 하느님으로부터 자신들에게 오는 깨달음이 차단되지 않도록, 먼저 자신들끼리 질문을 하는 것이 가장 좋다고 생각한다.

동일한 상급 천사들은 "어찌하여 당신의 의복이 붉습니까? 어찌하여 포도확을 밟는 사람의 옷 같습니까?"(이사 63, 2)라고 말하면서 그리스도를 향해 질문했다. 주님은 승천하는 동안에도 여전히 육체의 벌어진 흉터에서 피가 흐르고 있었기에 주님의 옷, 즉 육체가 붉었다고 한다. 여기 베다가 말하는 것이 있다. "주님은 자신의 부활에서 믿음을 줄 수 있고, 자신이 인류를 위해 탄원하는 동안 자신의 아버지에게 본인의 상처들을 보여줄 수도 있고, 좋은 사람들은 자신이 얼마나 자비롭게 구원되었는지 볼 수도 있고, 악한 사람들은 얼마나 정의롭게 자신이 저주를 받았는지 인정할 수도 있고, 그가 승리의 기념품들을 영원히 함께 가지고 갈 수 있도록, 자신의 상처들을 심판 전까지 보존할 것입니다." 그래서 주님은 이 질문에 다음과 같이 대답한다. "나는 혼자서 확을 밟았다. 민족들 가운데에서 나와 함께 일한 자는 아무도 없다."(이사 63, 3) 십자가는 포도 확이라고 부를 수 있는데, 이는 그분이 그 위에서 틀에 박힌 것

같이 눌려 피가 흘렀기 때문이다. 또는 악마를 확이라 부를 수도 있다. 왜냐하면 악한 영이 인류를 죄의 끈으로 빈틈없이 결박하고 꼼짝 못하게 하여 그 안에 있는 영적인 것은 다 짜내고 오직 시큼한 과육만 남게 되었기 때문이다. 그러나 우리 전사는 확을 짓밟고, 죄인의 결박을 끊고 하늘로 승천하여 하늘의 거처를 열고 성령의 포도주를 부었다.

그 다음은 하급 천사들이 "누가 영광의 임금이신가?"(시편 24, 8. 10)라며 상급 천사들에게 한 질문이다. 더 높은 천사들이 대답하였다. "만군의 주님은 영광의 임금이시다!" 이에 관해 아우구스티노는 말한다. "하늘의 광대함은 하느님의 수행원들에 의해 거룩하게 되었고, 공중에서 날아다니는 모든 악령의 무리는 승천하는 그리스도로부터 달아났습니다. 천사들은 '누가 영광의 임금이신가?'라고 물었습니다. 다른 천사들이 대답했습니다. '저기, 하얗고 장밋빛으로 빛나는 그분이 있습니다! 그분은 형체도 아름다움도 없으신 분, 십자가에서는 약하고 약탈에는 강하신 분, 가난한 몸에서는 무가치하신 분, 전투에서는 무장하신 분, 죽음에서는 더러운 분, 부활에서는 겸손하신 분, 동정녀로부터는 희고, 십자가로부터는 장밋빛, 수치에서는 어둡고, 하늘에서는 밝은 분이십니다!"

다섯 번째 질문, 그리스도는 어떤 공로로 승천하였는가? 3중의 공로에 의한 것으로 알려져 있다. 예로니모가 이에 대해 말한다. "당신은 당신이 약속했던 것을 실현하였기에 '진리' 때문에, 당신은 사람들의 생명을 위해 양처럼 희생되었기에 '온순함' 때문에, 당신은 힘에 의해서가 아니라 정의로 사람을 구하였기에 '정의' 때문에, 그리고 당신의 오른손으로, 다시 말해서 힘과 덕이 놀랄 만큼 하늘까지 당신을 이끌 것입니다."(두에 판, 시편 44, 5 참조)

여섯 번째 질문, 그리스도는 어디로 승천하였는가? 에페소서 4장 "내려오셨던 그분이 바로 만물을 충만케 하시려고 가장 높은 하늘로 올라가신 분이십니다."(에페 4, 8-10)에 따르면, 그는 가장 높은 하늘로 올랐다는 것이다. 그가 승천하였던 곳 저편에 여러 가지 하늘들(물질적인, 이성적인, 지적인, 초물질적인)이 있기 때문에, "가장 높은 하늘로"라고 말한다. 물질적인 하늘은 다양하고 공기의, 천상의, 위엄 있는, 불의, 별이 총총한, 수정의, 최고천(最高天)의 하늘들이 포함된다. 이사야 66장 "하늘이 나의 어좌요"(이사 66, 1)에 따라서 하느님의 자리와 거처가 있는 하늘로서, 또한 지혜서에 따르면 의로운 영혼은 지혜의 자리이기 때문에, 이성적인 하늘은 내재하는 하느님으로 인해 하늘로 불리는 정의로운 사람이다. 사도들이 "우리의 대화는 하늘에 있다."라고 말한 것처럼, 성인들은 자신들의 대화와 소망으로 항상 하늘에서 살고 있기 때문에, 그는 거룩한 대화라는 이유로 또한 하늘로 불린다. 혹은 하늘이 계속해서 움직이듯이 성인들도 자신들의 선행으로 계속해서 움직인다.

지적인 하늘은 천사이다. 천사들은 위엄과 탁월함이 하늘과 같기 때문에 하늘이라 불린다. 이 위엄과 탁월함에 대해 디오니시오는 《신명론》(神名論) 제4장에서 말한다. "하느님의 마음은 현존하는 모든 존재 위에 있고, 살아있는 모든 존재 위에서 살며, 모든 감각과 이성 위에서 이해하며, 모든 존재보다 더 아름다움과 선함을 바라고 그 안에 참여합니다." 둘째로, 천사들은 자신의 본성과 영광 때문에 가장 아름답다. 이 아름다움에 대해 디오니시오는 같은 책에서 이렇게 말한다. "천사는 숨겨진 빛의 현현(顯顯)으로, 순수하고, 훌륭하고, 오염되지 않고 더럽혀지지 않고 얼룩이 없는 거울이며, 만일 다음과 같이 말해도 된다면, '하느님과 같은 도덕성의 우수한 민감함'(Dei boniformis Deiformitatis)의 아름다움을 갖추고 있습니다." 셋째로 천사들은 자신의 덕과 능력으로 매우 강하다. 천사들의 힘에 대해서 다마스쿠스의 요한은 자신의 책 2권 3장에서 말한다. "천사들은 강하고 하느님의 뜻을 따를 준비가 되어 있으며, 어디서든지 하느님의 끄덕임이며 하느님이 부를 때 지체없이 나타날 것입니다" 처음 두 가지에 대해 우리는 집회서 43장에서 "높은 하늘은 그의 아름다움, 하늘의 아름다움이다."(집회 43, 1), 세 번째에 대해 욥기 37장에서 "당신은 가장 강한 그와 함께 아마도 하늘을 만들 수 있습니다."(욥기 37, 18)라고 읽었다.

초물질적인 하늘은 그곳에서 그리스도가 왔고, 그분이 후에 그곳으로 승천하신 탁월한 하느님과 동등하다. 이에 대해서 시편은 말한다. "하늘 끝에서 나와 다시 끝으로 돌아가니"(시편 19, 7) 그러므로 그리스도는 이 모든 하늘 위에 있는 초물질적인 하늘 그 자체까지 올라갔다. 그분이 모든 물질적인 하늘들을 거쳐 승천하였다는 것은 시편에서 "하늘 위에 당신의 엄위를 세우셨습니다."(시편 8, 2)라고 말하는 것으로 확언된다. 그분은 최고천에 도착하기까지 모든 물질적인 하늘을 통하여 갔으며 그분의 승천은 달 아래의 영역까지만 불

마차로 올라갔던 엘리야의 경우와 달랐다. 엘리야는 달 아래의 영역만큼 높았으나 그 이상을 초월하지 않은 지상의 낙원으로 옮겨졌다. 그러므로 그리스도는 최고천에 있고, 그곳은 그분을 위해서 그리고 천사들과 다른 성인들을 위한 특별하고 적절한 거처이다. 이 거처는 그곳에 계시는 분들에게 걸맞다. 이 하늘은 위엄, 우선권, 장소, 규모에서 다른 하늘들을 능가하고, 따라서 그분의 위엄, 영원성, 불변성, 능력의 범위에서 모든 이성적이고 지적인 하늘들을 초월한 그리스도를 위해 적합한 거처이다. 또한, 그 하늘은 한결같고 움직이지 않으며 빛나고 방대한 곳이기에 성인들을 위해 적합한 곳이고, 일에서 한결같고, 사랑에서 변하지 않고, 믿음과 지식에서 빛을 발하고, 성령을 받아들임에서 포용력이 있기에 천사들과 성인들을 위해 적합하다.

그리스도가 모든 이성적인 하늘들 위로, 모든 성인 위로 승천하셨다는 것은 "보셔요, 그이가 오잖아요. 산을 뛰어오르고 언덕을 뛰어넘어 오잖아요."(아가 2, 8)에서 분명히 알 수 있다. 여기서 산은 천사를, 언덕은 성인 같은 사람들을 의미한다. 그분이 모든 지적인 하늘들, 즉 천사들보다 더 높이 승천하셨다는 것은 시편에서 "물 위에 당신의 거처를 세우시는 분. 구름을 당신 수레로 삼으시고 바람 날개 타고 다니시는 분"(시편 104, 3)이라고 말한 것과 "커룹 위에 올라 날아가시고 바람 날개 타고 떠가셨네."(시편 18, 11)라고 읽었던 것에서 뚜렷이 드러난다.

그리스도는 초물질적인 하늘까지 승천하고 하느님과 동등한 곳까지 승천하셨다는 것을 의미하며 마르코 복음서의 마지막 장 "주 예수님께서는 제자들에게 말씀하신 다음 승천하시어 하느님 오른쪽에 앉으셨다."(마르 16, 19)를 보면 분명해진다. 하느님의 오른쪽은 하느님과 동등하다. 베르나르도는 "나의 주님께, 그리고 오직 그분께, 주님은 약속하였고 영광에서 동등하고 본질에서 동질(同質)이고 세대가 비슷하고 위엄에서 불공평하지도 영원하지도 않고 끝없이 동등하기에 자기 영광의 오른쪽에 자리를 내주셨습니다." 혹은 그리스도는 승천에서 네 가지 독특한 방식, 즉 장소, 보상, 지식, 덕에서 탁월하였다고 말할 수 있다. 장소에 대해 에페소서 4장은 "내려오셨던 그분이 바로 가장 높은 하늘로 올라가신 분이십니다."(에페 4, 10), 보상에 대해서 필리피서 2장은 "당신 자신을 낮추시어 죽음에 이르기까지,"(필리 2, 8-9)에서 나타난다. 이것에 대해 아우구스티노는 "겸손은 영광을 받을 만하고, 영광은 겸손의 보상입니다."라고 말한다. 지식에 대해서 시편은 "그는 커룹 위에 앉아 있다."(시편 18, 11)라고, 즉 모든 지식의 충만함 위에 앉아 있다고 말한다. 덕의 탁월함은 그가 커룹 위로 승천하였기 때문에 명백하다. 에페소서 3장 "인간의 지각을 뛰어넘는 그리스도의 사랑을 알게 해주시기를 빕니다."(에페 3, 19)에서 나타난다.

일곱 번째 질문, 그리스도는 왜 승천하셨는가? 그리스도의 승천으로 인해 결실을 맺고 유익해졌던 아홉 가지에 주목해야 한다. 첫째는 우리 위에 하느님의 사랑이 내려왔다는 것이다. 요한복음 16장 "내가 떠나지 않으면 보호자께서 너희에게 오지 않으신다. 그러나 내가 가면 그분을 너희에게 보내겠다."(요한 16, 7)에서 나타난다. 둘째 결실은 하느님에 대한 우리의 보다 큰 지식이다. 요한복음 14장 "너희가 나를 사랑한다면 내가 아버지께 가는 것을 기뻐할 것이다. 아버지께서 나보다 위대하신 분이시기 때문이다."(요한 14, 28)라고 하였다. 이에 대해 아우구스티노는 말한다. "그러므로 나는 아버지가 나보다 더 위대하다는 이런 맹목적인 형태를 없앴습니다. 그러면 당신은 다른 방식으로, 영으로서 하느님을 오히려 더 잘 볼 수 있을 것입니다." 셋째 결실은 신앙의 공로이다. 이에 대해 레오 교황은 주님의 승천에 대한 설교에서 말한다. "그때 마음의 걸음과 함께 아버지와 동등한 아드님을 향해 좀 더 교육을 받은 신앙은 나아가기 시작했고, 그로 인해 그는 아버지보다 더 작고 더 이상 필요하지 않은 그리스도 안의 육체적인 실체와 접촉하기 시작했습니다. 왜냐하면, 이것은 위대한 마음의 힘(육체의 눈이 볼 수 없는 것)을 보이지 않는 하느님에 대한 열망으로 주저없이 믿으려는 것입니다." 아우구스티노는 《고백록》(Confessiones)에서 "그분은 그 길을 달리는 거인처럼 크게 기뻐하였습니다. 그분은 지체하지 않았고 말로, 행동으로, 죽음으로, 삶으로, 내려가기와 승천함으로 외치면서 달렸고, 자신에게 돌아오라고 우리에게 외치면서 달렸고, 그분은 우리가 마음속으로 돌아오고 그곳에서 자신을 발견할지도 모르기에 우리의 시야에서 벗어났습니다."

넷째 결실은 우리의 안전이다. 그리스도는 아버지에게 우리의 옹호자가 되기 위하여 승천하였다. 우리는 우리를 변호해 줄 옹호자가 있다는 것을 깨달을 때 참으로 안전할 수 있다. 요한 1서 2장은 "누가 죄를 짓더라도 하느님 앞에서 우리를 변호해 주시는 분이 계십니다. 곧 의로우신 예수 그리스도이십니다. 그분은 우리 죄를 위한 속죄 제물이십니다."라고 하였다. 이 안전에 대해 베르나르도는 말한다. "오 사람아, 어머니가 아드님의 앞에 서 있고, 아들이 아버지 앞에 서 있고, 어머니가 자신의 가슴과 유방을 보이고, 아들이 자신의 옆구리와 상처들을 아버지에게 보였을 때, 당신은 하느님에게 가까이 가고 있습니다. 확실히 그렇게 많은 사랑의 흔적들이 있는 곳에는 거절이 있을 수 없습니다."

다섯째 결실은 우리의 품위이다. 우리의 본성이 하느님의 오른손으로 높여졌을 때, 참으로 높아진 것은 우리의 품위이다! 인류의 이 품위를 마음속에 지닌 천사들은 요한묵시록 19장에 "나는 그에게 경배하려고 그의 발 앞에 엎드렸습니다. 그러자 천사가 나에게 말하였습니다. '이러지 마라. 나도 너와 너의 형제들과 같은 종이다."(묵시 19, 10)라고 언급되었듯이, 자신을 경배하려는 사람들을 말렸다. 이에 대해 《주해집》은 덧붙였다. "(천사는) 자신을 경배하게 하였으나 주님의 승천 후에 자신 위에 높여진 한 사람을 본 그는 경배받는 것을 두려워하였습니다." 주님의 승천에 대한 설교에서 레오 교황은 말한다. "사람들은 공경하는 이들이 시야에서 사라졌지만, 신앙이 꺾이지 않았고 희망이 흔들리지 않았고 사랑이 식지도 않았습니다. 그래서 이날에 우리 인간의 본성은 하느님 아버지와 함께 앉을 수 있는 모든 힘의 높이를 넘어 들어 올려졌으며 하느님의 은총이 더욱 경이롭게 드러났습니다."

여섯째 결실은 우리 희망의 보강(補强)이다. 히브리서 4장에서는 "그런데 우리에게는 하늘 위로 올라가신 위대한 대사제가 계십니다. 하느님의 아들 예수님이십니다. 그러니 우리가 고백하는 신앙을 굳게 지켜 나아갑시다."(히브 4, 14)라고 한다. 그리고 히브리서 6장은 "당신께 몸을 피한 우리가 앞에 놓인 희망을 굳게 붙잡도록 힘찬 격려를 받게 하셨습니다. 이 희망은 우리에게 영혼의 닻과 같아, 안전하고 견고하며 또 저 휘장 안에까지 들어가게 해줍니다. 예수님께서는 우리를 위하여 선구자로 그곳에 들어가셨습니다."(히브 6, 18-19)라고 말한다. 이에 대해 레오는 말한다. "그리스도의 승천은 우리의 승격이고, 머리이신 분의 영광이 앞서갔던 곳으로, 육체의 희망 또한 향합니다."

일곱째 결실은 그 길이 우리를 위해 구별된다는 것이다. 미카서 2장은 "그는 올라갈 것이고 그들 앞에 그 길을 열 것이다."^(미카 2, 13)라고 하였다. 아우구스티노는 "구세주는 당신들의 길이 되어 주었습니다. 일어나서 걸어가십시오, 당신들은 길을 가졌고 게으름 피우지 마십시오!"

여덟째 결실은 하늘의 문을 연 것이다. 첫 번째는 아담이 지옥의 문을 열었던 것처럼, 두 번째는 낙원의 문을 열었다. 그래서 교회는 노래한다. "당신은 죽음의 고통을 극복하였고 믿는 사람들에게 하늘나라를 열었습니다."

아홉째 결실은 준비된 장소다. 요한복음 14장은 "나는 너희를 위하여 장소를 준비하려고 간다."^(요한 14, 2)라고 하였다. 아우구스티노는 "오 주님, 당신이 준비하고 있는 것을 준비하소서. 당신이 저희 안에 있는 당신 자신과 당신 안에 있는 저희 모두를 위해 장소를 준비할 때 당신은 당신 자신을 위하여 저희를 준비하고 있고 당신은 저희를 위해 당신 자신을 준비하고 있기 때문입니다."라고 말하였다.

73

성령

거룩한 역사(歷史) 기록집 사도행전에서 증언하는 것처럼, 이 오순절 날에 성령(Spiritus Sanctus)은 불의 혀로 사도들 위에 보내졌다. 이 보내짐(오심)에 대한 여덟 가지 사항을 고려해야 한다. 첫째, 성령은 누구에 의해 보내졌는가. 둘째, 얼마나 많은 방법으로 성령이 보내졌는가. 셋째, 성령이 보내졌던 시간. 넷째, 성령은 몇 번 보내졌는가. 다섯째, 성령은 어떻게 보내졌는가. 여섯째, 성령은 누구에게 보내졌는가. 일곱째, 무슨 까닭으로 성령은 보내졌는가. 여덟째, 무엇이 성령을 보내도록 이끌었는가.

첫 번째 질문, 성령은 누구에 의해 보내졌는가? 성부가 성령을 보냈고, 성자가 성령을 보냈고, 성령은 자기 자신을 주고 보냈다는 사실에 주목하자. 성부는 그분을 보냈다. 요한복음 14장에 "보호자, 곧 아버지께서 내 이름으로 보내실 …"^(요한 14, 26)이라 한다. 성자는 그분을 보냈다. 요한복음 16장에서 "내가 가면 그분을 너희에게 보내겠다."(요한 16, 7)라고 한다. 세상사에서는 보내진 사람(혹은 보내진 것)과 보낸 사람의 관계를 설명하기 위해 세 가지 비교가 가능하다. 태양이 빛을 보내는 것처럼, 보낸 사람은 보내진 것에게 존재를 부여한다. 창기병(槍騎兵)이 긴 창을 보내는 것처럼, 보낸 사람은 보내진 것에게 힘을 부여한다. 통치자가 대사(大使)를 보내는 것처럼, 보낸 사람은 재치권(裁治權)과 권위를 부여한다. 이와 같이 그 관계는 성령의 보내짐 안에서 볼 수 있다. 성령은 성부와 성자에 의해 보내졌고, 그들로부터 존재, 힘, 행동하는 권위를 받았다. 그럼에도 불구하고 성령은 우리가 "그분 곧 진리의 영께서 오시면 너희를 모든 진리 안으로 이끌어 주실 것이다."(요한 16, 13)라고 읽었던 요한복음 16장에서 보여주었던 것처럼 자기 자신을 주고 보냈다. 성 레오 교황은 성령강림에 대한 강론에서 말한다. "복되신 삼위일체, 불변의 신성은 실체에서 하나이고, 작용에서 분리되지 않으며, 의지에서 일치하고, 전능함에서 동일하고, 영광에서 동일하다. 삼위일체의 자비는 우리의 구원 사업을 그 자체 안에 할당하여 성부는 화해하고, 성자는 화목하게 하고, 성령은 사랑의 불을 밝히십니다."

성령은 하느님이고, 그래서 그가 자기 자신을 주었다는 것은 옳게 말한 것이다. 암브로시오는 저서 《성령론》(De Spiritu Sancto)에서 "네 가지가 성령의 신성에 대한 영광을 보여줍니다. 게다가 그는 죄가 없기 때문에, 죄를 용서하기 때문에, 창조물이 아니라 창조주이기 때문에, 흠숭하지 않고 흠숭받기 때문에 하느님이라고 알려져 있습니다."라고 말하면서 성령은 하느님이라는 것을 제시하였다. 그리고 복되신 삼위일체를 우리에게 어떻게 알게 해 주었는지 성령으로 보여준다. 아우구스티노가 말한 것처럼, 성부는 자신의 성자를 우리 구원의 대가(代價)로, 성령을 우리 입양의 특전으로 보내셨기 때문에 성부는 자신이 가진 모든 것을 우리에게 주었다. 성령은 입양된 아들들과 딸들로서 우리에게 주어지는 유산으로 자신을 예비해 두었다. 또한, 성자는 스스로가 목자이고, 스스로가 초원이며, 스스로가 구원이기 때문에, 베르나르도가 말한 것처럼 성자는 자신의 영혼을 몸값으로, 자신의 피를 음료로, 자신의 살을 음식으로, 자신의 신성을 보상으로 우리에게 주었기에 성자는 완전히 자기 자신을 주었다. 또한, 성령은 우리가 코린토 1서의 "어떤 이에게는 성령을 통하여 지혜의 말씀이, 어떤 이에게는 같은 성령에 따라 지식의 말씀이, 어떤 이에게는 같은 성령 안에서 믿음이 주어집니다."(1코린 12, 8-1)와 다른 곳에서 읽은 것처럼, 우리에게 완전히 자신의 모든 것을 주었습니다. 모든 선물을 제공하였고 제공한다. 레오 교황은 "성령은 신앙의 격려자, 지식의 교사, 사랑의 샘, 순결의 봉인, 모든 구원의 원천입니다."라고 말한다.

두 번째 질문, 얼마나 많은 방법으로 성령이 보내졌는가? 눈에 보이는 것과 보이지 않는 두 가지 방법, 즉 성령이 거룩한 영혼들 속으로 뚫고 들어갈 때는 눈에 보이지 않게, 어떤 가시적인 표징(sign)에 의해 보일 때는 눈에 보이게 보내졌다는 것에 주목하라. 눈에 보이지 않게 보내짐은 요한복음 3장에서 "바람은 불고 싶은 데로 분다. 너는 그 소리를 들어도 어디에서 와 어디로 가는지 모른다."(요한 3, 8)라고 말한다. 베르나르도가 보이지 않는 말씀에 대해 다음과 같이 말한다. "보이지 않는 말씀은 색깔이 없으니 눈을 통해 오지 않습니다. 공기와 섞이지 않고 마음과 섞이기에 코를 통해 오지도 않습니다. 공기를 오염시키지 않고 만들기 때문에, 씹거나 삼킬 수도 없기 때문에 턱으로도 오지 않습니다. 손으로 만질 수 없으니 신체 접촉을 통해서도 오지 않습니다. 그래서 당신은 묻습니다. '만일 말씀의 길을 그처럼 추적할 수 없는 것이라면, 성령이 현존하고 있다는 것을 어떻게 알 수 있습니까?' 그 대답은 '나는 내 마음에 두려움이 엄습할 때 성령의 존재를 알아 왔습니다. 내가 악에서 달아났을 때, 성령의 강함을 알았습니다. 나의 눈이 나에게 말하는 것과 나에게 보여주는 것에서, 말씀의 지혜의 깊이에 놀랍니다. 내 삶의 사소한 수정으로 성령의 친절함과 온유함을 경험하게 되었고, 내 마음의 영혼에 대한 개혁과 개선에서 성령의 아름다움의 광채를 감지하였습니다. 그리고 이 모든 것을 본 나는 성령의 위대함의 다양성에 경외심을 가지고 있습니다.'" 여기까지는 베르나르도의 말이다.

보냄이 몇몇 가시적인 표징으로 나타날 때 눈에 보인다. 성령의 보냄은 다섯 가지 종류의 가시적인 표징으로 나타났다는 것에 주목해야 한다. 첫째로, 성령은 세례 때 그리스도 위에 비둘기 모양으로 나타났다. 그래서 루카 복음 3장에서 "성령께서 비둘기 같은 형체로 그분 위에 내리셨다."(루카 3, 22)라고 말한다. 둘째로, 성령은 변모되었던 그리스도 주변에 빛나는 구름으로 오셨다. 마태오복음 17장은 "베드로가 말을 채 끝내기도 전에 빛나는 구름이 그들을 덮었다."(마태 17, 5)라고 한다. 주님의 세례 때와 마찬가지로 그분의 영광스러운 변모 때에도 성령은 복되신 삼위일체의 신비를 비둘기와 빛나는 구름으로 나타내셨다. 셋째로 성령은 호흡으로 오셨다. 요한복음 20장은 "그들에게 숨을 불어넣으며 말씀하셨다. '성령을 받아라.'"(요한 20, 22)라고 알려준다. 넷째로 불처럼, 다섯째로 혀의 형태이다. 그리고 성령은 이날 불과 혀의 상태로 나타나셨다.

성령은 자신이 머무는 마음에 다섯 가지 다른 모습으로 자신을 나타냈다. 첫 번째, 성령은 비둘기의 모습으로 보였다. 비둘기의 울음소리는 신음소리였지만 분노나 괴로움을 담지 않았고, 바위의 갈라진 틈에 둥지를 튼다. 그래서 성령은 성령으로 채워진 사람들이 자신의 죄에 대해 신음하도록 만든다. 이사야서 59장은 "우리 모두 곰처럼 으르렁거리고 비둘기처럼 슬피 울 것이다."(이사 59, 11)라고 하고, 로마서 8장은 "성령께서 몸소 말로 다 할 수 없이 탄식하시며 우리를 대신하여 간구해 주십니다."(로마 8, 26)라고 한다. 즉, 성령은 우리를 애원하고 신음하게 만들며 분노에서 자유롭게 만든다. 지혜서 12장은 "당신 불멸의 영이 만물 안에 들어 있기 때문입니다."(지혜 12, 1)이라고 한다. 그리고 지혜서 7장에서 성령은 우리를 말에서 온화하고, 마음속에서 사랑하고, 행동에서 선을 베풀게 만들기 때문에 온화하고 사랑스럽고 선을 베푼다고 알려져 있다. 성령은 우리가 그리스도의 상처들로 이해한 "바위의 갈라진 틈"에 산다. 아가서 2장에서 "일어나오, 나의 애인이여, 나의 신부여, 그리고 이리와 주오. 나의 비둘기여!"(아가 2, 10)라고 말하고, 《주해집》은 "성령을 받아들여 나를 위해 나의 어린 새들을 따뜻하게 하여라."라고 설명한다. 그리고 《주해집》은 바위의 갈라진 틈에 대해 "그리스도의 상처들 안에서"로 설명한다. 마치 성령이 "주님이신 그리스도가 우리의 입과 우리의 살이기 때문에 우리의 입은 주님인 그리스도이기에 우리의 입김인 성령은 우리를 그리스도에게 '우리는 그것을 계속해서 기억함으로써 당신 그늘, (그리스도가 어둠 안에 있었고 경멸당하였던) 당신의 수난 안에서 살 것입니다.'라고 말하게 만든다."라고 말한 것처럼, 예레미야는 "우리의 목숨(spiritus)인, 주님의 기름부음 받은 이는 저들의 구덩이에 붙잡혀 있다네. '우리는 민족들 사이에서 그의 그늘 아래 살리라.' 말해 왔건만."(애가 4, 20)이라고 말한다.

두 번째, 가시적인 표징은 구름이었다. 구름은 땅 위로 들어 올려졌고, 땅을 식히고 비를 만들어냈다. 이와 같이 성령은 충만한 사람들로 하여금 땅의 것들을 내려다보게 하심으로 그들을 들어 올렸다. 에제키엘서 8장에서 "영이 나를 땅과 하늘 사이로 들어 올리셨다."(에제 8, 3), 에제키엘서 1장은 "생물들이 땅에서 떠오르면 바퀴들도 떠올랐다. 어디로든 영이 가려고 하면, 생물들은 영이 가려는 곳으로 가고, 바퀴들도 그들과 함께 떠올랐다. 그 바퀴들 안에 생물의 영이 있었기 때문이다. 생물들이 나아가면 바퀴들도 나아가고, 생물들이 멈추면 바퀴들도 멈추었다. 또 생물들이 땅에서 떠오르면 바퀴들도 그들과 함께 떠올랐다. 그 바퀴들 안에 생물의 영이 있었기 때문이다."(에제 1, 19-21)라고 한다. 마찬가지로 그레고리오는 "한 번 성령을 맛보았다면, 모든 살은 자기의 맛을 잃습니다."라고 말했다. 성령은 악마의 부추김에 끌리지 않게 해준다. 그래서 마리아는 들었다. "성령께서 너에게 내려오시고 지극히 높으신 분의 힘이 너를 덮을 것이다."(루카 1, 35) 악의 모든 열기에서 너를 차분하게 해 줄 것이다. 그래서 성령은 힘을 재생시키는 물이라 불린다. 요한복음 7장에서 "성경 말씀대로 '그 속에서부터 생수의 강들이 흘러나올 것이다.' 이는 당신을 믿는 이들이 받게 될 성령을 가리켜 하신 말씀이었다."(요한 7, 38-39)라고 한다. 성령은 눈물의 비를 만들어낸다. 시편에서 "당신 바람을 불게 하시니 물이 흐른다."(시편 147, 18)라고 하는 것은 눈물의 바다를 말한다.

세 번째, 성령은 눈에 보이는 호흡의 형태로 보여졌다. 첫째, 호흡은 이동하고, 뜨겁고, 매끄럽고, 숨쉬기 위해 필요한 것이다. 그래서 성령은 이동한다. 자신(성령)을 빠르게 확산시키며 어떤 것보다도 쉽게 이동한다. "갑자기 하늘에서 거센 바람이 부는 듯한 소리가 났다."(사도 2, 2)에 대해 《주해집》은 "어떤 장애물도 성령의 은총을 느리게 할 수 없습니다."라고 말한다. 둘째, 성령은 불을 지르기 위해 뜨거운 것이다. 루카 복음 12장은 "나는 세상에 불을 지르러 왔다. 그 불이 이미 타올랐으면 얼마나 좋으랴?"(루카 12, 49)라고 한다. 이런 이유로 성령은 뜨거운 남풍(南風)에 비유된다. 아가서 4장은 "일어라, 북새바람아! 오너라, 마파람아! 불어라, 내 정원에, 온갖 향료들이 흘러내리게!"(아가 4, 16)라고 한다. 셋째, 성령은 매끄럽고 부드러워지기 위하여 매끄럽다. 이를 전달하려고 요한의 첫째 서간 2장 "그분께서 기름 부으심으로 여러분에게 모든 것을 가르치십니다."(1요한 2, 27)를 보면 분명히 알 수 있는 것처럼, '향유'(香油)라는 이름으로 불린다. 또한 '이슬'이라는 이름으로, 교회는 "그는 마음속 이슬의 소나기로 네가 열매를 맺게 만드실 것이다."라고 노래한다. 또 성령은 '산들바람'으로 불린다. 열왕기 상권 19장에서 "불이 지나간 뒤에 부드러운 공기의 휘파람이"(1열왕 19, 12)라고 하고, 그곳에 주님이 있었다. 게다가 호흡은 숨을 쉬는 데 필요하다. 만일 아주 짧은 시간이라도 호흡을 뺏긴다면 사람은 단시간에 죽으므로 반드시 필요하다. 이 또한 성령으로 이해되어야 한다. 그래서 시편에서 "당신께서 그들의 숨을 거두시면 그들은 죽어 먼지로 돌아갑니다. 당신의 숨을 내보내시면 그들은 창조되고 당신께서는 땅의 얼굴을 새롭게 하십니다."(시편 104, 29-30)라고 한다. 요한복음 6장은 "영은 생명을 준다."(요한 6, 63)라고 한다.

우리가 "불꽃 모양의 혀들이 나타나 갈라지면서 각 사람 위에 내려앉았다."(사도 2, 3)라고 읽었던 것처럼, 네 번째, 성령은 불의 모습으로, 다섯 번째, 혀 모양으로 보여졌다. 왜 성령이 불과 혀 두 가지 형태로 이날에 나타났는지는 뒤에 설명될 것이다.

세 번째 질문, 언제 성령이 보내졌는가? 성령의 보내짐은 그분의 부활 후 50일째에 일어났음에 주목하자. 이날은 성령으로부터 율법의 완성, 영원한 보상, 죄의 사면이 왔다는 사실을 확실히 하려는 것이다. 율법의 완성은 성령의 일이다. 《주해집》에 따르면, 어린 양을 사전에 제물로 바친 후 50일째 되는 날 율법이 불 가운데에서 주어졌기 때문이다. 신약성경에서는 그리스도의 파스카 50일째 되는 날에 성령이 불 가운데에서 내려왔다. 시나이 산에서의 율법과 시온 산에서의 성령, 높은 산 정상에서의 율법과 다락방에 내려온 성령이다. 이로 인해 율법의 충만함은 사랑이기 때문에, 성령 자신이 모든 율법의 완성이라는 것을 암시하고 있다.

50일째 날은 영원한 보상을 뜻한다. 《주해집》은 "그리스도가 제자들과 함께 있었던 부활 후 40일의 기간이 현재 교회를 나타내는 것처럼, 성령이 주어졌던 50일째 날은 영원한 보상의 대가를 의미합니다."라고 말한다. 그리고 《주해집》이 "그러므로 50년째 해에 희년 대사(大赦)가 수여되었고, 죄는 성령에 의해 용서되었습니다. …"라고 지적하고, "영적인 희년에 죄인이 용서를 받고 빚이 탕감되고 유배된 사람이 고국으로 돌아오고, 잃었던 유산을 되찾게 되고 노예들(죄로 팔린 사람들)이 자유롭게 됩니다."라고 언급하며 죄의 사면을 시사한다. 사형 선고받은 사람들이 사면을 받고 해방된다. 그래서 로마서 8장은 "그리스도 예수님 안에서 생명을 주시는 성령의 법이 그대를 죄와 죽음의 법에서 해방시켜 주었기 때문입니다."(로마 8, 2)라고 한다. 사랑은 많은 죄를 덮기 때문에, 죄의 빚이 탕감되었다. 유배자들은 고국으로 돌아간다. 그래서 시편 143장은 "당신의 선하신 영이 저를 바른길로 인도하게 하소서."(시편 143, 10)라고 한다. 잃어버린 유산은 회복될 수 있다. 로마서 8장은 "이 성령께서 몸소, 우리가 하느님의 자녀임을 우리의 영에게 증언해 주십니다. 자녀이면서 상속자이기도 합니다."(로마 8, 16-17)라고 한다. 노예들은 해방된다. 코린토 2서 3장은 "주님은 영이십니다. 그리고 주님의 영이 계신 곳에는 자유가 있습니다."(2코린 3, 17)라고 한다.

네 번째 질문, 성령이 사도들에게 몇 번이나 보내졌는가?《주해집》에 따르면 성령은 세 차례, 그리스도의 수난 전에, 부활 후에, 승천 후에 내려왔다. 그리스도의 수난 전 성령은 사도들에게 기적을 행할 권한을 주려고, 부활 후는 죄를 용서하려고, 승천 후는 그들에게 마음의 힘을 주려고 왔다.

수난 전, 그때 주님은 설교하고 악령들을 내쫓고 질병을 치유하라고 사도들을 보냈기 때문에, 성령은 사도들에게 기적을 행하는 힘을 주었다. 그 기적은 우리가 마태오복음 12장 "내가 하느님의 영으로 마귀들을 쫓아내는 것이면, 하느님의 나라가 이미 너희에게 와 있는 것이다."(마태 12, 28)에서 보듯이, 성령의 일이었다. 그렇다고 성령을 받았던 모든 사도가 기적을 행할 수 있다고 할 수는 없다. 그레고리오가 말하는 것처럼 기적은 사람을 성인으로 만드는 것이 아니라 그가 성인이라는 것을 보여주었다. 기적을 행하는 모든 사람이 성령을 받았다고 할 수 있는 것은 아니다. 왜냐하면, 사악한 사람들은 "주님, 주님! 저희가 주님의 이름으로 예언을 하고, 주님의 이름으로 마귀를 쫓아내고, 주님의 이름으로 많은 기적을 일으키지 않았습니까?"(마태 7, 22)라고 말하면서 자신들이 기적을 행할 수 있다고 선언하기 때문이다. 하느님은 자신의 권위로 기적을 행하고, 천사들은 물질보다 우월하기에, 악령들은 사물에 내재한 자연의 힘을 통하여, 마술사들은 악령과의 비밀 계약을 통하여, 선한 그리스도인들은 공개적으로 인정받은 정의로, 악한 그리스도인들은 그런 정의를 흉내내어 행한다.

그리스도는 사도들에게 숨을 내쉬고 "성령을 받아라. 너희가 누구의 죄든지 용서해 주면 그가 용서를 받을 것이고, 그대로 두면 그대로 남아 있을 것이다."(요한 20, 22-23)라고 말하였을 때 두 번째로 사도들에게 성령을 주었다. 그렇지만 어느 누구도 영혼에 흠을 초래하는 죄나 범죄, 즉 영벌(永罰)을 받을 만한 죄나 하느님을 향해 저지른 잘못에 관한 죄를 면제받을 수는 없다. 이 모든 것은 오직 주님의 은총과 회개의 덕에 의해 면제된다. 사제가 죄의 용서를 선언하기 때문에, 연옥의 형벌을 잠벌(暫罰)로 감형했기 때문에, 잠벌의 일부를 면제하기 때문이라고 한다.

제자들의 마음이 강해져서 고문에 대해 더 이상 두려워하지 않게 된 날 세 번째 성령을 받았다. 시편 33장은 "그분의 입김으로 그 모든 군대가 ….".(시편 33, 6)라고 한다. 아우구스티노는 "만일 슬픔을 발견한다면 성령은 슬픔을 떨쳐 버릴 것이고, 사악한 욕망을 가라앉히고, 두려움을 몰아내는 것이 성령의 은총입니다."라고 말한다. 레오 교황은 말한다. "사도들은 성령이 거룩한 영혼으로 살기를 바라는 것이 아니라, 이미 열정적으로 신성화된 마음을 더 큰 열정으로 불타오르게 하고, 그 성령이 넘쳐흐르고 은총이 쌓여 시작되거나 새로운 일을 하는 것이 아니라, 오히려 더 풍성해지기를 바랐다. 더 큰 부(富)를 아낌없이 베풀기를 바라는 것입니다."

다섯 번째 질문, 성령은 어떻게 보내졌는가? 성령이 소리와 함께 불타는 혀들 속에서 보내졌고, 이 불의 혀들이 사도들 위에 앉으며 나타났다는 것에 주목하자. 그 소리는 갑작스러웠고 하늘의 소리였고 맹렬하였고 세상을 가득 채웠다. 성령은 언제나 갑작스럽게 오셨고 그 무엇도 방해할 수 없었다. 성령은 하늘의 효과를 일으키기 때문에 하늘의 소리였다. 성령은 자식으로서의 두려움을 유발하기 때문에, 성령은 영원한 고난을 물리치기 때문에 (vehemens=veh adimens), 성령은 사랑으로 마음을 움직이기 때문에(vehens mentem) 맹렬했다. "그들은 모두 성령으로 가득 찼다."라고 읽은 것처럼, 사도들은 모두 성령으로 충만했기에 그 소리는 충만했다. 사도들 안에서는 이 충만함에 대한 3개의 표징이 있었다. 첫째 표징은 가득 찬 포도주 통을 두드려도 속이 울리지 않는 것처럼, 욥기 6장에서 "꼴이 있는데 소가 부르짖겠는가?"(욥 6, 5)라고 나와 있다. 이같이 마치 마음의 구유가 은총의 충만함을 담고 있을 때 간절함의 소리를 내지 않는다. 사도들은 고난을 당하면서도 불평을 입 밖에 내지 않았고 오히려 예수의 이름으로 말미암아 모욕당할 자격을 인정받았다고 기뻐하며 의회 앞에서 물러 나왔기 때문에 사도들은 이 표징을 가졌다.(사도 5, 41)

충만함의 둘째 표징은 더 이상 받아들일 수 없다는 것, 다시 말해 충분하다는 것이다. 그릇은 가득 차면 더 이상 부을 수가 없다. 사람은 배불리 먹으면 더 이상 식욕을 느낄 수 없다. 그래서 은총의 충만함을 가진 성인들은 다른 액체, 즉 세속적인 사랑의 액체를 더 이상 받을 수 없다. 이사야서 1장은 "나는 배부르다. 나는 번제를 바라지 않는다."(이사 1, 11)라고 한다. 이와 같이 하늘의 달콤함을 맛보았던 사람들은 세상의 즐거움에 목말라하지 않는다. 아우구스티노는 "어떤 사람이 낙원의 강물을 마셨을 때 그 한 방울은 바다보다 크고, 그 안에서 이 세상에 대한 갈증이 풀렸습니다."라고 한다. 그 표징은 사도들 안에 있었다. 사도들은 자신을 위해 아무것도 가지지 않고 모든 것을 함께 나누기를 원했다.

충만함의 셋째 표징은 범람된 강에서 볼 수 있는 넘쳐흐름이다. 집회서 24장은 "지혜를 피손 강처럼 흘러넘치게 한다."(지혜 24, 25)라고 한다. 문자 그대로 그 강은 정기적으로 둑을 넘어 범람하였고 주변 땅을 침수시켰다. 사도들은 여러 가지 언어로 말하기 시작했기 때문에 넘치기 시작하였다. 《주해집》은 말한다. "충만함의 표징을 보십시오. 가득한 꽃병이 터지고, 불은 사람의 가슴 안에 숨겨질 수 없습니다." 그래서 사도들은 자신들 주변에 놓인 것에 물을 대기 시작하였고, 베드로는 말하기 시작하였고, 3천 명이 개종하였다.

성령은 불의 혀로 보내졌으며, 이에 대해 우리는 세 가지를 볼 수 있다. 즉 왜 성령은 불과 결합된 혀로 왔을까, 왜 다른 어떤 요소보다는 불인가, 왜 다른 기관보다는 혀일까?

첫째, 성령이 불의 혀 안에서 나타난 것은 세 가지 동기가 있다는 것에 주목하라. 사도들이 불의 말씀을 선포하는 것을 가능하게 한다. 다음 동기는 사도들이 불의 율법(사랑의 법)을 선포할 수도 있다는 것이다. 이 두 가지에 대해 베르나르도는 말한다. "성령은 모든 백성의 언어로 불의 말을 할 수 있도록,

불의 혀는 불의 율법을 설교할 수 있게 불의 혀 안에서 왔습니다." 마지막 동기는 사도들은 자신이 말했던 것이 불인 성령이었음을 알아야 한다는 것이다. 사도들은 이에 대해 어떤 의심도 하지 않았고, 사람들의 회개를 자신이 한 것이라고 주장하지도 않았다. 그래서 모든 사람은 사도들의 말을 하느님의 말씀처럼 들었다.

둘째, 성령이 불의 형태로 보내진 여러 가지 이유를 알렸다. 성령은 불처럼 두려움의 은사로 거만한 사람을 낮추고, 자비의 은사로 냉혹한 사람을 부드럽게 하고, 지식을 통하여 모호함을 이해시키고, 조언의 은사를 통하여 확신하지 못하는 사람을 억제하고, 불굴의 용기를 통하여 약자를 강하게 하고, 불의 열기로 금속을 제련하듯 이해의 은사로 마음을 제련하고, 지혜의 은사로 위쪽을 향해 오르기 때문에 자신의 7개의 은총에 연관되어 있다.

성령은 위엄과 탁월함으로 불로 왔다. 불은 외양, 지위, 힘에 있어서 다른 요소들을 능가한다. 자기 빛의 아름다움으로 인해 외양으로, 자기 위치의 장엄함에 의해 지위에서, 자신의 활력에 의해 힘에서 그렇다. 마찬가지로 그 영은 이 모든 면에서 탁월하다. 흠 없는 성령으로 불리고, 모든 지적인 영들을 간파하였고, 지혜서 7장 22-23절에서 볼 수 있듯이 모든 힘을 지녔으므로 뛰어나다.

불 속에서 성령의 오심에 대한 셋째 이유는 많은 효험 때문이다. 그 이유에 대해 라바노(Rabanus)가 설명했다. "불은 네 가지 본성을 가졌습니다. 불은 태우고 깨끗하게 하고 뜨겁게 하고 빛을 줍니다. 그래서 성령은 죄를 태워 없애고 마음을 깨끗이 하고 열의가 없는 마음을 떨쳐버리고 무지를 일깨웁니다." 성령은 죄를 태워 없앴다. 즈카르야서 13장은 "나는 불을 통하여 그들을 데려올 것이고 은을 제련하는 것처럼 그들을 제련할 것이다."(즈카 13, 9)라고 한다. 예언자들은 "나에게 증명하소서, 오 주님. 나의 감정들과 나의 마음들을 태우소서."(시편 25, 2: 불가타본)라고 말하면서, 이 불로 태워달라고 기도하였다. 성령은 마음을 깨끗이 만든다. 이사야서 4장은 "주님께서는 심판의 영과 불의 영으로 예루살렘의 피를 닦아 내신 뒤에"(이사 4, 4)라고 한다. 성령은 열의가 없는 마음을 떨쳐버리고, 이는 로마서 12장에서 성령으로 가득 찬 사람을 "성령으로 타오르게"(로마 12, 11)라고 묘사한다. 그레고리오는 말한다. "성령은 성령으로 가득 찬 모든 마음에서 냉담함을 몰아내고, 그 마음을 성령의 영원함에 대한 열망으로 불태우도록 만들기 때문에 불 안에서 나타났습니다." 성령은 무지를 일깨운다. 지혜서 9장은 "당신께서 지혜를 주지 않으시고 그 높은 곳에서 당신의 거룩한 영을 보내지 않으시면 누가 당신의 뜻을 깨달을 수 있겠습니까?"(지혜 9, 17)라고 한다. 그리고 코린토 1서 2장은 "하느님께서는 성령을 통하여 우리에게 계시해 주셨습니다."(1코린 1, 2)라고 말한다.

불은 사랑의 본성 그 자체이다. 불은 세 가지 방법으로 사랑의 중요성을 표현한다. 첫째, 불은 항상 움직이고 사랑은 성령으로 가득 찬 사람들을 항상 좋은 일로 움직이게 한다. 그래서 그레고리오는 말한다. "하느님의 사랑은 결코 게으르지 않습니다. 만일 불이 사랑이라면 위대한 일을 완수하고, 만일 아무것도 완수하지 못한다면 사랑이 아닙니다." 둘째, 모든 요소 중에서 불은 가장 많은 외형을 지녔다. 성령은 물질은 거의 없고 수많은 형태를 지녔다. 같은 방법으로 성령의 사랑은 육욕적인 것을 세속적으로 사랑하는 것이 아니라 영적인 것을 영적으로 사랑하도록, 성령의 사랑을 채운 사람들이 세속적인 것을 사랑하지 않고 하늘과 영적인 것을 사랑하도록 만든다. 베르나르도는 사랑하는 것에 대해 네 가지 방법, 즉 육체를 위해 육체를 사랑하기, 육체를 위해 영혼을 사랑하기, 영혼을 위해 육체를 사랑하기, 사랑 그 자체를 위해 영혼을 사랑하기로 구별하였다. 셋째, 불은 높은 것들을 아래로 굽히고 위로 향하고 액체를 한데 모아 응고시키는 힘을 가졌다. 그리고 디오니시오의 《신명론》(De divinis nominibus)에서 배웠던 것처럼, 우리는 사랑의 삼중의 힘을 이해하게 되었다. "사랑은 기울임, 들어 올림, 동등함이라는 세 가지 힘을 가졌다. 사랑은 높은 것을 낮은 쪽으로 기울어지게 하고, 낮은 것은 높은 것을 향해 높이고, 동등한 것을 동등한 것과 조화롭게 한다." 여기까지는 디오니시오의 말이다. 성령은 성령으로 충만한 사람들에게 이 삼중 사랑의 힘을 일으킨다. 이는 성령이 겸손과 자기 수모(受侮)로 성령충만한 사람들을 낮추고, 위에 있는 것에 대한 욕망으로 성령충만한 사람들을 높이고, 도덕적 가치의 불변성으로 그들을 조화롭게 하기 때문이다.

이제 성령은 왜 다른 기관(器官) 대신 혀의 형태로 나타났는가? 혀는 지옥(Gehenna)의 불에 의해 불이 붙는 기관이고, 통제하기 어렵고, 잘 통제되었을 때 유용하다. 그러므로 혀는 지옥불에 의해 격화되었기 때문에, 성령의 불이 필요했다. 야고보서 3장에서 "혀도 불입니다. 또 불의의 세계입니다."(야고 3, 6)라고 하였다. 혀를 통제하기 힘들기 때문에, 다른 기관들보다 더 많은 성령의 은총이 필요하다. 야고보서 3장은 "온갖 들짐승과 날짐승과 길짐승과 바다 생물이 인류의 손에 길들여질 수 있으며 또 길들여져 왔습니다. 그러나 사람의 혀는 아무도 길들일 수 없습니다."(야고 3, 7-8)라고 한다. 혀는 잘 통제하면 매우 유용하기 때문에 자신의 통제자로 성령이 필요했습니다.

혀의 형태로 나타남으로써 성령은 자신이 설교자들에게 얼마나 필요한지를 보여준다. 성령은 설교자가 망설임 없이, 열렬하게 말하도록 만들기 때문에 설교자에게 필요해서 불의 모습으로 보내졌다. 베르나르도는 "성령은 사도들이 불의 말을 할 수 있고 불의 율법을 전할 수 있게 불의 혀 모습으로 사도들에게 이르렀습니다."라고 말했다. 사도들은 겁내지 않고 확신을 갖고 말할 수 있었다. 사도행전 2장 4절과 4장 31절은 "그들은 모두 성령으로 가득 차 말씀을 아주 담대히 말하기 시작하였다."라고 전한다. 사도들은 청중의 각각 다른 민족 언어에 따라 다르게 말할 수 있었고, 사도행전은 사도들이 여러 가지 언어로 말하였다고 한다. 사도들은 의식 고양과 이로움을 위해 유용하게 말하였다. 이사야서 61장은 고통받는 사람들에게 좋은 소식을 가져다주려고 … "주님께서 나에게 기름을 부어 주시니 주 하느님의 영이 내 위에 내리셨다."(이사 61, 1)라고 한다.

불의 혀들은 군중들에게 필요하다는 것을 보여주기 위해 사도들 위에 앉으면서 나타났다. 그리고 성령은 죄를 용서하는 권위를 주었기 때문에, 성령은 참으로 군중들과 재판관들에게 필요했다. 요한복음 20장은 "성령을 받아라. 너희가 누구의 죄든지 용서해 주면"(요한 20, 22-23)이라고 한다. 재판관은 재판하기 위하여 지혜가 필요하다. 이사야서 42장은 "내가 그에게 나의 영을 주었으니 그는 민족들에게 공정을 펴리라."(이사 42, 1)라고 한다. 그들은 지지하기 위해서 친절한 마음이 필요하다. 민수기 11장에 "너에게 있는 영을 조금 덜어 내어 그들에게 나누어 주겠다. 그러면 그들이 이 백성을 너와 함께 짊어질 것이다."(민수 11, 17)라고 하였다. 모세의 영혼은 민수기 12장의 "모세라는 사람은 매우 겸손하였다."(민수 12, 3)를 보면 분명한 것처럼, 친절의 영이었다. 그리고 주재하는 사람들은 거룩함을 전하기 위해서 거룩함으로 장식되어야 할 것이었다. 욥기 26장은 "그의 영은 하늘을 장식하였다."(욥 26, 13)라고 한다.

여섯 번째 질문, 성령은 누구에게 보내졌는가? 성령이 어떤 사람들에게 내려왔는지에 대한 것이다. 우리는 성령이 일곱 가지 특성들 때문에 성령을 받기에 적절한, 깨끗한 그릇이었던 제자들에게 보내졌다는 것에 주목한다. 첫째, 그들은 성경에서 "오순절 날이 왔을 때 …", 즉 쉬는 날이라고 나와 있는 것처럼, 조용하고 평안한 사람들이었다. 오순절 축제는 휴식을 위해 정해졌다. 이사야서 66장은 "나의 안식처가 어디 있느냐? … 내가 굽어보는 사람은 가련한 이와 넋이 꺾인 이다."(이사 66, 1ㄷ-2)라고 한다. 둘째, 우리가 하나의 마음과 하나의 영혼을 의미하는 "그들은 모두 함께였다."라고 읽었던 것처럼, 그들은 사랑 안에서 결합되었다. 왜냐하면, 한 사람의 영혼은 신체 기관들이 결합되지 않으면 생명을 유지할 수 없는 것처럼, 영혼은 (결합되지 않는 한) 영적 기관들에게 생명을 줄 수 없기 때문이다. 그리고 불타는 나무가 뿔뿔이 흩어지면 불이 꺼지는 것처럼, 그렇게 사람들 사이의 불화는 성령을 내쫓고, 그리하여 우리는 사도들에 대해 "신들의 하느님은 자비로 일치된 사도들을 발견하고 자신의 빛으로 사도들을 채웠다."라고 노래한다. 셋째, 본문에서 "한 장소에", 즉 만찬실 안이라고 언급된 것처럼 사도들은 비밀 장소에 있다. 이런 이유로 호세아서 2장은 "나는 그 여자를 달래어 광야로 데리고 가서 다정히 말하리라."(호세 2, 16)라고 한다. 넷째, 그들은 기도에 열성적이었다. 그리하여 본문에서 "그들은 모두 한마음으로 기도에 전념하였다."(사도 1, 14)라고 한다. 그래서 우리는 노래한다.

> 사도들이 기도하고 있는 동안
> 갑자기 하늘로부터 한 음성이
> 하느님께서 오셨음을 알려주었다.*

지혜서 7장에서 "내가 간청을 올리자 지혜의 영이 나에게 왔다."(지혜 7, 7)에

성령

73

—

---

* Apostolis orantibus / Repente de coelo sonus / Deum venisse nuntiat.

서 알 수 있듯이, 기도는 성령을 맞이하기 위해 필요하다. 또한, 우리는 요한 복음 14장에서 "내가 아버지께 청하면, 아버지께서는 다른 보호자를 너희에 게 보내실 것이다."(요한 14, 16)라고 읽었다. 다섯째, 사도들이 "앉아 있음"으로 묘사되었던 것처럼, 사도들은 겸손으로 빛났다. 그래서 시편 104장은 "당신 께서 골짜기마다 샘을 터뜨리시니"(시편 104, 10), 즉 주님은 겸손한 이들에게 성 령의 은총을 준다고 한다. 그리고 "나의 안식처가 어디 있느냐? … 내 말을 떨 리는 마음으로 받아들이는 이다."(이사 66, 1-2)라고 한다. 여섯째, 사도들이 그 이름이 "평화의 환시"를 의미하는 예루살렘에 있었다는 사실에서 본 것처럼 사도들은 평화 안에서 함께 하였다. 주님은 성령을 받기 위해 평화가 필요하 다는 것을 보여주셨다. 요한복음 20장에서 그분은 "평화가 너희와 함께"(요한 20, 19 등)라고 말하며 처음으로 평화를 주었다. 그런 다음 사도들에게 숨을 내 쉬었고 "성령을 받아라."라고 말하였다. 일곱째, 사도들은 다락방에서 성령 을 받았다는 사실에서 보여졌듯이 관상(觀想) 중에 들어 올려졌다. 이에 대해서 《주해집》은 "누구든지 성령을 바라는 사람은 육신 위로 올라가서 영적인 관 상으로 육신을 짓밟는다."라고 말한다.

일곱 번째 질문, 무슨 까닭으로 성령은 보내졌는가? 요한복음 14장 26절 이하에서 "보호자(Paracletus), 곧 성령"에 나와 있는 최후 만찬에서 그리스도가 한 약속 안에 드러나 있는 여섯 가지 이유로 성령이 보내졌다는 것에 주목한 다. 첫째, 성령은 위로하는 분을 의미하는 보호자로 불리기 때문에, 슬퍼하는 사람을 위로하려고 보내졌다. 이사야서 61장은 "주 하느님의 영이 내 위에 내 리셨다. … 가난한 이들에게 기쁜 소식을 전하고 … 시온에서 슬퍼하는 이들 에게."(이사 61, 1-3)라고 한다. 그레고리오는 "그 영을 위로자라고 하는 이유는, 성령이 죄를 지은 것에 대해 슬퍼하는 사람들에게 용서의 희망을 준비시키면 서 그들의 영혼을 슬픔의 고통에서 끌어올리기 때문입니다."라고 한다. 둘째, 성령은 죽은 이들에게 생명을 주려고 보내졌고, 생명을 주는 영이기 때문에 영(靈)이라 불린다. 에제키엘서 37장은 "너희 마른 뼈들아, 주님의 말을 들어 라. 나 이제 너희에게 숨을 불어넣어 너희가 살아나게 하겠다."(에제 37, 4-5)라고 한다. 셋째, 성령은 부정한 사람을 거룩하게 하려고 '거룩한'[聖, Sanctus]이라 불 린다. 성령이 생명을 준 영이라고 불리는 것처럼, 성령은 거룩하게 되었고 거룩하고 깨끗해지게 만들어졌기 때문에 성령은 '거룩한'이라 불린다. 이런 이유로 "거룩함"과 "깨끗함"은 같은 의미이다. 시편 46장은 "강이 있어 그 줄기들이 하느님의 도성을 즐겁게 하네."(시편 46, 5)라고 한다. 즉 깨끗하고 넘쳐흐르는 성령의 은총이 하느님 교회를 의미하는 하느님의 도성에 기쁨을 주고, 그 강에 의해 성령은 자신의 가장 높은 장막을 거룩하게 했다. 넷째, 불화와 증오로 나눠진 사람들 사이에 사랑을 확립하기 위해서이다. 이것은 "아버지"라는 칭호에 의해 나타난다. 하느님은 자신의 본성으로 우리를 사랑하기 때문에 아버지라 불리고 있다. 요한복음 16장은 "바로 아버지께서 너희를 사랑하신다."(요한 16, 27)라고 했다. 이와 같이 아버지(하느님)와 그의 자녀인 우리는 서로를 향해 그리고 우리 형제들 사이에서 꾸준한 사랑을 유지한다. 다섯째, 의인을 구하기 위해서이다. 이것은 구원을 의미하는 예수란 이름인 "나의 이름으로"라는 말에서 알 수 있다. 그러니 성부는 예수의 이름으로, 구원의 이름으로, 민족들을 구하려고 오셨다는 것을 보이려고 성령을 보내셨다. 여섯째, 무지한 사람들을 가르치려고, "성령은 모든 것을 너희에게 가르칠 것이다."라고 한다.

여덟 번째 질문, 무엇이 성령을 보내도록 이끌었는가? 첫째 기도에 대한 응답으로 성령이 원시교회(原始敎會)*에 주어졌거나 보내졌다는 것에 주목해야 한다. 사도들은 기도하고 있었고, 예수는 기도하고 있었고, 성령은 그를 갑자기 덮쳤다.(루카 3, 21) 둘째, 하느님의 말씀에 대해 헌신적이고 귀를 기울이는 경청을 통해서라는 것에 주목해야 한다. 사도행전 10장은 "베드로가 이러한 일들에 관하여 이야기하고 있을 때, 말씀을 듣는 모든 이에게 성령께서 내리셨다."(사도 10, 44)라고 한다. 셋째, 안수(按手)에서 나타나는 것처럼 끊임없는 행위를 통해서라는 것에 주목해야 한다. 사도행전 8장은 "그때에 사도들이 그들에게 안수하자 그들이 성령을 받았다."(사도 8, 17)라고 전한다. 안수는 고해성사와 마찬가지로 사죄를 의미한다.

---

* 예수 그리스도의 부활과 승천 후 서기 70년경까지 열두 제자들이 예루살렘을 중심으로 활동하였던 시기를 의미한다. - 역자 주

74

성 고르디아노와 에피마코

고르디아노(Gordianus)는 '교의' 또는 '집'을 의미하는 게오스(geos)와 '밝은'을 의미하는 디안 (dyan)에서 유래되었다. 이런 이유로 '하느님이 거주하셨던 밝은 집'을 의미한다. 아우구스 티노는 《신국론》(De ciavitate Dei)에서 "좋은 집은 부분이 잘 들어맞고, 훤히 트이고, 빛으로 가득 찬 집이다."라고 말한다. 그래서 성 고르디아노는 어디든 잘 어울리는 기질이었고, 자 선을 통해 도량이 넓고 진리의 빛으로 가득 찼다. 에피마코(Epimachus)는 '위의'라는 의미의 에피(epi)와 '왕'이라는 의미의 마킨(machin)에서 유래되어 '높은 왕'을 의미한다. 혹은 '위의' 란 에피와 '싸움'이란 마코스(machos)에서 유래하기에 '뛰어난 전사'(戰士)를 의미한다.

고르디아노는 율리아누스 황제의 주지사(vicarius)였다. 고르디아노는 그리스도 인 야누아리오(Januarius)에게 신들에게 제물을 바치도록 강요하였으나, 오히려 그의 설교를 듣고 아내 마리리아(Maririia)와 53명의 사람들과 함께 믿음으로 개 종했다. 이 소식을 들은 율리아누스는 야누아리오를 유배 보냈고, 끝내 제사 지내기를 거부한 고르디아노에게 참수 명령을 내렸다. 그래서 복된 고르디아 노는 참수당한 후 개들에게 던져졌으나, 일주일 동안 손상되지 않고 놓여 있 었다. 그의 하인들이 시신을 가져다가 그 얼마 전에 율리아누스가 사형에 처 했던 성 에피마코(Epimachus)의 시신과 함께 묻었다. 그들은 서기 약 360년에 그 도시에서 약 1.6km 떨어진 지점에 묻혔다.

75

성 네레오와 아킬레오

네레오(Nereus)는 '빛의 조언'으로 해석되며 '결코 유죄가 아니다'라는 의미의 네레트(nereth) 에서 유래되었다. 성 네레오는 동정에 대한 설교로 빛의 조언자였고 고결한 일상생활에서 등불이었다. 그는 천국에 대한 열망이 간절했고, 양심의 순수함에 있어서는 네 레우스(ne reus), 즉 '결코 죄가 없었다'. 아킬레오(Achilleus)는 '나의 형제'를 의미하는 아키(achi)와 '구원'이란 뜻의 레사(lesa)에서 유래되어 형제들에게 구원 되었음을 의미한다. 이 두 성인의 수난기는 그리스도의 종인 에우티체(Euthices), 빅토리노(Victorinus), 마크로(Macro, 혹은 마로(Maro))* 가 썼다.

네레오와 아킬레오는 도미티아누스 황제의 조카딸 도미틸라(Domitilla)의 시중을 드는 하인이었다. 조카딸이 집정관의 아들 아우렐리아누스(Aurelianus)와 결혼을 준비중이었다. 보석과 자주색 옷을 입고 있을 때, 네레오와 아킬레오는 그녀에게 그리스도교 믿음을 전하면서 여러 가지 이유로 동정을 권했다. 두 사람은 그녀에게 '동정이 하느님에게 소중하며 천사들과 관련이 있고 인간에게 타고난 것'이라고 알려주었다. 반면, '아내는 남편에게 속박당하고 폭력에 노출된다. 그러다보면 기형아를 낳을 수도 있으며 게다가 사랑하는 어머니의 잔소리도 받아들이기 힘든데, 배우자의 위압적인 질책을 감수해야 한다.'라고 말했다.

　도미틸라는 이에 대해 많은 말을 했다. "저는 아버지가 질투심이 많아 어머니가 많은 학대를 받았다는 것을 압니다. 저의 남편도 그처럼 되겠죠?" 두 사람은 대답했다. "남자가 약혼 기간에는 친절하고 밝아 보이지만, 결혼 후에는 잔혹하고 지배적이고, 때때로 아내를 두고 몸종을 탐하기도 합니다. 더욱이 모든 덕은 잃어버려도 보속을 함으로써 복구될 수 있습니다. 그러나 동정은 원래 상태로 회복시킬 수 없습니다. 유죄도 보속으로 삭제될 수 있으나, 동정은 되찾을 수 없습니다." 이야기를 끝까지 들은 도미틸라는 믿음을 받아들였으며 동정 서약을 하고 교황 성 클레멘스로부터 머릿수건을 받았다.

　이 모든 사실을 안 약혼자는 황제의 허락을 받아 도미틸라를 성 네레오와 아킬레오와 함께 폰투스(Pontus) 섬으로 유배를 보냈고 그녀의 마음이 바뀌기를 희망했다. 얼마 후 약혼자는 직접 그 섬으로 가서 성인들에게 많은 선물을

* 라틴어본에 언급되는 내용이며, 이후 영어본은 동일인을 언급할 때 "마르코"(Marco)라고 한다. 이는 "마로"와 혼동한 탓으로 여겨져서 이후 "마로"로 통일하였다. - 역자 주

주며 약혼녀가 마음을 바꾸도록 설득해 달라고 했지만, 두 사람은 오히려 주님에 대한 그녀의 믿음을 강하게 만들었다. 제사를 바치라는 압박을 받은 두 사람은 사도 성 베드로에게서 세례를 받았고 우상에게 제사를 바치도록 만들 수 있는 것은 아무것도 없다고 말했다. 그래서 그들은 서기 약 80년에 참수되었고, 성녀 페트로닐라(Petronilla)의 무덤 인근에 묻혔다.

약혼자 아우렐리아누스는 도미틸라와 연관된 빅토리노, 에우티체, 마로에게 하루 종일 자신의 영지에서 노예로 일하면서 저녁이 되어서야 개가 먹는 음식을 주었다. 마침내 아우렐리아누스는 에우티체가 목숨이 끊어질 때까지 때리게 했고, 빅토리노는 악취가 진동하는 물속에서 질식사시켰다. 마로에게는 거대한 바위 밑에 깔려 죽게 하라고 명령했다. 70명의 남자가 간신히 들 수 있는 무시무시하게 큰 바위를 마로에게 던지자 마로는 어깨로 바위를 받아 마치 왕겨처럼 가벼운 듯이 3.2km나 지고 갔다. 이것으로 많은 사람이 믿음을 받아들이도록 이끌었고, 아우렐리아누스는 마로를 처형했다.

그 후, 아우렐리아누스는 도미틸라를 유배지에서 돌아오게 하였고 그녀의 수양 자매 에우프로시나(Euphrosina)와 테오도라(Theodora)에게 그녀의 마음을 바꾸도록 설득하라고 보냈으나, 오히려 그녀로부터 믿음을 받아들여 개종했다. 그때 아우렐리아누스는 3명의 음유시인과 두 자매의 약혼자들과 함께 도미틸라에게 와서 그녀의 결혼 축하 행사를 진행한 후, 만일 필요하다면 강제로 그녀를 잠자리에 들게 했다. 그러나 또다시 도미틸라가 두 젊은이를 개종시키자, 아우렐리아누스는 계획을 바꿔 직접 도미틸라를 강간할 작정으로 침실로 데려간 후 그곳에서 음유시인들에게 노래를 부르고 다른 사람들은 자신과 함께 춤을 추도록 명령했다. 그러나 광대들은 노래 때문에 지쳐서 기절했고 다른 사람들도 춤으로 인해 기절했으며, 아우렐리아누스는 이틀 동안 쉬지 않고 춤을 추다가 쓰러져 숨을 거두었다. 아우렐리아누스의 형제 룩수리우스(Luxurius)는 황제의 허가를 받아 모든 신자를 죽였다. 그는 세 동정녀가 머무는 방에 불을 질렀고, 동정녀들은 함께 기도하며 마지막 숨을 쉬었다. 다음 날 아침 성 체사리오(Caesarius)는 상처가 없는 그들의 시신을 찾아서 묻었다.

76

성 판크라시오

성 판크라시오(Pancratius)**는 '모든'과 '전체'를 의미하는 판(pan), '마음에 드는'이란 그라투스(gratus), '더 빠른'이란 치티우스(citius), 그래서 '모두를 더 빨리 만족시키는'에서 유래되었다. 왜냐하면, 성 판크라시오는 어린 시절에 신속하게 하느님을 만족시켰기 때문이다. 또는 《주해집》이 말하는 것처럼, 판크라스(pancras)는 '전리품'을 의미하고, 판크라나리우스(pancranarius)는 '채찍으로 맞았던 사람'이며, 판크라스(pancras)는 '여러 가지 빛을 가진 보석'이다. 그래서 성 판크라시오는 포로들의 전리품을 강탈했고, 채찍의 고문에 시달려야 했으며, 자신의 다양한 덕으로 파란만장한 삶을 보냈다.

판크라시오는 고위 귀족 부모에게서 태어났다. 그는 프리기아(Phrygia)에 있는 동안 아버지와 어머니를 여의고, 삼촌 디오니시오(Dionysius)의 보살핌에 맡겨졌다. 큰 유산을 물려받은 그들은 로마로 갔다. 그들의 사유지였던 한 마을에 고르넬리오(Cornelius) 교황이 여러 신자와 함께 숨어 있었고, 디오니시오와 판크라시오는 고르넬리오 교황에 의해 그리스도인으로 개종했다. 삼촌 디오니시오는 평화롭게 죽었고, 판크라시오는 포로로 잡혀 디오클레티아누스 황제 앞으로 끌려갔다. 그는 그때 약 14세였다.

디오클레티아누스는 그에게 말했다. "얘야, 내 충고를 받아들이고 너 자신을 죽음에서 구해라! 너는 아직 어려서 쉽게 잘못 인도될뿐더러, 너는 귀족 출신이고 내가 매우 존경했던 분의 아들이기에, 이 미친 행동을 포기하기를 부탁한다. 그러면 나는 너를 내 아들처럼 대할 것이다." 판크라시오는 대답했다. "저는 육체적으로는 어린이이지만 마음은 성숙하고, 제 안에 있는 저의 주 예수 그리스도의 힘으로 당신의 두려움은 저 우상처럼 저에게 아무런 의미가 없습니다. 당신이 저에게 숭배하라고 명령하는 신들은 사기꾼이고 자신의 여

---

* 영국에서는 판크라스(Pancras)라고 불린다.

자를 타락시키는 사람이고 심지어 자신들의 친족도 아끼지 않는 사람입니다. 만일 당신의 노예나 그 신들이나 다름없음을 오늘 알았다면, 당신은 지체없이 그들을 처형하였을 것입니다! 저는 당신이 부끄러움 없이 그런 신들을 숭배한다는 것이 놀랍습니다." 어린이가 자신을 능가한다는 것을 깨달은 황제는 약 287년에 아우렐리아나 가도(Via Aureliana)에서 그를 참수하라고 명령했다. 원로원 의원의 아내 코카빌라(Cocavilla)가 그를 묻어주었다.

투르의 그레고리오는 판크라시오의 무덤 근처에서 감히 거짓으로 맹세하는 사람은 악령에 의해 미치거나 판석에 떨어질 것이고 성가대석의 창살에 닿기 전에 죽을 것이라고 말한다. 심각한 법적 논쟁에 휘말린 두 남자의 사례가 있다. 재판관은 죄인 쪽 사람을 잘 아는 상태였으나, 정의에 대한 열의로 두 사람을 성 베드로의 제대로 이끌었다. 재판관은 그곳에서 유죄인 남자에게 거짓 무죄를 맹세하고, 사도에게 어떤 표징으로 진실을 보여 달라고 기도할 것을 강요했다. 그 남자는 맹세하였으나 아무 일도 일어나지 않았다. 재판관은 그의 유죄를 깨닫고 정의가 구현되기를 간절히 바라는 마음으로 소리쳤다. "나이 든 성 베드로는 너무 관대하거나 자신보다 더 젊은 분에게 미루고 있습니다! 그러니 젊은 판크라시오에게 가서 물어봅시다!" 그들은 성인의 무덤으로 가서 유죄인 남자가 성인의 무덤에 손을 올리고 거짓 맹세를 선언했다. 그러나 선언 후 손을 뗄 수 없었고 결국 그곳에서 죽었다. 그래서 지금도 성 판크라시오의 유물들에 맹세함으로써 어려운 일들을 해결하는 관습이 이어지고 있다.

순례의 시기 안에 나타나는
축일들에 대하여

지금까지 부활부터 성령 강림의 팔일 축제까지 교회가 보여주는 화해의 시기에 나타나는 축일들을 다뤘다. 이제 교회가 성령 강림의 팔일 축제부터 대림 시기까지 보여주는 순례의 시기에 속한 축일들을 살펴보겠다. 이 시기는 부활 날짜에 따라서 각기 다르기 때문에, 축일 순서가 항상 현 시점에서 시작되는 것은 아니다.

성 우르바노

우르바노(Urbanus, Urban)는 우르바니타스(urbanitas, 예의바름)에서 유래하였고, 실제로 성 우르바노는 예의바른 남자였다. 그 이름은 '빛'과 '불'을 의미하는 우르(ur)와 '대답'을 의미하는 바날(banal)에서 유래하였다. 우르바노는 훌륭한 행동으로 빛을, 열정적인 사랑으로 불을, 가르침으로 대답을 보여주었다. 빛은 보기에 좋고 본질적으로 실체가 없으며, 하늘에서 비롯된 천상의 것이며, 뜨고 지는 것으로 생활에 유용하게 도움을 준다. 그런 점에서 그는 '등대' 혹은 '빛'이었다. 그래서 이 성인은 사람들과의 관계에서 호의적이었고, 세상을 경멸하는 데 있어서 그 실체가 없었고, 관상하는 데 있어서 천상적이었고, 설교하는 데 유용하고 도움이 되었다.

갈리스토(Callistus) 교황을 계승한 우르바노 교황 재위 기간에 그리스도인들에 대한 많은 박해가 있었다.* 그때 알렉산데르(Alexander)가 제국의 왕좌를 맡게 된다. 그의 어머니 암내아(Ammaea)는 오리게네스(Origenes)에 의해 그리스도교 신앙으로 개종했다. 어머니는 아들에게 박해를 끝내라고 간곡히 부탁했다. 그런데도 복된 체칠리아를 참수하였던 도시 총독 알마키우스(Almachius)가 잔혹한 추격을 계속하고 있었다. 총독은 카르파시우스(Carpasius)라는 부관(副官)과 함께 성 우르바노에 대한 수색을 시작했다. 동굴에 숨어 있던 우르바노 교황과 3명의 사제, 3명의 부제는 마침내 발견되어 투옥되었다. 알마키우스는 우르바노를 5천 명을 오도한 혐의로 기소했으며 체칠리아의 보물 양도를 요구했다. 그들 중에는 신을 모독한 체칠리아와 저명인사인 티부르시오(Tiburtius)와 발레리아노(Valerianus)가 있었다. 우르바노는 대답했다. "당신이 성인들을 학대하는 이유가 우상에 대한 경건함이 아니라 탐욕 때문이었음을 알았습니다. 체칠리아의 재산은 가난한 사람들의 손에 의해 하늘로 올라갔습니다!"

---

* 최근의 연구에 따르면 우르바노 교황의 재위 기간인 222-230년에는 박해가 없었고, 그의 순교 이야기도 사실이 아니라고 한다.(존 노먼 데이비슨 켈리·마이클 월시, 변우찬 역, 《옥스퍼드 교황 사전》, 분도출판사, 2014, pp. 53-54) – 역자 주

성 우르바노와 동료들은 납이 가득 달린 채찍으로 매질을 당했다. 우르바노는 엘리온(Elyon)이라는 이름으로 주님을 부르자 총독이 조롱하며 말했다. "노인이 지혜로워 보이려고 모르는 언어를 구사한다!" 총독의 말에도 불구하고 사로잡힌 사람들은 설득되지 않았다. 결국 재구속되었으며, 우르바노는 간수인 아놀리노(Anolinus)와 세 명의 호민관에게 세례를 주었다. 아놀리노는 그리스도인이 되었다는 이유로 알마키우스에게 소환되었으며 신에게 제물을 바치는 것을 거부하여 참수당했다. 성 우르바노는 동료와 함께 우상 앞으로 끌려갔고 불에 향을 뿌리라는 명령을 받았으나 거부하고 기도하였다. 그러자 우상이 받침대에서 떨어지면서 그 불로 시중드는 22명의 신관(神官)이 죽었다. 다시 성인과 동료들은 잔혹하게 맞은 다음 제물을 바치는 제대로 끌려갔으나 우상에 침을 뱉고 이마에 십자성호를 긋고 평화의 입맞춤을 서로에게 한 후, 서기 약 220년에 치세를 시작하였던 알렉산데르에 의해 참수당했다.

카르파시우스는 즉시 악령에게 사로잡혔고, 자기도 모르게 그리스도인들을 칭찬하고 자기 신들을 모독하다가 악령에 의해 교살당했다. 이것을 목격한 그의 아내와 딸을 포함한 가족 전체가 포르투나토(Fortunatus) 사제로부터 세례를 받은 후, 예를 갖춰 성인들의 시신을 매장했다.

78

성녀 페트로닐라

페트로닐라(Petronilla)는 성 베드로 사도의 딸이었으며, 그녀의 생애는 마르첼로(Marcellus)가 기록했다. 그녀는 매우 아름다웠고, 그래서 아버지의 뜻에 따라 계속해서 열병으로 고통을 받았다. 언젠가 베드로와 함께 식탁에 앉아 있던 제자들 중에서 티토(Titus)가 베드로에게 "당신은 모든 병을 고칠 수 있는데 왜 페트로닐라를 그렇게 아픈 상태로 방치하십니까?"라고 물었다. 베드로는 "그것이 그녀에게 더 낫기 때문입니다. 그러니 내가 그녀를 치료하는 것이 불가능해서라고 생각하지 마시오."라고 대답한 후, 돌아서서 그녀에게 "즉시 일어나라, 페트로닐라야, 그리고 우리를 시중들어라!"라고 말했다. 음식이 다 제 공되었을 때, 베드로는 말했다. "페트로닐라야, 이제 침대로 돌아가거라!" 그 녀는 지체없이 침대로 돌아갔고 다시 전처럼 열병을 앓았다. 이후 그녀가 하 느님의 사랑 안에서 완전히 채워졌을 때, 그는 그녀를 완벽하게 치료했다.

페트로닐라의 아름다움에 끌린 지방 장관 플락쿠스(Flaccus)가 청혼했을 때, 그녀는 대답했다. "만일 나를 아내로 원한다면, 아가씨들에게 나에게 오라고 명령하세요. 그리고 나를 당신의 집으로 데리고 가는 것은 그녀들의 역할이 될 것입니다." 아가씨들이 그 업무를 수행할 수 있도록 지방 장관이 준비시키 는 동안, 페트로닐라는 엄격한 단식, 기도, 그리고 주님의 몸을 받아들이기 시 작했고, 3일 후에 주님에게 옮겨갔다.

자신이 속았다는 것을 깨달은 플락쿠스는 페트로닐라의 동료였던 펠리쿨 라(Felicula)에게 자신과 결혼하거나 우상들에게 재물을 바치라고 명령했다. 그 녀가 둘 다 거부하자, 총독은 그녀를 감옥에 가두고 7일 동안 음식이나 물을 주지 않았다. 이후, 심하게 고문을 하고 사형에 처한 후 시신을 하수도에 던졌 다. 성 니코데모(Nicodemus)가 그 시신을 찾아서 매장했다. 이것 때문에 재판관 에게 불려간 니코데모는 재물을 바치기를 거부하였고 납으로 만든 회초리로 맞아 죽었다. 그의 시신은 티베르 강 속으로 던져졌지만 유스토(Justus)라는 이 름의 성직자에 의해 들어 올려져 명예롭게 묻혔다.

79

구마자 성 베드로

구마자(驅魔者) **베드로**(Petrus Exorcista, Peter)는 간수 아르케미오(Archemius)에 의해 감옥에 감금되었다. 아르케미오는 딸이 악령에 사로잡힌 것에 대해 종종 베 드로에게 불평했다. 베드로는 그가 그리스도를 믿는다면, 딸은 즉시 악령에 게서 자유로워질 것이라고 말했다. 아르케미오는 "당신의 주님은 자신을 위 해 고통받는 당신을 자유롭게 하지 않으면서 어떻게 제 딸을 자유롭게 할 수 있는지 궁금합니다!"라고 말했다. 베드로: "나의 하느님은 나를 자유롭게 해 줄 힘을 갖고 있지만, 그분의 뜻은 일시적인 수난을 거쳐 영원한 영광에 이르게 하는 것입니다." 아르케미오: "만일 제가 당신을 이중의 쇠사슬로 단단히 묶었는데도 하느님이 당신을 자유롭게 하고 제 딸을 고쳐준다면 저는 즉시 그리스도를 믿을 것입니다!" 그가 말한 대로 이루어졌다. 자유로워진 성 베드로가 흰색 옷을 입고 십자가를 손에 들고 나타난 것이다. 아르케미오는 성인의 발에 엎드렸고, 딸이 치유되었기에 온 가족과 함께 세례를 받았다. 또한, 다른 죄수들이 석방되도록 허락하였으며 그리스도인이 되기를 원하는 누구든지 석방했다. 그리고 많은 사람이 믿었고 사제인 복된 마르첼리노 (Marcellinus)*로부터 세례를 받았다.

이 소식을 들은 총독은 모든 죄수를 끌고 오라고 명령했다. 아르케미오는 죄수들을 불러 모으고 그들의 손에 입을 맞추면서 "만일 당신들 중 누구든지 순교하기를 원한다면 두려움 없이 오십시오, 하지만 열망하지 않는 사람은 누구든지 여기서 나가도 됩니다."라고 말했다. 마르첼리노와 베드로가 그들에게 세례를 주었다는 것을 들은 재판관은 두 사람을 소환하여 서로 분리해서 투옥했다. 마르첼리노는 벌거벗긴 채 깨어진 유리 위에 눕혀졌고 빛이 없는 어두운 곳에 갇혀 물 한 모금 공급받지 못했다. 베드로는 높은 망대에 있는 좁은 감방에서 기둥에 묶여 있었으나 한 천사가 그를 자유의 몸으로 만들어 주었고, 마르첼리노와 함께 아르케미오의 집으로 보내 그 집에 있는 사람들을 위로하게 하였다. 그런 다음 재판관에게 스스로 출두했다.

앞에 말한 재판관이 감옥에서 죄수들을 찾지 못하자, 아르케미오를 큰 소리로 불렀고, 제물을 바치기를 거부하자 그와 그의 아내를 지하 묘지에서 교살하라고 명령했다. 마르첼리노와 베드로 성인들은 이 소식을 들었고 마르첼리노는 그 장소로 가서 보초로 서 있는 그리스도인들과 함께 7일 동안 미사를 봉헌했다. 그리스도인들은 불신자(不信者)들에게 말했다. "보십시오, 우리는 아르케미오를 풀어주고 숨길 수도 있었지만, 우리는 그렇게 하지 않을 것입

---

* 그레세(Graesse)는 최신판들이 343쪽의 이 장의 제목에 "마르첼리노"(Marcellinus)를 추가했다고 언급한다.

니다!" 이에 분노한 이교도들은 아르케미오를 칼로 죽였고, 그의 아내와 딸은 돌로 쳤다. 마르첼리노와 베드로는 그들의 순교를 기리기 위해 검은 숲(현재는 "흰 숲"이라고 불림)에서 참수되었다. 이 일은 서기 287년에 시작된 디오클레티아누스의 재위 기간에 발생했다.* 도로테오(Dorotheus)라는 이름의 한 사형집행인은 보석으로 장식된 좋은 가운을 입고 천사들에 의해 하늘로 올려지는 그들의 영혼을 보았다. 이것이 그를 그리스도인이 되도록 하였으며 결국 그는 행복한 죽음을 맞았다.

···✦ **80** ✦···

성 프리모와 펠리치아노

프리무스(Primus)는 '가장 높은'과 '위대한'을 의미한다. 펠리치아누스(Felicianus)는 '행복한 노인'을 의미하는 펠릭스(felix)와 아누스(anus)에서 유래되었다. 성 프리모는 순교함으로써 얻었던 위엄으로, 기적을 행함으로써 드러냈던 능력으로, 완벽한 삶의 거룩함으로, 삶의 영광스러운 성취 안에서 가졌던 행복 때문에 가장 높고 위대하다고 불렸다. 성 펠리치아노는 장수하였을 뿐만 아니라 공경할 만한 위엄, 원숙한 지혜, 절제하는 생활 방식 때문에 노인이라고 불렸다.

신전 신관(神官)들이 프리모와 펠리치아노를 디오클레티아누스와 막시미아누스에게 고발하면서 두 그리스도인을 신들에게 제물을 바치지 못한다면, 앞으로 신들로부터 어떤 혜택도 받지 못할 것이라고 말했다. 그래서 두 사람은 황제들의 명령으로 감옥에 갇혔으나 천사에 의해 자유의 몸이 되었다. 후에 그들은 황제들 앞에 다시 출두해 믿음을 고수함으로써 잔인하게 매를 맞았다. 총독은 펠리치아노를 따로 불러 이제 나이를 생각해서 신들에게 제물을 바치라고 말했다. 펠리치아노는 대답했다. "이것 보게! 나는 80세이며 내가 진리

* 디오클레티아누스 황제의 재위 기간은 284~305년이다. – 역자 주

를 알아보았고 하느님을 위해 살기로 선택한 지 30년이네!" 총독은 그를 묶어 손과 발을 못으로 고정시키고 말했다. "당신이 굴복할 때까지 그 상태로 머물러야 할 것이다!" 하지만 그 성인이 계속 매우 기뻐하는 표정을 짓자 총독은 그를 고문하고 어떤 도움도 주지 말라는 명령을 내렸다.

그런 다음 총독은 성 프리모를 불러서 말했다. "여기를 봐라! 너의 형제는 황제들의 법령에 굴복하여 궁전에서 위대한 인물로 존경받고 있다. 이제 당신도 똑같이 하라!" 프리모는 대답했다. "비록 당신은 악마의 아들이지만, 당신의 말 일부는 진실이다. 나의 형제는 하늘의 황제의 법령에 굴복한 것이다!" 화가 난 총독은 펠리치아노가 겁먹기를 바라면서 펠리치아노가 지켜보는 가운데 프리모의 옆구리에 불타는 횃불을 대고, 뜨거운 납물을 입안에 쏟아붓도록 명령했다. 그러나 프리모는 그 납물이 찬물인 것처럼 즐거운 마음으로 마셨다. 놀란 총독은 두 마리 사자를 순교자들에게 풀어 놓았으나 사자들은 순한 어린 양처럼 그들의 발 앞에 엎드렸다. 그런 다음 몹시 사나운 암곰을 풀어놓았으나 이전의 사자들처럼 순해졌다. 이 상황을 목격한 5천 명이 넘는 사람들 중 500명이 주님을 믿었다. 그러나 총독은 두 성인을 참수하였고 시신을 개들과 새들에게 던졌으나 온전한 채로 남아 있었고 그리스도인들에 의해 예를 갖춰 매장되었다. 그들은 서기 약 287년에 고통받았다.

81

성 바르나바 사도

바르나바(Barnabas)는 '도착한 사람의 아들', '위로의 아들', '예언자의 아들', '둘러싸인 아들'로 해석된다. 성 바르나바는 이 4중의 자녀 관계 때문에 네 차례 "아들"로 불린다. 성경은 그의 출생, 그의 교훈, 그의 본받음, 그의 입양으로 말미암아 그를 아들이라고 부른다. 그는 세례를 통해 그리스도 안에서 다시 태어났고 복음으로 가르침을 받았다. 그는 순교로 그리스도를 본받았고 하늘에서 보상받음으로써 그분의 양자가 되었다. 이 4중의 자녀는 바르나바 자신에게 적용되었다. 다른 부분에 대해서는 그는 도착하고, 위로하고, 예언하고, 둘러싸인 사람이었다. 그는 여기저기 다니며 모든 곳에 도착하여 설교를 하였다. 우리는 그의 동료 성 바오로를 통해 그러한 사실을 알 수 있었다. 그는 가난한 이들에게 자선을 베풀고 사도들의 요청으로 고통받는 이들에게 편지를 보내 위로했다. 그는 예언의 영을 받았기 때문에 예언했다. 그가 안티오키아로 보내졌다는 것에서 알 수 있듯이, 믿음 안에서 수많은 사람을 모으고 연합시켰다. 우리는 사도행전에서 네 가지 관련 내용을 볼 수 있다. "사실 바르나바는 착한 사람이며 성령과 믿음이 충만한 사람이었다. 그리하여 수많은 사람이 주님께 인도되었다."(사도 11, 24) 첫째로 그는 남자, 즉 남성적이고 박력이 있었다. 둘째 그는 착하고, 셋째 성령이 충만하고, 넷째 신앙이 두터운 사람이었다. 그의 수난은 마르코라고 불렸던 사촌 요한이 편집했고, 특히 요한의 환시에서 그 성인의 삶이 거의 끝날 때까지의 시간을 다루었다. 베다는 이 생애를 그리스어에서 라틴어로 번역한 것으로 추정된다.*

키프로스(Cyprus) 출신의 레위 지파 사람인 바르나바는 주님의 72명 제자 중 한 사람이었다. 그는 자신과 하느님, 이웃을 존중했던 것처럼 매우 호의적이고 질서정연했기 때문에 사도행전에서 많은 이유로 극찬을 받았다.

첫째, 그는 이성적이고, 열망에 가득 차고, 불같은 성격,** 이 세 가지 능력과 관련하여 스스로 잘 다스렸다. 그의 이성적인 능력은 사도행전 13장에서 "안티오키아 교회에는 예언자들과 교사들이 있었는데, 그들 중에 바르나바가 있었다."(사도 13, 1)라고 말하듯이 지식의 빛으로 밝혀졌다. 그는 세속적인 애착을 말끔하게 없앨 수 있는 열망에 가득 찬 능력을 가졌다. 이와 같이 우리가 사도행전 4장에서, 사도들에게 바르나바라는 성(姓)으로 불렸던 요셉이 밭을 판 돈을 가져다가 사도들의 발 앞에 놓았다고 읽었다.(사도 4, 36-37) 이 구절에 대해 《주해집》은 말한다. "그는 사람은 사람이 만지지 말아야 하는 것에서 벗어나야 한다는 것을 증명하였고, 그가 사도들의 발 앞에 놓았던 금을 확실히 짓밟아야 한다는 것을 가르쳤다." 그의 불같은 성격은 불굴의 강직함으로 강화되었다. 그래서 힘겨운 일을 대담하게 맡았고, 강인함이 필요한 일을 인

---

* 로즈(J.-B. M. Roze, *La légende dorée* [Paris: Ed, Rouveyre, 1903], 2:132)는 이러한 번역이 베다 존자(尊者)의 작품들 중에서 발견되지 않는다는 것에 주목한다.

** 토마스 아퀴나스에 따르면, 열망에 가득 찬 욕구는 그 자체로 혐오감을 줄 수 있는 것으로 선악을 그 대상으로 갖는다. 화를 잘 내는 욕구는 어떤 어려움이나 위험의 조건에 종속되는 것으로 인식되는 선을 그 대상으로 한다.

내했으며, 역경 속에서 불굴의 모습을 보여주었다. 바르나바가 몹시 힘든 일을 용감하게 수행했다는 사실은 두 가지로 확인할 수 있다. 우선 그가 안티오키아라는 대도시를 개종시키는 임무를 받아들였다는 사실이다. 또한 첫 사도행전 9장, 바오로가 개종 후 예루살렘으로 갔고 사도들과 함께하기를 원했을 때, 사도들은 늑대에게서 달아나는 어린 양들처럼 바오로를 피하였고, 바르나바는 대담하게 바오로를 데리고 가서 사도들을 만나도록 했다는 사실(사도 9, 26-27)에서도 알 수 있다. 바르나바는 힘이 필요한 일을 꾸준히 하였으니, 이는 절제하고 단식하면서 단련했기 때문에 가능했다. 사도행전 13장은 바르나바와 몇몇 다른 사람들에게 "그들이 주님께 예배를 드리며 단식하고 있었다."(사도 13, 2)라고 말한다. 사도들이 "우리가 사랑하는 바르나바와 바오로와 함께 … 우리 주 예수 그리스도의 이름을 위하여 목숨을 내놓은 사람들입니다."(사도 15, 25-26)라고 바르나바에 대해 증언한 것처럼 끊임없이 역경을 견뎌냈다.

둘째, 바르나바는 하느님의 권위, 주권, 선함을 따르면서 하느님과의 관계에서 질서정연함을 유지했다. 그는 단순히 설교의 직무를 받아들이지 않고 하느님의 권위에 의해 그 직무를 받기를 원했다는 사실에서 알 수 있는 것처럼, 그는 하느님의 권위를 따랐다. 우리는 사도행전 13장에서 "성령께서 이르셨다. '내가 일을 맡기려고 바르나바와 바오로를 불렀으니, 나를 위하여 그 일을 하게 그 사람들을 따로 세워라.'"(사도 13, 2)라고 읽었다. 그는 하느님의 주권을 따랐다. 사도행전 14장*에 의하면, 어떤 사람들은 더 나이 든 사람을 제우스(Zeus, Jove, Jupiter)라고 불렀고, 예지를 하며 웅변을 하는 사람을 헤르메스(Hermes, Mercury)라고 부르며 신적인 주권이 있다고 생각하고 신에게 하듯이 그에게 제물을 바치기를 원했다. 그러나 바르나바와 바오로는 자신의 옷을 찢으면서 소리쳤다. "여러분, 왜 이런 짓을 하십니까? 우리도 여러분과 똑같은 사람입니다. 우리는 다만 여러분에게 복음을 전할 따름입니다. 여러분이 이런 헛된 것들을 버리고 … 살아 계신 하느님께로 돌아서게 하려는 것입니다."(사도 14, 11-18) 그리고 바르나바는 하느님의 선함을 따랐다. 우리는 사도행

---

* 라틴어본은 사도행전 13장으로 되어 있고, 영어본은 14장 10절 이하로 되어 있지만, 14장 11절 이하가 맞다. – 역자 주

전 15장에서 일부 유다인 개종자들이 할례 없이는 충분하지 않다고 주장하면서, (율법에 의해서가 아니라 우리를 자유롭게 구원하는) 하느님의 은총의 선함을 제한하고 축소하기를 원하였다는 것을 읽었다.(사도 15, 5) 바오로와 바르나바는 할례를 주장하는 유다인 개종자들에게 용감하게 저항하였고, 율법 없이 하느님 은총의 선함만으로도 충분하다는 것을 증명했다. 더욱이 그들은 사도들에게 그 의문을 위탁하였고 반대파들의 잘못을 반박하는 편지를 쓰도록 설득했다.

셋째, 그는 말씀으로, 모범으로, 자비의 행동으로 자신의 양떼를 보살피며 이웃과 질서정연한 관계를 유지했다. 그는 주의 깊게 복음을 가르치며 말씀으로 그들을 양육했다. 그러므로 사도행전 15장에서 "바오로와 바르나바는 안티오키아에 머물면서, 다른 많은 사람과 함께 주님의 말씀을 가르치고 선포하였다."(사도 15, 35)라고 말하고 있다. 또한, 제자들이 처음으로 그리스도인들이라 불렸던 안티오키아에서 그가 개종시켰던 수많은 사람 안에서 그의 배려를 본다. 그의 생애는 모든 사람에게 거룩함의 거울이었고 참된 종교의 모범이었으며 자신의 양떼를 모범으로 보살폈다. 그는 모든 일에서 박력 있고 종교적이고 강하였고, 그가 행하는 선한 방식에서 주목받았으며 성령의 모든 은총으로 가득 찼고 모든 덕과 믿음에서 특출났다. 그 네 가지 자질에 대해 사도행전 11장에서 "바르나바를 안티오키아로 가라고 보냈다."와 "그는 그들에게 모두 굳센 마음으로 주님께 계속 충실하라고 격려하였다. 사실 바르나바는 착한 사람이며 성령과 믿음이 충만한 사람이었다."(사도 11, 21-24)라고 말하고 있다. 그는 자비의 행동으로 양떼를 보살폈다. 자선이나 자비의 행위에는 두 가지 종류, 세속적으로 필요한 것을 제공하는 일과 범죄를 용서하는 일로 구성된 영적인 것이 있다. 바르나바는 예루살렘에 있던 교우들에게 자선을 베풀었을 때 첫 번째인 세속적인 유형을 가졌다. 클라우디우스의 재위 기간에 아가부스(Agabus)가 예언했던 것처럼 대기근이 있을 때, "제자들은 저마다 형편에 따라 유다에 사는 형제들에게 구호헌금을 보내기로 결의하였다. 그들은 그대로 실행하여 그것을 바르나바와 사울 편에 원로들에게 보냈다."(사도 11, 29-30)라고 사도행전 11장에서 말하고 있다. 그리고 바르나바가 마르코라고 하는 요한이 저질렀던 위법 행위를 용서했을 때 영적인 일을 했다. 왜냐하면,

바르나바와 바오로를 떠났던 제자 요한이 후회하며 돌아왔을 때, 바르나바는 그를 용서하고 제자로 다시 받아들였지만, 바오로는 다시 받아들이기를 거부했기 때문이다. 그들 각자 경건한 이유와 마음가짐에 따라 행동했지만, 이 일이 바르나바와 바오로 사이를 갈라놓았다. 하지만 바르나바는 자비의 친절함으로 요한을 다시 받아들였고, 바오로는 강직함에 따른 엄격한 우려 때문에 거부했다. 그래서 《주해집》은 사도행전 15장에 대해 "(요한 마르코가) 바오로를 정면으로 대면했지만 너무 소심한 모습을 보였기 때문에, 바오로는 요한의 사례가 전염되어 다른 사람들의 장점이 더러워지지 않도록 그를 외면하였다."라고 말한다. 그러므로 이 분열은 합당하지 않은 악감정에서 나온 것이 아니다. 더 많은 사람에게 설교하기 위해 분리되어야 한다는 성령의 감도(感度)에 대한 반응이었다.

그 일이 일어났다. 바르나바가 이코나(Icona) 시에 있을 때, 앞서 언급한 그의 사촌인 요한에게 빛나 보이는 한 사람이 나타나서 "요한아, 너는 곧 요한이 아니라 들어 올려진 사람이라 불릴 것이니 흔들리지 마라!"라고 말하는 환시가 있었다. 요한은 이에 대해 바르나바에게 이야기했고, 바르나바는 그에게 "어젯밤 주님께서 같은 방법으로 나에게 나타나셨고 '바르나바야, 흔들리지 마라! 너는 너 자신의 사람들을 떠났고, 나의 이름을 위하여 너의 생명을 내놓았으니 영원한 보상을 얻을 것이다!'라고 말하였기에 네가 받았던 그 환시에 대해 아무에게도 말하지 않도록 조심해라!"라고 충고했다. 그리고 바르나바와 바오로가 안티오키아에서 오랫동안 설교할 때, 주님의 한 천사가 바오로에게 나타나서 말했다. "서둘러라, 그리고 예루살렘으로 가라! 그곳에서 한 형제가 너를 기다린다!"

바르나바는 키프로스에 있는 부모님을 방문하길 원했고, 바오로는 예루살렘으로 가기를 원했다. 그래서 성령은 그들을 따로 떼어놓기로 결정했다. 바오로는 천사가 알려줬던 것을 바르나바에게 말하자 바르나바는 눈물을 흘리며 "주님의 뜻이 이루어질 것입니다! 이제 나는 키프로스로 갈 것이며 그곳에서 나의 날들을 끝낼 것이라서 더 이상 당신을 보지 못할 것입니다!"라고 말하고 바오로의 발 앞에 무릎을 꿇었다. 그러자 바오로는 연민을 갖고 말했다. "그것이 주님의 뜻이니 울지 마십시오. 지난밤에 주님이 저에게도 나타나셔서 '바르나바는 키프로스에서 많은 사람에게 빛을 줄 것이고 순교자로 죽을 것이니, 그가 가는 것을 막지 않도록 하여라!'라고 말씀하셨습니다."

그런 다음 바르나바는 요한과 함께 성 마태오의 복음서를 가지고 키프로스로 떠났다. 그는 복음서를 병든 사람들 위로 들어 올리고 하느님의 능력으로 많은 사람을 치유했다. 그들이 키프로스를 떠나려고 했을 때, 바오로가 한동안 시력을 빼앗았던 마법사 엘리마스(Elymas)를 발견했다. 엘리마스는 파포스(Paphos)로 가려는 그들을 못 가게 방해했다. 그리고 어느 날 바르나바는 벌거 벗은 남자와 여자가 자신들의 축제에서 돌아다니는 것을 보았다. 그 광경에 분개한 바르나바는 그들의 신전을 저주하여 신전 일부분이 무너져 많은 사람을 뭉개버렸다. 마침내 그는 살라미나(Salamina)에 도착했고, 마법사는 그에게 대항하는 폭동을 일으켰다. 유다인들은 그를 붙잡아 상해를 가한 후에 도시의 재판관 앞으로 끌고 가서 처벌을 요구했다. 그때 네로(Nero)와 관련 있던 중요한 인물 에우세비우스(Eusebius)가 살라미나에 도착했고, 유다인들은 에우세비우스가 바르나바를 석방할 것이라 두려워하여 바르나바의 목에 밧줄을 감아 도시 밖으로 끌고 가서 산 채로 불태웠다. 그럼에도 불구하고 신앙심이 없는 유다인들은 만족하지 않고 그의 뼈를 납으로 만든 항아리에 넣어 바다에 던지려고 했다. 이에 바르나바의 제자 요한은 두 명의 동료와 함께 한밤중에 유해를 찾아 비밀리에 지하 묘지에 묻었다. 지그베르토(Sigbertus)가 말한 대로, 제노(Zeno) 황제와 젤라시오(Gelasius) 교황의 시대인 서기 500년까지 그곳에 숨겨져 있었다. 그 장소는 바르나바에 의해 계시되었고 유해는 회수되었다.

복된 도로테오(Dorotheus)는 "바르나바는 로마에서 처음 설교하였고 밀라노의 주교가 되었습니다."라고 말한다.

—————— ⋯⊰ **82** ⊱⋯ ——————

성 비토와 모데스토

비토(Vitus)라는 이름은 '삶'을 뜻하는 비타(vita)에서 유래되었다. 아우구스티노는 세 가지 종류의 삶, 즉 '활동적인 삶', 영적인 여가나 고요와 관련이 있는 '느긋한 삶', 이 두 가지를 결합하는 '관상적인 삶'으로 구별했다. 이런 세 종류의 삶이 성 비토 안에 있었다. 다른 한편으로 비토는 비르투스(virtus, 德性)에 가깝고, 비토는 덕이 높은 사람이었다.

모데스토(Modestus)란 이름은 '중간에 서 있다'라는 의미가 있다. 중간은 덕이고, 덕은 악(惡)인 두 극단 사이의 중간에 서 있기 때문이다. '신중함의 극단'은 교활함과 어리석음이고, '절제의 극단'은 성욕의 탐닉과 과도한 고행, '용기의 극단'은 비겁함, '경솔함의 극단'은 복수심이 강함과 과도한 관용이다.

어린이이자 그리스도인인 비토는 단지 12세의 나이에 시칠리아에서 순교했다. 비토는 우상을 경멸하고 숭배하기를 거부해 아버지에게 채찍질을 당하곤 했다. 이 사실을 들은 총독 발레리아누스는 비토를 불렀고, 여전히 제물 바치기를 거부하자 회초리로 때리라고 명령했다. 그러자 비토를 때리려는 사람의 팔과 총독의 손이 바로 바짝 말라 굳어버렸다. 총독이 외쳤다. "아아, 아아! 나는 손을 잃었다!" 비토: "당신의 신들을 불러 치유해달라 하십시오!" 총독: "너는 그렇게 할 수 있느냐?" 비토: "제 주님의 이름으로, 저는 할 수 있습니다!" 비토는 총독을 위해 즉각적인 치유를 구하는 기도를 했다. 그 후 총독은 그 아버지에게 말했다. "네 아이를 데려가라, 아니면 아이는 비참한 최후를 맞을 것이다!"

아버지는 비토를 집으로 데려와서 음악과 매춘부들과 여러 즐거움으로 아들의 마음을 바꾸려고 노력했다. 그런 다음 아버지는 아들을 침실에 가두었는데, 방에서 놀라운 향기가 퍼져 나와 온 집안의 사람들은 그 향기에 흠뻑 취했다. 아버지는 문틈으로 아들을 둘러싸고 있는 일곱 천사를 보고 "신들이 내 집 안으로 들어왔다."라고 소리치자마자 바로 실명했다. 아버지의 비명이 너무나 컸기에 루카니아(Lucania) 시 전체가 혼란에 빠졌고, 총독이 달려와 무슨 일이 일어났었는지 물었다. 아버지는 대답했다. "저는 불타는 듯한 신들의 얼굴을 보고 견딜 수가 없었습니다!"

그들은 아버지를 유피테르(Jupiter)의 신전으로 데려갔다. 그의 시력을 회복시키기 위해 금박을 입힌 뿔을 가진 황소를 약속하였으나 소용이 없었다. 그때 아버지는 아들에게 병을 고쳐 달라고 간청했고, 아들의 기도에 아버지는 다시 빛을 보았다. 그래도 아버지는 믿지 않고 오히려 비토를 죽일 작정이었는데, 그때 한 천사가 비토의 가정교사 모데스토에게 나타나 소년을 배에 태우고 다른 땅으로 가라고 명령했다. 그들이 바다에 있는 동안 독수리가 음식을 가져왔고, 그들은 도착한 곳에서 많은 기적을 일으켰다.

그 동안에 디오클레티아누스 황제의 아들이 악령에 사로잡혔고, 그 악령은 루카니아의 비토가 오지 않는 한 결코 아들 몸 밖으로 나오지 않겠다고 선언했다. 사람들이 비토를 찾아서 황제에게 데려갔고, 황제는 비토에게 "얘야, 네가 내 아들을 낫게 할 수 있느냐?"라고 물었다. 비토는 대답했다. "제가 아니라 주님께서 하실 수 있습니다!" 비토가 그 아들 위에 손을 놓자 악령은 즉시 도망쳤다. 황제는 "얘야, 너 자신을 걱정하고 신들에게 제물을 바쳐라, 아니면 끔찍하게 죽을 것이다!"라고 조언했다. 비토는 거절하고 모데스토와 함께 감옥에 갇혔지만, 그들을 묶고 있던 쇠사슬이 부드러워져 떨어져 버리고 감옥은 찬란한 빛으로 가득했다. 이것이 황제에게 보고되었고, 비토는 불타는 가마에 넣어졌으나 다치지 않고 나왔다. 그런 다음 사나운 사자를 데려왔으나, 그 야수는 비토의 믿음의 힘으로 길들여졌다. 마지막으로 비토, 모데스토, 유모인 크레셴시아(Crescentia)를 고문대 위에서 세게 잡아당겼다. 그러나 갑자기 하늘이 요동 쳤고, 땅은 흔들렸고, 천둥이 으르렁거렸고, 우상들의 신전이 무너졌고, 많은 숭배자가 죽었다.

황제는 가슴을 때리며 "아, 슬프다, 내가 겨우 어린이 한 명에게 패배하였구나!"라고 말하면서 겁을 먹고 도망쳤다. 천사에 의해 풀려난 그 순교자들은 자신들이 강 옆에 있는 것을 깨닫고, 그곳에서 기도하고, 주님께 자신을 바쳤다. 독수리들이 그들의 시신을 보호했고, 성 비토는 플로렌시아(Florentia)란 이름의 유명한 귀부인에게 자신들의 행방을 계시하고 영예로운 장례식을 할 수 있게 하였다.* 그들은 서기 287년에 시작되었던 디오클레티아누스** 통치하에서 고통을 겪었다.

---

* 그레세(Graesse)는 351쪽에서 그 여자의 이름을 제외하고 시신의 발견과 매장에 관한 모든 세부 사항들이 좀 더 최근의 추가 정보들이라는 것에 주목한다. 그러나 여기서 주어진 것처럼 그 설명은 확실히 야코부스의 문제이다.

** 디오클레티아누스 황제의 재위 기간은 284~305년이다. – 역자 주

성 퀴리코와 그의 어머니 성녀 율리타

퀴리코(Quiricus)란 이름은 '활을 찾는'(quaerens arcum), '불굴의 용기'(chisil), '검은'(cus)에서 유래되었으며, 이런 이유로 퀴리코는 덕이 강하고 겸손으로 검게 되었다. 또는, 그 이름은 '투창'(quiris) 혹은 '자리'(quiriles)에서 유래되었다고도 한다. 성 퀴리코*는 겸손과 수난의 고통 안에서 구부러졌던 하나의 활이었다. 그는 자신에 대한 낮은 평가에 검어졌고, 적을 정복함에 있어 창이었고, 하느님이 그의 안에 살고 있으므로 자리[座席]였다. 그의 나이에는 주어지지 않았던 것을 하느님의 은총으로 모두 가질 수 있었다.

율리타(Julitta)는 영적인 삶을 살며 많은 사람을 도왔기 때문에, '일생 동안 돕는'(juvans vita)을 의미한다.

퀴리코는 이코니움(Iconium)에서 가장 저명한 귀부인인 율리타(Julita)의 아들이었다. 율리타는 박해를 피하려고 세 살 아들과 두 명의 하녀와 함께 타르수스(Tarsus)로 갔지만, 아이를 품에 안은 채 지방 장관 알렉산데르(Alexander) 앞에 끌려갔다. 이것을 본 하녀들은 여주인을 떠나 달아났다. 지방 장관은 그 아이를 팔에 안았고, 어머니가 신들에게 제물 바치기를 거부하자 생가죽 끈으로 채찍질을 명령했다. 아이는 어머니가 채찍질 당하는 것을 보고 크게 비명을 지르며 울었다. 지방 장관은 아이를 안고 입맞춤과 다정스러운 말로 진정시키려 애썼지만, 아이는 지방장관의 품을 뿌리치며 손톱으로 그의 얼굴을 할퀴고, 어머니의 말에 따라 "저 역시 그리스도인입니다!"라고 외쳤다. 몸부림치던 퀴리코는 지방 장관의 어깨를 물어뜯었다. 상처로 분노하고 고통스러웠던 지방 장관은 아이를 판사석의 높이에서 던졌고, 퀴리코의 연한 뇌는 계단에 쏟아졌다. 이것을 본 율리타는 아들이 자기보다 먼저 하늘나라로 간 것에 하느님께 기뻐하며 감사를 드렸다. 그때 지방 장관은 그녀를 산 채로 살가죽을 벗기고, 끓는 역청 속에 넣어 참수하라고 명령했다.

---

* 아마도 시르(Cyr) 또는 시리쿠스(Cyricus)로 더 잘 알려졌다.

지방 장관은 그리스도인들이 매장할 수 없도록 어머니와 아들의 시신을 잘게 자르게 하였으나, 조각들은 한 천사에 의해 모아졌고 그리스도인들이 밤에 묻었다. 콘스탄티누스 대제 시기에 교회가 평화를 되찾았을 때, 도망쳤던 하녀 하나가 순교자들의 시신이 있던 곳을 보여주었고, 유해들은 모든 주민으로부터 큰 공경을 받았다. 그들은 알렉산데르 황제 치하에서 서기 약 230년에 고통을 받았다.

⋯⥽ ⥼ 84 ⥽ ⥼⋯

성녀 마리나 동정녀

동정녀 마리나(Marina)는 무남독녀였다. 아버지는 홀아비가 되어 수도승원에 들어갈 때 딸에게 남자 옷을 입혔다. 그런 다음 아빠스와 수도승들에게 자기 외아들을 받아줄 것을 요청했고, 마리나는 수도승으로 받아들여져 사람들에게 마리노(Marinus) 형제로 불렸다. 그때부터 "마리노"는 엄격한 순명을 준수하며 수도 생활을 시작했다. 그가 27세가 되었을 때, 아버지는 죽음이 다가옴을 느끼고 딸을 불러 확고한 결심으로 살아가기를 격려하며, 여자라는 것을 어느 누구에게도 드러내지 말라고 명령했다.

마리노는 나무를 구하려고 종종 달구지를 타고 나갔고, 군인의 아기를 임신한 딸을 둔 한 남자 집에 가끔 들리곤 했다. 그 딸은 조사를 받았고 수도승인 마리노가 자신을 강간했다고 말했다. 마리노가 왜 그런 부끄러운 범죄를 저질렀느냐는 질문을 받았을 때, 자신의 죄를 인정하고 수도승원에서 추방당했다. 그는 3년 동안 문밖에서 빵 조각만 먹고 버티면서 머물렀다. 그 아기가 젖을 뗄 즈음 아빠스에게 보내졌고 다시 마리노에게 양육하라고 맡겨짐으로써 2년 동안 마리노와 함께 지냈다. 마리노는 최대의 인내심으로 이 모든 것을 받아들이며 하느님께 감사드렸다. 마침내 그의 겸손과 인내심에 감동한 수도승들은 그를 수도승원으로 다시 받아들였고 가장 하찮은 일을 맡겼다. 그는 기꺼이 모든 것을 받아들였고 인내와 신앙으로 자신의 일을 수행했다.

한참 후, 선행으로 가득 찬 삶을 이끌었던 그는 주님께로 이주했다. 매장하기 전에 시신을 씻는 시간이 되었을 때, 수도승들은 시신이 여자의 몸임을 알게 되었다. 그들은 어리둥절하고 겁에 질려 자신들이 이 하느님의 여종을 지독히 학대하였다는 것을 깨달았다. 그래서 성당 안에 그녀를 위한 영예로운 장례지를 주었다. 그 하느님의 종을 음해했던 여자는 악령에 사로잡혀서 자신의 범죄를 고백했고, 그 동정녀의 무덤으로 가서야 악령에서 해방되었다. 사람들이 그 무덤을 방문하러 각지에서 왔고, 그곳에서 많은 기적이 일어났다. 성녀 마리나는 6월 18일에 죽었다.*

···✦ 85 ✦···

성 제르바시오와 프로타시오

제르바시오(Gervasius)는 '거룩한'이란 의미의 제라르(gerar)와 '꽃병'의 바스(vas), '낯선 사람', '거주자가 아닌 사람'이란 의미의 제나(gena), '작은'이란 뜻의 시오르(syor)에서 유래되었다. 그래서 제르바시오는 칭찬받을 만한 삶으로 거룩했고, 덕의 그릇으로서 꽃병이고, 세상에 대한 경멸로 낯선 사람이고, 그 자신의 겸손한 판단에 의해 작았다.

프로타시오(Protasius)는 '첫째'라는 프로토스(protos), '하느님', '경건한'이란 시오스(syos), '멀리 서'라는 프로쿨(procu), '위치'라는 스타시스(stasis)에서 유래되었다. 이 프로타시오는 자신의 품위로 인해 선두였으며, 자신의 사랑을 통해 경건하였고, 세상에 대한 어떤 애착도 멀리 했다. 암브로시오는 시신 머리맡에서 그들의 수난기가 기록된 작은 책을 발견했다.

제르바시오와 프로타시오는 성 비탈리스(Vitalis)와 복된 발레리아(Valeria)의 쌍

---

* "6월 18일"(XIV kalendas Julii), 통상적인 날짜는 7월 20일이다.
  《버틀러의 성인들의 삶》(Butler's Lives of the Saints, New York : P.J. Kenedy & Sons, 1963, 1:314)에 따르면, "이 마리나의 이야기는 단지 남자로 가장한 여자들의 대중적인 전기 소설 중 하나"라고 한다. 황금 전설은 마리나 이야기 외에도, 에우제니아(Eugenia, 성 프로토[Protus]와 히아친토[Hyacinthus]의 전설에서 여러 차례 언급되었던), 테오도라(Theodora, 전에 9월 11일에 기념되었다), 마르가리타(Margarita, 또한 펠라지아라 불렸다), 그리고 펠라지아(Pelagia, 또한 마르가리타라 불렸다) "성녀들"의 것들도 포함한다. 마지막 두 명은 같은 축일, 10월 8일을 가졌다.

둥이 아들이었다. 형제는 모든 재산을 가난한 사람들에게 나누어주고, 앙브룅 (Embrun) 인근에 경당(oratorium)을 짓고 있던 성 나자리오(Nazarius)와 함께 살았다. 첼소(Celsus)라는 이름의 한 소년이 나자리오를 위해 돌을 나르고 있었다. 여기 서 나자리오가 일찍이 첼소와 함께 있었다는 것은 추측이다. 나자리오의 전 설(102장 참조)에서 첼소가 훨씬 후에 그에게 맡겨졌으리라 생각하기 때문이다. 그 세 사람은 네로 황제 앞으로 끌려갔고, 소년 첼소는 울부짖으면서 그들을 따라갔다. 군인들 중 한 사람이 첼소를 때리자, 나자리오는 때린 군인을 질책 했다. 그래서 군인들은 그 성인을 발로 차고 짓밟은 후에 다른 사람들과 함께 가두었고, 후에 바다에 던졌다. 제르바시오와 프로타시오는 밀라노로 옮겨졌 고, 바다에서 기적적으로 구조된 나자리오도 밀라노로 왔다.

그때 아스타시우스(Astasius) 장관(Comes)이 마르코만니(Marcomanni)족과 전쟁 을 일으키려고 가는 길에 밀라노에 도착했다. 장관을 만나러 온 우상 숭배자 들은 제르바시오와 프로타시오가 첫 번째로 제물로 바치지 않는 한 우상들 이 반응을 보이지 않을 것이라고 주장했다. 그들은 얼른 두 사람을 제물로 바 치라고 재촉했다. 그러나 제르바시오는 모든 우상은 귀머거리와 벙어리이며, 홀로 전능하신 하느님만 승리할 것이라고 말했다. 화가 난 장관은 그를 납을 씌운 채찍으로 죽을 때까지 때리라고 명령했다. 그런 다음 프로타시오를 소 환하여 말했다. "가엾은 사람아, 숙고하라, 그리고 살아라, 너의 형제처럼 비 참한 최후를 맞지 마라!" 프로타시오: "누가 가엾은 사람입니까? 당신을 두려 워하지 않는 나입니까, 아니면 나를 두려워하는 것을 증명하고 있는 당신입 니까?" 아스타시우스: "어떻게 내가 불행한 너를 두려워한다는 것인가?" 프 로타시오: "당신은 나를 두려워하고 있습니다. 만일 내가 당신의 신들에게 제 물을 바치지 않는다면 내가 당신에게 해를 끼칠 것을 두려워함을 당신이 입 증하고 있습니다. 만일 당신이 나를 두려워하지 않는다면, 당신은 나에게 우 상 숭배를 강요하지 않을 것입니다." 그때 호위병 대장이 그를 고문대에 매달 라고 명령했다. 프로타시오는 "장관님, 나는 당신 마음의 눈이 장님이 되었다 고 생각하기에 당신에게 화가 나지 않습니다. 자신이 무슨 짓을 하는지 모르 는 당신을 동정합니다! 그러니 우리 구세주의 자애로 내 형제와 함께 나를 받 아들이고 당신이 시작한 것을 끝내시오!"라고 말했다. 그때 장관은 그의 참수를 명령했다. 그리스도의 종인 필립보와 그의 아들이 비밀리에 그 시신들을 집으로 가져와서 석관(石棺)에 넣어 묻었고, 순교자들의 탄생, 생애, 죽음이 기록된 작은 책을 시신 머리맡에 두었다. 그들은 재위 기간이 서기 57년에 시작된 네로* 치하에서 고통받았다.

그 두 순교자의 시신은 수 세기 동안 감춰져 있었으나 암브로시오의 시기에 발견되었다. 암브로시오가 성 나보르(Nabor)와 펠릭스(Felix)의 성당에서 기도하고 있을 때였다. 하얀색의 튜니카(tunica)와 망토를 입고 짧은 부츠를 신은 잘생긴 두 젊은이가 나타나서 함께 기도하는 것을 깨달았다. 깊이 잠들지도, 완전히 깨어 있지도 않았던 암브로시오는 만일 이 유령이 환상이라면 다시 나타나지 않을 것이고, 진짜라면 반복될 것이라고 기도했다. 새벽에 두 젊은 이는 같은 방식으로 다시 나타나 그와 함께 기도했다. 사흘째 밤 그는 철야 기도(vigilia)로 많이 지치긴 했지만 분명 깨어 있는 상태였는데, 이번에는 두 젊은 이가 다른 한 사람과 함께 나타났다. 나머지 한 명은 암브로시오가 그림에서 본 적 있는 사도 바오로였다. 두 젊은이는 침묵을 지켰고 사도는 그에게 말했다. "여기 두 사람은 세상이 줄 수 있는 것은 아무것도 바라지 않고 나의 조언을 따랐습니다. 당신이 서 있는 곳 12피트 깊이를 파면 관을 발견할 것입니다. 관에는 시신과 그들의 출신과 죽음을 알려주는 작은 책이 들어 있습니다."

인근의 주교들을 소집한 암브로시오는 땅을 파서 석관과 함께 바오로가 말했던 것을 가장 먼저 발견했다. 비록 300년이 넘는 시간이 지났음에도 시신들은 마치 바로 그날 매장된 것과 같은 상태로 발견되었다. 게다가 그들에게서 달콤하고 고결한 내음이 피어올랐다. 한 시각장애인이 그 석관을 만지고 시력을 회복했다. 다른 많은 사람이 이 성인들의 공로로 치유되었다.

랑고바르디인들과 로마 제국 사이에 평화가 맺어졌던 날은 바로 그들의 축일이었다. 이 사건을 기념하여 그레고리오 교황은 축일 미사의 입당송에 "주님은 자신의 백성에게 평화를 말씀하실 것이다."(Loquetur Dominus pacem in plebem suam, 시편 85. 9)라고 노래하는 관습을 확립했다. 그래서 그날의 성무일도는 부분적으로는 성인들을, 부분적으로는 같은 날에 발생했던 사건들에 적용된다.

---

* 네로 황제의 재위 기간은 54-68년이다. – 역자 주

아우구스티노는 저서 《신국론》(De civitate Dei) 제22권*에서, 밀라노에 있는 성 제르바시오와 프로타시오의 무덤에서 시각장애인이 시력을 회복할 때, 황제와 많은 군중 속에 자신도 있었다고 전하고 있다. 이것이 앞에서 언급했던 시각장애인과 같은 사람이었는지는 알려지지 않았다. 아우구스티노는 또한, 히포(Hippo)로부터 약 30마일 떨어진 빅토리아나(Victoriana)의 별장에서 한 젊은 이가 강가에서 말을 목욕시키고 있었는데, 갑자기 악령이 그를 사로잡고 고통을 주며 강에 던졌다는 이야기를 한다. 저녁에 인근에 있는 성 제르바시오와 프로타시오 성당에서 저녁 기도 중 노래를 부르자, 그 청년은 홀린 듯 비명을 지르며 성당에 들어왔고 마치 제대에 묶인 것처럼 꼼짝도 할 수 없었다. 악령은 그 몸 밖으로 나오라는 간청에, 그랬다가는 청년을 갈기갈기 찢어버리겠다고 위협했다. 악령이 마침내 나갔을 때, 한쪽 눈이 튀어나와 가느다란 정맥에 겨우 달린 채 그의 볼까지 늘어졌다. 그러나 며칠 안에 성 제르바시오와 프로타시오의 공로로 완전히 치유되었다.

암브로시오는 자신의 〈서문경〉에서 성인들에 대해 말한다. "그들은 하늘의 깃발과 계약하였고, 사도의 승리를 거둔 무기들을 꺼내 들고 세속적인 유대에서 풀려났으며, 사악한 적의 악의 방어선을 뚫고 나아갔고, 자유롭고 방해받지 않고 그리스도 주님을 따랐다! 오, 하느님의 말씀에 의해 살면서, 그 어떤 세속적인 얼룩으로도 오염될 수 없었던 얼마나 행복한 쌍둥이인가! 오, 그들이 같은 어머니에게서 태어났던 것처럼 같은 왕관을 얻기 위한 이 대의가 얼마나 영광스러운가!"

···✦⇥ 86 ⇤✦··· {#86}

성 요한 세례자의 탄생

세례자 요한은 여러 가지 호칭으로 불린다. 그는 예언자, 신랑의 친구, 등불(불

---

* 라틴어본은 20권이라 하지만, 정확하게는 22권 8장

타는 빛), 천사, 목소리, 엘리야, 구세주의 세례자, 심판의 심부름꾼, 왕의 선구자로 불리고 있다. 각 호칭은 요한의 특권을 상징한다. 즉, '예언자'는 예지에 대한 특권, '신랑의 친구'는 사랑하고 사랑받는 것에 대한 특권, '불타는 빛'(등불)은 거룩함에 대한 특권, '천사'는 동정(처녀성)에 대한 특권, '목소리'는 겸손에 대한 특권, '엘리야'는 열정에 대한 특권, '세례자'는 주님에게 세례를 주는 것에 대한 놀라울 만한 영광, 심부름꾼은 설교의 특권, 선구자는 준비의 특권을 나타낸다.

세례자 요한의 탄생은 다음과 같이 대천사에 의해 고지되었다. 《교회사》는 하느님을 흠숭하는 것을 널리 퍼뜨리기 위해 다윗 왕이 24명의 수석 사제(Summus Sacerdos)를 두었고, 그들 중 한 사람은 수장으로 대사제(principes sacerdotum)로 불렸다고 말한다. 다윗은 엘아자르(Eleazar)의 자손 중에서 16명,* 이타마르(Ytamar)의 자손 중에서 8명을 지명하였고, 제비뽑기로 각자 일주일씩 봉사하게 하였다. 여덟 번째 주간은 아비야(Abias)의 몫이 되었고, 그의 자손 중 하나가 즈카르야(Zacharias)이다. 즈카르야와 그의 아내 엘리사벳은 나이가 많았고 아이가 없었다.

어느 날 즈카르야가 향을 드리려고 주님의 성전으로 들어갔고, 많은 사람이 성전 밖에서 기다리는데 대천사 가브리엘이 그에게 나타났다. 천사가 놀란 즈카르야에게 말했다. "두려워하지 마라, 즈카르야야. 너의 청원이 받아들여졌다."(루카 1, 13) 《주해집》에 따르면, 좋은 천사들은 자신을 보고 놀란 사람들에게 친절한 말로 안심시키는 반면, 나쁜 천사들은 자신을 빛의 천사들처럼 보이려고 모습을 바꾸고, 만일 누군가 그들의 환시를 보고 겁을 먹으면 더욱더 공포에 빠뜨린다고 한다.

대천사 가브리엘은 즈카르야에게 요한이라고 부르게 될 아들을 갖게 될 것이고, 그 아들은 포도주나 독주를 마시지 않을 것이며 엘리야의 영과 힘으로 주님 앞에서 나아갈 것이라고 알렸다. 요한이 엘리야와 마찬가지로 광야에 살았기 때문이다. 또한 둘 다 굉장히 적게 먹었고, 둘 다 외모나 입는 것 등을

---

* 라틴어본과 영어본에는 15명으로 되어 있으나, 본문 앞 문장의 합계가 24명이고 역대기 상권 24장 4절에 따르면 16명이 맞다. – 역자 주

신경 쓰지 않았다. 또한 그들은 직분에서 선구자였다. 엘리야는 심판에 대해서, 요한은 구세주에 대해서 선구자였다. 그들의 말은 불처럼 타올랐다.

즈카르야는 자신이 노령인 점과 아내가 불임이라는 점을 고려해 천사의 말을 의심하기 시작하였고, 유다인들이 하던 대로 천사에게 표징을 요구했다. 천사는 즈카르야가 그 전갈을 믿지 않았으므로 그의 말문이 막힐 것이라는 표징을 주었다. 그러나 사람은 의심할 수 있고 그 의심에 대해 변명이 가능하다는 것을 주목하라. 예를 들어 아브라함의 경우처럼 너무 많은 것을 약속했기 때문일지도 모른다. 아브라함에게 자손이 가나안의 땅을 차지할 것이라고 주님이 약속했을 때, 그는 "주 하느님, 제가 그것을 차지하리라는 사실을 제가 무엇으로 알 수 있겠습니까?"라고 물었다. 하느님은 응답하셨다. "3년 된 암송아지 한 마리 등등을 나에게 가져오너라."(창세 15, 8) 때때로 그것은 "나리, 외람된 말씀입니다만, 제가 어떻게 이스라엘을 구원할 수 있단 말입니까? 보십시오, 저의 씨족은 므나쎄 지파에서 가장 약합니다. 또 저는 제 아버지 집안에서 가장 보잘것없는 자입니다."(판관 6, 15)라고 말하였던 기드온의 경우에서처럼, 자신의 나약함을 고려하면 그럴 수 있다. 그래서 즈카르야는 표징을 요구해서 결국 받았다. 사라(Sara)의 경우처럼, 약속한 것이 자연적으로는 불가능해 보이기도 한다. 주님은 말씀하셨다. "내가 반드시 너에게 돌아올 터인데, 그때에는 너의 아내 사라에게 아들이 있을 것이다."(창세 18, 10), 그리고 사라는 천막의 문 뒤에서 "내가 이렇게 늙었고 내 남편도 다 늙었는데, 이제 무슨 낙을 다시 보랴!"(창세 18, 12)라고 말하며 웃었다.

그러면 즈카르야는 의심해서 벌을 받았던 유일한 사람일까? 그의 경우에는 약속의 중요함과 자신의 나약함에 대한 인식이 있었다. 왜냐하면 그는 그런 아들을 가질 수 있는 자격이 없다고 생각하였고, 선천적으로 불가능했기 때문이다. 이에 대해 몇 가지 이유가 있다고 생각된다. 베다에 따르면, 첫째 그는 자신의 불신을 말로 표현했고, 침묵함으로써 믿음을 배울 수 있도록 말문이 막혔다는 것이다. 둘째, 막혔던 말문이 아들이 태어나면서 회복되었는데, 하나의 기적이 다른 것 위에 쌓여 아들의 탄생 기적이 더욱 명확해지도록 하기 위함이었다는 것이다. 셋째, 한 음성이 들려왔고 침묵이 율법에 부과되었을 때, 그가 목소리를 잃은 것은 적절하였다. 넷째, 즈카르야는 하느님에게 표징을 요청했고, 말을 하지 못하는 것이 그가 받은 표징이었다. 말을 못 하는 즈카르야가 사람들을 향해 나아갔을 때, 사람들은 그가 고개를 끄덕이며 동의했던 것처럼 성전의 환시를 보았음을 알았다.

그는 봉사 주간을 마치고 집으로 갔고, 엘리사벳은 임신하였다. 그때 그녀는 다섯 달 동안 스스로 숨어버렸다. 왜냐하면 암브로시오가 이에 대해 말한 것처럼, 나이 든 여자가 육체적인 기쁨에 빠진 것처럼 보일까 봐 두려웠고, 자신의 나이에 아기를 가진 것에 부끄러움을 느꼈기 때문이다. 하지만 그녀는 불임이라는 비난에서 벗어났다는 것에 크게 기뻐하였다. 결혼은 행복한 사건이고 정당한 육체적인 결합의 보상이라는 관점에서, 불임은 결혼에 대한 보상을 받지 못한 것과 다름없어 여자들에게는 수치심이었다.

엘리사벳이 임신 6개월째에, 임신중인 마리아가 불임에서 해방된 여자이자 노령인 그녀에게 연민을 가지고 찾아왔다. 엘리사벳이 사촌 마리아를 맞이하였을 때, 이미 태중에서 성령으로 가득 찬 복된 요한이 자신에게 오신 하느님의 아드님을 감지하여 기뻐서 뛰었다. 태중에서 목소리를 내어 맞이할 수 없었던 요한은 경의를 표하면서 춤추었던 것이다. 요한은 주님을 맞이하고 그분 앞에 서 있기를 원하는 사람처럼 약동하였다. 성모 마리아는 3개월 동안 사촌 엘리사벳을 도우면서 머물렀고, 우리가 《교육독본》에서 읽은 것처럼, 아기가 태어났을 때, 마리아는 보모가 하듯이 자신의 거룩한 손으로 요한을 다정하게 들어 올렸다.

주님의 이 거룩한 선구자는 아홉 가지 특별하고 남다른 특전을 누렸다. 즉,

주님의 오심을 알려준 천사가 요한의 오심을 알렸다.
그는 자기 어머니의 태중에서 약동하였다.
주님의 어머니는 그를 들어 올렸다.
그는 자기 아버지의 혀를 풀었다.
그는 세례를 준 최초의 인물이었다.
그는 손가락으로 그리스도를 가리켰다.
그는 그리스도에게 세례를 주었다.
그리스도는 다른 모든 사람보다 높이 그를 칭찬하였다.

그는 고성소(古聖所, Limbus)에 있는 영혼들에게 그리스도의 오심을 예언했다.

이 아홉 가지 특전 때문에, 주님은 친히 요한을 예언자 이상의 예언자로 부르셨다. 크리소스토모는 그리스도가 왜 그를 예언자 이상으로 불렀을까 질문하고 대답하였다. "예언자가 하느님에게서 은혜를 받는 것은 맞지만, 세례의 은혜를 하느님께 드리는 것이 예언자에게 속한 것입니까? 예언자가 하느님에 대하여 예언하는 것은 맞지만, 하느님이 예언자에 대해 예언하는 것이 맞습니까? 모든 예언자는 그리스도에 대해 예언하였지만, 아무도 예언자들에 대해 예언하지 않았습니다. 그러나 요한은 그리스도에 대해 예언하였을 뿐만 아니라, 다른 예언자들도 요한에 대해 예언하였습니다. 모든 이는 말씀의 전달자였으며, 요한은 소리 그 자체였습니다. 그리고 그 소리가 말씀에 최대한 가까워질수록, 아직 말씀은 아니지만, 그만큼 요한은 그리스도에게 더욱 가까워졌으나 그리스도는 아니었습니다."

암브로시오에 따르면, 요한이 칭송받는 점은 다섯 가지 이유, 즉 그의 혈통, 도덕적 행위, 기적, 직무, 설교이다.

암브로시오는 그의 혈통에 근거한 칭송을 다섯 가지 방식으로 나타내는데 첫째, "그의 혈종은 공정한 행동과 도덕적 행위로, 사제직 안에서, 율법에 순종하는 것으로, 옳은 결정들로 그의 정의가 드러나는 완벽한 칭송입니다."라고 말했다.

둘째, 요한의 칭송받을 만한 점은 그의 기적에서 비롯된다. 그중 일부는 그가 태중에 잉태되기 전에 일어난 일, 즉 천사에 의해 그의 탄생이 알려지고 이름이 부여되고 그의 아버지가 목소리를 잃었다. 일부는 초자연적인 임신(요한의 잉태) 그 자체, 그의 성화(聖化)와 태중에서 예언의 은총이 완성되었던 것과 관련되어 있었다. 그의 어머니는 아들의 이름을 이미 알고 아버지가 찬미가를 불렀기 때문에 일부는 모태에서 그의 탄생, 즉 그의 부모가 각각 예언의 영을 받은 것과 관련 있다. 아버지는 언어 능력을 회복하였고 성령으로 가득 찼다. 그리하여 우리는 "아기의 아버지 즈카르야는 성령으로 가득 차 이렇게 예언하였다."(루카 1, 67)라고 읽었다. 암브로시오는 말한다. "요한을 보십시오, 그의 이름을 부르는 소리에 얼마나 많은 힘이 있는지 보십시오, 불린 그의 이름은 벙어리에게 목소리를, 아버지에게 아들을, 사람들에게는 신앙과 사제(司祭)를 주었습니다. 이전에는 즈카르야가 말을 못하게 되었고, 자식을 낳지 못하였고, 자신의 직무를 상실하였습니다. 요한이 태어나자, 그의 아버지는 갑자기 예언자가 되었고, 언어 능력이 회복되었고, 성령으로부터 자식을 얻었고, 사제로서의 직분을 다시 맡았습니다."

셋째, 요한의 생애는 완전히 거룩했기 때문에, 자신의 행동으로 칭송받고 있다. 크리소스토모는 이 거룩함에 대해 말한다. "요한은 삶의 방식으로 다른 사람들을 비난받게 했습니다. 예를 들어, 만일 당신이 하얀색 옷을 본다면, 당신은 '저것은 순백색이다.'라고 할 수 있습니다. 하지만 만일 눈밭에서 하얀색 옷을 본다면, 비록 그것이 때가 묻지 않았더라도 때가 묻었다고 보이기 시작합니다. 따라서 요한과 비교하면 모든 사람이 더럽게 보였습니다."

그의 거룩함에 대해 세 증언이 있습니다. 첫 증언은 말라키서 3장에 "보라, 내가 나의 천사를 보내고, 그가 내 앞에서 길을 준비할 것이다."(말라 3, 1)*라고 나와 있듯이 요한을 천사라고 불렀던 성부(聖父)께로부터, 즉 삼위일체 그 자체로부터 온 하늘 위의 존재였다. 천사는 본성의 이름이 아니고 직무(기능적인) 이름이며 천사는 자신의 직무 때문에 그렇게 불리고 있다. 즉 요한이 모든 천사의 직무를 수행했으므로 천사로 불린다. 첫째, 요한은 치품(熾品) 천사(Seraphim)의 직무를 가졌다. 치품 천사는 우리를 열정적으로 만들고 하느님의 사랑 안에서 좀 더 열정적으로 불타오르기 때문에, 그 호칭은 '열정적인' 의미로 해석된다. 집회서에서 요한에 대해 "엘리야 예언자가 불처럼 일어섰다."(집회 48, 1)라고 언급되고, 요한은 엘리야의 영과 능력을 지니고 왔다. 둘째, 요한은 지품(智品) 천사(Cherubim)의 직무를 가졌다. 그 호칭은 '지식의 충만함'을 의미하며, 우리 무지(無知)의 끝점이고 은총의 빛의 시작점이었기 때문에, 요한은 샛별(lucifer), 빛의 전달자, 새벽 별(욥 38, 32)이라 불린다. 셋째, 요한은 재판하는 좌품(座品) 천사(Throni)의 직무를 가졌고, "동생의 아내를 차지하는 것은 옳지 않습니다."(마르 6, 18)라고 말하면서 헤로데를 꾸짖었다고 한다. 넷째, 요한은 백성을 다스리는 방법을 가르치는 주품(主品) 천사(Dominatio)의 직무를 가졌고, 사람

---

* 라틴어본은 말라키서 2장이라고 하지만, 3장 1절이 맞다. 라틴어본에 따라 번역하였다. – 역자 주

들에게 사랑받는 동시에 왕들에게 두려움의 대상이었다. 다섯째, 요한은 존경심을 갖도록 우리를 가르치는 권품(權品) 천사(Principatus)의 직무를 가졌고, 자기 자신에 대해 "땅에서 난 사람은 땅에 속하고 땅에 속한 것을 말한다."라고 말했으나, 그리스도에 대해서 "하늘에서 오시는 분은 모든 것 위에 계신다."(요한 3, 31)라고 말한다. 또한, 그리스도에 대해 다음과 같이 말한다. "나는 그분의 신발 끈을 풀어 드릴 자격조차 없다."(루카 3, 16) 여섯째, 하늘의 해로운 힘을 억제하는 능품(能品) 천사(Potestates)의 직무를 가졌다. 그가 이미 거룩하므로 하늘의 해로운 힘은 요한을 해칠 수 없었고, 우리가 회개의 세례를 받고 싶은 마음이 들게 함으로써 해로움이 우리에게서 떨어져 나가게 했다. 일곱째, 복된 요한은 기적을 수행했던 역품(力品) 천사(Virtutes)의 직무를 가지고 많은 기적을 보였다. 들꿀과 메뚜기로 생활하며, 낙타 털로 된 옷을 입고 사는 것과 같은 것이 위대한 기적이었다. 여덟째, 요한이 우리의 구원에 관한 것과 같은 중요한 계시를 주었을 때, "보라, 세상의 죄를 없애시는 하느님의 어린양이시다."(요한 1, 29)라고 말하였을 때 대천사(Archangelus)의 직무를 가졌다. 아홉째, 그가 도덕과 관련된 작은 진리들을 알렸을 때, "회개하시오." 그리고 "아무도 강탈하거나 갈취하지 말고"(루카 3, 14)라고 말하였을 때 천사(Angelus)의 직무를 가졌다.

다음 증언은 마태오 복음 11장에서 분명히 알 수 있듯이, 요한은 성자(聖子) 하느님에 대한 증거를 가졌다. 여기에서 그리스도는 "여자에게서 태어난 이들 가운데 세례자 요한보다 더 큰 인물은 나오지 않았다."(마태 11, 11)라고 말하며 요한에 대해 놀랍도록 칭찬했다. 베드로 다미아노(Petrus Damianus)는 말한다. "그 말씀에 의해 땅이 만들어졌고, 별들이 움직였고, 비바람이 자신들의 존재를 가진 것처럼, 그 말씀으로부터 요한에 대한 모든 것을 칭찬합니다." 마지막 증언은 "아기야, 너는 지극히 높으신 분의 예언자라 불릴 것이다."(루카 1, 76)라고 즈카르야를 통해 말씀하신 성령의 증언을 가졌다.

요한이 칭송받는 두 번째 이유는 도덕적 행위 때문이다. 루카 복음 1장에서 천사가 여러모로 그를 칭찬하듯이, 그는 천사들과 천상의 능력에 대해 증언했다. 천사가 "그가 주님 앞에서 큰 인물이 될 것이기 때문이다."라고 말했을 때 하느님과 관련된 요한의 위엄이 얼마나 위대한지를 보여준다. 또 천사가 "그는 포도주도 독주도 마시지 않고 어머니 태중에서부터 성령으로 가득 찰 것이다."(루카 1, 15)라고 말하면서 요한이 자신의 행동에 있어서 얼마나 거룩한지를 보여주었다. 그리고 천사가 "그리고 이스라엘 자손들 가운데에서 많은 사람을 그들의 하느님이신 주님께 돌아오게 할 것이다."(루카 1, 16)라고 말했을 때, 요한이 자신의 이웃을 얼마나 실질적으로 섬겼는지를 보여주었다. 그리고 세 번째로, 그는 "'이 아기가 대체 무엇이 될 것인가?'… 정녕 주님의 손길이 그를 보살피고 계셨던 것이다."(루카 1, 66)라고 말하였던 지상의 존재들, 즉 남자와 여자, 그의 아버지와 이웃들이 증언했다.

요한의 칭송받을 만한 이유 네 번째는 직무 때문이다. 그가 직무를 수행하는 데 있어 하느님에게서 받은 은혜에서 찾을 수 있다. 그가 태중에 있을 때, 태중에서 나왔을 때, 세상에서의 생애 동안, 세상을 떠날 때 받았다.

그는 어머니의 태중에서 삼중의 은총의 경이로운 은사를 받았다. 첫째는 그가 태어나기 전에 거룩해지도록 은총을 받았다. 예레미야서 1장은 "모태에서 너를 빚기 전에 나는 너를 알았다. 태중에서 나오기 전에 내가 너를 성별하였다."(예레 1, 5)라고 한다. 둘째는 하느님의 존재를 알아보고 어머니 태중에서 뛰어 놀았다. 그를 예언자로 자격을 갖추게 한 은총이었다. 크리소스토모는 어떤 면에서 요한이 예언자보다 더 낫다고 말한다. "자기 삶의 방식과 믿음의 공로로 말미암아 예언의 은사를 받으려는 예언자는 적합합니다. 사람이 되기 전에 예언자가 되는 것이 예언자에게 합당합니까?" 더욱이 관례는 예언자들에게 기름을 붓는 것이었으며, 성모 마리아가 엘리사벳에게 인사하였을 때 그리스도는 태중에서 요한에게 기름을 부어 예언자로 삼았다. "그러므로 그리스도가 어머니 태중에서 한 말씀이 엘리사벳의 귀를 통해 들어가고 요한에게 기름을 부어 예언자로 세우기 위해 그리스도는 마리아가 엘리사벳에게 인사하게 만들었습니다." 셋째는 자신의 공로로 어머니에게 예언의 영을 전할 수 있었던 은총이었다. 크리소스토모는 요한이 어떻게 예언자 이상인지 계속 보여주면서 이렇게 말한다. "예언자 중 누가 예언자가 됨으로써 다른 사람을 예언자로 만들 수 있겠습니까? 참으로 엘리야는 예언자로 엘리사벳에게 기름을 부었으나 예언하는 은총을 그에게 주지는 않았습니다. 반면에 요한이 어머니 태중에서 어머니에게 주님이 집으로 오심을 알게 하였고, 신앙 고백의 말로 입을 열어 직접 보지 못한 분의 위엄을 알아보며 '내 주님의 어머니께서 저에게 오시다니 어찌 된 일입니까?'(루카 1, 43)라고 말하게 하였습니다.”

태중에서 삼중의 은총을 받은 요한의 탄생은 기적적이고 거룩하고 기쁨을 주는 것이었다. 그의 탄생은 기적적이었기 때문에 무력하게 태어나지 않았다. 그의 탄생은 거룩하였기 때문에 죄가 없었다. 그의 탄생은 기쁨을 주었기 때문에 애통함이 없었고 슬픔도 없었다. 스승인 오세르의 귈렐모(Guillaume d'Auxerre, Guillelmus Autissiodorensis)에 따르면, 요한의 출생은 세 가지 이유로 기념된다고 한다. 첫째는 태중에서 그의 성화(聖化)다. 둘째는 그가 빛의 전달자로서 왔고 우리에게 영원한 기쁨을 알리는 첫 번째 사람이었기 때문에 직무의 위엄이다. 셋째는 천사가 “많은 이가 그의 출생을 기뻐할 것이다.”(루카 1, 14)라고 말함으로써, 우리가 그의 출생을 매우 크게 기뻐하는 것은 옳은 것이며, 그의 출생을 둘러싼 기쁨이다.

요한은 세상에서의 생애 동안 많은 선물을 받았다. 그가 받은 은총의 여러 가지 은혜의 탁월함이 생애 동안 나타나고, 그렇게 해서 그가 모든 성인의 완벽함을 가졌다. 요한이 “나보다 더 큰 능력을 지니신 분이 오신다.”(루카 3, 16)라고 말하였을 때 그는 예언자였다. 요한이 그리스도를 확인하려고 손가락으로 가리켰을 때, 그는 예언자보다 한 수 위였다. 사도(使徒)는 보내진 사람이기 때문에 그는 사도였고, “하느님께서 보내신 사람이 있었는데 그의 이름은 요한이었다.”(요한 1, 6) 또한, 요한은 정의를 위해 죽음을 견뎠기에 순교자였다. 그는 고백하였고 부인하지 않았기 때문에 증거자였다. 그는 숫총각이었고, 우리가 말라키서 3장에서 “보라, 내가 나의 천사를 보낸다.”*라고 읽은 것처럼, 그의 동정 때문에 천사로 불렸다.

요한은 세상에서 떠날 때 삼중의 은혜를 받았다. 그는 정복되지 않는 순교자가 되었다. 순교의 팔마를 획득했기 때문이다. 그는 귀중한 심부름꾼이었다. 그때 그리스도의 오심과 그들의 구원에 대한 소중한 소식을 고성소에 있는 사람들에게 알려주었기 때문이다. 또한 그의 죽음은 영광스러웠다. 고성소로 내려갔던 모든 사람 중에서, 그의 탈출은 교회에 의해 특별히 성대하게 거행되고 훌륭하게 봉헌되기 때문이다.

* p.482 주석 참조 – 역자 주

요한이 칭송받는 다섯 번째 이유는 그의 설교이다. 천사가 "이스라엘 자손들 가운데에서 많은 사람이 그들의 하느님이신 주님께 돌아오게 할 것이다. 그는 또 엘리야의 영과 힘을 지니고 그분보다 먼저 와서, 부모의 마음을 자녀에게 돌리고, 순종하지 않는 자들에게 의인들의 생각을 받아들이게 하여, 백성이 주님을 맞이할 준비를 갖추게 할 것이다."(루카 1, 16-17)라고 말했다. 이때 천사는 요한이 하는 설교의 열매, 설교의 순서, 설교의 힘, 설교의 목적에 대해 간단히 언급한다.

요한의 설교가 칭찬받을 만했던 이유는 무엇일까. 그는 열렬하게, 효과적으로, 현명하게 설교하였다. 그가 바리사이들에게 "독사의 자식들아, 다가오는 진노를 피하라고 누가 너희에게 일러 주더냐?"(마태 3, 7)라고 말하였을 때 열정적이었다. 그렇지만 그는 불타는 빛이었기 때문에, 그의 열정은 애덕(愛德, caritas)으로 타오르고 있었다. 그리하여 이사야의 모습으로 말하면서 그는 직접 "그분께서 내 입을 날카로운 칼처럼 만드셨다."(이사 49, 2)라고 말한다. 그는 빛나는 빛이었기 때문에, 그의 열정은 진리에 의해 알려졌다. 요한복음 5장에서 "너희가 요한에게 사람들을 보냈을 때에 그는 진리를 증언하였다."(요한 5, 33)라고 한다. 진리는 분별력이나 지식에 의해 지시되었고, 그래서 율법을 일반 대중에게, 세리(稅吏)와 군인에게 각각의 필요에 따라 해석하였다. 진리는 그 불변성으로 확고했다. 그는 생명을 잃을 만큼 변함없이 설교하였다. 베르나르도는 "애덕이 당신의 열의를 불태우고, 진리가 열의를 알려주고, 지식이 열의를 지배하고, 불변성이 열의를 지탱하게 하십시오."라며 그가 가진 열의의 자질을 설명했다.

그의 설교로 많은 사람이 회심하였기 때문에, 그의 설교는 효과적이었다. 그는 자신의 헌신적인 가르침을 통해 말씀으로, 자기 삶의 거룩함을 통한 모범으로 설교하였고, 자신의 칭찬할 만한 삶과 헌신적인 기도로 가르쳐서 많은 사람을 회심시켰다. 또한 그는 현명하게 설교하였다. 그의 설교는 세 가지 방법으로 신중하고 현명한 판단을 분명히 보여준다. ① "도끼가 이미 나무뿌리에 닿아 있다. 좋은 열매를 맺지 않는 나무는 모두 찍혀서 불 속에 던져진다."(마태 3, 10)라고 말하면서, 그는 비뚤어진 사람들에게 두려움을 갖게 하려고 협박을 사용하였다. ② "회개하여라. 하늘나라가 가까이 왔다."(마태 3, 2)라고 말하면서, 선한 사람들을 유도하려고 약속을 사용하였다. ③ 그는 보통의 사람들을 조금씩 완벽함으로 이끌고, 일반 대중에게, 특히 세리들과 군사들에게 가벼운 의무를 부과하면서, 후에 더 위대한 일로 그들을 데려가려고 하였다. 즉 일반 대중이 자비의 일을 하게 하려고, 세리들은 다른 사람들 것을 갈망하는 것을 삼가고, 군인들은 어떤 사람들을 강탈하거나 거짓으로 고발하지 말고, 자신들의 수입에 만족하도록 절제하였다.

세례자 요한의 탄생을 기념하는 날에 성 요한 복음사가가 천국으로 갔다는 사실에 주목해야 한다. 그러나 교회는 그리스도의 탄생 후 사흘째 되는 날에 그 복음사가의 축일 거행을 도입했다. 복음사가 요한 성당이 그날 봉헌되었기 때문이다. 그리고 세례자 요한의 탄생일 거행은 천사가 그 선구자의 탄생을 크게 기뻐한 날로 인증되었기에 그 날짜를 지켰다. 그 복음사가가 더 작은 자에게 더 큰 자로서 자신의 날을 세례자에게 양보해야 했는지에 대해 독단적으로 말할 필요는 없다. 하늘에서 보낸 사례에서 분명히 알 수 있듯이, 그들 중 누가 더 위대한지 언쟁하는 것은 적절하지 않다. 우리는 두 명의 신학박사가 있었는데 그중 한 사람은 세례자 요한에게, 다른 사람은 요한 복음사가에게 호의적이었다는 것을 읽었다. 그들은 공식적인 논쟁에 마침내 동의했고 각자 권위를 찾는 일과 자신의 특정한 요한을 뒷받침할 설득력 있는 주장에 주의를 기울였다. 그러나 논쟁 당일 성인들 각자가 자신의 대변자에게 나타나서 말했다. "우리는 하늘에서 함께 잘 지내고 있다! 땅에서 우리에 대해 논쟁 하지 마라!" 신학박사들은 대중에게 그 환시를 알리고 주님께 감사를 드렸다.

랑고바르디족의 역사 저술가인 파울로(Paulus)는 로마 교회의 부제였고 몬테카시노(Monte Cassino)의 수도승이었다. 어느 날 그는 초를 축복하려고 했으나 갑자기 목이 쉬었다. 목소리를 회복하기 위해 성 요한 세례자의 축일을 위한 '당신의 종들이 자유롭게 노래할 수 있게 당신이 행한 일들의 경이로움을'(Ut queant laxis resonare fibris / Mira gestorum famuli tuorum)*이라는 찬미가를 작곡했다. 1절

---

* 1절에서 3번째와 4번째 줄은 '입술의 더러운 죄를 해방하소서 / 성 요한이여'(Solve polluti labii reatum / Sancte Joannes.)이다. 대략 이것의 영어 번역은 'In order that your servants may sing the wonders of your deeds with relaxed vocal cords, absolve the guilt of polluted lips, O Saint John!' 일 것이다. 모든 멋진 찬미가는 《교회의 찬미가》(Hymni Ecclesiae, London: Macmillan, 1865, 282.) 에서 볼 수 있을 것이다.

에서 즈카르야가 그랬던 것처럼, 자신의 목소리가 회복되기를 기도했다.

이날에 발견되는 모든 죽은 동물의 뼈를 수집해서 불태우는 사람들이 있다. 요한 벨레토(Joannes Belethus)는 이에 대해 두 가지 이유를 말한다. 하나는 고대로 돌아가는 의식이다. '용'이라고 불리는 동물이 공중을 날고, 물에서 수영하고, 땅 위를 걷고, 때때로 하늘을 날며 탐욕스럽게 흥분해 우물과 흐르는 물에 정액을 떨어뜨렸다. 이것은 전염병을 야기했다. 이 위험에 대한 예방법은 동물들의 뼈로 모닥불을 만들어 그 연기가 용들을 쫓아버린다는 것에서 창안되었다. 이런 행위가 성 요한의 축일 무렵에 행해졌기 때문에, 일부 사람들은 그 관습을 계속해서 지키고 있다. 또 다른 이유는 세바스테(Sebaste) 시에 있는 비신자들이 성 요한의 뼈를 불태우는 것을 나타내기 위해서이다.

요한은 불타고 빛나는 횃불이었기 때문에, 불을 붙인 횃불도 이 모닥불 주변으로 모이고, 그때 태양의 주기(週期)가 더 줄어들기 시작하기 때문에 수레바퀴는 회전한다. 이것은 요한이 "그분은 커지셔야 하고 나는 작아져야 한다."라고 직접 증언했던 것처럼, 요한을 그리스도라고 믿었던 믿음이 줄어들었다는 것을 의미한다. 성 아우구스티노에 따르면, 이것은 그들의 탄생과 죽음을 의미한다고 한다. "지점(至點)은 그리스도와 요한의 10일 전에 온다."(Solstitum decimo Christum praeit atque Joannem.)라는 격언에 따르면, 요한의 탄생 무렵에는 낮이 짧아지기 시작하고 그리스도가 탄생할 무렵에는 날이 더 길어진다. 그들의 죽음도 마찬가지이다. 그리스도의 몸은 십자가에 높아졌고, 요한의 몸은 머리가 잘리면서 낮아졌다.

파울로 부제는 《랑고바르디족의 역사》(Historia Langobardorum)에서 랑고바르디족의 왕인 로타리우스(Lotharius)가 엄청난 양의 값비싼 부장품들과 함께 성 요한 세례자의 성당 옆에 묻혔다고 말한다. 그때 탐욕의 유혹에 빠진 한 남자가 몰래 무덤의 보물을 다 훔쳤다. 성 요한은 이 남자에게 나타나서 말했다. "감히 어떻게 내가 보호하던 물건들을 만지느냐? 지금부터 너는 나의 성당에 들어오지 못할 것이다!" 그리고 어떻게 되었는지는 명확하다. 그 사람이 이 성당에 들어가려고 할 때마다, 그는 목을 강타당해서 몸서리치며 물러섰다.

성 요한과 파울로

요한(Johannes, John)과 파울로(Paulus, Paul)는 콘스탄티누스 황제의 딸 콘스탄시아(Constantia) 집안의 고위 관리였다. 그 시기에 스키타이(Scythians)족이 다치아(Dacia)와 트라치아(Thracia)를 침입하고 있었고, 로마 군대 사령관인 갈리카노(Gallicanus)가 그들에 대항하여 군대를 이끌고 전쟁에 나섰다. 이에 대한 보답으로 콘스탄시아와의 결혼을 요구하였고, 로마의 최고위 사람들은 황제에게 허락할 것을 강력히 촉구했다. 그러나 황제는 자신의 딸이 성녀 아녜스에 의해 치유되면서 동정 서약을 했기에 결혼하느니 차라리 죽으려고 할 것을 알기 때문에 슬픔에 잠겼다. 그러나 하느님을 신뢰하는 그 동정녀는 언제든 갈리카노 사령관이 승리자로 돌아온다면 결혼하겠다고 아버지에게 말했다. 게다가 갈리카노에게는 세상을 떠난 아내와의 사이에서 태어난 두 딸이 있었다. 콘스탄시아는 두 딸과 함께 지내면서 갈리카노의 삶의 방식이나 방향을 익힐 수 있도록 요청했다. 이에 대한 보답으로 콘스탄시아는 요한과 파울로를 참전시켜 갈리카노의 안전을 보장하기로 했다. 또한 갈리카노와 두 딸이 개종할 수 있도록 기도했다. 이 합의는 모든 당사자를 기쁘게 했다.

갈리카노는 요한과 파울로와 함께 대군(大軍)을 이끌고 전쟁에 나섰으나, 스키타이족에게 패배하고 잔병(殘兵)들마저 트라치아에 있는 한 마을에서 포위당했다. 그 시점에서 요한과 파울로는 갈리카노 장군에게 말했다. "하느님께 서약하십시오, 그러면 당신이 이전에 승리했던 것보다도 큰 승리를 거둘 것입니다!" 갈리카노는 서약했고, 즉시 십자가를 가진 젊은이가 나타나서 "칼을 차고 나를 따르시오!"라고 말했다. 갈리카노는 젊은이를 뒤따랐다. 그들은 적의 막사를 빠른 속도로 통과하여 스키타이 족의 왕을 죽였다. 그리고 공포만으로 적을 토벌하였고 적들이 로마인들에게 공물을 바치게 만들었다. 그 싸움에서 갑옷을 입은 두 명의 기사가 나타나 갈리카노를 지원했다.

이제 그리스도인이 된 갈리카노가 로마로 돌아와 명예로운 환영을 받았다. 그는 그리스도에게 금욕의 서약을 했기 때문에 황제의 딸과 결혼을 원하지 않는다며 황제에게 용서를 청했다. 그동안에 콘스탄시아는 갈리카노의 두 딸을 개종시켰고, 콘스탄티누스는 결혼 할 수 없다는 요청을 기꺼이 승인했다. 갈리카노 장군은 지휘권을 사임한 후 가난한 사람들에게 자신의 재산을 나누어주고, 주님의 다른 종들과 함께 가난한 생활로 하느님께 봉사했다. 그는 많은 기적을 일으켰고, 악령들은 그를 보기만 해도 사람들의 몸에서 도망쳤다. 그의 거룩함에 대한 명성은 전 세계에 퍼져나갔고, 가난한 사람들의 발을 씻기고 식사 시중을 들고 손을 씻겨주고, 아픈 사람들을 친절하게 보살피며 거룩하게 봉사하는 로마 귀족을 보려고 동방과 서방에서 많은 사람이 왔다.

콘스탄티누스 대제가 죽고 아리우스 이단에 젖어 있던 아들 콘스탄티우스(Constantius)가 그 뒤를 계승했다. 콘스탄티누스 황제의 형제인 또 다른 콘스탄티누스에게는 두 명의 아들 갈루스(Gallus)와 율리아누스(Julianus)가 있었다. 콘스탄티우스 황제는 앞에서 말한 사촌 갈루스를 부황제(Caesar)로 임명하고 반역하는 유다를 평정하라는 임무를 내린 후에 갈루스를 사형에 처했다. 율리아누스는 콘스탄티우스가 자기 형제 갈루스처럼 자신도 죽일 것이라고 두려워하여 수도승원에 들어갔고 신앙심이 깊은 척 과시하여 독서직에 서품되었다. 또한, 마법사를 통해 악마로부터 자신이 황제가 될 것이라는 대답을 받았다. 얼마 후, 콘스탄티우스는 제국에서의 사건으로 인해 율리아누스를 부황제로 임명하고 갈리아(Gallia)로 보냈다. 율리아누스는 그곳에서 임무를 효율적으로 수행했다. 콘스탄티우스가 죽자 배교자인 율리아누스는 제국까지 얻어냈다. 율리아누스는 널리 존경받는 갈리카노를 감히 죽일 수 없어서 신에게 제물을 바치거나 유배를 가야 한다고 명령을 내렸다. 알렉산드리아로 간 갈리카노는 신앙심이 없는 사람들에게 심장이 찔려 순교의 월계관을 얻었다.

신성을 모독하는 탐욕에 사로잡혔던 율리아누스는 자신의 탐욕을 복음을 인용하면서 감췄다. 그가 그리스도인들의 소유물을 약탈하면서 "너희 그리스도는 복음에서 네가 소유한 모든 것을 포기하지 않는 한, 너는 그의 제자가 될 수 없다."라고 말했다. 그때 요한과 파울로가 동정녀 콘스탄시아가 남긴 재산으로 가난한 그리스도인들에게 필요한 물품들을 공급하고 있다는 것을 들었다. 율리아누스는 두 사람에게 콘스탄티누스에게 봉사했던 것처럼 자신에게도 봉사하는 것이 그들의 의무라고 알렸다. 요한과 파울로: "콘스탄티누스와 콘스탄티우스는 그리스도의 종이 되는 것을 자랑스러워했으며 우리도 기쁘게 그들에게 봉사했습니다. 그러나 당신은 모든 덕의 종교를 포기했기 때문에 우리는 당신에게 봉사할 수 없으며, 만일 우리가 당신에게 순종한다면 우리 자신을 경멸할 것입니다!" 율리아누스: "나는 너희 교회에서 서품된 성직자이고, 만일 내가 마음만 먹었다면 교황이 될 수 있었을 것이다. 그러나 나는 아무것도 하지 않고 세월을 헛되이 보내는 것은 낭비라고 생각한다. 그래서 나는 군 생활을 선택하였고, 신들에게 제물을 바쳤으며 신들의 도움으로 제국을 얻었다. 그러나 너희는 황실 궁정에서 자랐으니 내 곁을 떠나서는 안 된다. 나는 나의 궁전의 1인자로서 너희는 나와 함께 해야 할 것이다. 그러나 만일 너희가 나를 경멸하고 고집을 부린다면, 나는 행동에 옮길 것이다." 요한과 파울로: "저희는 하느님이 당신보다 더 우선이므로 당신의 위협을 결코 두려워하지 않습니다! 당신이 원하는 대로 하면 영원하신 하느님이 적의를 품게 될 것입니다!" 율리아누스: "만일 10일 안에 너희들이 나를 향한 태도를 바꾸지 않는다면, 너희들은 감금될 것이다!" 요한과 파울로: "그냥 10일이 지났다고 생각하고 지금 당신이 위협하는 것을 하십시오!" 율리아누스: "그리스도인들이 너희를 순교자로 만들어 줄 것이라고 생각하겠지만, 나는 너희를 순교자가 아닌 공적인 적으로 처벌할 것이다!"

이후, 요한과 파울로는 남은 재산을 모두 가난한 사람에게 나누어 주면서 10일을 보냈다. 10일째 되는 날에 테렌티아누스(Terentianus)가 와서 말했다. "우리의 주인 율리아누스가 당신들에게 작은 주피터(Jupiter) 금상(金像)을 보냈습니다. 당신들은 금상에 향을 피워야 합니다. 그렇지 않으면 둘 다 죽습니다!" 요한과 파울로: "만일 율리아누스가 당신의 주인이면 그와 함께 평화를 지키기를! 우리는 우리 주 예수 그리스도 외에는 주인이 없습니다!" 그때 테렌티아누스는 두 사람을 비밀리에 참수하여 그 집 안에 있는 무덤에 묻으라고 명령한 뒤, 그들이 유배되었다고 거짓 소문을 유포했다. 그 후 얼마 안 되어 악령에 씌인 테렌티아누스의 아들은 악령이 자신을 괴롭히고 있다고 부르짖기 시작했다. 이것을 본 테렌티아누스는 자신의 죄를 고백하고 그리스도인이 되어 순교자들의 수난기를 집필했다. 그들은 서기 460년경에 고통을 겪었다.

그레고리오 교황은 "누구든지 내 뒤를 따라오려면, 자신을 버리고 날마다 제 십자가를 지고 나를 따라야 한다."(루카 9, 23)는 복음 본문에 대한 강론에서 정기적으로 순교자들의 성당을 방문하던 한 여자에 대해 말한다. 하루는 그녀가 성당에 들어갔을 때, 순례자 복장을 하고 서 있는 두 명의 수도승을 발견했다. 그들이 순례자라고 생각한 그녀는 수행원에게 두 수도승에게 자선을 베풀라고 지시했다. 수행원이 명령을 이행하려 할 때, 순례자들은 그 여자에게 다가와서 "당신은 지금 우리를 방문하였습니다. 심판의 날에 우리는 당신을 찾아낼 것이고 우리가 당신을 위해 할 수 있는 무엇이든 할 것입니다!"라고 말하고 사라졌다.

암브로시오는 〈서문경〉에서 이 순교자들에 대해 말한다. "복된 순교자들 요한과 파울로는 다윗이 '보라, 얼마나 좋고 얼마나 즐거운가, 형제들이 함께 사는 것이!'(시편 133, 1)라고 말했던 것을 진정으로 성취했습니다. 그들은 법적으로 형제였으며 공통된 믿음으로 서로 결속되어 있었고, 자신들의 순교로 서로 동등했으며, 한 분 주님 안에서 영원히 영광을 받았습니다!"

88

성 레오 교황

어느 날 레오(Leo) 교황이 성모 마리아 대성전(Basilica Sanctae Mariae Majoris)에서 미사를 봉헌하고 신자들에게 성체를 나눠주고 있을 때, 한 여자가 자신의 손에 입을 맞추었고, 육체적으로 격렬한 유혹을 경험하였다고 《복되신 동정녀의 기적들》(Miraculis Beatae Virginis)이란 책에서 전하고 있다. 하느님의 사람은 그날 자신에게 잔혹한 복수를 하고 자신을 욕되게 한 손을 몰래 잘라 버렸다. 시간이 지나면서 사람들은 평소처럼 하느님의 신비를 거행하지 않는 교황에게 투덜거리기 시작했다. 그때 레오 교황은 자신을 온전히 성모 마리아에게 의탁했다. 성모 마리아는 곧 그에게 나타나서 자신의 거룩한 손으로 그의 손을 원상태로 돌려주며 이전처럼 하던 일을 굳건히 계속하고 자신의 아드님에게 제사를 지내라고 명령했다. 이후 레오는 자신에게 일어난 일을 선언하면서 모든 사람에게 회복된 손을 보였다.

레오 교황은 칼케돈 공의회를 소집하여 이제부터 오직 동정녀들만 머릿수건(velum, veil)을 쓸 수 있다고 법령으로 정했다. 또한, 이 공의회는 성모 마리아는 하느님의 어머니(Mater Dei)로 불려야 한다고 법령으로 정했다.

그때 아틸라(Attila)가 이탈리아를 완전히 파괴하고 있었다. 성 레오는 사도들의 성당에서 3일 밤낮을 기도한 후 동료들에게 말했다. "만일 당신들 중 누구든지 나를 따르기를 원한다면 함께 갑시다!" 그는 도시 밖으로 나가서 아틸라 무리를 향했다. 복된 레오를 본 훈족 왕은 말에서 내려 교황의 발치에 무릎을 꿇고, 교황이 원하는 모든 것을 요청해달라고 간청했다. 레오는 이탈리아에서 철수하고 포로들을 석방할 것을 요청했다. 아틸라의 사람들은 세상의 정복자가 한 사제에게 정복당했다고 항의했다. 아틸라가 대답했다. "나는 나 자신과 너희를 위해 행동했다! 나는 그의 오른편에 칼을 겨눈 강력한 전사가 '네가 이 사람에게 복종하지 않는 한, 너와 너의 사람들은 소멸될 것이다!'라고 말하는 것을 들었다."

또 다른 때에 레오는 자신의 죄에 대한 면제를 얻기 위해 성 베드로의 무덤에서 40일 동안 단식기도하며 간청했다. 성 베드로가 나타나서 "나는 너를 위해 주님께 기도하였고 그분은 너의 모든 죄를 용서하셨다. 너는 오직 안수에 대한 책임만 져야 할 것이다. 대신에 네가 어떤 사람을 서품할 것인지 아닌지, 그가 자격이 있는지 없는지에 대해 질문을 받을 것이다."라고 말했다.

성 레오는 서기 460년경에 죽었다.*

89

성 베드로 사도

베드로는 3개의 이름을 가졌다. 첫째, 시몬 바르요나(Simon Bar-Jona)로 불렸다. 시몬은 '말

* 레오 1세 교황의 재위 기간은 440년 8/9월~461년 11월 10일까지이다. – 역자 주

을 잘 듣는', '슬픔을 받아들이는'으로 해석되고, 바르(Bar)는 시리아어에서 '아들'을 의미하고, 요나(Jona)는 히브리어로 '비둘기'를 의미하기 때문에, 바르요나는 '비둘기의 아들'로 해석된다. 베드로는 그리스도가 자신을 불렀을 때 참으로 순종했다. 그는 명령 한 마디에 주님에게 복종했다. 그리스도를 부인한 그가 밖으로 나갔고 비통하게 울며 슬픔을 받아들였다. 이 모두 순박함 안에서 하느님께 봉사하려는 의도였으므로 그는 비둘기의 아들이었다. 둘째, 그는 '머리', '바위', '강력하게 말하기'라고 해석되는 케파(Cephas)로 불렸다. 즉 교회의 고위 성직자들 사이에서 으뜸이었기 때문에 머리이고, 자신의 수난에서 인내했기 때문에 바위이고, 끊임없는 설교 때문에 강력하게 말하기였다. 셋째, '인정하는', '누군가의 신발을 벗기기', '속박을 푸는'으로 해석되는 베드로(Petrus)로 불렸다. 베드로는 자신이 "스승님은 살아 계신 하느님의 아드님 그리스도이십니다."(마태 16, 16)라고 말했을 때, 그리스도의 신성을 인정했다. 그는 "보시다시피 저희는 모든 것을 버리고 스승님을 따랐습니다."(마르 10, 28)라고 말했을 때, 어떤 죽음과 세상의 일들에 대한 애착의 신발을 벗었다. 그는 주님에게서 받은 열쇠로 죄의 사슬을 풀어 우리를 해방시켰다.

이것 말고도 베드로는 또 다른 3개의 이름을 가졌다. '주님의 아름다움'을 뜻하는 시몬 요한나(Simon Johanna), '누구에게 주어진'을 뜻하는 시몬 요한니스(Simon Johannis), '비둘기의 아들'인 시몬 바르요나라 불렸다. 우리는 이 3개의 이름으로 베드로가 행동의 아름다움, 덕의 은사들, 풍부한 눈물을 가졌다는 사실을 알 수 있다. 풍부한 눈물은 비둘기의 노래가 애절하기 때문이다. 베드로란 이름에 관해 첫째, 예수님은 "너는 케파라고 불릴 것이다. '케파'는 '베드로'라고 번역되는 말이다."(요한 1, 42)라고 하였듯이, 베드로가 그의 이름이 될 것이라고 약속하셨다. 둘째, 예수님은 "그리고 시몬에게 그는 베드로란 이름을 주셨다."(마르 3, 16)라고 하였듯이 그 이름을 주었다. 셋째, 그분은 "나 또한 너에게 말한다. 너는 베드로이다. 내가 이 반석 위에 내 교회를 세울 것이다."(마태 16, 18)에 나와 있듯이 그 이름을 확인해 주었다.

마르첼로(Marcellus), 리노(Linus) 교황, 헤제시포(Hegesippus), 레오(Leo) 교황이 베드로의 수난에 대해 집필했다.

사도 베드로는 사도들 사이에서도 두드러졌다. 그는 주님의 배신자가 누구인지 알고 싶었다. 아우구스티노가 말한 것처럼, 만일 알았더라면 그 사람을 이빨로 물어뜯어 갈가리 찢었을 것이기 때문이다. 그래서 그리스도는 배신자의 이름을 밝히지 않았을 것이다. 크리소스토모가 말한 것처럼, 베드로가 당장 일어나 배신자를 죽였을 것이기 때문이다. 그는 예수의 변모와 회당장의 딸이 소생할 때 자신이 참석하도록 선택해 주신 주님을 향해 물 위를 걸었고, 물고기의 입에서 성전세를 내기 위한 동전을 발견했고, 주님으로부터 하늘 왕국의 열쇠를 받았고, 그리스도의 양에게 먹이를 주는 책임을 받아들였고, 성령강림의 날에 설교로 3천 명의 사람을 개종시켰고, 하나니아스(Ananias)와 사피라(Saphira)의 죽음을 예언했고, 중풍병자인 애네아스(Aeneas)를 치유했고, 코르넬리우스(Cornelius)에게 세례를 주었고, 타비타(Tabitha)를 되살렸다. 그의 그림자는 병자를 치유했고, 헤로데에 의해 투옥되었고, 천사에 의해 풀려났다.

성 클레멘스의 책에서 제시된 것처럼, 베드로가 어떤 음식을 먹고 어떤 옷을 입었는지 베드로가 직접 우리에게 말한다. "내가 먹은 것이라곤 올리브와 빵, 때때로 채소만 먹었습니다. 내가 입은 것은 당신이 보았던 한 벌의 튜니카(tunica)와 망토입니다. 나는 그 밖에 어떤 것도 필요로 하지 않습니다." 또한, 베드로는 주님의 존재와 설교에 대한 소중한 기억이 마음에 떠오를 때 온몸을 휩싸는 사랑으로 빈번히 흐르는 눈물을 닦기 위해 튜니카 안에 항상 수건을 가지고 다녔다고 한다. 그는 자신이 어떻게 주님을 부인했는지 기억하였을 때 죄의식으로 또다시 눈물을 흘렸다. 참으로 눈물 흘림이 습관이 되었고 클레멘스가 말한 것처럼, 그의 얼굴 전체가 눈물로 달아오른 것처럼 보였다. 또한 베드로는 새벽에 수탉의 울음소리를 들었을 때, 기도하려고 일어났고 늘 그렇듯이 눈물을 흘렸다고 클레멘스는 말한다. 베드로는 아내가 순교 당할 때 매우 기뻐하며 "사랑하는 아내여, 주님을 기억하시오!"라고 말하면서 그녀의 이름을 불렀다고 한다. 또한, 《교회사》에도 이 내용이 기록되어 있다.

언젠가 베드로가 제자 두 사람을 설교하라고 보냈고, 그들이 20일 동안 여행하는 중에 한 사람은 죽고 다른 사람은 베드로에게 돌아와서 어떤 일이 일어났었는지 말했다. 죽은 사람은 마르티알리스(Martialis)라고 알려졌지만, 일부에서는 마테르노(Maternus)였다고 한다. 다른 곳에서는, 죽은 제자는 제오르지오(Georgius)라는 사제였고, 다른 제자는 복된 프론토(Fronto)였다고 한다. 누구였든 간에, 베드로는 살아 있는 제자에게 자신의 지팡이를 건네주면서 죽은 친구에게 돌아가 그 위에 지팡이를 놓으라고 명령했다. 제자는 그대로 했고, 죽은 지 40일이 되었던 사람이 즉시 살아났다.

그 시기에 예루살렘에 시몬(Simon)이란 이름의 마법사가 자신이 모든 진리의 근원이라고 주장했다. 마법사 시몬은 자신을 믿는 사람들을 죽지 않게 할 것이고 자신에게 불가능한 것은 없다고 선언했다. 또한, 클레멘스의 책에서는 시몬이 "나는 하느님처럼 공개적으로 숭배받을 것이고, 신적인 영광을 얻을 것입니다. 나는 원하는 무엇이든지 할 수 있습니다. 나의 어머니 라헬 (Rachel)이 나에게 밀밭으로 나가서 낟알을 수확하라고 말했을 때, 나는 땅 위에 놓여 있는 큰 낫에게 스스로 베라고 명령했고, 그 낫은 다른 일꾼들보다 10배를 수확했습니다."라고 말한 것을 기록하고 있다. 예로니모는 시몬이 "나는 하느님의 말씀이고, 훌륭한 자이고, 성령입니다. 하느님의 모든 것이 나입니다!"라고 덧붙였다고 말한다. 시몬의 명령에 청동 뱀들이 움직였고, 청동상과 석상들이 웃었고, 개들이 노래했다.

리노 교황에 의하면, 시몬은 베드로와 논쟁하여 자신이 하느님이란 것을 증명하기를 원했다고 한다. 정해진 날에 베드로는 만나기로 한 장소로 갔고 그곳에 모인 사람들에게 "여러분과 진리를 사랑하는 형제들에게 평화가 함께 하기를!"이라고 말했다. 시몬이 베드로에게 말했다. "우리는 당신의 평화가 필요하지 않습니다! 만일 평화의 조화가 있다면, 우리는 더 이상 진리를 찾지 않았을 것입니다. 도둑들은 그들 사이에서 평화를 유지합니다! 그러므로 평화가 아니라 전쟁을 간구하십시오! 두 사람이 싸울 때, 어느 한쪽이 패배해야 평화가 있습니다!" 베드로: "왜 당신은 평화란 말을 듣고 두려워합니까? 전쟁은 죄에서 태어나지만, 평화는 죄가 없는 곳에 있습니다. 진리는 토론에서 나오고, 정의는 행위에서 찾을 수 있습니다." 시몬: "쓸데없는 이야기다! 네가 즉시 나를 흠숭하도록 너에게 나의 신성(神性)을 보일 것이다. 나는 최고의 능력자이다! 나는 공중을 날아다닐 수 있고 나무를 새로 만들고 돌을 빵으로 바꾸고 불 속에서도 다치지 않고 서 있을 수 있다. 원하는 모든 것을 할 수 있다!" 그러나 베드로는 하나하나 시몬을 반박하면서 그의 모든 마술의 속임수를 폭로했다. 그때 시몬은 베드로를 압도할 수 없다는 것을 깨닫고 마법사로 드러내기를 두려워하여 모든 마술책을 바다에 던졌고 자신이 신으로 받아들여질 수도 있는 로마로 갔다. 그러나 베드로는 시몬을 쫓아갔고, 이로써 베드로는 로마에 입성한다.

이때가 클라우디우스 황제의 재위 제4년이었다. 베드로는 25년 동안 로마에서 주교좌를 맡았고, 요한 벨레토(Joannes Belethus)가 말한 것처럼 두 명의 주교 리노와 클레토(Cletus)*를 서품하여 한 사람은 로마시 안에서, 다른 사람은 성벽 밖에서 자신을 돕도록 했다. 그는 헌신적으로 설교하였으며, 믿음으로 많은 사람을 개종시켰고, 많은 사람의 질병을 치유했다. 그는 설교에서 항상 순결을 찬미하고 강조했다. 이것은 아그리파스(Agrippas) 총독의 첩 네 명의 삶을 변화시켜 그들이 더 이상 육체적 관계를 갖는 것을 거부하게 했다. 화가 난 총독은 사도를 제압할 기회를 기다렸다. 그때 주님이 베드로에게 나타나서 말씀하셨다. "시몬과 네로가 너에게 해를 가할 음모를 꾸미고 있으나, 내가 너와 함께 있고 너를 보호할 것이니 두려워하지 마라! 나의 종 바오로를 너에게 위안이 될 사람으로 보낼 것이며, 그는 내일 로마에 도착할 것이다!" 리노가 말한 것처럼, 이제 영원히 살 수 없는 자신의 장막을 거둘 때가 가까이 왔음을 깨달은 베드로는 직접 신자들의 만남을 주재한 자리에 클레멘스를 데려가서 주교로 서품하고, 자신의 후임자로 임명했다.* 그때 주님의 예언처럼 바오로가 로마에 도착하여 베드로와 함께 그리스도를 설교하기 시작했다.

그동안 마법사 시몬은 네로의 총애를 받았고, 사람들은 시몬이 황제를 비롯한 도시 전체의 삶과 행복의 수호자라는 것을 의심하지 않았다. 레오 교황의 말처럼, 어느 날 네로 곁에 서 있던 시몬의 얼굴이 갑자기 나이 들어 보이다가 다음 순간 젊어졌다. 이것을 본 네로는 시몬이 하느님의 아들이라는 것을 확신했다. 역시 레오 교황의 말에 의하면, 그때 시몬이 네로에게 말했다. "황제여, 당신은 제가 하느님의 아들이라는 것을 확실히 알고 있습니다. 그러니 저를 참수하도록 명령하십시오, 그러면 셋째 날에 저는 다시 살아날 것입니다!" 그래서 네로는 사형집행인에게 시몬의 머리를 자르라고 명령했다. 사형집행인은 실제로 숫양의 머리를 잘랐으나, 시몬이 마술로 환상을 만들어서 사람을 참수한 것처럼 보이게 했다. 이런 식으로 시몬은 빠져나왔다. 시몬

---

* 클레토는 아나클레토(Anacletus)의 단축형으로 제3대 교황을 의미한다. – 역자 주
**교황이자 로마의 주교로 베드로를 계승한 사람은 리노, 아나클레토, 클레멘스의 순서이다. 그래서 클레멘스는 제4대 교황이다. – 역자 주

은 동물의 유해를 감추었고, 피는 길바닥에 굳도록 남겨둔 채 3일 동안 숨어 있다가 네로 앞에 나타났다. "제가 흘린 피를 지우십시오! 제가 비록 참수되었지만 제가 약속했던 것처럼 사흘 만에 살아난 저는 여기에 있습니다!" 황제는 어안이 벙벙했고 시몬이 하느님의 아들이라는 것을 어느 때보다 더 확신했다. 이것은 레오가 한 말이다. 다른 때에 시몬이 황제와 함께 궁전에 있을 때, 악령이 시몬 모습으로 가장하여 황궁 밖에서 대중들에게 열변을 토했다. 마침내 로마인들은 시몬을 존경하여 동상을 만들어서 "거룩한 하느님 시몬에게"(Simoni Deo Sancto)라는 글을 새겼다.

레오 교황은 '베드로와 바오로가 네로에게 가서 시몬이 저지른 모든 악행을 폭로했다'고 단언한다. 그리고 베드로는 그리스도 안에 신성과 인성이라는 양면의 실체가 있듯이, 이 마법사 안에도 인성과 악마성이라는 양면의 실체가 있다고 덧붙였다. 그리고 성 마르첼로(Marcellus)와 레오 교황의 계속된 증언에 의하면, 시몬이 말했다. "나는 더 이상 이 적을 용납하지 않을 것이다! 내가 명령하면 나의 천사들이 너희에게 복수할 것이다!" 베드로가 시몬에게 말했다. "나는 너의 천사들이 두렵지 않으나, 그들은 나를 두려워합니다!" 네로: "뭐라고! 자신의 신성을 행동으로 입증한 시몬을 두려워하지 않는다고?" 베드로: "만일 시몬에게 어떤 신성이 있다면, 제가 무슨 생각을 하고 있는지, 제가 무엇을 하려 하는지 말해보라고 명령하십시오. 그 전에 제가 먼저 생각하는 바를 당신 귀에 속삭여 그가 감히 거짓말을 하지 못하게 할 것입니다!" 네로: "가까이 와서 네가 생각하는 것을 말하라!" 베드로는 네로에게 가까이 가서 말했다. "시몬 모르게 빵 한 덩어리를 저에게 주십시오!" 빵 한 덩어리를 가져왔고 베드로는 그 빵을 축복한 후 소매에 숨기고, "스스로를 하느님이라 칭하는 시몬은 내가 무엇을 생각하고 말하고 행하였는지 말해라!"라고 말했다. 시몬: "차라리 베드로가 제가 생각하고 있는 것이 무엇인지 말하게 하십시오!" 베드로: "저는 시몬이 생각하고 있는 것이 무엇인지를 행동으로 보여줄 수 있습니다!" 그때 시몬이 화를 내며 소리쳤다. "큰 개들은 와서 베드로를 집어삼켜라!" 갑자기 거대한 개들이 나타나서 베드로에게 달려들었으나, 그가 축복한 빵을 꺼내자 개들은 달아났다. 그때 베드로가 네로에게 말했다. "보십시오, 저는 시몬의 생각을 알았기에 말이 아니라 행동으로 보여 드렸습니다.

시몬은 저에 대항하여 자신의 천사들을 데려올 것이라고 선언했으나, 데려온 것은 개였으며, 시몬의 천사들은 신과 같지 않고 개와 같음을 보여주었습니다!" 시몬은 대꾸했다. "베드로와 바오로는 들어라, 만일 내가 이곳에서 아무 것도 할 수 없었다면, 내가 너를 적당한 장소로 데려가 재판했을 것이다. 그러니 당분간 너의 목숨을 살려주겠다!" 이것이 레오가 한 말이다.

헤제시포와 리노가 전하는 내용에 따르면, 그런 다음 시몬은 자만심에 휩싸여 자신이 죽은 사람을 되살릴 수 있다고 감히 떠벌렸고, 정말로 한 젊은이가 죽는 사건이 일어났다. 그래서 베드로와 시몬이 소환되었고, 죽은 사람을 되살리지 못하는 사람은 죽음을 면치 못할 것이라는 시몬의 제안에 모두 동의했다. 그때 시몬은 시신에 주문을 외우기 시작했고, 빙 둘러 서 있는 사람들은 죽은 사람이 머리를 움직이는 것을 보았다. 목격자들은 소리쳤고 베드로에게 돌을 던지려고 하였으나 베드로는 그들을 간신히 진정시키고 말했다. "만일 이 젊은이가 정말로 살아 있다면, 일어나서 걷고 말하게 하십시오! 만일 그렇지 않다면 악령이 죽은 이의 머리를 움직였다는 사실을 깨닫게 될 것입니다! 악마의 정체가 드러날 수 있도록 시몬을 상여에서 멀리 떨어져 있게 하십시오!" 시몬이 멀리 떨어지자 젊은이는 조금도 움직이지 않았다. 역시 멀리 떨어져 서 있던 베드로가 기도한 다음에 큰 소리로 "젊은이여, 나자렛 사람 예수 그리스도의 이름으로 일어나 걸으시오!"라고 말하자 꼼짝 않고 누워 있던 그 젊은이가 바로 일어나서 이리저리 걸어 다녔다.

이제 사람들이 시몬에게 돌을 던지려고 하자 베드로가 말했다. "시몬은 자신과 자신의 마술이 패배하였음을 인정하는 것만으로도 충분히 벌을 받고 있습니다. 우리의 스승은 악을 선으로 갚으라고 우리를 가르치셨습니다!" 그때 시몬이 말했다. "베드로와 바오로, 당신들이 열망하는 순교의 월계관을 내가 당신들에게 수여하는 일은 결코 일어나지 않을 것이오!" 베드로가 대답했다. "우리가 열망하는 것이 우리에게 오기를, 그러나 말끝마다 거짓말을 하는 당신에게는 그 어떤 좋은 것도 결코 오지 않기를!"

성 마르첼로에 따르면, 그런 다음 시몬은 제자 마르첼로의 집으로 가서 문 앞에 거대한 개를 묶어두고 그에게 말했다. "평소 너에게 오던 베드로가 과연 들어올 수 있는지 지켜보자." 얼마 안 되어 도착한 베드로가 개에게 십자성호를 긋고 풀어주었다. 평소 모든 사람에게 온순하던 그 개는 시몬을 쫓아가 쓰러뜨린 후 목을 물고 끌고가려 했다. 그러자 베드로가 뛰어가서 시몬이 다치지 않게 개를 불렀다. 그 덕에 시몬은 다치지 않았으나, 개가 시몬의 옷을 갈기갈기 찢어 벌거벗겨 놓고 떠났다. 그러자 군중, 특히 어린이들과 개들이 마치 늑대를 모는 것처럼 시몬을 쫓으며 도시 밖으로 내쫓았다.

이 사건으로 수치심을 견딜 수 없었던 시몬은 1년 내내 숨어 지냈다. 그러나 이 기적을 목격한 마르첼로는 이후 성 베드로의 추종자가 되었다. 이후 시몬이 다시 나타나서 네로와의 우정을 이어갔다. 레오에 의하면, 더 나아가 시몬은 사람들을 모아놓고 자신이 갈릴래아 사람들로부터 큰 상처를 받아 그때까지 자신이 보호했던 도시를 떠나기로 결심했다고 선언했다. 또한, 자신이 더 이상 땅에서 살 수 없어 하늘로 승천하기로 했다며 날짜를 공표하기까지 했다. 그날이 되었고 시몬은 월계관을 쓰고 높은 탑에 올랐다. 또는 리노에 따르면, 시몬은 카피톨리움(Capitolium) 언덕 꼭대기로 올라갔다고 한다. 시몬은 뛰어내려 날기 시작했다. 바오로가 베드로에게 말했다. "저는 지금 기도해야 할 사람이고, 당신은 명령해야 할 사람입니다!" 바오로가 네로에게 말했다. "이 베드로는 정직한 사람이고, 당신과 당신의 사람들은 유혹하는 사람들입니다!" 베드로가 바오로에게 말했다. "바오로, 당신의 머리를 들고 쳐다보시오!" 바오로가 고개를 들었을 때, 날고 있는 시몬이 베드로에게 말하는 것이 보였다. "베드로, 무엇을 기다리고 있습니까? 주님이 이미 우리를 부르고 있으니 당신이 시작한 것을 끝내십시오!" 그때 베드로가 말했다. "나는 우리 주 예수 그리스도의 이름으로 공중에서 시몬을 붙잡고 있는 사탄의 천사들에게 명한다! 잡고 있는 시몬을 떨어뜨려라!" 그들은 즉시 시몬을 놓았고, 땅에 떨어진 시몬은 두개골이 깨져서 이승을 하직했다. 네로는 시몬을 잃은 것에 비통해하며 사도들에게 말했다. "너희는 나의 의심을 증가시켰고, 그러므로 나도 너희를 죽여 끔찍한 본보기가 되게 하겠다!" 이것은 레오의 말이다.

그래서 황제는 베드로와 바오로를 지위가 높은 파울리누스(Paulinus)에게 넘겼다. 파울리누스는 다시 마메르티누스(Mamertinus)에게 넘겼고 프로체소(Processus)와 마르티니아노(Martinianus)라고 하는 두 명의 군인에게 감시를 맡겼다. 그러나 베드로는 두 군인을 개종시켰고, 군인들은 감옥 문을 열어 사도들을 석방했다. 베드로와 바오로의 순교 후 파울리누스는 프로체소와 마르티니아노가 이 일을 했다는 이유로 소환했으며, 그들이 그리스도인임을 확인하고 네로의 명령으로 참수했다. 신자들은 베드로에게 도시를 떠나라고 재촉했다. 베드로는 떠나기를 꺼렸으나, 결국 신자들의 압력에 못 이겨 출발했다. 레오와 리노에 의하면, 베드로가 도시 성문 밖에 이르렀고 현재 '고통받는 성 마리아'(Sancta Maria ad passus)라고 불리는 장소에 도착했을 때, 그리스도가 자신을 향해 오고 있는 것을 보았다. "주님, 어디로 가십니까?"(Domine, Quo vadis?) 그리스도는 대답하셨다. "나는 다시 십자가에 못 박히려고 로마로 가고 있다!" 베드로: "다시 십자가에 못 박히시려고요?" 그리스도: "그렇다!" 그러자 베드로가 "그렇다면, 주님, 저는 당신과 함께 십자가에 못 박히러 돌아갈 것입니다!"라고 말했을 때, 주님은 하늘로 승천하셨고, 베드로는 이를 지켜보며 눈물을 흘렸다. 그리고 주님이 자신의 수난에 관해 말씀하셨다는 것을 깨닫고, 도시로 돌아가서 형제들에게 이 일을 말했다.

이제 베드로는 네로의 부하들에게 잡혀 아그리파스(Agrippas) 총독에게 끌려갔다. 그리고 리노의 말처럼 그의 얼굴은 태양처럼 빛났다. 아그리파스가 그에게 말했다. "네가 아내들을 남편의 침대에서 떼어놓고 평범한 사람들 사이에서 영광을 누리는 사람인가!" 그러자 베드로는 그 말을 끊고 자신은 오직 예수 그리스도의 십자가만 자랑스럽게 여긴다고 말했다. 그때 외국인인 베드로는 십자가에 못 박히는 선고를 받았고, 바오로는 로마 시민이었기 때문에 참수형을 선고받았다. 디오니시오(Dionysius)는 티모테오(Timotheus)에게 보낸 편지에서 성 바오로의 이 재판 장면에 대해 설명한다. "오 나의 형제 티모테오여, 만일 당신이 그들의 마지막 순간에 당한 취급을 보았다면, 당신은 슬픔과 비탄으로 실신하였을 것입니다. 베드로에게는 십자가형, 바오로에게는 참수형이 선고되었을 때 누가 울지 않을 수 있겠습니까? 당신은 이방인들과 유다인 무리가 성인들을 때리고 얼굴에 침을 뱉는 것을 보았을 것입니다! 그리고 순교의 순간이 왔을 때 그들은 서로 분리되었고, 세상의 기둥인 그들은 신자들이 신음하고 눈물을 흘릴 때 사슬로 묶였습니다. 그때 바오로가 베드로에게 말했습니다. '교회의 초석이고 양들의 목자이고 그리스도의 어린양인 당신에게 평화가 있기를!' 베드로가 바오로에게 말했습니다. '고결한 삶의 설교자이고 의로운 사람을 구원하는 중재자이자 지도자여, 평안히 가시오!' 그들은 각각 다른 장소에서 처형되어 서로 다른 방향으로 끌려갔고, 저는 저의 스승 바오로를 따라갔습니다." 그렇게 디오니시오가 말했다.

레오 교황과 마르첼로에 따르면, 십자가에 다가간 베드로는 다음과 같이 말했다. "내 주님은 하늘에서 땅으로 내려오셨기에, 그분의 십자가는 똑바로 세워졌습니다. 그러나 그분은 황송하게도 땅에서 하늘로 저를 부르려고 하셨으니, 내 십자가는 반대로 머리가 땅으로, 발은 하늘로 향해야 합니다. 그러니 나는 주님이 하셨던 방법으로 십자가에 매달릴 자격이 없으니, 나의 십자가를 돌리고 나의 머리를 아래로 하여 십자가에 매달아 죽이십시오!" 그래서 집행관들은 십자가를 돌려 발은 위쪽으로, 손은 아래쪽으로 하여 못으로 박았다. 이것을 본 사람들이 격분했고, 네로와 총독을 죽이고 베드로 사도를 자유롭게 풀어주기를 원했으나, 베드로는 자신의 순교를 방해하지 말아 달라고 간곡히 부탁했다. 헤제시포와 리노는 주님이 그곳에서 울고 있는 사람들의 눈을 열어주었고, 그들은 장미와 백합 월계관을 들고 서 있는 천사들과 십자가에 있던 베드로가 그리스도로부터 그분의 말씀이 적혀 있는 책을 받아 읽는 것을 보았다고 말한다. 헤제시포에 의하면, 베드로는 십자가에서 말하기 시작했다. "주님, 저는 당신을 본받기를 원했지만, 당신처럼 똑바로 십자가에 못 박힐 자격이 없습니다. 당신은 항상 올곧고 고상하고 고귀합니다. 저희는 땅에 머리를 숙였던 첫 번째 사람의 자녀이며, 그의 탄생은 사람의 출생 방식으로 상징됩니다. 왜냐하면 우리는 땅에 엎드리는 것같이 보이는 그런 방법으로 태어났기 때문입니다. 모든 상황은 변화되었고, 세상은 오른쪽이 왼쪽이고 왼쪽은 오른쪽이라고 생각합니다. 주님, 당신은 저에게 모든 것이십니다. 당신이라는 모든 것, 그리고 당신만이 제가 가진 전부입니다. 저는 제가 살고, 이해하고, 당신을 부르는 모든 영으로 당신께 감사를 드립니다!" 이 말에는 십자가에 똑바로 서서 못 박히는 것을 원하지 않았던 두 가지 다른 이유를 간단히 언급한다. 마침내, 신자들이 자신의 영광을 보았다는 것을 안 베드로는 감사를 드렸고, 하느님께 신자들을 맡기고 자신의 영혼을 내쉬었다. 베드로의 제자인 마르첼로와 그의 형제 아풀레이오(Apuleius)는 십자가에서 시신을 내렸고, 달콤한 향기로 가득 찬 시신을 매장했다.

이시도로는 저서 《거룩한 교부들의 출생과 삶, 그리고 죽음》에서 말한다. "베드로는 안티오키아에서 교회를 설립한 후 마법사 시몬에 대항하려고 클라우디우스 황제 지배하에 있던 로마로 가서 설교했으며, 25년 동안 그 도시의 주교였습니다. 그는 자신이 원한대로, 주님의 수난 후 30년이 되던 해에 머리를 아래로 놓은 십자가에 못 박혔습니다."

위에서 언급한 디오니시오가 티모테오에게 보낸 편지에 의하면, 베드로와 바오로는 마지막 숨을 거두던 날에 디오니시오에게 나타났다. "나의 형제 티모테오, 베드로와 바오로의 순교일에 일어난 놀라운 기적을 들어보시오! 두 분이 순교하던 그 장소에 제가 있었습니다. 그리고 각각 다른 장소에서 죽은 두 성인은 빛나는 옷을 입고 손을 잡은 채 광채로 빛나는 왕관을 쓰고 성문으로 들어오는 것을 보았습니다." 여기까지는 디오니시오의 말이다.

네로는 이 범죄와 자신이 저질렀던 죄들에 대해 처벌을 받지 않았다. 왜냐하면 네로는 스스로 삶을 마감했기 때문이다. 여기서 우리는 그의 범죄에 대한 간단한 정보를 추가한다.

외경인 한 역사서에 따르면, 네로의 가정교사 세네카(Seneca)가 자신의 수고에 합당한 보상을 기대하고 있을 때 네로가 보상은 나뭇가지라고 말하면서 어디에 매달릴 것인지 선택하라고 한다. 세네카가 자신이 왜 사형선고를 받아야 하는지 묻자 오히려 네로는 그의 머리 위로 날카로운 칼을 휘둘렀다. 세네카는 머리를 숙여 그 칼을 피했지만 죽음의 두려움에 사로잡혔다. 네로는 세네카에게 "스승님, 왜 제 칼을 피하셨습니까?"라고 물었다. 세네카: "왜냐하면, 나는 사람이기에 죽음이 두렵고 죽기를 원하지 않습니다." 네로: "나는 어릴 때 당신이 두려웠듯이, 지금도 당신이 두렵습니다. 그래서 당신이 살아있는 동안은 제가 평온히 살 수 없기 때문입니다!" 세네카: "만일 내가 죽어야 한다면, 적어도 내가 죽음의 방법을 선택할 수 있게 해주십시오!" 네로: "그러면 당신의 죽음을 미루지 말고 빨리 선택하시오!" 세네카는 물로 가득 찬 욕조에 누워 양 손목을 그었다. 많은 피가 흘러나왔고 그의 생명이 끝났다. 그래서 '세네카'라고 하는 그의 이름은 예언이 되었다. '세 네칸스'(Se necans)는 자살을 의미하고, 비록 그는 자결을 강요받긴 했지만, 스스로 목숨을 끊은 것이다.

한편, 세네카에게는 두 명의 형제가 있었다고 한다. 유명한 웅변가였던 형제 율리아누스 갈리오(Julianus Gallio)는 스스로 생을 마쳤으며, 또 한 사람은 멜라(Mela)로, 멜라의 아들 시인 루카누스(Lucanus) 역시 네로의 명령으로 스스로 손목을 긋고 죽었다.

같은 외경의 역사서는 사악한 광기에 사로잡힌 네로는 자신이 어머니의 자궁에서 어떻게 있었는지 보기 위해 어머니를 죽여 배를 가르라고 명령했다고 한다. 의사들은 네로에게 어머니의 죽음에 대해 꾸짖으며 말했다. "우리의 법과 하느님의 거룩한 법은 고통으로 자식을 낳고 매우 많은 노력으로 고생하며 자녀를 양육한 자신의 어머니를 죽이는 것을 금지합니다." 네로는 의사들에게 말했다. "그러면 내 어머니가 얼마나 많은 고통을 치렀는지 알 수 있게 나도 임신하게 하고 출산하게 만들어라!" 네로는 그 도시를 관통하는 길에서 진통 중이던 여자의 비명을 들은 이후 아기를 출산하려는 생각을 품어왔다. 의사들은 네로에게 말했다. "남자의 임신은 자연을 거스르는 것이기에 불가능하고, 이성에 반대되는 생각조차 할 수 없는 일입니다." 이에 네로는 의사들에게 말했다. "나를 임신하게 만들고 나를 출산하게 만들어라, 그렇지 않으면 모두 잔혹한 죽음을 맞이하게 될 것이다!"

그래서 의사들은 개구리 한 마리를 넣은 물약을 만들어 황제에게 마시게 했다. 그런 다음 기술을 사용하여 개구리가 뱃속에서 성장할 수 있도록 했고, 이 부자연스러운 외부 침입에 저항하려고 배가 부풀어 오르자 네로는 자신이 정말로 임신한 것으로 생각했다. 또한, 의사들은 임신을 유지하려면 식단을 따라야 한다고 권하면서 개구리에게 좋은 음식을 네로에게 많이 먹게 했다. 시간이 흐르고 고통을 참을 수 없게 된 네로는 의사들에게 말했다. "내가 너무 힘들어서 거의 숨을 쉴 수 없으니 분만을 서두르시오!" 그래서 의사들은 네로에게 구토를 유발하는 음료를 주었고, 네로는 보기에도 끔찍한 피로 덮인 개구리 한 마리를 토해냈다. 자신이 낳은 것을 본 네로는 왜 그런 괴물을 토해낸 건지 궁금해 했고, 의사들은 산달을 기다리려고 애를 쓰지 않았기 때문에 기형아를 출산했다고 말했다. 네로: "이 모습이 내가 어머니의 태중에서 나왔을 때와 비슷한 것인가?" 의사들: "예!" 그래서 네로는 돌로 된 반구형의 방 안에서 그 태아를 보살피라고 명령했다. 그러나 이 이야기는 《연대기》에는 없는 내용이며 출처가 불분명하다.

다른 이야기로, 트로야(Troja, Troy)가 어떻게 얼마만큼 불탔는지가 궁금했던 네로는 7일 밤낮 동안 로마를 불태웠다. 네로는 올라갈 수 있는 가장 높은 탑에서 불꽃들의 아름다움에 반색하며 거창하고 과장된 문체로 《일리아드》(Iliad)의 시구절을 낭송하며 그 화재를 지켜보았다.

여러 《연대기》에서 네로가 금빛 그물로 낚시했고, 모든 하프 연주자와 배우들을 능가하기 위해 음악과 노래를 열심히 연습했다고 전한다. 네로는 남자를 아내로 택했고, 한 남자의 아내가 되었다고 오로시우스(Orosiua)는 말한다. 마침내 로마인들은 더 이상 그의 정신 이상을 용인할 수 없게 되었고, 네로에 대항하여 폭동을 일으켜 도시 밖으로 내쫓았다. 탈출이 불가능한 것을 깨달은 네로는 막대기를 이빨로 날카롭게 갈아서 스스로 몸을 관통시켜 삶을 끝냈다. 또 다른 이야기에서는 늑대들에게 잡아 먹혔다고도 한다.

도시로 돌아온 로마인들은 둥지 안에 숨은 개구리를 발견하고 불태웠다. 어떤 사람들은 개구리가 숨어 있던 곳이라고 해서 도시의 그 부분이 라테라누스(Lateranus)라 불리는 이유라고도* 말한다.

성 고르넬리오 교황 시기에 일부 그리스계 그리스도인들이 두 사도의 시신을 훔쳐 갔으나 하느님의 권능으로 우상들 안에 살아 있는 악령들이 소리쳤다. "로마 사람들이여, 도와주시오! 당신들의 신을 가져가고 있소!" 신자들은 이 말이 사도들을 의미하는 것이라 생각했고, 이교도들은 자신들의 신이라 생각해서 믿는 이들과 믿지 않는 이들이 함께 그리스인들을 뒤쫓았다. 두려워진 그들은 시신을 카타콤바(catacomba) 인근 우물 속에 던졌으나 후에 신자들이 시신들을 되찾았다. 그러나 그레고리오는 자신의 《서간집》(Registrum)에서, 천둥과 번개가 심한 폭풍우에 겁을 먹은 도둑들이 카타콤바 인근 혹은 그 우물 속에 유해를 그대로 두고 도망치게 했다고 전한다.

한편, 어떤 뼈가 성 베드로의 것이고 어떤 뼈가 성 바오로의 것인지에 대해 정확히 알 수 없었다. 끈질기게 단식하며 기도한 신자들은 하늘로부터 응답을 얻었다. "더 큰 뼈들이 설교자의 것이고, 작은 것들이 어부의 것이다." 그래서 뼈들은 분리되었고 각 사도들의 유해 전부가 자신들의 명예를 기리기 위

---

* 라테라누스는 라텐테 라나(latente rana), 숨어 있는 개구리에서 유래되었다.

해 세워진 성당들에 각각 안치되었다. 다른 사람들은 실베스테르 교황이 그 성당들을 막 축성하려고 할 때, 저울 접시 위에 큰 뼈와 작은 뼈 모두 올려놓았고, 많은 존경심을 갖고 그 뼈들의 무게를 달아서 두 성당에 동일하게 절반을 할당하였다고 말한다.

그레고리오는 자신의 《대화집》(Dialogi)에서 위대한 겸손과 성덕(聖德)의 사람이고 성 베드로의 시신이 보관된 성당에서 살던 아곤시오(Agontius)라는 사람에 대해서 이야기한다. 성당에는 몸을 질질 끌고 손과 무릎으로 기어 다니던 하지불구 소녀가 살고 있었다. 소녀는 오랫동안 성 베드로에게 치유를 애원했고, 마침내 베드로가 소녀에게 나타나서 말했다. "이 성당에 사는 아곤시오가 너의 건강을 되찾아줄 것이다." 그래서 소녀는 큰 성당 여기저기로 몸을 끌고 다니며 구석구석 이 방 저 방 살펴보면서 아곤시오를 찾아다녔다. 그때 갑자기 자신 앞에 서 있는 사람을 보고 말했다. "우리의 목자이고 양아버지인 성 베드로가 저를 질환에서 자유롭게 하도록 당신께 보냈습니다. 만일 그분이 당신을 보내신 거라면…" 아곤시오는 대답했다. "일어서시오!" 그는 소녀에게 손을 내밀어 두 발로 설 수 있도록 도와주었고, 소녀는 쇠약한 흔적 없이 완벽하게 치유되었다.

그레고리오는 같은 책에서, 로마 최고 귀족인 집정관이자 귀족인 심마쿠스(Symmachus)의 딸 갈라(Galla)에 대해 이야기한다. 갈라는 결혼 1년 만에 남편이 죽고 과부가 되었다. 그녀는 젊었을 뿐만 아니라 재산도 상당했으므로 당연히 재혼하리라 여겨졌다. 하지만 그녀는 항상 시작은 행복하나 끝은 슬픔을 향하는 세속적 결혼에 종속되기보다는, 시작은 슬픔이나 영원한 기쁨으로 이어지는 영적인 결혼으로 하느님과 하나가 되기를 선택했다. 그러나 갈라는 매우 혈기 왕성한 여자였다. 의사들은 그녀에게 남편의 품에 다시 안기지 않는 한, 지나친 내부의 열정으로 인해 비정상적으로 수염이 날 것이라고 말했다. 실제로 이 일이 일어났다. 하지만 그녀는 내적인 아름다움을 더 사랑해서 외적인 변형에 무관심했으며, 만일 수염이 자신을 추하게 만들지언정 하늘의 배우자가 자신을 사랑하지 않을 것이라는 두려움도 갖지 않았다. 그녀는 세속의 의복을 벗고 성 베드로 성당 소속의 수도승원에 입회하여 소박함, 기도, 구호로 여러 해 동안 하느님께 봉사했다. 그리고 그녀는 유방암에 걸렸다. 빛을 좋아하는 그녀는 영적인 어둠뿐만 아니라 실제로 어두운 것을 싫어해 침대 옆에는 항상 2개의 촛대로 촛불을 밝혔다. 어느 날, 그녀는 2개의 초 사이로 자신의 침대 끝에 서 있는 사도 성 베드로를 보았다. 기쁨으로 가슴이 두근거리고 자신의 사랑으로 대담해진 그녀가 말했다. "주인님, 무슨 일이십니까? 저의 모든 죄를 용서해 주셨습니까?" 베드로는 얼굴에 친절함을 가득 띠고 고개를 끄덕이며 말했다. "모두 용서받았다! 오너라!" 그녀: "저는 베네딕타 수녀가 저와 함께 갈 수 있기를 요청합니다." 성 베드로: "안 된다. 하지만 다른 수녀가 너와 함께 갈 것이다." 갈라는 이 모든 것을 여자 아빠스(abbatissa)에게 말했고, 3일 후에 다른 수녀와 함께 죽었다.

그레고리오는 같은 책에서 거룩한 한 사제에 대해 말한다. 사제는 죽어가면서 "저의 주님, 환영합니다! 저의 주님, 당신께서 황송하게도 불쌍하고 작은 종인 저에게 오시니 환영합니다! 제가 갑니다, 제가 갑니다! 감사합니다! 감사합니다!"라고 기쁘게 외쳤다고 한다. 수행하는 사람들이 사제에게 누구에게 말하고 있는지 묻자, 사제는 놀라서 대답했다. "당신들은 이곳에 함께 오신 거룩한 사도 베드로와 바오로를 보지 못하셨습니까?" 그리고 같은 말을 계속 반복하던 사제의 거룩한 영혼은 자신의 육체로부터 풀려났다.

베드로와 바오로가 같은 날에 순교한 것에 대해 의심하는 몇몇 사람들이 있다. 일부는 한 사람이 다른 사람보다 1년 늦게 고통을 받았다고 말한다. 그러나 이 질문을 다룬 적이 있는 예로니모와 거의 모든 거룩한 교부들은 그들이 같은 해, 같은 날에 고통받았다는 사실에 동의한다. 또한 디오니시오의 편지로 확실히 입증된다. 그리고 레오 교황(일부 사람들은 '막시모'라고 생각한다)의 설교에서 언급된다. "같은 날, 같은 장소에서 한 폭군에 의해 사형선고를 받았다고 생각할 만한 충분한 이유가 있습니다. 그들은 동시에 그리스도에게 갈 수 있도록 같은 날에 고통을 겪었습니다. 로마는 그들 둘 다 소유할 수 있도록 같은 장소에서, 한 박해자 아래에서 두 사람 모두에게 똑같이 잔인한 일이 닥쳐야 합니다. 그러므로 이날은 그들의 공로를 나타내기 위하여, 장소는 그들의 영광을 나타내기 위하여, 박해자는 그들의 용감함을 보여주기 위해 결정되었습니다." 그렇게 레오가 말했다.

그러나 그들은 같은 날과 같은 시간에 고통받았다 하더라도, 같은 장소가 아닌 다른 장소에서 고통받았다. 레오가 그들이 같은 장소에서 고통받았다고 말한 것은, 둘 다 로마에서 순교하였다는 것을 의미하는 것이다. 어떤 사람이 운문에 이것을 넣었다.

바오로는 검으로, 베드로는 십자가로 월계관을 썼다.
같은 지배자, 같은 날, 같은 장소, 지배자 네로, 장소 로마*

다른 사람은 이처럼 그것을 넣었다.

같은 날, 같은 지배자, 같은 도시에서 칼은 바오로를,
십자가는 베드로를 거룩하게 했다.**

그러나 그들은 비록 같은 날에 죽었지만, 그레고리오는 그날의 예식이 베드로를 좀 더 특별하게 기념해야 할 것이고, 바오로의 기념은 다음 날에 이루어지도록 결정했다. 이것은 성 베드로의 성당이 그날에 봉헌되었기 때문이고, 베드로가 위계에서 좀 더 높았고 좀 더 일찍 회심하였으며, 로마의 수석 주교였기 때문이다.

90

성 바오로 사도

바오로(Paulus)라는 이름은 '나팔의 입', '사람들의 입', '경이롭게 선택된 자', '선택의 기적'이라는 의미로 해석된다. 바오로는 히브리어에서 '고요' 또는 '휴식'을 의미하는 파우사(pausa)에서 파생되었고, 라틴어에서는 '온건한 사람'을 의미한다. 이 의미들은 바오로가 다른 사

---

* Ense coronatur Paulus, cruce Petrus, eodem / Sub duce, luce, loco, dux Nero, Roma locus.
** Ense sacrat Paulum, par lux, dux, urbs, cruce Petrum.

람들보다 더 많이 가졌던 여섯 가지 특권을 보여준다. 첫째, 열매 맺는 언어의 특권이다. 바오로는 일리리아(Illyria)에서부터 예루살렘까지 복음을 설교했고 그래서 '나팔의 입'이라고 불렸기 때문이다. 둘째, 사람들에 대한 그의 사랑은 본능적이었고, "누가 약해지면 나도 약해지지 않겠습니까? 누가 분개하면 나도 화가 나지 않겠습니까?"(1코린 11, 29)라고 말하게 했다. 그래서 그는 사람들의 입, 즉 "코린토 신자 여러분, 우리는 여러분에게 솔직히 말하였습니다. 우리의 마음은 활짝 열려 있습니다."(2코린 6, 11)라고 말한 것처럼, 마음의 입이라고 불린다. 셋째 특권은 그의 기적적인 회심이다. 그는 선택되었고 기적적으로 회심하였으므로 경이롭게 선택된 자로 불린다. 넷째, 그는 장인(匠人)의 손을 가졌고 직접 생계비를 벌면서도 지치지 않고 설교를 하는 것이 큰 기적이었기 때문에 '선택의 기적'이라고 한다. 다섯째, 더없이 행복한 관상의 특권이었다. 그는 셋째 하늘까지 들어 올려졌고 그곳에서 주님의 고요한 자가 되었다. 왜냐하면 관상은 마음의 고요함이 필요하기 때문이다. 여섯째, 그는 겸손의 덕을 가졌고 그래서 온건한 사람이라고 불릴 수 있다.

바오로의 이름에 관한 세 가지 의견이 있다. 오리게네스(Origenes)는 그가 항상 2개의 이름 사울(Saul) 또는 바오로로 불렸다고 주장했다. 라바노 마우로(Rabanus Maurus)는 본래 거만한 왕 사울의 이름을 따서 사울이라고 이름 붙였으나, 그의 회심 후에 온건함과 겸손한 영혼 때문에 '작은'을 의미하는 바오로라고 불렸다고 믿었다. 그러나 바오로는 "나는 사도들 가운데 가장 보잘것없는 자로서, 사도라고 불릴 자격조차 없는 몸입니다."(1코린 11, 19)라고 자신의 이름을 해석하고 있다. 반면, 베다(Beda)는 그가 믿음으로 개종시켰던 지방총독 세르기우스 바오로(Sergius Paulus)로부터 바오로란 이름을 택하였다고 생각했다. 리노 교황은 바오로의 수난기를 집필했다.

성 힐라리오는 바오로 사도가 회심 후에 받은 박해에 대해 다음과 같이 요약하고 있다. "바오로 사도는 필리피(Philippi)에서 회초리로 얻어맞고 수감되었고, 그의 발은 차꼬(着庫)로 묶였습니다. 그는 리스트라(Listra)에서 돌에 맞았고, 이코니움(Iconium)과 테살로니카(Thessalonica)에서 악랄한 남자에게 괴롭힘을 당했고, 에페소(Ephesus)에서 맹수에게 던져졌습니다. 다마스쿠스(Damascus)에서는 바구니에 넣어져 도시 성벽 아래로 내려졌고, 예루살렘에서는 법정으로 끌려가 결박당한 채 매질과 모함을 받았고, 카이사리아(Caesaria)에서는 범죄로 기소되어 수감되었으며, 배편으로 이탈리아로 가는 길에 난파의 위험에 처했고, 로마에 도착한 그는 네로에게 재판을 받고 죽임을 당하였습니다." 이것은 힐라리오의 말이다.

바오로는 이방인들을 위한 사도직을 받았다. 리스트라에서 불구자를 똑바로 걷게 했고, 창문에서 떨어져 죽은 젊은이를 소생시켰으며 이외에도 많은 기적을 행했다. 미틸레네(Mitilene)에서는 독사한테 손이 물렸으나 아무런 해도 입지 않았다. 오히려 독사를 불 속으로 던져버렸다. 또한, 바오로를 손님으로 맞이했던 사람의 후손들은 독사들로부터 결코 아무런 해를 입지 않았다고 전해진다. 이런 이유로 그 혈통의 사람 중에는 아기가 태어나면, 친자확인을 위해 요람 속에 뱀을 넣었다고 한다.

다른 시기에 바오로는 베드로의 아래 사람, 혹은 베드로보다 더 위대한 사람, 베드로와 대등한 사람으로 묘사되어 있다. 그러나 사실 바오로는 위계에서 아래 사람, 설교에서 더 위대한 사람, 거룩함에서 대등한 사람이었다는 것을 발견할 수 있다. 하이몬(Haymon)은 바오로가 새벽부터 늦은 아침까지 육체노동을 한 후에 설교하기 시작했고, 때때로 해가 질 때까지 그의 설교는 계속되었다고 전한다. 남은 시간에 음식을 먹고 휴식하고 기도하기에 충분했다.

바오로가 로마에 도착했을 때 네로는 아직 황제로 확정받지 않은 상태였고, 바오로가 율법과 그리스도교 신앙을 주제로 유다인들과 토론하게 되었다는 것을 듣고도 크게 관심을 쏟지 않았다. 그래서 바오로 사도는 원하는 장소에서 자유롭게 설교할 수 있었다. 예로니모는 《명인록》(名人錄, De viris illustribus)에서 주님의 수난부터 25년째 해(네로 재위 제2년에), 바오로는 사슬에 묶여 로마로 보내졌고 그가 유다인들과 논쟁하는 2년 동안 느슨한 상태로 감금되어 있었고, 그 다음에 네로에 의해 석방되어 서쪽 지역에서 복음을 설교했다고 말한다. 그러나 네로의 제14년, 베드로가 십자가형을 받던 같은 해, 같은 날에 바오로는 참수되었다. 그렇게 예로니모가 전하고 있다.

바오로는 널리 알려지게 되었고 지혜와 깊은 종교적 신앙심으로 존경받았다. 바오로는 네로의 가장 가까운 동료 중 몇몇 사람들과 친해졌고 그들을 그리스도인으로 개종시켰다. 그의 저술 중 일부는 황제 앞에서 읽혀졌고 그 내용을 들은 모든 사람의 갈채를 받았다. 심지어 원로원은 그를 높이 평가했다. 그러나 어느 날 저녁 무렵에 그가 다락방을 가득 채운 사람들에게 설교하고 있을 때였다. 네로의 술 따르는 사람으로 총애를 받던 파트로클로(Patroclus)라는 이름의 젊은이가 그의 말을 더 잘 듣기 위해 창문에 올라가 창턱에 앉았다. 그러나 잠시 후 졸다가 땅에 떨어져 즉사하고 만다. 네로는 자신이 좋아하는 사람이 죽었다는 소식에 많이 힘들어했고, 그 자리에 다른 사람을 임명했다. 바오로는 이것을 성령으로 받아들이고 참석했던 몇 사람에게 파트로클로의 시신을 가져오게 했다. 그런 다음 바오로는 젊은이를 되살렸고 그의 동료들과 함께 황제에게 돌려보냈다.

아끼던 사람의 죽음을 애통해하던 네로는 갑자기 파트로클로가 매우 활기찬 모습으로 문 앞에 있다는 전갈에 겁을 먹고 안으로 들어오지 못하게 했다. 그러나 시종들의 설득으로 젊은이를 들어오게 한 네로는 "파트로클로야, 네가 살아있느냐?"라고 물었다. 대답은 "황제시여, 저는 살아있습니다."였다. 네로: "누가 너를 되살렸느냐?" 파트로클로: "모든 세대의 왕인 예수 그리스도이십니다." 화가 난 네로는 말했다. "그러면 그가 영원히 통치하고 세상의 모든 왕국을 없앨 것이냐?" 파트로클로: "황제여, 그렇습니다!" 네로는 "그러면 이제 너는 그 왕의 군인이냐?"라고 말하며 때렸다. 파트로클로: "예, 그가 저를 죽음으로부터 데려왔기 때문에 저는 그의 군인입니다." 그때 항상 네로 옆에 있는 대신들 5명이 말했다. "황제여, 정직한 대답을 하고 있는 이 젊은이를 왜 때리십니까? 우리 또한 정복되지 않은 그 왕의 군인들입니다!"

이에 네로는 이전에 그들을 사랑한 만큼 고문할 작정으로 감옥에 가두었다. 그런 다음에 모든 그리스도인을 일제히 검거하고 재판 없이 처벌하고 고문하도록 명령을 내렸다. 바오로는 남은 자들과 함께 사슬에 묶여 네로 앞에 끌려갔다. 네로는 바오로에게 말했다. "음, 선생, 당신은 위대한 왕을 섬긴다지만 당신은 지금 여기에 있고 나에게 정복되었소! 왜 나의 군인들을 꾀어내어 당신에게 배속시키는 것이오?" 바오로: "저는 당신의 지역에서만 군인을 뽑지 않습니다. 세상의 모든 곳에서 뽑고 있고, 우리의 왕은 그들에게 부족함이 없이, 필요를 초과할 만큼의 많은 선물을 주실 것입니다. 만일 당신이 이 왕의 신하가 된다면 구원받을 것입니다. 그분은 매우 위대하여 모든 사람을 재판하러 오실 것이고 불로 이 세상의 형상을 녹일 것입니다."

네로는 그 말을 듣고 분노했다. 그리고 세상의 형상이 불로 녹여질 것이라던 바오로의 말 때문에, 네로는 바오로를 대역죄로 참수하고 그리스도의 모든 군인을 불로 태워 죽이라고 명령했다. 그래서 뒤이어 그리스도인들을 상대로 대규모 학살이 일어났다. 로마인들은 궁전을 포위하고 "황제여! 이 학살을 멈추고 당신의 명령을 철회하시오! 당신은 로마 제국의 수호자들인 우리 시민들을 죽이고 있소!"라고 외치면서 전면적인 폭동 선동을 불러일으켰다.

이에 두려움을 느낀 네로는 그들에 대해 심사숙고한 판단을 내릴 때까지 어떤 그리스도인도 건드리지 말라는 취지로 칙령을 변경했다. 그래서 바오로는 다시 황제 앞에 끌려왔고, 그를 본 네로는 목청껏 소리를 질렀다. "이 악인을 내 앞에서 치워라! 이 사기꾼의 머리를 잘라라! 이성(理性)을 유혹하는 이 자를 쫓아내라! 마음을 왜곡하는 이 자를 치워라!" 바오로가 대답했다. "네로여, 저는 잠깐 고통을 받을 것이지만 주 예수 그리스도에게서 영원히 살 것입니다!" 네로는 소리쳤다. "그의 머리를 잘라라! 내가 그의 왕보다 더 강하다는 것을, 내가 그를 이겼다는 것을 알려주어라! 그런 다음 우리는 그가 영원히 살 수 있는지를 볼 것이다!" 바오로는 대답했다. "나는 육신의 죽음 후에도 영원히 산다는 것을 당신이 깨달을 수 있도록, 내 머리가 잘리더라도 살아서 당신에게 나타날 것입니다. 그때 그리스도가 죽음이 아니라 생명의 하느님이심을 깨닫게 될 것입니다."

바오로는 이렇게 말하고 처형 장소로 인도되었다. 그곳으로 그를 데리고 가던 세 명의 군인이 물었다. "바오로, 목숨보다 죽는 것이 더 나을 만큼 당신이 사랑하는 그 왕이 누구인지 알려주십시오. 당신은 죽음에 대한 어떤 보상을 기대하십니까?" 바오로는 하느님의 왕국과 지옥의 고통에 대해서 설교했고, 군인들을 믿음으로 개종시켰다. 군인들은 그에게 어디든지 자유롭게 가라고 간청했다. 그러나 바오로는 말했다. "나는 탈영병이 아니라 그리스도에 소속된 군인이고, 이 덧없는 생명을 끝내고 영원한 생명 안으로 갈 것입니다. 내가 참수되자마자 곧 내 믿음의 사람들이 올 것이고 나의 시신을 가져갈 것입니다. 당신들은 그 지점을 주의 깊게 살피고 내일 아침 그곳에 가면 나의 무덤 옆에서 기도하는 두 사람, 티토와 루카를 발견할 것입니다. 당신들은 두 사람에게 그곳에 온 이유를 말해줘야 합니다. 그들은 당신들에게 세례를 줄 것이고 당신들을 하늘 왕국의 시민들과 공동 상속자로 만들 것입니다."

바오로가 말하고 있을 때, 네로는 바오로가 처형되었는지 알아보려고 두 명의 군인을 보냈다. 바오로는 그들을 개종시키기를 원했으나, 그들이 말했다. "당신이 죽은 후 소생한다면, 당신의 말을 믿겠습니다. 이제 가서 당신의 처형을 받아들이십시오!" 그들이 바오로가 고통받을 예정이던 곳 인근의 오스티아(Ostia) 성문에 도착했을 때, 바오로는 자신의 제자인 한 부인과 만났다. 디오니시오에 따르면, 그 부인이 레모비아(Lemobia)로 알려졌지만, 또 다른 이름 플란틸라(Plantilla)라고도 불렸다. 눈물을 흘리고 있던 그녀는 바오로의 기도에 자신을 맡겼다. 바오로는 "영원한 구원의 딸인 플란틸라여, 냉정을 잃지 마시오, 머리 위에 쓰고 있는 머릿수건을 나에게 빌려주시오. 나는 이 수건으로 나의 눈을 가렸다가 나중에 당신에게 돌려주겠습니다."라고 말했다. 그녀는 머릿수건을 건네주었고, 사형 집행인들은 "이 사기꾼, 이 돌팔이에게 왜 비싼 머릿수건을 주십니까? 이제 당신은 그것을 잃어버렸습니다!"라고 말하며 웃었다.

처형의 장소에 도착한 바오로는 동쪽을 향했고, 하늘을 우러러 손을 들고 모국어로 오랫동안 기도하며 하느님께 감사를 드렸다. 그런 다음, 자신의 신자들에게 작별을 고했고, 플란틸라의 머릿수건을 눈 위에 묶은 후 무릎을 꿇고 목을 굽혀 참수형을 당했다. 머리가 몸에서 분리되자마자 히브리어로 또렷한 목소리로 "예수 그리스도"라고 발음했다. 그 이름은 그에게 생전에 너무나 감미로웠고, 그가 그토록 자주 발음하였던 이름이었다. 바오로는 편지에서 예수, 그리스도, 또는 두 이름을 500번 사용하였다고 한다. 그의 상처에서 우유 한 줄기가 군인들의 옷 위로 솟구쳤고, 잇달아 피가 흘러내렸다. 어마어마한 빛이 허공을 비추고, 성인의 시신에서 매우 달콤한 향기가 났다.

디오니시오가 티모테오에게 보낸 편지(이 "편지"는 분명치 않다.)에서 바오로의 죽음에 대해 말한다. "나의 사랑하는 형제여, 그 비통으로 가득 찬 시간에, 사형 집행인이 바오로에게 말했습니다. '네 목을 굽혀라!' 그때 복된 사도는 하늘을 우러러보았고, 십자성호를 이마와 가슴에 긋고 말했습니다. '저의 주 예수 그리스도님, 당신의 손에 저의 영혼을 맡깁니다!' 그리고 망설임이나 강요 없이 목을 내밀었습니다. 그리고 사형 집행인이 일격을 가하여 바오로의 목을 잘랐고 순교자의 월계관이 주어졌습니다. 칼날이 목을 칠 때, 복된 바오로는 머릿수건을 벗어 자신의 피를 받은 후 둘둘 말아 그 여자에게 주었습니다. 레모비아(그 부인)는 돌아온 사형 집행인에게 물었습니다. '당신은 나의 스승 바오로를 어디에 눕혀 두었습니까?' 그 군인이 대답했습니다. '그는 도시 밖 투사들의 계곡에 자기 동료들과 함께 누워있고, 그의 얼굴은 당신의 머릿수건으로 덮여 있습니다.' 그러나 그녀는 대답했습니다. '보세요! 베드로와 바오로가 빛나는 옷을 입고 머리에 빛으로 반짝이는 월계관을 쓰고 여기에 왔었습니다.' 그렇게 말한 후 그녀는 피에 흠뻑 젖은 머릿수건을 내밀어 그들에게 보여주었으며, 이것으로 인해 많은 사람이 주님을 믿었고 그리스도인이 되었습니다." 그렇게 디오니시오가 말했다.

이 소식을 들은 네로는 어떻게 해야 좋을지 몰라서 쩔쩔매다가 지인들과 철학자들을 불렀다. 그들이 상의하고 있는 동안, 문이 닫혀 있었는데도 바오로가 들어와 황제 앞에 서서 말했다. "황제여, 영원하고 정복되지 않은 왕의 군인 바오로가 여기에 있습니다. 제가 죽지 않고 살아있으니 이제 믿으십시오. 그리고 불쌍한 사람인 당신은 하느님의 성인들을 부당하게 죽였기 때문에 영원한 죽음을 맞이하게 될 것입니다." 그렇게 말하고 사라졌다. 이때 네로가 두려움으로 이성을 잃고 안절부절못하자 친구들은 네로를 진정시키며, 파트로클로와 바르나바를 다른 사람들과 함께 석방하라고 조언했다.

다음 날 아침 두 명의 군인 론지노(Longinus) 사령관과 악체스토(Accestus)는 바오로의 무덤으로 갔고 그곳에서 기도하고 있는 두 사람 티토와 루카, 그리고 그들 사이에 서 있는 바오로를 보았다. 티토와 루카는 군인들을 보고 깜짝 놀라 도망치기 시작했고, 바오로는 사라졌다. 군인들은 "우리는 당신들을 뒤쫓는 것이 아닙니다! 당신들과 함께 기도하고 있던 바오로가 우리에게 말해준 대로 우리는 당신들께 세례받기를 원합니다."라고 두 도망자 뒤에 대고 소리질렀다. 이것을 들은 두 사람은 돌아와서 기쁘게 그들에게 세례를 주었다.

바오로의 머리는 도랑에 던져졌고 그곳에는 너무 많은 사람이 죽임을 당하고 머리와 시신이 뒤섞여 쌓여 있어서 성인을 찾을 수 없었다. 그러나 디오니시오의 편지에서, 나중에 그 도랑을 깨끗이 치우자 바오로의 머리가 다른 잔해와 함께 위로 떠올랐다고 전한다. 한 양치기가 지팡이에 그 머리를 꽂고 양을 치는 들판에 세웠다. 그리고 양치기와 그의 주인은 3일 밤을 연이어 그 머리 위에서 형언할 수 없는 반짝이는 빛을 보았다. 그들은 이것을 주교와 신자들에게 알렸다. 그들은 "그것은 바오로의 머리가 틀림없다!"라고 말했다. 그래서 주교와 신자들이 가서 그 머리를 가져와 금탁자 위에 두었다. 그들은 그 자리에 시신과 함께 머리를 두기를 원했지만, 총대주교가 대답했다. "우리는 아주 많은 그리스도인이 죽임을 당했고 그들의 머리는 여기저기에 흩어졌다는 것을 압니다. 그래서 저는 바오로의 시신에 이 머리를 놓는 것이 망설여집니다. 대신에 우리는 시신의 발에 머리를 두고 기도할 것입니다. 만일 이것이 바오로의 머리라면 시신이 돌아서서 온전한 몸으로 결합될 것입니다. 우리는 이 믿음이 이뤄지도록 전능하신 하느님께 기도합시다." 이 제안에 모든 사람이 동의했고 성인의 시신의 발에 머리를 두었다. 그런 다음 기도했다. 자 이제 이 경이로움을 보라! 시신이 돌아섰고 머리와 몸이 결합됐다. 그래서 모든 사람이 하느님을 찬송했고 이것이 참된 바오로의 머리였다는 것을 확신했다. 여기까지는 디오니시오의 말이다.

유스티누스 2세의 재위 기간에 전성기였던 투르의 그레고리오는, 모든 희망을 잃은 사람이 목을 매달려고 올가미를 준비하면서 "성 바오로님, 저를 도와주소서!"라고 바오로의 이름을 계속 부르고 있었다고 이야기한다. 그때 한 더러운 유령이 "계속해라, 착한 사람아! 어서 끝내라, 시간을 허비하지 마라!"라며 재촉했다. 그 사람은 올가미를 계속 준비하면서 "복되신 바오로님, 저를 도와주소서!"라고 계속 말했다. 올가미가 준비되었을 때 사람 형태의 다른 유령이 나타나서 불쌍한 사람을 구슬리고 있던 더러운 유령에게 말했다. "썩 꺼져라, 비열한 놈아! 성 바오로가 부름을 듣고 오고 있다!" 더러운 유령은 사라졌고, 정신을 차린 그 남자는 올가미를 내던지고 적절한 보속을 했다.

또한 그레고리오는 《서한집》(Registrum)에서 말한다. "수많은 기적이 성 바오로의 쇠사슬에서 비롯되었습니다. 많은 사람이 쇠붙이를 자를 줄을 요청했습니다. 한 사제가 줄을 갖고 있었는데, 자신에게 요청하는 사람들을 위해 지체 없이 쇠사슬을 잘라내었습니다. 하지만 다른 사람들이 쇠사슬을 세게 줄질을 했지만 아무것도 떨어지지 않았습니다."

우리가 이미 인용했던 편지에서, 디오니시오는 자신의 스승인 성 바오로의 죽음을 경건하게 애통해하며 말한다. "누가 우리의 눈에 물을 주고 우리의 동공에 눈물의 샘을 주고, 우리가 모든 교회의 꺼진 빛을 밤낮으로 애도하는 것을 가능하게 할 것입니까? 누가 눈물을 흘리지도 신음소리를 내지도 않게 할 것입니까, 누가 애도의 상복을 입지 않게 할 것이고, 마음이 망연자실하지 않게 하고 비탄에 빠지지 않을 수 있게 할 것입니까? 보십시오! 교회의 기초이며 거룩한 사도들의 영광인 베드로는 떠났고 우리를 고아로 남겼고, 이방인들의 친구이고 가난한 사람들의 위로자인 바오로 역시 우리에게서 떠났고 어디에서도 발견되지 않습니다! 그는 교부들의 교부, 스승들의 스승, 목자들의 목자였습니다. 나는 말합니다. 바오로님, 지혜의 심연이며, 높은 소리가 나는 목자의 피리이고, 지칠 줄 모르는 진리의 설교자이고, 사도 중에서 가장 고귀한 분이시여! 땅의 천사이고 하늘의 사람, 하느님과 하느님의 모습을 한 영혼의 표상이고 그 영혼을 닮은 바오로님은 우리를(나는 우리가 궁핍하고 자격이 없는 사람이라고 말한다.) 이 경멸을 받을 사악한 세상에 남기고 자신의 주님이고 친구인 하느님께 가버렸습니다. 아아, 사랑하는 나의 형제 티모테오, 당신의 아버지이자 당신을 사랑하였던 당신의 스승은 어디에 계십니까? 지금 어디에서 그가 당신을 맞이하겠습니까? 보십시오. 당신은 홀로 남겨져 고아가 되었습니다. 그는 더 이상 자신의 거룩한 손으로 당신에게 편지를 쓰지 않을 것이고 당신에게 '가장 사랑하는 아들아, 오너라!'라고 말하지 않을 것입니다. 나의 형제 티모테오, 무엇이 이곳에 슬픔과 어둠과 상실을 닥치게 했고 우리를 고아로 만들었습니까? 더 이상 '예수 그리스도의 겸손한 종, 바오로'라고 시작하던 그의 편지들은 당신에게 오지 않을 것입니다. 그는 더 이상 당신을 대신하여 '나의 총애받는 아들을 환영한다 …'라고 여러 도시에 편지를 쓰지 않을 것입니다. 형제여, 예언서를 덮으십시오. 그리고 우리에게는 예언서의 비유와 예화, 연설을 해석할 사람이 없으니 닫아서 봉인하십시오. 다윗 예언자는 자신의 아들을 애도했고 '아, 슬프도다, 내 아들아, 아, 슬프도다!'라고 말했습니다. 그리고 나는 말합니다. '아 슬프도다, 나의 스승님, 참으로 슬프도다!' 더 이상 당신의 제자들은 로마에 모이지 않을 것이고 우리를 찾아오지 않을 것입니다. 더 이상 아무도 말하지 않을 것입니다. '우리는 우리의 스승들을 만나서 우리에게 맡겼던 교회들을 가장 잘 다스리는 방법을 물읍시다. 그러면 그들이 우리 주 예수 그리스도의 말씀과 예언자들의 말씀을 우리를 위해 해석해줄 것입니다.' 그렇습니다. 나의 형제여, 이 아들들은 불행하여라! 왜냐하면 그들은 영적인 아버지를 잃었기 때문입니다. '양떼가 그들을 잃었습니다.' 형제들이여, 옛 율법과 새 법의 이해와 지식을 수집했고 이 모든 것을 모아서 자신의 편지에 적은 영적인 주인을 잃은 우리는 불행합니다. 바오로의 여정(旅程)과 그의 거룩한 발의 수고는 지금 어디에 있습니까? 설득력 있는 입, 조언을 하는 혀, 언제나 하느님을 기쁘게 하는 영혼은 지금 어디에 있습니까? 하느님 앞에서 영광과 영예를 받기에 합당한 자들은 악인처럼 죽음에 넘겨졌으니 누가 울부짖지 않고 애도하지 않겠습니까? 아, 슬프도다, 내가 무죄한 피로 피투성이가 된 거룩한 몸을 보았던 그 시간이여! 아아, 나의 아버지, 나의 주인이며 스승이여, 당신의 죄 없음 때문에 당신은 그런 죽음을 당하였습니다! 이제 나는 당신을 찾으러 어디로 가야 합니까, 오 그리스도인들의 영광이고 신자들의 찬미여! 누가 당신의 목소리를 침묵시켰습니까? 오 교회들이 갈대 피리와 십현금(十絃琴)을 연주하며 가장 높은 소리를 울립니다! 보십시오, 당신이 열망하였던, 당신이 온 마음으로 기다렸던, 당신의 주 하느님께 가셨습니다. 비뚤어진 우정으로 예루살렘과 로마는 악으로 동등해졌습니다. 예루살렘은 우리 주 예수 그리스도를 십자가에 못 박았고, 로마는 그의 사도들을 죽였습니다. 이제 예루살렘은 자신이 십자가에 못 박았던 그분에게 봉사하고, 로마는 자신이 죽였던 그들을 기념하여 영광스럽게 합니다. 그리고 이제 나의 형제 티모테오여, 당신이 사랑했고 진심으로 동경하였던 그들, 내가 말한 사울과 요나탄은 삶과 죽음에서 분리되지 않았고, 나는 비도덕적이고 악한 사람이 우리를 분리하는 경우를 제외하고는 나의 주님이자 주인에게서 분리되지 않습니다. 그리고 이 분리는 단지 잠시뿐이고 바오로의 영혼은 지금 자신과 멀리 떨어져 있는 사람들이 자신에게 말을 하지 않더라도, 자신이 사랑하는 사람이 누구인지 알고 있습니다. 그러나 부활의 날에 사람들에게서 떨어져 있는 것은 커다란 손실이었습니다." 여기까지는 디오니시오의 말이다.

크리소스토모는 저서 《성 바오로를 칭송함》(De laudibus Sancti Pauli)에서 이 영광스러운 사도에 대해 여러 방법으로 칭찬한다. "바오로의 영혼을 탁월한 덕의 목초지이고 영적인 낙원이라고 부른 사람은 잘못이 없습니다. 그의 영혼은 모든 사람 안에 있는 선한 것을 소유했을 뿐만 아니라, (그리고 이것이 훨씬 더 크다.) 천사들 안에 있는 좋은 것도 모두 지니고 있었기 때문입니다. 우리는 이에 대해 침묵하지 않을 것입니다. 사실 우리는 그에 대해 이야기해야합니다. 왜냐하면 수사학의 능력을 능가하여 칭찬받는 사람의 덕과 관대함은 가장 높은 수준의 칭찬입니다. 우리에게는 항상 최고가 되는 것보다 점점 나아지는 것이 종종 더 영광스럽습니다. 우리는 지금 여기에서 말고 그를 찬양하기에 더 적합할 때가 있을까요? 우선, 우리는 그가 모든 사람 안에 선을 가지고 있음을 보여줍니다. 아벨은 희생제물을 바쳐서 칭찬받았지만, 만일 우리가 바오로의 희생을 주목한다면 하늘이 땅보다 훨씬 월등해 보일 것입니다. 그는 매일 심신의 금욕을 봉헌하면서 이중(二重)의 희생 안에서 자기 자신을 바칩니다. 심지어 이에 만족하지 않고 온 세상을 봉헌하려고 고군분투하였습니다. 그는 육로 혹은 뱃길로 자신의 길을 신속하게 나아가며, 그리스와 이교도들의 땅과 하늘 아래 모든 지방에서 사람들을 천사로 만들면서, 아니 오히려 그 많은 사람을 악령에서 천사로 바꾸면서 여행하였습니다.

바오로가 하늘 위에 있는 그 제대에서 성령의 검으로 봉헌하였던 수많은 무리와 견줄 수 있는 것은 무엇입니까? 그런데 아벨은 질투가 많았던 자기 형제의 손에 죽임을 당한 데 반해, 바오로는 자신에게 무수한 악으로부터 구해주기를 원했던 사람들에 의해 죽었습니다. 당신은 그의 삶의 날들만큼 무수한 죽음, 그런 그의 무수한 죽음을 내가 당신에게 보여주기를 원하십니까? 우리는 노아가 자신과 자녀들을 방주에 태워서 구하였다는 것을 읽었습니다. 그러나 바오로는 널빤지로 방주를 만든 것이 아니라 그 대신에 편지들을 씀으로써 훨씬 더 거친 홍수의 파도로 위험에 처한 온 세상을 해방했습니다. 이 방주는 단지 한 장소로 항해하지 않고 세상의 끝으로 항해했습니다. 그것은 비튜멘(bitumen)이나 역청(pitch)으로 틈을 메우지 않았습니다. 그 널빤지들은 성령에 의해 결합되었습니다. 이 방주는 이성이 없는 동물들보다 더 어리석은 사람들을 태웠고 그들로 하여금 천사들을 본받게 만들었습니다. 노아의 방주는 까마귀 한 마리를 태웠으나 여전히 까마귀인 채로 다시 날려 보냈고, 늑대를 실어 날랐으나 늑대의 야만스러움을 길들일 수 없었습니다. 하지만 바오로의 방주는 매와 독수리들을 태워 자신의 비둘기로 만들고, 모든 야만성을 억누르고 영혼의 온순함을 유도하면서 더 훌륭하게 했습니다.

아브라함은 하느님의 명령에 따라 조국과 친척들을 떠났기에 모든 사람에게 존경을 받는데, 고향과 친척을 떠났을 뿐만 아니라 세상과 천국과 천국들의 천국에도 가치를 두지 않고 그리스도를 받아들이며, 다른 모든 것을 대신해서 이 유일한 선, 그리스도의 사랑을 고수한 바오로와 어떻게 비교될 수 있겠습니까? 그는 현재의 것도, 앞으로 다가올 것도, 예전에 있었던 것도, 정점에 있는 것도, 심연에 있는 것도, 어떤 다른 창조물도, 우리 주 예수 그리스도 안에 있는 하느님의 사랑에서 우리를 분리할 수 없을 것이라고 말합니다. 그렇습니다. 아브라함은 자기 형제의 아들을 적들에게서 구함으로써 자신을 위험에 빠뜨렸지만, 바오로는 온 세상을 악마의 손아귀에서 빼앗고, 무수한 위험을 견디며 매일 매일 죽음으로써 다른 사람들의 완전한 안전을 획득했습니다. 아브라함은 기꺼이 아들을 희생제물로 바쳤고, 바오로는 자기 자신을 수천 번 희생하였습니다.

적들이 이사악이 판 우물을 메워버렸을 때 그의 인내 때문에 존경하는 사람들이 있습니다. 그러나 바오로는 자기의 우물, 즉 자기 육체가 돌로 막힌 것을 보고 이사악과 같이 이 사실을 받아들였을 뿐만 아니라 자신에게 고통을 주었던 자들을 하늘로 옮기려고 고군분투했습니다. 그 샘이 아무리 막혀도 더욱 분출되고 넘쳐흐르기 시작했고, 그 샘에서 솟아난 많은 물이 강으로 흘러갔습니다. 성경은 야곱의 인내심과 관용에 놀랐으나, 바오로의 인내심만큼 본받을 만한 견고한 영혼이 어디에 있겠습니까? 그가 수천 번의 시련을 견디며 그리스도의 배우자를 위해 짊어졌던 것은 7년이 아니라 평생의 노예 상태였습니다. 낮에는 태양의 열기로 타오르고 밤에는 추위에 떨었고, 채찍으로 베고 돌에 맞아 상처를 입었고 투쟁으로 왜곡되어 늘 악마의 입에서 사로잡힌 양들을 붙잡기 위해 뛰어올랐습니다. 그 다음에는 순결의 덕으로 꾸며졌던 요셉이 있었는데, 나는 이 땅 위에서 바오로를 칭찬하는 것이 어리석게 보일 수 있기에 두렵습니다. 바오로는 스스로를 십자가에 못 박았고, 인간 육체의 아름다움뿐만 아니라 물질적인 것에서 빛나고 아름답게 보이는 모든 것이 먼지와 재가 우리를 보는 것처럼 그를 바라보았습니다. 그는 시체 옆에서 움직이지 않는 죽은 사람 같았습니다.

또한, 존경받는 욥은 놀라운 경쟁자였습니다. 그러나 바오로는 몇 개월이 아니고 몇 년 동안 투쟁을 지속했고 명예롭게 부각 되었습니다. 그는 깨진 항아리 조각으로 자신의 부패한 피부를 긁지 않았고, 종종 사자의 거대한 입 속에 뛰어들어 돌처럼 흔들리지 않고 셀 수 없이 많은 시련에 대항하여 싸우면서도 흔들림 없이 견뎌냈습니다. 바오로는 서너 명의 친구로부터가 아니라 모든 비신자로부터, 심지어 신자들이 뱉은 침을 맞고 모든 사람에게 저주받으며 수치스러운 대우를 받았습니다. 욥은 가난한 사람들을 아낌없이 보살폈습니다. 욥은 몸이 약한 사람들을 돌보았고, 바오로는 병든 영혼들을 돌봤습니다. 욥은 모든 방문자에게 자기 집을 개방했고, 바오로는 온 세상에 자신의 영혼을 개방했습니다. 욥은 많은 양과 소를 소유하고, 가난한 사람들을 도와주었습니다. 바오로는 자기 몸밖에 가진 것이 없어 '나와 내 일행에게 필요한 것을 이 두 손으로 장만하였다는 사실을 여러분 자신이 잘 알고 있습니다.'(사도 20, 34)라고 말하면서 우리에게 상기시킨 것처럼, 어려움에 처한 사람들에게 육체적으로 봉사했습니다. 거룩한 욥은 벌레와 상처로 심한 통증을 느꼈습니다. 바오로는 가족과 낯선 사람, 세상 사람들에게 채찍질, 굶주림, 결박과 위험을 당하고 교회를 위한 희생, 누군가 만들어낸 추문으로 불탔습니다. 이러한 그의 존재를 생각하면, 당신은 그의 영혼이 어떤 바위보다 더 단단하여 철과 강철을 능가한다는 것을 알게 될 것입니다. 욥이 육체로 겪었던 그 고통을, 바오로는 영혼으로 겪었습니다. 누군가 죄를 지으면 그 어떤 비통함보다 더 가슴 아픈 슬픔이 바오로를 사로잡았고, 그래서 억수 같은 눈물을 흘릴 뿐만 아니라 밤새도록 울었습니다. 그는 산고를 겪고 있는 여자보다 더 심하게 괴로워했고 '나의 자녀 여러분, 그리스도께서 여러분 안에 모습을 갖추실 때까지 나는 다시 산고를 겪고 있습니다.'(갈라 4, 19)라고 말했습니다.

유다인들을 구하기 위해 모세는 자신의 이름이 생명의 책에서 지워지는 것을 선택하고 사람들과 함께 죽으려고 자신을 봉헌하였으나, 바오로는 나머지 사람들을 위해 자기 자신을 바쳤습니다. 그는 죽으려는 사람들과 함께가 아니라 자신이 죽기를 원했습니다. 그는 다른 사람들이 구원될 수 있도록, 영원한 영광을 포기했던 것입니다. 그리고 모세는 파라오에게 저항했으나, 바오로는 매일 악마에게 저항했습니다. 모세는 한 민족을 위해서 저항했고, 바오로는 온 세상을 위해 땀이 아닌 피로 싸웠습니다. 요한은 광야의 고요와 평화

속에 자리잡고 메뚜기와 벌꿀을 음식으로 먹었으나, 바오로는 세상의 꿍음과 소음 속에 휩싸여 훨씬 더 거친 음식을 겨우 먹고 열성적인 설교를 했습니다. 헤로디아에 대한 요한의 태도는 참으로 용감했지만, 바오로는 단지 몇몇이 아니라 권력(또는 비슷한 지위)에 있는 누구보다 잔인한 폭군들을 질책했습니다.

바오로를 천사들과 비교하는 일이 우리에게 남아 있으며, 바오로가 하느님에게 최고의 조심성으로 순명했기 때문에 그가 숭고하다는 것을 다시 선언합니다. 다윗이 감탄하며 천사들에 대해 말했습니다. '주님의 천사들아, 그분 말씀에 귀 기울이고 그분 말씀을 실천하는 힘센 용사들아!'(시편 103, 20) 그리고 예언자가 천사들에게서 감탄하는 또 다른 이유는 무엇이 있겠습니까? 다윗은 '바람을 당신의 사자(使者)로 삼으시고 타오르는 불을 당신 시종으로 삼으시는 (주님)!'(시편 104, 4)이라고 말합니다. 그러나 우리는 불과 바람이 한 것처럼 온 세상을 깨끗이 하였던 바오로 안에서 이것을 발견할 수 있습니다. 하지만 그는 아직 천국을 얻지 못했으며, 그가 땅 위에서 바빴고 여전히 자신의 영원히 살 수 없는 육체에 갇혀 있었기 때문에 이것이 무엇보다도 놀라운 일입니다. 그런 덕의 다발을 자신 안에 모았던 이 사람을 조금이라도 본받으려고 노력하지 않는 우리는 얼마나 단죄받을 만한 사람입니까! 우리보다 그에게 그 어떤 다른 본성이 더 많이 할당되지 않았고, 그가 우리와는 다른 영혼을 전혀 얻지 않았고, 다른 세상이 아니라 우리가 살고 있는 같은 땅과 같은 지역에서 살고 있었습니다. 그는 우리와 같은 율법과 관습 아래에서 성장했지만, 영혼의 덕 안에서 현재에 존재하고 있는 모든 사람, 혹은 과거에 존재했던 모든 사람을 초월합니다. 또한 풍부한 신심 안에서 덕을 위해 받아들였던 고통을 어떤 식으로든 느끼지 않았기 때문에 그는 참으로 존경받았습니다. 그는 덕을 그 자체의 보상으로 생각했습니다. 우리는 우리에게 주어진 보상의 관점에서 덕을 위해 고군분투하지만, 그는 아무런 보상도 생각하지 않고 덕을 받아들이고 사랑했습니다. 덕을 해치려는 것처럼 보이던 모든 어려움을 완벽한 평정심으로 견뎌냈습니다. 그는 날마다 전날보다 더 열심히 일어나서 더 큰 용기로 자신을 위협하는 위험에 직면했습니다. 그가 죽음이 임박했다는 것을 알았을 때, '나와 함께 기뻐하고 축하해주게!'라고 말하면서 즐거움과 기쁨을 나누어주려고 사람들을 초대했습니다. 그래서 그는 이 세상의 좋은 것에 대한 즐거움으로 향하기보다는 설교를 위한 열의로 자신이 참고 견뎌냈던 혼란과 상처로 서둘러 갔습니다. 그는 삶보다는 죽음을 고대했고, 부유함보다는 가난을 바랐고, 다른 사람들이 고역(苦役) 후에 휴식을 찾는 것보다 더 많은 고역을 추구했고, 다른 사람들이 기쁨을 추구하는 것보다 더 많이 비탄을 선택했고, 다른 사람들이 적에 대항하여 기도하는 것보다는 적들을 위해 좀 더 열심히 유익해지도록 기도했습니다. 주님을 항상 즐겁게 해드리는 것을 제외하고는 바람직한 것이 아무것도 없습니다. 이처럼 그에게 두렵고 무서운 것이 한가지 있었으니, 그것은 하느님께 죄를 짓는 것이었습니다. 그가 현세의 재물에 대한 열망이 없었다는 말이 아닙니다. 그는 미래를 위해 바랐던 것이 아무것도 없었습니다. 상(賞)과 민족들, 군대들과 부유함, 지방(地方)들, 권력에 대해 나에게 말하지 마십시오. 그는 그것들이 마치 거미줄인 것처럼 하찮게 여겼습니다. 천국에서 우리에게 약속된 재산에 대해 나에게 말하면, 그때 당신은 그리스도를 위한 자신의 불타는 사랑을 볼 것입니다. 그가 그리스도의 사랑 말고(예를 들어, 천사나 대천사의 높은 지위 등과 같은 것들) 갈망한 것은 아무것도 없습니다. 그는 그 모든 것보다 더 위대한 것, 즉 그리스도의 사랑을 누렸습니다. 그는 무엇보다도 자기 자신이 축복받았다고 여겼고, 그 사랑 없이 영주들과 군주들과의 교제를 원하지 않았습니다. 그는 그 사랑 없이 가장 높고 가장 숭고한 명예를 가지고 살기보다는, 그 사랑과 함께 가장 마지막 사람, 가장 보잘것없는 사람, 심지어 지옥에 떨어진 사람 중 한 사람이 되기를 선호했습니다. 그리스도의 사랑에서 분리되는 것이 그에게 가장 큰 유일한 고통이었고, 지옥이자 유일한 형벌, 한계가 없고, 견딜 수 없는 고문이었습니다. 반대로 그 사랑을 누리는 것은 생명이고 세상이며, 왕국이었고 약속이었고 셀 수 없는 축복이었습니다.

그래서 우리가 두려워하는 것들이 바오로에게는 말라죽은 풀보다 더 중요하지 않게 보였습니다. 그에게 분노를 내뿜는 폭군들과 적들은 앵앵거리는 모기일 뿐이었고, 죽음과 고문과 천 번의 형벌은 그가 그리스도를 위해 어떤 고통도 받을 수 있는 어린이의 놀이에 불과했습니다. 그가 죄수로서 착용했던 쇠사슬은 그가 썼을지도 모를 왕관보다 더 귀중했습니다. 지하 감옥에 갇혔던 그는 천국에 살았습니다. 그는 다른 사람들이 승리의 영광을 얻는 것보다 더 기꺼이 채찍질을 당했고 상처를 받았습니다. 그는 고통을 상(賞)만큼 사랑했고, 자신의 길에 상 대신 고통이 왔을 때 우리를 슬프게 하는 고통이 오히려 그를 기쁘게 했기 때문에 호의(好意)라고 불렸습니다. 게다가 그는 깊은 슬픔에 휩싸였습니다. '누가 분노하게 만들었는데 나는 불에 타지 않았는가? 비록 슬픔에는 일종의 기쁨이 있다고 말하는 일부 사람이 있지만, 자녀의 죽음으로 상처받는 사람에게 슬퍼하는 것을 막으면 더 슬퍼지기 때문에 눈물을 흘림으로써 작게나마 위로를 얻게 합니다.' 이와 같이 바오로도 밤낮으로 눈물을 흘리며 위로를 얻었으며, 다른 사람의 해악으로 인해 바오로만큼 고난을 자초해서 받은 이는 아무도 없었습니다. 참으로 그가 죄인들을 잃은 슬픔으로 눈물을 흘렸을 때 그가 얼마나 큰 충격을 받았는지 잘 판단할 수 있을 것입니다. 왜냐하면, 그는 그들이 구원받을 수만 있다면 자신은 하늘의 영광에서 제외되어도 상관없었기 때문입니다. 그는 죽는 것보다 그들이 구원받지 못하는 것이 더 고통스러웠습니다.

그러니 누구와(혹은 무엇과) 이 사람을 비교할 수 있겠습니까? 철에게? 강철에게? 어떤 사람은 그 영혼을 황금 또는 강철이라고 부를 수 있습니다. 어떤 강철보다 더 강하고, 금이나 보석들보다 훨씬 더 귀중하고, 단단함이나 가격에서 다른 금속을 능가하기 때문입니다. 또한 이 사람의 영혼을 무엇에 비교할 수 있겠습니까? 존재하는 것 중에는 아무것도 … 하나도 없습니다! 그러나 만일 강철의 단단함이 금에게, 금의 반짝반짝하는 빛이 강철에게 주어지는 정도라면 아마도 바오로의 영혼과 비교할 수 있을 것입니다. 그러나 내가 강철과 금과 바오로 사이에 닮은 점을 제안하고, 당신은 저울의 반대쪽에 온 세상을 올려놓는다고 가정해 봅시다. 당신은 바오로가 세상보다 확실히 더 무겁다는 것을 보게 될 것입니다. 그러니 우리는 바오로가 세상과 세상 안에 있는 모든 것보다 더 가치 있고 더 훌륭하다고 말합니다. 그러면, 자, 만일 세상이 바오로보다 훌륭하지 않거나 가치가 없다면, 천국은 어떻습니까? 우리는 바오로보다 덜 훌륭한 천국을 발견할 것입니다. 그리고 만일 그가 천국뿐 아니라 천국에 있는 어떤 것을 하느님의 사랑 다음에 둔다면, 어떻게 바오로보다 더 인자하신 하느님께서 그를 무수한 천국보다 더 가치 있다고 판단하지 않을 수 있겠습니까? 하느님은 우리를 사랑할 뿐만 아니라, 그 어떤 말로도 표현할 수 없을 만큼 아주 많이 관대하십니다. 하느님은 바오로를 낙원으로 데려가 셋째 하늘로 들어 올렸습니다. 바오로는 마치 땅 위를 거닐며 천사 무리와 함께 있는 것을 원래 즐기던 사람 같았습니다. 그런데도 가시적인 육체에 묶였던 그는 천사의 완벽함을 공유하면서도 여전히 약한 육체에 종속되어 있으므로 천사들의 고귀한 덕에 결코 부족해 보이지 않으려고 고군분투했습니다. 그는 자신의 가르침을 전파하기 위해 날개를 가진 사람처럼 온 세상을 돌아다녔고, 육체로 인한 힘듦도 위험도 거의 느낄 수 없었습니다. 마치 이미 천국을 소유한 듯이 세속적인 모든 것을 경멸했고, 이미 영적인 능력으로 사는 듯이 자신의 마음에 끊임없이 집중하며 지켜보았습니다.

이런저런 사람들이 천사의 보호 아래에 놓여 있던 일이 자주 일어났지만, 바오로가 온 세상에 대해 가졌던 권위만큼 가진 천사는 어디에도 없었습니다. 꼭 참을성 있는 아버지가 자신을 학대하고 눈물 흘리게 한 아들에게 더 연민을 느끼는 것처럼, 바오로는 자신을 제일 괴롭혔던 사람들에게 아버지 같은 큰 애정을 보였습니다. 그는 자신을 채찍으로 다섯 번이나 때리면서 자신의 피에 목말라 한 사람들을 위해 자주 눈물을 흘리며 슬퍼했고, 그들을 위해 기도했습니다. 그는 '교우 여러분, 그들(유다인들)을 위해 하느님께 드리는 내 마음의 소원과 기도는 그들이 구원받는 것입니다.'라고 말했습니다. 그는 파멸로 가는 사람들을 보고 몹시 괴로워하고 슬퍼했습니다. 철을 불에 넣으면 그 자체가 불이 되는 것과 마찬가지로, 사랑에 매달려 있던 바오로는 완전히 사랑이 되었습니다. 마치 그가 온 세상의 공동의 아버지인 것처럼, 사랑과 실천에서 사람들의 아버지를 본받았고, 배려와 신심에서 육체뿐만 아니라 영적으로도 아버지들을 넘어섰습니다. 그는 마치 자신이 온 세상을 낳았고, 하느님의 왕국에 모든 사람을 이끌려고 갈망하여 마지막 한 인간까지 하느님 앞에 들어 올리기를 원했고, 자신의 영혼과 육체를 사랑하는 사람들을 위해 사용했습니다. 이곳저곳을 다니며 동물의 가죽으로 작업하고 생계를 꾸려나갔던 이 사람은 귀족이 아니었음에도 매우 영향력이 있는 사람으로 성장했습니다. 거의 30년 동안 여러 곳을 다니며 로마인, 페르시아인, 파르티아인, 메대인, 인도인과 스키티아인, 에티오피아인, 사르마티아인, 사르센인과 진리의 멍에 아래에 있는 모든 인종을 데려왔습니다. 그리고 불타는 석탄을 건초

더미에 던진 것처럼 그의 불은 악령들을 태워 버렸습니다. 그의 목소리는 어떤 불보다 더 열렬하게 엄습했고, 악마 숭배와 폭군들의 위협과 거짓 추종자들이 놓은 덫 등을 모두 무너뜨렸습니다. 게다가 떠오르는 태양 빛에 어둠이 사라지는 것처럼, 간음한 사람들과 도둑들이 구덩이에 숨었고, 노상강도들과 살인자들이 동굴로 달아났습니다. 그래서 세상은 빛나는 햇살로 선명해졌습니다. 바오로가 해외로 복음을 전파했을 때, 오류는 쫓겨나고 진리가 들어왔고, 간음과 혐오감을 주는 것들은 내쫓겼고 그 불의 열기에 의해 짚처럼 소멸되었습니다. 동시에 진리의 명성은 눈부시게 빛나는 불꽃처럼 타올라 천국에 올랐고, 오히려 그 진리를 아래로 여겼던 사람들에 의해 높여졌고, 어떤 위험도 공격도 이를 멈출 수 없었습니다.

오류의 본질은 저항이 없으면 유행이 사그라들어 사라지는 것입니다. 반면에, 진리의 본질은 공격받을수록 활기를 띠고 자랍니다. 하느님은 틀림없이 우리 인류의 품위를 높여서 우리가 자신의 모습과 닮기를 갈망하셨습니다. 우리는 그것이 불가능하다고 생각하지 않습니다. 어쨌든 바오로는 우리와 같은 육체와 영혼을 가졌고 같은 음식을 먹었습니다. 하느님은 우리를 만들어 냈던 것처럼 그를 만드셨고, 바오로의 하느님은 우리의 하느님이기도 합니다. 당신은 하느님이 바오로에게 준 선물을 알고 싶습니까? 바오로의 옷만으로도 악령들을 공포에 떨게 했습니다. 이보다 더 존경스러운 것은 바오로가 위험에 빠졌을 때 경솔함 때문이라고 비난할 수 없었고, 주위에 위험이 커졌을 때도 소심함 때문이라고 할 수 없었습니다. 삶이 자신에게 가르침의 특전을 허락하였기 때문에 자신의 삶을 사랑하였으나, 동시에 세상과 다투는 철학적인 태도로 인해 현재의 삶을 경멸하기도 했습니다. 마지막으로 만일 당신이 위험으로부터 도망치는 바오로를 발견한다면, 위험에 맞서는 그에 대해 기뻐하였을 때만큼 그를 존경하십시오. 전자가 지혜의 한 부분인 것처럼 후자는 용기의 한 부분입니다. 마찬가지로 바오로가 자신에 대해 약간 자랑하는 것을 발견한다면, 자신을 멸시하는 것을 본 것과 같이 그를 존경하십시오. 왜냐하면, 이는 겸손의 한 부분이고, 다른 하나는 영혼의 위대함의 한 부분이기 때문입니다. 그가 아무것도 말하지 않는 것보다 자신을 칭찬하여 말하는 것이 더 가치가 있습니다. 만일 그가 아무것도 말하지 않았다면, 그는 아무런 이유 없이 스스로를 칭찬하는 법을 배운 사람들보다 더 비난받아야 했을 것입니다. 만일 그가 영광을 받지 못했더라면, 그는 자신에게 맡겨진 모든 사람을 잃어버렸을지도 모르며, 그가 자신을 낮추는 동안 그들의 교만을 세웠을지도 모릅니다. 따라서 바오로는 다른 사람이 마땅히 자신에게 주어야 할 칭찬을 숨기며 하는 것보다 자랑함으로써 더 잘했습니다. 후자는 바오로가 자신의 공로를 숨김으로써 얻는 공로보다 자신의 공로를 자랑하여 말함으로써 얻는 공로가 더 컸습니다. 스스로 위대하고 존경할 만하다고 말하는 것은 심각한 잘못이며, 어떤 긴급한 필요 없이 자신을 칭찬하는 일은 더없이 어리석은 짓입니다. 오히려 사람이 하느님을 따라 말하고 있음을 보여주는 것이 아니고, 무지함의 표시입니다. 그러한 자만심은 수고와 땀으로 얻은 보상을 박탈하니, 자신에 대해 자랑스럽게 말하는 것은 거만하고 오만한 사람의 행위입니다. 반면, 엄격하게 필요한 것을 말하는 것은 사랑을 소유한 사람의 방식이고 많은 사람의 선과 행복을 염두에 두고 취한 행동입니다. 바로 바오로가 그랬을 것입니다. 그가 거짓으로 중상모략을 당할 때, 그는 자신의 업적을 칭찬하도록 강요 받았습니다. 반면, 자신의 가치를 보여주려고 할 때는 다른 사람과 다른 위대한 사람들에 대해서는 침묵을 지켰습니다. 그는 말합니다. '그리고 아예 주님께서 보여주신 환시와 계시까지 말하렵니다. … 그러나 자랑은 그만두겠습니다.'(2코린 12, 1. 6) 그는 어떤 예언자들과 사도들보다 주님과 더 오랫동안 자주 이야기했고, 그렇게 함으로써 겸손한 사람이 되었습니다. 그 역시 두려울 때가 있었을 것입니다. 그러나 이것은 그가 본성상 단지 많은 사람 중 한 사람이라는 사실을 우리가 배울 수 있도록 하기 위한 것이었습니다. 그리고 자신의 의지로 모든 사람을 초월할 뿐만 아니라 천사 중 하나였습니다. 두려움에 사로잡히는 것은 비난받을 일이 아닙니다. 오히려 두려움에 싸여 진정한 경건함에 합당하지 않는 행동을 하는 것이 비난받아야 합니다. 타격과 상처를 두려워하면서도 싸움에서 포기하지 않는다는 그 사실이, 두려움이 없는 사람보다 그를 더 존경받을 만하게 합니다. 이와 같이 근심하는 것도 책망할 것이 아니지만, 오직 근심하여 하느님을 불쾌하게 만드는 것을 비통함 없이 말하거나 행하는 것이 … 오히려 비난받아야 할 것입니다.

바오로가 우리와 같은 인간 본성을 가졌음에도 그 본성을 초월하여 살 수 있었고, 죽음을 두려워할지언정 죽기를 거부하지 않았다는 사실에서 그가 어떤 사람이었는지를 볼 수 있습니다. 나약한 본성을 가진 것이 잘못은 아닙니다. 그 나약함에 끌려다니는 것이 잘못입니다. 바오로가 마르코라고도 불리던 요한을 떠나게 하였던 것처럼, 의지로 본성의 나약함을 극복하려는 것은 칭찬받아 마땅한 존경스러운 것입니다. 그의 행동방식은 완벽하게 옳았습니다. 그것은 설교하라는 직무에 의해 부름을 받았습니다. 그 직무를 맡은 사람은 연약하거나 느슨해서는 안 되고, 어떤 상황에서든 강하고 확고해야 합니다. 만일 천 번의 죽음과 위험에 자신의 영혼을 노출시킬 준비가 되어있지 않다면, 그 고위 직무의 의무를 지고자 해서는 안 됩니다. 그가 이러한 종류의 사람이 아니라면, 자신의 모범이 다른 많은 사람에게 불행한 운명을 맞게 할 것입니다. 침묵을 지키며 스스로 돌아보는 것이 그 역할에 더 도움이 될 것입니다. 통치하고 싶어 하는 그 누구도, 야수들과 싸워야 하거나 원형 경기장에서 검투사로 싸워야 할 운명인 그 누구도, 영혼과 영이 필요한 그 누구도 설교의 직무를 착수했던 이 사람처럼 그렇게 위험과 죽음을 마주 볼 준비를 하지 않았습니다. 그 설교자가 직면했던 것보다 더 위험하거나 더 잔인한 적들은 아무 데도 없었고, 또는 그와 같은 경쟁과 상금을 내건 곳도 없었습니다. 그에게는 천국이 보상으로, 지옥이 벌로 제공되기도 합니다.

그러나, 만일 일부 설교자들 사이에서 다소 분노의 징후가 보이더라도 악으로 간주하지 마십시오. 하지만 화가 나는 마음이 생기는 것은 잘못이 아니지만, 정당한 이유 없이 비이성적으로 화를 내는 것은 죄악입니다. 선견지명이 있는 우리의 창조주는 무력감과 냉담함에서 벗어나 잠들고 허약한 영혼들을 자극하려고 우리 안에 이 감정을 심으셨습니다. 칼이 날을 지닌 것처럼, 하느님은 우리를 위해 필요할 때 사용하려고 우리 마음에 분노의 날을 부여하셨습니다. 영혼의 온유함은 적합한 순간에는 항상 좋지만, 필요하지 않은 상황에서는 악덕(惡德)입니다. 그래서 바오로는 이 감정을 자주 사용했고 무례한 언어를 사용하는 사람들보다 화를 적절히 내는 그가 더 낫습니다.

바오로가 훌륭했던 것은 족쇄가 채워지고, 채찍질을 당하고, 상처를 입었음에도 보석과 자주색 예복으로 꾸민 사람들보다 훨씬 더 빛났다는 점입니다. 망망한 바다 위에서 쇠사슬에 묶여 있었을 때, 마치 자신이 황제의 높은 왕좌로 가고 있는 것처럼 크게 기뻐했습니다. 그는 로마에 도착하였으나 그곳에 머무르는 것에 만족하지 않고 스페인으로 향했고, 나태하거나 휴식을 취하는 어떤 날도 허락하지 않았습니다. 설교에서 불보다도 더 열렬한 그는 어떤 위험도 두려워하지 않았고 조롱받았을 때도 수치심을 느끼지 않았습니다. 그리고 더 존경받을 만한 것은 언제나처럼 대담한 모습으로 전투에 임하고 전쟁의 불을 내뿜고 있는 그가 유연하고 융통성 있게 대응하고 자신을 드러냈다는 점입니다. 신자들이 그에게 화를 내거나 오히려 맹렬하고 열렬하게 타르수스(Tarsus)로 가라고 청했을 때도 그는 거부하지 않았습니다. 그가 바구니에 넣어져서 성벽 너머로 내려지는 것이 최고일 것이라고 신자들이 말했을 때도 그는 허락했습니다. 그는 오로지 한 가지, 즉 설교할 시간을 좀 더 가지기 위해 이 모든 것을 했고, 그렇게 해서 자신의 설교를 통해 믿었던 많은 사람과 함께 그리스도께 가려고 했습니다. 그는 오히려 더 많은 사람을 충분히 구원하지 못한 채 초라한 이 삶을 떠날지도 모른다는 걱정을 했습니다. 그런 다음 … 사람들이 한 사령관 아래서 전투에 임할 때 그 사령관이 상처를 입고 피를 흘리면서 적에게 한 치의 양보 없이 꿋꿋이 창을 휘두르고, 적수들을 쓰러뜨리며 고통을 두려워하지 않는 것을 보면 이 위대한 지도자를 따릅니다.

바오로도 마찬가지였습니다. 사람들은 그가 감옥에서 쇠사슬에 묶이고 족쇄에 채워져 있었음에도 설교하는 것을 보았습니다. 사람들은 그가 부상을 입은 채 설교로 자신을 괴롭히는 사람들을 사로잡은 것을 보면서 그에 대한 신뢰를 쌓았습니다. 그가 감옥에 갇힌 일로 인해 대부분의 신자가 주님 안에서 자신감을 가졌고 두려움 없이 하느님의 말씀을 전할 수 있게 되었다고 말한 것은 그가 의미하고자 했던 것입니다. 이것은 차례차례 바오로의 열성을 자극했고, 그는 자신의 반대자를 더욱더 끊임없이 얻으려고 하였습니다. 한 무더기의 물질 속으로 떨어지고 있는 불이 확산되고 그 주변의 모든 것을 불태웠을 때처럼, 그렇게 바오로의 설교는 누구든 그의 설교를 들었던 사람을 끌어들였습니다. 그의 공격자들은 불을 위한 영적인 음식이 되었습니다. 왜냐하면 그들을 통해 복음의 불꽃이 확산되었기 때문입니다." 여기까지는 크리소스토모의 말이다.

91

성녀 펠리치타의 아들 일곱 형제

성녀 펠리치타(Felicitas, Felicity)에게는 일곱 명의 아들, 야누아리오(Januarius), 펠릭스(Felix), 필립보(Philippus), 실바노(Silvanus), 알렉산데르(Alexander), 비탈리스(Vitalis), 마르티알리스(Martialis)가 있었다. 푸블리우스(Publius) 총독은 안토니누스 황제의 명령으로 어머니와 함께 형제 모두를 소환해서 그녀와 일곱 아들을 보호하라고 설득했다. 그녀의 대답은 "저의 안전은 저와 함께 있는 성령에게서 나오기에 당신의 감언이설에 현혹되지도, 협박에 겁을 먹지도 않을 것입니다. 그리고 살아있는 한 저는 당신에게 저항할 것이고, 당신이 저를 죽일 때 저는 당신을 완전히 이길 것입니다!"이었다. 그런 다음 일곱 아들에게 돌아서서 말했다. "나의 아들들아, 그리스도가 우리를 기다리니, 하늘을 보고 시선을 위로 고정시켜라. 그리스도를 위해 용감하게 싸우고 그리스도의 사랑 안에서 충실한 너희 자신들을 보여라!" 이를 들은 총독은 부하들에게 그녀를 세게 치라고 명령했다. 어머니와 아들들은 믿음 안에서 단호했고 일곱 아들은 고문을 당했으며, 어머니가 지켜보고 용기를 북돋우는 동안에 사형에 처해졌다.

그레고리오는 이 복된 펠리치타를 "순교자보다 더 나은 사람"이라고 불렀다. 그녀가 일곱 아들로 일곱 번, 자신의 몸으로 여덟 번째 고통을 겪었기 때문이다. 그레고리오는 강론에서 말한다. "그리스도의 종으로서 자신의 믿음으로 두드러졌던 성녀 펠리치타는 설교로 그리스도의 순교자가 되었습니다. 부모는 자식이 먼저 죽는 것을 두려워하듯이, 그녀는 육신으로 살아서 자기 아들들을 남겨두는 것을 두려워하였습니다. 그녀가 아들들을 육체로 잉태한 것 같이 성령으로 낳았으니, 이는 자기가 몸으로 세상에 주었던 것처럼 자신의 설교로 하느님께 그들을 드리기 위함이었습니다. 자기 육체로 낳은 자식이기에 슬퍼하지 않고는 죽어가는 것을 볼 수 없었지만, 그녀 안에 있는 사랑이 너무 강해서 몸으로 느끼는 비통함을 이겨냈습니다. 그러므로 나는 이 여자가 순교자보다 더 나은 사람이라고 말합니다. 이 여자는 자기 아들 각각 한 사람 한 사람 안에서, 그들이 가졌던 매우 큰 열망과 함께 죽었습니다. 이 칠

중(七重)의 순교를 얻는 동안 그녀는 또한 순교의 팔마를 넘어섰습니다. 왜냐하면 그리스도에 대한 그녀의 사랑은 그분을 위하여 단지 한 번 죽는 것으로 만족할 수 없었기 때문입니다."

그 순교자는 서기 약 110년에 고통 받았다.

92

성녀 테오도라

제노 황제 시기에 귀족 여인 테오도라(Theodora)는 알렉산드리아에서 하느님을 경외하는 부유한 남자와 결혼했다. 테오도라의 거룩함을 시기한 악마는 다른 부자에게 그녀에 대한 성욕을 불러일으켰다. 다른 부자 남자는 그녀를 설득하려고 많은 서신과 선물을 보냈으나 그녀는 서신들과 선물들을 거절했다. 그러나 그의 지속적인 많은 괴롭힘에 마음의 평화를 갖지 못한 그녀는 건강이 나빠지기 시작했다. 그는 여자 마법사를 그녀에게 보냈고, 마법사는 그녀에게 이 남자에 대한 연민을 갖고 그의 욕망에 굴복하라고 촉구했다. 테오도라는 모든 것을 보시는 하느님의 눈앞에서 엄청난 죄를 범할 수 없다고 대답했지만, 마녀가 말을 이었다. "하느님은 낮에 행하는 모든 것을 보시지만, 황혼과 일몰 때에 범하는 일을 보지 못하십니다." 테오도라: "당신의 말이 진실인가요?" 마녀: "네 확실합니다!" 결국, 마녀에게 속은 그녀는 해가 뉘엿뉘엿 질 때 그 남자가 자신에게 오면 그의 뜻대로 하겠다고 말했다. 이 소식을 듣고 몹시 기뻐한 남자는 약속된 시간에 그녀에게 가서 동침하고 떠났다.

정신을 차린 테오도라는 자신의 얼굴을 때리며 "아아, 슬프도다! 나는 내 영혼을 잃었고, 내 덕의 아름다움을 파괴했다!"라고 말하면서 비통하게 울었다. 집으로 돌아온 남편이 비통에 잠긴 그녀에게 이유도 모른 채 위로했지만, 그녀는 어떤 위로도 받아들이지 않았다. 다음 날 아침 그녀는 수녀승원으로 가서 자신이 저녁에 저질렀던 대죄에 대해 하느님이 알 수 있는지 여자 아빠스(abbatissa)*에게 물었다. 여자 아빠스는 대답했다. "행해지는 모든 것을 알고 모든 것을 보는 하느님께 숨길 수 있는 것은 아무것도 없습니다. 그것이 행해진 시간은 상관없습니다." 테오도라는 많이 울었고 "제가 이 일에 대해 자비를 구할 수 있도록, 저에게 복음서를 주십시오."라고 말했다. 그녀는 책을 열었고 "내가 한번 썼으면 그만이오."(요한 19, 22)라는 구절을 발견했다. 집으로 돌아간 그녀는 어느 날 남편이 없을 때 머리카락을 자르고 남자 옷을 입은 후 서둘러 수도승원으로 갔다. 그녀는 수도승들과 함께 지낼 수 있도록 요청했고, 받아들여졌다. 그녀는 이름을 묻는 질문에 테오도로(Theodorus)라고 대답했다. 이제 테오도로 형제로서 모든 일을 겸손하게 수행했으며 그녀의 봉사는 모든 사람에게서 환영을 받았다.

몇 년 후 아빠스는 테오도로에게 한 쌍의 소를 이끌고 도시로 가서 한 통의 기름을 운반하라고 명령했다. 한편, 그녀의 남편은 아내가 다른 남자와 함께 떠난 걸로 생각하면서 많은 눈물을 흘리자, 주님의 한 천사가 그에게 말했다. "내일 일어나서 사도 베드로의 순교(Via Martirii Petri)라는 이름의 거리에 서 있어라, 그러면 네가 만나는 첫 번째 사람이 너의 아내이다." 테오도라는 남편을 알아보고 속으로 말했다. "내 좋은 남편이여, 당신에게 한 잘못을 뉘우치기 위해 내가 얼마나 열심히 노력하고 있는가!" 그녀는 그의 근처에 갔을 때, "기쁨이 함께 하세요, 선생님!"라고 인사했다. 그러나 그는 그녀를 알아보지 못했고, 종일토록 기다리다가 밤이 이슥해지자 자신이 속았다고 외쳤다. 아침에 "어제 너에게 인사했던 사람이 너의 아내였다."라고 말하는 한 음성이 그에게 들려왔다.

테오도라의 거룩함은 정말 엄청나서 많은 기적을 행했다. 그녀는 들짐승으로부터 치명적인 부상을 입은 사람을 기도로 살린 다음, 그 짐승을 추적하여 저주하자 짐승은 급사했다. 그리고 한번은 그녀의 성덕을 보다 못한 악마가 그녀에게 나타나서 말했다. "매춘부 중의 매춘부, 간통한 여자야, 너는 여기에 오려고 네 남편을 버렸으며 나를 부끄럽게 하였다! 나는 너에게 나의 무시무시한 힘을 사용하여 전투를 일으킬 것이고, 만일 내가 너로 하여금 십자가에 못 박힌 분을 부정하게 만들지 못한다면, 너는 내 존재를 부정해도 좋다." 그

* 관상생활을 주로 하는 여자 자치수도원의 원장에게 주어진 호칭. ― 역자 주

러나 그녀가 십자성호를 긋자 악령은 사라졌다.

또 다른 때, 그녀가 낙타들과 함께 돌아오는 중에 하룻밤을 묵으려고 멈췄을 때, 한 소녀가 그녀에게 와서 "나와 같이 자요!"라고 말했다. 테오도라가 소녀를 쫓아내자, 소녀는 같은 장소에서 쉬고 있던 한 남자와 동침했다. 소녀의 배가 불러오자, 누구의 아이인지 질문을 받았고, 소녀는 "테오도로 수도승이 저와 잤어요!"라고 말했다. 아기가 태어나자, 소녀의 아버지는 아기를 수도승원의 아빠스에게 넘겼다. 아빠스는 용서를 간청하는 테오도로를 질책하면서 아기와 함께 수도승원에서 추방했다.

추방 후에 테오도로, 즉 테오도라는 7년 동안 수도승원 밖에서 가축 우유로 아이를 키우며 지냈다. 그런 인내심을 시기한 악마는 남편 모습으로 나타나서 그녀에게 말했다. "내 여자여, 당신은 여기서 무엇을 하고 있습니까? 보십시오, 나는 당신을 몹시 그리워하였습니다. 설령 당신이 다른 사람과 누워 있었다 하더라도 당신을 용서하니, 돌아와서 나의 삶을 밝혀주시오!" 이 사람이 진정 자기 남편이라고 생각한 테오도라가 말했다. "기사(騎士)인 요한의 아들과 동침했던 저는 결코 당신과 함께 다시 살 수 없으며, 당신에게 저지른 죄를 속죄하기를 원합니다." 그리고 그녀가 기도하자 그는 사라졌고, 그 자가 악마임을 깨달았다.

또 다른 때에 그녀를 공포에 떨게 하려는 악마가 사나운 짐승 모습의 악령들을 보냈다. 한 남자가 그 무리를 부추기며 "이 매춘부를 집어삼켜라!"라고 말했다. 그러나 그녀가 기도하자 악령들이 사라졌다. 사람들의 존경을 받았던 한 원수(元首, princeps)가 인솔하는 부대의 군인들이 와서 테오도라에게 "일어나서 우리의 원수님을 숭배하여라!"라고 말했다. 그녀는 "저는 주 하느님을 흠숭합니다!"라고 대답했다. 이 대답을 보고 받은 그 원수는 그녀를 끌고 와서 죽기 직전까지 때리라고 명령했고, 그 무리는 사라졌다. 또 다른 때에 그녀는 많은 금을 보았지만, 가슴에 성호를 그어 하느님께 자신을 맡기며 금에게서 달아났다. 그러던 어느 날 한 남자가 온갖 맛있는 음식으로 가득 찬 바구니 하나를 가져와서 그녀에게 말했다. "너를 때린 원수님이 자기도 모르게 그렇게 하였으니 이 음식을 받으라고 말씀하십니다." 그러나 그녀가 가슴에 성호를 긋자 그 남자는 즉시 사라졌다.

7년이 지났을 때, 아빠스는 테오도라의 인내심에 감동하여 그녀를 다시 교회에 받아주었고 아이와 함께 수도승원으로 들어오라고 했다. 그녀가 2년 동안 칭찬받을 만한 삶을 산 후에, 자신의 작은 방으로 그 사내아이를 데리고 가서 문을 닫았다. 이것이 아빠스에게 알려졌고, 아빠스는 그녀가 소년에게 무슨 말을 하는지 귀 기울여 들어보라고 수도승 몇 명을 보냈다. 그녀는 아이를 껴안고 입맞춤을 한 후 말했다. "내 귀여운 아들아, 내 삶의 기간이 끝이 나고 있다. 나는 하느님께 너를 맡긴다. 너는 그분을 섬겨야 한다. 아들아, 단식과 기도를 꾸준히 하고 헌신적으로 너의 형제들을 섬겨라!" 이 말과 함께 그녀는 마지막 숨을 쉬었고 서기 약 470년에 주님 안에서 행복하게 잠들었으며, 그녀의 죽음을 본 아이는 눈물이 넘쳐흘렀다.

　그날 밤, 아빠스는 천사들과 예언자들과 순교자들과 모든 성인이 순서대로 오는 대단한 결혼식 준비를 하는 환시를 보았다. 그리고 보라, 그들 중앙에 형언할 수 없는 영광에 싸인 한 여자가 홀로 걸어왔다. 그녀는 결혼식장으로 들어와서 신부석에 앉았고, 모든 사람이 그녀 주변에서 그녀를 불렀다. 그때 한 음성이 "이 사람은 한 아이의 아버지라고 거짓 고발된 테오도로 형제이다! 그 때부터 7년이 경과 되었고, 그녀는 자기 남편의 침대를 더럽힌 것에 대한 처벌을 받았다."라고 말하는 음성이 들려왔다. 환시에서 깬 아빠스는 수도승들과 함께 그녀의 작은 방으로 서둘러 가서 죽은 그녀를 발견했다. 그들은 안으로 들어가서 그녀의 옷을 벗기고 여자임을 확인했다. 아빠스는 그녀를 음해했던 소녀의 아버지를 불러 말했다. "당신 딸의 남편이 죽었습니다!" 그 아버지는 옷을 한쪽으로 치우고 그 남편이 여자인 것을 보았다. 이것을 들은 모든 사람에게 큰 두려움이 닥쳤다.

　그때 주님의 한 천사가 아빠스에게 "빨리 말을 타고 도시로 가라. 그리고 너를 만나러 오는 사람을 이곳으로 데려와라!"라고 말했다. 아빠스가 말을 타고 도시로 갔을 때, 한 남자가 자신을 만나러 달려왔다. 아빠스는 그에게 어디로 가느냐고 물었다. 그는 "저의 아내가 죽었다고 해서 그녀를 만나러 가고 있습니다." 아빠스는 그를 말에 태워 테오도라의 시신이 있는 곳으로 돌아왔고, 두 사람은 많이 울었다. 그들은 많은 찬양과 함께 그녀를 묻었다.

　그 후, 그녀의 남편은 주님 안에서 잠들 때까지 테오도라의 작은 방에서 살았다. 그녀의 아들은 자기 수양어머니의 모범을 따라서 그녀의 고결한 삶을 이어갔고, 수도원의 아빠스가 죽자 그는 수도승들로부터 아빠스로 추대되었다.

···✦ 93 ✦···

성녀 마르가리타

마르가리타(Margarita, Margaret)는 흰색, 작고, 강력하게 빛나는 진주(眞珠) 마르가리타(margarita)라고 하는 귀한 보석 이름이기도 하다. 그래서 성녀 마르가리타는 자신의 동정(童貞)으로 빛나는 흰색이고, 겸손으로 작고, 기적을 행함에 있어 강력했다. 진주는 출혈을 통제하고, 마음의 정열을 다루는 능력, 영혼 강화의 능력이 있다. 따라서 복된 마르가리타는 변함없는 순교를 향한 지조를 보였으므로 피를 흘림에 있어서도 강한 능력을 가졌다. 악마를 정복하였으므로 악한 유혹을 극복할 수 있는 마음의 정열을 다스리는 능력을 가졌다. 가르침으로 많은 사람의 영혼을 강화시키고 그리스도에 대한 믿음으로 개종시켰으므로, 영혼 강화의 능력을 가졌다. 학자 테오티모(Theotimus)가 그녀의 전설을 썼다.

안티오키아 출신 마르가리타는 이교도의 원로인 테오도시우스의 딸이었다. 유모의 보살핌을 받으며 자란 그녀는 철들 나이에 세례를 받은 이유로 아버지의 미움을 받았다. 15세의 그녀가 다른 어린 소녀들과 함께 유모의 양떼를 지키고 있던 어느 날, 총독 올리브리우스(Olybrius)가 지나가다가 이 아름다운 소녀를 보자마자 욕정이 불타올라 부하들에게 명령했다. "그녀를 데려오너라! 만일 그녀가 자유인이면 나의 아내로 만들 것이고, 노예라면 나의 첩으로 만들 것이다!"

그래서 올리브리우스에게 불려온 마르가리타는 혈통과 이름, 종교에 대한 질문을 받고 자신은 귀족 출신으로 마르가리타이며 그리스도인이라고 대답했다. 총독: "처음 두 가지는 너에게 완벽하게 맞는 자격이다. 너는 귀족이고 진주처럼 사랑스러울 이름을 가질 만한 완벽한 여인이다. 그러나 세 번째, 그리스도인이라는 것은 너에게 전혀 어울리지 않는다! 너처럼 아름답고 귀족인 소녀는 십자가에 못 박힌 하느님을 믿어서는 안 되는데!" 마르가리타: "당신은 그리스도가 십자가에 못 박혔다는 것을 어떻게 아십니까?" 총독: "그리스도인들의 책들에서" 마르가리타: "당신은 그리스도의 고통과 영광 둘 다 책에서 읽었기 때문에, 당신은 한쪽은 믿고 다른 쪽은 아직 받아들이지 않는 것을 부끄러워해야 합니다!"라고 말하고 계속해서 그리스도가 자신의 의지로 우리의 구원을 위해 십자가에 못 박혔으나 지금은 영원함 안에서 죽지 않고 살아 있다고 선언했다. 화가 난 총독은 그녀를 가두라고 명령했다.

다음 날 총독은 그녀를 다시 불러서 말했다. "어리석은 소녀야, 너의 아름다움을 불쌍히 여기고 우리의 신들을 숭배하여라, 그러면 너의 모든 것이 잘 풀릴 것이다!" 마르가리타: "그분 앞에서 땅은 흔들리고, 바다는 폭풍이 불고, 모든 창조물이 두려워하는 하느님을 흠숭합니다!" 총독: "네가 굴복하지 않으면 너의 육체를 갈가리 찢을 것이다!" 마르가리타: "그리스도는 저를 위해 자신을 죽음에 넘겨주셨으므로, 저는 그리스도를 위해 죽기를 원합니다!"

총독의 명령으로 그녀는 고문대에 걸려 회초리로 맞고 쇠갈퀴에 잔혹하게 베어져서 뼈가 드러났다. 육체에서는 마치 깨끗한 샘에서 나오는 것처럼 피가 흘러나왔다. 옆에 서 있는 사람들이 울면서 말했다. "오 마르가리타, 우리는 너의 몸이 잔인하게 찢기는 것을 보고 슬픔을 주체할 수가 없구나! 신을 믿지 않음으로써 그 많은 아름다움을 잃어버린단 말이냐! 그러니 이제 살기 위해 믿어라!" 마르가리타는 말했다. "나쁜 조언자들아 꺼져라! 육체의 고문은 영혼의 구원이다!" 그리고 총독에게 말했다. "파렴치한 개! 탐욕스러운 사자야! 당신은 육체적 힘을 가졌겠지만, 그리스도는 다른 사람에게서 영혼을 지키신다!" 그런 유혈 광경을 보다 못한 총독은 자신의 두건으로 눈을 가렸다.

마르가리타는 내려져서 다시 감옥에 갇혔는데, 놀라운 빛이 그녀 주위를 에워쌌다. 그녀는 자신과 싸우고 있는 적을 보게 해달라고 주님께 기도하자 흉측한 한 마리 용이 나타나서 그녀를 집어삼키려고 다가왔고, 그녀가 십자 성호를 긋자 사라졌다. 또 다른 이야기는, 용이 그녀의 머리 위부터 발 아래까지 한 번에 삼켜버렸다. 그러나 그녀는 용 뱃속에서 십자성호로 자신을 보호했고, 십자가의 힘으로 용은 터졌고 동정녀는 다치지 않은 채로 빠져나왔다. 그러나 여기서 말하는 용이 처녀를 삼켰고 산산조각이 났다는 것은 출처가 불분명하다고 판단되므로 진지하게 받아들여서는 안 된다.

여전히 마르가리타를 속이려고 노력하는 악마가 남자 모습으로 변장했다. 그녀는 그를 보고 기도에 의지했고, 그녀가 일어났을 때 악마가 다가와서 그녀의 손을 잡고 말했다. "지금까지 당신 자신을 위해 했던 모든 것으로 충분하니 날 내버려 두시오!" 그러나 그녀는 그의 머리를 붙잡아 땅에 밀치고, 오른발로 그의 머리를 누르며 "거만한 악령아, 마침내 여자의 발아래에 조용히 누워 있구나!"라고 말했다. 악령이 외쳤다. "복된 마르가리타여, 내가 졌다! 젊은 남자도 아니고 어린 소녀에게 지다니…! 그리고 너의 아버지와 어머니는 나의 친구였기에 더 기분이 나쁘다!"

그때 마르가리타는 자신에게 온 이유를 물었다. 악마는 그녀가 총독의 명령에 복종하도록 압력을 가하기 위해서라고 대답했다. 그녀는 또한 왜 그리스도인들을 유혹했는지 말하라고 했다. 악마는 그 이유는 고결한 사람들을 미워하는 자신의 본성이라고, 비록 자신은 그리스도인들에게 자주 격퇴당하지만, 자신은 그리스도인들을 호도(糊塗)하려는 열망을 갖고 있다고 대답했다. 악마는 자신이 잃어버리고 스스로 되찾을 수 없는 행복을 지닌 사람을 시기해서 사람들로부터 행복을 빼앗아 가려고 분투했다. 악마는 솔로몬이 무한한 많은 악령을 항아리에 가두었고, 그가 죽은 후에 악령들은 그 항아리에서 나오려고 불을 질렀다고 덧붙였다. 이 사건은 사람들에게 그 항아리가 엄청난 보물을 담고 있다고 생각하도록 만들었다. 그래서 사람들은 항아리를 박살냈고, 악령들은 도망쳐서 하늘을 메웠다. 이 모든 말이 끝난 후 동정녀는 발을 들어 올리고 "썩 꺼져라, 몹쓸 놈아!"라고 말하자 악령은 즉시 사라졌다.

마르가리타는 이제 안심이 되었다. 그녀는 우두머리를 패배시켰고, 그의 하수인도 이겼다. 다음 날 그녀는 많은 사람이 모인 앞에서 재판관에게 인도되었다. 신들에게 제물을 바치기를 다시 거부한 그녀는 옷을 빼앗겼고 몸은 횃불로 불태워졌다. 사람들은 어떻게 이 연약한 소녀가 그런 고문을 견뎌낼 수 있는지 궁금해했다. 재판관은 고통을 증폭시키기 위해 그녀를 묶어서 물이 가득 찬 통 안에 넣었다. 그러나 갑자기 땅이 흔들렸고 동정녀는 다치지 않고 나왔다. 그때 5천 명이 믿음을 받아들였고 그리스도의 이름을 위하여 사형선고를 받았다. 더 많은 사람이 개종할 것을 두려워한 총독은 재빨리 복된 마르가리타를 참수하도록 명령을 내렸다. 그녀는 기도할 시간을 요청했고 그녀 자신과 자신에 대한 박해자들과 자신을 공경하고 자신에게 간구할 모든 사람을 위해 경건하게 기도했다. 또한 난산(難産)에 직면한 산모가 자신에게 도움을 간구할 때, 건강한 아기를 낳게 해 주기를 바라는 기도를 덧붙였다. 하늘로부터 한 음성이 그녀의 청원이 이루어졌다는 것을 알렸고, 그녀는 기도를 마치고 일어나서 망나니에게 말했다. "형제여, 당신의 칼로 나를 치시오!" 망나니는 단칼에 그녀의 머리를 베었고, 그녀는 순교의 월계관을 받았다. 마르가리타는 7월 20일에, 혹은 12일에 순교했다.

한 성인은 이 거룩한 동정녀에 대해 말한다. "복된 마르가리타는 하느님에 대한 두려움으로 가득 차 있었고, 의로움을 부여받았고, 신앙을 옷 입었고, 죄책감에 가득 찼고, 진실성은 칭찬할 만했고, 인내심은 비교할 수 없을 정도로 뛰어났습니다. 그녀에게서 그리스도교 신앙에 적합하지 않은 것은 아무것도 찾을 수 없었습니다. 그녀는 아버지에게서 미움을 받았지만 예수 그리스도의 사랑을 받았습니다."

···✦ 94 ✦···

성 알렉시오

알렉시오(Alexius)라는 이름은 '많은'과 '매우'를 의미하는 아(a), '말'을 의미하는 렉시스(lexis)로 구성되어 있다. 그래서 알렉시오는 하느님의 말씀에서 매우 영향력이 있었다.

알렉시오는 황제의 궁정에서 제1급의 가장 높은 로마 귀족 에우페미아노(Euphemianus)의 아들이었다. 황금 허리띠와 비단옷을 입은 3천 명의 노예가 그의 시중을 들었다. 하지만 에우페미아노는 도시 총독으로서의 권위를 절제했다. 게다가 가난한 사람들과 고아, 과부 그리고 낯선 사람들을 위해 매일 3개의 식탁을 준비하게 했다. 그 자신도 이 식탁에 직접 음식을 날랐고 다른 수도자들과 함께 주님을 경외하며 저녁 늦게까지 아무것도 먹지 않았다. 아내 아글래(Aglae)는 그의 종교적인 열정과 다른 사람들을 향한 모든 것을 함께 했다. 부부에게는 자녀가 없었는데 기도에 대한 응답으로 아들을 주셨고, 그 후 그들은 순결하게 살기로 결심했다.

아들은 교양있는 학문을 배웠고 철학의 모든 분야에서 빠른 속도로 발전했다. 그가 젊었을 때, 황실의 한 소녀가 선발되어 결혼식이 거행되었다. 결혼 첫날 밤 두 사람은 조용하고 은밀한 침실에 함께 있었지만, 성인(聖人) 같은 젊은이는 하느님에 대한 경외심으로 배우자를 가르치며 순결의 때 묻지 않은 상태를 간직하라고 충고했다. 그리고 자신의 금반지와 허리 주변에 둘렀던 띠를 그녀에게 주면서 말했다. "이것을 하느님이 기뻐하실 때까지 계속 지니시오. 주님께서 항상 우리 사이에 계시기를 빕니다!" 그런 다음 그는 재산 일부를 갖고 해안으로 가서 비밀리에 배를 타고 라오디케이아(Laodicea)로 항해해 시리아의 도시 에데사(Edessa)에 도착했다. 그곳에는 사람의 손으로 만들었다고는 보기 힘든 좋은 옷을 입은 주 예수 그리스도 상이 보존되어 있었다. 그는 가지고 있던 모든 것을 가난한 사람에게 나누어준 후, 누더기옷을 입고 하느님의 어머니 마리아의 성당 현관에 다른 걸인들과 함께 앉아 있기 시작했다. 그리고 동냥으로 받은 것조차도 살아가는 데 필요한 최소한만 남기고 가난한 사람들에게 주었다.

그동안 그의 아버지는 아들이 떠난 것을 슬퍼하고 애통해하며 아들을 찾기 위해 노예들을 세상 구석구석으로 보냈다. 그들 중 일부가 에데사로 갔고 아들은 노예들을 알아보았으나, 노예들은 그를 못 알아보고 다른 거지들에게처럼 자선을 베풀었다. 그는 동냥을 받아들이고 "오 주님, 당신은 제 노예들에게 동냥을 받도록 허락해 주셨기에 당신께 감사드립니다."라고 말하며 하느님께 감사드렸다. 집으로 돌아간 노예들은 아들을 찾지 못했다고 보고했다. 그의 어머니는 아들이 떠난 날부터 밤에 잠을 이루지 못하고 침실 바닥에 자루를 깔고 괴로운 듯 중얼거렸다. "나는 여기서 내 아들을 찾을 때까지 슬픔 속에 있을 것이다." 그의 젊은 신부는 어머니에게 말했다. "제 사랑하는 배우자의 소식을 들을 때까지, 외로운 산비둘기처럼 어머니와 함께 있을 것입니다."

알렉시오가 앞에 언급한 성당 현관에서 하느님의 도움으로 17년을 보냈을 때, 그 성당 안에 있던 성모 마리아의 상(像)이 "하느님의 사람을 들어오게 하

라. 그는 천국을 받을만한 자격이 있다. 하느님의 영이 그 위에 있고, 그의 기도는 하느님이 보기에 향처럼 올라간다."라고 경비원에게 말했다. 그러나 경비원이 누가 그 사람인지 알지 못하자 그 상(像)이 다시 말했다. "문 바깥에 앉아 있는 이가 그 사람이다." 경비원은 뛰어나가서 알렉시오를 성당 안으로 이끌었다. 다른 사람들이 이것을 알고 그에게 경의를 표하기 시작했다. 그는 이러한 인간의 영광을 피하기 위해 그곳을 떠나 라오디케이아로 가서 킬리키아(Cilicia)에 있는 타르수스(Tarsus)로 가려고 승선했다.

하지만 하느님의 섭리로 그 배는 바람에 이끌려 로마 항구로 들어갔다. 이것을 깨달은 알렉시오는 자신에게 말했다. "나는 내 아버지의 집으로 가서 무명의 사람으로 머물 것이고, 어떤 누구에게도 부담이 되지 않을 것이다." 그래서 그는 아버지가 궁전에서 돌아오는 길에 몇 명의 탄원자들에게 둘러싸여 있을 때 거리에서 기다렸다가 뒤에서 불렀다. "하느님의 종이시여, 순례자인 제가 당신의 집에서 당신 식탁의 음식 부스러기를 받을 수 있도록 허락해 주십시오. 그러면 주님께서 순례자인 당신에게 자비를 베풀어 주실 것입니다." 이 말을 들은 아버지는 사랑하는 아들을 생각하여 그 낯선 사람을 환영하고, 작은 방을 내주었다. 또한, 그 손님이 주인의 식탁에서 음식을 가져가게 하였고, 노예 한 명이 그를 돌보게 했다. 알렉시오는 꾸준히 기도하였고 단식과 밤샘으로 육체를 훈육했다. 하지만 종들은 그를 놀리며 더러운 물을 머리에 쏟고 모욕을 퍼부었으나, 그는 흔들림 없는 참을성으로 모든 것을 견뎠다.

알렉시오는 아버지의 집에서 아무도 자신을 알아보지 못한 채 17년 동안 살았다. 그런 다음 자신의 날의 끝이 다가온 것을 성령에 의해 깨달은 그는 종이와 잉크를 요청해서 자신의 생애에 대해 상세하게 작성했다. 어떤 일요일, 미사 봉헌 후에 한 음성이 성당 안에서 크게 들렸다. "고생하며 무거운 짐을 진 너희는 모두 나에게 오너라. 내가 너희에게 안식을 주겠다."(마태 11, 28) 모든 참석자는 놀랐고 "로마를 위해 기도하고 있는 하느님의 사람을 찾아내라!"라고 말하는 음성이 다시 들리자, 사람들은 무릎을 꿇기 시작했다. 사람들은 둘러보았으나 아무도 찾을 수 없었고, 세 번째로 그 음성이 울렸다. "에우페미아노의 집을 찾아봐라!" 에우페미아노는 질문을 받았으나 모른다고 대답했다. 그때 인노첸시오 교황과 함께 아르카디우스(Arcadius)와 호노리우스(Honorius) 황제들이 그 집에 왔다. 알렉시오를 돌봤던 노예가 주인에게 말했다. "찾고 있는 사람이 우리의 낯선 사람이 아닐까요? 그는 덕망 높은 삶을 살았고 큰 인내심을 가진 사람입니다."

에우페미아노는 낯선 사람의 작은 방으로 달려갔고 천사의 얼굴처럼 빛난 채 죽어 있는 그 사람을 발견하고 죽은 사람의 손에서 종이를 빼려고 시도했으나 할 수 없었다. 그는 밖으로 나가서 황제들과 교황과 함께 돌아왔다. 황제들이 말했다. "우리는 비록 죄인이지만, 우리 둘은 국가를 통치하고, 우리와 함께 온 세상을 사목하는 교황이 있습니다. 그러니 당신이 잡고 있는 종이를 우리에게 주고 쓰여 있는 것을 보게 해주시오." 그리고 교황은 가까이 가서 그 문서를 손쉽게 잡은 후 에우페미아노와 엄청 많은 사람 앞에서 읽었다. 그 내용을 들으며 비통함을 금치 못하던 아버지는 혼절했다. 잠시 후 정신이 든 아버지는 입고 있던 옷을 찢고 백발과 수염을 잡아뽑기 시작했고, 아들의 시신을 끌어안고 울부짖었다. "아, 슬프다, 나의 아들아! 왜 너는 이런 방법으로 나를 슬프게 하느냐? 왜 너는 이 모든 세월을 내가 슬픔과 애통함에 사로잡히게 했느냐? 아, 아 슬프다. 이제야 너를, 내 노년에 지팡이처럼 의지할 너를 깔짚에 누워 말 한 마디 하지 못하는 상태로 보게 되는구나! 아아, 내가 지금 무슨 위로를 찾을 수 있겠는가?"

이 모든 것을 들은 어머니가 아들이 누워 있는 곳으로 급하게 달려갔다. 그녀는 예복을 잡아뜯고 머리카락은 흐트러져 마치 올가미에서 막 벗어난 암사자 같은 모습으로 하늘을 올려다봤다. 그러나 너무 많은 사람이 모여 있어서 그 거룩한 시신에 가까이 갈 수 없었다. 그녀는 "여러분, 길 좀 비켜 주세요, 내 아들을 보게 해 주세요, 내 젖을 먹여 키운 아들, 내 영혼의 위로를 보게 해 주세요!"라고 외쳤다. 그리고 마침내 아들에게 다가가서 시신에 엎드려 한탄했다. "아아, 내 아들, 내 눈의 빛이여, 왜 이러는 거냐? 너는 왜 우리를 그렇게 잔인하게 대한 것이냐? 너는 너의 아버지와 내가 비참한 눈물을 흘리는 것을 보았다, 그런데도 왜 우리에게 자신을 밝히지 않았느냐? 너의 종들이 너를 다치게 하고 조롱했는데도 그것을 용납하였다니!" 그녀는 계속해서 시신에 엎드려 천사 같은 아들 얼굴을 어루만지고 입맞춤을 하며 외쳤다. "이곳에 있는 모든 사람들이여, 저와 함께 슬퍼해 주십시오, 저는 17년 동안 아들과 한집에 있으면서도 알아보지 못했습니다! 노예들까지도 심하게 경멸했고 때리기까지 했습니다! 슬프다! 누가 내 눈에 눈물샘을 열어 밤낮으로 내 영혼 안에 있는 슬픔을 쏟아져 나오게 하였느냐?" 남편을 잃은 아내 또한 울면서 "아, 슬프다, 슬프다! 오늘 나는 홀로 남았고 과부가 되었고, 내가 눈을 들어 바라볼 사람이 없습니다. 이제 나의 거울은 깨졌고 나의 희망은 사라졌습니다. 이제 끝이 없는 애도가 시작됩니다!"라고 말했다. 그리고 주변에 서 있는 사람들은 이 모든 것을 듣고 크고 오랫동안 울었다.

이제 교황과 황제들은 그 시신을 훌륭한 사인교(四人輿) 위에 들려 도시 중심부로 옮겼다. 대중들에게 온 도시가 찾고 있던 하느님의 사람을 찾았다고 발표했다. 사람들이 모두 성인 가까이에 가려고 달렸다. 그 거룩한 몸을 만졌던 사람 중 병든 사람은 즉시 치유되었고, 맹인은 시력을 되찾았고, 악령에게 홀린 사람들은 해방되었다. 이 경이로움을 본 황제들과 교황은 그 거룩한 시신에 의해 거룩해지기 위해 직접 관대(棺臺)를 옮기려고 시도했다. 군중이 너무 밀집해 있어서 황제들은 금화와 은화를 거리와 광장에 뿌리라는 명령을 내렸고, 사람들이 돈을 줍느라 정신이 팔리는 사이에 장례 행렬이 성당에 도착하기를 희망했다. 그러나 사람들은 탐욕을 억눌렀고 더 많은 사람이 거룩한 성인의 시신을 만지려고 쇄도했다. 마침내 장례 행렬은 성 베네딕도 순교자의 성당에 도착했다. 그들은 7일 동안 쉬지 않고 일하며 금, 보물, 보석으로 장식한 기념비를 세우고 그 안에 시신을 경건하게 안치하면서 하느님을 찬양하였다. 이 기념비에서는 그 무덤이 향기로 가득 차 있다고 생각될 정도로 매우 강력한 향기가 뿜어져 나왔다. 알렉시오는 서기 약 398년 7월 17일에 죽었다.

95

성녀 프락세데스

프락세데스(Praxedes)는 복된 푸덴시아나(Pudentiana)의 자매였고, 사도들로부터 신앙의 가르침을 받았던 성인 도나투스(Donatus)와 성인 티모테오(Timotheus)의 남매였다. 박해가 맹위를 떨칠 때, 그들은 많은 그리스도인의 시신을 묻었다. 또한, 재산 전부를 가난한 사람들에게 나누어 주었다. 그들은 서기 약 165년, 마르쿠스와 안토니누스 2세 황제들*의 재위 기간에 주님 안에서 잠들었다.

···✦··· 96 ···✦···

성녀 마리아 막달레나

마리아(Maria)라는 이름은 아마룸 마레(amarum mare), 즉 '매서운 바다', '빛을 비추는 사람'(illuminatrix), '비춤을 받는 사람'(illuminata)으로 해석된다. 이 세 가지 의미는 세 가지 '몫'이나 '부분'을 나타내는 것으로 받아들여진다. 그중 마리아는 가장 좋은 부분을 선택했는데, 보속의 부분, 내적 관상의 부분, 천국 영광의 부분이다. 이 삼중의 몫은 주님이 "마리아는 좋은 몫을 선택했다. 그리고 그것을 빼앗기지 않을 것이다."(루카 10, 42)라고 말하였을 때 의미를 부여받았다. 첫 번째 보속의 부분은 그 목적이나 목표 때문에 빼앗기지 않을 것이다. 이는 거룩함을 얻는 것이다. 두 번째 내적 관상의 부분은 연속성 때문에 빼앗기지 않은 것이다. 세상에서의 여행 동안 관상은 천국에서의 관상으로 지속될 것이다. 세 번째 천국 영광의 부분은 영원하기 때문에 남을 것이다. 그러므로 마리아는 가장 좋은 부분, 즉 보속을 선택하였기에 보속 중에 많은 괴로움을 참았기에 '매서운 바다'라고 한다. 그녀가 주님의 발을 씻겨 드릴 만큼 충분한 눈물을 흘렸다는 사실에서 알 수 있다. 그녀는 내적 관상의 최고 부분을 선택했으므로 '깨달은 자'라고 불린다. 관상중에 그녀는 빛의 밑그림을 너무 깊게 그려서 차례로 풍부한 빛을 쏟아냈기 때문이다. 마리아가 천국 영광의 최고 부분을 선택했으므로 '비춤을 받는 사람'이라 불린다. 이제 자신의 마음속에 있는 완전한 지식의 빛으로 깨달음을 얻고, 온몸에 깃든 영광의 빛으로 비춤을 받을 것이기 때문이다.

마리아는 "죄가 남아있는"을 의미하며, '무장한', '정복되지 않은', '참으로 아름다운'을 의미하는 막달레나(Magdalena)로 불린다. 이는 그녀가 회개 전, 회개 때, 회개 후에 어떠한 여자

---

* 서기 165년경 로마 제국의 공동 황제는 마르쿠스 아우렐리우스(Marcus Aurelius, 161~180)와 루치우스 베루스(Lucius Verus, 161~169)였다. 이들의 법률상 지위와 권력은 동등하였으나, 실질적인 권한은 마르쿠스 아우렐리우스가 장악하고 있었다. 본문에 언급된 안토니누스 2세는 전임 황제인 안토니누스 피우스(Antoninus Pius, 138~161)를 언급하는 것으로 여겨진다. – 역자 주

였었는지를 가리킨다. 그녀는 회개 전에 유죄 상태였고, 영벌(永罰)의 빚을 졌다. 그녀는 회개하면서 참회의 갑옷으로 무장하였고 정복되지 않게 되었다. 과거에 누렸던 기쁨들을 참회의 모든 무기로 자신을 무장하고 스스로 희생하는 방법을 찾았다. 죄가 많은 곳에 은총이 풍부하기에, 그녀는 회개 후에 매우 풍부한 은총 안에서 참으로 아름다웠다.

마리아의 다른 이름 "막달레나"는 조상의 재산과 관련이 있는 땅 '막달룸'(Magdalum)에서 생겨났다. 마리아는 부잣집에서 태어났고, 왕족 출신의 후손이었다. 아버지 이름은 시루스(Syrus), 어머니는 에우카리아(Eucharia)였다. 그녀는 오빠 라자로(Lazarus)와 언니 마르타(Martha)와 함께 겐네사렛에서 3.2km 떨어진 도시 막달룸과 예루살렘에서 멀지 않은 베타니아(Bethania), 그리고 예루살렘의 상당 부분을 소유하고 있었다. 그들은 재산을 나누었는데, 마리아(막달레나)는 막달룸(막달레나라는 이름의 유래), 라자로는 예루살렘에 있는 재산, 마르타는 베타니아를 물려받았다. 막달레나는 육신의 쾌락에 빠져들었고, 라자로는 군대에 헌신했으며, 신중한 마르타는 오빠와 여동생의 재산을 살뜰히 보살피고 자신의 무사들과 종들, 가난한 사람들을 돌보았다. 그러나 그들은 그리스도의 승천 후 재산을 모두 팔아서 그 수입을 사도들의 발 앞에 두었다.

당시 막달레나는 엄청난 재산으로 항상 쾌락에 젖어 있었다. 아름다움과 많은 재산, 그리고 육체적 쾌락을 즐기는 것으로 유명해서 마리아라는 이름은 대신 "죄인"이라 불렸다. 그러던 중 그리스도는 여러 곳에서 설교하고 있었고, 하느님의 뜻으로 이끌린 막달레나는 나병환자 시몬의 집으로 서둘러 가서 식탁에 앉아 있는 그리스도를 보았다. 죄인인 그녀는 의인들과 감히 어울릴 수 없어서 나서지 못했고, 자신의 눈물로 주님의 발을 씻고, 자신의 머리카락으로 주님의 발을 닦고, 그 발에 값비싼 향유를 발랐다. 찌는 듯한 더위 때문에 그 지역 사람들은 정기적으로 목욕하였고 직접 몸에 기름을 발랐다.

그때 바리사이인 시몬은 만일 이 사람이 예언자라면 죄 많은 여자가 자신을 만지도록 허락하지 않았을 것이라고 생각했다. 그러나 주님은 시몬의 거만한 정의감을 꾸짖었고 그녀의 모든 죄가 용서받았다고 말했다. 바로 예수의 가장 큰 은총을 받았고 매우 많은 사랑을 받았던 마리아 막달레나 마리아*이다. 그분은 그녀에게서 일곱 악마를 쫓아내고, 자신에 대한 사랑의 불을 일으키셨고, 가장 가까운 친구로 대했으며, 그녀의 손님이었고, 여행 중에는 그녀에게 살림을 돌보게 하고 언제나 친절하게 그녀 편이었다. 예수는 바리사이가 그녀를 부정하다고 말했을 때, 그녀의 언니 마르타가 그녀가 게으르다고 암시했을 때도, 유다가 그녀를 낭비한다고 여겼을 때도 그녀를 옹호했다. 그녀가 우는 것을 본 그분은 자신의 눈물을 참지 못했다. 예수는 그녀에 대한 사랑으로 그녀의 오빠가 죽은 지 4일 만에 부활시켰고, 언니가 출혈로 7년 동안 고통받을 때도 구해주셨다. 또한 그녀의 공로를 치하하여 언니의 하녀 마르틸라(Martilla)에게 "선생님을 배었던 모태는 행복합니다!"(루카 11, 27)라는 기억할 만한 말을 소리치는 특전을 주었다. 암브로시오에 따르면, 마르타가 출혈을 지닌 여자였고 소리쳤던 여자는 마르타의 하인이었다고 한다. "나는 말합니다. 자신의 눈물로 주님의 발을 씻었고, 자신의 머리카락으로 그 발을 닦았고 향유로 그 발에 기름을 발랐던 이는, 은총의 순간에 엄숙한 속죄를 하였던 이는, 주님의 발치에 앉았고 그분의 말씀을 들었던 가장 좋은 몫을 선택하였던 이는, 그분의 수난 때에 십자가의 옆에 서 있었던 이는, 그분의 시신에 기름을 바르려고 향기로운 향료를 준비하였던 이는, 제자들이 무덤을 떠났을 때 떠나지 않았고, 그녀를 사도들의 사도(Apostolorum Apostola)**로 만들려고 부활하신 그리스도가 바로 그녀(마리아)에게 첫 번째로 나타나셨습니다."

주님의 수난과 하늘로의 승천 약 14년 후, 유다인들이 오래전에 스테파노를 죽였고 유다의 국경 밖으로 다른 제자들을 추방했을 때, 제자들은 여러 나라의 땅으로 가서 주님 말씀의 씨를 뿌렸다. 그때 복된 베드로는 사도들과 함께 그리스도의 72명의 제자 중 한 사람이었던 복된 막시미노(Maximinus)에게 마리아 막달레나를 돌보도록 위탁했다. 서로 흩어져 있던 막시미노, 마리아 막달레나, 그녀의 오빠 라자로, 언니 마르타, 마르타의 하녀 마르틸라, 장님으로 태어났으나 주님에 의해 치유되었던 복된 체도니오(Cedonius), 그리고 많은 그리스도인들이 비신자들에 의해 키잡이나 방향타 없는 배에 실려 바다로 보내

졌다. 바다에서 익사시키려는 의도였지만, 그들은 하느님의 뜻으로 마르세유(Marseille)에 상륙했다. 그곳에서 피신처를 제공하는 이가 아무도 없자, 현지인 소유인 순례지의 주랑현관(柱廊玄關) 아래로 피신했다. 복된 마리아 막달레나는 다른 사람들이 우상들에게 제물을 바치려고 신전에 모인 것을 보고 차분하고 평화로운 얼굴로 앞으로 나와서 조리있는 말로 우상숭배에서 벗어나도록 그리스도를 열렬히 설교했다. 이를 들은 사람들은 그녀의 미모, 능변(能辯), 그녀가 전하는 메시지의 달콤함에 감탄했다. … 구세주의 발에 그처럼 경건하고 아름다운 입맞춤을 했던 그 입이 다른 사람들보다 훨씬 더 풍성하게 하느님 말씀의 향기를 풍긴 것은 놀라운 일이 아니다.

그때 그 속주(屬州)의 총독이 아내와 함께 자식을 점지해 달라고 신들에게 제물을 바치러 왔다. 막달레나는 그에게 그리스도를 설교하고 제물을 바치는 것을 단념하게 했다. 며칠 후 그녀는 그 아내에게 환시로 나타나서 "당신은 매우 부유함에도 불구하고 하느님의 성인들이 배고픔과 추위로 죽도록 내버려 두고 있습니까?"라고 말했다. 그녀는 만일 그 부인이 성인들을 구제하도록 남편을 설득하지 못한다면 하느님의 노여움을 초래할 것이라는 협박을 덧붙였다. 그러나 그 아내는 환시에 대해 남편에게 말하기를 두려워했다. 다음날 밤에 아내는 같은 환시를 보았고 같은 말을 들었으나 남편에게 말하기를 다시 망설였다. 세 번째로 깊은 밤의 고요함 속에서 마리아 막달레나는 분노로 떨면서 마치 그 집 전체가 불타고 있는 것처럼 달아오른 얼굴로 그들 각자에게 나타나서 말했다. "그래서 너의 아버지 사탄의 졸개인 폭군아, 너는 내가 말한 것을 전하기를 거부하는 독사 같은 아내와 함께 자고 있느냐? 그리스도 십자가의 적인 너, 너는 하느님의 성인들이 배고픔과 갈증으로 죽어가는데도 식탐을 부려 온갖 종류의 음식을 배부르게 실컷 먹으면서 휴식을 취하느냐? 집도 없이 버려진 사람들을 보고 지나치면서 너는 비단결 같은 시트를 덮고 누워있느냐? 악한 사람아, 너는 도망치지 못할 것이다! 그들에게 조금의 도움도 오랫동안 미룬 너는 처벌을 피하지 못할 것이다!" 그리고 그녀는 사라졌다.

아내는 숨을 제대로 못 쉬고 몸을 떨면서 깨어났고, 같은 고통에 있던 남편에게 말했다. "내가 방금 꾼 꿈을 당신도 꾸었나요?" 남편: "나도 보았소. 나는 너무 두렵고 떨림을 멈출 수가 없소! 우리는 무엇을 해야 하오?" 아내: "그녀가 말한 하느님의 분노를 직면하는 것보다 그녀에게 항복하는 것이 나을 것입니다." 그래서 그리스도인들에게 주거지와 필요한 것을 제공했다.

또 하루는 마리아 막달레나가 설교하고 있을 때, 앞서 언급한 총독이 그녀에게 물었다. "당신은 본인이 설교하는 믿음을 변호할 수 있다고 생각합니까?" 막달레나: "그 믿음을 변호할 준비가 되어있습니다. 왜냐하면 저의 신앙은 매일 행해지는 기적과 로마를 관장하고 있는 나의 스승 베드로의 설교로 강화되기 때문입니다!" 총독과 아내: "만일 당신이 설교한 하느님으로부터 우리에게 아들을 얻을 수 있게 해준다면, 당신이 말하는 무엇이든지 할 준비가 되어있습니다." 막달레나: "그분은 당신들을 실망시키지 않을 것입니다." 그러고는 복된 그녀는 주님께 황송하게도 그들에게 아들을 주시기를 기도했다. 주님은 그녀의 기도를 들었고 그 여자는 임신했다.

이제 남편은 베드로에게 가서 막달레나가 그리스도에 대해서 설교했던 것이 진리인지 아닌지를 확인하고 싶어졌다. 아내는 "뭐죠? 당신은 저 없이 혼자 가려는 건가요?!"라고 톡 쏘았다. 남편: "그럴 수는 없소! 당신은 임신 중이고 바다는 너무 위험합니다. 당신은 집에 머물면서 우리가 가진 것들을 돌보아야 합니다!" 그러나 아내는 여느 여자들이 하는 것처럼 고집을 부렸다. 아내는 울면서 남편의 발에 엎드렸고 마침내 설득했다. 그래서 마리아는 이 여행에 옛 원수의 방해를 대비한 보호책으로 그들의 어깨에 십자성호를 그어주었다. 그들은 필요한 짐을 모두 배에 실었고, 마리아 막달레나에게 자신들의 재산을 보살펴달라고 부탁하고 출항했다.

그러나 하루가 지나지 않았는데 바람이 불고 바다가 요동치기 시작했다. 파도가 배를 강타하자 심하게 흔들렸고 모든 승선자, 특히 출산을 앞둔 아내가 많이 두려워했다. 그러다 갑자기 산기가 와서 산통과 폭풍에 지쳐 기진맥진한 채 아들을 낳고 이승을 하직했다. 신생아는 어머니 젖의 편안함을 찾으려고 더듬으며 애처롭게 울었다. 아, 불쌍하다! 아기는 태어나서 살았지만, 어머니는 죽고 말았다! 아기에게 젖을 줄 사람이 아무도 없으니, 아기는 차라리 죽는 편이 나았다! 순례자*는 아내가 죽고 아기가 엄마의 젖가슴을 찾아 애타

---

* 그 명사는 그라세(Graesse)본과 아마도 원본에서 대문자로 쓰였고, 명백히 고유명으로 사용하려는 것이다.

게 칭얼거리는 것을 보고 무엇을 할 수 있겠는가? 그의 한탄은 끝이 없었고, 혼잣말을 했다. "아아, 너는 무엇을 할 것인가? 너는 그렇게 아들을 갈망하더니, 너는 아내와 아들을 잃었구나!"

그사이 선원들이 소리쳤다. "우리 모두 죽기 전에 시신을 배 밖으로 던지시오! 시신이 우리와 함께 있는 한 폭풍이 그치지 않을 것입니다!" 선원들이 시신을 바닷속으로 던지려고 할 때 그 순례자가 가로막고 "잠시만 기다리시오!"라고 외쳤다. "비록 당신들이 나나 내 아내의 목숨을 살려주기를 원하지 않을지라도, 적어도 우는 아이를 불쌍히 여기어 조금만 기다리시오! 어쩌면 그 여자는 단지 고통으로 실신하였고 다시 숨을 쉴지도 모릅니다!"

이때 갑자기 사람들은 배에서 멀지 않은 곳에 언덕이 많은 해안을 보았고, 순례자는 바다 괴물들의 먹이로 엄마와 아기를 내던지는 것보다 그곳 해안에 두는 것이 더 낫다고 생각했다. 그는 선원들에게 뇌물을 주며 부탁해서 간신히 닻을 내리도록 설득했다. 그곳에 도착했지만, 땅이 매우 단단해서 무덤을 팔 수 없어 망토를 펼쳐 아내의 시신을 눕힌 후 아내 위에 아기를 올려놓았다. 그리고 울면서 말했다. "오 마리아 막달레나여! 당신이 마르세유에 상륙했을 때 나에게 파멸을 초래했습니다! 내가 이 여행을 시작한 것은 당신의 조언에 따른 것이지만, 나에게는 불행이었습니다! 당신은 아내의 임신을 하느님께 기도하지 않았습니까? 그녀는 임신하고 출산하다가 죽었으며 그녀가 낳은 아기는 보살펴줄 이가 없으니 단지 죽으려고 태어났습니다. 보십시오, 이것이 당신의 기도가 나에게 가져온 것입니다. 당신에게 나의 모든 것을 맡겼고, 당신의 하느님께 나를 맡겼습니다. 만일 그것이 당신의 능력 안에 있는 것이라면, 아기 어머니의 영혼을 돌아보시고, 아기를 불쌍히 여기고 당신의 기도로 그 생명을 살려주십시오." 그러고는 아내의 시신과 아기를 망토에 감싸두고 배로 돌아갔다.

그 순례자가 로마에 도착했을 때, 그를 만나러 온 베드로가 그의 어깨에 있는 십자표시를 보고 누구며 어디에서 왔는지를 물었다. 그는 베드로에게 자신에게 일어난 일들을 말하자 베드로가 대답했다. "평화가 당신과 함께 하기를! 당신이 좋은 충고를 받아들이고 믿은 것은 매우 잘한 것입니다. 당신의 아내가 자고 있고 아기가 그녀와 함께 쉬는 것을 나쁘게 생각지 마십시오. 그분이 선물을 주는 것, 주셨던 것을 빼앗아 가는 것, 빼앗아 갔던 것을 회복시키는 것, 당신의 비탄을 기쁨으로 돌리는 것은 주님의 능력 안에 있습니다."

그런 다음, 베드로는 그를 예루살렘으로 데리고 가서 그리스도가 설교하고 기적을 일으켰던 곳뿐만 아니라 고통을 받았던 곳과 하늘로 승천하셨던 곳까지 모든 장소를 보여주었다. 베드로는 그에게 믿음에 대해 빈틈없이 설명을 해주었다. 2년이 지난 후, 그는 고국으로 돌아가고 싶은 생각이 간절하여 승선했다. 항해 동안 하느님의 뜻으로 예전에 아들과 아내의 시신을 두고 갔던 언덕이 많은 해안에 접근했고, 그는 선원들에게 해안으로 갈 수 있도록 돈을 주며 애원했다. 그곳에는 마리아 막달레나가 보호하고 있던 작은 소년이 해변으로 내려와서 돌과 조약돌을 가지고 놀곤 했다. 그 순례자의 작은 배가 해안에 접근했을 때, 해변에서 놀고 있는 아이를 보았다. 그는 살아있는 아들을 보고 놀라서 배에서 내려 달려갔다. 사람을 결코 본 적이 없었던 아이는 두려움에 떨었고 친숙한 망토 밑으로 숨으러 어머니에게 달려갔다. 무슨 일인지 보려고 간절히 바라는 마음으로 순례자는 따라갔고, 잘생긴 아이가 어머니의 가슴에서 젖을 먹는 것을 발견했다. 그는 그 아이를 안고 말했다. "오 마리아 막달레나여, 만일 제 아내가 살아서 저와 함께 집으로 돌아간다면 이 얼마나 기쁜 일이겠습니까! 저는 압니다. 우리에게 이 아이를 주시고 이 반석 위에서 2년 동안 살아있게 지켜 주셨다는 것을, 당신의 기도로 이제 아내를 소생시키고 건강하게 해주셨음을 믿습니다."

그 말을 마치자, 그 여인이 마치 잠에서 깬 것처럼 숨을 쉬면서 말했다. "오 복된 마리아 막달레나여, 당신의 공로는 엄청나고 당신은 영광스럽습니다! 제가 출산하려고 몸부림치고 있을 때, 당신은 산파로서 도움을 주며 모든 시중을 들었습니다." 아내의 말을 들은 순례자가 말했다. "사랑하는 아내여, 당신이 살아있습니까?" 아내는 "정말로 저입니다. 당신이 돌아오는 순례길에서 저 역시 방금 돌아왔습니다. 복된 베드로가 당신을 예루살렘으로 안내하여 그리스도가 고통받고, 죽고 묻혔던 모든 장소를 당신에게 보여줄 때, 복된 마리아 막달레나님이 나의 안내자이자 동반자로서 함께 당신과 있었고 당신이 보았던 모든 것을 기억해 두었습니다."라고 대답했다. 그러면서 그리스도가 고통받았던 모든 장소를 말하고, 그녀가 보았던 모든 것을 어디 한 군데도 놓치지 않고 완벽하게 설명했다.

아내와 아이를 되찾은 순례자는 기쁨에 차서 승선하여 마르세유에 입항했다. 도시로 가던 그들은 제자들과 함께 설교하고 있는 복된 마리아 막달레나를 발견했다. 그들은 기쁨의 눈물을 흘리며 그녀의 발 앞에 엎드리고 자신들에게 일어났던 모든 일을 이야기한 후, 복된 막시미노(Maximinus)로부터 거룩한 세례를 받았다. 그 뒤에 그들은 마르세유 시에 있는 모든 우상 신전을 파괴하고 그리스도의 성당들을 건축했다. 또한, 그 도시의 주교로 복된 라자로를 선출했다. 후에 하느님의 뜻으로 그들은 엑스(Aix) 시로 가서 많은 기적으로 그곳의 사람들이 그리스도교 신앙을 받아들이도록 이끌었다. 복된 막시미노는 엑스 시 주교로 수품되었다.

이때 천상의 묵상에 전념하기를 바라는 복된 마리아 막달레나는 빈 황무지로 물러갔고, 천사들이 마련한 장소에서 30년 동안 누구에게도 알려지지 않은 채 살았다. 그곳에는 시냇물도 없었고, 풀이나 나무가 주는 안락함도 없었다. 우리의 구세주가 세속적인 음식이 아니라 오직 하늘의 좋은 것으로 그녀를 채워줬음이 분명하다. 매일 하루 일곱 번의 정해진 기도 시간에 그녀는 천사들에 의해 하늘 높이 옮겨졌고 그녀의 육신의 귀로 하늘 무리의 영광스러운 성가를 들었다. 그녀는 매일 이 천상의 기쁨에 만족했고, 같은 천사들이 다시 원래 있던 곳으로 실어 날라줘서 물질적인 양식이 필요하지 않았다.

독수도생활(vita solitaria)을 하고 싶어 막달레나의 거주지에서 몇 마일 떨어진 곳에 작은 방을 직접 지었던 한 사제가 있었다. 어느 날 주님은 이 사제의 눈을 열어주어 그의 눈으로 천사들이 복된 마리아 막달레나를 하늘로 들어 올리고 한 시간 후에 다시 제자리로 데려오는 것을 보았다. 이 경이로운 환시의 진실을 알기를 원한 사제는 자신의 창조주에게 깊은 신앙심으로 자신을 맡기고 환시에서 나타난 장소를 향해 서둘러 갔다. 그러나 사제가 돌을 던지면 닿을 거리까지 다가갔을 때, 무릎이 떨리기 시작했고 몹시 두려워 숨을 쉬기도 어려웠다. 그가 가려고 하면 다리와 발은 반응했지만, 몸이 축 늘어지고 정신이 멍해져서 앞으로 나아갈 수 없었다.

하느님의 사람은 인간의 의지만으로는 접근할 수 없는 천국의 비밀이 여기에 있다는 것을 깨달았다. 그래서 구세주의 이름을 부르며 소리쳤다. "나는 네게 주님의 이름으로 명한다, 만일 네가 인간이거나 그 동굴 안에서 사는 이성적인 창조물이라면 너 자신에 대해 나에게 말해라!" 그가 세 번 반복해서 소리쳤을 때, 복된 마리아 막달레나가 대답했다. "가까이 오십시오, 그러면 당신은 영혼이 바라는 모든 것에 대한 진실을 배우게 될 것입니다. 당신은 복음서에서 자신의 눈물로 구세주의 발을 씻었고 자신의 머리카락으로 닦았고, 자신의 모든 비행에 대해 용서를 받았던 악명 높은 죄인 마리아에 대해 말한 것을 기억합니까?" 그녀가 말하는 동안 그는 동굴까지 좀 더 다가갈 수 있었고 "기억합니다. 그 후로 30년 이상이 흘렀습니다. 거룩한 교회는 당신이 그녀에 대해서 말했던 것을 믿고 고백합니다."라고 대답했다. 그녀는 "내가 그 여자입니다. 30년이란 시간 동안 나는 사람들에게 알려지지 않은 이곳에서 살았습니다. 그리고 어제 당신이 봤던 것처럼, 매일 천사의 손에 일곱 번 하늘 높이 올려지고, 육신의 귀로 천사들의 기쁨의 환호 소리를 듣습니다. 이제 나는 곧 이 세상을 떠날 것임을 주님에 의해 계시되었으니 부디 복된 막시미노에게 가서 내년 주님의 부활 날, 그가 조과(朝課)를 위해 규칙적으로 일어나는 그 시간에 자신의 성당에 홀로 가면 천사들에게 시중받는 나를 발견할 것이라고 전해주십시오."라고 말했다. 사제에게 그 음성은 천사의 음성처럼 들렸으나 아무것도 보지 못했다.

그 착한 사람은 복된 막시미노에게 서둘러 가서 그 말씀의 심부름을 수행했다. 매우 기뻐한 성 막시미노는 구세주에게 많은 감사를 드렸고, 정해진 날 정해진 시간에 홀로 성당으로 가서 그녀를 그곳으로 데려온 천사들의 성가대로 에워싸인 복된 마리아 막달레나를 보았다. 그녀는 천사들 사이에 서서 하느님에게 기도하며 손을 들어 올리고 바닥에서 2큐빗(약 91cm) 높이로 올려졌다. 복된 막시미노가 그녀에게 다가가기를 망설이자 그녀가 그에게 돌아서서 말했다. "가까이 오세요, 신부님, 당신의 딸에게서 물러나지 마세요." 그가 그녀에게 가까이 갔을 때, 우리가 복된 막시미노의 저서에서 읽었던 것처럼, 그녀의 얼굴은 천사에 대한 지속적인 환시로 인해 너무 빛나서 얼굴을 쳐다보는 것보다 태양을 똑바로 보는 것이 더 쉬울 정도였다.

이제 모든 성직자가 소집되었고, 기쁨의 눈물을 흘리는 복된 마리아 막달레나는 주교로부터 주님의 성체와 성혈을 받았다. 그리고 그녀는 제대의 계단 앞에 길게 누웠고 가장 거룩한 영혼은 주님에게로 이주했다. 그녀가 이승을 하직한 후, 매우 달콤한 향기가 성당에 가득 풍겼고 7일 동안 성당에 들어오는 모든 사람이 느낄 수 있었다. 복된 막시미노는 향기로운 몰약으로 그녀의 거룩한 육신을 방부처리 하였고 자신이 죽으면 그녀 가까이에 묻으라는 명령을 내리면서 예를 갖춘 장례식을 거행했다.

헤제시포와 일부 책들이 주장하는 것처럼 요세푸스(Josephus) 또한 지금까지의 이야기에 동의한다. 그는 논문에서, 그리스도의 승천 후에 세상에 진저리를 치면서 주님에 대한 열렬한 사랑으로 움직였던 마리아 막달레나는 결코 사람 만나기를 원하지 않았다고 말한다. 그녀는 엑스 시로 온 후 사막으로 갔고, 30년 동안 누구에게도 알려지지 않은 곳에 살았으며 매일 하루 일곱 번의 정해진 기도 시간에 천사들에 의해 하늘로 올려졌다. 그리고 사제가 칩거하는 그녀를 발견했다고 덧붙였다. 그녀의 요청으로 그는 그녀에게 옷을 내밀었고, 그녀가 그 옷을 입고 그와 함께 성당에서 영성체를 하였고, 제대 옆에서 손을 올려 기도하고 평화중에 죽었다.

서기 769년 카롤루스 대제(Carolus Magnus) 때에 아내와의 사이에서 아들 갖는 것이 불가능했던 부르고뉴(Bourgogne)의 공작 제라르도(Gerardus)는 가난한 사람들에게 아끼지 않고 재산을 나눠주고 많은 성당과 수도승원을 건축했다. 그가 베즐레(Vézelay)에 수도승원을 건축할 때, 그와 아빠스는 가능하다면 성녀 마리아 막달레나의 유해를 가져오기 위해 수도승과 일행을 엑스 시로 보냈다. 그러나 그 수도승이 엑스 시에 도착했을 때, 도시가 이교도들에게 완전히 파괴된 것을 발견했다. 그렇지만 우연히 복된 마리아 막달레나의 시신이 들어있고 그녀의 모든 이야기가 아름답게 표시된 비문이 있는 대리석 석관을 발견했다. 그래서 수도승은 밤에 석관을 부수고, 유해들을 챙겨 묵고 있던 여관으로 옮겼다. 그날 밤 복된 마리아는 그에게 나타나서 시작한 일을 두려워하지 말고 계속하라고 말했다. 베즐레로 돌아오는 길에 수도승원에서 반 레우카(leuca)* 거리에 있을 때, 아빠스와 수도승들이 엄숙한 행렬로 유물을 받아

---

* '레우카'는 갈리아 사람들이 사용하던 거리 단위로 약 3.25km를 뜻하기에, 본문은 1.6km를 의미한다. – 역자 주

들이려고 왔을 때까지 한 발짝도 움직일 수 없었다.

매년 성녀 마리아 막달레나의 유해를 방문하는 일이 관례인 기사가 전투에서 죽었다. 부모가 관대(棺臺)에 누워있는 아들을 애도하며 마리아 막달레나가 자신을 따르는 사람이 고해나 보속도 하지 못한 채 죽도록 내버려 두었다고 불평했다. 그런데 갑자기 죽었던 사람이 일어나서 사제를 찾았다. 그는 경건하게 고해를 하고 노자성체(路資聖體)를 받은 후 평화롭게 안식에 들어갔다.

사람들을 가득 태운 배가 침몰하고 있었고, 익사 위험에 직면한 임산부가 힘껏 소리쳐 만일 마리아 막달레나의 공로로 죽음에서 벗어나 아들을 낳는다면, 성녀의 수도원에 아들을 맡기겠다고 서약했다. 즉시 공경할 얼굴 모습의 한 여자가 나타나서 임산부의 턱을 떠받쳐 주었고, 다른 사람들이 물에 빠져 죽는 동안에 그녀를 다치지 않게 뭍으로 이끌었다. 여인은 이내 아들을 낳았고 서약을 충실히 이행했다.

마리아 막달레나가 요한 복음사가와 결혼할 사이였다고 말하는 사람들이 있다. 요한이 마리아 막달레나를 아내로 맞으려 했을 때, 그리스도가 요한을 그 결혼으로부터 불러내었다. 배우자를 빼앗긴 마리아는 분개하여 세상의 모든 쾌락에 자신을 내맡겼다. 하지만 주님은 요한의 성소가 오히려 마리아를 방황하도록 했기에 자비롭게 그녀를 회개와 보속으로 인도했다. 그리고 주님은 육체적인 즐거움의 절정을 포기한 그녀에게 다른 사람들보다 더 많이 영적인 기쁨, 즉 하느님의 사랑을 채워주셨다. 또한 그리스도가 요한을 세속의 쾌락에서 벗어나게 했기 때문에 애정의 특별한 증거로 요한을 영예롭게 하였다고 주장하는 사람들이 있다. 그 이야기들은 사실이 아닌 것으로 간주된다. 알베르토 수사*는 요한복음에 대한 자신의 서문에서, 요한과 결혼하려던 여자는 동정을 잃지 않았고, 후에 그리스도의 어머니 복되신 동정 마리아의 동료로 있다가 마침내 거룩한 마지막을 맞이하였다고 단호하게 말한다.

시력을 잃은 남자가 마리아 막달레나의 시신을 방문하려고 베즐레 수도승원으로 가던 중 안내인이 저 멀리 성당이 보인다고 말했다. 맹인은 큰 목소리로 소리쳤다. "오 거룩한 마리아 막달레나님, 제가 언젠가 당신의 성당을 볼

---

* 의심할 바 없이 야코부스와 동시대에 살았던 나이가 더 많은 도미니코회의 성 대(大) 알베르토일 것이다.

수 있다면 좋을 텐데!" 그 즉시 그의 눈이 열렸다.

한 남자가 종이에 자신의 죄 목록을 적어서 막달레나의 제대 위 덮개 아래에 넣고 용서받을 수 있도록 기도해 달라고 부탁했다. 나중에 그 종이를 꺼내 보았을 때 자신의 죄가 지워졌다는 것을 알게 되었다.

갈취 범죄를 저지르고 쇠사슬에 묶여있던 사람이 마리아 막달레나에게 자신을 도우러 와달라고 청하였고, 어느 날 밤에 한 아름다운 여자가 그에게 나타나서 족쇄를 깨뜨린 후 떠나라고 명령했다. 해방된 그는 최대한 빨리 도망쳤다.

플랑드르(Flandre) 출신의 성직자인 스테파노는 온갖 종류의 악을 저질러서 구원의 일을 할 수도 없었고 구원에 대한 말을 들을 수도 없었다. 그렇지만 복된 마리아 막달레나에 대한 깊은 신심을 가졌던 그는 단식으로 그녀의 전야(前夜)를 준수하고 그녀의 축일을 기념했다. 한번은 그가 그녀의 무덤을 방문하고 비몽사몽이었을 때, 마리아 막달레나가 양쪽에 각각 천사의 도움을 받아 사랑스럽고 슬픈 눈의 모습으로 나타나서 말했다. "스테파노, 물어봅시다, 어찌하여 당신은 나의 공로에 합당하지 않은 행위로 갚습니까? 왜 당신은 내가 하는 말에 양심의 가책을 느끼지 않습니까? 당신이 나에게 헌신하기 시작한 때부터 나는 항상 당신을 위해 주님께 간절히 기도했습니다. 그러니 일어나십시오! 뉘우치십시오! 나는 당신이 하느님께 회개할 때까지 결코 당신을 떠나지 않을 것입니다!" 스테파노는 곧 자신에게 너무나 큰 은총이 쏟아지는 것을 느꼈고 그 후로 매우 거룩한 삶을 살았다. 그가 죽을 때 마리아 막달레나가 천사들과 함께 관대 옆에 서 있는 것이 보였고, 그녀는 순백의 비둘기 같은 그의 영혼을 찬미의 노래와 함께 천국으로 데려갔다.

—— ···✦ **97** ✦··· ——

성 아폴리나리스

'아폴리나리스'(Apollinaris)라는 이름은 '영향력 있는'을 의미하는 폴렌스(pollen)와 '덕'(德)을 의미하는 아레스(ares)란 단어로 구성된다. 그리고 성인은 덕이 강했다. 또는 그 이름은 '존경스러운'이란 폴로(pollo)와 '신중함'으로 이해되는 나리스(naris)에서 유래했다. 그래서 존경할 만한 신중함을 가진 사람을 가리킨다. 또 다르게는 '~없이'를 의미하는 아(a), '오염시키다'라는 폴루오(polluo), '덕'이란 뜻의 아레스로 형성되었고, 아폴리나리스는 악에 오염되지 않은 도덕적인 사람이었다.

아폴리나리스는 사도 베드로의 제자였고 베드로에 의해 로마에서 라벤나(Ravenna)로 보내졌다. 그곳에서 한 호민관의 아내를 치유하고 호민관 부부와 가족에게 세례를 주었다. 이 사실을 보고받은 재판관은 아폴리나리스를 소환했다. 성인은 주피터(Jupiter) 신전으로 인도되어 제물을 바치라는 강요를 받았지만, 오히려 신관들에게 우상들 주변에 걸려 있는 금과 은을 가난한 사람들에게 나눠주기를 권했다. 그는 죄수가 되어 반쯤 죽을 때까지 두들겨 맞았지만, 그의 제자들이 그를 한 과부의 집으로 데려갔고, 그는 그곳에서 7개월 동안 머무르며 건강을 회복했다.

그런 다음 벙어리 귀족을 치유하려고 클라세(Classe) 시로 갔다. 그가 그 집에 들어갔을 때, 악령에 씌인 한 소녀가 "하느님의 종이여, 이 장소를 떠나라, 안 그러면 너의 손과 발을 묶어서 도시 밖으로 끌고 갈 것이다!"라고 소리쳤다. 아폴리나리스는 소녀를 꾸짖은 후 몸 밖으로 악령을 내쫓았다. 그리고 그 벙어리 귀족을 주님의 이름으로 간구하여 즉시 고쳐주었고, 그 결과 500명 이상의 사람들이 믿음을 받아들였다. 그러나 이교도들이 예수의 이름을 선언하려는 그를 곤봉으로 때려 저지했다. 그는 땅에 누워서도 예수는 참 하느님이라고 부르짖었다. 이교도들은 그를 불타는 석탄 위에 맨발로 서 있게 하였는데도 한결같은 열의로 그리스도를 설교하자 성 밖으로 내쫓았다.

그때 라벤나의 귀족인 루포(Rufus)에게 건강이 좋지 않은 딸이 있었다. 루포는 딸을 치유하기 위해 아폴리나리스를 불렀지만, 성인이 그 집에 들어오자마자 그 딸이 그만 죽고 말았다. 루포가 말했다. "당신은 이 집에 오지 말았어야 했습니다. 위대한 신들이 나에게 화가 나서 딸을 데려갔습니다! 그러니 당신이 내 딸을 위해 무엇을 할 수 있습니까?" 아폴리나리스는 대답했다. "걱정 마십시오! 만일 딸이 되살아난다면, 당신은 그녀의 창조주인 하느님을 따르는 그녀를 막지 않겠다고 맹세하십시오!" 루포는 약속했다. 아폴리나리스가 기도하자 소녀는 일어났다. 그리스도의 이름을 고백했고, 어머니와 다른 많은 사람과 함께 세례를 받았으며, 그때부터 동정녀로 남았다.

이 소식을 들은 황제는 정무총감(praefectus praetorio)에게 아폴리나리스가 신들에게 제물을 바치게 하라고, 만일 그가 거부하면 추방하라는 명령이 적힌 편지를 보냈다. 그가 제물을 바치도록 만드는 데 실패한 총감은 그를 채찍질했고 고문대 위에서 잡아 늘이도록 명령했다. 성인이 그리스도를 설교하는 것을 굽히지 않자, 총감은 끓는 물을 그의 상처에 부었고, 쇠사슬로 짓누른 후 막 추방하려고 하였으나, 그런 비인간적인 행위를 목격한 그리스도인들이 이교도들을 공격하여 200명 넘게 죽였다. 이 일을 지켜본 총감은 아폴리나리스를 좁은 감방에 가두고 자신은 몸을 숨겼다. 그런 다음 총감은 그를 쇠사슬에 묶고 3명의 성직자를 함께 추방하며 2명의 군인을 배에 태웠다. 그들은 바다에서 험한 폭풍에서 살아남았고, 성인은 군인들에게 세례를 주었다.

아폴리나리스는 라벤나로 돌아갔으나, 이교도들에게 체포되어 아폴로 신전으로 끌려갔다. 성인은 신상(神像)을 저주하여 산산조각냈다. 이것을 본 신전의 신관들은 재판관 타우로(Taurus)에게 아폴리나리스를 바쳤다. 그러나 하느님의 사람은 타우로의 장님 아들의 시력을 되찾게 하였고, 타우로는 믿음으로 개종한 후 4년 동안 자신의 사유지에서 성인을 지켰다. 그 후에 이교도 신관들은 그의 죄를 베스파시아누스에게 고했다. 당시 로마 황제 베스파시아누스는 신을 모욕하는 자는 누구든지 피의 심판을 받던지, 도시에서 추방된다는 포고령을 내렸다. 그가 이르기를 "인간은 감히 신에게 대적할 수 없으며 신이 분노하여 벌을 내린다면 인간은 오롯이 감당할 수밖에 없기 때문이다." 라고 했다.

그 다음에 귀족인 데모스테네스(Demosthenes)가 여전히 제사 바치기를 거부하는 아폴리나리스를 이미 그리스도인이었던 백부장(伯父丈)에게 넘겼다. 백부장은 그에게 이교도들의 분노에서 벗어나기 위해 나환자들의 정착지에 가서 살라고 부탁했다. 그러나 이교도들이 그곳까지 쫓아와 그를 죽기 전까지 때렸다. 성인은 7일 동안 살아 있었고, 그런 다음 제자들에게 좋은 이야기를 해준 후에 숨을 거두었다. 서기 약 70년에 통치를 시작했던* 베스파시아누스 치하에서 그리스도인들에 의해 그의 장례식이 명예롭게 거행되었다.

암브로시오는 〈서문경〉에서 이 순교자에 대해 말한다. "가장 훌륭한 고위 성직자인 아폴리나리스는 믿지 않는 사람들에게 예수의 이름으로 설교하기 위해 사도들의 으뜸인 베드로에 의해 라벤나로 보내졌습니다. 그는 그곳에서 예수를 믿는 사람들을 위해 그리스도 안에서 많은 기적을 일으켰습니다. 그는 막대기로 자주 두들겨 맞았고, 이미 나이 든 육체는 신앙심이 없는 사람들에 의해 끔찍한 고문으로 심하게 망가졌습니다. 그러나 신자들이 자신의 고통을 보고 불안해하지 않게 하려고, 사도들과 같이 주 예수 그리스도의 능력으로 많은 표징을 일으켰습니다. 그는 고문을 받은 후에도 어린 소녀를 다시 살리고, 눈먼 자를 보게 하며 벙어리에게 말을 하게 하며 악마에게 사로잡혔던 여인을 자유롭게 해주었고 나환자를 깨끗하게 해주었고 전염병 희생자들의 수족을 튼튼하게 해주었고 우상과 신전을 붕괴시켰습니다. 오, 존경과 칭찬 받을 만한 주교(pontifex)여, 주교의 품위와 함께 사도들의 힘을 받을 만하였던 주교여! 오, 그리스도의 가장 용감한 운동선수여, 그는 늙어서도 끊임없이 고통 중에도 세상의 구세주 예수 그리스도를 설교하였습니다!"

98

성녀 크리스티나

성녀 크리스티나(Christina)의 이름은 '크리스마 성유로 기름 부음 받다.'라는 크리스마테 웅타(chrismate uncta)를 암시한다. 그녀는 다른 사람들과의 관계에서 좋은 향기의 기름, 마음에는 경건함의 기름이 있었고, 말에는 축복의 기름을 가졌다.**

---

* 로마 황제인 베스파시아누스(Titus Flavius Vespasianus)의 재위 기간은 69~79년이다. – 역자 주

** 독자는 다음 이야기가 본 장에서 시작되는 "어원"과 얼마나 완전하게 일치하지 않는지 느낄 것이다. 《버틀러의 성인들의 생애》(Butler's Lives of the Saints, New York: P.J. Kenedy & Sons, 1963, 3:173-174)에 따르면, 이 전설은 위에서 언급한 믿을 수 없는 "인기 있는" 소재가 포함된 동방의 티로의 성녀 크리스티나의 이야기와 볼세나(Bolsena) 인근에서 순교했다고 생각되는, 그 외에는 알려지지 않은, 다른 성녀 크리스티나의 기억 사이에서의 혼란에서 비롯되었다.

크리스티나의 부모는 이탈리아에 있는 티로(Tyro)에서 가장 높은 직위를 갖고 있었다. 아버지는 그녀를 12명의 수행 하녀들과 함께 금과 은으로 된 우상들이 있는 탑에 가두었다. 그녀는 매우 아름다워서 많은 사람이 청혼했으나, 부모는 신들을 위해 그녀가 남아 있기를 원해서 구혼자들 중 누구와도 혼인시키려 하지 않았다. 그러나 성령에게 가르침을 받은 그녀는 우상들에게 태워야 하는 향을 창문에 감추고 우상들에게 제물 바치기를 꺼렸다.

딸을 보러온 아버지에게 하녀들이 말했다. "저희의 주인이신 따님은 신들에 대한 숭배를 혐오하고 그리스도인이라고 선언하셨습니다!" 아버지는 그녀에게 부드러운 말로 신들을 숭배하라고 설득했다. 크리스티나: "저를 딸이라 부르지 마시고, 찬양의 제사를 마땅히 바쳐야 할 그분의 자녀라고 부르십시오. 저는 영원히 살 수 없는 신들이 아니라 하늘의 하느님에게 제물을 바치기 때문입니다!" 아버지: "나의 딸아, 단지 한 신에게 제물을 바치지 마라, 다른 신들이 너에게 화를 낼 것이다!" 크리스티나: "비록 아버지는 그것을 알지 못하지만 진실을 말씀하셨습니다. 왜냐하면, 저는 성부, 성자, 성령에게 제물을 바치기 때문입니다!" 아버지: "너는 세 신을 숭배하면서 왜 다른 신들은 숭배하지 않느냐?" 크리스티나: "제가 숭배하는 세 분은 한 분 하느님입니다!"

이후 크리스티나는 아버지의 우상들을 박살내고 가난한 사람들에게 금과 은을 나누어주었다. 자기 신들을 숭배하러 돌아온 아버지는 이미 부서진 우상들을 발견할 수 없었지만, 하녀들로부터 크리스티나가 우상을 박살 낸 이야기를 들었다. 화가 난 아버지는 딸의 옷을 벗기고 12명의 남자들에게 힘이 다 할 때까지 때리라고 명령했다. 그때 크리스티나는 아버지에게 말했다. "명예가 없는 사람, 하느님 앞에서 수치심도 없는 사람, 만일 당신이 할 수 있다면, 저를 때리느라 지친 사람들에게 계속해서 힘을 주도록 당신의 신들에게 비세요!" 그러나 아버지는 그녀를 쇠사슬로 묶은 후 감옥에 가뒀다.

이 모든 것을 들은 어머니는 감옥으로 달려가서 "나의 딸 크리스티나, 나를 가엾게 여겨다오!"라고 말하면서 딸의 발 앞에 엎드렸다. 그녀는 대답했다. "왜 저를 딸이라고 부르십니까? 저는 하느님의 이름을 지니고 있다는 것을 모르십니까?" 딸을 설득하지 못한 어머니는 남편에게 가서 딸이 말한 것을 전했다. 아버지는 자신의 법정에 딸을 데려와서 말했다. "신들에게 제물을 바쳐라! 그러지 않으면 너는 온갖 고문을 당할 것이고 더 이상 나의 딸이라 불리지 않을 것이다!" 크리스티나는 대답했다. "당신은 제가 악마의 딸로 불리지 않도록 하해와 같은 은혜를 주는군요! 악마에게서 태어난 것은 악령이고, 당신 자신이 사탄의 아버지입니다."

아버지는 그녀의 살을 갈고리로 찢고 팔다리를 부러뜨리라고 명령했다. 그러자 크리스티나는 찢어진 살덩어리를 집어서 "폭군이여, 당신이 낳은 살을 먹으시오!"라고 말하고 아버지의 얼굴에 살덩어리를 던졌다. 이번에 아버지는 형거(刑車)에서 그녀를 세게 잡아당겼고 그녀 아래에 기름과 함께 불을 붙였으나 불길이 솟구쳐 1,500명을 죽였다. 아버지는 이 모든 것을 마술 탓으로 여겼고 그녀를 다시 투옥시켰다. 밤이 되었을 때, 아버지는 심복들에게 딸의 목에 큰 돌을 묶어서 바다에 던지라고 명령했다. 그들은 명령대로 하였으나 즉시 천사들이 그녀를 지탱하였고, 그 결과 그리스도가 그녀에게 내려와서 "나는 나의 성부 하느님 안에서, 나 자신인 그분의 아드님 예수 그리스도 안에서, 그리고 성령 안에서 당신에게 세례를 줍니다."라고 말하며 바닷속에서 그녀에게 세례를 주었다. 그리고 그분은 그녀를 미카엘 대천사의 보호에 맡겼고, 미카엘 대천사는 그녀를 해안으로 이끌었다. 이 소식을 들은 아버지는 자신의 이마를 치며 외쳤다. "너는 도대체 어떻게 바닷속에서도 마술을 부리느냐?" 크리스티나는 대답했다. "어리석고, 불행한 사람! 저는 그리스도로부터 이 호의를 얻었습니다." 그녀의 아버지 우르바누스(Urbanus)는 아침에 그녀의 목을 베라는 명령을 내리고 감옥으로 돌려보냈으나, 그는 그날 밤 시체로 발견되었다.

사악한 재판관 엘리우스(Elius)가 우르바누스를 계승했다. 엘리우스는 쇠 요람에 기름, 역청(pitch), 송진을 붓고 불을 붙였다. 그다음에 요람 속으로 크리스티나를 던지고 좀 더 빨리 태워 죽이기 위해 4명의 남자가 쇠 요람을 앞뒤로 흔들었다. 그때 크리스티나는 세례로 이제 막 다시 태어난 갓난아기처럼 요람 안에서 흔들리게 해준 하느님을 찬미했다. 그 어느 때보다도 화가 난 재판관은 그녀의 머리를 깎고 벌거벗겨서 도시를 관통하여 아폴로 신전까지 끌고 가도록 명령했다. 신전에서 그녀는 우상에게 명령하자, 우상은 먼지 무더기가 되어 무너졌다. 이에 재판관은 두려움에 사로잡혀 이승을 하직했다.

다시 다른 재판관 율리아누스(Julianus)에게 계승되었고, 그는 불을 붙인 화로에 크리스티나를 던지라고 명령했다. 그녀는 화로 속에서 5일 동안 돌아다녔고, 천사들과 노래 부르며 다치지도 않았다. 이 보고를 들은 율리아누스는 마술 탓으로 돌렸고, 살무사 2마리, 독사 2마리, 코브라 2마리를 그녀가 있는 화로에 함께 넣었다. 그러나 독사들은 그녀의 발을 핥고, 살무사들은 그녀에게 해를 입히지 않고 가슴에 달라붙었으며, 코브라들은 그녀의 목 주위를 둘러싸고 땀을 핥았다. 율리아누스는 마술사를 궁중으로 불렀다. "너 또한 마법사이니 저 짐승들을 자극하라!" 마술사는 명령대로 하였으나 오히려 뱀들은 마법사에게 와서 순식간에 그를 죽였다. 그때 크리스티나가 파충류들에게 사막으로 가라고 명령했고, 죽은 마법사를 되살렸다.

그런 다음 율리아누스는 크리스티나의 가슴을 잘랐지만, 가슴에서는 피 대신에 우유가 흘렀다. 마지막으로, 그녀의 혀를 잘랐으나, 결코 언어 능력을 잃지 않았으며 잘린 혀를 율리아누스의 눈에 던져서 눈멀게 했다. 분노에 휩싸인 율리아누스는 두 발의 화살을 그녀의 심장과 옆구리에 쏘았고, 그녀는 약 287년, 디오클레티아누스 치하에서 하느님께 자신의 영혼을 내쉬었다. 그녀의 시신은 오르비에토(Orvieto)와 비테르보(Viterbo) 사이의 볼세나(Bolsena)라고 불리던 요새화된 장소 인근에 잠들어 있다. 언젠가 그 도시 인근에 있던 탑*은 완전히 파괴되었다.

성 대(大) 야고보

사도 야고보(Jacobus, James the Greater)는 제베대오(Zebedaeus)의 야고보, 요한의 형제 야고보, 보아네르게스(Boanerges, '천둥의 아들'을 의미), 대(大) 야고보라고 불렸다.

---

* 그레세(Graesse)는 421쪽 각주 2와 관련하여 초판에서는 탑(turris) 대신에, 앞에서 언급하였던 티로(Tyro)일 수도 있는 티루스(Tyrus)로 기록하였다는 것에 주목하였다.

그는 생물학적으로 제베대오의 아들이었기 때문뿐만 아니라 이름 해석으로도 제베대오의 야고보, 즉 제베대오의 아들이라고 불리고 있다. 제베대오는 '기부', '주어진'으로 해석되고, 복된 야고보는 순교를 통해 그리스도에게 자신을 드렸으며 하느님에 의해 영적인 수호자로 우리에게 주어졌다. 그는 실제로 형이기도 했지만 성품과 덕도 요한과 매우 닮아 요한의 형제 야고보라고 불렸다. 두 사람 모두 같은 배움에 대한 열망과 열성, 같은 희망을 가졌다. 그들은 주님의 복수를 하려는 같은 열의를 가졌다. 사마리아인들이 그리스도를 맞이하기를 거부했을 때, 야고보와 요한은 말했다. "주님, 저희가 하늘에서 불을 내려 저들을 불살라 버리기를 원하십니까?"(루카 9, 54) 그들은 배움에 대한 같은 열망을 가졌다. 이런 이유로 그들은 심판의 날 등 다가올 다른 일들에 대해 그리스도에게 질문을 할 때도 남들보다 확연히 앞서 있었다. 그들은 각각 그리스도의 오른쪽과 왼쪽에 앉기를 원했던 것으로 보아 같은 야망을 가졌다. 야고보는 우레와 같은 설교로 사악한 사람들을 겁먹게 하였고, 게으른 사람들을 깨웠으며 깊이 있는 설교로 모든 사람의 존경을 받았기 때문에 '천둥의 아들'이라 불렸다. 그래서 베다는 요한*에 대해 말한다. "그가 만일 조금만 더 큰 소리로 설교했다면, 온 세상이 그를 막을 수 없었을 것입니다." 다른 야고보가 소(小)라고 불리는 것처럼, 이 야고보가 '대'(大)로 불리는 그 이유는 첫째, 그는 그리스도로부터 부르심을 받았던 두 사람 중 첫 번째였고, 둘째 그리스도와의 친밀함 때문이다. 그리스도는 다른 사람보다 이 야고보와 더 친밀한 관계를 맺은 것으로 보이며, 야이로(Jairus)의 딸을 되살릴 때와 주님의 영광스러운 변모 때, 그리스도는 아무에게도 말하지 말라고 하였다. 셋째, 사도들 가운데 그가 첫 번째로 고통을 받았기 때문에 '대'(大)로 불린다. 그러므로 그가 다른 야고보보다 더 크다고 지칭된 것은 그가 먼저 사도직의 은총으로 부르심을 받았기 때문이고, 그래서 일찍이 영원한 영광으로 부르심을 받았기 때문에 더 크다고 불린다.

제베대오의 아들 사도 야고보는 주님의 승천 후 유다와 사마리아 도처에서 설교하였고, 그런 다음 하느님 말씀의 씨를 뿌리러 스페인으로 갔다. 그러나

---

* 또한 보아네르게스(Boanerges)라고 불렸다.(마르 3, 17)

그는 스페인에서 9명의 제자를 얻은 것 말고는 아무런 진전이 없다고 느꼈다. 그래서 제자 두 사람을 스페인에 남기고, 7명의 제자를 데리고 유다로 돌아왔다. 그러나 스승 요한 벨레토(Joannes Belethus)는 야고보가 스페인에서 단지 제자 한 명을 개종시켰다고 말한다. 야고보가 유다에서 하느님의 말씀을 설교하는 동안, 바리사이들과 동맹을 맺었던 마술사 헤르모게네스(Hermogenes)가 자신의 추종자 필레토(Philetus)를 야고보에게 보냈다. 필레토는 유다인들이 있는 데서 야고보의 설교는 거짓이라고 사도에게 맞서며 설득하려고 했다. 그러나 야고보는 논리 정연하게 진리를 설교하였고, 모든 사람이 볼 수 있는 많은 기적을 일으켰다는 것을 필레토에게 증명했다. 필레토는 헤르모게네스에게 돌아와 자신은 야고보의 교리에 동의하고 그의 기적들을 전하며 함께 야고보의 제자가 되자고 강력히 권고했다.

몹시 화가 난 헤르모게네스는 마술로 필레토를 움직이지 못하게 만든 후 "이제 너의 야고보가 풀어줄 수 있는지 볼 것이다!"라고 말했다. 필라토는 하인을 통해 야고보에게 이 소식을 보냈고 야고보는 "그에게 이 천을 잡고 '주님은 넘어지는 모든 사람을 붙드시고, 죄수들을 풀어주신다.'라고 말해라."라면서 하인을 통해 손수건을 보냈다. 그 손수건을 만지자마자 자신의 보이지 않는 굴레에서 해방된 필레토는 헤르모게네스의 마술을 조롱한 후 야고보와 합류하러 서둘러 갔다.

헤르모게네스의 화는 끝이 없었다. 악령들을 소환해 필레토와 야고보를 쇠사슬에 묶어 데려오라고 명령했다. 이는 그들에게 복수하고 다른 제자들에게 본보기를 보여주기 위함이었다. 악령들은 야고보 주변의 허공에 몰려들어 울부짖으며 말했다. "야고보 사도님, 저희를 불쌍히 여기소서. 저희의 때가 오기 전에 이미 불 속에 있습니다." 야고보는 악령들에게 물었다. "너희는 왜 나에게 왔느냐?" 악령들: "헤르모게네스가 당신과 필레토를 데려오라고 시켰지만, 저희가 당신에게 도착하자마자 하느님의 천사들이 저희를 불타는 쇠사슬로 묶고 심하게 괴롭힙니다!" 야고보: "하느님의 천사들이 너희를 풀어주도록 할 테니 그에게 돌아가서 그를 묶되 다치지 않게 해서 데려와라!" 악령들은 떠나가서 헤르모게네스를 잡아 손을 등 뒤로 묶은 후, "당신이 우리를 보냈고 우리는 그곳에서 불탔고 심하게 괴롭힘을 당했다!"라고 말하면서 족쇄를 채워 야고보에게 데려왔다. 악령들은 야고보에게 말했다. "그가 당신에게 했던 나쁜 짓들과 저희가 겪은 불타는 고통에 대해 앙갚음을 할 수 있도록 저희에게 그를 벌할 수 있는 권한을 주십시오!" 야고보: "너희들 앞에 서 있던 필레토가 여기에 있다. 왜 너희는 그를 손에 넣으려고 하지 않느냐?" 악령들: "당신의 집에 있는 한, 그에게 조금도 손을 댈 수 없습니다!"

야고보는 필레토에게 말했다. "그리스도가 우리에게 가르쳤던 것처럼 악을 선으로 갚자. 헤르모게네스는 너를 속박하였으나 이제 너는 그를 속박에서 풀어주어라!" 석방된 헤르모게네스는 무엇을 해야 할지 모른 채 서 있었다. 야고보는 그에게 말했다. "당신은 자유이니 당신이 원하는 어디든 가시오! 우리 종교에서는 자신의 의지에 반하여 개종시키는 일은 없소!" 헤르모게네스: "저는 악령들의 화를 압니다! 당신이 저를 안전하게 보호할 수 있는 무언가를 주시지 않으면 악령들이 저를 죽일 것입니다!" 야고보는 그에게 자신의 지팡이를 주었고, 그는 자신이 갖고 있던 마술과 관련한 모든 책을 불태우려고 사도에게 가져왔다. 그러나 그 불에서 나온 연기가 사람들에게 해를 입힐 수도 있다는 것을 염려한 야고보는 그에게 책들을 바다에 던지라고 명령했다. 그는 명령을 수행한 후 사도에게 돌아와서 "사람의 영혼의 해방자여! 제가 당신을 시샘하였고 당신에게 해를 가하는 동안 당신은 참아주셨습니다! 이제 저를 회개하는 사람으로 받아주십시오!"라고 말하면서 스스로 야고보의 발 앞에 엎드려 매달렸다. 그 후에 그는 하느님을 경외하며 살기 시작했고, 그리하여 많은 기적이 그를 통해 일어났다.

믿음으로 개종한 헤르모게네스를 보고 분개한 유다인들은 야고보에게 십자가에 못 박혔던 그리스도를 설교하는 것에 대해 맹비난했다. 그러나 야고보는 그리스도의 오심과 그분의 수난을 성경을 인용하여 입증함으로써 그들 중 많은 사람이 믿게 되었다. 그해 수석 사제였던 아비아타르(Abiathar)는 폭동을 선동하여 사도의 목에 올가미를 씌워 헤로데 아그리파(Herodes Agrippa) 앞에 데려갔다. 헤로데의 명령에 따라 야고보는 참수 명령을 받고 끌려갔다. 그때 길가에 누워 있던 중풍 병자가 야고보를 부르며 치유를 간청했다. 야고보는 그에게 말했다. "나는 그분에 대한 믿음 때문에 처형을 당하지만, 예수 그리스도의 이름으로 치유되어 일어나고 너의 창조주를 찬양하여라!" 그 사람은 일어섰고 주님을 찬양했다.

야고보의 목에 올가미를 씌웠던 필경사(筆耕士) 요시아(Josias)는 이 광경을 보고 사도의 발치에 무릎을 꿇고 용서를 청하며 그리스도인이 되게 해달라고 청했다. 이것을 지켜본 아비아타르는 요시아를 붙잡고 말했다. "네가 그리스도의 이름으로 저주하지 않는 한 야고보와 함께 참수될 것이다!" 요시아가 대답했다. "당신과 당신의 모든 날은 저주받을 것이고, 주 예수 그리스도의 이름은 영원히 축복받을 것입니다!" 아비아타르는 주먹으로 그의 입을 때렸고, 그의 참수를 허락해 달라는 전령을 헤로데에게 보냈다. 그 두 사람이 형장의 이슬로 사라지기를 기다리고 있는 동안, 야고보는 망나니에게 물 한 주전자를 요청했다. 그리고 야고보는 요시아에게 세례를 주었고 이후 두 사람은 목이 잘렸고 순교를 달성했다.

야고보는 3월 25일 주님의 탄생 예고 대축일에 참수되었고, 7월 25일 콤포스텔라(Compostella)로 옮겨졌다. 그의 무덤 건설이 8월부터 12월 말까지 걸렸기 때문에, 그는 12월 30일에 묻혔다.

성인의 유해 이전(移轉)에 대해 자세히 집필했던 요한 벨레토에 따르면, 야고보*가 참수된 후, 그의 제자들은 유다인들에 대한 두려움으로 밤에 그의 시신을 가져다가 방향타가 없는 배에 실었다고 한다. 하느님의 섭리에 장례를 맡긴 그들은 출항하였고, 주님의 천사가 조타수가 되어 스페인 갈리시아(Galicia)에 입항했다. 그들은 '암늑대'란 의미의 이름이 몹시도 잘 어울렸던 루파(Lupa) 여왕의 영역에 도착했다. 제자들은 성인의 시신을 배에서 옮겨 커다란 바위 위에 눕혔다. 그러자 그 바위는 즉시 부드러워져서 시신을 위한 석관(石棺) 모양으로 스스로 기적적으로 만들어졌다.

그런 다음 제자들은 루파 여왕에게 자신들을 소개했다. "주 예수 그리스도께서는 당신이 살아있는 그를 환영하지 않을 것이지만 죽은 그를 환영할 수 있도록, 그 사도의 시신을 보내셨습니다!" 그들은 기적, 즉 어떻게 자신들이 방향타가 없는 배로 그녀의 영토에 도착하였는지에 대해 설명했고, 그의 장례에 적합한 장소를 허락해달라고 요청했다. 이 모든 것을 들은 여왕은 잔인

하기로 유명한 (다른 자료들에 따르면, 스페인의 왕이었던) 사람에게 매장에 대한 동의를 얻기 위해 그들을 보냈다고 요한 벨레토는 전한다. 그러나 그 사람은 그들을 감옥에 넣었다. 그러나 그 사람이 잠을 자는 동안 주님의 천사가 감옥을 열어 그들을 자유롭게 가도록 허락했다. 이 사실을 들은 잔인한 폭군이 그들을 데려오라고 군인들을 보냈으나, 군인들이 다리를 건너고 있을 때 다리가 붕괴되어 모두 강에 빠져 죽었다. 이 소식을 듣고 자신과 백성을 걱정한 폭군은 회개하여 전령들을 보내 야고보의 사람들에게 원하는 무엇이든지 들어주겠다고 약속하면서 돌아오도록 요청했다. 그들은 돌아왔고 그 도시의 모든 백성은 주님께 개종했다.

이 소식에 기분이 상한 루파 여왕은 제자들이 와서 왕의 허락을 받았다고 전하자 다음과 같이 말했다. "가서 내가 산에 둔 황소들로 너희 스승의 시신을 옮길 마차를 이끌게 하고 원하는 어디든지 그를 위한 무덤을 만들어라!" 여왕은 황소들이 야생적이고 길들여지지 않았다는 것을 알고 있었다. 멍에를 메거나 마구를 채울 수도 없고, 만일 마구로 연결한다면 황소가 다른 방향으로 달려가 마차를 부수고 시신을 훼손시키고 그 제자들까지 죽일 것이라고 생각했다. 늑대 같은 생각이었다.

그러나 하느님을 대항해서 이길 수 있는 지혜는 없다. 여왕의 계략을 의심하지 않은 제자들은 산으로 올라갔다. 불을 뿜는 용이 공격하려고 왔으나, 십자성호로 용을 물리쳤다. 그들이 황소들에게 십자성호를 긋자, 갑자기 순해져 멍에를 멨다. 그들은 성 야고보의 시신을 눕혀 놓았던 바위와 함께 마차에 실었다. 인도하는 이가 아무도 없었음에도 불구하고 황소는 라파의 궁전 중앙으로 시신을 싣고 갔다. 여왕에게는 충격적이었다. 경악을 금치 못한 여왕은 정신을 차리고 이 모든 것을 믿고 그리스도인이 되었으며 제자들이 요청하는 모든 것을 수여했다. 그리고 자신의 궁전을 성 야고보에게 봉헌하는 성당을 지으라며 기부한 후 남은 삶을 선행을 하며 보냈다.

교황 갈리스토(Callistus)는 모데나(Modena) 교구의 베르나르도(Bernardus)라는 이름의 남자가 탑의 아랫부분에 묶여 있었다고 말한다. 베르나르도는 성 야고보에게 계속해서 기도하였고, 야고보가 그에게 나타나서 "와라, 갈리시아로 나를 따라와라!"라고 말한 후 쇠사슬을 부러뜨리고 사라졌다. 베르나르도는 목 주변에 여전히 쇠사슬을 매단 채 탑 꼭대기로 올라간 후 60큐빗(약 27. 4m)의 탑 꼭대기에서 뛰어 내렸지만 어떤 부상도 입지 않았다.

베다는 어떤 사람이 정말로 큰 죄를 저질렀고, 그 죄가 매우 심각하여 주교가 그를 사죄(赦罪)하기 두려워 죄를 적은 종이와 함께 성 야고보에게 보냈다고 한다. 그 성인의 축일에 그 죄인이 제대 위에 종이를 놓고 성 야고보에게 성인의 공로들로 그 죄를 지워달라고 기도했다. 그리고 종이를 펼쳤을 때 그 죄가 완전히 지워져 있는 것을 발견했다. 그래서 그는 하느님과 성 야고보에게 감사드렸고 이 일을 사람들에게 널리 알렸다.

브장송의 우베르토(Ubertus Bysuntinus)는 1070년경에 30명의 사람들이 로렌(Lorraine)에서 콤포스텔라의 성 야고보 무덤으로 성지순례를 갔던 일을 이야기한다. 그들은 한 사람을 제외하고 모두 서로 돕겠다고 맹세했다. 30명 중 한 명이 병에 걸렸고, 남은 사람들은 2주 동안 그가 회복되기를 기다렸음에도 호전되지 않자, 약속을 하지 않았던 한 사람을 제외하고 모두 떠났다. 이 사람은 성 미카엘 산의 기슭에서 그와 함께 머물렀는데 밤이 가까이 왔을 때, 그 병자가 죽었다. 이 사람은 어두운 밤중에 외로운 곳에 죽은 사람과 함께 남아 있는데다 혹시 동네사람들이 해를 끼치진 않을까 잔뜩 겁을 먹고 있었다.

그러나 갑자기 성 야고보가 기사(騎士) 옷을 입고 나타나서 그 사람을 위로하며 "그 시신을 나에게 맡기고, 너는 내 뒤로 와서 이 말에 타라!"라고 말했다. 그들은 말을 타고 날이 새기 전에 15일의 여정이 걸리는 콤포스텔라와 성 야고보의 무덤에서 가까운 기쁨의 산(Mons gaudii)에 도착했다. 성인은 살아있는 사람과 죽은 사람 둘 다 그곳에 내려놓고, 살아있는 그 사람에게 성 야고보의 의전 사제(canonicus)들에게 죽은 순례자를 묻어 달라고 요청하고, 그와 함께 여행을 했던 사람들은 서약을 깨뜨렸기 때문에 그들의 순례는 소용없는 것이라고 말하라고 명령했다. 그 사람은 명령을 수행하고 놀란 동료들에게 성 야고보가 말한 것을 알렸다.

교황 갈리스토는 1020년경에 한 독일인이 아들과 함께 성 야고보의 무덤으로 순례를 떠났고 툴루즈(Toulouse) 시에서 하룻밤을 머물렀다고 말한다. 그곳에서 여관주인은 노인인 아버지를 취하게 하고, 은 술잔을 그들의 짐에 숨겼다. 두 사람은 아침에 떠났지만, 주인은 그들이 은잔을 훔쳤다면서 도둑인 것처럼 뒤쫓았다. 그들은 만일 자신들에게서 잔이 발견된다면 처벌을 받겠다고 말하였고, 그 물건이 짐에서 발견되자 그들은 재판관*에게 소환되었다. 그들은 가진 모든 것을 여관주인에게 넘겨주고, 두 사람 중 한 사람이 교수(絞首)되는 형벌을 선고받았다. 아버지는 아들을 대신하고 아들은 아버지를 대신해서 죽기를 원했으나, 결국 아들이 교수형에 처해졌고 비탄에 잠긴 아버지는 성 야고보에게 갔다. 36일 후에 툴루즈를 거쳐 돌아가던 그는 아들의 시신이 매달렸던 곳을 지나가면서 큰 소리로 울부짖었다. 그런데 보라, 여전히 매달려 있던 아들이 "사랑하는 아버지, 울지 마세요! 성 야고보가 제가 꿋꿋함을 잃지 않게 해 주었고 천국의 달콤함으로 생기를 되찾게 해주어서 잘 지내고 있습니다!"라고 말하면서 아버지를 위로했다. 이것을 들은 아버지는 도시로 달려갔고, 사람들이 와서 그의 아들을 다치지 않게 교수대에서 내린 후 그 여관주인을 매달았다.

성 빅토르의 후고(Hugo de Sancto Victore)는 성 야고보에게 가던 한 순례자에 대한 이야기를 들려준다. 악마가 성인으로 가장하여 순례자에게 나타났고, 현세의 불행을 한탄하면서 만일 그 순례자가 자신의 영예를 위해서 기꺼이 죽어준다면 행복할 것이라고 말했다. 순례자는 칼을 쥐고 즉시 자결했다. 그러자 이제 순례자가 머물던 집 주인이 살인혐의를 받게 된다. 그러나 죽었던 그 사람이 되살아나서 자살을 부추겼던 악마가 지옥의 고통으로 자신을 인도하는 동안, 성 야고보가 그 사람을 낚아채어 하늘의 재판관에게 데려갔다고 선언했다. 악령의 고발에도 불구하고 그 사람은 생명의 회복을 얻었다.

클뤼니의 후고(Hugo Cluniacensis) 아빠스는 정기적으로 신심을 다해 성 야고보의 무덤을 가곤 했던 리옹(Lyon) 지방 출신인 한 젊은이에 대해 말한다. 젊은이가 그곳으로 가던 어느 날 밤 간음의 죄에 빠졌다. 그리고 여행을 계속할 때, 성 야고보인 척하는 악마가 나타나서 말했다. "너는 내가 누구인지 아느냐? 나는 네가 해마다 방문했던 사도 야고보이다. 신앙심으로 나에게 많은 기쁨을 주었다는 사실을 너에게 알려주려고 한다. 그러나 최근에 너는 간음에 빠

---

* 영어본에서는 정무관(政務官), 치안 판사를 뜻하는 'magistrate'를 사용하였으나, 라틴어본에서는 재판관을 뜻하는 'judex'를 사용하였다. 여기서는 라틴어본에 따라 번역했다. – 역자 주

지고도 아직 죄를 고백하지 않았고, 마치 너의 순례가 하느님과 나를 기쁘게 할 수 있는 것처럼 뻔뻔스럽게 나에게 오려고 한다. 그것은 너에게 어떤 도움도 되지 않을 것이다. 순례자로서 나에게 오기를 원하는 누구나 자신의 죄를 먼저 고백하고 순례를 함으로써 보속을 해야 한다!"라고 말한 후에 악마는 사라졌다.

괴로움에 빠진 젊은이는 일단 집으로 돌아가서 자신의 죄를 고백한 다음 순례를 다시 시작하기로 결심했다. 그러나 다시 악마가 성 야고보로 가장하여 그에게 나타나 이 계획에 반대하며, 야보고의 명예와 그 자신의 더 많은 축복을 위해 남근을 잘라내거나 순교자가 되어야만 죄가 사해질 것이라고 주장했다. 그래서 어느 날 밤 동료들이 자는 동안, 젊은이는 칼로 스스로 거세하고 배를 찔렀다. 동료들이 일어나서 이 상황을 보았고, 살인자로 몰릴까 봐 두려워 서둘러 떠날 준비를 했다. 젊은이를 묻으려고 무덤을 파고 있던 사이, 그가 살아났다. 그걸 보고 막 놀라서 도망가려던 사람들에게 그는 무슨 일이 있었는지 말했다. "내가 악마의 충고를 받아들여 자결했을 때, 악령들은 나를 로마로 데려갔습니다. 그러나 이게 웬일입니까, 성 야고보가 우리를 쫓아와서 나에게 거짓말을 한 악한 영혼들을 강력하게 꾸짖었습니다. 악령들이 논쟁을 계속하자, 성 야고보는 성모 마리아가 많은 성인과 대화 중이던 인근 목초지로 우리 모두를 모았습니다. 성 야고보는 나를 대신하여 마리아에게 항소하였고 그 악령들을 엄하게 꾸짖고 나를 소생하도록 명령했습니다."라고 말했다. 3일 후 흉터를 제외하고 다른 상처는 아무것도 남지 않았던 그 젊은이는 동료들과 함께 여행을 다니면서 그 이야기를 여러 곳에 전했다.

1100년경, 교황 갈리스토는 한 사람이 프랑스를 휩쓸고 있던 전염병을 피하는 한편, 성인을 방문하고자 하는 경건함으로 아내와 아이들과 함께 성 야고보의 무덤으로 출발했다고 전한다. 그들이 팜플로나(Pamplona) 시에 도착했을 때, 그의 아내가 죽었고, 여관주인이 그의 모든 돈과 심지어 아이들이 탔던 나귀까지 훔쳤다. 아내를 잃은 것을 슬퍼하는 그는 아이 몇은 어깨 위에 올리고, 나머지 아이들의 손을 잡고 여행을 계속했다. 홀로 나귀를 이끌고 왔던 한 사람이 그 순례자의 모습에 연민으로 감동 받아 아이들을 태우라고 나귀를 빌려주었다. 그가 성 야고보의 순례지(scrinium, shrine)에 왔고 사도의 무덤 옆에서 기도하고 있을 때, 성인이 나타나서 자신을 알아보는지 물었다. 그 사람은 모른다고 대답했다. 성인은 말했다. "여기로 오는 길에 너에게 나귀를 빌려주었던 나는 사도 야고보이고, 이제 돌아가는 여정을 위해 다시 나귀를 빌려준다. 그러나 그에 앞서 여관주인이 지붕에서 떨어져 죽을 것이고, 너는 도둑 맞았던 모든 것을 돌려받을 것이다!" 성인의 예언대로 모든 일이 일어났다. 그 사람은 무사히 행복하게 집에 도착했고, 나귀 등에서 아이들을 들어 올리자 나귀는 사라졌다.

한 상인이 폭군에게 불법적으로 재물을 빼앗긴 후 감금되자 성 야고보의 도움을 절실히 간청했다. 성인은 경비원들이 지켜보는 가운데 나타나서 그 사람을 탑의 꼭대기로 데리고 갔다. 그때 탑 꼭대기가 땅에 닿을 때까지 구부러졌고, 상인은 뛰어내릴 필요 없이 탑에서 내려와 자신의 길을 갔다. 경비원들은 상인을 뒤쫓았지만 아주 가까이에서 그를 지나치면서도 보지 못했다.

브장송의 우베르토는 리옹 교구 출신 3명의 군인에 대해 이야기한다. 군인들은 성 야고보에게로 가는 성지순례 중에 한 노파가 성 야고보의 사랑으로 들고 있던 자루를 말에 실어주기를 요청했고, 군인은 그렇게 했다. 그런 다음 그 군인은 길옆에 누워있는 한 병자를 발견했다. 군인은 병자를 말에 태우고 노파의 자루와 병자의 지팡이를 어깨에 메고 말을 따라 걸어갔다. 그러나 태양의 열기와 여정의 고역은 그에게 너무 벅차서 갈리시아에 도착했을 때 중병(重病)에 걸렸다. 동료들이 그에게 영원한 구원에 대한 그의 영혼 상태를 물었지만, 그는 3일 동안 단 한 마디도 하지 않았다. 4일째 날, 동료들이 그가 죽을 것이라고 생각할 즈음, 그는 무거운 한숨을 쉬며 말했다. "야고보의 공로로 제가 석방되었기에 저는 하느님과 성 야고보님에게 감사를 드립니다. 당신들이 나의 구원에 대해 경고하고 물었을 때 나는 답을 하고 싶었지만 악령들이 목을 꽉 잡고 있어서 한 마디도 답할 수 없었습니다. 그때 성 야고보가 제가 길에서 도와주었던 두 사람, 왼손에 노파의 자루를, 오른손에 가난한 사람의 지팡이를 들고 왔습니다. 야고보는 지팡이를 창처럼 휘두르고 자루를 방패로 삼았으며, 화가 난 것처럼 악령들을 지팡이로 위협하고 궤멸시켰습니다. 이제 제가 자유로워지고 다시 말할 수 있습니다. 내 수명이 얼마 남지 않았으니 사제를 불러주십시오." 그런 다음 두 군인 중 한 사람에게 몸을 돌려 말했다.

"이제는 당신 주인의 봉사 안에 머물지 마시오. 왜냐하면 당신의 주인은 저주받고 있고 곧 비참한 최후를 맞을 것입니다." 이렇게 말한 그가 매장된 후에 동료 군인은 자신의 주인에게 죽어가는 사람이 말한 것을 전했다. 주인은 비웃었고 자신의 삶을 개선하려는 어떤 노력도 하지 않았다. 그 후 얼마 되지 않아 전투에서 창에 찔려 죽었다.

교황 갈리스토에 따르면, 베즐레(Vézelay) 출신의 한 사람이 성 야고보에게 가는 순례 중에 돈이 다 떨어져 구걸하면서 부끄러워했다고 한다. 쉬려고 나무 아래에 누운 그가 잠시 잠들었을 때 성 야고보가 음식을 주는 꿈을 꾸었다. 잠에서 깬 그는 머리맡에 재로 구운 빵 한 덩어리를 발견했다. 그 빵 한 덩어리는 그가 집에 도착할 때까지 2주 동안 그를 지탱해 주었다. 그는 매일 두 번씩 양껏 빵을 먹었으나, 다음 날 자루에는 온전한 빵 한 덩이가 들어 있었다.

1100년경, 교황 갈리스토는 바르셀로나의 한 시민이 성 야고보에게 순례의 길을 떠나면서 단지 하나의 은혜, 즉 적에게 결코 포로로 잡히지 않을 수 있도록 기도했다고 전한다. 그가 바다에서 사라센 사람에게 붙잡혀 여러 번 노예로 팔렸지만 항상 그를 묶고 있던 쇠사슬이 끊어져 시칠리아를 거쳐 집으로 돌아올 수 있었다. 그가 이미 열세 번째 팔려 이중의 쇠사슬로 결박당했을 때 성 야고보의 도움을 청했고, 성인이 나타나서 말했다. "당신은 내 성당에 있을 때 당신 영혼의 구원을 위한 생각을 하지 않고 오직 당신 육신의 자유를 요청했기 때문에 이 모든 불행이 당신을 괴롭히고 있습니다. 그러나 자비로우신 주님은 당신을 구원하도록 나를 보내셨습니다." 즉시 그의 쇠사슬이 부서졌고 그는 이 기적의 증거로 쇠사슬 일부를 들고 사라센 사람들의 땅과 성채를 지나갔다. 그래서 그는 집으로 돌아왔고, 그곳에서 야고보를 보고 놀랐다. 누구든지 그를 포로로 잡으려고 하면 사슬이 보이는 것을 보고 도망쳤다. 그리고 그가 사막 지역을 돌아다닐 때 사자들과 다른 야수가 그를 공격하려다가도 그 쇠사슬을 보고 극심한 공포로 떨다가 즉시 달아났다.

1238년 성 야고보의 축일 전야에, 피렌체와 피스토이아(Pistoia) 사이에 위치한 프라토(Prato) 마을의 한 청년이 자신의 유산을 박탈하려는 부모의 농작물에 불을 질렀다. 체포되어 죄를 시인한 젊은이는 말의 꼬리에 묶인 채 거리로 끌려간 다음 화형에 처하라는 선고를 받았다. 그는 자신의 죄를 고백하고 성 야고보에게 경건하게 기도했다. 그때 그는 단지 셔츠만 입은 채 돌이 많은 땅 위를 끌려갔으나, 그의 육체와 셔츠는 조금도 손상을 입지 않았다. 그 다음에 화형주(火刑柱)에 묶였고 그의 주변에 나무들이 무더기로 쌓였다. 불이 붙고 끈은 타서 없어졌으나, 그는 성 야고보를 부르기를 계속하였고 그의 육신과 셔츠 모두 아무 탈 없이 남았다. 사람들은 그의 주변에 새로운 불을 붙이려 하다가 그를 풀어주었고 하느님은 그의 사도로 인해 장엄하게 찬양받았다.

···❖ **100** ❖···

성 크리스토포로

크리스토포로(Christophorus, Christopher)는 세례받기 전에 '버림받은 사람'을 의미하는 레프로부스(Reprobus)라고 불렸으나, 세례 후에는 '그리스도를 나르는 사람'을 의미하는 크리스토포로*로 불렸다. 그는 네 가지 방법으로 그리스도를 날랐다. 그분이 강을 건널 때 어깨에 메고, 고행을 통해 몸으로, 신심으로 자신의 마음 안에서, 그리스도를 고백하고 설교함으로써 입을 통해 날랐다.

가나안 출신의 크리스토포로는 덩치가 엄청나게 크고(키가 12큐빗/5.4m) 무시무시한 얼굴을 가진 사람이었다. 기록에 따르면, 어느 날 그가 가나안 왕 앞에 있을 때 세상에서 가장 위대한 왕을 찾아가야겠다는 생각이 떠올랐다고 한다. 그래서 세상에서 가장 위대한 통치자로 간주되는 강력한 왕을 찾아갔다. 이 왕이 크리스토포로를 기꺼이 궁정의 일원으로 받아들였다.

그러던 어느 날, 궁전 어릿광대가 왕 앞에서 악마가 언급되는 몇몇 소곡(小曲)을 자주 불렀다. 그리스도인이었던 왕은 악마에 대한 부분을 들을 때마다 이마에 십자성호를 그었다. 크리스토포로는 왜 왕이 그 행동을 하고 그 표시의 의미가 궁금했다. 그는 왕에게 물었으나 왕이 대답하지 않자 다시 물었다.

---

* 영어본은 그리스어 표기인 '크리스토포로스'(Christophoros, Χριστόφορος)라고 표기되었지만, 여기서는 라틴어본에 따라 번역하였다. – 역자 주

"당신이 저의 질문에 대답하지 않으면 저는 더 이상 당신과 함께 머물 수 없습니다!" 이렇게 압력을 받은 왕이 말했다. "악마를 언급한 것을 들을 때는, 악마가 나에게 어떤 힘을 가할지도 모르고 해를 끼칠까 봐 두려워 항상 이 표시로 나 자신을 방어한다!" 크리스토포로: "만일 당신이 악마로부터 해를 당할 것을 두려워한다면, 이것은 악마가 당신보다 더 위대하고 강력하다는 것을 증명합니다. 그러니 저는 세상에서 가장 위대하고 가장 강력한 주인을 찾았다는 희망이 좌절되었습니다. 이제 안녕히 계십시오! 저는 악마를 찾아가 주인으로 모시고 그의 종이 될 것입니다!"

크리스토포로는 왕을 떠나 악마를 찾아갔다. 그는 광야를 지나가다가 큰 무리의 군인을 만났다. 그중 가장 험악하고 무섭게 생긴 사람이 그에게 와서 어디로 가고 있느냐고 물었다. 크리스토포로: "저는 지배자인 악마를 찾고 있습니다! 그를 저의 주인으로 모시고 싶습니다." 그 사람: "내가 당신이 찾고 있는 바로 그 사람이다!" 이 말을 들은 크리스토포로는 기뻐하며 그 사람을 자신의 주인으로 영원히 봉사하겠다고 스스로 약속했다.

그들은 큰길을 따라 길가에 세워진 십자가가 있는 데까지 행진했다. 악마는 그 십자가를 보자마자 공포에 질려 바로 그곳을 떠나 이전의 거칠고 황량한 지역으로 크리스토포로를 이끌었다. 이 행동에 놀란 크리스토포로는 악마에게 무엇이 그렇게 두려워 큰길을 피해 굳이 거친 광야를 통해 가는지 물었다. 악마가 이유를 말하기를 꺼리자 크리스토포로는 다시 말했다. "이유를 말하지 않는다면, 저는 즉시 떠날 것입니다!" 더 이상 피할 수 없었던 악령이 말했다. "십자가에 못 박혔던 그리스도라는 이름의 한 사람이 있었다. 나는 그의 십자가 표시를 보면, 두려움으로 가득 차 도망치게 된다!" 크리스토포로: "그래, 그렇다면, 당신이 그토록 두려워하는 표징의 이 그리스도가 당신보다 더 위대하고 더 강력하다는 말이군! 그렇다면 나는 쓸데없이 애만 썼고 세상에서 가장 위대한 군주(princeps)를 아직 발견하지 못하였구나! 나는 당신을 떠나 그리스도를 찾아서 갈 것이다!"

그는 오랫동안 그리스도에 대한 말을 해줄 누군가를 찾았다. 마침내 그리스도를 전하고 그리스도인의 믿음을 가르쳐줄 은수자를 만났다. 은수자: "당신이 섬기기를 원하는 이 왕은 당신이 자신의 뜻대로 행하기를 요구합니다.

예를 들어, 당신은 자주 단식을 해야 할 것입니다." 크리스토포로: "그분에게 조금 다른 형태의 순명을 부탁해 주십시오! 저는 정말로 단식을 할 수 없습니다!" 은수자: "당신은 또한 많은 기도를 그분에게 바쳐야 할 것입니다."라고 말했다. 크리소토포로: "저는 기도가 의미하는 것을 모릅니다. 그러니 그런 종류의 섬김을 행할 수 없습니다!" 은수자: "당신은 많은 사람이 건너려다가 실패하고 죽은 유명한 강을 압니까?" 크리스토포로: "예. 압니다." 은수자: "당신은 충분히 크고 충분히 강합니다! 강 옆으로 가서 사십시오, 그리고 만일 당신이 그 강을 건너는 사람을 돕는다면, 당신이 섬기길 원하는 왕이신 그리스도를 크게 기쁘게 할 것입니다. 그리고 그곳에서 당신은 그분을 보게 될 것이라 희망합니다!" 크리스토포로: "좋습니다! 그런 봉사라면 할 수 있습니다. 그 방법으로 그분에게 봉사할 것을 약속합니다!"

그는 강으로 가서 거처할 작은 집을 직접 지었다. 그는 지팡이 대신에 물속에서 자신을 고정할 수 있는 긴 장대를 사용하여 모든 사람을 무사히 건네주었다. 며칠 후 그가 쉬고 있을 때 자신을 부르는 한 어린이의 목소리를 들었다. "크리스토포로 님, 저를 건너게 해주세요!" 그는 벌떡 일어나서 나갔으나 아무도 발견하지 못했다. 그는 집으로 들어갔고 자신을 부르는 같은 목소리를 다시 듣고 뛰쳐나갔지만, 다시 아무도 보지 못했다. 세 번째로 같은 외침에 나가보니 강둑에 서 있는 한 아이를 발견했다. 그 아이는 강을 건널 수 있도록 간청하였고, 크리스토포로는 어깨에 그를 들어 올린 후, 긴 장대를 움켜잡고 물속으로 성큼성큼 들어갔다. 그러나 물은 점점 거세지고 아이는 납처럼 매우 무거워졌다. 강 한가운데로 갈수록 물살은 더 거세지고 아이의 무게는 어깨를 매우 심하게 억눌러서 큰 고통에 빠졌다. 그는 물에 빠질까 두려웠지만, 마침내 맞은편 둑에 도착했다.

그는 아이를 내려주면서 말했다. "얘야, 네가 얼마나 무거웠는지 나를 큰 위험에 빠뜨렸었다. 내 등에 온 세상을 짊어졌더라도 너보다 더 무거운 짐이라고 느낄 수 없었을 것이다!" 그 아이가 대답했다. "놀라지 마라, 크리스토포로! 너는 온 세상을 옮긴 것만이 아니라 세상을 창조한 이를 어깨에 짊어지고 있었다. 나는 네가 이곳에서 봉사함으로써 섬기려는 너의 왕 그리스도이다. 그리고 만일 나의 말이 사실이라는 증거를 원한다면, 너의 작은 집으로 돌아가 지팡이를 땅에 심어라. 그러면 내일 그 지팡이에 잎이 돋고 과일이 열릴 것이다!" 그러고는 바로 그 아이는 사라졌다. 크리스토포로는 다시 강을 건너 자신의 작은 집 근처 땅에 지팡이를 밀어 넣었다. 다음 날 아침 종려나무처럼 잎과 열매를 맺은 지팡이를 발견했다.

그 후, 크리스토포로는 리키아(Lycia)에 있는 사모스(Samos) 시로 갔다. 그는 그곳의 언어를 이해하지 못하자, 자신이 그 언어를 이해할 수 있게 해 달라고 주님께 기도했다. 그가 기도할 때, 재판관들은 그가 제정신이 아니라고 생각하고 홀로 내버려 두었다. 그러나 그가 기도한 은혜가 이루어지자, 그는 얼굴을 가리고 그리스도인이 고문을 받고 처형당하는 장소로 가서 주님 안에서 용기를 북돋아 주려는 말을 하려고 시도했다. 재판관 중 한 사람이 크리스토포로의 얼굴을 치자 그는 얼굴 가린 것을 벗으며 말했다. "만일 내가 그리스도인이 아니었다면, 이 모욕에 대해 즉시 복수했을 것입니다!" 그런 다음 자신의 지팡이를 땅에 심었고 지팡이가 잎을 터트림으로써 백성들이 회개하는 데 도움이 될 수 있도록 주님께 기도했다. 즉시 잎이 돋아났고, 8천 명이 믿었고 그리스도인이 되었다.

왕이 크리스토포로를 데려오라고 200명의 군인을 보냈다. 군인들은 기도 중에 있는 그를 발견했지만, 자신들이 왜 왔는지 말하기를 두려워했다. 왕은 군인 200명을 더 보냈으나, 군인들은 기도하고 있는 그를 발견하고 오히려 그와 함께 기도했다. 크리스토포로는 일어나서 군인들에게 말했다. "당신들은 누구를 찾고 있습니까?" 그의 얼굴을 본 군인들이 대답했다. "왕이 당신을 묶어서 데려오라고 저희를 보냈습니다!" 크리스토포로: "만일 내가 원하지 않는다면, 당신들은 나를 데려가지 못할 것입니다!" 군인들: "음, 만일 가기를 원하지 않는다면 당신이 원하는 곳으로 가십시오, 그러면 저희는 당신을 어디에서도 발견하지 못했다고 보고하겠습니다." 크리스토포로: "그러면 안 됩니다! 나는 당신들과 함께 가겠습니다!"

그렇게 크리스토포로는 군인들을 믿음으로 개종시킨 후, 결박당한 채 왕에게 갔다. 그를 보고 겁을 먹은 왕은 앉아 있던 자리에서 떨어졌다. 하인들이 왕을 일으켰고, 왕은 크리스토포로에게 이름과 출생지를 물었다. 크리스토포로: "세례 전에 레프로부스라고 불렸지만 이제는 크리스토포로라고 불립니다." 왕: "십자가에 못 박혔고 자신을 구하기 위해 아무것도 할 수 없었고, 이제는 너를 위해 아무것도 해줄 수 없는 그리스도를 너 스스로 부르며 뒤쫓는 바보 같은 이름을 가졌구나! 말썽을 일으키는 가나안 사람아, 왜 너는 우리의 신들에게 제물을 바치지 않느냐?" 크리스토포로: "당신은 세상의 죽음이고 악마의 동업자이기에 당연히 다뉴스(Dagnus)라 불리고, 당신의 신들은 그저 사람의 손으로 만든 것입니다!" 왕: "너는 야수들 사이에서 자랐구나, 그러니 단지 야만인의 일만 할 수 있고, 사람에게 알려지지 않는 것에 대해서 말하는구나! 그러나 만일 네가 제물을 바칠 준비가 되어 있다면, 나는 너에게 대단한 명예를 수여할 것이다. 만일 아니라면, 지겹도록 고문을 당할 것이다!" 크리스토포로는 제물을 바치기를 거부하였고, 왕은 그를 감옥에 가뒀고 크리스토포로에게 보냈던 군인들은 그리스도 믿음을 받아들인 이유로 참수했다.

그때 왕은 니케아(Nacaea)란 이름을 가진 여인과 아퀼리나(Aquilina)라는 이름의 여인, 이 두 명의 맵시 있는 젊은 여인에게 만일 크리스토포로를 유혹한다면 큰 보상을 주겠다고 약속하면서 함께 감방에 넣었다. 그 책략을 간파한 크리스토포로는 기도하기 위해 무릎을 꿇었다. 그 여인들이 그를 쓰다듬고 감싸며 자극하려고 시도하자, 그는 일어서서 여인들에게 말했다. "당신들이 노력하는 것이 무엇이고 어떤 이유로 이곳에 보내졌는가?" 그의 얼굴빛에 겁을 먹은 두 여인은 "하느님의 성인이시여, 저희를 불쌍히 여기소서! 당신이 설교한 하느님을 믿을 수 있도록 저희를 만들어주십시오!"라고 말했다.

이 소식을 들은 왕은 여인들을 데려오게 하여 "그래서 너희들도 유혹 받았구나! 너희들이 신에게 제물을 바치지 않는다면 끔찍한 방법으로 죽일 것이라고 나는 신의 이름으로 맹세한다."라고 말했다. 여인들이 대답했다. "만일 당신의 뜻이 저희가 제물을 바치는 것이라면, 모든 백성에게 신전 안으로 가라고 명령하십시오!" 이것이 실행되었고 여인들은 신전 안으로 가서 자신들의 허리띠로 우상들의 목 주위에 던져 땅으로 당겨 먼지로 만들었다. 그런 다음에 말했다. "의사들을 불러서 당신의 신들을 고치게 하시오!"

왕의 명령으로 아퀼리나는 손과 발에 엄청난 돌이 묶여 사지가 부러졌다. 그녀가 주님 안에서 자신의 마지막 숨을 쉬었을 때, 그녀의 자매 니케아는 불속에 던져졌다. 그러나 그녀가 다치지 않고 빠져나오자 즉시 참수되었다.

왕은 크리스토포로를 다시 소환해서 쇠막대로 때리고, 불에 달군 쇠 투구를 머리에 씌우라고 명령했다. 그런 다음 성인을 철 의자에 묶고, 아래에 불을 붙이고 불길 위에 역청을 던졌다. 그러나 의자는 밀랍처럼 부서졌고, 크리스토포로는 다치지 않고 의자에서 벗어났다. 이에 왕은 그를 기둥에 묶고 400명의 궁수에게 화살을 쏘도록 하였으나, 화살들은 공중에서 멈춘 채 단 하나도 그를 건드릴 수 없었다. 그러나 그가 치명상을 입었을 것이라고 생각한 왕이 그를 조롱하려고 갔을 때, 갑자기 화살 하나가 방향을 틀어 공중을 가로질러 왔고, 폭군의 눈을 맞춰 장님이 되었다. 크리스토포로는 왕에게 말했다. "폭군이여, 나는 내일이면 죽을 것이다. 그러면 내 피로 반죽을 만들어 눈에 바르시오. 그러면 시력을 회복할 것이오!"

왕의 명령으로 성인은 처형장으로 끌려갔고, 그곳에서 기도한 후에 참수되었다. 왕은 그의 피를 조금 가져와서 "하느님과 성 크리스토포로의 이름으로"라고 말하고 자신의 눈에 문지르자 즉시 시력이 회복되었다. 그런 다음 왕은 세례를 받았고 하느님과 성 크리스토포로에 대해 모독하는 자는 누구든지 즉시 참수될 것이라는 칙령을 내렸다.

암브로시오는 〈서문경〉에서 이 순교자에 대해 말한다. "오 주님, 당신은 크리스토포로에게 그렇게 풍부한 덕과 가르침의 은총을 허락하셔서 그의 빛나는 기적을 통해 그가 이교의 오류에서 그리스도교 교리의 공경에 이르기까지 4만 8천 명의 사람을 불러들이셨습니다. 니케아와 아퀼리나는 공창(公娼)에서 매춘에 참여했지만, 그는 그들이 순결을 실천하도록 인도하고 순교의 월계관을 받도록 교육하였습니다. 이것 때문에 그는 맹렬한 불 한가운데에 있는 철제 의자에 묶여 있었지만, 그 열기에서 오는 어떤 해도 두려워하지 않았습니다. 온종일 군인들이 쏜 화살 폭풍은 그를 꿰뚫을 수 없었습니다. 그렇지만 화살 하나가 사형집행인의 눈을 찔렀고, 복된 순교자의 피가 흙과 섞여 그의 시력을 회복시키고 육신의 실명을 제거함으로써 그의 마음도 밝아졌습니다. 성인이 당신의 용서를 간청했기 때문이고, 그의 간구로 질병과 허약함의 치유를 받았기 때문입니다."

101

7인의 잠든 사람들

'7인의 잠든 사람들'(Septem Dormientes)은 에페소 시 출신자들이다. 그리스도인들에 대한 박해를 공포했던 데치우스(Decius) 황제는 에페소에 와서 도시 중앙에 온 백성이 신(거짓 신)들을 숭배할 수 있게끔 신전을 건축하라고 했다. 더 나아가 모든 그리스도인을 체포하여 쇠사슬로 채우고, 신들에게 제물을 바치지 않으면 죽이라고 명령했다. 그래서 에페소의 그리스도인들은 친구가 친구를, 아버지가 아들을, 아들은 아버지를 배신하게 되는 이 위협적인 처벌을 매우 두려워했다.

그 도시에는 그리스도교 신자들 사이에서 벌어지고 있는 이 박해에 대해 몹시 괴로워하던 7인의 젊은 그리스도인, 막시미아노(Maximianus), 말코(Malchus), 마르치아노(Marcianus), 디오니시오(Dionysius), 요한(Johannes), 세라피온(Serapion), 콘스탄티노(Constantinus)가 있었다. 그 7인은 궁전에서 높은 지위에 있었으나 우상들에게 제물 바치기를 거부하고 집에 숨어서 단식과 기도로 자신을 봉헌하였다. 이로 인해 고발당한 7인은 데치우스 앞에 소환되었다. 황제는 그리스도교를 천명한 그들에게 정신을 차리라는 의미에서 자신이 도시로 돌아오기 전까지 시간을 주었다. 하지만, 그들은 재산을 가난한 사람들에게 나누어주었고, 만장일치로 첼리온(Celion) 산으로 가서 숨기로 했다. 오랫동안 산에서 살면서 말코가 필요한 물품을 보급하는 일을 자청했다. 말코는 보급품을 구하러 도시로 갈 때마다 거지 복장을 했다.

이윽고 데치우스가 에페소로 돌아왔고 그 7인을 찾아 제물을 바치게 하라고 명령했다. 도시에서 이 소식을 들은 말코는 놀라서 친구들에게 알렸다. 이 소식이 그들의 두려움을 불러일으켰지만, 말코는 다가오는 시련에 직면할 힘을 동료들에게 주기 위해 도시에서 가져온 음식을 앞에 내놓았다. 그들은 한숨과 눈물을 흘리며 함께 먹고 이야기한 후에, 갑자기 하느님의 뜻으로 잠들었다. 다음 날 아침 수색을 했지만 그들은 발견되지 않았고, 데치우스는 그런 우수한 젊은이들을 잃은 것에 대해 당황했다. 그때 그들은 첼리온 산에서 숨어 있었고, 게다가 자신들의 재산을 그리스도인 가난한 사람들에게 주고 믿음을 고수하고 있었기 때문에 고발당했던 것이다. 따라서 그들의 부모를 소환한 데치우스는 아들의 소재에 대해 말하지 않으면 죽음을 면치 못할 것이라고 협박했다. 하지만 부모들 역시 자식들이 가난한 사람들에게 재산을 나눠준 것을 불평했다. 황제는 그 7인을 어떻게 하면 좋을지 생각하고 그들이 숨어 있는 동굴을 돌로 막고 가둬서 굶겨 죽이기로 결정했다. 이 일은 실행되었고, 두 명의 그리스도인 테오도로(Theodorus)와 루피노(Rufinus)는 이들의 순교에 대한 이야기를 써서 동굴을 막고 있는 돌들 사이에 숨겨 놓았다.

372년 후, 데치우스와 그의 세대 모두가 세상을 떠난 오랜 뒤, 테오도시우스 황제의 재위 제13년째에* 이단이 발생했고 전반적으로 죽은 분이 부활했다는 것을 부인했다. 참된 믿음이 불경스럽게 왜곡되는 것을 보며 슬픔을 가누지 못한 신앙심 깊은 황제는 고행복(hair shirt)을 입고 눈물을 흘리며 크게 분개했다. 자비로운 하느님은 이것을 보고 애통하는 자들의 슬픔을 달래고 죽은 자의 부활에 대한 믿음을 확고히 하기 위해 당신 자비의 보고를 열어 앞서 말한 7인의 순교자들을 깨웠다. 그분은 에페소의 한 시민에게 첼리온 산에 목동들을 위한 대피처를 건축하는 영감을 주었고, 석공들이 대피처를 만들기 위해 동굴 입구의 돌들을 제거함으로써 성인들을 깨웠다. 그들은 단지 밤새도록 잠을 잤을 뿐이라고 생각하면서 일어나 서로 인사를 나누었다. 그런 다음에 그 전날의 자신들의 슬픔을 기억하였고 자신들에 관한 데치우스의 결정에 대해 말코에게 질문했다. 말코는 전날에 말했던 것을 다시 말했다. "그들은 우리를 우상들에게 제물을 바치게 하려고 찾고 있습니다!" 막시미아노가 대답했다. "그러나 하느님은 아십니다. 우리가 제물을 바치지 않을 것을!" 막시아노는 동료들을 격려하고 말코에게 도시로 내려가서 전날보다 더 많은 빵을 사면서 황제가 명령한 것을 좀 더 알아오라고 요청했다.

말코는 동전 5개를 가지고 동굴을 떠났다. 그는 동굴 입구 주위에 놓여 있는 돌들에 대해 잠시 궁금했으나 해야 할 일이 급했기에 서둘러 떠났다. 그는

* 라틴어본에는 "재위 30년에"(anno XXX)라고 되어 있는데, 테오도시우스 황제의 재위기간은 379~395년까지 16년이다. 그런 이유로 라틴어본의 내용은 오류로 여겨지기에 여기서는 영어본을 따라 번역하였다. – 역자 주

조심스럽게 도시에 들어가서 성문 위의 십자가를 보고 놀랐다. 문마다 십자가가 있고 그 도시의 달라진 모습을 보고 어리둥절했다. 그는 성호를 그었고 자신이 꿈을 꾸고 있는 것이 틀림없다고 생각하며 첫 번째 문으로 돌아가서 얼굴을 가리고 들어갔다. 그가 빵 판매인에게 갔을 때, 사람들이 그리스도에 대해 말하는 것을 듣고 더욱더 당황했다. 그는 "무슨 일이 일어난 거지? 어제는 아무도 감히 그리스도의 이름을 입에 담지 못했는데, 오늘은 모두가 그분을 고백한다! 에페소에 와 있는 것 같지가 않네. 어떻게 이와 같은 다른 도시가 또 있는 것일까!"라고 생각하면서 어떤 사람에게 이곳이 에페소가 맞는지 물었다. 자신이 에페소에 있는 것에 확신을 가졌으나 무슨 착오가 있다고 생각하며 동료들에게 돌아가는 것이 더 낫겠다는 생각을 했다.

돌아가기 전에 빵을 사러 갔다. 하지만 그가 돈을 내놓았을 때, 장사꾼은 놀라서 이 젊은이가 고대 보물을 발견한 것이라고 동료들과 수군거렸다. 자신에 대해 이야기하는 것을 보고 자신을 황제에게 넘기려 한다고 생각했다. 점점 더 겁을 먹은 말코는 보내 달라고 하면서 돈은 그냥 가지라고 말했다. 그러나 장사꾼들이 말했다. "당신은 어디에서 왔소? 오래된 황제들의 이 동전을 어디에서 찾았는지 알려주시오. 그러면 동전을 당신과 나누어 갖고 당신을 숨겨주겠소. 당신이 숨을 수 있는 다른 방법은 없소." 말코는 아무것도 말할 수 없었기에 너무 두려웠고, 그가 대답하지 않자 장사꾼은 그의 목에 밧줄을 감고 도시 중앙까지 끌고 갔다. 그 사이 이 젊은이가 보물을 발견했다는 소문이 퍼져서 군중이 모여들었다. 그는 자신이 아무것도 발견하지 못했다는 것을 알려주고 싶어, 누군가가 그를 알아보거나 살아있는 친척 몇 명을 볼 수 있기를 바라면서 주위를 살폈다. 그러나 그런 일은 일어나지 않았고, 그는 군중 가운데서 미친 사람처럼 서 있었다.

이 이야기가 성 마르티노(Martinus) 주교와 그 도시에 최근에 도착한 지방총독 안티파테르(Antipater)에게 전해졌다. 그들은 시민들에게 조심하라고 주의를 주면서 그 젊은이와 돈을 가져오라고 명령했다. 그는 성당으로 끌려갈 때, 자신이 황제에게 끌려가고 있다고 생각했다. 동전을 보고 놀란 주교와 지방총독은 이 알려지지 않은 보물을 어디에서 발견한 건지 물었다. 그는 자신이 발견한 것이 아니고 부모의 지갑에서 가져온 돈이라고 대답했다. 그들은 그에게 어떤 도시에서 왔느냐고 물었고 그는 대답했다. "만일 이곳이 참으로 에페소 시라면, 저는 이 도시 출신임이 분명합니다." 지방총독은 "당신을 보증할 수 있도록 당신의 부모를 부르시오!"라고 말했다. 그러나 말코가 부모의 이름을 말하자, 지방총독은 그가 달아나려고 다른 사람을 사칭하고 있다고 생각했다. 지방총독이 물었다. "당신은 이 돈이 당신 부모의 것이라고 말하는데 믿을 수가 없다. 동전에 적힌 글은 370년도 더 된 것이다. 동전은 데치우스 황제 초기로 거슬러 올라가고 지금 쓰는 동전과는 완전히 다르다. 당신은 단지 에페소의 현인(賢人)들과 원로들을 속이려 하고 있다. 그러니 이 동전을 어디서 구했는지 고백할 때까지 감금하도록 명령한다."

그때 말코는 엎드려 말했다. "나리들, 제 질문에 대해 하느님의 이름으로 답해 주시면, 모든 것을 솔직히 말하겠습니다. 여기 이 도시에 있었던 데치우스 황제는 … 지금 어디에 있습니까?" 주교: "나의 아들아, 현재 데치우스라고 불리는 사람은 아무도 없고, 옛날 옛적에 데치우스 황제가 있었다!" 말코: "주인님, 당신이 말하는 것은 저를 혼란스럽게 하고 아무도 제가 말하는 것을 믿지 않습니다. 그러나 저와 함께 가서 첼리온 산에 있는 저의 친구들을 당신께 보여드리겠습니다. 그리고 그들을 믿으십시오! 만일 이곳이 에페소 시라면, 우리는 어제 저녁에 황제가 이 성에 들어오는 것을 보고 달아났습니다."

이에 대해 생각한 주교는 지방총독에게 하느님이 이 젊은이를 통해 우리에게 무언가를 보여주려고 노력하시는 것 같다고 말했다. 그래서 그들은 그와 함께 출발하였고 많은 군중이 뒤따랐다. 말코는 친구들에게 알리려고 앞서갔고, 그를 따라간 주교는 동굴 입구 돌들 사이에서 두 개의 은 인장(印章)으로 봉인된 편지를 발견했다. 주교는 사람들을 불러서 그 편지를 읽어 주었다. 사람들은 놀랐고, 개화한 장미 같은 표정으로 동굴 속에 앉아 있는 하느님의 일곱 성인을 본 모든 사람이 무릎을 꿇고 하느님께 영광을 드렸다.

이제 주교와 지방총독은 콘스탄티노플에 있는 테오도시우스 황제에게 이 새로운 기적을 보기 위해 빨리 오라고 전갈을 보냈다. 비통해하던 황제는 즉시 참회복을 벗고 하느님을 찬미하며 서둘러 에페소로 갔다. 모든 백성이 황제를 맞으러 나가서 함께 동굴로 올라갔다. 성인들은 황제를 보는 순간, 얼굴빛이 태양처럼 빛났다. 그들 앞에 엎드린 황제는 하느님께 찬미를 드린 다음 일어나서 일곱 명의 젊은이를 각각 껴안고 눈물을 흘리며 말했다. "당신을 이렇게 보니 마치 주님이 라자로를 죽은 자 가운데서 살리신 것을 보는 것 같다!" 성 막시미아노가 황제에게 말했다. "저희를 믿으십시오, 당신이 죽은 사람의 부활을 아무런 의심 없이 믿을 수 있도록, 하느님이 죽은 모든 이의 부활의 날 전에 저희를 일으키셨습니다. 우리는 참으로 부활하였고 살아있습니다. 그리고 아기가 엄마 뱃속에서 어떤 고통도 없는 것처럼, 우리도 그렇게 살아있고, 여기에 잠들어 누워 있었고, 아무것도 느끼지 않고 있었습니다!"

그리고 모든 사람이 지켜보는 가운데, 그 일곱 성인은 땅에 머리를 숙이고 잠들었고, 하느님이 의도하셨던 것처럼 자신들의 영혼을 넘겨드렸다. 황제는 일어나 그들 위에 몸을 굽혀 눈물을 흘리며 입맞추고, 그들을 위해 금으로 된 관을 만들도록 명령했다. 그러나, 그날 밤에 성인들은 테오도시우스에게 나타나서 자신들이 지금까지 땅속에 누워 있다가 일어났던 종전과 같이, 주님이 자신들을 다시 일으키실 때까지 땅으로 돌려보내야 한다고 말했다. 그래서 황제는 동굴을 금박을 입힌 돌들로 장식하라고 명령하였으며, 부활을 믿는다고 공언했던 모든 주교를 사면하라고 선언했다.

성인들이 서기 448년에 소생하였기 때문에 372년 동안 잠을 잤다는 것에는 의심할 만한 이유가 있다. 데치우스는 252년에 주권을 잡았고 그의 통치는 단지 15개월에 불과했으므로* 성인들은 195년 정도 잠잤음에 틀림없다.

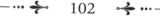

102

성 나자리오와 첼소

나자리오(Nazarius)는 '축성된', '깨끗한', '분리된', '꽃이 피는', '지키는'으로 해석된다. 사람에게는 다섯 가지, 즉 생각, 애정, 의도, 행동, 말이 필요하다. 사람은 생각에서 거룩해야 하고, 애정에서 깨끗하고, 의도에서 정직하고, 행동에서 공정하고, 말에서 온건해야 할 것이다.

---

* 데치우스(Gaius Messius Quintus Decius Augustus) 황제는 249년 9월~251년 6월까지 재위하여 22개월 동안 통치하였다. – 역자 주

이 모든 덕은 성 나자리오 안에 있었다. 나자리오는 생각에서 거룩하여 축성된 사람이라 불리고, 애정에서 깨끗하여 깨끗한 사람이라 불린다. 그는 의도가 곧았기에 분리된 사람이라 불린다. 왜냐하면, 의도가 일을 분리하기 때문이다. 만일 눈이 온전하다면 온 몸이 빛으로 가득 찰 것이나, 눈이 온전하지 않다면 온 몸은 어둠으로 가득 찰 것이다. 그는 행동에서 공정하였기에 꽃이 핀 사람으로 불린다. 왜냐하면, 의인은 백합처럼 꽃을 피울 것이기 때문이다. 그는 말이 온건했기 때문에 자신의 길을 지키고 혀로 죄를 짓지 않았기 때문에 '경계심이 강한 사람'이라고 불린다.

첼소(Celsus)는 엑첼수스(excelsus)처럼 '고귀한'을 의미하며, 성 첼소는 자신 영혼의 힘으로 어린 나이를 뛰어넘어 스스로를 더 높이 끌어 올렸다.

암브로시오는 제르바시오(Gervasius)와 프로타시오(Protasius)에 관한 책에서 두 성인의 생애와 수난에 대해 발견했다고 한다. 그러나 다른 책에서 나자리오를 몹시 사랑한 한 철학자가 그의 수난기를 집필했고, 성인들의 시신을 매장한 체라시오(Ceratius)가 시신 머리맡에 이 저작물을 두었다고 전한다.

나자리오의 아버지 아프리카누스(Africanus)는 높은 신분으로 유다인이었으며, 어머니 페르페투아(Perpetua)는 성 베드로 사도에게서 세례를 받은 그리스도인으로 로마 최고의 귀족이었다. 나자리오가 9세였을 때, 어머니는 세례의 법을, 아버지는 안식일의 법을 따랐기 때문에, 아버지와 어머니가 실천하는 종교가 각각 어떻게 다른지 궁금해하기 시작했다. 아버지와 어머니는 각각 자신의 믿음으로 이끌려 했고, 그는 어느 쪽을 따라야 할지 오랫동안 망설였다. 마침내 하느님의 뜻으로 어머니의 길로 갔고 리노(Linus) 교황으로부터 거룩한 세례를 받았다. 아버지는 아들을 이해하면서도 그리스도인들이 겪어야 하는 고문 종류를 상세하게 설명해주며 그 거룩한 결심을 되돌리려고 노력했다. 그가 리노 교황으로부터 세례를 받았다고 하지만, 당시에는 교황이 아니었고 나중에 교황이 될 운명이었다는 의미로 받아들여야 한다. 우리가 아래에서 살펴보겠지만, 나자리오는 세례를 받은 후 여러 해를 살았고, 성 베드로를 십자가에 못박았던 네로에 의해 순교 당했다. 리노는 교황으로서 베드로의 뒤를 이었다.

　　나자리오는 아버지의 기대에 응하지 않았다. 오히려 반대로 그리스도를 설교하는 것에 전념했고, 부모는 아들이 사형에 처해질까 두려워했다. 그래서 부모의 촉구에 나자리오는 일곱 마리의 노새에 자신의 재산을 싣고 로마를 떠났고, 이탈리아의 도시들을 거쳐 가면서 가난한 사람들에게 모든 재물을 나눠주었다. 방랑 10년째에 피아첸차(Piacenza)에, 후에는 밀라노(Milano)에 도착했다. 그곳에서 성 제르바시오와 프로타시오가 감옥에 감금되어 있는 것을 알게 되었다. 그가 그 순교자들을 방문하여 인내를 권고했다는 것이 알려지게 되고, 이로 인해 총독에게 고발당했다. 그럼에도 그리스도를 고백하는 일을 계속하다가 곤봉에 맞고 그 도시에서 쫓겨났다. 그가 여기저기로 떠돌아다닐 때, 죽은 어머니가 나타나 그를 위로하며 빨리 갈리아(Gallia)로 가라고 충고했다. 그는 갈리아의 제멜루스(Gemellus)*라는 도시로 가서 많은 개종자를 얻었다. 그곳에서 한 귀부인이 첼소라는 이름을 가진 매력적인 아들을 데려와서 세례를 주고 데려가 달라고 요청했다. 이 사실을 알게 된 갈리아 총독은 나자리오와 첼소를 체포해서 손을 등 뒤로 묶어 수감했다. 그러나 총독의 아내가 무죄한 사람에게 사형을 선고하는 방법으로 전능하신 신에게 복수하는 것은 부당하다는 전언을 보내왔다. 아내의 전언으로 총독은 마음을 바꿔 두 성인을 풀어주면서 더 이상 그곳에서 설교하지 말라고 엄격히 경고했다.

풀려난 나자리오는 트리어(Trier) 시로 갔다. 그는 그곳에서 믿음을 설교한 첫 번째 사람으로 많은 사람을 그리스도인으로 개종시켰으며 그리스도에게 봉헌된 성당을 건축했다. 주지사(vicarius) 코르넬리우스(Cornelius)가 이 사실을 네로 황제에게 보고하자, 황제는 죄수 나자리오를 데려오라고 100명의 군인을 보냈다. 나자리오가 건축한 경당(oratorium)에서 나자리오를 발견한 군인들은 그의 손을 묶으며 "위대한 네로가 당신을 부르신다!"라고 말했다. 나자리오는 "왜 '네로가 당신을 부른다.'라고 정직하게 말하지 않는가, 그러면 내가 갔을 것이다!"라고 대답했다.

군인들은 그에게 족쇄를 채워 네로에게 데려갔다. 소년 첼소가 울자 군인들은 첼소를 때린 후 따라오게 했다. 끌려온 두 사람을 본 네로는 그들을 죽일 고문 방법을 고안해 낼 때까지 감옥에 가두라고 명령했다. 그러던 중 황제는

---

* 아마도 제네바(Geneva)

성 나자리오와 첼소

102
—

야수를 잡기 위해 사냥꾼을 보냈는데, 갑자기 엄청난 무리의 야수가 궁전 정원에 뛰어들어 많은 사람을 다치게 하고 죽였다. 황제도 발에 부상을 입고 궁전으로 급하게 달아났다. 하지만 그 상처의 고통으로 여러 날 동안 움직이지 못하게 되자, 나자리오와 첼소를 오랫동안 살려둬서 신들이 자신에게 화를 낸 것이라고 생각했다. 그래서 황제 명령으로 군인들은 그 두 사람을 발로 차고 채찍질하면서 네로 앞에 끌고 왔다. 그때 태양처럼 빛나는 나자리오의 얼굴을 본 네로는 마술의 속임수라고 생각했고, 나자리오에게 그런 신기(神技)를 버리고 신들에게 제물을 바치라고 명령했다. 신전으로 끌려간 나자리오는 모두에게 밖으로 나가라고 요청한 후 기도했다. 그리고 우상들은 바스러져 가루가 되었다. 이 상황을 보고받은 네로는 그를 바다에 던지고, 만일 그가 운 좋게 살아나온다면 산 채로 불태워 그의 재를 바다 위에 뿌리라고 명령했다.

그래서 나자리오와 첼소는 배에 태워져 바다 한가운데에서 물속으로 던져졌다. 즉시 심한 폭풍우가 배 주변에서 일어났지만, 쥐 죽은 듯한 고요함이 두 성인을 둘러쌌다. 선원들은 자신들의 생명을 걱정하면서 성인들에게 한 잘못을 뉘우쳤다. 그러자 보라, 나자리오와 첼소가 바다 위를 걸어서 왔고 배에 올랐다. 선원들은 그리스도의 믿음을 고백하였고, 나자리오가 기도하자 바다는 잠잠해졌으며 함께 있던 모든 사람은 제노아(Genoa) 시로부터 900m 떨어진 장소*에 상륙했다.

나자리오는 제노아에서 상당한 기간 동안 설교한 후, 자신이 떠났던 밀라노로 갔다. 이 소식을 들은 총독 아놀리누스(Anolinus)는 첼소가 밀라노의 한 부인의 보호 아래 있는 동안 나자리오를 추방하라고 명령했다. 추방된 나자리오는 로마에 도착하여 이제 나이가 많이 들고 그리스도인이 된 아버지를 찾았다. 그는 아버지에게 어떻게 그리스도교 믿음을 받아들이게 되었는지 물었고, 아버지는 성 베드로가 자신에게 나타나 아내와 아들을 따르라고 조언했다고 대답했다.

신전 신관들이 나자리오를 강제로 밀라노로 돌려 보냈다. 밀라노로 돌아간

---

* 영어본에서는 "멀지 않은"(at a place not far from)이라고 번역하였지만, 라틴어본은 "ad locum per passus DC juxta urbem Januensem", 즉 "제노아 시에서 600passus 떨어진 장소"라고 한다. 거리 단위인 1 passus는 약 150cm이기에 총 900m이다. – 역자 주

그는 첼소와 함께 재판관에게 연행되었다. 그 다음에 그들은 포르타 로마나(Porta Romana) 외곽의 트레스 무리(Tres Muri)로 불리는 장소로 끌려가서 참수되었다. 그리스도인들이 시신을 거두어 자신들의 정원에 매장하였으나, 그날 밤 그 성인들이 체라시오(Ceratius)라는 사람에게 나타나 네로의 손길이 닿을까 염려되니 시신을 그의 집에 깊이 묻으라고 말했다. 체라시오는 성인들에게 말했다. "어르신들, 제발 온 몸이 마비된 제 딸을 먼저 치유해 주십시오!" 소녀는 즉시 치유되었고, 체라시오는 성인들의 명령대로 시신들을 옮겨 깊이 매장했다. 오랜 시간이 지난 후에 주님은 성 암브로시오에게 시신들의 소재를 알려 주었다. 나자리오의 시신은 마치 그날 매장된 것처럼 썩지 않고, 경이로운 향기를 내뿜고, 신선한 피가 흐르고, 머리카락과 수염이 자라고 있었다. 암브로시오는 그 거룩한 유해를 사도들의 성당으로 옮겨 영예롭게 묻었다. 순교자들은 재위 기간이 서기 약 57년에 시작되었던 네로 통치 하에서 순교했다.*

이 순교자에 대해서 암브로시오는 〈서문경〉에서 말한다. "거룩한 순교자 나자리오는 자신의 공로로 하늘의 왕국으로 승천하였고, 자신의 장밋빛 피로 깨끗해졌습니다. 그는 셀 수 없이 많은 고문을 잔혹하게 받는 동안, 흔들림 없는 지조로 폭군의 분노를 견뎠고 진정한 승리의 주체자인 그리스도 그 자신이 그를 위해 싸웠기 때문에 박해자의 협박 앞에서 움츠러들지 않았습니다. 그는 우상들에게 헌주(獻酒)를 바치도록 신전으로 안내되었으나, 하느님의 도움으로 강력해진 그는 들어가자마자 우상들을 먼지로 만들었습니다. 이 일로 그는 깊은 바다에 던져졌지만, 천사의 도움으로 파도 한가운데서 견고한 발판을 마련하였습니다. 이 세상의 군주를 공격하여 무수한 사람들을 영원한 생명의 참가자로 만든 주님을 위한 오 행복하고 유명한 전사여! 오, 위대하고 영광스러운 신비여, 세상이 그들의 영벌(永罰)을 기뻐하는 것보다 교회가 그들의 구원을 기뻐한다는 사실을! 자녀들의 고통으로 영광을 받으신 오 사랑하는 어머니, 큰 슬픔과 신음으로 지옥에 가도록 내버려 두지 않고 영원한 찬미와 함께 영원한 천국으로 건너갈 때 따르는 자녀들! 오 가장 향기로운 증인이시여, 하늘의 광채로 빛나시며 그 귀한 향기가 사바(Saba)의 향기를 압도합니

---

* 네로는 서기 54-68년에 로마 제국의 황제로 재위하였다. - 역자 주

다! 암브로시오는 당신을 발견하였고 당신을 영원한 수호자이고 의사, 신앙의 수호자, 종교적인 갈등에서 전사로 만들었습니다."

먼지 깊숙이 숨겨져 있던 이 동전을
말씀의 천상 능력으로 밝혀, 당신이 발견하였습니다.
그리스도님, 당신 거처의 보상들을 모든 사람이 알 수 있습니다.
그리고 인간의 눈이 천사의 얼굴을 보게 하려는 것입니다. *

여기까지는 암브로시오의 말이다.**

··· ✦ 103 ✦ ···

성 펠릭스 교황

펠릭스는 3년간 유배를 떠난 리베리오 교황의 자리를 채우기 위해 교황으로 수품되었다. 리베리오 교황은 아리우스 이단 승인을 거부했다는 이유로 콘스탄티우스(콘스탄티누스의 아들)에 의해 3년간 유배를 떠났던 것이다. 이러한 이유로 로마의 성직자는 리베리오의 승인과 동의를 얻어 교황 자리에 펠릭스를 수품하였다. 그 후 펠릭스는 48명의 주교로 구성된 평의회를 소집하였고, 그 회의에서 콘스탄티우스 황제와 그의 편을 들었던 두 명의 사제를 아리우스 이단자로 단죄했다. 이에 분노한 콘스탄티우스 황제는 펠릭스를 주교직에서 퇴위시켰고, 유배중이던 리베리오를 오직 황제와 펠릭스가 단죄하였던 사람들과만 친교를 맺는다는 조건으로 복귀시켰다. 유배에 지친 리베리오는 이단자들의 그릇된 오류에 동의했다. 유배에서 돌아온 리베리오는 가혹한 박해로 많은 사제와 성직자들이 교회 안에서 죽임을 당하는 것을 보면서도 아무것도

---

* Tu dudum multo latitantem pulvere dragma / Invenis accensa verbi virtute superna, / Ut pateant cunctis tua, Christe, munera sedis, / Angelicos cernant humanaque lumina vultus.
** 라틴어본에 있는 이 문장은 영어본에서는 누락되어 있다. – 역자 주

하지 않았다. 펠릭스는 교황직에서 면직된 후 자신의 사유지로 돌아갔으며, 서기 340년경에 체포되어 참수됨으로써 순교를 공로로 얻었다.*

---------------- ···✦ 104 ✦··· ----------------

성 심플리치오와 파우스티노

심플리치오(Simplicius)와 파우스티노(Faustinus)는 형제였다. 형제는 로마 디오 클레티아누스 황제 치하에서 제물 바치기를 거부하고 온갖 고문을 당했다. 마침내 참수된 후 시신은 티베르 강에 던져졌으며 그들의 남매 베아트릭스 (Beatrix)가 강에서 시신을 되찾아 예를 갖춘 장례를 치렀다. 형제의 토지를 탐 냈던 총독 루크레티우스(Lucretius)와 그의 대리인이 베아트릭스를 체포하고 우 상에게 제물을 바치라고 명령했다. 그녀가 거부하자, 루크레티우스는 그녀의 노예들에게 밤에 그녀를 질식사시키라고 명령했다. 동정녀 루치아(Lucia)는 그 녀의 시신을 거두어 그녀 형제 옆에 매장했다.

루크레티우스 총독은 형제의 재산으로 이사를 하고 친구들을 불러 큰 연회 를 열어 순교자들을 경멸하며 말했다. 그때, 포대기에 싸여 어머니의 무릎에 안겨 있던 갓난아기가 모든 사람이 듣도록 소리쳤다. "루크레티우스야, 너는 사람을 죽이고 재산을 강탈했다. 그리고 이제 너는 적의 손에 넘겨졌다!" 두 려움에 떨던 루크레티우스는 즉시 악령에게 사로잡혀 3시간 동안 매우 극심 한 고통을 받다가 연회 중에 죽었다. 이것을 본 참석자들은 믿음으로 개종하 여 잔치에서 동정녀 베아트릭스의 순교가 어떻게 보복되었는지를 모두에게 알렸다. 이 순교자들은 서기 287년경에 고통을 겪었다.

---

* 이 짧은 장(章)은 야코부스에게 알려지지 않은 현재 알려진 역사적인 사실과 거의 완전히 다르다. 예 를 들어 펠릭스는 현재 교황청 연감(Annuario pontificio)에 대립교황(antipope)으로 등록되어 있고, 그 는 340년에 순교자로 죽은 것이 아니라, 365년에 원인불명으로, 하지만 짐작컨대 자연사로 죽었다. 리베리오와 펠릭스 교황에 관한 알려진 사실에 대한 유용하고 간략한 요약에 대해서는, The Oxford Dictionary of the Popes, New York, Oxford University Press, 1989, 30–32와 L. Duchesne의 편집 본 Liber pontificalis, pars. 59–66에서 이 상황을 좀 더 자세히 논술한다.

성녀 마르타

그리스도를 손님으로 맞이한 여주인 마르타(Martha)는 왕족이었다. 그녀의 아버지 이름은 시루스(Syrus), 어머니는 에우카리아(Eucharia)였다. 아버지는 시리아와 여러 해안 지역의 사령관(dux)이었다. 그녀는 어머니로부터 상속받은 세 개의 마을, 막달룸(Magdalum)과 베타니아(Bethania), 예루살렘의 일부 지역을 소유했다. 우리는 어디에서도 그녀가 남편이 있었다거나 친밀한 관계의 남자가 있었다는 내용을 읽지 못했다. 이 상류층 안주인은 주님을 시중들었고 자매역시 똑같이 하기를 원했다. 온 세상이 이 위대한 손님에게 봉사하기에 혼자로는 충분하지 않았기 때문이었다.

주님의 승천 후 제자들이 흩어져 있을 때였다. 비신자들이 마르타와 막시미노(Maximinus), 또 다른 많은 이들을 노도, 돛도, 키도, 음식도 없이 뗏목에 태웠다. 복된 막시미노는 마르타의 오빠 라자로(Lazarus), 자매 마리아 막달레나와 다른 자매들에게 세례를 주었던 사람이다. 그런데도 그들은 선장인 주님과 함께 마르세유(Marseilles)에 입항했다. 그런 다음 엑스(Aix) 시 주변으로 가서 지역 주민들을 믿음으로 개종시켰다. 마르타는 호소력 있게 말했고 모든 사람에게 자애로웠다.

그때, 아를(Arles)과 아비뇽(Avignon) 사이에서 흐르는 론(Rhône) 강 주변의 숲에는 날카로운 이빨과 몸 양쪽에 둥근 방패를 달고 있는 반은 동물이고 반은 물고기인, 황소보다 더 크고 말보다 더 긴 용 한 마리가 있었다. 용은 강에 숨어서 항해하는 모든 배를 침몰시키고 배에 탄 사람을 모두 죽였다. 아시아의 갈라티아(Galatia)에서 온 용은 극도로 사나운 물뱀인 레비아탄(Leviathan)과 갈라티아 지방의 동물 오나쿠스(Onachus)의 새끼였다. 1에이커(acre, 1224평)의 공간 내에서 추적자에게 자기 똥을 화살처럼 쏘았는데, 이것에 맞으면 무엇이든지 간에 불이 붙은 것처럼 타올랐다. 사람들은 마르타에게 도움을 청했고, 그녀는 용을 뒤쫓아 갔다. 숲에서 걸신들린 듯이 사람을 먹고 있는 용을 발견한 마르타는 짐승에게 성수(聖水)를 뿌리고 십자가를 들어 올렸다. 용은 즉시 진압되었고 마르타가 허리띠로 묶는 동안에도 양처럼 가만히 있었으며, 그때 사람들이 돌과 창으로 용을 죽였다. 주민들은 그 용을 타라스코누스(Tarasconus)라 불렀고 그 숲은 어둡고 그늘이 져서 이전에 네를뤽(Nerluc), 즉 '검은 장소'라 불렸었지만, 이 사건을 기념하여 아직도 타라스콩(Tarascon)이라 불린다.

마르타는 성 막시미노와 여동생 마리아의 허락을 받아 그곳에 머무르며 지속적인 기도와 단식에 헌신했다. 결국, 그녀를 중심으로 큰 수녀회가 형성된 거대한 대성전(basilica)은 평생 동정인 복되신 마리아에게 봉헌되었다. 수녀들은 고기, 지방, 달걀, 치즈, 포도주를 피하고, 하루에 한 번만 음식을 먹었고, 낮에 100번 밤에 100번 무릎을 꿇었다.

하루는 마르타가 아비뇽 마을과 론 강 사이에서 설교하고 있을 때 강 반대편에 서 있던 한 젊은이가 그녀의 설교를 듣기 원했다. 그러나 젊은이는 배가 없어서 알몸으로 강에 뛰어들어 헤엄쳐 건너기 시작하였으나 급류에 휩쓸려 익사했다. 이틀 만에 시신을 찾아서 마르타에게 가져와 그녀 앞에 놓았다. 그때 그녀는 땅에 엎드려 두 팔을 십자가 모양으로 펴고 기도했다. "주님(Adonai), 주 예수 그리스도님, 당신은 당신의 친구인 저의 오빠 라자로를 부활시키셨습니다! 저의 사랑하는 손님, 여기에 모여 있는 이 사람들의 믿음을 보시고, 이 젊은이에게 생명을 주십시오!" 그녀가 그 젊은이의 손을 잡자, 그는 일어났고 거룩한 세례를 받았다.

에우세비오는《교회사》제5권에서 출혈(出血)이 기적적으로 치유된 여자가 자신이 그리스도를 보았을 때와 같은 옷을 입은 그리스도상을 자신의 정원에 건립하여 그 앞에서 경건하게 기도했다고 전한다. 그 상 주위에서 자라던 풀은 예전에는 어떤 치료 효과도 없었으나, 이제는 옷자락에 닿는 모든 풀에는 그 힘이 가득 차서 많은 병을 고쳤다. 암브로시오는 주님이 혈루증을 치유해 준 그 여자가 바로 마르타였다고 말한다.

《교회사 3부작》에서도 예로니모가 배교자 율리아누스 황제에 대해 말한 것을 전한다. 이 이야기에 따르면, 황제는 위에 언급되었던 그리스도상을 제거하고 자신의 상으로 대체하였으나 번개를 맞아 파괴되었다고 한다.

마르타는 죽기 1년 전, 주님으로부터 죽음의 시간을 계시받았다. 그해 그녀는 열병으로 고통을 받았다. 죽기 일주일 전, 그녀는 천국으로 자기 여동생의 영혼을 갖고 가는 천사의 합창 소리를 들었다. 그녀는 수도 생활을 하는 모든 형제와 자매를 불러서 말했다. "나의 동료들과 사랑하는 친구들, 저와 함께 크게 기뻐하십시오, 저는 약속받은 저택으로 제 여동생의 영혼을 가지고 가는 천사들의 합창단을 보고 매우 기뻐서 여러분에게 부탁합니다! 오 나의 아름답고 사랑하는 여동생아, 너는 너의 주인이고 나의 손님이었던 그분과 함께 복된 거주지에서 살아갈 수 있을 것이다!"

바로 그 순간에 성녀 마르타는 자신의 죽음이 임박했음을 감지하고, 동료들에게 등잔을 켜두고 자신이 죽을 때까지 지켜봐 달라고 부탁했다. 그러나 그녀가 죽기 전날 자정, 지켜보고 있던 사람들이 잠들었을 때 강한 바람이 불어 등불이 모두 꺼졌다. 그녀는 주위에 있는 한 무리의 악령을 감지하고 기도하기 시작했다. "저의 아버지 하느님(Ely), 저의 사랑하는 손님! 제가 했던 모든 잘못의 목록을 쥐고 있는 저의 유혹자들이 저를 집어삼키려고 모였습니다! 하느님(Ely), 저를 버리지 마소서, 저를 도우러 서두르소서!" 그때 그녀는 여동생이 횃불을 들고 다가오면서 모든 초와 등에 불을 켜는 것을 보았다. 그리고 그들이 이름으로 서로를 부르는 동안, 보라, 그리스도가 "사랑하는 여주인아, 오라, 그리고 너도 내가 있는 곳에서 나와 함께 있을 것이다! 너는 너의 집 안으로 나를 환영하였으니, 나는 나의 집으로 너를 환영할 것이다. 그리고 너에 대한 사랑으로 나는 너를 언급하는 사람들에게 호의를 갖고 들을 것이다."라고 말하면서 왔다.

그녀는 죽음의 시간이 가까워지자 하늘을 볼 수 있도록 문밖으로 옮겨달라고 한 후 자신을 재[灰] 위에 내려놓고 십자가를 눈앞에 들고 있어 주기를 요청했다. 그녀는 기도했다. "저의 사랑하는 손님, 당신의 불쌍한 어린 종을 돌보고, 당신이 저의 시중을 받으신 것처럼 이제 당신의 천국 주거지에 저를 받아들여 주소서!" 그리고 루카 복음에 따른 수난기를 자신에게 읽어주기를 요청하였고, "아버지, 제 영을 아버지 손에 맡깁니다."(루카 23, 46)라는 말에 주님 안에서 마지막 숨을 쉬었다.

주일이었던 다음 날 아침 찬미 기도가 성녀의 시신 주변에서 불려졌고, 3시에 페리그(Périgueux)에 있는 복된 프론토(Fronto)는 장엄미사를 봉헌하고 있었다. 독서 때 프론토는 잠시 잠들었고, 주님이 그에게 나타나서 말씀하셨다.

"나의 사랑하는 프론토, 네가 언젠가 우리의 여주인에게 했던 약속을 이행하기를 원한다면 빨리 일어나서 나를 따라와라!" 순식간에 그들은 타라스콩에 있었고 마르타의 시신 주변에서 모든 성무일도의 노래를 인도했고 보조하는 사람들은 응송(應頌)을 노래했다. 그런 다음 그들은 자신의 손으로 직접 그녀의 시신을 무덤에 안치했다. 그 사이에 페리그에서 복음을 막 노래하려던 부제는 축복을 청하려고 프론토 주교를 깨웠다. 간신히 깬 프로토는 대답했다. "나의 형제여, 왜 나를 깨웠습니까? 주 예수 그리스도가 나를 자신의 여주인인 마르타의 시신으로 이끌었고 우리는 그녀의 장례식에서 그녀를 짊어졌는데! 서두르십시오, 전령들을 그곳으로 보내서 우리가 두고 온 금반지와 은 장갑을 찾아오도록 하십시오. 내가 그녀를 묻으려고 하면서 제의실 담당자(sacrista)에게 맡겼고, 당신이 갑작스럽게 나를 깨우는 바람에 두고 왔습니다!" 그곳으로 간 전령들이 주교가 말한 물건들을 발견했는데, 제의실 담당자가 그 사건을 기념하여 하나씩 갖기를 원해서 반지와 장갑 한 짝씩만 가져왔다. 성 프론토는 다음과 같이 세부 사항을 추가했다. "우리가 장례식을 마치고 교회를 떠날 때, 문학에 정통한 한 형제가 우리를 따라왔습니다. 그리고 주님에게 이름을 물었습니다. 주님은 아무것도 말하지 않았지만, 손에 들고 계시던 책을 펼쳐서 한 부분을 그 사람에게 보여주었는데, 그 책에는 다음과 같이 단지 한 구절만 적혀 있었습니다. '영원히 기억할 것이오, 나의 여주인은 의롭게 될 것이니 마지막 날에 악을 듣는 것을 두려워하지 않을 것이다.' 그리고 그 책을 덮을 때 보니 각 쪽마다 똑같은 구절이 적혀 있었습니다."

성녀의 무덤에서 많은 기적이 일어났다. 프랑크족의 왕 클로도베쿠스 (Chlodovechus, Clovis)가 그리스도인이 되었고 성 레미지오(Remigius)에게서 세례를 받았다. 심각한 신장 질환으로 고통받던 왕은 마르타의 무덤으로 가서 건강을 회복했다. 그 은혜의 답례로 론 강의 양쪽 둑 주변 3마일(4.8km)의 지역에 세금과 용역 면제를 선언하면서 저택들과 성채들을 포함하여 그 장소와 모든 땅을 기부했다.

마르타의 하녀 마르틸라(Martilla)가 그녀의 생애를 집필했다. 후에 마르틸라는 슬라보니아(Slavonia)로 가서 하느님의 복음을 설교했다. 그리고 마르타의 죽음 후 10년이 지나서 주님 안에서 잠들었다.

성 압돈과 센넨

압돈(Abdon)과 센넨(Sennen)은 데치우스 황제 치하에 순교했다. 데치우스가 바빌로니아와 다른 속주(屬州)들을 정복했을 때, 그 지방에서 찾아낸 일부 그리스도인들을 코르도바(Cordoba) 마을로 데려와서 여러 가지 고문으로 처형했다. 그 지역의 두 신하 압돈과 센넨은 순교자들의 시신을 거둬 매장했다. 이 일로 두 사람이 고발당해 데치우스에게 소환되었고, 데치우스는 그들을 쇠사슬로 묶어 로마로 데려갔다. 황제와 원로원이 있는 그곳에서 제물을 바치고 자유와 재물을 얻든지, 아니면 야수들에게 잡아먹히든지 하라는 선고를 받았다. 그들은 제물을 바치라는 발상을 비웃으며 우상들에게 침을 뱉었다. 그래서 사자 두 마리와 곰 네 마리가 풀어져 있는 원형극장으로 끌려갔다. 그렇지만 짐승들은 성인들을 건드리지 않았고 오히려 주변에서 보호했다. 결국 그들은 칼로 사형에 처해진 후, 시신은 발이 묶인 채 신전으로 끌려가 태양신을 표현하는 우상 앞에 던져졌다. 시신들이 사흘 동안 방치된 이후, 퀴리노(Quirinus)란 이름의 차부제(次副祭)가 거둬가 자기 집에 묻었다. 그들은 서기 253년경에 고통받았다.

후에, 콘스탄티누스의 통치 기간에 순교자들은 직접 시신의 소재를 밝혔다. 그리스도인들은 시신을 폰시아노(Pontianus)의 묘지로 옮겼고, 그곳에서 주님이 성인을 통해 사람들에게 많은 은혜를 수여했다.

성 제르마노 주교

제르마노(Germanus, Germain)란 이름은 '씨앗'이란 뜻의 제르멘(germen)과 '위에'라는 뜻의 아나(ana)를 합쳐서 만든 것으로, "위에서 씨앗을 뿌린다"는 뜻이다. 싹이 트는 씨앗에는 세 가지, 즉 자연의 따뜻함, 영양분이 많은 수분, 생성하는 능력이 있다. 성 제르마노는 사랑의 열정에 따뜻함이, 신심의 풍부함 안에 수분이, 설교의 능력 안에는 생성하는 능력이 있어서 '발아하는 씨앗'이라고 불리며, 그로 인해 믿음과 윤리 안에서 많은 것을 야기하였다. 그의 생애는 사제인 콘스탄티노(Constantinus)가 집필하여 오세르(Auxerre)의 주교 성 첸수리오(Censurius)에게 전달되었다.

오세르 시의 귀족 출신인 제르마노는 일반 교양 과정(studium liberales)을 잘 배웠다. 이후 로마에서 법을 공부하고 성공을 이룬 그는 원로원에 의해 갈리아로 갔으며, 부르고뉴(Bourgogne) 공국(公國)에서 정점(apex)을 찍었고, 오세르 시를 통치하는 데 특별한 관심을 가졌다. 오세르 시 중앙에는 한 그루의 소나무가 있었는데, 그는 사냥꾼들처럼 기량을 전시하듯이 소나무의 가지에 자신이 죽인 야생 동물들 머리를 매달았다. 도시의 주교 성 아마토르(Amator)는 이런 허영심을 과시하는 것에 반대했다. 그로 인해 일부 악한 결과가 그리스도인을 엄습하지 않도록 그 나무를 잘라버리자고 자주 항의했으나, 제르마노는 귀담아 듣지 않았다. 그런데 제르마노가 부재중일 때 주교는 그 나무를 잘라 불태우라고 명령했고, 그리스도인다운 행동 규범을 잊어버린 제르마노는 군인들에게 도시를 포위하고 그 주교를 위협했다. 하지만 아마토르 주교는 하느님의 계시로 제르마노가 자신의 후임자가 될 것임을 알았기에 통치자에게 항복하고 오툉(Autun)으로 물러났다. 나중에 오세르로 돌아온 아마토르는 제르마노를 성당 안에 감금하고 삭발시킨 후,* 그가 다음 주교가 될 것이라고 예언했다. 그 일은 그대로 일어났다. 얼마 후 주교는 행복한 죽음을 맞이했고, 모든 시민이 제르마노를 계승자로 선택했다.

그러자 제르마노는 재산을 가난한 사람들에게 나누어 주고, 아내와 남매처럼 살면서 30년 동안 엄격한 금욕생활을 했다. 그는 결코 밀가루 빵이나 채소를 먹지 않았으며 포도주도 마시지 않았고, 음식에 소금으로 간을 하지도 않았다. 1년에 단 두 번, 부활과 성탄에만 포도주를 마셨으나, 마시더라도 매우 많은 물을 첨가하여 그 맛을 없앴다. 그는 약간의 재를 삼키는 것으로 식사

---

* 두피의 면도한 부분인 삭발(tonsura)은 성직자 신분의 표시였다.

를 시작했고, 이어 보리빵 한 덩어리를 먹었다. 이마저도 저녁에만 먹음으로써 항상 단식했다. 겨울과 여름에는 고행복과 튜니카, 두건만 입었고, 의복이 닳아 찢어질 때까지 입었다. 그는 자신의 침대 위에 재를 뿌렸고, 침대의 유일한 덮개는 고행복과 자루였다. 그리고 머리를 기댈 어떤 베개도 없었다. 그는 많이 울었고, 성인들의 유해를 작은 주머니에 넣어 목에 걸고, 결코 옷을 벗지 않았으며 좀처럼 자신의 허리띠나 신발을 느슨하게 풀지 않았다. 그가 행한 모든 것은 초인간적이었다. 실제로 그의 생애는 기적이 없었다면 믿을 수 없었을 것이다. 그리고 사실 매우 많은 기적이 있었다. 그의 공로가 선행되지 않았다면 그 기적은 단지 상상이 만들어낸 허구로 보였을 것이다.

언젠가 그가 한 가정의 손님으로 방문했을 때, 저녁 식사 후에 또 다른 식사가 준비되고 있는 것에 주목했다. 제르마노는 누구를 위해서 준비하고 있는지 물어보았다. 주인은 몇몇 멋진 여자들이 밤에 올 것이라 했고, 성 제르마노는 그 밤에 자지 않고 깨어 있기로 결심했다. 그는 깨어 있었고 한 무리의 악령들이 남자와 여자로 가장하여 식탁으로 오는 것을 보았다. 제르마노는 방문객들에게 그 자리에 그대로 있으라고 명령한 후 가족들을 깨워 방문객들을 아는지 물었다. 가족들은 방문객 모두 이웃 사람이라고 대답했다. 그는 악령들에게 가지 말라고 말한 후, 가족들을 이웃집으로 보내서 이웃 사람들 모두 각자의 집에 있는 것을 확인시켰다. 마침내 방문객들은 자신들은 악령이고, 이것이 인간을 희롱하는 방법임을 인정했다.

당시에 복된 루포(Lupus)가 트루아(Troyes)의 주교였다. 아틸라(Atilla) 왕이 트루아 시를 포위했을 때, 루포는 도시 성문 위에 올라가서 침략자에게 감히 누가 도시를 포위했는지 물었다. 아틸라가 대답했다. "나는 하느님의 채찍인 아틸라이다!" 하느님의 겸손한 고위 성직자 루포는 울면서 "그러면 나는 하느님의 양떼를 파괴하는 루포이다. 나는 하느님의 채찍질을 받을 만하다!"라고 답한 후 도시 문을 열라고 명령했다. 습격자들은 하느님의 능력으로 눈이 멀어 한쪽 문으로 난입했지만 아무도 보지 못하고 아무도 해를 끼치지 않으면서 다른 문으로 나갔다.

복된 제르마노는 루포 주교와 함께 이단(異端)이 가득한 브리탄니아(Britannia, 영국 브리튼에 대한 고대 로마시대의 호칭)로 갔다. 바다에서 사나운 폭풍이 발생했으나,

제르마노가 기도하자 바다는 이내 고요하고 평온해졌다. 사람들은 두 주교를 영예롭게 환영했다. 그들이 온다는 소식은 성 제르마노에게서 쫓겨난 악령들에 의해 예언된 것이었다. 두 주교는 이단자들에게 오류를 확인시켜 주고, 참된 믿음으로 되돌려 놓은 후 주교좌로 복귀했다.

어느 날, 제르마노가 앓아누웠을 때 갑작스러운 화재가 온 구역을 휩쓸고 있었다. 사람들은 그에게 불길을 피해 안전한 곳으로 데려가겠다고 했으나, 성인은 일어나서 불을 마주 보았고 주변의 모든 것을 태웠지만 그가 누워 있는 집은 무사했다.

그는 이단들을 논박하러 브리탄니아로 돌아가고 있었는데, 그를 따르던 제자 한 사람이 토네르(Tonnerre) 마을에서 갑자기 병으로 죽었다. 집으로 돌아가는 길에 복된 제르마노는 그 제자의 무덤을 열고, 죽은 사람의 이름을 부르며 자신에게로 돌아와서 계속 싸우기를 원하는지 물었다. 죽은 사람이 일어나서 있는 그대로 행복하며 다시 삶으로 돌아가는 것을 원하지 않는다고 대답했다. 성인은 그 사람이 휴식을 재개한다는 것에 동의했고, 그 사람은 머리를 다시 뉘우고 주님 안에서 잠들었다.

한번은 그가 브리탄니아(브리튼)에서 설교하고 있을 때, 브리튼의 왕이 그와 동료들에게 주거지 제공을 거부했다. 그 왕의 돼지치기 한 사람이 궁전에서 일을 마치고 수고비를 받은 후에 집으로 가고 있었고, 배고픔과 추위 때문에 안쓰럽게 곤경에 처해 있던 제르마노와 일행들을 보았다. 그 사람은 친절하게 그들을 자신의 작은 집으로 데려가서 유일한 송아지를 잡아 그들의 만찬(晚餐)을 차렸다. 식사가 끝났을 때, 주교가 송아지의 모든 뼈를 그 가죽 위에 놓게 하고 기도하자 온전한 송아지 한 마리가 되었다. 다음 날 제르마노는 왕에게 가서 왜 자신을 환대하지 않았는지 직설적으로 물었다. 왕은 아무 말도 하지 못했다. 제르마노는 말했다. "그럼 썩 꺼지고 더 나은 사람에게 왕국을 맡겨라!" 그런 다음, 하느님의 명령으로 돼지치기와 그의 아내를 불러 모든 사람이 놀랍게도 그 사람을 왕으로 선언했다. 이런 이유로 이후부터 브리튼 족을 통치한 군주들은 그 돼지치기의 후손들이다.

한번은 색슨족(Saxones)이 브리튼족과 전쟁을 하다가 인원수로 밀린다는 것을 깨닫고 그때 길을 지나가던 두 성인을 불렀다. 성인들은 색슨족에게 그리스도의 믿음을 설교했고, 모두가 세례의 은총을 받기를 간절히 바랐다. 부활 날에 그들의 열정은 너무 커서 무기 없이 싸울 것을 제안했다. 이 말을 들은 브리튼족은 신속하게 무장 해제된 색슨족을 향해 움직였다. 그러나 색슨족 사이에 있던 제르마노는 그들에게 자신이 "알렐루야!"라고 외쳤을 때 모두 "알렐루야!"라고 외치라고 말했다. 그들이 이렇게 외쳤을 때, 적은 하늘 자체가 자신들에게 떨어지는 것에 엄청나게 겁을 먹고 무기를 버리고 달아났다.

어느 날, 오퇭을 지나던 제르마노는 성 카시아노(Cassianus) 주교의 무덤에 들러서 선종한 주교에게 어떻게 그리스도와 함께 있느냐고 물었다. 즉시 카시아노가 무덤에서부터 모든 사람이 들을 수 있도록 "나는 달콤한 휴식을 최대한으로 맛보면서 구세주의 오심을 기다리고 있습니다!"라고 대답했다. 제르마노: "그리스도 안에서 오랫동안 쉬고, 우리가 거룩한 부활의 기쁨을 누릴 수 있도록 우리를 위해 진정으로 중재하여 주십시오!"

그는 라벤나(Ravenna)에 가게 되었고, 플라치디아(Placidia) 여왕과 그녀의 아들 발렌티니아누스(Valentinianus)로부터 영예로운 환영을 받았다. 여왕은 저녁 식사 시간에 가장 훌륭한 음식이 담긴 큰 은접시를 보내왔다. 이것을 기꺼이 받은 그는 자신의 종들에게 음식을 주고 은접시는 가난한 사람들에게 주려고 보관했다. 그는 답례로 작은 나무접시에 보리빵 하나를 담아 보냈다. 여왕은 선물에 매우 기뻐했고 후에 그 접시는 은으로 덮였다.

또 다른 때에는 앞에서 언급한 여왕이 그에게 식사 초대를 했는데, 기도와 단식으로 몸이 약해져 있던 그는 나귀를 타고 궁전으로 가야 했다. 그런데 연회가 진행되는 동안 그 나귀가 죽었다. 이 사실을 알게 된 여왕은 매우 순한 말에 장식용 천을 씌워 주교에게 선물했다. 주교는 그 말을 보고 "나의 작은 노새를 타고 가겠습니다! 그가 나를 이곳에 데려왔고, 나를 집으로 데려다줄 것입니다!"라고 말했다. 그는 죽은 나귀에게 말했다. "일어나라, 나귀야, 함께 숙소로 돌아가자!" 나귀는 아무 이상이 없는 것처럼 몸을 털며 일어나 제르마노를 숙소로 데려갔다.

제르마노가 라벤나를 떠나기 전, 이 세상에서 머물 수 있는 시간이 그리 길지 않다는 것을 예견했다. 바로 그 후, 열병에 걸렸고 7일 후에 주님 안에서 죽었다. 그의 시신은 미리 여왕에게 요청한 대로 갈리아로 옮겨졌다. 그는 서기 약 430년에 죽었다.

성 제르마노는 베르첼리(Vercelli)의 주교인 복된 에우세비오(Eusebius)에게 이제 막 건축하던 성당을 봉헌하는 것을 도와주겠다고 약속을 했었다. 이 주교는 복된 제르마노가 죽었다는 소식을 들었을 때, 성당의 봉헌을 위해 초들에 불을 켜도록 명령했다. 그러나 불을 켜는 순간 바로 꺼져버렸다. 에우세비오는 이것이 봉헌을 다른 때에 해야 하거나, 다른 주교를 위해 보류하라는 표징으로 보았다. 그때 성 제르마노의 시신이 베르첼리로 옮겨졌고 앞서 언급한 성당으로 운반되자, 즉시 모든 초의 불이 하느님의 권능으로 켜졌다. 그때 성 에우세비오는 성 제르마노의 약속을 기억했고 그가 살아서 약속했던 것을 죽어서 지키고 있음을 깨달았다. 그러나 이것은 베르첼리의 대(大) 에우세비오에 관한 이야기라거나 그의 시대에 일어난 것으로 이해되어서는 안 될 것이다. 왜냐하면, 그 에우세비오는 발렌스 황제 치하에서 죽었고 그의 죽음과 성 제르마노의 죽음 사이에는 50년이 넘게 차이가 있기 때문이다. 그러니 위에서 말한 것은 다른 에우세비오 시대에 일어난 일이다.

··· ✦ 108 ✦ ···

성 에우세비오

에우세비오(Eusebius)라는 이름은 '훌륭한'을 의미하는 에우(eu)와 '유창한', '서 있는'을 의미하는 세베(sebe)로 구성되어 있다. 즉 에우세비오는 '훌륭한 공경'을 의미한다. 성인은 거룩해지기 위해 선량함으로 끊임없이 노력했고, 믿음을 수호하는데 달변(達辯)을 지녔다. 그는 순교에 직면했을 때 굳건히 서 있었고, 하느님을 경외하는 마음으로 공경을 바쳤다.

에우세비오는 예비신자였을 때에도 순결한 삶을 살았고, 에우세비오 교황으로부터 세례와 이름을 모두 받았다. 그가 세례를 받을 때 천사들의 손이 그를 세례반에서 들어 올리는 것이 보였다. 그의 잘생긴 외모에 넋을 빼앗긴 한 여인이 그의 침실에 들어가기를 원했지만 그의 수호천사들이 막았고, 아침이

오자 그녀는 그의 발 앞에 엎드려 용서를 간청했다. 사제직에 수품된 그가 미사를 집전할 때 그를 섬기는 천사들의 손이 보일 정도로 거룩하게 빛났다.

후에 아리우스주의 역병이 이탈리아 전체에 들끓었고 콘스탄티우스 황제는 직접 그 이단을 선동했다. 당시 율리아노 교황은 이탈리아의 도시 중 일등격인 베르첼리의 주교로 에우세비오를 축성했다. 이단자들이 이 소식을 듣고 복되신 마리아에게 봉헌되었던 주요 성당들 문을 아예 잠가 버렸다. 그러나 에우세비오가 그 도시에 들어갔을 때, 그가 이 성당의 주(主) 입구에서 무릎을 꿇었고, 그의 기도에 대한 응답으로 모든 문이 활짝 열렸다.

에우세비오는 아리우스주의 이단에 의해 타락해 있던 밀라노의 주교 아욱센시우스(Auxentius)를 주교좌에서 면직시키고, 그 자리에 참된 가톨릭 신자 디오니시오(Dionysius)를 서품했다. 이렇게 하여 아타나시오(Athanasius)가 동방교회를 위해 했던 것처럼, 에우세비오는 아리우스주의 역병에 전염된 모든 서방교회를 정화했다. 아리우스(Arius)는 알렉산드리아의 사제로서 그리스도는 단지 피조물이었다고 말했다. 그리스도가 존재하지 않았던 때가 있었고 그리스도는 우리의 이익을 위해 만들어졌으며, 그래서 하느님은 그리스도를 자신의 도구로 사용하려고 그리스도를 통해 우리를 창조했다고 선언했다. 그 때문에 콘스탄티누스 대제는 니케아(Nicaea) 공의회를 소집했고, 그곳에서 아리우스주의 이단을 단죄했다. 아리우스 역시 은밀한 곳에서 비참한 최후를 맞았다.

콘스탄티누스의 아들 콘스탄티우스 황제는 이 이단에 감염되었다. 황제는 에우세비오에게 극도로 화가 나 있었고, 디오니시오를 소환하려고 수많은 주교를 공의회로 호출했다. 또한, 에우세비오에게 공의회에 참석하라고 재촉하는 편지를 여러 차례 보냈다. 하지만 에우세비오는 악의가 만연한 것을 알았고, 고령을 핑계로 참석을 거부했다. 성인의 변명에 대한 응답으로 황제는 베르첼리에서 멀지 않은 밀라노 시에서 공의회를 개최했다. 그런데도 여전히 에우세비오가 불참하자 아리우스주의자들에게 그들의 믿음에 대한 성명서를 작성하도록 했고, 밀라노의 주교인 디오니시오와 다른 33명의 주교에게 그 성명서에 서명하도록 지시했다. 이 소식을 들은 에우세비오는 자신이 곧 많은 어려움에 시달릴 것이라고 예견하면서 베르첼리를 떠나 밀라노로 향했다. 밀라노에 가기 위해서는 강을 건너야 했다. 저 멀리 강 건너편에 배가 있었는데, 그의 명령에 따라 그 배가 방향키도 조타수도 없이 와서 그와 동료들을 강 건너로 옮겨주었다. 그때 디오니시오가 와서 무릎을 꿇고 용서를 청했다.

황제의 위협이나 감언이설에도 흔들리지 않은 에우세비오는 모든 사람이 들을 수 있게 말했다. "당신들은 성자가 성부보다 열등하다고 말합니다. 그러 면서 왜 당신들은 나의 아들이자 제자인 디오니시오를 나의 앞에 둡니까? 제 자는 스승 위에, 노예는 주인 위에, 아들은 아버지 위에 있지 않습니다." 이 추 론에 허를 찔린 아리우스주의자들은 자신들이 썼고 디오니시오가 서명한 자 필 문서(chirographum)를 가져와서 에우세비오 앞에 놓았다. 그러나 그는 말했 다. "나는 결코 나의 서명을 아들의 서명 아래에 두지 않을 것입니다. 나는 권 위에서 그보다 윗사람입니다! 그러니 이 문서를 태우고 새 문서를 작성하십 시오. 그러면 서명하겠습니다!" 그래서 디오니시오와 다른 33명의 주교가 서 명했던 자필문서는 하느님의 뜻에 따라 파기되었다. 아리우스주의자들은 즉 시 새로운 자필문서를 써서 에우세비오와 주교들에게 서명하라고 제시했다. 그러나 에우세비오에 의해 고무된 주교들은 서명을 거부하고, 이전에 동의한 성명서가 불타는 것을 보고 함께 기뻐했다.

이런 상황의 반전으로 더욱 화가 난 콘스탄티우스 황제는 에우세비오를 아 리우스자들에게 넘겨주었다. 아리우스주의자들은 바로 그를 낚아채 야만적 으로 때리고 왕궁의 계단 꼭대기에서 맨 아래로 굴리고, 다시 꼭대기로 끌고 갔다. 에우세비오는 머리에 난 상처로 많은 피를 흘렸으나 여전히 굴복하지 않았고, 아리우스주의자들은 그의 손을 뒤로 묶고 목에 밧줄을 묶어서 끌고 갔다. 그러나 주교는 감사하며 가톨릭 신앙을 고백하기 위해 죽을 준비가 되 었다고 말했다.

콘스탄티우스는 이제 에우세비오의 모범을 따르는 리베리오 교황, 디오니 시오, 파울리노를 비롯한 모든 주교를 추방했다. 아리우스주의자들은 에우세 비오를 팔레스티나에 있는 마을 스키토폴리스(Scythopolis)로 데려갔다. 그리고 천장이 매우 낮아 서 있을 수 없고, 다리를 뻗고 누울 수도 없고, 몸을 돌릴 수 도 없이 머리를 숙여 몸을 쭈그리고 오직 어깨와 팔꿈치만 움직일 수 있는 매 우 좁은 작은 방에 가두었다.

콘스탄티우스가 죽고 율리아누스가 뒤를 이었다. 그는 추방된 주교들을 복귀시키고, 신전의 문을 다시 열고, 자신이 원하는 믿음에 따라 평화롭게 살도록 했다. 이제 자유로워진 에우세비오는 알렉산드리아에 있는 아타나시오(Athanasius)에게 가서 자신이 고통받았던 모든 것을 말했다. 율리아누스가 죽고 요비니아누스(Jovianus)가 통치할 때, 아리우스주의자들은 침묵했고 베르첼리로 돌아간 에우세비오는 사람들에게 큰 환영을 받았다. 그러나 그 다음 발렌스의 재위 기간에 아리우스주의자들의 수가 증가했고, 주교관을 둘러싸고 에우세비오를 밖으로 끌고 가서 돌로 쳤다. 그래서 그는 주님 안에서 죽었고 그가 직접 건축한 성당 안에 매장되었다. 에우세비오는 자신의 도시에 은총이 수여되기를, 즉 어떤 아리우스주의자도 그곳에서 결코 살지 못하도록 하느님에게 기도했다고 한다. 《연대기》에 따르면 그는 적어도 88년을 살았으며 서기 350년경에 활약했다.

------- ···✦   109   ✦··· -------

마카베오 가문의 거룩한 사람들

마카베오 가문의 사람들은 일곱 형제*로 존경받는 어머니와 사제 엘아자르(Eleazar)와 함께 돼지고기를 먹기를 거부하고 마카베오기 하권에서 자세히 언급된 것처럼 전례 없는 고문을 당했다.

　동방교회가 구약성경과 신약성경 둘 다에서 성인들 축일을 거행한다는 것은 주목할 만하다. 반면에, 서방 교회는 그들이 지옥으로 내려갔다는 이유로 구약성경 성인들의 축일을 거행하지 않았다. 무죄하게 죽임을 당했던 죄 없는 아기들의 축일과 마카베오 가문의 사람들을 위한 축일은 예외이다. 그들 한 사람 한 사람 안에서 그리스도께서 죽임을 당하셨던 것이다.

　교회가 마카베오 가문 사람들이 지옥에 갔음에도 불구하고 축일을 거행하

---

* 한 어머니와 일곱 아들의 순교 이야기는 마카베오기 하권 7장 1-41절에 언급되어 있다. 그런데 이들은 마카베오 가문과는 직접적으로 관계가 없는 사람들이다. : 엘아자르의 순교에 대해서는 2마카 6, 18-31 - 역자 주

마카베오 가문의 거룩한 사람들

는 데에는 네 가지 이유가 있다. 첫 번째는 그들 순교의 특전 때문이다. 모든 구약성경 성인들 사이에서 이들은 전대미문의 고문을 당했기 때문에 수난을 기념하는 특전을 부여받았다. 이 이유는 《교육독본》에 제시되어 있다.

두 번째는 그들 일곱 명이 가지는 숫자에 대한 신비스러운 의미이다. 숫자 7은 보편성의 숫자이다. 이 7명의 성인은 기념 받을 만한 자격이 있는 구약성경의 모든 조상을 의미한다. 교회는 그들이 고성소(limbo)로 내려간 것과 아주 많은 새로운 성인들이 그들 자리에 들어간 것 때문에 모두를 위한 축일을 준수하지 않는데, 그럼에도 불구하고 교회가 7인에게 존경을 표하는 것은 이미 말했듯이 7은 보편성을 나타내는 숫자이기 때문이다.

세 번째는 고통 속에서 보인 인내의 모범이다. 이 순교자들은 지조로 다른 신자들의 신앙심을 고조시키기 위해 모세의 율법에 따라 살았다. 또한 모세의 법에 따라 확고부동하게 준비했던 것처럼 복음의 법을 위해 고통 받을 준비를 하도록 격려하기 위해 모범으로 신자 앞에 제시되었다.

네 번째는 그들이 고통받았던 이유이다. 그리스도인들이 복음의 법을 지키기 위해 고통받은 것처럼 그들은 율법을 지키기 위해 고문을 견뎠다.

이 마지막 세 가지 이유(두번째~네번째 이유)는 스승인 요한 벨레토(Joannes Belethus)가 《교회의 직무대전》(Summa de Officio Ecclesiae) 제5장에서 제시하고 있다.

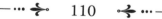

110

쇠사슬의 성 베드로

영어로* "쇠사슬의 성 베드로"(Santus Petrus ad vincula)라고 불리는 축일은 네 가지 이유에서 제정된 것으로 추정된다. 베드로의 석방을 기억하기 위해, 알렉산데르의 석방을 기념하기 위해, 이교도의 의식(儀式)을 파괴한 것을 기억하기 위해, 영적인 속박으로부터의 해방을 얻기 위해서이다.

첫 번째, 성 베드로의 석방을 기억하기 위한 축일이다. 《교육독본》에서는 로마로 간 헤로데 아그리파(Herodes Agrippas)가 티베리우스(Tiberius) 황제의 손자

카이우스(Caius)**와 막역한 친구가 되었다고 기록하고 있다. 하루는 헤로데가 카이우스와 함께 마차를 타고 있을 때, 손을 하늘을 향해 올리고 친구에게 말했다. "나는 늙은 자가 죽고 당신이 온 세상의 주인이 되는 것을 볼 수 있다면 좋을 텐데!" 이 말을 들은 마부가 급히 티베리우스에게 보고하자, 티베리우스는 분개하여 헤로데를 감옥에 가두었다. 그러던 어느 날 헤로데가 올빼미가 앉아 있는 나무에 기대어 쉬고 있을 때, 점술에 능숙한 동료 죄수가 그에게 말했다. "두려워하지 마시오, 당신은 석방될 것이고, 친구들이 당신을 부러워할 정도로 높이 올라갈 것입니다. 그리고 이 번영의 한 가운데서 죽을 것입니다. 올빼미가 당신 위에 맴도는 것이 보이면, 이제 살 날이 채 5일도 남지 않았구나 생각하십시오!"

그 후 오래 지나지 않아, 티베리우스가 죽고 카이우스가 티베리우스를 승계했다. 카이우스는 헤로데를 석방한 후 호의를 베풀어 유다 지역을 통치하는 왕으로 보냈다. 유다에 도착한 헤로데는 교회 구성원들을 괴롭히기 시작했다. 헤로데는 무교절(dies azymorum) 전에 요한의 형 야고보를 칼로 죽이고, 이러한 일들로 유다인들이 기뻐하는 것을 보고 베드로도 체포했다. 그 일은 무교절 동안에 일어났고, 헤로데는 파스카(Pascha) 후에 베드로를 그들에게 데려가려는 것이었다. 그러나 한 천사가 밤에 와서 기적적으로 베드로의 쇠사슬을 풀어주면서 설교를 재개하라고 명령했다. 그러나 왕에 대항한 것에 대해 지체없이 처벌해야 했던 헤로데는, 다음 날 베드로를 도망치게 한 간수들을 불러 매우 가혹한 벌을 내리려고 했다. 하지만 베드로의 탈출은 어떤 사람에게도 해를 입히지 않도록 예정되었기에 그 일은 실행되지 못했다. 헤로데는 서둘러 카이사리아로 가야 했고, 그곳에서 천사에게 맞아 죽었다.

---

* 라틴어로 이 축일은 "쇠사슬의 성 베드로 축일"(festum Sancti Petri ad vincula), 혹은 "쇠사슬이 있는 곳"이라 불린다. 이 장(章) 안에서 다소 혼란스러운 설명이 제기되었음에도 불구하고, 축일의 명칭에 대해 유일하게 상당히 개연성이 있는 역사적인 이유는, 본래 성 베드로와 바오로에게 봉헌되었던 로마에 있는 고대 성당의 재봉헌을 기억하였다는 것이다. 이 성당은 5세기에 사도의 기적의 쇠사슬을 보관하는 장소가 되었다고 한다. 그리고 쇠사슬의(ad vincula) 성 베드로 성당으로 6세기에 불리기 시작하였다. 아래에 "그 뒤에 성 알렉산데르가 …"로 시작하는 절(節)과 "테오도시우스의 딸 에우독시아 …"로 시작하는 절과 그 다음의 절을 비교하라. 그 축일은 1960년 요한 23세 교황의 결정으로 로마 전례력에서 삭제되었다. 나는 이 세부 사항들을 《버틀러의 성인들의 생애》(Butler's Lives of the Saints, New York : P.J.Kenedy & Sons, 1963, 3:236—237)의 유익한 설명에서 차용한다.

** 보다 정확하게는, 티베리우스의 셋째 아들로 칼리굴라(Caligula)로 또한 알려졌던 카이우스 체사르(Gaius Caesar)

요세푸스(Josephus)는 《유다 고대사》(Antiquitates Judaicae)의 제19권에서 이 마지막 사건에 대해 설명한다. 카이사리아에 온 헤로데는 아침 일찍 금과 은으로 기이하게 짠 눈부신 의상을 입고 주민의 영접을 받으며 극장 안으로 들어왔다. 태양 빛이 은빛 옷에 닿자, 반짝이는 금속의 번득임과 반사된 광채가 구경꾼들에게 두 배로 강한 빛을 비췄다. 헤로데의 이 엄청난 모습은 바라보는 사람들의 눈을 멀게 만들었고, 교묘한 오만은 사람들이 그에게 인간 이상의 무언가가 있다는 생각이 들도록 속였다. 그때 아첨하는 군중의 소리가 떠들썩하게 그를 에워쌌다. "지금까지 우리는 당신을 단지 사람으로 생각했습니다. 그러나 이제 우리는 당신이 인간의 본성을 초월한다는 것을 인정합니다!" 헤로데는 이 상황이 자신이 마땅히 받아야 할 찬사로 여기고 좋아했다. 그리고 자신에게 주어진 하느님의 영예를 부인하려고 하지 않았다. 그때 위를 올려다본 헤로데는 밧줄에 앉아 있는 한 천사, 즉 올빼미를 알아챘다. 그는 이것이 자신에게 다가온 죽음의 조짐이었다는 것을 깨달았다. 그리고 군중을 바라보면서 말했다. "보라, 너희들의 신, 내가 죽어가고 있다!" 그는 죽음이 곧 엄습하리라 예측한 점쟁이의 말을 기억해 낸 것이다. 그는 즉시 쓰러졌고, 5일 동안 벌레들에게 갉아 먹혀 죽었다. 여기까지는 요세푸스의 말이다.

사도들의 으뜸(Princeps apostolorum)이 쇠사슬에서 기적적으로 해방된 것과 폭군에게 그렇게 즉각적으로 가해진 끔찍한 복수를 기억하기 위해 교회는 쇠사슬의 성 베드로 축일을 장엄하게 기념한다. 그 축일의 미사에서 낭송했던 서한은 어떻게 이 해방이 일어났는지 말해주고 있으며, 이로부터 그 축일을 '쇠사슬에서 풀려난 성 베드로'라고 불려야 이유를 잘 설명해주고 있다.

두 번째, 성 베드로 다음으로 여섯 번째로 교회를 통치했던 알렉산데르(Alexander) 교황의 해방을 기억하기 위해서이다. 알렉산데르와 헤르메스(Hermes, 알렉산드르 교황이 믿음으로 개종시킨 로마시 총독)는 호민관 퀴리누스(Quirinus)에 의해 각각 다른 장소에 구금되었다. 퀴리누스는 헤르메스에게 말했다. "현명하고 신중한 당신이 총독의 영예를 제쳐두고 다른 삶을 꿈꾸는 것이 놀랍습니다!" 헤르메스: "여러 해 전, 나 또한 꿈꾸는 모든 사람을 비웃었고 현재의 삶이 유일하다고 생각했습니다!" 퀴리누스: "다른 삶이 있다는 것을 어떻게 알았는지 나에게 보여주십시오, 그러면 나는 당신 믿음의 제자가 될 것입니다!"

헤르메스: "당신이 쇠사슬로 구금하고 있는 거룩한 알렉산데르가 나보다 더 잘 가르쳐줄 것입니다!" 이에 퀴리누스는 헤르메스에게 악담을 퍼부었다. "당신에게 증거를 보여달라고 했는데, 나를 알렉산데르에게 보내는군요. 알렉산데르는 죄를 짓고 쇠사슬에 묶여 있습니다! 당신과 알렉산데르의 경비를 두 배로 늘려 경계를 강화하겠습니다. 그런데도 당신이 그와 함께 있는 것을 보게 된다면, 나는 당신들이 말하고 가르치는 것을 믿고 따르겠습니다!"

퀴리누스는 경비를 두 배로 늘렸고, 헤르메스는 알렉산데르에게 소식을 전했다. 그런 다음, 알렉산데르 교황이 기도하고 있는 동안, 한 천사가 알렉산데르를 헤르메스의 감방으로 데려갔다. 퀴리누스는 함께 있는 두 사람을 발견하고 깜짝 놀랐다. 헤르메스는 퀴리누스에게 알렉산데르가 자신의 죽은 아들을 어떻게 소생시켰는지 이야기했다. 퀴리누스는 알렉산데르에게 말했다. "나의 딸 발비나(Balbina)가 갑상선종을 앓고 있습니다. 만일 당신이 내 딸을 치료한다면, 나는 당신의 믿음을 받아들이겠습니다!" 알렉산데르: "당신 딸을 이곳 감방으로 서둘러 데려오십시오!" 퀴리누스: "당신은 여기 헤르메스 감방에 있는데, 왜 당신 감방으로 데려갑니까?" 알렉산데르: "빨리 가시오! 나를 이곳으로 데려온 분이 지금 나를 내 감방으로 데려갈 것입니다!"

퀴리누스는 딸을 데리고 알렉산데르의 감방으로 갔고, 그곳에 그가 있는 것을 보고 그의 발아래 무릎을 꿇었다. 그 사이에 소녀는 건강이 회복될 것이라는 희망으로 성 알렉산데르의 쇠사슬에 경건하게 입맞춤했다. 알렉산데르는 소녀에게 말했다. "아이야, 나의 쇠사슬에 입맞춤할 것이 아니라, 성 베드로의 족쇄를 찾도록 해라. 그 족쇄에 경건하게 입 맞추면, 치유 받게 될 것이다." 그래서 퀴리누스는 베드로가 갇혔던 감옥에서 사도를 묶었던 쇠사슬을 찾아서 딸에게 주었다. 그녀가 입맞춤하자마자 완벽한 건강을 축복받았다. 그러자 퀴리누스는 알렉산데르에게 용서를 간청했고 감옥에서 그를 풀어준 다음 가족을 비롯해 많은 사람과 함께 세례를 받았다.

성 알렉산데르는 그 뒤에 8월 1일에 기념되도록 이 축일을 도입했다. 또한, 사도 성 베드로를 기념하여 성당을 건축해서 성인의 쇠사슬을 모셨고 '쇠사슬의 성 베드로 성당'이라고 명명했다. 이 축일 날에 많은 사람이 성당에 모여서 쇠사슬을 공경했다.

세 번째, 이교도의 의식을 파괴한 것을 기억하기 위해서이다. 베다(Beda)와 시게베르토(Sigebertus)의 기록에 의하면, 안토니우스는(Antonius) 옥타비아누스 황제 누이와 결혼하면서 전체 제국을 나누었다고 한다. 안토니우스는 동방에 있는 아시아, 폰투스(Pontus), 아프리카를 가지고 옥타비아누스는 서방에 있는 이탈리아, 갈리아, 스페인을 가졌다. 그러나 안토니우스는 방탕하고 음탕한 사람이었다. 아내(옥타비아누스의 누이)를 버리고 이집트의 여왕 클레오파트라를 아내로 택했던 것이다. 이 일로 화가 난 옥타비아누스는 군대를 이끌고 아시아로 행군하여 안토니우스를 대패시켰다. 안토니우스와 클레오파트라는 달아난 후 자신의 불행을 극복 못하고 자살했다.

이후 옥타비아누스는 이집트 왕국을 파괴한 후 로마의 속주로 만들었다. 그는 알렉산드리아로 갔고 그 도시의 재산을 약탈하고 전리품을 로마로 옮겼으며, 공화국을 매우 부유하게 만들어 이전에 4데나리온(고대 로마 화폐)이었던 것을 이제 1데나리온으로 샀다. 그뿐만 아니라, 내전으로 황폐해진 로마를 재건하여 "나는 벽돌로 된 도시를 대리석의 도시로 발전시켰다."라는 말을 남겼다. 공화국의 번영을 위해 매우 많은 일을 한 옥타비아누스는 최초로 아우구스투스(Augustus)로 불리게 되었고, 그의 삼촌 율리우스 카이사르(Julius Caesar)의 후계자들이 카이사르라고 불린 것처럼 그의 후계자들에게도 아우구스투스라는 칭호가 주어졌다. 그리고 이전에 섹스틸리스(Sextilis, 3월부터 계산하여 여섯 번째였기 때문에)라고 명명되었던 달이 아우구스투스로 개칭되었다. 그래서 로마인들은 426년에 통치가 시작된 테오도시우스 황제* 때까지 8월 1일에 옥타비우스가 이긴 승리를 기억하고 명예를 주려고 이날을 기념하는 관습을 채택했다.

테오도시우스의 딸이자 발렌티니아누스**의 아내 에우독시아(Eudoxia)는 서원(誓願)을 이행하기 위해 예루살렘으로 성지순례를 했고, 그곳에서 한 유다인이 그녀에게 헤로데의 통치 기간에 베드로 사도를 묶었던 2개의 쇠사슬을 매우 높은 금액으로 제시했다. 그녀는 8월 1일에 로마로 되돌아왔고, 이교도

---

* 여기서 언급된 황제는 테오도시우스 2세(Flavius Theodosius)를 의미하는데, 동로마제국의 황제로서 그의 재위 기간은 408~450년이었다. – 역자 주

** 이 인물은 서로마제국의 황제인 발렌티니아누스 3세(Valentinianus III)를 의미한다. 그의 재위 기간은 425~455년이었다. – 역자 주

로마인들이 이교도 황제에게 경의를 표하며 그날을 기념하는 것을 보았다. 그녀는 천벌을 받은 사람에게 그렇게 많은 영예를 표시하는 것을 보며 비통해했으나, 이미 자리를 잡은 문화와 관습을 사람들에게서 돌리는 게 쉽지 않다는 것을 깨달았다. 그래서 에우독시아는 그 관습을 계속 준수하도록 하면서 그때부터 성 베드로를 기념했고, 모든 사람이 그날을 앗 빈쿨라(ad vincula)로 부르게 하였다. 그녀는 백성들의 교황(papa populum)인 복된 펠라지오(Pelagius)와* 협의했고, 그들은 사람들에게서 이교도의 군주에 대한 기억이 잊히도록 하고, 그 대신에 사도들의 으뜸에 대한 기억을 기념하도록 설득했다.

이 일련의 결정은 모든 파벌의 사람들을 기쁘게 했고, 에우독시아는 자신이 예루살렘에서 가져온 쇠사슬을 꺼내 사람들에게 보였다. 교황도 사도 베드로가 네로 치하에서 묶여 있었던 쇠사슬을 내놓았다. 두 쇠사슬을 나란히 놓았을 때, 두 사슬은 마치 하나의 쇠사슬이었던 것처럼 기적적으로 연결되었다. 그러자 교황과 여왕은 사람들이 천벌을 받았던 이교도에게 드리는 부당한 경배를 그만두고 사도들의 으뜸인 베드로에게로 경배를 드리는 것이 좋겠다고 결정했다. 그래서 새롭게 연결된 쇠사슬을 '쇠사슬의 성 베드로 성당' 안에 두었고 그 성당에 많은 선물과 특전을 부여하면서 이 특별한 날은 모든 곳에서 기념되어야 할 것이라고 법령으로 정했다. 그렇게 베다의 기록과 시게베르토(Sigebertus)의 기록에서 같은 내용을 전하고 있다.

이 쇠사슬에 있는 영적인 힘은 964년에 더욱 분명해졌다. 악마에 씌인 오토 백작은 모든 사람이 보는 앞에서 자기 이빨로 자기 살을 잔인하게 뜯었다. 황제의 명령으로 백작의 목에 성 베드로의 쇠사슬을 걸기 위해 요한 교황에게 인도되었다. 그러나 그 미쳐 날뛰는 백작에게 다른 쇠사슬이 매여졌을 때, 아무런 일도 일어나지 않았다. 하지만 성 베드로의 진짜 쇠사슬을 보여주고 고통받는 사람의 목에 매여지자, 악마는 큰 힘의 무게를 견딜 수 없어 비명을 지르며, 모든 사람이 지켜보는 가운데 떠나갔다. 그때 메츠(Metz)의 주교 테오도리코(Theodoricus)가 그 쇠사슬을 잡고 자신의 손을 자르지 않는 한 놓지 않겠

---

* 로마제국의 황후인 에우독시아는 서기 422~493경까지 살았다. 그런데 이 시대에 펠라지오라는 이름을 지녔던 교황이나 이단자조차 없었다. 그렇기에 이는 오류로 여겨지며, 아마도 레오 1세(440~461)에 대한 착각으로 여겨진다. – 역자 주

다고 선언했다. 이로써 테오도리코 주교와 교황(과 성직자들) 사이에 심각한 논란이 시작되었고, 황제가 그 주교를 위해 쇠사슬의 고리 하나를 교황으로부터 입수함으로써 다툼이 끝났다.

교회사 《3부작》과 밀레토(Miletus)의 《연대기》에 따르면, 그때 거대한 용이 에피루스(Epirus)에 나타났다. 덕행으로 유명한 도타노(Donatus) 주교는 용 앞에서 십자성호를 그은 다음 용의 목에 침을 뱉어 죽였다. 죽은 용을 태우려는 장소까지 사체를 끌고 가려면 황소 8쌍이 필요했다. 용의 썩는 악취로 인한 공기 오염을 막고자 도시에서 멀리 떨어진 곳에서 태우려는 것이었다.

위의 두 자료에 따르면, 악마가 모세로 변장하여 크레타(Creta)에 나타났었고, 각지로부터 유다인들을 불러 모아 바닷가 옆 가파른 산의 꼭대기로 데리고 갔다고 한다. 모세로 변장한 악마는 유다인들에 앞서가면서 발을 적시지 않고 물 위를 건너 약속의 땅으로 가도록 인도하겠다고 선언했다. 많은 사람이 악마를 따라가다가 죽었다. 유다인이 여왕에게 쇠사슬을 줌으로써 옥타비아누스에게 주었던 영예가 끝난 것에 화가 난 악마가 복수를 위해 이 방법을 택한 것으로 추정된다. 그러나 이때 모든 유다인이 죽은 것은 아니었고, 탈출한 많은 사람이 세례의 은총을 받으러 서둘렀다. 그 산은 바다를 향해 가파르게 경사져 있었다. 사람들이 그곳에서 굴러떨어지기 시작했을 때, 일부는 날카로운 바위들에 갈가리 찢기고, 어떤 이는 바다로 떨어졌다. 모두 죽었다. 그 산꼭대기에 있던 사람들이 무슨 일이 일어났는지 알지 못하고 차례대로 가려고 했으나, 그 광경을 본 어부들이 경고하여 회개하게 되었다. 그것은 우리가 《교회사 3부작》에서 읽었던 내용이다.

네 번째, 영적인 속박으로부터의 해방을 얻기 위해서이다. 주님은 기적적으로 베드로의 굴레를 풀어주었고 그에게 매고 푸는 권한을 주었다. 다른 한편으로, 우리는 죄의 굴레에 잡혀있고 묶여 있어서 이 굴레를 풀 필요가 있었다. 그래서 베드로는 자신의 굴레에서 벗어날 수 있는 공로를 가졌고 주님으로부터 풀어주는 권한을 받았기 때문에, 우리는 죄의 굴레에서 용서받기 위해 앗 빈쿨라(ad vincula)라고 불리는 축일에 베드로를 공경한다. 이것이 축일 제정을 위한 참된 이유가 되는 것은 그날 미사의 전례 독서들에서 분명히 알 수 있다. 서간은 쇠사슬들로부터 그 사도의 해방을 기억하고, 복음은 사죄의 권한을 그에게 부여함을 이야기하고, 미사의 기도에서 그를 통해 우리에게 사죄가 주어지기를 요청한다.

게다가 《복되신 동정녀의 기적들》에 기록된 기적에 따르면, 가끔은 그가 자신이 받았던 열쇠로 지옥살이를 해야 하는 사람들을 사죄할 수 있던 것이 분명히 입증된다. 쾰른 시에 있는 성 베드로 수도원에 경솔하고 욕정에 가득 찬 음탕한 수도승이 있었다. 그에게 갑자기 죽음이 엄습했을 때, 악령들이 그에게 불리한 모든 죄를 비난하며 큰 소리로 고발했다. 하나가 말했다. "나는 하느님의 계명을 종종 거스르게 만들었던 너의 탐욕이다." 다른 하나가 큰 소리로 말했다. "나는 네가 다른 사람들 앞에서 너 자신을 과장되게 칭찬하게 만든 너의 헛된 자존심이다!" 또 하나가 말했다. "나는 거짓말로 네가 죄를 짓도록 한 거짓된 행동이다." 그리고 다른 악령들로부터 더 많은 죄가 폭로되었다. 반대로 그가 했던 일부 선행이 그를 위해 "나는 네가 너의 영적인 어른들에게 표했던 순명이다!"··· "나는 거룩한 성가이고, 너는 자주 하느님께 시편을 노래하였다!"라고 말하면서 강력하게 변호했다.

이제 그 수도승이 속한 수도승원의 성 베드로가 그를 위해 중재하려고 하느님 앞에 나왔다. 주님이 베드로에게 대답했다. "나에게 영감을 받은 예언자가 '주님, 누가 당신 천막에 머물 수 있습니까? 누가 당신의 거룩한 산에서 지낼 수 있습니까? 흠 없이 걸어가고 의로운 일을 하는 이.'(시편 15, 1-2)라고 말하지 않았느냐? 이 수도승은 흠 없이 걷지도 않았고 의로운 일을 하지도 않았는데, 어떻게 구원받을 수 있겠느냐?" 그러나 성모님이 베드로와 함께 수도승에 대해 간청했고, 주님은 수도승이 자기 육신으로 돌아가 보속해야 한다는 판결을 내렸다. 그때 갑자기 베드로가 자신의 손에 쥐고 있던 열쇠로 악마를 위협하자 악령들은 달아났다. 베드로는 그 수도승의 영혼을 앞서 언급한 수도승원의 한 수도승에게 맡기고 육신에 그 수도승의 영혼을 되돌려 놓으라고 명령했다. 두 번째 수도승은 영혼을 옮기기 위한 보상으로 형제 수도승이 매일 시편 "하느님, 저를 불쌍히 여기소서."(Miserere mei Dominus, 시편 51장)를 암송하고 수시로 자기 무덤을 깨끗이 쓸 것을 요구했다. 그래서 그 수도승은 죽음에서 돌아와서 자신에게 일어난 모든 일을 이야기했다.

성 스테파노 교황

교황 스테파노는 말과 모범으로 많은 이교도를 개종시켰고 많은 거룩한 순교자들을 매장했다. 이러한 이유로 발레리아누스(Valerianus)와 갈리에누스(Gallienus) 황제들은 서기 260년에, 우상들에게 제물을 바치도록 강요하거나 고문과 죽음으로 처벌하기 위해 스테파노 교황과 그의 성직자들을 끈질기게 수색했다. 또한, 그들의 행방을 신고하는 사람은 그들의 모든 재산을 넘겨받을 것이라는 칙령을 내렸다. 스테파노의 성직자 10명이 체포되었고 심리 없이 참수되었다. 다음 날 교황 스테파노가 체포되어 마르스(Mars) 신전으로 끌려가 하느님을 흠숭하지 않으면 죽음을 면치 못할 것이라고 선고받았다. 그러나 그는 신전에 들어가면서 하느님에게 신전을 파괴해 달라고 기도했고, 즉시 건물 대부분이 붕괴되어 그곳에 있던 사람들은 공포에 질려 달아났다. 그러나 스테파노는 성녀 루치아의 묘지(cimiterium)로 갔다.

교황의 탈출 소식을 들은 발레리아누스는 그를 체포하려고 전보다 더 많은 군인을 보냈다. 자신의 성당에서 미사를 봉헌하던 교황은 미사를 마치고 대담하게 그 군인들과 대면하여 자신의 주교좌(主教座)에서 참수당했다.

성 스테파노 첫 순교자의 발견

우리는 최초의 순교자 스테파노(Stephanus, Stephen)의 시신이 서기 417년, 호노리우스 황제 시대에 발견되었다는 것을 들었다. 그의 시신 발견에 대한 자초지종은 그 시신의 이장(移葬)을 포함하고 있고 성 라우렌시오(Laurentius)의 시신과 결합되어 있다.

그 발견은 다음과 같이 일어났다. 예루살렘에 루치아노(Lucianus)라는 이름의 사제가 있었는데, 그는 겐나디오(Gennadius)가 저명한 사람들 중 한 사람으로 꼽은 사람이고 현재의 기록을 쓴 사람이었다. 어느 금요일 밤에 반쯤 잠이 들었을 때, 키가 크고 기품이 있으며 수염이 풍성하고 십자가와 작은 보석으로 장식된 흰색 망토를 입고 금박을 입힌 부츠를 신은 한 노인이 나타났다. 노인은 금 지팡이를 들고 루치아노를 만지며 말했다. "우리가 매우 부적합한 장소에 묻혔으니 우리의 무덤을 조심스럽게 열어라. 그리고 예루살렘의 요한 주교에게 가서 우리가 영예로운 장소에 다시 묻혀야 된다고 말해라. 이제 세상이 가뭄과 환난에 시달리고 있으나, 만일 우리의 도움을 청하는 기도를 한다면 하느님께서 자비를 베푸실 것이라고 그분이 결정하셨다." 루치아노 사제가 물었다. "어르신, 당신은 누구십니까?" "나는 가말리엘(Gamaliel)이다."라는 대답이 왔다. "나는 바오로를 육성하였고 그에게 율법을 가르쳤다. 그리고 유다인들에게 돌을 맞아 새와 들짐승에게 먹히도록 도시 밖으로 던져졌던 스테파노가 함께 묻혀 있다. 그러나 순교자가 자신의 믿음을 온전하게 지켰기 때문에 짐승에 잡아먹히는 것을 막을 수 있었다. 그래서 나는 모든 공경으로 그의 시신을 가져다가 내 소유의 새 무덤에 묻었다. 또한, 나의 조카 니코데모(Nicodemus)도 함께 묻혀 있다. 그는 밤에 예수에게 갔다가 베드로와 요한에게서 거룩한 세례를 받았다. 이에 수석 사제들이 화가 나 그를 죽이려고 했으나, 나의 조카라는 점을 존중해 단념했다. 대신 조카의 모든 소유물을 빼앗고, 높은 직무에서 물러나게 하였으며 오랫동안 때리고, 반쯤 죽게 내버려 두었다. 나는 그를 내 집으로 옮겼고, 며칠 뒤 그가 죽었을 때 성 스테파노의 발치에 묻었다.

나의 무덤에 있는 세 번째 시신은 20세에 나와 함께 세례를 받고, 동정으로 남아 있었고, 나의 제자 바오로와 함께 율법을 공부하였던 나의 아들 아비바스(Abibas)이다. 그리스도에 대한 믿음을 받아들이기를 거부했던 나의 아내 애테아(Aethea)와 아들 솔레미아스(Solemias)는 우리와 함께 매장될 자격이 없었다. 네가 다른 곳에 매장된 그들을 찾아야 할 것이고, 나의 무덤에서 그들의 자리가 비어 있음을 발견할 것이다." 그렇게 말하고 가말리엘은 사라졌다.

루치아노는 일어났으며 만일 이것이 참된 환시라면 두세 번 더 보여주기를 주님에게 기도했다. 그 다음 금요일에 가말리엘은 다시 나타났고 자신이 지시했던 것을 왜 실행하지 않는지 물었다. 루치아노는 "어르신, 제가 하지 않은 것이 아닙니다."라고 대답했다. "만일 그것이 진실로 하느님에게서 왔다면 그 환시가 두세 번 반복되도록 해달라고 주님에게 요청했습니다." 가말리엘: "만일 네가 우리를 발견한다면, 어떻게 우리 각자의 유해를 구별할 것인가에 대해 생각해야 한다. 이제 너에게 각자의 관(棺)과 유해를 알아볼 단서를 주겠다!" 그는 3개의 금바구니와 1개의 은바구니를 루치아노에게 보였다. 금바구니 중 하나는 빨간 장미, 다른 2개는 흰색 장미로 가득 차 있었고, 은바구니는 사프란(saffron)으로 가득 차 있었다. "이 바구니들은 우리의 관이다. 그리고 장미는 우리의 유해들이다. 성 스테파노는 우리 중 유일하게 순교의 월계관을 받을 만한 사람이었기에 빨간 장미가 들어 있는 것은 성 스테파노의 관이다. 흰색 장미로 가득찬 바구니는 나의 관과 니코데모의 관이다. 왜냐하면, 우리는 그리스도를 고백하는 진실된 마음으로 인내하였기 때문이다. 사프란으로 가득 찬 은바구니는 순결로 빛나고 순수하게 이승을 떠났던 나의 아들 아비바스의 것이다." 이 말과 함께 가말리엘은 다시 사라졌다.

다음 주 금요일에 가말리엘은 화가 나서 다시 나타났고, 루치아노의 망설임과 태만함을 단호하게 꾸짖었다. 그래서 루치아노는 즉시 예루살렘을 향해 출발했고 그동안 일어났던 모든 일을 요한 주교에게 말했다. 그들은 다른 주교들을 호출하여 루치아노에게 계시된 장소로 모두 함께 갔다. 무덤을 파기 시작하자마자 땅이 흔들리면서 향기로운 냄새가 퍼졌다. 그리고 그 성인들의 공로로 그 향기는 70명의 병자를 질병에서 풀어주었다. 그 성인들의 유해는 성 스테파노가 대부제(archidiaconus)로 직분을 다했던 예루살렘에 있는 시온(Sion) 성당으로 엄청난 큰 기쁨과 함께 옮겨졌고, 그곳에서 예를 갖춘 장례식이 치러졌다. 바로 그 순간에 엄청난 호우가 쏟아져 가뭄을 해갈했다.

베다는 《연대기》에서 이 환시와 유해 발견을 언급한다. 스테파노의 시신은 그의 순교를 기억하는 그 해의 같은 날에 발견되었다고 한다.* 그러나 교회는 두 가지 이유 때문에 축일의 날짜를 바꾸었다. 첫 번째 이유는 그리스도가 땅에서 태어난 것은 사람이 하늘에서 태어나도록 하기 위함이라는 것이다. 그

---

* 12월 26일. 고대 로마 전례력에서 발견은 8월 3일에 기념되었다.

러므로 스테파노는 그리스도를 위하여 처음으로 순교한 사람이고 순교는 순교자의 천상탄일(天上誕日)이며, 그리스도의 탄생에 따른 결과이기 때문에 그리스도의 탄생일 후에 스테파노의 탄생 축일이 가까워져야 하는 것이 적절했다. 그러므로 교회는 "오늘 스테파노가 천국에서 태어나게 할 수 있도록 어제 그리스도께서 이 땅에 태어나셨습니다."라고 노래한다.

두 번째 이유는 일찍이 스테파노의 시신 발견이 그의 순교보다 더 장엄하게 거행되었기 때문이다. 이는 주님의 탄생과 하느님이 유물을 발견하게 하신 많은 기적으로 인해 공경을 훼손하지 않기 위함이었다. 그러나 스테파노의 순교는 시신 발견보다 더 많이 공경받을 만한 가치가 있고, 더 장엄하게 준수되어야 하기에, 교회가 그의 순교 축일을 좀 더 큰 공경을 표현할 수 있을 시기인 성탄으로 옮겼다.

아우구스티노는 그 성인의 시신 이전(移轉)에 대해 말한다. 그는 콘스탄티노폴리스의 원로원 의원인 알렉산데르가 아내와 함께 예루살렘으로 가서 최초의 순교자 스테파노를 기리기 위해 아름다운 경당(oratorium)을 건축하고 자신이 죽으면 그 성인 옆에 묻도록 규정했다고 한다. 알렉산데르가 죽은 지 7년 후, 그의 아내 율리아나(Juliana)는 몇몇 저명인사들의 대우에 기분이 상해 고국으로 돌아가기로 결정했다. 그녀는 남편의 유해를 가져가려고 주교의 허락을 구했다. 주교는 그녀 앞에 은으로 된 두 개의 관(棺)을 두고 말했다. "나는 어느 것이 당신 남편 관인지 알지 못합니다." 그녀는 "저는 압니다!"라고 소리치며 서둘러 앞으로 나아가 성 스테파노의 시신을 품에 안았다. 그래서 그녀는 자기 배우자의 것이었다고 생각하면서 첫 순교자의 시신을 받는 일이 일어났다.

그녀가 거룩한 유해를 안고 귀국을 위해 배에 올랐을 때, 천사들의 찬미가 들렸고 향기로운 냄새가 퍼졌다. 그러자 악령들은 사나운 폭풍을 일으키며 외쳤다. "우리에게 화가 있으라, 최초의 순교자 스테파노가 지나가며 무서운 불로 우리를 괴롭히고 있다!" 선원들은 배가 침몰할 것을 두려워하여 성인에게 간구하자, 스테파노가 즉시 나타나서 말했다. "두려워하지 마라, 내가 여기에 있다!" 즉시 큰 고요가 찾아와 폭풍우를 잠재웠다. 그런 다음 악령들이 외치는 음성이 들렸다. "사악한 왕자님, 배를 불태우십시오, 우리의 적대자인 스테파노가 배에 타고 있습니다!" 악령들의 왕자는 그 배에 불을 지르려고 악령 다섯을 보냈으나, 주님의 천사 하나가 악령들을 깊은 곳으로 밀어 넣었다. 그 배가 칼케돈(Chalcedon)에 입항했을 때, 악한 영들이 소리쳤다. "유다인이 돌을 던졌던 하느님의 종이 오고 있다!" 마침내 일행이 안전하게 콘스탄티노폴리스에 도착하여 모든 합당한 경의를 표하여 선택된 성당에 성 스테파노의 시신을 안치했다. 이것은 아우구스티노가 전해준 이야기다.*

성 스테파노와 성 라우렌시오의 시신을 함께 가져온 일은 다음과 같다. 테오도시우스 황제의 딸인 에우독시아가 악령에 의해 심하게 괴롭힘을 당하는 일이 일어났다. 콘스탄티노폴리스에서 이 소식을 들은 그녀의 아버지는 딸을 그 도시로 데려와서 성 스테파노의 유해를 만지도록 했다. 그러자 그녀 안에 있던 악령이 소리쳤다. "스테파노가 로마로 가지 않는 한 그녀 밖으로 나가지 않을 것이다. 왜냐하면, 이것이 그 사도의 의지이기 때문이다!" 황제가 이것을 듣고는 성 스테파노의 시신을 로마인들에게 주고 그 대신에 성 라우렌시오의 시신을 받는 데 동의할 수 있도록 콘스탄티노폴리스의 성직자와 사람들을 설득했다. 황제는 이 교환에 대해 펠라지오 교황에게 편지를 썼고, 교황은 추기경들과 상의 후에 황제의 청원에 응했다. 추기경들은 콘스탄티노폴리스로 가서 성 스테파노의 시신을 로마로 가져왔고, 그리스인들은 성 라우렌시오의 유해를 받으려고 로마로 갔다.**

최초의 순교자 시신은 카푸아(Capua)에서 환영을 받고, 신앙심이 깊은 카푸아 사람들의 요청에 응해서 스테파노의 오른팔이 남겨졌고, 그를 기념하여 수도대주교좌성당이 건축되었다. 그런 다음 그 행렬은 로마에 도착했다. 쇠사슬의 성 베드로 성당에 그 거룩한 유해를 모시려고 했으나, 운구인들이 입

---

* 여기서 아우구스티노에 기인한 위의 서술들은 몇몇의 문서들에서 단편적으로 가져온 대부분의 발췌들 — 단어들, 구절들, 문장들, 절들로 — 로 구성되었다. 발췌된 문서들 중에는 아우구스티노의 《전집》(Opera omnia, St. Maur edition, Paris, 1838)의 제7권에 있는 부록으로 간행되었던 〈모든 교회들에 보낸 루치아니의 편지〉(Epistola Luciani ad omnem ecclesiam), 〈최초 순교자의 이장 문서에 대해 란둘레스에게 보낸 아나스타니아의 편지〉(Epistola Anastasii ad Landuleum de scriptura translationis protomartyris), 그리고 〈성 스테파노의 이장에 대한 문서〉(Scriptura de translatione sancti Stephani)를 포함하는데, 이 중 아우구스티노에 의해 쓰여진 것은 아무것도 없다.

** 본문에 나오는 에우독시아(Licinia Eudoxia, 422~493?)는 스테파노의 유해 이전과 관련이 없다. 오히려 그녀의 어머니이자 테오도시우스 2세(408~450년 재위)의 부인인 에우독시아(Aelia Eudocia Augusta, 401~460?)가 439년에 성인을 기념하여 예루살렘의 다마스쿠스 문 북쪽에 신축한 성당으로 스테파노의 유해를 옮겼다. 그리고 스테파노의 유해는 다시 펠라지오 2세 교황(571~590) 시기에 로마로 옮겨진 것으로 여겨진다. - 역자 주

구에서 멈추었고 걸음을 움직일 수 없었다. 황제의 딸이 그곳에 있었고, 그녀 안에 있던 악령이 외쳤다. "스테파노는 자신의 안식처로 이곳이 아니라 형제 라우렌시오와 함께 있기를 원한다. 너희는 헛된 짓을 했구나!" 그들은 새 목적지로 시신을 옮겼고, 에우독시아가 시신을 만졌을 때 악령에게서 해방되었다. 성 라우렌시오는 형제 스테파노의 도착을 축하하고 미소를 지으며 무덤 한쪽으로 움직여 형제를 위해 한가운데를 비웠다.

그리스인들이 라우렌시오의 시신을 옮기려고 손을 들었을 때 마치 기절한 것처럼 땅에 쓰러졌지만, 교황은 성직자와 사람들과 함께 그들을 위해 기도했고, 그들은 저녁 무렵에 소생했다. 그렇지만 10일 이내에 그들은 모두 죽었다. 이 문제에서 그리스인들의 편을 들었던 라티움(Latium) 사람들은 광란에 사로잡혀 두 성인의 시신이 함께 매장될 때까지 치유될 수 없었다. 그때 한 음성이 하늘로부터 들려왔다. "오, 복된 로마여! 너희는 이제 스페인의 라우렌시오와 예루살렘의 스테파노의 시신을 너희 자신 안에 갖고 있으니, 영광스러운 보증이여!" 이 합장(合葬)은 서기 약 425년 4월 20일에 수행되었다.

《신국론》(De Civitate Dei)의 제12권에서, 아우구스티노는 성 스테파노에게 간구함으로 소생했던 6명의 죽은 사람에 대해 말한다. 이야기: 한 사람이 엄지손가락이 굳어서 묶여버릴 정도로 오래전에 죽었지만, 성 스테파노의 이름이 그를 부르며 즉시 살아났다. 이야기: 한 소년이 마차에 깔려 죽었지만, 그의 어머니는 소년을 성 스테파노 성당으로 옮겼고 소년은 건재하여 어머니에게 돌려졌다. 이야기: 마지막 고뇌에 빠졌던 한 수녀승은 성 스테파노 성당으로 옮겨져 그곳에서 이승을 하직했다. 그런데 수녀승이 건강하게 다시 일어나서 모든 사람이 깜짝 놀랐다. 이야기: 히포(Hippo)에 있는 한 소녀가 죽었다. 그녀의 아버지는 그녀의 튜니카를 성 스테파노 성당으로 가져갔고 후에 죽은 소녀 위에 그 튜니카를 덮어주자 그녀는 즉시 일어났다. 이야기: 죽은 몸에 성 스테파노의 기름으로 기름부음을 받았던 한 젊은이가 즉시 소생했다. 이야기: 한 소년이 죽은 채로 성 스테파노 성당 안으로 옮겨졌고 즉시 소생했다.

아우구스티노는 스테파노 순교자에 대해 말한다. "화려하게 치장된 옷을 입은 가말리엘은 순교자의 시신 위치를 밝힙니다. 사울은 옷을 벗고 그를 돌로 쳤습니다. 그리스도가 포대기에 싸인 그를 부유하게 하고 보속으로 관을 씌우셨습니다" 아우구스티노는 다시 "스테파노에게서는 육체의 아름다움, 나이 듦의 원숙함, 설교자의 능변, 가장 거룩한 마음의 지혜, 신성(神性)의 활동을 보였습니다." 다시 "이 강한 하느님의 기둥은 돌로 된 자들의 손 사이에서 거대한 악으로 잡혔을 때 그의 열렬한 믿음에 불을 붙이고 쓰러져도 일어나고 목 졸렸고 매를 맞고 두들겨 맞았지만 정복당하지 않았습니다." 아우구스티노는 "목이 뻣뻣한 사람들"(사도 7, 51)이란 내용에 대해서 "그는 아첨하지 않고 말로 공격합니다. 애지중지하지 않고 도발합니다. 그는 떨지 않고 선동하였습니다."라고 말한다. 또한 "당신의 동료 종인 스테파노를 생각해 보십시오! 그는 당신이 그렇듯이 사람이었고, 당신이 하였던 것처럼 죄의 덩어리에서 나왔고, 당신이 그랬던 것처럼 같은 대가로 구원을 받았습니다. 그가 부제였을 때, 그는 당신이 읽거나 들은 복음서를 읽었고, 복음서에서 '너희는 원수를 사랑하여라.'(마태 5, 4)라고 쓰여진 것을 발견하였습니다. 그는 이것을 읽어 배웠고, 순명함으로써 완수하였습니다."

···✦ 113 ✦··· {style=center}

성 도미니코

도미니코(Dominicus, Dominic)는 도미니 쿠스토스(Domini custos, 주님의 수호자)와 도미노 쿠스토디투스(Domino custoditus, 주님의 보호를 받다)와 같은 의미를 갖고 있다. 또는 '주님'이란 뜻의 도미누스(dominus)의 어원에 따라서 해석할 수도 있다. 그래서 도미니코는 세 가지 면에서 '주님의 수호자'로 불린다. 그는 주님의 영예를 지켰고, 주님의 포도밭과 양떼를 지켰으며, 주님의 뜻을 유념하여 그분의 계명을 지켰다. 그는 평신도, 규율 의전 사제(canonicus regularis)이자 사도로서 주님으로부터 보호받은 존재이기에 도미니코라고 불린다. 주님은 그의 첫 번째 상태에서는 칭찬할 만한 방식으로 시작하게 하여 보호했고, 두 번째 상태에서는 열정으로 앞으로 나아가게 했고, 세 번째 상태에서는 완벽함을 성취하도록 했다. 그리고 마지막으로, 그는 '위협을 용납하는' 뜻의 도난스 미나스(donans minas), '덜 주는' 뜻의 도난스 미누스(donans minus), '선물을 주는' 뜻의 도난스 무누스(donans munus)에 해당하는 '도미누스'란 단어의 어원에 따라 도미니코라 불린다. 성 도미니코는 마음의 상처를 치유하였기에 도난스 미나스가 되었고, 항상 자신의 몸을 고행함으로써 도난스 미누스가 되었고, 가난한 사람들에게 자신의 것을 주었을 뿐만 아니라 자신을 여러 번 넘겨주려고 하였기 때문에 도난스 무누스가 되었다.

설교자 수도회(Ordo fratrum praedicatorum)*의 설립자이자 지도자인 도미니코는 오스마(Osma) 교구가 있는 스페인의 칼라로가(Calaroga) 마을에서 태어났다. 아버지 이름은 펠릭스(Felix), 어머니 이름은 요안나(Joanna)였다. 어머니는 태몽으로, 입에 횃불을 물고 있는 작은 개 한 마리를 낳아 그 불로 온 세상의 옷감을 다 불태워버리는 꿈을 꿨다. 또한 도미니코의 대모(代母)가 세례대에서 그를 들어 올렸을 때, 그의 이마에 온 세상을 비추는 빛나는 별 하나가 있는 것처럼 보였다. 그가 유모의 보살핌을 받던 어린이였을 때, 그는 자주 침대에서 일어나 땅바닥에 누워 있었다.

그는 학업을 위해 팔렌시아(Palentia)로 보내졌다. 그는 학업에 열중했으며 10년 동안 포도주를 마시지 않았다. 도시에 대기근이 닥쳤을 때는 책과 가구 등을 팔아 수익금을 가난한 사람들에게 주었다. 그의 명성이 퍼졌고 오스마의 주교는 그를 규율 의전 사제**로 임명했다. 이후, 모든 사람에게 덕의 귀감을 보인 그는 규율 의전 사제들에 의해 부원장으로 지명을 받았다. 그는 독서와 기도하는 데 전념했으며, 이웃을 구원하는 데에 온전히 할애할 수 있는 은총을 주시기를 하느님께 끊임없이 간청했다. 또한 《교부들의 담화집》(Collationes Patrum)을 열심히 읽고 높은 수준으로 깨달음을 완성시켰다.

그는 주교와 함께 툴루즈로 갔을 때, 자신을 맞이한 사람이 이단의 사악함으로 더럽혀졌음을 깨닫고 그리스도 믿음으로 개종시켰으며, 다가올 추수의 첫 곡식단으로 주님에게 바쳤다.

《몽포르 백작의 행적》(Gesta comitis Montisfortis)에서는 도미니코가 이단자들에

성
도
미
니
코

113
－
615

---

* 한국천주교회의 관례에 따라 이하에서는 '도미니코회'(Dominicani, Dominicans)라고 번역한다. － 역자 주

** 도회에 속하지는 않지만 주교좌성당이나 다른 성당에 소속되어 일반적으로 성 아우구스티노 규칙서인 하나의 규칙 아래 공동체 안에서 살고 있는 사제단의 일원

대항해 설교하던 어느 때, 이단자 한 사람에게 그들의 오류에 대해 생각해 볼 수 있도록 자신의 담론에서 사용한 논증과 증거를 기록한 종이를 주었다고 전한다. 그날 밤 그 사람은 동료 이단자들이 불 주위에 둘러앉았을 때 그 종이를 보여주었다. 동료들은 그 종이를 불 속에 던지라고 말했다. 만일 불탄다면 자신들의 믿음(자신들의 거짓 믿음)이 참되다고 증명될 것이고, 만일 종이가 불타지 않는다면 자신들은 로마 교회의 참된 믿음을 받아들일 것이라고 말했다. 그 종이는 불길 속으로 던져졌지만, 몇 분 후에 손상되지 않은 채 불 밖으로 튀어 올랐다. 모두 크게 놀라는 중에 한 사람이 소리쳤다. "그것을 다시 던지시오, 시험을 반복합시다. 그러면 그 진실에 대해 확신을 가질 수 있을 것입니다." 그 종이는 다시 던져졌고 다시 아무 탈 없이 튀어 올랐다. 그러나 그 사람이 다시 말했다. "세 번째 시도해본 다음에 그 결과를 의심 없이 받아들이도록 하자." 그 종이는 다시 불 속으로 던져졌으나 타지 않은 채 튀어나왔다. 그러나 이단자들은 고집을 꺾지 않았고, 이 사실이 알려지지 않도록 가장 엄격한 서약으로 서로를 구속했다. 그러나 참석자들 중 우리의 믿음에 마음이 끌렸던 군인 한 명이 후에 그 기적을 공개했다. 이 기적은 몽레알(Montréal) 인근에서 일어났고, 이단자들과 공식적인 토론이 개최되었던 팡주(Fanjeaux)에서도 비슷한 일이 발생했다고 한다.

오스마의 주교가 죽은 후 그의 수행원 대부분이 고향으로 돌아갔으나 도미니코는 몇 명의 동료들과 남아서 이단자들에게 하느님의 말씀을 계속 설교했다. 진리의 적들은 그를 비웃으며 침을 뱉고 진흙과 똥을 던지고, 그의 뒤에 짚으로 만든 꼬리를 달아 조롱했다. 한번은 적들이 그를 죽이려고 위협하자 겁 없이 대답했다. "나는 아직 당신들이 위협하는 죽음을 받을 만한 공로를 가지지 않았기에 순교의 영광을 받을 자격이 없습니다." 그래서 그는 적들이 매복하고 있는 장소를 지나면서 두려움 없이 흥겹게 노래를 부르며 앞으로 나아갔다. 적들이 경탄하며 말했다. "당신은 죽음에 대한 공포가 없습니까? 만약 우리가 당신을 붙잡았더라면 당신은 어떻게 했겠습니까?" 그가 대답했다. "나는 당신들에게 단순히 나를 때려서 죽이라고 요청하지 않을 것입니다. 천천히, 조금씩 조각조각 자르고, 잘린 조각들을 내 눈앞에 들어 올린 후 내 눈을 꺼내고 반쯤 죽은 내 육체를 내 핏속에 구르도록 방치하여 죽게 해달라고 부탁할 것입니다. 그렇지 않을 거라면 당신들이 원하는 대로 죽이라고 요청했을 것입니다."

한번은 극심한 가난으로 이단자들의 설득에 굴복당한 남자를 본 도미니코는 자신을 팔기로 결심했다. 그것은 자신을 팔고 얻은 값으로 그 사람의 궁핍함을 끝내고 이단의 오류에서 해방시키기 위함이었다. 만약 가난한 사람에게 달리 제공되는 하느님의 자비가 없었다면, 성인은 그렇게 하였을 것이다.

다른 때에, 한 여자는 오빠가 사라센 사람들에게 포로로 잡혀 있다고 크게 한탄하며 오빠를 구할 방법을 찾을 수 없다고 말했다. 동정심에 사로잡힌 도미니코는 자신을 팔아서 포로를 구원하겠다고 제안했지만, 하느님은 많은 포로의 영적 구원을 위해 그가 필요하다는 것을 예상하여 허용하지 않았다.

도미니코는 툴루즈(Toulouse) 지역에서 몇몇 귀부인의 손님으로 초대받아 갔는데 그 귀부인들은 이단의 오류에 빠져 있었다. 불로 불과 싸우려는 성인과 동료들은 사순 시기 동안 빵과 찬물로 단식하고 밤새도록 지켜보고 필요할 때에만 지친 팔다리를 쉬게 했다. 그리하여 귀부인들은 참된 종교가 어떤 것인지 깨닫게 되었다.

이제 도미니코는 이단자들에 대항하여 믿음을 설교하며 이곳저곳을 돌아다니는 것이 임무인 수도회 설립을 고민했다. 그는 오스마 주교가 죽은 후부터 라테란 공의회가 소집될 때까지 10년 동안 툴루즈와 주변에서 보낸 후, 툴루즈의 주교 풀코(Fulco)와 함께 로마로 가서 총회를 도왔다. 그는 자신과 후계자들을 위해 도미니코회로 불리는 수도회를 설립하려고 인노첸시오 교황의 허가를 요청했다. 교황은 당분간 허가를 보류했다. 그러던 어느 날 밤 교황은 꿈에서 폐허가 된 라테라노 대성전을 보았다. 두려움 속에 지켜보는 동안, 하느님의 사람인 도미니코가 반대편에서 달려와 자신의 어깨로 위태로운 대성전을 지탱하고 있었다.* 잠에서 깬 교황은 환시의 의미를 이해하고 기꺼이 하느님 사람의 청원을 받아들였으며, 수사들에게 돌아가 승인된 회칙 중 하나를 선택한 다음 자신에게 돌아와서 승인을 받으라고 조언했다. 그래서 도

---

* 교황 인노첸시오 3세가 라테라노 성전을 떠받치는 인물을 보았던 꿈의 환시는 성 도미니코가 아니라 아시시의 성 프란치스코와 관련된 것이다. – 역자 주

미니코는 수사들에게 돌아가서 최고의 사제장(Summus Pontifex)의 결정을 알렸다. 이에 숫자상으로 16명인 그들은 성령을 간구했고, 한마음으로 저명한 학자이자 설교자인 성 아우구스티노의 규칙서를 선택하고 이름과 행동에서 설교자가 될 것이라고 결정했다. 그리고 아우구스티노의 규칙서에 회헌(會憲, constitutiones)으로 준수되어야 하는 더 엄격한 실천을 첨가했다. 그 사이에 인노첸시오는 죽었고 호노리오가 교황으로 추대되었으며, 도미니코는 서기 1216년에 호노리오로부터 수도회의 인준을 받았다.

어느 날 그가 성 베드로 성당에서 자기 수도회의 확장을 위해 기도하고 있는 동안 사도들의 영광스러운 으뜸인 베드로와 바오로가 나타났다. 베드로는 그에게 지팡이 하나를, 바오로는 책 한 권을 주면서 말했다. "나가서 설교하라, 하느님이 이 직무를 위해 너희를 택하셨다." 순간 그는 자신의 회원들이 하나둘씩 온 세상에 흩어지는 것을 보는 것 같았다. 그래서 툴루즈로 돌아가서 수사들을 스페인, 파리, 볼로냐로 파견한 후 로마로 돌아갔다.

도미니코회가 설립되기 전인 어느 날, 한 수도승이 탈혼에 빠져 두 손을 모으고 무릎을 꿇고 인류를 위해 성자(聖子)에게 기도하는 성모 마리아를 보았다. 성자는 사랑하는 어머니에게 여러 번 저항하는 것처럼 보였고, 어머니는 계속 주장하는 것 같았다. 성자가 말씀하셨다. "사랑하는 어머니, 제가 그들을 위해 무엇을 더 할 수 있고, 또 무엇을 해야 합니까? 저는 그들에게 성조(聖祖)들과 예언자들을 보냈지만, 그들은 자신의 길을 조금도 고치지 않았습니다. 저는 직접 그들에게 갔었고 그런 다음 저의 사도들을 보냈지만, 그들은 저와 사도들을 죽였습니다. 저는 그들에게 순교자들과 학자들, 증거자들을 보냈지만 어떤 관심도 기울이지 않았습니다. 하지만 제가 당신에게 어떤 것이든 거절하는 것은 옳지 않을 것입니다. 그러니 저의 설교자를 보낼 것이고, 사람들은 설교자를 통해 깨우침을 받고 깨끗하게 될 것입니다. 만일 그렇게 되지 않는다면, 그들은 불리해질 것입니다."

시토회(Ordo Cisterciensis)의 12명의 아빠스가 이단자들과 싸우려고 툴루즈로 갔을 때, 다른 수도승이 위와 비슷한 환시를 보았다. 이 환시에서 성자(聖子)가 어머니에게 위에서 언급한 대답을 했을 때, 성모 마리아가 말했다. "사랑하는 성자님, 당신은 그들의 사악한 행동에 따라서가 아니라 당신의 자비가 지시하는 대로 그들을 대해야 합니다!" 그녀의 호소에 성자가 응답했다. "어머니의 호소로 저는 자비를 베풀어 그들을 가르칠 설교자들을 보내겠습니다. 만일 그럼에도 사람들이 자신의 길을 바꾸지 않는다면, 저는 더 이상 용서하지 않을 것입니다."

성 프란치스코의 오랜 동료인 프란치스코회원이 도미니코회의 몇몇 수사에게 들려준 이야기이다. "도미니코가 로마에서 자기 수도회의 승인을 기다리던 어느 날 밤, 공중에 높이 솟은 3개의 창을 들고 세상에 휘두르는 그리스도를 환시로 보았습니다. 그분의 어머니는 성자에게 달려가서 무엇을 하려는지 묻자 그분은 "온 세상이 교만, 욕정, 탐욕의 세 가지 악덕으로 가득합니다. 그러니 저는 이 3개의 창으로 그 악덕을 파괴할 것입니다."라고 대답하셨다. 성모 마리아는 무릎을 꿇고 말했다. "사랑하는 성자님, 자비를 베푸소서, 자비로 당신의 정의를 누그러뜨리십시오!" 그리스도: "어머니는 그들이 저에게 가하는 잘못들이 보이지 않습니까?" 마리아: "나의 성자님, 분노를 억제하고 잠시만 기다리십시오! 제게는 충성하는 종과 용감한 전사가 있어 온 세상을 두루 다니며 악덕을 정복하고 당신의 통치에 복종시킬 것입니다! 그리고 저는 그를 도와줄 다른 종을 그에게 줄 것입니다. 그 사람은 충성스럽게 싸울 것입니다." 그리스도: "당신의 간청으로 노여움이 가라앉았지만, 당신이 그토록 높은 운명에 맡기기를 원하는 그 사람들을 본다면 기쁠 것입니다." 이에 성모는 성 도미니코를 그리스도에게 바쳤다. 그리스도: "이 사람은 훌륭하고, 강한 전사이며 당신이 말한 모든 것을 열성적으로 수행할 것입니다." 그런 다음 그녀는 성 프란치스코를 그분에게 데려왔고, 그리스도는 도미니코를 최고의 사람으로 칭찬했다. 성 도미니코는 자신이 이전에는 알지 못했던 이 협력자 프란치스코를 연구했고, 다음 날 성당 안에서 프란치스코를 알아보았다. 도미니코는 서둘러 그에게 다가가 껴안으며 다정하게 말했다. "당신은 저의 동료입니다. 당신은 저와 함께 계속 달릴 것입니다. 우리가 일치하여 우리에게 대항하는 어떤 적수도 승리하지 못하도록 합시다." 그런 다음 프란치스코에게 앞서 언급한 환시에 대해 자세하게 말했다. 그 이후로 그들은 주님 안에서 한마음과 한 영혼을 가졌고, 그들은 자신들을 따르는 사람들은 영원히 같은 조화 안에서 살아야 하는 것을 하나의 규칙으로 만들었다.

도미니코는 아풀리아(Apulia) 출신의 젊은이를 자신의 수도회에 수련자로 받았지만, 그 젊은이의 일부 친구는 그가 다시 일상으로 돌아오기를 권했다. 이 소식을 들은 성 도미니코는 즉시 기도했다. 젊은이는 친구들이 강제로 자신의 수도복을 벗기고 셔츠를 입히자, 큰 소리로 외쳤다. "도와줘! 나는 불타고 있고 완전히 소멸되었어! 빨리 저주받은 이 셔츠를 벗겨줘! 셔츠가 나를 산 채로 불태우고 있어!" 그는 셔츠를 벗고서야 진정할 수 있었고 다시 수도복을 입고 수도원으로 돌아왔다.

성 도미니코가 볼로냐(Bologna)에 있을 때, 잠자리에 든 한 수사가 악마에게 시달렸다. 수사의 스승 로잔의 레이네리오(Reynerius Lausanensis) 수사는 이 상황을 도미니코에게 조심스럽게 보고했다. 도미니코는 그 수사를 성당으로 옮기고 제대 앞에 앉히라고 했다. 수사 10명이 간신히 그를 데려왔을 때, 도미니코는 악마에게 말했다. "이 몹쓸 놈, 왜 하느님의 창조물을 괴롭히는지, 어떻게 이 사람 안에 들어갔는지 말하기를 명령한다!" 악령: "그가 그럴만 하기 때문에 고문합니다. 그는 어제 마을에서 포도주 위에 십자성호를 긋지 않고 술을 마셨습니다. 그래서 저는 모기의 모습으로 포도주에 들어갔고, 그가 나를 포도주와 함께 마셨습니다." 그렇게 그 수사가 이 잘못으로 죄가 있음이 확인되었다. 이 모든 것이 진행되는 동안 조과(matutinum)를 위한 첫 번째 종이 울렸고, 종소리를 들은 악마가 말했다. "수사들의 우두머리가 일어났기에 저는 더 이상 이곳에 있을 수 없습니다!" 이렇게 하여 성 도미니코의 기도로 그 악령은 그 수사에게서 강제로 쫓겨났다.

성인이 툴루즈 부근의 강을 건너고 있었는데, 보자기에 싸여있지 않던 책이 물에 빠졌다. 3일 후 낚시를 하던 어부가 큰 물고기를 낚았다고 생각하며 끌어 올렸지만, 물고기가 아니라 마치 벽장 안에 조심스럽게 넣어둔 것처럼 젖지 않은 책이었다.

어느 날 밤 도미니코는 수사들이 잠자리에 든 후 수도원 문 앞에 도착했다. 성인은 수사들의 휴식을 방해하고 싶지 않았다. 그는 기도한 후 동료 수사들과 함께 잠긴 문을 통해 들어갔다. 한번은 시토회 수사와 함께 이단자들과 싸우다가 저녁에야 한 성당에 도착했고 그곳이 닫혀 있는 것을 발견한 것과 관련이 있다. 그러나 성인은 기도했고, 그들은 갑자기 성당 안에 있음을 깨달았고, 기도로 밤을 지새웠다.

그는 여행의 피로를 풀고 환대를 받기 전에 샘에서 갈증을 푸는 것이 습관이었다. 초대받은 집에서 평소보다 덜 먹기 위함이었다.

육체의 유혹으로 고통받던 학자가 어떤 축일 미사에 참여하려고 그 수도회의 수도원에 왔다. 그날 미사 집전자는 도미니코였다. 봉헌을 위한 시간이 왔을 때, 학자는 앞으로 나아가 깊은 신심으로 그 성인의 손에 입맞춤했다. 입맞춤할 때 그 손에서 나오는 향기는 그동안 경험해 보지 못한 향긋한 향기임을 느꼈다. 그 후 그 사람의 육체적인 격정이 식어서, 자만심이 강하고 음란했던 그 젊은 학자는 순결하게 되었다. 그 사람의 육체에서 나는 향기는 영혼의 모든 더러움을 몰아냈으며 그의 육체를 경이롭게 한 순수함과 순결함은 얼마나 위대한가!

도미니코와 수사들이 설교할 때의 열정을 본 한 사제는 자신의 설교를 위해 필요한 신약성경을 구할 수만 있다면 그들과 합류하기를 희망했다. 사제가 이런 생각을 하고 있을 때, 한 젊은이가 성경을 가지고 와서 팔겠다고 제안하자 기쁜 마음으로 성경을 샀다. 그러나 사제는 조금 머뭇거리다가 하느님께 기도를 하고 그 책 표지에 십자성호를 하고 펼쳤다. 그의 눈에 가장 먼저 들어온 것은 사도행전 10장이었고,* 성령이 베드로에게 말했던 부분을 읽었다. "일어나 내려가서 주저하지 말고 그들과 함께 가거라. 내가 그들을 보냈다."(사도 10, 20) 사제는 즉시 수사들과 합류했다.

그 당시 툴루즈에는 신학 지식으로 명성이 높은 스승이 있었다. 그 사람은 어느 날 아침, 강의를 준비하던 중에 잠깐 잠이 들었고 자신에게 제공되는 7개의 별을 환시로 보았다. 그곳 별들은 온 세상을 밝힐 때까지 크기와 수가 커졌다. 스승은 이 의미를 궁금해하며 잠에서 깼다. 보라! 그가 학교에서 수업을 시작할 때, 성 도미니코와 6명의 수사들이 같은 수도복을 입고 겸손하게 다가와 수업에 참석하기를 원한다면서 신청서를 제출했다. 그는 자신이 본 환시의 의미가 이 7개의 별임을 깨달았다.

하느님의 사람 도미니코가 로마에 있을 때, 오를레앙의 성 아미아노(Sanctus

* 라틴어본에는 없는 내용이다. － 역자 주

Amianus Aurelianensis)의 학부장(decanus)이자 5년 동안 파리에서 교회법을 가르쳤던 스승 레지날도(Reginaldus)가 오를레앙의 주교와 함께 로마로 왔다. 레지날도는 모든 것을 버리고 설교에 헌신할 생각이었지만, 이 바람을 실현할 방법을 몰랐다. 레지날도의 열망을 들은 한 추기경이 도미니코회의 설립에 대해서 알려주었다. 레지날도는 도미니코를 불러 자신의 의도를 알리고 수도회에 입회하기로 했다. 그러나 그는 살아날 가망이 없는 매우 심각한 열병에 걸렸다. 성 도미니코는 인내하며 기도를 계속했고 수도회의 특별 수호자로서 자신에게 수도회의 관리를 맡긴 성모 마리아에게 잠깐이라도 자신에게 그 스승을 주시기를 간청했다.

죽음을 기다리던 레지날도는 두 명의 아름다운 처녀를 거느리고 자신에게 오는 자비의 여왕을 보았다. 여왕은 그에게 미소 지으며 말했다. "당신이 원하는 무엇이든지 구하십시오. 내가 당신에게 줄 것입니다." 무엇을 청할지 곰곰이 생각하던 중에, 그 처녀 중 하나가 요청하지 말고 자비의 여왕에게 완전히 맡기라고 조언했다. 레지날도는 그렇게 했다. 여왕은 자신의 순결한 손을 내밀어 귀와 콧구멍, 손과 발에 그녀가 가져온 효험 있는 연고를 바르고 각각의 기름부음을 할 때마다 적절한 경문을 말했다. 여왕이 허리에 도유할 때 말했다. "당신의 허리에 순결의 띠를 띠게 하소서.", 발에 도유할 때는 "평화의 복음에 대한 준비에서 발에 성유를 바른다."라고 말했다. 그리고 다음과 같이 덧붙였다. "3일 후에 너의 건강을 완전히 회복시켜 줄 연고 한 병을 보낼 것이다." 그리고 수도복 하나를 보여주었다. "봐라, 이것이 너의 수도회의 수도복이다." 이와 똑같은 환시가 기도하고 있던 복된 도미니코에게도 왔다.

다음 날 도미니코는 레지날도를 방문했을 때 건강을 완전히 회복한 그를 보았다. 도미니코는 스승의 환시에 대해 모두 들었고 성모 마리아가 보여주었던 의복을 받아들였다. 수사들은 중백의(中白衣)를 입고 있었다. 세 번째 날에 하느님의 어머니가 오셔서 레지날도의 몸에 기름을 부으셨고, 그는 열병의 열뿐만 아니라 욕정의 불도 꺼졌다. 후에 그는 더 이상 어떤 성욕도 느끼지 않았다고 고백했다. 또한, 병자 간호 기사수도회(Ordo Hospitalarius)의 한 수도자가 도미니코가 있는 곳에서 두 번째 환시를 자기 눈으로 보고 놀랐다. 레지날도의 죽음 후 도미니코는 많은 수사에게 그 환시에 대해 말했다. 한편, 레지날도는 볼로냐로 가서 설교에 전념했고, 수사들의 수도 두드러지게 증가했다. 그 후 그는 파리로 가서 며칠 후 주님 안에서 잠들었다.

포사노바의 스테파노(Stephanus de Fossa Nova) 추기경의 조카가 말과 함께 시궁창에 곤두박질쳐 죽었으나 도미니코에게 옮겨진 후 그 성인의 기도로 소생했다. 그리고 한 뛰어난 건축가가 수사들의 안내를 받아 성 식스토의 성당 지하 묘소(crypta)로 갔으나 폐허가 된 천장이 무너져 잔해에 깔려 죽었다. 그러나 하느님의 사람 도미니코가 시신을 지하 묘지에서 꺼내게 했고, 기도로 그 사람의 생명과 건강을 회복시켰다.

어느 날 같은 성당에서 살던 40여 명의 수사는 매우 적은 양의 빵이 남았다는 것을 깨달았다. 성 도미니코는 그들이 가진 적은 빵을 식탁 위에 놓고 작은 조각으로 나누라고 명령했다. 각 수사들이 기쁨으로 한 조각씩 쪼개고 있는 동안, 두 젊은이가 빵으로 가득 찬 외투 주머니를 목에 걸고 들어왔다. 그들은 하느님의 사람인 도미니코가 앉았던 식탁 머리에 조용히 빵을 놓고 갑자기 사라졌다. 그들이 어디서 왔고 어디로 갔는지 아무도 찾지 못했다. 도미니코는 모든 수사에게 말했다. "나의 형제들이여, 이제 드십시오!"

어느 날 여행 중이던 성인은 갑자기 비가 억수같이 쏟아지자 십자성호를 그었고, 마치 십자가가 일종의 덮개인 것처럼 그와 그의 동료들에게 비를 막아주었다. 비록 땅은 심한 폭우로 범람했지만, 그들의 3큐빗(cubit)*내에는 비가 한 방울도 떨어지지 않았다.

한번은 성인이 툴루즈 인근의 강을 배를 타고 건너갈 때 사공이 뱃삯을 요구했다. 성인은 자신이 그리스도의 제자이고 금이나 돈을 가지고 다니지 않는다며 뱃삯으로 하늘나라를 약속했다. 그러나 뱃사공은 도미니코의 망토를 잡아당기며 말했다 "요금을 내지 않으려면 이 망토를 넘기시오!" 하느님의 사람은 하늘을 우러러 잠시 마음속으로 기도하다가 아래를 내려다보니 그의 발에 동전이 놓여 있는 것을 보았다. 그것은 틀림없이 하느님의 뜻에 의한 것이었다. 도미니코는 "형제여, 당신이 요구하는 것이 여기 있습니다. 동전을 가져

---

* 라틴어본에는 "3큐빗"(137. 16cm)이라고 되어 있지만, 영어본에는 "3 혹은 4인치"(60.96 or 91.44cm)로 되어 있다. 여기서는 라틴어본에 따른다. – 역자 주

가고 나를 가게 해주십시오."라고 말했다.

또 다른 그의 여행에서 거룩한 삶과 뜻이 맞는 다른 수도회 사람들에 합류하게 되었는데, 그들은 완전히 다른 언어를 쓰고 있었다. 도미니코는 거룩한 생각을 나눌 수 없다는 사실에 안타까웠고, 주님에게 자신들이 대화할 때 서로 상대방의 언어를 말할 수 있게 해 달라고 기도했다. 그래서 그들은 함께 여행하는 3일 동안 다른 언어로 말했지만, 서로를 충분히 이해했다.

한번은 많은 악령이 들린 사람이 도미니코에게 왔다. 성인은 축복된 영대(領帶)를 잡고 한쪽 끝은 자신의 목에, 다른 쪽은 그 사람의 목에 두르고 악령들에게 그 사람을 더 이상 괴롭히지 말라고 명령했다. 그러자 악령들은 남자의 몸 안에서 고문을 받기 시작했고 비명을 질렀다. "저희를 놓아주십시오! 왜 당신은 저희를 강제로 이곳에 머물게 하고 고문을 가하십니까?" 도미니코: "네가 다시는 이 사람에게 들어가지 않겠다는 증빙을 나에게 줄 때까지 너희들을 보내지 않을 것이다." 악령들: "누가 우리를 위해 보증을 서 주겠습니까?" 성인: "이 성당 안에서 시신으로 쉬고 있는 거룩한 순교자들이다!" 악령들: "저희가 받아야 할 벌로 인해 저희는 그들을 보증인으로 세울 수 없습니다." 성인: "너희들이 그렇게 하지 않으면 결코 너희를 고통에서 풀어주지 않을 것이다." 이에 악령들은 잠시 생각한 후에 대답했다. "저희의 하찮음에도 불구하고 거룩한 순교자들이 저희의 보증인이 될 것입니다." 성인은 이것을 확인해 줄 표징을 요구했고, 악령들이 대답했다. "순교자들이 보관된 관(棺)으로 가보십시오, 머리 방향이 바뀌어 있는 것을 발견할 것입니다." 그리고 악령들의 말이 사실임이 판명되었다.

한번은 도미니코가 설교할 때, 이단의 오류로 인도되었던 몇몇 여자들이 그의 발 앞에 엎드려 말했다. "하느님의 종이시여, 저희를 도와주십시오! 만일 당신의 설교가 진실이라면, 저희 마음은 오랫동안 오류로 눈이 멀었습니다." 성인은 대답했다. "선한 마음을 가지고 잠시 기다리다 보면 당신들이 따랐던 신의 실체를 볼 것입니다." 즉시 그들은 자신들 가운데에서 흉측한 고양이가 뛰어나오는 것을 보았다. 고양이는 큰 개만큼 컸고, 거대하고 불타오르는 눈, 배꼽까지 닿는 길고 넓은 피투성이의 혀를 가졌고, 짧은 꼬리가 서 있어 어느 쪽으로든 몸을 돌리면 뒷부분의 오물이 드러났고 심한 악취를 내뿜었다. 고양이가 한참을 더러운 자취를 풍기며 그 여자들 주변을 맴돈 후, 종 당김줄을 타고 종탑 속으로 사라졌다. 여자들은 감사를 드리고 가톨릭 신앙 으로 개종했다.

성 도미니코는 툴루즈에서 많은 이단자에게 유죄를 선고하고 그들은 산채 로 화형을 받았다. 그들을 대충 훑어본 성인은 라이문도(Raymundus)라는 사람 을 본 후 사형집행인들에게 말했다. "저 사람은 살리십시오" 그런 다음 그는 라이문도에게 몸을 돌려 친절하게 말했다. "나는 안다, 나의 아들아, 비록 몇 년은 더 걸릴지라도, 어느 날 너는 선한 사람이자 성인이 될 것이다!" 그래서 라이문도는 석방되었으나 20년 동안 이단을 고집했다. 그런 다음 개종한 그는 도미니코회에 입회했고, 경탄할 만한 삶을 살다가 행복한 죽음을 맞이했다.

도미니코가 몇몇 수사들과 함께 스페인에 있을 때, 환시에서 형제 수사들 을 삼키려 하는 무시무시한 용을 보았다. 환시의 의미를 이해한 성인은 수사 들에게 믿음을 굳건히 하라고 권고하였으나, 후에 아담 수사와 두 명의 수사 를 제외하고 모두 떠났다. 성인은 남은 한 사람에게 다른 사람들처럼 떠나기 를 원하는지 물었다. 그 사람이 대답했다. "사부님, 하느님은 제가 머리를 떠 나 발을 따라가는 것을 금하셨습니다." 성인은 기도했으며, 그 기도를 통한 잠 깐 시간에 떠났었던 사람 거의 모두를 개심시켰다.

도미니코가 로마의 성 식스토 성당에서 수사들과 함께 있을 때 갑자기 성 령이 그에게 왔다. 그는 수사들을 참사회에 불러서 그들 중 두 명은 육체의 죽 음, 두 명은 영혼의 죽음을 맞이할 것이라고 선언했다. 그리고 얼마 지나지 않 아 두 명의 수사는 주님에게로 이주했고, 다른 두 사람은 수도회를 떠났다.

도미니코가 볼로냐에 있을 때, 그곳 수사들은 튜턴족의 콘라도(Conradus Teutonicus)라고 하는 스승이 수도회에 입회하기를 열망했다. 복되신 마리아의 승천 축일의 전야에 성인은 카사 마리애(Casa Mariae)의 시토회 수도원 원장에게 비밀스럽게 말했다. "원장님, 저는 제가 다른 사람에게 말한 적 없는 것을 말 하려고 합니다. 당신은 제가 살아있는 한 아무에게도 말하지 않아야 합니다. 저는 제가 현세에서 소원대로 얻지 못한 것을 결코 하느님께 요청드린 적이 없었습니다." 원장은 자신이 성인에 앞서서 자기 삶의 끝이 올지도 모른다고 언급하였지만, 예언의 영에 움직인 도미니코는 원장에게 오히려 오래 살 것이라고 말했다. 그리고 다음은 그것이 밝혀지는 방법이다. 수도원 원장: "사부님, 형제들이 스승 콘라도가 수도회에 들어오기를 간절히 원하니 하느님께 청하십시오." 도미니코: "훌륭한 수사님, 당신은 매우 어려운 것을 요구하고 있습니다!" 그러나 저녁기도 시간 후에 모든 사람이 쉬러 갔지만, 도미니코는 성당에 남아서 평소처럼 밤새도록 기도했다.

아침이 되었고, 공동체가 일시경(一時經, Prima)을 위해 함께 성당에 와서 선창자가 찬미가 "새벽녘 이미 밝았으니"(Jam lucis orto sidere)를 읊조렸을 때, 새 빛의 새 별이 될 사람이었던 스승인 콘라도가 갑자기 와서 성 도미니코의 발치에 엎드리고 수도복을 받도록 간청했다. 그에게 즉시 수도복이 주어졌다. 그 후 수도회 내에서 그보다 더 신앙심이 깊은 수도자는 없었고, 가르침을 더 잘 받은 스승도 없었다. 그리고 마침내 죽음을 앞둔 콘라도가 눈을 감았을 때, 수사들은 그가 이승을 하직하였다고 생각했으나 갑자기 눈을 뜨고 수사들을 둘러보며 말했다. "주님께서 여러분과 함께!"(Dominus vobiscum). 그들은 "또한 당신의 영과 함께!"(Et cum spiritu tuo)라고 대답했다. 콘라도는 "신자들의 영혼이 하느님의 자비로 평화의 안식을 얻게 하소서."(Fidelium animae per misericordiam Dei requiescant in pace)라고 덧붙이고 주님 안에서 잠들었다.

하느님의 종인 도미니코에게는 연민이나 동정심으로 움직일 때를 제외하고는 확고한 정신적인 평정이 있었다. 그리고 즐거운 마음은 기쁜 얼굴을 만들기에 그는 외적인 온유함으로 내적 평정을 나타냈다. 낮에 그가 동료 수사들과 함께 있을 때, 그보다 더 상냥한 사람은 없었다. 밤 시간에 환시와 기도에 이보다 더 꾸준한 사람은 없었다. 그리하여 낮은 이웃에게, 밤은 하느님께 바쳤다. 그는 눈물의 샘이 있는 것처럼 눈물을 흘렸다. 종종 주님의 몸이 미사 중에 올려졌을 때, 그는 육신으로 현존하는 그리스도를 바라보고 있는 동안 영혼의 탈혼(ecstasy)에 사로잡혔다. 그는 이런 이유로 다른 사람들과 함께 미사에 참여하지 않았다. 그는 성당에서 밤을 새우는 습관이 있었고, 그래서 휴식을 취하기 위한 장소에 있는 일이 거의 없어 보였다. 그리고 피로함이 그를 덮쳐 잠을 자야할 때면 잠깐 제대 앞에 눕거나 돌 위에 머리를 얹었다. 밤이면 자기 자신을 위해, 아직 이승에 있는 죄인들을 위해, 연옥에서 고통받고 있는 사람들을 위해 세 번, 쇠사슬로 자기 자신을 징계했다.

그는 한때 콘세라노(Conserano)의 주교로 선출되었으나 수락을 거부했으며, 차라리 세상을 떠나는 것이 더 나을 것이라고 선언했다. 그리고 때때로 카르카손(Carcassonne) 교구에 있을 때, 그가 왜 툴루즈 교구에 좀 더 머물지 않는지에 대한 질문에 대답했다. "툴루즈에서는 나를 존경하는 사람들이 많이 있지만, 카르카손에서는 모든 사람이 나를 공격하기 때문입니다." 그리고 어떤 사람이 그에게 그가 가장 많이 공부한 책이 무엇이냐고 물었을 때, 그는 "사랑의 책에서"(in the book of love)라고 대답했다.

어느 날 밤 하느님의 사람 도미니코가 볼로냐에 있는 자신의 성당에서 기도하고 있을 때, 악마가 수사로 가장하여 나타났다. 수사라고 생각한 성인은 그에게 다른 사람들과 함께 쉬러 가라고 고개를 끄덕여 허락하였으나, 악마는 같은 표시를 하면서 그를 놀렸다. 자신의 명령을 가볍게 대하는 사람이 누구인지 알고 싶었던 성인은 등잔에 촛불을 켜서 그 사람의 얼굴을 본 후에 악령인 것을 알아보았다. 도미니코가 악령을 격렬하게 책망했고, 악마는 침묵의 규칙을 깨뜨린 그를 질책했다. 그러나 성인은 수사들의 스승으로서 말하는 것이 허락되었다고 선언한 후, 성가대에서 어떻게 수사들을 유혹했는지 말하라고 명령했다. 악령: "저는 그들을 늦게 오고 일찍 떠나게 만들었습니다!" 도미니코는 악마를 공동침실로 이끈 후 수사들을 어떻게 유혹하였는지 물었다. 악령: "오래 자게 하고 늦게 일어나게 해서 성무일과를 잊게 하였으며 그들에게 불결한 생각들을 줍니다." 다음에 식당에서 도미니코는 같은 질문을 했다. 악마는 식탁 사이를 뛰어다니며 말했다. "더 많이, 더 많이!" 도미니코는 그것이 무엇을 의미하는지 질문했고, 악마가 대답했다. "어떤 수사는 매우 많이 먹도록 유혹하여 탐식으로 죄를 짓게 하고, 다른 사람들은 너무 적게 먹도록 유혹하여 하느님을 섬기는 일과 규칙을 지키는 데 약하게 만듭니다." 도미니코는 악령을 응접실로 이끈 후 다시 물었다. 악마는 자신의 혀를 빨리 굴려 기묘한 소리로 혼란스럽게 했다. 무엇을 의미하는 물어보자 악마가 대답했다. "이 장소는 전적으로 제 것입니다! 수사들이 이야기하려고 이곳에 올 때, 그들이 동시에 모든 것을 지껄이게 하고, 쓸데없는 말로 서로를 혼란시키고, 다른 사람이 말하는 것을 들으려고 기다리지 않도록 유혹합니다." 마지막으로 성인은 적대자를 참사회 방으로 이끌었지만, 악마는 들어가려고 하지 않고 말했다. "저는 결코 그곳으로 들어가지 않을 것입니다! 그곳은 저에게 저주의 장소, 지옥입니다! 제가 다른 곳에서 얻은 모든 것을 그곳에서 잃을 것입니다! 제가 어떤 수사에게 태만하게 하는 잘못을 저지르게 하였으면, 수사는 이 저주받은 곳으로 와서 모든 사람 앞에서 잘못을 인정하면서, 자신의 잘못을 직접 깨끗이 합니다. 그들은 이곳에서 꾸지람을 듣고 자백하고 비난받고 호되게 야단맞고 용서받습니다! 그래서 저는 다른 곳에서 승리하여 매우 행복했던 모든 것을 잃게 됩니다!" 그리고 악마는 사라졌다.

마침내 지상 순례 기간의 끝이 다가왔을 때, 당시 볼로냐에 있던 성 도미니코는 심각한 병에 걸렸다. 자신의 소멸이 임박했음을 환시에서 보았고, "오라, 나의 사랑하는 사람아, 기쁨으로 와라, 오라!"라고 말하는 아름다운 젊은이를 보았다. 그래서 성인은 볼로냐에 있는 수도원의 12명의 수사를 모두 불러 유언을 남겼다. 성인은 말했다. "내 아들들에게 상속하는 것처럼, 내가 여러분에게 물려주려는 것은 자선을 베풀고 겸손을 지키고 가난을 지니라는 것입니다!" 성인은 누구든지 자신의 수도회에서 세속적인 재산을 지니는 것을 엄하게 금지했고, 세상의 재물의 더러움으로 도미니코회를 손상하려는 사람에게 전능하신 하느님의 무서운 저주와 자신의 저주를 걸었다. 그리고 수사들이 그에게서 버림받는다는 것에 한없이 슬퍼하고 있을 때, 성인은 부드럽게 위로하며 말했다. "내 아들들아, 내가 육신을 떠나는 것에 괴로워하지 마라. 내가 살아있는 것보다 죽어서 너희를 섬기는 것이 더 나을 것이다!" 그리하여 그의 마지막 시간이 다가왔고 1221년 주님 안에서 잠들었다.

그의 죽음은 후에 그 도시의 주교가 될 브레시아(Brescia)에 있는 도미니코회 수사들의 원장 괄리스(Gualis)에게 계시되었다. 괄리스는 수도원 종탑에 있는 벽에 기대어 가벼운 잠에 빠졌고, 하늘이 열리고 두 개의 하얀 사다리가 땅으로 내려지는 것을 보았다. 하나는 그리스도가, 다른 하나는 성모 마리아가 잡고 있었다. 그리고 천사들이 기쁘게 오르고 내려왔다. 그 사다리들 사이 맨 아래에는 머리를 가린 한 수사가 앉아 있었다. 예수와 성모는 그 수사가 하늘로 들어 올려지고 그의 뒤에서 열리고 닫힐 때까지 사다리를 끌어 올렸다. 괄리스는 즉시 볼로냐를 향해 떠났고, 도미니코가 자신의 환시가 있던 그 시간에 죽었다는 것을 들었다.

라오(Rao) 수사가 사부가 죽은 바로 그 시간에 미사를 봉헌하러 티부르(Tibur)에 있는 제대로 갔다. 그는 볼로냐에서 성인이 앓고 있다는 것을 들었었고, 미사 경문에서 살아있는 사람을 기억하는 부분에 이르렀을 때 성인의 회복을 위해 기도하려고 했다. 그때 탈혼에 빠졌고, 금으로 된 월계관을 쓰고 놀라운 빛으로 빛나는 하느님의 사람 도미니코가 두 명의 공경하올 사람과 함께 왕도(王道)를 따라 볼로냐에서 출발하는 것을 보았다. 라오는 날짜와 시간을 기록했으며, 환시가 있던 그 시간에 도미니코가 이승을 떠났음을 알게 되었다.

그의 시신이 오랫동안 지하에 묻혀있었고, 그의 기적이 날로 증가하여 그의 거룩함을 더 이상 숨길 수 없을 때, 신자들의 신심은 성인의 유해를 좀 더 영예로운 장소로 이전하도록 이끌었다. 엄청난 노력과 철제 도구들을 사용하여 회반죽(mortarium)을 부수고 돌을 제거하고 석관을 열었을 때, 무덤이 아니라 향수 창고처럼 매우 달콤한 냄새가 났다. 어떤 향기로운 냄새보다도 강하고, 자연적인 향기와는 달랐다. 그 향기는 거룩한 시신의 뼈와 관뿐만 아니라, 그 주변에 쌓여 있는 흙에도 스며들어 후에 그 흙을 다른 장소로 옮겼을 때도 오랫동안 향기를 유지했다. 또한, 유해를 만졌던 수사들의 손에도 향이 배어 아무리 손을 씻고 문질러도 향기가 남았다.

헝가리 지역의 한 귀족이 아내와 어린 아들과 함께 실론(Silon)에 보존되어 있는 성 도미니코의 유해를 방문하려고 왔다. 그러나 아들은 병에 걸려 죽게 되고, 아버지는 아들의 시신을 성인의 제대 앞으로 옮긴 후 "성 도미니코님, 저는 즐거운 마음으로 당신에게 왔다가 슬퍼하며 떠납니다. 저는 아들과 함께 왔다가 아이를 잃고 집으로 돌아갑니다. 간청하오니 제 마음의 기쁨을 돌려주십시오!"라고 말하며 애통해했다. 그리고 자정이 되자 그 어린이는 되살아나서 성당 안을 돌아다녔다.

다른 때에 헝가리의 귀족 부인의 젊은 노예가 낚시를 하다가 강에 빠져 익사했고, 시신은 한참 후에 발견되었다. 귀부인은 성 도미니코에게 노예를 소생시켜 달라고 기도했고, 보답으로 성인의 유해를 공경하러 맨발로 갈 것이고 노예에게 자유를 주겠다고 약속했다. 그 젊은이는 즉시 소생했고 귀부인은 자신의 서약을 이행했다.

헝가리의 같은 지역에서 한 남자가 아들의 죽음에 비통하게 울며 성 도미니코에게 아들을 살려달라고 간청했다. 닭이 울 때 죽었던 소년이 눈을 뜨고 아버지에게 말했다. "아버지, 어째서 제 얼굴이 젖어 있는 것입니까?" 아버지: 아들아, 이 아버지의 눈물이 너의 얼굴 위에 떨어졌단다. 네가 죽었기에 나는 모든 기쁨을 잃고 홀로 남아 슬픔의 눈물을 흘렸기 때문이다." 아들: "아버지, 아버지는 많은 눈물을 흘렸지만, 성 도미니코가 아버지의 비탄을 불쌍히 여겨 성인의 공로로 제가 다시 살아날 수 있었습니다."

18년 동안 병들고 맹인으로 누워있던 남자가 성 도미니코의 유해를 방문하기를 원했다. 침대에서 일어난 그는 갑자기 힘이 솟는 것을 느끼며 길을 떠났고, 날이 갈수록 몸과 시력이 좋아져 마침내 목적지에 도착했을 때는 그동안 앓았던 질환이 완전히 치유되었다.

또 헝가리에서 한 부인이 성 도미니코를 기념하여 미사를 봉헌하기를 원했으나, 미사 시간이 다가왔을 때 사제가 한 명도 없었다. 그래서 그녀는 준비한 초 3개를 깨끗한 수건으로 싸서 꽃병에 담았다. 그녀는 잠시 자리를 비웠다가 돌아와 보니 초를 감싼 수건이 조금도 훼손되지 않은 채 촛불이 밝게 타고 있었다. 많은 사람이 이 대단한 광경을 보려고 달려왔고, 사람들은 초가 모두 탈 때까지 몸을 떨면서 서서 기도했다.

볼로냐에서 학자 니콜라오(Nicolaus)는 허리와 무릎의 지독한 고통으로 왼쪽 허벅지가 심하게 약해져 침대를 벗어날 수 없었고 치유의 모든 희망을 잃었었다. 그래서 하느님과 복된 도미니코에게 자신을 봉헌했다. 그런 다음 초에 사용되는 실로 자신의 전장(全長)을 재어 몸과 목, 가슴 주변에 실을 감았다. 실로 무릎을 묶고, 예수와 도미니코의 이름을 각각 부를 때마다 고통에서 벗어남을 느꼈고 "나는 해방되었다!"라고 외쳤다. 그리고 기쁨의 눈물을 흘리며 목발도 없이 성 토미니코의 시신이 안치된 성당으로 갔다. 그 도시에서 하느님은 자신의 종 도미니코를 통해 셀 수 없이 많은 기적을 행했다.

시칠리아의 아우구스타(Augusta)에 결석으로 고통을 받던 소녀가 그것을 도려내려고 했다. 이 위험한 상황에서 소녀의 어머니는 하느님과 성 도미니코에게 딸을 맡겼다. 다음 날 밤에 성인이 소녀에게 나타나 그동안 심한 고통을 주던 결석을 소녀의 손에 두고 떠났다. 잠에서 깬 소녀는 자신이 치유되었음을 깨닫고, 어머니에게 결석을 주며 환시에 대해 말했다. 어머니는 그 결석을 수사들의 집으로 가져가, 이 위대한 기적을 기념하려고 성 도미니코의 상 앞에 결석을 매달았다.

아우구스타 시에서 몇몇 여자들이 성당에서 열린 복된 도미니코의 이전(移轉) 축일을 위한 장엄 미사에 참석한 후, 집으로 가는 길에 문간에서 양털을 짜고 있는 한 여자를 보았다. 그들은 이렇게 위대한 사부의 축일에 파공(罷工)을 삼가지 않은 그녀를 너그럽게 꾸짖었다. 그러나 여자는 분개하여 쏘아붙였다. "수사들의 애완 동물들아, 너희 성인의 축일은 너희들끼리나 지켜라!" 즉시 여자의 눈은 가려운 종양에 감염되었고 이웃 여자가 그중 18개를 떼어낼 때까지 벌레가 꿈틀거리며 빠져나왔다. 여자는 고통 속에 양심의 가책을 느끼며 수사들의 성당으로 가서 자신의 죄를 고백하고, 결코 다시는 하느님의 종 도미니코를 비방하지 않고 경건하게 성인의 축일을 준수하겠다고 서약했다. 그녀는 즉시 건강을 회복했다.

트리폴리(Tripoli)에 있는 막달레나의 이름을 따서 명명된 수도원에 마리아라는 수녀가 있었다. 중병에 걸린 수녀는 감염된 다리로 인해 5개월 동안 심한 고통을 받았고 그녀의 죽음은 시시각각 예상되었다. 수녀는 생각을 정리하고 기도했다. "사랑하는 주님, 저는 당신께 기도하거나 당신의 말씀을 들을 자격이 없습니다. 그러나 저는 복된 도미니코에게 간구합니다. 저의 중개자가 되어 저를 위해 회복의 축복을 얻게 해주기를 저의 주님께 청해 주십시오." 오랫동안 울면서 기도하던 수녀는 탈혼에 완전히 몰입했고 두 명의 수사들과 함께 있는 성 도미니코를 보았다. 도미니코는 수녀의 침대 주변에 드리워진 커튼을 당기고 말했다. "왜 너는 치료를 열망하는 것이냐?" 수녀: "나으리, 그래서 저는 좀 더 경건하게 하느님을 섬길 수 있으려는 것입니다." 그러자 성인은 자신의 망토 아래에서 놀랍도록 향기로운 연고를 꺼내어 그녀의 다리에 발랐다. 그리고 다리는 즉시 치유되었다. 그런 다음 도미니코는 말했다. "이 연고는 매우 귀하고, 매우 달콤하여 보존하기 매우 어렵다." 수녀는 그 의미를 물었고, 성인이 대답했다. "이 연고는 사랑의 표징이며 사랑은 돈으로 살 수 없고, 하느님의 모든 은사에서 사랑보다 더 좋은 것은 없기에 귀중한 것이다. 사랑보다 더 달콤한 것은 없기에 달콤하며, 만일 세심한 주의로 지키지 않으면 금방 잃어버리기 때문에 보존하기 어렵다."

그날 밤 도미니코는 공동 침실에서 자고 있던 마리아 수녀의 자매에게 나타나 말했다. "내가 너의 자매를 고쳤다." 그녀는 즉시 달려가 건강해진 자매를 확인했다. 한편 마리아는 자신의 다리가 기름 부어졌음을 알고 비단 천으로 경건하게 말렸다. 그녀가 자신의 여자 아빠스와 고해 신부, 자매에게 모든 일을 말했고 여전히 연고가 묻어 있는 비단 천을 보여주었다. 그들은 그 향기와 기이함에 너무 놀라 비교할 만한 어떤 향수를 생각할 수 없었고 그 천을 공경심으로 보존되도록 간직해 두었다.

성 도미니코의 거룩한 유해가 쉬는 곳이 하느님을 얼마나 기쁘게 하는 장소였는지는 이미 많은 기적으로 유명하게 만들었지만, 하나의 기적을 보여주는 것만으로도 충분할 것이다. 방돔(Vendôme)의 주교인 스승 알렉산데르는 "자애와 진실이 서로 만나고 정의와 평화가 입 맞추리라."(시편 85, 11)라는 본문에 대한 자신의 주석에서, 세속적인 쾌락에 빠졌던 볼로냐의 한 학생이 환시를 본 것에 대해 전해주고 있다. 학생은 광야에 서 있는 것처럼 보였고, 거대한 폭풍우의 먹구름이 자신을 덮는다고 생각했다. 그는 폭풍우에서 벗어나려고 달려서 어떤 집에 도착했는데 문이 닫혀 있었다. 그는 문을 두드리며 피신할 수 있게 해달라고 요청했으나 안쪽에서 여자 목소리가 대답했다. "나는 정의(正義)입니다. 나는 이곳에서 살며 이곳은 나의 집입니다. 그리고 당신은 의인(義人)이 아니라서 들어올 수 없습니다!" 그는 이 말에 슬퍼하며 더 멀리 가서 다른 집을 발견했다. 그는 문을 두드리며 요청했으나, 여주인이 대답했다. "나는 진리(眞理)입니다. 나는 이곳에서 살며 이곳은 나의 집입니다. 그리고 진리는 진리를 사랑하지 않은 사람은 진리를 자유롭게 하지 못하기에 당신을 받아들일 수 없습니다." 더 멀리 간 그는 세 번째 집으로 갔고 다시 폭풍우로부터의 피신을 간청했다. 그 집의 여주인은 대답했다. "나는 평화(平和)입니다. 나는 이곳에서 살고 있습니다. 믿음이 없는 사람을 위한 평화는 없으며, 평화는 오직 선의(善意)의 사람을 위해서만 존재합니다. 그러나 나는 고통이 아니라 평화에 대한 생각을 하기때문에, 나는 당신에게 좋은 충고를 하겠습니다. 나의 자매가 가까이에 살고 있고 그녀는 항상 도움이 필요한 사람에게 도움을 제공합니다. 그녀에게 가서 그녀가 시키는 대로 하십시오." 그가 그 집에 갔을 때 한 음성이 대답했다. "나는 자비이고, 나는 이곳에 삽니다. 만일 당신이 폭풍우로부터 구해지기를 원한다면, 도미니코회 수사들이 사는 집으로 가십시오. 그곳에서 당신은 보속의 마구간과 금욕의 구유와 교리의 죽, 신중함의 황소와 함께 소박함의 나귀를 발견할 것입니다. 그리고 마리아는 당신을 깨우쳐 줄 것이고, 요셉은 당신을 완벽하게 할 것이고, 아기 예수는 당신을 구할 것입니다." 잠에서 깬 학생은 그 수사들의 집으로 가서 자신의 환시를 말한 후 수도회 입회를 청하고 수도복을 받았다.

···✦ 114 ✦···

성 식스토

식스토(Sixtus)는 '하느님'을 의미하는 시오스(Sios)와 '상태', '조건'을 의미하는 스타투스(status)에서 유래했다. 이런 이유로 식스토는 '신성한 상태'를 의미한다. 또는 '서다'를 의미하는 동사 시스토(sisto)와 시스티스(sistis)에서 유래했다. 이런 이유로 식스토는 믿음, 수난, 선을 행함에서 확고한 사람이었다.

아테네 태생 식스토 교황은 철학자로 시작하였으나 그리스도의 제자가 되었고 교황으로 선출되었다. 그는 두 명의 부제 펠리치시모(Felicissimus)와 아가피토(Agapitus)와 함께 데치우스 황제 앞에 끌려갔다. 식스토 설득에 실패한 황제는 그가 마르스(Mars) 신전에서 제물을 바치지 않으면 투옥하라고 명령했다. 복된 라우렌시오(Laurentius)는 식스토를 따르며 외쳤다. "아버지, 당신의 아들 없이 어디로 가십니까? 거룩한 사제여, 하인 없이 어디로 가십니까?" 식스토는 대답했다. "나의 아들아, 나는 너를 버리지도 않고 포기하지도 않는다. 그러나 그리스도의 믿음을 위한 더 큰 시험이 너를 기다린다! 지금부터 3일 후에, 레위인*은 나를 따를 것이다, 사제여! 그동안 교회의 보물을 가져다가 나

---

* 유다인의 법에서 '레위인'(levite)이란 용어는 결국 (아론의 후손들인) 사제들이 아니었던 성전 봉사자들을 위한 것이었다. 그러나 레위 지파의 가계로 여겨져 왔다. 중세 시대에 부제들은 레위인이라고 불렸다.

누어주어라." 라우렌시오가 교회의 보물을 가난한 그리스도인에게 나누어주었을 때, 발레리아누스(Valerianus) 총독은 식스토가 여전히 마르스 신전에 제물 바치기를 거부한다면 그곳에서 참수하라고 선언했다. 식스토가 신전으로 인도되었을 때, 복된 라우렌시오는 그를 부르며 뒤따랐다. "교황님, 저를 버리지 마십시오, 아버지께서 저에게 넘겨주신 보물을 이미 나누어 주었습니다!" 돈이 언급되는 것을 들은 군인들이 라우렌시오를 감옥에 가두고 식스토와 펠리치시모, 아가피토는 그 자리에서 참수되었다.

이날은 또한 주님의 변모 축일이다. 일부 성당에서는 이날에 새 포도주를 만들고 그리스도의 피가 새 포도주로 축성되거나 적어도 익은 포도를 성작에 짜 넣는다. 또한, 이날에 포도송이들이 축복되었고, 사람들은 성찬례의 한 형태처럼 포도를 먹었다. 그 이유는 주님이 최후 만찬에서 제자들에게 "내 아버지의 나라에서 너희와 함께 새 포도주를 마실 그날까지, 이제부터 포도나무 열매로 빚은 것을 다시는 마시지 않겠다."(마태 26, 29)라고 말한 것에 있다. 그분의 변모, 그분이 말씀하신 새 포도주는 그리스도의 부활 후에 영광스러운 회복을 나타낸다. 그 때문에 부활을 나타내는 이 변모의 축일에 새 포도주가 요구되는 것은 변모가 이날에 일어났기 때문이 아니고, 사도들이 이날에 그것을 알렸기 때문이다. 사실 주님의 변모는 그해의 이른 봄에 일어났으나, 그리스도가 죽은 이들 가운데에서 되살아날 때까지 이 환시를 그 누구에게도 말하는 것이 금지되어 있었던(마태 17, 9) 제자들은 이날까지 비밀로 지켰다고 한다. 이것은 《교회 직무론》(Mitrale) 책에 기록되어 있다.

115

성 도나토

도나토(Donatus)는 '하느님에게서 태어난'(a Deo natus)에서 파생되었다. 이 탄생은 삼중(三重) 즉, '새로 남'(regeneratio)에 의해, '은총의 불어 넣어짐'에 의해, '성화'(聖化, glorificatio)에 의해서이다. 이런 이유로 이 탄생은 성령과 하느님에 의해 이루어지는 것이다. 왜냐하면 성인들은 죽을 때 태어난다고 말하고, 그래서 성인의 서거는 죽음이 아니라 생일이라고 불린다. 아기는 태어날 때부터 살기 위해 더 많은 공간, 더 많은 음식, 더 자유로운 호흡, 그리고 빛을 보기 위해 애쓴다. 그리고 성인들은 죽음을 통해 어머니인 교회의 태중에서 나오기 때문에, 각자의 방식에 따라서 이 네 가지를 얻어서 태어난다고 말한다. … 혹은 도나토라는 이름은 '하느님이 선물로 주신'(dono Dei datus)과 동일하다.

도나토는 율리아누스가 차부제로 서품될 때까지 율리아누스 황제와 함께 양육되었다. 그러나 제국에 등용된 율리아누스는 복된 도나토의 아버지와 어머니를 처형했고, 도나토는 아레초(Arezzo)로 피신했다. 그곳에서 수도승인 힐라리오(Hylarius)와 함께 살면서 많은 기적을 일으켰다. 예를 들어 총독이 악령에 들린 아들을 도나토에게 데려왔을 때, 그 불결한 영은 비명을 지르기 시작했다. "주 예수 그리스도의 이름으로 저를 괴롭히지 마십시오, 오 도나토 님, 저를 집 밖으로 내몰지 마십시오! 왜 당신은 저에게 고통을 주고 쫓아내려고 하십니까?" 그리고 도나토가 기도하자 소년은 해방되었다.

　그때 토스카나의 세금 징수관 에우스토키우스(Eustochius)라는 남자가 공금을 자신의 아내 에우프로시나(Euphrosina)에게 맡겨두고 있었다. 그러나 그 지역에 적들이 침략했을 때, 아내는 자금을 숨겼으나 얼마 안 되어 병으로 세상을 떠났다. 남편이 돌아왔으나 돈을 찾을 수 없었고, 아들들과 함께 고문을 당할 처지에 놓이자 도나토에게 도움을 호소했다. 도나토는 그 남자와 함께 그의 아내 무덤으로 가서 기도한 다음 큰 목소리로 말했다. "에우프로시나, 성령으로 당신에게 엄명하니 그 돈을 둔 장소를 말하시오!" 그러자 무덤으로부터 "우리 집 문 근처에 돈을 묻었습니다!"라고 말하는 음성이 나왔다. 그들은 그곳에서 그녀의 말대로 돈을 찾았다.

　며칠 후 사티로(Satyrus) 주교가 주님 안에서 잠들었고, 성직자들은 만장일치로 도나토를 선출했다. 그레고리오는 《대화집》에서 말한다. 한번은 미사가 봉헌되고 영성체 때 부제가 사람들에게 성혈을 나누어주고 있을 때, 몇몇 이교도들이 부제를 밀쳐 넘어뜨리면서 거룩한 성작이 깨졌다. 부제와 모든 사람은 이 사고에 슬퍼했지만, 도나토는 그 조각들을 모아 놓고 기도하여 성작을 복원하였다. 그러나 악마가 조각 하나를 숨겼고 수선된 성작에 그 부분이 없었지만, 그 부족이 기적의 진실성을 증명한다. 이 기적을 본 이교도 80명이 개종하여 세례를 받았다.

어떤 샘이 매우 오염되어 그 물을 마시면 즉사했다. 나귀를 타고 그 길을 지나던 성 도나토는 기도로 그 물을 정화하자 무서운 용이 샘에서 뛰어나왔고, 나귀 다리를 꼬리로 감고 도나토에게 대항했다. 성인이 채찍으로 용을 때려 물리쳤다. 혹은 다른 곳에서 읽은 것처럼 용의 입에 침을 뱉어 죽였다. 이후 성인은 주님께 기도하였고, 샘의 모든 독이 사라졌다. 또 한번은 그와 동료들이 갈증으로 고통받고 있을 때, 그는 기도하였고 발밑에 있는 땅에서 샘이 분출했다.

악마에게 홀린 테오도시우스 황제의 딸을 성 도나토에게 데려왔다. 도나토는 "더러운 영아, 더 이상 하느님의 이 작품 안에 머물지 마라!"라고 명령했다. 악령: "저에게 탈출구와 가야 할 장소를 알려 주십시오!" 도나토: "너는 어디에서 왔느냐?" 악령: "사막에서 왔습니다!" 도나토: "그곳으로 돌아가라!" 악령: "당신 위에 있는 십자가에서 불이 나와 저를 불태웁니다! 제가 가야 할 곳을 몰라 매우 두렵지만, 정확한 탈출구를 알려주시면 저는 떠나겠습니다!" 도나토: "너의 길은 분명하다! 네가 속한 곳으로 돌아가라!" 그 악령은 떠나면서 온 집을 뒤흔들었다.

죽은 사람이 무덤으로 옮겨지고 있을 때, 한 사람이 청구서를 들고 나타나서 고인이 200솔을 빚지고 있으며 그 돈을 지불할 때까지 묻힐 수 없다고 선언했다. 미망인은 눈물을 흘리며 복된 도나토에게 남편이 이미 돈을 다 갚았다고 덧붙였다. 상여로 간 도나토는 죽은 사람을 만지며 말했다. "내 말을 잘 들으시오!" 고인: "저는 듣고 있습니다!" 성 도나토: "일어나서 당신의 거래를 해결하시오!" 죽은 사람은 자리에서 일어나 자신이 빚을 갚았다는 것을 모든 사람에게 증명하고 청구서를 받아 찢었다. 그런 다음 성 도나토에게 말했다. "신부님, 이제 잠들도록 허락해주십시오!" 도나토는 "젊은이, 이제 가서 너의 휴식을 취하여라!"라고 말했다.

그 당시에 거의 3년 동안 비가 내리지 않아 땅은 완전히 척박했다. 신앙심이 없는 자들이 테오도시우스 황제에게 몰려가서 도나토가 마술로 가뭄을 불러왔다면서 도나토를 넘겨줄 것을 요구했다. 그래서 황제의 요청으로 도나토는 앞으로 나서서 주님께 기도하여 큰 비를 내리게 했다. 그런 다음 모든 사람이 폭우로 흠뻑 젖어 있는 동안, 그는 예전처럼 건조한 자기 집으로 돌아갔다.

당시 고트족이 이탈리아를 황폐화시키고, 많은 그리스도인이 그리스도에 대한 믿음을 버렸다. 성 도나토와 성 힐라리아노(Hilarianus)는 에바드라치아누스(Evadracianus) 총독에게 가서 그의 배교에 대해 몹시 꾸짖었으나, 오히려 총독은 두 성인을 체포하여 주피터(Jupiter)에게 제물을 바치라고 강요했다. 성인들이 거절하자, 총독은 힐라리아노의 옷을 벗기고 마지막 숨을 거둘 때까지 때렸다. 이어서 도나토를 감옥에 가두었고, 후에 서기 380년경 참수했다.

···✦ 116 ✦···

성 치리아코와 그의 동료들

마르첼로 교황에 의해 부제로 수품되었던 치리아코(Cyriacus)는 동료들과 함께 체포되어 막시미아누스 앞에 끌려갔다. 황제는 그들에게 대중목욕탕 공사장에서 땅을 파고 흙을 나르라고 명령했다. 그곳에서 그들은 연로한 성 사투르니노(Saturninus)를 발견하고, 치리아코와 시신니오(Sisinnius)가 흙을 나르는 그를 도왔다. 결국 치리아코는 투옥되었고, 총독은 다시 그를 끌고 오라고 명령했다. 아프로니아노(Apronianus)가 치리아코를 데리고 가고 있을 때 갑자기 하늘에서 빛과 함께 음성이 들려왔다. "오라, 오, 나의 성부에게 복을 받은 자여, 너를 위해 준비된 나라를 상속받아라!" 음성을 들은 아프로니아노는 믿음으로 세례를 받았고, 총독 앞에서 그리스도를 고백했다. 총독은 "뭐라고! 너 또한 그리스도인이 되었단 말이냐?" 아프로니아노: "오 슬프도다, 너무 늦게 믿음을 얻었구나!" 총독은 "좋아, 알았다! 이제 너의 모든 날을 잃게 될 것이다!"라고 쏘아붙인 후 참수를 명령했다. 사투르니노와 시신니오는 계속 제물 바치기를 거부하다가 각종 고문에 시달린 후 참수되었다.

디오클레티아누스(Diocletianus)의 딸 아르테미아(Arthemia)는 악령에 시달리고 있었고 악령이 그녀 안에서 소리쳤다. "치리아코 부제가 이곳에 오지 않는 한 나가지 않을 것이다!" 그래서 불려온 치리아코가 악령에게 떠나라고 명령했다. 악령: "만일 제가 나가기를 원한다면, 제가 들어갈 만한 그릇을 주십시오!" 치리아코: "여기 나의 육체가 있다. 네가 할 수 있다면 이리 들어와라!" 악령: "당신의 몸은 봉인되어 있어서 들어갈 수 없습니다. 그러나 만일 당신이 강제로 저를 내보낸다면, 저는 당신을 바빌로니아로 가게끔 할 것입니다!" 치리아코는 계속 악령에게 떠나라고 명령했고, 아르테미아는 치리아코가 설교했던 하느님을 보았다고 선언했다. 성인은 그녀에게 세례를 주었고, 그녀의 부모가 감사의 의미로 제공한 집에서 거주했다.

그 직후에, 페르시아 왕의 전령이 와서 디오클레티아누스에게 악마가 씌인 왕의 딸의 치유를 위해 치리아코를 데리고 갈 수 있게 해달라고 요청했다. 황제의 허락 후, 성인은 라르고(Largus)와 스마라그도(Smaragdus)와 함께 배를 타고 바빌로니아로 떠났다. 성인이 소녀에게 갔을 때, 악령이 그녀를 통해 소리쳤다. "치리아코, 당신은 피곤합니까?" 치리아코: "아니, 난 피곤하지 않다. 그러나 내가 어디를 가든지, 나는 하느님의 도움을 받는다!" 악령: "그렇지만 저는 당신이 이곳으로 오도록 만들었습니다."

이제 치리아코가 사악한 영에게 말했다. "예수님이 너에게 나오도록 명하신다!" 즉시 나온 악령이 말했다. "오, 저 두려운 이름! 그 이름이 저를 강제로 떠나도록 만듭니다!" 그래서 소녀는 치유되었고, 성인은 소녀와 그 부모 등 여러 사람에게 세례를 주었다. 그는 감사의 의미로 제공된 많은 선물을 거부하고 빵과 물로 45일 동안 단식한 후 로마로 돌아갔다.

두 달 후에 디오클레티아누스가 죽었고 막시미아누스가 황제직을 계승했다. 막시미아누스는 누이 아르테미아에게 화를 내며 치리아코를 벌거벗겨 쇠사슬로 채우고 황제의 마차 앞으로 끌고 오라고 명령했다. 이 막시미아누스는 디오클레티아누스의 후계자이자 딸 발레리아나(Valeriana)와 결혼했으므로, 사위라고 불릴 수 있다.* 이후 자신의 대리자인 카르파시우스(Carpasius)에게 치

---

* 막시미아누스(Marcus Aurelius Valerius Maximianus)는 디오클레티아누스 황제의 전우(戰友)였다. 285년 부제(副帝)가 되어 이듬해 정제(正帝)로서 서방을 지배하였다. 305년 디오클레티아누스와 함께 퇴위를 강요당했으나, 306년 아들 막센티우스(Maxentius)가 로마에서 반란을 일으키자 이를 도와 복귀하였다. 재위 기간은 286~305년이다. 그렇기에 본문에서 막시미아누스가 디오클레티아누스의 아들이라 불릴 수 있다는 것은 그의 사위였다는 의미로 이해해야 할 것이다. – 역자 주

리아코와 그의 동료들에게 강제로 제물을 바치게 만들고, 만약 거부하면 고문으로 죽이라고 명령했다. 그래서 카르파시우스는 성인의 머리에 끓는 역청(pitch)을 부었고, 고문대에 매달아 모든 동료와 함께 참수했다.

그런 다음 성 치리아코의 집을 차지한 카르파시우스는 그리스도인들을 조롱하며 치리아코가 자주 세례를 주던 곳에서 목욕을 하고, 자신의 패거리들 19명을 위한 연회를 베풀었지만, 모두 그곳에서 동시에 죽었다. 그 후 목욕탕은 폐쇄되었고 이교도들은 그리스도인들을 두려워하며 존경하기 시작했다.

---------------- ···✦ 117 ✦··· ----------------

성 라우렌시오 순교자

라우렌시오(Laurentius, Laurence)는 '월계관의 소유자'라는 뜻의 라우네암 테넨스(lauream tenens)에서 유래되었다. 과거에 승리자나 우승자가 월계관을 썼기 때문이다. 월계수는 승리를 상징하는 나무로서 지속적인 푸르름으로 기쁨을 주고, 향이 향긋하고 효능이 강하다. 그래서 복된 라우렌시오는 순교에서 승리를 거두었기에 월계관의 이름을 따왔다. 데치우스 황제에게 "나는 우리가 이미 패배했다고 생각한다."라고 놀라서 말하게 했기 때문이다. 라우렌시오는 마음의 깨끗함과 순결함의 푸르름을 가졌기에 "나의 밤에는 어둠이 없다."라고 말했다. 시편에서 "불쌍한 이들에게 후하게 나누어 주니 그의 의로움은 길이 존속하고"(시편 112, 9)라고 말하듯이, 그에 대한 기억은 달콤함의 지속적인 향기를 가졌기에 영원하다. 복된 막시모(Maximus)는 말한다. "어떻게 그런 사람의 의로움이 영원히 지속되지 않을 수 있겠습니까? 의로움은 그의 일에서 완벽함을 가져왔고 영광스러운 순교로 축성되었습니다." 그의 효력은 루칠로(Lucillus), 히폴리토(Hippolytus), 로마노(Romanus)를 설득한 강력한 설교에서 나타났다. 월계수의 효력은 돌을 부수고, 귀먹은 사람을 치료하고, 번개를 막아주는 것에 있다. 이렇게 하여 라우렌시오는 마음의 단단함을 부수고 영적인 들음을 회복시키고 저주의 번개로부터 보호했다.

스페인 출신의 순교자이고 레위인*인 라우렌시오는 교황 성 식스토가 로마로 데려왔다. 스승 요한 벨레토(Joannnes Belethus)에 의하면, 성 식스토는 스페인에서 고귀한 삶과 행동으로 저명한 라우렌시오와 그의 사촌 빈첸시오(Vincentius)라는 두 젊은이를 우연히 만났다고 한다. 식스토는 두 사람을 로마로 데려왔으며, 빈첸시오는 스페인으로 돌아가 영광스러운 순교로 삶을 마감했던 반면, 라우렌시오는 식스토와 함께 로마에 머물렀다. 그러나 빈첸시오와 라우렌시오 두 사람의 순교 날짜에 대해서 스승인 벨레토의 견해에 이견이 있다. 라우렌시오는 데치우스 아래에서, 젊은 빈첸시오는 디오클레티아누스와 다치아누스(Dacianus)**아래에서 순교했다. 그러나 데치우스와 디오클레티아누스 사이에 33년의 간격이 있고, 그동안 16명의 황제가 거쳐갔다.*** 그래서 빈첸시오가 여전히 젊은이일 수 없다는 것이다.

복된 식스토는 라우렌시오를 자신의 대부제(archidiaconus)로 서품했다. 당시 황제 필리푸스(Philippus)는 아들 필리푸스와 함께 그리스도 믿음을 받아들이고 교회를 높이는 일에 최선을 다했다. 필리푸스 황제는 그리스도 믿음을 받아들인 최초의 황제였다. 황제를 개종시킨 사람은 오리게네스(Origenes)라고 말하지만, 다른 곳에서는 성 폰시오(Pontius)라고도 한다. 필리푸스는 로마시의 설립부터 1,000주년에 다스렸는데,**** 이는 로마의 1,000년을 거짓 신들보다 그리스도에게 봉헌하려는 것이었다. 천년기(千年期)에 로마인들은 경기와 전시 등 거대한 볼거리로 축하했다.

필리푸스 황제에게는 병법(兵法)에 노련한 장군 데치우스(Decius)가 있었다. 황제는 당시 반란을 일으키는 속주 갈리아(Gallia)를 제압하여 로마제국의 지배하에 두기 위해 데치우스 장군을 보냈다. 데치우스는 성공적으로 임무를 수행하여 승리를 달성하고 로마로 돌아오고 있었다. 이 사실을 들은 황제는 영예로운 환영을 위해 로마에서 베로나(Verona)로 직접 마중 나갔다. 그러나 자

---

* 부제들은 레위인으로 불렸고, 라우렌시오는 식스토 2세(257~258)의 교황 재임기에 로마의 일곱 부제 중 한 사람이다.

** 다치아누스는 디오클레티아누스와 막시미아누스 아래에서 갈리아의 총독이었다. – 역자 주

*** 데치우스는 249~251년 동안, 디오클레티아누스는 284~305년 동안 집권했다. 그러니 33년의 간격이 있고, 그들 사이에 13명의 황제가 있는데, 공동 황제까지 포함한다면 16명이 있었다. 그렇기에 라틴어본에 '40년의 간격이 있고 그 사이에 7명의 황제가 있었다'는 언급은 오류이기에 수정했다. – 역자 주

**** 필립푸스(Marcus Iulius Philippus Augustus)는 로마 역사상 최초의 아랍계 황제로, 244년부터 249년까지 통치했다. 그의 재임 시기인 248년 4월에 로마 시 건설 1,000주년을 기념하는 축제가 열렸다. – 역자 주

만심으로 고무된 데치우스는 제국을 탐내어 자기 주인을 없앨 방법을 고민한다. 그래서 황제가 침대에서 쉬고 있을 때, 데치우스는 천막으로 몰래 들어가 잠자는 군주를 목 졸라 죽였다. 이제 데치우스는 황제와 함께 왔던 군대를 처치해야 했다. 그는 뇌물과 선물, 간청과 약속으로 군인들을 회유한 다음 왕도까지 강제로 행군하며 군인들을 이끌었다.

이 소식에 두려워진 소(小) 필리푸스는 시카르도(Sicardus)가 《연대기》(Chronica)에 기록한 것처럼 모든 재산을 성 식스토와 성 라우렌시오에게 맡겼다. 만일 데치우스가 자신을 죽일 경우, 두 성인이 그 재산을 성당과 가난한 사람에게 나누어 줄 수 있기 때문이었다. 복된 라우렌시오가 나누어 준 보물이 황제의 것이 아니라 교회의 것이라고 말하는 것에 신경 쓰지 마라. 왜냐하면, 라우렌시오가 필리푸스 황제의 재산과 함께 교회의 재산 일부를 나누어 준 것일 수 있기 때문이다. 또는 분배한 재산은 아마도 필리푸스가 가난한 사람들에게 제공하도록 교회에 맡겼다는 사실을 고려하여 교회의 재산이라 불린다. 게다가 식스토가 그 당시에 살아 있었는지에 대한 심각한 의문이 있다.

어찌 되었건 필리푸스는 데치우스를 피해 도망쳤고 원로원은 데치우스를 황제로 승인하는 절차를 진행했다. 데치우스는 자기 군주를 죽인 것이 반역이 아니라 로마의 신들에 대한 열성으로 보이기를 원했다. 그래서 그리스도인의 무자비한 학살 명령을 내리면서 야만적인 박해를 시작했다. 이 박해로 수천 명의 그리스도인과 소 필리푸스가 순교의 월계관을 획득했다.

데치우스는 필리푸스 황제의 재산을 찾기 시작했다. 데치우스는 황제의 보물 소유권을 가진 식스토가 그리스도를 부인하고 보물을 포기할 때까지 고문하라고 명령했다. 식스토가 끌려갈 때 복된 라우렌시오가 뒤따르며 소리쳤다. "아버지, 당신의 아들 없이 어디로 가십니까? 거룩한 사제여, 부제 없이 어디로 가십니까? 당신은 거룩한 제사를 결코 부제 없이 봉헌하지 않으셨습니다! 무엇이 제가 당신의 부성(父性)을 불쾌하게 만들었습니까? 당신이 저를 시험하여 당신의 아들이 될 자격이 없음을 발견하셨습니까? 당신이 그에게 맡긴 성혈을 나누어 주기에 적합한 봉사자인지 저를 시험해 주십시오!" 성 식스토는 대답했다. "나는 너를 버리지도 포기하지도 않을 것이다, 나의 아들아, 그리스도에 대한 믿음을 위해 더 큰 시련이 너를 기다린다! 우리 노인들은 쉬운 경주로 결승점에 도달한다. 폭군에 대한 더 영광스러운 승리는 젊은이인 너에게 남겨져 있다. 지금부터 3일 후에 레위인인 너는 나를 따라올 것이다, 사제여!" 그리고 식스토는 라우렌시오에게 모든 보물을 가난한 사람들에게 나누어주도록 했다.

복된 라우렌시오는 밤낮없이 그리스도인들을 찾아내어 그들이 필요로 하는 것을 도와주었다. 그리고 집에 많은 그리스도인을 숨긴 한 과부의 집으로 갔다. 성 라우렌시오는 오랫동안 머리 통증으로 고통받는 그녀를 안수(按手)함으로써 고통에서 해방시켰다. 또한, 가난한 사람들의 발을 씻겨주었고 모든 사람에게 자선을 베풀었다. 그날 밤, 그는 다른 그리스도인의 집에서 눈먼 사람에게 십자성호를 그어 시력을 회복시켜 주었다.

한편 복된 식스토는 데치우스에게 굴복하거나 우상에게 제물 바치기를 거부했고, 황제는 그를 처형하도록 명령했다. 복된 라우렌시오는 식스토를 뒤쫓으며 소리쳤다. "교황님, 저를 버리지 마십시오. 당신이 저에게 맡긴 보물을 당신 뜻대로 가난한 사람들에게 모두 나누어 주었습니다!" 돈에 대해서 들은 군인들은 라우렌시오를 호민관 파르테니우스(Parthenius)에게 데리고 가서 넘겼다. 호민관은 라우렌시오를 다시 데치우스에게 바쳤고, 데치우스 황제는 그에게 말했다. "네가 감춘 교회의 돈은 어디에 있느냐?" 라우렌시오가 대답하지 않자, 데치우스는 발레리아누스(Valerianus) 총독에게 넘기며 라우렌시오로 하여금 우상들에게 제물을 바치게 하거나 고문해서 죽이라는 명령을 내렸다. 발레리아누스는 또 다른 총독 히폴리토(Hyppolitus)에게 라우렌시오를 맡겼고, 총독은 그를 몇몇 다른 죄수들과 함께 감옥에 가두었다. 그들 중에 이교도 루칠로(Lucillus)는 너무 많이 울어서 시력을 잃었다. 라우렌시오가 루칠로에게 만일 그리스도를 믿고 세례를 받는다면 다시 보게 만들어 주겠다고 약속하자, 루칠로는 가능한 빨리 세례를 받겠다고 간청했다. 라우렌시오는 약간의 물을 가져다가 그 사람에게 말했다. "신앙고백이 모든 것을 깨끗하게 씻어줄 것이다!" 그런 다음 믿음의 조항에 대해 루칠로에게 자세히 질문했고, 루칠로는 모두 믿는다고 고백했다. 라우렌시오는 루칠로의 머리에 물을 붓고 그리스도의 이름으로 세례를 주었다. 이 때문에 눈이 멀었던 많은 사람이 라우렌시오에게 와서 시력을 회복하고 떠났다.

이 모든 것을 보고 있던 총독 히폴리토는 라우렌시오에게 말했다. "나에게 보물을 보이시오!" 라우렌시오는 "오 히폴리토, 만일 당신이 주 예수 그리스도를 믿었다면 나는 당신에게 보물을 보여주었을 것이고 또한 영원한 생명을 당신에게 보증하였을 것입니다!"라고 대답했다. 히폴리토는 "만일 당신이 말한 대로 당신이 한다면, 나도 당신이 권하는 대로 할 것입니다!"라고 말한 후 가족과 함께 세례를 받았다. 그리고 세례를 받은 후에 말했다. "나는 죄 없는 이들의 영혼이 기뻐하는 것을 보았습니다!"

그 후, 발레리아누스는 히폴리토에게 라우렌시오를 데려오라고 명령했다. 라우렌시오는 히폴리토에게 말했다. "나와 당신을 위해서 영광이 준비되어 있으니, 우리 나란히 걸어갑시다!" 재판소로 간 그들은 다시 보물에 대한 질문을 받았고, 라우렌시오는 3일의 유예를 요청했다. 발레리아누스는 그 요청을 승인하며 성인에게 히폴리토와 함께 떠나라고 했다. 라우렌시오는 3일 동안 가난한 사람과 절름발이, 장님을 모은 다음, 데치우스에게 데리고 가서 그들을 소개하며 말했다. "결코 줄어들지 않고 증가하는 영원한 보물을 여기 보십시오. 보물은 이 사람들에게 분배되었고 그들 모두 안에서 볼 수 있습니다. 왜냐하면, 그들의 손이 하늘로 보물을 실어갈 것이기 때문입니다!" 발레리아누스: "너는 말이 너무 많다! 말은 그만하고 이제 제물을 바쳐라, 그리고 너의 마법을 제쳐놓아라!" 라우렌시오: "만들어진 사람과 만드신 분, 누구를 흠숭해야 합니까?" 이 말이 데치우스의 화를 불러일으켰고, 라우렌시오를 전갈 채찍(scorpio)으로 때리고 모든 종류의 고문을 가하도록 명령했다. 성인은 고문을 피하기 위해서는 제물을 바치라는 말을 들었으나 "불행한 사람들이여, 이것이 제가 항상 열망한 연회(宴會)입니다!"라고 대답했다. 데치우스: "만일 이것이 연회라면, 너와 같은 믿음을 가진 사람들의 이름을 밝혀라, 그래서 그들이 너와 함께 잔치에 참석하도록 해라!" 라우렌시오: "그들은 이미 하늘에 자신의 이름을 주었기에 당신은 그들을 볼 자격이 없습니다!"

데치우스는 망나니에게 라우렌시오의 옷을 벗긴 후 곤봉으로 때리고 뜨거운 날로 옆구리를 지져버리라고 명령했다. 라우렌시오: "주 예수 그리스도님, 하느님에게서 나신 하느님, 당신의 종인 저에게 자비를 베푸소서. 기소된 저는 당신의 거룩한 이름을 부인하지 않았으며, 저는 저의 주님으로 당신을 고백하는 고문을 받았습니다!" 데치우스: "나는 네가 마법으로 이 고통을 피했음을 안다. 그러나 더 이상 피하지 못할 것이다! 네가 제물을 바치지 않는 한, 천천히 고통스럽게 죽을 것이라고 신들과 여신들에게 맹세한다!" 그런 다음, 납이 가득 박힌 채찍으로 오래 세게 때리도록 명령했다. 라우렌시오는 기도했다. "주님, 제 영혼을 받아주십시오!" 그러나 데치우스는 하늘에서 들려오는 "너는 아직 더 많은 시련을 견뎌야 한다!"라는 음성을 들었다. 데치우스는 분노에 가득 차 말했다. "로마 사람들이여, 우리 신들을 숭배하지 않고 모독하며 고통을 두려워하지 않는 이 사람을 악마가 위로하는 것을 들었을 것이다!" 그는 라우렌시오를 전갈 채찍으로 다시 때리라고 명령했다. 라우렌시오는 미소를 짓고 감사를 표하며 옆에 있는 사람들을 위해 기도했다.

이때 로마노(Romanus)라는 이름의 군인이 믿음을 받아들이고 복된 라우렌시오에게 말했다. "저는 수건으로 당신의 팔다리를 닦는 아름다운 젊은이가 보입니다! 저는 당신에게 간청하니, 저를 버리지 마시고 빨리 저에게 세례를 주십시오!" 이 장면을 본 데치우스는 발레리아누스에게 말했다. "나는 진실로 우리가 이 사람의 마법에 패배했다고 생각한다!" 그리고 라우렌시오는 화형주(火刑柱)에서 나와 히폴리토의 보호 하에 다시 감금되었다. 군인 로마노는 항아리의 물을 가져와서 라우렌시오의 발 앞에 무릎을 꿇고 세례를 받았다. 이일을 알게 된 데치우스는 로마노를 곤봉으로 때리게 했다. 그리고 로마노가 자신이 그리스도인이라고 거리낌 없이 고백하자, 데치우스는 그를 참수했다.

그날 밤, 성인은 데치우스 앞에 끌려왔다. 히폴리토가 울며 자신도 그리스도인이라고 소리치자, 라우렌시오는 그에게 말했다. "마음 안에 그리스도를 숨기시오, 들으시오, 그리고 내가 부를 때 오시오!" 데치우스는 라우렌시오에게 말했다. "너는 신들에게 제물을 바쳐야 한다. 아니면 고문을 당하며 밤을 보내게 될 것이다!" 라우렌시오: "저의 밤은 어둠을 가지지 않고, 모든 것은 빛으로 환하게 빛납니다!" 데치우스: "이 고집스러운 라우렌시오를 철제 침대 위에 눕혀라!" 그래서 망나니는 그의 옷을 벗기고 철제 침대 위에 눕힌 후 그밑에 불타는 석탄을 쌓고 달궈진 철 쇠스랑으로 그의 몸을 눌렀다. 라우렌시오는 발레리아누스에게 말했다. "불쌍한 사람아, 당신의 석탄이 내게 원기를 회복시키지만 당신에게는 영원한 벌이 되리라는 것을 명심해라. 고발을 당한 내가 그분을 부인하지 않았고 고문을 받으면서도 그리스도인임을 고백했고 불로 익혀져도 감사를 드렸다는 것을 주님은 친히 아시기 때문이다!" 그리고 쾌활한 표정으로 데치우스에게 말했다. "보라, 가련한 사람, 당신은 나를 한 쪽이 잘 익게 하였으니, 나를 뒤집어서 먹어라!" 그리고 감사를 드리며 말했다. "오 주님, 이제 당신의 문을 통해 지나갈 만한 자격이 생겼기에 저는 당신께 감사드립니다!" 그렇게 라우렌시오는 마지막 숨을 거두었다. 당황한 데치우스는 불 위에 시신을 남겨둔 채 발레리아누스와 함께 티베리우스의 궁전으로 갔다. 히폴리토는 아침에 시신을 가져가서 향료를 바르고, 사제 유스티노와 함께 베라누스(Veranus) 들판에 매장했다. 그리스도인들은 3일 동안 금식하며 애통해하고 눈물을 흘리며 밤새 시신을 지켰다.

《연대기》에서 식스토가 데치우스보다 한참 뒤에* 나왔다는 내용 때문에 데치우스 황제 치하에서 라우렌시오가 순교한 것이 사실인지 의심하는 사람들이 많다. 그러나 에우트로피오(Eutropius)는 이렇게 주장한다. "데치우스가 그리스도인을 박해할 때, 복된 레위인이고 순교자인 라우렌시오를 죽였습니다." 상당히 정확한 다른 《연대기》에서 라우렌시오가 순교한 것은 필리푸스를 계승한 데치우스 황제 아래에서가 아니라, 부황제caesar)였던 소(小) 데치우스 치하에서였다고 밝히고 있다. 왜냐하면, 라우렌시오가 고통을 받았다고 전해지는 이 소 데치우스와 데치우스 황제 사이에 많은 황제와 교황이 존재하기 때문이다. 또한, 이 《연대기》는 데치우스 황제는 갈루스(Gallus)와 그의 아들 볼루시아누스(Volusianus)에 의해 계승되었고, 그들은 차례로 발레리아누스(Valerianus)와 갈리에누스(Gallienus)가 뒤를 이었다고 말한다. 앞서 말한 발레리아누스와 갈리에누스는 소 데치우스를 부황제로 세웠지만 그를 황제로 만들지는 않았다. 고대에는 때때로, 일부 황제가 완전한 의미에서 황제(Augustus)가 아니라 부황제(Caesar)로 임명되었다. 그래서 우리는 《연대기》에서 디오클레티아누스는 막시미아누스(Maximianus)를 부황제로 만든 후에 황제로 올렸다는 것을 읽었다. 식스토는 발레리아누스 황제와 갈리에누스 황제의 시기에 로마의 주

---

* 그라세는 "다른 본(本)들"이 '후에'(post)라고 한 반면, 초판본은 '전에'(ante)라고 하였다는 것을 493쪽에서 주목한다. 본문에서 나오는 것은 '후에'가 정확하다는 것을 보여준다.

교좌에 착좌했다. 그러므로 복된 라우렌시오를 순교하게 하였던 이 데치우스 부황제는 결코 데치우스 황제(Decius imperator)로 불리지 못했으며 성 라우렌시오의 전설에서 데치우스 부황제(Decius Caesar)로 남았을 뿐이다.

데치우스 황제는 2년 동안 집권했고* 파비아노(Fabianus) 교황을 처형했다. 파비아노 교황을 계승한 고르넬리오(Cornelius)는 볼루시아누스와 갈루스 치하에서 순교했다. 이후 고르넬리오에서 루치오, 그리고 스테파노로 교황이 계승되었다. 스테파노 교황은 15년 동안 집권한 발레리아누스와 갈리에누스 치하에서 고통받았고, 식스토**가 스테파노를 계승했다. 이것이 우리가 위에서 언급한 《연대기》에 기록되어 있는 내용이다. 에우세비오(Eusebius), 베다(Beda), 이시도로(Isidorus)의 《연대기》를 포함하여 모든 《연대기》는 식스토 교황은 데치우스 황제의 시기가 아니라 갈리에누스 황제 시대에 재위했다고 전하고 있다. 그러나 또 다른 《연대기》에서 갈리에누스가 갈리에누스와 데치우스 두 가지 이름으로 불렸으며, 그의 치하에서 식스토와 라우렌시오가 서기 257년***에 고통을 받았다고 한다. 고도프리도(Godofridus)는 《판테온》(Pantheon)에서 같은 내용을 말한다. 즉 갈리에누스는 또 다른 이름 데치우스로 불렸고, 식스토와 라우렌시오는 그의 치하에서 고통을 받았다. 그리고 만일 이것이 진실이라면 스승인 요한 벨레토의 입장 또한 진실이 될 수 있다.

그레고리오는 《대화집》에서 사비나(Sabina)에는 육신의 절제는 하면서 혀는 그렇지 못했던 수녀가 있었다고 말한다. 그녀는 성 라우렌시오 성당 그 순교자의 제대 앞에 묻혔지만, 악령들이 그녀의 시신을 반으로 자르고, 한쪽은 아무 탈 없이 남겨 두었으나 다른 한쪽은 불에 태워 그을린 채 남겨 두었다.

투르의 그레고리오는 한 사제가 성 라우렌시오 성당을 수리하다가 목재 하나가 너무 짧다는 것을 발견했다고 말한다. 사제는 성 라우렌시오에게 기도하면서 성인이 가난한 사람들을 도왔다는 것을 상기시키며 이 특별한 필요를 충족시켜 달라고 요청했다. 갑자기 그 목재가 바라는 길이 이상으로 자랐고,

---

* 249~251년
** 이 교황은 257년 8월~258년 8월 6일까지 재위하였던 식스토 2세를 의미한다. - 역자 주
*** 일반적으로 주어진 연도는 258년이지만, 역사는 황제를 푸플리우스 리치니우스 에냐시우스 갈리에누스 (Publius Licinius Egnatius Gallienus)로 알고 있다. 그는 253~260년까지 자신의 아버지 발레리아누스와 함께, 발레리아누스의 죽음 후에는 260~268년까지 혼자서 통치했다.

사제는 필요 이상의 조각을 톱으로 잘라낸 후 다시 작은 조각들로 잘랐고, 그 작은 조각으로 많은 질환이 치유되었다. 복된 포르투나토(Fortunatus)도 이탈리아의 브리오네(Brione)라는 곳에서 일어난 이 기적을 증언한다.

그레고리오 교황은 《대화집》에서 랑고바르디족에 의해 불탔던 성 라우렌시오 성당을 재건축하고, 그 일을 하기 위해 많은 장인을 고용한 또 다른 사제 상툴로(Sanctulus)에 대한 이야기를 전하고 있다. 어느 날, 상툴로는 장인들에게 줄 음식이 없자 기도한 다음에 화덕의 속을 들여다보니 품질이 좋은 흰 빵 한 덩어리를 발견했다. 세 사람의 한 끼 식사로는 충분하지 않았지만, 일꾼들이 배고픈 것을 원하지 않았던 라우렌시오는 10일 동안 그들 모두를 배불리 먹일 수 있을 정도로 빵을 늘려주었다.

빈첸시오는 자신의 《연대기》에서 밀라노의 성 라우렌시오 성당이 뛰어나게 아름다운 수정 성작(水晶聖爵)을 소유하고 있었다고 전한다. 이 대단한 장엄 예식이 진행되는 동안, 부제가 성작을 제대로 옮기다가 바닥에 떨어뜨려 산산조각이 났다. 슬픔에 잠긴 부제는 조각들을 모아 제대 위에 놓은 뒤 성 라우렌시오에게 기도했다. 그러자 그 성작은 상처 하나 없이 온전히 합쳐졌다.

우리는 또한 《복되신 동정녀의 기적들》(Miraculis Beatae Virginis)이라는 책에서, 로마에 스테파노(Stephanus)라는 재판관이 뇌물을 받고 그 답례로 부정직한 결정을 내렸다는 것을 읽었다. 예를 들어, 재판관은 성 라우렌시오 성당에 속한 세 채의 집과 성녀 아녜스 성당에 속한 정원을 매각한 후 부당하게 자기 소유로 했다. 그런 다음, 죽어서 하느님의 재판석 앞으로 갔다. 라우렌시오는 화가 나서 그 재판관에게 다가가 팔을 세 번이나 세게 비틀었다. 성녀 아녜스와 다른 동정녀들은 그 악당을 바라보는 것이 견딜 수가 없어 외면했다. 그런 다음 그에게 선고를 내렸다. "이 스테파노는 남의 것을 탈취하고 뇌물을 받아 진리를 팔았으니 배반자 유다와 같은 장소에 유치해라." 그러나 이제 스테파노가 일생에서 매우 공경했던 성 프로젝토(Projectus)가 성 라우렌시오와 성녀 아녜스에게 그의 용서를 호소했다. 두 성인과 성모 마리아는 그 범죄자를 위해 기도했고, 그의 영혼이 자신의 육체로 돌아가서 30일 동안 보속해야 한다고 허락되었다. 그는 성모 마리아로부터 매일 시편 "행복하여라, 그 길이 온전한 이들"(Beati immaculati in via, 시편 119, 1)을 암송하라는 추가 명령을 받았다. 그가 자기 육체로 다시 살아났을 때, 그의 팔은 마치 육신의 고통을 받았던 것처럼 검게 불에 타 있었고, 그 자국은 살아있는 동안 남아있었다. 그는 부당하게 취한 재산을 모두 반환한 후 보속을 하고 30일째 날에 주님께로 옮겨갔다.

우리는 황제 성 헨리코 2세(Henricus II)*의 생애에서, 그는 아내 성녀 쿠네군다(Cunegundis)와 동정으로 살았지만, 악마의 부추김으로 인해 아내와 어떤 기사와의 부정(不貞)을 의심했다고 읽었다. 그래서 황제는 아내를 맨발로 15척(尺, pes)** 길이의 불에 달궈진 쟁기날 위를 걷게 했다. 그녀가 이 명령을 실행하려고 앞으로 나왔을 때, "오 그리스도님, 당신은 제가 그 어떤 사람과도 부정하지 않았음을 아시니 저를 도와주십시오!" 그러나 헨리코는 아내의 뺨을 때렸다. 이에 한 음성이 그녀에게 말했다. "동정녀야, 성모 마리아는 너를 구원하셨다!" 그래서 그녀는 타오르는 쟁기날 위를 아무렇지 않게 성큼성큼 걸었다. 황제가 죽었을 때, 엄청난 수의 악령이 한 은수자의 독방을 지나갔고, 은수자는 마지막 악령에게 누구냐고 물었다. "저희는 악령 군단입니다."라고 악령이 대답했다. "황제에게서 우리에게 속한 무언가를 찾으려고 황제의 죽음을 지켜보러 가고 있습니다." 은수자는 악령에게 돌아가는 길에 잠시 멈추라고 명했다. 그리고 그 악령은 돌아가는 길에 그에게 말했다. "저희가 얻은 것은 아무것도 없습니다. 황제의 그릇된 의심과 다른 악행이 우리 편에 놓였을 때, 구워졌던 라우렌시오가 매우 무거운 금 그릇을 가지고 와서 다른 쪽에 던졌고 그 그릇은 우리들의 것보다 훨씬 무거웠습니다. 저는 매우 화가 나서 금 그릇을 깨뜨렸습니다!" 그 악령이 그릇이라고 말한 것은 성작으로, 황제가 특별히 공경했던 성 라우렌시오를 기념하여 아이히슈테트(Eichstätt)에 있는 성당을 위해 주문한 것이었다. 그 성작은 너무 커서 두 개의 손잡이가 있었고, 황제가 죽는 순간 손잡이 중 하나가 부러진 것이 발견되었다.

그레고리오 교황은 《서한집》(Registrum)에서 자신의 전임자가 라우렌시오의 유해에서 어떤 사람의 치유를 원했지만 그의 유해가 어디에 있는지 몰랐다고 한다. 하지만 갑자기 그 성인의 유해가 그들이 상상하지 못했던 곳에서 빛을

---

* 하인리히 2세(Heinrich II)는 1002~1024년까지 신성로마제국의 황제
** 본래 '발'이라는 의미의 '척'(尺)은 약 29.5cm이다. 15척은 4m 42.5cm이다. – 역자 주

발하며 드러났고 전한다. 그리고 그 자리에서 유해를 본 수도승들과 사람들은 모두 10일 안에 죽었다.*

성 라우렌시오의 수난은 다른 순교자들의 수난보다 두드러진 것으로 보이며, 성 막시모(Maximus)와 성 아우구스티노(Augustinus)의 저술에 기록된 바와 같이 이는 네 가지 측면에서 볼 수 있다. 첫 번째는 그의 고통의 신랄함이고, 두 번째는 고통의 유용성, 세 번째는 지조와 불굴의 정신, 네 번째는 훌륭한 싸움과 승리 방식이다.

첫 번째, 그의 순교는 그 고통의 신랄함으로 두드러지는데, 거룩한 주교 막시모는(일부 책에 따르면 암브로시오) 다음과 같이 말한다. "복된 라우렌시오의 고통은 단순하지 않았습니다. 칼로 죽임을 당하는 사람은 한 번에 죽고, 가마 속으로 밀쳐진 사람은 한 번의 밀침으로 자유롭게 되지만, 라우렌시오는 길고도 다양한 고문으로 고통을 겪으면서 죽어가고 있었고, 단지 그 고통을 끝내기 위해 죽지 않았습니다. 우리는 거룩한 젊은이들이 자신이 선고받은 불길 속을 걸으며 빛나는 불덩어리를 밟았지만, 성 라우렌시오는 그들보다 더 많은 영광을 얻었다고 읽었습니다. 만일 그들이 불길 속에서 걸었다면, 라우렌시오는 고문의 불 위에 몸을 뻗고 누워 있어야 했습니다. 그리고 만일 그들이 자기 발바닥으로 불을 짓밟았다면, 라우렌시오는 자신의 몸을 그 위에 펼치는 방식으로 불을 억눌렀습니다." 그들은 손을 들고 고통스럽게 서서 주님께 기도했지만, 라우렌시오는 고통 중에 엎드려 온몸으로 주님에게 기도했다.

또한, 복된 라우렌시오는 순교자들 사이에서 성 스테파노와 함께 첫 번째 위치에 있었다고 한다. 이는 그가 순교자들보다 단순히 더 큰 고통을 겪어서가 아니다. 우리는 그들 중 많은 사람이 매우 많은 고통과 일부는 훨씬 더 많은 고통을 겪었음을 읽었기 때문이다. 다음의 여섯 가지에서 이유를 알 수 있다. ① 그 성인이 고통받았던 장소는 세상의 수도이자 사도좌인 로마였다. ② 설교에 대한 자신의 직무를 성실히 수행했기 때문이다. ③ 그는 보물을 가난한 사람들에게 현명하게 나누어 주었다. 이 세 가지 이유는 스승인 오세르의

---

* 그레세(Graesse)는 초판본이 495쪽에서 이 사건을 "제외시켰다"는 것에 주목한다. 그는 자신이 그것을 어디에서 찾았는지 언급하지 않고, 또한 왜 그는 이 앞뒤가 맞지 않는 이야기를 포함하는 것이 좋다고 생각하는지도 언급하지 않는다.

궐리엘모(Guilielmus Autissiodorensis, Guillaume d'Auxerre)에 의해 제의되었다. ④ 그의 순교는 입증되고 승인되었다. 왜냐하면, 더 큰 고통이 일부 다른 사람들에게서 있었다지만, 그 진위가 불확실하고 의심스럽기 때문이다. 반면에 교회에서는 라우렌시오의 수난을 매우 장엄하게 기념하고 승인하며, 많은 성인이 자신들의 강론에서 그 사실을 확인해준다. ⑤ 그의 높은 지위는 그가 사도좌의 대부제였으며, 세평에 의하면 그 이후로 더 이상 로마의 주교좌에서 대부제가 없었기 때문이다. ⑥ 그의 고통의 가혹함은 석쇠에서 구워지는 가장 고통스러운 고문을 받았기 때문이다. 이 순교자에 대해서 성 아우구스티노는 다음과 같이 말한다. "총독은 채찍질로 찢겨진 그의 팔다리를 불 위에 놓고 한쪽에서 다른 쪽으로 교대로 돌리도록 명령했습니다. 계속해서 불타오르는 불길 위에 화상 입은 몸이 더 고통스럽게 오래 지속되기 때문이었습니다."

두 번째, 순교자들 사이에서 라우렌시오의 수난이 탁월함으로 인정되는 것은 유용성이다. 아우구스티노와 막시모에 따르면 그의 고통의 쓰라림은 성화(glorificatio) 안에서 숭고하였고, 존경과 명성 안에서 기념되었고, 그가 갖고 있던 신심으로 칭찬받을 만했으며, 그가 불러일으켰던 본받음으로 유명해졌다.

그는 성화 안에서 숭고했다. 이에 대해 아우구스티노는 말한다. "오 박해자여, 너는 순교자에게 분노했고, 그의 팔마나무를 심었고 그의 고통을 쌓고 자라게 했다." 또한 막시모는(일부에 따르면 암브로시오) "너는 그의 지체를 재로 만들었지만, 그의 믿음의 굳건함은 줄지 않았고, 그는 육신의 고통을 참고 구원의 상을 얻었다." 그리고 다시 아우구스티노는 "오 참으로 복된 육체여, 고통이 그리스도에 대한 믿음에서 돌아서게 할 수 없었고, 거룩한 경외심은 하늘에서 영원한 안식으로 왕관을 씌웠습니다!"

그는 존경과 명성으로 기념되었다. 막시모는(일부 책에 따르면 암브로시오) "우리는 복된 순교자 라우렌시오를 겨자씨에 비교할 수 있습니다. 그는 많은 고통으로 문질러졌고 으스러져서 신비의 향기를 온 땅에 퍼뜨리는 공로가 있기 때문입니다. 이전에 그의 육체는 평범하고 알려지지 않았으며 인정받지 못한 보잘것없는 사람이었습니다. 그가 고문을 당하고 갈가리 찢기고 불에 구워진 후에, 전 세계 모든 교회에 자신의 거룩함의 향기를 불어 넣었습니다."라고 말한다. 다시 아우구스티노는 "우리가 성 라우렌시오의 생일을 특별한 신심으로 공경하는 것은 거룩한 일이며 하느님을 기쁘게 하는 일입니다. 왜냐하면, 그의 빛나는 불꽃으로 승리한 그리스도의 교회는 오늘 세상에 빛을 비추기 때문입니다. 이 고귀한 순교자는 자신의 수난으로 너무나 큰 영광을 얻었고 온 세상을 비추었습니다."라고 말했다.

그는 자신이 가지고 있던 신심으로 칭찬받을 만했다. 아우구스티노는 왜 그가 칭찬받아야 하고 그런 신심을 가져야 하는지를 이렇게 설명한다. "우리는 전폭적인 신심으로 그 복된 사람을 바라봐야 합니다. 왜냐하면, 첫째, 그는 하느님을 위해 자신의 귀중한 피를 흘렸기 때문이고, 둘째, 순교자들이 사회로부터 나올 가치가 있기에 그리스도교 믿음이 어떠해야 하는가를 하느님 앞에서 보여주는 귀중한 특전을 받았기 때문입니다. 셋째, 그의 삶의 방식이 매우 거룩하여 평화의 시기에 순교의 월계관을 찾았습니다."

그의 수난은 본받음을 불러일으키는 모범이었다. 아우구스티노는 "그의 모든 수난 뒤에 있는 동기, 즉 거룩한 사람이 결박되어 죽기로 결심한 동기는 다른 사람들에게 그와같이 하라고 권하는 것이었습니다." 성인은 우리에게 자신을 본받을 수 있는 세 가지 방법을 알려준 것이다. 처음 방법은 그가 역경을 견디는 힘이다. 아우구스티노는 "웅변은 간곡한 권고의 쉬운 수단이며 설득의 효과적인 수단입니다. 모범은 말보다 강하고, 행동은 말보다 더 강력하게 가르칩니다." 박해자들은 복된 순교자 라우렌시오가 이 가장 훌륭한 가르침에서 얼마나 영예롭고 합당한지 느낄 수 있었다. 그의 영혼의 놀라운 용기는 약해지지 않았을 뿐만 아니라, 그의 관용의 모범으로 사람들에게 힘을 주었다. 다음 방법은 그의 믿음의 위대함과 열정이다. 막시모는(혹은 암브로시오) "그는 믿음으로 박해자를 정복했고, 믿음의 불은 지옥의 불을 이기며, 그리스도의 사랑은 심판 날의 두려움을 몰아낼 수 있다는 것을 보여주었습니다."라고 말한다. 마지막 방법은 신앙심의 열정이다. 막시모는(혹은 암브로시오) "라우렌시오는 자신을 태운 불꽃 안에서 온 세상을 비추었고, 그가 견뎌낸 불길로 모든 그리스도인의 마음을 따뜻하게 하였습니다."라고 말한다. 그를 본받는 이 세 가지 방법에 대해 막시모는(혹은 암브로시오) 말한다. "복된 라우렌시오의 모범으로 우리는 순교로 부르심을 받았고, 신앙에 불을 붙이고, 신심에 열의를 품게 되었습니다."

세 번째, 라우렌시오의 수난이 다른 순교자들의 수난보다 두드러지는 것은 고통 중에서도 보여준 탁월한 지조와 불굴의 정신이다. 성 아우구스티노는 그의 지조와 불굴의 용기에 대해서 말한다. "복된 라우렌시오는 폭군의 심문과 위협, 죽음에 이르기까지 그리스도 안에 굳건히 머물렀습니다. 그리고 그가 너무 오래 끄는 죽음을 잘 먹고 마셨기 때문에 그 음식으로 살찌고 그 성작으로 취했으므로, 그는 고통을 느끼지 않고 조금도 굴복하지 않고 왕국에 올라갔습니다." 또한, 막시모는 "그래서 성인은 고문에 굴복하지 않았을 뿐만 아니라 고문을 통해 주님에 대한 경외심이 더욱 강해지고 사랑이 더 열렬해지고 더욱 즐거워졌다."라고 말한다. 그중 심문과 위협에 대해서 말한다. "그는 불타는 석탄 위에 몸을 뻗고 자주 이리저리 몸을 돌렸으나, 더 많은 고통을 받을수록 주 그리스도에 대한 경외심 안에서 더 많은 인내심을 갖게 되었습니다." 죽음에 이르기까지에 관해, 막시모는(일부 책들에 따르면 암브로시오) 이렇게 말한다. "겨자씨는 비볐을 때 뜨거워지는데, 라우렌시오는 고통을 받을 때 격양되었습니다." 또 "새로운 종류의 경이로움이여! 한 박해자가 그를 고문했고 다른 사람들은 격분하여 그를 괴롭히는 방법을 개선하려 했지만, 더 심한 고통은 라우렌시오를 자신의 구세주를 더 사랑하게 만들었습니다." 고통을 느끼지 않은 것에 대해 같은 저자는 이렇게 말한다. "그의 마음은 그리스도의 위대하심에 대한 믿음으로 더 강해졌기에, 그는 자기 몸이 겪고 있는 고통에 주의를 기울이지 않고 기쁘고 의기양양하게 자신을 괴롭히는 광기어린 사람과 불을 조롱했습니다."

네 번째, 라우렌시오의 수난이 탁월하게 돋보이는 것은 훌륭한 싸움과 승리 방식이다. 막시모와 아우구스티노가 추측하는 것처럼, 복된 라우렌시오는 다섯 가지 외적인 불에 대항하여 용감하게 싸우고 극복했다. 게헨나(Gehenna), 즉 지옥의 불을 비롯해 물질적인 격정의 불, 육욕의 불, 탐욕의 불, 격렬한 광기의 불이다.

지옥의 불의 소멸에 관해서 막시모는 말한다. "게헨나(지옥)의 영원한 불을 끈 믿음의 사람이 순간적인 몸의 불탐으로 인해 움츠러들 수 있겠습니까? 그는 지상의 짧은 불을 통과하고 지옥의 영원한 불을 피했습니다." 일부 책에서는 물질적인 격정의 불의 소멸과 관련하여 "그는 육체의 불을 겪지만, 하느님의 사랑이 물질적인 열기를 식혔습니다. 한 사악한 왕이 장작을 던지고 더 강한 불을 피웠지만, 복된 라우렌시오는 믿음의 열기로 그 불길을 느끼지 않았습니다."라고 말한다. 아우구스티노는 "그리스도의 사랑은 어떤 불꽃으로도 정복할 수 없고, 외부에서 타오르는 불은 내부의 불보다 덜 격렬했습니다."라고 말했다. 육욕의 소멸에 대해 막시모는 다음과 같이 말한다. "보라, 라우렌시오가 그 불을 뚫고 지나가니, 비록 육욕의 불이 그를 태우지 않았지만, 그를 움츠리게 만들뿐만 아니라 그 빛으로 그에게 빛을 주었습니다. 그것은 불타지 않도록 태웠고, 그는 불타지 않도록 불태웠습니다." 탐욕의 불에 관해 교회의 재산을 탐내는 자들의 욕심이 어떻게 실패하고 좌절되는지에 대해 아우구스티노는 다음과 같이 말한다. "돈에 탐욕스럽고 진리의 원수인 사람은 한 쌍의 횃불로 무장하고 있습니다. 금을 빼앗는 탐욕과 그리스도를 빼앗는 불신앙입니다. 잔인한 사람아, 당신은 아무것도 얻지 못하고, 어떤 이익도 얻지 못합니다! 당신이 찾던 필멸의 재료는 빼앗겼고, 라우렌시오는 천국으로 가버렸으며, 당신은 불길 속에서 죽었습니다." 맹렬한 박해자의 광기에 대해 막시모는 어떻게 좌절되는지 설명한다. "라우렌시오는 사방으로 번져가는 광기의 불을 껐습니다. 여태까지 악마의 노력은 단지 하나의 결과, 즉 그 신앙심이 두터운 사람으로 하여금 영광중에 주님에게로 승천하게 하였습니다. 그리고 그를 박해하는 자들의 잔인함이 폭발하여 불을 끄게 하였습니다." 그는 다음과 같이 말하면서 박해자들의 분노가 불이었음을 보여준다. "이교도들의 분노가 불러일으킨 불타는 석쇠의 불길을 불로 복수합니다."

성 라우렌시오가 이 외적인 불 다섯 개를 정복했다는 것은 놀라운 일이 아니다. 왜냐하면 앞서 언급한 막시모의 말처럼, 그는 마음 속 세 개의 불뿐만 아니라 세 개의 냉매제를 지녔으며, 이를 통해 외부의 모든 불을 식혀서 억제하고 더 큰 열기로 그 불을 능가했다. 천국에 대한 열망, 신법(神法)에 대한 묵상, 양심의 순수성이 그 냉매제 역할을 한다. 이 삼중(三重)의 냉매제를 통해 그는 차가워졌고 모든 외적인 불을 껐다. 천국에 대한 열망에 대해 막시모는(일부 책들에 따르면 암브로시오) 이렇게 말한다. "낙원의 시원함을 감각적으로 소유한 복된 라우렌시오는 불의 고통을 느낄 수 없었습니다. 폭군의 발아래에 라우렌시오의 불타버린 살과 몸이 놓여 있습니다. 그러나 영혼이 이미 천국에서 있는 그는 땅에서 어떤 해도 당하지 않았습니다." 신법에 대한 묵상에 대해 막시모는(또는 암브로시오) 다음과 같이 말한다. "그의 생각이 그리스도의 교훈에 있는 동안, 그가 고통받은 모든 것은 시원합니다." 양심의 순수성에 대해 막시모는(또는 암브로시오) 말한다. "이 가장 용감한 순교자는 자기 육체의 모든 섬유 조직이 뜨겁고 불탔지만, 그의 마음은 천국에 고정되어 있고, 양심의 냉철함으로 크게 기뻐하는 승리자로 나타납니다."

막시모가 보여주듯이, 라우렌시오는 또한 세 개의 내적인 불을 가졌는데, 더 큰 열기로 모든 외적인 불을 정복했다. 믿음의 위대함, 열정적인 사랑, 불처럼 그를 비추었던 하느님에 대한 참지식이 바로 그의 불이다. 믿음의 위대함에 대해, 막시모는(또는 암브로시오) 말한다. "그의 믿음의 열정이 타오른 만큼, 고문의 불길은 그만큼 차가워졌습니다." 그 믿음의 열정은 "나는 세상에 불을 지르러 왔다."(루카 12, 49)라고 복음서에서 읽었던 구세주의 불이다. 자신 안에서 그 불로 라우렌시오는 불길의 열기를 느끼지 못했다. 열정적 사랑에 대해, 막시모는(또는 암브로시오) 다음과 같이 말한다. "라우렌시오 순교자는 폭군의 맹렬한 불에 의해 외적으로 불태워졌으나, 그리스도에 대한 사랑의 더 큰 불길이 그를 내적으로 뜨겁게 만들었습니다." 하느님에 대한 참지식에 대해서는 이렇게 말한다. "박해자의 맹렬한 불은 이 강력한 순교자를 패배시킬 수 없었습니다. 그의 마음은 진리의 빛에 의해 더 뜨거워졌기 때문입니다. 배교에 대한 증오와 진리에 대한 사랑으로 불타오른 그는 외적으로 자신을 태우는 불길에 압도당하지 않았습니다."

성 라우렌시오의 성무일과는 다른 순교자들의 성무일과에 적용되지 않는 특전이 있다. 첫 번째 특전은 그의 축일이 순교자들의 축일 중에서 유일하게 전야를 가졌다는 것이다. 성인들의 축일 전야는 많은 무질서로 인해 이제 단식으로 대체되었다. 스승인 요한 벨레토가 보고한 바와 같이, 과거에 성인들의 축일에 남자들은 아내와 딸들과 함께 성당에서 횃불을 밝히고 밤을 보내는 관습이 있었다. 그러나 이 전야 동안 많은 간음이 일어났기 때문에, 전야가 단식으로 변경되었다. 그러나 그 축일은 여전히 전야로 불린다. 두 번째 특전은 라우렌시오의 축일에 팔일 축제(octava)가 있다. 이는 순교자 중에는 성 스테파노가, 증거자 중에는 성 마르티노가 유일하다. 세 번째 특전은 성 라우렌시오와 성 바오로만이 가진 후렴(antiphona)의 반복으로 편성되어 있다. 바오로는 자기 설교의 탁월함 때문에, 라우렌시오는 수난의 탁월함 때문이다.

··· ❖ 118 ❖ ···

성 히폴리토와 그의 동료들

히폴리토(Hippolitus)라는 이름은 '위에'라는 뜻의 히페르(hyper)와 '돌'이나 '바위'를 의미하는 리토스(litos)에서 유래했다. 이런 이유로 히폴리토는 '바위 위에 기초를 둔 사람, 바위는 그리스도'이다. 또는 그 이름은 '안'이라는 인(in)과 '도시'라는 '폴리스'(polis)에서 유래했고, 그 단어는 '갈고 닦은', '세련됨'이란 폴리투스(politus)와도 의미가 같다. 성 히폴리토는 진정으로 지조와 확고함에 있어서 그리스도 위에 바위처럼 단단하게 기초를 잘 쌓았고, 갈망과 열망으로 높은 도시에 있었고, 자신이 견뎌낸 고통의 쓰라림으로 갈고 닦아 매끄러워졌다.

히폴리토는 성 라우렌시오의 시신을 묻은 후 집으로 돌아가 하인들에게 자유를 주면서 유스티노 사제가 축성했던 성체로 영성체를 해주었다. 그때 식탁이 차려졌으나 음식을 받기도 전에 군인들이 그를 체포해 황제에게 데리고 갔다. 데치우스 부황제(Caesar)가 히폴리토를 비웃으며 말했다. "너도 마법사가 되어서 라우렌시오의 시신을 가져갔지!" 히폴리토: "저는 마법사가 아니라 그리스도인으로서 그렇게 했습니다!" 분노로 제정신이 아닌 데치우스는 그가 그리스도인으로서 입은 옷을 벗기고 얼굴을 돌로 때리라고 명령했다. 히폴리토: "당신은 제 옷을 벗길 수 없습니다. 오히려 당신은 저에게 옷을 입혀야 합니다!" 데치우스: "벌거벗고도 전혀 얼굴을 붉히지 않고, 그렇게 어리석을 수 있는가? 이제 제물을 바치면 너는 살 것이고, 그렇지 않으면 라우렌시오처럼 죽을 것이다!" 히폴리토: "당신의 더러운 입으로 감히 그 이름을 말합니까? 라우렌시오의 모범을 따를 만한 자격이 저에게 있기를 바랍니다!"

데치우스는 히폴리토를 회초리로 때리고 쇠갈퀴로 찢었지만, 그는 계속해서 큰 소리로 그리스도인이라고 선언했다. 그가 고통을 경멸하자, 황제는 그에게 이전에 입었던 군복을 입히고 군인으로서의 지위와 우정을 상기시켰다. 히폴리토는 자신은 그리스도를 위해 군인이 되었다고 쏘아붙였고, 분노에 찬 데치우스는 히폴리토를 발레리아누스(Valerianus) 총독에게 넘기며 그가 소유한 모든 것을 빼앗고 죽이라는 명령을 내렸다. 그의 모든 가족이 그리스도인임이 알려지고 모두 총독 앞으로 끌려가서 우상들에게 제물을 바치라는 명령을 받았다. 그의 유모였던 콘코르디아(Concordia)가 가족을 대신해 대답했다. "저희는 불명예스럽게 살기보다는 차라리 주인과 함께 순결하게 죽기를 원합니다." 발레리아누스: "노예는 오직 가혹한 처벌로 고쳐질 수 있다!" 그 장면을 보고 히폴리토가 크게 기뻐했던 반면, 총독은 콘코르디아가 마지막 숨을 거둘 때까지 납 채찍으로 때리게 했다. 히폴리토가 외쳤다. "오, 주님, 당신 성인들의 환시를 즐기게 저의 유모를 앞서 보내셨기에, 당신께 감사드립니다!"

발레리아누스는 이제 히폴리토와 가족을 티부르티나 문(Porta Tiburtina) 너머로 끌고 갔고, 히폴리토는 가족의 결심을 강화하기 위해 말했다. "형제자매 여러분, 두려워하지 마십시오! 우리에게는 한 분이자 같은 하느님이 계십니다!" 발레리아누스는 히폴리토가 지켜보는 가운데 가족 모두를 참수하고, 히폴리토는 길들이지 않은 말의 목에 발을 묶고 그가 숨을 거둘 때까지 엉겅퀴와 가시덤불 위를 끌고 다니게 하라고 명령했다. 이것은 서기 약 256년에 일어났다.

유스티노 사제는 그들의 시신을 회수하여 성 라우렌시오의 시신 옆에 묻었지만, 성녀 콘코르디아의 시신은 하수구에 던져져서 찾을 수 없었다. 군인 포르피리우스(Porphyrius)는 콘코르디아가 금이나 보석을 지녔을 것이라 생각하고, 그리스도인이었던 이레네오를 몰래 찾아가서 말했다. "비밀리에 콘코르디아를 하수구에서 꺼냅시다! 그녀에게는 분명 돈과 보석이 있을 것입니다!" 이레네오가 말했다. "나에게 그 장소를 보여 주십시오! 나는 비밀을 지킬 것이고, 내가 찾은 것을 당신에게 알려주겠습니다!" 그러나 하수구에서 꺼낸 시신에서 아무것도 발견하지 못하자, 군인은 즉시 도망쳤다. 이레네오는 그리스도인인 아분도(Abundus)를 불러서 함께 시신을 성 유스티노에게 가져갔다. 유스티노는 시신을 경건하게 받아 성 히폴리토와 다른 사람들의 유해 옆에 묻었다. 이 사실을 알게 된 발레리아누스는 이레네오와 아분도를 체포하여 산 채로 하수구에 던졌고, 유스티노는 그 시신들을 찾아서 남은 묻어주었다.

그 후 데치우스와 발레리아누스는 그리스도인들이 고문받고 있는 것을 보려고 황금 마차를 타고 원형경기장으로 갔다. 그러나 데치우스는 악령에게 사로잡혀 소리쳤다. "오 히폴리토여, 당신은 나를 거친 쇠사슬로 묶고 있다!" 발레리아누스도 똑같이 외쳤다. "오 라우렌시오여, 당신이 불타는 쇠사슬로 나를 끌고 가고 있다!" 발레리아누스는 그 자리에서 죽었고 데치우스는 집으로 돌아갔다. 하지만 데치우스는 악령에 의해 3일 동안 시달리다가 애원했다. "라우렌시오, 그만 괴롭히시오!" 그럼에도 불구하고 그는 비참한 죽음을 맞았다.

모든 것을 지켜본 데치우스의 아내 트리포니아(Triphonia)는 믿음을 받아들였다. 그녀는 딸 치릴라(Cyrilla)와 집안사람들과 함께 성 유스티노에게 갔고, 사제는 모두에게 세례를 주었다. 며칠 후 트리포니아는 기도하는 중에 이승을 하직했고, 유스티노는 히폴리토의 시신 옆에 트리포니아를 묻었다. 47명의 군인이 황후와 그녀의 딸이 그리스도인이 되었다는 것을 듣고, 자신들의 아내와 함께 세례받기를 요청하면서 사제 유스티노에게 왔다. 그리고 식스토의 뒤를 이어 교황이 된 디오니시오(Dionysius)가 그들 모두에게 세례를 주었다. 이제 황제인 클라우디우스는 치릴라가 제물을 바치기를 거부하자 목을 졸라 죽이고, 군인들에게는 참수 명령을 내렸다. 그들 모두의 시신은 베라누스(Veranus) 들판에 묻혔다.

여기에서 클라우디우스가 라우렌시오와 히폴리토를 순교자로 만들었던 데치우스를 계승했다는 것이 분명히 명시되어 있음에 주목하라. 연대기들에 따르면, 이 데치우스는 볼루시아누스(Volusianus)*가, 볼루시아누스는 갈리에누스(Gallienus)가, 갈리에누스는 클라우디우스(Claudius)가 계승했다. 따라서 빈첸시오(Vincentius)가 자신의 《연대기》에서 말하고 고도프리도(Godofridus)가 쓴 책에서처럼, 이전에 갈리에누스는 두 개의 이름이 있었고 갈리에누스와 데치우스 둘 다로 불렸다.(혹은 그런 것 같다.) 또는 갈리에누스가 조력자와 함께 자신을 임명하려고 데치우스라는 이름의 누군가를 황제가 아니라 부황제로 만들었을 수도 있다. 이것은 리카르도(Richardus)가 자신의 《연대기》에서 말한 것이다.

---

* 볼루시아누스(Gaius Vibius Afinius Gallus Vendumnianus Volusianus)는 251년 11월~253년 8월까지 로마 제국의 황제였는데, 갈루스(Gallus)로 불리기도 한다. – 역자 주

암브로시오는 〈서문경〉에서 이 순교자에 대해 말한다. "복된 순교자 히폴리토는 그리스도를 자신의 사령관으로 여겼으며 군대의 사령관보다는 그리스도의 군인이 되는 것을 선호했습니다. 구금된 성 라우렌시오를 감시하게 되었을 때, 성인을 박해하지 않고 추종자가 되었습니다. 교회의 보물이 나누어졌을 때, 그는 어떤 폭군도 그에게서 강탈할 수 없는 한 가지 보물을 발견했습니다. 그는 영원한 왕의 은총을 확증받기 위해 폭군의 호의를 저버렸습니다. 그는 영원한 갈고리로 난도질당하지 않도록, 자신의 사지를 갈기갈기 찢는 것에 저항하지 않았습니다."

베드로라는 소몰이꾼이 있었는데, 성녀 마리아 막달레나 축일에 소에 쟁기를 달고 막대기와 저주로 소를 몰고 있었는데, 갑자기 번개가 소와 쟁기를 태워버렸다. 저주하던 베드로 그 자신이 끔찍하게 다리의 살과 힘줄이 타버리고, 뼈가 그대로 드러나고, 정강이뼈가 관절에서 빠졌다. 그 남자는 성모 마리아의 성당으로 가서 벽 구멍에 뼈를 숨기고, 눈물을 흘리며 성모 마리아에게 치유를 기도했다. 그날 밤, 성모 마리아가 복된 히폴리토와 함께 나타나서 성모는 히폴리토에게 베드로의 건강 회복을 요청했다. 히폴리토는 즉시 은신처에서 정강이뼈를 가져다가 새싹을 나무에 접목하는 것처럼 베드로의 다리에 삽입했다. 베드로는 뼈가 끼워질 때 온 가족을 깨울 정도로 비명을 지르며 심한 고통을 경험했다. 그리고 모든 사람이 등불을 갖고 와서 두 다리와 두 정강이가 모두 회복된 상태로 잠들어 있는 베드로를 발견했다. 가족은 믿을 수 없었고 그의 다리를 계속해서 만져보며 온전하다는 것을 확인했다. 가족들은 그를 깨워 어떻게 이런 일이 일어났는지 물었다. 그는 가족들이 자신을 놀리고 있다고 생각했으나, 그 말이 사실임을 깨닫고 깜짝 놀랐다. 하지만 새 다리는 원래 다리보다 약하고 균형이 잘 잡히지 않아 자신의 무게를 지탱할 수 없었다. 그래서 그는 그 기적을 증언하기 위해 1년 동안 절뚝거리며 걸었고, 그 후에 다시 성모 마리아의 도움을 구했다. 성모는 성 히폴리토와 함께 다시 나타나 치료를 보충해야 한다고 말했다. 베드로는 깨어나서 자신이 완전히 고쳐진 것을 깨달았다.

베드로는 이제 은수처로 물러났다. 그곳에서 악마가 벌거벗은 여자 모습으로 자주 나타나서 베드로에게 몸을 던졌다. 그가 완강히 저항할수록, 그녀는 더 파렴치하게 그에게 몸을 던졌고, 그를 너무 많이 괴롭혀 마침내 그는 사제의 영대를 구해서 그녀 목 주위에 감아 악마를 쫓아냈다. 남겨진 것은 썩어가는 시체였다. 이를 본 사람은 누구도 악마가 위장했던 여자의 시체라는 것을 믿을 수 없었다. 그 정도로 악취가 고약했다.

··· ✦ 119 ✦ ···

성모 승천

복되신 동정녀 마리아의 승천(Assumptio Beatae Mariae Virginis)은 요한 복음사가의 것으로 추정되는 작은 외경서(外經書)에서 전하고 있다. 이 책에서는 사도들이 복음을 전파하기 위해 여러 지역으로 흩어진 후, 성모 마리아는 시온 산에서 가까운 곳에서 살았다고 전한다. 그녀는 살아 있는 동안 아드님을 기억할 수 있는 거룩한 장소들, 즉 그분이 세례를 받고 단식하고 기도하고 고난을 겪고 죽고 묻히고 부활하여 하늘로 승천하셨던 곳을 경건하게 부지런히 방문했다. 에피파니오(Epiphanius)가 말한 바에 따르면, 성모는 아드님의 승천 후 24년을 살았다. 에피파니오는 그녀가 그리스도를 임신했을 때가 14세, 출산했을 때가 15세였다고 계산했다. 그녀는 그분과 함께 33년을 살았고 그분보다 24년을 더 살았으므로 72세의 나이에 죽었다. 그러나 우리가 다른 데서 읽었던 것처럼, 그녀는 아드님의 죽음과 부활 후에 단지 12년을 살았고, 60세에 하늘로 승천했다는 것이 사실인 듯싶다. 왜냐하면 《교회사》에 따르면, 사도들은 유다와 주변 나라들에서 12년 동안 설교했기 때문이다.

어느 날 동정녀의 마음이 아드님과 함께 있고 싶은 갈망으로 타올랐다. 그녀의 영혼은 마음 깊이 흔들리며 많은 눈물을 흘렸다. 그분이 떠나고 그분의 존재를 잃은 상실감을 견딜 수가 없었다. 그때 보라, 큰 빛 가운데 한 천사가 그녀 앞에 서서 주님의 어머니에게 경건하게 인사했다. "행복하소서, 복되신 마리아님! 야곱에게 구원을 베푸신 그분의 축복을 받으십시오. 보십시오, 여인이여, 저는 낙원에서부터 팔마가지를 가져왔고, 당신은 그 팔마가지를 당신의 관대 앞으로 옮겨야 합니다. 당신의 아드님이 당신, 공경하올 어머니를 기다리고 있으므로 사흘 뒤에 당신은 육체에서 떠나게 될 것입니다."

마리아는 대답하였다. "만일 당신이 호의를 베풀어준다면, 당신의 이름을 알려 주기를 간청합니다. 하지만 그보다 먼저 나의 아들들이자 형제들인 사도들을 이곳으로 불러서 죽기 전에 육신의 눈으로 다시 보고, 그들에 의해 안장되고, 내 영혼을 그들 앞에서 하느님께 드릴 수 있게 되기를 간청합니다. 그리고 내 영혼이 이 몸을 떠날 때 더러운 영을 보지 않고 사탄의 세력이 나를 대적하지 못하도록 간구하고 기도합니다."

천사는 말하였다. "여인이여, 왜 제 이름을 알고자 하십니까? 제 이름은 위대하고 존귀하다는 뜻을 갖고 있습니다. 그러나 오늘 모든 사도가 모여서 당신에게 올 것입니다. 그들은 당신의 장례식을 웅장하게 치르고, 당신은 그들 모두가 보는 앞에서 당신의 영혼을 내어줄 것입니다. 참으로, 오래 전에 선지자의 머리카락을 잡고 유다에서 바빌론으로 데려갔던 그분이 순식간에 사도들을 당신에게 데려올 수 있다는 것은 의심의 여지가 없습니다. 그리고 왜 악한 영을 보기를 두려워하십니까? 당신은 그의 머리를 으스러뜨렸고 거만한 권력을 빼앗을 수 있습니다. 그러나 당신이 원하지 않으면 어떤 악령들도 보지 않을 것입니다." 이 모든 것을 말한 천사는 수많은 빛에 둘러싸여 하늘로 올라갔다. 더욱이 팔마가지는 매우 밝게 빛났다. 그 줄기는 다른 어떤 가지처럼 초록색이었으나, 잎들은 샛별처럼 빛났다.

마침 요한이 에페소에서 설교하고 있을 때 갑자기 천둥이 치고 빛나는 구름이 요한을 들어서 마리아의 문 앞에 데려다준 일이 일어났다. 그 동정남(童貞男)은 문을 두드리고 안으로 들어가 경건하게 성모 마리아에게 인사했다. 그를 본 마리아는 매우 놀랐으나 기뻐서 눈물을 억누를 수 없을 정도로 행복했다. 그리고 말했다. "나의 아들 요한아, 나를 너의 어머니로서 너에게 의탁하였고, 너를 나의 아들이 되도록 나에게 의탁했던 네 스승의 말씀을 기억하여라. 나는 너에게 주님의 부르심을 받았다는 것을 말해야겠다. 나는 인간 세상에서의 빛을 갚으려 하고, 내 육신을 너의 보살핌에 의탁한다. 왜냐하면, 나는 일부 유다인들이 공모하여 '동포 여러분, 우리는 예수를 낳은 여인이 죽을 때까지 기다려서 그녀의 시신을 강탈하여, 불 속에 던져 불태울 것입니다!'라고 말하는 것을 들었기 때문이다. 그러므로 너(요한)는 내 시신을 무덤으로 옮길 때 누군가 사인교(四人轎) 앞에서 반드시 이 팔마가지를 들게 해야 한다."

요한이 말했다. "오!, 나의 모든 형제 사도들이 장례식을 준비하고 합당한 예를 표하기 위해 여기에 있으면 좋으련만!" 그가 말하는 그 순간에 모든 사도가 각자 설교하던 곳에서 구름 속으로 끌어 올려졌고 마리아의 문 앞으로 옮겨졌다. 그들은 한 자리에 모인 서로를 보고 놀랐다. "주님께서 우리를 이 장소에 모으신 이유가 무엇일까?" 그때 요한이 나와서 마리아가 곧 육체를 떠나게 될 것이라고 말했다. "형제들이여, 그녀가 숨을 거둘 때 울지 않도록 주의하십시오. 그렇지 않으면 사람들이 근심할 것이고 '이 사람들이 부활에 관해 설교하면서 죽음을 두려워하는 것을 보십시오!'라고 말할 것입니다."

사도 바오로의 제자인 디오니시오(Dionysius)는 저서 《신명론》(神名論)에서 비슷한 설명을 한다. 그는 사도들이 성모 마리아가 영면(dormitio)할 때 함께 왔고, 자신도 그곳에 있었으며, 각자 그리스도와 성모 마리아를 찬양하는 말을 했다고 한다. 디오니시오는 다음과 같이 티모테오*에게 편지를 썼다. "당신이 아는 것처럼, 우리와 그(히에로테오[Hierotheus])와 많은 거룩한 형제들이 하느님을 받아들여 생명을 준 그 육신을 보려고 왔습니다. 그곳에는 하느님의 형제인 야고보도 있었고, 그리고 하느님에 대해 말하는 사람들(신학자들[theologoi])** 중에서 가장 높은 정상에 위치한 베드로도 있었습니다. 그 후 모든 고위 성직자가 참석하여, 각자의 능력에 따라 그런 연약함에서 하느님을 품은 대단히 강력한 선함을 찬미하는 것이 좋을 것 같습니다."

복되신 마리아는 모인 사도들을 보며 주님께 감사를 드렸고 빛나는 등불과 등롱(燈籠)에 둘러싸여 그들 가운데에 앉았다. 그날 밤 3시경에 예수는 천사들 무리와 예언자들의 군대, 순교자들의 무리, 증거자 군단과 동정녀들의 합창

---

* 그레세(Graesse)는 야코부스(Jacobus)가 "히에로테오"(Hierotheus)를 말하였던 반면, 초판본에서는 "티모테오"를 이곳에서 말하였다는 것에 주목한다. 사실은 《신명론》의 책 전체가 동료 원로인 티모테오를 다루었다. "히에로테오"는 위(僞)-디오니시오가 그의 유명하고 심지어 신적인 스승으로 칭송하는 사람이며, 허구의 존재일 수도 있는 사람이다.

** 라틴어본은 여기에 "바오로"를 덧붙인다. 그레세는 초판본이 그를 생략하였다는 것을 주목한다. Colm Luibheid에 의해 현재 구절에 도움이 되는 영어본은 Pseudo-Dionysius, 《전집》(The Complete Works), New York, Paulist Press, 1987, 70.

단과 함께 왔으며, 모든 사람이 성모 마리아의 의자 앞에 자리를 잡고 아름다운 성가를 노래하였다.

앞서 언급한 요한의 것으로 추정되는 책은 그 장례식이 어떻게 거행되었는지 말해준다. 첫째, 예수 자신이 시작하였다. "나의 선택을 받은 자여, 오라, 그리고 나의 옥좌에 앉힐 것이다. 너의 아름다움을 보기를 열망하였다." 성모 마리아는 대답하였다. "마음을 정했습니다, 하느님. 마음을 정했습니다."(시편 108, 1) 그때 예수와 함께 온 모든 사람이 부드럽게 노래하였다. "죄가 되는 잠자리에 들지 않은 여자! 하느님께서 영혼을 찾아오실 때에 그는 결실을 얻을 것이다."(지혜 3, 13) 그다음에 마리아가 "이제부터 과연 모든 세대가 나를 행복하다 하리니, 전능하신 분께서 나에게 큰일을 하셨기 때문입니다. 그분의 이름은 거룩하고"(루카 1, 48-49)라고 말하며 자신에 대하여 노래하였다. 높은 음조로 선창자가 읊조렸다. "나와 함께 레바논에서, 나의 신부여, 나와 함께 레바논에서 떠납시다."(아가 4, 8) 그리고 마리아는 "보소서, 제가 왔습니다. 두루마리에 저에 대하여 쓰여 있습니다. 오 하느님, 저는 당신의 뜻을 즐겨 이룹니다. 왜냐하면 내 마음이 나의 구원자 하느님 안에서 기뻐 뛰기 때문입니다."(시편 40, 8 ; 루카 1, 47)

그런 다음 마리아의 영혼은 육체에서 나와 아드님의 품으로 날아갔고, 마치 모든 타락함에서 결백했던 것처럼 모든 육체적인 고통에서 벗어났다. 그리스도는 사도들에게 말씀하셨다. "나의 어머니 동정녀의 시신을 요사팟 골짜기로 옮기고 새 무덤에 두어라. 그런 다음 지금부터 3일 후에 너희에게 돌아올 때까지 그곳에서 나를 기다려라." 즉시 성모 마리아는 순교자들의 군대를 상징하는 빨간 장미와 천사, 증거자, 동정녀들의 무리를 상징하는 은방울꽃으로 둘러싸였다. 사도들은 "동정녀들 중 가장 현명한 분이여, 어디로 가십니까? 저희를 생각해 주소서, 오 성모여!"라고 말하면서 그녀를 부르며 뒤쫓아갔다.

하늘에 머물렀던 영혼들은 승천하는 무리의 노래에 놀라 그들을 만나려고 급히 나아갔다. 하늘에 있던 영혼들은 자신들의 왕이 한 여인의 영혼을 품에 안고 있는 것을 보았으며 그녀가 그분에게 기대어 있는 것을 보았다. 이 광경에 놀란 그들은 "기쁨에 넘쳐 연인에게 몸을 기대어 광야에서 올라오는 저 여인은 누구인가?"(아가 8, 5)라며 외치기 시작했다. 그녀의 시종들이 대답했다. "그녀는 예루살렘의 딸들 중에서 가장 아름답습니다. 당신들이 본 것처럼 그녀에게 자비와 사랑이 넘칩니다." 기뻐하는 그녀는 하늘로 올려져 아드님의 오른쪽 영광의 옥좌에 앉았습니다. 그리고 사도들은 그녀의 영혼이 인간의 말로 묘사할 수 없을 만큼 매우 맑은 순백의 영혼이었다는 것을 보았습니다.

그곳에 가까이 있던 세 명의 동정녀가 시신을 씻기기 위해 마리아의 옷을 벗겼는데 시신은 만지고 씻길 수는 있었지만 보이지 않을 정도로 광채가 났다. 그리고 그 빛은 동정녀들이 일을 행하는 동안 계속해서 빛났다. 그런 다음 사도들은 경건하게 시신을 들어 올려 관대에 놓았다. 요한이 베드로에게 말하였다. "베드로, 당신은 사인교 앞에서 이 팔마가지를 들고 가야 합니다. 왜냐하면 주님이 당신을 우리들 위에 세우셨고 그분 양떼의 목자이자 지도자로 정하셨기 때문입니다." 베드로가 대답하였다. "당신이 팔마가지를 들고 가는 사람이 되어야 합니다. 왜냐하면 당신은 동정남이고, 주님의 선택을 받았기 때문입니다. 그리고 동정남이 성모님의 팔마를 들어야 하는 것이 합당합니다. 당신은 주님의 가슴에 기대기에 합당하고, 다른 사람들보다 더 큰 지혜와 은총의 물줄기를 받았습니다. 그래서 성자로부터 더 큰 은총을 받은 사람이 성모 마리아에게 더 커다란 영예를 올리는 것이 옳은 것 같습니다. 따라서 당신이 티 없이 깨끗하신(영원한 순결의 원천) 빛의 잔을 마신 것처럼, 그녀의 거룩한 장례식에 이 빛의 팔마를 들고 가야 합니다. 나는 관대 위에 거룩한 시신을 올릴 것이고, 우리 형제들은 관대를 둘러싸고 하느님께 찬양 노래를 올릴 것입니다." 그때 바오로는 베드로에게 말했다. "그러면 우리들 중 가장 작은 저는 당신과 함께 시신을 옮길 것입니다."

베드로와 바오로는 관대를 들어 올렸고, 베드로는 "이스라엘이 이집트에서 나올 때, 알렐루야."(Exiit Israel de Aegypto, alleluia. 시편 114, 1)라는 말로 노래하기 시작하였다. 다른 사도들은 계속 성가를 감미롭게 불렀다. 주님은 구름으로 사인교와 사도들을 보이지 않게 덮으시고 오직 음성만 울려 퍼지게 하였다. 또한 천사들도 참석하여 사도들과 함께 노래하고 감미로운 노랫소리로 온 땅을 채웠다.

주민들은 감미로운 소리와 선율에 들떠 무슨 일이 일어나고 있는지 보려고 도시 밖으로 몰려갔다. 그때 누군가 말했다. "예수의 제자들이 죽은 마리아를 옮기고 있고, 그녀 주변에서 지금 우리가 듣는 이 선율을 노래하고 있습니다." 즉시 그들은 무기를 서둘러 챙기며 서로 이야기했다. "가자, 예수 그리스도의 제자들을 모두 죽이고 그를 낳았던 시신을 불태우자." 무슨 일이 일어나고 있는지를 본 수석 사제는 몹시 놀라며 분노했다. "우리와 우리의 백성들을 어지럽히던 자의 장막을 보라! 지금 그 여인에게 주어지는 영광을 보라!" 이 말을 마친 후 시신을 땅에 던지려고 사인교를 잡으려 했다. 그러나 갑자기 그의 손이 시들고 관대에 달라붙어 매달렸다. 그가 큰 고통에 신음하며 소리치는 동안 나머지 사람들은 구름 속에 있는 천사들에 의해 실명되었다.

수석 사제가 외쳤다. "거룩한 베드로님, 이 곤경에서 저를 경멸하지 마십시오! 저를 위해 주님께 기도하여 주시기를 간청합니다. 여자 문지기가 당신을 고발했을 때 내가 당신 편에 서서 어떻게 당신을 변호했는지를 잊지 마십시오." 베드로는 대답하였다. "우리는 성모님의 장례를 치르느라 바빠서 당신을 치유할 수 없습니다. 그러나, 만일 당신이 우리 주 예수 그리스도와 그를 잉태하여 낳은 이 여인을 믿는다면, 치유의 은사를 빠르게 받을 것입니다." 수석 사제는 "나는 주 예수님이 하느님의 참된 아드님이고 이 여인이 그분의 지극히 거룩하신 어머니이심을 믿습니다." 즉시 그의 손은 그 관대에서 떨어졌지만, 그의 팔은 여전히 시들어 있었고 고통이 극심했다. 베드로는 그에게 말하였다. "관대에 입을 맞추고 '저는 이 여인이 자신의 태중에 품은 아이를 낳은 후에도 동정녀로 남아 있게 한 예수 그리스도 하느님을 믿습니다.'라고 말하십시오." 그는 자신이 들은 대로 하였고 즉시 치유되었다. 그때 베드로가 다시 말했다. "우리의 형제 요한의 손에서 팔마를 가져가서 눈이 먼 사람들의 머리 위에 올려 주십시오. 믿고자 하는 자는 다시 보게 될 것이고, 거부하는 자는 결코 다시 볼 수 없을 것입니다."

이제 사도들은 마리아의 시신을 모셔다가 무덤 안에 안치하고 주님이 명령하신 것처럼 무덤 주위에 앉았다. 사흘 만에 예수는 수많은 천사와 함께 오셔서 사도들에게 인사하며 말씀하셨다. "평화가 너희와 함께 있기를!" 사도들이 대답하였다. "오 하느님, 홀로 위대한 기적들을 행하시는 당신께 영광을!" 주님이 사도들에게 물었다. "너희들이 생각하기에 내가 나의 어머니에게 어떤 은총과 영예를 드려야 하겠느냐?" 사도들이 대답하였다. "당신의 종들에게 당신은 죽음을 정복하고 이제는 영원히 다스리는 것처럼 보입니다. 당신 어머니의 몸을 되살리고 당신의 오른편에 영원히 앉히소서!"

그리스도는 고개를 끄덕이며 동의하였고 즉시 미카엘 대천사가 앞으로 와서 주님 앞에 마리아의 영혼을 드렸다. 그때 구세주가 말했다. "나의 사랑하는 자여, 일어나라, 나의 비둘기여, 영광의 장막이며 생명의 그릇이고, 천상의 성전이여! 당신은 육체적 관계로 인한 죄의 더러움을 결코 알지 않으니 무덤에서 살이 썩는 고통을 겪지 않을 것이다." 그러자 마리아의 영혼이 자신의 육체로 들어가서 무덤에서 영광스럽게 나왔고, 그녀와 함께하는 수많은 천사와 함께 천상의 신방(新房)으로 승천하셨다. 그러나 토마스는 그 자리에 없었고, 돌아왔을 때 믿기를 거부했다. 그때 갑자기 그녀의 몸을 감싸고 있던 허리띠가 토마스의 손에 떨어졌고, 그는 성모 마리아가 참으로 육신과 영혼이 승천하였다는 것을 깨달았다.

그러나 지금까지 말한 모든 것은 출처가 불분명하다. 예로니모는 파울라(Paula)와 에우스토키움(Eustochium)에게 보낸 편지에서 이렇게 말한다. "그 소책자는 성인들에 의해 승인된 것처럼 보이지만 신뢰할 수 있는 몇 가지를 제외하고는 출처가 불분명하다고 판단됩니다. 그 소책자에는 아홉 가지가 있습니다. 즉 성모 마리아에게 약속되고 주어졌던 모든 종류의 위로, 모든 사도가 모여 있음, 마리아의 고통 없는 죽음, 요사팟 계곡에 매장지를 마련하는 것, 그리스도의 경건한 참석, 온 천상 궁전의 도움, 유다인들에 의한 박해, 합당하게 주어진 모든 경우의 기적의 섬광, 영혼과 육신의 승천이 있습니다. 그러나 그책에는 사실이라기보다는 순수한 창작으로 서술된 것이 많습니다. 예를 들어토마스는 참석하지 않고 나중에 와서 의심한 점, 그리고 그와 같이 분명히 거부되어야 하는 내용들이 있습니다."

신자들을 위로하기 위해 성모 마리아의 옷이 무덤에 남겨졌고, 그녀의 옷한 점에 의해 다음과 같은 기적이 일어났다고 한다. 노르망디의 공작이 샤르트르(Chartres) 시를 포위하고 있었다. 그곳에는 성모 마리아의 튜니카가 보존되어 있었고, 그 도시의 주교는 그 튜니카를 창에 달아 깃발을 만들었다. 주교는 자신을 따르는 시민들과 함께 적군에 맞서기 위해 나아갔다. 침략자들은 게

양된 깃발을 보고 감각을 상실하고 눈이 멀고 마음이 흔들리고 혼란에 빠졌다. 그러자 도시 사람들은 하느님의 심판 범위를 넘어서서 적군을 덮치고 무자비하게 학살했다. 이 일은 마리아를 크게 화나게 했다. 왜냐하면 성모님의 튜니카가 갑자기 없어지고 적군의 시력이 회복된 사실이 그것을 입증한다.

성녀 엘리사벳(Elisabeth)의 《계시》(Revelatio)에서 우리는 성녀가 탈혼에 빠졌을 때 환시를 본다는 것을 읽었다. 그녀는 아주 멀리서 찬란한 빛이 떨어지는 한 무덤을 보았다. 그 무덤 안에는 여자처럼 보이는 한 형상이 누워 있었고, 아주 많은 천사들이 둘러싸고 있었다. 곧 그 여인은 무덤 밖으로 나오고 많은 시종들과 함께 높이 들어 올려졌다. 그리고 훌륭하고 영광스러운 남자가 오른손에 십자가 깃발을 들고 셀 수 없이 많은 천사들과 함께 그녀를 보려고 하늘에서 왔다. 그들은 엄청난 합창을 하는 가운데 그녀를 천국으로 이끌었다. 얼마 후 엘리사벳은 그 환시가 무엇을 의미하는지 자주 이야기를 하는 천사에게 물었다. 천사가 대답했다. "당신은 성모님의 영혼뿐만 아니라 육신이 어떻게 천국으로 승천하셨는지를 보았습니다."

같은 《계시》에서 엘리사벳은 마리아가 죽은 지 40일 후에, 그녀가 승천을 자신에게 계시해 주었다고 했다. 복되신 마리아는 엘리사벳과 이야기하면서 직접 말했다고 한다. "나는 주님의 승천 후 1년 동안, 그리고 주님 승천(Ascensio)과 나의 승천(Assumptio) 축일 사이에 있는 많은 날 수만큼 살았습니다. 내가 잠들었을 때 사도들이 모두 함께 있었고, 그들은 제 시신을 경건하게 매장하였으나 40일 후에 나는 다시 살아났습니다." 엘리사벳은 이 계시를 알려야 하는지 혹은 비밀로 해야 하는지를 성모 마리아에 물었고, 마리아는 다음과 같이 대답하셨다. "이것은 믿지 않는 세속적인 사람들에게 계시되지 않을 것이고, 신앙심이 두터운 사람과 믿음을 가진 사람에게는 숨겨지지 않을 것입니다."

영광스러운 동정녀 마리아는 완전하고 영예롭게 기쁘고 화려하게 승천하였고 칭송받았다는 것은 주목할 만하다.

교회가 경건하게 믿고, 많은 성인이 주장할 뿐만 아니라 증명하며 여러 가지 이유를 제시하듯이, 그녀는 영혼과 육체의 완전한 승천을 하였다. 베르나르도의 논증은 다음과 같다. 하느님은 성인들의 시신을 귀하게 보시어 그들의 시신을 보존할 장소를 만들어 주셨다. 예를 들어 성 베드로와 성 야고보의 순례지처럼 시신이 보존된 곳을 온 세상 사람들이 공경하기 위해 방문하고 있다. 그러므로 마리아의 시신이 지상에 있어 신자들이 찾아가서 공경하지 않는다면(이것은 결코 사실이 아니지만), 그리스도는 어머니의 시신에 마땅히 받아야 할 명예에 대해 별로 신경 쓰지 않고 지상의 다른 성인들의 시신에만 많은 영예를 주는 것처럼 보일 것이다.

예로니모는 또한 8월의 15일에 마리아가 하늘로 승천했다고 말하며 이것은 성모 마리아가 육체적 몸을 가지고 승천했음을 의미한다고 한다. 이 점에 대해서 교회는 성급하게 무언가를 규정하기보다는 겸손하고 신중하게 망설이고 있다. 예로니모는 자신의 말이 사실임을 증명하려 한다. 예로니모는, 그리스도와 함께 부활한 사람들은 최후의 영원한 부활이 완성된 것이라고 말하는 사람들이 있으며, 마리아의 수호자인 성 요한도 그리스도와 함께 영광을 입은 몸으로 기뻐한다고 주장하는 사람들이 있다고 말한다. 따라서 이것이야말로 구세주의 어머니에 관해서는 더욱 믿을만한 이유가 아니겠는가? "네 부모를 공경하라. 내가 율법을 폐지하러 온 것이 아니라 완성하러 왔다."라고 말했던 그분은 확실히 다른 무엇보다 자신의 어머니를 공경하였다. 우리도 그분이 어머니를 매우 공경하였다는 것을 의심하지 않는다.

아우구스티노는 또한 세 가지 이유를 제시하면서 이 믿음을 확증한다. 첫째는 그리스도의 몸과 성모 마리아의 몸의 일치이다. 그는 말한다. "부패와 벌레는 인간 조건에서 수치입니다. 예수는 그 부끄러움과 관계가 없으므로 우리가 아는 것처럼 예수가 마리아에게서 취한 마리아의 본성은 그 수치에서 면제되었습니다." 둘째는 그녀 육신의 존엄성이다. 그는 "하느님의 옥좌, 주님의 신방, 그리스도의 장막은 땅에서보다 하늘에서 지켜질 가치가 있습니다."라고 말한다. 셋째, 그는 성모 마리아의 육체의 완벽한 완전무결함을 제시하며 다음과 같이 말한다. "마리아님, 당신의 아드님 그리스도 안에서, 당신의 아드님과 함께, 당신의 아드님 그리스도를 통하여 말로 형언할 수 없는 기쁨으로, 육신과 영혼으로 기뻐하십시오. 성모님이 위대한 아드님을 출산하실 때 더러움이라고는 없는 완전무결한 그녀에게 부패의 해악이 엄습할 수 없었습니다. 그러므로 아주 많은 은총이 성모님에게 내려졌으며, 그래서 성모님은 항상 순결하였습니다. 모든 사람 중에 완전하고 완벽한 생명을 가졌던 성모님의 삶은 충만하고 온전하였습니다. 성모님은 자신의 태에서 낳은 그분과 함께 있어야 하며, 자신이 낳고 먹이고 따뜻하게 해 준 그분 옆에 있어야 하며, 하느님의 어머니, 하느님의 대리자이자 여종인 마리아여야 합니다. 나는 성모님에 대하여 감히 다른 방법으로 생각하지 않기 때문에, 나는 다른 점에서는 감히 말할 수 없습니다."

여기서 우리는 유명한 시를 인용할 수 있다.

> 그녀는 하늘로 오르신다. 동정녀 어머니여,
>
> 이새의 새싹이여,
>
> 그녀의 육신 없이
>
> 시간 밖에서 그녀는 존재합니다.*

마리아는 환희에 둘러싸여 승천하셨다. 주교이며 순교자인 성 제라르도(Gerardus)는 강론에서 다음과 같이 말한다. "오늘 하늘은 복되신 동정녀를 기쁘게 맞이하고, 천사들은 크게 기뻐하고, 대천사들은 환호하고, 좌품천사(座品天使, Throni)는 칭송하고, 주품천사(主品天使, Dominatio)는 시편을 노래하고, 권품천사(權品天使, Principatus)는 화음을 넣고, 능품천사(能品天使, Potestates)는 수금을 켜고, 지품천사(智品天使, Cherubim)와 치품천사(熾品天使, Seraphim)는 찬미가를 부르고 하느님 통치권의 최고 법정으로 인도하면서 환영하였습니다."

그녀의 승천에는 높은 명예가 따랐습니다. 예수와 천상 군대의 모든 무리가 그녀를 만나려고 나갔다. 이런 이유로 예로니모는 말한다. "세상의 여왕이 얼마나 영광스럽게 앞으로 나아갔는지, 천상의 많은 군단이 어떤 경건한 마음으로 그녀를 맞이하려고 나아갔는지, 어떤 찬가들로 그녀를 옥좌로 인도했는지, 하느님은 어떤 평온한 분위기와 평화로운 얼굴로, 그리고 아드님이신 그분이 그 얼마나 거룩한 포옹으로 그녀를 받아들이고 모든 창조물 위에 높

---

* Scandit ad aethera / Virgo puerpera, / virgula Jesse. / Non sine corpore / sed sine tempore / tendit adesse.

였는지 누가 실로 생각할 수 있겠습니까!"

예로니모는 계속 말한다. "우리는 이날 천군(天軍)이 축일 축하와 함께 하느님의 어머니를 만나러 와서 눈부신 빛으로 어머니를 둘러싸고 찬미와 영적인 노래로 하느님의 옥좌로 인도하였다는 것과, 천상 예루살렘의 군대가 형언할 수 없는 기쁨으로 기뻐하며 말로 표현할 수 없는 신앙심과 끝없는 환호로 환영하였다는 것을 우리는 믿어야 합니다. 우리는 이 축일을 1년에 한 번 기념하지만, 하늘에서는 계속 기념됩니다. 우리는 또한 구세주가 기쁨에 차서 자신의 어머니를 직접 만나러 왔고 어머니를 자신의 옆에 있는 옥좌에 기꺼이 앉게 하셨다고 믿습니다. 그렇지 않았다면 구세주는 자신이 율법에서 명령한 '너의 부모를 공경하라'는 것을 이행하지 못했을 것입니다."

마지막으로, 그것은 정말로 멋진 환영 연회였다. 예로니모는 "성모 승천은 존중되어야 할 어머니이자 동정녀가 자신의 옥좌가 있는 높은 곳으로 승천하셨고, 왕국에서 그리스도 다음의 지위에 올려지고, 영광 중에 자신의 자리에 오르신 날입니다." 게다가 제라르도는 강론에서 그녀가 얼마나 높은 하늘의 영광과 영예를 얻었는지에 대해 말한다. "주 예수 그리스도만이 자신의 어머니에게 그런 위대함을 줄 수 있습니다. 즉 위대함은 그녀가 계속해서 하느님의 위엄 그 자체로부터 칭송과 영예를 받고, 천사들의 성가대가 수행하고, 대천사의 무리가 둘러싸고, 사방에서 좌품천사들이 환호하고, 주품천사들의 춤에, 권품천사들의 갈채에, 역품천사들의 영예에, 지품천사들의 찬미가와 치품천사들의 성가에 둘러싸여 있는 그런 것입니다. 또한, 말로 표현할 수 없는 삼위일체께서도 끊임없는 춤으로 그녀에게 박수갈채를 보내며, 삼위(三位)가 그녀에게 불어넣은 은총은 모든 사람의 관심을 그녀에게 집중시킵니다. 사도들도 형언할 수 없는 찬송으로 그녀를 찬양하였고, 순교자들의 무리는 위대한 여왕에게 할 수 있는 모든 종류의 경배를 드렸고, 수많은 증거자들의 군대는 그녀에게 끊이지 않는 성가를, 빛나는 동정녀들의 모임은 그녀의 영광스러운 영예에 대해 끝없는 합창으로 노래하고, 지옥은 마지못해 그녀에게 울부짖는 뻔뻔스러운 악령들이 자신들의 비명을 덧붙입니다."

성모 마리아에 대한 신심이 깊은 한 성직자가 다음과 같은 말을 반복하면서 그리스도의 오상(五傷)의 고통에 대해 매일 그녀를 위로하였다. "기뻐하소서, 하느님의 어머니, 원죄 없으신 동정녀님, 기뻐하소서! 당신은 천사로부터 기쁨을 받았으니, 기뻐하소서! 당신은 영원한 빛의 광채를 낳았으니, 기뻐하소서! 오 어머니, 기뻐하소서! 하느님의 거룩한 동정녀 어머니! 당신은 배우자 없이 홀로 어머니이고, 창조되고 만들어진 모든 것이 당신을 찬송하나이다! 빛의 어머니, 저희를 위해 계시고, 저희는 당신께 기도합니다. 저희의 영원한 중재자여!" 이윽고 이 성직자는 심각한 병에 걸려 죽음이 가까워 왔을 때 많이 두려워하기 시작했다. 성모 마리아가 그에게 나타나서 말하였다. "내 아들아, 너는 자주 나에게 기뻐하라고 하였는데 지금은 왜 두려움에 떨고 있느냐? 너 또한 기뻐하여라, 그리고 영원히 기뻐하여라! 나와 함께 가자!"

매우 부유하고 용감한 한 기사가 조심성 없이 돈을 쓰며 재산을 탕진했다. 돈을 쓰는 것에만 익숙했던 그가 이제는 최소한의 필수품조차 부족하고 가난에 찌들기 시작했다. 반면, 그의 아내는 복되신 마리아에게 매우 헌신적이었다. 이제 장엄한 축일이 가까워지고 있었고, 기사는 항상 고액의 기부를 했었지만 이제는 아무것도 없었다. 당혹감과 수치심에 사로잡힌 기사는 사막으로 가서 그 축일이 지나가기만을 바라면서, 자신의 불행을 함께 슬퍼해 주고 그 수치심에서 벗어날 수 있게 해줄 동료를 만나기를 희망했다.

갑자기 무시무시한 기수(騎手)를 태운 무섭게 생긴 말이 전속력으로 기사를 향해 달려왔다. 기수는 기사에게 슬픔에 잠긴 이유를 물었다. 기사는 자신에게 일어난 모든 일을 말했고, 기수는 말했다. "만일 당신이 나에게 작은 호의를 베푼다면, 당신은 그 어느 때보다 더 큰 명성과 부를 누리게 될 것입니다." 그 기사는 기수가 약속 이행만 해준다면 무엇이든지 기꺼이 할 것이라고 어둠의 군주에게 대답했다. 악령은 말했다. "집에 가서 너의 집에 있는 한 찬장을 보아라. 그곳에는 많은 금, 은, 보석이 있을 것이다. 그리고 네가 나를 위해 할 일은 내가 말하는 날에 너의 아내를 데려오너라."

약속을 한 후에 기사는 집으로 돌아가 알려주었던 보물을 찾았고, 궁전을 사고 호화로운 선물을 나눠주고 자신의 땅을 되찾고 노예를 샀다. 그런 다음 지정된 날이 다가오자, 아내를 불러 말했다. "일어나서 내 뒤를 따르시오. 우리는 긴 여행을 해야 합니다." 아내는 무서워서 떨었으나 감히 거부할 수 없었다. 그래서 성모 마리아에게 경건하게 의탁하며 남편과 함께 출발했다. 그들은 먼 거리를 달려서 길옆에 있는 한 성당에 도착했고, 부인은 내려서 남편이 밖에서 기다리는 동안 안으로 들어갔다. 그리고 복되신 마리아에게 간절히 기도하다가 잠이 들었다. 그때 영광스러운 성모 마리아가 부인과 같은 옷을 입고 똑같은 모습으로 제대에서 내려와 부인이 잠자고 있는 동안 성당 밖으로 나와 기사 뒷자리에 올라탔다. 기사는 자신의 아내라고 생각하고 여행을 계속했다.

그들이 약속한 장소에 도착하자 어둠의 군주가 급히 그들을 만나려고 왔으나, 그곳에 있는 여인을 보고 감히 더 가까이 오질 못하고 기사에게 말했다. "믿을 수 없는 녀석아, 너를 위해 한 모든 것에 대해 왜 이런 방법으로 속이느냐? 나는 너의 아내를 데려오라고 말했는데, 주님의 어머니를 데려왔구나. 나는 너의 아내를 원했는데 너는 마리아와 함께 여기에 왔다! 너의 아내가 나에게 큰 해를 끼쳐서 복수를 하려고 했는데 이제 너는 이 여자를 데려와서 나를 괴롭히고 지옥으로 보내는구나!" 기사는 두려움과 놀라움으로 얼이 빠져서 아무 말도 할 수 없었다. 그러나 마리아가 말했다. "사악한 영아, 무슨 무모함으로 나의 헌신적인 추종자를 해칠 생각을 하느냐? 너는 이에 대한 벌을 피하지 못할 것이며, 나는 이제 너에게 선고한다. 지옥으로 내려가서 결코 다시는 신앙심으로 나에게 간구하는 이들을 감히 해치려고 하지 마라!"

악마는 크게 좌절하고 한탄하며 사라졌다. 기사는 말에서 내려 성모 마리아의 발 앞에 엎드렸다. 그녀는 기사를 꾸짖으며 여전히 성당 안에서 잠자고 있는 아내에게 가서 악령의 모든 재산을 버리라고 명령했다. 기사는 성당으로 가서 잠자는 아내를 깨워 모든 것을 말했다. 그리고 그들은 집으로 돌아와 부정하게 얻은 보물을 모두 내다 버린 후, 가장 경건하게 성모 마리아를 찬양하며 살았다. 시간이 지나면서 그들은 복된 마리아가 주는 많은 재산을 받았다.

자신이 지은 죄의 무게로 스스로 괴로워하던 한 사람이 하느님의 심판대 앞으로 가는 환시를 보았다. 그 자리에 있던 사탄이 말했다. "당신은 이 사람의 영혼에 어떠한 권한도 없습니다. 그는 전적으로 저에게 속하고, 그 근거가 있습니다." "너의 근거가 어디에 있느냐?"라고 주님이 물으셨다. 사탄이 대답했다. "그 근거는 당신이 직접 명령하였고 영원히 확정해 놓으신 것입니다. 당신은 '그 열매를 따 먹는 날, 너는 반드시 죽을 것이다.'(창세 2, 17)라고 말씀하셨기 때문입니다. 이 사람은 금지된 음식을 먹었던 사람의 자손이라는 이 공식적인 근거로 저는 그에 대한 권리를 가졌고 저와 함께 죽도록 선고를 받아야 합니다." 주님이 그에게 말씀하셨다. "오 사람아, 너에게 너 자신을 위해 말할 것을 허락한다." 그러나 그 사람은 아무말도 하지 않았다. 그러자 악령이 다시 말했다. "저는 30년 동안 그를 소유했고 그는 노예처럼 저에게 순종했기 때문에, 시효권(時效權) 또한 저의 것입니다." 그러나 그 사람은 여전히 침묵을 지켰다. 악령이 다시 말했다. "비록 그가 약간의 선행을 했더라도 악행이 훨씬 많기에 그의 영혼도 저의 것입니다."

그러나 하느님은 그에 대한 판결을 빨리 선고하지 않고, 1주일의 형 집행 유예를 한 후 유예의 날이 끝날 때 다시 와서 악마가 주장하는 모든 혐의에 대해 반박하라고 하셨다. 겁을 먹고 슬픔에 짓눌려 하느님 앞에서 떠난 그는 자신의 슬픔에 대한 이유를 묻는 한 사람을 만났다. 그는 자신이 처한 상황을 말했다. 그 사람: "두려워하지 마시오, 당신은 아무것도 두려워할 필요가 없습니다. 당신이 첫 번째 고발에 대해 대답할 때 내가 남자답게 당신을 도와줄 것입니다." 그는 그 사람의 이름을 물었고, 대답은 "나의 이름은 진리입니다."였다. 그런 다음 그는 두 번째 사람을 만났고, 그 사람은 두 번째 고발에 대해 충실하게 변호해 주겠다고 약속했다. 그 사람의 이름을 물어보자 "나는 정의라 불립니다."라고 대답했다.

그래서 8일째 날에 그는 다시 심판대 앞으로 왔고 악령은 자신의 첫번째 주장을 반복했고, 이에 대해 진리가 대답했다. "우리는 두 가지 죽음, 즉 육신의 죽음과 지옥에서 영혼의 죽음이 있다는 것을 압니다. 오 악령이여, 네가 유리하게 인용한 근거는 지옥의 죽음에 대해 말하는 것이 아니라 육신의 죽음에 관한 것입니다. 모든 사람이 육신의 죽음에 해당하는 것은 명백하다. 즉 모든 사람이 육신의 죽음으로 반드시 죽어야 하지만, 모든 사람이 지옥(영혼)의 죽음으로 죽은 것은 아니다. 그러므로 너의 무기는 육신의 죽음에 관해서는 영원히 적용되지만, 영혼의 죽음에 대해서는 그리스도의 피로 폐지되었다!" 그래서 자신의 첫번째 요점에서 패배했음을 깨달은 악마는 두 번째 요점을 다시 말하기 시작했지만, 그곳에 있던 정의가 대답했다. "당신이 여러 해 동안 노예로 그를 소유했다 치더라도, 그의 이성은 항상 당신을 반대했다. 왜냐하면, 이성은 항상 자비한 주인을 모시는 것을 주저했기 때문이다.”

그는 세 번째 고발에 대해 자기편이 되어줄 이가 아무도 없었으며, 하느님은 말씀하셨다. “저울을 가져와서 그의 모든 선행과 악행의 무게를 재도록 하라.” 진리와 정의는 그 죄인에게 말했다. “당신은 주님의 옆에 앉아 계신 자비의 어머니를 보십시오. 온 마음을 다해 그녀를 부르고 그녀의 도움을 청하려고 노력하십시오.” 그는 그렇게 하였고, 복되신 마리아는 그를 도와주려고 왔다. 그녀는 약간의 선행이 있는 저울의 한쪽에 손을 얹고, 악마는 저울의 반대편을 아래로 끌어내리려고 노력했다. 그러나 자비의 어머니가 이겼고 그 죄인은 풀려났다. 그 즉시 그는 정신이 들었고 그때부터 더 나은 삶을 살았다.

서기 527년경 부르주(Bourges) 시에서 그리스도인들이 부활 주일에 영성체를 받고 있었고, 한 유다인 소년이 제대로 가서 다른 사람들과 함께 성체를 받았다. 소년이 집에 오자 아버지는 어디에 있었느냐고 물었고, 소년은 학교 친구들과 성당에 가서 영성체에 참석했다고 대답했다. 화가 난 아버지는 아들을 백열의 용광로 속으로 던졌다. 그러나 그때 소년이 제대 위에서 본 그림처럼 보이는 하느님의 어머니가 옆으로 와서 불에 타지 않도록 지켜주었다. 소년 어머니의 비명에 많은 그리스도인과 유다인이 모여들어 소년을 용광로에서 끌어내었고, 어떻게 그 불길 속에서 조금도 다치지 않을 수 있었는지 물었다. 소년은 대답했다. “제대 위에 서 계시던 그 공경하는 여인이, 제게 불이 다가오지 않게 도와주었습니다.” 참석한 그리스도인들은 그가 성모 마리아의 형상을 언급한 것을 이해하고 소년의 아버지를 붙잡아 용광로에 던졌다. 그는 즉시 불에 타서 재가 되었다.

몇몇 수도승들이 동이 트기 전에 강둑에 서서 수다를 떨며 농담을 주고받다가 배에 탄 사람들이 전속력으로 강 아래로 노를 젓는 소리를 들었다. 수도승들은 노 젓는 사람들에게 누구인지 물었다. 그들이 대답했다. “우리는 악마다. 우리는 지금 프랑크족의 왕의 궁재(majordomus)이고 장크트 갈렌(Saint-Gall) 수도원 출신의 변절자 에브로이누스(Ebroinus)의 영혼을 지옥으로 데려가고 있다.” 이 말을 들은 수도승들은 공포에 떨며 목청껏 비명을 질렀다. “거룩하신 마리아님, 저희를 위하여 빌어주소서!” 악령들: “너희가 마리아를 소리 내어 부른 것은 잘한 일이다! 우리는 너희들이 규칙에서 금지된 시간에 수다를 떨고 있는 것을 보고 갈가리 찢어서 익사시키려고 했다." 수도승들은 다시 봉쇄 구역(coenobium)으로 돌아가고 악령들은 지옥으로 달려갔다.

음탕한 일을 많이 하면서도 복되신 마리아에 대한 신앙심이 매우 깊었던 수도승이 있었다. 어느 날 밤, 수도승은 평소의 나쁜 짓을 저지르려고 가는 길에 제대 앞을 지나며 성모 마리아에게 인사한 다음에 성당을 나섰다. 그는 강을 건너다가 빠져서 익사했다. 악마들이 그의 영혼을 빼앗으려고 왔을 때, 천사들이 그의 영혼을 지켜주려고 그곳에 있었다. 악마들은 천사들에게 말했다. "너희는 여기서 무엇을 하고 있느냐? 너희는 이 영혼에 대한 권리가 없다!" 즉시 복되신 마리아가 오셔서 그 수도승의 영혼을 붙잡으려한 악령들을 꾸짖었다. 그러나 악령들은 악행을 저지르러 가다가 죽어가고 있는 그를 발견했을 뿐이라고 말했다. 마리아: "너희의 고발은 거짓이다! 나는 그가 어디 나갈 때마다 맨 먼저 나에게 인사하고, 돌아오는 길에도 똑같이 했다는 것을 안다. 그러나 만일 너희들이 부당하다고 한다면, 우리는 왕 중의 왕의 심판에 제소할 것이다." 그 문제가 하느님 앞에서 논쟁이 될 때, 그는 영혼이 죄인의 육체로 돌아가서 자기 행동에 대한 보속을 하도록 하는 것에 기뻐하였다. 한편 그의 형제 수도승들은 조과(matutinum) 종이 울리지 않는 것을 깨닫고 제의실 담당자를 찾았으나 강에서 익사한 그를 발견했다. 그들은 시신을 끌어내고 도대체 무슨 일이 일어난 건지 의아해 하고 있었는데, 그가 갑자기 살아나서 자초지종을 이야기했다. 그 후 그는 선한 일을 하며 자신의 삶을 살았다.

악마가 한 여자에게 남자의 모습으로 나타나 계속해서 괴롭혔다. 그녀는 많은 해결책에 의지했다. 때때로 성수(聖水)를 뿌리기도 하고 이것저것을 해보았지만, 악령을 멈추게 하지 못했다. 마지막으로 어느 거룩한 사람이 그녀에게 악령이 나타났을 때 손을 들고 큰 소리로 말하라고 충고했다. "거룩하신 마리아님, 저를 도와주십시오!" 그녀는 충고대로 말했고, 악령은 마치 돌에 맞은 것처럼 겁에 질려서 말하였다. "나쁜 마귀가 그 말을 알려준 사람의 입에 들어가기를 바란다!" 그리고 즉시 사라졌고 더 이상 돌아오지 않았다.

복되신 마리아의 승천 방법에 대하여

복되신 동정 마리아의 승천 방법과 상황은 여러 성인의 진술에서 편집되고 많은 성당에서 장엄하게 낭독되는 강론에서 잘 보여주고 있다. 그 안에는 다음과 같은 내용이 있다. "나는 하느님 어머니의 승천에 관해 전 세계에 있는 거룩한 교부들의 저술에서 찾을 수 있는 모든 것을 주의 깊게 기록해 두었습니다." 성 고스마 베스티토르(Cosmas Vestitor)는 성스러운 사건에 참석했던 사람들의 뒤를 이어온 사람들에게 배운 것을 정확히 보존했으며, 이것은 결코 누락되어서는 안 된다고 말한다. 고스마는 그리스도가 자신에게 생명을 준 어머니를 데려오려고 결정하였을 때, 그리스도는 평범한 천사를 보내어 잠드는 방법을 알려 주었고, 예기치 않은 죽음에 대한 두려움이 그녀를 혼란스럽게 하지 않을까 염려했다고 말한다. 그분의 어머니는 자신의 아드님이 지상에 계실 때, 어떤 악의적인 영을 보지 않게 해달라고 간청했다. 따라서 그리스도는 천사를 먼저 보내어 그녀에게 전갈을 전했다. "제가 당신, 나의 어머니를 모셔올 때가 되었습니다. 당신이 세상을 기쁨으로 가득 채웠으니, 이제 제 아버지의 집을 기쁘게 만드시고, 성인들의 영혼을 위로해 주십시오. 그리고 이제 당신이 천상의 궁전에서 거주하게 될 때, 헛된 욕망으로 부패한 세상을 떠나는 것에 동요하지 마십시오. 오 저의 어머니, 육체로부터 분리되는 것을 두려워하지 마십시오. 왜냐하면, 당신은 영원한 삶으로, 결코 부족함 없는 기쁨으로, 평화로운 휴식으로, 걱정 없는 편안함으로, 끝없는 상쾌함으로, 가까이 하기 어려운 빛으로, 저녁이 없는 낮으로, 형언할 수 없는 영광으로, 모든 것의 창조주인 당신의 아들인 저에게 불리었습니다. 저는 영원한 생명, 비교할 수 없는 사랑, 형언할 수 없는 거처, 어둠을 모르는 빛, 헤아릴 수 없는 너그러움이기 때문입니다. 걱정하지 말고, 세상의 것은 세상에게 주십시오. 땅의 모든 경계가 제 손안에 있기에 아무도 당신을 저의 손에서 빼앗지 못할 것입니다. 당신의 육체를 저에게 맡기십시오. 제가 당신 태중에 저의 신성(神性)을 두었기 때문입니다. 죽음이 당신 앞에서 자랑하지 못할 것입니다. 왜냐하면, 당신은 생명을 탄생시켰기 때문입니다. 어둠의 그림자는 당신에게 오지 못할 것입니다. 당신은 빛을 낳았기 때문입니다. 당신은 파손이나 손상을 입지 않을 것입니다. 당신은 나를 담는 그릇이 되기에 합당하였기 때문입니다. 이제 당신에게서 태어난 제게로 오십시오. 당신은 모성(母性)의 보상, 당신의 아기를 들어 올린 것에 대한 보상, 그를 양육하고 그를 따뜻하게 대해준 것에 대한 보상을 받게 될 것입니다. 당신의 외아들과 함께 사시고, 아들과 함께 하십시오. 당신이 다른 아들에 대한 사랑으로 가슴이 찢기지 않을 것입니다. 저는 당신이 동정녀로서 어머니가 될 것임을 알려주었습니다. 이제 저는 당신이 온 세상의 든든한 벽, 구원받을 사람들의 방주, 바다에 요동치는 자들의 뗏목, 연약한 사람들의 지팡이, 하늘로 올라가는 사람들의 사다리, 죄인들의 중재자라는 것이 보입니다. 저는 사도들을 데려오고 그들의 손이 제 손인 것처럼 당신을 묻을 것입니다. 제가 성령을 준 영적인 빛의 아들들이 당신의 시신을 묻고 당신의 영예로운 장례식에서 제 역할을 하는 것은 합당합니다."

천사는 이 모든 것을 말하며 성모 마리아에게 타락된 죽음에 대한 승리의 보증으로 하늘에서 내려온 팔마가지와 장례에 입을 옷을 주고 자신이 왔던 하늘로 돌아갔다. 복되신 마리아는 친구들과 친척들을 함께 불러 말하였다. "오늘 나는 이승의 삶을 떠나려 합니다. 그러니 우리는 깨어 있어야 합니다. 누군가가 죽을 때, 천사의 경건한 힘과 사악한 영이 죽음의 자리에 함께 오기 때문입니다." 이 말에 모든 사람이 울며 말했다. "당신은 만물의 창조자의 어머니가 되기에 합당하였고, 지옥을 괴롭히던 그분을 낳으셨고, 지품천사와 치품천사 위의 옥좌를 받을만하십니다. 지금 영혼의 존재를 두려워하십니까? 그렇다면 저희는 무엇을 해야 합니까? 어떻게 저희는 극복할 수 있습니까?" 그리고 많은 여인이 울며 마리아에게 자신들을 고아처럼 내버려두지 않기를 애원했다. 성모 마리아는 그들을 위로하며 말하였다. "만일 타락하기 쉬운 아들을 두었다 할 지라도 당신들이 잠시도 그들과 헤어지는 것을 견딜 수 없다면, 동정녀 어머니인 제가 어떻게 성부 하느님의 외아들인 나의 아드님에게 가고 싶지 않겠습니까? 만일 당신들 중 어떤 한 사람이 아들을 잃었다면, 그녀는 살아있는 아들이나 태어날 아들로부터 위로를 받겠지만, 나는 오직 한 아드님 뿐이며 동정녀로 남아 있습니다. 어떻게 내가 모든 사람의 생명인 그분에게 서둘러 가지 않을 수 있겠습니까?"

이러한 일들이 진행되는 동안, 성 요한이 도착하여 무슨 일이 일어나고 있었는지 물었다. 성모 마리아가 하늘로 이주하려고 한다고 말하자 그는 엎드려 외쳤다. "오 주님, 저희가 무엇이기에, 저희에게 이러한 시련들을 주시나이까? 왜 당신은 저를 데려가셔서 성모님에 의해 묻히게 하지 않으시고, 제가 그녀의 장례를 치르게 하십니까?" 성모 마리아는 여전히 울고 있는 요한을 침실로 데리고 가서 장례를 위해 준비된 팔마가지와 옷을 보여주고는 침대에 누웠다.

이제 엄청난 천둥소리가 들렸고, 회오리바람이 흰 구름처럼 내려오고, 사도들이 성모 마리아의 집 문 앞에 소나기처럼 내려왔다. 그들은 요한이 밖으로 나와서 천사가 마리아에게 알려주었던 것을 알려주기 전까지 이 일을 어떻게 해야 하는지 알지 못했다. 그들은 모두 울었지만, 요한은 그들을 위로했다. 그런 다음 자신들의 눈물을 닦고 안으로 들어가서 성모 마리아에게 경건하게 인사하고 무릎을 꿇었다. 그녀는 그들을 환영하면서 "당신들, 나의 외아드님의 아들들아, 기뻐하십시오!"라고 말하였다. 그리고 그녀는 사도들이 그곳에 도착한 방법을 들으면서, 자신에게 일어났던 모든 것을 말해 주었다. 사도들은 그녀에게 말하였다. "오 가장 명성 높은 동정녀님, 지금까지 당신을 보는 것은 마치 저희의 주님이자 주인을 보는 것처럼 위로를 받았습니다. 이제 저희의 유일한 위로는 당신이 하느님과 저희의 중재자이기를 바라는 것입니다." 마리아가 바오로의 이름을 불렀고, 바오로가 말하였다. "기뻐하소서, 제 위로의 여왕님! 저는 육신으로 그리스도를 보지 못했지만, 육체로 당신을 보면서 마치 저는 그분을 본 것처럼 위로를 받습니다. 오늘까지 저는 이방인들에게 당신이 하느님을 낳으셨음을 설교하였습니다. 이제 저는 당신이 그분에게로 올라가셨음을 가르칠 것입니다."

그 후에 성모 마리아는 천사가 가져왔던 것을 그들에게 보여주었다. 또한 자신의 죽음 후까지 등불을 끄지 말라고 했다. 120명의 동정녀가 그녀의 장례식에 참석하려고 모였다. 그녀는 장례복을 입고, 모두에게 작별 인사를 하고 침대에서 자신을 가다듬으면서 죽음을 준비하였다. 베드로는 침대 머리맡에, 요한은 발치에, 다른 사도들은 양옆에 서서 베드로의 선창으로 모두 하느님의 어머니를 찬양하면서 말하였다. "기뻐하소서, 천상 신방의 배우자여, 높은 곳에서 오신 3개의 가지가 달린 빛의 촛대여, 당신을 통해 영원한 맑음을 보여주셨습니다!"

콘스탄티노폴리스의 대주교인 성 제르마노(Germanus)는 사도들이 거룩한 성모 마리아의 영면에 모인 것을 증언하였다. 사도들의 이 모임은 "오 하느님의 어머니, 당신은 인간 본성에 있어서 불가피한 죽음을 받아들이셨습니다. 그렇지만 저희를 지켜보시는 당신의 눈은 졸지도 않고 주무시지도 않을 것입니다. 당신의 건너감(transmigratio)은 증인이 없는 것이 아니요, 당신이 잠이 든 것이 거짓말도 아닙니다. 하늘은 당신을 노래한 사람들의 영광을 말하고, 땅은 그들의 진실을 보여주고, 구름은 당신에 대한 공경심을 선포하고, 천사들은 사도들이 예루살렘에 모여 당신의 장례식을 치른 것을 말합니다." 위대한 아레오파지타의 디오니시오(Dionysius Areopagita)도 같은 증언을 했다. "당신들이 아는 것처럼, 우리와 그와 우리 형제들 중 많은 사람이 주님을 받아들이셨던 몸을 보러 왔습니다. 그곳에는 하느님의 형제인 야고보, 명망 높은 베드로, 최고 정상의 신학자들이 있었습니다. 고인을 뵌 후에, 이 모든 고위 성직자들은 각자 엄청난 덕을 가지고 있는 한, 생명을 주는 이 삶의 선함과 연약함을 찬양하는 데 동의하였습니다."

고스마는 다시 이야기를 시작한다. "이 큰 천둥소리 후에 온 집이 흔들리고 향기로운 산들바람이 아주 달콤하게 그 집을 가득 채우고 사도들과 등불을 들고 있던 3명의 동정녀를 제외하고는 모두 깊은 잠에 빠져들었습니다. 그때 주님은 수많은 천사와 함께 내려와 어머니의 영혼을 들어 올리셨습니다. 그녀의 영혼은 사도들 중 누구도 볼 수 없을 정도의 광휘로 빛났습니다. 그리스도는 베드로에게 말하였습니다. '내 어머니의 시신을 모든 공경을 다해 장사지내고 3일 동안 부지런히 지켜라. 그러면 내가 와서 시신이 부패하지 않도록 옮길 것이다. 영광을 받는 이와 영광을 주는 이 사이의 일치와 조화를 이루기 위해 나의 광채와 같은 빛으로 시신을 감쌀 것이다.'" 성 고스마는 토론이나 호기심 어린 조사에 적합하지 않은 이 두렵고 불가사의한 신비를 계속 기록한다. 왜냐하면, 하느님의 어머니에 대해 말하는 모든 것은 호기심 어린 조사 대상이 아니라 초자연적이고 놀랍고 경외심을 일으키게 하는 것이기 때문이다. 고스마는 말한다. "영혼이 그녀의 몸에서 빠져나올 때 그 육체가 말하기를, '오 주님, 당신의 영광을 받기에 합당한 저는 당신께 감사를 드립니다. 저를 기억하소서. 저는 당신이 빚으신 작품이고 당신이 저에게 맡기신 것을 돌보았습니다.'"

고스마는 계속해서 이야기한다. "다른 사람들이 깨어나 생명이 떠난 성모 마리아의 시신을 보고 몹시 슬퍼하고 애도하기 시작하였습니다. 그런 다음 사도들은 시신을 들어서 베드로가 '이스라엘이 이집트에서 나올 때'(In exitu Israel de Aegypto, 시편 114)라는 시편을 시작하면서 무덤으로 옮겼습니다. 또한, 천사들의 합창단도 성모 마리아의 찬양을 노래하여 온 예루살렘이 그러한 찬미에 놀랐습니다. 그때 수석 사제들은 칼과 몽둥이로 무장한 사람들을 보냈습니다. 그들 중 한 사람이 하느님 어머니의 시신을 끌어내리려고 관대로 돌진했습니다. 그러나 불경스럽게 그 시신을 만지려 했기 때문에 그 손은 만지는 힘을 잃었습니다. 두 손이 사인교에 매달렸고, 공격자는 끔찍한 고통에 시달렸습니다. 그는 용서를 빌고 개심(改心)을 약속했습니다. 베드로는 그에게 말했습니다. '당신은 평생 성모 마리아의 시신에 입맞추고 그녀에게서 태어난 그리스도가 하느님의 아드님이라고 고백하지 않는 한 용서를 얻지 못할 것입니다.' 공격자가 순종하자 그의 손은 팔꿈치에 다시 붙었다. 그런 다음 베드로는 팔마가지에서 대추야자를 따 그에게 주며 말했다. '도시로 가서 병자에게 이 대추야자를 대시오. 믿는 사람들은 치유될 것입니다.'"

사도들이 겟세마니의 밭에 도착했을 때, 그들은 그리스도의 생명을 되찾게 했던 무덤과 비슷한 무덤을 발견했다. 그들은 그 무덤에 공경을 다해 시신을 안치했다. 그들은 감히 이 숭고한 하느님의 그릇(시신)을 만지지도 못하고 수의(壽衣)의 모퉁이를 잡고 내려놓았다. 그런 다음 주님의 사도들과 제자들은 무덤을 단단히 닫고 그분의 명령대로 무덤 주위에서 보초를 섰다. 3일째 되던 날, 빛나는 구름이 그들을 감싸더니 천사들의 음성이 울려 퍼지고, 형언할 수 없는 향기가 퍼졌고, 주님이 내려오셔서 영광중에 성모 마리아의 시신을 데려가시는 것을 보고 모두가 놀랐다.

그래서 사도들은 무덤에 입맞추고 복음사가이자 신학자인 요한의 집으로 돌아가서 그토록 위대한 성모 마리아의 수호자였던 요한을 칭찬했다. 그러나 그 예식을 놓친 사도 한 사람이 자신이 들은 이야기에 놀라워하며 진실 확인을 위해 무덤을 열자고 주장했다. 사도들은 거부하며 첫째, 많은 증인의 증언만으로도 충분하며, 둘째 혹시 신앙심이 없는 자들이 이에 대한 풍문을 듣는다면 시신을 훔쳤다는 소문을 퍼뜨릴 것이라고 말했다. 그러나 의심하던 그 사도가 슬퍼하며 물었다. "너희들은 왜 당신들과 동등한 사람인 나에게 우리 모두의 보물을 **뺏**으려고 합니까?" 결국, 그들은 무덤을 열었으며, 시신이 아니라 의복과 수의를 발견했다.

《에우티미아 역사》(Historia Euthimiata) 제3권 제40장에서 다음과 같은 내용을 전한다. 콘스탄티노폴리스의 대주교인 성 제르마노는 고(故) 풀케리아(Pulcheria) 황후가 마르치아누스 황제의 재위 기간에 콘스탄티노폴리스 안과 주변에 많은 성당을 건축했고, 그 중 발케르나(Balcherna)에서 매우 아름다운 성당을 동정녀 마리아에게 봉헌한 것을 발견했다. 그리고 다마스쿠스의 위대한 요한(Johannes Damascenus) 또한 이에 대해 입증한다. 그런 다음 황후는 예루살렘의 대주교인 유베날리스(Juvenalis)와 칼케돈(Chalcedon)에서 개최된 공의회 참석을 위해 왕도(王都)가 있었던 팔레스티나에서 온 다른 주교들을 불러 말했다. "우리는 거룩한 성모 마리아의 시신이 겟세마니 동산에 묻혔다는 것을 들었고, 이 도시를 보호하기 위하여 모든 공경을 다해 그 시신을 이곳으로 옮기는 것이 우리의 소원입니다." 유베날리스는 고대 기록에서 배웠던 것처럼, 마리아의 시신은 영광으로 들어 올려지고, 옷과 수의만 무덤에 남아 있다고 말했다. 유베날리스는 후에 콘스탄티노폴리스로 의복을 보냈고, 그 의복은 앞서 말한 성당에 예로서 보존된다. 그 누구도 내가 상상으로 이 이야기를 지어냈다고 판단하지 못하게 하시오. 나는 진리와 확실한 전승을 통해 그들의 전임자들로부터의 차례차례 전수되어온 사실을 사람들이 집필한 기록들을 열심히 읽고 배운 것을 적었다. 지금까지 나는 내가 참조한 강론에서 발견한 이야기들을 기록하였다.

또한, 그리스인이었던 다마스쿠스의 요한은 성모 마리아의 거룩한 승천에 대해 또 다른 경이로운 세부 사항을 추가한다. 그의 강론들에서 말한다. "오늘, 지극히 거룩한 성모 마리아가 천상의 신방으로 하늘 높이 나아가셨습니다. 오늘, 살아있는 방주는그 방주를 만든 하느님을 안에 담고 손으로 만들어지지 않은 성전에 있는 자리에 놓였습니다. 오늘 지극히 순결하고 거룩한 비둘기가 방주 밖으로 날아올라 (하느님을 받으셨던 몸에서 나와) 그 발길이 쉴 안식처를 찾았습니다. 오늘 지상의 욕정을 전혀 모르고 원죄 없으신, 아니 천상의 지성으로 더 많은 가르침을 받으신 성모 마리아는 땅에 묻히지 않고 살아있는 천국이라 불리는 천상의 집에 거주하십니다. 그렇습니다. 당신의 거룩하고 복되신 영혼은 당신의 영광스러운 몸으로부터 자연스럽게 분리되고 당신의 몸은 무덤에 묻혔습니다. 그러나 죽음 안에 남아 있지도, 부패해서 사라지지도 않습니다. 당신의 순결은 출산을 통해서도 손상되지 않고 남아 있습니다. 이제 당신의 이주에, 당신의 육체는 더 좋고 더 거룩한 삶, 죽음에 의해 부패하지 않는 영원한 곳으로 옮겨 가셨습니다. 찬란히 빛나는 태양은 달 아래 가리우면 잠시 빛을 잃은 것처럼 보이지만, 태양은 그 자체로 영원한 빛의 샘을 갖고 있기에 그 빛을 빼앗기는 것이 아닙니다. 그래서 참 빛의 샘이고 삶의 보고인 당신은 잠시 육체의 죽음을 허락받았지만, 여전히 꺼지지 않는 밝은 빛을 우리에게 풍성히 부어 주셨습니다. 이런 당신의 거룩한 영면은 죽음이라 불려서는 안 되며 '이주' 또는 '철수', 더 나아가 '도착'이라고 불러야 합니다. 당신이 육체를 떠나 천국에 가면 천사와 대천사들이 당신을 만나고, 더러운 영혼들은 당신의 승천에 몸을 떱니다. 성모 마리아님, 당신은 엘리야처럼 단순히 하늘로 간 것이 아니며, 바오로처럼 셋째 하늘로 오른 것도 아닙니다. 당신은 당신 아드님의 왕좌에까지 오르셨습니다.

다른 성인들의 죽음은 그들이 축복을 받았다는 것을 보여주기에 축복받지만, 당신에게는 그렇지 않습니다. 인간의 생각을 초월하는 모든 것의 시작이자 중간이며 끝이기 때문에, 당신의 죽음도, 당신의 행복도, 당신의 환생도, 당신의 출발도, 당신의 철수가 아니고, 당신 행복의 보증을 주는 것입니다. 당신의 보호, 당신의 완전함, 당신의 씨 없는 임신, 이 모든 것은 당신 안에 계시는 하느님입니다! 그러므로 당신은 당신이 죽을 때부터가 아니라 임신한 순간부터 복될 것이고 복되도록 부르심을 받을 것이라고 진실로 말합니다. 죽음이 당신을 행복하게 한 것이 아니라 죽음을 영광스럽게 하여 슬픔을 없애고 죽음을 기쁨으로 바꾸셨습니다. 만일 하느님이 '첫 번째 사람(아담)이 손을 내밀어 그 열매를 따 먹고 영원히 살라'라고 말씀하셨다면, 시작이 없는 생명, 끝이 없는 생명, 생명 그 자체를 가지신 이(그 자체를 잉태하신 분)가 어떻게 영원히 살지 않을 수 있겠습니까?

옛날에 하느님은 죄로 죽은 인류의 첫 번째 조상을 낙원에서 추방하였습니다. 불순종의 산에 묻혔고, 이미 죄에 취해 부패해 있었습니다. 이제 그와 반대로, 모든 정욕을 뿌리 뽑은 이 여인은 온 인류에게 생명을 가져왔고, 성부

하느님에게 순명을 하고 … 어찌 낙원이 그녀를 환영하지 않을 수 있겠습니까? 하와는 뱀의 말에 귀를 기울이고 독 한 모금을 마셨고 쾌락에 사로잡혔고 해산의 고통을 당하고 아담과 함께 단죄를 받았습니다. 그러나 참으로 복된 이 여인은 하느님에게 귀를 기울이고 성령이 충만하였고 태중에 성부의 자비를 잉태하고 남편과 접촉 없이 임신하고 고통 없이 낳았습니다. 어떻게 죽음이 그녀를 삼키고, 어떻게 감히 부패가 생명 그 자체를 잉태했던 육신에게 무언가를 할 수 있었겠습니까?"

다마스쿠스의 요한은 이어서 자신의 강론에 덧붙였다. "참으로, 사도들은 전 세계에 흩어져 사람을 낚는 일을 하기 위하여, 어둠의 심연에서 말씀의 그물로 천상 궁전의 식탁이나 성부의 결혼 잔치에 사람들을 데려왔습니다. 그때 하느님의 명령이 어망이나 구름처럼 사람들을 데려와 바다 너머 예루살렘으로 이끌었습니다. 그때 우리의 첫 조상인 아담과 하와가 소리쳤습니다. '저희에게 오십시오, 오 거룩하고 유익한 그릇이여, 당신은 저희의 기쁨을 온전하게 만들었습니다!' 반면에 육체를 갖고 그 자리에 있던 성인들의 무리가 말했습니다. '당신은 저희의 위로이시니 저희와 함께 여기에 머무소서! 저희의 투쟁 중에 위안이시고, 저희가 힘들어할 때 힘을 주십니다. 고아인 저희를 떠나지 마십시오! 만일 저희가 당신의 존재를 빼앗긴다면 저희의 삶은 어떻게 삶일 수 있겠습니까?' 저는 사도들과 성당을 가득 메운 사람들이 이렇게 말하고 흐느끼면서 이와 비슷한 간청을 했다고 생각합니다.

그런 다음 마리아는 그녀의 아드님에게 몸을 돌려 말하였습니다. '당신이 기쁘게 형제라고 부르는 이 사랑하는 아들들의 위로자가 되십시오. 내가 떠날 때 그들의 슬픔을 위로하고, 내가 그들에게 손을 얹을 때 그들에 대한 축복에 축복을 더해 주십시오.' 그런 다음 그녀는 손을 뻗어 모여있는 신자들을 축복하며 말하였습니다. '오 주님, 당신의 손에 제 영혼을 맡깁니다. 당신이 사랑하는, 당신이 죄로부터 지켜온 제 영혼을 받아 주십시오. 땅이 아니라 당신에게 저의 몸을 맡깁니다. 당신이 기뻐하는 곳에 이 몸이 머물 수 있도록 온전하게 지켜주십시오. 당신에게 저를 데려가십시오, 그러면 내 허리의 열매인 당신, 당신이 있는 곳에서 당신과 함께 살게 될 것입니다!' 그러자 이와 같은 말이 들렸습니다. '나의 연인이여, 일어나십시오, 그리고 오십시오, 오 여자들 중에 아

름다운 이여! 그대여, 당신은 아름답고 흠이 없습니다.'

이 부르심을 들은 거룩한 성모 마리아는 사도들이 울고, 주님의 장막에 입맞추고, 그 거룩한 몸과의 접촉으로 축복과 거룩함이 충만하였을 때, 아드님의 손에 자신의 영혼을 위탁하였다. 그때 질병과 악령은 달아났고, 그 영혼의 승천과 육체의 땅에 대한 헌신으로 공기와 하늘이 정화되었으며, 그 육체를 씻음으로 물이 정화되었습니다. 그 육체가 아주 깨끗한 물로 씻겨졌기 때문에 깨끗하게 된 것이 아니라 그 육체가 물을 거룩하게 하였습니다. 그런 다음 거룩한 시신은 깨끗한 수의에 감싸 침대 위에 놓여지고 등불은 빛나고 향유가 공기를 감미롭게 하고 천사의 찬미가가 울려 퍼졌습니다. 그 자리에 있던 사도들과 다른 성인들이 천상의 찬미가를 읊조렸을 때, 주님의 방주는 사도들의 거룩한 어깨 위에 놓여 시온 산에서 겟세마니의 거룩한 땅으로 옮겨졌습니다. 천사들은 그 길을 인도하며 뒤따랐고, 다른 사람들은 거룩한 시신을 호위하고, 교회의 온 공동체가 장례 행렬에 동행했습니다.

오래전부터 악의를 강하게 품고 있던 일부 유다인들도 자신을 드러냈습니다. 하느님 어머니의 거룩한 시신이 시온 산에서 내려올 때, 사탄의 충실한 수족노릇을 하는 한 히브리인이 천사들도 가까이 가기를 두려워하는 시신에게 뛰어가, 분노의 발작으로 사인교에 두 손을 놓고 땅으로 시신을 끌었다고 합니다. 그러자 한쪽 손이 막대기처럼 말라서 떨어졌고, 사람들은 잘린 팔로 서 있는 그 남자가 믿음으로 마음을 변화시키고 자신의 죄를 뉘우칠 때까지 그저 지켜보기만 했고, 사인교의 상여꾼들은 그저 가만히 서 있기만 했습니다. 그 불쌍한 남자가 거룩한 시신 위에 손을 얹고, 시신을 만짐으로 원래의 상태로 회복되었습니다.

다마스쿠스의 요한이 전하기를, "그리고 행렬이 겟세마니에 도착하였습니다. 마리아의 거룩한 시신을 존경할 무덤에 모셨을 때, 입맞춤과 포옹, 거룩한 찬미가 눈물, 땀방울이 있었습니다. 당신의 영은 지옥에 버려지지 않았고, 당신의 시신은 부패하지도 않았습니다. 파지 않은 샘, 경작되지 않은 들판, 건조한 포도원, 열매를 맺은 올리브인 하느님의 순례지(sacrarium, shrine)를 땅속 깊이 가두면 안된다는 것은 적절했습니다. 어머니가 성자에 의해 부활되어서 그분이 그녀에게 내려온 것처럼 그녀가 그분에게 올라갈 수 있도록 하는 것이 합당했습니다. 그러므로 동정이신 성모 마리아는 예수님으로 인해 하늘로 들어 올려져 결코 부패되지 않음이 마땅하며, 창조주를 잉태하였던 여인이 하늘의 거처에 머무르는 것 또한 마땅한 일일 것입니다. 하느님께서 마리아를 직접 신부로 삼으셨으니 마리아는 마땅히 천상의 신부실에 머물며 예수님께 속한 모든 것을 함께 누려야 할 것입니다." 지금까지는 다마스쿠스의 요한이 전하는 이야기이다.

성 아우구스티노는 강론에서 이 거룩한 승천에 대해 여러 관점으로 논의했다. "마리아의 가장 거룩한 육신과 그녀의 거룩한 영혼의 승천에 대해 말하고자 할 때, 우리는 먼저 성경에서 십자가에 달리신 주님께서 제자들에게 마리아를 칭찬하신 후 루카가 사도행전에서 기억한 것 외에는 마리아에 대해 아무것도 발견되지 않는다는 것을 말합니다. '그들은 모두, 여러 여자와 예수님의 어머니 마리아와 그분의 형제들과 함께 한마음으로 기도에 전념하였다.'(사도 1, 14) 그러므로 우리는 그녀의 죽음이나 승천에 대해 무엇을 말해야 합니까? 성경이 우리에게 아무것도 말하지 않기 때문에, 우리는 이성으로 진리에 합당한 것을 구해야 합니다. 따라서 진리 그 자체는 우리의 권위가 되며, 진리 없이는 유효한 권위가 없습니다.

우리는 인간의 조건을 생각하고 마리아가 현세적인 죽음을 겪었다고 말하는 것을 두려워하지 말아야 합니다. 그러나 만일 그녀가 벌레와 먼지에 이르기까지 일반적으로 부패된다고 말한다면 이 모든 것이 그런 대단한 신성함과 하느님을 잉태했던 이 여인이 받은 특권과 모순되는 것이 아닌지 생각해 보아야 합니다. 우리는 우리의 첫 번째 조상들에게 하신 말씀을 압니다. '너는 먼지이니 먼지로 돌아가리라.'(창세 3, 19) 그리스도의 몸은 부패의 과정을 겪지 않았기 때문에, 그리스도의 몸은 이 조건을 면제받았습니다. 따라서, 동정녀에게서 취한 본성은 일반적인 형벌에서 면제되었습니다. 하와에게 하느님은 말씀하셨습니다. '나는 네가 임신하여 커다란 고통을 겪게 하리라.'(창세 3, 16) 마리아는 고통을 견뎠습니다. 그녀의 영혼은 칼로 찔렸습니다. 그러나 그녀는 고통 없이 출산하였습니다. 그러므로 비록 그녀는 하와와 함께 고통을 나누었지만, 출산의 고통을 나눈 것은 아니었습니다. 그래서 존엄성의 특권이 그녀를 들어 올렸고 그녀는 일부 일반법에서 면제되었습니다. 따라서 만일 그녀가 죽음을 겪었지만, 죽음의 속박에 묶여있지 않았다고 말한다면, 그 죽음에는 어떤 불경함이 있겠습니까? 만일 하느님이 어머니의 동정의 겸손을 타락시키지 않고 보존하기를 원한다면, 왜 그분은 자신의 어머니를 부패의 불결함으로부터 구하기를 원하지 않았겠습니까? 주님은 율법을 폐지하러 온 것이 아니라 완성하려고 왔기 때문에, 자기 어머니의 영예롭게 하는 것이 주님의 자애심에 걸맞지 않나요?

그러므로 평생 모든 여자 앞에서 자신을 잉태한 은총으로 어머니를 영예롭게 하였던 그분이 특별한 은총과 구원으로 그녀의 죽음을 영예롭게 했다는 것을 믿는 것이 진정한 경건함입니다. 썩어서 벌레에게 먹이를 주는 것은 인간 상태에서의 부끄럼입니다. 예수는 이 부끄럼에 면역이 되어 있기 때문에, 마리아의 본성도 면제됩니다. 그 본성으로 예수가 그녀에게 맡겨졌다는 것을 입증하였습니다. 예수의 살은 마리아의 살이었기 때문에 모든 인간 본성을 영예롭게 하기 위해, 무엇보다도 어머니를 영예롭게 하기 위해 그분이 별들 위로 들어 올리셨습니다. 만일 어머니의 본성이 아들의 본성이 된다면, 아들의 본성이 어머니의 본성이 된다는 것은 적합하며, 인격의 일치라는 의미에서가 아니라 육체적 본성의 일치를 의미합니다. 만일 은총이 특별한 본성의 속성 없이 일치를 이룬다면, 은총과 특별한 육체적인 탄생의 일치가 있을 때는 얼마나 더 그러하겠습니까? 그리스도 안에서 제자들의 일치는 은총 속에서 일치의 모범입니다. 그분은 그들에게 말씀하셨습니다. '우리가 하나인 것처럼 그들도 하나가 되게 하려는 것입니다.'(요한 17, 22) 그리고 다시 '아버지, … 이들도 제가 있는 곳에 저와 함께 있게 되기를 바랍니다.'(요한 17, 24) 그러므로 만일 그분이 사람들의 믿음에 의해 여기에서 자신과 결합된 것으로 판단되는 사람들과 함께 하기를 원한다면, 그분의 어머니에 대해 어떻게 생각해야 하겠습니까? 만일 자기 아드님의 앞에서가 아니라면 어디에서 그녀가 합당하겠습니까?

그래서 내가 이해할 수 있는 한, 내가 믿는 것은 다음과 같습니다. 마리아의 영혼은 그녀가 잉태하고 영화롭게 한 그리스도 안에서 그분의 몸을 소유하는 더 뛰어난 특권으로 그녀의 아드님에 의해 영광을 받습니다. 그러므로 왜 그녀가 잉태한 자신의 몸이 아니겠습니까? 그러한 성화는 땅보다 하늘에 더 합당하기 때문에 인정된 권위가 방해가 되지 않는다면, 나는 그리스도를 낳은 몸인 그녀가 하늘에서 그분과 함께 있다고 진정으로 믿습니다. 하느님의 옥좌, 배우자의 신방, 주님의 집, 그리스도의 장막은 그리스도가 있을 곳에 합당합니다. 매우 귀중한 보물을 지키기에는 하늘이 땅보다 더 합당합니다. 그런 완전함은 확실히 분해나 부패에 의해서가 아니라, 오직 부패하지 않음으로써 계승될 가치가 있습니다. 그 지극히 거룩한 육신이 벌레를 위한 음식으로 남아야겠습니까? 나는 그렇게 말하기가 두려우며 생각조차 할 수 없습니다. 그 비교할 수 없는 은총의 선물은 내 마음에서 그런 생각들을 몰아내고, 많은 성경의 본문들에 대한 설명이 그렇게 말하도록 나를 초대했습니다. 진리는 한때 자신의 종들에게 다음과 같이 말하였습니다. '내가 있는 곳에 나를 섬기는 사람도 함께 있을 것이다.'(요한 12, 26) 만일 이것이 믿음과 실천을 통해 그리스도를 섬기는 모든 사람에 대한 일반적인 규칙이라면 마리아에게는 얼마나 더 특별히 적용되겠습니까! 확실히 그녀는 그분을 섬기고 온전히 봉사했으며, 태중에 그를 잉태하고 세상에 그를 낳고, 그를 먹이고 따뜻하게 하고, 구유 안에서 쉬게 하였고, 이집트로 피신하여 그를 숨기고, 유년 시절부터 십자가까지 그를 따랐고, 결코 그에게서 멀리 떨어지지 않았습니다. 그녀는 사람의 씨가 아니라 하느님의 숨결로 임신하였다는 것을 알고 있었고, 그의 신성을 의심하지 않았습니다. 결혼식에서 포도주가 떨어지자 그녀가 그분에게 '포도주가 없구나.'(요한 2, 3)라고 말하였을 때, 하느님의 능력과 같은 자기 아드님의 능력에 대해 확신하였습니다. 그녀는 그가 무엇을 할 수 있는지를, 즉 그가 기적을 통해 즉시 모든 것을 할 수 있다는 것을 알고 있었습니다.

믿음과 실천 안에서 그리스도의 종 마리아를 보십시오! 만일 그리스도가 자신의 종들이 있기를 원하는 곳에 그녀가 없다면, 그녀는 어디에 있었겠습니까? 그리고 만일 그녀가 그곳에 있다면, 그것은 동등한 은총에 의한 것입니까? 그리고 만일 동등한 은총에 의한 것이라면, 이것은 공로에 따라서 각자에게 주시는 하느님의 공평함입니까? 만일 일생 동안 마리아가 다른 모든 사람보다 훨씬 더 큰 은총을 받을 자격이 있었다면, 그녀가 죽었을 때 그녀의 은총이 줄어들겠습니까? 당연히 아닙니다! 만일 모든 성인의 죽음이 귀중하다면, 마리아의 죽음은 확실히 모든 가치를 넘어서는 것입니다. 그러므로 나의 판단으로는, 마리아는 그리스도의 사랑의 뜻에 의해 영원한 기쁨 안에서 받아들여졌고, 그가 다른 사람보다 더 영광스러운 은총을 그녀에게 주어 다른 사람보다 더 큰 영광을 받았습니다. 그리고 죽은 후에 그녀는 자신의 구세주이자 모든 사람의 구세주를 낳았기 때문에 썩음, 벌레, 먼지와 같은 평범한 인간에게 배당되는 장소로 내려가지 않았습니다. 불타는 용광로 안에 있는 세 젊은이의 옷도 상하지 않게 보존하는 것이 하느님의 뜻인데, 다른 어떤 사람의 옷을 위해 선택하셨던 것을 자기 자신의 어머니에게 안할 이유가 있겠습니까? 동정심 때문에 그분은 요나가 고래 뱃속에서 부패하지 않기를 원했다면, 그분은 왜 은총으로 마리아를 부패하지 않고 보존되게 하지 않았겠습니까? 다니엘은 굶주린 사자들로부터 구해졌는데, 그렇게 큰 공로와 위엄을 부여받아 구원받아야 하는 것이 아닙니까?

우리는 우리가 명명한 모든 특전이 본성에 의해 구원받을 수 없다는 것을 알고 있지만, 마리아의 고결함을 위해 본성이 할 수 있는 것보다 은총이 더 많은 것을 할 수 있다는 것을 의심하지 않습니다. 그러므로 그리스도는 마리아가 당신의 아드님인 그분 안에서 영혼과 육체를 기쁘게 하였으며, 위대한 아드님을 낳음으로써 그녀의 몸이 부패하는 것을 허락하지 않았습니다. 이렇게 큰 은총을 받은 마리아는 모든 것의 생명인 아드님에게 생명을 주었기 때문에 충만한 생명을 갖게 될 것입니다. 만일 내가 해야 할 말을 하였다면, 오 그리스도님, 당신과 당신의 충만한 생명을 허락하소서! 만일 아니라면, 용서해 주십시오! 저는 당신과 당신의 충만한 생명을 간청합니다!"

120

성 베르나르도

베르나르도(Bernardus, Bernard)는 '우물'이나 '샘'이란 의미의 베르(ber)와 '나르드향'의 나르두스(nardus)에서 파생되었고, 《주해집》에서 아가서(Canticum Canticorum)*에 대해 말하듯이, 나르두스는 성질이 따뜻하고 향긋한 냄새가 나는 약용 식물이다. 성 베르나르도는 열렬한 사랑에서 따뜻했고, 다른 사람들과의 관계에서 겸손했고, 교리가 흘러나오는 샘, 깊은 지식의 우물이었고, 그의 명성의 향기는 달콤했다. 그의 생애는 성 베르나르도의 동료이자 생티에리(Saint-Thierry)의 아빠스 빌헬모(Wilhelmus)와 본느발(Bonneval)의 아빠스 헤르날도(Hernaldus)가 기록했다.

베르나르도는 부르고뉴(Bourgogne)의 퐁텐(Fontaines) 성에서 신앙심이 매우 깊은 귀족 부모에게서 태어났다. 아버지 첼레스티노(Coelestinus)는 하느님에 대한 신앙심이 두터운 용감한 기사였다. 어머니 알레테(Alèthe)는 6명의 아들과 1명의 딸을 낳았는데, 여섯 아들은 수도승을, 딸은 수도 생활을 약속했다. 그녀는 아기를 낳자마자 자기 손으로 하느님에게 봉헌했으며, 다른 여자들이 아기를 보살피는 것을 허락하지 않았다. 아마도 직접 모유를 먹임으로써 아기들에게 선함을 불어넣고자 했던 것 같다. 아이들이 성장하는 동안 그녀는 사막에서 견디도록 자녀들을 훈련시켰으며 가능한 빨리 광야로 보내려는 것처럼 거칠고 평범한 음식을 먹였다.

그녀는 셋째 아들 베르나르도를 임신했을 때, 장차 일어날 일을 암시하는 꿈을 꾸었다. 그녀는 태중에서 등이 붉은 하얀 작은 개 한 마리가 짖는 것을 보았다. 그녀는 하느님의 한 사람에게 이 꿈에 대해 말했고, 그 사람은 예언적으로 다음과 같이 대답했다. "당신은 매우 훌륭한 개의 어머니가 될 것이고, 그 아이는 하느님 집의 파수꾼이 되어 적들에게 짖을 것입니다. 그는 유명한 설교자가 될 것이고 자기 혀를 통한 말씀의 은총으로 많은 사람을 치유할 것이기 때문입니다."

베르나르도가 소년이었을 때, 두통을 동반한 심각한 병에 걸렸다. 한 여자가 주문으로 고통을 진정시키려고 했으나, 그는 분개하여 소리치며 그녀를 내쫓았다. 하느님의 자비가 그 아이의 열의를 꺾지 않았고, 그는 즉시 일어나 자신의 병이 완전히 나았음을 깨달았다.

주님 탄생의 거룩한 밤에 성당에서 아침 예식을 기다리던 소년 베르나르도

---

*훔정역 성서(欽定譯聖書, 킹 제임스 성경, KJV)에서 '솔로몬의 노래'라고 불리는 이 책을 개역판(ERV)은 두에(Douay)본에서 '솔로몬의 찬가'(Solomon's Canticle of Canticles)라고 불린다.

는 사람들에게 밤 몇 시에 그리스도가 태어났는지를 물었다. 그때 아기 예수가 마치 어머니의 태중에서 다시 태어난 것처럼 소년 베르나르도에게 나타났다. 이 체험을 기억하는 베르나르도는 살아 있는 동안 항상 그때가 주님이 태어나신 시간이라고 확신했다. 그때부터 주님의 탄생과 관련된 모든 것에 깊은 이해와 웅변에서 은총을 받았다. 그리고 후에 그의 저서 중 초기에 성모와 아기 예수님을 찬양하는 주목할 만한 작은 책을 출판했다. 그 책에서 "하느님께서는 가브리엘 천사를 … 보내시어"(루카 1, 26)라고 시작된 복음의 가르침을 설명했다.

순결한 삶을 살려는 소년의 건전한 다짐을 본 '옛 원수'(antiquus hostis)는 그의 결심을 공격하고, 많은 유혹의 덫을 놓았다. 예를 들어, 베르나르도가 한 여자를 유심히 바라보다가 갑자기 얼굴을 붉히게 되자, 자신에게 엄격히 벌을 주듯이 얼음처럼 차가운 물웅덩이에 뛰어들었다. 물웅덩이에서 거의 얼어붙을 때까지 누워 있었고, 하느님의 은총으로 육체적인 성욕을 완전히 식혔다. 비슷한 시기에, 악마의 부추김을 받은 소녀가 그의 침대로 뛰어들었다. 그녀의 존재를 알아차린 그는 침착하고 조용히 움직여 침대 한쪽을 내어주고 자신은 다른 쪽으로 몸을 돌려 다시 잠이 들었다. 그 여자는 잠시 머뭇거리다가 그를 만지기 시작했지만, 그는 꿈쩍도 하지 않았다. 결국, 그녀는 부끄러움에 얼굴을 붉히며 감탄이 뒤섞인 공포를 느끼며 도망쳤다.

한번은 그가 한 부인의 집에 손님으로 갔는데, 부인은 그의 매력적인 젊은 용모에 깊은 인상을 받아 욕망으로 달아올랐다. 그녀는 한밤중에 별실에 머물러 있는 그에게 거리낌 없이 왔다. 그러나 그는 그녀의 존재를 느끼고 소리쳤다. "도둑이야! 강도야!" 놀란 여자는 도망쳤고 소리를 들은 온 가족이 깨어 불을 켜고 도둑을 찾았으나 발견하지 못하고 각자의 방으로 돌아갔다. 그녀는 다시 일어나 베르나르도의 침대를 찾았지만, 그는 다시 소리쳤다. "도둑이야! 강도야!" 몰려든 사람들이 다시 그 도둑을 찾았지만 발견하지 못했다. 그 여자는 세 번이나 시도했으나 같은 방법으로 거절당했고, 두려움과 절망으로 마침내 포기했다. 다음 날, 그가 동료들과 여행을 재개했을 때, 동료들은 그를 놀리며 왜 그토록 도둑 꿈을 여러 번 꾸게 되었는지 물었다. 그는 말했다. "나는 어젯밤에 도둑의 계략에 직면했습니다. 한 번 잃어버리면 절대로 되찾을 수 없는 나의 순결을 여주인이 빼앗으려 했습니다!"

베르나르도에게는 뱀과 함께 사는 것이 안전하지 않다는 것이 이미 분명해졌다. 그는 속세를 떠나 시토회(Ordo Cisterciensis)에 들어가기로 결심했다. 이 사실을 들은 형제들이 온갖 수단을 동원해 그를 설득했지만, 주님의 은총으로 그가 회심의 목적을 굳게 지켰을 뿐만 아니라 모든 형제와 다른 많은 사람이 수도 생활 안에서 주님께 봉사하게 했다. 충실한 기사인 형제 제라르도(Gerardus)는 그의 말을 헛된 것으로 간주하고 그의 경고에 귀를 기울이지 않았다. 그러나 믿음으로 불타오르고 형제에 대한 사랑으로 가득한 베르나르도는 이에 자극을 받아 제라르도에게 말했다. "형제여, 불행만이 내가 너에게 말하는 것을 이해할 수 있다!" 그는 손가락으로 형제의 옆구리를 짚으며 다시 말했다. "그날 창이 너의 옆구리를 꿰뚫고 네가 지금 거부하는 이 조언을 마음에 깊이 새길 날이 곧 올 것이다!" 며칠 후에 제라르도는 적들에게 붙잡혔고, 베르나르도의 손가락이 놓였던 옆구리에 창상(創傷)을 입고 포로가 되어 족쇄가 채워졌다. 베르나르도는 제라르도에게 다가갔지만 접근이 허용되지 않자 외쳤다. "제라르도, 나는 곧 너와 함께 수도승원에 들어갈 것이다!" 바로 그날 밤 형제의 발에서 족쇄가 풀리고 문이 저절로 열렸다. 제라르도는 기쁜 마음으로 나가서 형에게 수도승이 되기를 원한다고 자신의 바뀐 생각을 말했다.

시토회의 설립 15년(서기 1112년), 22세였던 주님의 종 베르나르도는 30명이 넘는 동료들과 함께 수도회에 입회했다. 베르나르도가 형제들과 함께 아버지의 집을 떠날 때, 맏형 귀도(Guido)는 친구들과 광장에서 놀고 있던 막내 동생 니바르도(Nivardus)를 보았다. 맏형은 "안녕, 니바르도야! 이제부터 네가 우리 땅과 재산을 돌봐야 한다!"라고 말했다. 하지만, 막내는 뜻하지 않은 대답을 했다. "그래서 형님들 모두는 천국을 갖게 될 것이고 나에게 땅 외에는 아무것도 남기지 않는군요? 그것은 공평한 분배가 아닙니다!" 이후 니바르도는 잠시 아버지와 살다가 형제들을 뒤따랐다.

수도회에 입회한 하느님의 종 베르나르도는 영적인 삶에 완전히 몰입되어 육체적인 감각을 거의 사용하지 않았다. 그는 수련자가 묵는 작은 방에서 꼬박 1년을 살았지만, 그 방에 반원통 천장이 있는 것을 몰랐다. 그는 매우 자주 수도승원 성당의 안과 밖을 지나면서도 후진(後陣, apsis)에 3개의 창문이 오직 하나라고 생각했다.

　시토회의 아빠스는 수도승 중 일부를 클레르보(Clairvaux)에 집을 짓도록 보내면서 베르나르도를 그곳의 아빠스로 임명했다. 베르나르도는 그곳에서 오랫동안 극심한 빈곤 속에 살았으며, 종종 너도밤나무 잎사귀로 음식을 만들었다. 하느님의 종은 인간의 인내심을 초월할 정도로 수면을 거부했으며 잠자는 시간이 낭비라고 불평하곤 했고, 잠을 죽음에 비유하는 것은 정당하다고 생각했다. 잠자는 사람들이 마치 죽은 것처럼 보이듯이, 죽은 사람은 하느님에게 잠자는 사람처럼 보이기 때문이다. 베르나르도는 어떤 수도승이 조금 더 크게 코를 골거나 평상시보다 더 안절부절못하거나 거짓말을 하는 것을 들으면 참을 수 없었고, 이는 육욕적이거나 세속적인 수면이라고 주장했다.

　그는 먹는 것에서 어떤 기쁨도 얻지 못했고, 단지 기절할까 두려워 음식을 먹었으며, 그마저도 고문의 한 형태인 것처럼 먹었다. 식사 후에는 자신이 먹은 식사량을 생각하는 것이 습관이었고, 만일 평소보다 조금 더 먹었다고 느끼면 그 잘못을 처벌했다. 그는 탐식(貪食)에 대한 갈망을 매우 절제하다 보니 미각 자체를 대부분 잃어버렸다. 예를 들어, 앞에 있던 기름을 실수로 마셨다면, 왜 입술이 미끄러운지 이상하게 생각했다. 실수로 생피[生血]가 그에게 제공되었고 그는 버터 대신에 매일매일 생피를 사용했다고 알려져 있다. 자신이 맛을 보았던 유일한 것은 물이고, 물이 자신의 양 볼과 목을 시원하게 했기 때문이라고 말하곤 했다.

　그는 성경에 대한 것은 모두 숲과 들판에서 묵상하고 기도하는 동안 배웠다고 고백했고, 때때로 상수리나무와 너도밤나무를 제외하면 진정한 스승이 없다고 친구들에게 말하기도 했다. 그는 묵상하고 기도할 때, 가끔은 성경 전체가 펼쳐지고 설명하는 것처럼 나타났다고 고백했다. 아가서에 대한 강론에서 그는 다음과 같이 말했다. 한번은 설교를 하고 있을 때 성령이 자신에게 들려준 것을 다른 사람들에게 말해 주려고 기억하려고 노력했다. 그는 성령의 영감을 믿지 않아서가 아니라 자신을 과신할까 두려워서 노력했다고 한다. 그러나 한 음성이 그에게 왔다. "네가 한 가지 생각에 집착하고 있는 한, 다른 생각을 받아들이지 못할 것이다."

　옷에 관하여, 가난은 항상 그를 기쁘게 하였지만 결코 단정치 못한 것은 아니었다. 단정하지 못한 것은 부주의한 마음이나 과도한 자부심, 다른 사람들의 관심을 끌려는 의지의 표시로 간주했다. 그는 항상 마음에 품고 있던 격언을 자주 반복했다. "아무도 하지 않는 일을 하는 하면, 모든 사람은 그를 이상히 여길 것이다." 그가 오랫동안 고행복을 입었지만, 그것이 알려지면 고행복을 벗고 다른 사람들처럼 옷을 입었다. 그는 결코 웃지 않았지만 웃음을 참기보다는 오히려 억지로 웃으려고 하는 것처럼 보였고, 웃음을 억제하기보다는 오히려 웃음을 자극하려고 했다.

그는 세 가지 종류의 인내 즉, 모욕을 참는 것, 재산의 손해를 참는 것, 신체상의 손해를 인내하는 것이 필요했다고 말하곤 했다. 그리고 사례를 통해 이 세 가지 인내를 증명했다. 예를 들어, 한 주교에게 우호적으로 훈계하는 편지를 썼고, 그 주교는 극도로 분개하여, 마치 베르나르도가 신성모독의 정신으로 썼다는 듯이 "신성모독의 정신이 아니라 당신의 건강을 기원하면서"라고 시작되는 매우 날카로운 편지를 회신했다. 베르나르도는 답장을 보냈다. "저는 제가 신성모독의 정신을 가졌다는 것을 믿지 않으며, 특히 저의 백성들의 군주에게 무례하게 말하려는 의도는 없었습니다" 그때 한 아빠스가 수도승원의 공사를 위해 베르나르도에게 은(銀) 600마르크를 보냈으나, 산적들에게 모두 약탈당했다. 이 소식을 들은 베르나르도가 말했다. "저희에게 이 짐을 덜어주신 하느님 찬미 받으소서! 돈을 탈취했다고 해서 너무 가혹한 벌을 받지 않게 해주소서. 인간의 탐욕이 그들을 행동하도록 몰아넣은 것이며, 금액의 크기가 매우 강한 유혹을 가하였기 때문이기도 합니다."

또 다른 예로, 한 규율 의전 사제(canonicus regularis)가 베르나르도에게 와서 수도승으로 받아 달라고 끈질기게 요청했다. 성인은 동의하지 않고 사제의 교회로 돌아가라고 충고했다. 사제가 말했다. "수도승이 되기를 갈망하는 사람을 허락하지 않는다면, 왜 당신의 책에서 완벽함의 추구를 강력하게 권장합니까? 만일 당신의 책이 내 손에 있었다면 갈기갈기 찢었을 것입니다!" 베르나르도는 "당신은 내 책에서 수도 생활에서 완벽할 수 없다는 것을 읽은 적이 없습니다. 내 책에서 내가 칭찬한 것은 위치의 변화가 아니라 도덕의 개혁입니다."라고 대답했다. 화가 난 사제는 베르나르도의 얼굴을 빨갛게 부어 오를 정도로 세게 때렸다. 그 자리에 있던 사람들이 신성모독한 사제를 재빨리 덮쳤지만, 하느님의 종은 그리스도의 이름으로 그 사제에게 어떤 해도 가하지 말라고 명했다.

그는 수련자로 들어오기를 원하는 사람들에게 자주 말했다. "만일 여러분 속에 있는 것을 붙잡고자 하면 여러분이 세상에서 가져온 육체를 밖에 두시오! 안에는 오직 영혼만 허락되며 육체는 전혀 쓸모가 없습니다."

집에 홀로 머물던 그의 아버지가 수도승원으로 와서 살다가 나이가 들어 평화롭게 생을 마감했다. 결혼 후 재물과 세속적인 쾌락으로 살며 영적인 위험에 처한 누이가 아름답게 꾸미고 수행원들과 함께 수도승원에 방문한 적이 있었다. 베르나르도는 악마가 퍼뜨린 그물을 피하듯이 누이를 피했다. 오직 한 사람, 문지기를 하던 형제가 누이를 만나러 나왔는데 그녀를 '차려입은 똥 더미'라고 부르자 그녀는 눈물을 흘렸다. 그녀는 말했다. "저는 비록 죄인이지만, 그리스도는 저와 같은 사람을 위해 죽으셨습니다. 저는 죄인이니, 선한 사람들의 조언과 대화를 구합니다. 만일 저의 형제가 저의 육신을 경멸한다면, 하느님의 종은 저의 영혼을 경멸하지 않게 해주십시오! 그를 나오게 하고, 그가 명령하게 하십시오, 저는 그의 명령이 무엇이든 따르겠습니다!"

이 약속을 들은 베르나르도와 형제들은 그녀를 만나러 나갔고, 그녀를 남편에게서 떼어놓을 수는 없었기에 일단 그녀의 세속적인 과시를 금지하고 어머니를 본받아야 하는 모범으로 상기시켰다. 집으로 돌아간 그녀는 매우 빠르게 변하여 세속적인 것을 멀리하면서 은수자의 삶을 살았다. 그녀는 마침내 많은 기도의 힘으로 남편의 동의를 얻어 수녀승원에 입회했다.

하느님의 사람이 매우 심각한 병에 걸려 마지막 숨을 거두려는 듯이 보이던 때였다. 그는 탈혼(脫魂)에 완전히 몰입해 있었는데, 자신이 하느님의 심판대 앞에 출석해 있고, 사탄이 맞은편에서 악의적인 고발을 퍼붓고 있었다. 사탄이 고발을 마치고 하느님의 사람은 동요하지 않고 두려움 없이 말했다. "저의 공로로는 천국에 들어갈 수 없음을 인정합니다. 다른 한편으로는 저의 주님은 이중(二重)의 권리, 즉 성부로부터의 상속과 그분의 수난의 공로로 왕국을 얻었습니다. 첫 번째는 그분이 자기 자신을 위해 남겨두었고, 두 번째는 저에게 주었습니다. 그리고 그 선물로 저는 저의 권리를 주장하며 좌절하지 않을 것입니다!" 이 말은 사탄을 혼란에 빠뜨렸으며 모임은 폐회되었고, 하느님의 사람은 정신이 들었다.

베르나르도는 금욕, 노역, 밤샘으로 육체를 혹사해서 건강이 나빠지고 심각한 질병으로 힘든 일상을 보내고 있었다. 한번은 그가 병으로 누워있을 때, 형제 수도승들이 그를 위해 매우 끈질기게 기도하여 어느 정도 회복한 듯했지만, 그는 형제들을 모두 불러 말했다. "왜 당신들은, 비참한 사람인 저에게 집착하십니까? 당신들은 저보다 강하며 당신들은 승리했습니다. 그러니 저를 용서해 주십시오, 당신들에게 간청하오니 저를 가게 해 주십시오!"

여러 도시에서 자신들의 주교로 하느님의 사람을 선출했는데, 그중에서 제노바와 밀라노가 주된 곳이었다. 그는 그들의 간청에 응하지도 않았고 변명을 하지도 않았으며, 자신이 자기 개인의 소유가 아니라 다른 사람을 섬기도록 운명지어진 사람이라고 말했다. 더욱이 그의 형제 수도승들은 성인의 조언에 따라 그러한 상황을 예상하고 절대적인 교황의 권위로 자신들을 무장하여 아무도 자신들의 기쁨인 성인을 빼앗아가지 못하도록 했다.

한번은 그가 카르투지오회(Ordo Cartusiensis)를 방문하러 갔을 때, 사람들은 모든 면에서 그로 인해 크게 고양되어 있었다. 하지만 그곳 원장은 한 가지 작은 의심을 일으켰다. 그것은 베르나르도가 타고 왔던 안장이 좋은 세공품이었고 가난의 증거를 보여주지 않았기에 충격을 받았다. 원장은 방금 방문한 수도승들 중 한 사람에게 이 사실을 말했는데 그 사람이 바로 베르나르도였다. 충격을 받은 성인은 원장이 말하는 안장이 무엇인지 물었다. 성인은 클레르보에서 그랑 샤르트뢰즈(Grande Chartreuse)까지 오는 길에 말을 탔지만, 결코 안장에 주의를 기울이지 않았던 것이다. 로잔(Lausanne) 호수를 따라 달렸으나 심지어 호수를 보지도 못했고, 호수를 보았다 하더라도 깨닫지 못한 채 말을 탔다. 그런 다음 저녁에 동료들이 호수에 대해 이야기할 때, 그는 어디에 호수가 있었는지 물어서 동료들을 놀라게 했다.

그의 마음의 겸손은 자신의 명성의 숭고함을 능가했고, 자기 자신을 낮추는 것만큼 세상이 그를 높일 수 없었다. 모든 사람이 그를 가장 높다고 여길 때 그는 자신을 가장 낮다고 여겼다. 그리고 모든 사람이 그를 높은 위치의 사람으로 평가했지만, 그는 자신을 그렇게 생각하지 않았다. 그는 사람들의 가장 높은 영예와 호의가 쏟아졌을 때, 자신이 아닌 다른 사람이 그 자리에 있어야 한다고 생각하거나 이것은 꿈이라고 자주 말했다. 반면에 평범한 형제들과 함께 있을 때는 그들의 우호적인 겸손을 즐기고 나누며 다시 자기 자신이 되는 것을 즐겼다. 실제로 기도하거나 독서를 하거나 글을 쓰거나 묵상하거나 그들과 이야기함으로써 형제들을 교화시키는 것이 그의 모습이었다.

한번은 그가 설교하고 사람들이 그의 말 한마디 한마디에 두터운 신앙심으로 주의를 기울이고 있을 때, 그의 마음에 유혹이 올라왔다. "너는 최선을 다해 설교하고, 사람들은 기꺼이 너의 설교를 듣고 있고, 모두 너를 현자(賢者)로 존경한다." 그러나 하느님의 사람은 이 생각에 괴로워하며 잠시 말을 멈추고 강론을 계속할지, 끝낼지를 고민했다. 즉시 하느님의 도움으로 힘을 얻은 그는 유혹자에게 조용히 대답했다. "너는 내가 설교를 시작하는 데 아무 관련이 없고, 네가 어떤 짓을 해도 나를 멈추게 할 수 없다." 그리고 자신의 강론을 침착히 끝까지 계속했다.

젊은 시절에 난봉꾼이자 노름꾼이었던 한 수도승이 악령에 자극받아 세속으로 돌아가기를 원했다. 성 베르나르도가 수도승을 설득할 수 없게 되자, 무엇으로 생계를 유지할지를 물었다. 수도승: "저는 주사위 놀이를 할 줄 아니, 그 방법으로 생계를 꾸릴 것입니다!" 베르나르도는 "만일 내가 당신에게 약간의 자본금을 준다면, 때때로 돌아와서 나와 함께 이익을 나누겠습니까?"라고 제안했다. 수도승은 기꺼이 동의했고 요청받은 대로 하겠다고 약속한 이후 20솔(sol)을 받고 떠났다. 성인은 그 사람을 다시 데려오려고 이렇게 한 것이며, 그렇게 되었다. 그 수도승은 자신이 가졌던 모든 것을 잃고 풀이 죽은 채 수도승원으로 왔다. 수도승의 도착을 들은 하느님의 사람이 기쁘게 나왔고, 수도승의 소득에서 자신의 몫을 받으려고 스카풀라레(scapulare)를 넓게 펼쳤다. 그 사람은 "사부님, 저는 어떤 게임에서도 이기지 못했으며, 우리의 자본금조차 잃었습니다. 하지만 원하신다면 돈을 대신해서 저를 다시 받아주십시오."라고 말했다. 베르나르도는 다정하게 대답했다. "상황이 이렇다면, 당신과 자본금을 모두 잃는 것보다 당신을 되찾는 것이 더 낫지!"

한번은 복된 베르나르도가 혼자 길을 따라 말을 타고 가다가 한 농부를 만났는데, 그 사람에게 인간의 마음속에 있는 문제, 즉 기도할 때 마음이 불안정해진다고 슬프게 이야기했다. 이 말을 들은 농부는 그를 깔보며 기도할 때마다 마음을 굳건히 하고 안정을 유지하라고 말했다. 베르나르도는 그 사람의 마음을 바꾸고 대담한 과신(過信)을 누그러뜨리고 싶었다. 그래서 농부에게 말했다. "조금 물러서서 당신이 할 수 있는 모든 주의를 기울여 주님의 기도를 기도하기 시작하십시오. 그리고 만일 당신이 마음의 산만함이나 마음의 일탈 없이 끝낼 수 있다면, 내가 타고 있는 말은 당신 것이 될 것입니다. 그러나 만일 다른 생각이 떠오른다면, 당신은 나에게 숨기지 말고 말해야 합니다." 그 제안에 기뻐하며 이미 그 말이 자기 것이 되었다고 생각한 농부는 물러서서 자신을 회상하고 주님의 기도를 암송하기 시작했다. 농부의 마음을 산란케 하는 생각이 든 것은 기도의 중간도 되지 않았을 때였다. "안장은 … 말과 함께 안장도 줄까, 안 줄까?" 마음이 혼란스러움을 알게 된 농부는 서둘러 베르나르도에게 돌아가서, 자신이 기도할 때 떠오른 이기적인 생각을 말했고, 그 이후로는 자신에 대해 경솔하게 확신하지 않았다.

그의 수도승이면서 가까운 친척인 로베르토(Robertus)가 유치하고 나쁜 조언을 듣고 클레르보를 떠나 클뤼니(Cluny)로 향했다. 존경하올 사부는 이에 대해 한동안 감정을 숨기다가 편지로 그 젊은 수도승을 귀환시키기로 결심했다. 그는 야외에서 다른 수도승에게 편지를 받아쓰게 했는데, 갑자기 폭풍우가 몰아쳐 종이를 접기 시작했다. 베르나르도는 "이것은 하느님의 일(opus Dei)입니다! 글쓰기를 계속하십시오!"라고 말했다. 그래서 수도승은 마치 그곳에 소나기가 내리지 않는 것처럼 소나기 한가운데서 편지를 썼다. 사방에 비가 내리고 있었으나, 그 장소에는 자비의 힘이 비를 물리쳤다. 당시 믿기 어려울 정도로 거대한 파리 떼가 하느님의 사람이 건축한 수도승원을 습격해 수도승들을 견딜 수 없게 만들었다. 베르나르도는 "나는 파리들을 파문한다!"라고 말했다. 다음 날 아침, 살아서 발견된 파리는 단 한 마리도 없었다.

교황은 밀라노 시민들을 교회와 화해시키기 위해 베르나르도를 밀라노로 보냈다. 베르나르도가 돌아오는 길에 파비아(Pavia)에 도착했을 때, 한 남자가 악마에 사로잡힌 아내를 데려왔다. 악마는 여자의 입을 통해 하느님의 사람을 모욕하기 시작했다. "이 서양 대파(leek)를 먹고 양배추를 걸신들린 듯 먹는 사람은 내 보잘것없는 노파의 밖으로 나를 꺼낼 수 없다!" 베르나르도는 그 여자를 성 시로(Syrus)의 성당으로 보냈으나, 성 시로는 베르나르도를 경외하는 마음에서 아무런 치료도 하지 않고, 복된 베르나르도에게 돌려보냈다. 그때 악마는 여자의 입을 통해 중얼거리기 시작했다. "보잘것없는 나이 든 시로는 나를 쫓아내지 못했고 보잘것없는 나이 든 베르나르도도 나를 내쫓지 못할 것이다!" 하지만 베르나르도가 기도하기 시작하자마자 사악한 영이 말했다. "내가 이 여자의 밖으로 나갈 수 있다면 얼마나 기쁠까! 이 여자 안에 있기가 너무 괴롭습니다! 내가 이 여자를 떠날 수 있다면 얼마나 기쁠까, 그러나 나의 위대한 주인이 나를 내버려 두지 않을 것을 알기 때문에, 그렇게 할 수 없습니다!" 베르나르도: "그런데 누가 위대한 주인인가?" 악마: "나자렛 예수님!" 하느님의 사람: "너는 그를 본 적이 있느냐?" 악마: "예!" 성인: "어디에서 그를 보았느냐?" 악마: "영광 중에!" 성인: "그러면 네가 영광 중에 있었느냐?" 악마: "참으로 나는 그랬습니다!" 성인: "어떻게 너는 떠나게 되었는가?" 악마: "우리 중 많은 수가 루치페르(Lucifer)와 함께 떨어졌습니다!" 이 모든 말은 모든 사람이 들을 수 있도록 여자의 입에서 침울한 어조로 나왔다. 그런 다음 하느님의 사람은 악마에게 물었다. "너는 그 영광으로 돌아가고 싶으냐?" 그 영은 거친 웃음으로 "이제는 너무 늦었습니다!"라고 말했다.

베르나르도가 기도하자, 악령은 여자에게서 나갔다. 그러나 하느님의 사람이 그 장소를 떠나자, 악마는 다시 그녀를 손아귀에 넣었다. 그녀의 남편은 베르나르도에게 와서 일어난 일을 말했다. 그는 "우리 주 예수 그리스도의 이름으로 나는 악령에게 지금부터 이 여자의 근처에 감히 오는 것을 금한다."라고 종이에 써주면서 아내의 목에 묶으라고 했다. 남편은 그렇게 했고, 더 이상 그 영은 아내를 괴롭히지 못했다.

아키텐(Aquitaine)에 몽마(夢魔)라는 음탕한 악령에 사로잡힌 가련한 여자가 있었는데, 악령은 6년 동안 그녀를 학대했고 놀랄 만한 성욕으로 그녀를 대했다. 하느님의 사람이 그 지방을 지나가고 있었는데, 악령은 그 여자가 그에게 가는 것을 엄하게 막았다. 그래서 성인이 그녀에게 어떤 좋은 것도 해줄 수 없었고, 악령은 그녀에게 가장 잔인하게 박해할 것이라는 위협을 덧붙였다. 그럼에도 불구하고 그녀는 하느님의 사람에 대한 확신으로 성인에게 가서 눈물과 신음으로 자신이 겪고 있는 고통에 대해 말했다. 베르나르도는 "나의 지팡이를 가져가서 당신의 침대에 넣으시오. 그리고 만일 악령이 무엇을 하더라도 내버려 두시오!"라고 말했다. 그녀는 명령대로 했고 그녀가 침대에 누웠을 때, 즉시 악령이 왔으나 평소와 같은 행동을 하지 않았고, 심지어 침대에 접근조차 하지 않았다. 하지만 성인이 떠나면 무서운 복수를 할 것이라고 날카롭게 위협했다. 그녀가 이것을 베르나르도에게 전하자, 그는 모든 주민에게 촛불을 들고 오라고 명령했다. 그런 다음 참여한 회중과 함께 그는 그 악령을 파문했고 이제부터는 그녀뿐만 아니라 다른 어떤 여자에게도 절대 다가갈 수 없도록 했다. 그래서 그 여자는 오랜 고통에서 완전히 해방되었다.

하느님의 사람은 특정한 직무를 수행하는, 즉 아키텐 공작을 교회와 화해시키는 사절로 아키텐에 있었지만, 공작은 화해하기를 강력하게 거부했다. 성인은 미사를 봉헌하려고 제대로 갔지만, 공작은 밖에 서 있었다. 하느님의 사람이 "주님의 평화가 항상 여러분과 함께"(Pax Domini sit semper vobiscum)라고 말한 후, 그리스도의 몸(축성된 제병)을 성반(聖盤) 위에 담아 밖으로 나갔다. 얼굴은 밝게 빛나고 눈은 불타는 그는 공작에게 가서 무시무시한 말을 했다. "우리는 당신에게 간청했지만, 당신은 거절했습니다! 여기를 보십시오, 동정녀의 아드님이 당신에게 오셨습니다. 그는 당신이 박해하고 있는 교회의 주인이십니다! 여기에 당신의 심판관이 계십니다. 그분의 이름에 모두 무릎을 꿇어야 합니다! 여기에 당신의 재판관이 있습니다. 당신의 영혼은 그의 손에 떨어질 것입니다! 그분의 종들이 당신을 경멸하는 것처럼 당신은 그분을 무시할 것입니까? 만일 당신이 할 수 있다면 저항하십시오!" 이 말을 들은 공작은 땀을 비오듯이 흘렸다. 그는 성인의 발 앞에 엎드렸다. 베르나르도는 공작에게 일어나서 하느님의 선고를 들으라고 명령했다. 그는 떨면서 일어났고 그 후부터 거룩한 사람이 규정한 모든 것을 이행했다.

하느님의 종은 어떤 사회적인 갈등을 진정시키려고 독일 왕국으로 갔고, 마인츠(Mainz)의 대주교는 공경할 만한 한 성직자를 그에게 보냈다. 그 성직자가 대주교가 자신을 보냈다고 말했을 때, 하느님의 사람이 대답했다. "다른 주인이 당신을 보냈습니다!" 그 성직자는 그 말의 의미를 몰라 의아해했고 자기 주인인 마인츠의 대주교가 자신을 보냈다고 단언했다. 그리스도의 종은 다시 말했다. "나의 아들아, 잘못 생각하고 있습니다! 더 위대한 스승이신 그리스도께서 직접 당신을 보내셨습니다!" 그 성직자는 이해하고 말했다. "당신은 제가 수도승이 되기를 원한다고 생각하십니까? 천만에요? 그런 생각은 제 마음에 없습니다!" 그러나 무엇이 따랐을까? 그 여행의 과정에서 그 성직자는 속세에 작별을 고했고 하느님의 사람에게서 수도복을 받았다.

베르나르도는 수도회에 귀족 계급의 한 기사를 받았고, 이 새 수도승은 얼마 동안 하느님의 사람을 따랐으나 매우 심한 유혹에 괴롭힘을 당하기 시작했다. 그가 우울해 하는 것을 본 다른 수도승이 슬픔의 이유를 물었다. 그 사람은 "저는 압니다. 저는 결코 다시 행복해질 수 없을 것임을 압니다!"라고 말했다. 수도승은 그 사람이 말한 것을 하느님의 종에게 전했고, 성인은 그 사람을 위해 특별한 열정으로 기도했다. 그 결과 매우 심한 유혹으로 낙심했던 그 사람이 그 어떤 사람보다 더 많이 행복하고 더 즐거운 것처럼 보였다. 걱정했던 형제가 그 사람에게 슬프다고 말했던 상황을 좋은 말로 상기시켜주자, 그 사람이 대답했다. "비록 그때는 결코 행복해질 수 없을 것이라고 말했었지만, 이제 나는 결코 다시는 슬퍼하지 않을 것이라고 말합니다!"

고결한 삶을 살던 아일랜드의 주교 성 말라키오(Malachius)가 베르나르도의 수도승원에서 행복한 죽음을 맞이했고, 하느님의 사람이 주교의 장례 미사를 봉헌했다. 성인은 하느님의 계시로 말라키오가 이미 영광 중에 있다는 것을 알았다. 그래서 하느님의 영감을 받은 성인은 영성체 후 기도의 형식을 바꿔 즐거운 음성으로 말했다. "오 하느님, 당신은 복된 말라키오가 공로에서 당신 성인들과 동등하게 만드셨습니다. 저희가 당신에게 간청하오니 그의 고귀한 죽음의 축일을 기념하는 저희가 그의 삶의 모범을 본받기를 허락하소서." 선창자가 베르나르도가 실수를 저질렀다고 넌지시 말하자, 성인이 말했다. "틀림없다! 나는 내가 말한 것을 안다!" 그런 다음 거룩한 유해에 입을 맞추었다.

사순시기가 다가오자 많은 젊은 학생들이 베르나르도를 방문하러 왔고, 그는 학생들에게 적어도 거룩한 시기 동안에는 허영심과 부도덕함을 버리라고 역설했다. 학생들이 이 말을 들으려 하지 않자, 베르나르도는 그들에게 축배를 들라고 명령했다. "영혼들을 위해 건배!" 축배를 마신 학생들에게 갑작스러운 변화가 왔다. 비록 짧은 방문 기간 중에도 태도를 고치기를 거부했던 학생들은 집으로 돌아간 후 하느님에게 자신들의 온 삶을 드렸다.

마침내 복된 베르나르도가 자신의 죽음을 기쁘게 고대하며 형제 수도승들에게 말했다. "나는 내가 평생 염두에 두고 최선을 다해 준수한 세 가지를 유언으로 남깁니다. 나는 아무에게도 추문(醜聞)을 일으키지 않기를 원했고, 만일 추문이 일어나면, 내가 할 수 있는 최선을 다해 비밀로 지켰습니다. 나는 항상 나의 의견보다 남의 의견을 더 믿으려고 하였습니다. 나는 결코 피해를 복수하려고 하지 않았습니다. 자선, 겸손, 인내. 이것이 내가 당신들에게 남기는 세 가지입니다." 마침내 그는 많은 기적을 행했고, 160개의 수도원을 세우고, 많은 책과 논문을 편찬했으며, 63년의 삶 동안 영적인 아들들을 남기고, 서기 1153년에 영원한 휴식처로 갔다.

그는 죽은 후에 많은 사람에게 자신의 영광을 나타냈다. 그는 한 수도원의 아빠스에게 나타나서 자신을 따라오라고 권고했다. 그리고 자신을 따라온 아빠스에게 말했다. "보십시오, 우리는 레바논 산에 왔습니다. 당신은 이곳에 머무르고 나는 산을 오를 것입니다!" 아빠스는 성인에게 왜 오르려고 하는지를 묻자, 그가 대답했다. "나는 배우기를 원합니다!" 궁금해진 아빠스가 다시 물었다. "사부님, 당신은 무엇을 배우기를 원하십니까? 저희는 당신이 지식에서 누구에게도 뒤지지 않는다고 믿습니다!" 베르나르도는 "이곳 아래에는 지식이 없고, 무엇이 진리인지 파악하지 못합니다. 저기 위에는 지식이 충만합니다. … 위에는 진리의 참된 개념이 있습니다." 이 말과 함께 성인은 사라졌다. 아빠스는 그 날짜를 기록했고 하느님의 사람이 그날 육체로부터 이주했다는 것을 알게 되었다.

하느님은 자신의 종을 통해 이루 셀 수 없는 많은 기적을 일으켰다.

121

성 티모테오

티모테오(Timotheus, Timothy)는 '경외심을 지닌'이라는 의미의 티모렘 테넨스(timorem tenens), '경외심'을 뜻하는 티모르(timor), '하느님'이란 의미의 테오스(theos), 이런 이유로 '하느님에 대한 경외심'에서 파생되었을 수 있다. 그레고리오가 말한 것처럼, 그 경외심은 자신이 어디에 있었는지, 자신이 어디에 있을 것인지, 자신이 어디에 있는지, 자신이 어디에 있지 않을지 숙고하였을 때 모든 거룩한 사람 안에서 생겨난다. 자신이 어디에 있었는지는 죄 중에, 자신이 어디에 있을 것인지는 심판에, 어디에 자신이 있는지는 고통 중에, 자신이 어디에 있지 않을지는 영광 중에를 고려하기 때문이다.

티모테오는 네로 치하에서 로마시 총독에 의해 심하게 고문받았다. 그의 벌어진 상처에 생 석회가 뿌려졌지만, 이 고문 중에도 그는 하느님에게 감사를 드렸다. 두 천사가 그의 옆에 서서 말했다. "하늘을 향해 너의 머리를 들고 보아라!" 그는 바라보았고 열린 하늘을 보았고 예수가 보석으로 장식한 왕관을 들고 "너는 나의 손에서 이 왕관을 받을 것이다."라고 말하는 것을 보았다. 이것을 목격한 아폴리나리오(Apollinaris)라는 남자가 세례를 받았다. 그래서 그 둘 다 그리스도를 고백하기를 굴하지 않고 계속하는 것을 본 총독은 서기 약 57년에 그들을 참수했다.

··· ✤ 122 ✤ ···

성 심포리아노

심포리아노(Simphorianus, Symphorian)라는 이름은 심포니아(simphonia, 조화)에서 형성된다. 참으로 그 성인은 덕의 조화를 내뿜는 악기와 같았다. 그러나 이 악기에는 세 가지 특성이 있었다. 아베로에스(Averroës)가 말한 것처럼, 악기는 공명이 잘 되기 위해서는 단단한 재질로 만들어야 하고, 음을 잘 연주하기 위해 부드러워야 하고, 폭넓은 소리를 내기 위해 넓어야 한다. 이렇게 심포리아노는 금욕적인 생활로 자신을 단단하게 하였고, 다른 사람들에게 관대하고 부드러웠으며, 자선을 베푸는 것에서는 한없이 넓었다.

심포리아노는 오텡(Autun) 출신이었다. 청소년기에는 매우 진지해서 몸가짐과 예의바른 행동은 마치 노인처럼 보일 정도였다. 이교도들은 베누스(Venus) 축제를 거행하면서 헤라클리우스(Heraclius) 총독 앞에서 베누스 상을 들고 행진하는 관습이 있었다. 축제에 참가한 심포리아노는 그 여신을 숭배하기를 거부했다는 이유로 오랫동안 채찍질을 당하고 감옥에 갇혔다. 그가 다시 끌려나왔고, 희생제물을 바치기만 한다면 많은 선물을 주겠다는 약속을 받았다. 그는 말했다. "우리의 하느님은 공로에 상을 주는 법과 죄를 벌하는 법을 알고 계십니다. 우리가 그리스도께 빚으로 갚아야 할 삶을 경건함으로 갚읍시다! 재판관의 악의적인 시선에 두려움으로 떨고 있을 때는 후회해도 늦은 것입니다. 꿀의 단맛이 가미된 당신의 선물은 잘못된 것을 믿는 사람들의 마음에서 독으로 변합니다. 당신의 탐욕은 모든 것을 움켜잡고 아무것도 소유하지 못하기에 이는 악마의 술책으로 쓸모없는 이익의 덫에 사로잡히기 때문입니다. 당신의 기쁨은 유리와 같습니다. 빛나지만 산산조각 날 것입니다."

격분한 재판관은 심포리아노에게 사형을 선고했다. 그가 처형 장소로 끌려가고 있을 때, 그의 어머니는 성벽에서 아래를 향해 "내 아이야, 내 아이야, 영원한 생명을 기억하여라! 위를 보고 이곳의 생명을 빼앗지 않고 더 좋은 것과 맞바꾸어주는, 하늘에서 군림하는 주님을 보아라."라고 소리쳤다. 그는 참수되었고, 그리스도인들이 시신을 가져다가 영예롭게 묻었다.

그의 무덤에서 매우 많은 기적이 일어났고 심지어 이교도들에게도 높은 영예를 받았다. 투르의 그레고리오는 한 그리스도인이 그 순교자가 피를 흘렸던 곳에서 피 묻은 조약돌 3개를 가져왔다고 말한다. 그레고리오는 이 3개의 조약돌을 은으로 된 상자 안에 넣고 다시 그 상자를 나무로 된 상자 안에 넣었다. 이것은 성(城)에 보관되었고 후에 그 성이 화재로 완전히 파괴되었으나, 이 상자는 손상되지 않은 채 폐허에서 발견되었다.

성인은 서기 270년경에 고통을 겪었다.

123

성 바르톨로메오

바르톨로메오(Bartholomeus, Bartholomew)는 '물을 매달아 놓은 사람의 아들', '스스로 매달린 사람의 아들'로 해석된다. 그 이름은 '아들'을 의미하는 바르(bar), '높이'란 톨로스(tholos), '물'이란 모이스(moys)에서 유래했다. 그래서 바르톨로메오는 '높은 곳에 있는 물을 붙잡은 사람의 아들', 즉 자신들의 가르침이 물처럼 흐를 수 있도록 학자들의 마음을 고양시켰던 하느님의 아들이다. 그 이름은 히브리어가 아니라 시리아어이다. 첫 번째 해석은 바르톨로메오에게서 발견된 세 가지 종류의 매달기를 가리킨다. 즉, 그는 세상의 사랑 위에 들어 올려졌다거나, 하늘의 것들에 대한 사랑에 의해 유지되었다거나, 은총과 하느님의 도움으로 완전히 지탱되었다는 의미에서 매달렸다. 두 번째 해석은 그의 지혜의 깊이를 가리킨다. 디오니시오는 저서 《신비신학》(mystica theologia)에서 바르톨로메오의 지혜의 깊이에 대해 말한다. "거룩한 바르톨로메오는 하느님의 학문인 신학에는 많은 이론이 있지만 아직도 매우 부족하고, 복음은 광범위하고 풍부하면서도 간결하다고 말합니다." 디오니시오는 바르톨로메오가 어느 한 관점에서는 모든 것이 신에 대해 긍정될 수 있다고 보여주는 반면, 또 다른 관점에서는 모든 것이 더욱 타당하게 부정될 수 있음을 보여주고 싶어함을 의미한다.

바르톨로메오 사도는 땅끝 인도로 가서 아스카룻(Ascaroth, Astaroth)이라는 이름의 우상이 있는 신전에서 순례자처럼 머물기 시작했다. 이 우상이 병자를 고쳤다고들 하지만 실제로는 병을 고친 것이 아니라 단지 통증을 멈추게 하는 악령이 살고 있었다. 그러나 신전에는 병자들로 가득 찼고 심지어 먼 지방에서 데려온 병자들을 위해 날마다 제사를 바쳤음에도 불구하고, 그들은 우상으로부터 어떤 응답도 얻을 수 없었다. 그래서 브릿(Berith)란 이름의 우상을 숭배하고 있는 다른 도시로 가서, 왜 아스카룻이 어떤 응답도 들려주지 않는지를 그 우상에게 물었다. 브릿 우상이 대답했다. "우리 신은 바르톨로메오 사도가 들어온 그 순간부터 불타는 사슬로 묶여 있어 숨을 쉬거나 말을 하지 못한다." 그들: "누가 바르톨로메오입니까?" 악령: "그는 전능한 하느님의 친구이고, 인도에 있는 모든 신을 없애려고 이곳에 왔다!" 그러자 그들은 "우리가 그를 찾아낼 수 있도록 표시를 주십시오!"라고 요청했다. 악령은 다시 말했다. "그의 머리카락은 검고 곱슬곱슬하며, 얼굴색은 희고 눈은 크고 코는 평평하고 곧으며, 턱수염은 굵고 약간 회색인 털이 섞여 있다. 그는 자주색 술이 달린 흰색의 반소매 옷을 입고 있으며, 귀퉁이에 자주색 보석으로 장식된 흰색 망토를 입었다. 그는 20년 동안 같은 옷과 샌들을 신었지만, 전혀 닳거나 더럽지 않다. 그는 기도하려고 낮에 백 번, 밤에도 그만큼 무릎을 꿇었다. 천사들이 함께 걸으며 결코 그가 피곤하거나 배고프지 않게끔 한다. 그의 용모와 정신은 항상 쾌활하고 즐겁다. 그는 모든 것을 예견하고 모든 것을 알며, 모든 사람의 언어를 말하고 이해한다. 그는 우리가 지금 이 순간 무슨 말을 하는지 알고 있다. 당신들이 그를 찾을 때, 만일 그가 원하면 그는 당신들에게 자신을 보일 것이고, 만일 그가 원하지 않는다면 당신은 그를 찾아낼 수 없을 것이다. 또한, 내가 당신들에게 간청하고 싶은 바가 있다. 만약 당신들이 그를 찾으면, 그에게 이곳에 오지 말라고 해달라. 그리고 그의 천사들이 내 동료에게 한 것처럼 나에게는 하지 않도록 요청해 주길 바란다!" 이 사람들은 이틀 동안 그 사도를 찾았지만 그를 보지 못했다.

그때 악마에게 사로잡힌 한 남자가 "하느님의 사도 바르톨로메오여, 당신의 기도가 저를 불태우고 있습니다!"라고 외쳤다. 사도는 "가만히 있어라, 그리고 그 사람 밖으로 나와라!"라고 말했다. 그러자 그 사람은 악마에게서 즉시 풀려났다. 그 지방의 왕 폴레미오(Polemius)가 이 소식을 들었다. 왕에게는 폭력적인 발작을 일으키는 딸이 있어서 사도에게 사람을 보내어 딸을 치유해 달라고 요청했다. 왕을 방문한 바르톨로메오는 그 딸이 가까이 오는 누구든지 물려고 했기 때문에 쇠사슬로 묶여 있는 상태임을 보았다. 사도는 그녀를 풀어주라고 명령했으나 시종들이 그녀에게 가까이 가기를 두려워하자 다음과 같이 말했다. "당신들은 무엇이 두렵습니까? 나는 이미 그녀 안에 있는 악령을 옭아매고 있습니다!" 그래서 시종들은 쇠사슬을 벗기고 그녀를 풀어주었다. 그때 왕은 금과 은, 보석들을 낙타에 싣고 바르톨로메오를 찾으려고 사람들을 보냈지만, 그는 어디에도 없었다. 그러나 다음 날 아침, 사도는 침실에 혼자 있던 왕에게 나타나서 말했다. "왜 당신은 금과 은과 보석들을 가지고 온종일 저를 찾았습니까? 그러한 것들은 현세의 재물을 찾는 사람들에게는 필요하겠지만, 저는 현세나 육체에 속한 것은 어떤 것도 원하지 않습니다."

그런 다음 성 바르톨로메오는 우리 구원이 성취된 방법에 대해 왕에게 많은 것을 가르치기 시작했다. 무엇보다도 그리스도가 적절한 방법으로 악마를 이겼고, 그분의 능력, 정의, 지혜를 입증했다는 것을 가르쳤다. 최초의 아들, 즉 처녀지(處女地)에서 지음을 받은 아담을 이긴 악마를 동정녀의 아들이 정복한 것은 합당하다. 이 승리는 그리스도의 우월한 능력을 보여준 것으로, 이는 악마가 첫 번째 사람을 무너뜨리고 빼앗은 그리스도의 주권을 악마에게서 뺏어왔기 때문이다. 그리고 폭군을 정복한 자가 폭군의 기념물을 없애고 자신의 명예를 기리기 위해 기념비를 세우는 것과 같이, 승리자인 그리스도는 악마 숭배를 없애고 그리스도에 대한 믿음을 전파하기 위해 사방에 자신의 심부름꾼[使者]들을 보낸다. 금단의 과일을 먹게 하여 사람을 손에 넣었던 자가 금식하는 사람에게 정복됨으로써 인류에 대한 지배력을 잃어버린 것에 정의가 있었다. 악마의 속임수가 그리스도의 방법들로 압도되었기 때문에 지혜는 입증되었다. 악마의 속임수는 매가 한 마리 새를 잡아채는 것처럼 그리스도를 잡아채서 사막에 버려두는 것이었다. 만일 그곳에서 굶주리면서도 배고파하지 않는다면 그는 틀림없이 하느님이신 것이다. 만일 그가 굶주림이 심해지면 악마는 처음 사람을 정복했던 것처럼 음식으로 유혹할 생각이었다. 그러나 나중에 안 일이지만, 그는 배고파했기에 하느님으로 인정되지 못했고, 그렇다고 악마의 유혹에 굴복하지도 않았고 빵을 먹지 않았기 때문에 정복될 수도 없었다.

바르톨로메오가 왕에게 믿음의 신비를 설교할 때, 만일 왕이 세례받기를 선택한다면, 자신이 쇠사슬로 묶은 그의 신을 보여주겠다고 말했다. 그래서 다음날 이교도 신관들이 왕의 궁전 가까이에서 우상에게 제물을 바치고 있을 때, 그 악령이 부르짖었다. "멈춰라, 불쌍한 바보들아, 나에게 제물을 바치기를 멈추어라, 아니면 내가 고통받고 있는 것보다 더 심한 고통을 받을 수 있다. 나는 유다인들이 죽일 수 있다고 생각하여 십자가에 못 박았던 예수 그리스도의 천사에 의해 불타는 쇠사슬로 묶여 있다. 그가 우리의 여왕인 죽음을 사로잡고, 죽음의 창조자인 우리의 군주를 불타는 쇠사슬로 정복했다!" 그러자 사람들이 밧줄로 우상을 끌어내리려고 했지만 내려지지 않았다. 사도는 악령에게 그 우상에서 나와 부수라고 명령했다. 악령은 밖으로 나와서 혼자 신전에 있는 모든 우상을 파괴했다. 사도는 기도하고 모든 병자를 치유한 후, 하느님께 그 신전을 봉헌하고, 악령에게 사막으로 가라고 명령했다.

이제 주님의 천사가 나타나서 신전 주위를 날아다니며 네 모퉁이에 손가락으로 십자성호를 그으며 말했다. "주님이 말한다. '내가 너희 모두의 병약함을 깨끗하게 했던 것처럼, 이제 이 신전에서 나의 사도가 광야로 가라고 명한 모든 더러움이 제거될 것이다.' 우선 나는 너에게 그를 보여줄 것이다. 네가 그를 볼 때 두려워하지 말고 내가 네 모퉁이에 한 것처럼 너희 이마에 십자성호를 그어라!" 그런 다음 천사는 그들에게 날카로운 얼굴, 짙은 수염, 발까지 내려오는 머리카락, 불붙은 쇠처럼 불꽃이 번쩍이는 타오르는 눈, 입과 눈에서 지옥불의 불꽃을 발사하는 그을음보다 더 검은 에티오피아 사람을 보여주었다. 그의 손은 등 뒤에서 시뻘겋게 달궈진 차꼬로 묶여 있었다. 천사가 그에게 말했다. "네가 사도의 환시에 유의하고 신전을 떠날 때 모든 우상을 부수었으니, 나는 너를 사람이 살지 않는 장소로 가도록 석방할 것이고, 너는 그곳에서 심판의 날까지 머물러야 할 것이다." 그래서 속박에서 해방된 악령은 울부짖으며 사라졌고, 주님의 천사는 모두가 지켜보는 가운데 하늘로 날아올랐다.

그 후에 왕은 아내와 아이들, 모든 백성과 함께 세례를 받은 후 왕위를 단념하고 사도의 제자가 되었다. 이에 신전들의 모든 신관이 폴레미오 왕의 형제인 아스트라게스(Astrages, Astyages) 왕을 찾아가 자신들의 신을 잃어버리게 하고, 신전을 무너뜨리고, 마술의 속임수로 폴레미오 왕을 기만한 바르톨로메오를 고발했다. 분개한 아스트라게스 왕은 사도를 잡으려고 천 명을 급파했다. 바르톨로메오가 끌려오자, 왕이 말했다. "그러니까 네가 나의 형제를 타락시킨 사람이구나!" 사도: "저는 그를 타락시킨 것이 아니고 개종시켰습니다!" 왕: "네가 내 형제에게 자신의 신을 버리고 너의 하느님을 믿게 만든 것처럼, 나는 네가 너의 하느님을 포기하고 나의 신에게 제물을 바치게 만들 것이다!" 바르톨로메오: "저는 당신의 형제가 숭배하는 신을 쇠사슬로 결박하여 그에게 보여주었고, 그에게 우상을 부수라고 했습니다. 만일 당신이 저의 하느님에게 똑같이 할 수 있다면, 나는 우상 앞에 절을 하겠습니다. 만약 그렇지 않다면 저는 당신의 신들을 산산조각낼 것입니다! 그리고 당신을 위해 말합니다. 저의 하느님을 믿으십시오!"

사도의 말이 끝나기도 전에 왕의 신(神) 발다크(Baldach)가 떨어져 산산조각났다는 소식이 전해졌다. 이 소식을 들은 왕은 사도가 입고 있던 자주색 옷을 찢고, 곤봉으로 두들겨 패고 산 채로 가죽을 벗기라고 명령했다. 이후 그리스도인들이 사도의 시신을 가져다가 명예로운 장례식을 치렀다. 아스트라게스 왕과 신전 신관들은 악령들에 사로잡혀 죽었다. 폴레미오 왕은 주교로 수품되었고, 20년 동안 훌륭하게 주교 직무를 이행한 후, 평화로운 죽음을 맞았다.

바르톨로메오의 고통스러운 죽음에 대해서는 다양한 의견이 있다. 성 도로테오(Dorotheus)는 그가 십자가에 못 박혔다고 말한다. "바르톨로메오는 인도의 사람들에게 설교했다. 또한, 그들에게 그들의 언어로 쓰인 마태오 복음서를 주었습니다. 그는 대(大) 아르메니아(Magnus Armenia)의 도시인 알바나(Albana)에서 머리를 아래로 십자가에 못 박혀 죽었습니다." 성 테오도로(Theodorus)는 그가 살가죽이 벗겨졌다고 말한다. 그러나 많은 책에서 그가 참수되었다고 전한다. 이 다른 의견은 그가 십자가에 못 박힌 다음 죽기 전에 내려졌고, 고통을 가중시키기 위해 산 채로 살가죽을 벗기고, 머리를 잘랐다고 말한다.

서기 831년에 사라센 사람들이 시칠리아를 침공해 리파리(Lipari) 섬을 황폐화했다. 성 바르톨로메오의 시신이 그곳에 안치되어 있었는데, 침략자들은 그의 무덤에 몰래 침입해 뼈를 흩뿌렸다. 그런데 그의 유해들은 다음의 방식으로 그 섬으로 다시 돌아왔다. 아르메니아에 있는 이교도들은 빈번한 기적으로 그의 시신이 매우 공경받는 것을 보았고, 오히려 이 기적들이 그들의 심기를 불쾌하게 했다. 그래서 이교도들은 시신을 납으로 만든 관에 넣어 바다에 던졌는데, 하느님의 뜻에 따라 리파리 섬에 도착했다. 사라센 사람들이 그 성인의 뼈들을 흩뿌리고 리파리를 떠난 후, 성인은 한 수도승에게 나타나서 말했다. "일어나 흩어진 내 뼈를 모아라!" 수도승: "당신은 우리를 짓밟도록 허락하였고 우리를 돕기 위해 아무것도 하지 않았는데, 무슨 이유로 우리가 당신의 뼈를 모으고 당신에게 영예를 드려야 합니까?" 바르톨로메오: "나의 공로로 말미암아 주님은 오랫동안 이 백성을 용서하였으나, 그들의 죄가 매우 중대해져서 그들이 하늘을 향해 아무리 부르짖어도 내가 더 이상 용서를 청할 수 없었다." 수도승은 성인에게 많은 뼈 사이에서 어떻게 그의 뼈를 발견할 수 있는지 물었고 성인이 대답했다. "밤에 가서 찾아라. 그러면 불처럼 빛나는 뼈들을 보게 될테니 즉시 모아라!" 모든 일이 사도가 말한 대로 되었다. 그 수도승은 뼈를 찾아서 아풀리아(Apulia)의 주요 도시인 베네벤토(Benevento)로 향하는 배에 실어 운반했다. 일부 사람들은 그 유해가 지금 로마에 있다고 말하지만, 베네벤토 사람들은 여전히 자신들이 가지고 있다고 주장한다.

한 여자가 성 바르톨로메오의 순례지에 있는 등잔에 넣으려고 기름 한 주전자를 가져왔으나, 주전자를 기울여도 아무것도 나오지 않았다. 제의실 담당자들이 주전자 속에 손을 넣어 기름진 액체가 있다는 것을 확인했다. 그러자 누군가 외쳤다. "내 생각에 사도는 이 기름을 등잔에 사용하는 것을 원하지 않습니다!" 그래서 다른 등잔에 부었더니 기름이 막힘없이 흘러나왔다.

황제 프리데리쿠스(Fridericus, Friedrich)*는 베네벤토를 파괴하고 그 도시 전체를 다른 장소로 옮기려는 의도로 도시의 모든 성당을 파괴하라는 명령을 내렸다. 그때 한 사람이 하얀색 옷을 입고 밝게 빛나는 한 무리의 남자들을 만났다. 그들은 심각한 토론을 하고 있는 것으로 보였다. 자신이 본 것에 놀란 그 남자는 그들에게 누구인지 물었고, 그들 중 한 사람이 대답했다. "그 도시에 세워진 성당들의 성인들과 함께 있는 사도 바르톨로메오입니다. 그들은 함께 모여 자신들의 거처에서 자신들을 몰아낸 사람에게 내릴 형벌에 동의했습니다. 그들은 변경할 수 없는 판결에 이르렀습니다. 그 한 사람은 지체없이 하느님의 심판대 앞에 나가야 할 것이고, 모든 행위에 대해 재판관인 하느님에게 대답해야 합니다!" 얼마 지나지 않아 그 황제는 비참한 최후를 맞이했다.

성인들의 기적에 대해 적혀 있는 책에서 성 바르톨로메오의 축일을 장엄하게 거행하는데 익숙한 한 스승이 있다는 것을 전한다. 한번은, 스승이 그 축일에 설교하고 있을 때, 악마가 매혹적인 젊은 여자 모습으로 나타났다. 그 스승은 우연히 그녀를 보고 저녁 식사에 초대했고, 그들이 식탁에 있는 동안, 여자는 그가 욕정을 품게 만들려고 모든 간계를 사용했다. 그때 복된 바르톨로메오가 순례자 모습으로 그 집 문 앞에 와서 성 바르톨로메오에 대한 사랑으로 집 안에 들어가게 해 주기를 끈질기게 간청했다. 그녀가 이에 반대하자, 심부름꾼이 순례자에게 빵 한 덩어리를 가져다주었지만, 순례자는 빵을 거부했다. 대신에 심부름꾼을 통해 사람에게 고유한 속성이나 특성이 무엇인지 말하라고 스승에게 요청했다. 스승은 그것은 웃을 수 있는 힘이라고 말했으나,

---

* 이 황제는 신성로마국의 황제(1152~1190)인 붉은 수염왕 프리드리히 1세(Friedrich I, 1122~1190)이다. 그의 죽음에 대해서는 우선, 소아시아 남동쪽 킬리키아의 살레프 강에서 수영하던 중 67세의 나이로 죽었다는 주장이 있다. 하지만 정확한 상황은 알려지지 않았다. 또 자신의 말에서 차가운 물에 떨어져 심장마비로 죽었다고도 한다. 연대기 저자인 알리 이븐 알 아시르에 따르면, 갑옷의 무게 때문에 엉덩이가 깊이의 물에 빠졌다고 한다. 그런데 그의 나이로 인해서 물에서 빠져나오기 힘들어 죽음에 이른 것이고 한다. - 역자 주

그녀가 대답했다. "아니요, 그것은 죄입니다! 사람은 죄 가운데 잉태되고, 죄 가운데 태어나, 죄 가운데 살아갑니다!" 순례자는 스승의 대답을 승인했지만, 그 여자의 대답이 좀 더 심오하다고 했다. 순례자는 두 번째 요청, 하느님이 가장 위대한 기적을 드러내 보인 1피트보다 작은 땅이 어디인지 알려 달라고 했다. 스승이 대답했다. "그 장소는 십자가가 서 있던 곳입니다. 그곳에서 하느님은 기적을 행하셨습니다." 그녀가 대답했다. "아닙니다. 그곳은 말 그대로 세상이 축소된 크기로 존재하는 인간의 머리입니다." 사도는 두 가지 대답을 승인했지만, 세 번째 질문을 다시 보냈다. "하늘의 끝과 지옥의 밑바닥 사이의 거리는 얼마입니까?" 스승은 자신은 알지 못한다고 말했으나, 그 여자가 끼어들었다. "들켰구나! 저는 그것이 얼마나 먼지를 압니다. 왜냐하면 제가 그 전체 거리를 떨어져 봤으니, 제가 당신에게 그것을 보여주는 것이 적절합니다!" 그런 다음 악마는 무서운 비명과 함께 지옥에 스스로를 던졌다. 그들이 순례자를 찾았으나 어디에도 없었다.

성 안드레아에 대해서도 매우 유사한 이야기가 전해지고 있다.

복된 암브로시오는 이 사도를 위해 썼던 〈서문경〉에서 그의 전설을 다음과 같이 요약한다.

"오, 그리스도님, 당신은 하나의 신성 안에서 당신의 삼위일체를 세상에 설교한 당신의 제자들에게 당신의 위엄을 보여주려고 경이롭게 고안해냈습니다! 그 설교자들 사이에서 당신의 인자한 예지력은 당신이 덕의 특별한 은사로 영예롭게 하였던 복된 바르톨로메오를 멀리 있는 사람들에게 인도하였고, 인간사에서처럼 그의 설교로 당신에게서 멀리 있는 사람들을 당신 가까이 데려오는 공로를 쌓을 만하였습니다. 이 훌륭한 사도는 어떤 찬미로 기념되어야 하겠습니까! 그에게는 주변 사람들의 마음에 믿음을 심어주는 것으로 충분하지 않았습니다. 마치 날개 달린 발로 인도 땅의 가장 멀리 있는 경계까지 꿰뚫고 있는 것처럼! 그는 헤아릴 수 없는 병자들의 인파와 함께 악마의 신전으로 갔고 그곳에서 악령이 치유하는 것을 막았습니다. 오, 이 사람의 덕에 대한 증거는 얼마나 놀라운가! 그는 긴 연설로 청중을 지치게 하는 적을 간단한 명령으로 침묵시켰습니다! 그는 악마가 들린 왕의 딸을 해방시키고 속박에서 풀어 그녀의 아버지에게 돌려주었습니다. 오, 인류의 옛 원수가 자신의 형상을 산산이 부수게 하였을 때, 그의 거룩함의 기적은 얼마나 숭고합니까! 천사가 하늘에서 내려와 그의 기적을 온전히 확증하게 한 자가 천상 군대에 얼마나 합당합니까! 천사는 사슬에 묶인 악령의 추한 기형을 모두에게 보여주고 주님의 구원의 십자가를 돌에 새겼습니다. 왕과 왕비는 12개 이웃 마을 사람들과 함께 세례를 받고 육체와 영혼이 우리 성부 하느님 당신을 따릅니다! 그리고 마침내 사도가 신전의 신관들에 의해 비난받을 때, 새 개종자인 폴레미오의 형제인 폭군은 믿음에 확고한 그를 붙들고 때리고, 살가죽을 벗기고 쓰라린 죽임을 당하게 했습니다. 그리고 죽음의 위험을 대담하게 마주한 사도는 영광스러운 싸움에 대한 승리로 하늘의 기쁨으로 들어갔습니다." 그렇게 암브로시오가 말했다.

아빠스이자 저명한 학자 성 테오도로는 이 성인에 대해 말한다. "하느님의 복된 사도인 바르톨로메오는 처음에 리카오니아(Lycaonia)에서, 후에는 인도에서, 그리고 마지막으로 대 아르메니아의 도시 알바나(Albana)에서 설교하였고, 그곳에서 산 채로 살가죽이 벗겨져 참수되었고, 그곳에 묻혔습니다. 내가 생각하기에 그가 설교하려고 보내질 때 주님에게서 다음의 말을 들었습니다. '가라, 나의 제자여, 가서 설교하여라, 나가서 싸워라, 너는 위험에 맞설 자격이 있다! 나는 나의 아버지의 일들을 성취하였다. 나는 첫 번째 증인이다. 이제 너는 여전히 필요한 것을 채우고, 너의 스승을 닮고, 너의 주님을 따라가고, 그의 피에 너의 피를 넣고, 살을 살로 바쳐라! 내가 너를 위해 고통받았고 짊어진 것을 경험하여라! 너의 무기는 노고(勞苦)에 대한 선의(善意)이고, 너에게 잘못하였던 사람들을 향한 관대함, 너를 스치고 지나가는 모든 것에 대한 인내이다.' 사도는 거부하지 않았습니다. 주인의 명령을 따르는 신앙심 두터운 종으로서 그는 기뻐하며 어둠을 몰아내는 세상의 빛으로, 활기 없는 이교도를 보호하는 세상의 소금으로, 영적으로 결실을 맺으려는 경작자로서 앞으로 나아갔습니다. 사도 베드로는 엄청난 놀라운 일을 하였습니다. 바르톨로메오는 강력한 기적을 수행하였습니다. 베드로는 머리를 아래로 십자가에 못 박혔고, 바르톨로메오는 산 채로 살가죽이 벗겨진 후 머리가 잘렸습니다. 베드로가 신비의 의미를 정확하게 이해한 것처럼, 바르톨로메오는 그 신비의 의미를 매우 깊이 꿰뚫을 수 있습니다. 그들 두 사람은 교회를 열매 맺게 하고, 하느님의 은총의 척도에서 동등하게 무게를 둡니다. 거룩한 수(數)인 열둘 (12)의 중앙에서 바르톨로메오는 자신을 앞선 사람들과 따라오는 사람들과 함께 강론함으로써, 마치 하프의 줄이 화음을 만드는 것처럼 일치하고 있습니다. 세상을 서로 나누는 모든 사도는 왕들의 왕의 목자가 되었습니다. 에율라 트(Ejulath)부터 가바오트(Gabaoth)까지 아르메니아는 바르톨로메오의 몫이고 상속분이었습니다. 혀를 쟁기처럼 영적인 토양을 경작하며 믿음의 말씀을 마음 깊은 곳에 숨기며 주님의 동산과 포도원을 심고 사람의 고통을 위해 치료하는 약을 이식하면서, 해로운 가시를 제거하는 그를 보십시오. 그는 신앙심이 없는 숲을 베어내고 건전한 교리의 울타리를 세웠습니다.

그러나 이 모든 봉사에 대해 사람들이 그에게 지급하기로 한 것은 무엇입니까? 영예에 대해서 불명예를, 축복에 대해 저주를, 선물에 대해 고통을, 평온한 삶에 대해 가장 호된 죽음을! 그는 견딜 수 없는 고문을 받은 후, 피부는 마치 가방을 만들려는 것처럼 벗겨졌습니다. 그가 이승을 떠난 후에도, 그는 여전히 자신의 살인자들을 돌보며, 기적으로 잃어버린 자들을 초대하고 놀라운 일로 그들에게 손짓하였다. 그러나 어떤 것도 그들의 짐승같은 마음을 억제하거나 악마로부터 그들을 끌어낼 수 없었습니다. 그들은 다음에 무엇을 합니까? 그들은 그의 거룩한 시신에 분노를 발산합니다. 병자들은 자신의 치유자를, 절름발이들은 자신을 이끌었던 사람을, 장님들은 자신의 안내자를, 난파된 사람들은 자신의 수로 안내인을, 죽은 사람들은 자신을 부활시키는 사람을 경멸합니다. 어떻게? 바다에 그의 거룩한 시신을 던짐으로써! 그런 다음 그의 관은 같은 취급을 받았던 4명의 다른 순교자들의 관과 함께 바다에 던져져 아르메니아의 해안에서 쫓겨났습니다. 그래서 이 네 사람이 사도를 위해 길을 안내하고 사도를 위해 봉사하면서 먼 거리까지, 시칠리아에서 가까운 리파리 섬에 왔습니다. 이것이 당시 그곳에 있었던 오스티아(Ostia)의 주교에게 알려졌습니다. 그렇게 해서 그 중요한 보물이 매우 가난한 사람에게, 이 대단히 귀중한 진주가 고귀함이 없는 사람에게, 이 가장 찬란하게 빛나는 빛이 어둠* 속에서 길을 잃었던 사람에게 왔습니다. 다른 4개의 관은 다

---

* 여기서 의미는 모호하다.

른 장소로 갔고, 리파리 섬에는 거룩한 사도가 남았습니다. 이미 언급된 4명의 순교자 중 파피노(Papinus)는 시칠리아에 있는 밀라초(Milazzo) 시로, 루치아노(Lucianus)는 메시나(Messina)로, 나머지 두 사람은 칼라브리아(Calabria) 지역으로(그레고리오(Grgory)는 콜론나(Colonna) 시(市)로, 아카시오(Achatius)는 칼레스(Cales) 시로) 보냈습니다, 그리고 이 도시들은 지금까지도 그들의 보호를 누리고 있습니다. 성 바르톨로메오의 시신은 찬미가와 찬양과 초로 환영을 받았고, 이를 수용하기 위해 장엄한 성전이 건축되었습니다. 섬 주민들에게 많은 피해를 준 화산이 불을 내뿜어 1마일 이상 뻗어나가 바다 주변에서 멈췄습니다. 그래서 오늘날 그 섬은 도망치는 불의 형상(形像)처럼 보입니다.

만세, 오 복된 분들 중에서도 복된, 삼중으로 복된 바르톨로메오여! 당신은 하느님의 빛의 광채, 거룩한 교회의 어부, 이성으로 숙련된 물고기를 잡는 사람, 활짝 핀 팔마나무의 달콤한 열매입니다! 당신은 범죄로 세상에 상처입힌 악마에게 상처를 입혔습니다! 기뻐하십시오, 온 땅을 밝히는 태양이고, 하느님의 입이고, 지혜를 말하는 불의 혀이고, 언제나 건강이 샘솟는 샘이여! 당신은 그 위를 건너감으로써 바다를 거룩하게 했고, 당신은 자신의 선혈(鮮血)로 땅을 자줏빛이 되게 한 후, 하늘로 올라갔습니다. 그곳에서 당신은 하늘의 군대 한가운데서 빛나고 흐트러지지 않는 영광의 광채 속에서 빛나십니다! 무궁무진한 행복의 즐거움 안에서 기뻐하소서!" 여기까지는 테오도로*의 말이다.

───── ···✦ **124** ✦··· ─────

성 아우구스티노**

아우구스티노(Augustinus, Augustine)는 높은 위엄과 사랑의 열정, 그 이름의 어원 때문에 붙여진 이름이다. 아우구스투스(Augustus) 황제가 모든 왕을 넘어 뛰어났던 것처럼, 아우구스티

---

* 독경자(讀經者) 테오도로(Theodorus Studita). 서기 826년 선종
** 이 장에 언급되는 《고백록》의 내용은, 성염 역주, 경세원, 2016에서 인용했다. – 역자 주

노는 모든 학자를 능가하였다는 레미지오(Remigius)의 말처럼, 그는 자신의 높은 신분에 의해 아우구스티노였다. 학자들은 "많은 사람을 정의로 이끈 이들은 별처럼 영원무궁히 빛나리라."(다니 12, 3)에서처럼 별에 비유된다. 그러나 아우구스티노는 그의 영예를 노래한 편지에서처럼 태양에 비유되며, "그곳을 비추었을 때 태양과 마찬가지로, 하느님의 성전에서 그는 빛난다."(집회 50, 7)*에서 그 이유가 분명해진다. 두 번째로, 그의 이름은 자기 사랑의 열정에 합당했다. 왜냐하면, 8월의 뜨거운 열기처럼 아우구스티노도 하느님의 사랑의 불로 뜨거웠다. 그는 《고백록》(Confessiones)에서 자신에 대해 "당신은 당신 사랑의 화살로 저의 심장을 뚫었습니다."라고 고백하고 있으며, 또한 "때때로 당신은 저의 가장 깊은 곳에 매우 익숙하지 않은 애정을 넣어 주십니다. 그런데 저는 달콤함이 무엇인지 알지 못합니다. 만일 그것이 제 안에서 완벽하게 만들어졌다면, 영원한 생명이 되지 않는 한 그것이 무엇이 될지 저는 알지 못합니다."라고 말한다.

세 번째로, 이름의 어원이다. 아우구스티노는 '나는 번성한다'의 아우제오(augeo), '도시'의 아스틴(astin), '위에'의 아나(ana)에서 유래되었다. 그러므로 아우구스티노는 '높은 곳에 있는 도시를 번성시키는 사람'이므로, 우리는 그에 대해 "그는 도시를 확장하기에 충분히 강력한 사람이다."(qui praevaluit amplificare civitatem)라고 노래한다. 이 도시에 대해서 그는 《신국론》(De Civitate Dei)의 제11권에서 말한다. "하느님의 도시에는 기원, 지식, 행복이 있습니다. 만일 누가 그 도시가 어디에서 왔는지 묻는다면, 하느님이 도시를 설립하였습니다. 만일 하느님의 도시의 지혜가 어디에서 오는지 묻는다면, 하느님에 의해 깨우쳐집니다. 만일 어디서 행복이 오는지 묻는다면, 하느님을 즐겁게 하는 것에서 옵니다. 행복은 하느님으로부터 생존과 척도가 있고, 그분을 관상하면 그분의 빛을 갖게 됩니다. 그분에게서 물려받은 기쁨을 소유합니다. 하느님의 도시는 보고 사랑하고, 하느님의 영원함에서 번창하고, 하느님의 진리 안에서 빛나고, 하느님의 선함 안에서 기쁨을 누렸습니다." 그리고 《주해집》에서는 "아우구스티노라는 이름은 '장대한, 행복한, 뛰어난'을 의미한다. 성인은 삶에서 장대했고, 가르침에서 뛰어났고, 영원한 영광 안에서 행복하다."라고 기록하고 있다.

카시오도로(Cassiodorus)의 《명인록》(De viris illustribus)에 의하면, 아우구스티노의 생애는 칼라마(Calama)의 주교 포시디오(Possidius)**에 의해 편집되었다.

---

* 집회 50, 7 : 아마도 성 아우구스티노의 축일을 위한 고대 미사에서 첫 번째 독서(그래서 "서한")에서
** 그는 라틴어 본문에서처럼 포시도니오(Possidonius)가 아니다.

저명한 학자 아우구스티노는 아프리카 속주(屬州)에 있는 도시 카르타고*에서 매우 존경받는 부부의 아들로 태어났다. 아버지는 파트리치우스(Patricius), 어머니는 모니카(Monica)였다. 그는 최고의 철학자이자 훌륭한 수사학자가 되려고 자유학예(自由學藝, artes liberales)를 열심히 공부했다. 혼자서 아리스토텔레스의 책들과 자유학예에 관한 책을 공부하고 이해했다. 그는 자신의 《고백록》에서 다음과 같이 증언한다. "그즈음 사악한 욕정의 노예가 되어 있었는데, 혼자서 그 서적들을 읽고, 제가 읽는 책마다 모두 이해한다 한들 무슨 소용이 있겠습니까?** 저는 당시 사악한 욕망의 노예였습니다. 말하는 능력이나 토론하는 기술, 도형(圖形)의 차원, 음악과 수학에 관한 무엇이든지 어려움 없이 스스로 터득했습니다. 저의 하느님, 당신도 아시거니와 저의 빠른 이해력과 예리한 분별력은 바로 당신께서 주신 선물입니다. 그럼에도 저는 이 선물에 대해 당신께 제사를 올리지 않았습니다. 그런 재능이 제게 유용하기보다는 해악으로 위세를 떨쳤습니다." 그는 그리스도는 환상이고 부활을 부정하는 마니교(Manichaeismus)에 빠져 청소년기의 9년 동안 그 오류를 고집했다. 하찮은 일에 대한 그의 애착은 잎이나 무화과를 꺾었을 때 무화과나무가 운다고 말할 정도였다.

그가 19세가 되었을 때, 한 철학자***의 책에서 세상의 허무함을 버리고 철학을 추구해야 한다고 읽었다. 그는 그 책을 아주 많이 좋아했으나 어머니로부터 배웠던 예수 그리스도의 이름이 나오지 않아 유감스럽게 생각했다. 그동안 어머니는 그를 위해 울었고 믿음의 진리로 그를 이끌려고 노력했다. 《고백록》 제3권의 기록에 의하면, 한번은 그녀는 환시를 보았다. 그녀는 나무판자 위에서 비탄에 빠져 있었고, 옆에 있던 한 젊은이가 왜 그리 슬퍼하냐고 물었다. 그녀: "제 아들을 잃어서 슬픕니다." 젊은이: "당신이 있는 곳에 그가 함께 있으니 안심하십시오." 그래서 그녀가 자세히 살펴보니 옆에 아들이 서 있었다. 어머니로부터 이 환시에 대해 들은 아우구스티노가 대답했다. "잘못 아셨습니다. 어머니, 당신이 잘못 아신 겁니다.! '내가 있는 곳에 네가 있다'

---

* 그는 카르타고가 주요 도시였던 아프리카의 로마 속주에 있는 타가스테(Tagaste)에서 태어났다.

** quoscumque legere potui(의심할 여지없이)는, '그에게 가능하였던 모든 것'을 의미한다.

*** 그레스(Graesse)에 따르면 550쪽에서 "다른 사람들은 '치체로'(Cicero)를 추가합니다."고 했다.

는 그의 말을 어머니께서 인용한 부분에 대해 그는 말하지 않았습니다." 그녀는 말했다. "아니다, 내 아들아, 그가 말한 것은 '아들이 있는 곳에 당신이 있을 것'이라고 한 게 아니라 '당신이 있는 곳에 아들이 있을 것'이라고 했다."* 아우구스티노가 《고백록》에서 증언하듯이, 어머니는 자신의 의견을 계속 피력했고, 한 주교에게 아들을 위해 중재해 주기를 끈질기게 부탁했다. 그런 주장에 감동한 주교의 대답은 예언적이었다. "확신을 가지십시오! 그렇게 많은 눈물 바람의 아들이 죽을 일은 없습니다!"

아우구스티노는 카르타고에서 수년 동안 수사학을 가르친 후에, 어머니에게 알리지 않고 로마로 떠났고, 그곳에서 많은 제자가 그를 따르며 모여들었다. 어머니는 함께 카르타고에 머물자고 설득하거나 같이 로마로 가려고 성문까지 따라갔지만, 그는 어머니의 주의를 다른 곳으로 돌려놓고 밤에 도망쳤다. 아침에 깨어 아들이 떠난 것을 알게 된 그녀는 울부짖음으로 하느님의 귀를 채웠다. 매일 아침저녁으로 성당으로 가서 아들을 위해 기도했다. 그때 밀라노 사람들**은 로마의 총독 심마쿠스(Symmachus)에게 수사학 교사 한 사람을 보내 달라고 호소했다. 당시 로마의 주교는 하느님의 사람 암브로시오(Ambrosius)였다. 사람들의 요청에 대한 응답으로 아우구스티노가 밀라노로 보내졌다. 그러나 그의 어머니는 안심되지 않았고, 모든 어려움을 헤치고 아들을 만나러 밀라노로 갔다. 그런데 아들은 마니교도도 아니고 진정한 가톨릭 신자도 아니었다. 아우구스티노는 암브로시오의 설교를 자주 들으며 따르기 시작했다. 그는 마니교도들의 이단에 반대하거나 대항하는 말 또는 찬성하는 말을 듣기를 기다리면서, 그 주교의 강론에 주의를 기울였다. 암브로시오가 이단의 오류에 대해 장황하게 말하면서 분명한 이유와 정통한 논리로 논박하였을 때, 아우구스티노의 마음에서 마니교는 완전히 사라졌다. 아우구스티노는 이 일이 있은 후에 어떤 일이 일어났는지 자신의 《고백록》에서 이렇게 말한다. "제가 당신을 처음 알았을 때 … 당신께서는 제 안에 세찬 빛을 쏘시어 저의 허약한 시력에 타격을 주셨고, 저는 사랑과 두려움에 몸을 떨었습니

---

* 모니카의 대답은 명백한 모순을 포함하여 그레스의 본문에 있는 그대로 정확하게 번역되었다. 《고백록》 제3권 11 참조.
** 그레스에는 '아테네 사람'(Athenienses)이 있는데, 이는 옳을 수가 없다.

다. 저는 제가 당신께로부터 멀리 떨어져 그야말로 '비유사성의 영역'(in regione dissimilitudinis)에 존재하고 있음을 발견했습니다. 그리고 까마득히 높은 데서 당신의 이런 음성이 들리는 듯했습니다. '나는 성숙한 사람들의 음식이로다. 자라거라! 그러면 나를 먹게 되리라. 네 육신의 음식을 삭이듯이 네가 나를 네 속에서 변화시킬 것이나 네가 내 속에서 변화되리라.'"

그리스도의 길은 그를 기쁘게 하였지만, 심플리치아노(Simplicianus)에게 가기까지 주저했다. 심플리치아노는 주님의 빛, 즉 신의 은총이 비치는 사람이었다. 그에게 하느님의 길을 가기 위한 적절한 삶의 방식에 대한 걱정을 털어놓을 수 있었는데, 어떤 사람들은 이 길로 가고 또 다른 사람들은 저 길로 갔다. 이제 그가 세상에서 하는 일은 하느님의 감미로움과 아름다운 하느님의 집에 비하면 어떤 기쁨도 주지 않았다. 심플리치아노는 그에게 권고했다. "매우 많은 소년소녀들이 주님의 교회에서 하느님께 봉사하는데, … 저 사내들도 해내고 저 아낙들도 해낸 일을 너는 못한다는 것이냐? 저 사내 저 아낙들이 스스로의 힘으로 해낸다고 생각하느냐? 자기네 하느님이신 주님 안에서 해내는 것이 아니더냐? … 어째서 너는 스스로 감당하겠다면서 감당을 못하느냐? 그분께 너 자신을 던져라! … 그분은 너를 안아 고쳐 주실 것이다!"

그들이 대화하는 중에 빅토리노(Victorinus)에 대한 기억이 떠올랐다. 심플리치아노는 기뻐하며 이교도였던 빅토리노가 어떻게 로마로 왔는지, 어떻게 광장에 동상이 세워질 만큼의 영예를 얻었는지, 어떻게 그리스도인이라고 주장했는지 들려주었다. 심플리치아노가 빅토리노에게 "나는 성당에서 당신을 보지 않는 한 당신을 믿지 않을 것입니다!"라고 말했을 때, 그는 농담으로 "그러니까 그리스도인으로 만드는 게 성당이란 말인가?"라고 대답했다. 그는 마침내 성당에 들어왔고, 그가 부끄러워하지 않게 몰래 책 하나를 주었다. 신경(Credo)이나 믿음의 상징을 담고 있는 책을 읽고 선언할 수 있도록 주는 관례가 있었다. 그가 단상에 올라가 높은 목소리로 자신의 믿음을 암송하는 동안 모든 로마인이 놀랐고 교회가 기뻐하였으며, 회중은 소리쳤다. "빅토리노! 빅토리노!" 환호하던 사람들은 그의 연설을 듣기 위해 갑자기 조용해졌다.

이때 아프리카에서 돌아온 아우구스티노의 친구 폰티치아노(Ponticianus)*는 얼마 전 콘스탄티우스 황제** 통치 하에서 죽은 대(大) 안토니오(Antonius)의 생애와 기적들에 대해 말했다. 이 위대한 사람의 모범에 매우 감동한 아우구스티노는 마음이 혼란스럽고 표정을 감추지 못한 채 알리피오(Alypius)에게 달려가 큰 소리로 외쳤다. "이제 우리가 이것을 들었습니다! 우리가 무엇을 기다리고 있습니까? 배우지 못한 사람들이 들고일어나 하늘을 빼앗아가는 마당에 … 우리가 우리의 학문을 끌어안고 지옥으로 떨어지고 있습니다! 저들이 앞섰다고 해서 뒤따라가기가 부끄럽다면서, 아예 따라가지도 않은 일은 부끄럽지도 않단 말입니까?"

그의 《고백록》에 의하면, 슬픔을 가누지 못한 그는 정원으로 뛰쳐나가 무화과나무 아래에 엎드려 흐느껴 울면서 큰소리로 한탄했다. "언제까지, 언제까지, 내일 또 내일입니까? '바로 지금'이 아니고, 언제까지 '잠시만'을 고수해야 합니까?" 그의 '지금'은 끝이 없었고, '잠시만'은 계속되었다. 그는 같은 책에서 더 자세히 썼던 것처럼, 미루고 있는 자신을 책망했다. "아, 슬프도다. 제게는 당신께서 저 드높은 것들 가운데서 얼마나 드높으시고 저 심원한 것들 가운데서 얼마나 심원하신지 모릅니다. 또 당신께서는 저희를 떠나신 적이 결코 없건만 저희가 당신께 돌아가기는 이토록 힘듭니다! 주님, 어서 하십시오! 몰아세우십시오! 저희를 불러 주십시오! 저희를 위해 오시고 저희를 잡으시고 당신의 향기와 달콤함으로 저희를 끌어당기십시오! 저는 장애물에 방해받을까 봐 두려워했던 만큼, 제가 가는 길에 놓인 모든 방해물이 없어지는 것이 오히려 두려웠습니다. 늦게야 당신을 사랑했습니다! 이토록 오래되고 새로운 아름다움이시여, 늦게야 당신을 사랑했습니다! 당신께서는 제 안에 계셨으나 저는 밖에서 당신을 찾고 있었고, 당신께서 만드신 아름다운 것들 속에 제가 추루하게 들어갔습니다. 당신은 저와 함께 계셨건만 저는 당신과 함께 하지 않았습니다. 당신 안이 아니라면 아예 존재조차 하지 못했을 것들이 저를 당신에게서 멀리 떨어뜨려 놓았습니다. 당신께서 저를 부르시고 소리치시고 제 어두운 귀를 열어주셨고, 당신께서 비추시고 밝히시어 제 맹목(盲目)을 몰아내셨으며, 당신께서 향기를 뿜으시어 저는 숨을 깊이 들이켰습니

---

* 라틴어본은 Pontianus로, 영어본은 Pontitianus로 되어 있으나, 밀라노에서 황제 근위대에 근무했던 Ponticianus가 맞다. – 역자주

** 콘스탄티우스 2세(재위 337∼361). 안토니오는 356년에 선종했다.

다. 당신이 그리워 숨 가쁘고, 맛보고 나니까 주리고 목이 마르며, 당신께서 저를 만져주시고 나니까 당신의 평화가 그리워 불타올랐습니다." 그가 매우 슬프게 울 때, 한 음성을 들었다. "집어라, 읽어라! 집어라, 읽어라!" 그는 급히 사도의 책을 펼쳤고, 그의 눈은 먼저 "주 예수 그리스도를 입으십시오. 그리고 욕망에 빠져 육신을 돌보지 마시오."(로마 13, 14)라는 장(章)에 쏠렸다. 그리고 즉시 모든 의심의 그림자가 날아갔다.

한편 그는 매우 심각한 치통을 앓았다. '영혼의 최고선(最高善)은 지혜 안에 있고, 육체의 최고선은 아무런 통증도 느끼지 않는 것에 있다.'라는 철학자 코르넬리오(Cornelius)의 의견에 동의할 준비가 되어 있었으나 치통이 너무 심해 말을 할 수 없었다. 《고백록》에 기록한 것처럼, 주님이 이 고통을 누그러뜨리게 해달라고 자신을 위해 기도해 달라고 모두에게 요청하면서 밀랍판에 글을 썼다. 그래서 모든 사람이 무릎 꿇고 기도했고, 고통은 즉시 가라앉았다.

그는 성 암브로시오에게 편지를 써서 그리스도인이 되고 싶다는 소망을 전하고 더 철저하게 준비하기 위해 읽어야 할 성경의 책을 알려달라고 요청했다. 암브로시오는 가장 적합한 책으로 이사야 예언서를 추천했다. 이사야 예언자가 복음과 이방인들의 부르심을 예언했기 때문이다. 아우구스티노는 이 책의 첫 번째 장을 읽었지만 이해할 수 없어서 나중에 성경에 대해 좀 더 배웠을 때 읽으려고 제쳐놓았다. 부활 시기가 왔을 때, 어머니의 공로와 암브로시오의 설교가 결실을 맺었고, 당시 30세였던* 아우구스티노는 친구 알리피오와 자신이 이방인이고 철학자였을 때인 젊은 시절에 얻었던 똑똑한 아들 아데오다토(Adeodatus)와 함께 거룩한 세례를 받았다. 그런 다음 암브로시오는 "찬미하나이다. 주 하느님"(Te Deum laudamus)을 노래하였고, 아우구스티노는 "주님을 찬미하나이다."(Te Dominum confitemur)**로 응답했다. 그리고 호노리오(Honorius)가 저서 《교회의 거울》(Speculum Ecclesiae)에서 증언하듯이, 그들은 즉석에서 번갈아 찬미가를 부르며 끝까지 작곡했다. 그러나 일부 책들에서는 이 노래의 고대 제목은 《암브로시오와 아우구스티노에 의해 작곡된 성가》

* 실제로는 33세.
** 사은찬미가(謝恩 讚美歌, Te Deum)의 시작 구절

(canticum ab Ambrosio et Augustino compliatum)였다고 전한다.

이제 가톨릭 신앙 안에서 경이로움을 확인한 아우구스티노는 세속적인 모든 희망을 포기하고 자신이 관리하던 학교들을 떠났다. 그는 《고백록》에서 그 후 자신이 누렸던 하느님의 사랑이 얼마나 감미로웠는지 말한다. "당신께서는 당신 사랑으로 제 심장에 화살을 쏘셨고, 당신 말씀은 제 영혼 깊숙이 박혔습니다. 또 당신 종들의 모범이야말로 제 생각 깊숙이 파고들어 와서 저를 닦달할 뿐만 아니라, 혹시라도 저 밑바닥으로 떨어지는 일이 없게끔 저희 눈꺼풀에서 무거운 졸음을 아예 앗아가 버렸습니다. … 통곡의 골짜기에서 올라가면서 층계송을 부르던 저에게 당신께서는 간사한 혓바닥에 대항할 날카로운 화살과 타오르는 숯불을 주셨던 까닭입니다. … 그즈음에는 인류의 구원을 위한 당신의 심오한 계획을 숙고하면 그 놀라운 감미로움을 감당하지 못하던 중이었습니다. 당신 교회에 감미롭게 울려 퍼지는 당신의 시편과 찬미가에 얼마나 눈물을 흘렸는지 모르며, 그 노랫소리에 얼마나 깊이 감동했는지 모릅니다. 그 소리는 제 귀에 스며들고 있었고, 진리는 저의 마음에 배어들었으며, 신심의 열기가 타오르는데 눈물은 흐르고 흘러 마냥 흐뭇하기만 했습니다. … 그 성가들이 밀라노 성당에서 작곡되던 때였습니다. … 그리고 당신이야말로 '그 자체이신 분'이시고 변하지 않는 분이시니 당신 안에는 모든 수고를 잊게 하는 안식이 있습니다. 당신과 더불어 다른 누가 존재하지도 않는 까닭이고, 저희가 당신이라는 존재 외의 것들을 더 많이 탐할 이유도 없는 까닭입니다. '주님, 당신이 유독 저를 희망으로 든든히 세워주신 까닭입니다.'(시편 4, 9) 정작 저는 이 구절*을 읽고 마음이 불타지만 이미 죽어 귀가 닫힌 이들에게 무엇을 해주어야 할지 몰랐습니다. 저도 한때 저 사람들 가운데 하나였고, 염병할 놈이었고, 천상의 꿀로 단맛이 날 정도로 당신 빛으로 환하던 말씀들을 향해 눈 감고 짖어대던 놈이었습니다. 그러던 제가 그즈음에는 이 성경의 적들을 두고 애태우는 처지가 되어 있었습니다. … 그리스도 예수님, 소중해서 집착하던 것들을 이제 기쁨으로 내려놓으며, 잃을까 봐 두려워했던 것들을 버리는 일이 제게 기쁨이 되었습니다. 그것들을 저한테서 몰아내고

* 《층계송집》(Gradual Canticle)처럼 위에 언급하였던 것인 시편 120장.

계셨습니다. 참스럽고 지고하신 감미로움이시여, 그것들을 몰아내고 계셨고 대신에 당신께서 들어오시는 중이었습니다. 어떤 쾌락보다 감미로우시지만 혈과 육에 속한 것이 아니라 영혼 깊숙한 곳에서 나오는 것이었습니다. 당신께서는 모든 빛보다 드맑으시며, 모든 내밀(內密)보다 그윽하시고, 모든 영예보다 숭고하시지만 스스로 숭고한 척하는 자들에게는 안 그러십니다."

이후에 그는 네브로디오(Nebrodius)와 에보디오(Evodius), 사랑하는 어머니와 함께 아프리카로 떠났지만, 티베르 강에 있는 오스티아(Ostia)에 머무는 동안 어머니가 선종하였다. 그 후 아우구스티노는 아프리카에 있는 자신의 영지로 돌아가, 함께 머물렀던 사람들과 단식하고 하느님에게 기도하면서 자신을 봉헌하고, 책을 집필하고 사람들을 가르쳤다. 그의 명성은 널리 퍼졌고, 책뿐만 아니라 생활 방식에서도 존경받았다. 그는 주교가 없는 도시를 방문하지 않도록 조심하였는데, 혹시라도 그 직책을 강제로 떠맡을지도 모른다는 두려움 때문이었다. 이때 히포(Hippo)에 매우 부유한 사람이 있었다. 만일 아우구스티노가 와서 말씀을 설교해 준다면 자신이 세상을 포기할지도 모른다는 전갈을 보냈다. 이에 서둘러 히포로 갔다. 아우구스티노의 명성을 이미 알고 있던 도시의 주교 발레리오(Valerius)는 그의 단호한 저항에도 불구하고 사제로 서품했다. 아우구스티노의 마음 내켜 하지 않는 모습과 눈물을 자존심이 상해서라고 여긴 사람들은 비록 그에게 상응할 만한 사제의 위치는 아니지만 주교직을 향한 첫걸음이라고 위로의 말을 했다. 아우구스티노는 즉시 성직자를 위한 수도승원을 설립하고 거룩한 사도들이 작성한 규칙에 따라 살기 시작했다. 이 수도승원에서 약 10명의 주교가 선출되었다. 발레리오 주교는 그리스인이어서 라틴어와 라틴어 문학에 익숙하지 않아 아우구스티노에게 성당에서 자신 앞에서 설교하도록 위임했다. 이는 동방 교회의 관례에 위반되는 일이었다. 많은 주교가 이에 항의했지만, 발레리오는 자신이 직접 할 수 없는 일을 아우구스티노를 통해 하는 것에 대해 조금도 개의치 않았다.

이 시기에 아우구스티노는 마니교 사제인 포르투나투스(Fortunatus)와 다른 이단들, 특히 배교한 가톨릭 신자들의 재세례를 고집하는 도나투스주의자들(Donatistae)과 마니교 신자들을 반대하며 논박했다. 그리고 그들의 영향력을 완전히 무효화했다. 발레리오는 다른 도시에서 아우구스티노를 데려가 주교로 임명할까 봐 두려워했다. 그래서 발레리오는 자신의 주교직을 사임하고 아우구스티노가 히포 교회의 주교로 승품해주기를 카르타고의 대주교에게 요청했다. 아우구스티노는 이 제안을 거듭거듭 거부했지만, 결국 압력과 탄원에 굴복하여 주교직을 맡게 되었다. 그러나 발레리오가 살아있는 동안 그가 실제로 주교직을 행한 것은 아니었다. 전 주교가 살아있는 동안은 새 주교의 직무가 공의회의 교령에 의해 금지된 것을 서품 후에야 알았다. 그는 크게 한탄했고 이런 일이 다른 사람에게 일어나기를 원하지 않는 마음에서 이 사실을 말하고 기록했다. 또한 곧 서품될 사제들이 교부들의 법령을 완전히 인지하도록 하는 법을 제정하도록 공의회에서 주교들을 설득하는 데 최선을 다했다. 나중에 그는 스스로 말했다. "비록 제가 노를 저을 자격이 없을 때에도 주님은 결코 화내지 않고 저를 교회를 다스리는 지도자로 두셨습니다."

그의 옷과 신발, 제의는 세련되지도 초라하지도 않았으며 수수하고 적합했다. 우리는 그가 자신에 대해 말한 것을 읽는다. "저는 값비싼 옷을 입을 때 창피했다는 것을 인정합니다. 그래서 새 옷을 모두 나눠 입을 수는 없지만, 그 옷을 판 돈으로는 모두에게 나누어 줄 수 있으니, 만일 나에게 새 옷이 생긴다면 그 옷을 팔았을 것입니다." 그의 식탁은 검소했으나, 약용식물들과 채소와 함께 병자들과 다른 손님들을 위한 고기가 있었다. 그는 식탁에서 잔치를 벌이는 것보다 독서나 좋은 말을 하는 것을 더 좋아했고, 악의적인 소문에 맞서 식탁 위에 다음의 운문을 새겼다.

자리에 함께 있지 않는 사람을 즐겨 헐뜯는 사람은
이 식사를 함께 할 자격이 없음을 알아들을 것이다.*

실제로, 한번은 그의 일부 동료 주교들과 가까운 친구들이 경멸적인 말을 했고, 그는 그들이 그만두지 않으면 적힌 글을 지우거나 식탁을 떠나겠다고 거친 말을 했다. 또 한번은 그가 이 친구들을 식사에 초대했을 때, 더 호기심이 많은 한 사람이 부엌으로 들어가서 차가운 음식만 있는 것을 발견했다. 그

---

* Quisquis amat dictis absentum rodere vitam / Hanc mensam indignam noverit esse sibi.

사람은 아우구스티노에게 돌아와서 저녁 식사를 위해 어떤 요리를 주문했는지 물었다. 음식 같은 것에 대해 호기심이 없던 아우구스티노가 대답했다. "저는 당신보다도 아는 것이 없습니다!"

그는 성 암브로시오에게서 세 가지를 배웠다고 말한다. 첫 번째, 두 여인 중 한 여자에게만 다정하게 대하지 않는다. 두 번째, 군인이 되기를 원하는 사람에게 결코 용기를 북돋우지 않는다. 세 번째, 저녁 만찬 초대를 수락하지 않는다. 첫 번째에 대한 이유는 두 사람이 서로 어울리지 못하고 다툼이 생길 수 있기 때문이다. 두 번째는 군인들은 중상을 입기 쉬운데 사람들이 그에게 책임을 돌릴 수 있기 때문이다. 세 번째는 그가 아마도 절제의 한계를 넘어설 수도 있기 때문이다.

그런 그의 순수함과 겸손은 자신의 《고백록》에서 매우 하찮고 경미한 죄에 대해서도 고백하고 하느님에게 자신을 고발한다. 예를 들어, 어린 시절 학교에 있어야 할 시간에 공놀이를 한 것, 부모나 가정 교사가 시키지 않으면 스스로 책을 읽거나 공부하려 하지 않은 것, 젊었을 때 에네아스(Aeneas)의 이야기와 같은 시인들의 우화를 즐겨 읽은 것, 디도(Dido)가 사랑 때문에 죽었을 때 그를 위해 눈물을 흘린 것, 친구들에게 주려고 부모의 식료품 저장실이나 식탁에서 무언가를 훔친 것, 게임에서 이기려고 속인 것들에 대해 고백했다. 16세였을 때 포도밭 근처에 있는 나무에서 배를 훔친 것에 대해 자기 자신을 고발한다. 그는 때때로 식사를 할 때 느꼈던 약간의 기쁨을 고백한다. "주님, 마치 약을 먹듯이 음식을 들라는 이 말은 당신께서 제게 가르치셨습니다. 하지만 배고픈 상태에서 포만이라는 안도감으로 옮겨가는 바로 그 순간에 욕망이라는 올가미가 저를 덮칩니다. 건강을 위해 먹고 마셔야 하는데 그 순간 먹는 자체가 일종의 쾌락이며, 쾌락 그 자체를 위해 먹으려 합니다. … 술 마시고 취하는 일은 저와 거리가 멉니다만 앞으로도 제게 가까이 오지 못하게 당신께서 자비를 베풀어 주십시오. 과식은 적잖게 당신 종을 덮치곤 하였으니 저에게서 멀어지도록 자비를 베풀어 주십시오. … 그리고 주님, 필요의 한계를 어느 정도 넘어서 끌려가지 않는 사람이 누구입니까? 그런 사람이 있다면 그는 대단한 인물이고, 당신의 이름을 찬미해 마땅합니다. 저는 그런 사람이 못 됩니다. 죄 많은 사람이기 때문입니다."라고 말한다.

그는 자신이 향수를 너무 좋아하는 것 같다고 생각하며 다음과 같이 말했다. "저는 향기의 매력에 지나치게 몰두하지는 않습니다. 있으면 굳이 마다하지 않으며 없다 하더라도 그만이라는 마음입니다. 저는 그렇게 생각합니다만 제가 스스로 속는지도 모르겠습니다. … 인생 전체가 시험이라고 이름 붙여진 마당에 누구도 이승의 삶에서 설령 더 못한 사람에서 더 나은 사람이 될 수 있었다고 해서 더 나은 인간에서 더 못한 인간으로 되지 않으리라 안심해서는 안 될 것입니다" 그는 청각에 대해 고백한다. "귀의 즐거움은 저를 더욱 강하게 끌어당겨 옴짝달싹 못하게 만들어 놓았는데 당신께서는 저를 자유롭게 해주셨습니다. … 가사보다는 부르는 곡조가 저를 더 감동시킨다는 점에서 벌 받을 만한 죄를 짓고 있다고 자백하며, 그럴 때는 차라리 노래를 안 듣는게 낫다는 생각을 하기도 합니다." 또한, 시각과 관련하여 자신을 고백한다. 예를 들어, 달리는 개를 지켜볼 때 너무 큰 기쁨을 갖는 것, 들판을 걸을 때 사냥꾼이 사냥하는 광경을 보며 즐거워하는 것, 거미들이 파리를 거미줄에 가두는 것을 보며 집에서 너무 많은 시간을 보내는 것이다. 그는 이런 잘못을 주님 앞에서 고백하고, 그것들이 자신의 묵상과 기도를 방해했다고 말한다.

그는 칭찬에 대한 욕구와 허영심에 이끌렸음을 고발한다. "당신께서 꾸짖으시는데도 사람들에게 칭송받고 싶어 하는 자가 있다면, 당신께서 심판하실 때에 변호를 받지 못할 것이며, 당신께서 단죄하실 때에 모면하지 못할 것입니다. … 저런 사람은 당신이 그에게 주신 은사 덕분에 칭찬을 받고 있지만, 그는 자기가 은사를 갖고 있다는 사실을 즐거워하기보다는 칭찬받는다는 사실에 기뻐합니다. … 저희는 날마다 이런 시험으로 끊임없이 유혹당하고 있습니다. 저희가 매일 겪는 가마[竈, 기와 굽는 가마], 그것은 사람의 혀입니다. … 다만 저는 저의 어떤 선업에 대한 기쁨을 더 키우기 위해 타인의 입에서 나오는 지지를 바라지 않습니다. 하지만 고백하거나 타인의 지지는 기쁨을 증대시키며, 비난은 기쁨을 감소시킵니다. … 또 제게 오는 칭송에도 서글퍼지는 경우가 있습니다. 마음에 들지 않는 행동이 오히려 칭송을 받는다거나, 소소하고 하찮은 선을 행한 것이 그 이상으로 칭송을 받으면 슬퍼집니다."

그 거룩한 사람이 이단들을 가차 없이 진압하자, 그들은 아우구스티노를 죽이는 것은 늑대를 죽이는 것처럼 죄가 아니라고 공개적으로 선언하며 이 죄는 하느님이 용서해 주실 것이라고 덧붙였다. 그는 자신에 대한 많은 음모와 계략을 참아내야 했다. 예를 들어, 이단자들은 그가 지나는 길에 매복했지만, 하느님의 섭리로 길을 잘못 들어서 그를 찾지 못하기도 했다.

그는 항상 가난한 동료를 염두에 두었고 무언가 소유하게 되면 후하게 나눠 주었다. 때때로 가난한 사람들과 포로들을 위해, 또는 어려움에 처한 사람들에게 나눠주기 위해 전례에서 사용하는 그릇을 부수고 녹였다. 그는 자신을 위해 집이나 들판, 별장을 사는 것을 원하지 않았다. 그는 자신에게 남겨진 많은 유산을 거부하면서 자신보다는 고인의 친척과 자녀들 것이라고 말했다. 그는 재산에 애착이나 관심을 두지 않고 오히려 성당 명의로 하고, 밤낮없이 성경과 하느님에 대한 생각으로 가득 차 있었다. 그는 물질적인 것에 관심이 없었고, 물질적인 걱정에서 벗어나 끊임없는 묵상과 근면 성실한 독서에 전념했다. 그렇지만 새 건물 짓기를 원하는 사람의 계획이 너무 야심적이지만 않으면 딱히 제지하지는 않았다.

아우구스티노는 죽음을 갈망하는 사람들에게 높은 찬사를 했고, 이와 관련하여 세 명의 주교의 모범을 자주 인용했다. 암브로시오는 죽음이 임박했을 때 수명 연장을 위해 기도하라고 요청받자 이렇게 대답했다. "저는 당신들 사이에서 살려고 부끄럽게 삶을 연장하고 싶지 않습니다. 주님은 선하시기 때문에 저는 여러분과 함께 사는 것이 부끄러울 정도로 살지 않았고 죽음을 두려워하지도 않았습니다." 그는 또 다른 주교에 대해 이야기하였는데, 주교는 교회가 자신을 절실하게 필요로 하므로 주님이 교회와 함께 자신이 머물도록 해야 한다는 말을 들었을 때 이렇게 말했다. "만일 제가 결코 죽지 않는다면 좋은 일이겠지만, 언젠가 죽게 된다면, 왜 지금은 안 됩니까?" 또한, 아우구스티노는 성 치프리아노가 다른 주교에 대해 말한 것을 들려준다. 그 주교는 중병으로 고통받고 있을 때, 건강을 되찾도록 해 달라고 기도했다. 한 잘생긴 젊은이가 분노로 떨면서 나타나서 말했다. "당신은 고통받는 것이 두렵습니까? 당신은 죽음이 내키지 않습니까! 그렇다면 내가 당신에게 어떻게 하면 좋겠습니까?"

성인은 누이나 조카라 할지라도, 그들 모두 하느님을 섬겼음에도 불구하고 집에 여인을 두지 않았다. 그의 추론은 누이나 조카에 대해 의심하지는 않았지만, 남자들이 그들을 방문하러 올 수 있고, 그들 중 나약한 사람이 유혹으로 혼란에 빠지거나, 남자들의 흑심에 찬 수상쩍은 행동으로 부끄러운 일을 당할 수 있다는 것이다. 그는 비밀이 보장되지 않는 한, 결코 여자와 단 둘이서 이야기하려고 하지 않았다.

그는 친척에게 잘해주었는데, 그들을 부자로 만들기 위해서가 아니라 그들의 필요한 것을 공급하는 정도거나 부담을 덜어주는 정도였다. 그는 친구들에게 좀처럼 호의를 베풀지 않았다. 또한, 자신의 명성을 고려하여 "권력은 무거운 부담을 요구한다."라는 어느 철학자의 말을 염두에 두고 서면이나 구두로 누군가를 위해 중재하거나 청을 들어주지 않았다. 그가 누군가를 위해 중재할 때는 부담을 주지 않고 호의를 받을 가치가 있도록 방식을 조정했다. 그는 친구들보다는 모르는 사람들의 갈등 해결을 선호했다. 왜냐하면 낯선 사람에게는 죄를 지은 사람을 자유롭게 지목하고 정의로운 판단을 내린 사람을 친구로 만들 수 있었지만, 친구 사이에서는 그중 한 명, 즉 그가 반대해야 할 사람을 잃게 되기 때문이다.

그는 여러 성당에 초대받아 설교하면서 많은 사람을 오류에서 회개시켰다. 때때로 강론 주제에서 벗어나곤 했는데, 이는 하느님이 일부 특별한 사람들의 구원을 진척시키려고 자신에게 명령한 것이라고 했다. 이것은 아우구스티노의 설교를 듣고 있던 마니교 신자인 상인에게서 일어났다. 하느님의 사람은 강론 주제에서 벗어나 이단에 대해 반대 설교를 했고 상인은 개종했다.

이 시기에 고트족이 로마를 약탈했고, 그리스도인들은 이 우상 숭배자들과 신앙심이 없는 자들로부터 많은 고통을 받았다. 이 일이 아우구스티노에게 《신국론》(De civitate Dei)이란 책을 쓰도록 자극했다. 그 책에서 신앙심이 없는 자들이 번성하는 동안 의인은 이 세상에서 억압을 당할 수밖에 없음을 보여주었다. 이 책은 예루살렘과 바빌론이라는 두 도시, 예루살렘의 왕은 그리스도, 바빌론의 왕인 악마에 대해 다룬다. 아우구스티노는 두 사랑이 두 도시를 세웠다고 말한다. 악마의 도시는 하느님을 멸시하고 악마에 대한 사랑이 자라서 도시를 세웠고, 하느님의 도시는 악마를 부인하고 하느님에 대한 사랑이 자라서 도시가 세워졌다.

그 당시, 즉 서기 440년에 반달족이 성별, 지위, 연령을 막론한 모든 것을 유린하면서 아프리카의 속주를 점령했다. 그들은 히포에 도착하여 강력한 무력으로 도시를 포위했다. 노령의 아우구스티노는 이러한 시련 속에서 다른 사람보다 더 쓰라리고 애절한 삶을 살았다. 죽임을 당한 사람들, 도망치는 이들, 사제를 빼앗긴 성당들, 파괴된 도시들, 뿔뿔이 흩어지는 주민들을 보면서 밤낮으로 흘러내리는 그의 눈물은 그의 빵이 되었다. 이러한 불행의 한가운데서 그는 어느 현자의 한 문장으로 자신을 위로했다. "쏟아지는 막대기와 돌을, 사람이 죽는 것을 위대하다고 생각하는 사람은 위대한 사람이 못 된다." 그는 수도승들에게 말했다. "나는 주님에게 이러한 위험에서 우리를 구해 주시거나, 위험들을 버틸 인내심을 주시거나, 내가 그토록 많은 참상을 목격하지 않도록 나의 생명을 받아달라고 간구했습니다."

그는 세 번째 청원을 응답받았다. 포위된 지 3개월이 되었을 때, 열병에 걸려 침대에 누웠다. 육신의 소멸이 임박하였음을 깨달은 그는 7개의 참회 시편을 써서 침대 맞은편 벽에 걸고, 침대에 누워서 읽으며 끊임없이 엄청나게 울었다. 그는 하느님에게 좀 더 주저 없이 자신을 바치기 위해 주의가 산만해지지 않도록 죽음 10일 전부터 의사나 음식을 가지고 올 때 외에는 아무도 들어오지 말라고 명령했다. 그러나 한 병자가 들어와 자신의 질환을 치유해달라고 간청했다. 아우구스티노는 대답했다. "나의 아들아, 무슨 말을 하는 겁니까? 지금 내 병도 고치지 못하는데 어떻게 당신 병을 고치겠습니까?" 그럼에도 불구하고 병자는 환시를 통해 성인에게 가서 건강을 되찾으라는 명령을 받았다고 주장했다. 그 사람의 믿음을 본 아우구스티노는 그를 위해 기도했고 그는 완쾌되었다.

그는 악마에게 사로잡힌 많은 사람을 치유했고, 위대한 기적을 많이 행했다. 아우구스티노는 《신국론》 제22권에서, 자신이 이룬 두 기적을 마치 다른 사람이 이룬 것처럼 언급한다. "제가 알기로 히포에 사는 젊은 여자가 자신을 위해 기도해 주던 사제에게 갔습니다. 사제가 자신의 눈물을 흘리게 한 기름을 그녀에게 도유(塗油)했더니 순식간에 악마에게서 해방된 것을 압니다." 또한 "나는 그를 본 적이 없지만, 젊은 여자를 위해 기도한 주교를 알고, 젊은 여자는 즉시 악마에게서 해방되었습니다." 아우구스티노가 자신에 대하여 말하고 있음을 의심할 여지가 없지만, 겸손한 그는 자신의 이름을 사용하지 않았다.

그는 《신국론》에서 칼에 찔려 수술을 앞둔 사람이 수술 중에 잘못될까 몹시 두려워했다고 말한다. 병자는 많이 울면서 하느님께 기도했고, 아우구스티노도 함께 기도했다. 그 사람은 절개(切開) 없이 건강을 회복했다.

마침내 그의 끝이 가까웠을 때, 그는 잊지 말고 꼭 기억되어야 할 규칙, 즉 공로가 아무리 높을지라도 고해와 영성체 없이 죽어서는 안 된다는 것을 가르쳤다. 생애 77년 동안 40년을 주교직에 있으면서 모든 지체가 건강했고, 시력과 청력에 손상을 받지 않았던 아우구스티노는 마지막 시간이 되자, 수도승들에 둘러싸여 기도하면서 주님께로 이주했다. 그는 그리스도의 가난한 사람으로서 유산으로 남길 아무것도 없었기에 유언을 남기거나 유언장을 만들지 않았다. 그는 서기 400년경*에 활약했다.

이렇게 지혜의 빛나는 빛, 진리의 성채(城砦)이고 믿음의 성벽인 아우구스티노는 타고난 재능과 지식에서 교회의 모든 학자와 비교가 안 될 정도였으며 덕행의 모범과 풍부한 가르침으로 탁월했다. 성 레미지오(Remigius)는 이런 이유로 예로니모와 몇몇 다른 학자들을 기억하면서 다음과 같이 결론짓는다. "아우구스티노는 천재성과 지식에서 그들 모두를 능가했다. 예로니모는 오리게네스(Origenes)의 책 6천 권을 읽었다고 했지만, 아우구스티노가 밤낮으로 썼던 수많은 책을 어느 누구도 모두 필사할 수 없을 뿐더러 다 읽는 데 성공하지도 못했다." 아우구스티노에게 편지를 썼던 볼루시아노(Volusianus)는 그에 대해 말한다. "아우구스티노가 알지 못한 것은 하느님의 법에도 없다."

예로니모는 아우구스티노에게 다음과 같은 편지를 보낸 적이 있다. "저는 당신의 두 편의 단편에 답할 수가 없을 정도입니다. 가장 박식하며 웅변의 화려함과 함께 훌륭함 그대로입니다. 성경의 샘에서 말하거나 추정하거나 도출해 낼 수 있는 모든 것을 다루고 있어 당신의 타고난 천재성을 엿볼 수 있습니다. 제가 그러한 부분을 찬양하도록 허락해 주시기를 청합니다." 예로니모는 저서 《12명의 학자》(De XII doctoribus)에서 아우구스티노에 대해 이렇게 썼다. "주교인 아우구스티노는 독수리가 발아래에 무엇이 있는지 신경쓰지 않고 산꼭대기를 날듯이, 하늘의 넓은 공간과 땅의 길이와 넓이, 바다의 범위에 대해

* 아우구스티노는 354년에 태어났고, 395년에 주교로 수품되었고, 430년에 죽었다.

분명하게 이야기했습니다." 그리고 예로니모의 아우구스티노에 대한 존경심과 애정은 그에게 썼던 편지들에서도 나타난다. "거룩한 주교이고 가장 복된 사부인 아우구스티노에게 예로니모가 인사를 보냅니다. 저는 항상 당신에게 합당한 영예로 당신의 복됨을 공경했고, 당신 안에서 머무시는 우리의 구세주 주님을 사랑하였습니다. 그러나 저는 존경심이 충만하여 이제 당신의 이름을 언급하지 않고는 한 시간도 보낼 수 없을 정도가 되었습니다" 또 다른 편지에서 "당신의 복된 책에 대해 어떤 부분에서도 의문을 제기할 수 없습니다. 다른 사람을 비난하지 않고 저 자신을 바로잡는 것도 힘겹습니다."

또한 그레고리오는 아프리카의 총독 인노첸시오(Innocentius)에게 보낸 편지에서 아우구스티노의 작품에 대해 다음과 같이 썼다. "거룩한 욥에 대한 저의 주석서를 보내달라는 당신의 관심과 요청은 저를 기쁘게 하였습니다. 그러나 만일 당신이 맛있는 음식을 배불리 먹기를 원한다면, 당신의 동포인 복된 아우구스티노의 논문을 읽으십시오. 그의 고운 가루와 비교하게 되면 내 밀기울을 요청하지 않을 것입니다." 그레고리오는 저서 《서한집》에서 말한다. "우리는 복된 아우구스티노가 누이라 할지라도 한 집에 살지 않을 것이라고 말하면서 '저의 누이와 함께 있는 여자들은 저의 누이가 아닙니다.'라고 말하였습니다. 그 학자의 신중함은 우리에게 중요한 교훈을 가르쳐 줄 것입니다."

암브로시오의 〈서문경〉에서 우리는 다음과 같이 읽는다. "오 주님! 아우구스티노의 임종에서 저희는 당신의 장엄함을 흠숭합니다! 당신의 권능은 모든 사람 안에서 일하십니다. 당신의 성령으로 불탄 이 사람은 아첨하는 약속들에 타락하지 않았습니다. 왜냐하면, 당신이 모든 종류의 경건함을 불어넣었고, 당신에게 그는 제대, 제물, 사제, 성전이었습니다." 복된 프로스페르(Prosper)는 《관상 생활》(De vita contemplativa) 제3권에서 그에 대하여 다음과 같이 말한다. "주교인 성 아우구스티노는 마음이 예리하고, 웅변에서 정중하고, 세속 문학에 정통했으며, 교회를 위한 일에서 부지런하고, 일상적인 토론에서 명확했으며, 모든 활동에서 잘 조직화되어 문제 해결에 예리하고, 이단자들과 논쟁하는 데 신중했습니다. 우리의 믿음을 해설하는 데 보편적이고, 정경으로 인정된 성경들을 설명하는 데 신중했습니다." 베르나르도(Bernardus)는 "아우구스티노는 이단자들의 강력한 쇠망치였습니다."라고 썼다.

그가 죽은 후에, 야만인들이 그 지역을 침략하고 성당들을 더럽혔을 때 신자들은 아우구스티노의 시신을 사르데냐(Sardegna)로 옮겼다. 성인이 죽은 지 280년 후에(서기 718년경) 신앙심이 매우 깊은 랑고바르디족(Langobardi)의 왕 리우트프란드(Liutprand)는 사라센인들(Saraceni)이 사르데냐의 주민 수를 줄이고 있다는 소식을 듣고, 그곳에 공식 대표단을 파견하여 거룩한 학자의 유해를 파비아(Pavia)로 가져갔다. 성인의 시신에 높은 금액을 지불한 후 제노바(Genova)까지 가져갔다. 신앙심이 깊은 왕이 이 사실을 듣고 크게 기뻐하며 그 도시로 가서 시신을 경건하게 영접했다. 그러나 그들이 다시 운반하려고 하자 더 이상 움직일 수 없었고 왕이 아우구스티노를 기리는 성당을 건축하겠다는 서약을 한 후에야 옮길 수 있었다. 리우트프란드 왕은 서약을 이행하여 약속대로 성당을 건축했다. 같은 기적이 하루 뒤 토르토나(Tortona) 교구에 있는 카셀라(Cassella)라고 불리는 시골 저택에서 일어났고, 왕은 그곳에 성 아우구스티노를 기리는 성당을 건축했다. 게다가 그 성당에서 봉사하는 사람들이 저택과 함께 모든 부속 시설을 영구적으로 소유할 수 있도록 수여했다. 이때까지 왕은 성인의 시신이 멈추는 곳마다 그 이름으로 성당을 건축하는 것을 성인이 기뻐한다고 생각했다. 리우트프란드 왕은 자신이 원하는 장소가 아닌 다른 장소를 아우구스티노가 마지막 안식처로 선택할까 봐 두려워, 자신과 유해가 하룻밤이라도 환대받는 모든 장소에 성당 건설을 준비했다. 그리하여 거룩한 시신은 마침내 파비아로 이동되어 큰 환호를 받았고, '황금 천국'(coelum aureum)이라고 불리던 성 베드로 성당 안에 영예롭게 안치되었다.

성 아우구스티노에게 특별한 신심을 가지고 있던 한 방앗간 주인이 다리에 난 종기로 고통받고 있었고 성인에게 도움을 청하며 기도했다. 아우구스티노는 환시 중에 그에게 나타나 손으로 다리를 문질러 완전히 치유했다. 잠에서 깨어난 방앗간 주인은 다리가 치유된 것을 발견하고 하느님과 성 아우구스티노에게 감사를 드렸다.

한 소년이 담석중에 걸렸는데, 의사는 결석을 도려내는 것을 권했다. 하지만 어머니는 아들이 죽을 수도 있다고 두려워하여 아우구스티노의 도움을 간구했다. 그녀가 기도를 끝내자마자 소년은 소변으로 결석을 배설했고 완전히 치유되었다.

성 아우구스티노 축일 전야에 엘레모시나(Elemosina)로 불리던 수도승원에서 한 수도승이 영적으로 몰입했고 하늘로부터 내려오는 빛나는 구름을 보았다. 구름 위에 성 아우구스티노가 주교 복장을 차려입고 앉아 있었다. 그의 눈은 2개의 태양 광선 같았고, 온 교회를 비추었으며, 불가사의한 향기가 건물을 가득 채웠다.

한번은 성 베르나르도가 조과(matutinum) 일을 돕던 중에 성 아우구스티노의 논문을 읽다가 잠시 잠이 들었다. 그곳에 서 있는 한 아름다운 젊은이를 보았고, 그의 입 밖으로 급류가 흘러나와 마치 온 교회를 채우는 것처럼 보였다. 베르나르도는 이것이 가르침의 샘으로 교회에 물을 공급했던 아우구스티노라는 것을 의심하지 않았다.

아우구스티노를 깊이 사랑했던 한 남자가 성인의 시신을 수호하던 수도승에게 거액의 돈을 지불하고 그 대가로 성인의 시신에서 손가락 하나를 받기로 했다. 수도승은 다른 시신의 손가락을 비단에 싸서 아우구스티노의 손가락인 것처럼 그 남자에게 주었다. 그 남자는 경건하게 받았고, 헌신적으로 공경하며 자주 자기 입과 눈에 유해를 대고 가슴에 껴안기도 했다. 그 남자의 믿음을 본 하느님은 자비롭고 기적적으로 성 아우구스티노의 손가락 하나를 그에게 주었고, 가짜 손가락은 없앴다. 그 남자가 고국으로 돌아왔을 때, 그곳에서 많은 기적이 일어났고, 그 유해의 명성은 파비아로 퍼졌다. 앞서 언급한 수도승이 그 손가락은 다른 시신 것이라고 선언하자, 그 성인의 무덤을 열었고 손가락 하나가 없는 것이 발견되었다. 이 사실을 알게 된 아빠스는 그 수도승의 직분을 빼앗고 가혹한 처벌을 내렸다.

부르고뉴(Bourgogne)에 있는 퐁텐(Fontaines) 수도승원에 성 아우구스티노에게 특별히 헌신적이었고, 그의 책들을 열심히 읽으며 영적인 자양분을 얻어내던 수도승이 있었다. 그는 오랫동안 그 성인에게 그의 거룩한 축일이 거행되는 날에 이승을 떠나는 일이 없게 해달라고 간청했다. 그런데 그 성인의 축일 15일 전*에 수도승은 고열에 시달려 축일 전야에 바닥에 누워 죽음을 기다리게 되었다. 그리고, 보라, 품위 있는 외모에 훌륭하고 흰옷을 입은 많은 사람

---

* 라틴어본은 '15일 전에', 영어본은 '2주 전에'라고 하는데, 여기서는 라틴어본을 따랐다. – 역자 주

이 행렬을 이루어 성당에 들어갔고 그 뒤를 이어 주교 복장의 공경할 만한 분이 따라왔다. 성당 안에 있던 한 수도승이 그 행렬을 보고 아연실색했고, 그들이 누구이며 어디로 가고 있는지 행진하는 사람들에게 물었다. 그들 중 한 사람이 자신의 참사회원들과 함께 성 아우구스티노가 죽어가는 열성 신자의 혼을 영광의 왕국으로 데려가려고 가는 길이라고 말했다. 장엄한 행렬은 병실로 들어갔고 잠시 후 수도승의 혼이 육체에서 풀려났고, 그의 사랑하는 친구는 적의 손아귀로부터 그 영혼을 보호하여 하늘의 기쁨으로 인도했다.

한번은 아우구스티노가 아직 살아있을 때, 독서를 하는 동안 책 한 권을 어깨에 메고 지나가는 한 악령을 보았다고 한다. 그는 즉시 그 영에게 명령하여 그 책에 어떤 글이 감추어져 있는지 보이도록 명했다. 그 악령은 사람들의 죄를 수집해서 기록한 책이라고 대답했다. 아우구스티노는 악령에게 그 책에 기록된 자신의 죄를 읽어보라고 명령했다. 악령은 한 페이지를 가리켰지만, 아우구스티노가 성무일도의 마지막 시간인 종과(completorium)를 암송하는 것을 한 번 잊어버린 일이 전부였다. 그래서 성인은 악령에게 그곳에서 기다리라고 한 후, 성당에 들어가서 경건하게 종과를 하고 일상적인 기도를 마친 다음 돌아와서 악령에게 그 페이지를 다시 보이라고 말했다. 악마는 재빨리 그 페이지를 열었으나, 그 내용이 지워졌음을 발견하고는 화를 내며 말했다. "당신은 저를 속였고, 이 책을 당신에게 보여준 것이 후회스럽습니다. 왜냐하면, 당신은 기도의 힘으로 죄를 완전히 없애버렸기 때문입니다." 이 말을 마친 악령은 사라졌다.

어떤 악의 있는 남자들이 한 여자에게 잘못을 저질렀고, 그녀는 복된 아우구스티노에게 그 문제에 대해 조언을 구하려고 갔다. 공부 중인 그에게 경건하게 말을 걸었지만, 그는 그녀를 쳐다보지도, 응답의 말을 주지도 않았다. 아마도 자신의 거룩함 때문에 여자를 마주 보기를 원하지 않는다고 생각한 그녀는 가까이 가서 용건을 조심스럽게 설명했으나, 그는 그녀에게 몸을 돌리거나 한마디 대답도 하지 않았다. 그래서 그녀는 몹시 실망하며 떠났다. 다음날, 아우구스티노가 집전하는 미사에 참석한 그 여자는 거양성체(擧揚聖體) 때 탈혼에 빠져서 자신이 가장 거룩한 삼위일체 하느님의 법정 앞에 서 있는 것을 보았다. 아우구스티노도 그곳에 있었고, 머리를 숙이고 서서 삼위일체 하느님의 영광에 대해 가장 조심스럽고 숭고하게 이야기하고 있었다. 그때 한 음성이 그녀에게 말했다. "네가 아우구스티노에게 갔을 때, 그는 삼위일체의 영광에 대해 몰두하여 너의 존재를 깨닫지 못했다. 그러니 확신을 갖고 그에게 다시 가거라! 그는 친절히 너를 대할 것이고, 도움이 되는 조언을 줄 것이다." 그 여자는 지시대로 했고, 아우구스티노는 친절하게 그녀의 말을 듣고 현명한 조언을 했다.

한 거룩한 사람이 성령에 완전히 몰입하여 영광 중에 있는 성인들을 보았으나, 아우구스티노는 보지 못했다고 한다. 그 사람은 성인 한 사람에게 아우구스티노는 어디에 있는지를 물었고, 그 성인은 "아우구스티노는 가장 높은 하늘에 살고, 그곳에서 가장 탁월한 삼위일체의 영광에 대해 상세히 설명하고 있습니다."라고 대답했다.

파비아의 몇몇 사람들이 말라스피나(Malaspina) 후작*에 의해 감금되어 물한 모금 제공되지 않았다. 후작의 목적은 그들에게서 큰 몸값을 강탈하려는 것이었다. 그들 대부분은 거의 죽을 지경에 이르렀고, 어떤 사람은 소변을 마셨다. 성 아우구스티노에게 매우 헌신적이었던 젊은이가 그에게 도움을 간청했다. 아우구스티노는 젊은이에게 나타나 오른손을 잡고 그라벨로네(Gravelone) 강으로 이끌었다. 그곳에서 포도나무 잎을 물에 담그고 그 잎으로 젊은이의 혀를 식혀주었다. 거의 소변을 마실 뻔했던 젊은이는 이제 달콤한 즙 한 모금조차 생각하지 않게 되었다.

성 아우구스티노에게 헌신하던 한 성당의 주임신부가 매우 심각한 병으로 고통받으며 침대에 누워 있어야 했다. 그 성인의 축일이 가까워졌고 전야의 저녁기도(Vesperae)를 위한 종이 울렸을 때, 주임신부는 성 아우구스티노에게 간절히 기도했고, 이에 그 성인이 흰옷을 입고 나타나 세 번이나 이름을 부르며 말했다. "네가 나를 그렇게 자주 불러서 내가 여기에 있다! 빨리 일어나 나를 위한 저녁 성무일도를 거행하여라!" 주임신부는 원기 왕성하게 일어나 성당으로 가서 경건하게 기도를 함으로써 모든 사람을 놀라게 했다.

---

* 영어본은 Malespina라고 표기되어 있으나, 라틴어본의 Malaspina 후작(1160/1165 – 1210)이 올바른 표기이다. – 역자 주

한 목자가 어깨에 난 악성 궤양으로 매우 심한 고통을 받고 있었다. 목자는 성 아우구스티노에게 기도했고, 환시 중에 나타난 성인은 환부에 손을 얹고 완전히 낫게 해주었다. 후에 목자가 시력을 잃었다. 목자는 아우구스티노의 도움을 청했고, 어느 날 정오경에 성인이 나타나 목자의 눈을 문지르고 시력을 회복시켰다.

서기 912년경, 다양한 질병으로 고통받는 40명이 넘는 사람들이 사도들의 무덤을 방문하려고 독일과 프랑스에서 로마로 출발했다. 그들 일부는 허리가 너무 구부러져 작은 썰매를 홀로 직접 밀어야 했고, 일부는 목발로 몸을 지탱했다. 맹인들은 다른 사람들의 인도를 받았고, 손발이 굽은 사람들도 있었다. 그들은 산을 가로질러 카르보나리아(Carbonaria)라고 불리는 곳을 지나 파비아로부터 3마일(약 4.8km) 떨어진 카나(Cana)라는 곳까지 갔다. 그곳에는 성 고스마(Cosmas)와 다미아노(Damianus)를 기념하여 건축된 성당이 있었다. 그곳에서 주교복을 입은 성 아우구스티노가 나타나서 그 사람들을 환영하며 어디로 가는지 물었다. 사람들이 대답하자 성인이 말했다. "파비아로 가서 황금 천국이라 불리는 성 베드로 수도승원으로 가는 길을 물어보십시오. 그곳에서 당신들은 원하는 자비를 얻을 것입니다." 순교자들은 그에게 이름을 물었다. 그는 "나는 히포 시의 이전 주교 아우구스티노입니다."라고 대답한 후 사라졌다. 파비아의 수도승원에 도착한 사람들은 아우구스티노의 시신이 그곳에 묻혀 있다는 것을 들었고, 모두 함께 목소리를 높여 호소했다. "성 아우구스티노 님, 저희를 도와주소서!" 이 부르짖음에 자극받은 마을 사람들과 수도승들이 이 대단한 광경을 보려고 몰려들었다. 병자들의 동맥이 팽창하여 파열되면서 피가 흘러넘쳐 수도승원 입구에서부터 성인의 무덤까지 바닥이 잠길 정도였다. 병자들이 무덤으로 갔을 때, 마치 육체에 어떤 결함이 전혀 없었던 것처럼 모두 건강이 회복되었다.

그때부터 성 아우구스티노의 명성이 높아졌고, 수많은 병자가 그의 무덤에 찾아와 건강을 회복하고 감사의 서약을 남겼다. 그 결과 성 아우구스티노의 경당과 성당의 주랑(柱廊) 현관은 출입이 힘들 정도로 그 서약들로 가득 찼고, 수도승들은 어쩔 수 없이 그 서약들을 다른 곳으로 옮겼다.

세상 사람들이 동경하는 세 가지, 즉 재물, 기쁨, 영예에 주목하자. 그 거룩한 사람의 완벽함은 재물을 멸시하고, 영예를 거부하고, 기쁨을 피하는 것이다. 그는 재물을 멸시했다고 단언한다. 《독백》(Soliloquia)이란 그의 책에서 이성(理性)이 그에게 다음과 같이 묻는다. "당신은 재물을 탐내지 않습니까?" 그는 대답했다. "어쨌든 지금은 아닙니다! 저는 30세이고, 지난 14년 동안 저는 재물을 바라기를 멈추었고, 단지 살아갈 정도로만 관심을 가졌습니다. 치체로(Cicero, 키케로)의 한 책이 재물이란 전혀 갈망할 필요가 없다는 것을 쉽게 납득시켰습니다." 그가 영예를 거부하였다는 것은 같은 책에서 증언한다. 이성이 그에게 물었다. "영예에 대해서는 어떻습니까?" 아우구스티노는 대답한다. "나는 최근에야 겨우, 참으로 이 마지막 날에, 내가 영예를 바라기를 멈추었다는 것을 인정합니다." 그는 기쁨과 재물, 특히 침대와 식탁에서의 기쁨을 멸시했다. 같은 책에서 이성이 다시 물었다. "아내에 대해서는 어떻습니까? 특히 그녀가 당신에게 문제가 되지 않을 것이라고 확신한다면, 아름답고 덕이 높고 순응하고 부유한 아내와 함께 있으면 기뻐하지 않겠습니까?" 아우구스티노는 대답했다. "당신이 그녀를 묘사하고 온갖 좋은 점을 쌓아 올리지만, 잠자리를 같이하는 사람에게서 도망치기로 한 내 결정을 막지 못합니다." 이성이 물었다. "나는 당신이 어떤 결정을 내렸는지가 아니라 그런 방향으로 끌리느냐고 묻는 것입니다." 아우구스티노는 대답했다. "저는 그런 종류의 것을 절대적으로 원하지 않고, 욕구도 없으며, 회상하는 것 자체가 불쾌하고 혐오스럽습니다!" 이성이 다시 물었다. "음식은 어떻습니까?" 아우구스티노는 "먹고 마시는 것, 목욕이나 그밖의 육체의 즐거움을 구하는 것에 대하여 굳이 묻지 마십시오! 내가 그 음식에서 원하는 것은 단지 건강에 대한 희망뿐입니다."

125

세례자 성 요한의 참수

《교회 직무론》(De mitrali officio)이란 책에서도 기록되어 있듯이, 세례자 요한의 참수(斬首) 축일*은 네 가지 사건을 기념하기 위해 제정되었다. 첫 번째는 참수 그 자체이고, 두 번째는 성인의 뼈**의 수집과 화장, 세 번째는 그의 머리 발견, 네 번째는 그의 손가락 중 하나의 이전(移轉)과 그를 기념하기 위한 성당의 봉헌이다.

첫 번째, 그 축일은 요한의 참수 그 자체를 기념하며 다음과 같은 방식으로 일어났다. 《교육독본》에 의하면, 헤로데 대왕의 아들 헤로데 안티파스(Herodes Antipas)는 로마로 가는 길에 동생 필리포스(Philippos)를 방문하려고 멈추었다고 한다. 요세푸스(Josephus)에 의하면, 헤로데 안티파스는 동생 필리포스의 아내 헤로디아(Herodias)와 비밀스러운 관계를 맺고 있었고 여행에서 돌아가면 아내와 이혼하고 헤로디아와 결혼하기로 밀약을 맺었다. 그러나 이것은 다마스쿠스의 왕 아레타스(Aretas)의 딸이었던 아내에게 비밀이 될 수 없었다. 아내는 남편의 귀환을 기다리지 않고 서둘러 고국으로 돌아갔다. 그 사이에 여행에서 돌아온 헤로데는 동생 필리포스에게서 헤로디아를 빼앗음으로써 아레타스 왕과 헤로데 아그리파, 필리포스의 적이 되었다.

세례자 요한은 동생이 살아있는 동안 그 동생의 아내와 결혼할 권리가 없다는 율법을 근거로 헤로데를 몹시 비난했다. 헤로데는 설교와 세례로 많은 추종자를 이끌었던 요한이 심한 비난을 하자 그를 결박하여 감옥에 가두었다. 또한, 새 아내 헤로디아를 기쁘게 해주고 싶은 만큼 요한 추종자들의 충성을 잃을까 두려웠다. 헤로데가 진정으로 요한을 죽이길 원했지만 사람들의 비난이 두려웠다. 헤로데와 헤로디아는 요한을 제거할 기회만 엿보고 있었다. 헤로데가 자신의 생일 연회에 갈릴레아의 지도층을 초대하고, 헤로디아의 딸이 춤추게 하기로 은밀히 의논한 것으로 여겨진다. 그 후에 헤로데는 그녀의 요청은 무엇이든지 들어주겠다고 서약하고, 그녀는 요한의 머리를 요청할 계획이었다. 어쩔 수 없이 그녀의 요청을 들어주면서 자신이 서약했던 것을 슬퍼하는 척하려 했다. 이러한 음모와 거짓 구실은 《교육독본》을 통해 짐작할 수 있다. "헤로데와 그의 아내가 이 기회에 요한의 죽음을 비밀리에 모의했다는 것은 완전히 신뢰할 수 있습니다." 마찬가지로 예로니모는 《주해집》

---

* 현재 이 축일은 "성 요한 세례자의 수난 기념일"로 불리며, 매년 8월 29일에 기념되고 있다. – 역자 주
** 그레세(Graesse) 판은 여기에 '머리의'(capitis)가 있는데, 확실히 오류이다.

에서 "그러므로 그는 요한을 죽일 기회를 찾기로 서약하였으니, 만일 그 소녀가 자기 아버지나 어머니의 죽음을 요청하였다면, 헤로데는 들어주지 않았을 것이기 때문입니다."라고 말한다.

그래서 연회가 개최되고 그녀는 춤을 추고 모든 사람이 기뻐하는 가운데 헤로데는 그녀의 요청을 무엇이든지 주겠다고 맹세하고, 그녀는 어머니의 지시에 따라 요한의 머리를 요구한다. 두 얼굴의 헤로데는 이 맹세 때문에 슬픈 척한다. 왜냐하면 라바노(Rabanus)의 말처럼, 왕은 하겠다고 맹세한 것을 해야 했기 때문이다. 그러나 슬픔은 오직 얼굴 표정에만 있었고 마음속으로는 기뻐했다. 헤로데는 자신의 맹세를 인용함으로써 그 범죄를 변명했고, 경건함의 표시 아래 불경한 행동을 했다. 결국 망나니가 파견되고, 요한은 참수되었고, 그 머리는 딸에게 주어졌고, 딸은 불륜을 저지른 어머니에게 바쳤다.

아우구스티노는 세례자 요한의 참수에 대한 강론에서 헤로데의 맹세를 도덕적인 교육을 위해 사용한다. "저는 이 이야기를 무죄하고 신뢰할 수 있는 사람에게서 들었습니다. 자신이 빌려준 무언가를 돌려주지 않는 이를 협박해 맹세하게 한 사람이 있었습니다. 난처해진 빌린 사람은 맹세했고 빌려준 사람은 마음이 좀 풀렸습니다. 그날 밤 빌려준 사람은 자신이 재판관 앞으로 끌려가는 환시를 보았습니다. 재판관은 그에게 물었습니다. '왜 너는 그가 거짓 맹세할 것을 알면서 협박하여 맹세하게 하였느냐?' 빌려준 사람: '그가 제 것을 돌려주기를 거부했기 때문입니다!' 재판관: '그가 거짓 맹세로 자신의 영혼을 잃게 만드는 것보다는 네 것을 잃는 것이 더 낫다!' 그리고 빌려준 사람은 땅바닥에 내쳐져 심하게 두들겨 맞는 벌을 받았고, 깨어났을 때 채찍질 흔적이 보일 정도였습니다." 여기까지는 아우구스티노의 말이다.

그러나 이날 요한이 참수되었던 것은 아니었고, 그리스도의 수난 바로 전해의 무교절(無酵節) 기간에 참수되었다. 그러므로 그 시기(時期)를 표시하는 주님의 신비 때문에 작은 사건이 큰 사건에 양보하고 다른 때에 기념되어야 하는 것은 옳았다.

요한 크리소스토모는 참수와 관련하여 외친다. "요한은 덕의 학교, 삶의 안내자, 거룩함의 모범, 정의의 기준, 동정성의 거울, 겸손의 도장(圖章), 순결의 전형, 뉘우침의 길, 죄인들의 용서, 믿음의 제자이다. 또한, 요한은 사람보다 위대하고, 천사와 동등한 분, 율법의 총합, 복음의 승인, 사도의 음성, 예언자의 침묵, 세상의 등불, 재판관의 선구자, 삼위일체 전체의 중심이다! 그리고 이처럼 매우 위대한 사람이 근친상간한 여자에게 주어지고, 간음한 여자에게 넘겨지고, 춤추는 소녀에게 상으로 주어졌습니다!"

결과적으로 헤로데는 벌을 면할 수 없었다. 그는 추방되었다. 《교육독본》은 다른 헤로데, 즉 헤로데 아그리파는 용기 있는 사람이었으나 빈곤한 사람이라고 한다. 너무 가난해서 자포자기한 그는 굶어 죽으려 작정하고 스스로 탑 안으로 들어갔다. 그의 누이 헤로디아가 이 소식을 듣고 남편 헤로데에게 동생을 탑에서 구해 필요한 것을 주라고 간청했고, 헤로데는 그렇게 했다. 두 사람이 기뻐하는 모습을 보자, 포도주를 마시고 취해 있던 남편 헤로데는 호의를 받은 상대방을 비웃었다. 이 모욕에 분개한 아그리파는 로마로 가서 카이우스 부황제(Caius Caesar)의 환심을 사기 위해 노력했다. 황제가 자신에게 리사니아(Lisania)와 아빌레네(Abilene)라는 4분령토(四分領土, tetrarchia) 중 두 개를 주고, 자신을 유다의 왕으로 임명하도록 유도했다.

동생이 왕의 칭호를 갖게 된 것을 본 헤로디아는 남편 헤로데에게 로마로 가서 비슷한 칭호를 획득하라고 끈질기게 졸랐다. 그러나 헤로데는 이미 굉장한 부자였고 승진의 필요성을 느끼지 않았으며, 관직의 명예보다 유유자적한 삶을 선호했다. 그러나 아내의 요청에 굴복하여 함께 로마로 갔다. 이 소식을 들은 아그리파는 황제에게 '헤로데가 파르티아(Parthia) 왕과 우정을 쌓았고 로마 제국에 대항하여 반란을 일으키려 한다'는 내용의 편지를 보냈다. 이 혐의의 증거로 헤로데가 자신의 도시들에 7만 명을 무장시킬 수 있는 무기를 가지고 있다고 제출했다. 편지를 읽은 카이우스는 떠보듯 헤로데에게 그 일과 상황에 대해 질문했다. 특히 헤로데가 그런 대형 무기고를 가졌다는 것이 사실인지를 물었다. 헤로데는 이 질문에 부정하려 하지 않았다. 그 결과 카이우스는 헤로데 아그리파의 편지 내용을 사실로 받아들여 헤로데 안티파스를 유배시켰다. 그러나 헤로디아에 대해서는 고국으로 돌아가는 것을 허락했다. 카이우스는 아그리파를 몹시 신망했고, 그녀는 그런 아그리파의 누이였기 때문이다. 그러나 헤로디아는 유배되는 남편과 동반하기로 결심하고 자신이 남편의 행운을 공유하였듯이 역경에서 남편을 버리지 않을 것이라고 말했다.

따라서 그들은 리옹(Lyon)으로 강제 추방되었고 그곳에서 비참한 삶을 마감했다. 이것은 《교육독본》에서 전해진다.

세례자 요한의 참수 축일의 두 번째 제정 이유는 성 요한의 뼈의 화장과 수집이다. 일부 자료들에 의하면, 그의 뼈는 순교 당일에 불태워졌고 일부분만 신자들이 되찾았다고 한다. 말하자면, 그는 뼈가 태워짐으로써 두 번째 순교를 당한 것이다. 그래서 교회는 이날에 이 두 번째 순교를 기념한다. 《교육독본》이나 《교회사》 제12권에서 요한의 제자들이 엘리새우스(Elisaeus)와 압디아스(Abdias) 사이 팔레스티나에 있는 도시 세바스테(Sebaste)에 그의 시신을 묻었고, 그 무덤에서 많은 기적이 일어났다는 것을 전한다. 이런 이유로 이교도들은 배교자 율리아누스의 명령으로 그의 뼈들을 흩뿌려 버렸으나 기적은 멈추지 않았다. 그래서 위에서 언급한 두 역사가가 보고하는 것처럼, 뼈들을 모아서 불에 태우고 가루로 만들고, 들판에서 재를 바람에 날렸다.

그러나 베다(Beda)는 수집된 뼈들이 훨씬 더 넓게 흩어졌다고 전한다. 그러므로 두 번째 순교도 수난을 받은 것이다. 어떤 사람들은 세례자의 탄생 축일이라는 것을 모르고 여기저기서 뼈를 모아 불태우는 것을 재현한다. 이렇듯 《교육독본》과 베다가 모두 기록하는 것처럼, 뼈들은 모아서 불태워졌고, 몇몇 수도승들은 예루살렘에서 몰래 와서 이교도들과 어울린 후 많은 유해를 가져갔다. 유해는 예루살렘의 주교 필립보에게 넘겨졌고, 필립보는 후에 알렉산드리아의 주교 아나스타시오(Anastasius)*에게 보냈다. 나중에 같은 도시의 주교 테오필로(Theophilus)는 세라피스(Serapis) 신전에 그 뼈들을 안치했는데, 그는 이 신전을 정화하고 성 요한을 기념하여 대성전(basilica)으로 축성했다. 이것은 베다와 《교육독본》이 전하는 내용이다. 그러나 지금 그 유해들은 제노바에서 경건하게 공경받고 있으며, 교황 알렉산데르 3세와 인노첸시오 4세는 그 사실을 확인한 후, 특권을 부여하여 자신들의 승인을 표시했다.

요한의 참수를 명령한 헤로데가 그 범죄에 대한 형벌을 받은 것처럼, 순교자의 뼈를 불태우라고 명령한 배교자 율리아누스에게는 하느님의 복수가 찾아왔다. 율리아누스가 어떻게 벌을 받았는지는 성 바오로의 회심에 대한 장

---

* 그레세(Gresse)는 초판본이 "아타나시오"(Athanasius)라고 하였다는 것에 주목한다.

(章) 다음 다음에 나오는 성 율리아노(30장)의 이야기에서 전해지고 있다.* 이 배교자 율리아노의 출생, 통치, 잔인함, 죽음에 대한 상세한 설명은 《교회사 3부작》(Historia Tripartita)에 기록되어 있다.

콘스탄티누스 대제의 형제 콘스탄티우스(Constantius)에게 두 명의 아들, 갈루스(Gallus)와 율리아누스(Julianus)가 있었다. 콘스탄티누스가 죽었을 때, 콘스탄티우스는 갈루스를 부황제(caesar)로 올렸지만, 후에 사형에 처했다. 이 일을 보고 두려워진 율리아누스는 수도승이 되었으나 언젠가는 황제가 될 수 있는지 궁금해서 점쟁이들에게 상담하기 시작했다. 나중에 콘스탄티우스는 율리아누스를 부황제로 만들어 갈리아로 보냈으며, 율리아누스는 그곳에서 많은 승리를 거두었다. 어느 날 율리아누스는 2개의 기둥 사이를 지나가고 있었는데 그 기둥 사이에는 월계관이 끈으로 매달려 있었다. 그때 끈이 끊어져 월계관이 율리아누스의 머리에 깔끔하게 떨어졌다. 군인들이 환호했고, 이것은 그가 황제가 될 징조라고 보이기에 충분했다. 군인들은 그를 황제(아우구스투스)라 부르기 시작했고, 그곳에는 왕관이 없었기에 한 군인의 목걸이를 율리아누스의 머리에 얹었다. 이렇게 하여 군대는 그를 황제로 만들었다.

그때부터 율리아누스는 그리스도인이라는 가면을 버리고, 우상들의 신전을 열어 제물을 바쳤고, 스스로를 이방인 예식의 대신관(大神官)으로 임명했다. 또한, 그는 모든 십자가를 던져 버리고 파괴했다. 그렇지만 언젠가 그의 옷과 다른 사람들의 옷에 이슬이 내렸는데, 이슬의 각 방울이 십자가 모양으로 나타났다. 콘스탄티우스가 죽은 후에 율리아누스는 모든 사람을 기쁘게 하고 싶어 사람들이 선택한 종교가 무엇이든 믿도록 허락했다. 또한, 궁에서 모든 내시와 이발사, 요리사를 해고했다. 내시를 내보낸 것은 자신의 아내가 죽은 후 다시 아내를 택하지 않았기 때문이고, 요리사들은 그가 간단한 식사를 좋아하기 때문이며, 이발사들은 한 명이 여러 사람을 담당해도 되기 때문이다. 그는 이전의 황제들을 헐뜯는 책을 여러 권 썼다. 그는 요리사들과 이발사들을 해고할 때는 마치 황제가 아니라 철학자처럼 행동한 데 반해, 비방하거나

* 영어본의 주석은 "그것은 성녀 파울라(Paula)에 대한 장의 다음에 온다."라고 되어 있지만, 라틴어본과 영어본의 순서는 성 바오로의 회심(28장), 성녀 파울라(29장), 성 율리아노(30장)의 순서이다. 그래서 본문을 "다음 다음"이라 수정했다. - 역자 주

칭찬할 때는 철학자도 황제도 하지 않을 만한 행동을 했다.

한번은 율리아누스가 우상에게 제물을 바치고 있을 때, 도살된 양의 내장에서 왕관으로 둘러싸인 십자가 표시가 보였다. 두려움에 휩싸인 대신들은 이 표시를 미래의 통일, 승리, 십자가의 영원함을 예언하는 것으로 해석했다. 율리아누스는 이것이 그리스도교가 억압당해야 하고, 로마 제국 밖으로 확장되지 않도록 해야 한다는 신호라고 말하면서 대신들을 안심시켰다. 또 한번은, 율리아누스가 콘스탄티노폴리스에서 포르투나(Fortuna) 여신에게 제물을 바칠 때, 노령에다 이미 시력을 잃은 칼케돈(Chalcedon)의 주교 마리스(Maris)가 다가와 그를 신성모독자이자 배교자라고 비난했다. 율리아누스가 대답했다. "당신의 갈릴래아 사람은 당신을 치유할 수 없었나 보군!" 마리스는 "하느님께서는 당신처럼 모든 신앙생활을 버리지 않게 하시고 당신 같은 사람을 보지 않게 저의 시력을 빼앗아 가신 겁니다!" 율리아누스는 그 말에 아무 대답도 하지 못하고 떠났다.

율리아누스는 안티오키아에서 거룩한 그릇과 옷을 모두 땅에 던지고 깔아뭉개면서 더럽혔다. 얼마 지나지 않아 그의 몸 여기저기에서 벌레가 나와 살을 갉아먹고 감염시켜 남은 생을 이 상태로 견뎌야 했다. 그리고 황제의 명령으로 같은 이름의 율리아누스 총독이 성당에서 훔쳤던 그 거룩한 그릇들에 물을 뿌리며 말했다. "저기 마리아의 아들에게 제공된 그릇들을 보아라!" 즉시 그의 입은 항문이 되었고 그 후 그 상태로 살았다.

배교자 율리아누스가 포르투나의 신전에 들어가는데 그 신전의 봉사자들이 들어오는 사람들에게 정화 예식으로 물을 뿌리고 있었다. 발렌티니아누스(Valentinianus)는 자신의 망토에 떨어진 물방울을 보고, 그 물은 자신을 정화시키는 것이 아니라 얼룩지게 했다고 화를 내면서 그 봉사자를 때렸다. 이 모습을 본 율리아누스는 발렌티니아누스를 구금하고 사막으로 추방했다. 발렌티니아누스는 그리스도인이었고, 그가 쌓은 공로로 후에 황제의 자리에 올랐다.

율리아누스는 그리스도인들에 대한 증오의 표시로 유다인의 성전을 복구하도록 명령하고 많은 돈을 할당했다. 그러나 대량의 돌을 그 부지에 가져왔을 때, 거센 바람이 불어 돌들을 뿔뿔이 흩어지게 했고, 심한 떨림이 땅을 흔들었으며, 초석에서 불이 폭발해서 아주 많은 사람을 불태웠다. 또 다른 날 하늘에 십자가의 표시가 나타났고, 유다인들의 옷은 검은 십자가로 뒤덮였다.

율리아누스는 페르시아를 침략하여 크테시폰(Ctesiphon) 도시를 포위했다. 페르시아 왕은 만일 율리아누스가 군대를 철수시키면 자기 왕국의 일부를 양도하겠다고 제안했지만, 율리아누스는 받아들이려 하지 않았다. 율리아누스는 영혼의 윤회(輪廻)에 대한 피타고라스(Pythagoras)와 플라톤(Platon)의 사상(idea)을 추종하여, 자신이 알렉산데르의 혼을 소유하고 있거나, 아니 오히려 다른 몸에 있는 또 다른 알렉산데르라고 생각했다. 그런데 갑자기 창 하나가 허공을 가로질러 날아와서 그의 옆구리를 찔렀고, 그 상처로 죽었다. 오늘날까지도 누가 창을 던졌는지 아무도 모른다. 일부 사람들은 보이지 않는 손이 던졌다고도 하고, 어떤 사람들은 이스마엘의 자손인 목자가 던졌다고도 한다. 또 다른 사람들은 창을 던진 자가 오랜 행군과 굶주림으로 지친 군인이었다고도 한다. 그러나 사람에 의한 것이든 천사에 의한 것이든, 확실히 하느님의 명령으로 수행되었다. 율리아누스와 친했던 칼릭스투스(Calixtus)는 악령이 황제를 찔렀다고 말했다. 우리는 《교회사 3부작》에서 많은 것을 배운다.

오늘의 축일을 기념하는 세 번째 사건은, 세례자 요한의 머리를 발견한 일이다. 세평에 의하면, 그의 머리가 정말 이날에 발견되었다고 한다. 《교회사》 제11권에서 요한은 아라비아의 마케론타(Macheronta) 성에서 쇠사슬에 묶여 참수되었다고 한다. 헤로디아는 요한의 머리를 예루살렘으로 가져갔고, 예언자의 머리가 자신의 시신과 함께 묻히면 되살아날 것이라고 두려워하였기 때문에, 예방 차원에서 헤로데의 궁전 가까이에 묻었다. 《교육독본》에 따르면, 서기 453년에 통치를 시작한 마르치아누스(Marcianus) 황제* 시기에, 성 요한은 예루살렘으로 온 두 수도승에게 자기 머리의 소재를 알렸다. 수도승들은 헤로데의 궁전으로 서둘러 갔고, 모포 자루, 즉 그가 광야에서 입었던 것으로 추측되는 옷에 둥글게 말려 있는 머리를 발견했다. 수도승들이 그 머리를 갖고 고국으로 돌아가는 길에, 가난에서 벗어나려고 에미사(Emissa) 시에서 온 한 도공과 합류했다. 여행길에 수도승들은 그 도공에게 잠시 들고 가게 했는데, 그들로부터 도망치라는 성 요한의 권고를 받고 그 거룩한 머리와 함께 에미사

* 동로마 제국의 황제였던 마르치아누스 황제의 재위 기간은 450~457년이다. - 역자 주

로 돌아갔다. 도공은 살아있는 동안 동굴 안에 그 유해를 보관하고 공경했으며, 적지 않게 번창했다. 그는 임종을 앞두고 있을 때 그 유해를 여동생에게 보살펴달라고 부탁했고 비밀을 요청했다. 후에, 그녀는 자신의 후계자들에게 다시 유해를 넘겼다.

오랜 세월이 지났고, 성 요한은 앞서 언급한 동굴에서 살고 있던 수도승 성 마르첼로(Marcellus)에게 자기 머리의 존재를 계시했다. 마르첼로가 잠든 동안, "보라, 세례자 성 요한이 오고 있다!"라고 말하며 자신들이 줄지어 지나갈 때 많은 군중이 시편을 노래하는 것을 본 것 같았다. 마르첼로는 복된 요한을 보았다. 성인은 오른편에 한 명의 시종과 왼편에 또 다른 사람을 동반하고 자신에게 오는 모든 사람을 축복했다. 마르첼로는 요한의 발 앞에 엎드렸고, 성인은 그를 일으켜 세워 평화의 입맞춤을 했다. 마르첼로가 요한에게 어디에서 왔는지를 묻자, 요한은 "나는 세바스테에서 왔습니다!"라고 대답했다.

환시에서 깬 마르첼로는 이것에 대해 많이 의아하게 생각했다. 그런 다음 또 다른 밤에, 어떤 사람이 와서 그를 깨웠다. 그리고 깨자마자 동굴 입구에서 빛나는 별 하나를 보았다. 그는 일어나서 그 별을 만지려고 시도했지만, 별은 재빨리 동굴의 다른 쪽으로 옮겨갔고, 그는 그 별이 세례자 요한의 머리가 묻힌 지점 위에 멈출 때까지 따라갔다. 마르첼로는 땅을 파 내려갔고 거룩한 보물을 담고 있는 항아리를 발견했다. 그때 한 구경꾼이 자신이 들은 것을 믿지 않고 항아리를 만진 것으로 추정되는데, 그의 손이 즉시 오그라들어 항아리에 달라붙었다. 그 사람의 동료들이 그를 위해 기도했고 손은 항아리에서 떨어졌지만 여전히 기형인 상태였다. 그때 요한이 나타나서 말했다. "나의 머리가 성당에 안치될 때, 항아리를 만진다면 건강이 회복될 것입니다." 그 사람이 이렇게 하자 다시 온전해졌다.

마르첼로가 일어났었던 모든 일을 그 도시의 주교 율리아노에게 말했고, 그들은 유해를 도시 안으로 옮겼다. 《교육독본》에 기록되었듯이, 성 요한의 참수는 그때부터 머리가 발견되고 발굴된 그해 그날이 매년 장엄하게 기념되었다. 그러나 후에 요한의 머리는 콘스탄티노폴리스로 옮겨졌다. 우리는 《교회사 3부작》의 기록을 보면, 발렌스(Valens)가 황제였을 때, 그 거룩한 머리를 수레에 실어 콘스탄티노폴리스로 옮기라고 명령했다고 한다. 그 수레가 칼케돈 가까이 왔을 때, 수레가 더 이상 나아가지 않았다. 아무리 막대기로 황소들을 찔러도 움직이려고 하지 않아서 장례행렬은 멈춰야 했고 그 지점에 유해를 두었다. 나중에 테오도시우스 황제는 유해를 다시 옮기기를 원했다. 황제는 유해 관리인으로 임명된 동정녀를 찾아 거룩한 머리를 가져가도록 허락해 달라고 요청했다. 그녀는 발렌스 황제 시대처럼 유해가 움직이도록 허락하지 않을 줄 알고 동의했다. 그런데 신앙심이 깊은 황제는 자줏빛 천에 유해를 감싸서 콘스탄티노폴리스로 가져갔고, 유해를 위해 아름다운 성당을 건축했다. 여기까지는 《교회사 3부작》의 내용이다. 세월이 한참 지난 후, 피피누스 (Pipinus, Pepin)의 통치 기간에 그 머리는 프랑스의 푸아티에(Poitiers)로 옮겨졌고, 그곳에서 요한의 공로로 많은 죽은 사람이 되살아났다.

헤로데가 요한을 참수한 것 때문에, 율리아노가 그의 뼈를 불태운 것 때문에 벌을 받았다. 헤로디아는 딸에게 요한의 머리를 요청하도록 지시한 것 때문에 벌을 받았고, 그 딸 역시 벌을 받았다. 실제로 헤로디아는 유배형을 선고받지도 않았고 유배 중에 죽지도 않았다고 말하는 사람들이 있다. 그들은 헤로디아가 손에 그 머리를 안고 조롱하자, 하느님의 뜻에 따라 그 머리가 그녀의 얼굴에 숨을 불어넣어 이승을 하직하였다고 한다. 이런 내용은 사람들 사이에서 회자되는 이야기이고, 위에서 말했던 대로 그녀는 헤로데와 함께 유배되어 비참하게 죽었다는 것이 성인들이 연대기에 남긴 내용이므로 이것을 믿어야 한다. 헤로디아의 딸은 얼음 연못 위를 걷고 있을 때 얼음이 밑으로 흘러내려 익사했으며, 한 연대기에 따르면 땅이 그녀를 산 채로 삼켰다고 한다. 홍해에 빠졌던 이집트인들에 대해 "땅이 그들을 삼켜 버렸습니다."(탈출 15, 12)라고 말하였기 때문에, 이것은 이해할 만한 일이다.

오늘의 축일을 기념하는 네 번째 사건은 성 요한의 손가락 하나의 이전과 성당의 봉헌이다. 그가 주님*을 가리켰던 손가락은 불에 탈 수 없었다고 한다. 이 손가락은 앞서 언급한 수도승들에 의해 발견되었고, 《교육독본》에 의하면, 후에 성녀 테클라(Thecla)가 알프스산맥에서 손가락을 가져와 성 막시모 (Maximus) 성당에 보관했다. 요한 벨레토(Joannes Belethus)는 앞서 언급한 성녀 테

* 그림에서, 세례자 요한은 종종 한 손가락으로 그리스도를 가리키는 것으로 묘사된다.

클라가 해외에 있는 노르망디(Normandie)로 그 손가락을 가져가서 성 요한을 기념하는 성당을 건축했다는 증언을 덧붙인다. 요한 벨로토에 의하면, 성당은 이날에 봉헌되었고, 교황은 이날을 전 세계적으로 장엄하게 기념해야 한다고 결정했다.

프랑스의 한 도시에서, 세례자 요한에게 매우 헌신했던 귀부인 마리엔나(Marienna)*는 성 요한의 유해가 언젠가 자신에게 주어질 수 있도록 하느님에게 열심히 기도했다. 그녀의 기도가 응답받지 못하자, 하느님에게 요청이 받아들여질 때까지 먹지 않겠다는 믿음의 서약으로 자신을 구속했다. 그녀가 며칠 동안 단식한 후, 제대 위에 놓여있는 놀랍도록 빛나는 엄지손가락을 보고, 하느님으로부터 온 선물로 기쁘게 받아들였다. 순식간에 세 명의 주교가 와서 각자 엄지손가락의 일부를 원했다. 그러자 유해가 놓여있던 천에 세 방울의 피가 떨어지는 것을 보고 깜짝 놀랐고, 각 주교는 한 방울을 받을 만한 자격이 있음에 기뻐했다.

랑고바르디(Langobardi)족의 여왕 테오돌리나(Theodolina, Theodelinda)는 세례자 성 요한을 기념하여 밀라노 인근의 몬차(Monza)에 웅장한 성당을 건축하고 기부했다. 얼마 후에 바오로가 《랑고바르드족의 역사》(Historia Langobardorum)에서 진술한 것처럼, 콘스탄스(Constans)라고도 불리는 콘스탄티누스 황제는 랑고바르드인들에게서 이탈리아를 빼앗고 싶어 예언의 영을 가진 거룩한 사람과 전쟁 결과에 대해 상의했다. 그 거룩한 사람은 밤새 기도한 후 아침에 대답을 주었다. "여왕이 요한을 기념하여 성당을 건축했고, 요한은 랑고바르드족을 위해 계속 중재에 나섭니다. 그러므로 그들은 정복될 수 없습니다. 그러나 그 장소가 더 이상 공경받지 못할 때가 올 것이고, 그때에는 그들이 정복될 것입니다." 그리고 그 일은 카롤루스 대제(Carolus Magnus, Charlemagne) 시대에 일어났다.

그레고리오는 저서 《대화집》에서 위대한 덕을 지닌 상툴로(Sanctulus)라는 사람이 랑고바르드인들이 사로잡은 한 부제의 관리를 맡았고, 만일 그 부제가 달아나면 부제를 대신해서 사형을 받는다는 조건이었다고 전한다. 그러나 상

---

* 그레세(Graesse)는 "다른 사람들은 마우리엔나(Maurienna) 혹은 마리엔나로 읽었다."는데 반하여, 초판본은 마메레나(Mamerena)라고 하였다는 것에 주목한다. 지명과 고유 명사에 대한 이러한 불확실성은 본문 안에서 드문 일이 아니다.

툴로는 그 부제를 탈출시켜 자유롭게 했다. 이로 인해, 상툴로는 사형을 선고 받고 처형 장소로 끌려갔다. 그리고 일격에 머리를 베는 가장 강한 망나니가 선택되어 형이 집행되었다. 상툴로는 목을 내밀었고, 망나니는 온 힘을 다해 칼을 높이 들었다. 그 순간 상툴로는 말했다. "성 요한님, 그를 잡아주십시오!" 즉시 그 망나니의 팔이 뻣뻣해지면서 구부러지지 않게 되었고, 다시는 그리스도인을 치지 않겠다고 맹세할 때까지 하늘을 향해 칼을 들고 있었다. 하느님의 사람은 망나니를 위해 기도했고, 그는 팔을 내릴 수 있었다.

⋯ ✦ 126 ✦ ⋯

성 펠릭스와 아다욱토

펠릭스(Felix)와 이름이 같은 그의 형제 펠릭스와 함께 사제라는 이유로 디오클레티아누스와 막시미아누스 앞에 끌려갔다. 형 펠릭스가 세라피스(Serapis) 신전에서 제물을 바치기 위해 인도되었지만, 그 상의 정면을 향해서 입김을 내뿜자 즉시 산산조각이 났다. 그는 두 번째로 메르쿠리우스(Mercurius, Hermes) 상으로 끌려갔고 다시 입김을 내뿜어 그 상을 부쉈다. 세 번째로 디아나(Diana, Artemis) 상을 마주 보았고, 그 상 역시 무너뜨렸다. 그는 고문대 위에서 고문을 받은 후, 네 번째로 신성모독의 나무로 끌려가 제물을 바치라고 명령을 받았다. 그는 무릎을 꿇고 기도하는 대신에 그 나무에 입김을 내뿜었다. 즉시 뿌리가 찢어졌고 그 나무를 벌채한 것처럼 제단과 신전이 파괴되었다.

이 소식을 들은 총독은 펠릭스를 그 장소에서 참수하고 시신은 늑대와 개 무리에 던지라고 명령했다. 그때 군중 속에서 한 남자가 불쑥 나와 자신은 그리스도인이 될 것이라고 공언했다. 그들은 서로 포옹했고, 함께 처형되었다.

그리스도인들은 두 번째 사람의 이름을 알지 못했다. 그래서 그를 '추가된' 혹은 '합류한'을 의미하는 아다욱토(Adauctus)라고 불렀다. 왜냐하면 그는 순교의 월계관을 획득하는 성 펠릭스에 합류했기 때문이다. 그리스도인들은 쓰러진 나무가 남긴 구멍에 두 사람을 묻었다. 이교도들이 그들을 파내려고 노력했으나 악마에게 사로잡혔다.

그 순교자들은 서기 287년경에 고통받았다.*

…· ✦ ✦ … **127** … ✦ ✦ ·…

성 사비니아노와 사비나

사비니아노(Savinianus, Savinian)와 사비나(Savina)**의 아버지 사비누스(Savinus)는
지체 높은 귀족이었고 이교도였다. 아버지는 첫째 아내에게서 사비니아노를,
둘째 아내에게서 사비나를 낳았고, 그들의 이름은 자신의 이름을 따온 것에
서 유래했다.

사비니아노는 어딘가에서 "우슬초로 제 죄를 없애주소서. 제가 깨끗해지
리다. 저를 씻어주소서. 눈보다 더 희어지리다."(시편 51, 9)라는 구절을 읽었다.
이해할 수 없는 이 구절의 의미가 궁금했다. 그는 침실로 가서 굵은 베옷을 입
고 재를 깔고 앉아 그 말의 의미를 이해하지 못하고 사느니 차라리 죽는 것이
낫겠다고 말했다. 천사가 그에게 나타나서 말했다. "초조해하지 마십시오, 당
신은 하느님의 총애를 받았으니, 당신이 세례를 받을 때 눈보다 더 하얘질 것
이고, 그때 지금 당신을 당황하게 한 말을 이해할 수 있을 것입니다."

천사가 이 말을 남기고 떠난 후 그는 기뻐하였고, 우상 숭배를 배척했다.
이런 이유로 아버지는 그를 자주 심하게 꾸짖으며 말했다. "신을 숭배하지 않
는 너로 인해 우리 모두가 연루되는 것보다 너 하나만 죽는 것이 너를 위해 더
나을 것이다!" 그래서 사비니아노는 몰래 집을 떠나 트루아(Troyes) 시로 갔다.
센(Seine) 강에 도착한 그는 그 강에서 세례를 받을 수 있게 해달라고 주님에게
기도했다. 그는 그곳에서 세례를 받았고, 주님은 그에게 말씀하셨다. "이제 네

---

* 두 번째 펠릭스는 잊혀졌다. 이렇게 이름의 중복은 실제로 여러 명의 동명이인에서 나온 결과이거나, 혹은
다른 지방에서 전해진 비슷한 이야기들에서 비롯될 수 있다. 또한 그곳에 두 명의 펠릭스가 있었고, 그들
중 한 사람에 대해서는 아무것도 알려진 바가 없었을 것이다.

** 선호하였던 철자는 Sabinianus, Sabina이지만, 야코부스의 철자는 여기에서 유지된다. 이 장(章)의 끝에
서 야코부스는 로마의 순교자로 공경받았던 다른 성녀 사비나(Sabina)를 인정한다.

가 그토록 오랫동안 애써 찾던 것을 발견하였다!" 그때 사비니아노는 땅에 지팡이를 박았고, 그가 기도한 후 지팡이는 많은 사람이 지켜보는 가운데 풍부한 나뭇잎과 꽃을 맺었다. 그러자 1천 108명이 주님을 믿었다.

이 이야기를 들은 아우렐리아누스 황제는 죄인 사비니아노를 데려오라고 군인 1개 대대를 보냈고, 군인들은 기도하는 그를 발견했지만 접근하기를 두려워했다. 황제는 처음보다 더 많은 군대를 급파했지만, 기도하는 그를 발견한 군인들은 무릎을 꿇고 그와 함께 기도한 다음 말했다. "황제가 당신을 보고 싶어 합니다!" 그는 연행되었고 역시 제물을 바치기를 거부하자, 아우렐리아누스의 명령으로 손과 발이 묶이고 쇠막대기로 두들겨 맞았다. 사비니아노는 "만일 당신이 할 수 있다면 나의 고통을 늘려보시오."라고 말했다. 황제는 그를 도시 중심으로 데려가 긴 의자에 묶은 후, 그 의자 아래에 나무를 쌓고 기름으로 흠뻑 적셔서 불을 붙이라고 명령했다. 이로써 사비니아노의 끝이 될 것이었다. 하지만 그때 군주는 그가 화염의 중앙에 서서 기도하는 것을 보았다. 군주는 어리둥절하여 엎드렸다가 일어서서 그에게 말했다. "더러운 짐승아, 네가 속인 영혼들로 만족하지 못하느냐? 너의 마술로 심지어 우리까지 속여야겠느냐?" 사비니아노는 "당신과 더 많은 영혼이 나를 통하여 주님을 믿게 될 것입니다!"라고 말했다.

황제는 하느님의 이름을 모독하는 말을 쏟아낸 후, 다음 날 사비니아노를 말뚝에 묶고 화살을 쏘라고 명령했다. 그러나 그 명령이 수행되었을 때, 화살은 성인의 양쪽 공중에 떠 있기만 할 뿐, 그를 건드리지 못했다. 그래서 황제는 그에게 와서 물었다. "너의 하느님은 어디에 있느냐? 이제 그에게 와서 화살들로부터 너를 구하라고 하여라!" 그러자 즉시 화살 하나가 방향을 돌려 황제의 한쪽 눈을 찔러 실명시켰다. 화가 난 황제는 다음 날 참수하라고 명령한 후 일단 감옥으로 돌려보냈다. 그러나 사비니아노는 하느님에게 자신이 세례를 받았던 장소로 옮겨주시기를 기도했다. 그의 쇠사슬이 풀리고 감옥 문이 열리자 그는 군인들을 지나서 센 강의 둑으로 향했다. 이 사실을 보고받은 아우렐리아누스는 사비니아노를 쫓아 참수하라고 명령했다. 군인들이 오는 것을 본 사비니아노는 마치 돌 위를 걷듯이 물 위를 걸어 자신이 세례를 받았던 장소로 갔다. 강을 건너간 군인들이 성인을 참수하기를 두려워하자, 성인은 군인들에게 말했다. "두려워하지 말고 나를 참수하고, 내 피 일부를 황제에게 가져가시오. 그러면 황제는 시력을 회복할 것이고 하느님의 능력을 인정하게 될 것이오." 군인들은 성인의 머리를 잘랐고, 성인은 자신의 머리를 들고 45 걸음을 옮겼다.

황제가 그 피를 상처 입은 눈에 대자 즉시 치유되었고 "그리스도인들의 하느님은 참으로 선하고 위대하시다!"라고 외쳤다. 40년 동안 눈이 멀었던 한 여자가 이 이야기를 듣고 그 장소로 가서 기도했다. 그녀의 시력은 즉시 회복되었다. 사비니아노는 서기 279년경, 2월의 첫째 날에 순교했다. 그러나 사비니아노의 이야기는 그의 여동생인 사비나의 이야기에 단순히 부속물로 제공된다. 왜냐하면 그 축일은 주로 그녀를 기념하기 위해 거행되기 때문이다.

그때 사비나는 잃어버린 오빠를 위해 매일 울면서 우상들에게 기도했다. 한참 있다가 한 천사가 잠든 그녀에게 나타나서 말했다. "울지 마라, 사비나야! 네가 가진 모든 재산을 나누어 주면, 너는 최고의 영예로 올려진 너의 오빠를 찾을 수 있을 것이다!" 잠에서 깬 그녀는 수양자매에게 물었다. "나의 친구야, 너는 무언가 듣거나 보았니?" 수양자매: "예, 부인, 한 남자가 당신에게 말하는 것을 보았지만, 무슨 말을 하였는지 모르겠습니다." 사비나: "당신은 누구에게도 말하지 않을 거죠?" 수양자매: "당연하지요! 당신이 좋아하는 모든 것을 하세요, 그러나 자살하지는 마세요!"

다음 날 아침, 두 여자는 출발했다. 아버지는 사비나를 찾으려고 온갖 노력을 했지만 실패하고 손을 하늘로 높이 들고 말했다. "만일 당신이 하늘에 있는 강력한 하느님이라면, 저의 우상들을 파괴하십시오! 그들은 저의 아이들을 구하지 못했습니다!" 그때 주님은 천둥을 쳐 모든 우상을 부수고 눌러서 뭉갰고, 이것을 본 많은 사람이 믿었다.

사비나는 로마로 가서 에우세비오 교황에게서 세례를 받았다. 그녀는 두 명의 장님과 두 명의 중풍 병자를 치유했고, 5년 동안 로마에서 살았다. 그때 천사가 잠든 그녀에게 나타나서 말했다. "사비나야, 무엇을 하고 있느냐? 너는 너의 모든 재산을 나누어 주었지만, 여전히 여기서 호화롭게 살고 있지 않느냐! 일어나서 트루아 시로 가라, 그곳에서 너의 오빠를 찾을 것이다!" 사비나는 하녀에게 말했다. "우리는 더 이상 이곳에 머무를 수가 없습니다." 하녀:

"부인, 어디로 가기를 원하십니까? 여기 있는 모든 사람이 당신을 사랑하는데, 당신은 방랑자로 죽기를 원하십니까?" 사비나: "하느님이 우리를 위해 마련해 주실 것입니다!"

사비나는 그녀와 함께 보리빵 한 덩어리를 가지고 출발해서 라벤나(Ravenna)에 도착했다. 그녀는 어느 부잣집에 갔는데, 그 집에는 딸이 거의 죽어가고 있어서 슬픔으로 가득했다. 사비나는 시중드는 여자에게 그 집에 머물 수 있게 해 달라고 했다. 그 여자는 대답했다. "마님, 저의 여주인의 딸이 죽어가고 있고 모든 사람이 비탄에 잠겨 있는데, 어떻게 이 집에 손님으로 계시겠습니까?" 사비나는 "그녀는 나로 인해 죽지 않을 것입니다."라고 말했다. 그 집에 들어간 사비나는 소녀의 손을 잡고, 완전히 치유된 상태로 일어서게 했다. 그 가족은 자신들과 함께 머물러 달라고 했지만, 그녀는 그러지 않았다.

사비나가 트루아에서 1 이정표석(milliarium)* 이내에 왔을 때, 자신의 하녀에게 말했다. "잠시 여기서 쉬도록 합시다." 그때 그 도시에서 리체리오(Licerius)라는 이름의 귀족이 와서 그녀에게 물었다. "당신은 어디에서 왔습니까?" 그녀는 대답했다. "저는 여기, 이 도시 출신입니다." 리체리오: "당신의 억양이 낯선 사람이라는 것을 보여주는데, 왜 저에게 거짓말을 합니까?" 사비나: "나리, 사실 저는 이 도시 사람이 아닙니다. 저는 오랫동안 만나지 못한 저의 오빠 사비니아노를 찾고 있습니다!" 리체리오: "당신이 찾고 있는 그 사람은 그리스도를 위해 참수되었습니다. 저는 그가 어디에 묻혔는지 압니다." 사비나는 엎드려 기도하면서 말했다. "오, 주님! 당신은 항상 저를 순결하게 보호하셨습니다. 더 이상 여행으로 저 자신을 지치게 하지 마십시오! 이 장소를 넘어서 저의 육체가 움직이지 않게 하소서! 저를 대신하여 매우 많은 것을 짊어진 제 종을 당신에게 맡깁니다. 저는 이곳에서 저의 오빠를 볼 수 없었지만, 당신의 하늘 왕국에서 그를 보기에 합당한 사람이 되게 해 주십시오!" 그리고 기도를 마친 후 주님에게 이주하였다.

하녀는 그녀가 죽은 것을 보고, 그녀를 매장할 방법이 없어서 울기 시작했

---

* 로마제국의 길이 계산에서 1보(步, passus)는 76cm이고, 이정표석(milliarium)은 1,000보마다 세워졌다. 거리이다. 그렇기에 첫 번째 이정표석까지의 거리는 0. 76km이다. – 역자 주

다. 앞에서 말했던 귀족 남자는 도시 전체에 포고관을 보내어 남자들이 와서 타지에서 온 여자를 묻자고 하였다. 그 남자들이 그녀를 위해 예를 갖춘 장례식을 치렀다.

이날에 성녀 사비나의 축일이 거행된다. 그녀는 군인 발렌티노(Valentinus)의 아내였고, 제물 바치기를 거부하여 하드리아누스 치하에서 처형되었다.

···✦ 128 ✦···

성 루포

오를레앙(Orléans)의 왕족 출신인 루포(Lupus)는 모든 덕으로 빛났다. 그는 상스(Sens)의 대주교로 선출되었고 재산 대부분을 가난한 사람들에게 나눠 주었다. 어느 날 그는 평소보다 더 많은 사람을 식사에 초대했는데 포도주가 부족했다. 루포는 관리인에게 말했다. "내가 믿는 하느님은 까마귀도 먹이시는 분이시니 우리의 자선을 채워주실 것입니다." 그때 한 심부름꾼이 왔고 100개의 포도주 통이 문밖에 있다는 것을 알렸다.

참사회(curia) 모두 그가 전임자의 딸이자 동정녀이며 신앙심이 깊은 여성을 지나치게 좋아한다고 호되게 비난했다. 루포는 그 구성원들 앞에서 그 젊은 여자를 안고 입맞춤하면서 말했다. "양심이 깨끗한 사람은 다른 사람들이 무슨 말을 하든 해를 입지 않습니다." 그는 그녀가 하느님을 열렬히 사랑한다는 사실을 알았기 때문에, 완전히 순수한 애정으로 그녀를 사랑한 것이다.

프랑크족 왕 클로타리우스(Chlotarius, Clothar)*가 고관(高官)을 파견해서 부르고뉴(Bourgogne)를 침공하고 상스 사람들을 공격하자, 성 루포는 성 스테파노 성당으로 가서 종을 치기 시작했다. 종소리를 들은 적의 군대는 당장 도망치지 않으면 죽음을 모면하지 못할 것이라는 공포에 사로잡혔다.

---

* 라틴어본은 로타리우스(Lotharius, Lothair)라고 표기되어 있지만, 그는 795~855년까지 살았다. 반면에 성 루포의 생물 시기는 573?~623?이다. 그렇기에 이는 잘못된 표기이며, 영어본에 따라 584~629년까지 살았던 "클로타리우스 2세"를 의미한다고 여겨진다. – 역자 주

마침내 그 왕은 부르고뉴 왕국을 점령하고 또 다른 고관을 상스에 보냈지만, 복된 루포는 선물을 들고 온 사신(使臣)을 만나려고 하지 않았다. 불쾌해진 사신은 왕에게 루포를 비난했고, 왕은 루포를 유배 보냈다. 하지만 성인은 유배지에서 가르침과 기적으로 명성을 높였다. 한편 상스 사람들은 성 루포의 자리를 찬탈한 또 다른 주교를 처형하고, 루포가 유배에서 돌아오게 해달라고 왕에게 청원했다. 왕이 이 합법적인 주교가 유배로 쇠약해지고 지쳐 있는 것을 보았을 때, 하느님은 왕의 마음을 바꾸어 놓았다. 왕은 루포의 발 앞에 무릎을 꿇고 용서를 간청했고, 많은 선물과 함께 그의 도시로 돌려보냈다. 루포가 파리로 갔을 때는 죄수들이 군중 속에서 성인을 만날 수 있도록 감옥 문이 열리고 죄수들의 쇠사슬이 풀렸다. 어떤 주일, 루포가 미사를 봉헌하고 있을 때, 하늘에서 보석 하나가 거룩한 성작으로 떨어졌다. 왕은 그 보석을 성인의 유해들 사이에 보관했다.

클로타리우스 왕이 성 스테파노 성당의 종이 매우 멋진 감미로운 울림을 가졌다는 말을 듣고, 종소리를 더 자주 들을 수 있도록 파리로 옮기라고 명령했다. 그러나 이것이 성 루포를 불쾌하게 했고, 종은 상스 시를 벗어나자마자 감미로운 음색을 잃었다. 이 소식을 들은 왕은 즉시 그 종을 돌려보내도록 명령했고, 상스 시로부터 일곱 번째 이정표석(5.32km)에 이르게 되자, 종은 일상의 감미로운 소리를 울렸다. 종을 잃어버린 것에 비통해 하던 성 루포는 직접 마중 나가 예를 갖춰 종의 귀향을 환영했다.

어느 날 루포는 관례에 따라 그 도시의 성당을 순회하고 집에 돌아왔을 때, 성직자들은 서로에게 여자들과 죄를 범하는 일에 열중한다고 언쟁을 벌이고 있었다. 루포는 성당으로 가서 성직자들을 위해 기도했고, 얼마 지나지 않아 모든 유혹의 침이 떠났고, 그들은 루포 앞으로 와서 용서를 간청했다.

마침내 많은 덕으로 유명한 루포는 평화 속에 잠들었다. 그는 헤라클리우스(Heraclius) 시대, 서기 610년경에 활약했다.

성 마메르티노

이교도였던 마메르티노(Mamertinus)는 한때 우상을 숭배하다가 한쪽 눈을 잃고 한쪽 손이 마비되었다. 신들을 화나게 했다고 생각한 그는 신들을 달래려고 신전으로 갔다. 가는 길에 만난 사비노(Savinus)라는 이름의 수도승이 마메르티노에게 괴로워하는 이유를 물었다. 그는 대답했다. "제가 신들을 화나게 해서 그들에게 기도하러 가는 길입니다. 화가 나서 저에게서 빼앗아 간 것을 저의 기도와 그들의 친절함으로 회복시켜 주기를 바라는 것입니다." 사비노는 "형제여, 만일 악령을 신이라고 생각한다면, 잘못 생각하고 있는 겁니다. 오세르 (Auxerre)의 주교 성 제르마노(Germanus)에게 가서 그의 권고를 따르면 즉시 치유될 것입니다."라고 말했다.

마메르티노는 서둘러 성 아마토르(Amator) 주교와 다른 거룩한 주교들의 묘지로 갔다. 비가 내리기 시작했고, 그는 성 콘코르디아노(Concordianus)의 무덤 위에 건축한 작은 독방에서 밤새 대피했다. 그는 잠이 들었고, 놀라운 환시를 봤다. 한 남자가 자신의 독방 입구에 와서 성 페레그리노(Peregrinus)와 성 아마토르, 그리고 다른 주교들이 개최하는 잔치에 성 콘코르디아노를 초대하는 것을 보았다. 성 콘코르디아노는 무덤 속에서 대답했다. "지금은 갈 수 없습니다. 저는 이곳에 있는 손님을 뱀들로부터 보호해야 하기 때문입니다." 그 남자는 가서 자신이 들은 것을 보고한 다음 돌아와서 말했다. "콘코르디아노, 의식을 치를 수 있게 당신의 차부제(次副祭) 비비아노(Vivianus)와 시종직을 받은 율리아노(Julianus)를 데리고 오십시오. 알렉산데르(Alexander)가 당신의 손님을 돌볼 것입니다." 그때 마메르티노는 성 콘코르디아노가 자신의 손을 잡고 다른 주교들의 무리로 이끄는 것을 보았다. 성 아마토르가 콘코르디아노에게 물었다. "당신과 함께 오는 이 사람은 누구입니까?" 콘코르디아노: "저의 손님입니다." 아마토르: "그를 내보내십시오! 그는 부정한 사람이기에 우리와 함께 있을 수 없습니다!" 마메르티노는 막 추방되려고 하였으나 성 아마토르 앞에 몸을 엎드려 자비를 간청했고, 아마토르는 그에게 빨리 성 제르마노에게 가라고 명령했다. 잠에서 깬 마메르티노는 서둘러 성 제르마노에게 달려가서 무릎을 꿇고 용서를 청했다. 마메르티노가 자신에게 일어난 모든 일을 말하자, 그들은 함께 복된 콘코르디아노의 무덤으로 가서 돌을 옮겼고, 10페스(pes)*가 넘는 뱀들을 보았다. 제르마노는 뱀들에게 아무도 해치지 않을 장소로 가라고 명령했고 뱀들은 서로 다른 방향으로 달아났다.

마침내 마메르티노는 세례를 받았고 즉시 병에서 치유되었다. 그후 성 제르마노의 수도원에서 수도승이 되었고 성 알로디오(Allodius)의 뒤를 이어 아빠스가 되었다. 그의 시대에 마리노(Marinus)라는 이름의 거룩한 수도승이 수도승원에 있었는데, 마메르티노는 마리노의 순명을 시험하기를 원했다. 그래서 마리노에게 수도원에서 소를 돌보는 가장 비천한 일을 맡겼다. 그 거룩한 사람이 삼림지대에서 수송아지와 암소를 보살피는 동안, 숲의 새들이 다가와 그의 손에서 음식을 쪼아먹을 정도로 거룩함을 발산했다. 한번은 개들에게 쫓기던 멧돼지가 그의 독방으로 피신했고, 그는 그 개들로부터 멧돼지를 구해서 자유의 몸이 되게 했다. 또 한번은 도둑들이 단 하나의 초라한 작은 두루마기(palliorum)만 남기고 모든 옷을 훔쳐 갔다. 그러나 그는 도둑들을 뒤쫓으며 외쳤다. "돌아오세요, 저의 주인님들, 돌아오세요! 저는 저의 작은 두루마기 옷단에서 동전 하나를 찾았고, 당신들은 이것이 필요할 겁니다." 그들은 돌아와서 작은 두루마기와 동전을 빼앗아 그를 완전히 벌거벗긴 채로 두었다. 도둑들은 자신들의 은신처로 서둘러서 출발해 밤새도록 걸었지만, 다시 마리노의 독방으로 돌아온 자신들을 발견했다. 그는 도둑들에게 인사하고 친절하게 집으로 들인 후, 그들의 발을 씻겨주고, 최선을 다해 필요한 것을 제공했다. 어리둥절해 하던 도둑들은 모두 믿음으로 개종했다.

한번은 그와 함께 살던 몇몇 젊은 수도승들이 양을 잡아먹는 암곰을 잡으려고 덫을 놓는데, 밤에 그 덫에 곰이 잡혔다. 무슨 일이 일어났는지 알아차린 성 마메르티노는 침대에서 일어나 곰에게 갔다. "너는 무엇을 하고 있느냐, 불쌍한 짐승아! 여기서 빨리 가거라, 아니면 너는 잡힐 것이다!"라고 말하며

---

* 로마의 기본 길이 단위인 pes는 약 29.5cm이다. 그렇기에 본문의 10pes는 2m 95cm, 약 3m이다. - 역자 주

덫을 풀었고 곰은 달아났다.

마메르티노가 죽고 그의 시신은 오세르로 옮겨지고 있었다. 장례 행렬이 어떤 저택에 도착하여 한 발짝도 더 나아갈 수 없었고, 감옥에 누워있던 한 사람이 갑자기 자신의 쇠사슬이 끊어졌음을 발견하고 벌떡 일어나서 그 시신으로 와서 도움을 주었다. 다른 사람들은 도시로 시신을 옮기도록 도왔다. 그의 시신은 성 제르마노 성당에 명예롭게 안장되었다.

—— …✦ **130** ✦… ——

성 에지디오

에지디오(Aegidius, Giles)는 '없는'의 아(a), '땅'의 게오스(geos), '찬란하게 빛나는' 혹은 '하느님과 같은'의 디안(dyan)에서 유래되었다. 성 에지디오는 세속적인 것에 대한 경멸로 땅을 소유하지 않았고, 지식의 빛으로 찬란하게 빛났으며, 연인을 사랑받는 사람처럼 보이게 하는 그 사랑으로 하느님과 같았다.

에지디오는 아테네에서 왕족으로 태어났으며 어린 시절부터 성경 교육을 받았다. 어느 날 그가 성당에 가던 중 길가에 누워서 자선을 청하는 병자를 발견했다. 그는 병자에게 외투를 벗어주었고, 병자는 그 옷을 입자마자 병에서 치유되었다. 또 한번은 성당에서 집으로 돌아오다가 뱀에게 물린 사람을 만났는데, 에지디오는 그 사람을 위해 기도로 독을 쫓아냈다. 그때 악마에 들린 사람이 다른 사람들과 함께 성당에 와서 소란스럽게 해 신자들을 혼란에 빠뜨렸지만, 에지디오는 악마를 쫓아내고 그 사람을 치유했다. 후에 그의 부모가 주님 안에서 잠들었을 때, 그는 그리스도를 유산의 상속자로 지정했다.

사람들에게 칭찬받는 것을 두려워한 에지디오는 아무도 모르게 도시를 떠나 해안으로 향했다. 그는 해안에서 난파 위험에 처한 선원들을 보고 기도로 폭풍을 가라앉혔다. 선원들은 해안가로 올라와서 그가 로마로 가기를 원한다는 얘기를 듣고, 감사하는 마음으로 돈을 받지 않고 배에 태워 주겠다고 약속했다. 그는 아를(Arles)까지 가서 그 도시의 주교 성 체사리오(Caesarius)와 함께 2년 동안 머물렀다. 그는 그곳에서 3년 동안 열병에 시달린 사람을 치유했다. 그런 다음 고독을 찾아 몰래 아를을 떠났고, 거룩함으로 알려진 은수자 베로도니오(Veredonius)와 오랫동안 함께 머물렀다. 에지디오는 그곳에서 자신의 공로로 토양의 척박함을 사라지게 했다. 그의 기적의 명성은 광범위하게 퍼졌다. 하지만 항상 인간의 지나친 칭찬에 대한 위험을 의식하고 있는 그는 베로도니오를 떠나 더 깊은 사막으로 들어가 작은 동굴 하나와 작은 샘을 발견했다. 그곳에는 암사슴이 있었고, 암사슴은 일정한 시간에 와서 우유로 그에게 영양분을 공급했다.

그 지역에 사냥을 온 왕의 신하들이 그 암사슴을 보았다. 다른 사냥감은 전혀 신경 쓰지 않고 개들을 앞세우고 암사슴을 쫓았는데, 매우 곤란해진 암사슴은 자신의 수양아들에게로 피신했다. 에지디오는 그 암사슴이 전혀 동물답지 않게 흐느껴 우는 것에 놀라 밖으로 나갔다. 사냥 소리를 들은 에지디오는 그동안 자신에게 우유를 공급해줬던 유모를 살려달라고 주님에게 기도했다. 개들은 돌을 던지면 닿을 거리 안쪽으로는 더 이상 다가오지 않은 채 격렬하게 짖다가 사냥꾼들에게 돌아갔다. 밤이 다가오자 사냥꾼들은 집으로 돌아갔다. 사냥꾼들은 다음 날 다시 왔으나, 역시 실패하고 돌아갔다.

이 소식이 왕에게 전해졌고, 어떻게 그런 일이 있을 수 있는지 의심하여 주교와 여러 사냥꾼과 함께 그곳으로 갔다. 개들이 감히 암사슴에게 가까이 다가가지 못하고 꽁무니를 빼며 울부짖자 사냥꾼들이 그곳을 에워쌌다. 동굴은 가시덤불이 매우 두툼하게 무성하여 들어갈 수 없을 정도였다. 그들 중 하나가 밖으로 나오기를 바라면서 무모하게 화살 하나를 쏘게 되고, 암사슴을 위해 기도하던 하느님의 사람이 심각한 상처를 입었다. 그러자 군인들은 가시나무들을 뚫고 길을 내어 그 은수자의 동굴에 도착했다. 그곳에서 수도승 옷을 입고, 백발에 나이가 들어 존경할 만한 그의 발 앞에 암사슴이 뻗고 누워있는 것을 발견했다. 사람들에게 물러나라고 명령한 주교와 왕 둘이서만 걸어서 그에게 갔다. 두 사람은 그에게 누구이고 어디에서 왔는지, 왜 그토록 거친 외진 곳에 있는지, 누가 감히 그에게 상처를 입혔는지 물었다. 그가 모든 질문에 대답하고 겸손하게 용서를 구하자 그들은 상처를 치료할 의사를 보내겠다고 약속하고 많은 선물을 제공했다. 그러나 치료를 거부하고 선물도 쳐다보지도 않고 거절했다. 오히려 그는 힘은 약함 속에서 완전하게 만들어진다는 것을 알고, 자신이 살아있는 동안 건강이 회복되지 않기를 기도했다.

왕은 자주 하느님의 사람을 방문해서 구원의 양식을 얻곤 했다. 왕은 에지디오에게 막대한 재물을 제공했지만 에지디오는 거부했고, 대신에 그 재물을 사용하여 문자 그대로 금욕적인 생활을 추구하는 수도승원을 건축할 것을 제안했다. 왕이 그렇게 하였고, 마침내 왕의 눈물과 애원에 굴복한 에지디오는 그 수도승원의 통치를 맡게 되었다.

이제 에지디오의 명성을 들은 카롤루스(Carolus)* 왕이 성인을 초대하였고, 경건하게 환영했다. 영혼과 구원에 대한 대화를 나누는 동안, 왕은 이 방문객에게 자신을 위해 기도해 달라고 요청했다. 왜냐하면 왕은 성인에게도 감히 고백할 용기를 내지 못하는 엄청난 죄를 범했기 때문이다. 다음 주일에 에지디오가 미사를 봉헌하고 왕을 위해 기도하는 동안, 주님의 천사가 에지디오의 기도로 왕의 죄가 용서받았다는 내용이 적힌 두루마리를 제대에 올려놓았다. 왕은 진정으로 후회하면서 죄를 고백했으며, 이후로는 그 죄를 저지르지 않았다. 더군다나 죄를 범하고 성 에지디오에게 용서를 구하는 기도를 드린 사람은 누구든 성인의 공로로 죄를 용서받았음은 의심할 여지가 없었다. 에지디오로부터 그 두루마리를 받은 카롤루스 왕은 자신의 죄를 인정하고 겸손하게 용서를 구하는 기도를 했다.

이제 예전보다 더한 영광을 받는 성인은 귀환 여행을 시작했다. 에지디오는 님(Nimes)에서 방금 죽은 그 도시 최고위자의 아들을 되살렸다. 얼마 지나지 않아 그는 적들에 의해 자신의 수도원이 파괴될 것이라고 예고하고 로마로 갔다. 로마로 간 그는 교황에게서 자신의 성당에 대한 특전뿐만 아니라 사도들의 형상이 새겨진 2개의 편백나무 문을 받았다. 그는 이것을 티베르 강에 던지고 하느님의 인도에 맡겼다. 자신의 수도승원에 돌아간 그는 티베르

---

* 라틴어본은 카롤로 대제(Carolus Magnus, Charlemagne, Karl der Große)를 염두에 둔 것 같지만, 그는 에지디오의 생몰 연도(650?~710?)보다 후대의 인물로 742~814년까지 살았다. 그로 인해 이 프랑크 왕국의 왕과 성인은 만나지 못하였다. 여기서 언급되는 왕은 서고트족(Visigoth)의 왕으로 672~680년에 재위하였던 왐바(Wamba)로 여겨진다. - 역자 주

(Tiberone)에서 한 중풍 병자를 치유했다. 항구에서 그는 위에서 설명한 2개의 문을 발견했고, 바다의 위험에서 그 문을 보호해준 하느님에게 감사하며 성당의 장식품이자 로마 주교좌와의 일치를 기념하기 위해 성당 입구에 두었다.

때가 되자 주님은 그에게 죽음의 날짜가 임박하였다는 것을 성령을 통해 계시했다. 그는 이 사실을 수도승들에게 알리며 자신을 위해 기도하기를 요청하였고, 그런 다음 행복하게 주님 안에서 잠들었다. 많은 사람이 그의 죽음의 순간에 천사들이 그의 영혼을 하늘로 옮겨 가면서 부르는 노래를 들었다고 증언했다. 에지디오는 서기 700년경에 활약했다.

⋯✦ 131 ✦⋯

복되신 동정 마리아의 탄생

영광스러운 동정 마리아는 유다 지파와 다윗 왕족에 뿌리를 두고 있다. 마태오와 루카는 마리아의 혈통을 언급하지 않았으나, 그리스도의 임신과는 아무 관련이 없었던 요셉의 혈통을 제시했던 것은 당시에는 여자가 아니라 남자의 가계를 엮는 것이 성경 저자들의 관례였기 때문이다. 그럼에도 불구하고 성모 마리아가 다윗의 후손이라는 것은 진실이다. 성경이 자주 증언하는 것처럼, 그리스도는 다윗의 자손으로 나셨다는 것도 명백한 진실이다. 따라서 그리스도는 동정녀에게서 태어났고, 동정녀는 나탄(Nathan)의 가계(家系)를 통해 다윗에게서 태어나셨기 때문이다.

다윗의 아들 중에는 나탄과 솔로몬 두 사람이 있었다. 다마스쿠스의 요한이 증언하는 것처럼, 다윗의 아들 나탄의 가계에서 레위(Levi)는 멜키(Melchi)와 판타르(Panthar)를 낳았고, 판타르는 바르판타르(Barpanthar)를 낳았고, 바르판타르는 요아킴(Joachim)을 낳았고, 요아킴은 동정녀 마리아의 아버지였다. 나탄은 솔로몬의 가계에서 아내를 맞아 그녀에게서 야곱을 낳았다. 나탄이 죽었을 때, 레위의 아들이고 판타르의 형제인 나탄 혈통의 멜키는 사망한 나탄의 아내, 즉 야곱의 어머니와 결혼하였고, 그녀에게서 헬리(Heli)를 낳았다. 그래서 야곱과 헬리는 같은 어머니에게서 태어난 형제들이었고 야곱은 솔로몬의 혈통이었고, 헨리는 나탄 혈통이었다. 나탄의 혈통인 헬리가 자녀 없이 죽었고, 솔로몬의 혈통이었던 그의 형제 야곱은 헬리의 아내를 취하였고 요셉을 낳아서 자기 형제의 후사를 일으켰다.(마르 12, 19 참조) 그러므로 요셉은 솔로몬 가계의 야곱의 아들로 태어났지만, 법에 의해 나탄 가계의 헬리의 아들이었다. 다시 말해서, 본성에 따라서 태어난 아들은 그를 낳은 아버지의 아들이었지만, 법에 따라서 고인의 아들이었다.*

또한 《교회사》와 베다(Beda)의 《연대기》에 의하면, 히브리인과 외국인의 모든 족보가 신전의 비밀문서고에 보관되어 있었다고 한다. 헤로데가 이 기록을 불태우라고 명령했는데, 반대 증거가 없는 한 사람들이 자신을 이스라엘 귀족으로 생각할 것이라고 여겼던 것이다. 또한, 그리스도와 밀접한 관계가 있고 나자렛 출신이기에 도미니치(dominici, 주님의 사람들)라고 불린 사람들도 있다. 도미니치는 조상에게서 배운 것과 집에 있는 책에서 배운 것을 바탕으로 그리스도의 가계 순서를 잘 알고 있었다.

요아킴은 안나(Anna)라는 이름의 아내를 얻었고, 안나에게는 히스메리아(Hismeria)라는 이름의 자매가 있었다. 히스메리아는 엘리사벳(Elizabeth)과 엘리우드(Eliud)의 어머니였고, 엘리사벳은 세례자 요한의 어머니였다. 엘리우드는 에미넨(Eminen)의 아버지였고, 에미넨은 성 세르바시오(Servatius, 그의 시신은 리에 주/Liége 교구 뫼즈/Meuse의 마스트리흐트/Maastricht 시에 있다)의 아버지였다. 안나에게는 요아킴, 클레오파스(Cleophas), 살로메(Salome)라는 3명의 남편이 있었다. 그녀는 첫째 남편인 요아킴에게서 한 명의 딸, 마리아를 낳았고 마리아는 요셉과 결혼하여 주님인 그리스도를 잉태하고 낳았다. 안나는 남편 요아킴이 죽은 후 요셉의 형제인 클레오파스와 결혼해서 또다른 딸을 낳았는데 그 딸 이름도 마리아라 불렸으며 알페오(Alpheus)와 결혼하였다. 이 마리아는 남편에게서 4명의 아들, 즉 소 야고보, 의인(義人) 요셉,(바르사빠스/Barsabas라고도 불림) 시몬, 유다를 낳았다. 두 번째 남편이 죽은 후에 안나는 셋째로 살로메와 결혼했다. 살로메

---

* 즉, 고인은 그 어머니의 첫 번째 남편. 이 족보에 있는 혼란의 일부는 마태오 복음 1장 15절에서 야곱의 아버지로 묘사된 마탄(Mathan, Matthan)을 포함하지 않았기 때문이다. 우리의 저자는 이 마탄을 자신이 인용하였던 나탄 가문의 한 사람과 동일시한다. 이 점이 마리아와 예수가 다윗의 혈통임을 확인하는 족보의 목적을 달성하는 데 도움이 되지만, 혼란을 완전히 없애지는 못한다.

와의 사이에서 또 다른 딸이 있었는데, 그녀도 마리아라고 불렸다. 이 마리아는 제베대오(Zebedaeus)와 결혼했으며 두 아들, 즉 대 야고보와 요한 복음사가가 있었다. 이 모든 것이 다음의 운문에서 압축되어 보여준다.

안나는 세 명의 마리아를 임신했다고 한다.
그녀의 남편들 요아킴, 클레오파스, 살로메에게서 자식을 보았다.
마리아들은 요셉, 알패오, 제베대오를 남편으로 맞이하였고,
첫째 마리아는 그리스도를,
둘째 마리아는 소 야고보와 의인 요셉과 시몬과 유다를
셋째 마리아는 대 야고보와 날개 달린 요한*을 낳았다.**

그러나 이제 한 가지 질문이 생긴다. 다른 곳에서 말하는 것처럼, 마리아가 어떻게 엘리사벳의 사촌이 될 수 있는가? 엘리사벳이 레위 지파였던 즈카르야의 아내였던 것은 분명하고, 율법에 따라 남자는 자기 지파와 가족에서 아내를 선택해야 했지만, 루카는 엘리사벳이 아론의 딸이었다고 진술한다.(루카 1, 5) 예로니모에 따르면, 안나는 유다 지파에 속한 베들레헴 출신이었으나, 아론과 수석 사제인 여호야다(Joiada)는 유다 지파의 아내를 택했다는 것을 염두에 두자. 이것은 사제직과 왕직 지파들은 항상 혈연으로 연결되어 있음을 증명한다. 베다에 따르면, 이런 종류의 관계는 한 지파에서 다른 지파로 여자들을 시집보내는 것에 의해 후대에 발전하여, 왕족의 후손인 마리아가 사제 지파와 친족의 유대를 가졌다는 것이 명백한 것일 수 있다. 따라서 복되신 마리아는 두 지파에 속했다. 하느님은 이 특권을 가진 지파들이 신비로 서로 섞이기를 원했다. 왜냐하면, 주 그리스도는 그들에게서 태어나기로 되어 있었고, 왕이며 사제인 그리스도가 우리를 위해 자신을 바치고, 이승의 악들 가운데

복되신 동정 마리아의 탄생

* 사도 요한을 일컫는 용어
** Anna solet dici tres concepisse Marias, / Quas genuere viri Joachim, Cleophas, Salomeque. / Has duxere viri Joseph, Alpheus, Zebedaeus. / Prima parit Christum, Jacobum secunda minorem, / Et Joseph justum peperit cum Simone Judam, / Tertia majorem Jacobum volucremque Joannem.

서 고군분투하는 자신을 따르는 사람들을 다스려야 하고, 그들이 싸움에서 승리한 후에 그들에게 월계관을 씌울 것이기 때문이다. 이것은 또한 '기름 부음 받은 자'를 의미하는 그리스도의 이름으로도 암시된다. 구약에서는 사제들과 왕들과 예언자들만 기름 부음을 받았기 때문이다. 이런 이유로 우리는 그리스도를 쫓는 그리스도인들이라 불리고 있고 선택된 겨레이고 임금의 사제단(1베드 2, 9)이라 불리고 있다. 그리고 여자들은 자기 지파의 남자하고만 결혼해야 한다고 했을 때, 이것이 제비뽑기로 땅의 분배를 혼란스럽게 하지 않기 위해 명령된 것임이 확실하다. 레위 지파는 다른 지파들 사이에서 분배받은 몫이 없었기 때문에, 그 지파의 여자들은 자신들이 원하는 그 누구와도 결혼할 수 있었다.

복된 예로니모는 저서 《동정녀의 탄생의 역사》(Historia nativitatis Virginis) 서문에서 젊은 시절에 몇몇 책에서 읽었고, 여러 해가 지난 뒤에 그 내용을 글로 쓰라는 요청을 받아 자신이 어릴 때 읽었던 것에서 기억나는 대로 기록했다고 밝히고 있다. 나자렛 마을 출신의 갈릴래아 사람인 요아킴(Joachim)은 베들레헴 출신의 성녀 안나를 아내로 맞았다. 그들은 의로웠고 주님의 모든 계명에 조금의 어긋남 없이 행했다. 그들은 재산을 세 부분으로 나누었다. 한 부분은 성전과 그곳 봉사자들을 위해, 하나는 나그네와 가난한 사람들을 위해, 세 번째 부분은 자신과 가족을 위해 남겨두었다. 그들은 자녀 없이 20년 동안 살았고 만일 하느님이 아기를 준다면, 하느님을 위한 봉사에 아이를 바칠 것이라고 주님께 서약했다. 이것을 염두에 두고 그들은 세 가지 주요 축제에 참가하려고 예루살렘에 올라갔다. 한번은 요아킴과 그의 친척들이 성전 봉헌 축제를 위해 예루살렘으로 갔을 때, 그는 사람들과 함께 제물 봉헌을 하려고 제단으로 갔다. 그를 본 사제가 화가 나서 떠나라고 명령했다. 주제넘게 하느님의 제단으로 간다고 신랄하게 비난했고, 율법의 저주를 받은 사람이 율법의 주님에게 제사를 드리는 것은 올바르지 않으며, 하느님의 백성을 증가시키지 못한 불임인 사람이 아들을 낳은 사람들 사이에 서 있는 것은 합당치 않다고 선언했다.

요아킴은 이렇게 거부당하고 집에 돌아가서 사제의 비난을 들었던 친척들의 멸시를 당할 것이 부끄러웠다. 그는 집으로 돌아가는 대신에 자신의 목자들과 함께 살았다. 그러던 어느 날, 그가 홀로 있을 때 한 천사가 큰 광채를 띠며 나타났다. 천사는 당황한 그에게 두려워하지 말라고 하면서 말했다. "나는 주님의 천사로, 당신의 기도가 응답되었고 당신의 자선 행위들이 주님께 올려졌다는 것을 알리려고 보내졌습니다. 당신이 수치를 당하는 것을 보았고, 자녀가 없다는 비난을 부당하게 받았다는 것을 들었습니다. 하느님은 인간성이 아니라 죄를 벌하십니다. 그 때문에 그분이 여자의 태를 닫는 것은 나중에 기적적으로 열기 위함이었으며, 태어나는 것은 육욕의 결실이 아니라 하느님의 관대하심의 결실이라는 것을 알게 하려고 이렇게 하십니다. 당신 씨족의 첫 번째 어머니가 90세가 되도록 아이가 없음에 대한 부끄러움으로 고통 받았지만, 그래도 모든 민족의 축복을 약속받은 이사악을 낳지 않았습니까? 라헬은 오랫동안 임신하지 못했지만, 이집트 전역에 대한 권력을 가졌던 요셉을 낳지 않았습니까? 누가 삼손보다 더 강하고 사무엘보다 더 거룩하였습니까? 그렇지만 그들 둘 다의 어머니는 자식을 못 낳는 분들이었습니다. 지연된 임신과 불임의 출산이 일반적으로 훨씬 더 훌륭함을 보여주는 이유와 사례를 믿으십시오! 당신의 아내는 딸을 낳을 것이고 그녀를 마리아라 부르십시오. 당신이 서약했던 것처럼, 그녀는 유아기 때부터 주님께 축성될 것이고 어머니의 태중에서부터 성령으로 가득 찰 것입니다. 그녀는 어떤 사악한 의혹이 일어나지 않도록 일반인들 사이에서 살지 않고 언제나 성전 안에서 머무를 것입니다. 그리고 그녀가 아이를 낳지 못했던 어머니에게서 태어나는 것처럼, 그렇게 기적적으로 가장 높으신 분의 아드님이 그녀에게서 태어날 것입니다. 그의 이름은 예수가 될 것이고, 그를 통해 모든 민족이 구원될 것입니다. 그리고 이것이 당신에게 표징이 될 것입니다. 당신이 예루살렘의 황금 문에 도착하면, 당신의 아내 안나가 기다리고 있을 것입니다. 당신이 너무 늦어서 걱정하던 그녀가 기뻐할 것입니다." 이 말을 마친 후 천사는 떠났다.

한편, 남편이 어디로 갔는지 몰라 비통하게 울고 있는 안나에게 같은 천사가 나타나 요아킴에게 말했던 같은 내용을 알려주고, 표징으로 예루살렘의 황금 문으로 가면 돌아온 남편을 만날 것이라고 덧붙였다. 그래서 천사의 예견대로 만난 그들은 기뻐하며 아기를 가질 것이라고 확신했다. 그들은 하느님을 흠숭하고 집으로 돌아가서 하느님의 약속이 실현되기를 기쁘게 기다렸다. 안나는 임신하여 딸을 낳았고, 이름을 마리아라고 지었다. 마리아가 3세에 젖을 떼자, 부모는 제물과 함께 주님의 성전으로 데려갔다. 성전 주변에는 15개의 층계 시편(Psalmi graduales)에 상응하는 15개의 계단이 있었는데, 성전이 언덕 위에 건축되었기 때문에 드넓은 곳에 서 있는 번제(燔祭, holocaustum)의 제단으로 가는 길은 바깥에 세워져 있는 계단을 올라가는 것 외에는 없었다. 아이인 마리아(성모)는 누구의 도움 없이 가장 낮은 계단에 앉았고, 마치 이미 충분히 성숙한 것처럼 꼭대기로 올라갔다.

제물을 바친 요아킴과 안나는 딸을 다른 동정녀들과 함께 성전에 두고 집으로 돌아갔다. 마리아는 모든 거룩함에서 꾸준히 성장하였다. 천사들이 매일 그녀를 방문했고, 그녀는 매일 하느님의 환시를 즐겼다. 예로니모는 〈크로마시오와 헬리오도로에게 보낸 편지〉(Epistola ad Chromatium et Heliodorum)에서 성모 마리아는 자신을 위한 규칙을 정했다고 말한다. 그녀는 새벽부터 3시까지 기도에 전념하였고, 3시부터 9시까지 직물을 짜는 일을 하였고, 9시부터는 천사가 음식을 가져올 때까지 멈춤 없이 기도했다.*

마리아가 14세가 되었을 때, 수석 사제는 성전 안에서 길러지고 성년이 된 처녀들은 고향으로 돌아가 법적으로 정혼한 남자와 결혼해야 한다고 공개적으로 발표했다. 다른 소녀들은 이 칙령에 복종했고 오직 복되신 동정 마리아만이 그렇게 할 수 없다고 대답했다. 부모가 하느님께 대한 봉사에 자신을 바쳤기 때문만이 아니라, 자신은 하느님에게 동정을 서약했다고 했다. 당황한 수석 사제는 "주 너희 하느님께 서원하고 채워 드려라."(시편 76, 12)라는 성경 말씀을 거스르려고 하지도 않았고, 나라에서 일반적이지 않은 관습을 감히 도입하지도 않았다. 유다인들의 축일이 임박하였고, 사제는 이 문제를 상의하기 위해 원로들을 불러 모았다. 원로들은 만장일치로 주님의 권고를 구하기로 결정했다. 그들은 간절히 기도했고, 수석 사제는 주님의 의견을 들으려고 안으로 들어갔다. 얼마 안 되어 모든 사람이 들을 수 있도록 성소에서 한 음성이 들렸다. "다윗 가문에서 결혼하지 않았지만 결혼할 수 있는 남자는 각각 제단으로 가지 하나를 가지고 와라. 이사야의 예언대로 이 가지들 중 하나가 꽃이 만발할 것이고 비둘기의 모습의 성령이 그 가지 끝에 앉을 것이다. 이 가지

---

* 로마제국이 사용한 시간에 따르면, 3시는 현재의 11시, 9시는 오후 5시이다. – 역자 주

를 소유한 사람은 의심할 여지 없이 동정녀의 배우자가 될 사람이다."

남자들 중에 다윗 가문의 요셉은 나이가 많은 자신이 그토록 어린 젊은 여자를 아내로 맞아들이는 것이 어울리지 않는다고 생각해서 다른 사람들이 가지를 제단에 놓을 때 자신의 가지를 내놓지 않았다. 그래서 하느님의 음성이 예견했던 일이 일어나지 않았다. 수석 사제는 두 번째로 주님에게 의견을 듣기로 했다. 그 음성은 가지를 가져오지 않은 한 사람이 동정녀를 맞아들일 사람이라고 대답했다. 그래서 요셉이 가지를 앞으로 가져왔고, 가지는 즉시 꽃을 피웠고 한 마리 비둘기가 하늘로부터 내려와 가지 위에 앉았다. 그래서 요셉이 마리아의 남편이 될 것이라는 것이 모든 사람에게 분명해졌다.

약혼식이 이루어지자마자 요셉은 집을 준비하고 결혼식에 필요한 준비를 하려고 고향 베들레헴으로 돌아갔다. 반면 마리아는 기적을 보여주었던 것 때문에 수석 사제가 배정한 7명의 동정녀(그녀와 나이와 혈통이 같은)와 함께 나자렛에 있는 부모님 집으로 돌아갔다. 그리고 그녀가 기도하고 있을 때 천사 가브리엘이 나타났고, 하느님의 아드님의 어머니가 될 것이라고 알려주었다.

성모 마리아의 탄생 날짜는 오랫동안 신자들에게 알려지지 않았다. 그리고 요한 벨레토(Joannes Belethus)가 말한 것처럼, 관상을 부지런히 실천하는 한 거룩한 사람이 있었는데, 그가 매년 9월 8일에 기도할 때, 장엄한 찬가를 부르는 기쁨에 찬 천사들의 성가대가 노래하는 것을 들었다. 그는 왜 다른 날에는 이를 듣지 못하는지 이유를 알고자 열심히 기도했다. 그는 이날에 영광스러운 성모 마리아가 세상에 태어났고, 이것을 거룩한 교회의 자녀들에게 알려 그들이 하늘 궁정에서 그녀의 탄생을 축하할 수 있도록 해야 한다는 응답을 하느님에게서 받았다. 요한 벨레토는 이 사실을 최고의 사제장(Summus Pontifex)과 다른 사람들에게 전했고, 그들은 단식하고 기도하고 진리를 확인하기 위해 성경과 고대 문서를 조사하면서 이날을 거룩한 마리아의 탄생을 기념하여 전 세계에서 거행되어야 한다고 선언했다.

마리아의 탄생의 팔일 축제(octava)가 장엄하게 거행되지 않았던 때가 있었으나, 제노바 출신인 인노첸시오 4세가 다음과 같은 이유로 그 거행을 제정했다. 그레고리오 교황의 선종 후에, 로마인들은 후임자를 더 빨리 선출하도록 모든 추기경을 콘클라베(conclave) 안에 가두었다. 그러나 몇 주 후에도 합의에 도달하지 못하고 로마인들로부터 많은 모욕을 받아야 했을 때, 만일 성모님의 중재로 교황을 선택하고 자유롭게 집에 갈 수 있게 된다면, 오랫동안 방치된 성모 마리아의 탄생 팔일 축제를 그때부터 거행되도록 결정할 것이라고 하늘의 여왕에게 서약했다. 그래서 그들은 첼레스티노 추기경을 선출한 후 풀려나왔다. 그러나 첼레스티노는 한 달도 못 되어 선종했고, 그들의 서약은 인노첸시오에 의해 법이 되었다.

교회는 오직 3명의 생일, 즉 그리스도의 생일, 거룩한 마리아의 생일, 세례자 요한의 생일만을 장엄하게 거행한다는 점에 주목하자. 이 세 번의 생일은 세 번의 영적 탄생을 기념한다. 우리는 요한과 함께 물에서, 마리아와 함께 뉘우침에서, 그리스도와 함께 영광에서 재탄생되기 때문이다. 성인 세례의 재탄생은 통회가 선행되어야 하므로 영광의 재탄생과 마찬가지로 이 두 생일에는 당연히 전야(vigilia)가 있다. 그러나 뉘우침은 그 자체가 전야이고, 따라서 뉘우침 안에서 우리의 재탄생은 전야를 요구하지 않는다. 그러나 세 가지 모두 팔일 축제가 있다. 그들은 모두 부활의 팔일 축제를 고대하기 때문이다.

전투에서 용감했던 한 기사가 있었는데 성모 마리아를 헌신적으로 열렬히 공경했다. 그는 마상(馬上)시합에 가는 길에 성모 마리아를 기념하여 건축된 수도승원으로 미사에 참여하려고 갔다. 그러나 미사는 다른 미사를 이어받았고, 성모 마리아의 영예를 위해 그는 그 중 어느 미사도 놓치고 싶지 않았다. 마침내 미사를 마친 기사는 수도승원을 떠나 최대한 빨리 마상시합이 열리는 들판을 향해 갔다. 그리고 보라. 그는 들판에서 돌아오는 기사들과 마주쳤고, 그들은 마상시합을 아주 잘해낸 그를 축하했다. 그곳에 있던 모든 사람이 똑같이 말했고, 승리의 명단에 있는 그에게 모두 박수를 보냈다. 그가 그들을 사로잡아 즉시 항복시켰다고 말하는 사람들도 있었다. 통찰력이 뛰어난 그 기사는 천상의 여왕이 자신에게 영광을 주는 것을 보았다. 기사는 그들에게 무슨 일이 있었는지 상황을 설명하고 수도승원으로 돌아와서 성모 마리아의 아드님을 위한 군인이 되었다.

복되신 마리아에게 최고의 존경과 신앙심을 가졌던 한 주교가 한밤중에 성모 마리아의 성당으로 가던 중이었다. 그리고 보라! 동정녀들의 동정녀는 많은 동정녀의 합창단을 동반하고 주교를 만나러 와서 높은 영예로 그를 맞이하고 그가 가려던 성당으로 인도했다. 그 성가대의 두 동정녀가 성가를 이끌고 다음과 같이 노래했다.

주님께 노래합시다, 동료들이여, 그분의 영예를 노래합시다.
그리스도의 달콤한 사랑이 경건한 입안에 울려 퍼지도록.*

동정녀들의 전 합창단이 성가를 부르며 구절을 반복하는 동안 두 명의 선도자는 박자에 맞추어 다음 두 절을 노래하였다.

첫째 사람은 교만함으로 위대한 빛으로부터 깊은 곳으로 타락하였고,
이렇게 사람이 교만하였을 때, 첫째 사람은 심연으로 떨어졌다.**

그리하여 그들은 하느님의 사람을 이끌고 성당으로 가는 행렬을 이루었고, 두 명의 선도자는 항상 이 구절을 읊고 나머지는 화답하였다.

남편을 잃은 한 여자에게는 사랑하는 외아들이 위로가 되었다. 그러나 그 아들이 적들에게 체포되고 쇠사슬에 묶여 투옥되는 일이 일어났다. 소식을 들은 그녀는 슬픔을 가누지 못하고 흐느껴 울었고, 자신이 매우 헌신했던 성모 마리아에게 아들의 석방을 위해 쉬지 않고 기도했다. 자신의 기도가 응답받지 못했다는 것을 알고 복되신 마리아의 조각상이 있는 성당에 홀로 가서, 그 상(像) 앞에 서서 이야기를 걸었다. "오 복되신 성모 마리아님, 저는 당신에게 저의 아들의 석방을 청하였지만, 당신은 지금까지 이 불쌍한 어머니를 도우러 오지 않으셨습니다. 저는 제 아들을 위해 당신의 보호를 청했지만 저의 기도에 대한 보답을 받지 못했습니다. 그러므로 제 아들을 저에게서 빼앗아 간 것처럼, 저는 당신에게서 당신의 아드님을 빼앗아 저의 아들을 위한 인질로 구금하고 있겠습니다." 그런 다음 그녀는 올라가서 성모 마리아의 무릎에

* Cantemus Domino, sociae, cantemus honorem, / Dulcis amor Christi resonet ore pio.
** Primus ad ima ruit magna de luce superbus, / Sic homo cum tumuit, primus ad ima ruit.

서 아기 성상을 가지고 집에 가서 깨끗한 천으로 싸서 찬장에 숨긴 후 조심스럽게 잠갔다. 이렇게 그녀는 자신의 아들을 위해 훌륭한 인질을 가진 것에 기뻐하면서 지켰다.

다음날 밤 성모 마리아가 그 젊은이에게 나타나서 감옥 문을 열어 주었다. 성모 마리아는 그에게 일어나 떠나라고 하면서 말했다. "아들아, 내가 너를 네 어머니에게 돌려준 것처럼 나에게 나의 아드님을 돌려줘야 한다고 너의 어머니에게 말해야 한다." 젊은이는 자신의 어머니에게 가서 성모 마리아가 자신을 어떻게 자유롭게 해주었는지를 말했다. 기뻐한 그녀는 아기 예수님 형상을 가지고 성당으로 갔고, 마리아에게 그녀의 아드님을 돌려주면서 말했다. "성모님, 저의 외아들을 돌려주셔서 감사드립니다. 이제 저는 제 아들을 받았으니 당신의 아드님을 당신께 돌려드립니다."

많은 강도질을 했지만, 복되신 마리아에게 깊은 신심으로 기도로 자주 인사했던 도둑이 있었다. 그러나 한번은 강도질 중에 잡혀서 교수형을 선고받았다. 교수형에 처해진 그가 교수대에 매달려 있을 때, 성모 마리아는 그의 옆에 있었고, 그가 다치지 않도록 3일 동안 매달린 그를 안아주었다. 그러나 그때 그를 목매달았던 사람들이 지나가다가 그가 살아서 쾌활한 표정을 보고, 올가미를 제대로 매지 않은 줄 알고 칼로 끝장낼 준비를 했으나, 성모 마리아가 검객의 무기를 제지하여 그 도둑에게 어떤 해도 끼칠 수 없었다. 그들은 복되신 마리아가 어떻게 그를 도우러 왔는지 그에게서 배웠다. 사람들은 이상히 여겨 그를 끌어내렸고 성모 마리아에 대한 사랑 때문에 그를 풀어 주었다. 그는 수도승원에 입회하였고 하느님의 어머니를 위해 남은 생을 보냈다.

성모 마리아를 헌신적으로 사랑하고 성모 성무일도를 충실히 암송하던 한 성직자가 있었다. 다른 자녀가 없었던 그의 부모는 세상을 떠나면서 모든 재산을 그에게 남겼다. 그러자 친구들은 그에게 아내를 맞아 유산을 관리하라고 압력을 가했다. 약속된 날 그는 결혼식에 가면서 성당을 지나가다가 마리아에 대한 봉사를 기억하고 성당에 들어가서 성모 성무일도를 바치기 시작했다. 성모 마리아는 그에게 나타나서 마치 화가 난 것처럼 말했다. "오, 어리석고 불충한 사람아! 왜 너는 너의 친구이자 배우자인 나를 버리고 다른 여자를 찾느냐?" 성직자는 이 말을 듣고 뉘우침으로 가득 찼지만, 자신의 고통을 숨기고 동료들에게 가서 결혼식을 감행했다. 그러나 자정에, 그는 모든 것을 뒤로한 채 집에서 도망쳐 수도승원에 들어가 마리아를 섬기는 일에 헌신했다.

어떤 한 본당의 사제는 고결한 삶을 살았으며, 매일같이 마리아를 기념하며 복되신 동정 마리아의 미사 외에 다른 미사를 알지 못했다. 이것이 주교의 주의를 끌었고, 주교는 즉시 사제를 불렀다. 사제는 자신이 다른 미사를 알지 못한다고 주교에게 말했다. 주교는 그를 엄하게 꾸짖으며 사기꾼이라고 불렀고, 본당 의무에서 직무 정지 외에 성모 마리아의 미사 봉헌을 금지했다. 다음 날 밤 복되신 마리아가 주교에게 나타나서 호되게 꾸짖으며, 왜 자신의 종에게 심하게 대했는지를 물었다. 마리아는 주교가 그 사제를 자신의 본당에 복직시키지 않는 한 30일 내에 죽을 것이라고 덧붙였다. 충격을 받은 주교는 사제를 불러서 용서를 청했고, 성모 마리아의 미사 외에 다른 어떤 미사도 봉헌하지 말라고 명령했다.

허영심이 많고 방종하지만 주님의 어머니를 헌신적으로 사랑하며 경건하게 성모 성무일도를 암송하는 성직자가 있었다. 어느 날 밤, 그는 환시로 하느님 재판석 앞에 서 있는 자신을 보았고 주님이 참석한 사람들에게 말씀하시는 것을 들었다. "당신을 보고 있는 사람이 어떤 판단을 받아야 할지 결정하는 것은 당신의 몫입니다. 나는 오랫동안 그의 품행을 참았지만 지금까지 어떤 개선의 여지도 보이지 않습니다." 그러자 주님은 만장일치로 그 성직자에게 지옥살이의 형벌을 선고했다. 그러나 그때 성모 마리아가 일어나서 자신의 아드님에게 말하는 것을 보았다. "사랑하는 아드님, 나는 이 사람에게 당신의 관대함을 요청합니다. 비록 그가 참으로 받아야 할 것은 죽음이지만 나에 대한 열의를 보아서 지옥살이 관결을 완화하고 그를 살려주십시오." 주님은 "이제부터 그가 자신의 습관을 고치는 조건으로 당신의 청원을 허락합니다."라고 대답했다. 성모 마리아가 그 사람에게 돌아서서 말했다. "너에게 더 이상 나쁜 일이 일어나지 않도록 돌아가서 더 이상 죄짓지 마라!" 환시에서 깨어난 그 사람은 생활 방식을 바꾸고 수도자가 되었으며, 남은 삶을 선행 안에서 보냈다.

샤르트르의 풀베르토(Fulbertus Carnotensis)의 이야기에 따르면, 서기 537년 시칠리아에 재무관(財務官, vicedominus)으로서 주교에게 봉사하던 테오필로(Theophilus)라는 이름의 한 남자가 있었다. 테오필로는 교회 일을 아주 능숙하게 처리하여 주교가 선종했을 때, 모든 주민은 그를 주교직에 합당한 사람으로 칭송했다. 그러나 그는 재무관으로 남는 것에 만족하고, 다른 사람이 주교로 수품되기를 원했다. 그러나 시간이 지나면서 이 신임 주교는 내키지 않던 테오필로를 직무에서 파면하였고, 절망에 빠진 테오필로는 영예로운 지위를 되찾으려고 유다인 마법사에게 조언을 구했다. 그 마법사가 즉시 악마를 소환했다. 이에 악령의 명령으로 테오필로는 그리스도와 그의 어머니와의 인연을 끊고, 그리스도교 믿음을 거부하고, 자신의 피로 이 내용을 써서 서명하고 봉인하여 악령에게 주어 악마를 섬기기로 맹세했다. 다음 날 악마의 속임수로 테오필로는 다시 주교의 호감을 사서 자신의 직무에 복귀했다.

그러나 시간이 지나면서 정신을 차린 선한 사람은 자신의 행동을 후회하고, 마음을 다한 신앙심으로 영광스러운 성모 마리아에게 호소했다. 어느 순간 복되신 마리아가 나타나 그의 사악한 행위에 대해 신랄하게 비난하며 악마를 버리라고 명령하고, 성모마리아와 하느님의 아드님인 그리스도 안에서, 모든 그리스도교 교리에 대한 믿음을 고백하도록 만들었다. 그래서 마리아는 자신과 아드님의 호의로 그를 데려왔고, 용서받은 자의 표시를 그에게 주었다. 마리아는 그에게 다시 나타나 그가 여전히 악마를 섬길까 두려워할 필요가 없다는 표시로 악마에게 주었던 두루마리를 그의 가슴에 두었다. 테오필로는 그녀의 중재로 자유인이 되어 기쁨에 넘쳤다. 그는 주교와 모든 주민 앞에서 이 사건을 자세히 설명했다. 모든 사람은 감탄했으며 영광스러운 성모 마리아에게 찬미를 드렸고, 3일 후에 테오필로는 주님의 평화 안에서 잠들었다.

한 부부에게 외동딸이 있어 젊은 남자와 결혼했고 딸에 대한 사랑으로 딸 부부를 자신들의 집으로 데려왔다. 그 소녀의 어머니는 자기 딸을 사랑하기 때문에 사위를 매우 친절하게 보살폈고 사위를 향한 사랑이 딸이 남편에게 보내는 사랑보다 컸다. 그런 상황에서, 사악한 사람들은 그 여자가 딸을 위해서가 아니라 젊은 사위를 사랑해서 딸에게서 빼앗으려 한다고 수군대기 시작했다. 거짓 소문에 불안해진 장모는 소문이 번질까 두려워서 두 명의 시골 사람에게 사위를 몰래 목을 졸라 죽이면 각각 20솔(sol)을 주겠다고 약속했다.

그래서 어느 날, 장모는 남편에게 일을 보러 밖으로 나가게 하고, 딸은 심부름을 보낸 후 두 사람을 집 포도주 저장실에 숨겼다. 그런 다음 사위에게 포도주 저장고에 가서 포도주를 가져오라고 시켰고, 사위는 두 악한에 의해 질식사했다. 장모는 숨진 사위를 딸의 침대에 눕히고 마치 잠든 것처럼 덮어주었다. 남편과 딸이 집에 돌아와서 저녁 식사를 위해 식탁에 앉았고, 어머니는 딸에게 사위를 깨워 저녁 식사에 데려오라고 말했다. 남편의 시신을 발견한 딸은 고함을 지르며 온 가족이 슬퍼하였으며 장모도 슬픈 척했다. 그러나 시간이 지나면서 장모는 자신이 저지른 범죄에 대해 슬퍼하며 사제에게 모든 사실을 고백했다. 얼마 후에 그 여자와 사제 사이에 논쟁이 일어났고, 사제는 그녀를 사위의 살인자로 고발했다. 이 사실을 들은 사위의 부모들은 장모를 재판에 넘겼고, 재판관은 장모에게 화형을 선고했다. 자신의 끝이 가까이 왔음을 깨달은 그 여자는 그리스도의 어머니에게 의탁했고, 성모 마리아의 성당으로 가서 눈물과 기도를 하며 엎드렸다. 하지만 그녀는 끌려 나와 타오르는 불 속에 던져졌지만, 해를 입지 않은 채 화염 한 가운데에 서 있었다. 죽은 남자의 친척들은 불이 부족하다고 생각하여 장작을 더 가져와서 던져 넣었지만 여자에게 여전히 상처가 없는 것을 보고 긴 창과 투창으로 공격했다. 재판관은 이 상황에 망연자실하여 사람들의 공격을 저지한 후 그녀를 주의 깊게 살펴보았으나 긴 창으로 인한 상처 외에는 다른 흔적이 없었다. 사람들은 그녀를 집으로 데려가 찜질과 목욕으로 그녀를 회복시켰다. 그러나 그녀가 더 이상 불명예를 받는 것은 하느님의 뜻이 아니었으며 그녀가 3일 동안 성모 마리아를 찬미하면서 버틴 후에, 하느님은 이승에서 그녀를 불러가셨다.

···✦··· 132 ···✦···

성 고르넬리오와 치프리아노

고르넬리오(Cornelius)는 '할례를 이해하는 사람'으로 해석된다. 교황 고르넬리오는 할례를 이해했고, 그랬기 때문에 불필요한 것뿐만 아니라 심지어 필요한 것까지도 모두 단절한 채 살았다. 혹은 그 이름은 '뿔'을 의미하는 코르누(cornu), '사람'을 의미하는 레오스(leos)에서 유래했다. 이런 이유로 '사람들의 뿔', 또는 '사람들의 강인함'을 의미한다. 치프리아노

(Cyprianus)는 '혼합물'을 뜻하는 치프루스(cyprus)와 '위에'를 뜻하는 아나(ana)에서 유래했다. 또는 '슬픔'이나 '상속 재산'을 의미하는 치프루스에서 유래되었다. 성 치프리아노는 은총과 덕, 죄에 대한 슬픔, 천상의 기쁨을 물려받은 천상의 혼합물을 가지고 있었다.

성 파비아노(Fabianus)의 후계자인 교황 고르넬리오는 데치우스 부황제에 의해 자신의 성직자와 함께 유배되었다. 유배 중에 카르타고의 주교 성 치프리아노로부터 격려와 위로의 편지들을 받았다. 시간이 지나 그는 유배지에서 소환되어 데치우스 앞에 끌려왔다. 그의 믿음이 흔들리지 않고 계속되자, 황제는 납을 씌운 채찍으로 때리게 한 뒤, 마르스(Mars) 신전으로 끌고 가 제물을 봉헌하게 하고, 만약 거부하면 사형을 집행하라고 명령했다. 사형 집행장으로 가는 길에 한 군인이 교황에게 자기 집으로 가서 5년 동안 중풍으로 누워있는 아내를 위해 기도해 달라고 요청했다. 교황이 기도하자 그 아내는 치유되었다. 그 결과 군인 부부는 물론, 20명의 군인이 주님을 믿었다. 데치우스의 명령으로 그들은 마르스 신전으로 끌려갔으나 우상에게 침을 뱉었고 성 고리넬리오와 함께 순교했다.

카르타고의 주교 치프리아노는 그 도시에 있는 지방 총독(proconsul) 파트로누스(Patronus)에게 끌려갔다. 그가 믿음을 포기하지 않자 유배지로 보내졌고, 그다음에 파트로누스를 계승한 지방 총독 안글리리쿠스(Angliricus)에 의해 재소환되어 사형을 선고받았다. 그 판결이 선고될 때, 치프리아노는 하느님에게 감사를 드렸다. 처형 장소로 끌려간 그는 곁에서 돕던 성직자에게 자기 목을 벨 망나니에게 금화 15닢을 주라고 부탁했다. 그런 다음 눈가리개가 주어지자 그는 직접 자기 눈을 가렸고, 서기 약 256년에 순교의 월계관을 받았다.

———————— ⋯✦ **133** ✦⋯ ————————

성 람베르토

람베르토(Lambertus, Lambert)*는 귀족 태생으로 그의 거룩한 삶은 더욱 고귀했다.

그는 어려서부터 읽고 쓰는 교육을 받았다. 그는 거룩함으로 인해 크게 신망 받았기에 스승이자 마스트리흐트(Maastricht)의 주교 테오다르도(Theodardus)를 계승하기에 합당하다고 여겨졌다. 킬데리쿠스(Childericus)**는 그에게 큰 애정을 가졌고 모든 주교 중에서 가장 총애했다. 그를 시기하는 사람들의 악의가 커져 결국 아무 이유 없이 주교좌에서 밀려났고, 마땅히 받아야 할 영예도 박탈당했다. 사람들은 그의 자리에 페라문두스(Feramundus)를 주교로 취임시켰다. 람베르토는 수도승원에 들어가서 5년 동안 가장 공로가 있는 삶을 살았다.

어느 날 밤, 그가 기도를 마치고 일어나서 자신도 모르게 약간의 발소리를 냈다. 그 소리를 들은 아빠스가 말했다. "소음을 낸 자는 누구든지 즉시 십자가로 가라." 고행복을 입은 람베르토는 맨발로 십자가까지 달려갔고 눈과 얼음 속에서 꼼짝하지 않고 서 있었다. 다음 날 아침, 수도승들이 조과(朝課, matutinum) 후 몸을 따뜻하게 데우고 있을 때, 아빠스는 람베르토가 없는 것을 깨달았다. 수도승 중 한 사람이 주교님은 십자가 앞에 가 있다고 말하자, 아빠스는 그를 안으로 데려오게 하였고, 모든 수도승과 함께 그에게 용서를 간청했다. 하느님의 사람은 그들을 친절하게 용서하였을 뿐만 아니라, 인내의 덕에 대해 숭고하게 설교했다.

7년 후에 페라문두스는 추방되었고, 피피누스(Pipinus, Pepin)***의 명령으로 성 람베르토가 다시 주교좌로 돌아와 이전처럼 말과 모범으로 능력을 보였다. 그때 두 명의 악한(惡漢)이 문제를 일으키기 시작했고, 주교의 친구들은 두 악한이 죽어 마땅하다며 죽여버렸다. 동시에 람베르토는 피피누스가 관계를 맺고 있던 음란한 여자에 관련된 일을 맡게 되었다. 죽임을 당한 두 악한의 혈족이고 그 음란한 여자의 형제인 도도(Dodo)라는 이름의 남자가 왕의 궁전에서 하인으로 일하고 있었다. 그 사람은 자기 친척의 죽음에 대한 복수를 위해 사람을 모아 무장하고 주교의 집을 포위했다. 람베르토가 기도하고 있을 때 하인이 와서 밖의 상황을 알렸고, 하느님을 신뢰하는 주교는 공격자들을 몰

---

*   라틴어본은 람페르토(Lampertus)라고 표기되어 있지만, 라틴어판 《로마 순교록》(Martyrologium Romanum, C.L.V. edizioni Liturgiche, 1998)에 따라서 람베르토로 표기한다. – 역자 주
**   메로빙거 왕조에 속한 아우스트라시아의 왕 킬데리쿠스 2세(653?~675)를 의미한다. – 역자 주
*** 프랑크 왕국의 귀족이자 아우스트라시아 왕국의 궁재(宮宰)였던 피피누스 2세(630~714)를 의미한다. – 역자 주

아내려고 칼을 집어 들었다. 하지만 다시 생각해 보니 자신의 거룩한 손을 신앙심이 없는 사람의 피로 더럽히느니 꿋꿋이 죽음으로 이기겠다고 판단했다. 주교는 무기를 버리고, 수행원들에게도 죄들을 고백하고 참을성 있게 죽임을 당하라고 권고했다. 서기 620년경*에 성 람베르토가 무릎을 꿇고 기도하고 있을 때, 악한들이 달려들어 그를 죽였다. 살인자들이 떠났을 때 탈출한 주교의 신자 일부는 그의 시신을 배에 실어 비밀리에 주교좌성당으로 가져와서 도시 전체의 많은 애도 속에 장례를 치렀다.

⋯✦ 134 ✦⋯

성 아드리아노와 그의 동료들

아드리아노(Adrianus, Adrian)는 막시미아누스 황제의 재임기에 순교했다. 막시미아누스가 니코메디아(Nicomedia) 시에서 우상들에게 제물을 바칠 때, 전 시민이 그리스도인들을 색출해야 한다는 명령을 발표했다. 그래서 포상금에 대한 기대 때문인지, 처벌에 대한 두려움 때문인지, 사람들은 이웃과 친척을 고발했다. 그래서 추적자들에게 붙잡힌 33명의 그리스도인이 왕**에게 끌려갔다. 왕은 "너희는 그리스도인 처벌에 대한 공표를 듣지 못했느냐?"라고 물었다. 그들이 대답했다. "예, 들었습니다. 우리는 당신 법령의 어리석음에 웃었습니다." 화가 난 왕은 생가죽끈으로 채찍질하고 돌로 입을 치고, 각자의 신앙 고백을 기록한 후 쇠사슬로 묶어 투옥하라고 명령했다.

그들의 지조(志操)에 깊은 인상을 받은 경비대 사령관 아드리아노가 말했다. "나는 당신들의 하느님 이름으로 간청합니다. 당신들이 이 고통을 견디면서 기대하는 보상이 무엇인지 말해주십시오." 성인들이 말했다. "누구도 본 적이 없고 누구도 들은 적이 없으며 사람의 마음에도 떠오른 적이 없는 것들을 하

---

* 이 성인의 생몰연도는 일반적으로 636?∼705?년으로 보기에, 이 설명은 오류이다. – 역자 주
** 이 장(章)과 다른 곳에서 야코부스(Jacobus)는 때때로 "황제"를 "왕"으로 썼다.

느님께서는 당신을 사랑하는 이들을 위하여 마련해 두셨습니다."(1코린 2, 9 참조) 이에 아드리아노가 말했다. "저 또한 그리스도인이니 이 사람들과 함께 저를 기록하십시오!" 황제는 이 말을 듣고, 아드리아노가 제물 봉헌하기를 거부하였으니 묶어서 투옥하도록 명령했다.

아드리아노의 아내 나탈리아(Natalia)는 남편이 감옥에 있다는 소식을 듣고 옷을 찢고 눈물을 흘리며 크게 흐느꼈다. 그러나 남편이 그리스도 믿음을 고백해서 투옥되었다는 것을 듣고 기쁨으로 가득 차 감옥으로 달려가서, 남편과 그의 동료들의 결박에 입을 맞추었다. 그녀 또한 그리스도인이었지만, 박해 때문에 공개적으로 드러내지 못했던 것이다. 그녀는 남편에게 말했다. "아드리아노, 당신은 축복받았습니다. 당신은 부모님이 남겨주신 것이 아닌 부를 발견했습니다. 이는 차입이나 대출 없이는 가질 수 없을 정도의 큰 자산입니다. 아버지의 그 아들도, 어머니의 그 딸도, 하인도, 주인도, 친구도, 주인도, 부자도 아닌 누구도 자유롭지 못할 정도입니다." 그녀는 남편에게 세상의 모든 영광을 멀리하고, 친구나 친척에게 어떤 주의를 기울이지 말고, 마음을 항상 하늘의 것에 고정하라고 권고했다. 아드리아노는 아내에게 말했다. "나의 아내여, 집으로 가시오. 그리고 우리 수난의 시간이 오면, 내가 당신을 불러서 우리의 마지막을 목격하게 할 것입니다." 그래서 그녀는 다른 성인들에게 남편을 격려해주라고 말하고 집으로 돌아갔다.

얼마 후 아드리아노는 수난의 날이 가까워졌다는 것을 듣고 경비병들에게 돈을 주고 자신과 함께 있던 성인들을 담보로 남겨둔 다음, 약속대로 아내가 자신의 순교 목격자가 될 수 있도록 아내를 부르러 집으로 갔다. 그러나 누군가 아드리아노를 보고 아내 나탈리아에게 이 소식을 전했다. "아드리아노가 석방되어 이곳으로 오고 있습니다." 나탈리아는 믿으려고 하지 않으며 말했다. "누가 그를 쇠사슬에서 풀어줄 수 있겠는가? 그가 풀려났고 그 성인들로부터 분리되는 일이 일어나지 않았기를 바랍니다!" 그녀가 말하고 있을 때, 종이 와서 말했다. "보십시오, 저의 주인님이 풀려나셨습니다."

나탈리아는 아드리아노가 순교에서 도망쳤다고 생각해서 통렬히 울었다. 그리고 남편을 보았을 때, 적대시하며 문을 닫고 말했다. "하느님에게서 도망친 그가 저에게 가까이 오지 않게 해주소서! 자신의 주님을 버린 사람과의 대화가 제 몫이 되지 않게 하소서!" 그리고 문 너머로 말했다. "오, 하느님을 믿지 않는 가엾은 사람, 어찌 끝내지도 못할 것을 누가 당신에게 강요하였습니까? 누가 당신을 성인들로부터 떼어놓았습니까? 누가 잘못 인도하여 당신이 맺은 평화의 계약을 포기하게 하였습니까? 저에게 말씀하십시오. 왜 싸움을 시작하기도 전에, 상대를 보기도 전에 도망치려 했습니까? 화살이 아직 발사되지 않았는데, 어떻게 당신은 부상을 당했습니까? 그리고 저는 … 하느님을 믿지 않는 사람들, 신앙심이 없는 어떤 자가 하느님에게 봉헌될지 궁금합니다. 아, 아! 나는 불행한 여자입니다! 이교도 출신의 이 사람과 맺어진 나는 어떻게 해야 합니까? 나에게 주어진 순교자의 아내라는 기쁨이 단지 한 시간만 허락되었단 말입니까! 나의 날아갈 듯한 기쁨이 그토록 짧았단 말입니까! 이제 나의 수치심은 영원할 것입니다!"

이 말을 들은 아드리아노의 기쁨은 끝이 없었다. 결혼한 지 14개월 된 이 아름답고 젊은 귀족 여인이 이처럼 말할 수 있다는 것에 놀랐다. 그는 아내의 모든 말을 더 기쁘게 들었고, 순교에 대한 열망이 더 커졌다. 그러나 그녀가 통제할 수 없을 만큼 고통스러워하는 것을 보고 말했다. "여보, 문을 열어 주시오! 나는 순교로부터 도망치지 않았습니다. 나는 약속을 지키기 위해 당신을 부르러 왔습니다!" 그러나 그녀는 믿지 않았다. "이 사기꾼이 어떻게 나를 구슬리는지, 이 다른 유다가 어떻게 거짓말을 하는지 보십시오! 나에게서 떠나라, 불쌍한 사람아! 아니면 내가 자살할까? 그러면 만족하시겠습니까?"

그녀는 여전히 문을 열지 않았다. 아드리아노는 "나는 돌아가야 하니 빨리 문을 여시오. 당신은 더 이상 살아있는 나를 보지 못하는 것에 몹시 슬퍼할 것입니다. 나는 이 귀환에 대한 담보로 거룩한 순교자들을 세웠고, 만일 경비병들이 왔을 때 내가 없으면, 성인들은 나의 고통까지 짊어져야 합니다!"라고 말했다. 나탈리아는 문을 열었고 서로 껴안았다. 그리고 함께 감옥으로 갔고, 나탈리아는 그곳에서 7일 동안 고운 아마포로 성인들의 상처를 씻어 주었다.

지정된 날에 황제는 죄수들을 데려오라고 명령했다. 그들은 그동안 견뎌야 했던 형벌로 몸이 쇠약해져서 짐승처럼 운반되었다. 아드리아노는 손에 수갑이 채워진 채 그들을 뒤따랐다. 이제 그는 홀로 고문대로 옮겨져 부황제에게 모습을 보였다. 나탈리아가 그의 가까이에서 말했다. "여보, 당신이 고문 도구를 보더라도 비틀거리지 않는다는 것을 보이세요! 당신은 이제 잠시 고통받 겠지만, 곧 천사들과 함께 크게 기뻐할 것입니다."

아드리아노는 제물 바치기를 거부하였고 잔혹하게 맞았다. 그리고 나탈리 아는 감옥에 있던 성인들에게 달려가 기쁘게 말했다. "보세요, 저의 남편이자 스승이 순교를 시작했습니다!" 황제가 자신의 신을 욕하지 말라고 경고하자, 아드리아노는 대답했다. "만일 제가 신이 아닌 존재를 욕해서 고문받는 것이 라면, 참된 하느님을 욕하는 당신은 어떻게 고문받을 것입니까?" 황제: "유혹 자들이 그렇게 말하도록 너를 가르쳤구나!" 아드리아노: "왜 당신은 그들을 유혹자라고 부르십니까? 그들은 영원한 생명의 스승들입니다." 나탈리아는 다른 사람들에게 달려가서 남편의 대답을 전했다.

이제 왕은 가장 강한 네 명의 남자에게 아드리아노를 때리게 했고, 나탈리 아는 그의 모든 고문과 질문, 대답을 감금되어 있는 순교자들에게 신속하게 전했다. 아드리아노는 매우 심한 채찍질을 당하며 내장이 쏟아졌고, 다시 쇠 사슬에 묶여 감옥에 수감되었다. 그는 28세의 아름답고 잘생긴 젊은이였다. 나탈리아는 남편이 머리부터 발끝까지 부상을 입고 누워있는 것을 보고, 그 의 머리 밑에 손을 넣으며 말했다. "여보, 성인들에 합당하게 포함된 당신은 복되십니다. 내 삶의 빛이여, 당신을 위해 고통받은 분을 위해 고통받는 당신 은 복되십니다. 내 사랑, 이제 그분의 영광을 보러 가십시오!"

황제는 많은 여자가 감옥에서 성인들을 섬기고 있다는 소식을 듣고, 그들 이 더 이상 들어갈 수 없도록 명령을 내렸다. 나탈리아는 머리카락을 자르고 남자처럼 옷을 입고, 투옥된 성인들을 계속 도왔다. 그녀의 모범은 다른 여자 들이 똑같이 행동하도록 야기했다. 그녀는 남편이 영광중에 들어갈 때, 아무 도 그녀를 건드리지 않게 주님이 지켜주고 곧 그녀를 이 세상에서 불러주시 기를 기도해 달라고 요청했다. 황제는 여자들이 여전히 성인들을 돕고 있는 것을 알게 되었고, 순교자들을 모루 위에서 다리를 부러뜨리고 죽이라고 명 령을 내렸다. 나탈리아는 아드리아노가 다른 사람들의 고통에 두려워할 것을 걱정해서 사형집행인들에게 남편부터 시작해달라고 요청했다. 그는 발이 잘 리고 다리가 부러졌다. 나탈리아는 더 많은 고통을 겪은 다른 성인들과 동등 해지도록 손도 잘라 달라고 요청했다. 결국, 다른 사람들은 발을 뻗는 형벌을 받을 때, 아드리아노는 마지막 숨을 쉬었고, 다른 사람들은 자신들의 발을 쭉 뻗고 죽어서 주님에게 이주하였다.

황제는 순교자들의 시신을 불태우도록 명령했지만, 나탈리아는 아드리아노의 잘린 손을 품에 숨겼다. 성인들의 시신이 불에 던져질 때, 나탈리아도 그들과 함께 불속에 몸을 던지려고 하였으나, 사나운 폭풍우가 몰아쳐서 불을 껐고 거룩한 시신들은 아무 탈 없이 남겨졌다. 그리스도인들은 의논 후, 그 시신을 콘스탄티노폴리스로 옮겼고, 후에 교회에 평화가 회복되었을 때, 시신을 명예롭게 돌려받았다. 그 순교자들은 서기 280년경에 고통받았다.

나탈리아는 계속 아드리아노의 손을 삶의 위안으로 항상 침대 머리맡에 두고 그의 손을 지켰다. 얼마 뒤, 부자이면서 매우 아름다운 귀족 나탈리아를 본 호민관(tribunus)이 황제의 허가를 받고, 그녀에게 시녀들을 보내 결혼을 요청했다. 그녀는 "내가 그토록 대단한 남자의 아내가 된다면, 나는 최고의 명예를 갖게 될 것입니다. 그러나 나에게 준비할 수 있는 3일의 유예를 간청합니다."라고 말했다. 그녀는 도망쳐서 자신을 지킬 수 있게 하느님에게 기도하기 위해서였다. 그러다 그녀는 갑자기 잠이 들었고, 순교자 한 사람이 나타나서 친절하게 위로하며 순교자들의 시신이 안치된 장소로 가라고 말했다.

잠에서 깬 그녀는 오직 아드리아노의 손만 갖고 많은 그리스도인과 함께 배를 탔다. 이 사실을 알게 된 호민관은 1개 중대의 군인들을 동원해 배로 그녀를 뒤쫓았지만, 역풍이 불어 배 방향이 바뀌며 많은 사람이 배 밖으로 떨어졌다. 이후 자정이 되자, 유령선의 키잡이로 가장한 악마가 나탈리아와 함께 있는 사람들에게 나타나서 물었다. "당신들은 어디에서 왔으며 어디를 향하고 있습니까?" 사람들: "우리는 니코메디아에서 왔고 콘스탄티노폴리스로 가고 있습니다." 악마: "당신들은 잘못된 방향에 있습니다. 왼쪽으로 돌아야 올바른 방향이 됩니다." 악마는 그들의 배가 좌초되어 죽게 만들려고 했던 것이다. 그러나 그들이 돛을 조절하려고 할 때 작은 배 안에 있던 아드리아노가 갑자기 나타나 진로를 유지하라고 말하면서 조금 전에 말한 것은 사악한 영이었다고 덧붙였다. 그런 다음 그는 올바른 방향을 보여 주려고 그들보다 앞서 출발했다. 길을 인도하는 아드리아노를 본 나탈리아의 기쁨은 끝이 없었다.

그래서 그들은 동이 트기 전에 콘스탄티노폴리스에 도착했다. 나탈리아는 순교자들의 시신이 보관되어 있는 집에 들어가 아드리아노의 시신 옆에 그의 손을 놓았다. 그런 다음 기도를 하던 그녀는 잠이 들었다. 아드리아노가 그녀에게 나타나서 영원한 휴식처로 함께 가자고 말했다. 그녀는 잠에서 깨어나 자신의 시종들에게 꿈 이야기를 한 후 작별 인사를 하고 마지막 숨을 내쉬었다. 신자들이 그녀의 시신을 순교자들의 유해와 함께 안치했다.

⋯✦ 135 ✦⋯

성 고르고니오와 도로테오

고르고니오(Gorgonius)와 도로테오(Dorotheus)는 니코메디아에 있는 디오클레티아누스의 궁전에서 군 복무를 하며 중요한 직위에 있었지만, 자신들의 왕이신 하느님을 좀 더 자유롭게 따르기 위해 지위를 포기하고 모든 사람에게 자신들이 그리스도인임을 밝혔다. 황제는 매우 불쾌하기도 했고, 궁궐에서 자라고 혈통과 행동의 고귀함으로 구별된 상류 사회 사람을 잃는 것을 받아들이기 어려웠다. 그러나 온갖 위협과 감언(甘言)도 믿음에 대한 그들의 서약을 바꿀 수 없었다. 그들은 고문대 위에서 채찍과 쇠갈고리로 살이 찢어졌고, 벌어진 상처에는 식초와 소금이 부어졌다. 그들은 움츠러들지 않고 모두 견뎠다. 다음에 그들은 석쇠 위에서 구워졌으나 고통을 느끼지 않고 마치 꽃 침대 위에 누워있는 것처럼 보였다. 마침내 황제의 명령으로 목이 매달렸고 시신은 늑대와 개에게 던져졌다. 그러나 시신들은 손상되지 않은 채 남아 있었고 신자들에 의해 묻혔다. 그들은 서기 280년경에 고통받았다.

수년 후, 성 고르고니오의 시신은 로마로 옮겨졌다. 서기 766년에 피피누스(Pipinus) 왕의 조카인 메츠(Metz)의 주교가 프랑스로 시신을 옮겼고, 고르체(Gorze) 수도승원에 안치했다.

성 프로토와 히아친토

프로토(Protus)*와 히아친토(Hyacintus, Jacintuus)는 에우제니아(Eugenia)의 개인노예
였지만 철학을 함께 공부한 동료이기도 했다. 에우제니아는 로마의 가장 높
은 귀족 필립보(Philippus)의 딸이었다. 필립보는 알렉산드리아의 원로원에 의
해 총독으로 임명되었고, 아내 클라우디아(Claudia), 아들 아비토(Avitus)와 세르
지오(Sergius), 딸 에우제니아와 함께 갔다. 시간이 흐르면서 에우제니아는 자유
학예(自由學藝, artes liberales)와 문학에 대해 충분히 배웠고, 그녀와 함께 공부하던
프로토와 히아친토 역시 분야를 막론하고 지식을 섭렵했다.

에우제니아가 15세가 되었을 때, 집정관 아퀼리누스(Aquilinus)의 아들 아퀼
리누스가 그녀에게 청혼했다. 그녀의 대답은 "남편은 가문이 아니라 그 사람
의 덕행으로 선택되어야 합니다."였다. 그 후 성 바오로의 글을 접하게 됐고,
그녀는 조금씩 마음속으로 그리스도인이 되었다. 그 당시 그리스도인들은 알
렉산드리아의 변두리에 살도록 허용되어 있었다. 어느 날 에우제니아가 휴양
을 위해 가족 별장으로 가던 중에 그리스도인들이 노래하는 것을 들었다.

이방인들의 모든 신은 악령들이고,
그러나 주님은 하늘을 만드셨다.**

그녀는 함께 공부한 노예 프로토와 히아친토에게 말했다. "우리는 철학자
의 삼단논법, 아리스토텔레스의 논증과 플라톤의 이상(理想, idea), 소크라테스
의 교훈을 비롯해 간단히 말해서, 시인들이 노래한 것들, 웅변가나 철학자의
생각 등을 세심한 주의를 갖고 공부했습니다. 그러나 이 하나의 문장으로 모

---

* 라틴어본은 Prothus라고 표기되어 있지만, 라틴어판 《로마 순교록》(Martyrologium Romanum, C.L.V.
edizioni Liturgiche, 1998)에 따라서 Protus로 표기한다. – 역자 주
** Omnes Dii gentium daemonia, / Dominus autem caelos fecit.

든 것이 지워집니다. 빼앗긴 권한의 언어로는 제가 당신들의 여주인이지만 진리는 저를 당신들의 자매로 만들었습니다. 그러므로 우리는 형제가 되어 그리스도를 따릅시다!"

그 제안은 받아들여졌고, 에우제니아는 남자 옷을 입고 수도승원으로 갔다. 이 수도승원의 수장이었던 하느님의 사람 헬레노(Helenus)는 여자가 자신에게 가까이 오는 것을 허락하지 않았었다. 한번은 그가 이단자와의 논쟁이 한창 가열되었을 때, 그는 거대한 불을 피웠다. 그 이유는 그 불 가운데로 타지 않고 통과하는 자가 참된 믿음을 가지고 있음을 증명하기 위해서였다. 헬레노는 먼저 불 속으로 들어가서 해를 입지 않고 통과했지만, 이단자는 거부하였고 쫓겨났다. 에우제니아가 헬레노에게 가까이 가서 본인은 남자라고 말하자, 헬레노는 대답했다. "당신은 여자이지만 남자처럼 행동하기 때문에 스스로 남자라고 일컫는 것은 옳습니다." 그녀의 진짜 성별은 하느님에 의해 이미 헬레노에게 계시되었던 것이다. 따라서 에우제니아는 프로토, 히아친토와 함께 수도복을 받았고, 그때부터 에우제니오(Eugenius) 형제로 불렸다.

그녀의 마차가 비어 있는 것을 보고 비탄에 빠진 에우제니아의 부모는 딸을 찾기 위해 수색했지만 찾을 수 없었다. 그들은 점쟁이에게 딸에게 무슨 일이 일어났는지 물었고, 점쟁이들은 신들이 그녀를 별들 사이로 데려갔다고 대답했다. 그래서 아버지는 딸의 조각상을 만들어 모든 사람에게 숭배하도록 명령했다. 한편, 에우제니아와 두 동료는 하느님에 대한 경외심 속에서 인내하였고, 헬레노가 선종했을 때 에우제니오 형제가 후임자로 선출되었다.

이때 알렉산드리아에 부유한 귀족 여인 멜란치아(Melancia)가 있었다. 에우제니오 형제는 여인을 예수 그리스도의 이름으로 기름 부음으로 4일열(四日熱)에서 치유했다. 멜란치아는 답례로 많은 선물을 보냈지만 에우제니오는 받지 않았다. 귀부인은 에우제니오 형제가 당연히 남자라고 생각해서 자주 방문하였고, 젊고 우아하고 매력적인 그를 열렬히 사랑하게 되었다. 때를 놓치지 않고 그녀는 그와 동침할 계획을 세웠다. 그녀는 그에게 아픈 척하며 편지를 보내서 자신을 방문해주기를 요청했다. 그가 왔고, 그녀는 그를 얼마나 열렬히 사랑하는지 말하면서 그에게 입맞춤을 하고 침대에서 동침할 것을 재촉했다. 충격을 받은 에우제니오 형제가 말했다. "당신은 멜란치아라고 불릴 만합니다. 그 이름 당신은 사악한 배신으로 가득 차 있고 어둠의 사악한 딸, 악마의 친구, 불결함의 우두머리, 정욕의 연료, 영원한 고통의 자매, 영원한 죽음의 딸이라는 것을 의미하기 때문입니다!"

자신의 범죄가 알려질 것을 두려워한 멜란치아는 먼저 고발하기로 결심했고, 에우제니오가 자신을 강간하려고 한다며 비명을 질렀다. 그런 다음 필립보 총독에게 가서 비난을 늘어놓으면서 말했다. "믿을 수 없는 그리스도인 청년이 저의 병을 고친다는 핑계로 찾아와서 파렴치하게 저를 기습적으로 성폭행하려고 했습니다. 방에 있던 하녀가 나를 구하러 오지 않았다면, 나는 그의 욕망의 노예가 되었을 것입니다." 격노한 총독은 에우제니오와 그리스도의 다른 종들을 쇠사슬에 묶어 데려오도록 군대를 보냈고 그들 모두를 경기장(arena)에 있는 야수들에게 던져질 날짜를 정했다. 그들을 소환한 총독이 에우제니오에게 말했다. "비열한 범죄자야, 너의 그리스도가 너에게 가르친 것이 타락에 빠지고, 파렴치하게 우리의 여자를 탐하라는 것이냐?" 에우제니아는 자신을 알아보지 못하게 고개를 숙인 채 대답했다. "우리 주님은 순결을 가르쳤고, 자신의 순결함을 지키는 사람에게 영원한 생명을 약속하였습니다. 우리는 이 멜란치아가 거짓 증인이라는 것을 보여줄 수 있습니다. 그러나 그녀가 즉시 유죄관결을 받고 처벌받고 우리가 인내의 공로를 잃는 것보다는 차라리 우리가 고통당하는 것이 더 낫습니다. 차라리 그 범죄를 목격한 여종을 데리고 와서 증언하게 하여 여주인의 거짓말을 밝히게 해주십시오."

그 하녀를 데려왔지만, 하녀는 멜란치아가 지시한 대로 그 남자가 여주인에게 기쁨을 취하려 했다고 단호하게 주장했다. 똑같이 타락한 다른 모든 종도 같은 말을 했다. 이에 에우제니아가 말했다. "침묵을 위한 시간은 지났고, 지금은 말할 시간입니다. 나는 이 음탕한 여자가 그리스도의 종들에게 죄를 돌리고 자신의 속임수를 자랑하도록 허락하지 않을 것입니다. 진실은 거짓된 행동을 이길 것이고 지혜는 악의를 정복한다는 것을 확인하고자 합니다. 저는 개인적인 자존심 때문이 아니라 하느님의 영광을 위해서 진실을 보일 것입니다!" 그렇게 말한 그녀는 머리부터 허리까지 예복을 열어젖혀 여자인 것을 보였다. 에우제니아는 총독에게 말했다. "당신은 저의 아버지이고, 클라우디아는 저의 어머니이고, 당신과 함께 앉아 있는 두 사람, 아비토와 세르지오는 나의 형제들입니다. 저는 당신의 딸 에우제니아이고, 두 사람은 프로토와 히아친토입니다."

이 말을 들은 아버지는 딸을 서서히 알아보았고, 아내와 함께 달려와서 그녀를 얼싸안으며 많은 눈물을 흘렸다. 그들은 에우제니아에게 황금색의 옷을 입히고 높은 자리로 이끌었다. 그때 하늘에서 불이 내려와 멜란치아와 그녀의 공모자들을 태워버렸다. 이렇게 해서 에우제니아는 아버지, 어머니, 형제들, 그리고 온 가족들을 그리스도 믿음으로 개종시켰다. 그녀의 아버지는 총독직에서 해임되었으나 그리스도인들에 의해 주교로 서품되었고, 믿음과 기도로 인내하며 지내다가 이교도들에 의해 죽임을 당했다.

클라우디아는 아들들과 에우제니아와 함께 로마로 돌아갔고, 많은 사람을 그리스도에게로 개종시켰다. 에우제니아는 황제의 명령으로 엄청난 큰 돌에 묶여 티베르 강에 던져졌으나, 그 돌에 묶인 끈이 느슨해졌고 그녀는 물 위를 무사히 걸어 나왔다. 그런 다음 그녀는 활활 타는 용광로에 던져졌지만, 그 불은 꺼지고 그녀는 생기가 넘쳐서 나왔다. 그녀는 어두운 감옥에 갇혔지만 눈부신 빛이 그녀를 둘러싸고 빛났다. 그녀가 그곳에서 음식 없이 지낸 지 10일이 되었을 때, 구세주가 나타나서 빛나는 흰색 빵 덩어리를 내밀며 말씀하셨다. "내 손에서 음식을 가져가라! 나는 네가 온 마음으로 사랑하였던 너의 구세주이다. 내가 땅에 내려왔던 날에, 나는 직접 너를 들어 올릴 것이다." 따라서 주님의 탄생일에 망나니가 보내졌고 그녀의 머리를 잘랐다. 후에 그녀는 자신의 어머니에게 나타나서 주일에 클라우디아가 자신을 따를 것이라고 예언하였다. 주일이 왔고, 기도에 열중해 있던 클라우디아는 자신의 마지막 숨을 쉬었다. 프로토와 히아친토는 신전에 끌려갔을 때 기도로 우상을 산산이 부수었고, 제물 바치기를 거부함으로써 참수되어 순교를 성취하였다. 그들은 서기 256년경, 발레리아누스와 갈루스 아래에서 고통받았다.*

---

* 로마제국의 황제인 갈루스는 251~253년에 재위하였고 그리스도교를 박해하였으나, 본문의 순교자들과는 연대가 맞지 않는다. 오직 발레리아누스 황제의 재위 기간인 253~260년이 본문에 적합하다. 그렇기에 갈루스를 제외하고 발레리아누스 치하에서 순교하였다고 설명하는 것이 맞다. – 역자 주

성 십자가의 현양

이 축일은 이날에 믿음과 성 십자가가 높이 올랐기에 성 십자가 현양(Exaltatio sanctae crucis)이라고 부른다.

그리스도의 수난 이전에 십자가는 값싼 나무로 만들었다는 점에 특히 주의해야 한다. 십자가형에 사용되는 십자가들은 값싼 나무로 만들어졌는데, 골고타 산에 아무리 많이 심어도 어떤 열매도 맺지 못하는 나무였다. 그 나무는 범죄자들의 처형에 사용되었기 때문에 천한 나무였다. 아름다움이라곤 찾을 수 없어서 어둠의 나무였고, 그 위에서 사람들이 죽임을 당했기 때문에 죽음의 나무였다. 또한, 시체들 사이에 심어졌기 때문에 악취를 풍기는 나무였다.

그러나 값싼 이 나무는 그리스도의 수난 후에 귀중한 존재가 되었다. 성 안드레아 사도는 소리쳤다. "만세, 귀중한 십자가여!" 그 나무의 열매 맺지 못함은 "나 야자나무에 올라 그 꽃송이를 붙잡으리라."(아가 7, 9)처럼 비옥함으로 바뀌었다. 아우구스티노의 "범죄자들의 교수대였던 십자가가 황제들의 이마로 뻗어 나갔습니다."라는 말처럼, 비열함은 숭고함이 되었다. 크리소스토모의 "그 어둠은 빛으로 돌아섰다. 그리스도의 십자가와 그의 흉터들은 심판의 날에 태양 광선보다 더 많이 밝게 빛날 것입니다."라는 말처럼, 어둠은 빛으로 돌아섰다. 그 죽음은 영원한 생명의 일부가 되었고, 우리는 노래한다.

> 죽음이 시작된 곳에서 생명이 솟아난다.*

나무의 악취는 달콤함의 향기가 되었다. "임금님이 잔칫상에 계시는 동안, 나의 나르드는, (즉 성 십자가는) 향기를 피우네."(아가 1, 12)

성 십자가 현양 축일은 그날에 그리스도인의 믿음 그 자체가 높이 올랐기 때문에 교회에 의해 장엄하게 거행된다. 서기 615년, 주님은 이교도들의 야만

---

* Ut unde mors oriebatur, inde vita resurgeret.(성 십자가 현양 축일 미사의 감사송에서)

적인 행위로 자신의 백성이 채찍질 당하게 허락하였고, 페르시아의 왕 호스로우(Khosrow, Chosroës)는 지상의 모든 왕국을 자신의 통치에 복종시켰다. 그러나 그가 예루살렘에 갔을 때 주님의 무덤에서 두려움으로 물러났지만, 성녀 헬레나는 그곳에 남겨진 성 십자가 한 조각을 가져갔다. 호스로우는 하느님으로 숭배받기를 원했다. 그는 금과 은으로 된 탑을 건축하였고, 탑 안에 해와 달, 별 형상을 두었다. 숨겨진 관(管)을 통해 탑의 꼭대기로 물을 끌어 올려 하느님이 비를 내리는 것처럼 흐르게 하였고, 말들이 지하동굴에서 원을 그리며 병거를 빙빙 돌게 해서 탑을 흔들고 천둥 같은 소리를 냈다. 그런 다음 자기 아들에게 왕국을 양위한 후, 불경스럽게도 탑 안에 자리 잡고, 주님의 십자가를 옆에 두고서 모든 사람이 자신을 하느님이라고 부를 것을 선언했다. 실제로 《교회 직무론》(De Mitraii Officio)에는 그가 성부처럼 성소(聖所) 안에 있는 옥좌에 앉았고, 성자의 장소인 오른쪽에 십자가 나무를, 성령의 자리인 왼쪽에 수탉을 놓았다고 기록되어 있다. 그는 자신을 성부로 부르라고 명령했다.

헤라클리우스 황제는 대군을 이끌고 도나우(Donau) 강에서 호스로우의 아들에 맞서기 위해 진군했다. 마침내 두 군주는 강을 가로지르는 다리 위에서 만나 일대일 승부로 승자가 제국을 인수하고, 서로의 군대에는 어떤 피해도 끼치지 않기로 동의했다. 또한, 군주를 도우려는 누구라도 팔과 다리가 잘려 강 속에 던져질 것이라고 공포했다.

헤라클리우스는 자신을 하느님에게 온전히 봉헌하였고 할 수 있는 모든 신앙심과 함께 성 십자가에게 의탁했다. 그 두 군주는 오랫동안 싸웠고, 주님은 헤라클리우스에게 승리를 허락하였다. 그래서 그는 상대 군대를 자신의 명령에 복종하게 만들었다. 그 사이, 모두에게 미움을 받던 호스로우에게 아무도 싸움의 결과를 전하지 않아서 호스로우는 전쟁의 결과를 몰랐다.

호스로우를 방문한 헤라클리우스는 그가 금으로 된 왕좌에 앉아 있는 것을 보고 말했다. "당신은 당신만의 방식으로 성 십자가 나무를 존중하였으니, 그리스도교 믿음의 세례를 받고 잡혀있는 소수의 인질을 보증인으로 한다면, 조건부로 당신의 생명과 통치를 지속하게 해주겠다. 반면에 이 제안을 거부한다면, 나는 검으로 너의 머리를 자를 것이다." 호스로우는 제안을 거부했고 헤라클리우스는 즉시 그의 목을 베었다. 그러나 그가 왕이었기에 직위에 걸맞는 장례식이 주어졌다. 헤라클리우스는 왕의 아들(10세)을 발견했다. 헤라클리우스는 소년이 세례받게 하였고 자신의 손으로 세례반에서 들어 올린 후 아버지의 왕국을 아들에게 맡겼다. 그리고 그 탑을 부수어 은을 전쟁 전리품으로 자신의 군대에게 할당하고 그 폭군이 파괴한 성당 재건축을 위해 금과 보석들을 남겨두었다.

이제 헤라클리우스는 성 십자가를 예루살렘으로 다시 가져갔다. 그는 올리브 산에서 내려왔고, 왕의 승용마를 타고 제국의 휘장을 정렬하였고, 그리스도가 십자가형을 받을 때 지나간 문을 통해 그 도시에 들어가려고 했다. 그러나 갑자기 출입구 돌들이 무너져 쌓이면서 성벽이 만들어졌다. 모든 사람이 놀라는 가운데, 손에 십자가를 든 주님의 천사가 성벽 위에 나타나서 "하늘의 왕이 죽임을 당하러 이 문을 지나갈 때, 어떤 화려함도 없었다. 그분은 자신을 공경하는 사람들에게 겸손의 모범을 남기려고 비천한 나귀를 탔다."라는 말을 남기고 사라졌다.

황제는 눈물을 흘리며 상의와 부츠를 벗은 후, 주님의 십자가를 받아서 겸손히 성문으로 옮겼다. 단단한 돌들은 하늘이 내린 명령의 힘을 느꼈는지 땅에서부터 스스로 솟아올라 사람들이 지나갈 수 있도록 활짝 열렸다. 그리고 호스로우의 탑에서 성 십자가를 꺼낸 그 날 그 순간부터, 페르시아부터 예루살렘까지 먼 땅을 가로질러 미끄러지던 달콤한 향기가 이제는 경이로움으로 느껴지고, 그것을 느낀 모든 사람을 십자가 향기의 경이로움으로 상쾌하게 만들었다. 그러자 참으로 신앙심이 깊은 황제는 십자가를 찬양하기 시작했다. "천국의 모든 육체보다도 더 많이 빛나는 십자가여, 모든 사람의 사랑을 받기에 합당하고, 거룩하여 온 세상에서 명성이 빛나리라! 오 십자가여, 너는 세상의 몸값을 지기에 합당하도다! 오 달콤한 나무, 달콤한 못들, 달콤한 칼, 달콤한 창, 너는 그 달콤함으로 온 세상에 알려질 것이고, 모든 사람의 사랑을 받을 거룩한 십자가여! 오 십자가여, 너는 세상의 구속을 짊어질 자격이 있도다! 오 달콤한 나무, 달콤한 못들, 달콤한 칼, 달콤한 창이여, 너는 달콤한 짐을 짊어졌도다! 너를 찬미하려고 오늘 모이고 너의 깃발에 서명한 주인을 구하여라!"

귀중한 십자가는 이렇게 제자리로 돌아가고, 옛날의 기적이 다시 시작되었다. 죽었던 사람들이 부활하고, 4명의 중풍 병자가 치유되고, 10명의 나병 환자가 깨끗하게 되고, 15명의 소경이 시력을 받았으며, 악령들이 쫓겨나고, 엄청난 수의 사람들이 여러 질환에서 해방되었다. 또한, 헤라클리우스는 성당들을 수리하고 많은 돈을 기부한 다음 자신의 지역으로 돌아갔다.

그러나 일부 《연대기》들은 이 사건들에 대해 다른 해석을 한다. 호스로우가 모든 이웃 왕국을 점령하고 자카리아(Zacharias) 총대주교와 함께 십자가 나무를 포함한 예루살렘을 점령했을 때였다. 헤라클리우스가 호스로우와 평화조약을 맺기를 원했지만, 호스로우는 로마인들이 십자가를 포기하고 태양을 숭배할 때까지 평화조약을 맺지 않을 것을 맹세했다고 한다. 그때 열의로 불탔던 헤라클리우스는 군대를 이끌고 호스로우에 대항하여 일부 전투에서 페르시아에 승리했고, 호스로우를 크테시폰(Ctesiphon)까지 퇴각하게 만들었다. 후에 호스로우는 이질에 걸렸고 아들 메다사스(Medasas)에게 왕관을 물려주기를 원했다. 이 사실을 알게 된 큰아들 시로이스(Syrois)가 헤라클리우스와 조약을 맺고 귀족들과 함께 아버지를 쇠사슬로 묶었다. 시로이스(큰아들)는 고통의 빵과 괴로움의 물만 겨우 제공하다가 결국 화살로 아버지를 처형하였고, 후에 총대주교와 십자가의 나무와 함께 모든 죄수를 헤라클리우스에게 보냈다. 헤라클리우스는 그 귀중한 나무를 예루살렘으로, 그리고 콘스탄티노폴리스로 옮겼다. 여기까지는 여러 연대기에서 전하고 있는 내용이다.

《교회사 3부작》에 의하면, 이교도인 시빌라(Sibilla)는 이 십자가 나무에 대해서 다음과 같이 말한다. "오 복 받은 나무여, 그 위에 하느님이 팔을 뻗고 있도다!" 아마도 이것은 십자가에서 오는 자연의 생명, 은총, 영광 때문이다.

콘스탄티노폴리스의 한 유다인이 성 소피아 성당에서 그리스도 상(像)을 보았다. 주위에 아무도 없는 것을 확인한 그 유다인은 검으로 그리스도 상의 목을 찔렀다. 즉시 피가 쏟아져 유다인의 얼굴과 머리에 튀었다. 겁에 질린 유다인은 그리스도 상을 우물에 던지고 도망쳤다. 길에서 만난 그리스도인이 그에게 물었다. "유다인이여, 당신은 어디에서 오고 있습니까? 당신이 사람을 죽였군요!" 유다인: "아닙니다!" 그리스도인: "당신에게 묻은 피를 보니 살인을 저지른 게 틀림없습니다!" 유다인: "참으로 그리스도인의 하느님은 위대하고, 모든 것이 그분에 대한 믿음을 확증합니다. 제가 그리스도 상의 목 부분을 찌르자 즉시 피가 콸콸 흘러나왔습니다!" 그리고 유다인은 그 사람을 우물로 인도하여 성상(聖像)을 되찾았는데, 그리스도의 목에 있는 상처는 지금까지도 남아 있다고 한다. 이 일로 그 유다인은 그리스도인이 되었다.

시리아의 베리트(Berith) 시에서 집을 임대하여 사용하던 한 그리스도인이 십자가에 못 박힌 그리스도에 대한 그림을 침대와 마주 보는 벽에 걸고 규칙적으로 기도를 했다. 그러나 그해 말, 다른 집으로 이사 가면서 그 그림을 가져가는 것을 잊었다. 한 유다인이 그 집을 임대하였고 어느 날 저녁 식사에 자신의 지파 동료를 초대했다. 손님은 그 집을 둘러 보다가 침실 벽에 걸린 그림을 발견하고 화가 나서 초대자에게 왜 나자렛 사람 예수 그리스도 화상(畵像)을 대담하게 가지고 있느냐 물으며 위협했다. 그 그림 존재를 몰랐던 초대자는 손님이 말한 그림에 대해 전혀 모른다고 설명했다. 손님은 대답에 만족한 척하며 자리를 떠나, 자기 지파의 장(長)에게 가서 자신이 본 것을 고발했다.

그 집으로 몰려간 유다인들은 그림을 보고 집주인에게 모욕을 퍼부으며 반쯤 죽을 정도로 때린 후 회당(synagoga)에서 추방했다. 그런 다음 그림을 짓밟고 주님에게 가했던 모든 모욕을 그림 위에 되풀이했다. 그리고 그림 속 그리스도 육체를 창으로 찔렀을 때는 엄청난 양의 피와 물이 흘러나와 그들이 들고 있던 꽃병을 채웠다. 놀란 그들은 그 피를 회당으로 가져갔고, 그 피를 바른 모든 병자가 즉시 치유되었다. 유다인들은 도시의 주교에게 모든 상황을 이야기한 후 모두 그리스도에 대한 믿음과 거룩한 세례를 받아들였다.

주교는 수정과 유리로 된 작은 유리병에 그 피를 보관했다. 또한 그림의 원래 주인이었던 그리스도인에게 사람을 보내서 누가 그토록 아름다운 그림을 그렸는지 물었다. 그 사람이 대답했다. "니코데모(Nicodemus)가 그렸고 그가 죽으면서 가말리엘(Gamaliel)에게 그림을 남겼습니다. 가말리엘은 자캐오(Zacheus)에게, 자캐오는 야고보에게, 야고보는 시몬에게 남겼습니다. 그래서 그림은 예루살렘의 함락 때까지 도시에 남아 있었습니다. 그런 다음 신자들이 아그리파스(Agrippas)의 왕국으로 가져갔고. 그곳에서 저의 조상들이 살고 있던 고장으로 가져온 이후 저에게까지 상속되었습니다." 이 일은 서기 750년에 일어났다. 그러자 모든 유다인이 회당을 축성하여 성당으로 바꿨다. 이 일로 이전에는 오직 제대만 축성하다가 성당을 축성하는 관습이 시작되었다.

위의 기적으로 교회는 주님의 수난을 11월 27일이나 11월 9일*에 기념하도록 제정했다. 같은 이유로 로마에서 구세주를 기념하여 한 성당을 축성하였고, 그 피의 작은 병을 보존하여 장엄 축일을 준수했다.

믿음을 가지지 않은 사람 중에서도 십자가의 위대한 능력에 대한 많은 증거가 있다. 그레고리오는 자신의 《대화집》(Dialogi) 제3권에서 폰디(Fondi) 시의 주교 안드레아의 경험을 기록했다. 그는 한 수녀승을 자기 집에 살도록 허락했지만, 옛 원수(antiquus hostis)는 주교의 마음에 그 수녀승의 모습을 매우 생생하게 각인시켜 그가 마치 그녀를 직접 보고 있는 것처럼 느끼게 했다. 그래서 침대에 누운 주교는 심지어 차마 입에 담을 수 없는 일을 생각했다. 그런 다음 어느 날 한 유다인이 로마로 왔고, 해 질 무렵에 머물 장소를 찾지 못하자, 아폴로 신전으로 피했다. 그는 신성모독적인 신전이라는 장소의 본질을 두려워하였고, 비록 그는 믿음이 없었지만 십자성호로 자신을 보호하려고 신경을 썼다. 한밤중에 깬 그는 사악한 영의 무리가 강한 지배자에게 절을 하려고 앞으로 나아가는 것을 보았다. 이 강한 지배자는 각각의 영들이 얼마나 악한 짓을 하였는지에 대해 그들의 행동을 논의하기 시작했다.

그레고리오는 그 토론 방식을 상세히 설명하지는 않지만, 《교부들의 생애》(Vita Patrum)에 있는 도덕적인 이야기에서 추론할 수 있다. 한 사람이 우상들의 신전에서 사탄이 앉아 있고 그의 군대가 주변에 서 있는 것을 보았다. 그때 사악한 영이 앞으로 나와 사탄을 숭배했다. 사탄: "너는 어디에서 왔느냐?" 사악한 영: "저는 한 속주(屬州)에 있었습니다. 그곳에서 여러 전쟁을 일으켜 많은 소동과 피 흘림이 있었습니다. 그리고 저는 당신에게 보고하려고 왔습니다." 사탄: "네가 그렇게 하는 데 얼마나 시간이 걸렸느냐?" 사악한 영: "30일입니다." 사탄은 "왜 그렇게 오래 걸렸느냐?"라고 말한 후 조수들에게 채찍으로 최대한 쎄게 때리라고 명령했다. 둘째 악령이 다가와 사탄을 숭배한 후 말했다. "주인님, 저는 바다에서 거센 폭풍을 일으켜 많은 배를 가라앉히고 엄청난 수의 사람을 죽였습니다." 사탄은 "이것을 하는 데 얼마나 걸렸느냐?" 그 대답은 "20일입니다."이었다. 사탄은 말했다. "그렇게 작은 일을 하는데 그렇

* 이 날은 라테라노 대성전 봉헌 축일이다. – 역자 주

게 많은 시간이 걸렸느냐?" 그리고 같은 매질을 명령했다. 세 번째 악령이 나와서 말했다. "저는 도시에 있으며, 몇 개 결혼 잔치에서 싸움을 부추겨 많은 피를 쏟게 했고, 한번은 신랑을 자살하게 했습니다. 그리고 당신에게 보고하려고 왔습니다." 사탄이 물었다. "그렇게 하는 데 얼마나 걸렸느냐?" "10일입니다!" 사탄은 말했다. "너는 10일 만에 이보다 더 큰 혼란을 야기할 수 없었느냐?" 그리고 역시 채찍질을 명령했다. 이제 네 번째가 말했다. "저는 40년 동안 사막에 머무르며 모든 노력을 한 수도승에게 쏟았고, 마침내 그에게 육체의 죄를 한 번 범하도록 하였습니다!" 사탄은 일어나 그 영에 입맞춤하고, 왕관을 벗어 씌워준 후 옆에 앉히고 말했다. "너는 노련함과 용기를 보여주었으며, 다른 악령보다 더 많이 성취했다!" 비록 그레고리오는 상세한 내용을 설명하지 않았지만, 위에서 언급한 논의도 비슷할 것이다.

이제 안드레아 주교에게 돌아가자. … 아폴로의 신전에 있던 영들이 각자 무엇을 했는지 보고했을 때였다. 한 영이 중앙으로 뛰어 들어가 안드레아가 마음에 품었던 수녀승에 대한 육체적 유혹을 설명하면서, 전날 저녁기도 시간에 주교가 그 여자의 등을 다정하게 두드리게 했다고 덧붙였다. 우두머리 영은 그 영에게 시작한 것을 끝내고, 주교의 파멸이라는 결과를 가져와서 모든 영 사이에서 팔마가지를 얻으라고 권고하였다. 사탄은 또한 아폴로 신전에서 잠을 자는 건방진 자가 누구인지 알아내라고 명령했다. 이때 유다인은 떨고 있었다. 하지만 그를 찾으러 온 영들은 그가 십자가의 신비로 성호를 긋는 것을 보고 두려워하며 외쳤다. "그는 빈 그릇이지만 봉인되어 있습니다!" 이 외침에 악령의 무리가 사라졌다. 그 유다인은 서둘러 주교에게 가서 그 사건을 자세히 이야기했다. 주교는 자책감으로 탄식하고 모든 여자를 집에서 내보낸 후 그 유다인에게 세례를 주었다.

또한, 그레고리오는 《대화집》에서 한 수녀승이 정원에서 풍성한 상추를 보고 심한 허기를 느껴 십자가 표시로 축복하는 것을 잊어버린 채 상추를 탐욕스럽게 먹었다고 전한다. 수녀승은 즉시 악마에 사로잡혀 쓰러졌다. 그러나 복된 에퀴시오(Equitius)가 수녀승에게 오자, 악마가 소리쳤다. "제가 무엇을 하였습니까? 저는 양상추 위에 앉아 있었을 뿐이고 그녀가 와서 저를 먹었습니다!" 에퀴시오는 악마에게 나가라고 명령하였고, 그 영은 곧 도망쳤다.

《교회사》의 제11권에서 보면, 이교도들이 알렉산드리아에 있는 집의 벽에 세라피스(Serapis)*의 팔을 그렸다고 한다. 테오도시우스 황제는 그 표장(標章)들을 지우고 대신에 십자가의 표징들을 그리도록 명령했다. 표징을 본 이교도들과 우상 신관들이 세례를 요청하며 말했다. "고대인들에 의해 대대로 내려온 전승에 의하면, 그들이 숭배한 그 신들은 생명이 있는 곳에 표징이 나타날 때까지 서 있을 것이라고 말했습니다." 그리고 그들의 전승에서 거룩하다고 부르며 영원한 생명을 의미한다고 말한 하나는 십자가의 형태를 가졌다.

⚜ 138 ⚜

성 요한 크리소스토모

'황금의 입'을 의미하는 크리소스토모(Chrysostomus)라는 별명을 가진 요한(Johannes)은 안티오키아 출신이고, 귀족 가문 출신인 세쿤두스(Secundus)와 안투사(Anthsa)의 아들이었다. 《교회사 3부작》은 그의 생애, 가계, 인격, 그가 고통받았던 박해에 대해 자세히 설명한다.

요한은 초기에 철학 공부를 했으나 후에는 성경에 몰두했다. 그는 사제로 서품되었고 순결에 대한 열의로 매우 엄격했다. 그는 온화하기보다는 무뚝뚝하였고, 지금 바로 옳은 일을 하고자 해서 자기 행동의 결과를 신중히 기다릴 수 없었다. 그를 잘 알지 못하는 사람들은 그가 대화에서 거만하다고 생각하겠지만, 그는 탁월한 교사였고, 명확하게 해설하는 능력에서 주목할 만하고, 엄격한 도덕의 지지자로서 비할 데가 없었다.

두 황제 아르카디우스(Arcadius)와 호노리우스(Honorius) 치세 시, 로마 주교좌에 다마소(Damasus)가 교황으로 있을 때 요한은 콘스탄티노폴리스의 주교로 서품되었다. 그는 즉각적으로 성직자의 삶을 개혁하려고 시도해 성직자들의 중

* 헬레니즘 시대의 종교 혼합 현상을 잘 나타나는 신으로, 원래는 고대 이집트의 사자(死者)의 신 오시리스와 혼합한 아피스(Apis)를 숭배하는 것이었다. 여기에 그리스 신전의 관념이 더해져서 프톨레마이오스 1세가 자기 왕조의 국가 신으로서 창시되었다. – 역자 주

오심을 불러일으켰다. 그들은 미친 사람 같은 그를 피하면서 모든 사람이 듣게 비방했다. 그는 저녁 식사에 결코 손님을 초대한 적이 없었고 초대받기를 원하지도 않았다. 그래서 그의 식사 예절이 형편없어서라는 소문도 있었다. 한편으로는, 혼자서만 가장 훌륭하고 값비싼 음식을 먹으려고 아무도 초대하지 않는다는 소문도 있었다. 사실은 그의 엄격한 금욕으로 인해 자주 심한 두통과 위통에 시달렸고, 그래서 축제의 연회를 피한 것이었다.

하지만 사람들은 그가 성당에서 하는 강론을 매우 좋아해서, 경쟁자들이 그에 대한 어떤 비방을 해도 신경쓰지 않았다. 그러나 그가 높은 지위에 있는 사람들을 비판하기 시작하자, 그에 대한 적개심은 커졌고, 한 사건으로 인해 정점에 이르렀다. 집정관의 지위를 가진 궁내부장관(宮內府長官, praepositus) 에우트로피우스(Eutropius)는 성역(聖域)인 성당으로 도망친 일부 사람들에게 직접 복수하려고 했다. 그래서 더 이상 성당을 피난처로 쓸 수 없게 하고, 이미 피난처로 이용하고 있는 사람들은 성당 밖으로 나오게 하는 법을 황제가 만들게 했다. 그러나 얼마 지나지 않아 에우트로피우스는 황제의 눈 밖에 났고 성역인 성당으로 도망쳤다. 이것을 들은 요한 주교가 제대 아래에 숨은 그 사람을 발견했다. 그래서 요한은 에우트로피우스를 비난하는 연설을 했고 그 사람에게 호된 질책을 했다. 요한이 이 불행한 사람을 딱하게 여기지 않고 계속 신랄하게 비판한 일로 많은 사람이 주교에게서 등을 돌렸고, 결국 황제는 에우트로피우스를 붙잡아 참수했다. 여러 가지 이유로 요한은 많은 사람을 과도하게 비판하고 꾸짖었고, 그의 적은 늘어났다.

알렉산드리아의 주교인 테오필루스(Theophilus)는 요한을 면직시키고 싶어 했고 그의 자리에 이스도루스(Isidorus)라는 이름의 사제를 원했다. 그래서 테오필루스는 요한의 면직을 정당화하기 위한 근거를 찾고 있었다. 그러나 사람들은 요한을 옹호했고 그의 가르침의 자양분을 간절히 받았다. 요한은 계속해서 교회법에 따라 삶을 꾸리도록 사제들에게 강요했고, 사제의 규범에 따라 생활하는 것을 경멸하는 사람들은 사제직의 영예를 누리지 말아야 한다고 했다. 그는 완력으로 콘스탄티노폴리스 시를 다스렸을 뿐만 아니라, 제국의 권위에 힘입어 적법한 법을 도입함으로써 인접한 일부 속주들에서 질서를 잡으려고 노력했다. 그는 페니키아(Phoenicia)에서 여전히 악령들에게 희생 제물이 바쳐지고 있다는 것을 알고, 성직자와 수도승들을 보내 모든 이교도 신전이 파괴되도록 했다.

그때 그곳에 야만스러운 성격을 가진 켈트족인 가이마스(Gaimas)가 있었다. 그 사람은 폭군의 야망에 도취되어 아리우스주의 이단에 의해 변질되었지만, 그럼에도 군대 사령관이 되었다. 가이마스는 황제에게 자신과 부하들을 위해 그 도시에 있는 성당 하나를 줄 것을 요청했다. 황제는 그 사람의 포악한 행위를 억제하기 위해 요한에게 성당 하나를 주라고 말했다. 그러나 덕에서 강하고 열의로 불탄 요한은 "오 황제여, 허락하지 마십시오, 거룩한 것을 개에게 주지 마시고 이 야만인을 두려워하지도 마십시오! 저와 그 사람을 함께 부르십시오. 그리고 저희 대화를 은밀히 들으십시오. 저는 그 사람이 주제넘은 요구를 하지 못하도록 그의 혀에 재갈을 물릴 것입니다!"라고 말했다.

황제는 기뻐하며 다음 날 두 사람을 호출했다. 가이마스가 성당 하나를 요청했을 때, 요한이 말했다. "하느님의 집은 어디에서나 당신에게 열려 있습니다. 그리고 아무도 기도하는 당신을 막지 않습니다!" 가이마스: "저는 다른 종파에 속해 있고, 저는 저 자신과 저의 백성을 위해 성전을 요구할 권리가 있습니다. 저는 로마인의 국가를 위해 많은 노력을 하였으므로 제 청원이 거부되어서는 안 됩니다!" 요한: "당신은 이미 당신의 불모지를 능가하는 많은 보상을 받았습니다. 당신은 군대의 사령관이 되었고, 그 이상으로 집정관의 토가(toga)를 입었습니다. 당신은 이전에 무엇이었고 지금 어떻게 여겨지고 있는지, 당신이 과거에 얼마나 가난했고 지금 얼마나 부유한지, 이전에 입었던 옷에 비해 지금 얼마나 화려하게 차려입었는지를 명심해야 합니다. 따라서 최소한의 일이 최대한도의 보답을 가져왔으니, 당신을 존경하는 황제에게 은혜를 잊지 않도록 하십시오!" 요한의 말은 가이마스의 입을 다물고 침묵하도록 만들기에 충분했다.

요한은 확고한 훈육으로 계속해서 콘스탄티노폴리스 시를 다스렸지만, 이제 제국 자체를 탐내던 가이마스는 낮에는 아무것도 성취할 수 없었기 때문에 밤에 자신의 야만인들을 보내 황제의 궁전을 불태우려고 했다. 그러자 그 시를 보호하려는 요한의 방법이 분명해졌다. 육체적인 형상으로 무장한 천사들의 거대한 무리가 야만인들에 맞서려고 나타났고, 야만인들은 즉시 발길을 돌렸다. 이것을 보고 받은 가이마스는 황제의 정규군이 다른 도시에 주둔하고 있는 상황이라 이해할 수 없었다. 이튿날 밤에 다시 야만인들을 보냈지만, 천사들의 환시에 의해 다시 쫓겨났다. 마침내 가이마스는 직접 가서 기적을 보고 그 군대가 낮에는 숨어 있고 밤에 도시를 보호하는 것으로 생각하고 도망쳤다. 가이마스는 큰 군대를 모아 트라케(Thrace)로 가서 그 땅을 약탈했다. 사람들은 야만인들의 흉포함에 겁에 질려 있었다. 따라서 황제는 성 요한에게 자신의 대사(大使)로서 가이마스에게 가야 한다는 부담을 줬고, 요한은 오랜 원한을 마음에서 지우고 신속하게 출발했다. 가이마스는 그 성인의 진실함에 감동 받았고, 자신의 분노를 잊고 아주 먼 거리까지 마중 나갔다. 가이마스는 요한의 손을 잡고 겸손의 표시로 자신의 눈 위까지 올리고, 아들들에게 그 주교의 거룩한 무릎을 껴안으라고 말했다. 요한의 덕의 힘은 참으로 그런 것이었다. 심지어 가장 무서운 사람을 겸손하고 두려워하게 바꿀 수 있었다.

그때 하느님이 육신을 가졌는지 아닌지에 대한 논쟁이 일어났다. 의견 차이와 말싸움이 많았으며, 각자 여러 견해를 유지했다. 속아 넘어간 것은 대부분 단순한 수도승들이었고, 하느님은 육체적인 모습으로 구별된다고 말했다. 알렉산드리아의 주교 테오필루스는 하느님은 사람 모습을 하고 있다고 주장했으며, 하느님은 실체가 없다고 설교하는 교회 사람들에 반대 주장을 했다. 이것을 들은 이집트 수도승들은 알렉산드리아로 가서 테오필루스에 대항하는 폭동을 일으키고 심지어 그를 죽이려고 시도했다. 이집트 수도승의 행동에 겁을 먹은 테오필루스는 그들에게 말했다. "제가 당신들을 보고 하느님의 얼굴을 봅니다!" 그들: "만일 하느님의 얼굴이 우리의 얼굴과 같다는 의미라면, 우리의 믿음을 부인한 오리게네스(Origenes)의 저서들을 파문하십시오. 만일 당신이 그리하지 않는다면, 당신은 황제들과 하느님 그분에 대항하여 반란을 일으키게 될 것이고, 우리는 당신이 수치를 당하는 모습을 지켜보게 될 것입니다." 테오필루스: "뭐든 폭력적인 일을 하지 마시오, 저는 당신들이 기뻐하는 일을 할 것입니다." 그리하여 그는 수도승들의 공격을 우회시켰다. 훈련이 잘 된 수도승들이 속은 것이 아니라, 단순한 수도승들이 믿음에 대한 열정으로 흥분하여 적절한 의견을 가졌던 형제들에게 대항하여 일어났고 그들 중 많은 사람을 죽였다는 점에 다시 주목하자.

이집트에서 그 일이 진행되는 동안 콘스탄티노폴리스에서 요한의 가르침이 번창하고 널리 존경을 받았지만, 아리우스주의자의 수도 크게 증가하여 도시 밖에 그들의 성당이 있었다. 그들은 토요일과 주일에 도시로 들어왔고 거리에서 밤새도록 찬미가와 따름노래(antiphona)를 불렀으며, 새벽까지 노래하며 도시 중앙을 행진하여 성문을 통해 그들의 성당으로 돌아갔다. 그들은 정통파를 조롱하며 자주 "능력에서 셋이 하나라고 말하는 사람은 어디에 있는가?"라고 노래했다.

요한은 단순한 사람들이 이 노래로 인해 이단에 빠질까 두려워 참된 신자들이 밤에 모여 찬미가를 부르게 해서 그들의 노래가 들리지 않게 하고 신자들의 믿음을 굳건하게 하라고 명령했다. 또한, 그는 은으로 된 십자가를 만들고 은을 붙인 초를 가지고 다녔다. 열의와 시기심에 불탔던 아리우스주의자들은 심지어 살인을 저지르기까지 했다. 어느 날 밤, 요한이 찬미가를 이끌도록 지정했던 황후의 내시 브리손(Brison)이 돌에 맞았고, 그 외에도 많은 사람이 목숨을 잃었다. 이 무질서에 동요된 황제는 아리우스주의자들이 찬미가를 노래하는 것을 금지했다.

그때 동료들에게 존경을 받고 황제와 황후의 총애를 받는 가발라(Gabala)의 주교 세베리아누스(Severianus)가 콘스탄티노폴리스로 와서 요한으로부터 따뜻한 환영을 받았다. 그리고 요한은 아시아로 여행을 가면서 세베리아누스에게 교회를 보살펴달라고 맡겼다. 그러나 그 사람은 요한의 신뢰에 충실하지 않고 그저 사람들 비위만 맞췄다. 요한의 성직자 세라피온(Serapion)이 요한에게 이 사실을 조심스럽게 전했다. 그런 다음 언젠가 세베리아누스가 세라피온 앞을 지날 때, 세라피온이 일어서지 않는 것을 보고 분개해서 소리쳤다. "만일 이 세라피온이 죽지 않는다면, 그리스도는 인간 본성으로 태어나지 않았다!" 이것을 전해 들은 요한은 콘스탄티노폴리스로 돌아와 세베리아누스를 신성모독자로 도시에서 쫓아냈다. 몹시 불쾌해진 황후는 요한을 호출해서 세베리아누스와 화해하라고 요청했다. 요한은 그녀가 어린 아들 테오도시우스를 데려와 그의 무릎에 앉히고 세베리아누스를 용서해 달라고 호소할 때까지 화해 제안을 거부했다.

같은 시기에 알렉산드리아의 주교 테오필루스는 친구 이시도로와 덕이 높은 디오스코로(Dioscorus)를 부당하게 추방했다. 그 두 사람은 콘스탄티노폴리스로 가서 황제와 요한에게 그 사실을 이야기했다. 요한은 두 사람을 높이 평가했지만, 그 사건의 진상을 좀 더 알게 될 때까지 그들의 편을 들어주려 하지 않았다. 그러나 요한이 디오스코로와 이시도로와 동맹을 맺고 두 사람의 주장을 지지하고 있다는 거짓 소문이 테오필루스에게 퍼졌다. 이로 인해 화가 난 테오필루스는 그 두 사람에게 복수할 뿐만 아니라 요한을 주교좌에서 면직시키려고 모든 영향력을 결집시켰다. 테오필루스는 본심을 숨기고, 각 도시의 주교에게 전갈을 보내 오리게네스의 작품들을 단죄하기를 원한다고 말했다. 우정을 가장하여 키프로스의 거룩하고 존경받는 주교 에피파니오(Epiphanius)를 속이고, 자신이 직접 오리게네스의 작품을 단죄하기를 요청했다. 다른 사람의 교활함을 의심하지 않는 거룩함을 지닌 에피파니오는 주교들을 키프로스로 호출하였고 오리게네스의 책을 읽는 것을 금지했다. 그런 다음 테오필루스는 요한에게 그 책들을 읽는 것을 중지하는 편지를 보내고 명령을 이행하는지 확인까지 했다. 그러나 요한은 명령에 거의 신경을 쓰지 않았고 교회의 교리를 계속 가르쳤으며 자신 주변에서 엮어지고 있던 음모들에 대해 전혀 걱정하지 않았다.

마침내 테오필루스는 요한에 대해 오랫동안 감추고 있던 증오심을 드러냈고, 요한이 면직되기를 원한다는 것을 분명히 했다. 요한 주교에 반대하는 성직자와 궁전 관리들은 콘스탄티노폴리스에서 소집된 교회회의가 적절한 시기라 생각하고 최선을 다했다. 그때 오리게네스의 작품들에 대한 단죄를 위해 콘스탄티노폴리스로 온 에피파니오는 테오필루스의 입장을 고려해서 요한의 환대를 거절했다. 에피파니오에 대한 존경심으로 일부 주교들은 오리게네스의 단죄에 서명했으나, 좀 더 많은 주교는 서명을 거부했다. 서명을 거부한 주교들 중 청렴함으로 유명한 시키아(Sichia)의 주교 테오시노(Theotinus)는 다음과 같이 에피파니오에게 대답했다. "저는 오래전에 안식을 취한 그에게 해를 끼치지 않을 것이며, 우리 전임자들이 거부한 적이 없고 잘못된 교리가 없는 작품들을 단죄하는 신성모독의 죄를 짓는 위험을 저 역시 무릅쓰지 않을 것입니다. 그 작품들에 욕을 퍼붓는 사람들은 스스로를 모르는 행동입니다. 아리우스주의에 대항한 니케아 공의회의 옹호자인 아타나시오(Athanasius)는 자기 믿음의 증인으로 오리게네스에게 호소했습니다. 그는 오리게네스의 작품들을 자신의 책에 인용해서 말했습니다. '존경스럽고 지칠 줄 모르는 오리게네스는 하느님의 아드님이 성부와 함께 영원히 공존한다고 단언하면서 우리에게 이 증언을 주었습니다.'"

요한은 규칙에서 벗어난 행동을 하는 에피파니오가 자신의 성당에서 서품식을 행한 것을* 잘못되었다고 생각했지만, 주교들과 함께 머물러 달라고 요청했다. 에피파니오는 요한이 디오스코로를 제명시키고 오리게네스의 책 단죄에 서명하지 않는 한 그와 함께 머물지도, 함께 기도하지도 않을 것이라고 대답했다. 요한은 거부하였고, 에피파니오는 요한에게 등을 돌렸다. 에피파니오는 오리게네스의 작품들을 단죄하고 디오스코로에 대한 심판을 선고하고, 요한을 그들의 옹호자라고 헐뜯기 시작했다. 요한은 에피파니오에게 전갈을 보냈다. "오 에피파니오여, 당신은 규칙에 어긋나는 일을 많이 했습니다! 첫째 당신은 나의 자치권에 속한 성당에서 서품식을 행하였습니다. 둘째 당신 권위로 임의대로 거룩한 신비들을 다시 거행하였습니다. 그리고 제가 당신을 초대하였을 때 당신은 변명하며 거절하였습니다. 그리고 마지막으로 당신은 자신을 과도하게 믿습니다. 그런 까닭에 사람들 사이에서 폭동이 일어나지 않도록, 그 폭동의 위험이 당신에게 미치게 될까 걱정스럽습니다!"

전갈을 받은 에피파니오는 그 도시를 떠났다. 키프로스에 도착하기 전에 요한에게 전언을 보냈다. "나는 당신이 주교로서 명예롭게 죽지 않기를 희망합니다." 이에 대해 요한은 "나는 당신이 결코 당신의 고국에 도착하지 않기를 희망합니다."라고 대답했다. 양쪽 모두의 희망은 실현되었다. 에피파니오는 집으로 가는 중에 죽었고, 요한은 시간이 지나면서 주교좌에서 면직되었고 유배 중에 생애를 마쳤다.

이 거룩한 사람 에피파니오의 무덤에서, 악령에 들린 사람들이 악령에서 벗어났다. 에피파니오는 가난한 사람들에게 놀랄 만큼 관대함을 베푸는 사람이었다. 한번은 그가 교회의 모든 돈을 나누어 주고 자신을 위해서는 아무것

---

* 또는 "예식을 하다"(facere ordinationem)는 여기와 아래에서 둘 중 어느 하나를 의미할 수 있다. 그것은 또한 '자신의 성당에서'(in ecclesia sua)는 에피파니오의 성당을 나타내는 것인지 아니면 요한의 성당을 나타내는 것인지 확실하지 않다.

도 남기지 않았다. 그때 한 낯선 사람이 와서 돈이 가득 찬 가방을 성인에게 바치고 갔는데, 그 사람이 어디에서 왔고 어디로 가는지 아는 사람이 아무도 없었다. 또 한번은 에피파니오에게 돈을 조금 받은 적 있는 가난한 사람 둘이 그에게 속임수를 쓰기로 마음 먹었다. 한 사람이 땅에 몸을 뻗고 누웠고, 다른 사람은 마치 그 사람이 죽은 것처럼 울면서 친구의 장례식을 위한 돈이 없다고 하소연했다. 에피파니오는 잠깐 들러 그 죽은 사람이 평화롭게 쉬기를 기도하고, 장례식 치를 돈을 제공했다. 그런 다음 슬퍼하는 사람을 위로하고는 갈 길을 갔다. 그 사람은 동료를 흔들며 말했다. "일어나, 일어나! 오늘 우리의 수고에 대한 결실로 잔치를 벌이자!" 그 사람은 친구를 몇 번이고 흔들어봤지만 진짜로 죽어 있는 것을 보고, 에피파니오를 뒤쫓아서 일어난 일을 말하고 친구를 살려달라고 간청했다. 에피파니오는 그 남자에게 위로의 말을 하였지만, 하느님의 성직자를 속이는 일을 쉽게 생각하게 될까 봐 친구를 살리지는 않았다.

에피파니오가 떠난 후, 요한은 에피파니오가 자신에게 반대하게 만든 것이 황후 에우독시아(Eudoxia)라는 사실을 알게 되었다. 평소와 같이 거침없이 말하는 주교는 자신의 양떼에게 강론을 하였고, 사치스러운 여인들에 대해서는 매우 거친 말로 질책했다. 모든 사람은 그 비판이 에우독시아를 겨냥한 것으로 받아들였다. 이를 들은 황후는 황제 아르카디우스(Arcadius)에게 하소연하면서 자신이 받은 모욕은 반드시 되돌려 줄 것이라고 말했다. 황제는 모욕감을 느꼈고 요한에 대해 행동해줄 교회회의(synodus)가 소집되도록 명령했다. 따라서 테오필루스는 급히 주교들을 소집하였고, 요한의 모든 적이 요한을 거만하고 오만한 사람이라 말하면서 모여들었다. 그때 콘스탄티노폴리스에서 만난 주교들은 오리게네스의 작품들에 더 이상 관심이 없었지만, 오직 요한을 반대하여 회의를 열고 요한을 불렀다. 요한은 그들을 피해야 할 원수로 여기고 보편적인 교회회의를 소집해야 한다고 선포하며 불참을 선언했다. 주교들이 그를 네 번 이상 소환했지만, 그는 여전히 거부하며 공의회(consilium)를 요구했다. 그 결과 그들은 요한이 소환에 순종하지 않았다는 이유로 단죄했다.

그 도시에서 무슨 일이 일어나고 있는지 알게 된 사람들은 항의 폭동을 일으키기 직전이었다. 사람들은 주교들이 성당에서 빠져나가지 못하게 했고 그 사건을 더 큰 공의회로 회부할 것을 요구했다. 그러나 황제는 요한을 유배지로 추방하라는 명령을 내렸으나, 사람들의 돌발적 행동을 두려워해서 이 사실이 알려지기 전에 요한의 유배가 이뤄지도록 계획했다. 그 소식을 알게 된 사람들의 항의가 매우 심해졌고 요한의 적들조차 그에게 미안함을 느낄 정도였으며, 얼마 전에 면직된 요한을 보기를 간절히 바라면서 그가 중상모략의 희생양이라고 말했다.

이제 위에서 언급한 세베리아누스는 성당에서 강론을 하면서 비록 요한이 다른 범죄를 범하지 않았더라도 요한의 교만이 면직당할 충분한 이유가 된다며 나쁘게 말했다. 이것이 황제와 주교들에 대한 민중의 반발을 가중시켰고, 에우독시아는 요한을 유배지로부터 소환하도록 황제에게 요청해야 한다고 느꼈다. 그때 대지진이 도시를 흔들었고, 이것이 요한이 쫓겨난 결과라는 것이 일반적인 견해였다. 그래서 요한의 기도로 위험에 처한 도시를 돕고 대중의 소요를 진정시키기 위해 그에게 사절을 보내 빨리 돌아올 것을 요청했다. 여러 차례 사절이 보내져 요한에게 돌아오도록 설득했다. 요한이 내켜 하지 않음에도 불구하고 집으로 데려왔을 때, 온 백성은 등불과 횃불을 들고 그를 만나러 나왔다. 그러나 요한은 자신의 주교좌를 거부했고, 교회회의의 교령에 따라야 하며 자신을 단죄하였던 사람들이 그 판결을 취소해야 한다고 말했다. 그러나 사람들은 그가 주교좌에 앉는 것을 다시 한번 보고 싶고 자신들의 스승으로서의 강론을 듣기를 열망했다. 대중의 의지가 지배적이었고, 그는 다시 자신의 자리에서 설교해야 했다.

테오필루스가 급히 떠날 일이 생겼다. 그가 히에라폴리스(Hierapolis)에 도착했을 때 그 도시 주교가 죽었고, 라몬(Lamon)이라는 이름의 지극히 거룩한 수도승이 주교로 선출되었다. 라몬은 주교직을 피해 급히 종적을 감추었으나, 테오필루스가 그에게 선출을 받아들이라고 압박했다. 라몬은 "내일, 하느님이 기뻐하실 일이 이루어질 것입니다."라고 말하면서 약속했다. 그래서 그들은 다음 날, 라몬의 독방에 가서 주교직을 받아들이기를 주장했다. 그는 "우리는 먼저 주님에게 기도합시다."라고 말했다. 그는 기도하였고, 기도를 마치자마자 삶을 마쳤다.

한편, 요한은 설교를 계속했다. 당시 성 소피아 성당 앞 광장에 에우독시아 황후를 기념하여 은상(銀像)이 세워졌고, 기사들과 도시의 귀족들이 그곳에서 공식 경기를 했다. 요한은 이것을 성당의 명예를 손상시키는 것으로 대단히 불쾌하게 생각했다. 그래서 그 어느 때보다도 두려움 없이 질책의 목소리를 높였다. 군주들에게 행사를 중단하라고 간청하는 것이 적절했었겠지만, 아무것도 하지 않았다. 오히려 자신의 웅변술을 최대한 발휘해 공격을 퍼부음으로써, 그 경기를 명령한 사람들을 꾸짖었다. 황후는 다시 이것을 개인적인 모욕으로 받아들이고 교회회의를 개회하려고 했다. 이 소식을 들은 요한은 후세에 더 유명해진 강론들을 시작했다. 그 하나는 이렇게 시작한다. "헤로디아(Herodias)가 다시 몹시 화를 내고, 다시 그녀는 동요하게 되었고, 그녀는 다시 쟁반에 요한의 머리를 받기를 갈망한다." 이 강론이 에우독시아의 분노를 덧붙였다. 또 요한을 죽이려는 한 남자가 사람들에게 체포되어 재판에 넘겨졌는데, 총독이 그를 죽음에서 구하려고 몰래 데리고 갔다. 한 사제의 종인 또 다른 사람이 주교를 죽이려고 요한에게 달려들었다. 한 구경꾼이 그 사람을 제지하려고 애썼으나, 공격자는 이 구경꾼과 다른 두 명을 때려서 죽였다. 이 것이 대규모의 군중을 끌어모았고, 그 사람은 더 많은 사람에게 치명적인 타격을 가하였다. 이 소란 속에서 백성들은 밤낮으로 요한의 집을 지켰다.

에우독시아는 이제 자신의 승기를 잡았다. 콘스탄티노폴리스에서 주교들을 소집했고, 고소인들은 요한을 비방하기 시작했다. 성탄이 가까워졌고, 아르카디우스는 요한에게 모든 고발에 명백하게 대답하지 않는 한, 황제는 그에게서 성체를 받지 않을 것이라는 전갈을 보냈다. 그러나 주교들은 그가 공의회의 교령 없이 주교좌에 앉았다고 추정하지 않는 한, 그를 반대할 수 있는 것이 아무것도 없었다. 그때 부활이 다가오고 있었고, 황제는 두 교회회의가 요한을 단죄했기 때문에, 그와 함께 같은 성당 안에 머물 수 없다고 알렸다. 그래서 요한은 집에 머물렀고 더 이상 성당으로 가지 않았다. 요한 편을 든 사람들은 '요한파'(Johannitae)라고 불렸다. 마침내 황제는 요한을 잔혹한 야만인들의 위협을 받는 로마 제국의 경계에 위치한 폰투스(Pontus) 지방의 가난한 마을로 유배를 보냈다.

그러나 자비로운 주님은 신앙심이 투철한 전사가 그런 장소에 오래 머무는 것을 허락하지 않았다. 인노첸시오 교황은 그 상황을 듣고 마음이 어수선했다. 교황은 공의회를 소집할 생각이었고, 콘스탄티노폴리스의 성직자들에게 편지를 써서 요한의 후임자로 아무도 서품하지 못하게 했다. 그 사이에 요한은 긴 여행으로 지쳤고 매우 고통스러운 두통에 시달렸으며, 태양의 열기를 견딜 수 없음을 알게 되었다. 그래서 9월 14일 쿠마나(Cumana)에서 거룩한 영혼이 육체로부터 풀려났다. 그가 죽을 때 엄청난 우박을 동반한 폭풍이 콘스탄티노폴리스와 그 주변에 내렸고, 모든 사람은 이것이 요한의 부당한 단죄에 대한 하느님의 분노의 표현이라고 말했다. 에우독시아의 갑작스러운 죽음이 이러한 주장을 더 부추겼다. 그녀는 우박을 동반한 폭풍 4일 후에 죽었다.

동방과 서방 둘 다에서 스승이자 학자였던 이 사람의 죽음 후에, 서방의 주교들은 동방의 주교들이 요한의 거룩한 이름을 그의 전임자들의 이름과 함께 놓을 때까지 그들과 아무런 교류를 나누지 않았다. 더욱이 앞에서 언급한 아르카디우스의 가장 그리스도교적인 아들 테오도시우스는 자신의 할아버지인 테오도시우스의 이름과 경건함을 모두 가졌고, 1월에 이 교회 학자의 거룩한 유해를 왕의 도시로 옮겼다. 그때 신자들이 등불과 횃불을 들고 장례 행렬을 맞이했다. 테오도시우스는 그 성인의 유해를 공경하며 자신의 부모 아르카디우스와 에우독시아가 무의식적으로 저지른 잘못이 용서받기를 간절히 기도했다. 그동안에 이미 부모 둘 다 죽었다.

이 테오도시우스는 가장 인자한 통치자였다. 그는 자신에게 잘못을 저지른 사람들에게 다음과 같이 말하며 사형을 선고하지 않았다. "죽은 사람을 나를 위해 되살리는 것이 가능하겠는가!" 그의 궁정은 수도원처럼 보였다. 그는 조과(Matutinum)와 아침 찬미 기도(Laudes)를 암송하였고, 성경을 읽었다. 영웅시격(英雄詩格)으로 시를 썼던 그의 아내는 에우독시아란 이름이었다. 그는 또한 에우독시아로 불렸던 딸이 하나 있었다. 그는 자신이 황제로 만들었던 발렌티니아누스에게 딸을 시집보냈다.

이 모든 정보는 《교회사 3부작》에서 발췌되었다. 요한 크리소스토모는 서기 400년경에 죽었다.*

* 요한 크리소스토모의 생몰연도는 349?~407년으로 여겨진다. − 역자 주

성녀 에우페미아*

에우페미아(Euphemia)라는 이름은 '선'(善)을 의미하는 에우(eu)와 '여자'란 페미나(femina)에서 유래되었다. 선한 여자는 도움이 되고 의롭고 즐겁다. 왜냐하면, 선함에는 이 세 가지 자질 이 포함되기 때문이다. 그래서 성녀 에우페미아는 다른 사람과의 관계에서 도움이 되었고, 덕이 있는 삶의 방식으로 의롭고, 하늘의 신비에 대한 묵상으로 하느님을 즐겁게 해 드렸 다. 또한, 에우페미아는 '감미로운 소리'라는 에우포니아(euphonia)와 같은 의미이며, 감미로 운 소리는 세 가지 방식으로 생성된다. 즉 노래하는 목소리, 하프 연주와 같은 손놀림, 오르 간과 같이 분출하는 소리이다. 성녀 에우페미아는 설교 목소리와 선행의 손길, 내적인 신 앙심의 호흡으로 감미로운 소리를 냈다.

디오클레티아누스 재임기에 원로원 의원의 딸 에우페미아는 그리스도인들이 다양한 고문과 난도질을 당하는 것을 보았다. 그녀는 곧장 재판관 프리스쿠 스(Priscus)에게 가서 자신의 그리스도교 믿음을 공개적으로 선언했고, 그녀의 지조(志操)의 모범은 심지어 남자들에게까지 저항할 힘을 주었다. 재판관은 그 리스도인들을 차례로 죽일 때, 더 많은 사람을 참석시켜 고문을 목격하게 함 으로써 적어도 겁에 질려서라도 제물을 바치게 했다. 재판관은 에우페미아가 있는 자리에서 성인들을 잔혹하게 고문했지만, 성인들의 굳건함은 그녀의 결 심을 더 강화시켰을 뿐이었고, 그녀는 재판관이 불의를 저지르고 있다고 큰 소리로 말했다. 프리스쿠스는 그녀에게 자신이 무슨 잘못을 하고 있는지 물 었다. 에우페미아: "저는 귀족 출신이고, 왜 이 일반 대중을 나보다 앞서 그리 스도에게 도착하게 하고, 저보다 먼저 약속된 영광에 도달하게 하는지 알고 싶습니다." 재판관: "나는 네가 제정신으로 돌아왔다고 생각했다! 나는 네가 너의 지위와 성(性)을 기억해주어서 기뻐했었다!"

---

* 라틴어본은 Eufemia라고 표기하고, 영어본은 Euphemia라고 표기한다. 여기서는 라틴어판 《로마 순교 록》(Martyrologium Romanum, C.L.V. edizioni Liturgiche, 1998)에 따라서 Euphemia로 표기한다. – 역자 주

그래서 프리스쿠스는 그녀를 감옥에 넣었고, 이튿날 다른 사람들이 쇠사슬에 묶여 끌려 나왔을 때, 그녀는 묶이지 않은 채 나왔다. 그녀는 다시 '왜 자신만 쇠사슬을 사용치 않았습니까? 이것은 황제의 법에 어긋납니다!'라며 격렬하게 불평했다. 그래서 그녀는 두들겨 맞았고 감옥에 재수감되었다. 프리스쿠스는 그녀를 뒤따라가서 겁탈하려 했으나, 그녀는 단호하게 저항했고, 하느님의 권능은 그의 손을 마비시켰다. 프리스쿠스는 자신이 일종의 주문에 걸렸다고 생각했다. 그는 자신의 청지기를 보내어 만일 그녀가 자기 뜻을 받아들이면 모두 들어주겠다고 약속을 전하게 했지만, 청지기는 열쇠로 감옥 문을 열거나 도끼로 침입할 수도 없었고, 결국 악령에 사로잡혀 비명을 질렀고, 자신의 살을 찢긴 채 간신히 목숨을 부지했다.

에우페미아는 다시 끌려 나왔고, 바퀴에 불타는 석탄이 가득 찬 형거(刑車)에 놓였다. 형거를 작동하는 사람들은 바퀴를 회전시키는 사람에게 신호를 보냈다. 그가 어떤 소리로 신호를 주면, 사람들이 모두 형거를 끌어당겨서 바퀴의 불이 폭발하고 바퀴살이 여자의 몸을 찢도록 하려는 것이었다. 그러나 하느님의 뜻으로 형거를 조정하던 장치가 손에서 떨어졌고, 오히려 바퀴 회전시키는 사람을 잡아당기게 만들었다. 형거는 그 사람을 짓밟고 에우페미아는 해를 입지 않고 그 위에 서 있도록 남겼다. 죽은 사람의 친척들은 슬픔에 잠겨 형거 아래에 불을 붙여 에우페미아와 그 형거를 불태우려고 했다. 형거는 불탔고 한 천사가 그녀를 안고 높은 곳으로 데려갔다가 다시 놓아주어서, 그녀는 상처 없이 다시 서 있었다.

아펠리아누스(Apellianus)는 재판관에게 말했다. "이 그리스도인들이 가진 힘은 오직 쇠로만 이길 수 있습니다. 그러므로 저는 당신에게 그녀를 참수할 것을 조언합니다." 사다리를 세우고 한 남자가 그녀를 붙잡으려고 올라갔지만, 그 남자는 즉시 중풍에 걸려 반쯤 죽어서 내려졌다. 소스테네(Sosthenes)라고 불리는 또 다른 남자가 올라갔지만, 그녀에게 도착했을 때 개종했다. 그는 그녀에게 용서를 간청하고 자신의 칼을 뽑고 재판관에게 천사들이 보호하고 있는 이 여자를 건드리느니 자신이 죽고 말겠다고 소리 질렀다.

마침내 에우페미아가 내려졌고, 프리스쿠스는 비서장(cancellarius)에게 모든 악당을 찾아서 그녀가 기진하여 죽을 때까지 원하는 만큼 그녀를 욕보이라고 명령했다. 그러나 그녀에게 간 비서장은 기도하고 있는 그녀 주위에 빛나는 많은 동정녀를 발견했다. 그리고 그녀가 비서장에게 말했고 비서장은 그리스도교 믿음으로 개종했다. 그래서 재판관은 머리카락으로 그녀를 매달았는데도 계속 거절하자 다시 감옥에 가두고 7일 동안 음식을 주지 말라고 명령했다. 그다음에 그녀는 거대한 맷돌 사이의 올리브처럼 으깨질 예정이었다. 7일 동안 그녀는 천사에 의해 식사를 했고, 7일째 날에 그 돌 사이에 세워졌을 때, 그녀가 기도하자 그 돌은 가장 고운 가루로 변했다.

프리스쿠스는 단지 소녀에게 진 것이 부끄러웠고 무엇이든 삼켜버릴 정도로 매우 사나운 야수 세 마리가 있는 구덩이에 그녀를 던졌다. 야수들은 즉시 유순해졌다. 야수들은 동정녀에게 달려가서 꼬리를 엮어 그녀가 앉을 수 있는 의자를 만들었다. 그렇게 해서 재판관을 혼란에 빠뜨렸다. 실제로 프리스쿠스가 받은 모욕감을 복수하려고 망나니가 들어왔을 때, 그는 좌절감으로 거의 죽어가고 있었다. 이렇게 망나니는 에우페미아의 옆구리에 칼을 찔러넣음으로써 그녀를 그리스도를 위한 순교자로 만들었다.

재판관은 망나니에게 상으로 비단옷을 입히고 금띠를 둘러주었다. 그러나 그 사람이 나가자마자 사자에게 게걸스럽게 잡아먹혔다. 그를 찾는 수색이 이루어졌을 때, 그의 뼈 몇 개와 찢어진 옷과 금띠를 제외하고 아무것도 발견할 수 없었다. 프리스쿠스에 대해 말하자면, 그는 자신의 살을 물어뜯은 채 시체로 발견되었다. 성녀 에우페미아는 칼케돈(Chalcedon)에 명예롭게 묻혔고, 그녀의 공로로 칼케돈에 있는 모든 유다인과 이방인은 그리스도를 믿었다. 그녀는 서기 280년경에 고통받았다.

암브로시오는 자신의 《서문경》에서 이 동정녀에 대해 말한다. "순교의 관을 쓸 자격이 있는 온유하고, 큰 승리를 거둔 동정녀 에우페미아는 동정의 관을 간직하고 있었습니다. 그녀의 기도로 적대적인 적은 패배하였고, 그녀의 적대자인 프리스쿠스는 압도 당했습니다. 동정녀는 불타는 용광로에서 다치지 않고 나왔고, 단단한 돌은 먼지로 돌아가고, 야수는 유순하게 돌아서서 머리를 숙였고, 그녀의 기도는 온갖 고문을 이겨냈습니다. 마지막 순간, 그녀는 칼날에 찔려 육신의 속박을 떠나 천상의 성가대에 기쁘게 결합했습니다. 오 주님, 이 거룩한 동정녀가 당신의 교회를 당신에게 의탁합니다. 그녀는 우리

죄인들을 위해서 중재합니다. 이 동정녀, 당신 집에 있는 이 작은 순수한 종이
또한 당신에게 저희의 서약을 바치게 하소서."

···❖ 140 ❖···

성 마태오 사도

마태오(Matthaeus, Matthew)는 레위(Levi)라는 이름으로도 불렸다. 마태오는 '빠른 은사', '조언
을 주는 사람'으로 해석된다. 그 이름은 '위대한'이란 마그누스(magnus)와 '하느님'이란 테오스
(theos)로부터 유래되어 '하느님에게 위대한 사람'이다. 또한, '손'이란 마누스(manus)와 테오
스에서 유래되어 '하느님의 손'을 의미한다. 성 마태오는 신속한 개종으로 성급한 선물이
되었고, 유익한 설교로 조언을 주는 사람, 삶의 완벽함으로 하느님에게 위대한 사람이고,
복음서의 집필로 하느님의 손이다. 레위는 '받아들이다', '결합시키다', '추가되다', '놓여지
다'로 해석된다. 그 성인은 가혹한 세금 징수의 과업을 받아들였고, 사도들의 모임에 결합
되었고, 복음사가들의 모임에 추가되었고, 순교자들의 명단에 놓여졌다.

마태오 사도는 에티오피아의 나다베르(Nadaber)라는 도시에서 설교하다가 두
명의 마법사 자로에스(Zaroës)와 아르팍사트(Arphaxat)를 발견했다. 두 마법사는
마술을 사용해 희생자가 팔다리의 기능과 정신을 잃은 것처럼 보이게 했다.
이 일로 인해 마법사들은 신으로 숭배받았고 아주 거만해졌다. 사도가 나다
베르 시에 도착했을 때, 필립보가 세례를 준 칸다체(Candace) 여왕의 내시로부
터 환대를 받았다. 사도는 곧 마법사들의 술책을 폭로하고, 마법사들이 사람
들에게 해를 입히려고 하는 무엇이든지 유익하게 변화시켰다.
　　그 내시는 마태오에게 어떻게 그렇게 많은 언어를 말하고 이해할 수 있는
지를 물었고, 그는 성령이 사도들 위에 내려온 후 자신이 모든 언어에 대한 지
식을 얻게 되었다고 설명했다. 그 후로 사람들은 교만해져 하늘에 이르는 탑
을 짓기를 원했지만, 언어의 혼란으로 건축을 멈추어야 했으며, 사도들은 모
든 언어를 아는 지식으로 돌이 아닌 덕으로 탑을 건축하였고, 믿는 모든 사람

이 그 덕의 탑을 통해 하늘로 올라갈 수 있었다고 설명했다.

　그때 한 사람이 그 마법사들이 두 마리 용과 함께 나타나서 입과 코에서 유황불을 내뿜어 많은 사람을 죽였다고 전하러 왔다. 사도는 십자성호로 자신을 보호하고 대담하게 그 짐승들을 만나러 갔다. 용들은 즉시 마태오의 발아래서 잠들었고, 사도는 마법사들에게 말했다. "당신들의 마법적인 능력은 지금 어디에 있습니까? 만일 할 수 있다면, 용들을 깨어나게 하십시오! 만일 내가 주님에게 기도하지 않았다면, 당신들이 나에게 가하려고 했던 그 해를 당신들에게 돌려보냈을 것입니다." 그리고 모든 사람이 모였을 때, 마태오는 용들에게 예수의 이름으로 물러가라고 명령하자 아무도 해치지 않고 떠났다.

　이제 사도는 지상 낙원의 영광에 대해 백성들에게 위대한 설교를 시작했다. 그곳이 모든 산 위에 우뚝 서 있어 하늘과 가까이 있다고 말했다. 그곳에는 가시나 가시나무가 없고, 백합과 장미가 시들지 않고, 결코 노년이 오지 않고 사람들은 항상 젊음을 유지한다. 천사들이 악기를 연주하고, 새들을 부르면 즉시 순명한다고 했다. 사도는 계속해서, 인류는 이 지상의 낙원에서 쫓겨났지만, 그리스도의 탄생을 통해 하늘의 낙원으로 소환되었다고 말했다.

　마태오가 이 모든 말을 하고 있는 동안, 왕자의 죽음으로 인해 갑자기 큰 울음소리가 들려왔다. 마법사들은 그를 소생시킬 수 없게 되자, 왕자가 신들의 무리에 들어갔으므로 그를 기리기 위해 조각상을 만들고 신전을 건립해야 한다고 왕을 설득했다. 그러나 앞서 언급한 내시가 마법사들을 감금하고 사도를 불렀다. 사도는 기도로 왕자를 되살아나게 했다. 이것을 본 에지포(Egippus) 왕은 자신의 왕국 전체에 기별을 보냈다. "와서 사람의 모습 속에 숨어계신 하느님을 보라!" 사람들은 마태오에게 희생물을 바치려고 금관과 여러 종류의 봉헌물을 가지고 왔지만, 마태오는 그들을 저지하며 말했다. "사람들이여, 지금 무엇을 하고 있습니까? 나는 신이 아니라 주 예수 그리스도의 종입니다!" 마태오는 그들이 가져왔던 금과 은을 성당 건축에 사용하도록 설득했다. 그들은 30일 만에 성당을 완성했고, 사도는 33년 동안 그곳에서 주재하며 이집트 전체를 개종시켰다. 에지포 왕은 아내는 물론 온 백성과 함께 세례를 받았다. 마태오는 왕의 딸인 에피제니아(Ephigenia)를 하느님에게 봉헌하고, 그녀를 200명이 넘는 동정녀의 수장으로 세웠다.

히르타쿠스(Hirtacus)가 에지포를 계승했다. 히르타쿠스는 동정녀 에피제니아에게 강한 욕정을 느꼈고, 만일 사도가 혼인을 성사시켜준다면 자기 왕국의 반을 약속했다. 마태오는 전임자의 관습을 따르고 주일에 성당에 나오면, 에피제니아와 다른 동정녀들이 참석할 것이고, 합법적인 결혼의 축복에 대해 들을 것이라고 말했다. 왕은 행복했고, 사도가 에피제니아에게 결혼을 설득하리라 믿고 서둘러 응했다. 동정녀들과 온 대중이 함께 참석했고, 마태오는 결혼의 장점에 대해 아주 길게 설교했다. 왕은 에피제니아가 결혼을 수락하도록 하기 위한 말이라고 믿었기에 마태오의 설교 내용을 칭찬했다. 그러나 마태오는 침묵을 요청한 후, 강론을 다시 시작했다. "결합이 침해되지 않는 한 좋은 것이기에, 여기에 참석한 여러분 모두는 왕의 종 중 한 명이 감히 왕의 배우자를 찬탈한다면, 그는 왕의 분노뿐 아니라 형벌로 사형을 받아야 한다는 것을 알고 있습니다. 이것은 그가 아내와 결혼하였지만, 주인의 배우자를 취함으로써 혼인 관계를 위반한 죄를 범했기 때문입니다. 오 왕이여, 당신도 마찬가지입니다! 당신은 에피제니아가 영원한 왕의 배우자가 되었고 거룩한 머릿수건으로 축성되었음을 압니다. 당신보다 더 강력한 하느님의 배우자를 어떻게 당신의 아내로 삼을 수 있습니까?"

이 말에 화가 난 왕은 어쩔 줄 몰라 쾅쾅거리며 성당을 나갔다. 그러나 사도는 두려워하거나 동요되지 않은 채 청중들에게 인내심과 확고함을 가지라고 격려했다. 에피제니아가 두려움으로 몸을 가누지 못하자, 사도는 그녀와 다른 동정녀들에게 축복을 주었다. 미사 예식이 끝난 후, 왕은 검객을 보냈다. 검객은 마태오가 제대 앞에 서서 손을 하늘로 들고 기도하고 있을 때 사도의 등을 찔러 죽이고 순교자로 만들었다. 이를 목격한 사람들은 왕궁에 모여들어 왕궁과 모든 것을 불태우려고 하였으나, 사제들과 부제들이 제지했고, 모두 함께 성 마태오의 순교를 기쁘게 거행했다.

그래서 히르타쿠스는 에피제니아에게 여인들을 보내 자신이 저지른 일을 변호하게 했고, 마법사들은 그녀에게 주문을 걸었지만, 그녀의 결심을 약화시키는 데 실패했다. 따라서 왕은 그녀 집 주위에 거대한 불을 질러 그녀와 그녀의 동정녀들을 죽이려고 하였으나, 마태오가 나타나 불길을 돌려 왕궁을 향하게 했다. 그 불은 왕궁을 휩쓸고 그 안에 있는 모든 것을 집어삼켰으며,

왕은 외아들과 함께 간신히 탈출했다. 그 아들은 즉시 악마에 사로잡혔고 아버지의 죄들을 고백하며 사도의 무덤으로 달려갔다. 그 아버지는 치유될 수 없는 혐오스러운 나병에 걸려 칼로 스스로 목숨을 끊었다. 백성은 그 사도가 세례를 주었던 에피제니아의 형제를 왕으로 삼고 그 왕은 70년 동안 통치하고 다시 아들을 후계자로 취임시켰다. 왕은 그리스도교의 전파를 도왔고 에티오피아 전역을 그리스도의 성당으로 가득 채웠다. 마법사 자로에스와 아르팍사에 관해 말하자면, 사도가 왕의 아들을 소생시켰던 바로 그날, 페르시아로 도망쳤으나, 그곳에서 시몬과 유다 사도에게 항복했다.

마태오에게 특별히 가치가 있는 네 가지 사항이 있다는 것에 주목하자. 첫째는 그가 순종하는 속도이다. 그리스도가 그를 불렀을 때, 그는 즉시 세관을 떠나 그리스도의 제자가 되기 위해 아무것도 하지 않았고, 자신이 하던 회계를 마치지 않고 남겨두고도 상관(上官)을 두려워하지 않았다. 예로니모가 마태오 복음의 이 구절(마태 9, 9)에 대한 주석에서 지적한 것처럼, 순명하려는 이 자세 때문에 일부 사람들은 오해했다. 예로니모는 말한다. "포르피리우스와 율리아누스 황제는 이 본문에서 거짓말하는 역사가의 무능함이나 구세주를 즉시 따랐던 자들의 어리석음, 운율이나 이유 없이 자기를 부르는 사람을 따랐다는 것을 분별합니다. 이 만남의 순간에 앞서 많은 능력의 발현과 많은 기적이 있었고 사도들은 믿기 전에 이러한 기적을 보았기에 의심할 수 없었을 것입니다. 그리고 확실히 그분의 인간적인 얼굴에서도 빛났던 그리스도의 숨겨진 신성의 광채와 위엄은 사람들이 그분을 처음 보았을 때 자신에게 이끌 수 있었습니다. 만일 자석이 고리와 쇳조각을 끌어당기는 힘을 가졌는데, 모든 창조물의 주님은 어찌 원하시는 대로 끌어당기지 않을 수 있겠습니까!" 여기까지는 예로니모의 말이다.

마태오에 대해 두 번째로 주목할 만한 점은 그의 관대함이자 관용이다. 그는 자신의 집에서 주님을 위해 큰 잔치를 열려고 재빨리 준비했기 때문이다. 이 잔치는 레위의 준비 때문뿐만 아니라, 네 가지 이유 때문에도 훌륭했다. 첫째, 그곳에는 영감을 준 생각이 있었다. 마태오는 큰 애정과 열망으로 그리스도를 환영했다. 둘째, 그곳에는 신비가 있었다. 그 잔치는 큰 신비를 나타내는데, 루카에 대한 《주해집》에서도 이렇게 지적한다. "그리스도를 자신의 내적

거처로 기꺼이 받아들인 누구든지 넘쳐 흐르는 기쁨의 아주 커다란 기쁨으로 양육을 받습니다." 셋째, "내가 바라는 것은 희생 제물이 아니라 자비다."와 "튼튼한 이들에게는 의사가 필요하지 않으나 병든 이들에게는 필요하다."(마태 9, 9-13)처럼, 그리스도가 그곳에서 전해 주었던 탁월한 가르침 때문에 큰 잔치였다. 넷째, 초대받은 사람들 때문에 그 잔치는 컸다. 참으로 위대한 사람들, 즉 그리스도와 그의 제자들이 손님이었기 때문이다.

마태오에게 주목할 가치가 있는 세 번째 특성은 겸손이며, 이는 두 가지 방식으로 나타난다. 첫째, 그는 자신을 세리(稅吏, 세금 징수원)라고 밝혔다. 《주해집》이 전한 것처럼, 다른 복음사가들은 자신에게 수치심을 주지 않고 복음사가의 영예를 지키기 위해 자신의 사회적 직함을 넣지 않았지만, 그는 의인은 자신의 첫 번째 고발자라는 규정에 따라 스스로를 세리 마태오라고 부른다.(마태 10, 3) 이로써 세리가 갑자기 사도와 복음사가가 된 것처럼, 어떤 개종자도 자신의 구원에 대해 불신해서는 안 된다는 것을 보여주었다. 둘째, 그는 모욕을 참음에서 인내로 자신의 겸손을 증명했다. 바리사이들이 그리스도가 죄 많은 사람들에게로 돌아섰다고 투덜거렸을 때, 마태오는 아마 이렇게 반박하였을 것이다. "당신들은 비참하고 죄 많은 사람이니 스스로 의롭다고 판단하여 의사와 아무 관계가 없기를 원하기 때문입니다. 그러나 나는 이제 죄인이라고 불릴 수 없습니다. 왜냐하면, 나는 구원의 의사(醫師)에게 의지했고 내 상처를 그에게 숨기지 않았기 때문입니다."

마태오에 대하여 고려해야 할 네 번째 사항은 그가 집필한 복음서가 교회에서 받은 높은 영예이다. 시편과 바오로의 편지를 다른 성경들보다 더 자주 듣는 것처럼, 마태오의 복음서는 교회 내에서 다른 성경보다 좀 더 자주 읽힌다. 야고보가 그 이유를 증언하듯이, 교만, 욕정, 탐욕이라는 세 가지 종류의 죄가 있기 때문이다. 대단히 교만한 사울왕의 이름을 따서 사울로 불렸던 사울은, 자신이 심하게 교회를 박해했을 때 교만함으로 죄를 지었다. 다윗은 간음죄를 범하였을 뿐만 아니라 가장 충성스러운 군인인 우리야를 죽였을 때, 욕정의 죄를 범했다. 마태오는 세리이자 세관의 관리인이었기 때문에, 부당 이득을 찾음으로 탐욕에 의해 죄를 지었다. 이시도로가 말한 것처럼, 세관(稅關, teloneum)은 라틴어로 텔로네움(telonuum)인데, 항구에서 배의 화물과 선원의 임금에 대한 세금을 받는 곳이다. 베다의 말에 의하면, 텔로스(telos)는 그리스어로 라틴어의 벡티갈(vectigal)과 같은 '세금'을 뜻한다.

그런 까닭에, 사울, 다윗, 마태오는 죄인임을 인정하고, 그들의 후회는 주님을 매우 기쁘게 하여 죄를 용서받았다. 그뿐만 아니라 그분의 은총은 그들에게 더 풍성하게 쌓였다. 그분은 가장 잔인한 박해자를 가장 믿음이 깊은 설교자로, 간음한 남자이며 살인자를 예언자이고 시편을 노래한 사람으로, 이익을 탐내고 추구하는 사람을 사도이자 복음사가로 만들었다. 그러므로 이 세 사람의 말과 글은 우리에게 매우 자주 낭독되어, 회심하고자 하는 누구든지 그와 같은 큰 죄인들도 은총 안에서 그토록 위대함을 앎으로써 용서에 대해 절망하지 않을 것이다.

성 암브로시오에 따르면, 성 마태오의 개종과 치료에 대해, 치료받은 환자에 대해, 효과적이었던 치유 방법에 대해 몇 가지 주목해야 한다. 치료자에게는 세 가지 능력이 필요하다. 즉 질병의 근원을 아는 지혜, 치료를 제공하는 친절함, 갑자기 병자를 변화시킬 수 있는 능력이다. 암브로시오는 이 세 가지에 대해, 마태오를 예로 들어 말한다. 그의 지혜에 대해서는 "숨겨진 것을 알았던 그는 내 마음 안의 고통과 내 영혼의 창백함을 없애실 수 있습니다." 그의 친절에 대해서는 "나는 하늘에 살면서 땅에 치료약을 나누어주는 의사를 발견하였습니다." 그의 능력에 대해서는 "아무도 치유할 수 없는 나의 상처들을 그 사람만이 고칠 수 있습니다."

암브로시오가 증명한 것처럼 치유를 받았던 병자, 즉 성 마태오에서는 세 가지를 고려해야 한다. 그 병자는 병이 완전히 제거되었고, 자신의 치료자에게 감사를 드리며, 자신이 받은 건강 안에서 항상 깨끗한 상태를 유지했다. 그러므로 암브로시오는 말한다. "이제 마태오는 행복하고 온순하며 크게 기뻐하며 다음과 같이 말하면서 그리스도를 따랐습니다. '저는 더 이상 세리로 기억되지 않고, 저는 더 이상 레위로 기억되지 않으며, 저는 그리스도를 입은 후에 레위를 벗었습니다.' 그것이 첫 번째에 관한 것입니다. '저는 저의 민족을 미워하고, 저의 지난 삶에서 떠났습니다. 저는 저의 상처들을 치료해주신 주 예수님, 당신만을 따릅니다.' 그것이 두 번째에 관한 것입니다. '누가 우리를 그리스도의 사랑에서 갈라놓을 수 있겠습니까? 환난입니까? 역경입니까? 굶주림입니까?'" 그것이 세 번째에 관한 것이다.

병자에 대한 치유는 어떻게 효과가 있었던 것일까? 성 암브로시오에 따르면, 세 가지 방법이 있다. 첫째, 그리스도는 그를 족쇄로 묶었다. 둘째, 그는 상처에 부식제(腐蝕劑)를 발랐다. 셋째, 그는 썩은 모든 것을 제거했다. 이런 이유로 암브로시오는 마태오를 예로 들어 말한다. "저는 믿음의 못과 사랑의 부드러운 쇠고랑으로 묶여 있습니다. 예수님, 저를 사랑의 족쇄로 묶으시는 동안 제 죄의 썩은 것을 제거해 주십시오. 제 안에 발견한 어떤 부패물도 잘라내소서!" 여기까지는 첫 번째 처방법이다. "나는 당신의 모든 계명을 응용 부식제처럼 지킬 것이며, 만일 부식제를 바른 계명이 불타면 육체의 부패를 불태워 전염성의 독물이 퍼지지 않도록 할 것입니다. 그리고 만일 치료약이 괴롭힌다면, 그것은 상처의 독을 제거하는 것입니다." 여기까지가 두 번째 처방법이다. "주님, 빨리 오십시오, 여러 비밀, 숨겨진 격정을 자르고, 빨리 상처를 열어서 유독한 체액이 확산되지 않도록 하시고, 악취가 나는 모든 것을 순례자의 목욕으로 깨끗이 씻어 주소서." 여기까지는 세 번째 처방법이다.

마태오의 복음서는 서기 500년경 성 바르나바(Barnabas)의 뼈들과 함께 발견되었다. 성 바르나바는 이 복음서를 항상 가지고 다니며 병자들 위에 두었고, 마태오의 공로가 아니라 바르나바 자신의 믿음으로 즉시 병을 고쳤다.

성 마우리시오와 그의 동료들

마우리시오(Mauritius)는 '바다'와 '쓴맛'을 의미하는 마리(mari), '구토'나 '단단한'을 의미하는 치스(cis), '상담자'나 '서두르는 사람'인 우스(us)에서 유래했다. 이시도로에 따르면, 마우리시오라는 이름은 그리스어로 '검은색'이란 뜻의 마우론(mauron)에서 유래했다. 성 마우리시오는 비참하게 살았으며 고국에서 멀리 떨어진 곳이라 더욱 힘들었다. 그는 순교의 고통을 견디기 위해 강하고 확고하게, 불필요한 모든 것을 거부한다는 의미에서 토해냈다. 자기 군대에 연설한 권고에서 그는 상담자였다. 그는 자신의 열정과 선행을 증가시키기 위해 서

두르는 사람이었다. 그리고 자기 경멸에 있어서 흑인이었다.* 이 성인들의 수난기는 리옹 (Lyon)의 주교 성 에우케리오(Eucherius)가 쓰고 편집했다.

마우리시오는 "테베아"(Thebaea)라고 불리는 거룩한 군단의 사령관이었다고 한다. 군인들은 그들이 있는 도시 이름 테베(Thebae)를 따서 "테베 사람들"(Thebaei)이라고 불렸다. 이곳은 아라비아의 국경 너머 동쪽 지역으로, 강하고 부유하며, 비옥하여 열매를 잘 맺고, 나무가 우거져 쾌적한 땅이었다. 주민들은 키가 크고 건장하며, 무기를 능숙하게 다루며, 전투에서 용감하고 기민하고 재치 있으며, 많은 지혜를 가지고 있었다고 한다. 도시는 100개의 문이 있고, 지상 낙원 밖으로 흘러나온 나일강 위쪽에 위치하며 기온(Gyon)이라 불린다. 이 도시에 대해 "100개의 성문이 무너진 채 누워있는 옛 테베를 보라!"라고 한다.

이곳에서 주님의 형제인 야고보가 구원의 복음을 설교하였고 그리스도에 대한 믿음을 완벽하게 가르쳤다. 그러나 서기 277년에 통치를 시작한 디오클레티아누스와 막시미아누스**는 그리스도교를 말살하기로 결심하고, 그리스도인들이 거주하는 모든 속주(屬州)에 다음과 같은 취지의 편지를 보냈다. "만일 결정하거나 알려야 할 것이 있어 온 세상이 한 편이 된다고 해도 로마는 홀로 다른 쪽에 있을 것이다. 온 세상이 패배하여 사라지더라도 로마는 홀로 지식의 정점에 설 것이다. 너희들, 가련하고 하찮은 자들아, 어찌하여 로마의 명령에 저항하고 로마의 법령에 대항하여 몸을 꼿꼿이 세우고 서 있는가? 그러니 불멸의 신들에 대한 믿음을 받아들이거나, 그렇지 않으면 불변의 단죄 판결이 너희에게 선고될 것이다."

그리스도인들은 이 편지들을 받았지만 아무런 대답없이 심부름꾼들을 돌려보냈다. 디오클레티아누스와 막시미아누스는 이에 화가 나서 각 속주에 명령을 내려 전쟁 무기를 들 수 있는 모든 사람을 소집하고 로마 제국에 대항

---

* 마우리시오는 서방 그리스도교 도상(圖像)에서 흑인으로 묘사된 첫 번째 성인이고, 그런 첫 번째 화상(畵像)은 마그데부르크(Magdeburg) 주교좌성당의 정면에 건립된 1240~1250년의 동상이다. 야코부스는 1260년대 초에 집필하였으나, 마우리시오가 흑인이었다고 말한 이유는 아마도 본문에서 주어진 "어원학적"인 것이다. 그리스도교 도상학에서 검음의 주제는 J. Devisse가 연구하였고, *The Image of Black in Western Art*, vol. 2, part 1, (New York : William Morrow, 1979), esp. 164f.에서 보여주었다

** 서기 277년 당시에 로마 제국의 황제는 프로부스(Probus)였다. 또 동방 지역을 다스린 디오클레티아누스의 재위 기간은 284~305년, 서방 지역을 다스린 막시미아누스는 286~305년이었다. – 역자 주

하여 반역하는 모든 사람을 정복하려 했다. 황제의 편지는 테베의 사람들에게 배달되었고, 그 사람들은 하느님의 명령에 순명하여 카이사르의 것은 카이사르에게 돌리고 하느님의 것은 하느님께 돌렸다. 그들은 6,666명의 선발된 군단을 모집하여 황제들에게 보내 정당한 전쟁을 하도록 도왔다. 따라서 그리스도인들을 억압하기 위함이 아니라 그리스도인들을 지키기 위함이었다. 이 거룩한 군단의 사령관은 저명한 마우리시오였고, 기수(旗手)들은 칸디도(Candidus), 인노첸시오(Innocentius), 엑수페리오(Exuperius), 빅토르(Victor), 콘스탄티노(Constantinus)였다. 이제 디오클레티아누스는 거대한 군대를 이끌고 자신의 제2정제(正帝)인 막시미아누스에게 테베 사람들의 군단을 배속시켜 갈리아로 보냈다. 마르첼리노 교황은 테베인들에게 그리스도인의 믿음을 어기기보다는 차라리 칼로 죽는 것이 더 나을 것이라고 권고했다.

전군이 알프스산맥을 넘어 마티니(Martigny, Octodurus)에 이르렀을 때, 황제는 그곳에 있는 모두가 우상에 제물을 바치고 로마에 반역적인 백성들, 특히 그리스도인들에게 대항하는 서약을 만장일치로 해야 한다고 명령했다. 하지만 거룩한 군인들은 군대로부터 약 13km 떨어진 곳으로 철수하고 론 강을 따라서 아곤(Agaune, Aganum)이라 불리는 쾌적한 장소에 야영지를 만들었다. 이것을 들은 막시미아누스는 군인들을 보내 빨리 돌아와서 신들에게 제물을 바치라고 전했다. 테베 사람들은 자신들은 그리스도인이기에 할 수 없다고 대답했다. 화가 난 황제가 말했다. "나를 향한 경멸에다 하늘에 대한 모욕이 더해지고 있으며, 나를 모욕하는 것은 로마의 종교를 모욕하는 것이다! 이 고의적인 군인들에게 나뿐만 아니라 신들도 복수할 것이라 전하라!" 그런 다음 황제는 테베 사람들이 신들에게 제물을 바치거나 그들 중 10분의 1을 참수하라는 명령을 전하도록 군인들을 보냈다. 그때 성인들은 기쁜 마음으로 서둘러 앞으로 나아갔고, 차례로 목을 구부려 망나니의 참수형을 맞았다.

이때 성 마우리시오는 그들 한가운데서 일어나 연설했다. "여러분 모두가 그리스도에 대한 믿음을 위해 죽을 준비가 되어 있으니 저는 여러분과 함께 기뻐합니다. 저는 당신이 그리스도를 위해 고통받을 준비가 되어 있는 것을 보았기에 여러분의 동료 군인이 죽임을 당하는 것을 허용하였으며, 주님께서 베드로에게 '그 칼을 칼집에 꽂아라.'(요한 18, 11)라는 명령을 지켰습니다. 이

제 우리 동료들의 시신이 우리 주위에 방어벽을 이루었고 우리 옷이 피로 물들었으니 우리도 그들을 따라 순교합시다! 그래서 만일 여러분이 동의한다면 부황제에게 우리의 대답을 보내도록 합시다. '황제여, 저희는 당신의 군인이고 국가를 수호하려고 무기를 잡았습니다. 저희에게는 반역죄도 두려움도 전혀 없습니다. 그러나 저희는 그리스도에 대한 믿음을 배반하지 않을 것입니다.'" 이 전갈을 받은 황제는 분노하여 테베인들의 두 번째 학살을 명령했다.

그 명령이 행해졌을 때, 기수인 엑수페리오는 깃발을 들고 군대의 한가운데에서 말했다. "우리의 영광스러운 지도자인 마우리시오가 우리 전우들의 영광에 대해 말했습니다. 이제 여러분의 기수인 엑수페리오가 그리스도를 위해 죽는 것에 저항하려고 무기를 든 것이 아니라고 말했습니다! 저는 말합니다. 우리의 오른손이 이 육체의 무기를 버리고 덕으로 무장하게 하고, 만일 여러분이 원한다면 황제에게 다음과 같은 답장을 보내도록 합시다. '오 황제여, 우리는 당신의 군인이지만, 우리는 그리스도의 종이라는 것을 고백합니다. 우리는 황제를 위해 군 복무를 하지만, 그리스도에게는 우리의 무죄를 빚지고 있습니다. 우리는 황제에게서 우리의 수고에 대한 임금을, 그리스도에게서는 삶 그 자체의 시작을 받았습니다. 그래서 우리는 그리스도를 위해 모든 고통을 받을 각오가 되어 있으며, 그분에 대한 믿음을 결코 저버리지 않을 것입니다.'" 신앙심이 없는 황제는 이제 한 사람도 탈출하지 못하도록 군단 전체를 포위하도록 자기 군대에 명령했다. 그러므로 그리스도의 군인들은 악마의 군인들에 포위되었고, 살인자의 손에 맞았고, 말발굽에 짓밟혔으며, 그분의 순교자로서 그리스도에게 바쳐졌다. 그들은 서기 280년경에 고통받았다.

하느님의 뜻으로 많은 테베 사람들이 탈출했고, 그리스도의 이름을 설교하러 다른 지방으로 갔고 많은 곳에서 영광스러운 승리를 하였다. 그들 중에서 우리는 솔루토르(Solutor)와 앗벤토르(Adventor), 옥타비오(Octavius)는 토리노(Torino)로 갔고, 알렉산데르(Alexander)는 베르가모(Bergamo)로, 세쿤도(Secundus)는 벤티밀리아(Ventimiglia)로 갔다는 것을 배운다. 그외에도 콘스탄티오(Constantius), 빅토르, 우르소(Ursus) 등 아주 많은 다른 사람들이 있었다.

피비린내 나는 살인자들이 전리품을 나누며 서로 즐거워할 때, 우연히 그곳을 지나가는 노인 빅토르(Victor)를 잔치에 함께 하자고 초대했다. 노인은 수

천 명의 죽은 군인들이 주변에 누워있는데 어떻게 그렇게 즐거운 축하연을 가질 수 있는지 물었고, 한 사람이 그 사람들은 그리스도에 대한 믿음 때문에 죽었다고 대답했다. 노인은 한숨을 쉬고 신음하며 만일 자신이 그들과 함께 죽임을 당했다면 축복을 받았을 것이라고 선언했다. 그들은 그 노인이 그리스도인임을 알아채고 그에게 달려들어 난도질했다.

얼마 후 같은 날, 밀라노에 있던 황제 막시미아누스와 니코메디아에 있던 황제 디오클레티아누스가 황제직을 그만두고, 더 젊은 사람 콘스탄티우스(Constantius)와 막시무스(Maximus), 그리고 그들이 부황제로 만들었던 갈레리우스(Galerius)에게 통치를 맡겼다. 그러나 시간이 흐르면서 막시미아누스는 폭정을 재개하려고 했지만, 사위인 콘스탄티우스가 그를 찾아내어 교수형에 처했다.

테베 사람들의 군단에 속했던 성 인노첸시오의 시신이 론 강에 던져졌으나 제네바의 도미시아노(Domitianus) 주교, 아오스타(Aosta)의 그라토(Gratus) 주교, 프로타시오(Protasius) 주교, 그리고 다른 사람들에 의해 발견되었고, 그의 죽음을 기념하여 건축되었던 성당 안에 묻혔다. 그 성당이 건축 중이었고 대부분의 일꾼이 주일에 미사에 참여하는 동안, 이교도였던 한 사람이 홀로 일을 계속하고 있었다. 갑자기 그 성인들의 군단이 나타나서 그 이교도를 붙잡아 때리고, 다른 사람들은 미사에 참여하는 동안 주님의 날에 신성모독적인 노동과 기계적인 일을 하는 그를 질책했다. 그래서 시정을 받은 그 남자는 성당으로 달려가서 그리스도인이 되기를 간청했다.

암브로시오는 〈서문경〉에서 이 순교자들에 대해 말한다. "하느님의 빛으로 찬란히 빛나는 이 신앙인들의 거룩한 군대는, 오 주님, 당신께 기쁘게 간청하려고 땅끝에서 왔습니다! 육체의 무기로 둘러싸여 있지만, 영적인 무기로도 보호되는 이 군단의 전사들은 순교를 서둘렀습니다. 흉악한 폭군은 그들을 공포에 떨게 하려고 칼로 10분의 1을 학살하였고, 그럼에도 불구하고 나머지 사람들이 믿음을 굳건히 지키자 그들에게 같은 형벌을 내렸습니다. 그러나 그들의 사랑이 너무나 열렬하여 무기를 버리고 망나니 앞에 무릎을 꿇고 기쁜 마음으로 자기 목을 내리치는 칼을 받았습니다. 그중 당신의 믿음에 대한 사랑으로 불타오르는 복된 마우리시오는 전투를 격려하고 순교의 월계관을 얻었습니다."

한 여자가 테베 순교자들의 시신이 일부 안치되어 있는 한 수도승원의 아빠스에게 아들을 맡겼다. 소년은 교육을 받다가 오래지 않아 죽었고, 그 어머니는 슬픔을 가누지 못하고 아들을 애도했다. 성 마우리시오는 그녀에게 나타나 왜 그렇게 많은 눈물을 흘리는지 물었고, 그녀는 자신이 살아있는 동안 아들을 향한 애도를 결코 멈추지 않을 것이라고 대답했다. 마우리시오가 말했다. "그가 죽은 것으로 생각하지 마십시오! 그는 우리와 함께 살고 있음을 아십시오. 만일 당신이 증거를 원한다면 내일부터 매일 조과(朝課)에 오십시오. 그러면 수도승들이 시편들을 노래할 때 그들의 목소리 중에서 죽은 아들의 목소리를 들을 수 있을 것입니다." 그 여자는 성인의 훈계를 따랐고 그가 수도승들과 함께 노래할 때 항상 아들의 목소리를 식별했다.

군트람노(Gunthramnus, Guntram)* 왕이 세상의 화려함에서 은퇴하면서 모든 재산을 가난한 사람들과 성당에 나누어준 후, 거룩한 순교자들의 성스러운 유해 일부를 얻으려고 한 사제를 보냈다. 로잔(Lausanne) 호수를 가로질러 돌아오는 항해 중에 폭풍이 일고 배는 침몰했지만, 그 사제는 폭풍 앞에서 유해가 담긴 상자를 들어 올렸고, 파도 위에 고요한 평온이 자리 잡았다.

서기 963년에 카롤루스(Carolus)*를 대신하여 행동하는 수도승들이 니콜라오 교황**에게서 교황 성 우르바노(Urbanus)와 성 티부르시오(Tiburtius)의 시신을 얻었다. 그들은 집으로 돌아오는 길에 테베 순교자들의 성당을 방문하였고, 아빠스와 수도승들에게 성 제르마노(Germanus)가 순교자들에게 봉헌한 지 오래되었던 오세르(Auxerre)의 성당으로 성 마우리시오의 시신과 성 인노첸시오의 머리를 옮기는 것을 간청했다.

베드로 다미아노(Petrus Damianus)는 부르고뉴(Bourgogne)의 유력한 기사의 단호한 반대에도 불구하고 성 마우리시오에게 봉헌된 성당을 스스로 차지한 교만하고 야심찬 성직자가 있었다고 말한다. 어느 날 미사가 봉헌되고 있었고 복

---

* 라틴어본은 군투라니쿠스(Gaturanicus)라고 되어있다. 하지만, 그런 인물은 존재하지 않으며, 아마도 메로빙거 왕조 출신으로, 부르군트 왕국의 왕이었던 군트람(Guntram, 532~592)을 의미하는 것으로 여겨지기에 라틴어본의 표기는 오류로 추정된다. ― 역자 주
** 이 시기에 활동하였던 인물로는 서프랑크 왕국의 왕족으로 카롤링거 왕조 출신이었던 카롤루스(Carolus, 953~993)가 대표적이다. 아마도 그를 언급하는 것으로 여겨지는데, 카롤루스는 남부 로렌의 공작(Duke of Lower Lorraine)이었다. ― 역자 주
*** 서기 963년에 재위 중이었던 교황은 요한 12세(955~964)였기에 오류이다. ― 역자 주

성 마우리시오와 그의 동료들

141

―

814

음의 끝에 부제가 "누구든지 자신을 높이는 자는 낮아지고, 자기를 낮추는 자는 높아질 것이다."라고 노래하였을 때, 교만한 성직자는 비웃으며 말했다. "그것은 거짓이다! 만일 내가 원수들 앞에서 겸손했다면, 지금 이 부유한 성당은 내가 차지하지 못했을 것이다!" 이 불경스러운 말을 뱉어낸 그의 입속으로 즉시 번갯불의 섬광이 쏘아졌고, 그것이 신성모독자의 끝이었다.

···✦ 142 ✦···

성녀 유스티나 동정녀

유스티나(Justina)라는 이름은 유스티시아(justitia, 正義)에서 파생되었다. 성녀 유스티나는 사람에게 마땅히 주어져야 하는 것, 즉 하느님에게 순명을, 자신의 장상(長上)인 고위 성직자(prelatus)에게 존경을, 자신과 동등한 사람에게 조화로운 관계를, 아랫사람에게 가르침을, 적들에게 인내를, 가난하고 고통받는 사람에게는 동정심과 도움을, 그녀 자신에게 거룩함을, 이웃에게는 사랑을 줌으로써 자신의 정의를 보여주었다.

동정녀 유스티나는 안티오키아에서 이교도 신관(神官)의 딸로 태어났다. 그녀는 매일 창문에 앉아 프로클로(Proclus) 부제가 읽는 복음에 귀를 기울였고 시간이 지나면서 그에 의해 개종되었다. 그녀의 어머니는 침대에서 이 사실을 남편에게 말했고, 그들이 잠들었을 때 천사들을 동반한 그리스도가 나타나서 말하였다. "나에게 오라, 그러면 나는 천국을 너희에게 줄 것이다!" 부부는 깨어나자마자 딸과 함께 세례를 받았다.

치프리아노(Cyprianus)라고 하는 사람이 유스티나를 오랫동안 따라다니며 괴롭혔지만, 그녀는 마침내 그를 믿음으로 개종시켰다. 치프리아노는 어린 시절부터 마법사였다. 그가 7세가 되었을 때, 부모는 그를 악마에게 봉헌했다. 그는 마법 기술을 연습했으며, 종종 여자를 짐을 나르는 짐승으로 변신시키는 등 여러 놀라운 일을 행하였다. 그는 유스티나에 매혹되었고, 마찬가지로 그녀에게 강한 욕정을 품고 있던 아클라디우스(Acladius)라는 사람을 위해 마법을 부렸다. 그는 그 동정녀를 취할 수 있도록 악령을 불렀다. 악령이 다가와서 물었다. "너는 왜 나를 불렀느냐?" 치프리아노: "나는 갈릴래아파에 속한 한 처녀를 사랑합니다. 내가 그녀를 갖게 하고 내 뜻을 그녀와 함께 할 수 있도록 해줄 수 있습니까?" 악령: "나는 사람을 낙원에서 쫓아낼 수 있었다. 나는 카인이 자신의 형제를 죽이도록 유도하였다. 나는 유다인들에게 그리스도를 죽이게 하였다. 나는 사람들 사이에 온갖 종류의 혼란을 가져왔다! 어떻게 그런 내가 그 정도도 못 하겠는가? 이 물약을 가져가서 그녀의 집 주변에 뿌려라, 그러면 내가 갈 것이고 그녀의 마음에 너에 대한 사랑으로 불을 붙이고 너를 받아들이도록 강요할 것이다."

다음 날 밤에 악령은 유스티나에게 찾아와 그녀의 마음에 부정한 사랑을 일깨우려고 노력했다. 이를 감지한 그녀는 자신을 주님에게 경건하게 맡기고 십자성호를 온몸에 그었다. 그 표징을 본 악마는 무서워서 치프리아노에게로 도망쳤다. 치프리아노: "왜 그 처녀를 데려오지 않았습니까?" 악령: "나는 그녀 위에 있는 어떤 표징을 보자마자 약화되었고 결국 모든 힘을 잃었다." 치프리아노는 그 악령을 제명하고 더 강한 악령을 불렀다. 악령이 치프리아노에게 말했다. "나는 너의 명령을 들었고, 왜 다른 악령이 아무것도 할 수 없었는지 알았다. 나는 더 잘할 것이고 너의 뜻을 행할 것이다. 나는 그녀에게 가서 욕정에 가득 찬 사랑으로 그녀의 마음에 상처를 입히고, 너는 그녀와 즐기게 될 것이다." 그리고 악마는 유스티나에게 가서 그녀를 설득하고 그녀의 영혼을 죄가 되는 욕망으로 불태우기 위해 최선을 다했다. 그러나 유스티나는 다시 자신을 하느님께 경건하게 맡기고, 십자성호로 모든 유혹을 쫓아버린 후 악마에게 일격을 가하여 쫓아냈다. 그 영은 혼란 속에 치프리아노에게로 도망쳤다. 치프리아노는 "그 동정녀는 어디에 있습니까?"라고 물었고 악령은 "내가 패배했다는 것을 인정하고 어떻게 말해야 할지 두렵다! 나는 그녀에게서 어떤 무서운 표징을 보았고 즉시 나의 힘 모두를 잃었다!"라고 답했다.

치프리아노는 악령을 비웃고 내쫓았다. 그런 다음 우두머리 악령을 소환하여 말했다. "당신들의 힘은 어떻게 한낱 소녀조차도 이길 수 없을 정도로 약합니까?" 악마는 말했다. "내가 그녀를 방문하여 다양한 열병으로 괴롭힐 것이다. 나는 더 뜨거운 열정으로 그녀의 영혼을 불태우고 몸 전체에 뜨거운 경련을 퍼뜨릴 것이다. 나는 그녀를 광란에 빠뜨리고 그녀 눈앞에 두려운 환상을 놓을 것이다. 그리고 한밤중에 그녀를 너에게 데려다주겠다!"

그런 다음 악마는 젊은 여자 모습으로 유스티나에게 가서 말했다. "저는 당신과 함께 순결하게 살기 위해 왔습니다. 제가 당신에게 간청하니 '우리의 노력에 대한 보답이 무엇인지' 말해주십시오." 그 거룩한 동정녀는 대답했다. "보답은 크고 일은 가볍습니다." 악마가 말했다. "그렇다면 번성하여 땅을 채우라는 하느님의 명령은 어떻습니까? 나의 좋은 친구여, 만일 우리가 동정을 고집하는 것이 하느님의 말씀을 어기는 것은 아닌지 두렵습니다. 경멸하고 불순명함으로써 우리는 우리 자신에게 극심한 심판을 가져올 것이고, 우리는 보답을 기대했지만 고통에 빠질 것입니다!" 동정녀는 악마의 말로 인해 심각한 의심을 품기 시작했고, 성욕의 열기에 강하게 동요되어 당장이라도 나가려 할 지경이었다. 그러나 그때 정신을 차린 그녀는 자신에게 말하고 있는 것이 누구인지 깨달았고, 십자성호를 온몸에 그은 다음 초처럼 녹이려고 악마에게 입김을 내뿜었다. 그러자 그녀는 모든 유혹에서 해방된 것을 느꼈다.

그 다음에 악마는 잘생긴 젊은이로 모습을 바꾸었고 유스티나가 누워있는 방 안으로 들어갔다. 그는 뻔뻔스럽게도 그녀의 침대에 뛰어올라 그녀를 품에 안으려 시도하였다. 이것은 유스티나로 하여금 악의적인 영의 존재를 알게 했고, 재빨리 십자성호를 긋자, 악마는 다시 녹아내렸다. 그때 하느님의 허락하에, 악령이 열병으로 그녀의 강한 마음을 쇠약하게 하였고, 많은 사람과 양떼와 소떼를 죽였다. 또한, 그는 유스티나가 결혼에 동의하지 않으면 안티오키아에 엄청난 죽음의 파도가 몰아칠 것이라고 귀신 들린 사람들에게 예언하게 했다. 이 이유로 전체 시민이 병에 걸려 그녀의 부모 집 앞에 모여서 도시가 큰 위험에서 벗어날 수 있도록 유스티나를 시집보낼 것을 요구했다. 그러나 유스티나는 단호히 거부했다. 많은 사람이 죽음의 위협 아래 있었는데, 전염병이 7년째인 해에 그녀는 그들을 위해 기도하였고 전염병을 몰아냈다.

이제 악마는 더 이상 진전이 없는 것을 깨닫고, 그녀의 명성을 훼손하기 위해 자신을 유스티나처럼 보이게 모습을 바꾸고 그녀인 척했다. 이는 치프리아노를 속이기 위한 것으로, 동정녀 모습을 하고 마치 치프리아노에 대한 사랑을 동경하고 입맞추길 원하는 것처럼 그에게 달려왔다. 당연히 유스티나라고 생각한 치프리아노는 기쁨에 압도되어 "어서 오십시오, 모든 여인 중에서 가장 사랑스러운 유스티나!"라고 말했다. 그러나 그가 유스티나의 이름을 말하는 순간, 악마는 그것을 참지 못하고 연기를 내뿜으며 사라졌다.

속았다는 것에 분개한 치프리아노는 유스티나를 더 열렬히 그리워하였고, 그녀의 문 앞에서 지켜보고 있었다. 그는 마법으로 자신을 여자로, 때로는 새[鳥]로 바꾸었으나, 그 문에 가까이만 가면, 더 이상 여자나 새처럼 보이지 않고 원래 모습으로 돌아왔다. 또한, 아클라디우스도 악마술로 참새로 변해서 그 동정녀의 창턱으로 날아갔으나, 그녀가 그를 보자마자 참새가 아니라 아클라디우스가 되었고, 갇혔다는 사실에 겁에 질렸다. 그는 그런 높이에서 날수도, 뛰어내릴 수도 없었기 때문이었다. 유스티나는 그가 떨어져서 산산이 부서질까 두려워서 사다리로 그를 내려오도록 하였고, 그의 미친 모험을 포기하지 않으면 불법 침입에 대해 처벌하겠다고 경고했다.

물론 이 모든 환영은 악마의 술책에 불과하였고, 그중 어느 것도 악마의 목적을 이루지 못했다. 그래서 실패로 인해 혼란스럽던 악마는 돌아가서 치프리아노 앞에 섰다. 치프리아노가 악마에게 말했다. "그래서 당신 또한 실패했군! 이 몹쓸 놈, 네가 가지고 있는 힘은 하찮은 소녀를 이겨낼 수도 없고 그녀를 통제할 수도 없는가? 그녀는 당신들 모두를 물리치고 당신들을 패배시키는가! 한 가지만 대답해주오. 그녀의 그 큰 힘은 어디에서 오는 것인가?" 악마는 대답했다. "만일 네가 결코 나를 버리지 않겠다고 맹세한다면, 그녀의 승리 뒤에 있는 힘을 너에게 보여주겠다." 치프리아노는 "내가 무엇으로 맹세할까?"라고 묻자 악령은 "절대 나를 버리지 않겠다고 내 군대의 힘으로 나에게 맹세하여라!"라고 말했다. 치프리아노는 "나는 당신의 막강한 힘으로 결코 당신을 버리지 않을 것을 맹세한다."라고 대답했다.

이제 안심한 악마는 치프리아노에게 말했다. "그 젊은 여자가 십자성호를 하면, 즉시 나의 모든 힘이 사라져 아무것도 할 수 없고, 밀랍이 불에 녹는 것처럼 녹아버렸다." 치프리아노: "그러니 십자가에 못 박혀 돌아가신 분이 너보다 더 위대하다는 것이냐?" 악마: "모든 것보다 더 위대하다! 그리고 우리 모두와 우리가 속이는 모든 사람을 결코 꺼지지 않는 불 속에서 고통을 받도록 넘겨준다!" 치프리아노: "그러니 나는 매우 무서운 형벌을 받지 않도록, 십자가에 못 박혀 돌아가신 분의 친구가 되어야 하겠다!" 악마: "너는 내 군대의 힘으로 나에게 맹세하였으니 아무도 거짓으로 맹세할 수 없고 너는 결코 나를 버릴 수 없을 것이다." 치프리아노: "나는 당신과 당신의 모든 악마를 경멸하고 십자가에 못 박혀 돌아가신 분의 구원의 표시로 나 자신을 무장한다." 즉시 그 악마는 당황해서 도망쳤다.

그런 다음 치프리아노는 주교에게 갔다. 그를 본 주교는 그가 그리스도인들을 오류로 인도하러 왔다고 생각했다. "치프리아노, 믿음을 가지지 않은 사람들을 그릇되게 인도하는 것으로 만족하여라! 너는 하느님의 교회에 대항하여 아무것도 할 수 없고 그리스도의 힘은 정복할 수 없다." 치프리아노는 대답했다. "저는 그리스도의 능력이 정복될 수 없다는 것을 확신합니다." 그러고 나서 치프리아노는 주교에게 가서 자신에게 일어난 모든 일을 말한 후 세례를 받았다. 그 후 치프리아노는 지식과 삶의 거룩함 모두에서 큰 진보를 이루었고, 주교가 죽은 후에는 주교를 계승하여 서품되었다. 그는 수도승원에 거룩한 동정녀 유스티나를 임명하고, 그녀를 많은 거룩한 동정녀들에 대한 여자 아빠스(abbatissa)로 삼았다. 성 치프리아노는 종종 순교자들에게 편지를 보내 투쟁중에 있는 그들에게 힘을 주었다.

그 지방의 총독은 치프리아노와 유스티나의 명성에 대해서 듣고 그들을 데려오라고 명령을 내렸다. 총독은 그들에게 우상들에게 제물을 바칠 의향이 있는지 물었다. 그들이 그리스도에 대한 믿음으로 단호하게 거부하자, 총독은 밀랍과 역청(pitch)과 지방(脂肪)으로 가득 채운 뜨거운 가마솥 안에 넣으라고 명령했다. 그러나 이것은 그들을 단지 상쾌하게 하고 어떤 고통도 주지 않았다. 그런 다음 우상들의 신관이 총독에게 말했다. "저를 가마솥의 앞에 서 있도록 명령하면 제가 그 모든 힘을 능가할 것입니다!" 신관은 가마솥 가까이에 가서 말했다. "오 헤르쿨레스(Hercules) 신이여, 당신은 위대하시며, 신들의 아버지인 요비스(Jovis)여, 당신은 위대하십니다!" 그리고 보라, 불이 쏟아져 그 신관을 태워버렸다. 치프리아노와 유스티나는 가마솥에서 꺼내져 다시 선고를 받고 함께 참수되었다. 그들의 시신은 개들에게 던져져 7일 동안 그대로 놓여 있다가 로마로 이송되어, 지금은 피아첸차(Piacenza)에 안치되었다고 한다. 그들은 서기 280년 9월 26일에 디오클레티아누스 치하에서 고통받았다.

성 고스마와 다미아노

고스마(Cosmas)라는 이름은 '모습'이나 '장식'을 의미하는 코스모스(cosmos)에서 유래되었다. 이시도로(Isidorus)에 따르면, 코스모스는 라틴어 '깨끗한'을 뜻하는 문두스(mundus)와 같이 그리스어로 '깨끗함'을 의미한다. 성 고스마는 다른 사람들에게 하나의 형태이자 모범이었다. 그는 훌륭한 덕으로 장식되었고, 모든 악덕에서 깨끗하였다. 다미아노(Damianus, Damian)는 '겸손한' 또는 '온순한 짐승'인 다마(dama)에서 파생되었다. 혹은 '교리'란 도그마(dogma)와 '위'를 의미하는 아나(ana) 또는 '희생'을 뜻하는 다뭄(damum)에서 파생되었다. 다미아노는 도미니 마누스(domini manus)와 동의어로서 '주님의 손'을 뜻한다. 성 다미아노는 행동이 온화하였고, 설교에서 천상의 교의를 가졌고, 육신의 고행에서 제물이었고, 그의 치유 요법에서 주님의 손이었다.

고스마와 다미아노는 형제로 에게아(Egea) 시에서 신앙심이 깊은 어머니(테오도체/Theodoche)에게서 태어났다. 형제는 의술을 배웠고, 성령의 은총을 받아 남녀뿐만 아니라 동물의 병도 치유하면서 어떤 보수도 받지 않았다. 팔라디아(Palladia)라는 이름의 부인이 그 성인들에게 와서 건강을 완전히 회복하고는 자신이 가진 모든 것을 바쳤다. 그런데 수수한 선물조차 성 다미아노에게 정중히 거절당하자 엄숙한 맹세로 호소하면서 받아달라고 했다. 결국, 성인은 돈에 대한 탐욕이 아니라 그 여자가 주님의 이름으로 간청하였기 때문에, 기부자의 친절한 의도를 만족시키고, 그 이름의 명예를 더럽히는 것을 피하려고 선물을 받았다. 형이 선물 받은 것을 알게 된 성 고스마는 자신의 시신을 형과 함께 묻지 말라고 명령했다. 하지만, 다음 날 밤 주님께서 고스마에게 나타나 다미아노의 행동 이유를 설명해 주었다.

　형제의 명성을 들은 지방 총독(proconsul, 前執政官) 리시아스(Lisias)는 형제를 소환해서 이름과 출신지, 재산을 물었다. 거룩한 순교자들은 대답했다. "저희들 이름은 고스마와 다미아노입니다. 저희에게는 안티마(Antimas), 레온시오(Leontius), 에우프레피오(Euprepius)라는 이름의 세 형제가 더 있으며, 고향은 아라비아입니다. 그리고 세상의 재산에 대해 말하자면, 그리스도인은 재산을 획득하려고 하지 않습니다." 지방 총독은 다른 형제들을 데려오라고 한 후, 우상들에게 제물을 함께 바치라고 명령했다.

다섯 형제 모두 제물 바치기를 거부하자, 리시아스는 손과 발에 고문하라고 명령했다. 형제들은 이 고통을 가볍게 여겼고 지방 총독은 쇠사슬로 묶어 바다에 던지라고 명령했다. 그러나 즉시 천사가 형제들을 건져올려 재판관 앞에 세웠다. 재판관은 이 일을 생각한 후 말했다. "위대한 신들을 두고 맹세하건대, 너희가 바다를 고요하게 만든 것은 마법에 의한 것이다. 그러니 너희의 마법을 가르쳐 주면, 아드리아누스(Adrianus) 신의 이름으로 나는 너희를 따를 것이다." 재판관이 말을 하자마자 두 악령이 나타나서 맹렬한 기세로 그의 얼굴을 때렸고, 지방 총독이 외쳤다. "너희, 선한 사람들이여, 너희의 하느님에게 나를 위해 기도해 주시오!" 형제들은 기도하였고, 악령들은 사라졌다.

재판관: "내가 자신들을 떠날 것이라 생각한 나의 신들이 얼마나 화가 났는지 너는 알 것이다. 그러므로 이제부터 너희가 내 신들을 모독하는 것을 허용하지 않겠다!" 재판관은 형제들을 거대한 불 속에 던지라고 명령했지만, 화염은 순교자들을 다치지 않게 할 뿐만 아니라 튀어나와 많은 구경꾼을 죽였다. 그런 다음 형제들은 고문대 위에 팔다리를 펴고 눕혀졌지만 수호천사가 다치지 않게 지켰고, 형제들을 때리는 데 지친 고문자들은 재판관에게 돌려보냈다. 재판관은 형제 세 명을 다시 감옥에 가두고, 고스마와 다미아노에 대해서는 십자가에 못 박고 군중들로 하여금 돌을 던지라고 명령했다. 하지만 돌은 던진 사람들에게 돌아갔고 많은 사람에게 부상을 입혔다. 화가 난 재판관은 감옥에 있는 세 형제를 데려와서 십자가 주위에 서 있게 하고, 그동안 4명의 군인이 십자가에 못 박혀 있는 고스마와 다미아노에게 화살을 쏘았다. 그러나 화살은 거룩한 순교자들은 맞추지 않고 남겨 둔 채 방향을 돌려 많은 사람을 맞추었다. 모든 시도에서 번번이 죽음의 문턱에서 실패하자 재판관은 아침에 다섯 형제를 참수했다. 그리스도인들은 성 고스마가 다미아노와 함께 자신을 묻지 말라고 말했던 것을 기억하고, 순교자들이 어떻게 묻히기를 원했는지 알 수 없었다. 그때 갑자기 낙타 한 마리가 나타나서 사람의 목소리로 그 성인들을 한 장소에 묻으라고 명령했다. 그들은 서기 287년경 통치를 시작

한 디오클레티아누스 치하에서 고통받았다.

수확기에 일을 하던 농부가 입을 벌린 채 들판에서 잠이 들었는데, 뱀 한 마리가 입으로 들어가 뱃속으로 내려갔다. 잠에서 깬 농부는 아무것도 느끼지 못한채 집으로 갔지만, 저녁에 위(胃)에서 극심한 고통을 받았다. 그는 비명을 지르며 하느님의 성인 고스마와 다미아노의 도움을 간구했으나, 고통이 더 심해져 거룩한 순교자들의 성당으로 달려가야 했다. 그곳에서 갑자기 잠이 들었고, 그 사이 뱀이 그의 입을 통해 미끄러져 나왔다.

먼 길을 떠나려던 한 남자가 자기 아내를 거룩한 순교자들인 고스마와 다미아노의 보살핌에 의탁하고, 언제든지 자신의 것인지 아닌지 그녀가 식별할 수 있도록 표징을 가르쳐주고 떠났다. 그 후 악마는 남편이 준 표징을 알고 남자로 변하여 그 표징을 여자에게 보여 주며 말했다. "당신의 남편이 당신을 데려오라고 저를 보냈습니다." 따라가기를 두려워한 그녀가 말했다. "저는 그 표징을 인정하지만, 저는 거룩한 순교자들인 고스마와 다미아노에게 의탁되었습니다. 그래서 당신은 그들의 제대에서 저를 안전하게 데려갈 것이라고 서약해야 합니다." 악마는 요청받은 대로 즉시 맹세했다. 악마는 그녀와 함께 가다가 한적한 지점에 이르렀을 때, 그녀를 말에서 떨어뜨려서 죽이려고 했다. 위험이 다가오고 있음을 느낀 그녀가 외쳤다. "오, 고스마와 다미아노 성인들의 하느님, 저를 도와주소서! 저는 그들을 신뢰하고 이 사람을 따랐습니다!" 그러자 즉시 흰 옷을 입은 성인들이 여러 남자와 함께 나타나서 그 여자를 자유롭게 풀어주고, 악마는 사라졌다. 그들이 말했다. "우리는 당신이 신뢰하였던 고스마와 다미아노이고, 당신을 도우러 서둘러 왔다."

성 그레고리오의 전임자인 펠릭스 교황은 성 고스마와 다미아노를 기념하여 로마에 성당을 건축했다. 이 성당에는 거룩한 순교자들에게 헌신적인 종인 한 남자가 있었다. 그 남자의 다리 하나는 암(癌)으로 인해 완전히 여윈 상태였다. 그가 잠든 사이, 두 성인이 고약과 수술 기구를 가지고 자신들에게 헌신적인 종에게 나타났다. 그들 중 한 사람이 다른 사람에게 말했다. "썩은 다리를 잘라낸 곳에 붙일 다리를 어디에서 구할 수 있을까?" 다른 사람이 말했다. "바로 오늘 한 에티오피아 사람이 쇠사슬의 성 베드로 묘지에 매장되었습니다. 그의 다리를 가져와서 그 잘라낸 자리에 붙입시다." 그래서 묘지로 가서 무어인의 다리를 가져왔다. 그리고 두 성인은 병자의 다리를 자르고 그 자리에 무어인의 다리를 끼우고 조심스럽게 상처에 기름을 부었다. 그리고 절단한 다리를 가져가서 죽은 무어인의 시신에 붙였다.

잠에서 깨어난 남자는 아무런 고통도 느끼지 않았고, 다리에 손을 얹고 아무런 상처도 없음을 감지하였다. 그는 촛불을 들고 자신의 다리를 자세히 살펴보니 썩어 있던 다리가 상처 하나 없이 멀쩡해져 있는 것을 발견하였다. 그는 자신이 자기 자신인지 다른 사람인지 혼란이 생겼다. 그런 다음 그는 제정신을 차렸고, 기뻐서 자신의 침대에서 펄쩍 뛰었고 꿈에서 보았던 것과 자신이 어떻게 낫게 되었는지에 대해 모든 사람에게 말했다. 사람들은 즉시 무어인의 무덤으로 갔고, 그의 다리가 참으로 잘렸고 앞서 언급한 남자의 다리가 그 시신의 자리에 놓인 것을 발견했다.

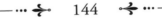

144

성 포르세오 주교

포르세오(Forseus, Fursey) 주교에 대한 이야기는 베다(Beda)가 쓴 것으로 추정된다. 포르세오가 모든 덕과 선함으로 빛나는 삶을 마치고, 마지막 숨을 쉬려고 할 때였다. 두 천사가 자신의 영혼을 하늘로 데려가는 모습을 환시로 보았는데, 세 번째 천사가 빛나는 방패와 번쩍이는 칼로 무장하고 앞서서 인도하고 있었다. 그때 악령의 외침이 들렸다. "우리가 먼저 가서 그가 가는 길에서 전쟁을 일으키자!" 악령들은 앞으로 나아가다가 돌아서서 그에게 불화살들을 쏘았으나, 인도하는 천사가 방패로 불화살을 막고 진화(鎭火)했다. 그러자 악령들은 천사들의 길을 막고 말했다. "이 사람은 헛된 말을 자주 하였으므로 벌을 받지 않은 채 영원한 생명을 누리도록 둘 수 없다." 천사가 반박했다. "만일 그보다 더 심각한 악행을 고발하는 것이 아니라면 그런 하찮은 일로 멸망하지 않을 것이다." 악마: "만일 하느님이 공정하다면, 이 사람은 구원받지 못할 것이다. 왜냐하면 '너희가 회개하여 어린이처럼 되지 않으면, 결코 하늘나라에 들어가지 못한다.'(마태 18, 3)라고 쓰여 있기 때문이다." 천사가 그에 대해 변론했다. "그의 마음은 옳았으나 인간의 관습이 그를 조용하게 만들었다." 악령: "그는 관습 때문에 악을 받아들였으니 최고의 재판관으로부터 형벌을 받도록 하자!" 거룩한 천사: "하느님께 판결을 구하자!" 천사가 그를 위해 싸우니 적들은 진압되었다.

그때 악령이 말했다. "자기 주인의 뜻을 알고도 행하지 않는 종은 매를 많이 맞을 것이다."(루카 12, 47 참조) 천사가 물었다. "이 사람이 주님의 뜻을 이행하지 않은 것이 무엇이냐?" 악령: "그는 악인에게서 선물을 받았다." 천사: "그는 모두가 보속을 하였다고 생각했다." 악령: "그는 먼저 보속에서 그들의 인내심을 확인한 다음에 그 열매를 받았어야 했다." 천사: "하느님에게 그 사건을 맡기자!" 악령은 포기하고 싸움으로 돌아와 말했다. "나는 이 땅에서 속죄하지 않는 잘못은 모두 내세에서 벌을 받을 것이라고 약속한 하느님의 진실함에 지금까지 위협받는다. 그러나 이 남자는 고리대금업자의 외투를 받고도 벌을 받지 않았는데, 그렇다면 하느님의 정의는 어디에 있는가?" 천사: "조용히 해라! 너는 하느님의 은밀한 심판을 알지 못한다. 뉘우침의 희망이 있는 한, 하느님의 자비가 사람을 따라온다." 악마: "그러나 여기에는 뉘우침을 위한 장소가 없다!" 천사: "너는 하느님의 심판의 깊이를 알지 못한다."

그런 다음 악마는 포르세오를 매우 세게 때려서 그가 살아서 돌아온 후에도 맞은 흔적을 지녔다. 악령들은 그들이 불 속에서 고문하고 있던 사람들 중한 명을 포르세오에게 던졌고, 이로 인해 포르세오의 뺨과 어깨는 화상을 입었다. 포르세오는 자신에게 던져진 사람이 바로 외투를 준 사람임을 깨달았다. 천사가 말했다. "네가 이전에 타오르게 하였던 불이 너를 불태웠다. 만일 죽은 이 사람으로부터 선물 받는 죄를 짓지 않았다면, 그의 형벌이 너에게서 타오르지 않았을 것이다." 그래서 포르세오가 그 사람의 외투를 받았던 것에 대해 이 타격을 받았던 것은 하느님의 허락과 명령에 의해서였다.

이제 다른 악령이 말했다. "그가 통과하기에는 아직 좁은 문이 있습니다. 거기에서 우리는 그를 제압할 수 있을 것입니다. 이는 '네 이웃을 너 자신처럼 사랑해야 한다.'(마태 22, 39)는 율법과 관련이 있습니다." 천사는 대답했다. "이 사람은 자신의 이웃들을 위해 많은 선(善)을 행하였다." 악령은 "그가 또한 자기 자신을 사랑하지 않는 한, 그것으로 충분하지 않습니다."라고 반박했다. 천사는 "하느님께서는 각자에게 그 행실대로 갚으실 것이기 때문에, 사랑의 결실은 선행(善行)을 하는 것입니다."(로마 2, 6)라고 대답했다. 악령이 말했다. "그는 사랑으로 율법을 완수하지 않았기 때문에, 단죄받아야 할 것이다." 이어진 전투에서 거룩한 천사들은 악의 무리에 승리했다.

악마는 다시 말했다. "만일 하느님이 악하지 않고 그분의 말씀을 위반하는 것이 그분을 불쾌하게 만든다면, 이 사람은 형벌에서 벗어날 수 없을 것이다. 왜냐하면, 그는 세상을 포기한다고 약속하였고, 반대로 '세상도 또 세상 안에 있는 것들도 사랑하지 마십시오.'(1요한 2, 15)라고 말씀하신 것에 반대하여 그는 세상을 사랑하였기 때문이다." 거룩한 천사가 대답했다. "그가 세상에 있는 것들을 사랑한 것은 자기 자신을 위해서가 아니라, 어려움에 직면한 사람들에게 나눠주기 위해서이다." 악마는 대답했다. "그가 그들을 어떤 이유로 사랑하였든, 그것은 하느님의 계명에 대항한 것이었다!"

적수들은 다시 패배했고, 악마는 더 절묘하게 비난했다. "'네가 악인에게 그 악한 길을 버리고 살도록 경고하는 말을 하지 않으면, … 그가 죽은 책임은 너에게 묻겠다.'(에제 3, 18)라고 쓰여있다. 그러나 이 사람은 그가 했던 것처럼 죄인들에게 경고하지 않았다." 거룩한 천사가 말했다. "듣는 사람들이 말씀에 주의를 기울이지 않을 때 스승의 혀는 묶이고, 그의 설교가 멸시를 받는 것을 보면, 말할 때가 아니면 침묵이 낫다는 것을 알고 잘 행동한 것입니다." 그래서 악령들은 대결의 각 단계에서 패하였고, 주님의 심판에 의해 천사들이 승리했고 적수들은 정복되었으며 거룩한 사람은 밝은 빛에 둘러싸여 있었다.

베다는 천사들 중 하나가 포르세오에게 "땅을 내려다 보아라!"라고 말했다고 전한다. 그는 멀리 아래에 있는 음울한 계곡과 서로 어느 정도 떨어진 공중에 4개의 불이 있는 것을 보았다. 천사는 그에게 말했다. "이것이 바로 세상을 태우는 네 가지 불이다. 하나는 거짓의 불이다. 사람들은 세례를 받을 때 악마와 모든 그의 허식을 끊겠다고 약속하지만, 그들은 약속을 이행하지 않기 때문이다. 두 번째는 탐욕의 불이다. 사람들은 하늘의 재물을 사랑하기보다 세상의 재물을 먼저 생각하기 때문이다. 세 번째는 사소한 일에도 이웃에게 상처 주기를 주저하지 않는 불화의 불이다. 네 번째는 신앙심이 없고 무자비한 불로, 사람들로 하여금 약하고 무방비한 자들을 약탈하고 속이는 일에 대해 아무 생각도 하지 않게 한다." 그런 다음 불들이 함께 모여 하나의 불길을 형성하였다. 그것이 포르세오에게 가깝게 다가와 두렵게 하였다. 그는 천사에게 말했다. "이 불이 나에게 매우 가깝게 다가오고 있습니다!" 천사: "너에게 불이 붙지 않은 것은 너 안에서 타오르지 않을 것이다. 불이 각 사람의 행위의 공로를 시험하는 것이기 때문이다. 육체는 부정한 기쁨으로 불타오르기 때문에, 마땅히 받아야 할 형벌로 불타게 될 것이다."

마침내 포르세오는 자신의 몸으로 돌아갔을 때 모두가 그가 죽었다고 생각하고 슬퍼하고 있었다. 그는 선행을 하며 얼마 동안 더 살다가 칭찬할 만한 인생을 마감했다.

⋯✦ 145 ✦⋯

성 미카엘 대천사

미카엘(Michael)은 그레고리오의 주장처럼 "누가 하느님과 닮았는가?"라는 의미로 해석된다. 그리고 놀라운 능력이 필요할 때, 미카엘을 보내어 그의 이름과 행동으로 하느님만이 하실 수 있는 일은 다른 누구도 할 수 없음을 이해하게끔 했다. 그 때문에 미카엘의 놀라운 능력을 발휘한 일이 많이 있었고, 이러한 일의 경이로운 힘은 미카엘 덕분으로 여겨진다. 따라서 다니엘의 증언처럼, 거짓 그리스도(Antichristus)의 시대에 미카엘은 선택받은 사람들의 변호자이고 보호자로 나아갈 것이다. 미카엘의 천사들이 용과 싸워 하늘에서 추방시킴으로써 큰 승리를 얻었다. 미카엘은 모세의 시신을 두고 악마와 싸웠다. 악마는 유다인들이 참된 하느님 대신 모세를 숭배하게 하려고 그 시신을 숨기고 싶어했기 때문이다. 미카엘은 성인들의 영혼을 받아 기쁨의 낙원으로 인도한다. 미카엘은 이전에 회당(synagoga)의 제1인자였지만 지금은 주님에 의해 교회의 제1인자로 세워졌다. 이집트인에게 재앙을 내리고 홍해를 가르고 백성을 광야로 인도하여 약속의 땅으로 안내한 이가 바로 미카엘이었다고 한다. 그는 거룩한 천사들의 부대 중에서 그리스도의 기수로서 주님의 명령에 따라 올리브 산(mons oliveti)에서 대단한 힘으로 거짓 그리스도를 죽일 것이다. 미카엘 대천사의 목소리에 죽은 사람들이 살아날 것이고, 심판의 날에 십자가, 못, 창, 가시관을 제시할 것이다.

미카엘 대천사의 신성한 축일은 그의 발현, 승리, 봉헌, 기억을 기념한다. 이 천사의 발현이 여러 번 있었다. 첫 번째 발현은 가르가노(Gargano) 산에서였다. 아풀리아(Apulia)에 시포니우스(Syponius)*라고 불리던 도시 근처에 가르가노라는 산이 있다. 서기 390년에 앞서 언급한 시포니우스 시에 가르가노(Garganus)라는 남자가 있었는데, 어떤 책에 따르면 산 이름을 따서 남자의 이름을 지었거나, 그 남자의 이름을 따서 산 이름을 지었다고 한다. 이 사람은 부자였고, 양과 소를 헤아릴 수 없을 만큼 갖고 있었다. 한번은 가축들이 가르가노 산등성이에서 방목되었을 때, 한 황소가 무리에서 떨어져 산꼭대기로 올라간 일이 일어났다. 가축 무리가 돌아왔을 때 이 황소가 사라진 것을 발견하고, 지주는 자기 백성들을 소집해서 산길을 따라 추적하도록 하여 마침내 정상에 있는 동굴 입구에 서 있는 황소를 발견했다. 주인은 혼자 떠도는 황소에게 짜증이 나서 독화살을 쏘았지만, 그 화살은 바람에 휘날리듯 되돌아와 오히려 쏜 사람을 공격했다. 이에 마을 사람들이 당황했고, 그들은 주교에게 가서 그 이상한 사건에 대해 어떻게 생각하는지 물어보았다. 주교는 마을 사람들에게 3일간 단식하고 그 질문을 하느님에게 돌리라고 권고했다. 사람들은 그렇게 했고, 성 미카엘이 주교에게 나타나 말했다. "그 사람이 자기 화살에 맞은 것은 나의 뜻이었음을 아십시오. 나는 대천사 미카엘이며, 내가 그 땅에서 살고 그곳을 안전하게 지키려고 선택했습니다. 그 표시로 내가 그곳을 지키고 보호한다는 사실을 알려주고자 했습니다." 주교와 마을 사람들은 행렬을 이루어 동굴로 갔지만 감히 들어가지 못하고 동굴 입구에 서서 기도했다.

두 번째 발현은 서기 710년경에 일어났던 것으로 묘사된다. 아브랑슈(Avranches) 시에서 약 9.7km 떨어진 툼바(Tumba)라고 하는 바다 가까운 곳에서,

---

* 라틴어본에 따르면 이 도시는 Syponius, 영어본에서는 Sipontus이다. 여기서는 라틴어본에 따른다. - 역자 주

미카엘은 그 도시의 주교에게 나타나 앞에서 언급한 장소에 성당을 건축하라고 명령했다. 그 성당이 가르가노 산에서처럼 성 미카엘 대천사를 기념하여 세상에 알려져야 했다. 주교가 성당을 건축해야 할 장소에 대해 정확히 확신이 서지 않았을 때, 대천사는 도둑이 황소 한 마리를 숨긴 것을 발견하는 장소에 지으라고 지시했다. 또한, 주교가 그 성당의 규모를 얼마나 해야 하는지 궁금하자, 대천사는 그 황소의 발굽 자국으로 표시된 범위를 기준으로 건축하라고 지시했다. 하지만 그 범위 안에는 사람의 힘으로는 도저히 움직일 수 없을 정도로 거대한 바위가 2개 있었다. 그때 미카엘이 한 남자에게 나타나 그 장소로 가서 그 바위를 옮기라고 명령했다. 남자는 그곳에 가서 돌을 너무 쉽게 옮겨서 전혀 무게가 없는 것처럼 보였다. 성당이 세워졌을 때, 그들은 가르가노 산에서 성 미카엘이 그곳 성당 제대 위에 깔았던 망토에서 잘라낸 조각과 그가 서 있었던 대리석의 한 판(板)을 가져와서 새 성당에 안치했다. 그리고 그곳에는 물이 부족해서 천사의 조언에 따라 매우 단단한 바위의 갈라진 틈을 쪼개었고, 물줄기가 쏟아져 지금도 부족함이 없다고 한다. 이 발현은 그 장소에서 10월 16일에 장엄하게 거행되고 있다.

같은 장소에서 기억할 만한 가치가 있는 기적이 일어났다고 한다. 성 미카엘 성당이 건축되었던 산은 사방이 대양(大洋)으로 둘러싸여 있지만, 그 성인의 축일에 두 번 길이 열려 사람들이 걸을 수 있도록 한다. 어느 날, 많은 사람이 성당으로 건너가고 있을 때, 만삭의 임산부가 그들과 함께 갔다. 그때 밀물이 급히 밀려들어 왔고, 군중은 겁에 질려 해변으로 향하였으나, 임신한 여인은 빨리 움직일 수 없어 파도에 휩쓸렸다. 그러나 미카엘 대천사는 그녀를 무사하게 돌보았고, 그녀는 바다의 넘실거림 안에서 아들을 낳고 그곳에서 아이를 안고 돌보았다. 이후 바다는 다시 그녀에게 통로를 열어주었고, 그녀는 아기를 안고 기쁜 마음으로 해변을 걸었다.

우리는 세 번째 발현이 그레고리오 교황의 재위 동안 로마에서 일어났다는 것을 읽는다. 교황은 대기원제(大祈願祭, Litaniae majores)를 제정하고, 백성을 위해 경건하게 기도하고 있었다. 당시 사타구니에 발병하는 전염병이 도시에 급속히 번지고 있었기 때문이다. 그때 교황은 과거에 하드리아누스의 무덤이라 불리던 성(城) 위에서 주님의 천사가 피 묻은 칼을 닦아 칼집에 넣는 것을 보았다. 성 그레고리오는 자신의 기도를 주님이 듣는다고 이해하고, 천사들을 기념하여 그곳에 성당을 건축했다. 그 성은 여전히 '거룩한 천사들의 성'(castrum sancti angeli)이라 불린다. 이 발현은 미카엘이 시포니우스의 사람들에게 승리를 안겨준 가르가노 산에서의 출현과 함께 5월 8일에 거행된다.

네 번째 발현은 천사들의 위계(位階, hierarchia)에 있다. 첫째 위계는 공현(公顯, epiphania) 또는 상위 발현, 중간의 것은 초현(超顯, hyperphania) 또는 중간 발현이라 불리며, 가장 낮은 것은 저현(底顯, hypophania) 또는 하위 발현이라 불린다. '위계'라는 단어는 '신성한'이란 히에라르(hierar)와 '제1인자'의 아르코스(archos)로부터 나왔고, 따라서 '신성한 제1인자'에서 유래한다. 각 위계는 세 가지 지위가 포함된다. 가장 높은 위계는 치품천사(熾品天使, Seraphim), 지품천사(智品天使, Cherubim), 좌품천사(座品天使, Throni)를 포함한다. 중간의 위계는 디오니시오가 배정한 것처럼, 주품천사(主品天使, Dominatio)*, 역품천사(力品天使, Virtutes), 능품천사(能品天使, Potestates)를 포함한다. 그리고 가장 낮은 위계는 권품천사(權品天使, Principatus), 대천사(Archangelus), 천사로 이루어져 있다. 이러한 천사들의 지위와 서열은 왕실의 조직과 유사하다. 예를 들어, 왕의 신하 중에서 시종과 고문, 보좌인 같은 사람들은 왕과 직접 접촉하며 일한다. 첫 번째 위계에서 지위는 이와 비슷하다. 다른 관리들은 어느 특별한 지역이 아니라 왕국의 전체 행정에 의무를 갖고 있다. 이 계급에 속하는 이들은 군대의 사령관과 법원의 재판관이며, 둘째 위계에 있는 지위와 유사하다. 또한, 총독, 집행관과 같은 하급 관리들은 왕국의 특별한 부분을 담당하며 가장 낮은 위계의 지위들과 비슷하다.

천사들 사이에서 첫째 위계에 있는 세 지위는 중개자 없이 하느님에게 가장 가까이에 있으며 항상 하느님을 향해 있다. 이 관계를 위해 세 가지가 필요하다. 첫째는 최고의 사랑이고, '사랑으로 불타서'를 의미하는 치품천사에 기인한다. 둘째는 그 이름이 '지식의 충만함'을 의미하는 지품천사를 특징짓는 완벽한 지식이다. 셋째는 좌품천사에 속하는 '영원한 이해' 혹은 '영원한 기쁨'으로 옥좌를 의미한다. 하느님은 옥좌에서 앉고 쉬기에, 하느님 안에서 쉬도

---

* 저자의 혼란이 있었던 것으로 여겨진다. 디오니시오(Dionysius Areopagita)는 주품천사 대신 권품천사를 포함시키고, 주품천사는 가장 낮은 위계에 넣었다. – 역자 주

록 자신 안에서 쉬라고 그들에게 승낙하였던 것처럼, 하느님은 그들에게 자신 안에서 쉬도록 허락하신다.

중간 위계에 있는 세 지위는 전체 인간의 우주에 대한 지도자이자 통치자이다. 이 규칙에서는 세 가지 요소가 있다. 첫째로 주재하거나 명령하는 것으로 구성되며, 주품천사의 지위에 속한다. 그들의 역할은 자신보다 낮은 하급 천사들의 리더 역할을 하며 모든 하느님의 직무에서 즈카르야서 제2장* "천사가 앞으로 나가자, 다른 천사가 그에게 마주 나와 말하였다. '저 젊은이에게 달려가서 이렇게 일러 주어라. 사람들과 짐승들이 많아 예루살렘은 성벽 없이 넓게 자리 잡으리라.'"(즈카 2, 7-8)의 내용처럼, 그들을 지시하고 가르치며 모든 명령을 내리는 것이다. 둘째 요소는 해야 할 일에 있다. 이것은 능품천사의 지위에 적용된다. 능품천사의 지위는 하느님을 섬기는 데 있어 직면하는 모든 어려움을 극복할 수 있도록 부여되기 때문에 명령받은 것에 불가능은 없다. 그러므로 기적을 행하는 능력이 그들에게 귀속된다. 셋째 요소는 장애물을 제거하고 공격에 저항하는 것으로 구성되며, 토빗기 제8장 "마귀는 이집트 끝 지방까지 도망쳐 갔다. 그러나 라파엘은 쫓아가서 곧바로 그의 손과 발을 묶어 버렸다."(토빗 8, 3)의 내용처럼 반대 세력을 몰아내는 임무를 맡은 역품천사의 지위에 속한다.

가장 낮은 위계의 세 지위는 영향을 미치는 범위가 고정되어 있고 제한되어 있다. 그들 중 일부는 오직 한 지역에서만 권위를 가지고 있으며, 다니엘서 제10장의 내용을 보면 페르시아를 통치했던 페르시아의 군주처럼 권품천사의 지위를 가졌다. 예를 들어 어떤 사람들은 한 도시를 다스리는 것과 같이 여러 사람을 다스리도록 임명을 받았으며, 이들은 대천사라고 불린다. 어떤 사람들은 한 사람을 담당하게 했으며, 이들을 천사라고 부른다. 그러므로 천사들은 그들의 임무가 한 사람에게만 국한되어 있어 덜 중요한 발표를 하며, 대천사들은 큰 사건을 발표한다고 한다. 왜냐하면, 한 개인의 이익보다 다수의 이익이 더 중요하기 때문이다.

그레고리오와 베르나르도는 첫째 위계의 지위에 할당된 기능에 관해 디오

---

* 라틴어본에서는 5장으로 표기되어 있는데, 이는 오류이다. – 역자 주

니시오의 의견에 동의한다. 기능의 할당은 그것이 생산하는 결실, 즉 치품천사에게는 불타는 사랑이, 지품천사에게는 심오한 지식이, 좌품천사에게는 하느님의 영원한 소유물이 되는 열매가 해당하기 때문이다. 그러나 중간 위계와 하위 위계에 속한 두 지위, 즉 능품천사와 권품천사에게 할당된 기능에 관해서는 서로 다르게 나타난다. 그레고리오와 베르나르도는 우두머리의 자격은 중간 위계에게 수여되고 직무의 자격은 가장 낮은 위계에게 수여된다는 가정(假定)에서 출발한다. 이 관점에서 천사는 3개의 집단을 지배한다. 일부는 천사의 영들을 지배하고, 이들은 주품천사라고 불린다. 일부는 착한 사람을 지배하고, 그들은 주품천사라고 불린다. 그리고 일부는 악령들을 지배하며, 그들은 권품천사라고 불린다. 여기서 위엄의 지위와 수준이 명백하다. 또한, 직무는 일의 실행, 큰 문제에 대한 가르침, 덜 중요한 것에 대한 가르침과 같이 나뉜다. 역품천사가 일의 실행을, 대천사가 큰 가르침을, 천사가 덜 중요한 가르침의 직무를 맡는다.

미카엘 대천사의 다섯 번째 발현이 있었고, 《교회사 3부작》에 기록되어 있다. 콘스탄티노폴리스에서 멀지 않은 곳에 과거에 베스타(Vesta) 여신을 숭배하던 장소가 있었는데, 지금은 그곳에 성 미카엘을 기념하여 건축된 성당이 있어서, 그 장소 자체를 미켈리움(Michaelium)이라 불린다. 아퀼리노(Aquilinus)라는 남자는 홍색증(紅色症, redness)이 동반되는 것으로 알려진 극심한 열병에 걸렸다. 의사들이 열을 내리려고 물약을 주었지만, 아퀼리노는 물약을 토했고 먹거나 마시는 모든 것을 계속 토했다. 죽음이 임박한 것을 알고 위에서 언급한 미켈리움으로 옮겨져 그곳에서 죽거나 병에서 벗어날 것이라고 생각했다. 성 미카엘은 그에게 나타나 앞으로 뭔가 먹을 때 꿀, 포도주, 후추를 섞은 것에 적셔 먹으면 온전히 치유될 것이라고 말했다. 열병에 걸린 사람에게 뜨거운 음료를 투여하는 것은 의학에 어긋나는 일이었지만, 그는 지시대로 행하였고 실제로 건강해졌다. 이것은 《교회사 3부작》에 수록된 내용이다.

미카엘 대천사의 신성한 축일은 그의 발현, 승리, 봉헌, 기억을 기념하는데, 이제 승리(victoria) 부분을 살펴보자. 미카엘과 그의 천사들은 많은 승리를 쟁취했다. 첫째는 미카엘 대천사가 시포니우스 사람들에게 다음과 같이 수여한 것이다. 가르가노 산 정상에서 동굴이 발견된 얼마 후에, 이교도였던 나폴리 사람들이 군대를 조직하고 시포니우스와 이곳에서 약 80km 떨어진 마을 베네벤툼(Beneventum) 사람들과 전쟁을 시작했다. 주교는 사람들에게 단식할 시간을 주면서 그들의 수호자인 미카엘에게 도움을 기도할 수 있는 3일간의 휴전을 구하라고 조언했다. 사흘째 밤에 미카엘은 주교에게 나타나 그 기도를 들었다고 말하며 승리를 약속하였고, 오후 4시에 적군과 대결하라고 명령했다. 전투가 벌어졌을 때, 가르가노 산은 격렬한 지진으로 흔들렸고, 번갯불은 계속 번쩍이며 먹구름이 산꼭대기 전체를 뒤덮었다. 적군 600여 명이 수호자의 칼과 불타는 번개 섬광 앞에서 굴복했다. 대천사의 능력을 깨달은 나머지 사람들은 우상숭배의 오류를 버리고 그리스도교 믿음에 모두 맡겼다.

둘째 승리는 대천사 미카엘이 용, 즉 루치페르(Lucifer)와 그의 모든 부하를 하늘에서 몰아냈을 때이다. 요한 묵시록은 그 전투에 대해 "그때 하늘에서 전쟁이 벌어졌습니다. 미카엘과 그의 천사들이 용과 싸운 것입니다. 용과 그의 부하들도 맞서 싸웠지만 당해 내지 못하여, 하늘에는 더 이상 그들을 위한 자리가 없었습니다."(묵시 12, 7-8)라고 말한다. 루치페르가 하느님과 동등하기를 원했을 때, 하늘 군대의 기수(旗手) 미카엘 대천사는 행진하여 루치페르 무리를 하늘에서 추방하고, 심판의 날까지 이 어두운 공기 속에 가두었다. 루치페르 무리가 하늘이나 하늘 위에 사는 것이 허락되지 않았다. 그곳은 빛나고 즐거운 장소이기 때문이었다. 또한 우리와 함께 땅에서도 살 수 없었던 것은 사람들에게 많은 해를 입히지 못하도록 하기 위함이었다. 루치페르와 부하들은 하늘과 땅 사이의 공중에 있으므로 올려다보며 자신들이 잃어버린 영광을 보면서 슬퍼할 것이고, 내려다보면서 사람들이 하늘로 올라가는 것을 보며 잃어버린 영광을 떠올리며 고통을 받는다. 그러나 그 무리는 하느님의 계획으로 우리를 시험하기 위해 우리에게 내려왔고, 일부 거룩한 사람들에게 보여진 것처럼 파리처럼 우리 주변을 날아다닌다. 그들은 마치 파리처럼 셀 수 없이 많고, 온 공기를 채운다. 이런 이유로 하이몬(Haymon)은 말한다. "철학자들이 말하고 우리 박사들도 동의하듯이, 공기는 먼지 티끌이 있는 한 줄기 햇빛처럼 악령들과 사악한 영으로 가득 차 있습니다." 그래도 오리게네스(Origenes)는 여전히 그들은 무수히 많지만, 우리가 그들을 정복하면 그 수가 줄어들고,

그중 하나가 거룩한 사람에게 패배하면 유혹자는 더 이상 그 사람을 악에 빠뜨릴 수 없다고 생각한다.

셋째 승리는, 천사들이 날마다 우리를 위해 싸우며 악령들을 이기고, 우리를 유혹하려는 악령들에게서 우리를 구하는 것이다. 천사들은 세 가지 방법으로 우리를 위해 싸운다. 첫째 방법은 악령들에게 속한 권세를 억제시키는 것이다. 요한 묵시록 20장은 악령을 묶어 지옥 속으로 던진 천사에 대해(묵시 20, 1-3) 말한다. 그리고 토빗기 8장에서는 상부(上部) 이집트의 사막에서 악령을 묶었던 천사(토빗 8, 3)에 대해 말한다. 이 속박은 악령의 힘을 억제하는 것 외에 아무것도 아니다. 둘째 방법은 성욕을 식히는 것이다. 이것은 창세기 32장에서 천사가 야곱의 엉덩이뼈의 힘줄을 건드렸고 그것이 줄어들었다(창세 32, 25-33)는 말씀이 의미하는 것이다. 셋째 방법은 주님의 수난에 대한 기억을 우리의 마음에 새기는 것이다. 이것은 요한 묵시록 7장이 의미하는 것이다. "우리가 우리 하느님의 종들의 이마에 인장을 찍을 때까지 땅도 바다도 나무도 해치지 마라."(묵시 7, 3). 그리고 에제키엘서 9장에서 "탄식하는 사람들의 이마에 표(Thau)를 해 놓아라."(에제 9, 4)라는 말을 발견한다. 타우는 십자가의 모양으로 쓰인 그리스어 문자이고, 이 표시가 있는 사람들은 보복하는 천사를 두려워하지 않는다. 이런 이유로 에제키엘서에서 "누구든 이마에 네가 타우를 보면, 그를 죽여서는 안 된다."(에제 9, 6)라고 말한다.

네 번째 승리는 미카엘 대천사가 거짓 그리스도를 죽일 때의 승리다. 그러면 다니엘서 12장에서 그를 불렀던 것처럼(다니 12, 1) 미카엘 대제후(princeps magnus)는 일어설 것이고, 거짓 그리스도에 대항한 용감한 원조자이고 보호자가 될 것이다. 요한 묵시록 13장의 본문 "그의 머리 가운데 하나가 상처를 입어 죽은 것 같았지만 그 치명적인 상처가 나았습니다."(묵시 13, 3)에 대해 《주해집》에서는 거짓 그리스도는 죽은 척할 것이고 3일 동안 숨어 있다가 나타나서 자신이 부활하였다고 말할 것이라고 한다. 그리고 악령들이 마법으로 그를 공중으로 들어 올려 옮길 것이며, 모든 사람이 깜짝 놀라 그를 공경할 것이다. "그러면 그 무법자가 나타날 터이지만, 주 예수님께서는 … 그자를 없애 버리실 것입니다."(2테살 2, 8)에 근거한 《주해집》에 따르면, 최종적으로 거짓 그리스도는 올리브 산의 정상으로 갈 것이다. 그는 주님이 승천하였던 곳, 그 장소에 있는 천막 안에서 왕좌에 앉을 것이고, 미카엘이 와서 그를 죽일 것이다. 그레고리오에 따르면 이 싸움과 이 승리는 "그때 하늘에서 전쟁이 벌어졌습니다."(묵시 12, 7)라고 위에 언급되었던 요한 묵시록 본문을 참조하는 것으로 이해된다. 그리고 미카엘의 삼중 전투는 미카엘이 루치페르를 하늘에서 추방하고, 지상에서 우리에게 해를 끼치는 것을 막기 위해 악령들과 싸운 것, 세상의 끝에 거짓 그리스도와의 전투를 포함하는 것으로 이해된다.

미카엘 대천사의 신성한 축일은 그의 발현, 승리, 봉헌, 기억을 기념하는데, 이제 봉헌 부분을 살펴보자. 이날에 대천사 미카엘이 가르가노 산에 있는 그 장소를 직접 봉헌하였다는 것을 계시하였기 때문에 봉헌이라고 불린다. 시포니우스 사람들은 적을 무찌르고 승리를 거둔 후 돌아와서 그 동굴을 봉헌해야 할지, 심지어 동굴에 들어가도 될지 의심하기 시작했다. 그래서 주교는 펠라지오 교황과 상의하였고, 교황이 대답했다. "만일 그 성당을 봉헌하는 것이 참으로 마땅하다면, 우리에게 승리를 주신 날에 봉헌되어야 합니다. 우리가 미카엘에게 답을 청해보면 이 일에 관한 자신의 뜻을 말해줄 것입니다." 교황을 비롯한 주교와 사람들은 3일 동안 단식에 동참하였고, 바로 그날 미카엘이 주교에게 나타나서 말했다. "당신은 이 성당을 봉헌할 필요는 없습니다. 내가 직접 그 장소를 발견하고 건축하고 봉헌하였기 때문입니다." 이어 주교에게 다음 날 사람들과 함께 성당에 들어가라고 명령했다. 그곳에서 그들은 기도하고 미카엘을 자신들의 특별한 수호자로 인정했다.

미카엘은 주교에게 동쪽에서 뒤쪽 입구를 통해 올라오면 축성의 표시로 대리석에 새겨진 한 사람의 발자국을 발견하게 될 것이라고 말했다. 그래서 다음 날, 주교와 전체 주민들은 그곳으로 올라가서 안으로 들어갔다. 그들은 거대한 동굴을 발견했다. 동굴 안에는 2개의 제대가 있었는데 하나는 남쪽에, 다른 하나는 동쪽에 있었다. 이 마지막 제대는 압도적인 크기로 붉은 망토가 덮여 있었다. 이어 미사가 봉헌되었고, 사람들은 영성체를 마친 후 기쁜 마음으로 돌아갔다. 주교는 그곳에서 계속해서 성무일도(Divinum officium)를 하도록 사제와 성직자를 임명했다. 동굴에서는 맑고 달콤한 물이 흘러나왔다. 사람들은 영성체 후에 그 물을 마셨고 그들이 지녔던 모든 질병이 치유되었다. 이 사건에 대해 알게 된 교황은 이날을 성 미카엘과 모든 복된 영혼을 기리기 위해 전 세계에서 기념해야 한다고 선언했다.

미카엘 대천사의 신성한 축일은 그의 발현, 승리, 봉헌, 기억을 기념하는데, 성 미카엘의 기억(memoria sancti Michaelis)이라 불린다. 이 축일에 우리는 모든 천사를 기억하고 공경한다. 우리가 천사를 공경하고 찬양하는 것에는 여러 가지 이유가 있다. 그들은 우리의 수호자이자 하인이고, 형제이자 같은 시민이다. 그들은 우리의 영혼을 하늘로 데려가며, 우리의 기도를 하느님 앞에 바친다. 그들은 영원한 왕의 고귀한 군인이고 고통받는 사람들의 위로자다.

첫 번째, 그들은 우리의 수호자이기 때문에 우리는 그들에게 영예를 주어야 한다. 모든 사람에게는 두 천사가 주어졌는데, 하나는 선하고 다른 하나는 악하다. 선한 천사는 우리를 보호하고, 악한 천사는 우리를 시험한다. 선한 천사는 태중에 있는 아기에 대해 위임받아서 태어나자마자 즉시 어른의 삶까지 함께 한다. 사람은 삶의 이 세 단계에서 수호자로서의 천사가 필요하다. 사람은 태중에 있는 동안 죽을 수 있으므로 단죄받을 수 있다. 출생 후 어른이 되기 전에 세례를 못 받을 수도 있다. 혹은 어른으로서 다양한 죄에 이끌릴 수 있다. 악마는 그릇된 추리로 마음을 속이고, 유혹으로 의지를 부추기고, 폭력으로 덕을 눌러 버린다. 따라서 선한 천사가 각 사람에게 수호자로 임명되어 거짓에 대해 가르치고 지시하며, 선을 권고하고 자극하고, 감언이설에 대항해 보호하고 폭력적인 압제로부터 보호할 필요가 있다.

천사의 후견인 임무는 사람에게 네 가지 효과가 있다고 말할 수 있다. 첫 번째는, 천사는 사람의 영혼이 은총을 받는 데 있어 세 방법으로 전개한다. 하나는 탈출기 12장에서 천사가 이집트 땅에서 맨 처음 태어난 모든 것을 죽인 것(탈출 12, 29)처럼, 선을 행하는 데 있어 모든 장애물을 제거하는 것이다. 다음은 "나와 이야기하던 천사가 돌아와, 사람을 잠에서 깨우듯이 나를 깨웠다."(즈카 4, 1)처럼, 나태함을 떨쳐버리도록 우리를 흔든다는 것이다. 또 다음은 천사가 사람을 인도하거나 보속의 길로 돌려보내는 것인데, 이는 토빗기 5장에서 천사가 안전하게 토비아를 데리고 갔고 안전하게 데리고 왔을 때(토빗 5, 21)의 모습 안에서 보여진다.

천사의 보호에 대한 두 번째 효과는 인간이 죄악으로 빠지지 않도록 지키는 것이며 천사는 세 방법으로 행한다. 하나는 민수기 22장에서 이스라엘을 저주하려고 가던 발라암(Balaam)이 천사에게 막혔던 것처럼,(민수 22-24장, 특히 22, 12. 22-31) 죄를 범하려는 생각을 막아준다. 다음 방법은 판관기 2장에서 천사가 이스라엘 자손의 불순종을 책망하고 소리를 높여 울었을 때,(판관 2, 1-4) 참회하지 않는 사람을 책망하는 것이다. 또 다음 방법은 롯과 그의 아내가 소돔(Sodoma, 여기서 소돔은 습관적인 죄를 의미함)을 떠나도록 격렬하게 강요하는 것이다.(창세 19장, 특히 15-17절)

세 번째 효과는 사람이 넘어지면 다시 일어나게 하는 것인데, 천사가 세 방법으로 이야기한다. 하나는 죄인의 마음을 움직여 참회하게 하는 것이다. 이는 토비아서 11장에서 천사의 지시를 받은 토비아가 참회를 나타내는 물고기의 담즙으로 자기 아버지의 눈에, 즉 마음에 기름을 부었을 때 확인할 수 있다. 다음 방법은 이사야서 6장에서 천사가 타고 있는 석탄으로 이사야의 입술을 깨끗하게(이사 6, 6-7) 하였을 때 암시되었던 것처럼, 고해하기 위해 입술을 정결케 하는 것이다. 또 다음 방법은 회개가 필요하지 않은 99명의 의인보다 회개하는 한 명의 죄인을 하늘에서 좀 더 기뻐하듯이(루카 15, 7) 죄에 대한 보속이 이루어졌을 때 기뻐하는 것이다.

네 번째 효과는 깊은 죄에 빠지는 악마의 유혹에서 우리를 보호하는 것이다. 악령의 힘을 억제하고, 우리의 탐욕을 진정시키고, 주님의 열정에 대한 기억을 우리 마음에 각인시킴으로써 우리를 보호한다.

두 번째, 천사들은 우리의 하인이기 때문에 공경해야 한다. 우리가 히브리서 1장에서 "천사들은 모두 하느님을 시중드는 영으로서, 구원을 상속받게 될 이들에게 봉사하도록 파견되는 자들이 아닙니까?"(히브 1, 14)에서 읽은 것처럼, 천사들은 우리에게 봉사하고 우리의 이익을 위해 보내졌다. 가장 높은 지위는 중간의 지위에게, 중간 지위는 가장 낮은 지위에게, 가장 낮은 지위의 천사들이 우리에게 보내졌다. 천사들을 보내는 것은 하나님의 은혜와 일치한다. 하느님께서 우리의 구원을 얼마나 열망하는지 보여주기 때문이다. 하느님은 우리의 구원을 위해 그와 함께 있는 가장 친밀하고 고귀한 영들을 지휘하고 파견하기 때문이다. 천사의 파견은 첫째로, 하느님의 인자함과 일치한다. 또한, 천사들의 사명은 우리를 위한 사랑에도 합당하다. 다른 사람의 행복을 간절히 바라는 것이 열렬한 사랑의 본성이기 때문이다. 이러한 이유로 이사야는 말했다. "저를 보십시오, 주님, 저를 보내십시오."(이사 6, 8) 천사들은 도움이 필요한 우리를 보았고, 악한 천사들이 우리를 상대로 투쟁하는 것을 보았기 때문에 우리를 도울 수 있다. 따라서 자신의 파견을 요구함으로써 사랑을 실천한다. 더불어, 천사들의 파견은 인류의 궁핍함을 채워준다. 선한 천사들은 사랑으로 우리 마음을 불태우려고 보내졌다. 이에 대한 상징으로 우리는 그들이 불타는 병거에 실려 보내졌다는 것을 읽었다. 또한 손에 펼쳐진 책을 들고 있는 천사의 모습처럼,(묵시 10, 2, 8) 우리의 이해를 높이고 지식을 전해주기 위해 보내졌다. 그리고 열왕기 상권 19장에서 본 것과 같이, 천사는 우리의 약점이 충분히 보완될 수 있도록 강하게 만들어줍니다. 천사는 엘리야에게 뜨거운 돌에 구운 빵과 물 한 병을 가져왔고, 엘리야는 먹고 마셨다. 그 음식의 힘으로 40일 밤낮을 걸어서 하느님의 산 호렙으로 갔다고 한다.(1열왕 19, 6-8)

셋째로, 천사들은 우리의 형제요 같은 시민이기 때문에 공경해야 한다. 선택된 모든 사람은 공로에 따라 천사의 가장 높은 지위, 중간 지위, 가장 낮은 지위로 배정된다. 물론, 성모 마리아는 최상위에 있는 천사다. 성 그레고리오는 강론에서 이 진리를 확증한다. 그는 말한다. "아직 앎이 많이 부족하지만 형제들과 끊임없이 지식을 공유하고자 하는 선택받은 사람들이 있으며, 이들은 천사의 명령을 따릅니다. 하늘의 가장 높은 비밀을 파악하는 데 성공한 선택받은 사람들은 대천사들과 함께 있습니다. 놀랄 만한 표징들과 권능의 일을 수행하는 사람들은 역품천사들과 함께 하는 것으로 추정됩니다. 자신들이 받았던 기도의 덕과 능력의 힘으로 악한 영들을 쫓아내는 사람들은 능품천사들과 함께 있습니다. 또 일부는 최대의 공로를 초월해 다른 사람들을 선정하고 통치하며, 권품천사의 자리를 할당받습니다. 스스로 모든 악을 완전히 지배하는 자들이 있어 주님이 모세에게 '보아라, 나는 너를 파라오에게 하느님처럼 되게 하였다.'(탈출 7, 1)라고 말한 것처럼, 사람들 사이에서 신이라 일컬어지는 사람들은 주품천사와 함께 있습니다. 주님이 옥좌에 앉으시고 다른 이들의 행위를 살피시는 것처럼 일의 선택받은 사람들이 거룩한 교회를 다스리기 때문에 나머지 선택받은 자들의 연약한 행위는 그들에게 심판을 받습니다. 그들은 좌품천사와 함께 있습니다. 선택을 받은 사람 중에는 나머지 사람들보다 하느님과 이웃에 대한 사랑이 더 충만한 사람들이 있습니다. 지품천사는 '지식의 풍부함'을 의미하고, 바오로에 따르면 '사랑은 율법의 완성'을 의미하기 때문에 공로를 얻은 그들에게는 지품천사 자리가 주어졌습니다. 그리고 천상의 것들을 묵상하는 사랑으로 불타고 창조주의 유일한 염원을 갈망하며 아무것도 원하지 않고 영원에 대한 사랑만 먹고 땅의 모든 것을 버리고 삶에서 일어선 사람들이 있습니다. 모든 것보다 현세적인 마음을 사랑하고 불타오르며 그 열정 속에서 쉼을 찾으며 사랑으로 불타고, 말함으로 빛나고, 그들의 말이 닿는 모든 사람을 하느님의 사랑으로 불타오르게 합니다. 이들은 치품천사 외에 다른 곳에서 자신들의 유산을 받습니다." 그렇게 그레고리오가 말했다.

넷째로, 천사들이 우리 영혼을 하늘로 올려주기 때문에 천사들을 공경해야 한다. 천사들은 이를 세 방식으로 수행한다. 하나는 그 길의 준비이다. 그래서 말라키서 3장에서 "보라, 내가 나의 사자를 보내니 그가 내 앞에서 길을 닦으리라."(말라 3, 1 참조)라고 한다. 다음은 준비된 길을 따라서 하늘로 영혼을 옮긴다. 그래서 탈출기 23장에서는 "보라, 내가 너희 앞에 천사를 보내어, 길에서 너희를 지키고 내가 마련한 곳으로 너희를 데려가게 하겠다."(탈출 23, 20 참조)라고 한다. 또한 루카 복음 16장에서 "그 가난한 이가 죽자 천사들이 그를 아브라함 곁으로 데려갔다."(루카 16, 22)처럼 하늘에 있는 그들의 자리에 그 영혼들을 둠으로써이다.

다섯째로, 천사들은 우리의 기도를 하느님 앞에 바치기 때문에 영광 받아야 한다. 천사들은 진정으로 우리의 기도를 하느님에게 바쳤다. 토빗기 12장에서 "네가 눈물로 기도하며 죽은 사람을 묻어주었을 때, 나는 주님에게 너의 기도를 봉헌하였다."(토빗 12, 12 참조)라고 말한다. 천사들은 우리를 위해 우리의 송사를 옹호한다. 욥기 33장에서 "만일 그곳에서 한 천사가 그를 위해 말하려고, 그 사람의 강직함을 선언하려고 한다면, 천에 하나가 그에게 자비를 가지게 할 것입니다."(욥 33, 23-24 참조)라고 한다. 또한 즈카르야서 1장에서 "주님의 천사가 아뢰었다. '만군의 주님, 당신께서는 예루살렘과 유다의 성읍들을 가엾이 여기지 않으시고 언제까지 내버려 두시렵니까? 그들에게 진노하신 지 일흔 해나 되었습니다.'"(즈카 1, 12 참조)라고 한다. 천사들은 우리가 다니엘서 9

장에서 읽었고 가브리엘이 다니엘에게 날아가서 "네가 간청하기 시작할 때 이미 말씀이 내렸다."에서 《주해집》은 "말씀, 즉 하느님의 형벌"이라고 덧붙였고, "그리고 나는 그것을 일러 주려고 내가 왔다. 네가 총애를 받는 사람이기 때문이다."(다니 9, 23 참조)라고 말한 것처럼 우리에게 하느님의 선고를 전한다. 베르나르도는 아가서에 대한 자신의 책에서 천사들이 행한 이 세 가지 봉사에 대해 말한다. "천사는 사랑받는 하느님과 사랑받는 간구자 사이의 중개자로서, 간구자의 기도를 봉헌하고, 하느님의 선물들을 갖고 돌아오고, 간구자를 감동시켜 하느님을 기쁘시게 하는 존재이다."

여섯째로, "그분의 군대를 셀 수 있으랴?"(욥 25, 3)라는 말처럼, 천사들은 영원한 왕의 고귀한 군인들이기 때문에 우리는 천사들을 존경해야 한다. 왕의 군인들 사이에서 항상 왕의 곁에 있고, 그를 수행하고 그에게 영광을 드리려고 노래 부르고 그의 걱정을 덜어주려 애쓴다. 다른 이들은 왕국의 도시와 요새를 지킨다. 다른 사람들은 그 왕의 적들을 무찌른다. 따라서 그리스도의 군인들 일부는 항상 왕의 궁전, 즉 가장 높은 하늘에 참석하여 "거룩하시다, 거룩하시다, 거룩하시다, 만군(萬軍)의 하느님!"(이사 6, 3) 그리고 "우리 하느님께 찬미와 영광과 지혜와 감사와 영예와 권능과 힘이 영원무궁하기를 빕니다."(묵시 7, 12)라고 말하면서 그분에게 기쁨과 영광의 성가를 끊임없이 노래한다. 다른 이들은 도시와 시골 지역과 요새화된 마을, 즉 우리를 보호하고 동정녀들의 순결과 결혼한 사람들의 절제, 수도 공동체를 지키도록 위임받은 천사들이다. 그래서 이사야서에서 "예루살렘아, 너의 성벽 위에 내가 파수꾼들을 세웠다."(이사 62, 6)라고 했다. 다른 이들은 왕의 적들, 즉 악령들을 궤멸시키고, 요한 묵시록 12장에서 "그때 하늘에서 전쟁이 벌어졌습니다."(묵시 12, 7)라고 말한다. 한 해석에 따르면, 이것은 미카엘과 그의 천사들이 용에 대항하여 싸웠던 신전 교회(神戰敎會, ecclesia militans) 안에서의 전투를 말한다.

일곱째이자 마지막으로, 천사들은 환난을 겪는 자들을 위로하기 때문에 영예를 받아야 한다. 즈카르야서 1장에서 우리는 "주님께서는 나와 이야기하던 천사에게 다정하고도 위로가 되는 말씀으로 대답하셨다."(즈카 1, 13)란 언급을 발견하고 토빗서 5장에서 "용기를 내십시오. 머지않아 하느님께서 고쳐 주실 것입니다."(토빗 5, 10)를 발견한다. 천사들은 세 방법으로 위로한다. 우선, 다니엘서 10장에서 말한 것처럼, 천사들은 위로해주고 강하게 해준다. 다니엘이 포기하고 기력이 하나도 남지 않았을 때, 천사들이 그를 만지며 말했다. "총애받는 사람아, 두려워하지 마라. 너에게 평화가 있기를! 힘을 내어라. 힘을 내어라."(다니 10, 19) 다음, 천사들은 조급함에서 우리를 보호한다. "그분께서 당신 천사들에게 명령하시어 네 모든 길에서 너를 지키게 하시리라. 행여 네 발이 돌에 차일세라 그들이 손으로 너를 받쳐 주리라."(시편 91, 11-12) 또, 천사들은 고통을 식히고 진정시켜준다. 이는 다니엘서에 예표되어 있다. 주님의 천사들이 불타는 용광로에서 세 명의 젊은이들에게 내려왔을 때, 가마 한가운데에 마치 이슬 맺힌 산들바람이 부는 것 같았다.

------ ⚔ 146 ⚔ ------

성 예로니모

예로니모(Hieronymus, Jerome)는 '거룩한'의 제라르(gerar)와 '작은 숲'의 네무스(nemus)에서 유래한 것으로 '거룩한 숲'을 의미하는데, 네무스가 아니라 '법'의 노마(noma)에서 유래했을 수도 있다. 따라서 성인의 전설에서 그의 이름은 '신성한 법'으로 해석된다. 그는 거룩하였다. 즉 단호하고 깨끗하고 피로 젖었으나 신성한 용도로 구별되었다. 이는 성전의 그릇이 신성한 용도로 구별해 사용되기 때문에 거룩하다고 하는 것과 같다. 예로니모는 참으성 있는 인내심으로 거룩했으며 선(善)을 행하는 데 있어 단호했다. 그는 순수함으로 마음이 깨끗했고, 주님의 수난에 대한 묵상을 통해 피로 젖었다. 그는 성경에 대한 설명과 해석에서 신성한 용도를 위해 따로 구별되었다. 또한, 한때 그가 살았던 작은 숲을 따서 '작은 숲'이라 불리기도 하고, 수도승들을 가르쳤던 종교적인 규칙 때문에, 신성한 법을 설명하고 해석했기 때문에 '법'이라고도 불렸다.

그 이름은 '아름다움의 환시', '말을 판단하는 사람'으로도 해석된다. 아름다움은 다양하다. 첫째, 영혼 안에 있는 영적인 아름다움, 둘째, 적절한 품행에서 드러나는 도덕적인 아름다움, 셋째, 천사들의 아름다움이 있는 지적인 아름다움, 넷째, 신성한 초실체적인 아름다움, 다섯째, 하늘에 있는 성인의 아름다움인 천상의 아름다움 등이다. 예로니모는 이 다섯 가지의 아름다움을 지니고 있었고 자신 안에 있음을 보여주었다. 덕의 다양함에서 영적인 아름다움, 올바른 삶의 방식에서 도덕적인 아름다움, 탁월한 순수함에서 지적인 아름다움, 사랑의 열정에서 초실체적인 아름다움, 영원하고 뛰어난 자비에서 천상(天上)의 아름다움을 보여주었다. 그는 자신의 말을 판단하기 위해 진실을 확인하고, 거짓을 반박하고, 의문을 드러냄으로써 자신이 한 말과 다른 사람의 말을 신중하게 견주었다.

예로니모는 귀족 에우세비오(Eusebius)의 아들로 달마티아(Dalmatia)와 판노니아(Pannonia)의 경계에 있는 스트리돈(Stridon) 마을 출신이다. 그는 청년일 때 로마로 가서 라틴어, 그리스어, 히브리어와 문학에 대가가 되었다. 문법 스승은 도나투스(Donatus)였고, 수사학은 웅변가 빅토리노(Victorinus)였다. 그는 밤낮으로 성경 연구에 몰두하였으며 성경에서 난해한 초안들을 끄집어내었고 나중에는 자신의 지식으로 풍부하게 쏟아부었다. 그가 에우스토키움(Eustochium)에게 보낸 편지에서 쓴 것처럼, 낮에는 치체로(Cicero, 키케로), 밤에는 플라톤(Platon)을 읽었다. 예언서의 거친 언어가 불쾌했기 때문이었다.

그런데 사순시기의 중반쯤, 그는 갑자기 열이 났다가 온몸이 차가워지고 열이 오직 가슴에서 욱신거리는 열병에 걸렸다. 실제로 그의 장례식이 준비되고 있었다. 그러던 어느 날, 그는 갑자기 재판관의 법정에 끌려왔다는 것을 깨달았다. 재판관은 그에게 직업을 물었고, 그는 그리스도인이라고 주저 없이 공언했다. 재판관은 "너는 거짓말을 한다! 너는 그리스도인이 아니고 치체로(키케로) 숭배자이다. 너의 보물이 있는 곳에, 너의 마음도 있기 때문이다."라고 말했다. 예로니모는 대답하지 않았고, 재판관은 그에게 호되게 매질하라고 명령했다. 그때 예로니모는 "오 주님, 저에게 자비를 베푸소서, 저에게 자비를 베푸소서!"라고 소리쳤다. 참석한 사람들은 재판관에게 청년을 용서해 달라고 간청했다. 청년은 맹세했다. "오 주님, 만일 제가 다시 세속적인 책을 갖거나 읽게 된다면, 저는 당신을 부인하는 것입니다!" 이 말을 들은 재판관은 그를 내쫓았다. 갑자기 기운을 되찾은 예로니모는 얼굴이 눈물에 젖어있고 법정에서 받은 매질로 어깨가 심하게 멍이 든 것을 발견했다. 그때부터 전에 이교도의 작품에 바쳤던 만큼 하느님을 공경하는 책 연구에 전념했다.

예로니모는 29세에 로마 교회에서 주임신부 추기경(cardinalis presbiter)으로 서품받았고, 리베리오 교황이 선종하자 모든 사람은 예로니모를 교황좌에 앉을 자격이 있다고 칭송했다. 그러나 그는 일부 수도승과 성직자들이 음탕한 삶을 살았다고 비난했고, 지목받은 사람들은 분개하여 그를 함정에 빠뜨리기 시작했다. 예를 들어, 요한 벨라토(Joannnes Belethus)는 그들이 여성의 옷을 사용해서 그에 대한 나쁜 인상을 불러일으켰다고 말한다. 그는 습관처럼 아침에 조과(朝課, matutinum)에 가려고 일어났을 때 머리맡에서 한 여인의 겉옷을 발견하였는데, 자기 옷인 줄 알고 입고 성당으로 향했다. 물론 적들이 그의 방에 여자가 있는 것처럼 보이게 하려고 꾸민 짓이었다.

예로니모는 이제 이 사람들이 얼마나 어리석은 짓을 할지 알기 때문에 그들에게 양보하고 콘스탄티노폴리스 시의 주교 나지안조의 그레고리오(Gregorius Nazianzenus)와 함께 하려고 갔다. 그는 그레고리오와 함께 성경을 공부한 후에 사막으로 떠났다. 후에 그는 에우스토키움에게 보낸 편지에서 사막에서의 시련에 대해 말한다. "황무지에서 지내는 동안, 햇볕이 내리쬐고 광활한 고독 속에 살면서 내가 로마의 즐거움을 만끽하고 있다고 자주 상상했던가! 참회복을 입은 저의 기형적인 팔다리가 떨리고, 내 더러운 피부는 에티오피아인의 살점처럼 검은색을 띠었습니다. 아무리 참아도 잠이 나를 압도하고, 살 없는 뼈가 맨땅에 긁힌 채 온종일 눈물을 흘리면서 신음합니다. 식음료에 관해서는 말할 것도 없습니다. 아플 때조차 겨우 물만 마실 뿐 음식을 먹는 것은 죄스러운 사치입니다. 나의 동료는 전갈과 야수뿐이지만, 때때로 예쁜 소녀들에게 둘러싸여 있다고 느꼈고, 얼어붙어 죽어가는 육체에 욕망의 불꽃이 타올랐습니다. 그래서 나는 계속해서 울었고 몇 주씩이나 이 반항적인 육신을 굶겼습니다. 나는 종종 밤낮을 이어 주님이 내 마음의 평화를 회복하실 때까지 가슴을 치는 일을 멈추지 않았습니다. 심지어 머릿속의 환영이 독방에도 나타나서 두려워했습니다. 스스로에게 너무 화가 나 철저히 혼자 점점 더 깊은 황무지로 들어갔습니다. 그리고 주님이 나의 증인이시니, 때때로 많은 눈물을 흘린 후에는 수많은 천사의 무리 가운데 있는 것 같았습니다."

4년 동안 사막에서 이 보속 생활을 한 예로니모는 베들레헴에 있는 주님의 구유에서 가축처럼 살겠다고 자신을 봉헌하였다. 그는 보관해 두었던 자신의 책과 다른 책들을 다시 읽었다. 그는 매일 해가 질 때까지 단식하였고, 그의 생활 방식을 따르려는 많은 제자가 모였다. 그는 55년 6개월 동안 성경 번역에 힘썼고, 생을 마감할 때까지 동정이었다. 혹은 이 전설에서처럼, 언젠가 팜마키오(Pammachius)에게 자신에 대해서 이렇게 편지를 썼다. "저는 하늘처럼 높은 동정을 지키고 있습니다. 저는 그것을 가지고 있지 않지만."

시간이 지나면서 성인은 매우 지치고 쇠약해졌을 때, 자신의 오두막집에 누워 머리맡에 있는 들보에 밧줄을 매달아 놓고, 최대한 수도승원의 성무일과를 따르기 위해 밧줄을 잡고 몸을 일으켰다. 어느 날 저녁 무렵, 거룩한 가르침을 들으려고 형제들과 함께 앉아 있을 때, 갑자기 사자 한 마리가 절뚝거리며 수도승원으로 들어왔다. 수도승들은 도망쳤지만, 예로니모는 사자를 손님처럼 맞이했다. 사자는 예로니모에게 상처난 발을 보여주었고, 예로니모는 수도승들을 불러 그 사자의 발을 씻기고 조심스럽게 치료하라고 명령했다. 수도승들은 가시에 긁히고 찢어진 사자의 앞발을 치료해주었고, 회복된 사자는 야생성을 버리고 애완동물처럼 수도승들 사이에서 살았다.

그러나 이때쯤 예로니모는 주님이 사자를 보낸 것이 단순히 상처 입은 발 때문이 아니라 수도승들에게 봉사하도록 보내진 것임을 깨달았다. 그래서 성인은 수도승들의 조언에 따라 사자에게 한 가지 의무를 주었다. 수도승들에게는 숲에서 장작을 운반하는 당나귀 한 마리가 있었는데, 당나귀를 목장으로 인도하고 안전하게 보살피는 일을 사자에게 시켰다. 그리하여 일이 시작되었다. 일단 사자에게 당나귀를 돌보라는 명령이 떨어지면, 충실한 동료가 되었다. 사자는 충실한 목자처럼 목장으로 당나귀와 함께 가고 가장 경계하는 옹호자로서 당나귀를 보호했다. 사자는 스스로 먹을 것을 찾고 당나귀는 장작을 실으러 숲에 갔고, 정해진 시간에 사자는 당나귀를 집으로 인도했다.

그러던 어느 날, 당나귀가 먹이를 먹고 있었고 사자는 깊은 잠에 빠졌을 때, 상인들이 낙타를 몰고 그 길을 지나가다가 경비가 없는 당나귀를 보고는 훔쳐서 달아났다. 잠에서 깬 사자는 당나귀가 보이지 않자, 으르렁거리면서 여기저기 뛰어다녔지만 찾지 못했다. 수도승원으로 슬프게 돌아온 사자는 평소와 달리 안으로 들어가기를 주저했다. 수도승들은 사자가 당나귀 없이 늦게 집에 온 것을 보고 당나귀를 잡아먹었다고 결론지었다. 그래서 사자에게 평소의 양식을 주지 않고 말했다. "나가라, 불쌍한 작은 당나귀의 남겨진 것을 먹으러 가라, 그리고 너의 식탐을 만족시켜라!"

하지만 수도승들은 사자가 나쁜 일을 저질렀다는 사실을 믿기 힘들었고, 무슨 일이 일어났는지 알아보기 위해 목장으로 갔다. 목장에는 아무것도 없었고, 그 문제를 예로니모에게 보고했다. 예로니모의 제안으로 수도승들은 당나귀 일을 사자에게 넘기고 자른 나무를 사자 등에 실었다. 사자는 이에 참을성 있게 굴복했다. 그러던 어느 날, 일을 마친 사자가 당나귀가 어떻게 되었는지 알아보기 위해 들판으로 가서 이리저리 뛰어다녔다. 그때 사자는 멀리서 짐을 실은 낙타들과 그 길을 인도하는 당나귀 한 마리와 함께 상인들을 보았다. 그 지방에서는 먼 길을 갈 때, 낙타가 올바른 방향으로 가도록 목에 밧줄을 매고 이끄는 당나귀를 앞세우는 것이 일반적이었다. 사자는 친구를 알아보고 무서운 포효와 함께 상인들에게 달려들어 모두 달아나게 했다. 그런 다음 여전히 무섭게 으르렁거리고 꼬리로 땅을 치면서, 짐을 실은 채 겁먹은 낙타들을 수도원을 향해 몰았다. 수도승들은 그들이 오는 것을 보고 예로니모에게 알렸다. 예로니모는 말했다. "친애하는 형제 여러분, 손님의 발을 씻겨주십시오! 그들에게 음식을 제공하고 무엇보다도 주님의 뜻을 기다립시다!"

이제 행복해진 사자는 수도승원 주변을 뛰어다니다가 수도승들 앞에 엎드려 절을 하고 자기가 저지른 잘못이 아닌데도 용서를 구하는 것처럼 꼬리를 흔들었다. 무슨 일이 일어났는지 예상한 예로니모는 수도승들에게 말했다. "형제들이여, 손님에게 필요한 것을 제공할 준비를 하십시오!" 예로니모의 말이 채 끝나기도 전에 하인이 몇몇 방문자가 밖에 있고 아빠스를 만나고 싶어 한다고 전했다. 예로니모가 상인들을 만나러 나갔을 때, 상인들은 그의 발 앞에 엎드리고 자신들이 저지른 나쁜 행동에 대해 용서를 청했다. 그는 친절하게 상인들을 일으켜 세우고, 다른 사람들의 것을 빼앗아서는 안 된다고 훈계했다. 상인들은 예로니모에게 축복의 답례로 자신들 기름의 반을 받아달라고 요청했다. 예로니모는 마지못해서 상인들의 봉헌을 받아들였다. 더욱이 상인들은 매년 같은 양의 기름을 수도승들에게 주겠고, 자신들의 후손에게도 이 봉헌을 계속 이어가게 할 것이라고 약속했다.

초기에 교회의 직무나 성가에는 일관성이 없었다. 요한 벨레토가 우리에게 말한 것처럼, 테오도시우스 황제는 다마소 교황에게 전례에 질서를 만드는 일을 일부 학자들에게 맡길 것을 요청했다. 교황은 그리스어와 히브리어에서 능통하고 모든 지식에서 최고인 예로니모에게 이 일을 위탁했다. 예로니모는 요일을 위한 시편을 분류하고, 매일 시행할 적당한 밤기도(Nocturnum)를 지정하였고, 지게베르토(Sigebertus)가 말한 것처럼, 각 시편의 끝에 영광송(榮光頌, Gloria Patri)을 노래해야 한다고 명시했다. 또한, 1년 주기로 노래 부르도록 복음과 서간의 독서를 지정하였고, 성가를 따라 성무일도에 관련된 모든 것을 합리적으로 정리했다. 그런 다음 베들레헴에서 한 모든 작업을 교황에게 보냈고, 교황은 추기경들과 함께 장엄한 승인을 한 후, 전체 교회를 위해 영구적인 표준으로 확립했다. 그 후, 예로니모는 주님이 누웠던 동굴 입구에 자신의 무덤을 준비하였고, 98년 6개월의 생을 마감하고 그곳에 묻혔다.

아우구스티노가 예로니모에게 가졌던 존경은 그에게 보냈던 편지들에서 명백히 드러난다. 편지 중 하나에서 다음과 같이 썼다. "진심 어린 존경과 사랑으로 존경과 포옹을 받기에 합당한 지극히 사랑하는 주인 예로니모에게 아우구스티노가 인사를 보냅니다." 다른 곳에서 아우구스티노는 예로니모에 대해 이렇게 썼다. "그리스어, 라틴어, 히브리어를 배운 거룩한 사제 예로니모는 성역(聖域, loci sancti)에서 살았고, 성경과 함께 노령의 나이에 이를 때까지 고귀한 담화로 동방부터 서방까지 태양의 빛처럼 빛났습니다." 성 프로스페르(Prosper)는 자신의 《연대기》에서 예로니모에 대해 말한다. "사제 예로니모는 베들레헴에서 살았지만 전 세계적으로 명성을 얻었고, 보기 드문 고귀한 지성과 학식으로 보편 교회를 섬겼습니다." 예로니모는 알비 사람들(Albigenses)에게 자신에 대해 다음과 같이 말했다. "저는 어린 시절부터 하느님의 진노를 일으키는 교만한 영혼과 거만한 지력만큼은 피하려고 노력했습니다. 또한, 너무 안전한 모든 것이 두려웠습니다. 수도승원에서 우리는 마음에서 우러나오는 환대를 베풀고, 이단자들을 제외하고 우리에게 오는 모든 사람을 기쁘게 환영하고, 손님의 발을 씻겨줍니다." 이시도로는 저서 《어원》(語源, Etymologia)에서 말한다. "예로니모는 세 가지 언어에 능통했고, 그의 해석이 다른 사람들의 해석보다 선호된 이유는 문자 그대로 더 세밀하고 명확했기 때문이며, 그리스도인 해석자에게서 나온 것이어서 더 진실하기 때문입니다." 성 마르티노의 제자이며 성 예로니모와 동시대 사람인 세베로(Severus)가 쓴 것으로 추정되는 《대화집》(Dyalogi)에서 예로니모에 대해 이렇게 말했다. "그의 믿음의 공로와 덕의 자질 외에도 라틴어와 그리스어뿐만 아니라 히브리어도 매우 능통하여, 어떤 누구도 감히 그와 지식을 비교할 수 없었습니다. 악한 사람들에 대한 그의 싸움은 끝이 없었고, 그의 투쟁은 수그러들지 않았습니다. 이단자들은 자신들을 향한 그의 공격이 결코 멈추지 않기 때문에 그를 미워했습니다. 성직자들은 그가 자신들의 죄 많은 삶과 범죄를 질책하기 때문에 그를 미워합니다. 그러나 선한 사람은 모두 그를 진심으로 존경하고 사랑합니다. 그를 이단자로 여기는 사람들은 미쳤습니다. 그는 전적으로 공부에, 전적으로 책에 몰두했습니다. 밤낮 쉬지 않고 항상 독서나 집필하고 있었습니다."

이 인용문에서 확실히 알 수 있듯이, 그리고 그가 자신을 증거하였듯이, 그는 많은 박해자와 많은 비방자의 적개심을 겪어야 했다. 그가 이 박해에 얼마나 기꺼이 복종하였는지는 아셀라(Asella)에게 보낸 편지에서 명확하게 나타난다. "저는 세상이 저를 미워할 만하다고 생각하며, 저를 악한이라고 부르는 것에 감사합니다. 그러나 저는 다른 사람들이 나를 좋게 생각하든 나쁘게 생각하든, 하늘로 가는 방법을 압니다." 또한 "제 주님 이름의 영예를 위해서 신앙심이 없는 사람들의 모든 무리가 저를 박해하게 하소서! 이 세상이 더 강력하게 저를 부끄럽게 하면 어떨까! 오직 저로 하여금 그리스도의 찬양을 받기에 합당하게 하시고 그분의 약속된 상급을 바라게 하소서! 하늘에서 그리스도의 상급을 희망하는 그 시련은 참으로 바람직한 것이며, 하느님의 칭찬에 의해 변화된 해로운 악담이 아닙니다." 예로니모는 서기 398년경에 선종했다.*

------------------ ···✦ 147 ✦··· ------------------

성 레미지오

레미지오(Remigius, Remy, Remi)는 '수로 안내인'인 레미고(remigo)나 배를 움직이는 '노'(櫓)를

------

* 현재 학계에서는 예로니모의 생몰연도를 일반적으로 342/347?~420년으로 여긴다. – 역자 주

뜻하는 레미스(remis)와 '격투' 또는 '투쟁'이란 뜻의 그욘(gyon)에서 유래되었다. 성 레미지오는 난파 위험으로부터 교회를 안내하고, 하늘의 문으로 옮기고, 악마의 간계에 대항하여 교회를 위해 투쟁하였다.

우리는 랭스(Rheims)의 주교 레미지오가 클로도베코(Chlodovechus, Clovis) 왕과 프랑크 왕국을 그리스도 믿음으로 개종시켰다고 들었다. 왕비 크로데킬다(Chrodechildis, Clotilda)는 신앙심이 깊은 그리스도인이었고 믿음으로 남편을 개종시키려고 분투하였지만 그럴 수 없었다. 그녀가 아들을 낳았을 때 아들이 세례 받기를 원했지만, 왕은 단호히 반대했다. 그러나 왕비는 포기하지 않고 계속 요청했으며, 왕은 마침내 항복했다. 아기는 세례를 받았으나 얼마 지나지 않아 죽었다. 그러자 왕은 왕비에게 말했다. "그리스도는 자신에 대한 믿음이 높은 사람을 살릴 수 없으니 형편없는 신이라는 것이 분명해졌다." 왕비는 대답했다. "그와 정반대입니다. 저는 이 일이 하느님이 저를 얼마나 사랑하는지 보여주는 것임을 느낍니다! 저는 그분이 제 태중의 첫 열매를 받아들였고 또 제 아들에게 당신의 것보다 더 나은, 무한한 왕국을 주셨다는 것을 압니다!"

크로데킬다는 다시 임신하여 아들을 낳았고, 왕의 반대를 극복하고 세례를 받게 했다. 그러나 아기는 세례를 받자마자 병에 걸렸고 살아날 가망이 없어 보였다. 왕은 아내에게 말했다. "당신의 하느님은 그의 이름으로 세례를 받는 사람을 살리지 못하는 약한 자입니다. 당신이 천 명의 아이를 낳고 모두 세례를 받는다 해도 그 아이들 모두 죽을 것입니다!" 그러나 새로 태어난 아들은 회복되어 잘 자랐고, 오랜 후에 아버지를 계승하여 왕이 되었다. 그리고 믿음의 여인 크로데킬라는 남편을 그리스도에 대한 믿음으로 인도하기 위한 노력을 지속하였고, 남편도 똑같이 집요하게 거절했다. 결국, 남편이 어떻게 회개하고 그리스도인이 되었는가는 예수 공현 후에 거행되었던 성 레미지오의 다른 축일에 대한 전설에서 이야기될 것이다.(16장 참조)

클로도베코 왕은 개종 후 랭스의 성당을 기증하기를 원했다. 왕은 성 레미지오에게 자신이 낮잠을 자는 동안 레미지오가 걷는 만큼의 땅을 성당에 주겠다고 말했고, 레미지오는 걷기 시작했다. 그런데 주교가 걷는 범위 안에서 방앗간을 운영하던 한 남자가 있었고, 레미지오가 다가가자 방앗간 주인은 화를 내며 나가라고 소리쳤다. 레미지오는 말했다. "친구여, 만일 우리가 이 방앗간을 나누면 무엇이 당신을 괴롭힙니까?" 방앗간 주인은 주교를 내쳤고, 그가 떠나자마자 방아가 역방향으로 돌기 시작했다. 방앗간 주인은 주교를 뒤쫓아가며 불렀다. "하느님의 종이여, 돌아와서 방앗간을 동등하게 나눕시다!" 레미지오는 "나를 위해서도 아니고, 당신을 위해서도 아닙니다!" 그러자 땅이 열렸고 그 방앗간을 삼켰다.

이제 기근이 임박했음을 예견한 레미지오는 헛간에 많은 곡물을 채웠다. 술에 취한 시골 사람 몇몇이 노인의 검소함을 비웃으면서 헛간에 불을 질렀다. 주교가 이 소식을 듣고 불난 헛간으로 왔을 때는 늦은 시간인데다 몹시 추웠다. 나이로 인한 한기로 인해 오히려 불을 쬐며 침착하게 말했다. "불은 항상 좋다. 그러나 이 불을 지른 사람들과 그들의 자손은 고통받을 것이다. 남자는 탈장(脫腸)으로, 여자는 갑상선종(甲狀腺腫)으로!" 그리하여 그 일은 카롤루스 대제(Carolus Magnus)가 그 자손을 흩어놓을 때까지 그대로 일어났다.

1월에 거행된 성 레미지오의 축일은 그의 행복한 죽음과 거룩한 시신을 이장(移葬)한 날을 기념한다는 것에 특히 주의해야 한다. 그의 시신이 사인교(四人輀)에 실려 성 티모테오와 아폴리나리오(Apollinaris) 성당으로 옮겨지기 위해 성 크리스토포로(Christophorus) 성당을 지나고 있을 때, 갑자기 너무 무거워져서 움직일 수 없었다. 당황한 가마꾼들은 그가 천 명의 성인들의 유물이 보관된 성 크리스토포로 성당에 안장되기를 원하는지 알려달라고 주님께 기도했다. 즉시 사인교는 가벼워졌고 시신은 영예롭게 안치되었다. 그곳에서 많은 기적이 일어났다. 성당은 확장되고 제대 뒤에 성 레미지오의 유해를 위한 지하 경당이 만들어졌다. 하지만 시신을 그 지하 경당으로 옮기려고 할 때 다시 무거워졌다. 사목자들은 밤새 기도하며 그 밤을 보냈고, 10월 1일 아침, 천사들이 성인의 시신을 새 지하 경당으로 옮겨 놓은 것이 발견되었다. 그러나 훨씬 후에 은으로 된 장식함에 담긴 신성한 유해는 좀 더 아름다운 지하 경당에 안치되었다. 성 레미지오는 서기 490년경에 활약하였다.

성 레오데가리오

레오데가리오(Leodegarius, Leger)는 고결한 삶으로 유명했고 오툉(Autun)의 주교가
되기에 합당하다고 여겨졌다. 클로타리우스(Chlotharius, Clothar)* 왕이 죽고 왕국
을 보살펴야 하는 일이 레오데가리오에게 큰 부담이 되었을 때, 하느님의 뜻과
왕자들의 동의하에 클로타리우스의 청소년기의 동생 킬데리쿠스(Childericus)**
를 왕좌에 적합한 사람으로 올렸다. 궁재 에브로이누스(Ebroinus)***는 왕국의
이익을 위해서가 아니라 에브로이누스 자신이 권력에서 밀려났기 때문에 킬
데리쿠스의 형제인 테오데리쿠스(Theodericus, Theoderic)를 왕좌에 올리려고 했
다. 그러다가 모두에게 미움을 받게 되고 왕과 왕자들의 적대감을 보이자 두
려움에 떨었다. 그래서 그는 은퇴하여 수도승원으로 갈 것을 허락해 달라고
왕에게 청원하였고 이 요청은 받아들여졌다. 왕은 또한 형제인 테오데리쿠스
를 감금하여 왕좌에 대한 음모를 꾸미지 못하게 했다. 따라서 그 주교의 거룩
함과 선견지명 때문에, 왕국은 놀라운 평화를 누렸다.

　얼마 후 왕은 불충한 고문(顧問)들에게 속아 하느님의 사람에 대한 증오심에
사로잡혀 레오데가리오를 죽일 기회와 방법을 열심히 찾았다. 주교는 이 모
든 것을 침착하게 견디며 모든 적을 친구처럼 껴안고 왕이 자신의 주교좌가
있는 도시에서 부활 축일을 기념하도록 준비했다. 그러나 왕이 부활 밤에 그
를 죽이라고 명령했다는 사실이 그에게 알려졌다. 아무것도 두려워하지 않은
레오데가리오는 약속대로 왕과 함께 저녁식사를 한 후, 박해자에게서 벗어나
뤽세이유(Luxeuil)의 수도승원으로 피신했다. 그는 그곳에서 주님을 섬겼고, 수
도승 옷을 입고 숨어있던 에브로이누스를 변함없는 자애로 시중들었다.

　얼마 지나지 않아 킬데리쿠스 왕이 죽고, 테오데리쿠스가 왕좌에 올랐다.

*　아우스트라시아(Austrasia)의 프랑크왕국의 왕이었던 클로타리우스 3세(652~673)를 의미한다. – 역자 주
**　킬데리쿠스 2세(653?~675?). – 역자 주
***　에브로이누스는 메로빙거 왕조 시기에 왕에 이어 두 번째 지위인 궁재(宮宰)를 지냈다.

그때 레오데가리오는 백성들의 눈물과 탄원에 감동하고 아빠스의 명령에 따라 자신의 주교좌로 돌아갔다. 동시에 에브로이누스는 수도 생활을 포기하고 왕의 집사(執事)로 임명되었다. 만일 그가 이전에 악마였다면, 이제는 더 악해져서 레오데가리오를 죽이고자 온 힘을 쏟았다. 에브로이누스는 레오데가리오를 잡기 위해 군인들을 보냈고, 주교는 이 사실을 알고도 주교 예복을 입은 채로 그들의 분노에 맞서려고 도시 밖으로 나가다가 그들과 마주쳤다. 그들은 그를 붙잡아 눈알을 뽑았다.

2년 후에 레오데가리오는 에브로이누스가 추방했던 자신의 동생 가리노(Garinus)와 함께 왕궁으로 끌려갔다. 레오데가리오는 에브로이누스의 조롱하는 비웃음에 현명하고 평온하게 대답했지만, 그 사악한 사람은 가리노를 돌로 쳐 죽이고 거룩한 주교에게는 날카로운 돌 위로 흐르는 개울을 온종일 맨발로 걸으라고 명령했다. 레오데가리오가 이 고통을 견디며 하느님을 찬미하였다는 것을 들은 에브로이누스는 그의 혀를 잘랐고 다른 경비병에게 새로운 고문을 받게 했다. 그러나 레오데가리오는 말의 힘을 잃지 않고 설교와 권고에 전념했다. 그는 또한 자신과 에브로이누스가 종말을 언제 어떻게 맞이할 것인지 예언했다. 넓고 찬란한 빛이 왕관처럼 그의 머리를 두르고 있었고, 이것을 본 많은 사람이 주교에게 그것이 무엇인지 물었다. 그러나 그는 하느님에게 감사 기도를 하며 엎드렸고, 모든 구경꾼에게 그들의 삶을 더 나은 쪽으로 개선하라고 권고했다.

이 사건을 들은 에브로이누스의 분노는 끝이 없었고, 네 명의 검객을 보내 레오데가리오를 참수하라는 명령을 내렸다. 검객들이 적당한 장소로 그를 이끌었을 때, 그는 검객들에게 말했다. "형제들이여, 더 이상 당신들 자신을 지치게 할 필요가 없습니다. 당신들이 명령받은 것을 여기서 하십시오!" 이에 네 명 중 세 사람이 양심의 가책을 느껴 그의 발 앞에 엎드려 용서를 간청했지만, 네 번째 사람은 그를 참수한 후에 즉시 악령에 사로잡혀 불 속에 던져져 비참한 최후를 맞았다.

2년이 더 지난 후, 에브로니우스는 그 거룩한 사람의 시신 주변에서 많은 기적이 일어나 유명해졌다는 소식을 들었다. 에브로니우스는 이 소문이 사실인지 거짓인지 알아보기 위해 군인을 보냈다. 거만하고 오만한 군인은 죽은 성인의 무덤으로 가서 무덤을 걷어차면서 외쳤다. "죽은 사람이 경탄할 기적을 일으킨다고 믿는 사람은 누구든지 죽어야 해!" 군인은 즉시 악령에 사로잡혀 그 자리에서 죽었다. 군인의 죽음으로 그 주교의 거룩함이 더욱 확증되었다. 이 소식을 들은 에브로이누스는 분노의 발작을 일으켜 성인의 명성을 다시 말살하기로 결심했지만, 레오데가리오가 예언했던 것처럼 그 사악한 사람은 칼로 처참하게 죽임을 당했다. 레오데가리오는 콘스탄티누스 4세 때인 서기 680년경에 고통을 받았다.

⋯✦ 149 ✦⋯

성 프란치스코

아시시(Assisi)에서 태어난 프란치스코(Franciscus)는 요한(Johannes)으로 명명되었으나 후에 프란치스코로 불렸다. 이름이 바뀐 것에 대해 여러 가지 이유가 있다. 첫 번째는 기적에 대한 주의를 환기시키기 위해서다. 왜냐하면, 그는 프랑스어를 말하는 능력을 기적적으로 하느님에게서 받은 것으로 알려져 있기 때문이다. 그의 전설에 의하면, 그가 성령의 열정으로 가득 차 있을 때는 언제든지 프랑스어로 열성적인 말을 터뜨렸다고 한다. 두 번째 이유는 그의 사명을 분명히 하기 위함이었다. 그의 전설은 하느님의 섭리가 프란치스코라는 이름을 수여하였는데, 특이한 이름을 통해 그의 신비에 대한 인식이 전 세계에 더 빨리 퍼트리기 위해서였다. 세 번째 이유는 그의 직무에서 따라올 효과를 나타내기 위해서다. 다시 말해서, 프란치스코가 자신과 자기 수도자들의 일을 통해 죄와 악마의 많은 노예를 해방시키고 자유롭게 함을 알리기 위해서였다. 네 번째 이유는 그의 영혼의 위대함이다. 프랑크(Franci)족 이름은 '사나움, 혈기 왕성함과 격렬함의 성질'인 페로치타스(ferocitas)에서 파생된다. 프랑스어에는 자연적인 진실성과 관대함이 있기 때문이다. 다섯째 이유는 성인의 말의 고결함이다. 그의 말은 악덕을 잘라내는 도끼와 같았다. 여섯째, 그가 악령들을 몰아낼 때 일으켰던 두려움 때문이다. 일곱째, 그의 덕의 안전함, 업적의 완벽함, 다른 사람들을 대할 때의 존경할 만한 태도이다. 전하는 말에 의하면, 로마에서는 집정관들 앞에서 들고 다니던 도끼 모양의 휘장을 프란치스카스(franciscas)라고 불렀는데, 이는 공포, 안전, 영예를 의미한다고 한다.

전능하신 분의 종이고 친구인 프란치스코는 아시시에서 태어났다. 상인이 된
그는 스무 살까지 허영심이 많고 경박한 삶을 살았다. 주님은 건강 악화라는
채찍으로 그를 훈계했고 빠르게 다른 사람으로 만드셨고, 병이 나은 후 예언
의 영을 나타내기 시작했다. 한번은 몇몇 동료들과 함께 페루지아(Perugia) 사람
들에게 포로로 잡혀 살벌한 감옥에 갇혔다. 그곳에서 다른 사람들은 운명을
슬퍼했던 반면, 프란치스코는 홀로 기뻐했다. 동료 죄수들이 꾸짖자 그가 말
했다. "때가 되면 온 세상이 나를 성인으로 공경할 것이기에 지금 기뻐하는 것
입니다!" 다른 때에 그는 신앙심의 이유로 로마에 갔다. 로마에 도착한 그는
자신의 좋은 옷 대신 누더기 옷을 입고, 다른 거지들과 함께 성 베드로 성당
앞에서 앉아 음식을 받아 먹었다. 그는 이 행동을 좀 더 자주 하고 싶었지만,
그를 아는 사람들이 창피해하기에 단념했다.

옛 원수는 프란치스코를 고결한 의지에서 벗어나게 하려고 그의 의식에 강
제로 꼽추 여성의 모습을 불어넣었다. 만일 그가 약속한 삶의 방식을 포기하
지 않으면 악마가 그를 그녀처럼 추하게 만들 것이라고 경고했다. 그러나 그
때 위로의 말씀을 전하는 주님의 음성을 들었다. "프란치스코, 달콤함 대신
에 쓰디쓴 것을 택하라. 만일 네가 나를 간절히 알고자 한다면 너 자신을 경멸
하여라!" 그런 다음 그는 자신이 혐오하는 부류인 나병 환자와 대면하게 되었
다. 그러나 주님이 자신에게 한 말씀을 기억하고, 그 고통받는 사람에게 입을
맞추었다. 나병 환자는 즉시 사라졌다. 그다음에 프란치스코는 나병 환자들
이 사는 곳으로 서둘러 가서 그들의 손에 경건하게 입을 맞추고 돈을 주었다.

기도하러 성 다미아노 성당으로 간 그에게 그리스도의 형상(形像)이 기적적
으로 말을 했다. "프란치스코, 네가 보다시피 내 집이 무너졌으니 가서 수리하
여라!" 그 순간부터 그의 영혼은 그리스도 안에서 녹아내렸고, 그리스도에 대
한 연민은 마음 안에서 놀랍도록 고정되었고, 성당의 재건축에 열심히 자신
을 바쳤다. 그는 자신이 가진 모든 것을 팔아 한 사제에게 그 돈을 주고 싶었
지만, 그 사제는 프란치스코의 부모가 느끼게 될 불쾌감을 염려하여 받기를
거부했다. 그래서 프란치스코는 먼지보다도 더 가치가 없는 것처럼 그 돈을

땅에 던졌다. 그 결과, 그의 아버지는 그를 결박하여 감금했다. 이에 그는 자신이 갖고 있던 돈을 모두 아버지에게 주고 옷도 벗어 던졌다. 그런 다음 벌거 벗은 채 주님에게 달려가 고행복을 입었다. 다음으로 하느님의 종은 솔직하고 평범한 사람을 아버지로 삼고 진짜 아버지가 자신을 저주할 때마다 그에게 자신을 축복해 달라고 요청했다.

누더기를 입고 겨울 추위로 떨며 기도하는 프란치스코를 본 친형제는 동료에게 말했다. "프란치스코에게 1페니 가치의 땀을 달라고 말해보시오!" 프란치스코는 이 말에 재빨리 반박했다. "사실 나의 주님에게 그 땀을 팔았습니다!" 또 하루는 예수가 제자들을 설교하러 보내면서 그들에게 하신 말씀을 들었다. 곧 프란치스코는 일어나서 자신이 들은 그대로 수행하려고 신발을 벗고 한 벌의 값싼 옷만 입고 가죽 허리띠를 밧줄로 바꾸었다. 이후 겨울이 되어 숲속을 걸어가고 있을 때 도둑들이 그를 붙잡고 누구냐고 물었다. 그가 자신은 하느님의 사자(使者)라고 선언하자, 도둑들은 그를 눈 속으로 밀치면서 말했다. "농부이면서 하느님의 사자라고 하다니, 그곳에 누워 있어봐라!"

성직자, 평신도, 귀족, 천민을 막론하고 많은 사람이 세상의 허영심을 버리고 그의 길을 따랐다. 아버지처럼 이 거룩한 사람은 복음의 완전성을 위해 노력하고, 가난을 껴안고, 거룩한 단순함의 길을 걸으라고 가르쳤다. 또한, 자신뿐만 아니라 현재와 미래의 수사들을 위해 복음에 기초한 규칙서를 썼다. 이 규칙서는 인노첸시오 교황에 의해 승인되었다. 그때부터 프란치스코는 하느님 말씀의 씨를 뿌리는 일에 더 큰 열정으로 도시에서 도시로, 마을에서 마을로 돌아다니기 시작했다.

겉으로 보기에는 거룩한 사람처럼 보이지만, 행동에서 다른 사람과 전혀 닮지 않은 한 수사가 있었다. 그는 침묵의 규칙을 너무나 철저하게 지켰기에 고해성사 때도 말을 하지 않고 고개만 끄덕였다. 모든 수사가 그를 성인으로 칭찬하고 있었는데 하느님의 사람이 와서 말했다. "형제들이여, 그만하십시오! 그의 악마 같은 착각을 내 앞에서 칭찬하지 마십시오! 일주일에 한두 번 자신의 죄를 고백하도록 그를 타이르십시오! 만일 그가 그렇게 하지 않는다면, 그것은 모두 악마의 유혹이며 사기이고 속임수입니다!" 동료 수사들이 이 수사를 타일렀지만, 수사는 손가락을 입술에 대어 그들을 침묵시켰고 고개를 저어 고백할 것이 아무것도 없다고 보여주었다. 며칠 후 수사는 독특한 자신만의 방식으로 돌아가 범죄 행위로 삶을 마감했다.

한번은 하느님의 종이 너무 지쳐서 더는 걸을 수 없어 당나귀를 타고 있을 때, 역시 피곤한 그의 동료인 아시시의 레오나르도(Leonardus de Assisi) 수사가 속으로 생각했다. "이 사람의 집안은 우리 집안만큼 명문가가 아니지 않은가" 그 순간에 프란치스코는 당나귀에서 내려 레오나르도에게 말했다. "당신은 나보다 더 귀한 신분이니 당신이 걷는 것은 옳지 않습니다." 깜짝 놀란 수사는 프란치스코 앞에 무릎을 꿇고 용서를 청했다.

어느 날 길을 가던 중, 한 귀족 부인이 그를 만나려고 달리다시피 서둘러 왔다. 그녀가 얼마나 지치고 숨이 가쁜지를 본 그는 그녀에게 미안한 마음을 전하며 무엇을 원하는지 물었다. 그 부인이 말했다. "신부님, 저를 위해 기도해주십시오. 저는 덕행이 있는 삶을 살려고 결심했지만, 남편이 반대하며 제가 그리스도를 섬기지 못하도록 온갖 노력을 다합니다." 프란치스코는 "나의 딸아, 당신은 곧 남편에게서 위로를 받을 것이니 집으로 가십시오. 그리고 전능하신 하느님의 이름과 나의 이름으로 지금은 구원의 때이고, 후에 완전히 보상의 때가 올 것이라고 남편에게 말하십시오." 그녀는 성인의 전갈을 남편에게 전했고, 남편은 갑자기 태도를 바꾸며 금욕하며 살겠다고 약속했다.

사막에서 갈증으로 기절하는 농부를 위해 프란치스코는 기도로 샘물을 얻었다.

성령으로 고무된 그는 친한 수사에게 비밀을 알려주었다. "오늘날 이 땅에는 하느님의 종이 있으니, 그가 살아있는 한 그를 위하여 주님은 기근으로 백성을 채찍질하지 않을 것입니다." 이는 그 성인의 생애 동안이라는 것은 의심의 여지가 없다. 그러나 성인을 빼앗긴 즉시 상황이 달라졌다. 성인의 행복한 죽음 후에 오래지 않아 성인은 앞서 비밀을 말해준 수사에게 나타나 말했다. "이제 당신은 내가 살아있는 동안에 주님이 이 땅에 허락하지 않았던 기근의 도래를 볼 것입니다."

부활 주일에 수사들은 평소보다 더 정성스럽게 식탁에 흰색의 아마포(linen)와 유리그릇을 놓았다. 하느님의 사람은 이를 보고 고개를 돌렸고, 그곳에 놓여 있던 가난한 사람의 모자를 쓰고 지팡이를 들고 나가서 문 앞에서 기다렸다. 수사들이 식사를 하려고 앉았을 때, 그는 문 앞에서 소리를 지르며 가난하고 쇠약해진 순례자에게 적선을 하라고 하느님의 사랑을 간구했다. 가난한 사람은 불려 들어갔고, 홀로 바닥에 앉아 재 속에 자신의 접시를 놓았다. 이것을 본 수사들은 충격을 받았지만, 프란치스코는 말했다. "나는 식탁이 차려지고 장식된 것을 보았지만, 집집마다 구걸 다니는 가난한 사람들을 이곳에서 단 한 명도 보지 못했습니다."

프란치스코는 자기 자신과 다른 사람들의 가난을 너무 많이 사랑해서 항상 자신의 '가난 부인'에 대해 말했다. 프란치스코는 자신보다 더 가난한 사람을 보면 그를 부러워하고 자신이 그에게 뒤처질지도 모른다고 두려워했다. 어느 날 가난하고 하찮은 사람이 지나가는 것을 본 성인이 동료에게 말했다. "저 사람의 궁핍함은 우리를 부끄럽게 합니다. 우리의 가난을 거짓으로 보이게 만듭니다. 나의 부유함을 위하여 나는 '가난 부인'을 선택하였지만, 당신은 그녀가 나보다 그에게서 더 영광을 받는 것을 보시오."

한 가난한 사람이 지나가고 있었다. 프란치스코는 그를 보고 연민의 마음이 들었지만, 그의 동료는 다음과 같이 말했다. "지금은 그가 가난할지 모르지만, 아마도 전체 지방에서 그가 원하는 만큼 부유한 사람은 아무도 없습니다." 하느님의 사람이 대답했다. "빨리, 당신의 망토를 벗어 저 사람에게 주십시오. 그리고 그 사람 앞에 무릎을 꿇고 당신의 죄를 고백하십시오!" 그 수사는 즉시 순명했다.

어느 날 체격과 미모가 비슷한 세 명의 여인이 그에게 다가와 "가난 부인에게 온 것을 환영합니다!"라고 인사했다. 그들은 즉시 사라졌고 더 이상 보이지 않았다.

한번은 그가 사회적 갈등이 발생한 아레초(Arezzo) 시에 갔을 때, 높은 곳에서 마을을 내려다보니 무질서로 인해 기뻐하는 악령들을 보았다. 프란치스코는 동료 실베스테르(Silvester)를 불러서 말했다. "성문으로 가서 전능하신 하느님의 이름으로 악령들에게 도시를 떠나라고 명령하시오!" 실베스테르는 서둘러 성문으로 가서 큰 소리로 외쳤다. "전능하신 하느님의 이름과 우리의 사부 프란치스코의 명령으로 모든 악령은 떠나라!" 그리고 단시간에 마을 사람들은 평화를 되찾았다.

실베스테르는 재속 사제였을 때, 프란치스코의 입에서 금으로 된 십자가가 나오는 꿈을 꾸었다. 십자가의 높은 부분은 하늘에 닿았고 펼쳐진 팔은 동쪽부터 서쪽까지 세상을 감싸 안아 잡고 있었다. 사제는 자책감에 사로잡혀 세상을 버리고 하느님의 사람을 온전히 본받는 사람이 되었다.

프란치스코가 기도하고 있는 동안, 악마가 그의 이름을 세 번 불렀다. 성인은 응답했고 악마는 이렇게 덧붙였다. "온 세상에 회개하면 주님이 용서하지 않을 죄인은 한 사람도 없습니다. 만일 죄인이 뉘우친다면 주님이 큰 용서를 할 것이기에 온 세상에는 단 하나의 죄인도 없습니다. 그러나 만일 누군가 과도한 보속으로 자살한다면, 영원히 자비를 얻지 못할 것입니다." 계시를 통해 성인은 거짓말과 거짓말쟁이를 한눈에 알아보았고, 악령이 성인의 열정을 차갑게 식히려고 거짓말을 했음을 깨달았다. 옛 원수는 노력이 헛되었음을 깨닫고 프란치스코를 격렬하게 육체적인 유혹을 불러일으켰으나, 하느님의 사람은 이것을 느끼고 수도복을 벗고 굵은 밧줄로 자신을 채찍질하며 육체에 말했다. "여기를 보라, 멍청이 형제여! 얌전하게 굴든지, 매를 맞든지 해라!" 그러나 유혹이 계속되자, 성인은 밖으로 나가 깊은 눈 속에 벌거벗은 자신의 몸을 던졌다. 그런 다음 7개의 눈덩이를 만들고 자신의 육신에게 다시 말했다. "이것을 봐라, 가장 큰 덩어리는 너의 아내, 다음 4개는 두 명의 아들과 두 명의 딸, 마지막 2개는 하인과 하녀이다. 서둘러 그들에게 옷을 주어라, 그들은 추위로 죽어가고 있다! 그들에게 많은 관심을 기울이는 것이 귀찮다면, 주의 깊게 주님을 섬겨라!" 이에 악마는 당황하여 떠나갔고, 하느님의 사람은 주님에게 영광을 돌리며 독방으로 돌아갔다.

프란치스코는 성 십자가의 레오(Leo sanctae crucis) 추기경의 초대를 받아 한동안 추기경의 집에서 머무른 적이 있다. 어느 날 밤 악령들이 와서 성인에게 호된 매질을 가했다. 프란치스코는 동료를 불러 그 일을 설명했다. "악령은 주님의 집행관으로, 도를 넘는 행위를 처벌하려고 보내집니다. 내가 주님의 자비와 나의 보속으로 씻어내지 못한 죄는 기억나지 않지만, 내가 권세 있는 자들의 궁전에 머물고 있다는 사실이 사치스러워 보일 수도 있을 듯합니다. 나의 가난하고 하찮은 수사들에게 정당한 의심을 불러일으킬 수 있기에, 주님이 자신의 집행관들에게 저를 공격하도록 허락하신 것일 수도 있습니다." 그래서 그는 새벽에 일어나 추기경의 궁전을 떠났다.

그는 기도할 때, 때때로 지붕에서 요란하게 돌아다니는 악령의 군대 소리를 들었다. 그 소리를 들으면 밖으로 뛰쳐나가 십자성호로 자신을 무장하고 말했다. "전능하신 하느님의 이름으로 너희에게 말한다, 악령들아, 너희가 나의 육신에 할 수 있는 무엇이든지 하라! 나는 내 몸보다 더 큰 원수가 없으니 어떤 일이라도 기꺼이 감수할 것이다. 그리고 네가 나를 대신하여 벌을 내릴 때, 나의 적수에 대해 복수하는 것이기 때문이다." 악령들은 말문이 막혀서 허둥지둥 도망쳤다.

프란치스코의 가까운 동료 수사가 탈혼(ecstasis) 중에 하늘에 있는 자리 중에서 특별히 영광스러웠던 한 자리를 보았다. 수사는 그 고귀한 옥좌에 예약된 성인이 누구일지 궁금해 할 때, 한 음성을 들었다. "저 의자는 제1인자 중 타락한 사람의 것이었지만, 이제는 겸손한 프란치스코를 위해 준비되었다." 기도에서 나온 수사는 하느님의 사람에게 "사부님, 이에 대하여 어떻게 생각하십니까?"라고 질문했다. 프란치스코는 "내게는 나 자신이 가장 큰 죄인으로 보인다." 즉시 그 수사의 마음속에서 성령이 말했다. "이것으로 너의 환시가 얼마나 진실된지를 알아라. 겸손은 가장 비천한 사람을 교만으로 인해 잃어버렸던 자리로 다시 끌어올릴 것입니다."

하느님의 종은 환시 중에 자기 위에 있는 십자가에 못 박힌 치품천사(熾品天使)를 보았다. 그 천사가 십자가에 못 박힌 표시를 프란치스코에게 각인시켰고, 그래서 그는 십자가에 못 박힌 것처럼 보였다. 그의 손과 발, 옆구리에 십자가의 오상(五傷, stigmata)이 새겨져 있었지만, 그는 그 오상을 다른 사람들이 눈치채지 못하게 아주 조심스럽게 숨겼다. 그런데도 성인이 살아있을 때 오상을 본 사람들이 있었고, 그가 죽은 후에는 더 많은 사람이 오상을 관찰했다. 이 표시가 참으로 십자가에 못 박힘의 오상이라는 것은 많은 기적으로 확인되었고, 그중 성인의 죽음 후에 일어난 두 가지를 기적만으로 충분할 것이다.

아풀리아(Apulia)에서 로제로(Rogerus)라는 남자가 성 프란치스코의 그림 앞에 서 있었다. 자신이 본 것이 사실인지, 그 성인이 참으로 그런 기적으로 영예를 얻었는지, 신앙심이 깊은 이들의 착각이나 그의 수사들이 꾸며낸 사기인지를 마음속으로 묻기 시작했다. 그가 이 생각에 몰두하고 있을 때, 석궁(石弓)에서 쏘아진 화살 소리 같은 것을 들었다. 그리고 끼고 있던 장갑은 손상되지 않았지만, 왼쪽 손이 상처를 입은 것처럼 통증을 느꼈다. 장갑을 벗어 본 그는 화살이 낸 것 같은 깊은 상처를 발견했고, 그 상처에서 고열이 나고 고통으로 기절할 것 같았다. 그는 자신의 의심을 뉘우쳤고 성 프란치스코의 오상을 굳게 믿었다는 것을 증언했다. 이틀 후, 그가 성인의 오상으로 간청하였을 때, 상처는 깨끗이 나았다.

또 다른 사건은 카스티유(Castille) 왕국에서 일어났다. 성 프란치스코에게 헌신적이었던 사람이 종과(終課, completorium)에 참석하러 가던 중 다른 사람을 겨냥한 함정에서 공격을 받아 치명적인 부상으로 거의 죽을 상태가 되었다. 그때 잔혹한 살인자가 그 사람의 목에 칼을 꽂았지만 칼을 빼지 못하고 남긴채 떠났다. 사람들이 달려와 큰 소리로 죽어가는 그 사람을 애통해했다. 그리고 한밤중에 조과(朝課, matutinum)를 위한 수도원의 종이 울렸을 때, 그 남자의 아내가 소리쳤다. "여보, 일어나 조과에 가세요, 종소리가 당신을 부르고 있습니다!" 그 남자는 마치 칼을 뽑아달라고 누군가를 부르는 것처럼 손을 들었다. 그러나 그 칼이 마치 건장한 전사의 손에 들린 것처럼 튀어나와 멀리 떨어져 나갔고 모두 그 광경을 목격했다. 완전히 회복된 그 사람이 일어나서 말했다. "복된 프란치스코가 저에게 와서 상처에 오상을 접촉하자 감미로움이 모든 상처에 퍼져 기적적으로 상처들을 치료했습니다. 그리고 그가 막 떠나가려고 할 때, 저는 그에게 칼을 빼달라고 신호를 보냈습니다. 그렇지 않으면 저는 말할 수 없었기 때문입니다. 그래서 성인은 칼을 움켜쥐고 내던져 버린 후 거룩한 오상으로 저의 상처 입은 목을 쓰다듬어 완전히 치유해 주셨습니다."

로마시에서 세상을 밝히는 두 빛인 성 프란치스코와 성 도미니코가 오스티아(Ostia)의 주교(후에 최고의 사제장이 됨)를 만났다. 주교가 그들에게 물었다. "당신의 수사 중 가르침과 모범으로 앞서는 이들을 왜 주교와 교황으로 만들지 않습니까?" 두 성인은 둘 중 누가, 어떻게 대답할 것인가에 대해서 잠시 논의했다. 겸손함이 프란치스코를 이겨 먼저 대답하는 것을 막았고, 그 겸손함은 도미니코도 이겨 먼저 겸손하게 대답하는 것에 복종했다. 그런 까닭에 복된 도미니코는 말했다. "만일 저의 수사들이 그것을 알기만 하면 그들은 이미 높은 지위를 얻었습니다. 저로서는, 그들이 이미 소유하고 있는 것 이외의 존엄을 추구하지 않도록 그들이 더 높이 올려지기를 허락할 수 없습니다." 그 뒤에 성 프란치스코가 말했다. "저의 수사들은 '더 작은'(Minor)이라 불립니다. 적어도 자신들이 과대평가되어 자만하지 않기 위함입니다."

복된 프란치스코는 비둘기 같은 단순함으로 가득 차 있었다. 그는 모든 창조물에게 자신의 창조주를 사랑하라고 간곡히 타일렀다. 그는 새들에게 설교했고 새들은 그에게 귀를 기울였다. 그는 새들을 가르쳤고 새들은 그의 허락 없이 날아가지 않았다. 그가 설교하고 있을 때 제비들이 재잘거리자, 그는 침묵하라고 말했고 제비들은 순명했다. 포르티운쿨라(Portiuncula, Porziuncula)에서 그의 독방 옆 무화과나무에 새집을 지었던 메뚜기는 하느님의 사람이 손을 내밀며 "나의 누이 메뚜기야, 여기 나에게 와라!"라고 말할 때까지 항상 노래를 부르곤 했다. 메뚜기는 고분고분하게 올라와서 그의 손에서 머물곤 했다. "나의 누이 메뚜기야, 노래하여라! 노래하고 너의 주님을 찬미하여라!" 메뚜기는 노래하기 시작했고 성인이 허락할 때까지 뛰지 않았다.

성인은 직접 밝기를 어둡게 하고 싶지 않아서 등불과 등과 양초에 손을 대지 않았다. 그는 '돌'을 의미하는 베드로를 존경했기 때문에 돌 위를 경건하게 걸었다. 그는 벌레가 지나가는 사람에게 짓밟힐까 두려워 길에서 벌레를 들어 올렸다. 꿀벌이 겨울 추위에 죽을까 봐 꿀과 좋은 포도주를 준비했다. 그는 모든 동물을 형제자매라고 불렀다. 그는 해, 달, 별을 바라볼 때, 창조주에 대한 사랑으로 이루 다 말할 수 없는 기쁨으로 가득 차서 모든 사람에게 자신들의 창조주를 사랑하라고 권유했다. 그는 머리를 밀어서 큰 왕관*을 가지지 않도록 했고, "저는 저의 검소한 형제들이 저의 머리에서 한 몫을 차지하기를 바랍니다."라고 말했다.

세상의 어떤 사람이 성 세베리노(Severinus) 성당 안에서 하느님의 종이 설교하는 것을 듣고, 하느님의 계시로 성 프란치스코가 십자가 모양의 번쩍이는 2개의 칼에 찔리는 것을 보았다. 하나는 그의 머리에서 발까지, 또 다른 칼은 펼친 손에서 가슴을 통과하여 다른 손으로 관통하는 것이었다. 그 사람은 이

---

* 성직자 혹은 수도자 상태의 표시로 두피(頭皮)의 한 부분을 깎았던 삭발례(削髮禮)에 대한 언급이다. 삭발례는 또한 왕관으로 불렸다. 왜냐하면 삭발례의 여러 가지 형태들이 있었는데, 그들 중 하나 이상이 왕관을 암시할 수 있기 때문이다.

전에 프란치스코를 단 한 번도 본 적이 없었으나 이 표시로 그를 알아보았다. 그리고 죄책감에 사로잡혀 세상에서 물러나 수도회에 입회했고 거룩한 생활 안에서 삶을 끝냈다.

끊임없는 울음으로 시력이 손상된 그는 너무 많이 울지 말라고 충고하던 사람들에게 대답했다. "하느님의 영광을 보는 것이 고작 파리처럼 눈앞의 빛을 쫓는 것에 비할 수 있겠습니까!" 수사들은 약해지는 눈에 치료약을 바르라고 강요했고, 그는 불에 가열된 철제 수술 도구를 잡고 말했다. "나의 형제 불이여, 지금 나에게 친절을 베풀어 나를 고쳐주오! 이 열기가 나를 낫게 하도록 너를 창조하신 주님에게 기도한다." 이 말을 하고 도구에 십자성호를 그었고, 살이 연한 쪽으로 귀에서 눈썹까지 찔렀을 때, 스스로 고통을 느끼지 않았다고 말했다.

그는 성 우르바노 사막에 있을 때 중병을 앓았다. 기력이 쇠약해지고 있음을 깨닫고 포도주 한 잔을 요청했으나 가진 사람이 아무도 없었다. 그는 물 한 잔을 받고 십자성호로 축복하자, 즉시 훌륭한 포도주로 변했다. 이 황폐한 곳의 빈곤은 성인의 순수함을 채울 수 없었으나, 단 한 모금의 포도주를 마시는 것만으로도 그는 다시 건강해질 수 있었다.

성인은 칭찬하는 말을 듣기보다 욕을 듣는 것을 더 좋아했고, 사람들이 자신의 거룩함의 공로를 칭찬하면 수사 중 한 사람에게 모욕적인 욕설로 자신의 귀를 공격해달라고 했다. 마지 못해서 수사는 프란치스코를 시골뜨기, 돈을 사랑하는 사람, 무식한 사람, 무가치한 사람이라 불렀고, 성인은 환성을 지르며 말했다. "형제여, 주님의 축복을 빈다! 너는 진실을 말했고, 나는 그런 말을 들을 필요가 있다!" 그 하느님의 종은 명령을 받기보다는 권위의 종속을 원했고, 명령을 내리기보다는 명령을 수행하기를 원했다. 그래서 그는 자기 수도회의 총장 직무를 포기하고, 모든 면에서 자신이 복종해야 했던 수호자 (custos, guardian)를 요청했다. 평소에 친숙했던 수사에게 그는 항상 순명을 약속했고 항상 그 약속을 지켰다.

한 수사가 순명의 규칙으로 금지된 무언가를 하였으나 곧 후회했다. 그러나 하느님의 사람은 다른 사람을 두려움에 떨게 하려고 직무를 게을리 한 수사의 두건을 불 속에 두었다가 꺼내어 주인에게 돌려주라고 명령했다. 불길에서 건져진 그 수건에는 그을린 흔적이 전혀 보이지 않았다.

한번은 프란치스코가 베네치아의 습지를 걷고 있을 때, 노래하는 많은 새 떼를 발견하고 동료에게 말했다. "우리의 새 자매들이 창조주를 찬미하고 있습니다. 그들 사이로 가서 주님에게 정시과(定時課, hora canonica)를 부릅시다!" 그들은 새들 사이로 걸어 들어갔고 새들은 움직이지 않았지만, 지저귐이 너무 시끄러워서 두 수사는 서로의 목소리를 들을 수 없었다. 프란치스코는 말했다. "자매인 새들아, 우리가 주님에게 찬미의 빚을 갚을 때까지 너희들의 노래를 멈추어라!" 그 새들은 수사들이 아침 찬미 기도(Laudes)를 노래할 때까지 조용했고, 그 후 허락을 받고 평상시처럼 노래를 재개했다.

한 기사(騎士)로부터 저녁 식사에 정중하게 초대를 받은 그는 말했다. "주인 형제여, 당신은 곧 다른 곳에서 저녁 식사를 할 것이니, 내 조언을 받아들이고 당신의 죄들을 고백하십시오." 기사는 재빨리 이 조언을 따랐고, 집을 정돈하고 유익한 보속을 받아들였다. 그리고 그들이 저녁 식사에 갔을 때 집주인은 갑자기 숨을 거두었다.

그는 많은 새 떼를 발견하고 새들이 마치 이성적인 존재인 것처럼 말했다. "나의 새 형제여, 그분은 너희를 깃털로 옷 입히고, 날 수 있는 날개를 주고, 깨끗한 공기를 주고, 너희의 노력 없음에도 너희를 부양하는 너희의 창조주에게 찬미의 거대한 빚을 지고 있다." 새들은 그를 향해 목을 길게 빼고 날개를 펼치고 부리를 벌리고 눈을 고정시켰다. 그가 새 떼의 한 가운데로 걸어가면서 겉옷이 새 떼에 닿았지만, 한 마리도 한 치도 움직이지 않았으며, 그가 허락하면 한꺼번에 모두 날아갔다.

프란치스코가 알마리움(Almarium) 성(城)에서 설교할 때, 인근에 둥지를 틀고 있던 제비들의 시끄러운 짹짹거림 때문에 목소리를 제대로 전달할 수 없었다. 성인은 제비들에게 말했다. "나의 제비 자매야, 너희들은 충분히 말하였다! 이제 내가 말할 차례이다. 그리고 너희는 주님의 말씀이 선포될 때까지 조용히 하여라!" 새들은 순종하여 즉시 지저귐을 멈췄다.

하느님의 사람이 아풀리아를 지나가다가 동전이 가득한 작은 주머니를 발견했다. 그의 동료는 그 주머니를 가져가서 가난한 사람들에게 나누어 주기를 원했으나, 프란치스코는 아무것도 가지지 않았다. "나의 아들아, 다른 사람의 재산을 가지고 떠나는 것은 옳지 않다." 그러나 그 수사는 완강히 고집했고, 프란치스코는 잠시 기도한 후 수사에게 이제 동전 대신 독사가 들어있는 그 작은 주머니를 집으라고 명령했다. 이것을 본 수사는 두려워하였으나, 명령에 순명하여 주머니를 집자 큰 뱀이 튀어나왔다. 성인이 말했다. "하느님의 종들에게 돈은 단지 악마나 독을 지닌 뱀에 불과하다."

유혹에 시달리는 한 수사가 있었다. 수사는 사부의 육필(肉筆) 원고 하나를 가진다면 유혹이 사라지리라 생각했지만, 감히 성인에게 그 요청을 드릴 수 없었다. 그때 하느님의 사람이 수사를 불러 말했다. "나의 아들아, 나에게 종이와 잉크를 가져와라, 나는 하느님에게 찬미의 말을 쓰고 싶다." 그리고 그것을 모두 쓴 후 말했다. "이 종이를 가져가서 너의 죽음의 날까지 잘 보관해라." 그러자 모든 유혹이 즉시 수사에게서 떠났다. 성인이 병에 걸렸을 때, 그 수사는 다음과 같이 생각했다. "이제 우리 사부는 죽음에 가까웠고, 만일 사부가 죽은 후에 그의 외투를 가질 수 있다면 나에게 얼마나 큰 위로가 될까!" 얼마 후 성 프란치스코가 수사를 불러서 말했다. "이제 이 외투를 너에게 넘겨주겠다. 나의 죽음 후에도 이 외투는 당연히 너의 것이다."

그는 롬바르디아(Lombardia)에 있는 알레산드리아(Alessandria)에서 평판이 좋은 남자의 집에 초대되었다. 집주인은 복음에 부합되게 준비된 음식을 모두 먹으라고 그에게 요청했다. 집주인의 신앙심을 존중한 성인은 동의했고, 집주인은 저녁 식사를 위해 7년 된 좋은 수탉을 준비했다. 그들이 식사를 하는 중에 신앙심이 없는 사람이 와서 하느님의 사랑으로 자선을 구걸했다. 하느님의 복된 이름을 들은 프란치스코는 수탉 다리 하나를 거지에게 주었다. 그 비열한 사람은 선물을 보관했고, 다음 날 성인이 설교할 때, 그 사람은 수탉 다리를 모든 사람에게 보여주며 말했다. "그가 어제 저녁에 나에게 준 음식을 보십시오! 이 수사가 얼마나 좋은 음식을 먹는지 아실 겁니다!" 그러나 수탉 다리는 모든 사람에게 생선처럼 보였고, 사람들은 그 남자가 미쳤다고 묵살했다. 그 사람은 부끄러워하며 용서를 청했고, 정신을 차리자 생선은 다시 수탉 다리처럼 보였다.

한번은 하느님의 사람이 식탁에 앉아 성모 마리아와 아드님의 가난에 관한 독서 소리를 듣고는 갑자기 자리에서 일어나 흐느껴 울면서 바닥에 앉아 남은 빵을 먹었다.

그는 항상 사제들의 손,* 그리스도의 몸의 성사를 만들어내는 권한을 부여받은 손에 깊은 존경을 표했다. 그는 자주 말했다. "만일 내가 하늘에서 내려오는 성인과 가난하고 하찮은 사제를 동시에 만난다면, 나는 우선 사제의 손에 입 맞추고 그 성인에게 '성 라우렌시오 님, 저를 위하여 기다려 주십시오. 이 사람의 손은 생명의 말씀을 다루고 인간을 초월한 그 무언가를 소유하고 있기 때문입니다.'라고 말할 것이다."

그는 많은 기적으로 유명했다. 사람들이 그에게서 축복받으려고 가져왔던 빵은 많은 병자의 건강을 회복시켰다. 그는 물을 포도주로 바꾸었고, 한 병자가 맛을 본 후 즉시 건강을 회복했다. 그리고 수많은 기적을 행했다.

오랜 병으로 고통받고 있던 성인은 생의 마지막 날이 가까이에 있다는 것을 알았다. 그는 맨땅에 몸을 눕히고 함께 했던 모든 수사를 불렀다. 그리고 그들 한 사람 한 사람에게 안수하고, 참석한 모든 사람을 축복하였으며 주님의 만찬 방식으로 빵 한 조각씩 나누어 주었다. 그는 습관대로 모든 피조물에게 하느님을 찬미하도록 초대했고, 모든 사람이 싫어하고 끔찍하게 여기는 죽음까지도 간곡히 타이르면서 찬미에 동참하도록 권했다. 그는 기쁘게 죽음을 맞으며 죽음을 손님으로 초대하면서 "환영합니다. 나의 누이 죽음이여!"라고 말했다. 그의 마지막 시간이 왔고, 주님 안에서 잠들었다.

그의 수사 중 한 사람은 프란치스코의 영혼을 보았는데 달처럼 크고 태양처럼 밝은 별 같았다고 한다. 농장에서 일하던 수사들의 하인 아우구스티노라는 사람도 그의 마지막 시간에 함께 있었다. 말을 할 수 있는 능력을 잃은 지 오래되었는데, 갑자기 외쳤다. "저를 기다려주십시오, 사부님, 기다리십시오! 보십시오, 저는 당신과 함께 가고 있습니다!" 수사들은 무슨 뜻인지를 물었고, 아우구스티노는 "당신들은 하늘로 가는 우리 사부 프란치스코가 보이지 않습니까?"라고 말했다. 그리고 평화롭게 잠들어 사부를 뒤따랐다.

성 프란치스코에게 헌신적이었던 한 여자가 세상을 떠났고, 성직자와 사제들이 장례 예식을 거행하려고 그녀의 관대(棺臺) 앞에 참석했다. 갑자기 그녀가

---

* 프란치스코는 겸손의 이유로 사제 서품을 받지 않기로 선택하였다. 그는 서품받은 부제였다.

일어나 관대에 앉아 사제 중 한 사람에게 말했다. "신부님, 저는 고백성사를 원합니다! 제가 지금 죽었는데, 저의 죄를 고백하지 않았기에 끔찍한 지하 감옥에 들어갈 뻔했습니다. 그러나 성 프란치스코가 저를 위해 기도했고 제가 제 몸으로 돌아갈 수 있도록 허락해 주었습니다. 이는 제가 이 죄를 고백함으로써 용서의 공로를 얻을 수 있게 하고, 제가 죄를 알림으로써 여러분 모두가 보는 앞에서 평화롭게 잠들게 하려는 것입니다." 그래서 그녀는 고백하고 사죄를 받고 주님 안에서 잠들었다.

비체라(Vicera)의 수사들이 어떤 사람에게 손수레를 빌려달라고 요청하자, 그 사람이 분개하여 대답했다. "당신들이 내 손수레를 사용하게 하느니 산 채로 너희 두 사람과 함께 성 프란치스코의 피부를 벗기겠다!" 그러나 그때 정신을 차린 그 사람은 하느님의 분노를 두려워하면서 신성모독에 대해 자책했다. 얼마 지나지 않아 그 사람의 아들이 병에 걸려 죽었다. 그 사람은 비탄으로 땅 위를 뒹굴며 눈물을 흘렸고 성 프란치스코를 부르며 말했다. "저는 죄를 지은 사람입니다. 당신은 저에게 천벌을 내려야 했습니다. 오 성인이여, 불경스럽게 당신을 모독한 사람에게서 빼앗은 것을 이제 신앙심이 깊게 간청하는 사람에게 돌려주십시오!" 그의 아들이 일어났고 아버지가 가슴을 치며 통곡하기를 멈추게 한 후 말했다. "제가 죽었을 때, 성 프란치스코가 저를 인도하여 길고 어두운 길을 지나 아름다운 정원 안에 내려준 후 말하였습니다. '이제 당신의 아버지에게 돌아가시오, 나는 더 이상 당신을 붙잡지 않겠습니다!'"

부자에게 돈을 빚진 가난한 사람은 그 부자에게 성 프란치스코의 사랑으로 시간을 더 달라고 요청했다. 부자는 거만하게 대답했다. "나는 프란치스코뿐만 아니라 어떤 누구도 당신을 도울 수 없는 장소에 가둘 것입니다." 그리고 가난한 사람을 쇠사슬로 묶어 어두운 감옥에 가두었다. 얼마 지나지 않아 성 프란치스코가 감옥에 나타나 그 사람의 쇠사슬을 풀고 다친 데 없이 집으로 데려갔다.

성 프란치스코의 업적과 기적을 얕잡아 본 기사(騎士)가 있었다. 한번은 주사위 놀이를 하는데, 어리석음에 가득 찬 그는 믿음이 없으면서 주변 사람들에게 말했다. "만일 프란치스코가 성인이라면 주사위가 18이 나오게 하십시오!" 첫 번째 던질 때 세 번의 6이 나왔고, 아홉 번을 연속해서 던졌는데 매번 같은 결과가 나왔다. 그때 어리석음에 미친 짓을 더하여 말했다. "만일 당신의 프란치스코가 성인이라면, 나의 육체는 오늘 칼에 찔려 쓰러질 것입니다. 그러나 만일 성인이 아니라면 나는 상처가 없이 벗어날 것입니다!" 그의 기도는 죄가 되어야 했다. 그래서 놀이가 끝나자마자 조카에게 잘못을 저질렀고, 조카는 칼을 빼어 삼촌의 복부를 찔렀다. 그렇게 그는 살해당했다.

어떤 사람이 다리에 깊은 병이 걸려 움직일 수 없어 성 프란치스코에게 간청했다. "성 프란치스코 님 저를 도와주십시오! 제가 당신에게 행하였던 헌신과 봉사를 생각해 주십시오! 당신을 저의 당나귀에 태웠고, 당신의 거룩한 발과 손에 입맞추었습니다. 그러나 보십시오! 저는 이 끔찍한 고통으로 죽어가고 있습니다!" 그 성인은 곧 T자 모양의 작은 지팡이를 들고 나타나 지팡이로 병든 다리를 만졌다. 종기가 터지고 다리는 즉시 고쳐졌지만 T 모양의 흔적이 남았다. 성 프란치스코는 이 T 표시를 자신의 글에 서명하는 데 사용하였었다.

아풀리아 언덕에 있는 마을 포메레토(Pomereto)에서 부부의 어린 외동딸이 죽고 성 프란치스코를 공경했던 어머니는 비탄에 빠져 제정신이 아니었다. 성인이 그녀에게 나타나서 말했다. "울지 마라, 꺼졌다고 슬퍼하는 너의 등불은 나의 중재(仲裁)를 통해 당신에게 돌아올 것이다." 그래서 그 어머니는 새롭게 신뢰를 느껴 아기 시신을 가져가지 못하게 했다. 오히려 성 프란치스코의 이름을 부르며 죽은 딸의 손을 잡자 죽은 딸이 건강한 모습으로 일어났다.

로마시에서 어린 소년이 창문에서 떨어져 죽었으나, 성 프란치스코에게 간청하자 그 아이는 살아났다. 그리고 수사(Susa) 시에서 집이 무너져 한 젊은이가 압사했다. 그의 어머니는 성 프란치스코에게 온 마음을 다해 간청했고, 한밤중에 그 젊은이는 하품을 하면서 아무런 해도 입지 않고 일어나 찬양의 말을 쏟아냈다.

리에티의 야고보(Jacobus Reatinus) 수사는 작은 배로 몇몇 수사들과 함께 강을 건너 맞은편 둑에 동료들을 내려놓았다. 그리고 야고보 수사도 내리려고 발을 내딛었을 때 배가 전복되어 밑바닥에 가라앉았다. 수사들은 성 프란치스코에게 물에 빠진 사람들을 구해 달라고 요청했고, 야고보 수사 자신도 성인의 도움을 간구하려고 최선을 다했다. 그런데! 물에 빠진 수사가 마른 땅처럼 강바닥을 걷기 시작하여 침몰선을 잡고 육지로 끌고왔다. 그의 옷은 젖지 않았고, 그의 외투에 한 방울의 물도 묻지 않았다.

··· ✦ 150 ✦ ···

성녀 펠라지아

펠라지아(Pelagia)는 안티오키아 시의 여인 중에서 최고로 부유했고, 최고로 아름다웠다. 하지만 과시욕과 허영심이 많았고, 몸과 마음이 방탕했다.

어느 날 그녀가 한껏 과시하며 산책하고 있었다. 금, 은, 보석으로 과하게 치장하고 있어서 정작 그녀가 보이지 않을 정도였고, 그녀가 지나가면 공기는 다양한 향수 냄새로 가득했다. 그녀의 앞과 뒤에서 따르는 젊은 남녀 수행원들 역시 화려하게 치장했다. 이런 그녀를 헬리오폴리스(Heliopolis, 현재 다마에타 [Damietta]로 불림)의 주교 베로노(Veronus)가 목격했다. 주교는 자신이 하느님을 기쁘게 하기 위해 노력했던 것보다 그녀가 세상 사람들을 기쁘게 하기 위해 더 많은 관심을 쏟는 것을 보고 비통하게 울기 시작했다. 그는 길바닥에 엎드려 이마를 찧으며 눈물로 땅을 적시며 말했다. "전능하신 하느님, 죄인인 저를 용서해 주십시오. 창녀가 단 하루 동안 자신의 단장에 쏟은 관심이 제 평생의 노력을 능가하고 있습니다. 창녀의 겉모습이 당신의 두려운 위엄 앞에서 저를 부끄럽게 하지 마소서! 그녀는 세속적인 시선을 위해 최대한 치밀하게 단장하지만, 저의 불멸의 주님, 저는 당신을 기쁘게 하기로 결심했지만 제 태만 때문에 그렇게 하지 못했습니다." 그리고 함께 있던 사람들에게 말했다. "저는 진실로 말합니다. 하느님은 심판 때 우리와 비교하기 위해 이 여자를 앞으로 나오게 할 것입니다. 이 여자는 지상의 연인들을 기쁘게 하려고 그토록 공들여 치장하는 반면, 우리는 천상의 배우자를 기쁘게 하는 데 거의 관심을 두지 않았기 때문입니다."

위와 비슷한 말을 마친 베로노는 갑자기 잠이 들어 꿈을 꾸었다. 자신이 미사를 봉헌하는 동안 검고 악취가 나는 비둘기 한 마리가 주위를 날았고, 그가 예비 신자들 교육을 마쳤을 때, 비둘기가 사라졌다. 미사 후에 비둘기는 돌아왔고 주교는 물통에 비둘기를 던져 넣었다. 그 후 비둘기는 깨끗하고 빛나는 흰색이 되어 나왔고, 더 이상 보이지 않을 만큼 매우 높게 날아갔다. 그리고 주교는 잠에서 깼다.

그러던 어느 날 베로노는 성당에서 설교를 했다. 펠라지아가 참석했고 양심의 가책에 사로잡혀서 베로노에게 편지를 보냈다. "그리스도의 제자인 거룩한 주교에게, 악마의 제자인 펠라지아가. 제가 들은 바에 따르면, 당신이 참으로 죄인들을 위해 하늘에서 내려온 그리스도의 제자라면, 죄인이지만 후회하는 사람인 저를 받아줄 것입니다." 베로노는 답장을 보냈다. "저의 겸손을 시험하지 않기를 간청합니다. 저 역시 죄 많은 사람이기 때문입니다. 그러나 만일 당신이 진정으로 구원받기를 원한다면, 당신 혼자 오지 말고 다른 사람과 함께 와야 저를 만날 수 있을 겁니다."

펠라지아가 다른 사람들과 함께 주교를 찾아 왔다. 그녀는 그의 발을 움켜잡고 많은 눈물을 흘리며 말했다. "제가 죄의 파도로 치솟는 불의의 바다인 펠라지아입니다. 저는 파멸의 심연입니다. 저는 소용돌이이자 영혼을 잡는 수챗구멍입니다. 저는 많은 사람을 속이고 잘못 인도하였으나, 지금 저는 이 모든 것에 몸서리치고 있습니다!" 주교는 그녀에게 물었다. "당신의 이름은 무엇입니까?" 그녀는 대답했다. "태어났을 때 저는 펠라지아라는 이름이었지만, 지금은 사람들이 저의 값비싼 옷차림새 때문에 마르가리타(Margarita)*라고 부릅니다." 주교는 그녀를 친절하게 일으켜 유익한 보속을 부과하였고, 하느님에 대한 경외심 안에서 부지런히 가르치고, 거룩한 세례로 그녀를 다시 태어나게 하였다.

그때 참석해 있던 악마가 외치기 시작했다. "오, 이 노쇠한 노인이 휘두르는 폭력이여! 오, 불의여! 오, 사악한 노인이여! 나를 반대하고 나의 가장 큰 희망을 빼앗기 위해 네가 태어났던 날은 저주받기를!" 그러던 어느 날 밤 펠라지아가 잠들었을 때, 악마가 그녀를 깨우고 말했다. "마르가리타 아가씨, 내가 당신에게 무슨 잘못을 했습니까? 당신을 부유하고 유명하게 만들지 않았습니까? 당신에게 묻습니다. 내가 어떤 식으로 당신을 실망시켰는지 말씀해

* 마르가리타는 '진주'(眞珠)에 대한 라틴어이다.

주십시오. 그러면 나는 속히 보상할 것입니다. 다만 당신에게 간청합니다. 나를 버리지 마십시오, 그렇지 않으면 나는 그리스도인들 앞에서 수치의 대상이 될 것입니다!" 그러나 펠라지아가 십자성호를 긋고 악마에게 저주하자, 악마는 사라졌다. 그로부터 3일째 날에 그녀는 자신의 모든 것을 가난한 사람들에게 나눠 주었다. 그리고 며칠 후 밤, 아무에게도 알리지 않고 올리브 산으로 가서 은수자의 옷을 입고 작은 독방에 들어가 엄격한 금욕으로 하느님을 섬겼다. 그녀는 높은 존경을 받았고, 펠라지오(Pelagius) 수사로 불렸다.

얼마 후, 앞서 언급한 주교의 부제 중 한 사람이 성역(聖域)을 방문하려고 예루살렘으로 왔다. 주교는 부제에게 순시(巡視, visitatio)를 마친 후에는 참된 하느님의 종인 펠라지오 수도승을 수소문해서 만나러 가라고 말했다. 정작 마주쳤을 때 펠라지아는 부제를 알아보았지만, 부제는 그녀가 너무 쇠약해져 있어서 알아보지 못했다. 펠라지아는 그에게 물었다. "당신은 주교를 모시고 있습니까?" 그는 "그렇습니다!"라고 대답했다. 펠라지아는 "참으로 그리스도의 사도이신 그분께서 저를 위해 주님에게 기도해 주시길 바랍니다!"

3일 후에 그녀의 독방으로 돌아온 부제가 문을 두드렸을 때 아무런 대답이 없었다. 부제는 창문을 열고 그녀가 죽은 것을 보았다. 부제는 주교에게 서둘러 이 사실을 알렸고, 성직자와 모든 수도승과 함께 거룩한 사람의 장엄한 장례식을 치르기 위해 모였다. 그들은 그 독방에서 시신을 옮기면서 성인이 여자였다는 사실에 놀랐고 하느님에게 감사를 드린 후 그녀의 영예로운 장례식을 치렀다. 그녀는 서기 약 290년 10월 8일에 선종하였다.

성녀 마르가리타

펠라지오(Pelagius)라고도 불리는 마르가리타(Margarita, Margaret)는 매우 아름다운 여자, 동정녀였으며, 부유하고 고귀한 태생이었다. 그녀는 대단히 세심한 보살핌을 받으며 성장하였고 덕이 높게 살라는 가르침을 받았다. 그리고 그녀의 진실함과 겸손은 대단하여 남자들의 눈에 띄지 않기 위해 어떤 방법도 가리지 않을 정도였다. 어느 귀족 청년이 그녀에게 청혼하였고, 그녀의 부모 모두 동의했다. 아낌없는 비용을 들여 우아하고 행복한 결혼식이 완벽하게 준비되었다. 결혼식 날이 되었고, 젊은 멋쟁이들과 매력 있는 처녀들, 그 도시의 모든 귀족이 화환으로 장식된 결혼식장에 축하하기 위해 모였다. 그러나 하느님은 마르가리타가 어떻게 이런 방탕한 연회에 선도되어 마음의 동정성을 잃게 되는지 숙고하게끔 하였다. 그녀는 땅에 엎드려 통곡하며, 결혼 생활의 근심과 동정녀의 영광을 비교해 보았고 그런 삶의 즐거움을 마치 배설물처럼 거부하게 되었다. 그날 밤 그녀는 남편을 피해 하느님에게 자신을 의탁한 후 머리를 자르고 남자 옷을 입고 은밀히 도망쳤다.

오랜 여행 후에 수도승원에 들어간 그녀는 자신을 펠라지오 형제라고 소개하였으며 아빠스의 환영을 받고 공동체 방식을 배웠다. 그녀는 거룩하고 경건한 수도 생활을 하며 보냈다. 수녀승원의 여자 아빠스(abbatissa)가 죽자, 펠라지오는 마음이 내켜하지 않았지만 아빠스의 명령과 원로들의 동의로 축성된 동정녀들의 수녀승원 원장으로 임명되었다. 펠라지오는 수녀승들을 위해 육체적·영적 자양분을 흠잡을 데 없이 공급하였다.

한편 악마는 그녀의 순조로운 행로를 시기하여 그녀의 앞길에 악행을 출현시킴으로써 방해했다. 악마는 수녀승원 밖에서 일하는 수녀승 중 한 사람을 간음죄로 유혹하였고, 시간이 지나면서 그 수녀승은 둥그스름하게 불러오는 배를 더 이상 숨길 수 없게 되었다. 양쪽 수도승원의 수녀승들과 수도승들이 느끼는 수치심과 슬픔은 컸다. 그리고 펠라지오는 수녀승원을 책임지고 있었고 그들과 친숙하게 지내는 유일한 남자였기 때문에 모든 수도승과 수녀승은 재판이나 심판 없이 그를 단죄하였고, 불명예스럽게 내쫓아 바위가 많은 동굴에 가두었다. 또한, 가장 엄격한 수도승을 임명하여 최소한의 보리 빵과 물만 죄수에게 공급하도록 했다. 펠라지오는 이 모든 것을 참을성 있게 견디고 자신을 방해하는 어떤 것도 허락하지 않았으며, 언제나 하느님에게 감사드리며 성인들의 모범에서 위로를 구했다.

시간은 흐르고, 그녀는 자신의 끝이 다가왔음을 깨닫고 아빠스와 수도승들에게 편지를 썼다. "저는 귀족 태생입니다. 세상에서 마르가리타로 불렸지만,

유혹의 바다*를 건너려는 저에게 도움이 될까하여 펠라지오라는 이름을 택했습니다. 남자처럼 행동한 것은 속이려는 목적이 아니었습니다. 저는 고발당한 범죄로부터 덕을 얻었습니다. 저는 비록 죄가 없었지만 보속을 하였습니다. 이제 저는 남자들을 알지 못했던 한 여자를 거룩한 자매들이 묻도록 요청합니다. 비록 중상 모략자들이 저를 간음한 자로 심판하였지만, 이 여자들은 제가 동정녀임을 알게 될 것이고 그 사실이 내 삶을 옹호하여 줄 것입니다."

이 모든 것을 들은 수도승들과 수도 생활을 하는 여자(sanctimonialis)들이 동굴로 달려갔고, 펠라지오는 여자이고 더럽혀지지 않은 동정녀였음이 그들에 의해 인정되었다. 그런 다음 모든 사람이 보속을 하였고, 펠라지오는 수녀승들의 수녀승원 안에 영예롭게 묻혔다.

···✦ 152 ✦···

성녀 타이시스, 창녀

《교부들의 생애》(Vita Patrum)에 의하면, 많은 남자가 너무나 아름다운 창녀 타이시스(Thaisis)에게 가진 것을 모두 바치고 극빈에 빠지게 되었다. 질투에 휩싸인 그녀의 연인들은 종종 그녀 집 문 앞에서 서로 싸워 젊은 남자의 피로 문지방이 뒤덮이기도 했다.

이 소식을 들은 파푼시오(Paphuntius)** 아빠스는 평신도 옷을 입고, 약간의 돈을 준비해서 이집트의 어떤 도시에 있는 타이시스를 찾아 나섰다. 그녀를 만난 파푼시오는 그녀에게 죄의 값으로 그 돈을 주었다. 돈을 받은 그녀가 말했다. "저와 함께 방으로 가시지요." 방으로 들어간 그는 값비싼 침대보가 깔린 침대로 오르라는 제안을 받고 그녀에게 말했다. "더 안쪽에 방이 있다면,

---

* '바다' 혹은 '대양'에 대한 그리스어 펠라고스(pelagos)에 대한 말장난으로, 펠라구스(pelagus)로 라틴어화 되었다.
** 라틴어본은 파프누시오(Pafnutius)로 되어 있다. 이 이름은 그리스어 파프노우시오스(Παφνούτιος)에서 유래되었는데, 단순히 표기 방식의 차이이기에 Martyrologium Romanum, C.L.V. –Edizioni Liturgiche – Roma, 1998에 근거하여 표기하였다. – 역자 주

그곳으로 갑시다." 그녀는 일련의 방들을 안내했지만, 그는 계속해서 사람들의 눈에 띄는 것이 두렵다고 말했다. 결국, 그녀는 그에게 말했다. "아무도 가지 않는 작은 방이 하나 있습니다. 그러나 당신이 하느님을 두려워한다면, 그분의 신성(神性)에서 숨을 수 있는 장소는 없습니다." 그는 이 말을 듣고 그녀에게 물었다. "당신이 그것을 알면서 왜 그렇게 많은 영혼을 멸망에 이르게 하였느냐? 너는 너 자신의 영혼뿐만 아니라 다른 사람들에 대해서도 책임을 져야 할 것이며, 너는 단죄를 받을 것이다!"

그의 말을 들은 타이시스는 그 거룩한 사람의 발 앞에 엎드려 슬프게 호소했다. "신부님, 저도 후회하고 있습니다. 그리고 만일 당신이 저를 위해 기도해 주신다면 용서를 얻게 될 것이라고 확신합니다. 저에게 제발 3시간만 유예를 주십시오. 그러면 저는 당신이 말하는 어디든지 갈 것이고 당신이 저에게 명하는 무엇이든지 할 것입니다." 그는 그녀가 어디로 가야 하는지를 지시했고, 그녀는 자신이 죄로 얻은 모든 것을 모아 도시 중심으로 가지고 갔다. 그리고 사람들이 지켜보는 가운데 모두 불태워 재로 만들고 외쳤다. "나와 함께 죄를 지었던 모든 사람은 오셔서 당신들이 내게 준 것으로 무엇을 하는지 보시오!" 그녀가 파괴했던 것은 금 400파운드*의 가치가 있었다.

그 불이 꺼지자, 여자는 파푼시오가 지정해준 장소로 갔다. 그는 그녀를 동정녀들의 수녀승원 안에 있는 좁은 독방에 가둔 후 납으로 문을 봉인했고, 변변찮은 음식물을 전달할 수 있는 작은 창문 하나만 남겼다. 더 나아가 그는 매일 다른 사람이 그녀에게 빵 한 조각과 소량의 물을 가져다주도록 명령했다. 그 노인이 막 떠나려고 했을 때, 타이시스가 물었다. "신부님, 제 대소변을 어디에 두어야 합니까?" 파푼시오: "당신의 독방 안에. 그것은 당신이 감내해야 할 마땅한 것입니다!" 그녀: "저는 하느님을 어떻게 흠숭해야 합니까?" 파푼시오: "당신은 하느님의 이름을 말할 자격도 없고 당신의 입에 삼위일체의 이름을 담을 자격도 없습니다. 오직 동쪽을 향해 무릎을 꿇고 '오 저를 만드신 분, 저에게 자비를 베푸소서!'라고 반복해서 말하시오!"

* 라틴어본에서 사용된 무게 단위는 libra로서 현재 영국 파운드에 따르면, 1 libra는 0.722파운드이며, 329g이다. 따라서, 400파운드는 288.8파운드이며, 131.6kg이다. – 역자 주

타이시스가 갇힌 지 3년이 되었을 때, 파푼시오 아빠스는 그녀에 대한 연민이 들어 안토니오(Antonius) 아빠스에게 하느님이 그녀의 죄를 용서하였는지 어떤지를 물어보았다. 모든 이야기를 들은 안토니오는 제자들을 불러 밤새도록 각자 따로 기도하라고 명했다. 그래서 파푼시오가 찾으려는 대답을 하느님이 그들 중 한 사람에게 알려주시기를 원했다. 그들이 모두 쉬지 않고 기도하는 동안, 안토니오의 수석 제자로 보초를 섰던 바오로 아빠스는 갑자기 하늘에서 빛나는 얼굴을 한 세 동정녀가 값비싼 이불로 덮인 침대를 지켜보고 있는 것을 보았다. 이 세 동정녀는 악에서 타이시스를 멀리 떨어지게 한 미래의 형벌에 대한 두려움, 그녀가 용서받았던 범죄에 대한 수치심, 그녀를 천국의 것으로 옮긴 정의에 대한 사랑이었다. 바오로가 동정녀들에게 "그토록 큰 은혜는 안토니오 아빠스에게만 속한다"고 말하자, 하느님의 음성이 응답하였다. "그것은 너의 사부 안토니오가 아니라 창녀인 타이시스에게 속한다!"

바오로가 다음 날 아침 이것을 보고하자, 파푼시오는 하느님의 뜻을 확신하고 기쁜 마음으로 수녀승원으로 돌아갔다. 파푼시오가 독방 문을 부수자, 그녀는 계속 밀폐된 채로 있게 해주기를 요청했다. 파푼시오: "하느님이 당신의 죄들을 용서하셨으니 나오시오!" 타이시스: "하느님은 저의 증인입니다. 제가 이 독방에 들어오자마자 제 모든 죄를 묶음으로 만들어 제 눈앞에 두었습니다. 그리고 호흡이 제 코에서 떠나지 않은 것처럼 제 죄가 제 눈에서 떠나지 않았습니다. 저는 그 죄들을 생각하며 항상 울었습니다." 파푼시오: "하느님이 당신의 죄를 용서하였던 것은 당신의 보속 때문이 아니라, 당신이 마음속에 품고 있던 하느님에 대한 경외심 때문입니다!" 수도승은 그녀를 독방 밖으로 인도하였고, 그녀는 2주일 동안 살다가 평화롭게 죽었다.

에프렘(Effrem, Ephrem) 아빠스는 같은 방식으로 다른 창녀를 회개시키기를 원했다. 이 여자가 뻔뻔스럽게 성 에프렘을 유혹하여 죄를 짓게 하려고 하자, 에프렘이 그녀에게 말했다. "나를 따라오시오!" 그녀가 그를 따라 많은 사람 무리가 있는 장소로 갔을 때, 그가 그녀에게 말했다. "내가 당신과 성교할 수 있도록 여기에 누우시오!" 그녀는 "이 많은 사람이 주위에 서 있는데 제가 어떻게 그것을 할 수 있겠습니까?"라고 말했다. 그는 말했다. "만일 당신이 사람들 앞에서 부끄러움을 느낀다면, 어둠의 비밀을 드러내시는 하느님 앞에서 당신은 더욱 부끄러워해야 하지 않겠습니까?" 그 여자는 당황하여 떠났다.

··· ✦ 153 ✦ ···

성 디오니시오, 루스티코, 엘레우테리오

디오니시오(Dionysius)*는 '힘차게 날아가는 사람'으로 해석된다. 또는 '둘'을 뜻하는 디오(dyo)와 '올라감'을 뜻하는 니수스(nisus)에서 유래된 것일 수 있다. 이런 이유로 두 가지, 즉 육체와 영혼에서의 '들어 올림'이다. 또는 그 이름은 미(美)의 여신 '베누스'(Venus)인 디아나(Diana)와 '하느님'인 시오스(syos)에서 유래하여 '하느님을 향한 아름다움'을 뜻한다. 또는 일부 사람들과 이시도로[Isidorus]가 말하는 것처럼, 술 취하지 않게 하는 데 효과가 있는 검은 보석의 일종인 디오니시아(dionysia)에서 유래했다. 성 디오니시오는 참으로 완전한 포기로 세상에서 강력하게 달아난 사람이었고, 영적인 것에 대한 관상으로 일으킴을 받았고, 자신의 덕의 아름다움으로 하느님에게 아름다우며, 죄인들이 악에 대항하는 것을 도왔다.

디오니시오는 개종하기 전에 여러 별명을 가지고 있었다. 그가 살았던 아테네에 있는 지구(地區)의 이름을 따서 아레오파지타(Areopagita), 하느님에 대한 지식 면에서 '현명한 사람'이란 의미의 테오소포(Theosophus)라고 불렸다. 오늘날에도 그리스인들 사이에서 현명한 사람들은 그를 그리스어로 '하늘의 날개'를 의미하는 프테리기온 토우 오우라노우(Pterigion tou ouranou)라고 부른다. 영적인 지식의 날개를 타고 하늘로 날아갔기 때문이다. 또한, '축복받은'을 의미하는 마카리오(Macarius)라고도 불리고, 그의 고향 이름을 따서 요니쿠스(Jonicus)라고도 불렸다. 파피아스(Papias)가 말하는 것처럼, 요니카(Jonica)는 그리스어이다. 또 요니체(Jonicae)는 '기둥들의 무리'(genera columnarum)를 의미하며, 요니쿰(Jonicum)은 2개의 짧은 음절과 2개의 긴 음절로 된 운율적 음보(韻律的 音步)이다. 이 모든 것은 디오니시오가 신비에 대한 연구를 통해 하느님에 대한 지식에서 지혜롭고, 천상의 것에 대한 관상을 통해 하늘의 날개이고, 영원한 재물의 소유로 축복받았음을 보여준다. 게다가, 그는 웅변으로 훌륭한 연설가였고, 짧은 시간 안에 겸손함으로 다른 사람들에게 자비로 헌신하여 오랫동안 교

* 그 이름은 프랑스어로 드니(Denis)이고, 영어로는 데니스(Dennis)가 된다.

회를 지탱해주었던 것으로 알려져 있다. 아우구스티노는 《신국론》(神國論, De Civitate Dei)의 제8권에서, 요니쿰이란 명사가 철학자들의 한 학파를 지칭한다고 말한다. 그는 두 학파, 즉 이탈리아에 속한 이탈리아 학파(Italicus, Italian school)와 그리스에 속한 이오니아 학파(Jonicus, Ionian school)를 구별한다. 그러니 디오니시오는 탁월한 철학자였기 때문에 요니쿠스라고 불렸다.

콘스탄티노폴리스의 메토디오(Methodius)는 디오니시오의 수난과 생애를 그리스어로 썼고, 랭스(Rheims)의 주교 힌크마로(Hincmarus)에 의하면, 사도좌의 사서(司書)인 아나스타시오(Anastasius)가 라티어본을 집필했다고 한다.

디오니시오 아레오파지타(Dionysius Areopagita)는 사도 바오로에 의해 그리스도 믿음으로 개종했다. 그가 아레오파구스(Areopagus)라고 불리는 아테네의 지구에서 살았기 때문에 아레오파지타라고 불렸다고 한다. 마르스(Mars) 신전이 이곳에 있었기에 이곳은 마르스 지구였다. 아테네 사람들은 도시의 각 지구에서 숭배하는 신의 이름을 따서 그 구역을 지정했다. 이런 이유로 그들은 마르스를 숭배했던 지구를 아레오파구스라고 불렀다. 아레스(Ares)는 마르스의 그리스어 이름이었기 때문이다. 같은 방식으로 판(Pan)을 숭배한 구역은 파노파구스(Panopagus)라고 불렀다. 각 구역은 그곳 신의 이름을 따랐다.

아레오파구스는 귀족이 거주하고 자유학예(自由學藝, Artes liberales) 학교가 설립된 아테네 상류층 구역이었다. 디오니시오는 그곳에 집을 지었다. 그는 신의 이름에 관한 지식이 풍부하여 테오소푸스(Theosophus), 즉 '신에게 지혜로운'이라고 불리던 저명한 철학자였다. 그와 함께 동료 철학자 아폴로파네스(Apollophanes)가 살았다. 당시 두 학파가 있었는데, 인간의 행복을 오직 육체적인 쾌락에만 두는 에피쿠로스학파와 영혼의 덕에만 두는 스토아학파였다.

주님 수난의 날에 어둠이 온 세상을 덮었고, 아테네에 있던 철학자들은 이 현상에 대한 자연적인 원인을 찾지 못했다. 달이 태양의 영역에 있지 않고, 달과 태양이 합쳐질 때만 일식(日蝕)이 일어나기 때문에 자연적인 일식이 아니었다. 그러나 그때 달은 15일째 되는 날이었고, 태양에서 가장 먼 거리에 있었다. 게다가 일식일 때도 지구의 전 지역에서 동시에 빛이 사라지지는 않으므로, 3일 동안 지속된 일식은 자연적일 수 없었다. 이 특별한 일식은 온 땅의 빛을 차단한 것으로 알려져 있고, 복음사가 루카도 그렇게 말했다. 왜냐하면, 우주의 주님이 고통을 당하셨기 때문이다. 그리고 마지막으로 이집트의 헬리오폴리스(Heliopolis), 로마, 그리스, 소아시아에서도 어둠이 보였기 때문이다. 오로시오(Orosius)는 그 어둠이 로마에서 목격되었다고 증언한다. 오로시오는 다음과 같이 말한다. "주님이 십자가에 못 박혔을 때, 엄청난 지진이 온 땅을 흔들었고, 산에서 바위가 터져 나왔고, 이 놀라운 진동으로 대도시의 많은 구역이 평평해졌다. 같은 날 제6시부터* 태양은 완전히 가려지고 갑자기 땅에 검은 밤이 드리워져, 그 낮 시간에 아니 오히려 그 무서운 밤에 별들이 온 하늘을 가로질러 보였다. 혹은 우리는 그렇게 들었다."

디오니시오가 아폴로파네스에게 보낸 편지에서 이집트에서도 일식이 관찰되었다고 말한다. "어둠의 안개가 지면에 균일하게 퍼지고, 태양의 표면이 선명하게 빛나며 돌아왔습니다. 우리는 필립푸스 아르히데우스(Philippus Arrhidaeus)의 규칙을 적용했는데, 알려진 것처럼 태양이 일식에 작용하지는 않는다는 사실을 발견했습니다. 그런 다음 저는 당신에게 말합니다. '오, 광대한 학문의 성소(聖所, sanctuarium)여, 당신은 이 위대한 일의 신비를 아직 알지 못합니다! 당신에게 묻습니다. 오 아폴로파네스, 이론의 거울이여, 이 신비한 사건의 원인이 무엇이라 생각하십니까?' 이 질문에 당신은 신의 입으로 인간 이상의 의미를 지닌 말로 '오 선한 디오니시오여, 하느님의 것이 방해받고 있습니다.'라고 대답했습니다. 그리고 바오로가, 우리가 주목한 사건의 그날과 연도에 주의를 기울이는 우리의 귀에 대해 큰 소리로 말했을 때, 저는 그 사건을 찬미하는 표징을 읽는 법을 배웠고 진리에 항복하고 거짓의 속박에서 벗어났습니다." 디오니시오는 폴리카르포(Polycarpus)에게 보낸 편지에서도 자신과 아폴로파네스에 대해 이야기하며 회상한다. "우리는 그때 헬리오폴리스에 함께서 있었습니다. 아직 일식이 일어날 시간이 아니었는데 뜻밖에도 달이 태양 앞으로 왔으며, 다시 제9시(오후 3시)부터 저녁까지 일식이 동쪽에서 서쪽 끝까지 진행되는 것을 보았습니다. 그리고 태양이 같은 방향이 아닌 정 반대 방향

---

* 로마식의 시간 표시에 따르면 제6시는 낮 12시를 의미하는데, 이 내용은 루카 복음 23장 44절 "낮 열두 시쯤 되자 어둠이 온 땅에 덮여 오후 3시까지 계속되었다."에 근거한 것이다. – 역자 주

에서 작아졌다가 커지는 것을 보았습니다." 그때 디오니시오는 점성술을 공부하기 위해 아폴로파네스와 함께 헬리오폴리스로 갔고, 후에 돌아왔다.

에우세비오(Eusebius)는 일식이 아시아에서도 보였다고 말한다. 그는 《연대기》에서 전하기를, 이교도의 저술에서 소아시아의 속주(屬州) 비티니아(Bithynia)에서 큰 지진이 있었고, 이전에 결코 일어난 적이 없던 태양의 어두워짐이 있었고, 낮이 제6시(낮 12시)에 역청처럼 검은 밤이 되어 하늘에서 별들이 보였다는 것을 읽었다고 진술했다. 비티니아의 도시 니케아(Nicaea)에 지진이 발생해 모든 건물이 무너졌다. 마지막으로 《교육독본》에서는 위의 사건들로 철학자들은 자연의 하느님이 고통받고 있다고 전한다. 다른 곳에서 그들이 "자연의 질서가 뒤집혔다든가, 자연이 거짓말을 하거나, 자연의 하느님이 고통받고 있고 자연이 그분과 함께 고통받고 있습니다."라고 기록되어 있다. 그리고 다른 문헌에서 디오니시오가 다음과 같이 말했다. "우리가 새로운 것으로 여기는 이 어두운 밤은 온 세상의 참 빛이 도래한다는 신호입니다."

그런 다음 아테네 사람들은 그 신에게 제단을 쌓고 그 위에 "알지 못하는 신에게"(Ignoto deo)라는 제목을 붙였다. 모든 제단은 그 위에 어떤 신에게 바쳐졌는지 나타내는 칭호를 붙였다. 사람들이 번제와 제물을 신에게 봉헌하고 싶을 때, 철학자들은 이렇게 말했다. "신은 우리의 제물을 필요로 하지 않습니다. 그의 제단 앞에 무릎을 꿇고 그에게 간구하십시오. 그는 영혼의 경건함을 원하기 때문에 동물의 제사를 원하지 않습니다."

바오로가 아테네에 갔을 때,(사도 17, 16-34 참조) 에피쿠로스학파와 스토아학파 철학자들은 그를 논쟁에 참여시켰다. 몇몇 사람들이 말했다. "저 수다쟁이가 도대체 무슨 말을 하려는 것인가?" 다른 사람들이 말했다. "그는 새로운 신들을 알리는 것 같습니다." 그래서 사람들은 이 새로운 가르침을 면밀히 조사하려고 바오로를 철학자들의 구역, 아레오파구스(Areopagus)로 안내했다. 그들은 말했다. "당신은 우리가 듣기에 생소한 것을 전하는데, 그것이 무엇을 뜻하는지 알고 싶습니다." 실제로 아테네 사람들은 새로운 어떤 것을 말하거나 듣는 것을 매우 즐겼다. 바오로가 신들의 예배지 사이를 거닐다가 알지 못하는 신에게 바쳐진 제단을 보고 철학자들에게 말했다. "당신들이 알지 못한 채 숭배하는 신을 저는 하늘과 땅을 만든 참된 하느님으로 여러분들에게 알립니다." 그런 다음 바오로는 디오니시오에게 말했다. 그가 다른 사람들보다 신의 영역에 대해 더 많이 배운 사람이라고 인상을 주었기 때문이었다. "디오니시오여, 이 '알지 못하는 신'은 누구입니까?" 디오니시오: "그분은 다른 신들이 하였던 것처럼 자기 자신을 보여주지 않았던 참된 하느님입니다. 그분은 우리에게 알려지지 않았고 우리로부터 숨겨져 있지만, 다가올 시대에 그분은 존재할 것이고,* 그분은 영원히 다스릴 것입니다." 바오로: "그분은 사람입니까, 아니면 단지 영에 불과합니까?" 디오니시오: "그분은 하느님이고 사람이지만, 그분의 생명이 하늘에만 있기 때문에 알지 못합니다." 바오로: "그분은 내가 당신에게 설교한 하느님입니다! 그분은 하늘로부터 내려와서 육신을 가졌고, 죽음을 경험하였고, 사흘 만에 죽음에서 다시 살아났습니다."

바오로와 디오니시오가 토론을 하고 있을 때, 우연히 한 눈먼 사람이 지나갔고, 디오니시오가 바오로에게 말했다. "만일 당신이 이 눈먼 사람에게 '나의 하느님의 이름으로, 보라!'라고 말하고 그 사람이 본다면, 저는 즉시 믿을 것입니다. 그러나 마법을 사용해선 안 됩니다. 당신이 이런 효과가 있는 단어를 이미 알고 있을지도 모르기 때문입니다. 따라서 나는 당신이 사용할 단어의 형태를 지시할 것입니다. 당신은 그에게 '동정녀로부터 태어났고, 십자가에 못 박혔고, 죽었고, 죽은 자들 가운데서 부활하였고, 하늘로 승천하였던 분, 예수 그리스도의 이름으로, 보라!'라고 말해야 합니다." 바오로는 조금이라도 의심 가능성을 없애기 위해 디오니시오에게 그 말을 바로 눈먼 사람에게 전하라고 했다. 디오니시오는 그렇게 하였고, 눈먼 사람은 즉시 시력을 얻었다.

디오니시오는 아내 다마리스(Damaris)와 온 가족과 함께 즉시 세례를 받았다. 디오니시오는 개종 후 3년 동안 바오로로부터 가르침을 받은 다음 아테네의 주교로 서품되었다. 디오니시오는 끊임없이 설교하였고, 시 전체와 주변 지역 대부분을 그리스도에 대한 믿음으로 개종시켰다.

디오니시오는 바오로가 탈혼 중에 셋째 하늘에서 보았던 것을 자신에게 계시하였다고 한다. 그래서 디오니시오는 천사들의 위계, 지위, 기능에 대해 매

성 디오니시오/루스티코/엘레우테리오

153
-
877

---

* 아마도 탈출 3, 14("하느님께서 모세에게 '나는 있는 나다.'하고 대답하셨다.")와/혹은 요한 8, 58("나는 아브라함이 태어나기 전부터 있었다.")의 반복

우 훌륭하고 분명하게 설명했다. 마치 어디에서 배운 것이 아니라 직접 셋째 하늘에 가서 본 것을 썼다고 생각될 정도였다. 디오니시오는 파트모스(Patmos) 섬에 유배되어 있던 요한 복음사가에게 보낸 편지에서 알 수 있듯이 예언의 영으로 빛났다. 그는 요한이 유배에서 돌아올 것이라고 예언하면서 말했다. "오 참으로 사랑하는 분, 참으로 상냥하고 호감이 가고 사랑스러운, 오 큰 사랑을 받는 분, 기뻐하십시오!" 그리고 더 나아가서 "당신은 파트모스에 있는 감옥에서 풀려나 아시아 땅으로 돌아올 것이며, 당신의 삶에서 하느님의 선하심을 본받아 당신을 따르는 사람들에게 모범을 물려줄 것입니다." 그가 저서 《신명론》(神名論, De divinis nominibus)에서 암시하였듯이, 그는 복되신 마리아의 영면(永眠)*에 참석했다.

디오니시오는 네로 황제가 베드로와 바오로를 로마에 투옥했다는 것을 알고, 자신의 자리를 다른 주교에게 주고 사도들을 방문하러 로마로 갔다. 그들이 주님에게 행복하게 이주하고 클레멘스가 교황이 되었다. 얼마 후에 클레멘스 교황은 디오니시오를 루스티코(Rusticus)와 엘레우테리코(Eleuthericus)와 함께 프랑스로 보냈다. 그는 파리에 도착해서 많은 사람을 믿음으로 개종시켰고, 많은 성당을 건축하고, 다양한 지위의 성직자들을 임명했다. 우상의 신관들이 여러 번 백성들을 선동하여 그를 대적하게 하고 그를 습격하려고 무기를 들고 뒤쫓았으나 그에게서 하느님의 은총이 매우 밝게 빛나서 그를 보자마자 그의 발밑에 엎드리거나 두려움에 사로잡혀 도망쳤다.

악마는 자기 숭배자들의 수가 나날이 줄어드는 반면, 믿음으로 개종하는 사람들이 더 많아지고 교회가 싸움에서 이기고 있는 것을 보고 깜짝 놀랐다. 그래서 악마는 도미티아누스 황제를 부추겼고, 황제는 발견되는 그리스도인은 누구든지 강제로 우상에게 제물을 바치거나 온갖 고문을 받도록 해야 한다는 칙령을 발표했다. 페셴니누스(Fescenninus) 총독이 로마에서 파리로 급파되어 그리스도인들을 처리하다가 사람들에게 설교하는 복된 디오니시오를 발견했다. 총독은 즉시 성인을 포로로 붙잡아서 때리고 조롱하고 침을 뱉은 후 가장 거친 가죽끈으로 묶고 성 루스티코와 성 엘레우테리코와 함께 끌고 왔

---

* "잠이 든"이라는 용어 "영면"(dormitio)은 복되신 동정녀 마리아의 죽음을 묘사하는 데 사용되었다.

다. 그들이 참된 하느님을 확고하게 고백하고 있을 때, 한 귀부인이 앞으로 나와서 이 세 남자가 자신의 변덕스러운 남편을 속여 믿음을 받아들이도록 했다고 고소했다. 그 남편이 급히 끌려왔으나 꾸준히 하느님을 고백하다가 부당하게 죽임을 당했다. 한편, 그 성인들은 12명의 군인으로부터 채찍질을 당하고, 무거운 쇠사슬에 묶여 감옥에 갇혔다.

다음날 디오니시오는 타오르는 불 위의 철 석쇠에 강제로 벌거벗겨진 채로 누워서 "당신 말씀은 불에 의해 제련되니, 당신 종이 이를 사랑합니다."(시편 119, 140)* 라며 주님께 노래하였다. 그런 다음 굶주린 야수들에게 던져졌으나 먹지 않았다. 야수들이 달려들었으나 디오니시오가 십자성호를 긋자 유순해졌다. 그는 화덕 속에 던져졌으나 불이 꺼져서 다치지 않았다. 그들은 디오니시오를 십자가에 못 박았고 오랫동안 고통 속에 두었다가 끌어내리고 그의 두 동료와 많은 신자와 함께 감옥에 투옥했다. 디오니시오는 감옥에서 미사를 봉헌하였고 죄수들에게 성체를 주고 있을 때 찬란한 빛에 둘러싸인 주 예수님이 나타나서 빵을 잡고 말씀하셨다. "나의 사랑하는 사람아, 이것을 받아라, 너의 공로가 내게서 매우 크기 때문이다."

그 후 성인들은 다시 재판관 앞에 출두하여 고문을 받았다. 마침내 메르쿠리오(Mercurius)의 우상 앞에서 삼위일체 하느님을 고백하는 중에 세 사람의 머리가 칼로 잘렸다. 즉시, 성 디오니시오의 시신이 일어서서 자기 머리를 팔에 안고 천사와 길을 인도하는 하늘의 빛과 함께, 순교자들의 언덕인 몽마르트르(Montmartre)부터 자신의 선택으로 하느님의 섭리로 평화중에 쉬었던 장소까지 두 번째 이정표석(里程標石, milliarium)**을 걸어갔다. 그곳에 천사들의 아름다운 노래가 크게 울려 퍼졌고, 노래를 들은 많은 사람이 믿었다. 그들 중 루브리우스(Lubrius) 총독의 아내 래르시아(Laertia)는 자신이 그리스도인이라고 외쳤다. 그녀는 그 자리에서 이교도들에게 참수되었고, 자신의 피로 세례를 받고 죽었다. 3명의 황제 아래에서 로마 군대에서 복무했던 그녀의 아들 비르비오(Virbius)는 마침내 파리로 돌아와 세례를 받고 수도자가 되었다.

성 디오니시오/루스티코/엘레우테리오

---

* 불가타본에 따라 번역하였다 – 역자 주
** 마제국의 길이 계산에서 1보(步, passus)는 76cm이고, 첫 번째 이정표석(milliarium)과의 거리는 1,000보의 거리이다. 그렇기에 두 번째 이정표석은 2,000보, 즉 1.5km이다. – 역자 주

신앙심이 없는 사람들은 그리스도인들이 성 루스티코와 엘레우테리오의 시신을 묻을 것을 두려워하여 센(Seine) 강에 던지라고 명령했다. 한 귀부인이 시신 옮기는 사람들에게 점심 식사를 대접했고 그들이 식사하는 중에 시신들을 몰래 가져가 자신의 소유지에 묻었다. 후에 박해가 끝났을 때, 그녀는 유해들을 성 디오니시오 시신 옆에 영예로운 매장을 했다. 그들은 서기 96년 디오클레티아누스 아래에서 고통을 받았고, 당시 디오니시오는 90세였다.

서기 815년경, 카롤루스 대제(Carolus Magnus)의 아들 루도비코(Ludovicus)의 재위 기간에 콘스탄티노폴리스의 미카엘리스(Michaelis) 황제의 대사들은 루도비코 왕에게 다른 선물들과 함께 그리스어에서 라틴어로 번역된 디오니시오의 책 《위계》(De Hierarchia)를 가져왔다. 루도비코 왕은 기뻐하며 받았고, 같은 날 밤 성 디오니시오의 성당에서 19명의 병자가 치유되었다.

한번은 아를(Arles)의 레굴로(Regulus) 주교가 미사를 봉헌하고 있을 때, 주교는 미사 전문(canon Missae)에서 사도들의 이름에 "그리고 복된 당신의 순교자들 디오니시오, 루스티코, 엘레우테리오와 함께"(et beatis martyribus tuis Dionysio, Rustico et Eleutherio)라는 단어를 덧붙였다. 주교는 왜 자신이 아직 살아있는 하느님의 종들의 이름을 전문에서 소리내어 읽었는지 의아하게 생각했다. 그런데 보라, 주교가 여전히 궁금해할 때, 가슴에 피로 그 순교자들의 이름이 쓰인 세 마리 비둘기가 나타나 제대 위의 십자가에 앉았다. 주교는 비둘기를 주의 깊게 살폈고, 직관적으로 그 성인들이 육체로부터 이주하였다고 말했다.

서기 644년경, 한 연대기에 따르면 피피누스(Pipinus)보다 오래전에 통치한 프랑크족의 왕 다고베르투스(Dagobertus)는 어린 시절부터 성 디오니시오를 열렬히 존경했다. 그는 어린 시절, 아버지 클로타리우스(Chlotarius, Chlothar)의 화를 두려워하여 성 디오니시오 성당으로 달려가 숨은 적이 있었다. 아버지의 왕위를 계승한 다고베르투스는 어느 날 환시를 보았다. 한 거룩한 사람이 죽은 자신의 영혼을 재판하는 것을 보았고, 많은 성인이 자신들의 성당을 빼앗겼다고 왕을 고발하고 있었다. 사악한 천사들이 그 영혼을 빼앗아 가려고 했지만, 성 디오니시오가 곁을 지키며 중재하여 다고베르투스의 영혼은 해방되어 형벌을 면했다. 그의 영혼이 육체로 돌아오자마자 바로 보속한 듯하다.

클로도베쿠스(Chlodovechus, Clovis) 왕이 한번은 불손하게 성 디오니시오의 시신 뚜껑을 열어서 팔뼈를 부러뜨려 가져갔다. 왕은 즉시 정신을 잃었다.

또한 랭스의 주교 힌크마로가 카롤루스에게 쓴 편지에서, 갈리아로 파견되었던 디오니시오가 위에서 언급되었던 디오니시오 아레오파지타였다고 말한 것을 주목하라. 요한 스코투스(Johannes Duns Scotus)는 카롤루스에게 보낸 편지에서 같은 주장을 했다. 그래서 일부 사람들은 논쟁하려고 애쓰지만, 날짜가 모순되기 때문에 이것을 의심할 이유는 없다.

···✦ 154 ✦···

성 갈리스토

갈리스토(Callistus) 교황은 서기 222년 알렉산데르 황제 치하에서 순교했다. 그 때 하느님이 불을 보내어 로마시의 높은 지대를 잿더미로 만들었으며, 주피터(Jupiter) 금상의 왼쪽 손이 녹아내렸다. 그때 모든 신관이 알렉산데르에게 가서 성난 신들을 희생 제물로 달래야 한다고 요구했다. 그들이 주피터의 날*인 고요한 아침에 제사를 바치고 있었는데, 하늘에서 번개가 쳤다. 우상 신관 4명이 죽고, 주피터의 제대는 산산이 부서졌으며, 태양은 너무 어두워져서 로마 시민들은 성 밖으로 도망쳤다.

집정관 팔마시오(Palmatius)는 갈리스토와 그의 성직자가 티베르 강 건너편에 숨어있다는 것을 알게 되었고, 이 재난이 로마에 떨어진 것은 그 성직자들 때문이니 도시 정화를 위해 그리스도인들을 죽여도 된다는 허가를 요청했다. 허가를 받은 팔마시오는 군인들에게 강 건너 그리스도인들을 추격하라고 보냈지만, 군인들은 눈이 멀었다. 겁이 난 팔마시오는 알렉산데르에게 보고했다. 그때 황제는 이 사건에 대한 답을 얻기 위해 메르쿠리우스의 날에 온 백성이 모여 이 신에게 제물을 바치라고 명령했다. 제물이 바쳐지고 있을 때, 율

---

* 1주간의 7일은 로마 신들의 이름 ─ 루나(Luna, 달[月]), 마르스(Mars, 火星), 메르쿠리우스(Mercurius, 水星), 주피터(Jupiter, 木星), 베누스(Venus, 金星) ─ 을 따서 붙여졌고, 로망스어(Romance languages)로 여전히 사용되고 있다.

리아나(Juliana)라는 이름의 신전 처녀가 악령에게 사로잡혀 외쳤다. "갈리스토의 하느님은 참된 분이고 살아있는 하느님이며, 추잡한 우리 행위에 분노하신다!" 이 말을 들은 팔마시오는 아내와 가족과 함께 티베르 강을 건너 라벤나(Ravenna) 시에 있는 성 갈리스토를 찾아가서 세례를 받았다.

이 소식을 들은 황제는 팔마시오를 체포하여 원로원 의원 심플리치우스(Simplicius)에게 넘겼다. 심플리치우스의 임무는 공화정이 그 없이는 돌아가지 않는다는 아첨으로 설득하는 게 일이었다. 기도와 단식에 힘쓰던 팔마시오에게 한 군인이 찾아와, 만일 중풍에 걸린 아내를 치유해준다면 즉시 믿음을 받아들일 것이라고 약속했다. 팔마시오가 기도하자 그 여자는 치유되었다. 그녀는 팔마시오에게 달려와서 말했다. "저를 오른손으로 잡고 일으키신 그리스도의 이름으로 저에게 세례를 주십시오!" 갈리스토는 그녀와 남편은 물론, 함께 온 많은 사람에게 세례를 주었다.

이 소식을 들은 황제는 세례받은 모든 사람을 참수하고, 갈리스토를 5일 동안 먹지도 마시지도 못하게 하라고 명령했다. 그러나 황제는 그 성인이 그 어느 때보다 강해 보이는 것을 보고 매일 채찍질한 후 창문에서 던지고, 그 다음에 큰 돌에 사슬로 묶어 우물에 빠뜨리라고 명령했다. 사제인 아스테리오(Asterius)가 우물에서 그의 시신을 건져 칼리포디우스(Calipodius) 묘지에 묻었다.

155

성 레오나르도

레오나르도(Leonardus)는 '사람들'을 뜻하는 레오스(leos)와 '달콤한 냄새가 나는 허브'를 뜻하는 나르두스(nardus)로부터 유래된 것으로 그 이름은 '사람들의 향기'를 의미한다. 레오나르도는 좋은 명성의 달콤한 향기로 사람들을 이끌었다. 또는 그 이름은 '어려운 일을 선택한 사람'이란 레젠스 아르두아(legens ardua)에서 유래되었다. 또는 '사자'인 레오(leo)에서 비롯되었다. 사자는 네 가지 특성을 가졌다. 첫째, 사자는 불굴의 용기를 가졌고, 이 불굴의 용기는 이시도로의 말처럼 그의 마음과 머리에 있다. 그래서 성 레오나르도는 사악한 생각을 억제함으로써 마음을 강하게 하고, 그칠 줄 모르는 하늘의 일에 대해 관상함으로써 머리를 강하게 했다. 둘째, 사자는 현명함을 가지고 있는데, 이것은 두 가지 방식, 즉 눈을 뜬 채로 잠을 자고 도망칠 때 자신의 흔적들을 지웠다. 그래서 레오나르도는 일과 활동에서 주의를 기울였고, 깨어있는 동안 관상의 고요함 속에서 잠을 잤다. 또한, 그는 자신 안에서 세속적인 집착의 모든 흔적을 지웠다. 셋째, 사자는 목소리에 특별한 힘을 가졌다. 새끼 사자가 죽은 채로 태어나면, 사흘날에 사자는 새끼를 향해 포효한다. 그러면 새끼가 살아난다. 더욱이 그의 포효는 다른 모든 짐승을 꼼짝 못 하게 한다. 그래서 레오나르도는 죄로 죽은 많은 사람을 살리고, 짐승 같은 생활 방식으로 죽은 많은 사람을 선행의 길로 인도했다. 넷째, 사자는 마음속에 두려움을 가졌다. 이시도로에 따르면 사자는 두 가지 적, 즉 바퀴 소리와 불의 탁탁하는 소리를 두려워하기 때문이다. 그래서 레오나르도는 세속적인 분주함의 소리를 두려워하여 피했다. 그래서 그는 광야로 피신했고, 세속적인 탐욕의 불을 피하였고, 자신에게 봉헌된 모든 보물을 경멸했다.

레오나르도는 서기 500년경에 살았다고 한다. 랭스(Rheims)의 대주교 성 레미지오(Remigius)가 세례를 주었으며, 유익한 규율로 가르쳤다. 그의 부모는 프랑스 왕궁에서 최고 지위에 있었다. 왕은 레오나르도에게 총애를 베풀어서 그의 방문을 받은 죄인은 누구든지 즉시 풀어주었다. 그의 거룩함에 대한 명성이 널리 퍼졌기 때문에, 왕은 그가 주교직을 수여 받을 때까지 오래 자신과 함께 머물도록 강요했다. 그러나 레오나르도는 이 제안을 거부하고, 고독을 열망하여 모든 것을 버리고 친형제 리파르도(Lifardus)와 함께 오를레앙(Orleans)으로 설교하러 갔다. 그들은 수도승원에서 얼마 동안 생활한 후, 리파르도는 루아르(Loire) 강둑에서 독수도생활(獨修道生活, vita solitaria)을 하기로 결정했고, 레오나르도는 성령의 인도를 받아 아키텐(Aquitaine)에서 설교하기를 결심했다. 그렇게 그들은 입맞춤을 하고 헤어졌다.

레오나르도는 여기저기 설교를 다니며 많은 기적을 일으켰고 왕의 사냥용 오두막이 있던 리모주(Limoges) 시 인근 숲에서 살았다. 어느 날 왕이 그곳으로 사냥을 왔고, 임신중이던 왕비는 운동을 즐기려고 따라나섰다. 그런데 왕비는 갑자기 해산의 진통으로 신음하며 목숨이 위태로웠고, 왕실 수행원들은 어찌할 바를 몰라 울며 슬퍼했다. 숲속을 걷고 있던 레오나르도는 울음소리를 듣고 소리가 나는 곳으로 서둘러 갔다. 왕은 그를 오두막 안으로 불러 누구인지를 물었고, 그는 자신이 성 레미지오의 제자였다고 말했다. 이 대답이 왕의 희망을 불러일으켰다. 그토록 훌륭한 스승에게서 가르침을 받은 사람이라면 누구라도 의지할 수 있다고 생각했다. 왕은 레오나르도를 왕비에게 데려가, 그녀의 안녕과 아이의 안전한 출산 모두를 위해 기도해 달라고 부탁했다. 레오나르도는 기도하였고, 청원은 받아들여졌다.

왕은 레오나르도에게 큰 사례금을 주었지만, 레오나르도는 왕에게 돈을 가난한 사람들에게 나누어 줄 것을 충고하면서 말했다. "저는 어떤 것도 필요하지 않습니다. 제가 바라는 것은 이 세상의 모든 재물을 멀리하고 오직 이 숲속에서 살며 그리스도만을 섬기는 것입니다." 그러자 왕은 그 숲 전체를 그에게 주려고 했지만, 그는 대답했다. "숲 전체를 받을 수 없고, 저는 하룻밤에 제 당나귀를 타고 다닐 수 있는 만큼만 저에게 양도해주시기를 요청합니다." 왕은 기꺼이 동의했다.

그 결과 수도승원이 건축되었고, 레오나르도는 오랜 기간 그곳에서 자신과 합류한 두 명의 수도승과 함께 금욕적인 삶을 살았다. 물은 첫 번째 이정표석(里程標石)*보다 더 가까운 곳에서 구할 수 있었지만, 레오나르도는 수도승원의 말라버린 우물을 파라고 명령했고, 그의 기도에 대한 응답으로 우물은 물로 가득 찼다. 그곳은 고귀한 왕이 그에게 준 땅이라는 이유에서 노빌리아쿰(Nobiliacum)이라고 불렀다. 그곳에서 일어난 많은 기적이 그에게 명성을 가져다주었다. 그의 이름을 부르는 어떤 죄수든 자신의 구속이 풀리고 아무에게도 간섭받지 않고 자유로워졌다. 그런 사람들은 그 쇠사슬과 족쇄를 레오나르도에게 가져왔고, 많은 사람이 그와 함께 머물면서 주님을 섬겼다. 귀족 가문의 일곱 가족이 모든 재산을 팔고 그와 함께 머무르며 각 가족은 숲의 정해진 구역에 정착했고, 그들의 모범은 다른 많은 사람을 매료시켰다.

많은 덕으로 유명한 거룩한 사람 레오나르도가 11월 6일에 마침내 주님에게 이주했다. 수도승원에 있는 그의 무덤에서 많은 기적이 일어난 후, 그곳을

---

* '이정표석'을 뜻하는 라틴어 밀리아리움(milliarium)은 1,000보를 걷는 '길이'이다. 당시에 1보를 약 76cm로 가늠하였기에 1 밀리아리움은 0.76km이다. – 역자 주

찾는 사람들을 수용하기에 너무 좁아서 성직자들은 다른 장소에 성당을 건축하고 성인의 유해를 예를 갖춰 옮겨야 한다고 생각했다. 성직자들과 백성들은 3일 동안 단식 기도를 한 다음 주위를 둘러보니 성 레오나르도가 쉬기를 원했던 한 장소를 제외하고 모두 눈으로 덮여 있는 것을 보았다. 그들이 발견한 장소는 비어 있었다. 성인의 유해는 새로운 위치로 옮겨졌고, 주님이 레오나르도를 통해 일으켰던 기적의 수는 그의 무덤 앞에 걸려 있는 다양한 쇠사슬과 족쇄로 증명되었다.

리모(Limoges) 주의 자작(子爵)은 악당들을 공포에 떨게 하려고, 매우 무거운 사슬을 만들어 자신의 탑 벽에 튀어나와 있는 들보에 걸라고 명령했다. 그 사슬에 목이 달린 사람은 오랫동안 날씨 변화를 겪으며 한 번이 아니라 수천 번 죽는 경험을 해야 했다. 어느 날, 성 레오나르도를 섬기던 사람이 아무 잘못이 없는데도 이 사슬에 채워진 일이 일어났다. 그 사람은 마지막 숨을 거두기 직전에, 많은 사람을 해방시킨 성 레오나르도에게 당신의 종이었던 사람을 도우러 와 달라고 온 마음을 다해서 간청했다. 즉시 흰색 예복을 입은 성인이 나타나 말했다. "두려워하지 마십시오, 당신은 죽지 않을 것입니다! 일어나시오, 그 사슬을 가지고 나의 성당으로 가십시오! 내가 그 길을 인도할 것이니 나를 따라오시오!" 그 사람은 일어나서 쇠사슬을 모아 앞서가는 성 레오나르도를 뒤따랐다. 그들이 문에 도착하자마자, 복된 레오나르도는 떠났다. 그 사람은 그 성인에 의해 건축된 성당으로 들어가서 자신에게 일어난 일을 모든 사람에게 말하고, 레오나르도의 무덤에 그 거대한 사슬을 매달았다.

노빌리아쿰의 성 레오나르도 수도승원에 살면서 그 성인을 공경한 사람이 있었는데, 이 사람이 폭군의 포로가 되었다. 폭군은 속으로 말했다. "레오나르도는 모든 사람을 자유롭게 하고 견고한 쇠도 레오나르도 앞에서는 불 앞의 밀랍처럼 녹았다. 만일 내가 내 사람을 쇠사슬로 묶는다면 레오나르도는 즉시 그를 풀어줄 것이다. 반면에 내가 이 포로를 잘 데리고 있으면 그의 몸값으로 1천 파운드를 얻을 수 있을 것이다. 나는 내가 무엇을 해야 할지를 안다! 탑 아래에 깊은 구덩이를 파서 차꼬와 족쇄를 채운 이 사람을 넣을 것이다. 그런 다음 구덩이 위에 목조 오두막을 짓고 그 안에 무장한 군인들을 배치할 것이다. 비록 레오나르도가 쇠를 부수긴 했어도 지하까지 내려간 적이 없다."

폭군은 이 계획을 실행했고, 불쌍한 포로는 큰 소리로 성 레오나르도를 반복해서 불렀다. 밤이 되자 레오나르도는 군인들이 잠들어 있는 오두막을 뒤집어 엎고 군인들을 마치 무덤 안에 있는 시체처럼 오두막 밑에 가두었다. 그런 다음 자기 주변에 많은 빛이 비치고 있는 가운데 구덩이에 들어가 자신에게 헌신적인 사람의 손을 잡고 물었다. "당신은 자고 있습니까, 아니면 깨어 있습니까? 당신이 애타게 부르던 나 레오나르도가 여기 있습니다!"라고 말했다. 그 사람은 깜짝 놀라 "나으리, 저를 도와주십시오!"라고 말했다. 레오나르도는 사슬을 끊고 그 사람을 안고 밖으로 데리고 나왔다. 밖으로 나온 그들은 친구처럼 이야기를 나누며 성인은 그 사람을 노빌리아쿰의 집으로 인도했다.

성 레오나르도에게로의 순례를 마치고 오베르뉴(Auvergne)에 돌아오자마자 포로로 잡혀 수용소에 갇힌 사람이 있었다. 그 사람은 자신을 체포한 사람들에게 아무런 잘못이 없으니 성 레오나르도의 사랑으로 자신을 풀어주어야 한다고 간청했다. 그들은 많은 몸값을 내지 않는 한 풀려나지 못할 것이라고 대답했다. 그 사람이 말했다. "그것은 당신들도 알다시피, 제가 의탁했던 성 레오나르도와 당신 사이의 일입니다!" 다음날 밤 성 레오나르도는 그 요새의 사령관에게 나타나서 그 순례자를 방면하라고 명령했다. 사령관은 아침에 일어나서 그 환시를 한낱 꿈으로 생각했고, 포로를 석방하지 않았다. 다음 날 밤 성인은 같은 명령을 다시 내렸지만, 사령관은 다시 복종하기를 거부했다. 세 번째 밤에 성 레오나르도가 순례자를 데리고 요새 밖으로 인도하자, 즉시 탑과 성의 절반이 무너져 많은 사람이 괴멸되었고 고집 센 사령관은 다리가 부러진 채 혼란 속에 남겨졌다.

한 기사가 브르타뉴(Bretagne)에 수감되어 성 레오나르도의 도움을 청했다. 성인은 즉시 그 한가운데에 나타나니 그곳에 있는 모든 사람이 성인을 알아보며 불가사의하게 여겼다. 성인은 감옥으로 들어가 결박을 끊고 쇠사슬을 기사의 손에 쥐어 주었다. 이 상황을 보고 있는 사람들이 어쩔 줄 몰라 하는 동안, 그를 밖으로 데리고 나갔다.

또 다른 레오나르도가 있었는데, 수도승이고 똑같이 덕이 높으며, 그의 시신은 코르비뉘(Corbigny)에 있었다. 그는 자기 수도승원의 아빠스였지만 매우 겸손하여 모든 사람 중에서 가장 낮은 사람처럼 보였다. 대부분의 주민이 그에게 몰려드는 것을 질투한 사람들이 클로타리우스(Clotarius, Clothar) 왕에게 그를 경계하지 않는 한, 프랑크 왕국은 많은 사람의 지지를 받는 레오나르도로 인해 상당한 피해를 입을 것이라고 모함했다. 그들의 말을 믿은 왕은 레오나르도의 추방을 명령했다. 레오나르도는 추방당하는 중에 자신을 감시하는 군인들에게 말을 건네며 너무나 가슴에 사무치게 감동을 주었고 군인들은 나중에 그의 제자가 되겠다고 약속했다. 이후 왕은 후회하며 용서를 청하고, 모함자들의 재산과 명예를 박탈했다. 또한, 왕은 레오나르도에 대한 큰 애정을 가졌고 그 성인의 기도에 모함자들을 이전의 지위로 회복시켰다. 다른 레오나르도처럼, 이 사람 또한 감옥에 있고 자기의 이름을 부르는 자는 속히 석방된다는 것을 하느님에게서 받았다.

어느 날, 그가 엎드려 기도하고 있을 때 큰 뱀이 그에게 기어 올라왔는데 그의 발에서 가슴까지 뻗어 있을 만큼 매우 길었다. 뱀은 성인이 기도를 중단시키지 못했지만, 기도를 마친 그는 뱀에게 말했다. "나는 네가 창조될 때부터 사람들을 괴롭히기 위해 네가 할 수 있는 모든 일을 했다는 것을 안다. 그러나 이제 나를 다스리는 권세가 너에게 주어졌다면, 무엇이든 나에게 해봐라." 이 말에 뱀은 성인의 옷 밖으로 튕겨 나와 그의 발 앞에 떨어져 죽었다. 나중에 그는 두 주교를 화해시킨 후, 다음 날 죽을 것이라고 예언했다. 이것은 서기 570년경의 일이었다.

156

성 루카 복음사가

루카(Lucas)는 '들고 일어나는', '들어 올리는'으로 해석된다. 그 이름은 '빛'인 룩스(lux)에서 유래되었다. 성 루카는 세상의 사랑을 초월하고, 하느님의 사랑으로 자신을 들어 올린 사람이었으며 온 우주에 빛을 비추었다는 점에서 세상의 빛이었다. 마태오 5장에서 "너희는 세상의 빛이다."(마태 5, 14)라고 말하는 것처럼. 세상의 빛은 태양 그 자체이고, 이 빛은 자기 자리에서 숭고함을 가졌다. 집회서 26장은 "태양이 하느님의 높은 곳에서 세상에 나타날 때."(집회 26, 21)라고 한다. 코헬렛 11장에서 "정녕 빛은 달콤한 것, 태양을 보는 것은 눈에 즐겁다."(코헬 11, 7)고 한 것처럼 빛은 바라보기에 달콤하다. 빛은 빠르게 움직인다. "땅은 넓고 하늘은 높고 태양은 신속하게 움직인다."[*] 철학자에 따르면, 사람이 사람을 낳고 태양도 그러하다는 것이다. 그래서 빛은 그 효과에서 유용하다. 루카는 천상의 것들에 대한 관상을 통해 숭고함을 가졌고, 대화의 달콤함을 즐겼으며, 설교의 열정으로 신속하였다. 그는 자신의 교리를 기록함으로써 유익한 봉사를 하였다.

루카는 시리아 사람으로 안티오키아에서 태어났으며 개업의사(開業醫師)였다. 일부 사람들은 그가 주님의 72명의 제자 중 한 사람이라고 주장하곤 하였다. 그러나 예로니모는 루카가 주님의 제자가 아니라 사도들의 제자였다고 말한다. 그리고 탈출기 25장에 근거하여 《주해집》은 그가 주님의 설교로부터 믿음을 받지 않았고 부활 후에 믿음에 이르렀다고 언급하기 때문에, 루카는 72명 중 한 사람이 아니었을 가능성이 훨씬 더 크다.

그의 삶이 너무나 완벽했기 때문에 하느님과 이웃과 자신, 그리고 자신의 정해진 일과에 대해 그 관계가 매우 잘 정돈되어 있었다. 그는 이 4중 질서의 표시로 '사람, 사자, 황소, 독수리'라는 4개의 얼굴로 묘사된다. 에제키엘은 환시에서 4개의 살아있는 창조물이 각각 4개의 얼굴과 4개의 날개를 가졌다고 에제키엘서 1장에서 말한다.(에제 1, 5. 10) 이것을 더 명확하게 이해하기 위해 나무로 만든 정육면체처럼 네모난 머리를 가진 동물을 상상하고, 정육면체의 각 네 모서리에 얼굴을 상상해 보라. 앞면에 사람 얼굴, 오른쪽에 사자 얼굴, 왼쪽에 송아지 얼굴, 뒷면에 독수리 얼굴 등이다. 독수리 얼굴이 목이 길어서 다른 얼굴들보다 더 높게 섰기 때문에 독수리가 가장 위에 있었다고 한다. 이 동물들은 각각 4개의 날개를 가지고 있었다. 우리는 동물을 정사각형으로 상상하고 정사각형에는 4개의 모서리가 있기 때문에 각 모서리에 날개가 있는 것이다.

거룩한 교부들에 따르면, 이 동물들은 4명의 복음사가(evangelista)를 표현하

---

[*] 3에즈 4, 34. 라틴어 불가타본은 이 책을 신약성경 이후에 인쇄된, "정경(正經)들에 추가된 것"으로 포함하고 있으며, 제3에즈라서(제1과 제2 에즈라서는 정경으로 인정되었다)로 번호를 붙였다. 영어 성서(Revised Standard Version, RSV)는 외경(外經) 중에 제1에즈라서로 포함되어 있다.

고, 각 복음사가는 그리스도의 인성(人性), 수난, 부활, 신성(神性)에 대해 썼기 때문에 각 동물은 4개의 얼굴을 가졌다. 그렇지만 4개의 얼굴은 일종의 속성에 의해 네 복음사가에게 분배된다. 예로니모에 따르면, 마태오는 주로 그리스도의 인성에 몰두했기 때문에 사람의 얼굴로 표현된다. 루카는 그리스도의 사제직을 설명하기에 제물로 바쳐진 송아지로 표현된다. 마르코는 부활에 대해 더 명확하게 기록했기에 사자로 묘사되며, 우리가 말하듯이 새끼 사자는 출생 후 3일째 되는 날 사자가 포효하여 깨울 때까지 죽은 것처럼 누워있다고 한다. 마르코는 세례자의 설교의 고함소리로 복음을 시작했기 때문에 사자이다. 요한은 그리스도의 신성에 대해 기록함으로써 다른 것들보다 더 높이 날고 있는 독수리로 표현된다. 요한이 기록한 그리스도 역시 이 네 가지 모습, 즉 동정녀에게서 태어나셨기 때문에 그분의 인성, 제물로 바쳐진 송아지에서 그분의 수난, 사자로부터 그분의 부활, 독수리로 그분의 승천이 상징되었다.

다른 복음사가들처럼 루카를 묘사하는 이 4개의 얼굴은 그의 삶의 정돈된 네 가지 방식을 보여준다. 사람의 얼굴은 이웃과 관련하여 그가 올바르게 명령받았음을 보여준다. 사람은 이성적이고 온화하고 자유로운 동물이기 때문에 올바른 추리로 가르치고, 온유함으로 마음을 끌어들이고, 관대하게 이웃을 도와야 한다. 독수리의 얼굴은 그가 하느님에 관하여 올바르게 명령받았음을 보여준다. 그에게서 지성의 눈은 관상(觀想)을 통해 하느님에게 고정되어 있고, 그의 욕망의 부리는 묵상에 의해 하느님을 향해 날카로워졌고, 네 젊음이 독수리처럼 새로워지기(시편 103, 5 참조) 때문이다. 참으로 독수리는 눈을 깜빡이지 않고 태양을 응시할 수 있고 믿기 어려운 높이에서 바다에 있는 작은 물고기들을 볼 수 있는 날카로운 눈을 가진 새이다. 만일 독수리 부리가 너무 휘어서 물고기를 잡기 어려워지면 독수리는 부리를 돌에 문질러 적당히 날카롭게 만든다. 독수리는 태양의 열기에 화상을 입으면 나이는 아랑곳없이 엄청난 속도로 물속에 뛰어든다. 그렇게 독수리는 태양열로 눈의 엷은 막을 깨끗이 걷어내고 깃털을 가볍게 함으로써 낡은 것을 새롭게 한다. 사자의 얼굴은 루카가 자신과 관련하여 올바르게 명령받았음을 보여준다. 그는 명예로운 행동으로 고귀함을 보여주었고, 적들의 음모를 저지하면서 현명함을 보여주었고, 고통받는 사람들에게 연민을 보임으로써 자신이 고통받을 준비가 되어 있었다. 사자는 야수의 왕이기 때문에 참으로 고귀한 동물이다. 사자는 도망칠 때 아무도 따라오지 못하도록 꼬리로 자신의 흔적들을 쓸어버리기 때문에 교활하다. 그는 4일열(四日熱)에 쉽게 걸리기 때문에 고통에도 친숙하다.

송아지나 소의 얼굴은 루카가 복음서를 쓰는 일에 관해 올바르게 안내받았음을 보여준다. 그 일에서 그는 선구자인 세례자 요한의 탄생과 그리스도의 탄생과 유아기 때와 마찬가지로 천천히, 서두르지 않고 진행해 단계적으로 완성을 향해 나아갔다. 그는 신중하게 진행했다. 두 명의 다른 복음사가들에 이어 글을 쓰면서 루카는 그들이 생략한 것을 보충하고 충분히 설명된 내용은 생략했다. 그는 자기 복음서의 시작과 중간, 끝에서 분명히 나타나듯이 성전과 제사에 특별한 관심을 기울였다. 더욱이 소는 천천히 움직이는 동물이고 발굽이 갈라져 있어, 이것은 제물을 봉헌하는 사람들의 안목을 나타낸다.

복된 루카는 이미 언급한 네 가지 방식으로 잘 정돈되어 있었다는 것은 그의 삶의 다양한 측면을 깊이 들여다볼수록 더욱 분명해진다. 첫째, 그는 하느님과의 관계에서 질서가 잘 잡혀 있었다. 성 베르나르도에 따르면, 인간은 욕망, 생각, 의도의 세 가지 측면에서 하느님과 올바르게 정돈되어 있었다. 그의 욕망은 거룩해야 하고, 그의 생각은 깨끗해야 하며, 그의 의도는 옳아야 한다. 루카의 욕망은 성령으로 충만했기에 거룩하였다. 예로니모는 자신의 책 머리말에서 루카 복음서에 대해 "그는 성령으로 가득 차 비티니아(Bithynia)에서 죽었다."라고 말한다. 그의 생각은 깨끗하였다. 그는 육체와 마음에서 동정이었고, 이것은 그의 생각의 순수함을 보여준다. 그는 자신이 하였던 모든 일에서 주님의 영광을 찾았기 때문에, 그는 의도의 정직함을 가졌다. 루카의 생각과 의도에 관하여, 예로니모의 사도행전 머리말에는 다음과 같은 말이 있다. "루카는 악행 없이 동정성 안에 머무르면서" 이것은 생각의 깨끗함을 나타낸다. "그는 무엇보다도 주님을 섬기기를 선택하였다." 즉, 주님의 영광, 이것은 의도의 올바름을 가리킨다.

둘째, 루카는 이웃과의 관계에서 원만했다. 그러한 좋은 질서는 우리가 이웃에게 빚진 것을 갚을 때 존재한다. 생빅토르의 리카르도(Richardus de sancto Victore)에 따르면, 우리는 이웃에게 세 가지를 빚지고 있다. 우리가 그를 위해 할 수 있는 것, 우리가 알고 있는 것, 우리가 그에게 바라는 것을 빚지고 있다.

그리고 이 빚은 우리가 그를 위해 무엇을 할 수 있는가 하는 다음 단계로 이어진다. 성 루카는 네 가지 면에서 질서를 잘 지켰다. 그는 이웃에게 줄 수 있는 만큼 베풀어 주었다. 루카는 모든 문제에서 항상 바오로의 편에 있었고, 결코 바오로를 떠나지 않고 설교를 도왔다. 그래서 바오로는 티모테오 2서 4장에서 "루카만 나와 함께 있습니다."(2티모 4, 11)라고 썼다. 바오로가 "나와 함께"라고 말한 것에서 루카가 바오로에게 주었던 도움의 종류, 즉 바오로의 보조자이고 옹호자라는 것을 가리킨다. 바오로가 "루카만"이라고 말한 것은 루카가 애정에 변함없이 일정했음을 나타낸다. 다시 바오로는 코린토 2서 8장에서 루카에 대해 말한다. "그뿐만이 아닙니다. 바로 주님의 영광과 우리의 열의를 드러내려고 우리가 맡아 수행하는 이 은혜로운 일을 위하여, 여러 교회가 우리의 여행 동반자로 뽑아 세운 사람이기도 합니다."(2코린 8, 19)

두 번째 빚 '우리가 알고 있는 것'은 그가 좋은 충고를 함으로써 갚았다. 즉 그는 자신이 알고 있는 사도적이고 복음적인 교리에 대해 동료들의 사용과 봉사를 위한 글을 쓸 때 자신의 지식을 이웃에게 유용하게 만들었다. 루카는 자기 복음서의 서문에서 자신에 대해 말한다. "존귀하신 테오필로스 님, 이 모든 일을 처음부터 자세히 살펴본 저도 귀하께 순서대로 적어 드리는 것이 좋겠다고 생각하였습니다. 이는 귀하께서 배우신 것들이 진실임을 알게 해 드리려는 것입니다."(루카 1, 3-4) 루카가 좋은 조언을 하는 일에서 자신의 지식을 어떻게 나눴는지는 예로니모가 자신의 서문에서 말한 것, 즉 루카의 말은 힘없는 영혼에게 약이 된다는 점에서 알 수 있다.

세 번째 빚 '자신의 이웃들을 위해 원하였고 바랐던 것'은 이웃의 영원한 구원을 소망함으로써 갚았다. 콜로새서 4장에서 "사랑하는 의사 루카가 여러분에게 인사합니다."라고 바오로가 말한 것은 "너희를 위한 영원한 구원을 바란다."(콜로 4, 14)를 의미한다. 네 번째 빚 '우리는 이웃을 위해 무엇을 하는가' 또한 루카가 갚았다. 루카는 순례자인 줄 알고 주님께 환대를 베풀었고 자비를 베풀 때 필요로 하는 모든 친절을 그분께 주었다. 그레고리오의 저서 《윤리》(Moralia)를 포함하여 일부 사람들은 엠마오로 가는 길에 클레오파스(Cleopas)의 동료는 루카였다고 분명히 말한다. 그래도 암브로시오는 루카가 아닌 다른 사람이었다고 말하면서, 심지어 그 이름을 알려주기까지 한다.

셋째, 루카는 스스로와의 관계에서 질서가 잘 잡혀 있었다. 베르나르도에 따르면, 사람이 자신의 삶을 가장 잘 관리할 수 있는 세 가지 자질은 진지한 삶의 자세, 정의로운 행동, 경건한 감각이라고 한다. 즉 우리 삶에 하느님 현존의 감각이 있다고 한다. 베르나르도가 말하듯이 이 세 가지 각각의 방식으로 나뉜다. 만일 한 사람이 자제하며, 허물없이, 겸손하게 산다면 사람의 삶의 방식은 침착하게 될 것이다. 만일 꾸밈 없고 사려 깊고 유익하다면, 즉 좋은 의도로 솔직하고 절제로 사려 깊고 교화로 유익하다면, 한 사람의 행동은 정당하게 될 것이다. 만일 우리의 믿음이 하느님을 전능(全能)하고, 전지(全知)하고 전선(全善)한 분으로 느낀다면, 그래서 그분의 능력으로 우리의 연약함이 도움을 받고, 그분의 지혜로 우리의 무지를 바로잡고, 그분의 선함으로 우리의 사악함이 씻겨진다는 것을 우리가 믿는다면 경건한 감각은 존재할 것이다. 여기까지는 베르나르도의 말이다.

그 모든 방식에서 루카는 완벽했다. 그의 삶의 방식은 세 가지 면에서 진지했다. 예로니모가 루카 복음서에 대해 책 머리말에서 말한 것처럼, 복음사가는 아내도 아이도 없이 자제하며 살았다. 루카는 자기 복음서의 마지막 장에서 (만일 위에 진술된 의견을 받아들인다면) 루카와 클레오파스에 대해 "바로 그날 제자들 가운데 두 사람이 예루살렘에서 예순 스타디온 떨어진 엠마오라는 마을로 가고 있었다. 그들은 그동안 일어난 모든 일에 관하여 서로 이야기하였다."(루카 24, 13-14)라고 말한 것에서 알 수 있듯이 두 사람은 허물없이 지냈다. 그의 사교성은 "둘"이라는 단어와 "제자들"이라는 단어가 말해준다. 이 말은 그들이 "훈련 받았고", 다른 말로는 도덕적으로 옳기 때문이다. 그의 겸손은 동료의 이름 클레오파스는 드러내고 자신의 이름은 감추었다는 사실에서도 암시된다. 왜냐하면, 루카가 자신의 이름을 생략한 것은 겸손해서라는 것이 일부 사람의 의견이기 때문이다.

다음으로, 그의 행동은 정당했다. 그의 축일 미사 기도에서 알 수 있듯이, 의도적으로 정당하였다. "(그가) 당신 이름의 영광을 위하여 자기 몸에 항상 십자가의 굴욕을 짊어지셨습니다." 그것은 신중함으로 정당하고, 절제로 표시되고, 발굽이 갈라진 소의 형상으로 상징되어 신중함 혹은 분별력의 덕을 나타낸다. 그리고 그의 행동은 교화적이기 때문에 유익하였다. 이웃들에게 그러한 결실을 맺어 모든 사람이 그를 "최고로 사랑하는" 사람으로 여겼다. 그래서 바오로는 그를 "최고로 사랑하는 의사 루카"(콜로 4, 14)라고 불렀다.

또한, 루카는 하느님은 전능하고 전지하고 전선하다는 것을 자신의 복음서에서 믿고 고백하였기 때문에 경건함을 소유했다. 처음 2개 중 하나에 대해 4장에서 "그들은 그분의 가르침에 몹시 놀랐다. 그분의 말씀에 권위가 있었기 때문이다."(루카 4, 32)라고 썼다. 하느님의 선함에 대해서도 18장에서 말한다. "예수님께서 그에게 이르셨다. '어찌하여 나를 선하다고 하느냐? 하느님 한 분 외에는 아무도 선하지 않다.'"(루카 18, 19)

마지막으로 넷째, 루카는 자신의 정해진 일, 자신의 복음서를 쓰는 일과 관련하여 질서가 잘 잡혀 있었다. 이것은 그의 복음서에 많은 진리가 스며들어 있고, 많은 유익으로 채워졌고, 많은 매력으로 꾸며졌고, 많은 권위로 확증되었다는 사실에서 알 수 있다. 진리에는 삶의 진리, 정의의 진리, 교리의 진리가 있다. 삶의 진리는 혀로 말한 것을 손이 하도록 만드는 데 있고, 정의의 진리는 문장을 상황에 맞게 만드는 데 있으며, 교리의 진리는 관념을 현실과 일치하게 만드는 데 있다. 루카의 복음서에는 이 삼중(三重)의 진리가 스며들어 있다. 그의 복음서에는 이 진리가 충분히 설명되어 있기 때문이다.

루카는 그리스도가 자신 안에 이 다중의 진리를 가졌다는 것과 루카 자신이 다른 사람들에게 진리를 가르쳤다는 것을 보여준다. 그는 우리가 20장에서 본 것처럼 적의 증언을 사용한다. 사두가이들이 주님에게 말한다. "스승님, 저희는 스승님께서 올바르게 말씀하시고 가르치시며"(교리의 진리), "사람을 그 신분에 따라 가리지 않으시고,"(정의의 진리), "하느님의 길을 참되게 가르치신다는 것을 압니다."(삶의 진리: 선한 삶은 하느님의 길이라 불린다)(루카 20, 21) 그러나 그의 복음서는 그리스도가 이 삼중의 진리를 가르쳤다는 것을 보여준다. 그분은 하느님의 계명을 준수하는 것으로 이루어진 삶의 진리를 가르쳤다. 그러므로 우리는 10장에서 "너는 네 마음을 다하고 … 주 너의 하느님을 사랑하고 네 이웃을 너 자신처럼 사랑해야 한다. … 그러면 네가 살 것이다."(루카 10, 27-28)라고 읽었다. 그리고 18장에서 다음과 같이 읽었다. "어떤 권력가가 예수님께, '선하신 스승님, 제가 무엇을 해야 영원한 생명을 받을 수 있습니까?'하고 물었다. 그러자 예수님께서 그에게 이르셨다. 너는 계명들을 알고 있지 않느냐?

'간음해서는 안 된다. 살인해서는 안 된다. 등등'"(루카 18, 18-20) 그리스도는 교리의 진리를 가르쳤다. 11장에서 교리의 진리를 왜곡하는 어떤 사람들에게 그분은 이렇게 말하였다. "불행하여라, 너희 바리사이들아! 너희가('너희가 십일조에 대해 다른 사람들을 가르친다'를 의미) 박하와 운향과 모든 채소는 십일조를 내면서, 의로움과 하느님 사랑은 아랑곳하지 않기 때문이다." 그리고 같은 곳에서 "불행하여라, 너희 율법 교사들아! 너희가 지식의 열쇠를 치워 버리고서, 너희 자신들도 들어가지 않고 또 들어가려는 이들도 막아 버렸기 때문이다."(루카 11, 42. 52) 그리고 셋째로, 정의의 진리를 가르쳤다. 20장에서 "황제의 것은 황제에게 돌려주고, 하느님의 것은 하느님께 돌려 드려라."(루카 20, 25)라고 말한다. 그리고 19장에서 "내가 저희들의 임금이 되는 것을 바라지 않은 그 원수들을 이리 끌어다가, 내 앞에서 처형하여라."(루카 19, 27)라고 한다. 그리고 13장 심판에 대한 질문이 있는 자리에서, 우리는 재판관이 저주받은 사람들에게 "모두 내게서 물러가라, 불의를 일삼는 자들아!"(루카 13, 27)라고 말한 것임을 읽었다.

루카의 복음서는 진리가 충만하고 유익함으로 가득 차 있다. 복음서의 저자는 우리를 위해 건강에 매우 좋은 약을 처방하였음을 나타내기 위해 의사였다. 약에는 세 가지 종류가 있는데, 치유하는 약, 예방하는 약, 개선하는 약이 있다. 루카는 자신의 복음서에서 하늘의 의사가 우리를 위해 세 가지 약을 처방하였다고 알려준다. 질병을 치유하는 약은 모든 영적인 병을 치유하는 보속이다. 루카는 4장에서 천상의 의사가 "주님의 영이 나를 마음의 깊이 뉘우치는 사람을 고치고, 포로들에게 해방을 선포하며, 등등"(루카 4, 18)이라고 말하였기 때문에, 그가 이 약을 제공하였음을 보여준다. 또한 5장에서 "나는 의인이 아니라 죄인을 불러 회개시키러 왔다."(루카 5, 32)라고 한다. 개선하는 약, 즉 건강을 증진시키는 약은 권고를 준수하는 데 있다. 권고는 사람들을 더 좋고 더 완벽하게 만들기 때문이다. 루카는 18장에서 "가진 것을 다 팔아 가난한 이들에게 나누어 주어라."(루카 18, 22)라고, 6장에서 "네 겉옷을 가져가는 자는 속옷도 가져가게 내버려 두어라."(루카 6, 29)라고 말하였을 때 의사가 우리를 위해 이 약을 처방하였음을 알려 준다. 예방약은 추락에서 우리를 구하는 것이고, 죄를 짓는 기회와 죄인들의 모임을 피하는 것이다. 의사는 12장에서 "바리사이들의 누룩을 조심하여라."(루카 12, 1)라고 말하면서 나쁜 모임을 피하도록 우리에게 가르치고 이 약을 처방한다.

루카의 복음서 그 자체는 유용성으로 가득 차 있고, 모든 지혜의 힘이 내포되어 있다고 말할 수 있다. 여기서 암브로시오는 이에 대해 말한다. "루카는 모든 지혜의 능력을 자신의 복음 이야기에 담았습니다. 그가 가르친 것은 주님의 육화(肉化)가 성령의 역사(役事)였다고 밝혔을 때 본성과 관련이 있습니다. 또한, 다윗은 '당신의 숨을 내보내시면 그들은 창조될 것입니다.'(시편 104, 30)라고 말하면서 이 본성의 지혜를 가르쳤습니다. 같은 맥락에서, 루카는 그리스도의 수난 중에 어둠이 온 땅에 왔고, 햇빛은 약해졌고, 땅이 흔들렸다고 가르쳤습니다. 그는 진복판단(眞福八端)에서 도덕적인 삶의 방식을 제시하였을 때,(루카 6, 20 이하) 도덕적인 지혜를 가르쳤습니다. 그는 '지극히 작은 일에 충실한 사람은 큰 일에도 충실하며 지극히 작은 일에 부정직한 사람은 큰 일에도 부정직할 것이다.'(루카 16, 10)라고 말하면서 이성적인 지혜를 가르쳤습니다. 이 삼중의 지혜, 즉 본성, 도덕, 이성의 지혜 없이 믿음이 있을 수 없고, 그곳에 삼위일체의 신비도 있을 수 없습니다." 여기까지는 암브로시오의 말이다.

루카 복음서는 많은 매력으로 꾸며져 있다. 그의 말투와 태도가 참으로 매력적이고 예의 바르기 때문이다. 만일 누군가가 말하거나 쓰는 것에 은총과 매력을 갖기를 원한다면, 아우구스티노가 말한 것처럼 그것은 유쾌하고 분명하고 감동적이어야 한다. 만일 자신의 말을 기쁘게 하려면, 유창해야 할 것이다. 분명하게 하려면 따라하기 쉬워야 할 것이다. 마음을 감동시키려면 열렬해야 할 것이다. 루카는 자신의 글과 설교에서 이 세 가지 자질을 가지고 있었다. 처음 두 가지에 대해 바오로는 2코린토서 8장에서 말한다. "우리는 형제 한 사람(《주해집》은 '바르나바 혹은 루카'라고 덧붙였다.)을 티토와 함께 보냅니다. 이 형제는 복음을 선포하는 일로 모든 교회에서 칭송을 받는 사람입니다."(2코린 8, 18) 그가 칭송을 받았다는 것은 그의 웅변을 가리킨다. "모든 교회에서"는 그가 설교하는 곳이면 어디든지 이해될 수 있었음을 가리킨다. 그가 열렬하게 말하였다는 것은 그가 열렬한 마음을 가졌다는 사실에서 비롯된다. 그는 "길에서 우리에게 말씀하실 때나 성경을 풀이해 주실 때 속에서 우리 마음이 타오르지 않았던가!"(루카 24, 32)라고 말하였기 때문이다.

루카 복음서는 많은 권위에 의해 확증되었다. 많은 사람의 권위가 그것을 보장한다. 이 복음서는 예레미야서 31장에서처럼 "보라, 그날이 온다. 주님의 말씀이다. 그때 나는 이스라엘 집안과 유다 집안과 새 계약을 맺겠다. 그것은 내가 그 조상들의 손을 잡고 이집트 땅에서 이끌고 나올 때 그들과 맺었던 계약과는 다르다. … 주님의 말씀이다. 나는 그들의 가슴에 내 법을 넣어 주고, 그들의 마음에 그 법을 새겨 주겠다."(예레 31, 31-33)라고 말한 성부(聖父)에게서 명령을 받았다. 이것은 문자적으로 복음에 포함된 교리를 가리킨다. 이 교리는 또한 우리가 21장에서 "하늘과 땅은 사라질지라도 내 말은 결코 사라지지 않을 것이다."(루카 21, 33)라고 읽었던 것처럼 성자(聖子)에 의해 확증되었다. 이 복음은 예로니모가 자신의 책 머리말에서 루카복음에 대해 "성령에 의해 자극되었습니다. 그는 아카이아(Achaia)에서 이 복음서를 썼습니다."라고 말한 것처럼, 성령에 의해 영감을 받은 것이다.

루카 복음서는 천사들에 의해, 특히 묵시록 14장에서 언급된 천사에 의해 예표되었다. "나는 또 다른 천사가 하늘 높이 나는 것을 보았습니다. 그는 땅에서 사는 사람들, 곧 모든 민족과 종족과 언어권과 백성에게 선포할 영원한 복음을 지니고 있었습니다."(묵시 14, 6) 이 복음은 영원한 그리스도에 의해 영원으로부터 만들었기 때문에 영원하다고 말한다. 복음서는 영원한 복음의 자료로 영원한 것을, 끝으로 영생을, 지속 기간으로 영원을 가지고 있다. 또한 루카 복음서는 예언자들에 의해 예언되었다. 에제키엘 예언자는 앞서 말한 것처럼 살아있는 창조물 중 하나가 송아지 얼굴을 하고 루카 복음을 표시한다고 말하면서 이 사실을 예언하였다. 에제키엘은 또한 앞뒤로 글이 적혀있고, 거기에는 비탄과 탄식과 한숨이 적혀있는 책 하나를 자신이 보았다(에제 2, 9-10)고 말한다. 우리는 이 책이 루카 복음서라는 것을 이해하려고 한다. 이 복음서는 그 안에 담긴 깊은 비밀을 통해 내부적으로 기록되고, 그 책이 펼치는 사건의 역사로 외부적으로 기록된다. 그것은 그리스도의 수난에 대한 비탄, 그분의 부활에 대한 노래, 그리고 우리가 많은 사람에게 화를 예언한 2장*에서 볼 수 있는 단죄의 화를 포함하고 있다.

이 복음서는 성모 마리아에 의해 밝혀졌다. 성모 마리아는 이 구절에 대해

---

* 라틴어본은 '11장'이라고 하는데, 이는 오류이다. – 역자 주

루카 복음 제2장에서 우리가 읽었던 것처럼(루카 2, 19. 31), 저자에게 전달하기 위해 이 모든 것을 마음속에 간직하고 부지런히 숙고하였다. 《주해집》은 다음과 같이 말한다. "그녀는 주님에 대해 알고 있는 것과 주님이 행하고 말하였던 것을 모두 자신의 기억에 두었습니다. 그리고 육화에 대해 설교하거나 글을 쓸 때, 또는 정보를 구하는 사람들에게 그분이 말하고 행하였던 모든 것을 충분히 알릴 수 있었습니다." 그래서 베르나르도는 천사가 마리아에게 엘리사벳이 임신하였다고 알린 이유를 이렇게 말한다. "이 발표는 마리아에게 구세주의 오심과 동시에 다른 때에 선구자에 대해 가르칠 필요가 있을 때와 사건의 시기와 순서를 기억하는 그녀가 복음서의 저자들과 설교자들에게 진리를 더 잘 알릴 수 있도록 한 것입니다. 그녀는 처음부터 모든 신비에 대해 하늘로부터 충분히 가르침을 받았기 때문입니다."

그러므로 복음사가들은 마리아에게 많은 것을 질문하였고, 마리아는 그들에게 확실한 대답을 주었다고 믿어진다. 이는 성 루카의 경우에 특히 그러할 것이다. 그는 계약의 궤에 관하여 마리아에게 도움을 청했고 많은 것들, 무엇보다도 마리아에게만 관련된 일, 그리스도의 탄생에 대한 천사의 예고와 루카가 자기 복음서에서만 관련된 유사한 일들에 대한 확실한 지식을 그녀에게서 받았다고 믿어진다.

루카는 사도들로부터 정보를 입수하였다. 그는 주님의 모든 행동과 기적을 목격하려고 그리스도와 함께 있지 않고, 그곳에 있었던 사도들이 자신에게 말한 것에 의존하여 복음서를 썼다. 이를 루카는 편집했다고 표현하며, 자신의 복음서 머리말에서 암시한다. "우리 가운데에서 이루어진 일들에 관한 이야기를 엮는 작업에 많은 이가 손을 대었습니다. 처음부터 목격자로서 말씀의 종이 된 이들이 우리에게 전해 준 것을 그대로 엮은 것입니다."(루카 1, 1-2) 두 종류의 증언, 즉 무엇을 보았는가와 무엇을 들었는가를 가진 것이 관례였다. 그래서 주님은 (아우구스티노가 말한 것처럼) 그들이 본 것에 대한 두 증인, 즉 마태오와 요한과 다른 사람들에게서 들은 것에 대한 두 증인, 즉 마르코와 루카를 갖기를 원하였다. 또한 목격자의 증언은 소문보다 더 확고하고 확실하므로, 아우구스티노가 말한 것처럼, 목격자에 의해 쓰여진 두 복음서를 처음과 마지막에 두었고, 소문에 근거한 나머지 두 복음을 그 사이에 두어

양 끝에 있는 것보다 약하고 다른 두 복음서보다 더 확실하여 그것들을 뒷받침하고 지탱한다.

루카 복음서는 바오로에 의해 승인되었다. 바오로가 자신이 하는 말을 확증하기 위해 루카 복음을 인용한 것이다. 따라서 예로니모는 자신의 《명인록》(名人錄, De viris illustribus)에서 말한다. "바오로가 자신의 편지에서 '내 복음에 따라서'라고 말할 때마다, 루카의 책을 가리키는 것이라고 추측하는 사람들이 있습니다." 바오로는 또한 2코린토서 8장에서 "이 형제는 복음을 선포하는 일로 모든 교회에서 칭송을 받는 사람입니다."(2코린 8, 18)라고 루카를 언급하면서 이 복음서의 놀라운 승인을 표현하였다.

우리는 《안티오키아의 역사》(Historia Antiochena)에서 안티오키아에서 살았던 그리스도인들이 모든 부끄러운 행동을 스스로 그만두었던 시기에, 투르크족 무리에 포위되어 굶주림과 비참함으로 혹독한 시련을 당했다고 읽었다. 그러나 그때 그들은 통회와 보속으로 주님에게 완전히 돌아섰고, 트리폴리(Tripoli)의 성 마리아 성당에서 기도하는 사람들에게 외모가 빛나고 흰색 옷을 입은 한 남자가 나타났다. 누구냐고 질문을 받은 방문자는, 자신은 루카이고 주님이 순례자들을 위해 싸우려고 하늘의 군대와 사도들과 순교자들을 소집하였던 안티오키아에서 왔다고 말하였다. 그래서 그리스도인들은 마음을 굳게 먹고 투르크족(Turks) 무리를 난도질했다.

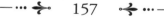

157

성 크리산토와 성 다리아

높은 지위와 명성을 지닌 폴리미우스(Polimius)의 아들 크리산토(Chrysanthus)는 그리스도교 믿음에 대한 교육을 받고 그리스도인이 되었다. 아버지는 아들을 다시 우상 숭배로 돌아오도록 설득할 수 없었다. 그래서 아들을 방에 가두고, 5명의 처녀를 그 방에 넣어 유혹하게 했다. 그러나 크리산토는 육체적인 욕정에 압도되지 않게 해달라고 하느님에게 기도했다. 그때 5명의 처녀가 깊은 잠에 빠져 먹지도 마시지도 못하는 일이 일어났다. 그 여자들은 방 밖으로 인도되었을 때에야 음식과 음료를 정신없이 먹었다.

그런 다음 베스타(Vesta) 여신에게 바쳐진 가장 품위 있는 처녀 다리아(Daria)가 크리산토를 아버지와 신들에게 되돌리라는 요청을 받았다. 크리산토에게 간 다리아는 화려한 의상 때문에 꾸짖음을 들었다. 그녀의 대답은 자신은 헛된 과시를 위해서가 아니라 그를 신들과 그의 아버지에게 되돌리려고 차려입었다는 것이었다. 크리산토는 다시 우상숭배 작가들이 종종 사악한 남자와 방탕한 여자로 묘사했던 존재들을 신으로 숭배하는 것에 대해 다리아를 질책했다. 다리아는 철학자들이 그 부류에게 지위를 부여하기 위해 인간의 이름을 붙인 것이라고 대답했다. 크리산토가 말했다. "만일 한 남자가 땅을 여신으로 숭배하고, 다른 농부가 땅을 경작한다면, 분명히 땅은 숭배자보다 농부에게 더 많은 수익을 제공합니다. 바다와 다른 요소들에 대해서도 똑같이 말할 수 있습니다."

크리산토는 다리아를 개종시키고 두 사람은 성령의 끈으로 결합하고 표면적으로는 결혼한 것으로 가장했다. 그들은 크리산토의 가정교사였던 호민관 클라우디오(Claudius)와 그의 아내, 아이들, 많은 군인과 많은 사람을 그리스도에게로 개종시키기 시작했다. 그로 인해 크리산토는 악취가 심한 지하 감옥에 갇혔지만 그 고약한 냄새는 달콤한 향기로 바뀌었다. 다리아는 매춘굴로 보내졌지만 원형경기장에서 탈출한 사자 한 마리가 그 매춘굴 문을 지켰다. 한 남자가 다리아를 타락시키기 위해 보내졌지만 사자가 그 남자를 잡고서 자기 포로를 어떻게 해야 할지 말해 달라는 듯이 다리아를 바라보는 것 같았다. 그녀는 사자에게 남자를 해치지 말고 자신에게 보내라고 말했다.

즉시 개종한 그 사람은 '다리아는 여신'이라고 소리치면서 그 도시를 뛰어다녔다. 사자를 붙잡으려고 사냥꾼들이 파견되었지만, 오히려 사자에게 잡혀 다리아의 발 앞에 놓였고 그녀에 의해 개종했다. 그때 총독은 그 사자와 다리아 둘 다 태워버리려고 독방 입구에 불을 지르라고 명령했다. 이때 당황한 사자는 포효하다가 아무에게도 해를 끼치지 않는다면 어디든 가고 싶은 곳으로 가도 된다는 성녀의 허락을 받고 떠났다.

총독은 크리산토와 다리아에게 다양한 고문을 가했지만, 두 성인에게 해를 끼치지 못했다. 마침내 이 신성한 부부는 구덩이에 던져지고 흙과 돌로 짓밟혀 그리스도에게 순교자로 축성되었다. 이 일은 서기 211년에 주교가 된 나르본(Narbonne)의 주교 카로(Carus) 시대에 일어났다. 나르본에서는 그들의 축일을 특별히 더 장엄하게 거행한다.

···✦ 158 ✦···

1만 1천 명의 동정녀들

1만 1천 명 동정녀들의 순교는 다음과 같이 이루어졌다. 브리탄니아(Britannia)에 노토(Notus, 혹은 마우로/Maurus)라는 최고의 그리스도인 왕이 있었고, 왕에게는 우르술라(Ursula)라는 이름의 딸이 있었다. 우르술라는 고결한 삶과 지혜, 아름다움으로 유명했고, 그녀의 명성은 날개 달린 듯이 널리 퍼졌다. 막강한 권력을 갖고 많은 나라를 통치 하에 두었던 앙글리아(Anglia)의 왕은 이 동정녀의 명성을 듣고 자기 외아들과 혼인하기를 희망했다. 그 젊은이는 아버지의 계획에 열렬히 동의했다. 그래서 그들은 그 동정녀의 아버지에게 대사(大使)를 보냈다. 대사들은 거창한 약속과 아첨하는 말을 아끼지 않았고, 만일 빈손으로 돌아간다면 무슨 일이 일어날지 모른다며 무서운 위협을 덧붙였다.

　노토 왕은 여러 가지 이유로 몹시 괴로웠다. 그는 그리스도 믿음을 가진 딸을 우상 숭배자들에게 보내는 것이 옳지 않다고 생각했으며, 딸이 결코 동의하지 않을 것을 알고 있었다. 한편으로는 야만적인 앙글리아 왕도 몹시 두려웠다. 그러자 우르술라가 하느님의 영감을 따르면서 앙글리아 왕의 요청을 수락할 수 있는 조건을 제시했다. 즉 노토 왕과 앙글리아 왕이 신중하게 선택한 10명의 처녀를 동료로 선발하고, 자신과 각 10명에게 1천 명의 처녀가 배정되어 시중을 들게 할 것, 이동을 위해 노가 3단으로 된 군용선(trireme)을 제공할 것, 동정을 봉헌하는 일을 충실히 이행하기 위한 3년의 시간을 줄 것, 그 젊은이가 세례를 받고 3년 동안 믿음으로 교육을 받아야 한다는 조건이었다.

　이 제안에는 지혜가 숨어 있었다. 어려운 조건을 제시함으로써 앙글리아 왕이 결혼 자체를 포기하든가 혹은 기회가 주어진다면 그녀와 함께 모든 처녀를 하느님께 봉헌할 수도 있었다. 그러나 구혼자는 그 조건을 흔쾌히 수락했고 그의 아버지에게도 그렇게 하라고 했다. 구혼자는 즉시 세례를 받았고 그 외에 모든 일을 가능한 한 빨리 실행하라는 명령을 받았다. 그녀의 아버지는 몹시 사랑하는 딸에게 도움을 줄 남자들을 측근으로 두라고 당부했다.

그때 사방에서 처녀들이 모여들었고, 또한 남자들은 이 위대한 광경을 보기 위해 모여들었다. 또한, 많은 주교가 처녀들과 함께 하기 위해 왔다. 주교 중 한 사람은 바젤(Basel)의 주교 판툴로(Pantullus)였는데, 그는 로마로 그들을 인도하였고, 그들과 함께 돌아와서 순교를 받아들였다. 시칠리아의 여왕 성녀 제라시나(Gerasina)도 왔다. 그녀는 늑대 같은 매우 잔인한 남자와 결혼했으나, 그를 어린 양으로 바꾸었다. 제라시나는 마치리소(Macirisus) 주교의 누이였고, 성녀 우르술라의 어머니 다리아의 자매였다. 노토 왕은 우르술라의 숨겨진 의도에 대해 제라시나에게 편지를 썼고, 하느님에 의해 영감을 받은 그녀는 즉시 아들에게 왕국 업무를 맡겼다. 제라시나는 네 딸 바빌라(Babilla), 율리아나(Juliana), 빅토리아(Victoria), 아우레아(Aurea)와 누이들에 대한 사랑으로 이 순례 여행에 참여하는 어린 아들 하드리아노(Hadrianus)와 함께 배를 타고 브리탄니아(Britain, 브리튼)로 항해했다. 그녀의 초청으로 여러 나라에서 처녀들이 모여들었고, 그들의 지도자로 선임된 제라시나는 결국 그들과 함께 순교를 당한다.

합의에 따라 처녀들이 모였고 노가 3단으로 된 군용선이 준비되었다. 이제 여왕은 말하자면 동료 군인이 된 사람들에게 비밀을 털어놓았고, 모두 이 새로운 기사도의 서약을 했다. 그들은 관례대로 전쟁 준비에 착수했다. 달리고 때로는 전쟁 상황을 가장하여 도망치는 훈련도 했다. 또한 모든 종류의 대회에 참가했고, 생각나는 것은 무엇이든 시도했으며 한 가지도 소홀히 하지 않았다. 때로는 정오에, 때로는 거의 어두워지기 전에 돌아왔다. 왕자들과 대주교가 이 특이한 광경을 목격하려고 왔고, 모두가 감탄과 기쁨으로 가득 찼다. 우르술라는 시간이 지나면서 모든 처녀를 믿음으로 개종시켰다.

그런 다음 순풍 덕에 그들은 하루 만에 티엘라(Tyella)라고 하는 갈리아 항구에 도착한 다음 쾰른(Köln)으로 갔다. 쾰른에서 주님의 한 천사가 우르술라에게 나타나서 모든 처녀가 그들의 도시로 돌아가 순교의 월계관을 얻을 것이라고 예언했다. 천사의 명령에 따라 그들은 로마를 향해 나섰고 바젤(Basel)에 상륙한 후 배를 그곳에 남겨두고 걸어서 로마로 계속 갔다. 치리아코(Cyriacus) 교황*은 그들의 도착에 기뻐했다. 그 자신도 브리탄니아 출신이며 처녀들 중에 많은 혈족이 있었고, 그래서 그와 로마의 전체 성직자는 그들을 높은 영예로 환영했다. 바로 그날 밤, 교황에게 그들과 함께 순교의 팔마를 얻을 것이라는 하느님의 계시가 주어졌다. 그는 이 계시를 자신만 간직하고, 아직 성사를 받지 못한 많은 처녀에게 세례를 주었다.

베드로 이후 19번째 교황 치리아코**는 1년 11주간 동안 교회를 다스렸을 때, 이제 때가 되었음을 깨달았다. 교황은 궁정을 소집하여 자신의 결심을 알렸다. 그리고 모든 사람이 참석한 그 자리에서 교황직을 사임했다. 많은 사람, 특히 추기경들이 그가 교황직의 영광을 포기하고 어리석은 많은 여자와 어울리면서 제정신이 아니라고 여기고 항의했다. 그러나 그는 꿋꿋했고 아메토스(Ametos)***라고 하는 거룩한 사람을 교황직 계승자로 서품했다. 치리아코는 성직자의 뜻에 반하여 사도좌를 떠났기 때문에, 반대하던 성직자들은 교황 목록에서 그의 이름을 삭제하였고, 그 이후로 동정녀들의 거룩한 성가대는 교황청으로부터 누리던 모든 호의를 잃었다.

한편 로마 군대의 두 명의 사악한 사령관 막시무스(Maximus)와 아프리카누스(Africanus)는 이 많은 처녀와 수많은 남녀가 그들에 합류하려고 서두르고 있다는 사실을 알고, 그들의 영향력이 그리스도교를 지나치게 번성하게 만들 수 있다는 것을 두려워했다. 그래서 그 두 사령관은 여자들의 여정을 면밀히 조사하여 친척인 훈족(Huns)의 족장 율리우스(Julius)에게 그들이 그리스도인이니, 쾰른에 도착하면 군대를 이끌고 가서 도살하라고 전갈을 보냈다. 복된 치리아코는 이 고귀한 처녀들과 함께 로마를 떠났다. 야고보(Jacobus)가 고국인 브리탄니아에서 안티오키아로 가서 7년 동안 대주교직의 직무를 수행했던 것처럼, 주임신부 추기경(Cardinalis Presbyteri)인 빈첸시오는 치리아코를 따랐다. 야고보는 당시 재위하는 교황을 방문하려고 갔는데, 처녀들이 이미 떠났다는

---

* 사도좌 관보(Acta Apostolica Sedis)에 언급되지 않았다.
** 베드로에 이어 19번째 교황은 파비아노(Fabianus, 236~250 재위) 교황이다. – 역자 주
*** 마찬가지로 목록에 올라있지 않다.

소식을 듣고 그들의 여정에 합류하기 위해 급히 돌아왔다. 루카(Lucca)의 주교 폴라리오(Follarius)와 그때 로마에 있던 라벤나(Ravenna)의 주교 술피치오(Sulpicius)뿐만 아니라 바빌라(Babilla)와 율리아나(Juliana)의 삼촌인 레비카나(Levicana) 시의 주교 마우리시오(Maurisius)까지 앞서 언급한 처녀들에 합류했다.

복된 우르술라의 남편이 되기로 서약을 했던 에테레오(Etherus)는 브리탄니아에 머물러 있었고, 이제 천사의 전언(傳言)에 의해 어머니를 그리스도인이 되도록 재촉하라는 주님의 명령을 받았다. 그의 아버지는 세례를 받은 후 1년 안에 죽었고, 아들이 왕국을 계승했다. 거룩한 처녀들과 앞서 언급한 주교들이 로마에서 돌아오고 있을 때, 에테레오는 나가서 약혼녀를 맞이하고, 쾰른에서 그녀와 함께 순교의 월계관을 받으라는 권고를 주님에게서 받았다. 하느님의 명령에 순명한 그는 어머니에게 세례를 받게 한 후, 어머니와 어린 누이인 플로렌티나(Florentina), 클레멘스 주교와 함께 처녀들을 만나 순교로 함께 나아가려고 갔다. 그리스의 주교 마르쿨로(Marculus)와 그의 조카 콘스탄시아(Constantia)는 로마로 가라는 환시로 지시를 받았고, 그곳에서 처녀들과 합류하여 순교를 나누려고 했다. 콘스탄시아는 한 왕의 아들과 약혼했지만, 약혼자는 결혼 전에 죽었고 그녀는 주님에게 자신의 동정을 서약했다.

그로 말미암아 모든 처녀는 위에서 언급된 주교들과 함께 쾰른으로 돌아갔지만, 그곳은 훈족에게 포위되어 있었다. 그들을 본 그 이방인들은 격렬한 고함을 지르며 달려들었고, 늑대가 양떼를 유린하는 것처럼 모두 살해했다. 남은 사람들까지 도살한 이방인들은 마침내 복된 우르술라에게 왔다. 이방인들 우두머리는 그녀의 놀라운 아름다움에 현혹되었다. 우두머리는 동료들의 죽음에 대해 그녀를 위로하면서 그녀를 아내로 삼으려 했으나 그녀는 그 제안을 경멸했다. 이에 그는 화살로 그녀를 쏘았고, 이렇게 그녀의 순교가 완수되었다. 처녀 중 콘둘라(Condula)라고 하는 여인은 두려움에 밤새 배에 숨어 있었지만, 아침에 자발적으로 항복하여 월계관을 받았다. 그러나 그녀가 다른 사람들과 함께 고통을 받지 않았기 때문에 그녀의 축일은 거행되지 않았다. 그래서 그녀는 오랜 후에 한 은둔자에게 나타나 처녀들의 축일 다음 날 자신의 장엄함이 준수되도록 지시했다.

그들의 수난은 서기 238년에 일어났다. 그런데 이 사건이 그 날짜에 일어나지 않았을 것이라고 주장하는 사람들이 있다. 그들은 시칠리아 왕국의 여왕들이 동정녀들과 함께 있었다고 주장되던 시기에 시칠리아는 왕국이 아니었고 콘스탄티노폴리스도 아니었다. 그런 까닭에 이 대규모의 순교는 콘스탄티누스 황제의 재위 오랜 뒤에, 즉 우리가 어떤 연대기에서 읽었던 것처럼 마르치아누스 황제의 시기에, 훈족과 고트족이 서로 전쟁을 벌였을 때 일어났을 가능성이 더 크다. 마르치아누스는 서기 452년에 통치했다.*

한 아빠스가 쾰른의 여자 아빠스(abbatissa)에게 동정녀 중 한 사람의 시신을 자신에게 넘겨달라고 요청했다. 그는 자신의 수도승원 성당에 은으로 된 작은 상자 안에 안치하겠다고 약속했지만 1년 내내 그 시신을 나무 상자에 담아서 제대 위에 두었다. 그러던 어느 날 밤, 그 아빠스가 공동체와 함께 조과(朝課, matutinum)를 노래하고 있는 동안 그 동정녀가 제단으로 몸을 내리고 제대 앞에서 경건하게 절을 한 후 수도승들이 놀라서 바라보는 동안 성당 내진(內陣, chorus)의 중앙을 통해 나가버렸다. 아빠스는 나무로 된 상자로 달려가 상자 안이 비어 있음을 발견했다. 그래서 자신들이 그 시신을 가져왔던 장소로 가서 보니 그곳에 시신이 있었다. 아빠스는 용서를 청하고 당장 시신을 위해 귀중한 상자를 만들겠다고 진지하게 약속했지만 그는 아무것도 얻지 못했다.

이 동정녀들에게 큰 신심을 가지고 있던 한 수도자가 중병을 앓고 있었는데, 어느 날 가장 아름다운 동정녀가 그에게 나타나서 자신을 알아보는지 묻는 환시를 보았다. 놀란 그는 모른다고 대답하자 그녀가 말했다. "저는 당신이 신심을 가지고 있는 동정녀 중 한 사람입니다. 우리는 당신이 이에 대한 보상을 받기를 원합니다. 따라서 만일 저희에 대한 사랑으로, 저희를 기리는 주님의 기도를 1만 1천 번 암송한다면, 당신 죽음의 시간에 당신을 보호하고 위로할 것입니다." 그녀는 사라졌고 그 수도승은 최대한 빨리 이행했다. 그런 다음 그는 아빠스를 불러 자신에게 기름을 붓게 하였다. 즉 마지막 예식을 주었다.

그리고 기름 부음을 받자마자 곧, 그들 모두가 떠나야 하고 거룩한 동정녀들을 위한 방을 만들라고 큰 소리로 말했다. 아빠스는 이것이 무엇을 의미하

---

* 이 전설의 역사적이고 지리적인 혼란은 《황금 전설》이나 그 시대의 유사한 문헌에서도 아주 흔하고, 이 이야기의 주요 관점, 즉 덕, 거룩함, 그 동정녀들의 그리스도인으로서의 용기를 조금도 약화시키지 않았다. 이 처녀들의 용기는 놀라울 정도로 크게 늘어났다. 이 전설에 대한 고찰은 《버틀러의 성인들의 생애》(Butler's Lives qf the Saints, New York: P.J.Kenedy & Sons, 1963, 4:165~168)에 나와 있다.

는지 물었고, 수도승은 그에게 동정녀와의 약속을 자세히 설명했다. 모든 사람이 그를 떠났고, 잠시 후 그들은 돌아와 주님에게 이주한 그를 발견했다.

성 시몬과 유다 사도

시몬(Simeon)은 '순종하는 사람' 또는 '슬픔을 견디는 사람'이라는 뜻이다. 이 시몬은 두 개의 별명을 가졌는데, 그는 '열혈당원 시몬'(Simon Zelotes)과 주님께서 물을 포도주로 바꾸신 갈릴래아 카나(Cana)의 이름을 따서 '가나안 사람 시몬'(Simon Cananneus)이라고 불렸다. 가나는 '열망'을 의미하기 때문에 젤로테스(Zelotes)는 가나에 해당한다. 시몬은 계명에 따라 행동함으로써 계명에 순종했고, 연민으로 고통받는 사람들의 슬픔을 품었으며, 끊임없는 열정으로 영혼을 향한 열정을 가지고 있었다.

유다(유다인)는 '고백하는' 또는 '영광스러운'으로 해석되며, '환희를 주는 사람'이라는 뜻의 유빌룸 단스(jubilum dans)에서 유래되었다. 유다는 믿음의 증거자(confessor)였고, 하느님 나라의 기쁨과 내적인 기쁨의 환희를 누렸다. 그는 여러 가지 별명을 가졌다. 첫째, 그는 소(小) 야고보의 형이었기 때문에 '야고보의 형제 유다'(Judas Jacobi)라고 불렸다. 둘째, 그는 '군주를 붙잡은 사람'이라는 뜻의 타데우스(Thaddeus)라고 불렸는데, 이는 '왕의 의복'인 타데아(thadea)와 '하느님'을 뜻하는 데우스(Deus)에서 유래한 것이다. 타데오는 자신의 덕의 장식으로 장식된 하느님의 왕의 옷이 되었고, 이 옷으로 그리스도를 붙잡았다. 또는 타데오는 탐 데우스(tam Deus), 즉 '위대한 하느님'에서 유래했는데, 그는 선택으로 태어났다. 셋째, 《교회사》는 그를 렙베오(Lebbaeus)라고 부르는데, 이는 '심장'을 뜻하는 코르(cor), 또는 '작은 심장'을 뜻하는 코르쿨루스(corculus)처럼 들린다. 그러므로 '자신의 마음을 경작하고 돌보는 사람'이라는 뜻이다. 또 렙베오는 '대야'를 뜻하는 레베스(lebes)와 같다. 유다는 덕과 은총의 대야 또는 꽃병이 될 자격이 있었기 때문에, 그의 마음이 크다는 의미로 심장, 순결하다는 의미로 작은 심장, 은총이 충만하다는 의미로 대야라고 불린다.

가나안 사람 시몬과 타대오라고 불리던 유다는 소야고보의 형제였고, 알패오

(Alpheus)와 클레오파스의 마리아(Maria Cleophae)의 아들이었다. 토마스는 주님의 승천 후, 유다를 에데사(Edessa)의 왕 아브가로(Abgarus)에게 보냈다. 《교회사》는 아브가로 왕이 우리 주 예수 그리스도에게 편지를 보냈다고 전한다. 그 편지는 다음과 같다. "에우카니아스(Euchanias)의 아들 아브가로 왕은 예루살렘의 지방에 나타나신 선한 구세주 예수에게 문안합니다. 저는 당신과 당신이 행한 치유에 대해 들었습니다. 당신은 약이나 약초 없이 치유를 했고, 장님을 보게 하며, 절름발이를 걷게 하고, 나병 환자들을 깨끗해지게 하고, 죽은 사람을 살렸습니다. 이 모든 것을 들은 저는 마음속으로 당신이 하느님이고 당신이 해야 할 일을 하려고 하늘에서 내려왔거나, 아니면 당신이 하느님의 아드님이어서 이 모든 것을 행하신 것으로 결론을 내렸습니다. 이러한 이유로 저는 당신이 저에게 오셔서 오랫동안 고통받고 있는 저의 병을 치유해 주시기를 청하기 위해 이 글을 씁니다. 저는 유다인들이 당신을 없애려고 음모를 꾸미고 있음을 알고 있습니다. 그러니 저에게 오십시오, 저는 우리 둘을 위해 수수하지만 영예롭고, 넓은 도시를 갖고 있습니다."

주 예수는 아브가로에게 대답했다. "비록 나를 보지 못했지만 나를 믿는 너는 복이 있다. 나를 보지 않는 사람은 믿을 것이고, 나를 보는 사람은 믿지 않을 것이라고 나에 대하여 기록되어 있기 때문이다. 네가 나에게 오라고 쓴 것에 관해서, 나는 내가 하도록 보내졌던 모든 일을 끝내야 하고, 후에 나를 보냈던 그분에게 환영을 받을 것이라고 너에게 말한다. 그러므로 나는 나의 제자 중 한 사람을 너에게 보내 너를 치유하고 너에게 새 삶을 주게 할 것이다." 여기까지는 《교회사》에서 전하는 내용이다.

따라서 아브가로는 자신이 그리스도를 대면하여 볼 수 없다는 것을 깨달았다. 그래서 다마스쿠스의 요한(Johannes Damascenus)이 고대사 《제4권》에서 증언했던 것처럼, 아브가로는 주님의 초상을 그리려고 예수에게 화가를 보냈다. 그래서 그분을 실물로 볼 수 없더라도, 초상화를 봄으로써 적어도 그분을 상상할 수 있을 것이라 생각했다. 그러나 그 화가가 예수에게 갔을 때, 주님의 얼굴 광채가 너무 강해서 얼굴을 제대로 볼 수 없었고 시선을 고정할 수도 없어서 주문받은 초상화를 그릴 수 없었다. 이를 본 예수는 화가의 아마포 천에 자신의 얼굴을 눌러 형상을 새겨 왕에게 보냈다. 같은 책에서는 다마스쿠스의 요한이 증언했던 것처럼 이 형상을 묘사했다. 형상은 멋진 눈과 이마, 그리고 원숙의 징표인 약간 앞으로 기울어진 긴 얼굴을 가진 주님을 보여준다.

우리 주 예수 그리스도에 의해 쓰여진 편지는 에데사(Edessa)에 어떤 이단자나 이교도가 살 수 없고, 어떤 폭군도 그 시에 해를 입히지 못하는 대단한 힘을 가졌다고 한다. 실제로, 적대적인 상대 부족이 에데사에 공격 해오려고 하면 한 아이가 도시 성문 위에 서서 그 편지를 읽었다. 그렇게 하면 적들은 공포에 질려 도망치거나 평화를 청했다. 이 일은 과거에 실제로 일어났고, 그렇게 들었다. 나중에 에데사는 사라센인들에게 사로잡혀 모독을 당했고 동방 전역에 퍼진 사악함의 파도 때문에 모든 기적적인 도움이 보류되었다.

그리스도의 승천 후, (우리가 《교회사》에서 읽었던 것처럼) 토마스 사도는 주님이 약속대로 타대오(유다)를 아브가로 왕에게 보냈다. 타대오가 왕에게 자신이 예수의 약속된 제자라고 말했을 때, 아브가로는 그의 얼굴에서 하느님과 같은 기이한 광채를 보았다. 아브가로는 그 광경에 놀라고 두려워서 주님을 흠숭하며 말했다. "진실로 당신은 하느님의 성자(聖子) 예수님의 제자입니다. 그분은 저에게 '나는 너를 치유하고 너에게 삶을 주려고 제자 한 사람을 보낼 것이다.'라고 약속하셨습니다." 타대오: "만일 당신이 하느님의 성자를 믿는다면, 소망하는 모든 것을 얻을 것입니다." 아브가로: "만일 저에게 그런 가능성이 있고 로마의 권위가 간섭하지 않는다면, 나는 그분을 십자가에 못 박았던 유다인을 기꺼이 죽일 것이라고 진실로 믿으며 기꺼이 그렇게 할 것입니다." 우리가 다른 책에서 읽은 것처럼 아브가로는 나병 환자였다. 그래서 타대오는 구세주의 편지로 왕의 얼굴을 문질렀고, 즉시 나병이 치유되었다.

그 후, 유다 타대오는 메소포타미아와 폰투스(Pontus)에서, 시몬은 이집트에서 설교했다. 그런 다음 두 사람은 페르시아로 갔고 마태오가 이집트에서 쫓아냈던 두 마법사 자로에스(Zaroës)와 아르팍사트(Arphaxat)를 발견했다. 바빌로니아 왕의 군대 사령관 바라다크(Baradach)는 인도인들과 전쟁하러 가려했으나 자신의 신들로부터 어떤 응답도 얻을 수 없었다. 사령관은 인접한 도시의 신전으로 갔고, 더 정확히 말해서 그곳에 와 있는 사도들 때문에 신들이 대답할 수 없다는 응답을 받았다. 사령관은 사도들을 찾았고, 그들을 발견하자 누구이며 무슨 목적으로 왔는지 물었다. 사도들: "우리는 히브리인입니다. 우리의 믿음을 알고 싶다면 우리는 그리스도교를 고백합니다. 우리는 당신 백성의 구원을 위해 이곳에 왔습니다." 사령관: "내가 승리하여 돌아올 때, 당신의 말을 듣겠습니다!" 사도들: "당신은 반역자들을 정복할 수 있는 분의 도움을 받거나 적어도 평화를 이루고자 열망하는 분을 찾는 것이 더 적절할 것입니다." 사령관: "당신이 우리의 신들보다 강력하다는 것을 압니다! 자, 그렇다면 전쟁이 어떻게 끝날지 알려주십시오!" 사도들: "당신의 신들이 거짓말쟁이라는 것을 알 수 있도록, 우리는 그들에게 당신의 질문에 대답하라고 명합니다. 당신 신들은 아무것도 맞추지 못함으로써 모두 거짓임이 증명될 것입니다!" 마법사들을 통해 그 대답이 왔다. 즉 양쪽 편에서 상당수의 사람이 죽게 되는 광범위한 전쟁이 될 것이라는 대답이었다.

사도들은 웃기 시작했다. 사령관: "당신들은 웃지만, 저는 두려움에 사로잡혀 있습니다!" 사도들: "평화가 우리와 함께 이곳에 왔으니 아무것도 두려워할 것이 없습니다. 내일 제3시(오전 9시)에, 인도에서 온 사절들이 당신에게 올 것이고 당신의 힘에 평화적으로 굴복할 것입니다!" 이에 우상들의 신관들이 비웃으며 사령관에게 말했다. "이 사람들은 당신을 안심시키기 위해 이렇게 말하는 것입니다. 그러면 당신은 경계를 늦출 것이고 적이 당신을 침략할 것입니다!" 사도들은 다시 "우리는 한 달이 아니라 하루를 기다리라고 말했습니다. 내일 당신은 승리자가 될 것이고, 평화가 있을 것입니다."라고 말했다.

사령관은 사도들과 신관들을 감시하에 두었다. 그래서 만일 사도들이 말한 것이 사실로 밝혀지면 영예를 받을 것이고 신관들은 자신들의 범죄에 대해 벌을 받도록 했다. 다음 날, 사도들이 예언한 일이 실제로 일어났다. 그때 사령관은 그 신관들을 화형에 처하려고 하였으나 사도들이 반대했다. 그들은 살아있는 사람을 죽이기 위해 보내진 것이 아니라 생명을 다한 죽은 이들을 데려가려고 보내졌기 때문이다. 사령관은 놀라움으로 압도되었다. 왜냐하면, 사도들이 신관들을 죽이는 것을 반대하고 그들의 재산도 받으려 하지 않았기 때문이다. 그래서 사령관은 두 사람을 왕에게 데려갔다. "이들은 사람의 모습 뒤에 숨어있는 신들입니다!" 그런 다음 두 명의 마법사도 참석한 가운데 모든 것을 보고했다. 시기심으로 제정신이 아닌 마법사들은 사도들이 악마의 일꾼이고 교묘하게 왕국에 대한 음모를 꾸미고 있다고 말했다. 사령관은 마법사들에게 말했다. "만일 너희가 용기가 있다면, 사도들에게 시도해 보아라!" 마법사들: "웅변을 잘하는 사람 몇을 불러주십시오. 그들이 우리 앞에서 말을 하지 못하는 모습을 사령관께서 보게 될 것입니다. 그들이 우리 앞에서 말할 수 있다면, 우리에게 능력이 없음이 증명되는 것입니다!"

많은 법률가가 마법사들 앞에 끌려왔고, 그들은 말을 할 수 없었고 그저 고개를 끄덕이는 정도로 벙어리가 되었다. 다음으로 마법사들은 왕에게 말했다. "이 사람들이 말하게 하되 걷지 못하게 하고, 그런 다음 그들을 걷도록 허락하지만 눈을 뜨고도 보지 못하게 함으로써, 우리가 신이라는 것을 증명하겠습니다!" 마법사들이 말한 모든 것을 행하자, 사령관은 부끄러워하였고 당황한 법률가들을 사도들에게 데려갔다. 법률가들은 누더기를 입은 사도들 모습에 경멸할 수밖에 없었다. 시몬이 법률가들에게 말했다. "하잘것없는 물건은 금과 보석으로 장식한 상자 안에 보관되어 있고, 비싼 보석들이 박힌 목걸이들은 값싼 나무 상자 안에 보관하는 경우가 있습니다. 귀한 물건의 소유자가 되기를 원하는 사람은 겉모습이 아니라 그 안에 있는 것에 관심을 기울여야 합니다. 그러므로 우상숭배를 그만두고 유일하고 보이지 않는 하느님을 흠숭하겠다고 약속하십시오. 우리가 당신들의 이마에 십자가 표시를 할 것입니다. 그러면 마법사들이 사기꾼임이 확인될 것입니다."

사도들은 법률가들의 이마에 표시했고, 법률가들은 마법사들과 함께 다시 왕에게 왔다. 살아 꿈틀거리는 많은 뱀이 나타나, 마법사들은 법률가들을 속일 수 없었을 뿐만 아니라 웃음거리가 되었다. 즉시 왕의 명령으로 사도들이 들어왔다. 사도들은 뱀들을 자신들의 망토에 채운 다음 마법사들에게 던지며 말했다. "주님의 이름으로 너희는 죽지 않을 것이다. 그러나 그 뱀들은 너희의 살을 갉아먹을 것이고 너희들은 고통으로 신음할 것이다." 뱀들이 마법사들의 살을 먹기 시작했고 마법사들은 늑대처럼 울부짖었다. 왕과 사람들이 사도들에게 뱀들이 마법사들을 죽이게 하라고 요청했다. 사도들은 대답했다. "우리는 죽은 사람을 되살리기 위해 보내진 것이지, 살아있는 사람에게 죽음을 주기 위해 보내진 것이 아닙니다."

그런 다음 시몬과 유다는 기도했고 뱀들에게 마법사들에게 주입한 독액을 모두 뽑아내고, 원래 있던 곳으로 돌아가라고 명령했다. 마법사들은 뱀에게 물렸을 때보다 독액을 빨아낼 때 더 큰 고통을 느꼈다. 사도들은 마법사들에게 말했다. "당신들은 3일 동안 고통을 겪은 후 낫게 될 것이고, 그때 마침내 악의(惡意)를 버릴 수 있을 것입니다." 마법사들이 사흘 동안 먹지도 마시지도 못하고 고통이 너무 심해서 잠을 자지 못할 때 사도들이 와서 말했다. "주님은 강요된 봉사를 받으려고 몸을 굽히지 않습니다. 당신들은 치유되어 일어날 것이니 각자의 길을 가십시오. 원하는 것은 무엇이든 자유롭게 하십시오." 그러나 마법사들은 악의를 고집하고, 온 바빌로니아를 선동하여 시몬과 유다에 반대하려고 떠났다.

그 후 얼마 뒤에 장군의 딸이 간음으로 임신해 아들을 낳았다. 어떤 거룩한 부제가 자신을 범했고 아이 아버지라고 중상모략을 했다. 그녀의 부모가 부제를 죽이려고 하자 사도들이 사건에 개입했고, 아기가 언제 태어났는지 물었다. 그들은 대답했다. "오늘, 오늘의 제1시에!" 사도들: "아기를 데려오고 당신이 고발하는 그 부제도 여기에 있는지 보십시오!" 부모는 그렇게 했고, 사도들은 갓난아기에게 말했다. "아기야, 만일 이것이 그 부제의 소행이라면, 주님의 이름으로 우리에게 말하여라!" 아기: "저 부제는 순결하고 거룩하며, 결코 자신의 육체를 더럽힌 적이 없습니다." 그런 다음 부모는 사도들에게 누가 그 죄의 장본인인지 밝혀내야 한다고 주장했지만, 사도들은 대답했다. "우리 일은 무죄한 사람을 용서하는 것이지, 죄인을 파멸시키는 것은 아닙니다."

그 당시 갇혀있던 두 마리의 사나운 암호랑이가 탈출하여 마주치는 모든 사람을 잡아먹었다. 이에 사도들이 와서 주님의 이름으로 어린양처럼 온순하게 만들었다.

시몬과 유다는 그 지방을 떠나기를 원했으나 사람들은 머물기를 요청했고, 사도들은 1년 3개월 동안 머물면서 그동안 어린이를 제외하고도 6만 명이 넘는 많은 사람에게 세례를 주었다. 앞서 언급된 마법사들은 사미르(Samir)로 불리던 도시로 가는데, 그곳에는 우상들의 고위 신관 70명이 있었다. 마법사들은 신관들에게 거룩한 사람들이 우상에게 제물을 바치도록 강요하거나 아니면 죽이도록 재촉하면서 신관들의 마음을 사도들에게 대항하도록 부추겼다. 사도들이 모든 속주를 횡단하여 그 도시에 도착했을 때, 그 고위 신관들은 전체 주민과 함께 사도들을 포로로 잡아서 태양의 신전으로 데려갔다. 악령들이 소리치기 시작했다. "살아있는 하느님의 사도들이여, 저희와 당신 사이에 무슨 일이 있습니까? 당신들이 들어왔을 때, 저희는 화염에 휩싸입니다!" 그 때 주님의 천사가 사도들에게 나타나서 말했다. "둘 중 하나를 선택하시오, 이들을 위한 갑작스러운 죽음을 선택하거나, 순교를 선택하십시오!" 사도들: "하느님의 자비는 흠숭 받으소서! 하느님은 이 사람들을 개종시키고, 저희를 순교의 팔마나무로 인도하소서!"

침묵이 흘렀고 사도들은 말했다. "악령으로 가득 찬 우상들을 봐라! 우리는 악령들이 나와서 각각 자신의 상(像)을 깨뜨리도록 명령한다!" 그리고 즉시, 모두가 놀라움을 금치 못할 정도로, 두 사람의 검고 벌거벗은 모습들*이 우상들 밖으로 나와 우상을 박살 냈고, 째는 듯한 외침 소리와 함께 떠났다. 그러자 이교도 신관들이 사도들에게 달려들어서 죽였다. 하늘이 화창하고 고요했던 바로 그 시간에, 번개가 번쩍하여 신전이 위로부터 아래로 세 조각으로 쪼개지고, 두 마법사는 번개 열기로 재가 되었다. 왕은 사도들의 시신을 자신의 도시로 옮기게 하고 그들을 기리기 위해 웅장한 성당을 건축했다.

많은 자료는 시몬이 십자가 형태의 교수대에 못 박혔다고 전한다. 이시도로는 저서 《사도들의 죽음》(De obitu apostolorum)에서 이것을 말한다. 같은 증언이 에우세비오의 저서 《교회사》에서, 베다(Beda)의 논문 〈사도들의 활동들〉(Super actus apostolorum), 스승 요한 벨레토의 저서 《대전》(大全, Summa)에서 제시된다. 이 저자들은 시몬이 이집트에서 설교한 후에 예루살렘으로 돌아왔다고 말한다. 소야고보가 죽은 후, 시몬은 다른 사도들에 의해 만장일치로 소야고보를 계승하여 예루살렘의 주교로 선출되었다. 시몬은 30명의 죽은 사람들을 소생시켰다고 하며, 따라서 그를 노래한다.

파도에 잠겨 죽은 30명을
그는 인간의 생명으로 회복시켰다.**

시몬은 예루살렘 교회를 여러 해 다스렸고 120세의 나이가 되던 해, 트라

---

* 여기에서 본문의 "에티오피아인"은 "모습들"로 대체되었다.

** Ter denos mortuos / Fluctibus mersos / Humanae vitae reddidit.

야누스가 황제가 되고 아티쿠스(Atticus)가 예루살렘의 집정관이 되었다. 집정관은 시몬을 체포하여 고문했다. 집정관은 마침내 시몬을 십자가에 못 박으라고 명령했고, 재판관을 포함해 모든 구경꾼은 120세의 노인이 십자가의 고통을 견딜 수 있다는 것에 놀랐다.

그러나 어떤 저자들은 예루살렘의 주교였고 십자가의 순교를 견딘 사람은 이 시몬이 아니라 (이것이 이 문제의 진실이다.) 또 다른 시몬, 요셉의 형제인 클레오파스의 아들이었다고 말한다. 카이사리아의 주교 에우세비오는 자신의 《연대기》에서 이에 대해 증언한다. 이시도로와 베다는 각각 자신의 《연대기》에서 똑같이 말한다. 이시도로와 에우세비오는 이전에 자신들의 《연대기》에서 썼던 내용을 정정했고, 베다는 저서 《재론고》(再論考, Retractationes)에서 다른 의견을 가지고 있었던 자신을 스스로 책망했다. 우수아르도(Usuardus)도 저서 《순교록》(Martyrologium)에서 동일한 증언을 한다.

160

성 퀸티노

귀족 태생의 로마 시민인 퀸티노(Quintinus, Quentin)는 아미앵(Amiens) 시로 가서 많은 기적을 행하였다. 그 도시의 총독 막시미아누스의 명령으로 포로로 잡힌 퀸티노는 사형 집행인들로부터 실신할 때까지 매질을 당했다. 그런 다음 투옥되었으나 천사가 그를 풀어주었고, 그는 도시의 중심으로 가서 사람들에게 설교했다. 다시 체포된 그는 고문대 위에서 정맥이 터질 때까지 큰 대(大)자로 묶여 생가죽 끈으로 채찍질 당했고 그 상처에 끓는 기름, 역청(pitch), 윤활유(grease)가 끼얹어졌다. 그는 이 모든 것을 끈기 있게 견디면서 재판관을 조롱했다. 재판관은 이에 분개하여 석회, 식초, 겨자를 입에 밀어 넣으라는 명령을 내렸다. 그가 이러한 고문에도 흔들리지 않자, 베르망드와(Vermandois)*로 끌려갔다. 그곳에서 재판관은 2개의 못을 그의 머리부터 다리까지 관통시키고, 10개의 나무못을 그의 손톱 밑에 박아넣었다. 그는 마침내 참수되었다.

퀸티노의 시신은 강에 던져졌고 55년 동안 감춰져 있다가 로마의 한 귀족 부인에 의해 발견되었다. 어느 날 밤 그 여인은 기도에 열중하고 있었고, 한 천사가 그녀에게 서둘러 베르망드와 성채로 가서 성 퀸티노의 시신을 찾아 영예롭게 묻으라고 지시했다. 그녀는 여러 사람과 그곳으로 가서 모두 함께 경건하게 기도했다. 그 결과 부패하지 않고 달콤한 향기가 나는 성인의 시신이 강 위로 떠올랐다. 여인은 매장을 맡아 하였고 그 봉사의 답례로 시력을 회복했다. 그녀는 그곳에 성당을 건축한 후 집으로 돌아갔다.

⚜ 161 ⚜

성 에우스타키오

트라야누스 황제의 군대 군사령관(magister militum)이었던 에우스타키오(Eustachius, Eustace)는 원래 이름은 플라치도(Placidus)였다. 그는 비록 우상 숭배자였지만, 자비를 베푸는 데 힘쓰고 아내 역시 동반자로서 숭배와 선행에 함께 했다. 그의 두 아들 역시 높은 신분에 걸맞는 교육과 보살핌을 받았다.

플라치도(에우스타키오)는 변함없는 모습으로 어려운 사람들을 보살피니 은총의 빛을 받아 진리의 길로 나아갈 수 있었다. 어느 날 그가 사냥 중에 사슴떼를 발견했는데, 그중 크기나 아름다움으로 두드러진 수사슴 한 마리가 있었다. 이 사슴은 무리에서 이탈하여 숲속 깊은 곳으로 뛰어갔다. 플라치도는 군인들에게 나머지 무리를 따라가도록 하고, 자신은 그 수사슴을 뒤쫓아 잡으려고 애썼다. 그러다 도망치던 수사슴이 마침내 높은 봉우리 꼭대기에 멈추었고, 가까이 접근한 플라치도는 어떻게 그 사슴을 잡을 수 있는지 생각했다. 그가 생각하는 동안, 수사슴의 뿔 사이에서 태양보다 더 밝게 빛나는 거룩한

---

* 라틴어본에는 베로만둠(Veromandum)이라고 표기되어 있으나, 아마도 Viromandui, 혹은 Veromandui(프랑스어로 Viromanduens, Viromand[ue]s, Vermandois)인 것으로 여겨진다. 이곳은 현재 프랑스 북부에 있는 생캉탱(St-Quentin)으로 추정된다. 이곳은 아우구스투스 황제를 기념하여 아우구스타 비로만두오룸(Augusta Viromanduorum)이라 불렸는데, '비로만두이족(族)의 아우구스타'란 의미이다. – 역자 주

십자가 같은 것을 보았다. 그 십자가 위에 예수 그리스도의 형상이 있었다.

그때 그리스도는 언젠가 발라암(Balaam)의 나귀의 입을 통해 말했던 것처럼(민수 22, 22-35) 플라치도에게 수사슴의 입을 통해 말했다. "오, 플라치도야, 왜 나를 뒤쫓느냐? 나는 너를 위해서 이 짐승의 모습으로 네 앞에 나타났다. 나는 네가 알지 못하면서 흠숭하는 그리스도이다. 너의 자선이 나의 앞에 올라왔고, 내가 온 목적은 네가 사냥하는 이 수사슴을 통해 직접 너를 사냥하려는 것이다!" 그러나 그 말씀이 수사슴의 뿔 사이에 나타난 형상으로 선언되었다고 말하는 사람들도 있다.

그 말을 들은 플라치도는 두려움에 사로잡혀 말에서 떨어졌다. 한 시간 후에 정신이 든 그는 일어나 말했다. "제가 이해할 수 있도록 다시 말씀해주시기를 부탁드립니다. 그러면 당신을 믿을 것입니다." 주님이 말씀하셨다. "나는 그리스도다. 나는 하늘과 땅을 창조하였다. 나는 빛이 떠오르고 어둠에서 분리되게 만들었다. 나는 계절과 날[日]과 해[年]를 정한다. 나는 땅의 진흙으로 사람을 만들었다. 인류의 구원을 위하여 나는 육신를 취하였고 땅에 나타났다. 나는 십자가에 못 박혀 묻혔다가, 사흘 만에 죽은 자 가운데서 부활하였다."

플라치도는 이 말을 듣고 다시 땅에 엎드려 말했다. "주님, 저는 당신이 존재한다는 것을, 당신이 모든 것을 만드셨다는 것을, 당신이 그릇된 자를 변화시킨다는 것을 믿습니다." 주님은 다시 말씀하셨다. "만일 네가 믿는다면, 주교에게 가서 세례를 받도록 하여라." 플라치도가 말했다. "주님, 당신은 제가 이 모든 것을 아내와 아들들에게 알려 그들도 당신을 믿게 하기를 원하십니까?" "그렇다. 그들에게 말하고 너와 함께 깨끗해지게 하여라. 그런 다음 내일 아침에 이곳에 오너라. 그러면 나는 다시 나타날 것이고 미래의 너를 위하여 무엇을 준비하고 있는지 더 자세히 말할 것이다."라고 주님이 말씀하셨다.

집으로 돌아온 플라치도가 침대에 누워있는 아내에게 말하자, 아내는 남편의 말을 끊고 말했다. "여보, 어젯밤에 저도 그분을 보았고, 그분이 저에게 말씀하셨습니다. '내일 너는 남편, 아들들과 함께 나에게 올 것이다!' 그래서 이제 저도 그분이 예수 그리스도라는 것을 압니다." 그리고 그 밤에 바로 로마의 주교에게 갔다. 주교는 플라치도에게 에우스타키오(Eustachius), 아내에게 테오피스테(Theopistes),* 두 아들에게는 아가페토(Agapetus)와 테오스피토(Theospitus)라는 이름을 주면서 큰 기쁨으로 세례를 주었다.

아침이 되자 에우스타키오는 이전처럼 사냥을 떠났다. 그곳에 가까워지자 그는 군인들에게 이런저런 핑계와 사냥감 흔적을 찾는다는 구실로 임무를 주어 분산시켰다. 그런 다음 같은 장소에 서서 전과 같은 환시를 보고 땅에 엎드려 말했다. "주님, 당신이 보여주겠다고 약속하신 것을 당신의 종에게 보여주시기를 간청합니다!" 주님은 "에우스타키오야, 내 은총을 흠뻑 받은 너는 축복받았다. 너는 악마를 이겨냈기 때문이다! 이제 너는 너를 속인 사람을 짓밟았다! 이제 너의 믿음은 알게 될 것이다! 네가 그를 떠났기 때문에, 악마는 너를 대적하여 맹렬히 싸울 것이다. 너는 승리의 월계관을 받기 위해 많은 고난을 견뎌야 할 것이며, 세상의 오만한 허영심에서 낮아지고 영혼의 부유함 가운데서 다시 높아지기 위해 많은 고통을 받아야 할 것이다. 용기를 잃지 말고, 예전의 위대함을 돌아보지 마라. 너는 시련을 통해 또 하나의 욥이 될 것이다. 그러나 네가 겸손해지면, 내가 네게 예전의 영광을 회복시켜 주겠다. 그러니 말해봐라! 너는 지금, 아니면 삶의 마지막에 시련받기를 원하느냐?"

에우스타키오는 대답했다. "주님, 만약 그렇게 해야 한다면, 지금 저희에게 시련을 명령하시되, 견딜 수 있는 인내심을 주십시오!" 주님은 "마음을 굳게 하여라! 나의 은총이 너의 영혼을 보호할 것이다." 그런 다음 주님은 하늘로 승천하셨고, 에우스타키오는 집으로 가서 아내에게 모든 것을 말했다.

며칠 만에 치명적인 전염병으로 그의 집에서 일하던 남녀들이 모두 죽었고, 얼마 지나지 않아 말과 소떼가 죽었다. 그때 무법자들이 밤에 집에 몰래 침입해서, 그의 금과 은을 비롯한 모든 재물을 도둑질했다. 에우스타키오는 아무것도 남지 않았지만, 하느님에게 감사드리고 아내와 아들들과 함께 밤에 이집트로 가기로 결심했다. 왕과 모든 원로원 의원들은 총사령관을 잃은 사실에 충격을 받았다. 특히 그를 대체할 만한 사람이 없었기 때문이었다.

그들은 바다로 가서 배에 승선하고 출범했다. 에우스타키오의 아내는 아름다운 여자였고, 배의 선장은 그녀에게 강한 욕정을 느꼈다. 뱃삯을 지불할 때

---

* 라틴어본과 《로마 순교록》(Martyrologium Romanum)에 아내의 이름은 영어본의 Theospis와는 달리 Theopistes로 표기되어 있다. – 역자 주

가 되었는데 지불할 돈이 없는 것을 안 선장은 그 여자를 배에 잡고 있으라고 명령했다. 선장이 아내를 자신의 것으로 만들려는 의도를 간파한 에우스타키오는 절대 동의하지 않았다. 그가 계속 거절하자 선장은 선원들을 시켜 에우스타키오를 바다에 던지려 했다. 더 이상 저항할 수 없었던 에우스타키오는 슬프게도 아내를 배에 남기고 두 아들과 함께 육지에 내렸다. 그는 울면서 말했다. "아, 슬프도다. 너희 어머니를 우리 민족도 아닌 남자에게 넘겨주다니 너무나 슬프도다."

에우스타키오는 두 아들과 함께 강으로 갔는데, 강물이 범람하고 있었다. 동시에 두 아들을 안고 건널 수가 없어서 먼저 한 명만 데리고 건넜다. 에우스타키오는 아들을 건너편에 내려놓고 다른 아들을 구하려고 출발했다. 개울 중간쯤에 이르렀을 때, 늑대 한 마리가 달려 나와 방금 내려놓았던 아들을 잡아채서 숲속으로 사라졌다. 이 아들을 체념하고 다른 아들에게 가려고 몸을 돌렸지만, 사자 한 마리가 와서 그 아들마저 데려갔다. 어느 아들도 뒤쫓을 수 없이 강 한가운데에 있던 에우스타키오는 슬퍼하며 머리를 뜯기 시작했고, 하느님의 섭리가 그를 제지하지 않았으면 물 속에 자신을 던졌을지도 모른다.

그 사이에 목자들이 소년을 산 채로 노략질하고 있는 사자를 보고 개를 데리고 뒤쫓았다. 하느님의 뜻으로 사자는 아이를 다치지 않게 떨어뜨리고 도망쳤다. 강 반대편에서는 사냥꾼들이 고함을 지르며 늑대를 추격하여 상처를 입지 않은 소년을 구했다. 공교롭게도 그 사냥꾼과 목자는 같은 마을 사람들이었으며 소년들을 데리고 다니며 돌보아 주었다.

그러나 이 일을 모르는 에우스타키오는 울며 혼잣말을 하며 자신의 길을 갔다. "아아, 슬프다! 아아, 슬프다! 한때 나는 나무처럼 우거졌는데, 지금은 거의 잎이 떨어졌다! 아, 슬프도다! 이전에 나는 많은 군인에게 둘러싸여 있었는데, 지금은 나 혼자 남았고, 심지어 내 아들들과의 동반도 허락되지 않는다! 주님, 욥이 시련을 받은 것처럼 저의 몫은 시련을 당하는 것이라고 말씀하셨던 것을 기억합니다. 그러나 제게는 그보다 훨씬 더 큰 불행이 찾아온 것 같습니다. 욥은 재산이 털렸음에도 불구하고 적어도 잿더미라도 깔고 앉을 수 있었지만, 저는 그것조차 갖고 있지 않습니다! 욥에게는 자신의 고통을 나눌 친구들이 있었지만, 저에게는 아들들을 훔쳐간 사나운 야수들만 있을 뿐입니다. 욥의 아내는 그에게 남아 있었지만, 저는 아내를 빼앗겼습니다. 오 주님, 저의 시련을 중지시켜 주십시오, 그리고 저의 마음이 사악한 말에 기울어지지 않도록 저의 입에 파수꾼을 세우시고, 저를 당신의 눈앞에서 쫓겨나지 않게 하소서!" 그는 어떤 마을에 이르러 그곳에 머물면서 얼마 안 되는 품삯을 받으며 그 사람들의 들판을 15년 동안 지켰고, 이웃 마을에서는 그의 아들들이 서로 형제라는 사실을 모른 채 성장하고 있었다. 한편, 주님은 에우스타키오의 아내를 돌보아 주셨다. 외국인인 그 배의 선장은 그녀를 결코 아내로 취하지 못했을 뿐만 아니라, 그녀를 건드리지 않은 채 죽었다.

그해, 황제와 로마 사람들은 끊임없이 적들로부터 괴롭힘을 당했다. 황제는 적들에 대항해 용감하게 싸웠던 플라치도를 기억하고, 그의 일상에 엄습하였던 갑작스러운 변화를 생각하며 슬픔에 잠겼다. 그래서 많은 군인을 세계 여러 곳으로 파견하여 플라치도를 찾는 사람들에게 부와 명예를 줄 것을 약속했다. 플라치도 사령관 밑에서 복무했던 두 남자가 그가 살고 있는 마을에 왔다. 두 남자가 들판을 가로질러 오는 것을 본 에우스타키오는 걸음걸이로 그들을 알아보고, 자신의 이전 높은 지위에 대한 생각에 동요되었다. 그는 주님에게 말했다. "주님, 저와 함께 있던 이 사람들을 다시 볼 수 없기를 희망했습니다! 그런데 지금 이 사람들을 다시 보니, 이제 제발 제 아내를 다시 볼 수 있도록 허락해 주십시오! 제 아들들은 들짐승에게 잡아 먹혔으니 청하지 않겠습니다." 그때 한 음성이 들렸다. "에우스타키오야, 자신감을 가져라, 너는 너의 높은 영예를 되찾고 아들과 아내도 돌아올 것이다!"

그는 자신을 알아보지 못하는 두 군인을 만나려고 갔다. 군인들은 그에게 인사를 하고 아내와 두 아들을 가진 플라치도라는 사람을 아는지 물었다. 그는 모른다고 대답하면서 그 군인들을 집으로 초대하여 시중을 들었다. 그때 자신의 이전 지위를 떠올린 그는 눈물을 참을 수 없어 밖으로 나갔고 얼굴을 씻은 후에야 그들에게 돌아왔다. 그러는 동안 두 사람은 그를 의심스럽게 쳐다보았고, 한 사람이 말했다. "저 사람이 우리가 찾는 사람과 많이 닮지 않았습니까?" 다른 사람이 "확실히 그렇습니다."라고 말했다. "유심히 지켜봅시다. 그리고 만일 그가 우리 장군처럼 머리 흉터를 가졌다면, 플라치도 장군이 맞습니다!" 그를 살펴보다가 그의 상처를 본 군인들은 벌떡 일어나 그를 포옹하면서 그의 아내와 아이들에 대해 물었다. 그는 아들들은 죽고 아내는 포로로 잡혀 있다고 대답했다. 그때 이웃 사람들이 마치 한 편의 연극을 즐기려는 듯 서둘러 들어왔고, 군인들은 자기 장군이 얼마나 용감하고 영광스러운지를 자랑스럽게 말했다. 또한, 그에게 황제의 명령을 알리고 좋은 옷을 입혔다.

그들은 15일이 걸려 로마에 도착했고, 에우스타키오가 오고 있다는 것을 들은 황제는 그를 만나려고 서둘러 마중나가 따뜻하게 안아주었다. 에우스타키오는 자신에게 일어났던 모든 일을 말했고, 황제는 즉시 그를 군사본부에 가서 지휘하도록 명령했다. 군대를 확인한 그는 군대 병력이 적에 맞서기에 많이 부족하다는 것을 깨달았다. 그래서 그는 모든 도시와 마을에서 신병을 불러 모으라고 명령했다. 그렇게 두 아들이 살고 있는 지역에서도 두 명의 신병을 제공하라는 요청을 받게 되었다. 그 지역 사람들은 두 젊은이가 군 복무에 가장 적합하다고 간주하고, 그들을 보냈다. 에우스타키오는 육체적으로 건장하고 도덕적으로 올바른 이 두 명의 지원자를 보고 매우 기뻤고, 자신과 아주 가까운 부대에 배정했다. 전쟁으로 나가서 큰 승리를 거두었고, 에우스타키오는 아무것도 모른 채, 자신의 아내가 운영하는 소박한 여관에서 군인들에게 3일의 휴식을 주었다. 하느님의 뜻으로 두 젊은이는 이 여관에 숙박하였지만, 그들은 여주인이 자신들의 어머니라는 것을 몰랐다.

정오쯤에 두 사람은 밖에 느긋하게 앉아 어린 시절 이야기를 하고 있었고, 어머니는 조금 떨어진 곳에 앉아 귀를 기울여 듣고 있었다. 큰아들이 작은아들에게 말했다. "나의 아버지가 군대 사령관이었고 어머니는 매우 아름다운 여자였다는 것말고는 어린 시절에 대해 아무것도 기억하지 못해. 부모님에게는 두 아들, 나와 동생이 있었는데 동생은 아주 잘 생겼지. 어느 날 밤 부모님은 우리를 데리고 배를 탔지. 우리가 배에서 내릴 때, 어머니는 배에 머물렀는데 왜 그런지 모르겠어. 아버지는 우리 둘을 안고 강가에 이르러 울고 있었고, 나를 강둑에 남겨두고 내 동생을 안고 건너셨어. 아버지가 나를 데리러 돌아오는 길에 늑대가 와서 내 동생을 데리고 도망쳤고, 아버지가 도착하기 전에 숲에서 나온 사자 한 마리가 나를 숲으로 끌고 갔어. 목자들이 나를 사자의 입에서 간신히 구해내서 그들이 사는 곳으로 데려갔어. 나는 아버지와 동생이 어떻게 되었는지 결코 알 수 없었지." 이 모든 것을 들은 동생은 울기 시작했다. 동생은 "하느님께 맹세컨대, 제가 들은 것으로 종합해 볼 때, 저는 당신의 동생입니다. 저를 키워주신 분들도 같은 말을 하였는데, 그들이 나를 늑대에게서 구해냈다고 말했습니다!"라고 말한 후, 서로 껴안으며 울었다.

큰아들이 말하는 것을 들은 어머니는 그들이 자기 아들일지도 모른다는 생각으로 몇 시간을 보냈다. 다음 날 그녀는 사령관에게 가서 말했다. "주인님, 저는 로마인입니다. 여기서는 이방인이니 저를 고국으로 돌아가라고 명령해 주시길 당신에게 간청합니다." 그녀는 말을 하는 동안 사령관의 특정한 상처에 주목하게 되었고 그가 남편임을 알아보았다. 그녀는 사령관의 발 앞에 엎드려 말했다. "주인님, 당신의 젊은 시절에 대해서 말씀해 주기를 간청합니다. 저는 당신이 사령관이었던 플라치도이고, 당신이 플라치도였을 때 구세주가 개종시켜 에우스타키오로 불렸다고 생각합니다. 당신은 계속해서 시련을 겪었습니다. 제가 당신의 아내입니다. 바다에서 당신을 빼앗겼지만, 타락에서 보호되었습니다. 저는 아가페토와 테오피토라고 하는 두 아들이 있었습니다." 그녀가 말하는 동안 에우스타키오는 그녀를 주의 깊게 살폈고, 참으로 아내임을 깨달았다. 기쁨의 눈물과 포옹이 뒤따랐고, 그는 고통받는 사람들을 위로하는 하느님에게 영광을 드렸다.

그런 다음 아내가 말했다. "여보, 우리 아들들은 어디에 있습니까?" 그는 대답했다. "그들은 야수들에게 노략질 당했소." 그리고 그는 그녀에게 아들들을 잃어버린 이야기를 해주었다. 아내: "하느님 감사합니다! 하느님이 우리에게 서로를 찾는 선물을 주었듯이, 우리에게도 아들을 알아보는 기쁨을 주실 것이라고 생각합니다!" 에우스타키오: "우리 아들들을 야수들에게 노략질당했다고 이야기하지 않았소!" 아내: "저는 어제 정원에서 두 젊은 군인이 서로의 어린 시절에 대해 이야기하는 것을 들었는데, 그들이 우리 아들이라고 생각합니다! 그들에게 물어보십시오!" 에우스타키오는 두 젊은이를 불렀고 그들의 어린 시절에 대해 들으면서 참으로 아들이라는 것을 알았다. 그는 아내와 함께 두 아들을 포옹하고 많은 눈물을 흘렸다. 재회한 사령관 가족과 야만인 정복에 온 군대가 기뻐하고 환호했다.

에우스타키오가 로마로 돌아왔을 때 트라야누스 황제는 죽었고, 그를 계승한 하드리아누스가 통치하고 있었는데 이전 황제보다 훨씬 더 폭군이었다.

하드리아누스는 사령관을 위한 엄청난 환영과 화려한 연회를 열어 그의 승리와 아내와 아들들을 찾은 것을 축하했다. 다음 날 황제는 승리에 대한 감사로 제물을 봉헌하려고 우상들의 신전으로 행렬을 이끌었다. 황제는 에우스타키오가 승리에 대해서도, 가족을 되찾은 것에 대해서도 제물을 봉헌하지 않는 것에 주목하였고, 그에게 봉헌을 권고했다. 에우스타키오는 대답했다. "저는 그리스도를 하느님으로 흠숭하고 저는 오직 하느님에게만 제물을 바칩니다." 이 말이 하드리아누스를 화나게 만들었다. 하드리아누스는 에우스타키오와 그의 아내, 아들들을 원형 경기장에 눕히고 사나운 사자를 풀어놓았다. 사자는 그들에게 달려와서, 마치 성인들을 공경하는 것처럼 머리를 숙이고 온순하게 물러났다. 그러자 황제는 놋쇠로 만든 황소를 뜨겁게 만들고, 그들을 산 채로 그 안에 넣으라고 명령했다. 그들은 기도하고 주님에게 자신들을 의탁한 후 황소 안에 들어갔고, 그렇게 자신들의 영혼을 주님에게 바쳤다.

3일 후 그들의 시신은 황제의 참석하에 황소에서 꺼내졌다. 그 시신들은 온전하였고, 불의 열기는 머리카락도, 어떤 부분도 건드리지 않았다. 그리스도인들은 거룩한 시신들을 가져다가 가장 영예로운 장소에 묻었고, 그곳에 경당(oratorium)을 건축했다. 그 순교자들은 11월 1일에, 또는 다른 이들에 따르면 서기 약 120년부터 시작된* 하드리아누스의 통치 기간인 9월 20일**에 고통받았다.

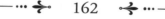

162

모든 성인들

모든 성인의 축일(Omnium Sanctorum Festivitas)은 네 가지 목적으로 제정되었다. 첫 번째는 어떤 신전의 봉헌과 관련되었다. 둘째는 전례력에서 많은 성인의 누

---

* 하드리아누스 황제의 재위 기간은 117~138년이었다. – 역자 주
** 라틴어본은 10월 20일이라고 되어 있지만, 서방교회와 동방교회 모두 9월 20일에 기념하고 있다. – 역자 주

락을 채우려는 것이었다. 셋째는 성인들을 공경하는 것에 태만함을 속죄하려는 것이었다. 넷째는 우리가 기도한 것에 대한 호의를 더 쉽게 얻을 수 있도록 하는 것이었다.

그 축일은 실제로 한 신전의 봉헌과 관련하여 제정되었다. 로마인들이 온 세상의 주인이었을 때, 매우 큰 신전을 건축하고 자신들의 우상을 중앙에 세웠다. 그런 다음 그 주변에 속주들의 신상(神像)을 배치하고 얼굴은 로마의 우상을 향하고 눈은 그 우상에 고정시켰다. 만일 속주가 반란을 일으키면 악마의 속임수로 그 속주가 더 이상 로마의 통치를 받아들이지 않는다는 사실을 통고하듯 그 속주의 동상이 로마의 우상에게 등을 돌렸다고 한다. 그러면 로마인이 빨리 대군(大軍)을 파병하여 반란한 국가를 정복하는 것이었다. 그런데 로마인들은 모든 속주의 신들의 상을 단지 가지는 것에 만족하지 않았고, 그 신들이 로마 사람들을 주인으로 만들었다는 것을 보여주려고 로마에 거의 모든 속주들 신전을 건축했다. 그러나 우상이 너무 많아 각각의 신전을 갖기에는 무리였음에도 불구하고, 로마인들은 자신들의 광기 어린 과시를 밀어붙여 모든 신을 기리기 위해 다른 무엇보다 더 높고 더 놀라운 신전을 세울 지경에 이르렀고, 그것을 '모든 신'을 의미하는 판테온(Pantheon)이라고 불렀다. '모든'을 의미하는 판(pan)과 '신'을 의미하는 테오스(theos)에서 유래했다. 사람들의 망상을 채우기 위해 우상들의 신관은 모든 신의 어머니라고 불리던 시벨레(Cybele)의 조언을 받았다. 만일 모든 국가에 대한 승리를 원한다면, 그녀의 모든 자녀에게 이 웅장한 신전을 지어 바쳐야 한다고 했다.

이 신전의 기초는 신들의 영원함을 나타내려고 원형으로 세웠다. 그러나 둥근 천장(concameratio)은 너무 넓어서 지탱할 수 없으므로 건축가들은 벽이 일정 높이에 도달할 때마다, (세평에 의하면) 내부에 흙을 채우고 그 안에 동전을 던졌다고 한다. 흙을 옮기는 사람은 누구든지 그 안에서 돈을 찾아가질 수 있다고 발표했고, 이는 아름다운 신전이 완성될 때까지 계속되었다. 그러자 많은 사람이 몰려와서 건물이 순식간에 깨끗해졌다. 마침내 로마인들은 반구형 지붕(dome) 꼭대기에 금박을 입힌 청동으로 만든 작은 뾰족탑을 세웠고, 그 내부 주변에 모든 속주의 표장(標章)들이 조각되어 로마에 오는 사람이라면 누구든지 자기 속주가 있는 방향을 볼 수 있게 했다. 그러나 시간이 지나면서 이 뾰족탑은 무너져 천장에 넓은 구멍이 생겼다.

로마가 그리스도 믿음을 받아들인 지 오랜 후(서기 약 605년), 포카스 황제는 대 그레고리오 교황 후 세 번째 교황인 교황 보니파시오 4세에게 위에 묘사된 신전을 양도했다. 보니파시오 교황은 우상 숭배와 관련된 상(像) 등 모든 것을 없애고 609년 5월 12일에 복되신 마리아와 모든 순교자를 기념하는 건물로 축성했다. 그는 순교자들의 성모 마리아(Sancta Maria ad Martyres)라고 명명했지만 지금은 일반적으로 산타 마리아 로톤다(Santa Maria Rotonda)로 알려져 있다. 그때에는 성인이 된 증거자(confessor)들을 기념하여 장엄하게 축하하던 축일들이 없었으나, 이 특별한 축일을 기념하는 군중이 너무 많아 음식이 다 떨어져서 축일을 축하하기 위해 모인 사람들이 더 이상 머무를 수가 없었다. 그런 까닭에 그레고리오 교황은 5월 축일을 11월의 첫째 날로 옮겼다. 추수 후에 비축량이 충분했고 포도 수확기가 끝났기 때문이었다. 또한, 새 축일이 세상 어디서든지 거행되도록 해야 하고, 이날에 모든 성인을 기념하여 장엄하게 준수되어야 한다고 명하였다. 그래서 모든 우상숭배를 위해 건축되었던 그 신전은 이제 모든 성인에게 봉헌되었고, 거짓 신들의 무리가 숭배를 받았던 곳에서 아주 많은 성인이 찬미를 받았다.

그 축일의 두 번째 목적은 누락된 성인들을 보충하기 위함이었다. 사실 우리는 많은 성인의 축일을 기념하지 않거나 기념일을 만들지도 않았고, 누락했다. 실제로 우리는 모든 성인을 위한 축일들을 다 가질 수는 없었다. 예를 든다면 그들의 수가 거의 무한할 때까지 증가했다. 그 외에도, 우리는 연약하고 약해서 너무 많은 축일 거행을 할 수 없었다. 그리고 1년에 그 모든 축일을 지내기에는 시간적 한계가 있었다. 예로니모가 자신의 전례력 서문을 편지에서 말하는 것처럼, 1월 1일을 제외하고 5,000명의 순교자가 할당되지 않은 날이 없다. 그러므로 교회는 이런 합당한 이유로 성인들을 한 사람 한 사람 엄숙히 거행할 수 없기 때문에 적어도 일반적으로, 그리고 모두 함께 그들을 공경하도록 명하였다.

그런데 왜 우리는 지상에서 성인들의 축일을 지키는 것이 규칙으로 정해졌을까? 스승인 오세르의 귈렐모(Guillelmus Autissiodorensis, William of Auxerre)는 저서 《직무대전》(Summa de officio)에서 여섯 가지 이유를 제시한다. 첫 번째는 하느님의 위엄에 합당한 영예이다. 우리가 성인들을 공경할 때, 성인들 안에서 하느님에게 경의를 표하고 또 성인들 안에서 하느님은 존귀하신 분임을 선언하기 때문이다. 성인들을 공경하는 사람은 그들을 성인으로 만드신 분에게 특별한 공경을 드리는 것이다. 두 번째 이유는 우리는 우리가 약하기 때문에 도움이 필요하다. 왜냐하면 우리 힘으로는 구원을 얻을 수 없고, 성인들의 전구가 필요하며, 도움을 얻기 위해 성인들을 공경해야 한다는 것은 옳다. 그래서 우리는 열왕기 상권 1장에서 그 이름이 "풍요의 벽"을 의미하고, 개선교회(Ecclesia triumphans)를 상징하는 밧세바(Bersabea)가 자신의 기도로 아들을 위해 왕국, 즉 신전교회(Ecclesia militans)를 얻었다(1열왕 1, 30)는 것을 읽었다. 세 번째 이유는 우리 자신의 안도감을 높이기 위해서였다. 즉, 성인들의 축일에 우리에게 성인의 영광을 상기시키고, 우리 자신의 희망과 신뢰를 쌓기 위해서이다. 만일 우리와 같은 필멸의 인간이 자신들의 공로로 그렇게 들어 올려질 수 있다면, 우리도 똑같이 할 수 있다는 것은 틀림없다. "주님의 손이 짧아 구해내지 못하시는 것도 아니기"(이사 59, 1) 때문이다. 네 번째 이유는 우리에게 모범을 보이게 하는 것이다. 성인들이 자신들의 축일에 기념될 때, 우리는 그들을 본받도록 영감을 받는다. 예를 들어 현세의 재물을 적게 만들고 하늘의 일에 마음을 두어 그들의 모범을 따르는 것이다. 다섯 번째 이유는 공정한 교환을 허용하기 위해서였다. 성인들은 우리를 위해 하늘에서 축제를 연다. 왜냐하면 하느님의 천사들 앞에 기쁨이 있고 보속하는 죄인에 대한 거룩한 영혼들 앞에 기뻐함이 있기 때문이다. 그래서 우리는 지상에서 그들의 축일을 거행함으로써 공평한 답례를 해야 할 것이다. 여섯 번째 이유는 우리 자신의 영예를 보장하는 것이다. 우리가 성인들을 공경할 때, 우리 자신의 이익을 돌보고 우리 자신의 영예를 확보하기 때문이다. 그들의 축일은 우리를 영예롭게 한다. 우리가 우리 형제들에게 경의를 표할 때, 우리는 우리 자신을 영예롭게 한다. 사랑은 모든 것을 공유하게 만든다. 그래서 만물은 하늘에서, 땅에서, 영원 안에서 우리의 것이 된다.

이런 이유에 덧붙여서 다마스쿠스의 요한은 책 《제4권》(L. IV.) 제7장에서 성인들과 그들의 시신과 유해가 공경받아야 하는 이유를 말한다. 그 이유 중 일부는 성인들의 존엄성에, 일부는 그들 시신의 귀중함에 근거한다. 그들의 존엄성은 네 가지로, 그들은 하느님의 친구, 하느님의 자녀, 하느님의 상속자, 우리의 지도자이자 인도자라는 것이다. 성인의 권위는 다음과 같다. 첫째로 "나는 너희를 더 이상 종이라고 부르지 않는다. … 나는 너희를 친구라고 불렀다.",(요한 15, 15) 둘째로 "그분께서는 … 하느님의 자녀가 되는 권한을 주셨다.",(요한 1, 12) 셋째로 "자녀이면 상속자이기도 합니다. 우리는 하느님의 상속자입니다.",(로마 8, 17) 넷째는 "죽을 수밖에 없는 왕에게 당신을 바치고 당신을 대신해서 그에게 말하려는 안내자를 찾기 위해 당신은 얼마나 많은 어려움을 겪을 것입니까! 그러나 우리 모두를 위해 하느님에게 호소하는 온 인류의 지도자들은 존경받아야 마땅하지 않겠습니까? 물론 그들은 하느님을 공경하고 성인들의 기억을 공경하려고 성전을 건축하는 사람과 마찬가지입니다."이다.

다른 이유는 성인들 시신의 귀중함에 근거를 두고 있다. 다마스쿠스의 요한은 그러한 네 가지를 주었고 아우구스티노는 다섯째를 추가하였는데, 성인들의 시신이 얼마나 귀중한지를 모두 입증하고 있다. 그들의 시신은 하느님의 보고(寶庫), 그리스도의 성전, 영적인 향유(香油)를 담은 작은 향합(雪花石膏, alabastrum), 하느님의 샘이고 성령의 기관(機關)이었다. 첫째, 성인들은 하느님의 보고였다. 다마스쿠스는 "그들은 하느님의 보고, 순수한 만찬실이 되었습니다." 둘째, 그들의 시신은 그리스도의 성전이었고, 그 결과 사도들이 "여러분이 하느님의 성전이고 하느님의 영께서 여러분 안에 계시다는 사실을 여러분은 모릅니까?"(1코린 3, 16)라고 말한 것처럼, 하느님은 지성의 방법으로 성인들의 몸에 머물렀다. 하느님은 영이다! 그렇다면 어떻게 하느님의 살아있는 성전, 그분의 살아있는 성막(聖幕)이 영예를 받지 않을 수 있겠는가? 크리소스토모는 이에 대해 말한다. "인간들은 집을 건축하기를 좋아하고, 하느님의 기쁨은 성인들과 함께 있다." 그래서 시편은 "주님, 저는 당신 집의 아름다움을 사랑합니다."(Domine, dilexi decorem domus tuae : 시편 26, 8)* 어떤 아름다움인가? 화려한 대리석의 다양한 아름다움이 아니라 살아있는 은총들이 주는 다양한 아름다움이다. 전자의 아름다움은 육체의 눈을 기쁘게 하고, 후자는 영혼에 생명을 준다. 전자는 잠시만 지속되고 눈을 현혹하고, 후자는 영혼을 세워 영원까지

---

* 본문 전개상 라틴어 불가타(Vulgata) 성경에 따라 직역했는데, 이 성경에서는 시편 25, 8이다. – 역자 주

이르게 한다. 셋째, 성인의 시신은 영적인 향유를 담은 작은 향합이다. 다마스쿠스의 요한은 말한다. "성인들의 유해는 달콤한 냄새가 나는 향유를 발하고, 아무도 그것을 믿지 않았습니다. 만일 광야에 있는 절벽의 단단한 돌에서 물이 흘러나왔고, 당나귀의 턱뼈에서 물이 나와 삼손의 갈증이 풀렸다면, 하느님의 능력을 갈망하는 사람들을 위해 하느님에게서 나온 성인들을 기리려고 순교자들의 유해로부터 냄새 좋은 향유가 흘러야 한다는 것은 훨씬 더 믿을 만합니다." 넷째, 하느님의 샘이다. 이어서 다마스쿠스의 요한이 말한다. "진리 안에서 사는 성인들은 하느님 앞에 도움을 받아 자유롭게 서 있습니다. 성인들의 주인인 그리스도는 우리에게 그들의 유해를 유익한 샘으로 제공하여 많은 유익이 흘러나옵니다." 다섯째, 성령의 기관이다. 아우구스티노는 이 이유를 저서 《신국론》(De Civitate Dei)에서 설명한다. "성인들의 시신을 소홀히 여기지 않고 가장 큰 공경으로 모셔야 한다. 그들이 살아있는 동안 성령이 각종 선한 일의 실행을 위한 기관으로 사용했기 때문입니다." 그래서 사도는 "그리스도께서 나를 통하여 말씀하신다는 증거를 여러분이 찾고 있으니 말입니다."(2코린 13, 3)라고 말하고, 스테파노에 대해 "그의 말에서 드러나는 지혜와 성령에 대항할 수가 없었다."(사도 6, 10)라고 썼다. 같은 맥락에서 암브로시오는 《6일 창조》(Hexaemeron)에서 말한다. "여기에 대단히 귀중한 어떤 것이 있습니다. 인간은 하느님의 음성의 기관이 될 수 있고, 육체의 입술로 하느님의 선언을 말할 수 있다는 것입니다."

모든 성인의 축일 제정에 대한 세 번째 이유는 우리의 태만에 대해 보상을 하려는 것이다. 우리가 상대적으로 적은 수의 성인들의 축일을 준수한다는 것을 감안하더라도, 우리는 종종 부주의하게 행하고, 무지나 태만으로 많은 것을 생략한다. 그러므로 만일 우리가 이행해야 하는 기념을 태만했다면, 이 일반적인 엄숙함에서 우리의 누락을 만회하고 우리 자신의 태만함을 제거할 수 있다. 이 이유는 이날을 위한 교회의 성무일도에서 암송된 강론에서 언급된 것 같다. 그 강론에서 우리는 다음과 같이 듣는다. "이날에 모든 성인에 대한 기억이 마음에 새겨져서 무지, 태만으로 인한 인간의 나약함, 혹은 어떤 세부 사항에 대한 집착으로 인해 성인들의 장엄한 기념을 충분히 수행되지 못한 어떤 것도 이 일반적인 엄숙함에서 보상받을 수 있도록 해야 한다고 정해져 있습니다."

우리가 매년 기념하고 오늘날 우리가 모두 함께 존경하는 신약성경의 성인들 중에는 사도, 순교자, 증거자, 동정녀들의 네 가지 범주가 있음을 주목하라. 라바노(Rabanus)는 세상의 네 지역이 네 개의 범주, 동쪽은 사도들, 남쪽은 순교자들, 북쪽은 증거자들, 서쪽은 동정녀들을 의미한다고 지적한다.

첫 번째 범주는 사도들의 것이다. 네 가지 방식에서 다른 모든 성인을 능가하는 위엄과 탁월함이 나타난다. 첫째, 사도들은 위엄이 뛰어나고 신전교회에서 지혜로운 사령관이고, 영원한 재판관의 법정에서 강력한 구성원이고, 그리스도의 양떼의 온유한 목자이다. 베르나르도는 말한다. "그런 목자들과 교사들은 온유하고 강력하고 지혜로운 사람들에게 인류에 대한 권위가 주어졌다는 것은 적절하였습니다. 즉 친절하고 자비롭게 나를 잡을 만큼 온유하고, 나를 강하게 보호해줄 만큼 강력하고, 높은 곳에 있는 도시로 똑바로 가는 길을 통해 생명으로 나를 인도할 수 있을 만큼 지혜로웠습니다." 둘째로 사도들은 능력이 탁월했다. 이에 대해 아우구스티노는 말한다. "하느님은 사도들에게 본성을 치유하고, 악령을 쫓아내고, 본질을 변화시키고, 죄로부터 영혼들을 놓아주고, 죽음을 대수롭지 않게 여기게 하신다. 즉 천사들의 권력을 능가하는 권력을 주었는데, 사도들이 주님의 몸을 축성할 수 있었기 때문입니다." 셋째로, 사도들은 거룩함의 특권에서 탁월하다. 그들의 숭고한 거룩함과 충만한 은총 때문에, 그리스도의 생애와 행위가 거울에 비친 것처럼 사도들 안에서 빛났다. 그리고 그리스도는 태양이 햇빛으로, 장미가 그 향기로, 혹은 불이 그 열기로 알려진 것처럼 사도들 안에서 알려졌다. 크리소스토모는 마태오 복음에 대한 자신의 주석에서 말한다. "그리스도는 태양이 광선을 보내는 것처럼, 장미가 향기를 퍼뜨리는 것처럼, 불이 불꽃들을 뿌리는 것처럼, 그래서 태양이 그 광선들 안에서 나타나고 장미는 그 향기에 의해 존재한다고 알려진 것처럼, 불이 불꽃들에 의해 목격되는 것처럼, 그리스도의 능력이 사도들의 덕 안에서 알려지도록 사도들을 보냈습니다." 넷째로, 사도들은 일의 효능성에서 뛰어나다. 아우구스티노는 사도들의 이 효능에 대해 말한다. "가장 비천하고, 가장 무식하고, 가장 적은 수의 사람들이 고상하게 되었고, 깨닫게 되었고, 번성하였습니다. 그들은 가장 유창한 웅변가, 가장 유명한 천재,

가장 많은 사람, 가장 설득력 있는 저술가와 교사의 놀라운 기량을 그리스도의 멍에 아래에 데려옵니다."

성인들의 두 번째 범주는 순교자들로 이뤄져 있으며, 순교자들의 위엄과 탁월함은 그들이 여러 가지 방법으로 유익하게, 지조로 고통받았다는 사실에 의해 입증되었다. 성인들은 피의 순교 외에도 삼중(三重)의 무혈(無血) 순교의 길을 갔기 때문에 여러 가지 고난을 겪었다. 베르나르도는 이 삼중 순교에 대해 말한다. "삼중의 무혈 순교가 있는데, 즉 다윗이 행하였던 풍족함의 가운데서의 절제, 토빗과 가난한 과부에 의해 드러났던 가난에서의 관대함, 이집트에서 요셉의 길이었던 젊었을 때의 순결입니다." 그레고리오도 삼중의 무혈 순교에 대해 말한다. 역경에서 인내심이 있는데 "만일 우리가 영혼의 인내심을 실행한다면, 칼 없이 순교자가 될 수 있습니다. 고통받는 사람들에 대한 연민이 있는데, 누구든지 다른 사람의 필요로 고통받는 사람은 자기 마음에 십자가를 집니다. 원수에 대한 사랑이 있으며, "수치스러운 대우를 견디고 너를 미워하는 사람을 사랑하는 것은 숨겨진 깊은 생각에서의 순교이다."

순교는 결실을 맺는다. 순교자들 자신을 위한 결실은 죄의 사면, 공로의 축적, 영원한 영광의 획득이다. 그들은 이런 축복을 자신의 피 값으로 샀고, 따라서 그들의 피는 귀중한 것, 즉 값어치나 가치로 가득 찼다. 아우구스티노는 첫 번째와 두 번째 범주에 대해 《신국론》에서 말한다. "어떤 죄의 사함을 받고 공로가 쌓이기 때문에 죽음보다 더 귀중한 것은 무엇입니까?" 아우구스티노는 요한복음에 대해 자신의 주석에서 말한다. "그리스도의 피는 죄가 없으나 귀중한데, 자신의 피로 갚아 준 순교자들의 피도 귀중하게 만듭니다. 만일 그리스도가 자기 종들의 피를 귀중하게 여기지 않으셨다면, 그 종들의 죽음은 주님이 보기에 귀중하다(시편 116, 15 참조)고 말할 수 없습니다." 치프리아노도 "순교는 죄의 끝이고, 위험의 중지점, 구원의 안내자, 인내의 주인, 생명의 집입니다."라고 말한다. 그리고 순교를 견디는 사람에게 순교의 셋째 결실에 대해 베르나르도는 다음과 같이 말한다. "성인의 죽임을 귀하게 만드는 세 가지는 노동에서의 휴식, 새로움에 대한 기쁨, 영원한 삶에 대한 확신입니다."

순교자들의 죽음은 우리에게도 두 가지 면에서 유익하고 결실이 풍부하다. 순교자들은 삶이 투쟁이라는 모범으로서 우리에게 주어진다. 크리소스토모는 말한다. "오 그리스도인이여, 만일 당신이 싸움이나 전투 없이 이길 수 있다고 생각한다면 당신은 조심스러운 군인입니다. 최고의 노력을 발휘하고, 맹렬하게 싸우고, 이 전쟁에서 힘차게 싸우십시오. 조약을 고려하고, 협정을 저울질하고, 군인이 된다는 것이 무엇을 의미하는지, 즉 당신이 당신의 이름으로 주었던 조약을 이해하십시오. 이 조약으로 모든 사람이 싸웠고, 이 협정으로 모두가 정복했으며, 이 의용군에서 모두 승리하였습니다!"

또한, 순교자들은 자신들의 공로와 기도로 우리를 돕는 수호자이다. 아우구스티노는 순교자들의 공로에 대해 말한다. "오, 순교자들의 공로를 저희에게 도움이 되도록 허락한 하느님의 끝이 없는 친절함이여! 하느님은 우리를 가르치기 위해 순교자들을 시험하고, 우리를 살리기 위해 순교자들을 바쳤고, 순교자들의 고통이 우리에게 도움이 되기를 바라셨습니다." 그리고 예로니모는 비질란티우스(Vigilantius)에 대항해 순교자들의 기도에 대해 이렇게 썼다. "사도들과 순교자들이 살아 있을 때도 다른 사람들을 위해 기도했는데 승리의 월계관을 얻은 후에는 얼마나 더 열심히 기도하겠습니까? 모세라는 한 사람은 60만 명의 전사를 위해 하느님에게서 용서를 받았고, 스테파노는 바오로와 다른 많은 사람을 위해 용서를 얻었습니다. 그러나 그들이 그리스도와 함께 있기 시작한 후에는 훨씬 더 많은 일을 할 수 있었습니다. 사도 바오로는 기도로 배 안에 있던 276명의 생명을 구하였다고 말했습니다. 이제 그는 육체에서 해방되어 그리스도와 함께 있는 그가 그 능력이 줄어들겠습니까?"

마지막으로 순교자들은 지조로 고통을 받았다. 아우구스티노는 말한다. "순교자의 영혼은 자비로 빛나고, 진리로 예리하며, 하느님의 능력으로 싸우며 휘두르는 칼입니다. 이 칼은 전쟁을 일으키고 논쟁에서 부정하는 사람들의 군대를 이기고, 적들을 쓰러뜨렸고 상대를 낮추었습니다." 크리소스토모도 "고문받는 사람들이 고문자보다 더 많은 힘을 보여주었고, 찢긴 팔다리는 그들을 찢었던 마수(魔手)를 정복하였습니다."라고 말했다.

성인들의 세 번째 범주는 증거자들이다. 증거자들의 위엄과 탁월함은 마음과 입과 행실의 세 가지 방식으로 하느님을 고백하였던 것에서 명백하다. 마음의 고백은 말로 표현되지 않는 한 충분하지 않다. 크리소스토모는 마태오 복음에 대해 논평하면서 네 가지 이유로 입증한다. 첫 번째 이유 내적인 고백에 대해 말한다. "고백의 뿌리는 마음에 있는 믿음이고, 고백은 믿음의 열매입니다. 뿌리가 땅에 살아 있는 한 가지와 잎사귀를 내어야 합니다. 그렇지 않으면 뿌리가 땅속에서 말라버릴 것입니다. 이와 같이 믿음이 마음에 온전한 동안에는 항상 입으로 고백하는 것에서 싹이 트입니다. 만일 고백이 입에서 메말랐다면, 믿음이 마음 안에서 이미 말랐음을 믿어도 좋습니다." 그의 두 번째 이유는 다음과 같다. "만일 사람들 앞에서 당신의 믿음을 고백하지 않고 그저 마음으로만 믿는 것이 이롭다고 생각한다면, 믿음이 없으면서 그리스도를 고백하는 위선자 역시 이로움을 얻을 것이고 그 위선자들과 다를 바 없을 것입니다. 만일 믿음 없이 고백하는 것이 아무런 유익을 얻지 못할 텐데, 고백하지 않는 믿음 역시 아무런 유익을 얻을 수 없습니다." 세 번째 이유는 다음과 같다. "만일 당신이 사람들 앞에서 그리스도를 고백하지 않았지만 당신이 그분을 안다는 것이 그리스도에게 있어서 충분하다고 한다면, 비록 하느님 앞에서 당신을 고백하지 않을지라도 그리스도가 당신을 안다는 것만으로도 충분합니다. 만일 그분을 아는 것으로도 충분하지 않다면, 당신의 믿음도 그분을 위해 충분하지 않습니다." 그리고 네 번째 이유에 대해 다음과 같이 말한다. "만일 마음의 믿음만으로 충분했다면, 하느님은 당신을 위해 오직 마음만을 창조하셨을 것입니다. 그러나 이제는 그분이 당신을 위해 입을 창조하셨으니, 이는 당신이 마음으로 믿고 입으로 고백하게 하기 위해서입니다."

셋째로, 증거자 성인들은 자신들의 일로 하느님을 고백했다. 예로니모는 사람이 어떻게 행위로 하느님을 고백하거나 부인할 수 있는지 알려준다. "증거자 성인들은 '그리스도는 지혜이고, 정의이고, 진리이고, 거룩하고, 불굴의 용기입니다.'라고 말하면서 자신들이 하느님을 안다고 고백합니다. 지혜는 어리석음으로, 정의는 사악함으로, 진리는 거짓된 행동으로, 거룩함은 파렴치함으로, 불굴의 용기는 비겁함으로 거부됩니다. 우리는 악과 죄에 여러 번 정복당한 만큼 하느님을 부정합니다. 그리고 반대로, 우리가 선(善)을 행할 때마다 우리는 하느님을 고백합니다."

네 번째 범주는 동정 성인들의 것이다. 동정 성인들의 위엄과 탁월함은 첫째, 그들이 영원한 왕의 신부(新婦)들이라는 사실에서 먼저 입증된다. 암브로시오는 말한다. "왕으로부터 사랑을 받고, 재판관의 인정을 받고 하느님에 의해 봉헌되었고, 항상 배우자이고, 항상 미혼인 그녀보다 더 큰 아름다움을 누가 상상할 수 있겠습니까?" 둘째, 동정 성인들은 천사들에게 비교된다. 암브로시오는 말한다. "동정은 인간 본성의 상태를 초월합니다. 이를 통해 인간은 천사와 연계됩니다. 동정자(童貞者)의 승리는 천사들의 승리보다 더 큽니다. 천사는 육체 없이 살지만, 동정자는 육체로 승리를 거두기 때문입니다." 셋째, 동정 성인들은 모든 신자보다 좀 더 빛나는 존재이기 때문이다. 치프리아노는 말한다. "동정은 교회의 씨앗의 꽃이고, 영적 은총의 아름다움과 장식이고, 찬미와 영예를 위한 행복한 성품이고, 온전하고 부패하지 않는 일이고, 하느님의 모상이고, 다시 한 번 하느님의 거룩함을 언급하며 그리스도 신자 중 가장 빛나는 사람들입니다." 넷째, 동정 성인들은 기혼 여성보다 선호도가 높기 때문이다. 동정이 부부간의 결합보다 더 탁월함은 두 상태 사이의 많은 비교에서 분명히 나타난다. 결혼은 태를 비옥하게 하고, 동정은 영혼을 풍성하게 한다. 아우구스티노는 말한다. "현세에서 인간의 수를 늘리는 것보다 천사들의 삶을 본받으려고 선택하는 것이 여전히 더 고귀합니다. 잉태보다 영혼을 비옥하게 하는 것이 훨씬 더 생산적이고 행복합니다. 잉태는 슬픔의 열매를, 영혼은 기쁨과 환희의 열매를 맺습니다." 아우구스티노는 말한다. "금욕 그 자체는 결코 불임이 아닙니다. 오 주님, 금욕은 당신에게서 낳은 기쁨의 열매를 많이 맺는 어머니입니다!" 결혼은 땅을 아이들로 채우고, 동정은 하늘을 채운다. 예로니모는 말한다. "결혼식은 땅을 채우고, 동정은 낙원을 채웁니다." 결혼에서 많은 걱정이, 동정에서 풍부한 고요함이 온다. 질베르토(Gilbertus)는 "동정은 근심의 침묵, 육체의 평화, 악의 몸값, 덕의 통치입니다." 한편으로 좋고 다른 편으로는 더 좋다. 예로니모는 팜마키오(Pammachius)에게 "결혼과 동정 사이에는 죄를 범하지 않는 것과 선을 행하는 것 사이에 많은 차이가 있습니다. 더 간단히 말하자면, 좋은 것과 더 좋은 것 사이에 있습니다." 하나는 가시에, 다른 하나는 장미에 비유된다. 예로니모는 에우스토키움(Eustochium)에게 말했다. "저는 결혼을 찬미합니다. 결혼은 저에게 동정자들을 선사하기 때문입니다. 저는 가시나무에서 장미를, 땅에서 금을, 조개로부터 진주를 거두어들입니다!" 다섯째, 동정자들은 많은 특권을 누리기 때문이다. 그들은 황금 월계관을 받을 것이고, 혼자서 찬미가(canticum)를 노래할 것이고, 그리스도가 입은 것과 같은 옷을 입고 항상 어린양 뒤에서 행진할 것이다.

모든 성인 축일의 제정에 대한 마지막 네 번째 이유는 우리의 기도가 더 쉽게 들리게끔 하기 위해서다. 이날에 우리는 모든 성인을 보편적으로 공경하여 그들이 우리 모두를 위해 중재하게 하여, 따라서 좀 더 쉽게 하느님의 자비를 얻게 하려는 것이다. 모든 성인들이 우리를 위해 기도하는데, 그 기도가 이루어지지 않을 리가 없다. 이 이유는 "저희를 위해 중재하는 많은 사람과 함께 당신의 자비를 원하는 만큼 풍성하게 주소서."*라고 말하는 그날 미사의 본기도에 나타나 있다. 성인들은 공로와 선한 의지로 우리를 위해 중재한다. 그들의 공로가 우리를 돕고 우리의 소원이 이루어지기를 열망하지만, 이것은 우리가 바랐던 것이 하느님의 뜻에 부합한 것임을 알아야만 가능하다.

이날에 모든 성인이 함께 모여 우리를 위해 보편적으로 중재하는 것이 그 축일의 제정 1년 후에 일어났던 환시 속에서 보였다. 이날 성 베드로 성당 관리인이 모든 제대를 순회하며 모든 성인의 도움을 간구했다. 성 베드로 제대로 돌아온 관리인은 잠시 쉬고 탈혼에 빠졌다. 관리인은 환시에서 만왕의 왕이 모든 천사에게 둘러싸여 있는 높은 왕좌에 앉아 있는 것을 보았다. 그때 동정녀들의 동정녀가 번쩍이는 왕관을 쓰고 앞으로 나왔고 수많은 동정녀와 금욕자가 뒤를 따랐다. 왕은 즉시 일어나 그녀를 맞이하고 그녀가 앉을 수 있도록 자신의 왕좌 옆에 왕좌를 두었다. 그런 다음 많은 고대인이 뒤따르는 낙타 털옷을 입은 한 사람이 왔고, 그들 뒤에 교황의 제의를 입은 또 다른 사람 후에 비슷한 복장을 한 사람들의 성가대가 동반되었다. 다음에는 군인들의 많은 군대가, 그다음에 모든 인종의 광대한 수많은 남녀가 앞으로 나아갔다. 모든 사람이 그 왕 앞에 모여 그를 흠숭하려고 무릎을 꿇었다. 그때 교황 복장을 한 사람이 조과(matutinum)를 말하였고, 나머지 사람들은 합창을 하였다.

관리인을 안내하던 천사가 이제 그 환시를 그에게 설명했다. 행렬의 선두에 선 동정녀는 동정녀들의 행렬과 함께 한 하느님의 어머니이고, 낙타 털옷을 한 남자는 성조(聖祖)들과 예언자들과 함께 한 세례자 요한이었고, 교황 복

* 현재의 본기도와는 내용상 다르다. 현재는 "전능하시고 영원하신 하느님, 이 성대한 축제로 모든 성인의 공덕을 기리게 하셨으니, 성인들의 전구를 들으시고, 저희가 바라던 하느님의 자비를 풍성히 베풀어 주소서."라고 기도한다.

장을 한 사람은 다른 사도들과 함께 한 성 베드로였고, 군인들은 순교자들이었고, 나머지 군중들은 증거자들이라고 말했다. 이 모든 사람은 이날에 인간들이 자신들에게 하였던 영예를 위해 그분에게 감사하려고, 온 세상을 위해 기도하려고 왕 앞으로 갔다. 그런 다음 천사는 관리인을 다른 장소로 이끌어 남녀 모두를 보여주었다. 어떤 사람은 금으로 된 침대에 기대어 앉아 있고, 어떤 사람은 식탁에서 맛있는 음식을 즐기고, 또 벌거벗고 궁핍한 상태에서 도움을 간청하는 남녀를 보여주었다. 천사는 이 장소가 연옥(purgatorium)이라고 말했다. 풍요를 즐기는 사람들은 친구들이 많은 도움을 준 영혼인 반면, 궁핍한 사람들은 자신을 돌봐줄 사람이 아무도 없었다. 그런 까닭에 천사는 관리인에게 이 모든 것을 최고의 사제장(Summus Pontifex)에게 알리고, 모든 성인의 축일 이후에 죽은 모든 사람의 영혼을 위한 기억의 날을 제정해야 한다고 알리라고 명령하였다. 그날에 자신을 위해 기도할 사람이 아무도 없는 사람들은 적어도 일반적인 기억을 분배받을 것이다.

⋯✦ 163 ✦⋯

위령의 날

위령의 날(Commemoratio omnium Fidelium Defunctorum)은 이미 설명된 계시에서 논증되었던 것처럼(162장 "모든 성인"의 끝 부분), 세상을 떠난 모든 영혼을 위한 날로 자신을 위해 대리기도[代禱]를 갖지 못한 사람들이 이 보편적인 기념일을 통해 도움을 받을 수 있게 하려고 제정되었다. 베드로 다미아노(Petrus Damianus)는 클뤼니(Cluny)의 아빠스 성 오딜로(Odilo)가 시칠리아의 화산 근처에서 악령들의 목소리와 울부짖음을 들었고, 자선과 기도의 힘으로 죽은 자의 영혼이 악령들의 지배로부터 구출되고 있다는 것을 배웠다고 말한다. 그 아빠스는 모든 성인 축일(11월 1일) 다음 날(11월 2일)을 자신의 수도원에서 죽은 사람들을 기념하도록 명령했다. 후에 이 실행은 교회 전체에서 승인되었다.

이 관습과 관련하여 두 가지 점을 분명히 고려해야 한다. 첫 번째는 정화가 필요한 사람들, 즉 그들은 누구인지, 누가 정화되고, 어디에서 정화되는지에 관한 것이다. 두 번째는 그들을 대신하여 행해진 희생과 대리기도와 관련된다. 이는 뒤에서 더 논의될 것이다.

정화되어야 하는 사람은 세 가지 등급으로 나뉜다. 첫 번째 등급은 자신에게 부과된 보속(poenitentia)을 마치기 전에 죽은 사람들이다. 그러나 만일 세상에 있을 때 자신들의 죄를 씻을 수 있을 만큼 충분한 마음의 통회(contritio)가 있었다면, 비록 속죄(贖罪, satisfactio)를 완결하지 않았을지라도 천국의 삶으로 자유롭게 건너갈 수 있을 것이다. 왜냐하면 통회는 죄에 대한 가장 큰 속죄이고 죄를 씻는 가장 좋은 방법이기 때문이다. 예로니모는 말한다. "하느님에게 중요한 것은 시간의 길이가 아니라 슬픔의 깊이이고, 음식의 절제가 아니고 악의 금욕(禁慾, mortificatio)입니다."

충분히 통회하지 않고 보속을 마치기 전에 죽은 사람은 그들의 사랑하는 사람들 중 일부가 그들을 위해 속죄를 하지 않는 한, 연옥의 불에서 가장 가혹한 형벌을 받는다. 이 감형이 유효하려면 네 가지 조건이 충족되어야만 한다. ①보속을 감형하는 사람의 권한이 요구된다. 감형은 반드시 사제의 권한으로 행해져야 하기 때문이다. ②감형을 받는 사람이 스스로 속죄할 수 없어 도움이 필요한 상황이 있어야 하기 때문이다. ③감형을 하려는 자에게 요구되는 자비이다. 왜냐하면 자비 없이 바치는 속죄는 공로가 있거나 만족할 수 없기 때문이다. ④반드시 부과된 보속이나 형벌이 비례의 원칙에 충족되어야 한다. 더 적은 형벌은 더 큰 것으로 감형되어야 한다. 죄인이 직접 지는 형벌은 다른 사람이 대신 지는 형벌보다 하느님에게 더 만족스럽기 때문이다.

형벌이나 보속에는 사실 세 가지 종류가 있다. 죄인이 개인적으로, 죄인 스스로 자발적으로 짊어진 것이 가장 만족스러운 보속이다. 연옥에서 행해지기 때문에 자발적이라기보다 직접 하는 보속이다. 그리고 다른 사람이 자발적으로 처신한 보속인데, 이것은 죄인이 직접 하는 보속보다 덜 만족스럽지만, 자발적이기 때문에 두 번째 등급보다는 더 만족스럽다. 그러나 만일 속죄를 받은 사람이 죽으면 여전히 연옥에서 형벌을 받지만, 개인적으로 견디는 형벌과 그를 위해 다른 사람이 갚은 형벌로 인해 그는 더 빨리 풀려난다. 왜냐하면 하느님은 두 가지 징벌을 모두 합한 합계로 계산하기 때문이다. 따라서 만일 그가 연옥에서 두 달의 보속을 해야 한다면 다른 사람들에 의해 봉헌된 대리 기도로 인해 한 달 만에 석방될 수 있다. 그러나 그는 그 빚을 다 갚을 때까지 결코 연옥에서 풀려나지 않는다. 일단 완전히 지불되면, 그 지불은 한 사람에 게 속하며 그에게 적립된다. 그가 필요하지 않으면 교회의 보물로 들어가거 나 연옥에 있는 영혼들에게 유익을 준다.

연옥으로 내려가는 두 번째 등급은 자신에게 부과된 속죄를 실제로 완성하 였지만, 그것을 부과한 사제의 무지함과 부주의 때문에 그 속죄가 충분하지 않은 사람들이다. 그들의 통회의 깊이가 차이를 보충하지 않는 한, 이 영혼들 은 그들이 이승에서 봉헌하였던 속죄에서 부족한 것을 연옥에서 보충할 것이 다. 형벌을 죄에 합당한 비율로 맞추는 방법을 아는 하느님은 어떤 죄가 형벌 을 받지 않는 일이 없도록 충분한 형벌을 추가하신다. 사제가 부과한 보속이 너무 많거나 또는 충분하거나 또는 너무 적을 수 있다. 만일 너무 많다면, 그 초과분은 영광을 더하기 위해 행한 자에게 돌아간다. 만일 보속이 딱 알맞다 면 모든 빚은 면제된다. 반면 보속이 충분하지 않다면, 남은 보속은 하느님의 정의의 요구에 따라서 채워져야 한다.

자기 삶에서 거의 마지막에 후회하는 사람들에 대하여 아우구스티노가 생 각한 것을 들어보라. "이승을 떠나려는 자신의 마지막 시간에 세례를 받은 사 람은 구원을 확신합니다. 선한 삶을 살았던 믿음의 사람은 이승을 안전하게 떠납니다. 보속을 하였고 건강할 때 화해한 사람은 이승을 안전하게 떠납니 다. 오직 마지막 순간에 후회한 사람들에 대해서는 나 자신도 확신하지 못합 니다. 따라서 확실한 것은 받아들이고 불확실한 것은 버리십시오." 아우구스 티노가 이렇게 말한 이유는 자유 의지보다는 필연적으로 후회하고, 영광에 대한 사랑보다는 형벌의 두려움 때문에 후회한 사람들이 있기 때문이다.

연옥으로 내려가는 세 번째 등급은 나무, 건초, 그루터기를 가지고 가는 사 람들, 다른 말로 재물보다 하느님을 더 사랑하지만 세속에 대한 육체적인 집 착으로 얽매인 사람들을 포함한다. 그들을 집과 아내와 소유에 묶는 육신의 애착은 비록 하느님 위에 아무것도 두지 않지만, 나무, 건초, 그루터기로 상징 되며, 그런 것들을 짊어지는 사람들은 나무처럼 오랜 시간, 또는 건초처럼 짧 거나 그루터기처럼 최소한 불에 고통받을 것이다. 아우구스티노가 말하는 것처럼 그 불은 비록 영원하지는 않지만, 그럼에도 불구하고 너무 맹렬하고 뜨거워서 이승에서 겪는 그 어떤 것 어떤 사람보다도 더 고통스럽다. 순교자들이 인내하였던 고통만큼 두려운, 육신으로 느끼는 그런 고통은 결코 없었다.

고통받는 영혼들에 대한 우리의 두 번째 질문, 즉 누구에 의해 그들이 정화되는가에 관해서는 정화와 형벌은 선한 천사가 아니라 악한 천사의 일이라는 것을 알아야 한다. 왜냐하면 선한 천사는 좋은 사람들이 아니라 나쁜 사람들을 괴롭히는 반면, 악한 천사는 좋은 사람과 나쁜 사람들 모두를 괴롭히기 때문이다. 그러나 선한 천사들은 연옥에 있는 형제들과 동료 시민들을 자주 방문하여 위로하며 인내하도록 권고한다는 것은 믿을 만하다. 또한 그 영혼들은 장차 올 영광을 확실히 기다린다는 점에서 위안을 주는 또 다른 치료법을 갖고 있다. 영광에 대한 그들의 확신은 이미 하늘에 있는 영혼들보다는 낮지만, 아직 지상에 살고 있는 영혼들보다는 더 확실하다. 하늘에 있는 사람들의 확신은 아무것도 기다리지 않고 아무것도 두려워하지 않는 것이다. 그들은 미래에 대해 기대할 수 있는 모든 것을 소유하고 있고, 잃는 것을 두려워할 수 없다. 반대로 지상에 아직 살아있는 사람들의 확신은 기대와 두려움이 혼합되어 있지만, 연옥 영혼들의 확신은 그 중간이다. 그들은 미래의 영광을 기다리기 때문에 기대하지만, 선택의 자유가 확인되는 동안 자신들이 죄를 범하지 않을 수 있다는 것을 알기 때문에 두려워하지 않는다. 자신들을 위해 기도와 제물이 봉헌되는 것을 알기에 또 다른 위로가 있다. 그러나 연옥의 형벌이 악한 천사들에 의한 것이 아니라 하느님의 정의의 명령에 의한 것이며, 하느님의 숨결에서 비롯되었다고 믿는 것이 더 진실에 가깝다.

세 번째 질문 즉, 정화는 어디에서 일어나는가에 대한 대답으로, 영혼은 지옥 인근의 연옥이라 불리는 곳에서 정화된다고 말한다. 이것은 대부분의 학식이 있는 사람들이 갖고 있는 의견이지만, 다른 사람들은 연옥이 공중(空中)에 있고 뜨거운 지역에 있다고 생각한다. 그러나 하느님의 결정에 의해 때때로 다른 영혼을 위해 다른 장소가 지정되는데, 이것은 여러 가지 이유 때문이다. 그들의 형벌이 더 가볍거나, 그들의 석방이 더 빠르기 때문이거나, 우리의 가르침을 위해서 그들의 죄가 이 특정 장소에서 저질러졌기 때문이거나, 어떤 성인의 기도 때문이다.

첫째, 그 장소는 더 가벼운 형벌을 위한 곳이 될 수 있다. 그래서 그레고리오에 따르면, 일부 영혼은 단순히 어둠 속에 갇혀 있음으로써 형벌을 받는다는 것이 어떤 사람들에게 계시되었다. 또는 그들의 더 이른 해방이 그 장소의 이유가 될 수 있으며, 그리하여 자신들의 필요를 다른 사람들에게 알리고, 도움을 구할 수 있고, 따라서 형벌에서 더 빨리 구출될 수 있다. 예를 들어 가을에 복된 테오발도(Theobaldus)의 어부들 중 일부가 물고기 대신에 큰 얼음 덩어리를 끌어왔다는 것을 우리는 읽었다. 그들은 물고기를 잡을 때보다 얼음 덩어리를 포획한 것을 더 기뻐했다. 왜냐하면 주교가 발에 큰 고통을 받고 있었기 때문이다. 그래서 그들은 주교의 발밑에 얼음을 둠으로써 고통을 완화시킬 수 있었다. 그러나 어느 때, 얼음에서 인간의 목소리가 들려오는 것을 들었다. 주교는 그 음성에게 신분을 밝히라고 엄명하였고, 그 음성이 다시 들렸다. "저는 죄 때문에 이 얼음 덩어리 안에서 형벌을 받는 영혼이며, 당신이 저를 위해 30일 동안 멈춤 없이 30번의 미사를 바친다면 풀려날 수 있을 것입니다." 그 주교가 그 미사 수의 절반(15일)을 봉헌하였고, 다음 미사를 위해 제의를 입고 있었는데, 악마의 선동으로 모든 마을 사람들이 서로 싸우기 시작했다. 주교는 그 불화를 진정시키기 위해 그 현장으로 불려왔고, 거룩한 제의를 벗고, 그 날 미사를 생략하였다. 그는 다시 시작하였고, 미사의 3분의 2를 완성하였는데, 거대한 군대 또는 이와 비슷하게 생긴 군대가 그 도시를 포위하여 주교는 그날 미사를 생략할 수밖에 없었다. 세 번째로 다시 미사를 시작하여 30번째 미사를 집전하려고 할 때, 그의 집과 마당이 화염에 휩싸였다. 종들은 주교에게 빨리 나오라고 불렀지만 주교가 말했다. "모두 타도록 하여라! 나는 이 미사를 미루지 않을 것이다!" 미사가 끝나자마자 얼음이 녹아내리고, 조금 전의 불은 환상처럼 사라졌고 아무런 피해도 주지 않았다.

예를 들어 죽음 후에 죄인에게 큰 형벌이 내려질 수 있다는 것을 우리가 알 수 있도록 가르치기 위해 특별한 장소를 지정하기도 한다. 다음은 파리에서 일어난 일로 파리의 성가 선창자(cantor)인 베드로가 들려준 이야기이다. 스승인 실로(Silo)에게는 중병을 앓는 동료 학자가 있었는데, 실로는 동료 학자에게 죽은 후에 서둘러 돌아와서 어떤 일이 일어났는지 말해달라고 요청했다. 그 동료가 죽은 지 며칠 후 실로에게 나타났는데, 궤변이 가득 적힌 양피지로 만들어진 망토를 입고 있었으며 망토 안쪽은 불꽃으로 짜여진 천이었다. 실로가 누구냐고 물었고 그 학자는 대답했다. "나는 당신에게 돌아오겠다고 약속했던 동료 학자입니다." 어떻게 지내느냐는 질문에 그는 말했다. "이 어깨 망토는 나에게 무거운 짐이고 마치 내 어깨 위에 탑 하나를 나르고 있는 것보다 더 큰 무게로 나를 짓누르고 있습니다. 평소 궤변에 대한 자만심 때문에 입게 된 것입니다. 어깨 망토 안에서 타오르는 불꽃은 내가 예전에 입던 섬세하고 얼룩덜룩한 모피 옷들이고, 그것이 나를 고문하고 불태웁니다." 그러나 실로는 형벌이 비교적 가볍다고 생각했다. 그러자 그 죽은 사람은 손을 내밀고 그 형벌이 정말로 가벼운지 느껴보라고 실로에게 말했다. 실로는 손을 내밀었고 그 학자는 손 위에 자신의 땀 한 방울을 떨어뜨렸다. 그 방울은 화살처럼 스승의 손을 관통하여 극심한 고통을 주었다. 학자는 "그것이 내가 온 몸으로 느끼는 고통입니다."라고 대답했다. 다른 사람의 형벌의 가혹함에 놀란 실로는 세상을 떠나 수도생활을 하기로 결심했다. 그리고 다음 날, 실로는 자신의 수업 시간에 다음의 이행 연구(couplet, 二行聯句)를 암송했다.

나는 개구리에게 울음소리를, 까마귀에게 울음소리를,
허영심에 허영심을 맡긴다.
그러므로 나는 죽음을 두려워하지 않는 논리로 나아간다.*

그렇게 그는 세상을 뒤로 하고 종교 안에서 위안을 찾았다.

넷째, 범죄를 저질렀던 곳이 형벌의 장소가 될 수도 있다. 아우구스티노에 따르면, 그레고리오가 자신의 《대화집》(Dialogi) 제4권에서 언급한 사건에 나타나는 것처럼, 영혼들은 때로 죄를 지은 장소에서 벌을 받았다. 한 사제가 목욕탕에서 모르는 사람이 자신에게 봉사하려고 기다리고 있는 것을 발견했다. 그 남자는 계속해서 사제에게 관심을 기울였고, 어느 날 사제는 축복과 자신을 위한 봉사의 대가로 축복받은 빵 한 덩어리를 그 남자에게 가져갔다. 그러나 그 사람이 말했다. "신부님, 왜 저에게 빵을 주려고 하십니까? 이 빵은 거

* Linquo choax ranis, cra corvis, vanaque vanis. / Ad logicam pergo, quae mortis non timet ergo.

룩하여 제가 먹을 수 없습니다. 저는 이곳을 소유하고 있었는데, 죽은 후 저의 죄로 인해 고통을 받기 위해 이곳에 보내졌습니다. 그러나 당신이 저의 죄를 위해 이 빵을 전능하신 하느님에게 봉헌하기를 청합니다. 그리고 나중에 당신이 목욕하려고 이곳에 왔을 때 제가 없다면 당신의 기도가 이루어진 것입니다." 사제는 일주일 동안 그 남자를 위해 구원의 성체를 봉헌하였고, 다음에 목욕탕으로 돌아왔을 때 그 남자를 발견할 수 없었다.

다섯째로, 그 장소는 성인의 기도에 대한 응답으로 선택될 수 있다. 그래서 성 파트리치오(Patricius)가 한때 어떤 영혼을 위해 지하에 연옥이 열리도록 기도하였다는 것을 우리는 읽었다. 이에 대한 설명은 성 베네딕도에 대한 장(章) 이후에 찾을 수 있다.

두 번째 주요 질문은 거룩한 영혼들을 위해서 봉헌된 희생에 관한 것이다. 세 가지 사항을 고려해야 한다. 첫째, 희생 자체에 대해서, 즉 무엇을 봉헌하는가. 둘째, 누구를 위해 봉헌되는가. 셋째, 누가 봉헌하는가이다.

연옥에 있는 영혼들을 돕기 위해 바치는 희생에 관해서는 최대의 유익을 주는 네 가지 종류, 즉 신자와 친구들의 기도, 자선, 미사의 봉헌, 단식들의 준수가 있음을 안다. 신자와 친구들의 기도가 영혼에 도움이 된다는 사실은, 그레고리오가 《대화집》 제4권에서 말했던 것처럼, 거룩함과 덕으로 유명한 사람인 파스카시오(Paschasius)의 이야기로 입증된다. 두 사람이 동시에 교황직에 선출된 일이 일어났다. 교회는 마침내 어느 쪽이 진정한 교황인지에 대한 합의에 이르렀지만, 파스카시오는 실수로 다른 사람을 택하였고 자신이 살아있는 동안 이 의견을 고수했다. 파스카시오가 죽었을 때, 악령 들린 남자가 관대를 뒤덮은 거룩한 제의를 만지자 즉시 치유되었다. 오랜 시간이 지난 후에 카푸아(Capua)의 주교 제르마노(Germanus)가 건강을 위해 목욕탕에 갔을 때 자신에게 봉사하려고 기다리며 서 있는 파스카시오 부제를 발견했다. 제르마노는 그토록 거룩한 사람을 보고 겁에 질려 그곳에서 무엇을 하고 있느냐고 물었다. 파스카시오는 과거에 교황 선출에서 자신의 견해를 너무 완고하게 고집했기 때문에 벌을 받고 있다고 대답했다. 파스카시오는 말했다. "저를 위해 주님에게 기도해 주기를 요청합니다. 그리고 만일 당신이 이곳에 돌아와서 저를 찾지 못한다면 당신의 기도가 받아들여졌다는 것을 알게 될 것입니다." 주교는 그를 위해 기도하였고, 며칠 후에 다시 그 장소로 갔을 때 파스카시오는 더 이상 그곳에 없었다.

클뤼니의 베드로는 죽은 사람을 위해 매일 미사를 봉헌하는 사제 이야기를 들려준다. 사제는 이 일로 인해 주교에게 고발당했고, 주교는 사제의 직무를 정지시켰다. 주교가 화려한 행렬을 이끌고 조과(matutinum)를 하러 가는 길에 묘지를 통과할 때, 죽은 사람이 주교를 향해 일어나서 말했다. "이 주교는 어떤 미사도 우리에게 주지 않았고, 더군다나 우리 사제를 우리에게서 빼앗아 갔다! 만일 주교가 자신의 길을 고치지 않는다면, 정녕 죽을 것이다!" 이후 주교는 그 사제를 사면하였을 뿐만 아니라 죽은 사람들을 위해 미사를 기꺼이 봉헌하였다.

파리의 성가 선창자에게서 나온 또 다른 이야기는 죽은 사람이 살아 있는 사람의 기도에 얼마나 감사하는지를 보여준다. 묘지를 걸어갈 때, 죽은 사람들을 위해 항상 "깊은 구렁 속에서"(De profundis)*를 암송하던 한 남자가 있었다. 한번은 적들에 쫓겨 묘지를 통해 도망치고 있을 때, 묻힌 자들이 각자의 기술에 맞는 도구로 무장하고 재빨리 일어나 전력을 다해서 도망치는 사람을 지켜주었다. 추격자들은 겁에 질려 서둘러 후퇴했다.

두 번째 종류의 대리기도, 즉 자선이 영혼에게 유익하다는 것은 마카베오기 후서 12장에서 분명히 알 수 있다. 용사 유다 마카베오가 부활과 관련하여 경건하게 생각하면서 죽은 사람의 죄를 위해 봉헌되도록 제물로 은 1만 2천 드라크마를 보냈다.** 그리고 《대화집》 제4권에서 그레고리오가 언급한 또 다른 이야기는, 자선이 죽은 사람에게 얼마나 큰 도움이 되는지 잘 보여준다. 죽어서 누워있던 한 기사가 있었는데, 그의 영혼은 곧 육체로 돌아와서 자신에게 일어난 일을 이야기했다. 기사는 검고, 탁하고, 악취가 나는 강이 흐르는 다리 위에 갔었다고 말했다. 다른 쪽에는 달콤한 향기가 나는 풀과 꽃으로 아름답게 장식된 아름다운 목초지가 있었고, 흰색 옷을 입고 다양한 꽃의 향기

---

* 연옥에 있는 영혼들을 위한 위령기도 중에 하는 시편 129장의 첫 구절. 이 시편은 죄에서 구해 주시도록 도움을 호소하며, 하느님의 구원에 대한 강력한 믿음을 표현하여 죽은 이들을 위한 기도에 사용되고 있다. – 역자 주

** 라틴어본과 영어본 모두 "은 1만 2천 드라크마"라고 언급되어 있지만, 구약성경 2마카 12, 43에 따르면 "2천 드라크마"이다. – 역자 주

로 호사를 누리는 사람들의 무리를 보았다. 이 다리는 시험을 위해 그곳에 있었다. 만일 불의한 사람이 그곳을 건너려고 시도하면 미끄러져 강 속에 빠졌고, 의인은 발걸음이 흐트러지지 않고 건너편의 쾌적한 들판으로 건너갔다. 기사는 다리 위에서 베드로라는 사람이 누워서 커다란 쇠뭉치로 맞는 것을 보았다고 선언했다. 왜 그런 상태로 있는지 묻자, 베드로는 유죄 선고받은 사람들을 고문하라는 명령을 받았을 때, 명령에 복종하기보다는 자신의 잔인한 본성이 고문을 즐기며 더 많은 일을 했기 때문에 벌을 받는 것이라고 대답했다. 기사는 또한 자기 삶의 순결함을 가늠할 만한 자신감으로 다리를 건너는 한 순례자를 본 적이 있다고 덧붙였다. 스테파노라는 이름의 다른 순례자는 그렇지 않았다. 그가 건널 때, 발이 미끄러져 몸의 반이 다리 한쪽에 매달렸다. 그때 어떤 무시무시한 존재가 강에서 떠올라 그의 다리를 잡아당기려고 하는 반면, 흰색 옷을 입은 참으로 아름다운 사람들이 그의 팔을 잡고 끌어올리려고 노력했다. 기사가 되살아났을 때도 실랑이가 여전히 계속되고 있었기 때문에 이 힘의 시험에서 누가 이겼는지 말할 수 없었다. 그러나 전투는 육신의 죄가 자선에서 관대함과 경쟁하고 있음을 분명히 한다. 스테파노는 아랫부분은 아래로, 팔은 위로 끌어올려지고 있었는데, 이는 그가 자선을 베푸는 것을 사랑했지만 육신의 악행을 완전히 물리치지 못했다는 것을 보여준다.

세 번째 종류의 대리기도, 즉 미사의 봉헌에 관한 많은 사례는 죽은 사람에게 가져다주는 매우 큰 유익을 보여준다. 《대화집》 제4권에서 그레고리오는 자신의 수도승 중 한 사람인 유스토(Justus)가 죽어가고 있을 때, 그레고리오에게 3개의 금화를 비밀리에 보관하고 있었다고 자백하면서 이 잘못을 한탄하면서 죽었다고 한다. 그레고리오는 수도승들에게 3개의 금화와 함께 똥 더미 안에 그 사망한 사람을 묻고 "당신의 돈이 당신과 함께 지옥으로 가기를 빕니다!"라고 말하라고 명령했다. 후에 그레고리오는 한 수도승에게 하루도 빠트리지 말고, 30일 동안 그 죽은 수도승을 위해 미사를 봉헌하게 했다. 이 명령이 수행되었을 때, 죽었던 그 수도승이 30일째 날에 또다른 수도승에게 나타났다. 그 다른 수도승이 물었다. "어떻게 지내십니까?" 그는 대답했다. "오늘까지 매우 나빴지만, 오늘 아침 성체를 받았기에 지금은 모든 것이 좋습니다."

성체의 수여는 죽은 사람뿐 아니라 산 사람에게도 유익이 되는 것으로 나타난다. 어떤 사람들이 절벽에서 은을 캐던 중에 바위가 떨어져 한 사람을 제외하고 모든 사람이 죽었다. 살아 남은 한 사람은 절벽에서 일종의 동굴을 발견하면서 죽음을 모면했지만, 밖으로 나갈 수 없었다. 그의 아내는 남편이 죽었다고 생각하고 매일 남편을 위해 미사를 봉헌했고 매일 빵 한 덩어리와 포도주 한 병을 촛불을 켜서 봉헌했다. 악마가 남자의 모습으로 3일간 계속 그녀에게 나타나 어디로 가는지 물었다. 그녀가 무엇을 하는지 설명하자, 악마가 말했다. "이 모든 문제에 신경쓰지 마시오. 이미 미사를 마쳤습니다." 그래서 그녀는 3일 동안 미사에 참석하지도, 미사를 봉헌하지도 않았다. 그런데 얼마 후, 같은 절벽에서 다른 사람이 은을 캐고 있었는데, 아래에서 "너무 세게 파지 마시오! 내 머리 바로 위에 큰 바위가 있어서 떨어질 수도 있소!"라고 말하는 음성을 들었다. 캐는 사람은 겁에 질려 많은 사람을 불러 그 음성을 듣고 다시 땅을 파기 시작하자 말하는 음성이 들렸다. 구경꾼들이 다가와 "당신은 누구요?"라고 물었다. 그 매몰된 사람이 대답했다. "곡괭이와 삽으로 서두르지 말고 파시오! 큰 바위 하나가 저에게 떨어질지도 몰라요!" 사람들은 측면으로 파서 그를 안전하게 끌어내어, 어떻게 그토록 오래 살아남았는지 물었다. 그는 빵 한 덩어리, 포도주 한 병, 불을 붙인 초가 3일을 제외하고 매일 자신에게 주어졌다고 말했다. 이 말을 들은 그의 아내는 자신의 봉헌이 남편을 살아있게 지켰다는 것에 기뻐했고, 자신을 속이고 그 3일 동안 미사를 봉헌하지 못하게 한 것이 악마였다는 것을 깨달았다. 이 이야기는 클뤼니의 베드로가 증언하는 것처럼, 그르노블(Grenoble) 교구에 있는 페리에르(Ferrières) 마을 인근에서 일어났다.

그레고리오는 또한 배가 난파되어 바다에서 길을 잃은 선원 이야기를 들려준다. 한 사제가 선원을 위해 미사를 봉헌했고, 마침내 그는 무사히 바다에서 돌아왔다. 어떻게 탈출했는지 묻자, 선원은 자신이 파도에 휩쓸리고 힘이 거의 다할 때쯤, 어떤 사람이 자신에게 빵 한 덩어리를 주었다고 대답했다. 그 빵을 먹고 기력이 회복되어 지나가는 배에 구조되었다. 그제야 사제가 선원을 위해 성체를 봉헌한 바로 그 시간에 그 빵을 받았다는 것이 알려졌다.

네 번째 종류의 대리기도, 즉 단식의 준수는 그레고리오가 주장하는 것처럼 죽은 사람에게 유익하다. 다른 3가지 종류의 대리기도와 함께 단식을 다룰 때, 그는 이렇게 말한다. "죽은 사람의 영혼은 4가지 방법, 즉 사제들에 의한 봉헌, 성인들의 기도, 친구들에 의한 자선 수여, 친척에 의한 단식으로 해방됩니다. 친구들에 의해 실행된 보속도 도움이 됩니다." 위엄 있는 한 의사의 이야기에 의하면, 남편이 죽은 한 여자가 몹시 가난해졌는데, 악마가 그녀에게 나타나 자기 뜻을 따라주면 부자로 만들어 주겠다고 했다. 그녀는 그렇게 하겠다고 약속했다. 악마는 네 가지를 요구했다. 그녀가 자신과 함께 있는 성당의 남자들에게 음행을 저지르고, 낮에 가난한 사람들을 데려다가 밤에 빈손으로 내쫓고, 성당에서 큰 소리로 말을 함으로써 사람들의 기도를 방해하고, 그 누구에게도 이에 대해 고백하지 않는 것이었다. 한참 후에 그녀가 죽음에 가까워졌고 그녀의 아들이 죄를 고백하라고 간청했을 때, 그녀는 사실을 털어놓으며 자신은 고백할 수 없고, 그 고백이 어떤 이익도 되지 않을 것이라고 말했다. 아들은 눈물을 흘리며 어머니를 위해 보속을 약속했고, 양심의 가책을 받은 그녀는 아들을 사제에게 보냈지만 사제가 도착하기 전에 악령의 무리가 그녀에게 달려들었고, 그녀는 두려움과 공포에 휩싸인 채 죽었다. 그녀의 아들은 어머니의 죄를 고백하고 7년의 보속을 받아들여 완수했다. 그리고 7년의 끝에 어머니가 나타나 자신의 구조에 대해 감사를 표하였다.

교회의 대사(大赦, indulgentia) 또한 죽은 사람을 돕는다. 사도좌(Sedes Apostolica)의 한 교황특사(legatus Apostolicus)가 알비파(Albigenses) 지역에서 교회에 봉사하도록 한 용감한 기사(騎士)를 설득하고 그의 선친(先親)을 위해 40일간의 대사를 수여했다. 그 기사는 40일을 다 채웠고, 그 시간의 끝에 그의 아버지는 빛보다 더 밝게 나타나서 연옥에서 자신의 석방을 얻어준 것에 대해서 아들에게 감사를 표하였다.

죽은 사람을 위해 봉헌된 대리기도에 대한 두 번째 요점은 희생을 한 사람들에 관련되고, 여기서 네 가지 질문이 제기된다. 이런 대리기도는 누구에게 유익한가? 왜 유익한가? 모든 사람에게 똑같이 유익한가? 유익함을 얻은 사람들은 자신을 위해 희생했다는 것을 어떻게 알 수 있는가?

첫째 질문에 대한 대답으로, 아우구스티노는 이승을 떠난 사람들은 매우 선하거나 매우 악하거나 평범하다고 말한다. 그런 까닭에 매우 선한 사람을 위한 대리기도는 감사의 행위이고, 매우 악한 사람을 위한 대리기도는 그 삶을 위로하고, 평범한 사람들을 위한 대리기도는 속죄의 가치가 있다. 매우 선한 사람들은 즉시 하늘을 향해 날아가는 사람들이고 지옥과 연옥 둘 다의 불에서 자유롭다. 이 세 번째 등급은 금, 은, 보석, 즉 하느님에 대한 사랑, 이웃에 대한 사랑, 선행으로 완벽하게 세워진 사람들로, 그들은 세상을 기쁘게 할 생각은 하지 않고 오직 하느님을 기쁘게 할 생각만 할 정도였다. 그들은 소죄(小罪)를 범하였을 수 있지만, 그들의 자비의 열정은 뜨거운 난로 위의 한 방울의 물처럼 자신들 안에 있는 죄를 태워 없앴다. 그래서 그들은 태워 버릴 필요가 있는 어떤 것도 가져가지 않는다. 그런 까닭에 이 세 번째 등급의 죽은 사람을 위해 기도하거나 일부 다른 대리기도를 봉헌하는 누구든지 그 사람을 모욕하는 것이다. 왜냐하면, 아우구스티노가 말한 것처럼 순교자를 위해 기도하는 사람은 그 순교자에게 잘못이 있기 때문이다. 그러나 만일 그 사람이 하늘로 곧장 갔는지 어떤지를 확신하지 못한 채 매우 선한 사람을 위해 기도한다면, 그 기도는 감사의 행위와 같은 것이고 "기도로 제 가슴을 채웠습니다."(시편 35, 13)처럼 기도하는 사람의 공로에 덧붙이게 할 것이다.

이 세 종류의 아주 선한 사람들에게는 죽는 즉시 하늘이 열리며, 연옥의 불을 겪을 필요도 없다. 이 일은 세 사람에게 하늘이 열림으로써 보여진다. 첫째, 세례를 받을 때 그리스도에게. 루카 복음 3장에서 "예수님께서도 세례를 받으시고 기도를 하시는데, 하늘이 열리며."(루카 3, 21) 이것은 유아나 성인이 되어 세례를 받는 모든 사람에게 하늘이 열려서, 만일 그들이 이승을 떠나면 즉시 하늘로 올라가는 것을 의미한다. 그리스도의 수난의 덕(德)으로 세례는 원죄, 대죄, 소죄를 포함한 모든 죄를 깨끗이 씻어준다. 둘째, 돌팔매질을 당하던 스테파노에게 일어났다. 사도행전 7장에서 "보십시오, 하늘이 열려 있고"(사도 7, 56). 이는 모든 순교자에게 하늘이 열려 있어 그들이 죽으면 곧장 하늘로 가고, 만일 그들에게 불태워질 어떤 것이 있으면 순교의 낫으로 잘려진다는 것을 의미한다. 셋째 가장 완벽한 자인 요한에게, 요한 묵시록 4장에서 "내가 보니 하늘에 문이 하나 열려 있었습니다."(묵시 4, 1) 이것은 모든 보속을 완전히 마치고 소죄를 범하지 않았거나, 또는 그들이 어떤 죄를 범하였다면 자비의 열정으로 태워진 온전한 자에게는 즉시 하늘이 열리고 영원히 통치하게 됨을 의미한다.

매우 나쁜 사람들은 지옥의 깊은 곳으로 즉시 가라앉는다. 만일 그들의 단죄가 확실하다면, 어떤 종료의 대리기도도 주어져서는 안 된다. 아우구스티노가 말한 것에 따르면, "만일 나의 아버지가 지옥에 있다는 것을 알았다면, 나는 아버지를 위해 기도하지 않고 차라리 악마를 위해 기도했을 것입니다." 그러나 만일 단죄를 받았는지 아닌지 의심하면서 단죄받을 누군가를 위해 대리기도가 봉헌된다면, 그 대리기도 또한 조금도 도움이 되지 않을 것이다. 지옥에 있는 영혼들은 고통에서 벗어날 수 없고, 그들의 형벌은 완화되거나 감소될 수 없다. 그들의 단죄는 잠시 혹은 한시라도 중단될 수 없다. 그들은 자신의 고통을 더 가볍게 할 힘이 없다. 지옥에는 구속(救贖, redemptio)이 없다.

평범한 사람들은 타기 쉬운 재료인 나무, 건초, 그루터기를 가졌거나, 죽음에 직면하여 자신에게 부과된 충분한 보속을 완수할 수 없는 사람들이다. 그들은 우리의 도움이 필요하지 않을 정도로 선하지도 않고 대리기도가 유익이 되지 않을 정도로 나쁘지도 않다. 그들을 위한 희생은 그들의 속죄이다. 이런 이유로 이러한 희생이 유용할 수 있는 유일한 사람들이다. 그런 대리기도를 제정할 때 교회는 일반적으로 7일, 30일, 1주기의 세 가지 순서로 날을 준수하였다. 그 이유는《교회 직무론》(De mitrali officio)이라는 책에 언급되어 있다. 7일은 죽은 자의 영혼이 영원한 안식의 안식일에 이르도록 하거나, 한 번에 7일을 사는 인생에서 그들이 생전에 범한 모든 죄가 용서를 받을 수 있도록 하려는 것이다. 그들은 네 가지 요소로 구성된 육체와 세 가지 능력을 가진 영혼으로 지은 죄를 용서받을 수 있다. 3개의 10년으로 구성된 수인 30이란 수는 복된 삼위일체의 3개의 위격과 십계명의 10개 계명들 안에서 믿음에 대항한 그들의 범죄를 그 안에서 정결케 하기 위함이다. 1주기는 재앙의 해[年]들부터 그들이 영원의 해[年]들로 올 수 있도록 지켜진다. 그래서, 우리가 그들의 영예와 우리 자신의 유익으로 성인들의 기념일을 거행하는 것처럼, 우리는 그들의 유익과 우리의 헌신으로 죽은 사람들의 기념일을 기념한다.

다음으로 우리는 죽은 사람을 위해 제공된 대리기도가 왜 실제로 그들을 돕는지를 물었다. 여기에는 세 가지 이유가 있다. 첫 번째는 일치이다. 죽은 사람은 신전교회(Ecclesia militans)와 한 몸이며, 이 교회의 소유물은 모든 사람에게 공유되어야 한다. 두 번째는 죽은 사람들의 위엄이다. 그들이 땅에 사는 동안, 그들은 자신들에게 유익한 대리기도를 받을 자격이 있고, 다른 사람을 도왔기 때문에 자신도 도움을 받는 것이 옳다. 세 번째 이유는 죽은 사람들의 필요이다. 왜냐하면 그들의 현재 상태에서는 스스로를 도울 수 없기 때문이다.

대리기도가 죽은 모든 사람에게 평등한 이익이 되는지 여부에 관해서, 만일 특정한 사람들을 위해 제공된 것이라면, 누구보다 그 사람들에게 더 유익하다는 것을 알려야 한다. 만일 일반적으로 모든 영혼을 위해 봉헌된다면 도움을 받을 자격이 있는 삶을 살았던 사람들은 동등하거나 더 큰 도움이 필요한 경우 더 많이 받게 될 것이다.

죽은 사람들은 자신을 도우려는 희생을 알 수 있을까? 아우구스티노에 따르면, 그들은 세 가지 방법에 의해 알게 된다고 한다. 첫 번째는 하느님의 계시에 의해서이다. 하느님은 직접 그 희생을 그들에게 계시하신다. 두 번째는 선한 천사들이 알려 준다. 항상 우리와 함께 있고 우리의 모든 행동을 관찰하는 이 천사들은 순식간에 영혼에게 내려와 우리의 도움을 알려 준다. 세 번째는 이 세상을 떠나는 영혼들의 통지를 통해서이다. 왜냐하면 그들은 연옥에 있는 영혼에게 이 희생과 다른 것을 알릴 수 있기 때문이다. 또한 네 번째 방법이 있다. 즉 그들 자신의 경험을 통해서이다. 그들이 자기 고통이 줄어드는 것을 느낄 때, 누군가 자신을 위해 대리기도를 봉헌한다는 것을 안다고 한다.

마지막 의문은 누가 연옥에 있는 영혼을 위해 대리기도를 하는가이다. 자비 안에 있는 사람이 대리기도를 해야만 영혼에게 봉헌될 수 있다. 사악한 사람이 한다면 전혀 도움이 되지 않는다. 어느 날 창문을 통해 밝은 달빛이 스며드는 밤에 아내와 침대에 누워있던 한 기사는 이성적인 인간은 자신의 창조주에게 순종하지 않는 데 반해, 왜 비이성적인 창조물들은 순종하는지 의구심을 갖게 된다. 그때 그는 아주 좋은 친구였지만 이미 죽은 동료 기사에 대해 경멸을 느끼기 시작했다. 그때 갑자기 죽은 친구가 방에 들어와서 말했다. "친구여, 아무에게도 악한 의심을 품지 말고, 만일 내가 당신에게 잘못한 것이 있다면 용서해 주시오. 나는 속죄할 것이 많소. 특히 묘지에서 한 남자를 다치게 하고 그의 망토를 훔쳐 묘지를 더럽혔습니다. 항상 망토를 입어야 하는데, 망토의 무게가 산보다 더 무겁게 나를 짓누릅니다." 그런 다음 옛 친구에게 자신을 위해 기도해 달라고 간청했다. 기사는 특별한 사제의 기도를 원하는지 묻자, 죽은 친구는 아무 말 없이 머리를 끄덕였다. 그는 특별한 은수자가 봉헌하는 기도를 원하는지 물었다. "참으로 그렇소, 그 특별한 사제가 나를 위해 기도하기를 바라오." 그렇게 약속이 되고 이어서 말했다. "이제 2년 후에는 자네 또한 죽을 것이네!" 그 말과 함께 친구는 사라졌고, 기사는 자기 삶의 방식을 더 좋게 바꾸고 주님 안에서 잠들었다.

사제가 악하더라도 무효화할 수 없는 미사 거행과 같은 성사적 행위가 아닌 한, 또는 사망한 사람이 살아 있을 때 또는 친구가 그를 위해 써 달라고 다른 사람에게 돈을 맡겼더라도 그 수탁자가 악한 사람일지라도 그 돈은 죽은 이에게 이익이 될 수 없다는 점에 유의해야 한다. 이 경우 수탁자는 같은 상황에 처한 다른 사람에게 일어난 일이 자신에게 일어나지 않도록 즉시 그 금액을 적절하게 사용하는 것이 좋을 것이다. 카롤루스 대제(Carolus Magnus)의 기사 중 한 명이 무어인들에 대항하여 싸우러 가면서, 사촌에게 만일 자신이 전투에서 죽게 되면 자신의 말을 팔아서 그 돈을 가난한 사람들에게 나눠주라고 부탁했다고 한다. 기사는 결국 전투에서 사망했고, 말을 좋아했던 사촌은 죽은 기사의 요청대로 하지 않고 그 말을 갖고 있었다. 기사가 죽고 얼마 지나지 않아 사촌에게 빛나는 태양처럼 나타나 말했다. "착한 사촌아, 내가 말한 대로 말을 팔아서 그 돈을 가난한 사람들에게 나누어 주지 않은 탓에 나는 일주일 동안 연옥에서 괴로움을 겪었다. 너는 그 말과 함께 도망가지 못할 것이다! 바로 오늘 내가 죗값을 치르고 하느님의 왕국으로 가는 동안, 악마들은 너의 영혼을 지옥으로 데려갈 것이다!" 그리고 보라, 갑자기 사자, 곰, 늑대 같은 소란이 공중에서 들리고, 악령들은 그 사촌을 붙잡아 데려갔다.

164

월계관을 쓴 네 명의 순교자

월계관을 쓴 4명의 순교자 세베로(Severus), 세베리아노(Severianus), 카르포포로(Carpophorus), 빅토리노(Victorinus)는 디오클레티아누스 황제의 명령으로 납으로 된 채찍에 맞아 죽었다. 이 네 사람의 이름은 당시에는 알려지지 않았으나, 여러 해가 지난 후에 주님의 계시를 통해 알게 되었다. 계시에서는 앞서 언급된 네 명의 순교 2년 후에 고통을 받은 5명의 다른 순교자 클라우디오(Claudius), 카스토리오(Castorius), 심포리아노(Symphorianus), 니코스트라토(Nicostratus), 심플리치오(Simplicius)의 이름 다음에 기억되어야 한다고 공포되었다.

조각술에 능숙했던 이 5명의 성인은 디오클레티아누스를 위한 우상을 만드는 것과 제물 바치기를 거부했다. 그래서 황제는 서기 287년경 그들을 산 채로 납 관에 넣어 바다에 던지라고 명령했다. 앞의 4명의 이름이 알려지기 전에, 교황 멜키아데(Melchiades)는 그 4명이 나중의 5명의 이름 다음에 존중되어야 하며 "월계관을 쓴 네 사람"(IV coronatos)이라 불러야 한다고 공포했다. 그들의 이름이 알려진 후에도, 여전히 "월계관을 쓴 네 사람"으로 기억된다.

⋯✦ 165 ✦⋯

성 테오도로

테오도로(Theodorus, Theodore)는 디오클레티아누스와 막시미아누스 치하에서 마르마니테스(Marmanites) 시에서 순교했다. 재판관이 테오도로에게 제물을 바치고 군대로 돌아가라고 명령하자 그가 대답했다. "저는 저의 하느님과 그의 아드님 예수 그리스도를 섬기는 군인입니다!" 재판관: "그렇다면 너의 신은 아들이 있느냐?" 테오도로: "예!" 재판관: "우리가 그를 알 수 있겠느냐?" 테오도로: "참으로 당신은 그분을 알 수 있고 그분에게 갈 수 있습니다!"

제물 바칠 준비를 늦추는 것을 허락받은 테오도로는 밤에 '신들의 어머니'(mater deorum)의 신전으로 들어가서 불을 질러 완전히 태워버렸다. 이를 지켜본 누군가의 고발로 굶겨 죽이라는 명령으로 감옥에 투옥되었다. 주님이 그에게 나타나서 말씀하셨다. "자신감을 가져라, 나의 종 테오도로, 내가 너와 함께 있다!" 그때 흰 예복을 입은 사람들 무리가 닫혀 있던 문을 통해 들어와 그와 함께 시편을 불렀다. 이것을 본 간수들은 두려움에 휩싸여 도망쳤다. 테오도로는 끌려 나왔고 제물을 바치도록 권유받았다. 그가 말했다. "당신들이 나의 육신을 불태우고 고문을 가하더라도, 저는 이 육체 안에 호흡이 있는 한 저의 하느님을 버리지 않을 것입니다."

재판관은 그때 테오도로의 팔다리를 매달고 옆구리를 철 갈고리로 잔인하게 찢어서 갈비뼈가 드러날 정도로 고문하라고 명령했다. 그가 매달려 있을 때, 재판관이 말했다. "테오도로, 당신은 우리와 함께 하기를 원합니까? 당신의 그리스도와 함께 하기를 원합니까?" 테오도로: "저의 그리스도와 함께 저는 있었고, 저는 있고, 저는 있을 것입니다!" 그래서 그의 주위에 불이 붙여졌고, 그는 불 속에서 자신의 마지막 숨을 쉬었지만, 그럼에도 그의 육체는 불길로 손상되지 않았다. 이것은 서기 287년경에 일어났다. 달콤한 향기가 사방에 퍼졌고, 한 음성이 들렸다. "오너라, 나의 사랑하는 이여, 네 주님의 기쁨 안으로 들어오라!" 그리고 하늘이 열리는 것을 많은 사람이 보았다.

166

성 마르티노 주교

마르티노(Martinus, Martin)는 '전쟁'이라는 뜻의 마르템 테넨스(Martem tenens)라고 말한다, 즉 '악과 죄에 대항하여 싸우는 사람'이라는 의미이다. 그 이름은 "순교자들 중 한 사람"이란 뜻의 마르티룸 우누스(martyrum unus)라고도 한다. 마르티노는 적어도 열망과 스스로 행한 고행의 순교자이기 때문이다. 또한 마르티노라는 이름은 '화가 난 사람', '선동하는 사람', '지배하는 사람'으로도 해석된다. 그리고 마르티노는 자신의 거룩함의 공로로 악마를 화나게 하고, 시기하게 하고, 하느님이 자비를 호소하였으며 쉼없는 보속으로 자기 자신을 다스렸다. 디오니시오가 데모필로(Demophilus)에게 보낸 편지에서 주인이 노예를, 아버지가 아들을, 성숙한 어른이 미숙한 청소년기를 다스려야 하듯이, 이성이나 영혼이 육체를 다스려야 한다고 말한다.

성 마르티노의 생애는 겐나디오(Gennadius)가 저명한 사람으로 소개한 술피치오 세베로(Sulpicius Severus)가 썼다.

마르티노는 판노니아(Pannonia)에 있는 마을 사바리아(Sabaria)에서 태어났으나, 이탈리아 파비아(Pavia)에서 군사 호민관(tribunus militum)이었던 아버지 밑에서 성장했다. 마르티노는 콘스탄티누스와 율리아누스 부황제들 치하에서 병역에 복무했으나, 군인으로서의 경력은 그 자신의 선택이 아니었다. 그는 어린 시절에 하느님에게서 영감을 받았고, 12세 때 부모의 뜻을 거역하고 성당으로 도망쳐서 예비신자로 받아줄 것을 청했다. 그는 은수자가 되겠다고 하였으나, 아직 젊고 육체적 힘이 약해 받아들여지지 않았다. 그때 부황제들은 퇴역 군인의 아들은 그 군단에서 아버지의 지위를 계승해야 한다고 결정했다. 마르티노는 15세에 부하 한 명만을 데리고 군 복무를 하도록 강요받았고, 심지어 부하의 군화를 벗기고 깨끗이 닦는 일에 열심이었다.

어느 겨울에 그가 아미앵(Amiens)의 성문을 지나다가 거의 벌거벗은 가난한 사람과 마주쳤다. 아무도 그 사람에게 적선을 하지 않았고, 마르티노는 이 사람이 자신을 기다리고 있다고 생각했다. 그래서 그는 입고 있던 망토를 반으로 잘라 거지에게 주고 남은 반쪽으로 자신을 감쌌다. 다음날 밤 그는 그 망토를 입은 그리스도의 환시를 보았고, 그리스도가 자신을 둘러싸고 있는 천사들에게 말하는 것을 들었다. "마르티노는 아직 예비신자인데도 불구하고 나에게 덮으라고 망토를 주었다." 그 거룩한 사람은 이 환시를 자랑스러움의 근거가 아니라 하느님의 인자함의 증거로 여기고, 18세에 세례를 받았다. 더욱이 임기가 끝나면 자신도 세상과의 관계를 끊을 것이라고 약속했지만, 호민관의 요청으로 2년을 더 군대에 머물렀다.

그 당시 야만인들이 제국의 국경을 넘어오고 있었고, 율리아누스 황제는 야만인들과 싸울 군인들에게 돈을 제안했다. 군인 생활을 충분히 했다고 생각한 마르티노는 상여금을 거부하면서 황제에게 말했다. "저는 그리스도의 군인이고, 싸움이 금지되어 있습니다." 율리아누스는 마르티노가 종교적인 이유뿐만 아니라 전쟁에 참여하는 것이 두려워서 거부하는 것이라며 화를 냈다. 두려워하지 않았던 마르티노는 반박했다. "저의 거부가 믿음이 아니라 비겁함에 기인한 것이라 생각하십니까? 그렇다면 저는 내일 아침 무장하지 않은 채 전투의 제일선에서 방패나 투구가 아닌 그리스도의 이름으로 십자성호로 보호를 받겠습니다. 그리고 적의 전선을 돌파하여 안전하게 나아갈 것입니다." 마르티노는 약속대로 무장하지 않은 채 야만인들에 맞섰고, 그 즉시 보호를 받았다. 다음날 적군은 사절단을 통해 사람과 물자를 바치며 항복의 뜻을 전했다. 이 무혈의 승리는 그 거룩한 사람의 공로 때문이었다는 것에 의심의 여지가 없다.

군대에서 물러난 마르티노는 푸아티에(Poitiers)의 주교 힐라리오(Hilarius)에게 가서 시종품(侍從品, acolythus)을 받았다. 그러자 주님은 그에게 여전히 이교도인 부모를 방문하라고 꿈에서 명령하며, 가는 길에 많은 시련을 겪을 것이라고 예언했다. 그는 알프스 산맥을 넘다가 강도를 만났는데, 한 강도가 마르티노의 머리를 세게 때리려고 하자 다른 강도가 그 휘두르는 손을 저지했다. 성인의 손은 등 뒤로 묶였고, 강도 한 명이 마르티노의 감시를 맡았는데 마르티노에게 두려운지 물었다. 마르티노는 하느님의 자비가, 특히 시련의 때에 가까이 있음을 알기 때문에 자신이 이렇게 안전을 느꼈던 적이 결코 없다고 대답한 후 강도에게 설교하고 그리스도에 대한 믿음으로 개종시켰다. 개종한 강도는 그를 돌려보냈고 그 후에 생을 마칠 때까지 칭찬할 만한 삶을 살았다.

마르티노가 밀라노를 지날 때, 사람의 모습을 한 악마가 그에게 어디로 가느냐고 물었다. 그는 주님이 가라고 하시는 곳 어디든 간다고 대답했다. 악마: "당신이 가는 어디든지, 악마가 당신을 방해하려고 그곳에 있을 것입니다!" 마르티노: "주님께서 나를 위하시니 나는 두렵지 않네. 사람이 나에게 무엇을 할 수 있으랴?"(시편 118, 6) 악마는 순식간에 사라졌다.

마르티노는 어머니를 개종시켰으나, 아버지는 오류를 고수했다. 그러나 아리우스주의 이단이 모든 곳에 퍼지고 있었고, 거의 홀로 저항하던 마르티노는 공개적으로 구타를 당하고 도시에서 쫓겨났다. 그는 밀라노로 돌아가서 수도승원을 설립했으나, 아리우스주의자들에게 쫓겨나 동료 사제 한 명과 갈리마리아(Gallimaria) 섬으로 갔다. 그곳에서 우연히 다른 풀들에 섞인 독초 헬레보룸(helleborum)을 먹게 되었다. 이 일로 죽음의 문턱까지 갔으나 기도의 힘으로 모든 고통과 위험을 물리쳤다.

복된 힐라리오가 유배지로부터 돌아왔다는 것을 들은 마르티노는 푸아티에로 가서 도시 인근에 수도승원을 설립했다. 그 수도승원에 세례받지 않은 한 예비신자가 있었다. 잠시 자리를 비웠다가 수도승원에 돌아온 마르티노는 그 예비신자가 세례받지 않고 죽었다는 것을 알게 되었다. 그는 시신을 자신의 독방으로 옮기고 그 위에 엎드려 기도로 그 남자를 소생시켰다. 이 사람은 자신이 죽었을 때, 어둠의 장소에 남도록 판결을 받았고, 두 천사가 재판관에게 이 사람이 마르티노가 그 순간에 기도하고 있던 사람이라고 상기시켜 주었다고 말했다. 재판관은 천사들에게 그를 살려서 마르티노에게 돌려보내라고 명령했다. 성인은 또한 구덩이에 빠져 죽은 사람을 소생시키기도 했다.

주교가 없었던 투르(Tours)의 사람들은 비록 마르티노가 마음에 들지 않았지만, 그에게 자신들의 주교로 서품받기를 간청했다. 보좌 주교들 중 일부는 그가 키가 작고 외모가 매력적이지 않다며 반대했다. 그 반대자들 중 가장 노골적으로 말하는 사람은 '방어'라는 의미의 이름을 가진 데펜소르(Defensor) 주교였다. 그곳에 독서자가 참석하지 않았기 때문에 주교들 중 한 사람이 시편을 들고 자신이 펼친 부분부터 읽었다. "당신의 적들을 물리치시고 대항하는 자와 항거하는 자를 멸하시려 아기와 젖먹이들의 입에서 나오는 것으로 당신께서는 요새를 지으셨습니다."(시편 8, 3) 데펜소르 주교의 반대를 지지하는 사람은 아무도 없었다. 마르티노는 주교로 서품되었으나 그 도시의 떠들썩함을 참을 수가 없었고, 그래서 성벽 바깥쪽으로 약 두 번째 이정표석(milliarium)에 수도승원을 건축해서 80명의 제자와 함께 엄격한 금욕생활을 했다. 병으로 인한 부득이한 경우가 아니면 아무도 포도주를 마시지 않았고, 부드러운 의복을 죄로 여겼다. 많은 도시에서 이 사람들 중에서 자신들의 주교를 선택했다.

순교자로 알려진 무명의 사람을 중심으로 예법이 형성되기 시작했다. 하지만 마르티노 주교는 그 사람의 생애나 공로에 대해 아무것도 들을 수 없었다. 그래서 어느 날 그 사람의 무덤 앞에 서서 이곳에 묻힌 사람이 누구이고 공로가 무엇인지 알려달라고 주님께 기도했다. 마르티노는 왼쪽으로 몸을 돌렸는데 칠흑같이 새까만 그림자가 서 있는 것을 보았다. 마르티노의 의심을 받았던 그 그림자는 자신이 강도였고 그 죗값으로 처형되었다고 말했다. 따라서 마르티노는 무덤 옆에 세워진 제대를 즉각 파괴하라고 명령했다.

우리는 또한 세베로(Severus)가 《투르의 주교 성 마르티노의 생애》(Vita sancti Martini episcopi Turonensis)에서 생략한 많은 세부 사항들이 보충된 세베로와 갈로

(Gallus)의 《대화》(Dialogus)에서, 한때 마르티노는 필요한 무언가를 요청하려고 발렌티니아누스 황제에게 갔다고 읽었다. 그러나 황제는 원치 않는 무언가를 마르티노가 요청할 것임을 알았기에, 궁전의 문을 닫고 빗장을 지르라고 명령했다. 재삼재사 거절당한 마르티노는 마대를 만드는 데 쓰이는 천으로 자신을 감싸고, 머리에 재를 뿌리고, 일주일 동안 먹고 마시기를 거부했다. 그런 다음 천사의 도움으로 숨어서 궁전으로 들어가 아무도 방해하지 않은 채 황제에게 갔다. 마르티노가 오는 것을 본 발렌시아누스 황제는, 몰래 들어온 것에 화가 나서 그의 존재를 무시하고 자리에서 일어나지도 않았다. 하지만 갑자기 왕좌에서 불꽃이 터져 황제의 엉덩이에 불이 붙었다. 그제서야 여전히 화가 났지만, 황제는 마르티노에게 인사하려고 일어났고, 자신이 하느님의 능력을 느꼈다고 인정했다. 황제는 마르티노 주교가 앞서 요청하려던 것과 후에 원하는 것까지 모든 것을 주었고, 그 외의 선물까지 함께 제공했다.

같은 《대화》에서 우리는 마르티노가 어떻게 이미 죽은 세 번째 사람을 되살렸는지 읽었다. 한 청년이 죽자, 청년의 어머니는 눈물을 흘리며 성 마르티노에게 아들을 소생시켜 달라고 간청했다. 마르티노는 많은 이교도에게 둘러싸인 들판 한가운데에서 무릎을 꿇고 기도하자 그 소년이 모든 사람이 보는 앞에서 일어났다. 그 결과 모든 이교도는 믿음으로 개종했다.

무생물과 식물, 비이성적인 존재들 또한 이 거룩한 사람에게 복종했다. 불과 물 같은 무생물들이 그의 명령에 따랐다. 한번은 그가 신전에 불을 질렀을 때, 바람이 인접한 집을 향해 불길을 불어넣었다. 마르티노는 그 집의 지붕으로 올라가 접근하는 불길을 마주했다. 불은 즉시 바람을 거슬러 돌아섰고 두 요소 사이에 충돌이 있는 것처럼 보였다. 우리는 또한 같은 《대화》에서 배가 침몰하고 있었고, 아직 그리스도인이 아니었던 한 상인이 "마르티노의 하느님, 저희를 구원하소서!"라고 소리쳤다고 읽었다. 큰 고요함이 즉시 바다 위를 뒤덮었다.

창조된 식물도 마찬가지다. 어떤 장소에서 마르티노가 고대의 신전을 파괴하는 것을 지켜 보고 있었다. 마르티노는 악마에게 바쳐졌던 한 소나무를 자르기를 원했다. 그 지방 사람들과 이교도들이 반대했고, 그 중 한 사람이 말했다. "만일 당신이 당신의 하느님을 그렇게 많이 신뢰한다면, 우리는 그 나무를 베어낼 것이고 당신은 잘려진 나무가 당신에게 떨어지더라도 피하지 말아야 할 것입니다. 당신이 말한 것처럼 하느님이 당신과 함께 있다면, 당신은 부상을 입지 않을 것입니다." 그는 동의했다. 이교도들이 나무를 잘랐고 그를 향해 넘어지기 시작했으나, 마르티노가 십자성호를 긋자 나무가 반대 방향으로 쓰러져 안전한 장소에서 구경하던 사람들을 거의 짓밟아 버릴 뻔했다. 그 기적을 본 이교도들 모두 믿음으로 개종했다.

《대화》에서는 동물들이 성인에게 복종했다는 이야기를 자주 다루었다. 한 번은 그가 어린 토끼를 쫓는 개 무리를 보았다. 그가 개들을 부르자 마치 그곳에 묶여 있는 것처럼 멈추고 추격을 중단했다. 다음에 그는 물뱀이 있는 강에 목욕하려고 갔다가 뱀에게 말했다. "주님의 이름으로 나는 네가 왔었던 곳으로 돌아가라고 명령한다!" 성인의 말에 그 파충류는 맞은편 제방으로 건너갔다. 마르티노는 혀를 찼다. "뱀들은 나에게 귀를 기울이지만 사람들은 그렇지 않구나!" 개 한 마리가 성인의 제자 한 사람에게 짖고 있었고, 그 제자는 개에게 말했다. "마르티노의 이름으로 너에게 조용히 하기를 명령한다!" 그 개는 마치 자기 혀가 잘린 것처럼 짖기를 멈추었다.

마르티노는 깊은 겸손을 지닌 사람이었다. 그는 파리에서 한때 모든 사람을 공포에 움츠리게 했던 나병환자와 대면했지만, 마르티노는 그 사람에게 입맞춤을 하고 축복을 해주었고 그 사람은 치유되었다. 마르티노의 위엄은 대단했다. 그는 사도들과 같은 위엄을 지녔다고 한다. 그의 위엄은 사도들과 같다고 전해지는데, 그를 강하게 하려고 사도들과 똑같이 불의 모습으로 그에게 내려온 성령의 은총 때문이다. 한번은 그가 독방에 홀로 앉아 있었고 그의 제자인 세베로와 갈로가 밖에서 기다리고 있을 때, 독방에서 말하는 사람들의 목소리를 듣고 놀라움에 떨었다고 앞서 언급한 《대화》가 전한다. 후에 그들은 이에 대해서 마르티노에게 물었고 그는 대답했다. "내가 당신들에게 말하는 것을 어느 누구에게도 말하지 않기를 부탁합니다. 아녜스(Agnes), 테클라(Thecla), 마리아가 왔습니다." 그리고 그 성녀들은 그날뿐만 아니라 자주 그를 방문하러 왔고, 사도 베드로와 바오로도 자주 왔었다고 한다.

그는 매우 정의로우며 누구라도 한 사람 한 사람씩을 공정하게 대했다. 한 번은 막시무스 황제의 저녁 식사에 초대받았을 때, 잔이 마르티노에게 먼저 제공되었고, 모든 사람은 그가 황제에게 잔을 건넬 것이라고 기대했다. 그러나 그는 옆에 있던 사제에게 그 잔을 건네주었다. 그는 주교를 이어 마실 만한 사람은 사제이며, 왕이나 왕의 측근들을 사제 앞에 내세우는 것은 부당하다고 생각했다.

그의 인내심은 고갈될 줄 몰랐고 어떤 상황에서도 지속되었다. 비록 그가 가장 높은 지위의 사제였음에도, 성직자들은 자주 그를 무례하게 대했고, 그럼에도 그는 성직자들을 문책하지 않을뿐더러 자비를 행함에 있어 성직자들을 배제하지도 않았다. 화가 난 그를, 슬퍼하는 그를, 웃는 그를 본 사람이 아무도 없었다. 그의 입에서 그리스도라는 말 외에는 아무것도 들을 수 없었고, 그의 마음 속에는 경건, 평화, 자비 외에는 어떤 것도 없었다.

《대화》의 내용에 따르면, 거친 옷과 긴 검은 망토를 입은 그가 나귀를 타고 길을 따라가고 있었다고 한다. 기병대 무리가 그를 향해 말을 타고 가자, 말들은 겁에 질려 달아나며 기수들을 땅에 팽개쳤다. 군인들은 마르티노에게로 가서 나귀에서 끌어내려 호되게 때렸다. 성인은 아무 말도 하지 않고 물러섰다. 군인들은 그가 고통을 느끼지도 않고 자신들에게 어떤 예우도 갖추지 않는 것에 몹시 분노했다. 그래서 더욱 세차게 채찍질을 가했음에도 불구하고 그는 바위처럼 꿈쩍도 하지 않고, 마치 땅에 뿌리를 박은 듯 서 있었다. 결국 군인들은 마르티노 주교에게 부지불식간에 저지른 잘못을 고백했다. 그가 말에게 떠나도록 명령하자, 말들은 활기찬 걸음으로 움직이기 시작했다.

그는 기도에 아주 열성이었다. 그의 전설에서 기도든 거룩한 독서든 헌신하지 않고 보냈던 시간은 단 1분도 없었다고 한다. 일을 하든 독서를 하든 그의 마음은 결코 기도에서 멀어지지 않았다. 대장장이가 쇠를 만드는 동안 자신의 수고를 덜기 위해 이따금 모루를 두드리는 것처럼, 마르티노는 자신이 무엇을 하든 그 모든 것을 기도로 만들었다.

그는 매우 소박한 삶을 살았다. 세베로는 에우세비오에게 보낸 편지에서 다음과 같은 이야기를 들려준다. 한번은 마르티노가 자기 교구의 한 저택에서 하룻밤을 묵게 되었고, 성직자들이 그를 위해 짚으로 가득 채운 매트리스 침대를 준비했다. 평소 바닥에서 오직 한 장의 모포만 깔고 잤던 그는 익숙지 않은 부드러움에 몸서리를 쳤다. 이 친절을 의도하지 않게 오해한 그는 일어나서 짚을 모두 거둬내고 맨바닥에 몸을 뻗고 누웠다. 한밤중에 그 짚이 모두 화염에 타올랐다. 잠에서 깬 마르티노는 방에서 나가려고 애썼으나 할 수 없었고 화염에 휩싸였다. 그는 기도의 피난처로 돌아가 십자성호를 긋고 불길의 가운데에 서 있으면서 타는 듯한 고통을 느끼는 것이 아니라 오히려 이슬처럼 상쾌한 느낌이었다. 화재로 깬 수도승들이 마르티노가 불에 타 죽었을 것이라 예상하고 달려갔지만, 해를 입지 않은 그를 발견했다.

죄인들에 대한 그의 동정심은 무한했다. 그는 뉘우치기를 바랐던 모든 사람을 자신의 자비로운 이해의 품으로 데려갔다. 악마는 한번 쓰러졌었던 사람들의 보속을 인정하는 마르티노에게 이의를 제기했고 마르티노는 대답했다. "만일 불쌍하고 비참한 존재인 당신 자신이 사람들을 파멸시키려는 노력을 멈추고 당신의 행위를 후회한다면, 주님을 신뢰하는 저는 그리스도의 자비를 당신에게 약속할 것입니다!"

가난한 사람에 대한 그의 동정심은 한계가 없었다. 《대화》는 마르티노가 어떤 축일 거행을 위해 성당으로 오고 있었고 거의 벌거벗은 한 가난한 사람이 따라왔다고 전한다. 주교는 그 사람을 위한 옷을 찾아보라고 대부제(archidiaconus)에게 요청했으나, 대부제는 이 지시를 따르지 않고 미적거렸다. 그래서 마르티노는 제의실(sacrarium)로 가서 자신의 튜니카(tunica)를 벗어 가난한 사람에게 주었다. 그때 대부제가 주교에게 예식을 시작해야 한다고 알렸으나, 마르티노는 가난한 사람이 (자기 자신을 의미하는) 입을 옷을 얻을 때까지 시작할 수 없다고 말했다. 대부제는 그 말을 이해할 수 없었다. 주교는 카파(cappa)로 감싸져 있었고, 그가 그 아래 아무것도 입지 않은 모습을 볼 수 없었기 때문이었다. 이제 대부제가 보기에 그곳에는 가난한 사람이 없었다. "튜니카를 나에게 가져오시오," 마르티노는 단호하게 말했다. "그러면 이곳에서 옷을 찾는 가난한 사람은 없어질 것입니다!"

화난 대부제는 시장에 가서 동전 다섯 닢으로 싸구려 짧은 튜니카("거의 아무것도 아님"이란 의미의 패네 눌라(paene nulla)에서 나온 패눌라(paenula, 겉옷)라고 불렸던 종류)를 사 왔다. 대부제는 화를 내며 그 옷을 마르티노의 발 앞에 던졌다. 주교는 칸막이 뒤로 갔고, 그 튜니카(소매가 겨우 팔꿈치까지 오고 하단이 겨우 그의 무릎까지 오는)를 입고 미사를 봉헌하려고 갔다. 그가 봉헌하는 동안, 공 모양의 불이 그의 머리 위에 나타난 것을 많은 사람이 보았다. 이러한 이유로 마르티노는 사도들과 동등하다고 말한다. 스승인 요한 벨레토(Joannes Belethus)는 이 기적에 대해 주교가 미사에서 하는 것처럼, 하느님께 손을 올렸을 때, 튜니카 소매가 밑으로 흘러내렸다고 덧붙였다. 그의 팔이 굵거나 살찌지 않았고 튜니카가 겨우 그의 팔꿈치에 닿았기 때문에, 그의 팔은 맨살로 남아 있었기 때문이다. 그러자 기적적으로 천사들이 보석으로 장식된 금팔찌를 그에게 가져다 채워주어 맨팔이 적당히 가려졌다.

한번은 그 성인이 털을 깎았던 양에 대해 말했다. "저 양은 복음의 명령에 복종하였습니다. 양 두 개의 튜니카를 가졌던 양은 하나를 아무것도 가지지 않았던 누군가에게 주었습니다. 당신들도 똑같이 해야 할 것입니다!"

마르티노는 악령들을 몰아내는 것에 많은 능력을 보여주었고, 종종 악령이 들린 사람에게서 악령을 쫓아내었다. 앞서 언급한 《대화》에서 악마가 들렸던 암소 한 마리가 소리 지르며 사납게 날뛰었고 많은 사람을 뿔로 들이박는 일이 있었다고 전한다. 한번은 마르티노가 동료와 함께 길을 가고 있을 때 이 암소가 화가 잔뜩 나서 달려들었다. 마르티노는 손을 들고 멈추라고 암소에게 명령했다. 암소가 멈추자 마르티노는 암소 등에 올라탄 악령을 보았다. 마르티노는 악령에게 "오 사악한 것아, 그 등에서 내려와라, 이 무해한 동물을 괴롭히는 것을 멈추어라."라고 꾸짖었다. 그 영은 즉시 떠났다. 암소는 주교의 발 앞에 무릎을 꿇었고 그런 다음 그의 명령으로 소떼가 있는 쪽으로 평화롭고 느긋하게 걸어갔다.

마르티노는 악령을 분별하는 예민한 감각을 가졌다. 악령이 어떤 형태와 외형을 가졌든, 변장을 하였든, 그는 악령을 보았고 폭로했다. 악령은 때때로 요비스(Jovis)의 모습으로, 종종 메르쿠리우스(Mercurius), 베누스(Venus), 미네르바(Minerva) 모습으로 드러냈지만, 그는 모두를 적절한 이름으로 꾸짖었다. 메르쿠리우스가 그를 가장 힘들게 했다. 그는 요비스가 잔인하고 둔하다고 말했다. 한번은 악마가 자줏빛 옷에 왕관을 쓰고 금으로 된 신발을 신고 고귀하고 미소 짓는 왕의 모습으로 나타났다. 오랫동안 어느 쪽도 말하지 않았다. 그때 악마가 말했다. "마르티노, 네가 흠숭하는 그분을 인정하여라! 나는 그리스도이고 막 땅에 내려오려는 참이었으나, 나는 미리 너에게 나 자신을 나타내기를 원했다." 마르티노는 이 말에 놀랐으나 침묵을 유지하였고, 그 영은 다시 이야기했다. "마르티노, 네가 나를 보고서도 왜 믿기를 주저하느냐? 나는 그리스도이다!" 그때 성령으로 지시를 받은 마르티노가 말했다. "주 예수 그리스도는 자신이 자줏빛으로 물들이고 번쩍이는 왕관을 쓰고 올 것이라고 예언하지 않았다. 나는 그분이 고통받았을 때 있었던 것처럼 그분이 있지 않는 한, 그분이 십자가의 오상을 짊어지지 않는 한, 그리스도가 왔다는 것을 믿지 않을 것이다." 그 말에 악마는 지독한 악취로 그 독방을 가득 채우고 사라졌다.

마르티노는 자신의 죽음의 시간을 사전에 알았고 형제들에게 알렸다. 그동안에 그는 어떤 어려움을 화해시키려고 캉데(Candes) 교구를 방문했다. 도중에 그는 새들이 물 속 물고기를 보고 잠수해서 잡는 것을 보고 말했다. "이것이 악령이 일하는 방식입니다. 그들은 주의를 게을리하는 사람을 덫에 걸리게 하고, 그것을 알기 전에 일부를 잡고, 포획한 것을 게걸스럽게 먹지만, 결코 충분히 얻을 수 없습니다." 그래서 그는 새들에게 물가를 떠나서 사막을 찾아가라고 명령했다. 그러자 새들은 큰 떼를 지어 언덕과 숲을 향해 날아갔다.

그가 위에서 언급한 캉데 교구에서 지낼 때 기운이 약해지기 시작했고, 자신이 살날이 얼마 남지 않았다는 것을 제자들에게 말했다. 제자들은 울었고 그에게 물었다. "사부님, 왜 저희를 버리려고 하십니까? 고아들인 저희를 누구에게 맡기려고 하십니까? 흉포한 늑대들이 우리를 파괴하게 하실 것입니까!" 제자들의 간절한 부탁과 눈물에 마르티노는 그들과 함께 울었고 기도했다. "주님, 만일 제가 당신의 사람들에게 필요하다면, 저는 그 일을 거부하지 않을 것입니다! 당신의 뜻대로 하십시오!" 그는 자신이 무엇을 진실로 더 원하고 있는지 확신하지 못했다. 그는 제자들을 떠나는 것도, 더 이상 그리스도로부터 떨어져서 남아 있는 것도 원하지 않았기 때문이다. 그런 까닭에 그는 한동안 열병을 앓으며 고통스러워했고 제자들은 거친 삼베와 재를 깔고 누워 있는 침대에 약간의 짚을 넣게 허락해 달라고 요청하자, 그는 말했다. "나의 아들들아, 죽어가는 그리스도인에게 삼베와 재는 유일한 적절한 방법이다. 만일 내가 너희들에게 다른 모범을 남긴다면, 나는 죄를 짓는 것이다." 그의 눈과 손은 항상 하늘을 가리키고 있었고, 그의 정복되지 않은 영혼은 결코 기도에 게으르지 않았다. 그는 항상 등을 대고 누워 있었고, 사제들이 몸을 옆으로 돌려서 약한 육체를 편안하게 하라고 간청하였을 때, 그는 말했다. "형제들이여, 나를 있는 그대로 두시오! 나의 영이 항상 주님 쪽으로 향해 있도록, 나의 눈이 땅보다는 하늘에 두도록 내버려 두시오!" 그가 이렇게 말하는 바로 그 순간, 그는 악마가 옆에 서 있는 것을 보았다. "네가 여기서 무엇을 하고 있느냐, 피비린내 나는 짐승아? 너는 나에게서 생명을 앗아갈 아무것도 찾을 수 없을 것이고, 아브라함의 가슴이 나를 받아들일 것이다!" 그리고 이 말과 함께, 서기 395년경에 시작되었던 아르카디우스와 호노리우스의 시대에, 그의 삶의 제81년에, 하느님에게 자신의 영혼을 내어드렸다. 그의 얼굴은 이미 영광스럽게 된 것처럼 빛났고, 그의 주변에서 노래하는 천사들의 합창을 많은 사람이 들었다.

그가 죽자 푸아티에 사람들과 투르 사람들이 모여들었고, 그들 사이에 격렬한 언쟁이 벌어졌다. 푸아티에 사람들은 말했다. "그는 우리의 수도승이니, 우리에게 돌려보내길 원합니다!" 투르 사람들은 "그는 하느님에 의해 당신들로부터 데려와졌고, 우리에게 주어졌습니다!"라고 응답했다. 푸아티에 사람들이 깊이 잠들어 있는 한밤중에 투르 사람들은 창문을 통해 성인의 시신을 옮겼고 루아르(Loire) 강을 따라 투르 시로 옮겼다. 투르는 그의 시신을 맞이함을 크게 기뻐했다.

쾰른의 주교인 복된 세베리노(Severinus)는 성 마르티노의 죽음의 바로 그 시간에, 주일 만과(matutinum) 후에 성역(locus sancta, holy places)을 순시하던 중에 하늘에서 천사들이 노래하는 것을 들었다. 그는 대부제를 호출해서 어떤 것을 들었는지 물었다. 대부제는 아무것도 듣지 못했다고 말했으나, 대주교는 골똘하게 귀를 기울여 들어보라고 말했다. 대부제는 목을 위로 쭉 뻗고 귀를 쫑긋 세우고, 대주교가 기도하는 동안 발끝으로 몸을 일으켜 지팡이로 몸을 고정시켰으며, 하늘에서 어떤 소리가 들렸다고 말했다. 대주교는 "그것은 세상으로부터 이주하는 나의 주교 마르티노이고, 천사들이 그를 하늘로 옮기고 있습니다!"라고 말했다.

그곳에는 악령들이 있었고 마르티노를 저지하려고 노력했으나, 그를 고발할 것을 아무것도 찾지 못했고 난처해하며 철수했다. 대부제는 그날과 그 시간을 기록했고, 마르티노가 마지막 숨을 쉰 바로 그 시간이었음을 알게 되었다. 마르티노의 생애를 집필했던 수도승 세베로(Severus)가 한 편지에서 진술했던 것처럼, 만과 후에 선잠에 빠졌고, 마르티노가 흰색 예복을 입고, 얼굴은 빛나고, 눈은 별처럼 빛나고, 머리카락은 자주색이었고, 오른손에 세베로가 자신의 생애에 대해 쓴 책을 들고 나타났다. 마르티노는 세베로를 축복하였고, 세베로는 하늘로 올라가는 성인을 보았다. 그리고 자신이 그와 함께 갈 수 있기를 원했던 세베로는 잠에서 깨어났다. 그 후 심부름꾼이 마르티노가 그날 밤에 죽었다는 소식을 갖고 왔다.

그날 밀라노의 주교 성 암브로시오는 미사를 봉헌하고 있었는데, 예언서와 서간의 독서 사이 제대에서 잠들었다. 아무도 주제넘게 그를 깨우려 하지 못했고, 차부제(subdiaconus)는 그의 명령 없이는 감히 서간을 읽지 못했다. 두세 시간이 지나서야 사람들은 암브로시오를 깨우기 시작했다. "시간이 흐르고 있고 사람들은 기다림에 지쳐가고 있습니다. 성직자가 서간을 읽도록 해 주시겠습니까?"라고 말했다. 암브로시오는 "불쾌하게 여기지 마라"라고 말했다. "나의 형제 마르티노가 하늘로 갔고, 나는 그의 장례식에 참석해 마지막 기도를 인도하고 있었는데, 당신이 나를 방해하였고 나는 마지막 응송(responsorium)을 노래할 수 없었다." 그들은 그날과 그 시간을 기록하였고, 그때가 바로 성 마르티노가 하늘로 떠났을 때였음을 알게 되었다.

스승인 요한 벨레토는 프랑스의 왕들이 마르티노의 카파를 전투에 가지고 다녔다고 말했다. 그러므로 그 카파의 수호자들은 담당사제(Capellanus, chaplain)라고 불렸다.

마르티노가 죽은 지 64년 후에, 복된 페르페투오(Perpetuus)는 그의 성당을 화려하게 확장했고 성인의 시신을 그곳에 다시 묻기를 원했으나, 단식과 밤샘 노력에도 불구하고 석관을 옮길 수 없었다. 옮기는 것을 포기하고 떠나려고 할 때 한 아름다운 노인이 나타나 말했다. "당신들은 무엇을 기다리고 있습니까? 당신들이 그 일에 손을 대자마자 성 마르티노가 당신을 도우려고 준비하는 것이 보이지 않습니까?" 그런 다음, 그들과 함께 손을 석관 아래에 넣었고, 쉽고 빠르게 석관을 들어 올려 현재 공경받고 있는 곳에 옮겨 놓았다. 그 노인은 다시 나타나지 않았다.

클뤼니의 아빠스 오도(Odo)는 그 이장(移葬) 때 일어났던 놀라운 일을 말한다. 아무도 줄을 끌어당기지 않았지만 모든 성당에 있는 종이 울렸고, 아무도 손대지 않았지만 모든 등불과 초에 불이 붙었다고 이야기한다. 또한 그곳에는 한 사람은 장님, 한 사람은 반신불수인 두 명이 있었고, 장님이 불구자를 수레에 태워 끌었고 불구자는 장님에게 갈 곳을 말했다고 한다. 그들은 이 방법으로 구걸을 하여 풍족하게 살았다. 그때 그들은 많은 병약한 사람들이 성 마르티노의 시신에 가까이 갔고, 특히 시신을 성당 주변에 옮겨 놓으면 치유된다는 말을 들었다. 하지만, 그들은 성인의 시신이 자신들의 집 근처로 옮겨질까 봐 두려워하기 시작했다. 그러면 그들은 온전해질 수 있었는데, 그러면 수입이 없어질 것이기 때문이었다. 그래서 그들은 그 거룩한 시신이 결코 그 길로 운반되지 않는다고 생각하는 다른 거리로 주거지를 옮겼다. 그러나 그들이 이사를 하던 바로 그때, 행렬을 지어 옮겨지고 있는 그 시신을 만났고, 요청하지 않는 자에게도 하느님은 축복을 주시므로 두 사람은 뜻과 달리 완전히 치유된 자신을 발견하고 이 행운에 몹시 슬퍼했다.

암브로시오는 성 마르티노에 대해 말한다. "복된 마르티노는 그릇된 이교도의 신전을 파괴하고, 경건함의 기치를 높이며, 죽은 사람을 살리고, 귀신이 들린 사람의 몸에서 사나운 악령들을 내쫓았고, 병으로 고통받는 사람들을 치료하고 일으켜 세웠습니다. 그는 너무나 완벽하여 가난한 거지에게 그리스도를 입히고 세상의 주님에게 자신이 적선으로 받았던 옷을 입혔습니다. 오, 하느님의 것으로 옷 입었던 행복한 관대함이여! 군인과 왕을 입히는 망토의 영광스러운 나눔이여! 신성(神性)이 입기에 합당하였던 값진 선물이여! 주님, 당신의 이름을 고백한 이 사람에게 이 보상을 수여하였으니, 당연한 일입니다! 아리우스주의자의 야만이 그 앞에서 절하였으니 당연한 일입니다! 순교에 대한 사랑이 박해자의 고문에 대한 두려움에 대항하여 그를 무장시키셨으니 당연한 일입니다! 하느님을 옷 입히고 망토의 반쪽에 대한 답례로 그분을 볼 만한 자격이 있었던 그는 자신의 온 몸의 봉헌을 위해 무엇을 받을 만하겠습니까? 그래서 그는 희망이 있는 사람에게, 어떤 사람에게는 기도로, 어떤 사람에게는 단지 그를 보는 보는 것만으로도 치료약이 되었습니다!"

167

성 브릭치오

성 마르티노의 부제인 브릭치오(Briccius, Brice)는 성 마르티노를 전혀 존경하지 않고 오히려 욕설을 퍼붓곤 했다. 한번은 마르티노를 찾아온 가난한 사람에게 브릭치오가 말했다. "만일 그 미친 사람을 찾고 있다면, 위쪽을 보시오! 마르티노는 항상 하늘을 바라보는 바보 같은 사람이오!" 마르티노는 그들에게 필요한 것을 준 후, 브릭치오를 불러서 말했다. "브릭치오, 내가 미쳐 날뛰는 바보처럼 보입니까?" 브릭치오는 부끄러워하면서 그런 말을 한 적이 없다고 부인했지만, 마르티노는 다시 말했다. "당신이 멀리서 말할 때 내 귀가 당신의 입에 붙어 있지 않았습니까? 이제 진실을 말하겠습니다! 당신이 주교로서 나를 계승할 것임을 주님에게 받았습니다. 하지만, 당신은 이 직무에서 많은 역경을 겪을 것입니다!" 브릭치오는 이 말에 웃으며 다른 사람들에게 말했다. "내가 그를 미쳐 날뛰는 바보라고 한 것은 진실을 말한 것이 아니겠는가?"

마르티노의 죽음 후 브릭치오는 주교로 선출되었고, 비록 여전히 거만하고 거침없이 말하지만 기도에 충실했고 자신의 육체를 순결하게 지켰다. 그가 주교가 된지 30년이 되었을 때, 수녀처럼 옷을 입고 정숙하고 그를 위해 세탁일을 하던 여자가 임신을 하고 아들을 낳았다. 이것에 모든 마을 사람들이 돌을 들고 주교의 문 앞에 모여 소리쳤다. "지난 몇 년 동안 성 마르티노에 대한 존경심에서 당신의 음탕한 삶을 모르는 척했지만, 이제 더 이상 당신의 타락한 손에 입맞춤할 수 없습니다." 브릭치오는 강력히 부인하며 말했다. "그 아기를 나에게 데려오시오!" 이제 30일 된 아기를 데려오자 브릭치오가 아기에게 말했다. "나는 성자 하느님의 이름으로 내가 너를 낳았는지 아닌지를 여기 모든 사람 앞에서 말하기를 엄명한다!" 그 아기는 대답했다. "당신이 아닙니다! 당신은 저의 아버지가 아닙니다!" 그때 사람들은 브릭치오에게 아버지가 누구인지 아기에게 물어보도록 강요했지만, 브릭치오는 선언했다. "그것은 나의 일이 아닙니다! 나는 나에게 하도록 요청받은 것만 하였습니다!"

그때 사람들은 이 일을 마술 탓으로 돌리며 말했다. "당신은 거짓으로 우리의 목자로 불리지만, 더 이상 우리를 다스리게 하지 않을 것입니다!" 무죄를 증명하려는 브릭치오는 모든 사람이 지켜보는 가운데 망토 주름 사이에 불타는 석탄을 갖고 성 마르티노의 무덤까지 가서 던지고 망토가 훼손되지 않았음을 보여준 후 말했다. "내 옷이 석탄에 그을리지 않은 것처럼, 나의 육체도 여자와의 접촉에서 깨끗합니다." 그러나 사람들은 믿지 않았고, 모욕을 퍼부으며 주교좌에서 쫓아냈다. 이런 식으로 성 마르티노의 예언은 이루어졌다.

슬픔에 빠진 브릭치오는 로마에 있는 교황에게 가서 7년 동안 교황과 함께 머물며 자신이 성 마르티노에게 했던 잘못에 대해 보속을 했다. 투르의 사람들은 자신들의 주교로 유스티니아누스(Justinianus)를 선출했고 브릭치오의 주교직에 대항하여 투르의 주교좌에 대한 권리를 막으려고 유스티니아누스를 로마로 보냈다. 그러나 유스티니아누스는 로마로 가는 길에 베르첼리(Vercelli) 시에서 죽었고, 투르의 사람들은 그의 지위에 아르메니우스(Armenius)를 선출했다. 그러나 7년의 보속 후에 교황의 지지를 받은 브릭치오는 자신의 교구로 돌아왔다. 그는 투르에서 여섯 번째 이정표석(里程標石, milliarium)* 이 떨어진 곳에서 하룻밤 동안 멈추었고, 아르메니우스 주교는 그날 밤 숨을 거두었다. 브릭치오는 계시를 통해 아르메니우스의 죽음을 알았다. 그는 수행원을 깨우며, 투르의 주교 장례식에 함께 서둘러 가자고 말했다. 브릭치오가 성문을 지나 도시에 들어갔을 때, 죽은 아르메니우스는 사람들에 의해 옮겨져 매장되었다. 브릭치오는 주교를 다시 맡게 되었고 7년 동안 주재했다. 그는 존경받을 만한 삶을 살았고 주교직 48년에 주님 안에서 평화롭게 잠들었다.

168

성녀 엘리사벳

엘리사벳(Elisabeth, Elizabeth)이라는 이름은 '나의 하느님이 아셨다.', '나의 하느님의 일곱 번

---

* 4. 56km. – 역자 주

째', '나의 하느님의 포만감'으로 해석된다. 엘리사벳은 하느님이 그녀를 알고 있었기 때문에 '나의 하느님이 아셨다'라는 의미의 이름으로 불렸다. 다시 말해서 하느님은 그녀를 기쁨으로 지켜보고 인정하였고 그녀에게 자신에 대한 지식을 불어넣었다. 둘째로, 엘리사벳은 '나의 하느님의 일곱 번째'를 의미한다. 성녀 엘리사벳은 자비의 일곱 가지 일을 실천하였기 때문에 하느님의 일곱 번째 일을 가졌다. 또는 그녀가 이제 일곱 번째 시기, 즉 쉬는 사람들의 시기에 있고, 마침내 여덟 번째 시기, 즉 죽은 자 가운데서 살아나는 시기에 마침내 이르렀기 때문이다. 아니면 그녀가 살았던 일곱 가지 삶의 상태 때문이다. 그녀는 첫 번째 동정 상태, 두 번째 결혼 상태, 세 번째 과부 상태, 네 번째 활동하는 상태, 다섯 번째 관상 상태, 여섯 번째 축성된 수도 생활 상태, 일곱 번째 영광의 상태에 있었다. 이 일곱 상태는 그녀의 전설에 드러나 있는데, 다니엘서에서 네부카드네자르에 대해 "그렇게 일곱 해를 지내고 나서야"(다니 4, 29)라고 말한 것처럼, 그녀에 대해 말할 수 있다. 셋째로, 하느님은 진리의 광채와 인자함의 달콤함, 영원의 힘으로 그녀를 충만하게 하고 충족시켰기 때문에 '나의 하느님의 포만감'이라고 불린다. 이런 이유로 아우구스티노는 저서 《신국론》(De Civitate Dei)에서 천상의 도시에 대해 말하면서 "하느님의 영원함 안에 강함이, 하느님의 진리 안에 빛이, 하느님의 선함 안에 기쁨이 있습니다."라고 말한다.

형가리 왕의 딸 엘리사벳은 태어날 때부터 고귀했고 믿음과 종교에 대한 헌신으로 더욱 고귀했다. 그녀는 모범으로 이미 고귀한 혈통을 더욱 고귀하게 만들었고, 자신의 기적들로 고귀한 혈통을 비추었고, 거룩함의 은총으로 고귀한 혈통을 아름답게 꾸몄다. 본성의 창조주는 그녀를 본성보다 높게 키웠다. 왕의 특전에 둘러싸여 성장한 어린이로서, 아이들이 좋아하는 것을 버리거나 하느님을 섬기도록 인도하여 자신의 순박한 어린 시절이 단순함으로 얼마나 강화되었는지, 어린 시절의 신심이 얼마나 감미로웠는지 보여주었다. 그녀는 어린이로서 진지한 고민에 몰두했고, 쓸데없는 놀이를 피하고, 세속적인 성공과 번영을 피하고, 항상 하느님을 향한 공경으로 나아갔다. 그녀가 불과 5세였을 때, 성당에서 기도하는 데 너무 많은 시간을 보내느라 놀러 나갈 시간이 없을 정도였다. 하인들과 친구들은 놀이 중에 친구 한 명이 경당(capella)에 들어가자, 엘리사벳이 친구를 뒤따라 성당 안으로 들어갈 기회를 얻었음을 알아차렸다. 경당으로 들어간 엘리사벳은 무릎을 꿇거나 큰 대자로 누웠다. 그녀는 아직 읽기를 배우지 않았지만 아무도 자신을 방해할 수 없도록 읽는 척하면서 자주 시편을 펼쳐놓았다. 때때로 다른 소녀들과 땅에 몸을 쭉 뻗고 서로 키를 비교하고 재는 놀이를 하기도 했지만, 사실은 하느님을 향한 공경을 나타내려고 쭉 뻗었다. 그녀는 반지놀이 등을 할 때, 하느님을 전적으로 신뢰했다. 어렸지만 놀이에서 이기거나 무언가를 획득하면, 가난한 아이들에게 나눠 주고 자주 주님의 기도와 성모송을 바치라고 조언했다.

엘리사벳은 나이가 들면서 신앙심이 더욱 깊어졌다. 그녀는 하느님의 어머니 복되신 동정녀를 자신의 수호자이자 옹호자로, 성 요한 복음사가를 자기 순결의 수호자로 선택했다. 여러 사도의 이름이 적힌 종이를 제대 위에 놓은 다음 그 종이를 소녀들에게 무작위로 나누어 주었는데, 엘리사벳은 세 번 기도했고 항상 그녀가 원하던 성 베드로의 이름이 적힌 종이를 받았다. 성 베드로에 대한 신심이 매우 열렬해서 누구든 그의 이름으로 요청하면 한 번도 거절하지 않았다. 세속적인 성공이 자신에게 아첨을 불러일으킬 것이라는 두려움으로, 그녀는 매일 자신의 부유함의 증표가 되는 것들을 나누어 주었다. 그녀는 어떤 놀이에서 이기면 중단을 요청했다. "저는 더 이상 놀고 싶지 않습니다! 저는 하느님을 위해 나머지를 남깁니다!" 다른 소녀들과 함께 춤추자고 초대를 받으면, 그녀는 원무(圓舞)를 한 번 하고는 "한 번, 한 바퀴 도는 것으로 충분하고 하느님을 위해 나머지는 포기합시다."라고 말했다. 이렇게 헛된 오락에 대한 소녀의 취향을 진정시켰다. 그녀는 과시하는 옷차림을 싫어했고 겸손을 사랑했다.

엘리사벳은 매일 일정한 기도문 암송을 자신에게 부과했고, 만일 낮 동안 너무 바빠 그 수를 다 채우지 못하고 잠자리에 들게 되면, 천상 배우자에게 했던 약속을 완수할 때까지 깨어 있었다. 그녀는 미사가 끝날 때까지 어떤 구실로도 수놓은 긴 소매가 달린 옷을 입는 것을 용납하지 않을 정도로 매우 큰 신앙심으로 엄숙한 축일을 준수했다. 그녀는 주일 정오 전에 장갑을 끼는 것을 금했고, 그렇게 함으로써 거룩한 장엄함을 따르고 자신의 신앙심을 충족시키기를 원했다. 이런 목적을 위해, 서약으로 그러한 관행을 강요하는 것이 습관이었다. 그래서 아무도 그녀가 그녀의 의도대로 실행하는 것을 단념시킬 수 없었다. 그녀는 그러한 공경으로 전례적인 봉사를 도왔고, 복음을 읽거나 제병이 축성될 때 만일 자신의 소맷자락이 방해가 되면 뜯어내었고 목걸이와 머리에 두르고 있던 장식품들도 내려놓았다.

그녀는 신중하고 순결한 동정 상태에서 살았지만, 아버지의 명령에 순종하여 억지로 결혼을 해야 했다. 그래서 그녀는 삼위일체의 믿음을 지키고 십계명대로 살면서 30배의 결실(마르 4, 8. 20 참조)을 얻었다. 그녀는 육욕적인 욕구에서가 아니라 아버지의 명령에 대한 존중에서, 그리고 자손을 낳고 하느님의 일을 위해 어린이들을 양육하기 위해 부부간의 성교를 동의했다. 그러나 부부관계의 법에 묶여 있는 동안 그녀는 향락을 취하지 않았다. 이것은 그녀가 스승인 콘라도(Conradus)*의 손에서 서약하였다는 사실에서, 만일 남편이 생존했다면 그녀는 평생 절제를 실행하였을 것이라는 사실에서 분명하다.

따라서 엘리사벳은 왕족 품위에 합당할 뿐만 아니라 하느님의 섭리가 정한 대로, 즉 많은 사람을 하느님의 사랑으로 인도하고 무지한 사람에게 교훈을 주기 위해 튀링겐(Thüringen)의 영주(landgravio, 백작과 같은 직합)와 결혼했다. 비록 그녀의 삶이 바뀌었지만, 그녀가 의도했던 삶의 방식에는 변화가 없었다. 하느님을 향한 그녀의 신앙심과 겸손은 얼마나 위대했고, 그녀의 금욕과 극기는 얼마나 엄격했는지, 가난한 사람들을 위한 그녀의 너그러움과 연민은 얼마나 풍부했는지를 설명하는 것이 다음의 목적이 될 것이다.

그녀는 기도에 매우 열렬하게 전념하여서 때로는 은밀한 기도로 하느님에게서 특별한 은혜를 받기를 원하는 것처럼 시녀들보다 먼저 성당에 도착하려고 서둘렀다. 그녀는 종종 기도하려고 밤에 일어났지만, 남편은 그녀에게 몸을 아끼고 쉬라고 간청했다. 그녀는 자신의 시녀 중 한 사람과 합의하기를, 만일 자신이 늦잠을 자면 시녀가 자신의 발을 만져 깨워주기로 했다. 한번은 실수로 그녀가 영주의 발을 만졌다. 영주는 깜짝 놀라서 일어났으나 무슨 일이 일어나는지 알아차렸음에도 아무것도 모르는 척 참을성 있게 받아들였다. 엘리사벳은 자신의 기도를 하느님에게 풍성한 제물로 만들기 위해 종종 많은 눈물을 뿌렸지만 기쁨으로 눈물을 흘렸고, 보기 흉한 표정 한번 없이 슬픔으로 울고 슬픔에 기뻐했다. 그녀는 이렇게 기쁨으로 얼굴을 아름답게 했다.

---

* 스승 콘라도에 대해서는, 아래를 보라

그녀의 겸손은 매우 깊었고 하느님을 사랑하기 위해 하찮거나 미천한 일을 결코 피하지 않고 한없는 신앙심으로 행했다. 한번은 그녀가 추한 병자를 데려와서 그의 불결한 머리를 품에 꼭 껴안은 채 씻기고 깎아줬는데, 그동안 하녀들은 웃으며 서 있었다. 간구의 날(rogationes)*에는 항상 맨발과 장식이 없는 모직옷을 입고 행렬 속에서 걸었다. 그녀는 지정된 성당에서 마치 가난하고 비천한 지위에 있는 것처럼, 가장 가난한 여자들 사이에 앉아 강론을 들었다. 그녀가 출산 후 아기를 성당에 데리고 갈 때,** 다른 여자들처럼 보석이나 금으로 수를 놓은 옷(gown)을 입지 않았다. 원죄 없으신 마리아의 모범을 따라서 아기를 품에 안고 어린양과 초를 들고 제대에 겸손하게 아기를 봉헌함으로써 세속적인 화려함에 대한 혐오감을 드러내며 성모님의 모습을 본받았다. 그리고 집으로 돌아오면 성당에서 입었던 옷을 가난한 여자에게 주었다.

그녀의 겸손에 대한 또 다른 표현으로, 자유와 높은 지위에 있어 타의 추종을 불허하는 엘리사벳이었지만 스승 콘라도(Conradus) 사제에 대한 순명 안에서 스스로 복종했다. 콘라도는 매우 가난한 사람이었으나 지식과 경건함으로 알려져 있었다. 남편의 동의와 결혼 권리를 보장받은 그녀는 스승 콘라도에게 전적으로 복종하기를 맹세했고, 존경과 기쁨으로 그의 어떤 명령도 완수하곤 했다. 그녀의 목적은 공로를 얻고 죽음까지 순명하였던 구세주의 모범을 따르려는 것이었다. 예를 들어, 어느 때 스승 콘라도가 자신이 설교하는 전례에 참석하라고 그녀에게 명령했으나, 마이센(Meissen)의 후작 부인의 방문으로 그 전례에 출석하지 못했다. 콘라도는 그녀의 불순종을 매우 불쾌하게 받아들여서 용서하지 않았고, 같은 잘못을 범한 일부 하인과 함께 그녀의 슈미즈(chemise, camisia)가 벗겨질 때까지 호되게 채찍질했다.

엘리사벳은 매우 많은 절제와 궁핍에 시달렸고, 육신은 밤샘과 채찍 고행, 단식으로 쇠약해졌다. 그녀는 자주 남편의 침대를 피해 관상으로 밤을 보내고 은밀히 하늘의 성부 하느님께 기도하려고 밤을 지새웠다. 잠이 덮쳐오면 바닥에 깔린 매트 위에서 잤다. 남편이 부재중일 때면 자신의 천상 배우자

---

* 70장 "대기원제와 소기원제"를 보라.
** 출산 후에, 여자들은 감사를 봉헌하고 특별한 축복을 받으려고 성당에 갔다.

와 함께 밤새도록 기도했다. 또한, 그녀는 종종 자신을 위해 채찍질 당했던 구세주에 대한 답례로, 그리고 모든 세속적인 욕망을 억누르려고 자신의 침실에서 하녀가 자신을 채찍질하게 했다.

엘리사벳은 음식과 음료에 대한 절제가 대단해서 맛있는 요리들이 가득한 남편의 식탁에서도 때때로 빵 한 조각을 제외하고는 아무것도 먹지 않았다. 스승 콘라도는 양심의 가책이 조금이라도 있는 음식은 먹지 말라 했고, 그녀는 이 명령에 너무나 세심하게 따랐기 때문에 맛있는 음식이 아무리 풍부해도 그녀와 그녀의 하녀들은 더 거친 음식을 먹었다. 어떤 때에는 자신이 미신적이라는 오해를 피하기 위해 식탁에 앉아 음식을 나누고 접시 위의 음식을 먹는 것처럼 보이게 했다. 이렇게 세련된 태도로 모든 손님을 편안하게 했다. 그들이 여행을 갔을 때 그녀는 지쳤고, 그녀와 남편은 정직하게 얻을 수 없는 음식을 제공받는 경우가 되는데, 그녀는 어느 것도 받아들이지 않고 하녀들이 그랬던 것처럼 뜨거운 물에 적신 곰팡내 나는 검은 빵을 참을성 있게 먹었다. 이러한 이유로, 남편은 삶의 모든 면에서 그녀의 모범을 따르는 여자들이 생활하기에 충분한 자금을 그녀에게 할당했다. 하지만 자주 그녀는 왕의 식사에 초대되어 접대받는 것을 거부했고 서민의 음식을 요구했다. 영주는 이 모든 것을 관대하게 받아들였고, 만일 온 집안이 자기한테 화를 내는 것을 두려워하지 않았더라면 자신도 기꺼이 그렇게 했을 것이라고 말했다.

엘리사벳은 가장 높은 고위층이었지만, 그녀의 모든 열망은 가난한 사람들과 가난을 공유하여, 자신이 그리스도의 가난을 통해 그리스도에게 돌아가고 세상이 자신에게 아무런 요구도 하지 않게 하는 것이었다. 때때로 그녀는 자신의 하녀와 단둘이 있을 때, 값싸고 우중충한 옷을 입고 초라한 머릿수건으로 머리를 가리고 그들에게 말했다. "이것이 내가 가난의 상태에 이르렀을 때 내가 나아갈 길입니다." 그녀는 엄격한 절제와 통제로 식욕을 억제했지만 가난한 사람에 대한 관대함에 인색하지 않았다. 아무도 배고프게 돌아가도록 허용하지 않았고 모든 사람이 필요로 하는 것을 아낌없이 제공함으로써 가난한 사람들의 어머니로 칭송받았다.

복된 엘리사벳은 영원한 왕국을 물려받아 영원히 그곳에서 강대한 영향력을 갖고, 그분의 오른편에 모인 성인들과 함께 성부 하느님의 축복을 받기를 희망하면서 자비의 일곱 가지 일의 수행에 최대한 노력했다. 그녀는 벌거벗은 사람들을 옷 입히고 가난한 사람들과 나그네의 장례를 위해, 게다가 세례받는 아기들을 위한 옷을 제공했다. 종종 그녀는 세례받을 아기들을 위한 옷을 직접 바느질했고, 세례대(fons baptismalis)에서 가난한 사람들의 아기를 들어 올리기도 했다. 그들의 대모(代母)가 되면, 그들을 위해 더 많은 것을 했다. 한번은 가난한 여자에게 다소 세련된 옷을 주었는데, 그 여자가 아주 멋진 선물을 보고 너무 기뻐서 땅에 쓰러져 죽은 것처럼 보였다. 복된 엘리사벳은 그녀가 누워 있는 것을 보고 자신이 그녀 죽음의 원인이 될까 봐 두려워 너무 좋은 선물을 준 것을 유감스럽게 생각했지만, 그녀를 위해 기도하자 그 여자는 회복되어 일어섰다. 또한, 그녀는 종종 자신의 하인들과 함께 양털을 짜서 이러한 선한 행동의 영광스러운 열매를 받아, 자기 육체의 노고에서 참된 겸손과 하느님에게 자선의 모범을 보였다.

그녀는 배고픈 사람들을 먹였다. 한번은 영주가 프리데리쿠스(Fridericus) 황제의 궁전으로 간 후 크레모나(Cremona)에 갇혔을 때, 엘리사벳은 영주의 헛간에 그해의 농작물을 모두 모았고, 가난한 사람들을 불러 그들의 일용품을 제공했다. 그들은 기근으로 인해 생활고에 위협받고 있었기 때문이었다. 가난한 사람들이 돈이 떨어지면 그녀는 그들을 돕기 위해 자신의 보석을 팔았다. 실제로 그녀는 정기적으로 자신과 충실한 하녀의 재원을 활용하여 가난한 사람들을 위해 무언가를 따로 마련해 두었다.

그녀는 목마른 사람들에게 마실 것을 주었다. 한번은 그녀가 가난한 사람들에게 맥주를 대접하고, 모든 사람에게 맥주를 대접한 후에도, 항아리는 처음처럼 여전히 가득 차 있었다.

그녀는 순례자들과 가난한 사람들을 위한 쉼터를 제공했다. 자신의 성(城)이 있는 높은 언덕 기슭에 매우 큰 집을 지었고, 언덕을 오르내리는 어려움에도 불구하고 많은 병자와 허약한 사람들을 돌보았다. 그녀는 그들과 함께 있는 동안 모든 요구를 들어주었고 인내심을 갖도록 격려했다. 그녀는 여름의 열기에도 하느님의 사랑을 위해 병자들 냄새와 상처에 주저하지 않고, 자기 머릿수건으로 그들의 손을 닦아주고 치료제를 발라주며 직접 치료했는데 하녀들은 이런 그녀를 지켜보기가 힘들었다.

엘리사벳은 집에 머무는 가난한 여자들의 아이들이 잘 먹고 보살핌을 받도록 조처했다. 그녀는 아이들에게 매우 온화하고 친절하여 그들 모두 그녀를 '어머니'라고 불렀고, 그녀가 집에 들어오면 마치 그녀가 실제로 자신들의 어머니인 것처럼 따라다녔고, 될 수 있는 대로 그녀와 가깝게 지내기 위해 그녀를 둘러쌌다. 그녀는 어린이들이 가지고 놀 수 있는 몇 개의 작은 접시와 컵, 반지, 유리 장난감들을 샀다. 그녀는 장난감을 사서 외투 주름에 넣고 언덕을 오르다가 주름이 풀려 바위 위에 떨어졌지만, 그 장난감 중 어느 하나도 부서지지 않았다.

엘리사벳은 병자들을 방문했다. 그들의 고통에 대한 동정심에 사로잡혀 종종 그들의 숙소를 사려 깊게 찾아갔고, 마치 자신의 집처럼 그 가난한 숙소로 들어갔으며, 지역의 낯설음에 단념하거나 거리에 방해받지 않았다. 그녀는 그들의 필요를 채워주고 위로의 말을 했다. 방문을 통해 그들을 예우하고 여행의 피로에 대해 따뜻한 동정심과 위로의 말을 하고 관대하게 기부함으로써 보상을 받을 만했다.

그녀는 가난한 사람들의 장례식에 헌신적으로 참여해서 자신이 직접 만든 옷으로 시신을 덮어주고 매장(埋葬)에도 직접 관여했다. 그리고 어느 때는 자신이 쓰고 있던 큰 아마포(linen) 머릿수건을 찢어서 가난한 사람의 시신을 감싸주기도 했다. 그녀는 자신의 손으로 매장을 위한 준비를 하고 무덤에서 예식을 위해 경건하게 머물렀다.

그녀 남편의 경건함 또한 이 모든 일에서 칭찬받을 만하다. 그는 이러한 일들에 많은 관심을 가지고 하느님을 경외하는 일에 신앙심이 깊었다. 그렇지만 그는 그런 활동에 개인적으로 참여할 수 없었기 때문에, 아내에게 자유와 돈을 주어 하느님의 영광에 봉사하고 자기 영혼의 구원을 위해 할 수 있는 것은 무엇이든 도왔다. 복된 엘리사벳은 남편이 그의 무기를 신앙을 지키는 데에 사용하기를 바랐으며, 그녀의 유익한 권고로 그는 성지(sancta terra)로 가게 되었다. 그곳에서 믿음이 두터운 군주이자 강한 믿음과 진실되고 성실한 영주는 결국 목숨을 잃는다. 그는 자기 선행을 보상 받는다.

엘리사벳은 이제 과부의 상태를 경건하게 받아들이고, 과부의 절제에 대한 보상을 빼앗기지 않고 자비의 일곱 가지 일과 함께 십계명을 준수함으로써

60배의 결실을 얻게 되었다. 그러나 남편의 사망 소식이 튀링겐 전체에 유포되자, 그녀는 영주의 일부 가신들에 의해 방탕하고 낭비하는 여자로 비난받았고, 자신의 나라로부터 수치스럽게 추방되었다. 그리하여 그녀의 인내심은 완전히 빛을 발하게 되었고, 가난에 대한 그녀의 오랜 열망이 이루어졌다.

밤에 여인숙 주인의 집으로 간 그녀는 돼지우리에 머물게 되었고, 이에 대해 하느님에게 감사를 드렸다. 아침에 프란치스코회 수도원으로 가서 자신에게 일어난 어려움에 대한 감사로 〈사은 찬미가〉(Te Deum)를 노래하기를 그들에게 요청했다. 다음 날 그녀는 아이들과 함께 자신의 원수 중 한 사람의 집으로 가라는 명령을 받았고, 그곳에서 그녀에게 매우 작은 방이 주어졌다. 그 집의 남자와 여자는 그녀를 매우 가혹하게 대했고, 그녀는 "만일 이 사람들이 나에게 친절하였다면, 나는 이 사람들에게 나의 좋은 호의를 주었을 것입니다."라고 말하면서, 벽에 작별을 고하고 떠났다. 더 이상 갈 곳이 없어진 그녀는 아이들을 보살펴 줄 여러 곳으로 보내고 자신은 여인숙으로 돌아갔다. 그녀는 징검다리처럼 디딤돌이 있는 좁은 진흙 길을 가야 했고, 친구로 지냈던 한 노부인과 여러 번 마주쳤다. 그러나 그 노부인은 그곳을 지나가지 못하게 했고, 그녀는 진흙에 빠졌다. 그녀는 당황하지 않고 미소를 잃지 않고 옷의 진흙을 털어냈다.

그때 여자 아빠스(Abbatissa)였던 그녀의 이모는 엘리사벳의 가난을 불쌍히 여기고 그녀를 삼촌인 밤베르크(Bamberg)의 주교에게 데려갔다. 주교는 그녀를 합당한 영예를 갖춰 맞아주었고, 그녀를 다시 결혼시킬 계획을 세우면서 환대했다. 그녀와 함께 금욕을 서약했던 시녀들이 주교의 의도에 대해 듣고 울면서 복된 엘리사벳에게 보고했다. 그러나 그녀는 시녀들을 안심시키며 말했다. "내가 영원한 금욕을 서약한 주님의 사랑 때문에, 나는 주님을 신뢰합니다. 그분은 나의 다짐을 굳게 지켜줄 것이고, 모든 폭력을 물리칠 것이고, 사람의 책략들을 좌절시킬 것입니다. 만일 나의 삼촌이 내가 다른 사람과 결혼하기를 원한다면, 나는 그의 뜻을 따르지 않겠다고 내 결심을 말할 것입니다. 그리고 만일 나에게 탈출구가 남아 있지 않다면, 아무도 나를 원하지 않게끔 직접 내 코를 잘라 버릴 것입니다."

결국 주교의 명령으로 결혼을 승낙할 때까지 성 안에 갇히게 된다. 그녀는 울면서 주님에게 자신의 정결을 의탁했다. 그러나 이제 하느님의 뜻으로 남편의 유골이 해외에서 돌아오자, 주교는 엘리사벳을 데려와 배우자의 유해를 사랑스럽게 맞게 했다. 주교는 영예의 행렬 중에 영주의 유해를 만났고, 복된 엘리사벳은 신앙심과 많은 눈물 흘림으로 유해를 환영했다. 그리고 주님에게 의지하며 말했다. "오 하느님, 당신이 사랑하셨던 저의 배우자의 유해를 보내 불쌍한 저를 위로해 주신 것에 대해 감사를 드립니다. 오 주님, 그가 당신을 사랑하였던 것처럼, 제가 그를 대단히 사랑하였다는 것을 당신은 아십니다. 그러나 당신에 대한 사랑 때문에 당신의 성지를 구하려고 그를 보내 결국 잃고 말았습니다. 저는 여전히 그와 함께 사는 것이 기쁘고, 심지어 우리가 온 세상을 두루 구걸하며 다니게 되었지만, 주님의 뜻에 반하여 그를 다시 데려오거나, 이 죽을 수밖에 없는 삶으로 그를 소생케 하려고 저는 제 머리카락 하나도 주지 않을 것입니다. 저는 당신의 은총에 그와 저를 의탁합니다."

이제 그녀는 복음적인 완벽함을 위해 애쓰며 불행의 왼손에서 영광의 오른손으로 옮겨진 사람들에게 주는 백배의 열매를 잃어버리지 않기 위해 수도복, 즉 질 낮은 재료의 수수한 회색의 겉옷(vestis, robe)을 입었다. 그녀는 남편의 죽음 후에 끊임없이 금욕을 지켰고, 자발적인 가난을 받아들였으며 스승 콘라도가 그녀에게 금지하지 않았다면 집집마다 구걸하고 다녔을 것이다. 그녀의 의복은 매우 초라했고 회색 망토를 길게 늘이고 튜니카 소매의 구멍들은 다른 색 천으로 메꿔야 했다. 그녀의 아버지인 헝가리의 왕은 그녀의 궁핍에 대해 듣고 기사를 보내 아버지의 집으로 돌아오라고 설득했다. 그 기사가 그런 초라한 옷을 입고 겸손하게 앉아 실을 잣는 그녀를 보고 혼란과 놀라움으로 압도되어 "어느 왕의 딸이 그런 초라한 옷을 입은 것을 본 적이 없으며, 어느 왕실의 저명인사가 양털을 잣는 것도 결코 본 적이 없다."라고 외쳤다.

복된 엘리사벳은 기사와 함께 돌아가기를 단호히 거부했고, 재물에 둘러싸인 부자보다는 가난한 사람들과 함께 가난하게 살기를 원했다. 그런 다음 자신의 영혼이 완전히 하느님에게로 나아가고 신앙심이 산만함이나 장애로 방해받지 않도록 하기 위해, 모든 현세적 재산에 대한 경멸로 자신을 채우고, 자신의 아이들에 대한 사랑을 마음에서 거두고, 모든 모욕에 대한 무관심과 불변함을 주도록 주님에게 기도했다. 그녀가 기도를 마쳤을 때, 주님이 "너의 기도를 호의적으로 들었다."라고 말하는 것을 들었다. 엘리사벳은 하녀들에게 말했다. "주님이 고맙게도 제 음성을 들으셨습니다. 저는 모든 현세적인 재산을 똥처럼 여기고, 제 아이들을 제 주변의 다른 사람들만큼 보살피지 않고, 모든 경멸과 무례를 가볍게 여기며, 제게는 오직 하느님 외에 어떤 것을 더 이상 사랑하지 않는 것으로 생각되기 때문입니다."

스승 콘라도는 그녀에게 자주 불쾌하고 반대되는 것을 부과했고, 그녀가 특별한 애정을 느끼는 동료들을 그녀에게서 분리했다. 콘라도는 그녀와 함께 성장했고 그녀에게 충실했고 친한 친구였던 두 명의 하녀들을 쫓아냈다. 이 이별에 대해 양쪽에서 많은 눈물을 흘렸다. 그 거룩한 사람은 그녀의 의지를 꺾고 그녀가 모든 욕망을 하느님에게 돌리도록 허용하고, 그녀가 하녀로 인해 자신의 지난 영광을 연상하지 못하도록 보호하기 위해 이러한 조치를 취했다. 이 모든 문제에서 그녀는 인내로 자신의 영혼을 소유하고, 순명으로 승리의 월계관을 쓰기 위해, 순명에서 신속하고 인내에서 확고부동했다.

복된 엘리사벳은 말한다. "하느님을 위해서 저는 하늘에 계신 재판관을 두려워하는 만큼 죽을 수밖에 없는 인간을 두려워합니다. 그런 까닭에 저는 세속적인 모든 위로를 내게서 빼앗아 가도록, 어떤 주교보다 가난하고 특별하지 않은 스승 콘라도에게 순명하기로 선택했습니다." 한번은 그녀가 몇몇 수녀승의 간곡한 요청에 굴복하여 영적인 스승의 허가 없이 그들의 수녀원을 방문했을 때, 그는 그녀를 매우 호되게 매질했고 채찍질 흔적이 3주 후에도 뚜렷하게 남아 있었다. 그녀는 하녀들에게 그들의 위로를 위해서뿐만 아니라 자신을 위해 다음과 같이 말했다. "강이 범람하면 사초(莎草)는 옆으로 쓰러지고, 물이 빠지면 사초는 곧게 펴집니다. 그러므로, 어떤 고통이 우리에게 닥치면, 우리는 그 고통에 겸손하게 숙여야 할 것이고, 고통이 지나가면 하느님에게 영적인 기쁨으로 몸을 일으켜야 합니다." 그녀의 겸손은 하인들이 자신을 "부인"(domina)이라 부르는 것을 허용하지 않고, 지위가 낮은 사람들에게 말할 때 흔히 그러는 것처럼, 단수형*을 사용하도록 강요했다. 그녀는 하녀들이 방해하지 않도록 접시와 부엌세간들을 다른 장소로 옮겨 설거지를 했다. 또한

---

* 예를 들어서, 너(thou), 그대(thee), 당신(thy) 등

그녀는 다음과 같이 말했다. "내가 좀 더 비천한 삶의 방식을 찾을 수 있었다면, 나는 기꺼이 선택하였을 것입니다."

남은 생애 동안 성모 마리아와 가장 좋은 관계를 누리기 위하여 엘리사벳은 관상 기도에 부지런히 힘썼다. 이 기도에서 그녀는 눈물을 흘리고, 천상에 대한 환시를 자주 보고, 다른 사람에게 사랑의 불을 밝히는 특별한 은총을 받았다. 가끔 그녀는 가장 행복할 때 기쁨에 찬 신앙의 눈물을 흘렸기 때문에 행복한 눈물이 잔잔한 샘에서 흐르는 것처럼 그녀의 눈에서 흘러내리는 것 같았다. 그녀는 울면서 동시에 기뻐하는 것 같았고, 눈물이 결코 얼굴을 손상시키지 않았다. 그녀는 울 때 우울해 보이는 사람들에 대해서 말했다. "주님을 겁주어 쫓아버리길 원합니까? 그들이 하느님께 드려야 할 것을 명랑한 기분과 기쁨으로 그분에게 드리도록 하십시오!"

그녀는 기도와 관상(contemplatio) 동안 종종 하늘의 환시를 보았다. 거룩한 사순 시기의 어느 날, 성당 안에 있었고 마치 하느님의 참된 현존을 바라보는 것처럼 그녀의 눈은 오로지 제대 위에 고정되어 있었다. 이것은 한동안 계속되었고, 하느님의 계시가 그녀의 생기를 되찾게 하고 위로했다. 집에 돌아온 그녀는 너무 약해져서 하녀의 무릎에서 쉬게 되었고 창문을 통해 하늘을 응시하던 그녀의 얼굴은 기쁨으로 가득 차오르며 웃음을 터트렸다. 그런 다음 환시로 얼마 동안 기쁨에 가득 찼다가 갑자기 울었다. 그녀의 눈이 다시 떠지면 예전의 기쁨이 그녀 안에서 가득 찼고, 다시 눈을 감으면 눈물의 홍수가 다시 돌아왔다. 이것은 그녀가 하느님의 위로에서 오래 머물렀던 것처럼, 종과(completorium)까지 계속되었다. 그녀는 오랫동안 아무 말도 하지 않다가 갑자기 외쳤다. "그래서 주님, 당신이 저와 함께 있고 제가 당신과 함께 있기를 원하며, 저는 당신에게서 분리되는 어떤 것도 원하지 않습니다!"

후에 하인들이 그녀가 보았던 환시가 무엇이었는지, 하느님의 영예와 그들 자신의 교화를 위해 말해주기를 요청했다. 복된 엘리사벳은 강요에 못이겨 말했다. "나는 열려 있는 하늘을 보았고, 예수님은 나에게 가장 인자하게 기대어서 자신의 사랑하는 얼굴을 보여주셨습니다. 그분의 모습은 형언할 수 없는 기쁨으로 저를 가득 채웠고, 그 모습이 사라졌을 때 나는 상실에 슬퍼할 수밖에 없었습니다. 그때 그분은 저를 불쌍히 여기며 다시 저에게 자신의 얼굴을 보는 기쁨을 주었고, '만일 네가 나와 함께하기를 원한다면, 나는 너와 함께 할 것이다.'라고 말씀하셨습니다. 그리고 당신들은 내 대답을 들었습니다." 그리고 그녀가 제대에서 보았던 환시에 대해 말하기를 요청받고 대답했다. "그곳에서 본 것은 내가 말할 수 있는 것이 아니고, 나는 큰 기쁨 속에 있었고 하느님의 놀라운 일들을 보았습니다!"

그녀가 기도할 때 얼굴은 빛나고 눈에서 태양 광선처럼 빛을 발하는 일이 자주 일어났다. 그녀의 기도의 열정은 종종 다른 사람들에게 사랑의 불을 밝힐 정도였다. 그녀는 유난스럽게 옷을 입던 한 젊은이를 보고 말했다. "당신이 당신의 창조주를 섬겨야 할 때, 마치 방탕한 생활을 하는 것처럼 보입니다! 당신은 내가 당신을 위해 하느님에게 기도하기를 원합니까?" 젊은이: "아, 그렇습니다. 저는 그렇게 해 주기를 당신에게 간청합니다!" 그러자 그녀는 기도에 전념했고 그에게 기도하라고 재촉했지만, 그 젊은이는 외쳤다. "부인, 기도하는 것을 멈추십시오! 제발 멈추십시오!" 그러나 그녀는 더 열심히 기도했고, 그 젊은이는 더 큰소리로 외쳤다. "멈추십시오! 저는 쓰러지고 있습니다! 저는 불타고 있습니다!" 그는 정말 매우 뜨거워져 있었고 땀이 뚝뚝 떨어지고 김이 나고, 미친 사람처럼 몸을 꼬며 팔을 마구 휘두르고 있었다. 몇몇 구경꾼이 그를 잡으려고 시도했지만, 그의 옷은 땀으로 흠뻑 젖었고, 그의 몸은 만질 수 없을 정도로 뜨거웠고, 그는 "나는 불타고 있습니다! 나를 다 태워버리고 있습니다!"라고 계속 외쳤다. 성녀 엘리사벳은 기도를 마쳤고, 젊은이는 더 이상 열기를 느끼지 않았다. 그는 정신을 차리고, 하느님의 은총으로 깨달음을 얻고 프란치스코회에 입회했다. 이 사건은 그녀가 한 기도의 불타는 열정이 마음이 차가운 누군가에게 불을 붙일 수 있음을 보여주었다. 육신의 기쁨에 익숙하고 영혼의 기쁨에 대한 준비가 아직 되지 않았던 이 젊은이는 무슨 일이 일어났었는지 이해할 수 없었다.

성모 마리아의 관상 기도를 통해 완벽함의 정점에 이른 엘리사벳은 자비의 일곱 가지 일에 대한 헌신으로 보여졌던 것처럼 마르타의 고된 행동을 포기하지 않았다. 실제로 그녀는 수도복을 받은 후 이전처럼 부지런히 수행했다. 그녀는 자신의 지참금(dos)에서 2,000마르크를 받았다. 이제 그녀는 그중 일부를 가난한 사람들에게 주고 나머지 돈으로 마르부르크(Marburg)에 큰 병원을 건축했다. 이로 인해 사람들은 그녀를 방탕하고 낭비하는 사람으로 여겼고, 많은 사람이 그녀를 정신이상자로 불렀다. 그녀가 이 모욕을 기꺼이 받아들이자, 사람들은 그녀가 너무 빨리 남편에 대한 기억을 지워버리고 너무 행복해한다고 비난했다.

병원이 건축된 후, 그녀는 단순한 하녀처럼 가난한 사람들에게 봉사하는 데 전념했다. 그녀는 병자들을 세심하게 돌보고 목욕시키고 재우고 덮어주고 그리고 하녀들에게 즐겁게 말했다. "우리 주님을 목욕시키고 덮어줄 수 있으니, 우리는 얼마나 운이 좋습니까!" 그녀는 병자들을 기다리며 겸손하게 행동했다. 눈이 하나뿐이고 딱지로 뒤덮인 한 가난한 아이가 병원에 왔을 때, 그녀는 남의 눈을 피해 하룻밤에 일곱 번이나 안아서 화장실에 데려갔고 아이의 침구를 자진해서 빨아 주었다. 또 그곳에 무서운 나병에 걸린 한 여자가 있었는데 직접 목욕시키고 침대에 눕혔고, 상처들을 깨끗이 소독하고 치료약을 발라주고, 붕대를 감아준 후 그녀의 손톱을 깎아주고, 그녀의 신발들을 풀어주려고 그녀의 발 앞에 무릎을 꿇었다. 엘리사벳은 병자들이 자신의 죄들을 고백하고 거룩한 성체를 받도록 설득했고, 한 노파가 단호히 거부하였을 때는 그녀의 마음을 바꾸려고 채찍질을 하기도 했다.

엘리사벳이 병자들을 돌보지 않을 때는 수도원에서 보내준 양털을 짰고, 자신이 번 돈을 궁핍한 사람들에게 나누어주었다. 모든 사람이 가난하던 시절, 엘리사벳은 자신의 지참금에서 500마르크를 받아 어려운 사람들에게 나누어주기 시작했다. 그녀는 사람들을 한 줄로 세운 후 앞치마를 동여매고 배급을 시작하였는데, 만일 어떤 사람이 두 번 받기 위해 줄에서 자리를 바꾸면, 그 사람의 머리카락을 자르게 될 것이라는 규칙을 만들었다. 아름다운 긴 머리카락으로 칭찬을 받았던 라데군다(Radegunda)라는 이름의 소녀가 구호금을 받기 위해서가 아니라 병에 걸린 자매를 만나려고 병원으로 온 일이 있었다. 그녀는 줄에 있지 않았기 때문에, 규칙을 어겼다고 복된 엘리사벳에게 불려갔고, 엘리사벳은 그녀의 흐느낌과 버둥질에도 불구하고 그녀의 머리카락을 자르라고 명령했다. 그 자리에 있던 사람 중 일부가 그 소녀는 잘못하지 않았다고 말했으나, 엘리사벳은 이렇게 말했다. "적어도 이제부터 그녀는 춤을 출 때 자신의 곱슬머리를 과시하거나 비슷한 허영심에 빠지지는 않을 것입니다." 그녀는 라데군다에게 수도 생활을 할 생각을 해 본 적이 있느냐고 물었고, 소녀는 자신이 머리카락에 대해 매우 자랑스러워하지 않았다면 매우 오래전에 그렇게 했을 것이라고 대답했다. 엘리사벳은 "나의 아들이 황제로 자라는 것보다 너의 머리카락을 빼앗는 것이 나에게는 더 소중하다!"라고 말했다. 라데군다는 수도복을 받았고 엘리사벳과 함께 칭찬할 만한 삶을 살았다.

어느 가난한 여자가 딸을 낳았고, 복된 엘리사벳이 세례대에서 그 아기를 들어 올려 자신의 이름을 주었다. 그런 다음 그녀는 어머니가 필요한 것을 살펴보고 아기가 따뜻하도록 하녀의 외투 소맷자락을 잘라 그녀에게 주었다. 자신의 신발도 어머니에게 주었다. 3주 후 그 여인은 아이를 버리고 남편과 함께 몰래 떠났다. 이 소식을 들은 엘리사벳은 기도했다. 그 부부는 더 멀리 나아갈 수 없었고, 그녀에게 돌아와 용서를 청했다. 그녀는 그들의 배은망덕에 대해 책망한 다음, 다시 아기를 돌볼 수 있게 해주고 필요한 것들을 주었다.

주님이 사랑하는 사람을 이승의 감옥에서 불러내고, 멸망할 사람들의 왕국을 경멸하던 그녀를 천사의 나라로 맞이할 날이 가까워지고 있었다. 그리스도는 그녀에게 나타나서 말씀하셨다. "나의 가장 사랑하는 사람아, 너를 위해 준비된 영원한 거처로 오너라!" 그녀는 열병으로 쓰러져 벽을 향해 누워 있었고, 그녀를 둘러싸고 있던 사람들은 그녀가 흥얼거리는 달콤한 선율을 들었다. 시녀가 그녀에게 이것이 무엇을 의미하는지 물었고, 그녀는 대답했다. "한 마리 작은 새가 저와 벽 사이에 앉아 너무 감미롭게 노래하니 저도 노래를 불러야 했습니다." 그녀는 병을 앓는 동안 항상 쾌활했고 항상 기도했다. 그녀는 죽기 전날에 시중드는 사람들에게 말했다. "만일 악마가 근처에 왔다면 당신들은 무엇을 하겠습니까?" 그녀는 잠시 후에 마치 악마를 쫓는 것처럼, "저리 가!"라고 세 번 외쳤다. 그런 다음 말했다. "그리스도가 태어나기로 선택하시고 구유에 누우셨던 때인 자정이 다 되었습니다." 그리고 떠날 때가 가까이 오자 이렇게 말했다. "이제 전능한 하느님이 자신의 친구인 사람들을 천상의 결혼식에 부르시는 그 시간입니다!" 잠시 간격을 두고, 그녀는 마지막 숨을 쉬고 서기 1231년에 평화롭게 잠들었다.

비록 그녀의 공경할 시신은 4일 동안 매장되지 않고 누워 있었지만, 불쾌한 향기가 나지 않았고, 오히려 모든 사람을 상쾌하게 하는 기분 좋은 방향(芳

畜)이 나왔다. 그리고 그곳에서 결코 본 적이 없는 작은 새떼가 성당 지붕에 모여들었다. 새들의 선율은 너무나 감미롭고 화음은 너무나 다양해서, 말하자면 그 성녀의 애도를 동반한 새들의 음악은 듣는 모든 사람의 감탄을 자아냈다. 가난한 사람들의 애도가 컸고, 모든 사람의 신앙심은 깊었다. 일부 사람들은 그녀의 머리카락 한 움큼을 잘랐고, 다른 사람들은 그녀의 수의(壽衣)에서 조각을 잘라 귀중한 유물로 보관했다. 그녀의 시신은 기념비에 안치되었고, 그 기념비에서 기름이 흘러나왔다고 한다.

성녀의 죽음을 둘러싼 여러 사건은 그녀가 달성하였던 최고의 거룩함을 명백하게 한다. 첫째로 작은 새의 노래와 악마의 추방을 생각해보자. 엘리사벳과 벽 사이에 앉아 매우 감미롭게 노래를 불러 그녀가 함께 노래하였던 새는 그녀의 수호자이자 영원한 기쁨을 확신시키려고 파견되었던 그녀의 천사라고 받아들인다. 때때로, 단죄받은 사람들의 실망을 더하기 위해, 죽기 전에 그들의 영원한 벌이 그들에게 드러나고, 선택된 사람들에게는 영원한 구원이 그들의 위로를 더하기 위해 계시된다. 그 순간 엘리사벳의 노래는 그 계시가 자신 안에 불러일으킨 엄청난 기쁨, 자신의 마음에 담을 수 없을 정도로 큰 기쁨이 목소리의 감미로운 소리로 나타났음을 보여주는 증거였다. 또한, 악마는 죽어가는 성인들이 자신에게 권리가 있는지 어떤지를 알아보러 오지만, 엘리사벳을 붙들 수 없어서 불명예스럽게 도망쳤다.

둘째, 그녀의 결백함과 순수함은 그녀의 시신에서 나왔던 달콤한 향기로 분명하게 만들었다. 그녀의 육신은 일생을 결백함과 순결함으로 빛났기에, 죽음에서 향기로운 향기를 발했다.

셋째, 그녀의 뛰어남과 높은 위엄은 새들의 즐거운 노랫소리로 드러났다. 우리는 성당 지붕의 용마루에서 환희에 넘쳐 노래하였던 그 새들은 그녀의 혼을 천국으로 데려가고 천상의 기쁨의 노래와 함께 그녀의 시신을 영예롭게 하려고 하느님이 보낸 천사라고 믿는다. 꼭 악령들의 무리가 회개하지 않고 죽어가는 죄인 주위에 모여 공포로 괴롭히고 지옥으로 그들의 영혼을 쫓아내는 것처럼, 아주 많은 천사는 선한 사람들의 죽음의 시간에 주위에 모여서 그들을 위로하고 그들의 영혼을 천상의 왕국으로 인도한다.

넷째, 복된 엘리사벳의 자비와 동정의 깊이는 기름의 흐름으로 드러났다.

그녀의 죽은 몸에서 기름이 흘렀다. 그녀는 일생 동안 많은 자비를 베풀었기 때문이다. 오, 이제 동정의 영이 먼지 속에 누워 있는 사람의 몸으로부터 한 사람의 생명 유지에 필요한 여러 기관에서 기름이 얼마나 크게 흘러나와야 하는가!

다섯째, 수많은 기적이 하느님 앞에서 엘리사벳의 힘과 공로를 증명했다. 그녀가 자신의 육신에서 옮겨진 후, 하느님은 많은 기적과 함께 그녀를 영광스럽게 했고, 그중 일부는 여기에서 언급될 것이며, 번잡함을 피해 많은 것이 생략될 것이다.*

삭소니아(Saxonia, Saxony)의 힐데스하임(Hildesheim) 교구에 있는 한 수도승원에 헨리코(Henricus)라는 이름의 시토회(Ordo Cisterciensis) 수도승이 있었다. 그는 매우 병들었고 매우 많은 고통을 받았기에 모든 수도승이 그에게 연민을 느꼈고 고통으로 인한 그의 비명에 동요되었다. 어느 날 밤 흰색 옷을 입은 존경할 만한 한 귀부인이 그에게 나타났고, 만일 그가 건강을 회복하기를 원한다면 성녀 엘리사벳에게 서약을 하라고 말했다. 다음날 밤 같은 귀부인이 나타나서 같은 충고를 주었다. 아빠스와 원장이 모두 수도원을 떠나 있었기에, 그 수도승은 자신의 직속상관의 충고를 구한 후에 서약을 했다. 셋째 밤에 그 귀부인은 나타났고 그에게 십자성호를 긋자 치유되었다. 이것을 들은 아빠스와 원장은 헨리코의 건강 상태를 보고 놀랐으나, 어떤 수도승도 허락 없이 서약을 하도록 허용되거나 의무를 떠맡도록 용납되지 않았기 때문에, 그가 자신의 서약을 지켜야 하는지 어떤지에 대해서 심각한 의혹을 가졌다. 원장은 악령들이 종종 수도승들에게 나타나 '선을 가장하여'(sub specie boni) 그런 금지된 서약을 하도록 현혹하였기에, 그러니 수도승은 고해성사를 통해 자신의 불안정한 마음을 강화하도록 조언받아야 한다고 덧붙였다. 그러나 다음날 밤, 같은 귀부인이 헨리코에게 앞서와 같이 나타나서 말했다. "너는 너의 서약을 이행할 때까지 항상 아플 것입니다!" 그리고 즉시 그의 병이 재발했고 고통으로 고문받았다. 이런 상황 변화에 대해 들은 아빠스는 그 수도승에게 필요한 허가를 주었고 그가 요구받은 상(像)을 만들 수 있는 충분한 밀랍을 주도록 명령

---

* 생략된 이유는 야코부스(Jacobus) 때문이다.

했다. 다시 헨리코의 건강은 회복되었고, 그는 자신의 서약을 열심히 완수했고 병의 재발을 겪지 않았다.

마인츠(Mainz) 교구에 베니냐(Benigna)라는 이름의 젊은 여자가 하인에게 음료수를 요청했는데, 짜증이 난 하인은 그녀에게 음료수를 주며 말했다. "이것을 받아서 악마를 마셔라!" 음료수를 마시는 베니냐는 불타는 나무껍질(tilia)이 목구멍을 타고 넘어가는 것 같았고, 목이 아프다고 소리쳤다. 그런 다음 그녀의 배가 풍선처럼 부풀어 올랐고, 그녀는 마치 어떤 동물이 배 안에서 마구 뛰어다니고 있는 것처럼 느꼈다. 그녀는 불쌍하게 신음하고 실성한 듯이 비명을 지르고, 악마에게 홀린 것으로 생각했다. 그런 상태로 2년을 살았다. 그런 다음 그녀는 성녀 엘리사벳의 무덤으로 옮겨졌고 그곳에서 자신을 위해 서약을 했다. 그녀는 무덤 위에 놓여졌고 생명이 없는 것처럼 보였으나, 사람들이 그녀에게 먹을 빵 한 조각과 누워 있는 동안 마실 약간의 성수를 주었을 때, 그녀는 치유되어 일어나 모든 사람에게 놀라움과 기쁨을 안겼다.

위트레흐트(Utrecht) 교구에 제데리코(Gedericus)라는 사람의 한 손이 마비되었다. 그는 성녀 엘리사벳의 무덤을 두 번 방문하였으나 치유를 얻지 못하고 아내와 함께 큰 신앙심을 지니고 세 번째로 방문했다. 가는 길에 그는 존경할 만한 모습의 한 노인을 만났고, 노인에게 인사하며 어디에서 오는지 물었다. 노인은 자신이 성녀 엘리사벳의 유해가 쉬고 있고 많은 기적이 일어난 마르부르크(Marburg)에서 왔다고 대답했다. 제데리코는 자신의 마비된 손에 대해 말했고, 노인은 손을 들어 그를 축복하면서 말했다. "신뢰심을 갖고 가시오, 당신의 병든 손을 무덤 위쪽에 있는 돌의 움푹 파인 구멍 속에 넣으면 낫게 될 것입니다. 그리고 당신의 손을 더 깊숙이 밀어 넣을수록 치유가 더 빨라질 것입니다. 그리고 그때 성 니콜라오(Nicolaus)를 염두에 두십시오. 성 니콜라오는 성녀 엘리사벳의 기적에서 동반자(comes)이고 동료(socius)로 일하기 때문입니다." 노인은 성인들의 순례지에서 자신들의 봉헌물을 내려놓고 즉시 떠난 사람들은 어리석은 실수를 한 것이라고 덧붙였다. 참을성 있게 도움을 구할 때 성인들은 기뻐하기 때문이다. 그 말과 함께 노인은 사라졌다. 그들은 마르부르크로 가는 길에 노인의 출현과 사라짐에 대해 놀라워하면서 자신들이 원하는 치유를 얻을 것이라고 확신했다. 그리고 제데리코는 노인의 조언에 따라 무덤의 위쪽에 있는 돌 구멍에 손을 넣었고, 손을 빼냈을 때 온전해져 있었다.

이름이 헤르마노(Hermanus)였던 쾰른(Köln) 교구의 한 남자가 감옥에 갇혀 있었다. 그는 자신을 전적으로 하느님에게 의탁했고, 자신이 할 수 있는 모든 신앙심을 다해 성녀 엘리사벳과 스승인 콘라도에게 자신을 도우러 와달라고 청했다. 다음날 밤 그들 둘 다 눈부신 빛에 둘러싸여 나타나 많은 방법으로 그를 위로했다. 마침내 그의 형이 집행되었고 마을에서 1튜턴 마일* 떨어진 교수대에 매달렸다. 이후 재판관은 부모가 그 시신을 내리고 매장하도록 허락했다. 무덤이 준비되고 죄수의 아버지와 삼촌이 시신을 안치하면서 죽은 사람을 위해 성녀 엘리사벳의 수호를 간구했다. 모든 참석자의 깜짝 놀람과 감탄속에 죽었던 그 사람이 살아서 일어났다.

마인츠 교구 출신의 학생 오우이타르도(Ouitardus)**는 낚시를 하다가 강에 빠져 익사했다. 그는 꽤 많은 시간이 흐른 후에야 건져졌는데, 시신은 굳은 채 생명의 어떤 표시도 보이지 않았다. 그래서 그를 발견한 사람들은 그가 이미 죽었다고 판단했다. 그때 성녀 엘리사벳의 공로로 간구했고, 보기에 아름다운 그 소년은 생명과 건강으로 돌아왔다.

마인츠 교구의 이름이 후골리노(Hugolinus)라는 세 살 반 된 아이가 길에서 죽었고, 그의 시신은 이미 뻣뻣해진 채 눕혀져 있었다. 그의 어머니는 온 믿음을 다해 성녀 엘리사벳에게 간청하면서 4튜턴 마일(30.344km)의 거리를 아이를 데려갔고, 그 소년은 생명과 건강을 되찾았다.

4세인 아이가 우물에 빠졌고, 물을 길러 온 사람이 우물 속 바닥에 누워 있는 아이를 발견했다. 간신히 그 아이를 건졌지만, 이미 죽었다고 판단했다. 죽음의 징후는 그 아이가 물속에 있었던 시간, 몸의 경직도, 끔찍하게 응시하는 눈과 벌어진 입, 검게 변한 피부, 부어오른 몸, 그리고 움직임과 감각의 철저한 결여였다. 그런 까닭에 그 사람은 죽은 아이를 위한 도움을 간구하면서 성녀 엘리사벳에게 서약을 선언했고, 그 아이는 생명을 되찾았다. 그곳에는 강에 빠졌던 소녀도 있었는데, 그녀를 건져 올렸을 때, 성녀 엘리사벳의 공로로

---

* 게르만 민족에 속한 튜턴 사람들이 사용한 마일(mile)은 독일 사람의 24,000보에 해당한다. 이에 따라 독일 남부와 오스트리아 제국에서 1 mile은 7.586km였다. – 역자 주
** 영어본에서는 부르카르드(Burchard)라고 하지만, 여기서는 라틴어본에 따랐다. – 역자 주

빠르게 살아났다.

마인츠 교구의 프리데리코(Fridericus)라는 이름의 남자는 수영에 능숙했다. 어느 날 수영하던 중 성녀 엘리사벳의 전구로 실명(失明)이 치유된 가난한 사람을 보고 조롱하며 경멸하듯이 그 사람의 얼굴에 물을 뿌렸다. 그 사람은 이에 분개하여 말했다. "나에게 이 은총을 얻어준 그 거룩한 귀부인이 너에게 내 복수를 할 것이고, 네가 익사할 때까지 물에서 나오지 못할 것이다." 그 수영자는 이 위협을 조금도 생각하지 않고 더 깊은 물로 헤엄쳐 갔다가, 갑자기 모든 힘을 잃고 돌처럼 바닥에 가라앉았다. 오랜 시간 후에야 발견되어 물에서 들어 올려졌다. 그를 위해 비탄하는 소리가 크게 들렸다. 그러나 그의 친척 몇이 그를 대신하여 성녀 엘리사벳에게 서약을 하고 그녀의 도움을 열렬히 구했다. 그러자 곧 그는 숨을 쉬기 시작했고 건강하게 일어났다.

마인츠 교구의 요한(Johannes)이 비록 그 자신은 어떤 죄를 범하지 않았지만 도둑으로 체포되어 교수형 선고를 받았다. 그는 주변 사람들에게 성녀 엘리사벳에게 기도해 달라고 부탁했고, 자신이 마땅히 받아야 할 도움을 달라고 요청했다. 그럼에도 불구하고 교수형을 받았는데, 그 위에서 "힘내라, 성녀 엘리사벳에게 신뢰하여라, 그러면 너는 자유를 얻으리라."라는 음성을 들었다. 즉시, 다른 사람은 그대로 매달려 있었지만, 요한의 올가미만 끊어져 높은 곳에서 심하게 떨어졌으나 입고 있던 셔츠만 찢어졌을 뿐 부상을 입지 않았다. 그는 미친 듯 기뻐하며 기도했다. "오 성녀 엘리사벳님, 당신은 저를 벗어나게 하시고 부드러운 한 뙈기의 땅에 저를 떨어지게 만드셨습니다!" 그러나 그곳에 다시 교수되어야 한다고 말하는 사람들이 있었지만 재판관은 대답했다. "하느님이 자유의 몸이 되게 한 사람을 내가 두 번 교수할 수는 없습니다!"

마인츠 교구에 있는 한 수도원에 볼레마로(Volemarus)라는 이름의 수사는 극단적인 수도자였고 매우 호되게 자신의 육신을 괴롭혔다. 그는 20년 동안 가죽과 쇠로 된 코르셋을 입었고, 막대기와 돌 위에 누워서 쉬었다. 그가 방앗간에서 일하던 중에 맷돌에 손이 끼어 매우 심하게 짓이겨서 살이 양쪽에서 찢겨 나갔고, 뼈와 힘줄이 조각조각 나서 마치 손이 절구 안에서 짓이겨진 것처럼 보였다. 고통이 너무 심해서 볼레마로는 손을 잘라 달라고 요청했다. 그는 일생 동안 헌신하였던 성녀 엘리사벳의 도움을 자주 간구했고, 어느 날 밤에 그녀가 나타나서 물었다. "당신은 손이 고쳐지기를 원합니까?" "오, 제발, 저는 원합니다!"라고 대답했다. 그녀는 그의 손을 잡고 힘줄들을 고치고 뼈를 제 자리로 연결시키고 양쪽의 살을 복원했고 손목에 손을 접합했다. 아침에 그 수사는 완벽하게 치료된 손을 발견했고 온 공동체에 그렇게 회복된 손을 보여주어 모두를 놀라게 했다.

마인츠 교구에 디스크레토(Discretus)*라는 이름의 5세 아이는 장님으로 태어 났으나 성녀 엘리사벳의 공로로 빛을 받았다. 그러나 그는 눈꺼풀이 없었고, 피부가 눈 위로 자라고 완벽하게 덮어서 그 아래에 눈이 있었다는 아무런 표 시도 남기지 않았다. 그녀의 어머니는 아이를 성녀 엘리사벳의 무덤으로 데 려갔고, 그 무덤의 흙으로 눈 위를 문지르며 아들을 위한 성녀의 공로를 간구 했다. 그런데 보라. 끊어짐이 없는 피부가 찢어져 벌어졌고, 흐려지고 충혈되 었던 두 작은 눈이 보기 시작했다. 그래서 그 소년은 성녀 엘리사벳의 공로를 통해 시력의 축복을 얻었다.

이름이 베아트릭스(Beatrix)인 같은 교구의 한 소녀가 오랫동안 여러 가지 비 참한 질환으로 괴로워했다. 시간이 지나면서 등에 혹이 생기고 가슴에 종기 가 자랐다. 몸이 매우 구부러져서 똑바로 설 수 없었고 무릎에 손을 괴어 몸을 지탱해야 했다. 그녀의 어머니는 그녀를 큰 바구니 같은 것에 담아 성녀 엘리 사벳의 무덤으로 간신히 옮겨가서 10일 동안 머물렀지만, 아이의 병에 대한 어떤 치료법도 찾지 못했다. 어머니는 화를 내며 성녀 엘리사벳에게 불평하 면서 말했다. "당신은 다른 사람에게는 호의를 나누어주면서 불쌍한 저에게 는 귀를 기울이지 않으십니다! 저는 집으로 갈 것이고 가능한 많은 사람에게 당신을 방문하지 못하게 할 것입니다!" 여전히 화가 난 그녀는 1.5이정표석(약 1.14km)을 걸었고, 딸은 고통으로 신음했다. 그런 다음 아이는 잠들었고 빛나는 얼굴의 아름다운 귀부인이 아이의 등과 가슴을 어루만지며 "일어나라, 아이 야, 걸어라!"라고 말했다. 소녀는 잠에서 깨어나 모든 만곡(彎曲)과 기형이 치유 된 자신을 발견했다. 소녀는 어머니에게 그 환시에 대해 말했고, 그들 모두 기 뻐하며 고마워했다. 그들은 성녀 엘리사벳의 무덤으로 돌아가서 하느님에게

---

* 영어본은 디트리히(Dietrich)로 표기하였지만, 여기서는 라틴어본에 따른다. – 역자 주

감사를 드리고 그 아이가 타고 있던 바구니를 남겨 두었다.

이름이 제르트루다(Gerturdis)인 같은 교구의 여자가 오랜 세월 동안 양쪽 다리가 마비되었고 척주만곡(脊柱彎曲)으로 고통받았다. 그녀는 꿈에 성 니콜라오에게 가서 그의 공로의 도움을 애원하라고 충고를 받았다. 성 니콜라오 성당으로 직접 갔고 다리 중 하나가 치유되었음을 깨달았다. 후에, 그녀는 매우 고통스러워하며 성녀 엘리사벳의 기념비로 옮겨졌고 성녀의 무덤 위에 놓인 후 급속도로 건강해졌다. 같은 교구의 쉰트루다(Scintrudis)라는 이름의 여자가 1년 동안 시력을 잃었고 다른 사람의 손에 이끌려 인도되어야 했다. 그녀는 모든 신앙으로 성녀 엘리사벳에게 자신을 의탁했고 시력을 되찾았다.

시력을 잃었던 마인츠 교구의 헨리코라는 이름의 남자가 성녀 엘리사벳의 무덤을 방문했고 완벽한 치유의 은혜를 받았다. 후에 같은 남자가 매우 심각한 출혈로 고통을 받았고 가족은 그가 곧 죽을 것이라고 생각했다. 그러나 어떤 사람이 성녀 엘리사벳의 무덤에서 약간의 흙을 가져와 물에 혼합하여 마셨는데, 그의 건강은 완벽하게 회복되었다.

트리어(Trier) 교구의 소녀인 메크틸다(Mechtildis)는 장님이자 귀머거리에 말도 못하고 걷지도 못했다. 그녀의 부모는 성녀 엘리사벳에게 그녀를 바쳤고, 성녀는 완벽하게 치유된 그녀를 부모에게 돌려주었다. 그들 모두 하느님과 성녀 엘리사벳의 위대한 일을 찬미했다. 트리어 교구의 헬리빈가(Helibingis)라는 이름의 여자는 1년 동안 장님으로 지냈으나 치유를 위해 성녀 엘리사벳의 공로에 간구했다. 그녀는 성녀의 무덤으로 인도되었고 한쪽 눈의 시력을 되찾았으나, 다시 집에 왔을 때 다른 쪽 눈에서 극심한 고통을 느꼈다. 그녀는 다시 성녀의 공로를 간구했고, 엘리사벳이 나타나서 말했다. "제대로 가서 성체포(corporale)*로 눈을 닦아라, 그러면 치유될 것이다." 그녀는 시키는대로 했고 치유되었다.

마인츠 교구의 테오데리코(Theodericus)라는 이름의 남자가 무릎과 다리를 매우 심하게 맞아서 다른 사람의 도움 없이는 걸어 다닐 수 없었다. 그는 봉헌물을 갖고 성녀 엘리사벳의 무덤을 방문하겠다는 서약을 했다. 그는 그녀의 순

* 미사에서 축성된 요소들이 놓여지는 아마포 천

례지로부터 단지 열 번째 이정표석(7.5km)에 살았지만, 그곳에 가기까지 8일이 걸렸다. 그는 4주 동안 무덤에서 머물렀지만 치유되지 않자, 다시 집을 향해 떠났다. 가는 도중에 멈춰서 다른 병자 옆에 누워서 휴식을 가졌다. 그때 꿈에 어떤 사람이 와서 자신에게 물을 붓는 것을 보았다. 정신을 차린 그는 옆 사람에게 화를 내며 말했다. "나에게 왜 물을 쏟았습니까?" 그 사람은 대답했다. "나는 당신에게 물을 붓지 않았지만, 내가 생각하기에 그 소나기는 당신의 행복을 위한 것이라고 생각합니다." 테오데리코는 일어서서 자신이 치유되었음을 깨달았고, 목발없이 성녀 엘리사벳의 무덤에 감사하려고 돌아서 걸어갔다. 그런 다음 기뻐하면서 가족이 있는 집으로 갔다.

169

성녀 체칠리아

체칠리아(Caecilia)라는 이름은 첼리 릴리아(coeli lilia, 천국의 백합), 체치타테 카렌스(caecitate carens, 맹목적인), 체치스 비아(caecis via, 맹인을 위한 길)에서, 또는 '천국을 위해 일하는 여자'란 뜻의 첼룸(coelum)과 리아(lya)에서 파생되었으며 '천국'이란 뜻의 첼룸(coelum)과 '사람들'이란 뜻의 라오스(laos)에서 유래를 찾을 수 있다. 왜냐하면 성녀 체칠리아는 동정의 겸손으로 천국의 백합이었기 때문이다. 그녀는 빛나는 청결함, 깨끗한 양심, 향긋한 냄새로 백합이라고 불린다. 그녀는 좋은 모범을 줌으로써 맹인을 위한 길이자 끊임없는 관상을 통한 천국이고, 선행에 전심전력함으로 천국을 위한 일꾼이었다. 그녀는 천국이라고도 불린다. 성 이시도로가 철학자들이 하늘은 회전하고 둥글고 불타고 있다고 말한 것처럼, 체칠리아는 지속적인 선행의 순환으로 회전하고 있었고, 인내로 동그랗고, 자비의 따뜻함으로 불타올랐다. 그녀는 지혜의 광채로 실명에서 벗어났다. 영적인 천국의 태양과 달, 별처럼 사람들이 그녀 안에서 지혜의 통찰력, 믿음의 관대함, 다양한 덕에 의해 천국을 어떻게 본받아야 하는지를 보았기 때문에 사람들의 천국이었다.

저명한 동정녀인 체칠리아는 로마의 귀족 가문에서 태어나 유년기부터 그리스도 믿음 안에서 자랐다. 그녀는 항상 그리스도의 복음서를 가지고 다녔고, 밤낮으로 끊임없이 기도했고, 동정을 지켜 달라고 주님에게 간청했다. 그녀는 발레리아노(Valerianus)라는 이름의 젊은이와 약혼했고 결혼 날짜가 정해졌다. 체칠리아는 금실로 짠 겉옷 안에 고행복(cilicium)을 입었다. 악기들이 연주되는 동안, 홀로 마음속으로 주님께 노래를 불렀다. 그리고 "오 주님, 제 마음과 몸을 더럽히지 않게 하시고 제가 부끄러움을 당하지 않게 하소서!"라고 말했다. 그리고 이삼일씩 단식하면서 하느님에게 자신의 두려움을 의탁했다. 마침내 그녀의 결혼식 날 밤이 왔고, 그녀는 남편과 함께 신방(新房)으로 조용히 물러갔다. 그녀는 남편에게 말을 걸었다. "가장 친절하고 가장 사랑하는 사람이여, 저는 당신이 이 비밀을 혼자만 알고 있겠다고 맹세하는 조건으로, 당신에게 고백할 비밀이 있습니다." 발레리아노는 그 어떤 것이든 말하지 않을 것이고, 어떠한 이유로도 배신하지 않을 것이라고 맹세했다. 그녀는 말했다. "저는 사랑하는 분이 있는데, 지극한 열성으로 제 몸을 돌보는 하느님의 천사입니다. 만일 당신의 마음 안에 있는 성욕으로 저를 만지려고 하면, 저의 천사는 당신을 공격할 것이고 당신은 우아한 젊음의 꽃을 잃게 될 것입니다. 반면에 당신이 진실한 마음으로 저를 사랑한다면, 저의 천사는 저를 사랑하는 것처럼 당신을 사랑할 것이고, 자신의 영광을 당신에게 보여줄 것입니다."

하느님의 뜻으로 인도된 발레리아노가 말했다. "만일 제가 당신을 믿기를 원한다면, 당신의 천사를 보여주십시오. 만일 그가 참으로 천사라는 것을 제가 직접 확인한다면, 당신이 권고하는 대로 하겠습니다. 그러나 만일 당신이 다른 남자를 사랑하는 것이라면, 칼로 당신들 둘 다 죽일 것입니다." 체칠리아는 그에게 말했다. "만일 당신이 참 하느님을 믿을 수 있고 세례를 받겠다고 약속한다면, 천사를 볼 수 있습니다. 그러니 도시에서 아피아(Appia) 가도의 세 번째 이정표석(milliarium)*으로 가서 당신이 만나게 될 가난한 사람들에게 말씀하십시오. '체칠리아가 나를 당신에게 보내어 우르바노라는 이름의 나이 든 거룩한 사람을 만나라 했습니다. 저는 그에게 전달해야 하는 비밀 명령을 가

---

* 로마제국의 길이 계산에서 1보(步, passus)는 76cm이고, 첫 번째 이정표석(milliarium)은 1,000보의 거리이다. 그렇기에 세 번째 이정표석까지의 길이는 3,000보, 즉 2.28km이다. – 역자 주

져왔습니다.' 당신이 우르바노를 만나면 제가 말한 것을 모두 말씀하십시오. 당신이 우르바노에 의해 정화된 후 돌아오면 천사를 볼 수 있을 것입니다!"

발레리아노는 지시에 따라 순교자들의 무덤 사이에 숨어 있던 성 우르바노 주교에게 갔다. 발레리아노가 체칠리아가 말한 모든 것을 말하자, 우르바노는 하늘로 손을 들고 울며 말했다. "순결한 조언의 씨앗을 뿌리는 주 예수 그리스도님, 당신이 체칠리아에게 뿌린 그 씨앗의 결실을 받으소서! 주 예수 그리스도님, 착한 목자여, 당신의 여종 체칠리아는 부지런한 꿀벌처럼 당신을 섬겼습니다. 그녀가 흉포한 사자처럼 받아들였던 배우자를 온순한 어린 양으로 당신에게 보냈습니다!" 그리고 그들에게 눈처럼 흰옷을 입은 한 노인이 금 글씨로 쓴 책을 들고 나타났다. 발레리아노는 너무 두려워서 죽은듯이 엎드렸으나, 노인이 그를 일으켜 세우고 책의 구절을 읽으라 했다. "주님도 한 분이시고 믿음도 하나이며 세례도 하나이고, 만물의 아버지이신 하느님도 한 분이십니다. 그분은 만물 위에, 만물을 통하여, 만물 안에 계십니다."*

노인이 물었다. "당신은 이것이 사실이라고 믿습니까, 아니면 여전히 의심합니까?" 발레리아노는 외쳤다. "하늘 아래 이보다 더 참으로 믿을 수 있는 것은 아무것도 없습니다." 그 노인은 즉시 사라졌다. 발레리아노는 우르바노로부터 세례를 받은 후 돌아왔을 때, 체칠리아노는 방에서 천사와 이야기하고 있었다. 천사는 장미와 백합으로 된 두 개의 월계관을 들고 있었는데, 하나를 체칠리아에게, 다른 것은 발레리아노에게 주면서 말했다. "이 월계관을 흠 없는 마음과 깨끗한 몸으로 지키십시오. 내가 하느님의 천국에서 가져온 것입니다. 그것들은 결코 시들거나 달콤한 향기를 잃지 않을 것이며, 순결하고 싶어하는 사람 외에는 아무에게도 보이지 않을 것입니다. 그리고 발레리아노, 당신은 선한 조언을 신뢰하였기에 무엇이든 원하는 대로 구하십시오, 그러면 얻을 것입니다!" 발레리아노: "이승에서 저의 유일한 형제에 대한 사랑보다 더 귀중한 것은 없습니다. 따라서 저의 형제가 저와 함께 진리를 인정할 수 있기를 요청합니다!" 천사: "당신의 청원이 주님을 기쁘게 하고, 당신은 순교의 팔마를 갖고 형제와 함께 그분에게 나아갈 것입니다."

---

* 에페 4, 5. 그레세(Graesse)는 "하느님도 한 분이고, 믿음도 하나이고" 등을 가졌다.

이때 발레리아노의 형제 티부르시오(Tiburtius)가 들어왔고, 강한 장미 향기를 맡고 말했다. "이 계절에 장미와 백합 향기가 난다는 것이 놀랍습니다! 제 손에 그 꽃을 들고 있더라도 그 향이 이보다 더 달콤하게 스며들 수 없습니다! 너무 상쾌해서 제가 갑자기 변한 것 같습니다!" 발레리아노: "우리는 너의 눈에 보이지 않는 월계관을 가지고 있다. 월계관은 화려한 색과 눈처럼 깨끗한 흰색으로 빛난다. 내가 기도할 때 너는 그 향기를 느꼈다. 만일 네가 믿는다면, 월계관을 볼 수 있을 것이다." 티부르시오: "발레리아노, 제가 꿈속에서 듣고 있는 것입니까, 아니면 당신이 말하는 것이 현실입니까?" 발레리아노: "우리는 꿈속에서 살았지만, 지금은 진리 속에서 산다!" 티부르시오: "이것을 어떻게 알았습니까?" 발레리아노: "주님의 천사가 나에게 가르쳤고, 만일 네가 정화되고 우상 숭배를 포기한다면 천사를 볼 수 있을 것이다!" 암브로시오는 〈서문경〉에서 이 장미 월계관의 기적에 대해 증언하고 다음과 같이 말한다. "성녀 체칠리아는 천국의 선물로 충만하여 순교의 팔마를 받아들이고 결혼의 기쁨이나 세상을 저주했다. 이 증언은 배우자인 발레리아노와 티부르시오 둘 다의 고백입니다. 오 주님, 당신은 달콤한 향기가 나는 꽃으로 천사의 손에 의해 월계관을 씌웠습니다. 한 동정녀가 이 남자들을 영광으로 이끌었고, 세상은 순결에 대한 헌신이 얼마나 강력한지 깨달았습니다."

그런 다음 체칠리아는 모든 우상은 감정이나 언어가 없다는 것을 분명히 보여주었고, 티부르시오는 "이것을 믿지 않는 모든 사람은 이성이 없는 짐승입니다!"라고 대답했다. 체칠리아는 티부르시오의 가슴에 입을 맞추며 말했다. "오늘 저는 당신이 나의 친척임을 선언합니다. 오직 하느님의 사랑으로 당신의 형을 저의 남편으로 만들었던 것처럼, 우상들에 대한 경멸이 당신을 나의 친척으로 만들었기 때문입니다. 따라서 정화되고 천사들의 얼굴을 볼 수 있게 되기 위해 당신의 형과 함께 가십시오!"

티부르시오는 발레리아노에게 말했다. "형님, 저를 누구에게 인도하시려는 겁니까?" 발레리아노: "우르바노 주교에게!" 티부르시오: "여러 번 죽음을 선고받고 어딘가에서 숨어 있는 그 우르바노를 말하는 것입니까? 만일 그 사람이 발견된다면, 산 채로 불태워질 것이고 우리는 그의 불길에 끼이게 될 것이고, 우리가 하늘에 계신 하느님을 찾는 동안, 땅에서는 불타는 분노가 우리를 덮칠 것입니다!" 이에 대해 체칠리아가 대답했다. "만일 이번 삶이 유일하다면, 우리는 그것을 잃을까 두려워하는 것이 옳습니다. 그러나 성자 하느님이 우리에게 말씀하신 더 나은 다른 삶이 있다는 사실을 결코 잊어서는 안 됩니다. 이미 모든 것은 만들어졌고, 성부에게서 나신 성자는 존재 안에서 세워졌고, 세워진 모든 것은 성부에게서 나온 성령이 생기를 주었습니다. 성자 하느님은 세상에 와서 우리에게 자신의 말과 기적으로 또 다른 세상이 있음을 보여 주셨습니다." 티부르시오: "당신은 유일한 한 분 하느님이 있다고 단언합니다! 그러면 당신은 세 분이라는 것을 어떻게 입증할 수 있습니까?" 체칠리아: "인간의 지식에 '생각, 기억, 이해'라고 하는 세 개의 능력이 있는 것처럼, 그렇게 하나인 하느님의 존재 안에 세 개의 위격이 있습니다."

그런 다음 그녀는 성자 하느님의 오심과 그분의 수난에 대해서 가르치고, 그의 수난이 적절했다는 것을 여러 방법을 통해 보여주기 시작했다. 그녀는 말했다. "성자 하느님이 결박된 것은 인류를 죄의 결박에서 해방시키기 위함이었습니다. 그분이 저주받은 것은 저주받은 인류가 축복을 받을 수 있도록 하기 위함이었습니다. 그분은 악령들로부터 조롱받은 것에서 자유로운 사람이 되게 하려고 스스로 조롱을 허락하였습니다. 그분은 우리에게서 사형 선고를 철폐하려고 자신의 머리에 가시관을 받는 것을 감수하였습니다. 그분은 삶의 달콤함에 대한 우리의 미각을 치유하려고 쓴 쓸개즙을 맛보았습니다. 그분은 우리 원조(元祖)의 벌거벗음을 덮으려고 자신의 옷을 박탈당하였습니다. 그분은 나무에서 행하여진 악을 풀기 위해 나무에 매달렸습니다." 티부르시오는 형에게 말했다. "저를 딱하게 여기고 제가 정화 받을 수 있도록 하느님의 사람에게 인도해 주십시오!" 그래서 티부르시오는 정화되었고, 그 후 하느님의 천사들을 자주 보았고 기도하는 것은 무엇이든 얻었다.

발레리아노와 티부르시오는 이제 자선 행위에 전념했고 알마키우스(Almachius) 총독이 사형에 처했던 성인들의 시신을 매장했다. 알마키우스는 형제를 불러서 유죄판결을 받고 죽은 사람들을 매장해 주는 이유를 물었다. 티부르시오는 대답했다. "우리는 당신이 유죄판결을 했던 그 사람들의 종이 되기를 원합니다! 그들은 존재하는 것 같으나 존재하지 않는 것을 경멸했고, 존재하지 않는 것이나 존재하는 것을 발견하였습니다!" 총독: "그러면 그것이 무엇인가?" 티부르시오: "존재하는 것으로 보이지만 존재하지 않는 것은 사람을 실재하지 않음으로 이끄는 세상의 모든 것입니다. 존재하지 않는 것 같지만 존재하는 것은 정의로운 사람의 삶과 악한 사람들에 대한 심판입니다." 알마키우스: "말하는 것을 보니, 너는 제정신이 아니구나!"

그런 다음 총독은 발레리아노를 불러서 말했다. "너의 동생은 제정신이 아니다. 그러니 네가 합리적인 설명을 해라. 너는 모든 기쁨을 경멸하고 즐거움에 적대적인 것에 마음이 끌리고 있으니, 여러 측면에서 틀렸다는 것은 명백하다." 이에 대해, 발레리아노는 게으른 사람들이 겨울철에 들판에서 일하는 사람들을 조롱하고 놀리는 것을 본 적이 있습니다. 그러나 노동의 영광스러운 결실을 수확할 준비가 된 여름에는 일하던 사람은 기뻐하고 게으른 사람은 울게 됩니다. 그는 계속 말했다. "또한, 수치심과 힘든 일을 견딘 우리는 미래에 영광과 영원한 보답을 받을 것이지만, 일시적인 것을 즐기는 당신은 미래에 영원한 슬픔에 직면할 것입니다." 총독: "그러면 정복되지 않았고 정복할 수 없는 군주들인 우리는 영원한 슬픔을 가질 것이고, 천민인 너희는 끊임없이 계속되는 기쁨을 소유할 것인가?" 발레리아노: "당신은 영원한 군주가 아닙니다. 우리들의 시대에 태어나 곧 죽을 사람이고 누구보다도 하느님에게서 더 엄격한 평가를 받을 하찮은 사람일 뿐입니다!"

그 말에 알마키우스가 반박했다. "왜 우리는 다람쥐 쳇바퀴 돌듯 논쟁을 계속해야 하는가? 신들에게 헌주(獻酒)들을 바치고 벌을 면하라!" 두 사람은 대답했다. "저희는 날마다 참하느님에게 제물을 바칩니다." 알마키우스: "그의 이름이 무엇이냐?" 발레리아노: "당신이 날개를 갖고 하늘을 날더라도 그분의 이름을 발견할 수 없을 것입니다!" 총독: "그러면 요비스(Jovis)가 하느님의 이름이 아니냐?" 발레리아노: "그것은 살인자이자 방탕자의 이름입니다!" 알마키우스: "그러니 온 세상은 잘못된 것 같고, 너와 너의 동생만 참하느님을 알고 있다는 것이냐!" 발레리아노: "우리는 혼자가 아닙니다! 셀 수 없이 많은 사람이 이 거룩한 진리를 받아 들였습니다!"

형제들은 막시모(Maximus)에게 넘겨졌고 막시모는 형제들에게 말했다. "오 젊음의 자줏빛 꽃이여, 오 사랑하는 형제여, 어찌하여 연회에 가는 것처럼 죽음을 서둘러 맞이하려고 합니까?" 발레리아노는 막시모가 그리스도를 믿겠다고 약속한다면, 자신들이 죽은 후에 자신들의 영혼의 영광을 보게 될 것이라고 대답했다. 막시모는 말했다. "만일 당신이 말한 것이 실제로 일어난다면, 만일 당신들이 흠숭하는 한 분 참하느님에게 나의 믿음을 고백하지 않는다면 나는 불타는 듯한 번갯불에 불타 버릴 것입니다!" 그리고 막시모와 그의 가족, 모든 사형 집행인들이 믿음을 받아들였고, 몰래 찾아온 우르바노로에게서 세례를 받았다.

밤이 지나고 날이 새자 체칠리아는 외쳤다. "만세, 그리스도의 군인들이여, 어둠의 일들을 벗어버리고 빛의 무기를 입으십시오!" 그때, 도시에서 네 번째 이정표석(약 3km)에 있는 요비스(Jovis) 조각상 앞에서 형제들은 제물을 바치기를 거부하고 참수되었다. 막시모는 성인들의 수난 시간에 빛나는 천사들을 보았고, 그 순교자들의 영혼이 신방에서 동정녀들처럼 나오고, 천사들이 하늘로 데려가는 것을 보았다고 증언했다. 알마키우스는 막시모가 그리스도인이 되었다는 것을 듣고 납이 달린 가죽끈으로 그를 때려죽였다. 성녀 체칠리아는 막시모의 시신을 발레리아노와 티부르시오의 시신과 함께 묻었다.

알마키우스는 이제 그 형제들의 재산을 차지하려는 욕심으로 발레리아노의 아내 체칠리아를 불러 우상들에게 제물을 바치거나 죽음의 선고를 자초하도록 명령했다. 그 근거는 그토록 아름답고 고귀한 여인이 스스로 죽도록 두어서는 안된다는 것이었다. 그녀는 사람들에게 말했다. "착한 사람들, 저는 젊음을 잃는 것이 아니라 바꾸는 것이고, 흙을 내주고 금을 받는 것이고, 궁전을 위해 오두막을 포기하고, 훤히 트이고 빛이 가득 찬 광장을 위해 거리의 폭이 좁은 모퉁이를 떠나는 것입니다. 만일 누군가 당신에게 구리를 위해 금화를 제공한다면, 기꺼이 받아들이지 않겠습니까? 참으로 하느님은 우리에게 하나를 위해 100개를 돌려줍니다. 당신들은 제가 말하는 것을 믿습니까?" 그들은 대답했다. "당신과 같은 여종을 두신 그리스도는 참하느님임을 우리는 믿습니다!" 그 후 즉시 우르바노 주교를 부르러 사람을 보냈고, 400명 이상이 세례를 받았다.

알마키우스는 성녀 체칠리아를 다시 소환하여 물었다. "삶에서 너의 지위는 무엇이냐?" 체칠리아: "저는 자유인으로 태어났고 귀족 혈통입니다." 알마키우스: "나는 너의 종교에 대해 묻고 있는 것이다!" 체칠리아: "그렇다면 하나의 질문에 두 개의 대답이 필요하니, 당신의 질문은 옳지 않습니다." 알마 키우스: "너의 건방진 대답은 어디서 나오는 것이냐?" 체칠리아: "깨끗한 양심과 거짓 없는 믿음에서 나옵니다!" 알마키우스: "나의 권력이 어디에서 나오는지 모르느냐?" 체칠리아: "당신의 권력은 바람으로 가득 찬 풍선입니다! 풍선은 핀으로 찌르면 터지고, 그 안에서 단단하게 보이던 것은 축 늘어집니다." 알마키우스: "너는 모욕으로 시작해서 계속해서 모욕을 하고 있다!" 체칠리아: "당신이 말한 것이 거짓이 아니면 모욕에 대해서 말할 수 없습니다! 만일 제가 말한 것이 거짓이라면, 저에게 모욕을 보이십시오! 만약 그렇지 않다면 비방을 퍼붓는 당신 자신을 나무라십시오! 하느님의 거룩한 이름을 아는 우리는 불행하게 살기보다는 행복하게 죽는 것이 더 좋습니다." 알마키우스: "네가 그렇게 자랑스럽게 말하는 이유가 무엇이냐?" 체칠리아: "그것은 자만심이 아니라 지조입니다!" 알마키우스: "불행한 소녀야, 나에게 생명을 주는 권력과 빼앗는 권력이 있다는 것을 모르느냐?" 체칠리아: "저는 당신이 모든 사람에게 알려진 것에 대해 거짓말을 하고 있다는 것을 증명할 수 있습니다! 당신은 살아있는 사람에게서 생명을 빼앗을 수 있지만, 죽은 사람들에게 생명을 줄 수는 없습니다. 그러므로 당신은 생명의 신하가 아니라 죽음의 신하입니다!" 알마키우스: "이 거친 말을 멈추고 신들에게 제물을 봉헌하여라!" 체칠리아: "저는 당신이 어디에서 당신의 눈을 잃었는지 모릅니다! 당신이 신이라고 부르는 것은 돌덩어리일 뿐입니다. 손을 내밀어 만져 보십시오. 그러면 당신의 눈으로 볼 수 없었던 것을 손가락들로 알 수 있을 것입니다!"

화가 난 알마키우스는 그녀를 그녀의 집으로 끌고 가서 꼬박 하루 동안 찌는 듯이 뜨거운 욕조에서 불태우라고 명령했다. 그녀는 한 방울의 땀도 느끼지 않고 시원한 곳에 있는 것처럼 욕조에 누워 있었다. 이 말을 들은 총독은 그녀를 욕조에서 참수하라고 명령했다. 망나니가 세 차례 그녀의 목을 쳤으나 목을 자를 수 없었고, 네 번째의 타격을 금지한 칙령 때문에, 피투성이로 반쯤 죽은 그녀를 내버려 두고 떠났다. 그녀는 사흘 동안 살아서 모든 재산을 가난한 사람들에게 나눠주었다. 그녀는 우르바노 주교에게 "저는 우리 모두를 당신의 지복(至福)에 의탁하고 당신이 저의 집을 성당으로 축성하도록 3일만 연기해 달라고 요청했습니다."라고 말하면서, 자신이 개종시켰던 모든 사람을 의탁했다.

성 우르바노는 주교들이 묻힌 곳에 그녀의 시신을 묻고, 그녀가 요청한 대로 그녀의 집을 축성했다. 그녀는 알렉산데르 황제의 재임 시기인 서기 223년 경에 고통을 받았다. 다른 곳에서 우리는, 그녀가 서기 220년경에 통치했던 마르쿠스 아우렐리우스의 재임 시기*에 고통받았다고 읽었다.

성 클레멘스

클레멘스(Clemens, Clement)라는 이름은 '영광'이란 뜻의 클레오스(cleos)와 '마음'이란 뜻의 멘스(mens)로부터 파생되었다. 성 클레멘스는 '영광스러운 마음', 다시 말해서 '모든 얼룩을 씻어 깨끗해진 마음', '모든 덕으로 장식되어 이제 행복의 충만함으로 영광스럽게 된 마음'을 의미한다. 아우구스티노가 저서 《삼위일체론》(De Trinitate)에서 말한 것처럼, 이 행복은 하늘에서 우리의 존재가 죽음에, 우리의 지식이 오류에, 우리의 사랑이 저항에 종속되지 않는 것을 뜻한다. 또 그 이름은 '관용'이란 클레멘시아(clementia)로부터 나왔고, 그 성인은 매우 관용적인 사람이었다. 또는 《주해집》에서 말하는 것처럼, 클레멘스는 '온화함', '공정함', '성숙함', '경건함'을 의미하고, 클레멘스는 행동이 의롭고, 말은 온화하고, 다른 사람들과의 관계에서 성숙하고, 의도는 경건했다.

클레멘스는 저서 《여행기》(Itinerarium)에 자신의 생애, 특히 자신이 어떻게 교황직(Pontificatus)으로 복된 베드로를 계승하였는지 를 설명하고 있다. 그의 생애의 나머지 부분은 그의 《행전》(行傳, Acts)의 기록에서 볼 수 있다.

로마의 주교 클레멘스는 귀족 로마인 혈통에서 태어났다. 아버지 이름은 파우스티니아노(Faustinianus), 어머니는 마치디아나(Macidiana)였다. 클레멘스에게는 쌍둥이 형제가 있었는데, 그중 한 사람은 파우스티노(Faustinus), 다른 한 사

---

* 마르쿠스 아우렐리우스(Marcus Aurelius) 황제의 재임 시기는 161~180년이다. - 역자 주

람은 파우스토(Faustus)라고 불렸다. 어머니 마치디아나는 빼어난 아름다움을 지닌 여자였고, 그녀의 시동생은 그녀에 대한 욕정으로 달아올라 매일 그녀를 괴롭혔지만, 그녀는 동의한다는 미약한 징후도 주지 않았다. 그녀는 분란을 일으키게 될까 두려워서 그 상황을 남편에게 알리기를 꺼렸다. 따라서 그녀는 시동생의 패륜적 애정이 식을 때까지 고향을 떠나야겠다고 결심하고 남편의 동의를 얻기 위해 아들 파우스티니아노와 관련된 꿈을 거짓으로 꾸며냈다. "꿈에서 한 남자가 제 옆에 서서 가능한 한 빨리 도시를 떠나고, 명령이 있을 때까지 쌍둥이 파우스티노와 파우스토가 돌아와서는 안 된다고 했습니다. 이를 지키지 않으면 두 아이와 함께 죽고 말 것입니다."

놀란 남편은 아내와 쌍둥이를 많은 수행원과 함께 아테네로 보냈고, 두 아들은 그곳에서 교육받게 했다. 아버지는 막내 아들 클레멘스가 자신에게 위안이 되도록 지켰다. 어머니와 두 소년은 항해를 떠났으나, 어느 날 밤 배가 난파되었고 마치디아나는 아이들 없이 혼자 암석이 많은 섬에 밀어 올려졌다. 그녀는 아이들이 익사했다고 추정했고, 시신이라도 되찾을 것이라는 희망이 없었다면 슬픔을 못 이겨 바다에 자신을 던졌을 것이다. 그녀는 아이를 잃은 괴로움에 이빨로 손을 뜯으며 울부짖었고, 어떤 위로도 받아들이려고 하지 않았다. 많은 여자가 그녀에게 와서 자신의 불행에 대해 말하였으나, 그녀의 슬픔을 누그러뜨리는 데 별 도움이 안 되었다. 그러나 그중 한 젊은 여자가 어부인 남편을 바다에서 잃고, 그에 대한 사랑 때문에 재혼하기를 거부한다고 말했다. 이것이 마치디아나에게 약간의 위로가 되었고, 그녀는 직접 일을 하며 그날그날의 생활비를 벌면서 이 여자와 함께 살려고 갔다. 그러나 얼마 지나지 않아 물어뜯어서 크게 다친 손이 감각도 움직임도 없어져 더 이상 일할 수 없게 되었다. 게다가 그녀를 데려온 착한 여자는 몸이 마비되어 침대에서 일어나지도 못했다. 마치디아나는 구걸을 할 수밖에 없었고, 두 여자는 어떤 것이든 주워 와서 생계를 이어갔다.

어머니와 쌍둥이가 로마를 떠난 지 1년이 흘렀고, 아버지는 그들을 찾기 위해 아테네로 전령을 보내 행적을 찾았지만, 전령은 돌아오지 않았다. 다시 다른 사람들을 보냈으나 아내와 아들들의 흔적을 찾지 못했다는 소식을 갖고 돌아왔다. 파우스티니아노는 아들 클레멘스를 가정교사들에게 맡기고, 아내를 찾기 위해 배를 탔으나 그 또한 돌아오지 않았다.

그렇게 혼자가 된 클레멘스는 20년 동안 아버지와 어머니, 형제들 소식을 들을 수 없었다. 그는 문학을 열심히 공부했고 철학의 최고봉에 올랐다. 그는 영혼이 불멸하다고 스스로 확신할 방법을 간절히 바라고 연구했다. 이를 염두에 두고 철학 학파들과 교류했다. 영혼의 불멸이 증명되었을 때 기뻐했고, 자신이 죽는다는 결론이 났을 때 슬퍼했다.

그때 성 바르나바가 로마에서 그리스도의 믿음을 설교하고 있었다. 철학자들은 바르나바를 무식한 바보라고 조롱했다. 그러나 그들 중 한 사람이(일부 사람들에 따르면 철학자 클레멘스라고 한다.) 처음에는 바르나바를 놀리며 그의 설교를 경멸했고, 그를 바보로 만들 생각으로 "모기는 작은 동물입니다. 하지만 거대한 짐승인 코끼리는 날개를 가지지 않았고 단지 4개의 다리를 가진 것에 반해, 모기는 왜 여섯 개의 다리와 날개를 가지고 있습니까?"라고 질문했다. 바르나바는 대답했다. "어리석은 친구, 만일 당신이 진리를 배우기 위해 물어보는 것이었다면 매우 쉽게 답해 주었을 것입니다. 그러나 여기 있는 여러분에게 창조물에 대해 이야기하는 것은 터무니 없습니다. 당신은 창조주를 모르기 때문에 잘못 알고 있는 것이 옳고 정당합니다!" 이 말은 철학자 클레멘스를 감동시켰고 바르나바에게서 그리스도교 믿음에 대한 가르침을 받은 후 성 베드로를 방문하러 유다로 서둘러 갔다. 성 베드로는 그리스도 믿음 안에서 클레멘스의 교육을 마치고, 영혼의 불멸에 대한 분명한 증거들을 주었다.

그때 마술사인 시몬 마구스(Simon Magus)에게 아퀼라(Aquila)와 니체타(Nicetas)라고 하는 두 명의 제자는 시몬의 사기(詐欺)를 간파하고 그를 떠나 성 베드로에게 가서 제자가 되었다. 베드로는 클레멘스에게 출신에 대해 질문했고, 클레멘스는 부모와 형제들 이야기를 하면서, 어머니와 형제들은 바다에서 길을 잃었고, 아버지는 슬픔을 극복하지 못했거나 난파로 죽었을 것이라고 덧붙였다. 이야기를 들은 베드로는 눈물을 억누를 수 없었다.

베드로는 제자들과 함께 안탄데르(Antander) 해안에서 여섯 번째 이정표석(4.56km) 떨어진 섬으로 갔는데, 그곳은 클레멘스의 어머니 마치디아나가 사는 곳이었다. 그 섬에는 불가사의하게 높은 유리 기둥이 몇 개가 서 있었고, 베드로와 다른 사람들이 이 기둥에 감탄하고 있을 때 한 여자 거지가 접근했다.

베드로는 그녀에게 왜 직접 일하지 않는지 비난하듯이 물었고, 그녀는 대답했다. "제가 손을 물어뜯는 바람에 모든 감각을 잃었습니다. 저는 더 이상 살지 않기 위해 바다에 몸에 던졌더라면 좋았을 것입니다!" 베드로: "당신은 왜 그렇게 말합니까? 자살한 사람들의 영혼은 엄한 벌을 받는다는 것을 모릅니까?" 마치디아나: "만일 영혼이 죽음 후에도 산다는 것을 확신할 수만 있다면, 제 사랑스러운 아이들을 적어도 한 시간 동안 보기 위해 기꺼이 목숨을 끊을 것입니다!" 베드로는 그녀에게 왜 그렇게 슬퍼하는지를 물었고 그녀가 모든 이야기를 하자 베드로가 말했다. "클레멘스라는 이름의 젊은이가 우리와 함께 있는데, 당신이 말한 일이 자기 어머니와 형제들에게 일어났었다고 말했습니다!"

그 여자는 너무 놀라서 온 몸이 마비되어 기절했다. 그리고 정신이 들었을 때 울면서 "제가 그 젊은이의 어머니입니다!"라고 말했다. 그녀는 성 베드로의 발 앞에 엎드리고 빨리 아들을 보게 해달라고 간청했다. 베드로는 말했다. "당신이 그를 보려면, 우리 배가 이 섬을 떠날 때까지 잠시 기다리십시오!" 그녀는 그렇게 하겠다고 약속했고, 베드로는 그녀의 손을 잡고 클레멘스가 있는 배로 인도했다. 클레멘스는 베드로가 한 여자와 손을 잡고 오는 것을 보고 웃기 시작했다. 그러나 아들에게 가까이 다가간 마치디아나는 더 이상 자신을 억제할 수 없었고, 그를 꼭 껴안으며 몇 번이고 입을 맞추었다. 클레멘스는 여자가 정신이 나갔다고 생각하고 화를 내며 밀쳐냈고, 불쾌한 표정으로 베드로에게 몸을 돌렸다. 베드로는 "아들아, 너는 무엇을 하는 것이냐? 너의 어머니를 밀어젖히지 말아라!" 이 말을 들은 클레멘스는 눈물을 터뜨렸고, 넘어뜨린 여자 옆에 엎드려 어머니를 알아보았다. 그런 다음, 베드로의 명령으로 마치디아나를 돌봐주고 마비되어 누워 있던 여자를 데려왔고, 베드로는 즉시 그녀를 치유했다. 그때 어머니는 클레멘스에게 아버지에 대해 물었고, 그는 대답했다. "아버지는 어머니를 찾으러 떠났다가 돌아오지 않았습니다!" 이 말을 들은 그녀는 한숨만 내쉬었지만 슬픔보다 아들을 찾은 기쁨이 더 컸다.

그때 자리를 비웠던 니체타와 이퀼라가 돌아와 베드로와 함께 있는 한 여자를 보고 "이 사람은 누구입니까?"라고 물었다. 클레멘스가 대답했다. "이분은 저의 스승 베드로의 도움으로 하느님이 저에게 돌려준 어머니입니다." 그때 베드로는 그들에게 일어난 모든 일을 말했다. 이 말을 들은 니체타와 아퀼라는 깜짝 놀라 뼛속까지 떨며 말했다. "오 주님이시며 통치자이신 하느님, 저희가 들은 것이 사실입니까, 아니면 꿈입니까?" 베드로: "나의 아들들아, 우리는 헛소리를 하지 않는다! 너희가 들은 것은 사실이다!" 두 젊은이는 자신들의 얼굴을 문지르며 말했다. "저희가 파우스티노와 파우스토이고, 저희는 어머니를 바다에서 잃었다고 생각했습니다!" 그리고 어머니를 껴안으며 그녀의 얼굴에 입맞춤했다.

마치디아나는 "도대체 이것은 무엇을 의미하는 것입니까?"라고 말했고 베드로는 "그들은 바다에서 죽었다고 생각했던 당신의 아들들, 파우스티노와 파우스토입니다." 그 말을 들은 어머니는 너무 기쁜 나머지 다시 기절했다. 그런 다음에 제정신이 들은 어머니는 "내 사랑하는 아들들아, 어떻게 너희가 탈출했는지 말해다오!"라고 물었다. 그들은 말했다. "배가 부서졌을 때 널빤지에 매달렸고, 몇몇 해적들이 저희를 발견하여 배에 태워줬습니다. 그런 다음 그들은 저희 이름을 바꾸고 이름이 유스티나였던 과부에게 저희를 팔았습니다. 정직한 그녀는 저희를 친아들처럼 대하고 저희가 일반 교양 과정을 교육받게 하였습니다. 마침내 저희는 철학을 배우기 시작했고 저희와 함께 학생이었던 시몬 마구스를 만났습니다. 시간이 흘러 저희는 시몬의 사기를 간파했고 그를 떠나 자캐오(Zacheus)의 소개로 베드로의 제자가 되었습니다!"

다음 날 베드로는 삼 형제, 즉 클레멘스와 아퀼라, 니체타를 데리고 은둔처로 기도하러 떠났다. 그곳에 있던 가난하지만 공경할 만한 노인이 그들에게 말했다. "나는 당신들이 불쌍합니다, 형제여! 비록 당신들의 동기는 선하고 신앙심이 깊지만, 나는 당신들이 진심으로 잘못한다고 생각합니다. 하느님은 없고, 흠숭할 것도 없고, 세상에 섭리가 없기 때문입니다. 모든 것은 당신들의 탄생 순간에 우연과 행성들의 위치에 의해 통제됩니다. 나는 일반 사람보다 좀 더 배운 점성술에 대한 내 지식으로 이것을 확신합니다. 그러니 실수하지 마십시오! 당신이 기도를 하든 하지 않든, 별들이 당신을 위해 무엇을 결정하였느냐가 당신의 운명이 될 것입니다!"

노인이 말하는 동안 클레멘스는 그의 얼굴을 살폈고, 이 사람을 전에 어디선가 보았다는 생각이 갑자기 떠올랐다. 베드로는 삼 형제에게 토론을 계속하라고 말했고, 그들은 계속해서 올바른 논증으로 섭리의 실재를 증명하려고 토론을 이어갔다. 아퀼라가 형제들에게 "우리는 땅에 있는 어떤 사람도 아버지라고 부르지 말라는 계명을 가졌으면서(마태 23, 9), 왜 우리는 그를 아버지로 부르는가?"라고 말하였을 때까지, 존경심으로 여러 차례 그를 아버지라고 불렀다. 그런 다음에 그는 노인을 돌아보며 말했다. "아버지, 제가 당신을 아버지라고 부르는 형제들을 꾸짖었다고 해서 불쾌하게 여기지 마십시오. 저희는 땅 위의 어떤 사람에게도 그 이름을 주지 말라는 계명이 있기 때문입니다." 아퀼라의 말에, 노인과 베드로를 포함하여 참석한 모든 사람이 웃었다. 그리고 아퀼라가 무엇이 그들을 웃게 하였는지 물었을 때, 클레멘스가 말했다. "너 자신도 그를 아버지라고, 당신이 우리를 나무랐던 바로 아버지라 불렀습니다!" 그러나 아퀼라는 "내가 그를 아버지라고 불렀는지 아닌지는 정말 모르겠어."라고 말하면서 의아해했다.

섭리에 대한 토론이 상당히 진행되었을 때, 노인이 말했다. "나는 참으로 섭리가 있다는 것을 믿고 싶지만, 나의 양심은 이 믿음에 동의하기를 허락하지 않습니다. 나는 나의 별자리 운세와 아내의 것도 알고 있으며, 각자에게 주어진 대로 일어났다는 것을 압니다. 내 아내가 태어났을 때 행성들의 위치를 말해주겠소, 그러면 당신들은 그녀에게 실제로 일어난 일을 결정짓는 측면을 보게 될 것입니다. 그녀가 태어날 때 그녀의 중심 위에 금성이 있는 화성을 가지고 있었고, 화성의 황도대(黃道帶)와 토성의 경계에서 하강하는 달이 있었습니다. 그 배열은 여자를 간통하게 만들고, 자기 노예와 사랑에 빠지게 만들고, 먼 지역으로 여행하고, 물속에서 죽게 만듭니다. 이 모든 일이 일어났습니다. 내 아내는 노예와 사랑에 빠졌고, 위험과 불명예를 두려워하여 그와 함께 떠났고 바다에서 죽었습니다. 실제로 내 동생이 말했습니다. 아내는 먼저 내 동생을 사랑하였고 동생이 거절하자 욕정을 채우기 위해 노예에게 돌아섰습니다. 그녀는 자신의 별이 정해준 운명대로 행동하였으니, 이것 때문에 비난받아서는 안 됩니다." 노인은 계속해서 아내의 꿈과 가족들이 어떻게 난파선에서 죽었는지 말했다.

아들들은 그에게 엎드리며 실제로 무슨 일이 있었는지 말할 태세를 취했지만, 베드로는 "내가 너희에게 말을 할 때까지 조용히 하여라!"라고 그들을 멈추게 한 다음 노인에게 말했다. "만일 오늘 내가 지금까지처럼 정숙한 당신의 아내와 세 아들을 인도한다면, 당신은 점성술이 아무 의미도 없다는 것을 믿겠습니까?" 노인: "당신의 약속이 불가능한 것처럼, 별들의 영향을 받지 않는 것은 불가능합니다." 베드로: "보시오! 여기 당신의 아들 클레멘스와 쌍둥이 아들 파우스티노와 파우스토가 있습니다!" 이에 노인의 손발이 무너졌고 바닥에 쓰러졌다. 아들들은 그가 다시 숨을 쉬지 못할까 두려워 몸을 굽혀 그에게 입을 맞추었다. 그러자 그는 정신이 돌아왔고 그동안 일어났던 모든 일을 자세히 들었다. 그때 갑자기 아내가 울면서 뛰어와 "나의 남편이요 주인이 어디에 있습니까?"라고 소리쳤다. 그녀가 정신 이상자처럼 계속 소리치자, 남편이 그녀에게 달려와 폭풍 같은 눈물을 흘리며 껴안았다.

이제 가족은 재결합했고, 심부름꾼이 와서 파우스티니아노의 절친한 두 친구인 아피오(Apio)와 암비오(Ambio)가 시몬 마구스를 방문했다는 것을 알렸다. 파우스티니아노는 친구들의 도착 소식을 듣고 크게 기뻐하며 그들에게 갔다. 얼마 안 있어 다른 심부름꾼이 와서 부황제의 신하가 모든 마술사를 잡아 죽이려고 안티오키아에 도착했다고 말했다. 그때 시몬 마구스는 한때 제자였지만 자신을 떠난 두 형제에 대한 증오로 그들 아버지의 얼굴을 자신과 비슷해지도록 변형시켰다. 황제의 신하들이 시몬이 아니라 시몬처럼 보이는 형제의 아버지 파우스티아노를 체포해 처형하도록 하기 위해서였다. 그런 다음 시몬은 더 먼 장소로 떠났다. 파우스티니아노가 가족과 베드로에게 돌아갔을 때, 아들들은 아버지의 음성을 들었지만 시몬 얼굴을 한 그를 보고 무서워했다. 정상적인 얼굴을 본 사람은 베드로뿐이었고, 아들들과 아내는 시몬인 줄 알고 달아나려고 하며 저주를 하자, 베드로가 그들에게 물었다. "왜 당신들은 아버지를 저주하고 달아나려 합니까?" 그들은 마술사 시몬과 닮았기 때문이라고 대답했다. 시몬은 연고를 만들어 파우스티니아노의 얼굴에 바르고, 마술로 자신의 얼굴을 얹었던 것이다. 파우스티니아노는 한탄하며 말했다. "가엾은 나에게 무슨 일이 일어났던 것인가? 하루아침에 내 아내와 아들들의 인정을 받고도 그들과 함께 기뻐할 수 없다는 것인가?" 그의 아내는 자신의 머리카락을 뜯었고 그의 아들들은 눈물을 홍수처럼 흘렸다.

시몬은 안티오키아에 있는 동안, 성 베드로를 악한 꾀를 부리는 자이며 살인자라고 비방했고, 백성들이 베드로에 대한 적개심을 부추겨서 이빨로 베드로의 살을 찢을 준비를 하게 했다. 그런 까닭에 베드로는 파우스티니아노에게 말했다. "당신은 시몬처럼 보이니 안티오키아로 가서 온 백성 앞에서 나에 대해 호의적으로 말씀하십시오. 그리고 시몬처럼 말하면서 그가 나에 대해 말한 모든 것을 철회하십시오. 그러면 내가 가서 그 이질적인 얼굴을 없애고 모든 사람이 보는 앞에서 당신의 얼굴을 회복하겠습니다!"

그러나 베드로가 파우스티니아노에게 거짓말을 하라고 명령했다는 것은 믿어서는 안 된다. 하느님은 우리의 거짓말을 필요로 하지 않기 때문이다. 이 정보를 담고 있는 클레멘스의 《여행기》는 그런 까닭에 외경서(外經書)가 되어야 하며, 일부 사람들이 생각하기에 아주 기쁠 수 있음에도 불구하고, 위의 내용 같은 정보는 믿지 말아야 한다. 그럼에도 베드로의 말을 주의 깊게 숙고하였을 때, 파우스티니아노에게 자신이 시몬 마구스라고 말하라는 것이 아니고, 이런 식으로 마치 그가 시몬인 것처럼 베드로에 대해 좋게 말하고 시몬이 그에 대해 말했던 나쁜 것들은 무효로 하면서, 그에게 새겨졌던 얼굴을 사람들에게 보이게 시켰다고 말할 수 있다. 다른 말로, 그는 실재가 아니라 외관에 따라서 자신이 시몬이라고 말했다. 그래서 아래에 인용된 것처럼 파우스티니아노가 말한 "나, 시몬 등"은 "즉 외관상으로 나는 시몬인 것처럼 보인다."로 이해되어야 할 것이다. 그는 시몬이었지만 추정상으로만 그랬다.

그래서 클레멘스의 아버지 파우스티니아노는 안티오키아로 가서 주민들을 소집하여 말했다. "나 시몬은 베드로에 대해 말했던 것이 틀렸음을 여러분들에게 선언하고 고백합니다. 베드로는 유혹자도 마법사도 아니고 세상의 구원을 위해 파견되었습니다. 그런 까닭에 만일 이제부터 내가 그에 대해 무언가를 말한다면 나를 유혹자이자 마술사로 간주하고 쫓아내십시오. 이제 나는 보속을 하려고 합니다. 내가 거짓을 말했다는 것을 인정하기 때문입니다. 따라서 내가 경고하니 베드로를 믿으십시오, 그래서 당신들과 여러분의 도시가 멸망하지 않도록 하십시오!" 파우스티니아노가 베드로의 모든 명령을 수행하고 사람들에게 베드로를 사랑할 이유를 주었을 때, 베드로가 도착하여 그를 위해 기도하고 그에게서 시몬의 형상을 완전히 지워 버렸다. 그 후 즉시 안티오키아의 주민들은 베드로를 뜨겁고 명예롭게 환영했고, 주교좌에 올렸다.

이제 그 도시에 도착한 시몬은 주민들을 모아 놓고 말했다. "내가 여러분에게 유익한 행동 규칙을 가르치고 사기꾼 베드로에 대해 경고했음에도 여러분은 그에게 귀를 기울였을 뿐만 아니라 주교로 만들었다는 사실이 놀랍습니다." 이에 격분한 모든 군중이 시몬에게 저항하며 말했다. "당신은 우리의 눈에 괴물이다! 그저께 당신은 어떻게 죄를 뉘우치게 되었는지 말했고, 지금은 당신 자신과 우리를 파멸시키려 하고 있다!" 사람들은 시몬에게 달려들어 즉시 도시 밖으로 쫓아냈다. 클레멘스는 이 이야기를 자신의 책에 삽입했다.

이 사건들 후에 로마로 간 성 베드로는 자신의 수난이 임박했다는 것을 알고 있었기에 클레멘스를 자신을 계승할 주교로 서품했다. 사도들의 으뜸이 죽었을 때, 선견지명이 있었던 클레멘스는 미래를 위해 예방책을 강구했다. 클레멘스는 미래의 일부 교황이 모범으로 베드로가 하였던 것을 할 것이고 교회 안에서 자신의 후계자를 임명하고, 따라서 주님의 성소(sanctuarium)를 일종의 유산으로 만들 것이라고 예견했다. 따라서 클레멘스는 로마의 주교로서 자신의 지위를 우선 리노(Linus)에게, 그 다음에는 클레토(Cletus)*에게 양보했다. 리노와 클레토는 단지 베드로 사도에게 부교구장(coadiutor)이었고, 《교황표》(catalogus pontificum)에 당연히 포함되었던 것처럼 최고의 사제장(Summus Pontifex)이 아니었다고 강력히 주장하는 일부 사람들이 있다. 그들 다음에 클레멘스가 선출되었고 으뜸이 되도록 강요받았다. 클레멘스는 매우 선하고 거룩한 사람이어서 모든 그리스도인 백성뿐만 아니라 유다인들과 이방인들을 기쁘게 했다. 그는 여러 속주(屬州)에 있는 가난한 그리스도인의 이름을 쓴 명부를 가졌고 자신이 세례의 성화(聖化)로 깨끗하게 한 사람들이 공적인 거지의 굴욕을 당하는 것을 허용하지 않았을 것이다.

클레멘스는 도미티아누스 황제의 조카딸인 동정녀 도미틸라(Domitilla)를 거룩한 머릿수건으로 축성했고, 황제의 친구인 시신니오(Sisinnius)의 아내 테오도라(Theodora)를 개종시켰고, 테오도라는 정숙한 생활을 하겠다고 약속했다. 질투에 휩싸인 남편 시신니오는 무엇 때문에 아내가 성당을 그토록 자주 방문

---

* 클레토는 아나클레토(Anacletus)의 단축형이다. 고대 미사 성찬 전례 감사 기도에서는 클레토라고 했다. 현대의 《교황 연대표》(Liber Pontificalis)에서는 아나클레토라고 표기한다.– 역자 주

하는지 알아내기 위해 성당에 몰래 들어갔다. 시신니오가 들어갔을 때, 성 클레멘스는 기도를 읊조렸고 백성들은 응답하고 있었는데, 별안간 시신니오는 장님과 귀머거리가 되고 말았다. 시신니오는 즉시 하인들에게 말했다. "나를 부축해서 밖으로 인도하여라!" 하인들은 그를 이끌고 성당 내부를 샅샅이 뒤졌지만, 어떤 문에도 접근할 수 없었다. 테오도라는 돌아다니는 그들을 보았지만, 처음에는 남편이 자신을 알아볼 수 있다고 생각하여 피했다. 마침내 그녀는 하인들에게 무엇을 하고 있는지 물었고, 하인들이 대답했다. "우리 주인은 금지된 것을 보고 듣고 싶어하다가 장님과 귀머거리가 되었습니다." 테오도라는 남편이 밖으로 나가도록 허락해 달라고 하느님께 기도로 도움을 청했다. 그리고 기도한 후, 그녀는 하인들에게 말했다. "이제 가라, 너희들의 주인을 집으로 모셔가라!"

그들이 떠났을 때, 테오도라는 성 클레멘스에게 무슨 일이 일어났는지 말했다. 그녀의 요청으로 클레멘스는 눈은 뜨고 있지만 아무것도 보지 못하고 아무것도 듣지 못하는 시신니오에게 갔다. 클레멘스가 그를 위해 기도하자 시력과 청력이 회복되었고 클레멘스가 자기 부인의 옆에 서 있는 것을 보고 오히려 버럭 화를 내며 자신이 마술에 속고 있다고 의심했다. 그리고 부하들에게 클레멘스를 체포하라고 명령하면서 "그는 내 아내에게 가려고 나를 눈멀게 했다."라고 말했다. 부하들은 성인의 손발을 결박하여 끌고 갔다. 하지만 그것은 착각일 뿐 사실은 그곳에 있던 기둥과 돌을 묶은 것이다. 그때 클레멘스는 시신니오에게 말했다. "돌들에 신들의 이름을 붙인 것처럼, 그렇게 너희는 돌을 끌고 다녀야 마땅하다!" 시신니오는 클레멘스가 묶여 있다고 생각하고 말했다. "나는 너를 죽일 것이다." 그러나 클레멘스는 테오도라에게 주님이 그를 방문할 때까지 남편을 위해 계속 기도하라고 말한 후 자리를 떴다. 테오도라가 기도하자 성 베드로가 나타나 "나의 형제 바오로가 말하였던 것, 즉 '신자 아닌 남편은 믿는 아내로 말미암아 거룩해졌다.'(1코린 7, 14)가 성취되기 위해 남편은 너를 통하여 구원을 받을 것이다."라고 말하고 사라졌다.

이제 시신니오는 아내를 불러 자신을 위해 기도하고 성 클레멘스를 불러달라고 간청했다. 성인이 와서 시신니오에게 믿음을 가르쳤고, 그와 집안사람 313명에게 세례를 주었다. 또한 시신니오는 네르바 황제의 많은 귀족과 친구들을 주님에게로 개종시켰다.

성스러운 기금을 담당한 관리가 폭도들에게 큰돈을 주며 성 클레멘스에 대항하는 폭동을 일으켰다. 그 도시의 총독 마메르티누스(Mamertinus)는 소동을 묵인할 수 없었으므로 클레멘스를 데려오게 했다. 총독은 성인을 꾸짖으며 굴복시키려고 노력했지만, 클레멘스는 말했다. "당신이 이성에 귀 기울이면 좋겠습니다! 만일 한 무리의 개들이 짖으며 우리를 물려고 한다면, 비이성적인 개들이지만 이성적인 인간인 우리를 빼앗지 못합니다. 무지한 사람들에 의해 일으켜진 폭동은 그 이면에 진실이 없다는 것을 확실히 보여줍니다!"

마메르티누스는 트라야누스 황제에게 클레멘스에 대해 편지를 썼고, 클레멘스가 제물을 바치든가, 마메르티누스가 케로소네수스(Chersonesus) 시에 인접한 폰투스 바다(mare pontorum, 흑해/Pontus Euxinus) 건너로 그를 유배 보내든지 해야 한다는 취지로 응답을 받았다. 그때 총독은 눈물을 흘리면서 클레멘스에게 말했다. "당신이 순수한 흠숭을 바치는, 당신의 하느님이 당신을 도우러 오시기를 바랍니다!" 총독은 그에게 배를 배정했고 필요한 모든 것을 제공했고, 많은 성직자와 평신도들이 유배지로 그를 뒤따랐다. 클레멘스는 한 섬에 다다랐고, 그곳에서 대리석을 파내는 선고를 받았던 2,000명의 그리스도인을 발견했다. 그들은 클레멘스를 보는 순간, 갑자기 눈물을 터뜨렸다. 클레멘스는 그들을 위로하며 말했다.

"주께서 나를 당신에게 보내셔서 순교의 월계관 가장 위에 있는 보석이 되도록 했습니다."

여섯 번째 이정표석(4.56km)의 거리를 죄수들이 어깨에 물을 지고 옮겨야 했다고 하니 그가 대답했다. "우리 주 예수 그리스도께서 이곳에 샘과 수맥(水脈)을 열어 주시도록 우리 모두 기도합시다. 광야에서 바위를 쳤고 물이 풍부히 솟아나게 하신(탈출 17, 6 ; 민수 20, 11 참조) 그분은, 우리에게 샘물을 주실 것이니 우리에 대한 그분의 선하심을 기뻐합시다." 그가 기도를 마치고 주위를 둘러보니 한 마리 어린양이 주교에게 어느 지점을 가리키기라도 하는 것처럼 발을 들고 서 있는 것을 보았다. 클레멘스는 그분이 주 예수 그리스도이시며 오직 자신만 그분을 볼 수 있다는 것을 이해하고, 그곳으로 가서 사람들에게 말했다. "성부와 성자와 성령의 이름으로 이 장소를 파십시오!" 그러나 그들 중 누구도 어린양이 서 있었던 장소를 알지 못했고 아무 일도 일어나지 않았기 때문에, 클레멘스는 짧은 막대기를 들고 어린양의 발이 놓였던 장소를 가볍게 쳤다. 즉시 물이 홍수처럼 솟구치며 냇물로 변했다. 그러자 모두 기뻐했고, 성 클레멘스는 말했다. "강이 있어 그 줄기들이 하느님의 도성을, 지극히 높으신 분의 거룩한 거처를 즐겁게 하네."(시편 46, 5) 이 소문이 해외로 퍼졌고 많은 사람이 그 자리에 와서 하루에 500명이 넘는 사람들이 그에게 세례를 받았다. 그리고 그들은 우상들의 신전을 허물고 1년 안에 75개의 성당을 건축했다.

3년 후, 서기 106년에 통치가 시작된 트라야누스 황제*는 이 모든 것을 들었고 그곳에 지역 사령관(dux)을 보냈다. 모든 사람이 순교를 기꺼이 받아들일 준비가 되어 있다는 것을 직감한 지역 사령관은 수적인 면에서 기겁하고 한 사람을 선택했다. 지역 사령관은 그리스도인이 클레멘스를 하느님으로 흠숭하지 않을 것이라고 말하면서, 클레멘스의 목을 닻으로 묶고 바다에 던졌다. 엄청난 군중이 물가에 서 있었고, 클레멘스의 제자 고르넬리오(Cornelius)와 푀보(Phoebus)는 모든 사람에게 주님께 순교자의 시신을 보여주시도록 기도하라고 명했다. 즉시 바다가 세 번째 이정표석(2.28km)만큼 물러나니, 모든 사람은 신발을 적시지 않고 들어가서 성전의 형태로 하느님에 의해 준비된 작은 건축물을 발견했고, 그 속의 궤 안에 성 클레멘스의 시신과 닻이 있었다.

그들이 시신을 옮기지 않았다는 것이 클레멘스의 제자들에게 드러났다. 그 후 매년, 그의 수난일에 바다는 세 이정표석만큼 물러났고 사람들에게 마른 통로를 일주일 동안 제공했다. 한번은 한 여자가 작은아들과 함께 그 예식에 참여했는데, 아이는 잠들어 있었다. 장엄한 축제가 끝나고 바닷물이 밀려오는 소리를 들었을 때, 공포에 휩싸여 뭍에 오르려고 서두르다가 군중에 떠밀려 아들을 잃어버렸다. 뒤늦게 아들을 찾으려고 큰 소리로 하늘을 향해 울부짖고 해변을 이리저리 뛰어다녔다. 모든 희망이 사라지고, 집으로 가서 꼬박 1년을 한탄하며 울었다. 1년 후, 다시 바다가 물러나는 날, 가장 먼저 그 순례지에 도착했고, 아들의 흔적을 찾으려고 누구보다 먼저 달려갔다. 그녀가 성

---

* 로마의 5현제(賢帝) 중 한 사람으로 일컬어지는 트라야누스(Marcus Ulpius Trajanus)는 98~117년에 재위했다. - 역자 주

클레멘스의 무덤에서 경건하게 기도하고 일어났을 때, 아이가 잠들었던 그곳에 그대로 누워 있었다. 틀림없이 죽었을 것이라고 짐작하고 시신을 거둘 준비를 하고 가까이 다가갔다. 그런데 아들은 잠들어 있었을 뿐이었고, 재빨리 깨워 군중이 보는 앞에서 두 팔로 안아 올렸다. 1년 내내 어디에 있었느냐고 묻자, 아들은 1년이 지났는지도 모르고 하룻밤 푹 잔 것 같다고 대답했다.

암브로시오는 〈서문경〉에서 말한다. "사악한 박해자가 악마의 강요로 복된 클레멘스에게 고통을 가했을 때, 그는 고통을 가한 것이 아니라 승리를 주었습니다. 그 순교자는 바다에 던져져 익사했지만, 이것이 그의 스승인 베드로가 물을 타고 하늘에 닿은 것과 같은 보상의 길이었습니다. 파도 속에서 그리스도께서는 두 사람 모두에 대한 승인을 나타내셨으며, 클레멘스를 깊은 곳에서 불러 승리의 팔마에 이르게 하시고, 베드로를 같은 환경에 빠지지 않게 하시고 천국으로 들어올리셨습니다."

오스티아(Ostia)의 주교 레오는 새 로마(Nova Roma)*의 황제 미카엘(Michael)의 재위 기간에, 어린 시절에도 학식이 깊어서 필로소포(Philosophus)라고 불렸던 한 사제가 있었다고 전한다. 케르소네수스에 도착한 이 사제는 클레멘스의 이야기에서 나오는 내용에 대해 그 마을 사람들에게 질문했지만, 대부분 그 도시의 원주민들이 아니어서 클레멘스에 대해 아는 것이 없다고 대답했다. 바다의 기적적인 후퇴는 그곳 주민들의 죄로 인해 오래전에 중단되었다. 그 전에도 야만인들이 그 지역을 침입했고 바다가 철수할 때 작은 성전을 파괴했고, 마을 사람들의 잘못으로 시신을 담고 있는 궤는 파도에 덮이게 되었다. 이것에 놀란 필로소포는 제오르지아(Georgia)라고 불리던 작은 도시로 가서 주교, 성직자, 사람들과 함께 그 순교자의 시신이 있을 것으로 추정되는 섬으로 갔다. 그곳에서 그들은 유물을 찾기 시작했고, 찬미가를 부르며 기도하면서 일을 했고, 하느님의 계시로 시신과 순교자와 함께 바닷속에 던져진 닻을 발견했다. 그들은 이 모든 것을 케르소네수스로 가져갔다. 그런 다음 앞에서 언급한 필로소포가 성 클레멘스의 시신을 로마로 모셔갔고, 지금은 성 클레멘

* "새 로마"는 서기 330년 콘스탄티누스 대제가 로마제국의 새로운 수도로 비잔티움을 정하면서 부여한 명칭이다. 이후 이 도시는 '콘스탄티누스의 도시'라는 뜻에서 콘스탄티노폴리스로 불렸다. 이 문장에서는 "동로마 제국"을 의미한다. – 역자 주

스의 이름을 따서 명명된 성당에 명예롭게 안치했다. 그곳에서 많은 기적이 일어났다. 그러나 다른 연대기는 바다가 그 특정 장소를 메마른 채로 두고, 모라비아인들의 주교인 치릴로(Cyrillus)가 로마로 그 시신을 옮겼다고 한다.

···✦ 171 ✦···

성 크리소고노

크리소고노(Chrysogonus)는 디오클레티아누스 황제의 명령으로 감옥에 갇혀 있었고, 성녀 아나스타시아(Anastasia)는 그에게 필요한 것들을 제공했다. 이 일로 남편은 아나스타시아를 매우 엄하게 감금했다. 그녀는 자신에게 믿음을 가르쳤던 크리소고노에게 다음과 같은 편지를 썼다. "그리스도의 거룩한 증거자인 크리소고노에게. 저는 하느님을 믿지 않는 남편의 속박을 짊어졌습니다. 하느님이 저를 불쌍히 여기시어 저는 병을 가장하여 그의 침대를 피하고, 주야로 우리 주 예수 그리스도의 발자취를 따라 걷습니다. 남편은 명성을 얻으려고 우상 숭배자들과 함께 합당하지 않은 방식으로 제 유산을 낭비하고 있습니다. 그는 저를 여자 마법사이자 신성 모독자로 취급하고, 숨막힐 정도로 철저하게 감시하고 있습니다. 이제 저에게 남은 것은 마지막 숨을 거두고 죽음에 굴복하는 것뿐입니다. 그 죽음이 저를 영광스럽게 할 것이라고 알고 있지만, 하느님에게 바친 저의 재산이 불한당들에 의해 선하지 못한 곳에 사용된다는 사실에 심하게 고통받고 있습니다. 안녕히 계십시오, 하느님의 사람이여, 그리고 저를 기억해 주십시오."

크리소고노는 그녀에게 답장했다. "하느님을 경외하는 당신이 역경에 포위되었다고 불안해하지 마십시오. 당신은 속고 있는 것이 아니라 시험을 받는 것입니다. 곧 당신이 좋아하는 시간이 올 것입니다. 그리스도는 당신에게 돌아올 것이며, 밤의 어둠 후에 하느님의 찬란한 빛을 볼 것이고, 겨울의 추위 후에 평온한 황금빛 계절이 당신을 뒤따를 것입니다. 주님 안에서 안녕히 계십시오, 그리고 저를 위해 기도해 주십시오."

시간이 지나면서 아나스타시아에 대한 처우가 더욱 가혹해져 빵 한 조각 겨우 먹을 수 있었고, 곧 죽을 것이라고 느꼈다. 그녀는 크리소고노에게 다시 편지를 썼다. "아나스타시아가 그리스도의 증거자인 크리소고노에게, 저의 육신의 삶이 곧 끝날 것입니다. 이 시험들을 견디는 사랑을 받은 제 영혼을 그분이 받아주시기를 빕니다. 이에 대해 당신은 저의 심부름꾼인 이 노파로부터 배울 것입니다." 크리소고노는 답장을 썼다. "어둠이 빛에 선행(先行)한다는 것이고, 그래서 건강은 질병 다음에 되돌아오고 삶은 죽음 후에 우리에게 약속된다는 것은 언제나 진리입니다. 한쪽 끝은 이 세상의 역경과 번영을 끝내고 절망감이 슬픔이나 들뜬 기쁨을 지배하지 않도록 하십시오. 우리 육신의 작은 배는 하나이고 같은 바다를 항해하고, 우리의 영혼은 육체의 한 수로(水路) 안내인 아래에서 선원의 일을 합니다. 어떤 배는 강한 쇠사슬로 묶여 있어 거센 삶의 파도에도 손상되지 않고 살아 남는 반면, 부서지기 쉬운 나무로 만들어진 배는 잔잔한 날씨에도 거의 침몰할 위기를 겪으면서 항해를 끝냅니다. 그렇다면 당신, 오 그리스도의 여종이여, 십자가의 전리품에 당신의 온 마음으로 붙잡고, 하느님의 일을 직접 준비하십시오."

그 사이에 디오클레티아누스 황제는 아퀼레이아(Aquileia) 지역에 있으면서 많은 그리스도인을 처형하고 있었다. 황제는 크리소고노를 불러서 말했다. "신들에게 제물을 바치고, 태어날 때부터 너의 것이었던 총독직과 집정관직을 맡도록 하라!" 크리소고노는 대답했다. "저는 하늘에 계신 한 분 하느님을 흠숭하고 당신들의 명예를 쓰레기처럼 치워버리겠습니다!" 그래서 서기 287년경 선고가 내려졌고 결국 참수되었다. 사제인 성 젤로(Zelus)가 그의 시신을 그 머리와 함께 묻었다.

172

성녀 가타리나*

가타리나(Catharina, Catherine)는 '전체'를 의미하는 카타(catha)와 '무너짐'이란 뜻의 루이나

(ruina)로부터 파생되었고, 이런 이유로 '완전한 무너짐'을 뜻한다. 성녀 가타리나는 악마의 건물을 완전히 파괴했다. 겸손으로 교만의 건물을, 동정으로 육욕의 건물을, 검소함으로 세속적인 탐욕의 건물을 무너뜨렸다. 가타리나의 이름이 '작은 사슬'을 의미하는 카테눌라 (catenula)에서 왔을 수도 있다. 그녀는 하늘로 올라가기 위해 선행으로 자신을 위한 사슬을 만들었기 때문이다. 이 사슬 혹은 사다리는 네 개의 계단이 있는데, 행동의 결백, 마음의 결백, 허황된 것을 멸시, 진리를 의미한다. 예언자는 이것을 하나씩 제의하였다. "누가 주님의 산에 오를 수 있으랴? … 손이 깨끗하고 마음이 결백한 이, 옳지 않은 것에 정신을 쏟지 않는 이, 거짓으로 맹세하지 않는 이라네."(시편 24, 3-4) 이 네 개의 계단이 복된 가타리나의 삶에 어떻게 존재하였는지는 그녀의 이야기*를 읽으면 분명해질 것이다.

코스투스(Costus) 왕의 딸인 가타리나는 모든 교양 과정을 충분히 교육받았다. 막센티우스 황제는 부자와 가난한 사람을 막론하고 모든 백성을 알렉산드리아로 불러내어 우상에게 제물을 바치도록 하였고, 거부하는 그리스도인들을 박해했다. 그때 보물과 하인으로 가득 찬 궁전에서 혼자 살던 18세의 가타리나는 동물들의 울음소리와 노래하는 사람들의 만세 소리를 듣고, 재빨리 심부름꾼을 보내 무엇이 일어나고 있는지 알아보게 했다. 사실을 들은 그녀는 궁전에서 몇 사람을 데리고 십자성호로 자신을 무장하고 나갔고, 죽음을 두려워하여 제물을 바치려던 많은 그리스도인을 보았다. 눈 앞에 펼쳐진 상황에 깊은 슬픔을 느낀 그녀는 대담하게 황제 앞으로 나아가서 말했다. "황제여, 당신 지위의 존엄과 이성의 명령을 고려하여 충고드립니다. 하늘의 창조주를 받아들이고 거짓 신을 숭배하는 것을 단념한다면 당신께 인사를 올리겠습니다." 신전 입구에 선 그녀는 우화(寓話)와 은유(隱喩), 논리적이고 신비주의적 추론(推論)뿐만 아니라 삼단논법을 활용하여 황제와 길게 논쟁했다. 그런 다음 일상의 언어로 되돌아가 말했다. "저는 현명한 사람에게 하는 것과 마찬가지로 당신에게 제안합니다. 이제 당신이 왜 이 군중을 헛되이 모아 우상의 어리석

---

* 라틴어본에서 이 장(章)의 제목은 성녀 카테리나(Sancta Catherina)이다. 그러나 이름 표기는 《로마순교록》(Martyrologium Romanum)과 한국천주교회의 전통에 따른다. – 역자 주

** 《버틀러의 성인들의 생애》(Butler's Lives of the Saints, New York: P.J. Kenedy & Sons, 1963, 4:420)에 따르면, 가타리나의 생존 기간은 알 수 없고 그녀의 생애 혹은 그녀의 죽음에 관한 기록 문서는 없다. 중세에 그녀의 공경에 대한 인기는 이 장(章)의 길이와 세부 사항으로 판단될 수 있다.

음을 숭배하게 했는지 묻겠습니다. 당신은 장인(匠人)들의 손으로 건축한 이 신전에 경탄합니다. 당신은 때가 되면 바람 앞에 흩날리는 먼지처럼 될 귀한 장신구에 감탄합니다. 오히려 하늘과 지구, 땅과 바다와 그 안에 있는 모든 것을 경이롭게 여기십시오. 또한 그렇게 꾸며주는 해와 달과 별이 세상의 시작부터 끝까지, 밤낮없이 서쪽으로 달려가고 동쪽으로 돌아가게끔 제공해주는 것을 경이롭게 여기십시오. 당신은 이 모든 것을 주의 깊게 살펴보고, 그들보다 더 강한 자가 누구인지 묻고 배우십시오. 그리고 하느님의 선물로 당신이 그분을 알게 되었고 그분과 동등한 것을 찾을 수 없었을 때 하느님을 흠숭하고 영광을 돌리십시오. 그분은 신들의 하느님이고 주인들의 주님이기 때문입니다!" 그리고 그녀는 주님의 육화에 대해 길고 지혜롭게 계속 말을 이어갔다.

황제는 크게 놀랐지만, 마음을 진정시키고 말했다. "제발, 제발 제물 바치는 것을 끝내게 해다오. 그 후에 토론을 이어가자." 그런 다음 그녀를 조심스럽게 궁전으로 데리고 갔다. 그는 그녀의 지식에 감탄하고 인격의 아름다움에 압도되었다. 그녀는 참으로 사랑스러웠고, 참으로 놀라운 아름다움을 가졌으며, 모두가 감탄할 만큼 호의적인 사람으로 보였다.

황제는 궁전으로 와서 가타리나에게 말했다. "우리는 연설을 듣고 너의 지식에 감탄하지만, 우리는 신들을 진심으로 숭배하고 있기에 네가 말한 모든 것을 따를 수 없다. 이제 너의 신에 대해 들어보자." 성녀 가타리나가 대답했다. "사람은 스스로를 너무 높이 평가하거나 비하해서도 안 된다고 하였습니다. 어리석은 사람들은 공허한 찬양에 대한 기호로 웃음거리가 되기도 합니다. 허풍이 아니라 겸손에 대한 찬미로 저의 신을 공언합니다. 저는 코스투스 왕의 외동딸 가타리나입니다. 비록 왕가에서 태어나 일반 교육 과정을 교육받았지만, 저는 모든 것을 등지고 주 예수 그리스도 안에서 피난처를 택했습니다. 반면 당신이 숭배하는 신들은 당신뿐만 아니라 다른 누구도 도울 수 없습니다. 오, 불쌍한 우상 숭배자들이여! 당신의 우상은 어려움에 직면해 부르짖을 때 그곳에 있지 않고, 고난에서 구원해 주지 않을 것이며 위험에서 막아주지도 않을 것입니다."

황제: "만일 네가 말한 대로라면 온 세상이 잘못된 것이고 너 홀로 진리를 말하는 것이다! 하지만 그 한 마디 한 마디를 확인해줄 증인은 두세 명뿐이므

로, 아무리 네가 천사나 천상의 권력자라 하더라도 아무도 너를 믿지 않을 것이다. 게다가 너는 분명히 나약한 여자일 뿐이니 더 믿지 않을 것이다!" 가타리나: "황제에게 간청합니다. 스스로 화에 사로잡혀 있지 않도록 하십시오. 끔찍한 폐해가 현명한 사람의 마음을 뒤엎지 않도록 하십시오. 시인이 '마음으로 다스린다면 당신은 왕이고, 육체로 다스린다면 당신은 노예입니다.'라고 말했기 때문입니다." 황제: "철학자의 말을 인용해 토론을 연장하려는 노력은 신뢰 못 할 교활함으로 덫을 놓는 것과 같다."

황제는 자신이 가타리나의 학식과 승부를 겨룰 수 없다는 것을 깨달았다. 그래서 비밀리에 논리학과 수사학의 모든 스승에게 알렉산드리아에 있는 궁궐로 신속히 와달라고 편지를 보냈다. 만일 이 여자 선동가를 토론으로 이긴다면 막대한 보상을 약속했다. 인간 지식의 모든 분야에서 손꼽히는 50명의 웅변가(orator)들이 이곳저곳에서 몰려들었다. 그들은 황제에게 왜 소환되었는지 물었고, 황제는 대답했다. "이해력과 신중함에서 비길 데 없는 소녀가 여기 있소. 그녀는 우리의 모든 현자를 논박하였고 우리의 모든 신은 악령이라고 선언하였소. 만일 당신들이 그녀를 이긴다면, 당신들은 부자가 되고 유명해져서 집으로 돌아갈 것이오!"

이에 웅변가 중 한 사람이 분노에 찬 목소리로 말했다. "오, 황제의 깊고 깊은 뜻이여! 우리 학생 중 누구라도 그녀를 쉽게 침묵시킬 수 있었을 텐데, 이런 하찮은 논쟁 때문에 땅끝에서부터 학자들을 불러 모았단 말인가" 그러나 황제는 반박했다. "강제로 제물을 바치게 하거나 고문으로 그녀를 처리할 수도 있었지만, 나는 마지막으로 한 번만 더 당신들의 논쟁으로 그녀를 반박하는 것이 낫다고 생각하였다." 그래서 스승들이 대답했다. "그 처녀를 데리고 오십시오! 그녀의 경솔함으로 수치를 당하게 하고, 그녀가 이전에 현명한 사람들을 결코 본 적이 없었다는 것을 실감하게 합시다!"

기다려오던 논쟁에 대한 통지를 받은 가타리나는 자신을 온전히 하느님에게 의탁하였고, 즉시 주님의 천사가 그녀 옆에서 승리를 확언하면서 꿋꿋하라고 권고하였다. 또한 그녀가 학자들을 개종시키고 순교로 가는 길 위로 보낼 것이라고 하였다. 그녀는 웅변가들 앞으로 인도되었다. 그녀는 황제에게 말했다. "당신은 나에 대항할 50명의 웅변가를 소집하고, 그들에게 승리에 대한 보상으로 부를 약속했습니다. 그런데 저에게는 보상의 어떤 희망도 없이 싸우도록 강요하는 것이 공정합니까? 그래도 저의 보상은 주 예수 그리스도 일 것이니 그분은 자신을 위해 싸우는 사람들의 희망이고 월계관입니다."

논쟁이 시작되었고 웅변가들은 하느님이 사람이 되는 것도, 고통을 받는 것도 불가능하다고 말하자, 가타리나는 심지어 이교도들도 이를 예언했었다고 반박했다. 플라톤은 괴롭힘을 당하고 훼손되었던 하느님을 확언하였다. 또한 시빌라(Sibilla)는 다음과 같이 말했다. "높은 나무에 매달렸던 하느님은 행복하여라!" 그 동정녀는 최대한의 노련함으로 웅변가들을 계속해서 반박하였고 명료하고 설득력 있는 추론으로 논박했다. 입이 떡 벌어진 웅변가들은 간단명료한 논리에 놀라서 아무 대답도 못한 채 침묵에 잠겼다. 이에 황제는 격분했고, 어린 소녀에게 바보 취급을 당하면서도 대응하지 못하는 그들에게 욕을 퍼붓기 시작했다. 그러자 최고참자인 사람이 말했다. "황제여, 당신은 알아야 합니다. 어떤 사람도 일찍이 저희에게 맞설 수 없었고 깎아내릴 수도 없었습니다. 그러나 이 젊은 여자 안의 하느님 영이 너무나 훌륭하게 대답하였고, 우리가 그리스도에 대항하여 무엇을 말해야 하는지 알지 못하였거나, 아니면 우리는 무언가 말하는 것이 두려웠습니다! 그런 까닭에 황제님, 지금까지 우리가 숭배해 왔던 신들에 대해 좀 더 확고한 의견을 제시할 수 없다면, 우리는 모두 그리스도에게 개종할 것임을 선언합니다."

이 말을 들은 황제는 화가 나서 제정신을 잃고 도시 중앙에서 그들 모두를 불태우라고 명령했다. 그 동정녀는 순교 앞에서 격려의 말로 그들의 결단력을 단단히 했고, 그들에게 믿음을 부지런히 가르쳤다. 그리고 그들이 세례를 받지 않고 죽는 것을 괴로워할 때 그녀가 말했다. "두려움을 갖지 마십시오, 당신들의 피흘림은 세례와 월계관으로 여겨질 것입니다." 그들은 십자성호로 자신들을 무장하고 불길 속에 던져져 자신들의 영혼을 주님께 바쳤다. 그들의 머리카락이나 옷의 끄트머리도 불에 그을리지 않은 일이 일어났다. 그런 다음 그리스도인들은 그들을 묻었다.

그 폭군은 이제 동정녀에게 말을 걸었다. "오 고귀하게 태어난 처녀여, 너의 젊음을 생각하여라! 나의 궁전에서 너는 왕비 다음으로 두 번째로 불릴 것이다. 너의 조각상이 도시 중앙에 세워질 것이고, 너는 모든 사람에게 여신처럼 숭배될 것이다!" 가타리나는 대답했다. "그런 말을 하지 마십시오, 그런 생각을 하는 것조차도 죄입니다! 저는 저 자신을 그리스도에게 신부(新婦)로서 드렸고, 그리스도는 저의 영광이요, 저의 사랑이고, 저의 달콤함이며 기쁨입니다. 어떤 감언과 고문도 저를 그리스도의 사랑에서 떼어놓을 수 없습니다!" 황제의 분노는 극에 달했고, 그녀를 어두운 독방에 12일 동안 가두고 굶주림의 고통을 겪게 두고 국가의 일을 수행하기 위해 도시를 떠났다.

이후, 사랑에 불타오르는 왕비가 해 질 녘에 친위대장(princeps militum) 포르피리오(Porphyrius)와 함께 그 동정녀의 독방으로 왔다. 그때 독방은 형언할 수 없는 광채로 가득 차 있고 천사들이 동정녀의 상처를 돌보는 것을 보았다. 가타리나는 즉시 하늘의 기쁨에 대해 왕비에게 설교해 믿음으로 개종시켰고, 그녀를 위한 순교자의 월계관을 예견하였다. 그들은 자정이 넘도록 이야기를 계속했다. 이 모든 것을 들은 친위대장 포르피리오는 200명의 군인과 함께 그 성녀의 발 앞에 엎드렸고 그리스도에 대한 믿음을 인정했다. 더욱이 폭군이 가타리나에게 12일 동안 음식을 먹지 못하도록 명령했기 때문에 그리스도는 하늘에서 빛나는 비둘기를 보내어 그 기간 동안 천상의 음식으로 그녀가 생기를 되찾게 하였다. 그런 다음 주님은 무수한 수의 천사와 동정녀와 함께 나타나서 그녀에게 말했다. "오 딸아, 너의 창조주를 알아 보겠느냐?. 그분을 위해 너는 힘든 갈등을 겪었다. 변치마라, 내가 너와 함께 하리라!"

황제는 귀환 즉시 가타리나를 데려오도록 했다. 황제는 긴 단식으로 지친 그녀를 기대했지만 오히려 예전보다 더 빛나고 있었다. 누군가 그녀에게 먹을 것을 주었다고 생각한 황제는 매우 화가 나서 보초들을 고문했다. 하지만 동정녀는 말했다. "저는 누군가에게 음식을 받은 것이 아니라, 그리스도가 보낸 천사가 저를 먹여 살렸습니다." 황제: "내가 너에게 부탁한다. 내가 너에게 준 경고를 마음에 새기고 더 이상 모호한 대답을 하지 마라. 우리는 너를 단순한 하인으로 소유하기를 원하지 않는다. 나의 왕국에 선택되었고, 존경을 받고 강력한 여왕이 될 것이다!" 가타리나: "이제 저는 당신이 스스로에게 관심을 가질 것을 간절히 바랍니다. 그리고 제 질문에 대해 현명하게 생각한 후에 솔직한 결정을 내리십시오. 저는 누구를 선택해야 하지요? 강하고 영원하고 영광스럽고 존귀한 분입니까, 아니면 약하고 죽을 수밖에 없고 비열하고 추한 자입니까?" 황제는 분개하여 반박했다. "이제 너 자신을 위해서 둘 중 하나를 선택하여라. 제물을 바치고 살던가, 격렬한 고문에 굴복하고 죽던가!" 가타리나: "시간 낭비하지 마십시오! 저의 한 가지 소망은 그리스도가 저를 위해 자신을 봉헌하였던 것처럼 내 살과 피를 그분께 봉헌하는 것입니다. 그분은 저의 하느님, 저의 연인, 저의 목자, 저의 한 분이자 유일한 배우자입니다."

그때 한 총독이 몹시 화가 난 통치자에게 3일 안에 쇠톱과 끝이 뾰족한 못이 박힌 4대의 형거[刑車]를 준비하고, 이 무서운 도구로 그 동정녀를 갈기갈기 찢어서 다른 그리스도인들에게 죽음의 본보기로서 공포심을 심어주자고 촉구했다. 게다가 2대의 형거가 한 방향으로, 그리고 다른 2대는 반대 방향으로 회전하도록 하여 위에서 떨어지는 2대의 형거에 의해 짓밟혀 찢어지고, 아래에서 올라오는 다른 2대의 형거에 의해 씹히게끔 하라고 명령했다. 그러나 거룩한 동정녀는 주님 이름의 영광과 주변 사람들의 개종을 위해 기계를 파괴해 달라고 주님께 기도했다. 즉시 주님의 천사가 그 기계를 쳐서 산산조각을 냈고 4,000명의 이교도가 죽임을 당했다.

그때까지 자신을 드러내지 않고 위에서 지켜보던 여왕은 아래로 내려와서 황제의 잔혹함을 혹독하게 질책했다. 화가 난 군주는 제물 바치기를 거부하는 여왕부터 가슴을 찢어내고 참수하라고 명령했다. 여왕은 순교자로 끌려가면서 가타리나에게 자신을 위해 하느님께 기도하기를 간청했다. "오 하느님의 사랑을 받는 여왕이여, 두려워하지 마십시오," 성녀가 대답했다. "오늘 당신은 일시적 왕국 대신에 영원한 왕국을 얻고, 죽을 수밖에 없는 배우자를 대신하여 불멸의 배우자를 얻을 것입니다." 그렇게 결의에 가득 찬 여왕은 사형집행인에게 주저하지 말고 수행하라고 했다. 그래서 사형집행인은 그녀를 도시 밖으로 데리고 가서, 쇠창으로 그녀의 가슴을 찢고, 머리를 잘랐다. 포르피리오는 그녀의 시신을 몰래 가져가서 매장했다.

다음 날, 여왕의 시신을 찾기 위한 수색이 실패하자 폭군이 많은 사람을 고문하며 탐문했다. 포르피리오가 나서서 선언했다. "저는 그리스도의 종을 묻었던 사람이고, 그리스도교 믿음을 받아들였습니다!" 이에 황제는 어쩔 줄 몰라하며 외쳤다. "오, 나처럼 가엾고, 모두의 동정을 받아 마땅한 사람은 없을 것이다. 이제는 심지어 포르피리오가, 내 영혼의 유일한 수호자이고 내 모든 수고에서 위안이 되는 그가 나를 속였다!" 그리고 군인들에게 돌아서자 군인들은 즉시 대답했다. "우리 또한 그리스도인이고 죽을 준비가 되어 있습니다!" 격노한 황제는 모두를 포르피리오와 함께 참수하고 시신을 개들에게 던지라고 명령했다. 그런 다음 가타리나를 불러서 말했다. "비록 네가 마법으로 여왕을 죽였다고 해도, 지금 정신을 차린다면 나의 궁전에서 첫 번째 여인이 될 것이다. 그러므로 오늘 너는 신들에게 제물을 바치거나, 아니면 너의 머리를 잃게 될 것이다." 그녀의 대답은 "당신이 하려고 마음에 지닌 무엇이든 하십시오! 제가 그 어떤 것도 견딜 준비가 되어 있음을 알게 될 것입니다!"였다.

그 후 그녀는 참수형을 선고받았다. 그녀는 집행 장소로 끌려가면서 하늘을 쳐다보며 기도했다. "오, 동정녀들의 희망과 영광인 선한 왕인 예수님, 저의 수난의 기억에 경의를 표하거나 죽음의 순간이나 어떤 필요에서 저에게 호소하는 그 누구든지 당신 친절의 혜택을 받을 수 있도록 간청합니다." 그녀에게 한 음성이 들렸다. "오너라, 나의 사랑하는 사람, 나의 배우자여, 보라! 천국의 문이 너에게, 그리고 신앙심이 깊은 마음으로 너의 수난을 기념할 사람들에게 열려있다. 나는 네가 기도하였던 하늘로부터의 도움을 약속한다."

성녀가 참수되었을 때, 몸에서 피 대신에 우유가 흘러나왔고, 천사들이 그 시신을 안고 그곳으로부터 20일 여정인 시나이 산까지 옮겼고, 그곳에서 예를 갖춘 장례식을 치렀다. 이후에도 그녀의 뼈에서 기름이 끊임없이 흘러나와 허약한 사람의 사지를 고쳤다. 그녀는 서기 310년경에 통치가 시작된 폭군 막센티우스 혹은 막시미누스(Maximinus)* 아래에서 고통을 받았다. 막센티우스가 이 죄와 다른 죄들 때문에 어떻게 벌을 받았는지는 성 십자가의 발견에 대한 전설(66장 참조)에서 이야기한다.

한 수도승이 루앙(Rouen)에서 시나이 산으로 여행을 했고 성녀 가타리아에 대한 신심에 자신을 바치며 7년 동안 머물렀다고 한다. 그는 그녀의 시신에서 유해 하나를 가질 자격을 받을 수 있도록 끈질기게 기도했다. 갑자기 그녀의 손가락 하나가 부러졌다. 수도승은 하느님의 선물을 기쁘게 받았고 자신의

---

* 여기에서 언급된 황제의 재임시기는 본문과 차이가 있다. 막센티우스(Marcus Aurelius Valerius Maxentius)는 306~312년 동안 재위하였고, 막시미누스는 310~313년에 재위하였다. – 역자 주

수도원으로 가져갔다.

　성녀 가타리나에게 헌신하였고 그녀에게 도움을 자주 부탁하던 한 남자가 시간이 지나면서 신심을 잃고 소홀해져 더 이상 그녀에게 기도하지 않았다고 한다. 그 다음에 한번은 그가 기도할 때, 다른 사람들보다 더 찬란한 것을 보았다. 이 동정녀가 자기 얼굴을 가린 채 그의 앞을 지나갔다. 그녀의 아름다움에 깊은 인상을 받은 그는 누구인지 물었고, 동정녀들 중 한 사람이 대답했다. "저 사람은 당신이 알고 있던 가타리나입니다. 그러나 지금은 당신이 그녀를 모르는 것 같기에 자신의 얼굴을 가리고 지나쳤습니다."

　복된 가타리나는 첫째 지혜, 둘째 웅변, 셋째 지조, 넷째 순결의 깨끗함, 다섯째는 특전 이 다섯 가지 측면에 부여된 존엄성에서 칭찬받을 만하다.

　첫째, 그녀는 모든 종류의 철학에 통달하였기에, 그녀의 지혜는 칭찬받을 만하다고 여겨진다. 철학이나 지혜는 이론적, 실천적, 논리적으로 나뉜다. 몇몇 사상가에 따르면, 이론은 지성, 자연, 수학의 세 부분으로 나뉜다. 성녀 가타리나는 하느님의 신비에 대한 지식에서 이론을 갖고 있었는데, 이 지식은 수사학자들에게 특히 유일하고 한 분인 참 하느님이 있음을 증명하고 다른 모든 신은 거짓이라는 논증으로 사용하였다. 그녀는 하느님 아래의 모든 존재에 대한 지식에 자연철학을 가지고 있었고, 이것은 우리가 보았던 것처럼, 그녀는 황제와의 차이점에서 사용했다. 그녀는 세속적인 것에 대한 경멸을 통해 수학적인 모습을 보여준다. 보에시우스(Boethius)에 따르면, 수학은 추상적이고 비물질적 형태와 관련되어 있다. 가타리나 성녀는 모든 물질적인 사랑에서 마음을 돌렸을 때 이 지식을 얻었다. 그녀는 황제의 질문에 "저는 코스투스 왕의 외동딸인 가타리나입니다. 비록 왕가에서 태어나고 …"라고 대답할 때 이러한 지식이 활용되었다. 주로 왕비와 함께 세상을 경멸하고 자의식을 줄여 천국을 갈망하도록 격려했다.

　실천철학은 세 부분, 즉 윤리, 경제, 사회정치 부분으로 나뉜다. 첫 번째 윤리는 어떻게 윤리적인 행동을 강화하고 덕으로 자신을 단장하는지를 가르치고, 개개인에게 적용된다. 두 번째 경제는 어떻게 가족의 삶에 질서정연함을 두는지 가르치고, 가장인 아버지에게 적용된다. 세 번째 사회정치는 도시와 사람, 공화국을 잘 통치하는 법을 가르치고 도시의 통치자에게 적용된다. 성녀

가타리나는 이 3중의 지식에 통달했다. 윤리는 올바른 도덕적인 기준에 따라서 삶을 정리한 것에서, 경제는 남겨진 대가족을 칭찬할 만한 방식으로 다스린 점에서, 사회정치는 황제를 지혜롭게 가르쳤던 부분에서 확인할 수 있다.

논리 철학은 세 부분, 즉 실증적, 개연적, 궤변으로 나뉜다. 첫 번째는 철학자들에게, 두 번째는 수사학자들과 변증가들, 셋째는 궤변가들에 관한 것이다. 가타리나는 우화적, 은유적, 변증법적, 신비주의적인 여러 가지의 삼단논법적인 결론을 통해 황제와 많은 문제를 논쟁하였다고 기록되어 있으므로 분명히 이 삼중의 지식을 가지고 있었다.

둘째, 가타리나의 웅변술은 훌륭했다. 황제에게 "당신은 장인(匠人)들의 손으로 건축한 이 신전에 경탄합니다."라고 했을 때처럼, 그녀의 추론에서 극도로 설득력이 있었다. 그녀의 연설은 믿음으로 끌어당겼던 포르피리오와 여왕의 사례에서 분명히 알 수 있듯이, 청중을 매료시키는 힘이 있었다. 웅변가들에 대한 그녀의 승리에서 보는 것처럼 설득하는 데 능숙했다.

셋째, 그녀의 지조를 고려하자. 그녀는 끊임없이 위협에 직면했으나 경멸하는 태도로 맞섰다. 황제가 그녀를 협박했을 때, 이렇게 대답했다. "어떤 고통을 염두에 두고 있더라도 시간 낭비하지 마십시오! …", 혹은 "당신이 마음먹은 무엇이든 하십시오! 당신은 제가 … 준비가 되어 있음을 알게 될 것입니다!" 그녀는 달콤한 제안을 단호하게 처리했다. 황제가 왕비 다음으로 두 번째로 만들겠다고 약속했을 때, 그녀는 응수했다. "그런 말 하지 마십시오, 그런 생각을 하는 것조차도 죄입니다!"라고 했다. 그리고 지하 감옥에서나 형거에 놓였을 때 극한 고문 속에서도 변치 않는 모습으로 극복해냈다.

넷째, 가타리나는 위험한 상황에서도 순결을 지켜낸 점이 아주 훌륭하다. 저항을 줄여줄 풍부한 재산, 방종을 불러오는 기회, 부도덕함에 기대는 젊음, 구속을 떨쳐버리는 자유, 유혹할 만한 아름다움이라는 다섯 가지 조건은 순결을 지켜내기 힘들게 한다. 가타리나는 이 모든 조건을 가지고 살았지만, 여전히 순결을 지켰다. 그녀는 매우 부유한 부모로부터 물려받은 막대한 재산을 가지고 있었다. 그녀는 온종일 시중드는 사람들에게 둘러싸인 여주인으로서 기회가 있었다. 젊음과 자유를 가졌고 자신의 궁전에서 홀로 자유롭게 살았다. 위에서 언급한 가타리나가 18세였을 때, 보물과 하인들로 가득 찼던 궁전에서 홀로 살았다고 했던 부분에서 이 네 가지 조건을 확인할 수 있다. "그녀는 사랑스러웠고, 참으로 놀라운 아름다움을 가졌다."라는 부분에서는 유혹할 만한 아름다움을 가졌음을 확인할 수 있다.

마지막으로, 그녀는 특전이 부여된 존엄성 때문에 감탄할 만하였다. 몇몇 성인들은 죽음의 시간에 특별한 특전을 받았다. 예를 들어 성 요한 복음사가는 그리스도의 방문, 성 니콜라오는 기름의 유출, 성 바오로는 우유의 유출, 성 클레멘스는 무덤 준비, 안티오키아의 성녀 마르가리타는 자신을 기리는 사람들을 위해 기도했을 때 청원의 들어줌을 받았다. 성녀 가타리나의 전설은 모든 이 특전이 그녀의 것임을 보여준다.

일부에서는 가타리나의 순교가 막센티우스의 통치 아래에 있었는지, 아니면 막시미누스(Maximinus)의 통치 아래에서였는지에 대해 의심을 제기했다. 당시 3명의 황제가 있었는데, 즉 아버지를 이어 황제가 된 콘스탄티누스(Constantinus), 로마에서 친위대에 의해 황제로 지명된 막시미아누스(Maximianus)의 아들 막센티우스, 동방 일부에서 부황제가 된 막시미누스였다.* 연대기들에 따르면, 막센티우스는 로마에서, 동방에서는 막시미누스가 그리스도인들에게 학정을 하였다. 따라서 일부 저자들이 주장하는 것처럼, 서기관의 실수로 막시미누스의 자리에 막센티우스를 두었을 것이라고 추정된다.

—— ···✦ 173 ✦··· ——

성 사투르니노, 페르페투아, 펠리치타와 동료들

사투르니노(Saturninus)**는 사도의 제자에 의하여 주교로 서품되어 툴루즈

---

* 이 당시 사두정치(四頭政治, Tetrarchia)가 시행되고 있었는데, 역사적으로 293년부터 시작하여 약 20년간 존속하였다. 콘스탄티누스(Constantinus I, 274~337)는 306~337년에 로마의 황제였다. 그는 306년에 서방의 부제(副帝, Caesar)가 되었고, 307년 8월에 서방의 정제(正帝, Augustus)가 되었다. 반면 막센티우스(Marcus Aurelius Valerius Maxentius, 278?~312)는 본문 내용과는 달리 원로원에서 306년 10월 28일에 황제로 선포되었지만, 311년 5월에야 이탈리아와 아프리카를 담당하는 정제가 되었고, 312년까지 정제였다. 막시미누스(Galerius Valerius Maximinus, 270?~313?)는 305년에 동로마의 부황제가 되었고, 307년부터 동로마의 정제가 되었다. – 역자 주

** 《로마 순교록》(Martyrologium Romanum)에 따르면, 이 성인의 축일은 11월 29일이다. – 역자 주

(Toulouse) 시로 보내졌다. 그가 도착하고 악령들이 응답을 중지하자, 이교도 중한 사람이 사투르니노를 죽이지 않으면 신들로부터 아무것도 얻지 못할 것이라고 말했다. 이교도들이 사투르니노를 붙잡아 제물 바칠 것을 요구했지만, 그가 거부하자 황소 다리에 묶어 주피터 신전의 가장 높은 지점에서 황소를 몰아 밑바닥까지 계단을 달려 내려가게 했다. 그래서 두개골이 부서지고 뇌수가 쏟아져 나온 사투르니노는 순교를 행복하게 완수했다. 두 여자가 그의 시신을 거뒀지만, 이교도들에 대한 두려움으로 깊은 동굴에 숨겼고, 후에 그의 후계자들이 좀 더 영예로운 장소로 옮겼다.

로마의 총독이 또 다른 사투르니노*를 오랫동안 감옥에 가두고 굶주리게 한 다음 고문대 위에서 가죽끈과 곤봉과 전갈 채찍으로 때리고, 횃불로 옆구리를 태웠다. 고문대에서 내려진 후 막시미아누스 치하에서 서기 약 286년에 참수되었다.

아프리카에는 성 사티로(Satyrus)의 형제인 또 다른 사투르니노**가 있었는데, 사티로는 형제 레보카토(Revocatus)와 누이 펠리치타(Felicitas), 귀족 출신의 여인 페르페투아(Perpetua)와 함께 순교했다. 그들의 수난은 다른 때에 기억된다. 지방 총독(proconsul)이 그들에게 우상에 제물을 바치라고 말했고, 그들이 거부하자 감옥에 가두었다고 한다. 페르페투아의 아버지가 눈물을 흘리며 감옥으로 달려와서 말했다. "딸아, 도대체 무슨 짓을 한 거냐? 너는 가문에 불명예를 안겼다! 우리 혈통 중 아무도 감옥에 갇힌 적이 없다!" 그녀가 자신은 그리스도인이라고 말하자, 아버지는 딸에게 달려들어 눈을 뽑아버리려 하였고, 그런 다음 분노해서 소리를 지르며 가버렸다.

복된 페르페투아는 그날 밤 환시를 보고 아침에 그 일에 대해 동료들에게 말했다. "저는 하늘까지 세워진 불가사의하게 높은 금사다리를 보았지만 그 사다리는 매우 폭이 좁아서 오직 작은 한 사람만 올라갈 수 있었습니다. 사다리 오른편과 왼편에는 단검(短劍)과 장검(長劍)이 붙어 있어 올라가는 사람은 내려다보거나 좌우를 볼 수 없었고, 그저 몸을 꼿꼿이 세우고 하늘을 올려다보

아야 했습니다. 사다리 아래에는 거대하고 무시무시한 용이 누워있어서 두려움으로 누구도 감히 올라가려고 하지 않았습니다. 저는 사티로가 그 사다리의 끝에 도착하여 우리를 되돌아보며 '저 용을 두려워하지 말고 확신을 갖고 올라와서 저와 함께 하십시오!'라고 말하는 것을 보았습니다." 이것을 들은 모든 사람은 자신들이 순교로 부르심을 받았다는 것을 알고 감사를 드렸다.

따라서 재판관 앞으로 끌려간 그들은 제물 바치기를 거부했다. 재판관은 사투르니오와 남자들을 여자들과 분리시키고 펠리치타에게 물었다. "너는 남편이 있느냐?" 펠리치타: "예, 그러나 그와 함께한 것이 아무것도 없습니다!" 재판관: "젊은 여자야, 너 자신을 불쌍히 여기고 특히 너는 임신을 했으니 살아라!" 펠리치타: "당신이 원하는 것은 무엇이든 하십시오. 그러나 당신이 뜻하는 것을 저에게서 결코 얻을 수 없을 것입니다!" 그때 복된 페르페투아의 부모와 남편이 페르페투아의 갓난아기를 데리고 왔다. 그녀의 아버지는 그녀가 총독 앞에 서 있는 것을 보고 울부짖었다. "사랑스러운 딸아, 나와 너의 어머니, 너 없이 살 수 없는 남편을 불쌍히 여겨라!" 그러나 페르페투아는 확고했다. 그런 다음 그녀의 아버지는 갓난아기를 그녀의 어깨에 올려놓고, 그녀의 어머니와 남편과 함께 딸의 손을 잡고 울며 말했다. "딸아, 우리에게 자비를 베풀고 우리와 함께 살아남자!" 그러나 그녀는 아기를 떼어놓고, 부모를 물리치며 말했다. "하느님의 원수들아, 나에게서 떠나라, 나는 너희를 모른다!"

순교자들의 지조를 본 총독은 오랫동안 채찍질하고 감옥에 가두었다. 그러나 성인들은 임신 8개월인 펠리치타를 걱정했다. 그들은 그녀를 위해 기도하자 갑자기 산통(産痛)이 와서 건강한 아들을 낳았다. 간수들 중 한 사람이 그녀에게 말했다. "출산의 고통이 컸을 텐데, 네가 총독 앞에서 무엇을 할 수 있겠느냐?" 펠리치타는 대답했다. "저는 저 자신을 위해 이 고통을 받지만, 그때는 하느님이 저를 위해 고통받을 것입니다!"

순교자들은 손을 등 뒤로 묶이고 엉덩이를 드러낸 채 감옥에서 끌려 나와 거리를 질질 끌려다니다가 마지막에는 야수들에게 던져졌다. 사티로와 페르페투아는 사자에게, 레보카토와 펠리치타는 표범에게 걸신들린 듯 먹혔고, 복된 사투르니노는 서기 256년경 발레리아누스와 갈리에누스 황제 치하에서 머리가 잘렸다.

절단된 사람 성 야고보

순교한 방식 때문에 "절단된 사람"(intercisus)이라고 불리는 성 야고보는 귀족 출신으로 믿음 때문에 더욱 고귀했다. 그는 페르시아 지방의 엘라페(Elape) 시 출신으로 최고의 그리스도인 부모에게서 태어나 최고의 그리스도인 아내와 결혼했다. 그는 페르시아 왕에게 이미 잘 알려져 있었고, 자기 또래들 사이에 서도 으뜸이었다. 그러나 그는 군주와의 친밀한 관계로 인해 잘못 인도되어 우상들을 숭배하도록 유도되는 일이 일어났다. 이것을 알게 된 어머니와 아내가 다음과 같은 편지를 썼다. "죽을 수밖에 없는 사람의 뜻을 행함으로써 너는 생명이 있는 사람을 버린 것이다. 부패의 덩어리가 될 사람을 기쁘게 하려고 너는 영원한 향기를 버렸다. 거짓을 위해 진리를 맞바꾸었다. 죽을 수밖에 없는 것의 바람을 따름으로써 너는 살아있는 자와 죽은 자의 재판관을 버린 것이다. 그런 까닭에 지금부터 우리는 너에게 낯선 사람들이고 더 이상 너와 함께 같은 집에서 살지 않을 것이다."

편지를 읽은 야고보는 비통하게 울며 말했다. "어머니와 아내가 낯선 사람이 되었다면, 하물며 하느님과 나는 얼마나 많이 멀어진 것일까?" 따라서 그는 잘못을 속죄하기 위해 가혹한 보속을 가했다. 그때 전령이 군주에게 가서 야고보가 그리스도인이라고 전했고, 군주는 그를 불러오게 했다. "나에게 직접 말해라, 너는 나자렛파(Nazarenus)이냐?"라고 군주가 물었다. 야고보: "예, 저는 나자렛파입니다." 군주: "그렇다면 너는 마법사다!" 야고보: "마법사는 저와 거리가 멉니다!" 군주는 여러 가지 고문으로 야고보를 협박했지만, 야고보는 말했다. "당신의 협박은 저를 괴롭히지 못합니다. 바위를 지나가는 바람처럼, 당신의 분노가 한쪽 귀에서 다른 쪽으로 빠르게 지나가기 때문입니다!" 군주: "바보처럼 굴지 마라, 그러지 않으면 너는 끔찍한 죽음을 맞이할 것이다!" 야고보: "그것은 죽음이 아니라 오히려 잠을 잔다고 해야 할 것입니다. 단시일에 부활이 부여될 것이기 때문입니다." 군주: "나자렛 사람들의 죽음이 잠이라고 말함으로써 스스로를 속이지 마라. 죽음은 위대한 황제들도 두려워하는 것이다!" 야고보: "우리는 죽음을 두려워하지 않습니다. 왜냐하면 우리는 죽음으로부터 생명으로 옮겨가기를 희망하기 때문입니다."

군주는 친구들의 조언에 따라 사람들에게 두려움을 주기 위해 야고보의 신체를 부위별로 파멸시키도록 선고했다. 몇몇 사람들이 그를 불쌍히 여겨 울자 야고보가 말했다. "저를 위해 울지 말고 당신 자신을 위해 슬퍼하십시오, 영원한 고문은 당신들이 마땅히 받아야 하는 데 반해 저는 생명으로 나아가기 때문입니다!"

이제 고문자들이 그의 오른손 엄지손가락을 잘랐고, 야고보는 비명을 지르며 말했다. "오 나의 해방자 나자렛 사람이여, 당신 자비의 나뭇가지를 받으소서. 농부가 포도나무에서 마른 가지를 다듬어 더 강하고 더 많은 열매가 들어차게 하소서." 망나니: "만일 당신이 항복한다면, 상처에 바를 연고를 드리겠습니다." 야고보: "당신은 나무줄기를 살펴보지 않았습니까? 마른 덩굴손이 잘려도 계절이 바뀌고 땅이 따뜻해지면 가지치기하고 남은 마디에 새싹이 납니다. 포도나무가 자라서 순환하는 계절에 따라 열매를 맺기 위해 가지치기를 하는 것처럼, 참 포도나무인 그리스도에게 접붙여진 믿음의 사람이 얼마나 더 필요하겠습니까!"

고문자가 집게손가락을 자르자 야고보가 말했다. "오 주님, 당신의 오른손이 심으신 두 개의 가지를 받으소서." 셋째 손가락이 잘렸고 야고보는 말했다. "저는 이제 삼중의 유혹에서 해방되어 성부, 성자, 성령의 축복을 빌 것입니다. 불가마에서 구출된 세 젊은이* 와 함께 저는 당신, 주님을 고백하고 순교자들의 성가대 가운데에서 당신, 그리스도님의 이름으로 시편을 노래할 것입니다!" 네 번째 손가락이 잘렸고, 야고보는 말했다. "이스라엘 자손의 보호자님, 당신은 네 번째 축복 안에서 예언되었습니다.** 유다에게 축복하였던 것처럼 네 번째 손가락의 고백을 당신의 종에게서 받으소서." 다섯 번째가 잘리자 "저의 기쁨이 완성되었습니다."라고 말했다.

그때 사형 집행인들이 말했다. "지금은 당신이 멸망하지 않도록 영혼을 아

---

* 다니엘서 3—4장에 언급되는 내용이다. – 역자 주
** 창세 49, 8–12 참조. 유다에 대한 야곱의 축복

겨야 할 때입니다. 그리고 한 손을 잃었다고 슬퍼하지 마십시오. 많은 사람이 한 손만 가졌어도 부와 명예를 누립니다!" 복된 야고보는 대답했다. "목자들이 양의 털을 깎을 때, 오른쪽 양털을 벗기고 왼쪽 양털은 깎지 않고 남깁니까? 어리석은 동물인 양조차 모든 양털을 내어주는데, 이성적 인간이 하느님을 위해 죽는 것이 왜 두렵겠습니까?" 그 불경한 사람들이 야고보의 왼쪽 손가락을 자르기 시작했고 그는 말했다. "주님, 당신은 위대하셨지만, 저희를 위해 점점 작아지는 것을 선택하셨으므로, 당신이 창조하였고 당신의 피로 구원하신 육신과 영혼을 당신에게 돌려드립니다." 일곱 번째 손가락을 가져가자, 야고보는 말했다. "하루에 일곱 번 저는 주님에게 찬미를 드립니다."(시편 119, 164 참조) 여덟 번째가 제거되자 그는 말했다. "여덟째 날에 예수님은 할례를 받았고, 히브리인 남자 어린이는 율법의 예식들에 넘기기 위해 여덟째 날에 할례를 받는다. 그래서 당신 종의 마음이 그들의 불결한 포피(包皮)들과 함께 이 할례받지 않은 사람들로부터 피하게 하소서. 그리고 저에게 오셔서 당신의 얼굴을 뵈옵게 하소서!" 아홉 번째 손가락이 잘렸고 그는 말했다. "제9시에 그리스도는 십자가에 영혼을 내어주셨고, 그래서 주님, 저는 아홉 번째 손가락의 고통 안에서 당신을 고백하고 당신에게 감사를 드립니다!" 열 번째를 가져갔고, 그는 말했다. "십(10)은 계명의 수이고, 요드(Yod)*는 예수 그리스도 이름의 첫 글자입니다."

그때 구경하던 사람들이 말했다. "오, 이전에 우리에게 매우 친절했던 당신은 계속 살 수 있도록 집정관 앞에서 그들의 신을 공언하십시오. 그리고 비록 손이 잘렸을지라도, 고통을 덜어줄 수 있는 숙달된 의사들이 있습니다!" 야고보는 그들에게 말했다. "입에 담기도 싫은 속임수의 죄를 짓는 것은 나에게 해당이 없습니다! 쟁기에 손을 대고 뒤를 돌아보는 자는 하느님 나라에 합당하지 않습니다."(루카 9, 62) 화가 난 고문자들이 야고보의 오른발 엄지발가락을 자르자 그는 말했다. "그리스도의 발이 찔려서 피가 쏟아져 나왔습니다!" 그들이 두 번째 발가락을 가져갔고 그는 말했다. "모든 날보다 높은 위대한 날이

---

* 라틴어 본문에는 그리스어 알파벳의 9번째 글자인 요타(ι)라고 하지만, 히브리어 문자에 해당하는 요드(ʼ)는 로마 글자체에서 J처럼, 히브리어 알파벳에서 10번째이다.

저에게는 바로 이 날입니다. 오늘 제가 돌아서 전능하신 하느님에게 갈 것이기 때문입니다." 그들은 셋째 발가락을 잘라서 야고보 앞에 던졌고, 그는 미소지으며 말했다. "셋째 발가락아, 너의 동료 발가락들에게 가라, 그리고 한 알의 밀이 많은 결실을 맺는 것처럼, 그렇게 너는 마지막 날에 너의 동료들과 함께 설 것이다." 네 번째가 갔고, 그는 말했다. "내 영혼아, 어찌하여 녹아내리며 어찌하여 내 안에서 신음하느냐? 하느님께 바라라. 나 그분을 다시 찬송하게 되리라, 나의 구원, 나의 하느님을."(시편 43, 5) 다섯 번째를 가져갔고, 그는 말했다. "이제 저는 주님이 저를 당신의 종들과 합당한 동반자로 삼으셨음을 주님에게 말하기 시작하겠습니다."

그런 다음 그들은 왼쪽 발 새끼발가락을 제거했고, 야고보는 말했다. "새끼발가락아, 위안을 받아라, 큰 것과 작은 것이 모두 다시 살아날 것이고, 머리카락 하나도 없어지지 않을 것이다. 가장 작은 자야, 하물며 어떻게 네가 너의 동료들로부터 분리되어 있겠는가!" 두 번째를 가져갔고, 야고보는 말했다. "오래된 집을 부수고, 좀 더 화려한 집이 준비되고 있다." 세 번째 후에, 그는 말했다. "모루는 쇠망치의 타격으로 좀 더 단단하게 만들어진다." 네 번째 발가락이 절단되었고, 그는 말했다. "진리의 하느님, 저를 위로해주소서. 제가 당신 안에서 신뢰하고, 죄악이 지나갈 그때까지 당신 날개 그늘 안에서 저는 희망할 것입니다."(시편 57, 2 참조) 다섯 번째를 가져갔고, 그는 말했다. "오, 주님, 저를 보소서, 저는 스무 번 제사를 바칩니다!"

다음으로, 망나니들이 야고보의 오른발을 자르자 그는 말했다. "이제 제가 이 고통을 참는 그분에 대한 사랑으로 하늘의 임금에게 선물을 봉헌할 것입니다." 그들이 왼발을 자르자 그는 말했다. "주님, 기적을 행하시는 분은 당신입니다! 제 말을 듣고 저를 구원하소서!" 오른손이 잘렸고 그는 말했다. "오 주님, 당신의 자비들로 저를 도와주소서!" 왼손이 잘린 후에 그는 말했다. "당신은 기적을 행하시는 하느님이십니다." 그의 오른쪽 팔을 제거하자 그는 말했다. "주님을 찬양하여라, 내 영혼아, 나는 주님을 찬양하리라, 내가 사는 한. 나의 하느님께 찬미 노래하리라, 내가 있는 한."(시편 146, 2 참조) 이제 왼쪽 팔을 제거하자, 그는 말했다. "죽음의 슬픔이 저를 에워쌌고, 주님의 이름으로 저는 원수를 갚을 것입니다." 다음은 오른쪽 다리였다. 말로 다 할 수 없는 고통에 시달리던 복된 야고보는 "주 예수 그리스도님, 저를 도와주소서, 죽음의 신음 소리가 저를 에워쌌습니다!"라고 말하며 비명을 질렀다. 그리고 그는 고문자들에게 말했다. "주님이 새 살을 제게 입히실 것이고, 그 상처에 흠을 남기지 않을 것입니다." 고문자들은 제1시부터 제9시까지 복된 야고보를 절단하느라 지쳤지만, 이제는 왼쪽 다리의 종아리에서 넓적다리까지 벗기는 작업으로 돌아왔다. 복된 야고보는 비명을 질렀다. "오 주님이자 통치자님, 살아있는 사람과 죽은 사람의 주님, 반쯤 죽은 저의 소리를 들으소서! 주님, 저는 당신에게 내밀 아무 손도 없습니다. 제 발이 잘리고 제 무릎이 헐어 당신께 무릎을 꿇을 수 없습니다. 그리고 저는 지탱하는 기둥들이 제거되었기에 곧 무너질 집과 같습니다. 주 예수 그리스도님, 저에게 귀를 기울이시고 제 영혼을 감옥 밖으로 이끌어 주십시오!"

야고보가 이렇게 말하였을 때, 망나니가 그의 머리를 잘랐다. 그리고 그리스도인들이 비밀리에 그의 시신을 가져가서 예를 갖추어 묻었다. 그는 11월 27일에 고통을 겪었다.

···✦ 175 ✦···

성 파스토르

성 파스토르(Pastor)는 엄격한 절제로 고행하면서 오랜 세월을 사막에서 살았다. 그의 어머니는 아들들을 보고 싶어 찾아갔지만 만나주지 않자 그들이 성당으로 갈 때 갑자기 앞에 나섰다. 그러나 형제들은 문을 닫고 돌아서서 수도승원으로 들어갔다. 그녀는 문 앞에 서 큰 소리로 울며 아들들을 불렀다. 파스토르가 와서 문 너머에서 말했다. "무슨 일로 소리를 지르십니까?" 아들의 목소리를 들은 그녀는 더욱 큰 소리로 외치며 울면서 말했다. "나의 아들아, 나는 너희를 보고 싶다! 만일 내가 너희를 본다면 어떤 해가 되느냐? 너희에게 젖을 먹였고, 이제 늙어 백발이 된 너의 어머니가 아니냐?" 파스토르: "당신은 여기서 저희를 보기를 원하십니까, 아니면 저승에서 저희를 보기를 원합니까?" 어머니: "만일 내가 이곳에서 너희를 볼 수 없다면, 나는 그곳에서 너희를 볼 것이다!" 파스토르: "만일 당신이 여기서 저희를 보지 못하는 것을 마음의 평화를 가지고 참는다면, 그곳에서 저희를 보게 될 것입니다!" 그래서 어머니는 기뻐하며 "만일 내가 그곳에서 틀림없이 너희를 볼 수만 있다면 나는 지금 너희를 보지 않겠다!"라고 말하고 돌아갔다.

그 속주의 재판관이 파스토르 아빠스*를 보기를 열망했지만, 파스토르는 만나려고 하지 않았다. 그래서 재판관은 파스토르 누이의 어린 아들을 붙잡아 감옥에 가두고 말했다. "만일 파스토르가 와서 조카를 위해 중재한다면, 아이를 풀어주겠다." 소년의 어머니는 울면서 파스토르의 집으로 갔다. 그런데도 파스토르가 응하지 않자, 그녀는 말했다. "비록 당신이 철의 마음을 가지고 있어 어떤 동정심도 느끼지 않는다 하더라도, 적어도 당신의 살과 피에 대한 동정이 당신을 굽히게 하십시오. 그 소년은 저의 외아들입니다!" 파스토르는 누이에게 말했다. "파스토르는 아들을 낳은 적이 없다, 그러니 슬픔을 느끼지 않는다!" 누이는 슬퍼하면서 돌아갔고, 재판관은 그녀에게 말했다. "파스토르 아빠스가 적어도 말이라도 한 마디 한다면, 당신 아들을 놓아주겠다!" 하지만 재판관에게 보낸 파스토르의 전갈은 "법에 따라 사건을 조사하시오! 만일 그가 죽을 만한 죄를 저질렀다면, 즉시 죽게 내버려 두시오. 만일 아니라면 당신이 원하는 무엇이든 하시오!"였다.

파스토르는 수도자들에게 "경계를 늦추지 말고, 자기 자신을 살피고 안목을 갖는 것, 이것이 영혼의 작용입니다. 가난, 고난, 안목은 독수도생활(vita solitaria)의 일입니다. '비록 그곳에 노아와 다니엘과 욥, 이 세 사람이 (나를 대항하여 죄를 지었던 땅에서) 있다 하더라도, 그들은 자기들의 의로움으로 제 혼들만 구할 수 있을 따름이다. 주 하느님의 말이다.'(에제 14, 14. 13 참조)라고 쓰였기 때문입니다. 노아는 아무것도 가지지 않은 사람들을, 욥은 고난을 견딘 사람들을, 다니엘은 안목을 가진 사람들을 의인화합니다. 만일 한 수도승이

---

* 라틴어 직함 아빠스(abbas)는 여기서 (그리고 이 책의 다른 곳에서) 애벗(abbot)으로 번역되었다. 아람어 압바(abba, 아버지)에 해당하며, 동방의 관습에서 보통 수도자들에게, 수도승들 혹은 은수자들에 관계없이 적용할 수 있으며 때때로 주교들에게 사용되었다. 그 직함은 서방의 관습에서처럼, 또한 수도승원(monastery)이라고 불렸던 베네딕도회 아빠스좌 수도원(abbatia)처럼 수도회 공동체들의 수장들에게만 국한되지 않았다.

두 가지를 미워한다면, 그는 이 세상에서 자유롭게 될 것입니다."라고 가르쳤다. 그 두 가지가 무엇인지 묻는 수도자에게, 그는 대답했다. "육체적인 위로와 헛된 영광입니다. 만일 당신이 이 세상과 다음 세상에서 안식을 원한다면, 이렇게 말하십시오. '나는 누구인가?' 그리고 아무도 판단하지 마십시오!"

그 공동체 수도자 중 한 사람이 위법 행위를 저질렀고, 독수도생활을 하는 사람의 조언을 받은 그 수도자의 장상(長上)은 그를 쫓아냈다. 파스토르는 절망적으로 울고 있는 그 수도자를 불러 친절하게 위로한 후에, 그 독수도생활자에게 "저는 당신에 대해 들었고 당신을 보고 싶습니다. 번거로우시더라도 저를 방문하기를 부탁합니다."라는 전갈을 보냈다. 그 독수도생활자가 왔을 때, 파스토르는 말했다. "두 사람이 있는데 그들에게는 각각 친척이 있습니다. 그런데 한 사람은 자신의 죽은 친척을 버려두고 다른 사람의 슬픔을 함께 나누러 갔습니다." 독수도생활자는 그 교훈의 의미를 이해했고, 자신이 주었던 조언에 대해 미안해하였다.

수도승 중 한 사람이 파스토르에게 교화되지 않은 다른 수도승에 대해 무언가를 듣고 언짢아 수도승원을 떠나고 싶다고 말했다. 파스토르는 그가 들은 것은 사실이 아니니 믿지 말라고 했다. 그 수도승은 피델리스(Fidelis) 수도승이 자신에게 말한 것이니, 틀림없이 사실일 것이라고 주장했다. 파스토르는 "당신에게 말한 그 사람은 충실하지 않은 사람입니다. 만일 그가 충실한 사람이라면, 결코 그런 말을 하지 않았을 것입니다."라고 했다. 그러나 그 수도승은 대꾸했다. "저는 그것을 제 눈으로 보았습니다!" 그때 파스토르는 그에게 티와 들보의 차이점이 무엇인지 물었고, 수도승은 티는 작은 조각이고 들보는 무겁고 긴 나무라고 말했다. 파스토르는 "당신의 죄가 그 들보이고 다른 수도승의 잘못은 이 작은 티와 같다는 것을 명심하십시오!"(마태 7, 3-5 참조)

그 다음에 대죄(peccatum grande)를 범한 한 수도승이 있었다. 그는 그 죄에 대해 3년의 보속을 하기를 원했고, 만일 그것이 과한 것인지 파스토르 아빠스에게 물었다. 파스토르는 "그것은 과합니다."라고 대답했다. 만일 그가 1년의 보속을 명령할 것인지 물었고, 파스토르는 대답했다. "그것은 과합니다." 옆에 서 있는 사람들은 최소 40일을 제안했고, 파스토르는 "그것은 많습니다!"라고 말했다. 그리고 덧붙였다. "만일 사람이 진심으로 자신의 죄를 후회하고 죄를 반복하지 않는다면, 주님은 3일 동안의 보속을 받아들이실 것입니다.”

복음서 본문 “자기 형제에게 성을 내는 자는 누구나 재판에 넘겨질 것이다.”(마태 5, 22)에 대해 질문을 받은 그가 대답했다. “당신의 형제가 당신에게 나쁜 행동을 했더라도 그가 당신의 오른쪽 눈을 찢을 때까지 화를 내지 마십시오. 만일 당신이 화를 낸다면 명분이 없는 것입니다. 그러나 만일 누군가 하느님에게서 당신을 멀어지게 한다면, 당신은 그에게 화를 내야 마땅합니다.”

파스토르는 “불평을 늘어놓는 사람은 수도승이라 할 수 없습니다. 마음속에 악의를 품고 있는 사람은 수도승이 아닙니다. 고약한 성질을 가진 사람은 수도승이 아닙니다. 악을 악으로 갚는 사람은 수도승이 아닙니다. 자만심이 강하고 수다스러운 사람은 수도승이 아닙니다. 참된 수도승은 항상 겸손하고 친절하며, 자비가 충만하며, 언제 어디서에서나 죄를 짓지 않도록 하느님에 대한 경외심을 바라보고 있습니다.”라고 말했다. 그는 또한 말했다. “만약 세 사람이 함께 있는데, 한 사람은 조용한 삶으로 인도하고, 다른 사람은 병들어 감사를 드리며, 세 번째는 병든 사람을 성실한 마음으로 섬기면, 이들 셋은 마치 한 손의 작품인 것처럼 똑같습니다.”

수도자 중 한 사람이 자기 영혼을 위험에 빠뜨리는 생각으로 괴로워하고 있다고 파스토르에게 하소연했다. 파스토르 아빠스는 그를 차가운 공기 속으로 밀어내며 말했다. “당신의 망토를 펼쳐서 바람을 잡으시오!” 수도자: “저는 할 수 없습니다!” 파스토르: “당신도 그 생각이 마음속으로 들어오지 못하게 할 수 없습니다. 당신이 해야 할 일은 그들에게 저항하는 것입니다!” 또 다른 수도승이 그에게 자신의 상속 재산을 어떻게 하면 되는지 물었고, 그는 3일 후에 다시 오라고 말했다. 그 수도자가 돌아왔을 때, 파스토르는 말했다. “만일 당신의 재산을 성직자에게 주면, 그들은 사치스러운 생활에 유산을 탕진할 것입니다. 만일 친척들에게 재산을 주면, 보답의 감사를 받을 수 없을 것입니다. 만일 내가 가난한 사람들에게 재산을 주라고 말한다면, 당신은 그 재산의 안전을 확신할 것입니다. 그러니 재산으로 당신이 좋아하는 무엇이든지 하시오! 내가 관여할 바가 아닙니다.” 우리는 이 모든 이야기를 《교부들의 생애》에서 찾을 수 있다.

성 요한 아빠스

요한(Johannes, John) 아빠스는 40년 동안 사막에서 살고 있던 에피시오(Episius)에게 그동안 얼마나 많은 진보를 이루었는지 물었다. 에피시오: "내가 독수도생활(vita solitaria)을 살기 시작한 그날부터 태양은 내가 먹는 것을 결코 보지 못했습니다." 요한: "태양은 내가 화내는 것도 보지 못하였습니다!"

《교부들의 생애》(Vita Patrum)와 유사한 기록을 보면, 에피파니오(Epiphanius) 주교가 힐라리온(Hilarion) 아빠스 앞에 고기를 차리자 힐라리온이 "죄송합니다만, 제가 이 수도복을 택한 그날부터 저는 살생한 것을 한 번도 먹어본 적이 없습니다."라고 말하였다고 한다. 이에 그 주교는 대답했다. "제가 이 예복을 받은 그날부터 누구도 저에게 불만을 품은 채 잠자러 가는 것을 허락하지 않았고, 나 역시도 그렇게 했습니다." 힐라리온이 말했다. "저를 용서하십시오, 당신이 저보다 낫습니다!"

요한은 천사들처럼 온전히 하느님에게 전념하고 싶어 옷을 벗고 광야에서 일주일을 보냈다. 그때쯤, 요한은 배고픔으로 죽을 지경이었고 모기떼와 말벌떼의 공격으로 머리부터 발끝까지 상처를 입었다. 그래서 그는 한 형제 수도승 집으로 가서 문을 두드렸다. 그 수도승은 소리쳤다. "거기 누구십니까?" 요한: "요한입니다!" 수도승: "그럴 리가 없습니다! 요한은 천사가 되었고 더 이상 사람들 사이에서 볼 수 없습니다!" 요한: "저는 참으로 요한입니다!" 그 수도승은 문을 열어주지 않았고 또 다른 하루를 더 밖에 세워두었다. 그 후 수도승이 문을 열고 말했다. "만일 당신이 사람이라면, 당신은 먹고 살기 위해 다시 일하러 가야 합니다. 그러나 만일 당신이 천사라면, 왜 당신의 독방으로 돌아가고 싶어하는 것입니까?" 요한: "형제여, 저를 용서해 주십시오, 제가 죄를 지었습니다."

요한 아빠스가 죽어가고 있을 때, 수도승들이 유산 대신 유익하고 기억에 남을 만한 말을 남겨주기를 요청했다. 그는 신음 소리를 내며 말했다. "저는 스스로 원해서 한 일이 하나도 없습니다. 제가 먼저 직접 하지 않았던 것을 다른 사람들에게 하라고 결코 명령하지 않았습니다." 이 모든 것을 우리는 《교부들의 생애》에서 읽는다.

···✦ 177 ✦···

성 모세 아빠스

한 수도승이 모세 아빠스에게 자신이 어떻게 살아야 할지 말해 달라고 요청했다. 모세가 대답했다. "당신의 독방에 앉아 있으면, 당신이 알아야 할 모든 것을 가르쳐 줄 것입니다!" 늙고 허약한 수도승이 형제 수도승들에게 부담을 주지 않으려고 이집트로 가기를 원했을 때, 모세는 그에게 말했다. "가지 마십시오, 당신은 간음에 빠질 것입니다." 그 노인은 실망하며 말했다. "저의 육신은 죽어 있는데, 당신은 저에게 그런 말을 하는군요!" 그리고 그는 이집트로 갔고 그곳에서 동정녀인 한 젊은 여인이 경건하게 그를 돌보았다. 그는 자신의 힘을 되찾게 되자 그녀를 성폭행했고 여인은 아들을 낳았다. 늙은 수도승은 남자아이를 안고, 시르테(Syrte)에 있는 성당에서 봉헌되었던 대축일에 형제 수도승들의 중앙으로 걸어 들어갔다. 형제 수도승들은 모두 울었고, 그는 말했다. "여러분은 이 아이가 보입니까? 아이는 불순명의 아들입니다! 그러니 형제들이여, 제가 노년에 이 일을 행하였으니 여러분의 경계심을 늦추지 마십시오, 그리고 저를 위해 기도해 주십시오!" 그런 다음 그는 독방으로 갔고 이전의 생활 방식을 재개했다.

또 다른 늙은 수도승이 수도승들에게 "나는 죽었습니다."라고 말하자, 한 수도승이 말했다. "나는 당신이 육신을 떠날 때까지 확신하지 않을 것입니다. 당신은 죽었다고 말할 수 있지만, 사탄은 죽지 않았습니다!"

한 형제가 죄를 지었고, 그들은 모세 아빠스를 불렀다. 모세는 등에 모래 자루를 메고 왔다. 그들은 등에 진 것이 무엇인지 물었고, 모세는 대답했다. "저의 죄들입니다. 그리고 그 죄들은 제가 보지 못하도록 저의 뒤에서 따라옵니다. 저는 오늘 다른 사람의 죄를 심판하려고 왔습니다!" 수도승들은 그 요점을 이해하였고 형제를 용서했다.

우리는 프리오르(Prior) 아빠스에 대해 비슷한 이야기를 읽었다. 수도승들이 죄를 진 동료에 대해 이야기하고 있을 때, 프리오르는 아무말없이 어깨에 모래 한 자루를 짊어졌다. 그 행동이 무엇을 의미하는지 묻자, 프리오르가 대답했다. "많은 모래는 제 죄를 상징하는데, 제 뒤에 있어서 제 죄에 대해서는 생각을 안합니다. 반면, 제 앞에 있는 이 작은 꾸러미는 제 형제의 죄를 상징하는 것인데, 제 앞에 있어서 항상 생각하고 형제를 판단하게 합니다. 그러니 저는 항상 저의 죄를 제 눈앞에 두고 참회하고 하느님의 용서를 청해야 합니다."

모세 아빠스가 사제로 서품되었고 주교는 그에게 흰색 제의를 씌우고 말했다. "아빠스가 이제 하얗게 되었습니다!" 모세는 덧붙였다. "주교님, 겉으로 보이는 모습일 뿐입니다! 마음속으로 그랬으면 좋았을 것입니다!" 모세를 더 시험할 마음으로 주교는 성직자들에게 모세가 제대에 올라갔을 때 모욕으로 몰아낸 다음, 그를 따라 나가서 무슨 말을 하는지 들어보라고 했다. 그래서 성직자들은 그를 밖으로 밀어내고 그가 혼자 말하는 것을 들었다. "먼지투성이의 더러운 노파야, 그들이 너에게 이렇게 한 것은 옳았다. 네가 남자도 아닌데, 왜 너는 남자들 사이에서 감히 너 자신을 드러내느냐?"

이 모든 것은 《교부들의 생애》에 수록된 내용이다.

···✦ 178 ✦···

성 아르세니오 아빠스

아르세니오(Arsenius)는 조상으로부터 물려받은 궁전에 살면서 구원을 향해 기도했다. 그러던 중 "사람들을 피해 도망가면 너는 구원을 받을 것이다."라고 말하는 음성을 들었고, 이후 수도 생활을 받아들였다. 그런 다음 기도 중 "아르세니오, 떠나라, 침묵을 지켜라!"라는 음성을 들었다.

이러한 고요함의 필요성과 관련한 내용이 《교부들의 생애》에 수록되어 있다. 수도승이 된 세 형제가 있었는데, 첫째는 싸우기 좋아하는 사람들을 중재하고, 둘째는 병자를 방문하고, 셋째는 홀로 조용한 삶을 살기로 선택했다. 첫째는 자신이 할 수 있는 일을 했지만, 인간의 호전성에 직면하여 모든 사람을 기쁘게 할 수 없었다. 결국 노력의 허무함에 압도되어 둘째 동생을 찾아갔는데, 둘째는 영적으로 피곤하여 계명(마태 25, 42-43 참조)을 행할 수 없었다. 두 사람은 홀로 살고 있는 셋째 동생을 방문하기로 했다. 그들이 자신들의 문제를 셋째에게 말했고, 셋째는 대야에 물을 붓고 말했다. "물이 움직이는 동안 물속을 들여다보십시오!" 1분쯤 후에 셋째는 다시 말했다. "이제 대야의 물을 들여다보고 그 물이 얼마나 조용하고 깨끗한지 보십시오!" 그들이 보고 물에 비친 자신들의 얼굴을 보았다. 셋째가 말했다. "이와 같이 다른 사람과 더불어 삶을 사는 사람은 자기 죄를 보지 못하지만, 조용히 살아가는 사람이면 자신의 죄를 볼 수 있을 것입니다."

또 다른 사람이 광야에서 벌거벗고 짐승처럼 풀을 먹는 한 사람을 만났다. 벌거벗은 남자는 도망쳤지만 다른 사람은 그를 쫓으며 외쳤다. "기다리십시오! 저는 하느님을 위해 당신을 따르고 있습니다!" 대답은 "나 또한 하느님을 위해 당신에게서 도망치고 있습니다!" 쫓는 자는 자기 망토를 버렸고, 쫓기던 자는 기다렸다는 듯 말했다. "당신이 그 세속적이고 물질적인 것을 버렸기 때문에, 나는 당신을 기다렸습니다!" 쫓는 자는 말했다. "제가 무엇을 해야 구원을 받을 수 있는지 말씀해 주십시오!" 그 다른 사람은 대답했다. "사람들로부터 벗어나 침묵을 지키십시오!"

한 늙은 귀족 부인이 아르세니오 아빠스를 만나보려는 경건함으로 마음이 움직였다. 테오필로(Theophilus) 대주교 또한 아르세니오에게 그 여자의 접견을 허락하라고 요청했지만, 그는 단호히 거부했다. 마침내 그녀는 그 수도승의 독방으로 서둘러 갔고, 문밖에 있는 그를 발견하고 그의 발 앞에 엎드렸다. 몹시 분개한 그는 그녀를 일으켜 세우며 말했다. "당신이 그토록 나의 얼굴을 보기를 원하였으니, 자 보시오!" 그녀는 혼란과 수치심에 사로잡혀서 그의 얼굴을 볼 수 없었다. 아빠스는 말했다. "여자인 당신이 어떻게 감히 그런 행보를 보일 수 있었습니까? 이제 당신은 로마로 돌아갈 것이고, 다른 여자들에게 당신이 아르세니오 아빠스를 어떻게 보았는지 말할 것이고, 당신이 그랬던 것처럼 여인들은 나를 보러 여기로 올 것입니다!" 그녀는 대답했다. "만일 하느님의 뜻으로 제가 로마에 돌아간다면, 저는 이곳에 오려는 다른 여자들을 허락하지 않을 것입니다. 내가 당신에게 청하는 것은 저를 위해 기도하고 항상 저를 기억해 주길 바랄 뿐입니다." 아르세니오는 말했다. "나는 제 마음에서 당신에 대한 기억을 지워주시길 하느님에게 기도하겠습니다!"

부인은 이 말을 듣고 몹시 괴로워하며 도시로 돌아왔고, 그녀의 비탄은 열병을 앓게 했다. 대주교가 그녀를 위로하려고 갔으나 그녀: "보세요, 저는 슬픔으로 죽어가고 있습니다." 대주교: "당신은 여인이고, 악마는 여자를 통해 성인들을 공격하는 것을 모릅니까? 그래서 그가 그렇게 말한 것입니다! 그는 항상 당신을 위해 기도합니다!" 이 말에 위로를 받은 그녀는 기뻐했다.

또 다른 교부에 대해 한 제자가 다음과 같이 말했다고 한다. "사부님! 당신은 이제 나이가 들었으니, 우리가 함께 세속에 조금 더 가깝게 갑시다!" 아르세니오: "우리는 여자가 없는 곳으로 가자!" 제자: "광야가 아니고서야 여자가 없는 장소가 어디 있겠습니까?" 아르세니오: "그러면 나를 광야로 데려가다오!" 또 다른 수도승이 그의 나이 든 어머니를 데리고 강을 건너려 했고, 건너기 전에 천으로 자기 손을 감쌌다. 어머니가 아들에게 물었다. "아들아, 너는 왜 손을 덮어 가리느냐?" 아들: "여자의 육신은 불입니다. 그리고 제가 어머니에게 닿을 때 다른 여자들에 대한 기억을 마음에 가져오기 때문입니다!"

아르세니오는 일생 동안 당면한 일을 하려고 앉을 때, 눈에서 흘러내리는 눈물을 닦으려고 가슴에 천 한 장을 가지고 있었다. 그는 밤새도록 깨어 있었고, 아침에 피로가 그를 덮치면 잠 그 자체에게 말하곤 했다. "오너라, 사악한 노예야!" 그런 다음 그는 짧은 낮잠을 자고 즉시 일어났다. 그는 또한 "수도승이 전사(戰士)라고 규정하면 1시간의 잠은 수도승을 위해 충분합니다!"

귀족 원로원 의원인 성 아르세니오의 아버지가 죽음을 앞두고 있을 때, 자신의 아들에게 막대한 유산을 물려준다는 유언장을 작성했다. 마지스테리아누스(Magisterianus)라는 이름의 심부름꾼이 아르세니오에게 유언장을 가져왔으나 아르세니오는 유언장을 찢어버리려고 했다. 그러자 심부름꾼은 그의 발아래 엎드린 후 그렇게 하지 말라고 간청했다. 그렇게 하면 자기는 목숨을 잃게 될 수도 있다고 했다. 아르세니오는 "나는 아버지가 죽기 전에 이미 죽었다. 아버지는 지금 죽었는데, 어떻게 나를 자신의 상속인으로 삼을 수 있겠는가?"

그리고 그는 유산의 어떤 부분도 받기를 거부하면서, 유언장을 돌려주었다.

한번은 아르세니오가 자신에게 말하는 음성을 들었다. "오너라, 그러면 나는 너에게 사람들의 일을 보여줄 것이다!" 그는 한 장소로 인도되어 에티오피아인*이 나무를 자르고 옮길 수 없을 만큼 매우 큰 묶음을 만드는 것을 보았다. 그런데 그 사람은 더 많은 나무를 잘라서 그 묶음에 추가하고, 몇 번이고 같은 일을 반복했다. 또한 아르세니오는 한 남자가 호수에서 물을 길어 구멍 하나가 있는 수조에 붓고, 그 물이 다시 호수로 흘러가도록 하는 것을 보았다. 그러나 그 남자는 계속해서 그 수조를 채우려 하고 있었다. 그런 다음 아르세니오는 신전으로 안내되어 말을 탄 두 남자가 안장에 가로질러서 나무 기둥을 나란히 얹은 것을 보았다. 그들은 신전 안으로 들어가려고 했지만, 십자형으로 실린 기둥 때문에 문을 통과할 수가 없었다. 그때 안내자가 설명했다. "저 두 남자는 교만하게 정의(正義)의 멍에를 지닌 사람들이고 겸손하지 않은 사람들입니다. 그래서에 하느님의 왕국 밖에 남아 있습니다. 나무꾼은 자신의 죄에 대한 보속을 하고 속죄를 하는 대신에, 사악함에 사악함을 더하는 많은 죄를 지은 사람입니다. 물을 긷는 남자는 선행을 실행했던 사람입니다. 그러나 그는 선행에 나쁜 것들을 혼합했기 때문에 자신의 선행을 잃었습니다."

아르세니오의 습관은 주님의 날이 다가오는 토요일 저녁에 석양을 등지고 떠오르는 태양이 얼굴을 비출 때까지 두 손을 하늘로 들고 서 있는 것이었다. 그런 다음 그는 앉았다. 이 모든 것은 《교부들의 생애》에 기록된 것이다.

⊰ 179 ⊱

성 아가톤 아빠스

아가톤(Agathon) 아빠스는 침묵하는 방법을 배우기 위해 조약돌을 입에 넣은 후 3년이나 버텼다.

---

* 《황금 전설》에서 '에티오피아인' 이란 용어는 모든 흑인을 지칭하며 일반적으로 함축된 의미로 경멸어이다.

또 다른 수도승이 공동체에 들어가면서 자기 자신에게 말했다. "당나귀처럼 되자! 당나귀는 채찍질 당하지만 아무 말도 하지 않고, 학대당하지만 반응하지 않는다. 너도 이와 같이 해라!"

다른 수도승은 식탁에서 나가라는 명령을 들었을 때 아무 대답없이 나갔다. 후에 이 행동에 대한 질문을 받은 그가 말했다. "저는 개보다 못하다는 것을 저의 마음 안에 새겼습니다. 개를 쫓아버릴 때, 그 개는 밖으로 나갑니다!"

아가톤은 어떤 덕이 가장 많은 수고를 필요로 하는가에 대한 질문을 받고, 다음과 같이 대답했다. "저에게는 하느님에게 기도하는 것과 동일한 수고는 없습니다. 왜냐하면 악마가 항상 기도하는 사람의 기도를 파괴하려고 수고하기 때문입니다. 다른 형태의 수고에서는 사람이 약간의 휴식을 얻지만, 기도하는 사람은 지속적인 전투에 직면해 있습니다."

한 수도승이 아가톤에게 형제 수도승들과 어떻게 함께 살아야 하는지 물었다. 아가톤이 말했다. "당신이 첫날 이곳에서 살았던 것처럼 하십시오. 그리고 누구와도 당신의 비밀을 나누지 마십시오. 그런 친밀한 열정이 가장 나쁘기 때문입니다. 친밀함은 모든 정욕의 어머니입니다."

그는 말한다. "격분한 사람이 죽은 사람을 깨운다고 해도, 그의 나쁜 기질 때문에 사람뿐만 아니라 하느님도 기뻐하지 않습니다. 나쁜 기질을 가졌던 한 수도승이 있었고, 그는 스스로 말했다. '만일 내가 홀로 살았다면 별로 화내지 않았을 것이다.' 그런 다음 그가 물주전자에 물을 가득 채우다가 물을 엎질렀고, 다시 시작하였으나 다시 엎질렀고, 세 번째로 시작하였고 세 번째로 엎지르는 일이 일어났다. 그는 너무 화가 나서 물주전자를 부쉈다. 그런 다음 그는 제정신을 차렸고 자신을 속인 것은 바로 그 나쁜 기질의 같은 악령이라는 것을 깨닫고, 스스로 말했다. '여기에 나는 홀로 있다. 그리고 분노는 여전히 나를 압도한다. 내가 어디에 있든 열심히 일하고 인내와 하느님의 도움이 필요하니 공동체로 돌아갈 것이다!'"

반면에, 다년간 함께 살면서도 화 한번 내지 않는 두 명의 수도승이 있었다. 어느 날 그들 중 한 사람이 다른 사람에게 말했다. "세상 사람들 방식으로, 말다툼을 하자!" 다른 수도승이 대답했다. "나는 어떻게 말다툼을 시작해야 하는지 모르겠어!" 첫 번째 사람이 말했다. "나는 당신과 나 사이에 있는 탁자 위에 기와 하나를 놓고, 나는 '이 기와는 내 것이다!'라고 말하면, 당신이 '아니오, 그것은 내 것이다!'라고 말하십시오. 그것이 말싸움을 시작하는 방법입니다." 그래서 그 형제는 자신들 사이에 기와 하나를 놓았다. 그들 중 한 사람이 "이 기와는 내 것이다!"라고 말했다. 다른 사람은 "아니야, 그것은 내 것이야!"라고 말했다. 첫 번째 사람이 말했다. "아, 알았어. 네 거야, 가져가!" 그리고 그들은 떠났고 더 이상 말다툼을 일으킬 수 없었다.

아가톤 아빠스는 현명하고 이해심이 깊은 사람으로 일에서 지칠 줄 모르고, 음식을 아끼고 옷은 검소했다. 그가 말했다. "저는 어떤 사람에 대한 불만을 마음에 품고 잠들어 본 적이 없고, 어떤 사람이 나에 대한 불만을 갖고 잠자러 가는 것도 허락한 적이 없습니다."

아가톤은 3일 동안 누워서 눈만 뜨고 움직이지 못한 채 죽음을 앞두고 있었다. 수도승들이 그를 슬쩍 찌르자 "저는 하느님의 심판대 앞에 서 있습니다!"라고 대답했다. 수도승들: "두렵습니까?" 아가톤: "저는 하느님의 도움으로 제가 할 수 있는 모든 일을 하여 그분의 계명을 지켰지만, 저는 사람이기에 제가 한 일이 주님을 기쁘게 하였는지 모르겠습니다." 수도승들: "당신의 일, 하느님의 뜻에 부합되게 하였던 일에 대해 확신이 없습니까?" 아가톤: "제가 주님 앞에 가기 전까지 아무것도 추정하지 못합니다. 하느님의 심판은 사람의 심판과 다릅니다." 그들은 그에게 더 질문하기를 원했지만, 그가 말했다. "제가 바쁘니 자선을 베푸는 마음으로 더 이상 저에게 말을 걸지 마십시오!"

이 말을 한 후 기쁜 마음으로 마지막 숨을 내쉬었다. 사람들은 그가 가장 사랑하는 친구에게 인사를 하려고 할 때처럼 자신의 영혼을 모으는 것을 보았기 때문이다. 이 내용은 《교부들의 생애》에 기록되어 있다.

180

성 바를라암과 요사팟

바를라암(Barlaam)*의 이야기는 다마스쿠스의 요한(Johannes Damascenus)이 신중하게 편집했다. 바를라암은 자신 안에서 일하시는 하느님의 은총으로 요사팟(Josaphat) 왕을 그리스도교 믿음으로 개종시켰다. 인도 전역이 그리스도인들과 수도승들로 가득 차 있던 때에, 매우 강력한 권력을 가진 아벤니르(Avennir)라는 이름의 왕이 그리스도인들, 특히 수도승들을 박해했다. 그때 왕의 친구이자 왕실 측근 중 가장 높은 지위에 있던 한 귀족이 하느님의 은총에 감동되어 궁전을 떠나서 수도승원에 입회하는 일이 일어났다. 이 소식을 듣고 분노한 왕은 자신의 부하를 찾으려고 사막을 수색하게 했고, 그를 찾아 데려오게 했다. 과거에 항상 화려한 예복을 입고 엄청난 재산을 갖고 있었던 그 부하가 값싼 튜니카를 입고 단식으로 쇠약해져서 왔다. 왕은 부하에게 말했다. "오 어리석은 사람이여, 너는 실성을 했구나! 너는 왜 명예를 타락으로 바꾸었느냐? 보아라, 너 자신을 아이들 웃음거리로 만들었다!" 부하: "만일 나의 이유를 듣기 원한다면, 당신의 적들을 멀리 보내십시오!" 왕은 그 적들이 누구인지 물었고, 그는 대답했다. "그것은 당신이 진리를 보지 못하게 하는 분노와 탐욕입니다! 무엇을 말할 것인지 들으려면 신중함과 공정함을 가지고 앉으십시오!" 왕: "좋다, 이제 말하라!"

그는 말하기 시작했다. "어리석은 사람은 실재하는 것을 마치 존재하지 않았던 것처럼 멸시하고, 실재하지 않는 것들을 마치 실재인 것처럼 깨달으려고 애씁니다. 실재하는 것의 달콤함을 맛보지 못한 사람은 있지 않은 것에 대한 진실을 배울 수 없습니다." 그는 육화의 신비와 믿음에 대해 많은 말을 했다. 이어서 왕이 말했다. "논의를 시작하기 전에 어떤 부분에서도 분노하지 않겠다고 내가 약속을 하지 않았다면, 지금 너를 망나니들에게 넘겨서 산 채로 불태우게 했을 것이다! 일어나라, 그리고 내 눈앞에서 사라져라! 만일 내 주변에서 너를 찾게 된다면 고통스러운 최후로 단죄할 것이다!" 하느님의 사람은 자신이 순교하지 않은 것을 슬퍼하면서 떠나갔다.

한편, 아이가 없었던 아벤니르 왕에게 아름다운 아들이 태어났다. 그 아기는 요사팟(Josaphat)이란 이름을 받았다. 왕은 아들의 탄생을 위한 감사의 의미

* 라틴어본은 바알라암(Baarlaam)이라고 표기되어 있다. 그러나 《로마 순교록》(Martyrologium Romanum)에 따라서 바를라암(Barlaam)으로 표기했다. – 역자 주

로 신들에게 제물을 바치려고 엄청난 군중을 소집했고, 60명의 점성가를 불러 아들의 미래에 대해 질문했다. 가장 현명한 사람을 제외한 모든 점성가가 그가 강력하고 부자가 될 것이라고 예언했다. 그 현명한 사람이 말했다. "오 왕이시여, 당신에게 태어난 아이는 당신의 왕국에서 통치하지 않고 비할 데 없이 좋은 왕으로 통치할 것입니다. 내가 보기에 그는 당신이 박해하고 있는 그리스도의 종교를 믿는 사람으로 공경받을 것입니다!" 이것은 그의 지혜에서 나온 것이 아니라 하느님이 그에게 영감을 주었던 것이다.

그 예견은 외딴 도시에 요사팟이 거처할 웅장한 궁전을 건축한 왕을 두렵게 만들었다. 왕은 요사팟과 함께 잘생긴 젊은이들을 함께 생활하게 하면서 죽음이나 늙음, 질병이나 가난 등 아들이 슬프게 느낄 만한 어떤 것도 결코 언급하지 못하도록 명령했다. 그들은 항상 즐거운 것에 대한 말을 했기 때문에 소년의 마음은 즐거운 생각으로 가득 차고 미래에 대한 모든 염려가 밀려났다. 만일 아들에게 봉사하는 어떤 사람이 병에 걸리면, 왕은 즉시 그를 내보내고, 그 자리에 건강하고 활기찬 사람을 두었다. 그리스도에 대한 말 한마디도 왕의 아들에게 결코 해서는 안 되었다.

이때 비밀리에 신앙심이 깊은 그리스도인인 왕의 제1대대 제3 백인대장 (principes primus)이었던 사람이 왕과 함께 있었다. 어느 날 그와 왕이 함께 사냥하고 있을 때, 한쪽 발을 야수에게 물려 누워 있는 가난한 사람을 만났다. 그 부상당한 사람은 백인대장에게 자신을 집으로 데려다 달라고 부탁하면서 그렇게 해주면 도움이 될 것이라고 말했다. 백인대장: "저는 기꺼이 당신을 데려다줄 것입니다, 하지만 당신이 어떻게 저에게 도움이 될 수 있을지 모르겠습니다." 그 사람: "나는 언어 박사입니다. 만일 누군가가 하는 말 때문에 상처를 입었다면 적절한 개선책을 적용하는 방법을 알고 있습니다!" 백인대장은 이것이 적절하지 못하다고 생각하였으나, 하느님을 위해 그 사람을 집으로 데려다주고 상처를 치료해줬다.

그때 악의적인 사람들은 이 특별한 백인대장이 왕의 큰 총애를 받고 있음을 질투해서, 그가 그리스도교 신앙으로 넘어갔을 뿐만 아니라 왕위를 탈취하려고 음모를 꾸미고 군중을 부추겨 지지를 얻으려 한다며 왕에게 고발했다. "오 왕이시여, 만일 당신이 이것이 사실인지 알고 싶다면 개인적으로 그를 불러서 곧 끝날 이 현세의 아름다움에 대해 말씀해 보십시오. 당신이 통치의 영광을 포기하고 당신이 그동안 박해해 온 수도승들의 수도복을 입으려는 마음이 있다고 말씀하십시오, 그런 다음 그가 어떤 반응을 보이는지 보십시오!"

왕은 조언자들이 알려준 대로 정확하게 했고, 계략을 알지 못하는 백인대장은 눈물을 터뜨리며 왕의 제안을 칭찬하고, 세상의 덧없음을 자세히 설명하면서 가능한 빨리 그 계획을 수행하라고 조언했다. 이것은 다른 사람들이 말한 것이 사실임을 확인시켜주었고, 왕은 화가 났지만 백인대장에게 아무 대답도 하지 않았다. 그러나 백인대장은 왕이 자신의 말을 얼마나 진지하게 받아들였는가를 생각하고 두려워서 가버렸다. 그런 다음 자신이 이용할 수 있는 언어 박사가 있다는 것을 기억하고, 그 사람에게 모든 일을 말했다. 그 사람의 대답은 "당신의 말을 들어보면, 왕이 자신의 옥좌를 찬탈하려고 한다고 의심한다는 사실을 아십시오. 그러니 가서 머리카락을 자르고, 그 옷을 벗고 고행복을 입고 새벽녘에 왕에게 가십시오. 왕이 무엇을 의미하느냐고 물으면, 당신은 '오 왕이시여, 보십시오, 저는 당신을 따를 준비가 되어 있습니다. 비록 당신이 택하려고 하는 그 길이 험난할지라도, 당신과 함께 한다면 그 길을 쉽게 찾을 수 있습니다. 그러므로 당신이 저를 번영의 동반자로 삼은 것처럼, 그렇게 당신이 선택한 역경의 길도 함께 가고자 합니다. 저는 준비되었습니다! 당신은 무엇을 기다리고 있습니까?'라고 말하시오"이었다. 백인대장은 이 지시를 따랐다. 왕은 어리벙벙하게 되었고, 중상 모략자들을 벌한 후 자신의 친구에게 새로운 명예를 듬뿍 주었다.

왕의 아들 요사팟은 자신을 위해 건축된 궁전에서 자라며 젊은이가 되었고 학문의 모든 분야에 대한 가르침을 잘 받았다. 그는 왜 아버지가 자신을 차단했는지 궁금하여 신뢰하는 하인에게 비밀리에 물었다. 요사팟은 하인에게 궁전 밖으로 나가도록 허락되지 않은 것이 매우 슬퍼서 음식과 음료가 아무 맛도 나지 않는다고 말했다. 아들이 불행하다는 말을 들은 아버지는 걱정이 되어 적당한 말들을 준비하고, 젊은 왕자가 나아가는 앞에 힘을 북돋우는 합창단을 보냈다. 또한, 요사팟이 어떤 불쾌한 광경을 보지 않도록 하라는 엄격한 지시를 내렸다. 그러나 하루는 그가 말에 타고 가는 중에 한 나병 환자와 한 장님을 만났다. 깜짝 놀란 그는 이 사람들이 누구이고 문제가 무엇인지 물었고, 시종들은 누구에게나 일어날 수 있는 질병이라고 대답했다. 그는 "그 병이 모두에게 발생하느냐?"라고 물었다. 시종들은 아니라고 대답했고, 그는 말했다. "그러한 것에 고통받고 있는 사람들은 미리 알고 있는 것인가, 아니면 예측할 수 없는 것인가?" 시종들이 대답했다. "자신에게 무엇이 닥칠지 누가 알 수 있겠습니까?" 이 특이한 사건은 요사팟을 혼란스럽게 했다.

다른 때에 요사팟은 얼굴에 매우 깊은 주름이 있고 똑바로 서 있지 못하며 이가 없는 잇몸으로 침을 흘리며 재잘거리는 늙은 남자를 만났다. 그 광경에 경악한 그는 어떻게 그런 일이 일어날 수 있는지 알고 싶었고, 노화가 그런 상태를 가져온다는 것을 알게 되었고 시종들에게 말했다. "그러면 이 사람의 끝은 어떻게 되는 것인가?" 시종들: "죽음입니다!" 요사팟: "죽음이 모든 사람을 위한 것인가, 아니면 단지 몇 사람만을 위한 것인가?" 그는 모든 사람은 반드시 죽는다는 것을 알았고, "몇 년 만에 이런 일이 우리에게 일어나는가?"라고 다시 물었다. 시종들: "노년은 80세에서 100세 사이에 오고, 죽음이 뒤따릅니다." 왕자는 이 모든 것을 반복해서 마음속에 되뇌이고 많이 우울해졌다. 비록 아버지 앞에서 쾌활한 척했지만, 이 문제에 대해 지도해주고 가르침을 받기를 갈망했다.

이제 센나아르(Sennaar) 땅의 사막에 삶과 평판에서 완벽한 한 수도승이 살고 있었다. 수도승의 이름은 바를라암이었다. 바를라암은 왕의 아들 주위에서 무엇이 일어나고 있는지 성령으로 알았다. 그래서 그는 상인 복장을 하고 그 도시로 갔다. 그는 요사팟의 가정교사에게 찾아가서 말했다. "저는 상인이고 팔려는 보석이 있습니다. 이 보석은 장님에게 시력을, 귀머거리에게 청력을 회복시켜 주며, 벙어리를 말할 수 있게 하며, 어리석은 자에게 지혜를 불어 넣어 줍니다. 그러니 왕의 아들에게 저를 데려가십시오. 그러면 저는 그 보석을 그에게 팔겠습니다." 가정교사: "당신은 성숙한 양식(良識)을 가진 사람으로 보이는데 당신의 말은 논리가 맞지 않습니다. 그러나 제가 보석을 잘 아니 저에게 보여주십시오. 만일 당신이 말한 것이 사실로 밝혀진다면, 당신은 왕자에게서 높은 영예를 얻을 것입니다!" 바를라암: "그 보석은 또 다른 힘이 있습니다. 만일 좋은 시력을 가지고 있지 않고 정숙한 삶을 살지 않은 누군가 그 보석을 검사하면, 보석은 모든 능력을 잃습니다. 비록 저는 의학적인 전문가가 아니지만, 당신의 눈에 문제가 있는 것을 알겠습니다. 반면에 저는 왕의 아들이 순수한 삶을 살고 아름답고 건강한 눈을 가졌다고 들었습니다." 가정교사: "만일 그런 것이 있다면, 그 보석을 저에게 보이지 마십시오. 저의 눈은 좋지 않을 뿐더러 죄 속에 빠져 있기 때문입니다!" 그런 다음 가정교사는 왕의 아들에게 전언을 보내고 신속하게 바를라암을 데려갔다. 왕자는 겸손하게 그를 맞이했고 바를라암은 왕자에게 말했다. "왕자님, 당신이 저의 볼품없는 외관에 신경을 쓰지 않은 것은 잘 하신 행동입니다." 그런 다음 바를라암은 다음과 같은 이야기를 요사팟에게 들려주었다.

"옛날에 한 위대한 왕이 금마차를 타고 있었습니다. 왕은 길에서 누더기옷을 입고 배고픔으로 허약해진 몇몇 사람을 만났습니다. 왕은 마차에서 뛰어내려 그들의 발 앞에 무릎을 꿇고 경배한 다음 일어나서 그들에게 입맞춤을 했습니다. 왕의 수행원 중에 귀족들은 그 행동에 기분이 상했지만, 감히 왕에게 불만을 표현하지 않고, 왕의 위엄에 합당하지 않은 이 행동을 왕의 동생에게 말했습니다. 이에 왕의 동생이 왕을 비난했습니다.

누군가 사형 선고를 받았을 때, 포고관을 보내어 사형 선고를 받은 사람의 집 문 앞에 서서 나팔을 불게 하는 것이 이 왕의 관례였습니다. 이날 저녁에 왕은 포고관에게 자기 동생 집 문 앞에서 나팔을 불게 했습니다. 그 소리를 들은 동생은 절망했고, 그날 밤 잠을 이루지 못하고 자신의 유언을 만들었습니다. 아침에 그는 검은색 옷을 입고 아내와 아이들과 함께 궁전 문 앞에 서서 울었습니다. 왕은 동생을 들어오게 한 후 말했습니다. '어리석은 자야, 네가 네 형제에게 잘못이 없다는 것을 알면서도 네 형제의 포고관이 그렇게 두렵다면, 내가 그토록 오랫동안 죄를 지은 내 하느님의 재판관이 오심을 내게 알릴 때에 내가 어찌 두려워하지 않겠느냐?'

이후 왕은 네 개의 관을 제작하라고 명령했고, 그중 두 개는 겉은 금으로 덮었지만 죽은 사람들의 악취가 나는 뼈로 채웠고, 다른 두 개는 역청으로 겉을 칠하도록 하였으나 보석과 진주로 채웠습니다. 그런 다음 왕은 동생에게 자신에 대해 불평한 귀족들을 호출했고, 네 개의 관을 그들 앞에 놓고 어떤 관이 더 가치가 있는지 물었습니다. 그들은 금으로 된 것이 더 가치가 있고, 다른 두 가지는 가치가 적다고 판단했습니다. 왕은 금관을 열도록 명령했고, 그 안에서 참을 수 없는 악취가 났습니다. 왕은 귀족들에게 말했습니다. '그 관은 영광스러운 옷을 입었으나 속에는 악의 불결함으로 가득한 사람들과 같다.' 왕은 다른 관들을 열게 했고 그 안에서 매우 좋은 향기가 났습니다. 왕은 말했습니다. '이것들은 내가 경의를 표했던 매우 가난한 사람들과 같다. 비록 그들은 가난한 옷을 입었지만, 그들 안에서부터 모든 덕의 향기가 풍긴다. 그러나 너희들은 외적으로 보이는 것에 주의를 기울였고, 내부에 무엇이 있는지 어떤 생각도 하지 않았다.' 따라서, 왕자님, 그 왕처럼 당신이 저를 친절하게 맞이한 것은 잘한 일입니다."

그러고 나서 바를라암은 세상의 창조, 인간의 타락, 성자 하느님의 육화, 그분의 수난과 부활에 대해 긴 설교를 시작했고, 또한 심판의 날, 선한 사람에 대한 보상, 악한 사람에 대한 형벌에 대해서도 길게 이야기했다. 그는 우상을 섬기는 사람들을 준엄하게 비난했고, 그들의 어리석음을 또 다른 예를 들어 설명했다.

"한 사냥꾼이 밤꾀꼬리(philomena, nightingale)라 불리는 작은 새를 잡아 막 죽이려는데, 그 새에게서 한 음성이 들렸습니다. '오 사람이여, 당신은 나를 죽여서 무엇을 얻으려 합니까? 당신은 나를 먹음으로 배를 채울 수 없을 것입니다. 그러나 만일 당신이 나를 풀어준다면, 나는 당신에게 세 가지의 조언을 할 것입니다. 당신이 그 조언을 신중하게 지킨다면, 당신에게 큰 도움이 될 것입니다!' 그 새가 말한 것을 듣고 놀란 사냥꾼은 새에게 만일 조언을 해 준다면 풀어주겠다고 약속했습니다. 밤꾀꼬리는 대답했습니다. '첫째, 당신이 완전히 이해할 수 없는 것을 소유하려고 애쓰지 마십시오. 둘째, 되찾을 수 없는 것을 잃어도 결코 슬퍼하지 마십시오. 셋째, 믿을 수 없는 것을 결코 믿지 마십시오. 이 세 가지 규칙을 지키면 당신은 잘될 것입니다.'

사냥꾼은 약속대로 밤꾀꼬리를 놓아주었고, 새는 공중에서 훨훨 날며 그에게 말했습니다. '사람아, 벼락이나 맞아라! 너는 나쁜 조언을 선택했고 너는 오늘 엄청난 보물을 잃었다. 왜냐하면 내 뱃속에 타조 알보다 더 큰 진주가 있다!' 그 사람은 그 새를 풀어준 것을 몹시 후회했고 '나의 집으로 들어오너라! 나는 너에게 모든 친절을 베풀고 명예롭게 너를 풀어주겠다!'라고 말하면서 다시 잡으려고 노력했습니다. 밤꾀꼬리는 '이제 내가 네게 말한 세 가지 중 하나라도 지키지 않았기에 네가 어리석다는 것을 확실히 알았다. 너는 되찾을 수 없는 나를 잃은 것에 대해 슬퍼하고, 너는 나의 길을 따를 수 없음에도 나를 잡으려고 노력하고 있고, 게다가 내 몸 전체가 타조알만 한 크기에 걸맞지 않음에도 너는 내 안에 그렇게 큰 진주가 있다고 믿었다!' 그러므로 우상을 믿는 사람들은 어리석습니다. 자신의 손으로 만든 것을 숭배하고, 그들 자신이 지켜야 하는 것들에게 수호자의 이름을 붙이기 때문입니다!"

바를라암은 계속해서 세상의 기만적인 쾌락과 허영심에 대해 비판하면서 자신의 요점을 증명하려고 많은 예를 제시했다. "육체의 쾌락을 갈망하고 굶주림으로 영혼을 죽게 내버려 두는 사람은 자기를 집어삼킬까 봐 두려워하여 유니콘(unicorn)에게서 도망쳐 깊은 나락에 빠진 사람과 같습니다. 그러나 넘어지면서 그는 작은 덤불을 붙잡고 미끄럽고 흔들리는 난간에 발을 디뎠습니다. 주위를 둘러보니 흰색 쥐와 검은색 쥐 두 마리가 자신이 잡고 있던 덤불 뿌리를 갉아먹고 있었습니다. 곧 갉아 먹을 것입니다. 심연의 밑바닥에서 그는 불을 내뿜는 무시무시한 용을 보았고, 그 괴물의 턱은 그를 삼키고자 하는 욕망으로 벌려져 있었습니다. 자신의 발이 횟대에 있는 난간에서 네 마리의 독사 머리가 튀어나와 있는 것을 보았습니다. 그런 다음 그는 눈을 들어 위로 올려다보았고 자신이 잡고 있는 덤불 가지에서 흘러나오는 꿀방울을 보았습니다. 그리고 사방에서 자신을 에워싸고 있는 위험을 알아차리지 못한 그는, 그 작은 꿀의 달콤함을 즐기는 데 완전히 몰두하였습니다.

여기서 유니콘은 끊임없이 사람을 뒤쫓고 붙잡으려고 애쓰는 죽음의 형상입니다. 심연은 모든 악으로 가득 찬 세상입니다. 덤불은 남녀 각자의 삶, 밤낮을 가리지 않고 흰쥐와 검은 쥐에게 잡아먹히며 잘려나가는 삶입니다. 네 마리의 독사가 있는 횟대는 네 가지 요소로 구성된 육신입니다. 그 요소가 순서를 벗어나면 신체의 화합이 풀어집니다. 무서운 용은 지옥의 입이며 모든 사람을 삼키려고 크게 벌려집니다. 꿀방울의 달콤함은 세상의 기만적인 쾌락으로 사람을 유혹하여 자기가 살고 있는 위험에 대해 거의 알지 못합니다."

바를라암은 또 다른 예를 추가하여 말했다. "세상을 사랑하는 사람은 세 명의 친구를 가진 사람과 같습니다. 그는 그들 중 한 사람을 자기 자신보다 더, 두 번째는 자기 자신만큼, 세 번째는 가능한 매우 적게 사랑했습니다. 이 사람은 왕의 부름을 받아 자신이 큰 위험에 처해 있음을 알게 되었고, 첫 번째 친구에게 달려가 도움을 청하며 자신이 항상 그를 얼마나 많이 사랑하였는지 상기시켜 주었습니다. 그 친구가 말했습니다. '사람아, 나는 당신이 누구인지 알지 못합니다! 나는 오늘 함께 할 다른 친구들이 있고, 나는 그들과 계속 친구 관계를 유지할 것입니다. 나는 당신에게 두 벌의 작은 고행복을 줄 터이니 당신 자신을 덮으십시오.' 당황한 그는 두 번째 친구에게 가서 도움을 청했습니다. 그 친구가 대답했습니다. '나는 당신의 문제에 대해 관심이 없고, 내 자신의 걱정만으로 충분합니다. 그러나 나는 왕궁의 문까지 당신을 동행할 수 있고 곧장 내 일을 하러 돌아올 것입니다.'

그 사람은 슬퍼하며 절망적인 마음으로 세 번째 친구에게 갔습니다. 풀이 죽은 그가 말했습니다. '나는 당신에게 무엇을 말해야 할지 모르겠습니다. 어려움에 직면한 나는 그로 인해 친구들을 잃었습니다. 나는 내가 마땅히 해야 할 만큼 당신을 사랑하지 않았지만, 당신에게 용서를 구하며 당신의 도움을 간청합니다.' 그 사람은 유쾌한 미소를 지으며 대답했습니다. '나를 믿으시오, 나는 당신을 소중한 친구로 여기며 나에게 베푼 당신의 친절에 대해, 그들이 그랬을 수도 있지만 조금도 개의치 않습니다. 내가 당신보다 먼저 들어가서 왕에게 당신을 위해 간구할 것이고, 적어도 왕이 당신을 원수에게 넘기지 않도록 할 것입니다.'

이제 첫 번째 친구는 부유한데, 이를 지키기 위해 많은 위험을 초래합니다. 하지만 삶의 끝인 죽음이 왔을 때, 그가 가진 재물은 장례식을 위한 몇 가지 초라한 옷뿐입니다. 두 번째 친구는 아내, 아이들, 부모의 가족이 있지만, 단지 무덤까지만 갔다가 집에 돌아와 자기 일을 처리합니다. 세 번째 친구는 믿음, 희망, 자비, 자선, 그리고 모든 선행으로 구성되어 있고, 우리가 육신에서 나갈 때 우리를 앞서가고, 우리를 위해 하느님께 전구할 수 있고, 적대적인 악령들로부터 우리를 자유롭게 할 수 있습니다."

바를라암은 다음과 같은 예를 덧붙였다. "어떤 거대한 도시에 무명의 외국인을 군주로 선출하는 관습이 있었습니다. 선출된 군주는 원하는 것은 무엇이든 할 수 있는 모든 권력을 받았고, 모든 것이 허용되었고, 그가 준수해야 할 어떤 법도 없었으며, 곧 그가 법으로서 통치하였습니다. 그래서 이 사람은 모든 기쁨을 누렸고 영원히 계속될 것이라고 생각했습니다. 그러나 1년 만에 시민들이 그에 대항하여 반란을 일으키고, 그를 벌거벗겨 도시 주변을 끌고 다닌 다음 배에 태워 멀리 떨어진 섬으로 추방했고, 그는 섬에서 음식도 옷도 얻지 못하고 굶주림과 추위에 시달렸습니다. 어느 해, 평소와 같이 한 외국인이 뽑혔지만, 이 사람은 시민들의 관습에 대한 모든 것을 알고 있었습니다. 그래서, 그는 많은 보물을 그 섬으로 미리 보냈고, 그해의 마지막에 섬으로 추방되었을 때, 추방되었던 다른 사람들은 배고픔으로 죽은 것에 반해, 그는 온갖 종류의 무한한 즐거움을 즐겼습니다. 이제 그 도시는 세상이고, 그 시민들은 세상의 거짓 쾌락으로 우리를 유혹하는 어둠의 군주입니다. 그다음에 우리가 완벽하게 통솔하고 있는 것 같지만, 죽음이 발생하면 우리는 어둠의 장소에 던져집니다. 반면에, 우리는 지금 가난한 사람들의 손에 재물을 넘겨줌으로써 우리보다 먼저 재물을 영원한 삶의 장소로 보낼 수 있습니다."

이제 바를라암으로부터 충분히 가르침을 받은 왕의 아들은 즉시 아버지를 떠나 스승을 따르기를 원했다. 바를라암이 왕자에게 말했다. "만일 당신이 그렇게 되려면, 귀족 여인과의 결혼을 거부했던 젊은이를 본받아야 합니다. 왕자는 달아났고 매우 가난한 노인의 딸인 젊은 여인이 애써서 일하며 하느님에게 찬미를 노래하고 있는 장소에 왔습니다. 왕자는 '여인이여, 당신은 무엇을 하고 있습니까? 당신은 가난하지만, 하느님에게서 큰 선물을 받은 것처럼 하느님에게 감사하고 있습니다.'라고 그녀에게 물었습니다. 그녀는 대답했습니다. '소량의 약이 종종 중병을 치유하는 것처럼, 작은 선물에 대한 감사는 큰 선물의 원천이 될 수 있습니다. 더욱이 우리의 외부에 있는 선물은 우리의 것이 아니지만, 우리 내부에 있는 것들은 우리들의 것이고, 저는 하느님에게서 그러한 선물을 많이 받았습니다. 그분은 저를 자신의 모습과 닮게 만들었고, 저에게 이해심을 주었고, 그분은 저를 자신의 영광으로 불렀고, 저에게 자신의 왕국의 문을 이미 열어주었습니다. 제가 그렇게 큰 많은 선물에 대해 그분을 찬미해야 하는 것은 옳습니다!'

젊은이는 그 처녀가 얼마나 지혜로운지를 보고, 그녀의 아버지에게 청혼을 했습니다. 그 아버지는 대답했습니다. '당신은 부유하고 고귀한 혈통 출신이고 저는 가난한 사람이기 때문에, 제 딸과 결혼할 수 없습니다.' 그러나 젊은

이는 고집을 부렸고, 그 노인은 말했습니다. '나의 딸을 당신에게 줄 수 없고 당신이 나의 딸을 당신 아버지의 집으로 데려가게 할 수도 없습니다. 그녀는 내가 가진 전부입니다.' 젊은이의 대답은 '저는 당신과 함께 머무를 것이고 당신의 삶을 그대로 살 것입니다!'였습니다. 그는 자신의 좋은 옷을 벗은 후 노인의 누더기를 입고, 노인과 함께 머물면서 그 처녀를 아내로 삼았습니다. 그녀의 아버지는 오랫동안 그를 시험한 후에 신방으로 데려갔고, 엄청나게 많은 양의 보물을 보여주고, 그에게 전부 주었습니다."

요사팟은 다음과 같이 말했다. "저는 그 이야기에서 저 자신을 보고, 당신이 정말로 저에 대해 이야기 하는 것 같습니다. 그러나 사부님, 당신의 나이가 어떻게 되는지, 어디에 사는지 말씀해 주십시오. 저는 당신에게서 떨어지기를 원하지 않습니다!" 바를라암: "나는 45세이고 나는 센나아르 땅에 있는 사막에서 삽니다." 요사팟: "사부님, 당신은 저에게 70세에 가깝게 보이십니다!" 바를라암: "만일 당신이 태어날 때부터 계산하여 나의 나이를 알기를 원한다면, 당신은 정확히 계산하였지만, 내가 세상의 허망함 속에서 보냈던 연수(年數)를 내 생명의 연수로 계산하지 않았습니다. 왜냐하면, 그때 내 안의 사람은 죽었고, 나는 생명의 연수가 아니라 죽음의 연수로 계산하였기 때문입니다." 요사팟은 바를라암을 따라 사막으로 가고 싶어 했지만 바를라암은 말했다. "만일 그렇게 하면, 당신의 일행을 포기해야 하고 나의 형제 수도승들은 박해를 받을 것입니다. 시의적절한 시간을 기다리십시오, 그런 다음 당신은 나에게 올 것입니다." 그래서 바를라암은 왕의 아들에게 세례를 주고, 자신의 가르침을 완결하고, 그에게 입맞춤한 후 자신의 땅으로 돌아갔다.

왕은 아들이 그리스도인이 되었다는 것을 듣고 슬픔에 잠겼다. 그때 이름이 아라키스(Arachis)인 왕의 친구가 위로하며 말했다. "오 왕이여, 저는 우리 종교를 공유하고, 모든 점에서 바를라암을 닮은 나코르(Nachor)라는 이름의 나이든 은수자를 알고 있습니다. 우리가 이 은수자를 바를라암인 척하게 할 것이고, 그리스도교 신앙을 옹호하는 것으로 시작한 다음 논쟁에서 이긴 후 자신이 가르쳤던 모든 것을 철회할 것입니다. 그러면 당신의 아들은 우리에게 돌아올 것입니다." 귀족인 왕의 친구는 큰 부대를 소집하고, 자신이 말했던 바를라암을 찾아서 출발했고, 그는 은수자를 발견한 후 자신이 바를라암을 데려간다고 소문을 냈다. 왕의 아들 요사팟은 스승이 체포되었다는 것을 듣고 비통하게 울었지만, 그 후에 하느님의 계시로 체포된 그 사람은 바를라암이 아니라는 것을 알았다.

아벤니르 왕은 요사팟에게 말했다. "나의 아들아, 너는 나에게 큰 슬픔을 안겨주었고, 너는 나의 백발을 욕되게 하고 내 눈의 빛을 앗아갔다. 나의 아들아, 왜 너는 이것을 하였느냐, 왜 나의 신들에 대한 숭배를 단념하였느냐?" 요사팟: "아버지, 저는 어둠을 피해 빛으로 달려갔고, 오류를 단념하고 진리를 인정하였습니다. 그러니 헛된 수고를 하지 마십시오! 아버지는 저를 그리스도에게서 돌아오도록 부를 수 없을 것입니다. 아버지의 손으로 높은 하늘을 만지는 것도 불가능하고 깊은 바다의 물을 마르게 하는 것도 불가능하다는 사실을 아십시오!" 왕: "그 어떤 아버지보다 더 관대하게 너를 대하였음에도 이 병을 가져왔던 것은 나 자신 외에 누구이겠는가? 이에 대한 대가로 너의 비뚤어진 의지와 너의 억제되지 않은 호전성이 나를 분노하게 만들었다. 네가 태어났을 때 점성가들이 네가 거만하고 부모에게 불순종할 것이라고 말한 것이 옳았다! 그러나 이제, 내가 명령한 대로 하지 않으면, 나의 아들임을 포기해야 할 것이다. 나는 더 이상 너의 아버지가 아니라 적이 될 것이고, 내가 이전에, 심지어 나의 적들에게도 결코 하지 않았던 것을 너에게 할 것이다!" 요사팟: "오 왕이시여, 어찌하여 제가 좋은 것의 공유자가 되었다고 해서 슬퍼하십니까? 무엇이 아버지가 아들의 행복을 안타까워하는 것처럼 보이게 하였습니까? 그런 까닭에 저는 더 이상 당신을 아버지라 부르지 않고, 만일 저를 반대한다면, 저는 독사를 피하는 것처럼 당신을 피할 것입니다!"

화가 난 왕은 아들을 버려두고 친구인 아라키스에게 가서 요사팟이 얼마나 완고한지 말했다. 아라키스는 아들에게 거친 말을 사용하지 않도록 충고했다. 부드럽고 상냥한 말이 아들에겐 좀 더 끌릴 것이기 때문이다. 그래서 다음 날, 왕은 요사팟에게 가서 그를 안고 입을 맞추며 말했다. "나의 가장 사랑하는 아들아, 아버지의 백발을 명예롭게 해다오! 아버지를 존경하여라! 아버지에게 순종하여 기쁘게 만드는 것이 좋은 일이요, 반대로 화나게 하는 것이 나쁜 것임을 알아야 한다! 아버지를 화나게 하는 사람들은 비참하게 죽는다!" 요사팟은 대답했다. "사랑할 때가 있고 순명할 때가 있으며, 평화를 위한 때가 있고 전쟁을 위한 때가 있습니다. 우리는 하느님에게서 멀어지게 하려는 자들에게는, 비록 그들이 어머니나 아버지라 하더라도 순명해서는 안 됩니다."

요사팟의 완고한 결심을 본 왕이 말했다. "네가 나에게 불순종하기를 고집하는 것을 보고 있다! 어쨌든 와라, 그리고 우리 둘 다 같은 진리를 모두 믿으려고 하자! 너를 잘못 인도한 바를라암이 나에게 포로로 잡혀 있다. 우리의 사람들과 너의 사람들이 바를라암을 만나게 하자. 그리고 나는 포고관을 보내어 갈릴래아파(Galilaei)에게 오는 것을 두려워하지 않도록 설득할 것이다. 그런 다음 논쟁을 시작하자. 그리고 만일 너의 바를라암이 이긴다면, 우리는 너의 믿음을 받아들일 것이지만, 만일 우리의 사람들이 이긴다면 너는 우리 뜻에 동의해야 할 것이다!" 요사팟은 이 제안에 동의했고, 왕과 그의 부하들은 가짜 바를라암인 나코르와 만남이 진행되는 방식을 조정했다. 나코르는 먼저 그리스도인들의 믿음을 옹호하는 척 한 다음, 토론에서 자신을 능가하도록 내버려 둘 것이었다.

이제 당사자들이 소집되었고, 요세팟은 나코르에게 말했다. "바를라암, 당신이 저를 어떻게 가르쳤는지 당신은 압니다. 만일 지금 당신이 저에게 가르쳤던 그 믿음을 성공적으로 옹호한다면 저는 살아있는 동안 그 믿음을 지킬 것이지만, 만일 패배한다면 저는 당신에게 저의 굴욕을 복수할 것입니다. 저는 당신의 심장과 당신의 혀를 자른 후 개들에게 먹이고, 다른 사람들이 오류로 왕의 아들을 인도하는 염치없음을 그만두게 할 것입니다!" 이 말은 나코르를 슬프게 할 뿐만 아니라 두렵게 만들었다. 나코르는 자신이 판 구덩이에 빠진 것을 보았고 … 자신의 올가미에 자신이 걸렸다는 것을 알았다. 나코르는 잠시 생각한 후에, 죽음의 위협을 피하기 위해서는 왕의 아들 편에 있는 것이 더 낫다고 결정했다. 왜냐하면, 왕은 공개적으로 그에게 두려움 없이 자신의 믿음을 변호하라고 말했기 때문이다. 그때 왕의 수사학자(rhetor) 중 한 사람이 일어나 말했다. "당신이 왕의 아들을 못된 길에 빠지게 인도한 바를라암인가?" 바를라암(나코르): "저는 바를라암입니다. 그러나 저는 왕의 아들을 오류로 이끌지 않았고, 오히려 오류로부터 해방시켰습니다!" 수사학자: "명성이 있는 사람들, 칭찬할 만한 사람들은 우리의 신들을 숭배하였습니다. 어떻게 당신은 감히 그들에 대항하여 반역할 수 있습니까?" 나코르(바를라암): "칼데아인, 그리스인, 이집트인은 피조물을 신이라고 부르는 잘못을 하였습니다. 칼데아인은 요소(要素)들을 신으로 생각했고, 요소들은 사람에게 유익하도록 창조된 것임에 반하여, 칼데아인은 그들의 지배에 종속되고 많은 열정으로 타락되었습니다. 그리스인은 사악한 사람들을 신이라고 생각합니다. 예를 들어 그들이 말하는 사투르누스(Saturnus)는 자기 아들들을 먹고, 그의 생식기를 잘라 바다에 던졌습니다. 그것들로부터 베누스(Venus)가 태어났고, 사투르누스는 자신의 아들 요비스(Jovis)에 의해 사로잡혀 지옥에 던져졌습니다. 또한, 요비스는 신들의 왕으로 묘사되지만, 종종 간음을 범하기 위해 여러 가지 동물로 변했다고 말합니다. 그들은 베누스 또한 간음을 범한 여자였다고 말합니다. 베누스는 마르스(Mars)를, 다른 때에는 아도니스(Adonis)를 자신의 연인으로 가졌기 때문입니다. 이집트인은 동물들, 즉 양, 송아지, 돼지 같은 것을 숭배했습니다. 반면에 그리스도인들은 가장 높은 분의 성자(聖子), 즉 하늘로부터 내려왔고 사람의 살을 취하였던 성자를 흠숭합니다." 나코르는 계속해서 그리스도인들의 신앙을 옹호하고, 올바른 추론으로 수사학자들의 말문을 막히게 하고 어떠한 반박도 못하게 했다.

요사팟은 주님이 진리의 적을 통해 진리를 옹호했다는 것을 기뻐하였지만, 왕은 분노하여 이 문제를 다음날 다시 계속할 것처럼, 그 모임을 휴회하도록 명령했다. 요사팟은 아버지에게 말했다. "우리는 내일 사용할 대답을 잘 진행할 수 있도록 오늘 밤 제 스승이 저와 함께 머물고, 아버지는 아버지의 사람들과 의논하거나, 그렇지 않으면 아버지의 부하들을 저와 함께 두고 제 부하를 데려가십시오. 만약 그렇지 않으면 아버지는 정의를 행하는 것이 아니라 폭력을 행하는 것입니다." 이에 왕은 나코르를 요사팟과 함께 머물게 했고, 여전히 나코르가 아들을 설득할 수 있기를 희망했다. 하지만 집에 돌아온 요사팟은 나코르에게 말했다. "내가 당신이 누구인지 모른다고 생각하지 마십시오. 나는 당신이 바를라암이 아니라 점성술사인 나코르임을 압니다!" 그리고 나코르에게 구원의 방법을 설교하며 믿음으로 돌아오게 하고, 아침에 그를 사막으로 보내어 그곳에서 세례를 받고 은수자의 삶으로 인도했다.

테오다스(Theodas)라는 이름의 마법사(magus)는 무엇이 진행되고 있는지 들었고, 왕에게 가서 자신이 그의 아들을 아버지의 법으로 돌아오게 만들겠다고 약속했다. 왕이 말했다. "만일 당신이 이 일에 성공한다면, 나는 당신의 금상(金像)을 세우고, 신들에게처럼 제물을 바칠 것이다!" 테오다스: "그의 주변에서 그의 사람을 모두 없애고, 매력적이고 호화롭게 차려입은 여자들이 항상 그와 함께 있게 하고, 그를 기다리면서 그가 하고 싶은 대로 하게 하고, 절대로 그를 혼자 두지 않도록 하십시오. 그리고 저는 저의 영혼들 중 하나를 그에게 보내 그의 안에 불타는 성욕의 불을 놓도록 할 것입니다. 여인의 얼굴만큼 젊은 사람을 확실히 유혹하는 것은 아무것도 없기 때문입니다." 테오다스는 계속해서 말을 늘어놓았다. "한 왕이 있었습니다. 갓난 아들이 하나 있었고, 의사들은 만일 10년 안에 그 아기가 태양이나 달을 보면 시력을 잃을 것이라고 말했습니다. 따라서 왕은 바위를 깎아 견고한 동굴을 만들고 아들을 10년 동안 그곳에 가두었습니다. 그 시간이 지나자, 왕은 모든 것을 그 소년 앞에 놓으라고 명하며 그 이름과 그 모든 것을 알게 하였습니다. 그래서 금과은, 보석, 화려한 의복, 왕의 말들, 그리고 모든 종류의 것을 보여주었고, 그가 각 물건의 이름을 물으면 하인들은 적절한 대답을 하였습니다. 그 소년이 무엇이 여자에 해당되는 말인지 물었을 때, 왕의 검을 드는 시종이 농담처럼 남자를 유혹하는 악령이라고 말했습니다. 왕이 아들에게 그가 보았던 모든 것 중 가장 좋았던 것이 무엇이냐고 묻자, 그는 대답하였습니다. '아버지, 남자들을 유혹하는 악령들 외에 또 무엇이 있겠습니까? 그들이 그랬던 것처럼 제 영혼에 불을 지른 것은 아무것도 없습니다!' 그러니 당신의 아들을 속일 수 있는 다른 방법이 있다고 생각하지 마십시오!"

왕은 요사팟의 시중을 들던 모든 사람을 쫓아내고, 그의 성욕을 돋우기 위해 사랑스러운 여자들을 요사팟과 함께 지내게 했다. 그에게는 볼 사람도 없었고, 이야기할 사람도, 함께 식사할 사람도 없었다. 마법사가 보낸 악한 영이 젊은 그에게 들어가 내면에 있는 화로에 불을 붙였다. 그래서 악한 영은 내적으로 그를 부추겼고 여자들은 외적으로 그의 열정을 부채질했다. 자신이 포위되었음을 느낀 요사팟은 몹시 고통을 받았고 자신을 전적으로 하느님에게 의탁했다. 그 결과 위로부터 위로를 받았고 모든 유혹이 그를 떠났다.

그때 왕의 딸이었으나 자신의 왕인 아버지를 잃은, 매우 아름다운 처녀가 요사팟에게 보내졌다. 하느님의 사람이 그녀에게 설교하자 그녀가 대답했다.

"만일 당신이 우상을 섬기는 일에서 저를 구원하기를 원한다면, 결혼의 유대 안에서 저와 결합되어야 합니다. 그리스도인들은 결혼 생활을 혐오하지 않고 찬미하기 때문입니다. 그들의 성조(聖祖)들과 예언자들과 베드로 사도 모두 아내가 있었습니다!" 요사팟: "여인이여, 당신이 그렇게 이야기해도 아무 소용이 없습니다. 그리스도인들은 결혼할 수 있지만, 자신의 동정을 유지하기로 그리스도에게 약속했던 사람은 결혼할 수 없습니다." 그녀: "만일 그것이 당신이 원하는 길이라면, 그렇게 하십시오. 그러나 만일 당신이 나의 영혼을 구하기를 원한다면, 작은 소원 하나를 들어주십시오. 오늘 밤 저와 함께 누워 있으십시오. 그것이 전부입니다. 그리고 저는 그리스도인이 될 것이라고 약속합니다! 당신이 말한 것처럼 만일 죄인 한 사람이 회개하여 하느님의 천사들 앞에서 기뻐하면(루카 15, 7. 10 참조), 회심하게 하는 사람에게 합당한 큰 보상이 있지 않습니까? 정말로 제가 원하는 이 한 번이면 됩니다. 그러면 그렇게 당신은 저를 구할 것입니다!" 이렇게 그녀는 그의 영혼의 탑을 세게 때렸다.

악령은 이것을 보고 자기 동료들에게 말했다. "저 아가씨가 이 남자의 결심을 얼마나 강하게 흔들었는지 우리는 보았습니다. 하지만, 우리는 그를 전혀 흔들 수 없었습니다. 그렇다면 갑시다! 우리는 적절한 기회를 찾아 우리 모두의 힘으로 그를 공격하도록 합시다!" 그 거룩한 젊은이는 자신을 끌어당기는 탐욕과 악마가 제안한 한 소녀의 구원에 대한 걱정이 자신을 어지럽히고 있음을 감지했다. 그는 눈물을 터트렸고 기도에 전념했다. 그는 기도하다 잠이 들었고 아름다운 꽃이 활짝 핀 풀밭으로 인도되는 것을 보았고, 그곳에서 나무 잎사귀가 부드러운 산들바람에 휘날리며 부드러운 속삭임과 놀라운 향기를 내며, 아름답고 맛있어 보이는 과일이 있었고, 금과 보석들이 박힌 의자들과 값비싼 덮개로 장식된 소파가 여기저기에 배치되었고, 매우 깨끗한 물들이 흘러나왔다. 그런 다음 그는 벽이 번쩍이는 금으로 되어 있고, 인간의 귀에는 들을 수 없었던 찬가들을 천상의 군대가 노래하는 도시로 옮겨졌다. 그때 한 음성이 그에게 말했다. "이곳은 축복받은 사람들의 거처이다!" 그를 이끌었던 사람들이 그를 데려가려고 하였지만, 그는 자신이 있는 곳에 머물게 해달라고 요청했다. 그들은 대답했다. "정말로 당신의 힘이 버틸 수 있다면, 당신은 엄청난 노동을 대가로 여기까지 올 것입니다!" 그런 다음 그들은 그를 썩은 냄새가 가득한 칠흑같이 어두운 장소로 이끌었고, 한 음성이 말했다. "이곳은 사악한 사람들의 거처이다!" 그가 깨어났을 때, 그 처녀와 다른 것들의 아름다움은 그에게 똥보다도 더한 악취를 내뿜는 것으로 여겨졌다.

테오다스가 악한 영들에게 실패에 대해 신랄하게 비판하자 악한 영들이 말했다. "우리는 그가 십자성호를 긋기 전에 공격하여 많은 어려움을 주었으나, 그가 그 표시로 자기 자신을 감쌌고, 충분히 무장하고 우리를 추격하였습니다!" 테오다스는 왕과 함께 요사팟에게 들어가 자신이 마침내 그를 설득할 수 있을지도 모른다고 희망했다. 그러나 마법사 테오다스는 체포되어 개종되었고, 세례를 받은 후 칭찬할 만한 삶을 살았다.

절망한 왕은 친구들의 충고를 받아들여 아들에게 왕국의 반을 넘겼다. 요사팟의 유일한 열망은 사막으로 가는 것이었으나, 그리스도교 믿음을 전파하기 위해 당분간 통치하기로 동의했다. 자신의 도시들에 성당들과 십자가들을 건립했고 모든 백성을 그리스도에게로 개종시켰다. 그의 아버지도 마침내 아들의 논증을 깨닫게 되었고 그리스도에 대한 믿음을 받아들이고 세례를 받은 후, 왕국 전체를 요사팟에게 양도했다. 그 후 요사팟의 아버지는 선행에 헌신했고 고결하게 삶을 마감했다.

요사팟은 바라키아스(Barachias)가 왕이 될 것이라고 선포하고 여러 차례 도망가려고 하였지만, 항상 백성들에게 붙잡혔다. 그러나 마침내 도망쳤다. 그가 사막을 가로질러 갈 때, 자신의 왕의 의복을 가난한 사람에게 주었고 단지 최소한의 의복만 유지했다. 악마가 그를 잡기 위해 많은 올가미를 놓았다. 때때로 악마가 요사팟에게 저항하면 죽이겠다고 칼로 위협했다. 어떤 때는 무시무시한 울부짖음과 함께 야수의 모습으로 나타나기도 했다. 그러나 요사팟은 말했다. "주님께서 나를 위하시니 나는 두렵지 않네. 사람이 나에게 무엇을 할 수 있으랴? 주님은 나를 도우시는 분이시니 나를 미워하는 자들을 나는 내려다보리라."(시편 118, 6-7) 요사팟은 사막에서 2년 동안 떠돌며 살았지만, 바를라암을 찾지 못했다. 그러나 마침내 그는 한 동굴을 발견했고, 입구에 서서 말했다. "저를 축복하소서, 사부님, 저를 축복하소서!" 그의 목소리를 들은 바를라암은 서둘러 나왔고, 서로 강렬하게 포옹했다. 요사팟은 하느님에게 마음으로부터의 감사를 봉헌하였던 바를라암에게 자신의 모든 경험을 자세히 이야기했다. 요사팟은 그곳에서 놀라운 금욕과 덕(德)으로 여러 해 동안 살았다. 바를라암은 서기 약 380년에 평화중에 자신의 날을 끝냈다. 25세에 자신의 왕좌를 양위하였던 요사팟은 35년간 은수자의 삶을 살았으며 많은 덕으로 단장한 후 평화롭게 죽어 바를라암의 시신 옆에 매장되었다. 이 소식을 들은 바라키아스 왕은 큰 군대를 거느리고 두 시신을 경건하게 자신의 도시로 옮겼다. 그들의 무덤에서 많은 기적이 일어났다.

···⊱ 181 ⊰···

성 펠라지오 교황
랑고바르디인들의 역사

펠라지오(Pelagius) 교황은 존경할 만한 모범으로 자신의 직무를 수행하고 마침내 선행으로 가득 찬 영원한 공로에 도달한 매우 거룩한 사람이었다. 이 펠라지오는 그 이름의 첫 번째 교황이었고, 교황 성 그레고리오의 직계 전임자는 아니었다. 요한 3세가 펠라지오 1세를 계승하였고, 베네딕도 1세가 요한의 뒤를 이었고, 그다음에 펠라지오 2세가, 그런 다음 그레고리오 1세였다.

랑고바르디(Langobardi, Lombards)족이 이탈리아에 들어온 것은 펠라지오 1세의 통치 기간(556-561) 동안이었다. 많은 사람이 이 민족의 역사를 알지 못하기 때문에, 랑고바르디족의 역사가인 바오로가 편찬하였고 그 세부 사항이 다양한 연대기들에 기록되어 있기 때문에 나는 그들의 역사를 여기에 삽입하기로 결정했다.

랑고바르디족은 북쪽 대양(大洋)의 지역에서 온 다산(多産)하는 게르만족의 부족(部族)이었다. 그들은 스칸디나비아의 섬에서 판노니아(Pannonia)에 올 때까지, 여러 땅을 거치며 싸웠고 이곳에 당도해 정착했다. 그들은 처음에는 '위눌리'(Winuli)라고 불리다가 후에 '랑고바르디'로 불렸다.

그들이 독일에서 정착하는 동안, 그들의 왕 아길문트(Agilmund)는 일곱 명의 사내아이를 발견했다. 아이들의 어머니인 매춘부는 한 번의 출산으로 일곱 명을 낳은 후 양어장에 던져 버렸다. 우연히 그곳에 온 왕은 창으로 그들을 건지려 했는데 한 아기가 손으로 칼날을 잡았다. 아길문트는 깜짝 놀라 그 아기를 데려다 돌봤다. 왕은 그에게 라미시오(Lamissio)라고 이름을 지어주고 그를 위한 위대한 미래를 예견했다. 라미시오는 아길문트가 죽었을 때 랑고바르디족이 자신을 왕으로 추대할 만큼 용감한 사람으로 성장했다.

이 시기(서기 480년)에, 에우트로피오스(Eutropius)가 우리에게 말하는 것처럼 한 아리우스주의자 주교가 바르바(Barba)라는 사람에게 "나는 성부의 이름으로, 성자를 통하여, 성령 안에서 바르바 당신에게 세례를 줍니다."라고 말하면서 세례를 주었다. 이는 아리우스주의자들이 주장한 것처럼, 성자와 성령이 성부보다 열등하다는 것을 보여주기 위한 것이었다. 무슨 일이 일어났을까? 세례 수가 즉시 사라졌고, 세례 후보자는 참된 교회로 피신했다.

메다르도(Medardus)와 길다르도(Gildardus) 성인들이 이 시기에 활약했다. 그들은 같은 날에 태어난 이복형제였고, 같은 날에 주교로 축성되었고, 같은 날에 죽어 그리스도에 의해 올려졌다.

우리는 어떤 연대기에서 조금 더 이른 시기(약 450년경) 아리우스주의 이단이 갈리아 전역에 퍼지고 있을 때, 시지베르토(Sigibertus)는 복된 삼위일체의 세 위격의 실체(substantia)가 일치됨이 기적으로 증명되었다고 기록으로 전한다. 바자스(Bazas) 시의 주교는 미사를 봉헌하는 중에 같은 양의 깨끗한 세 방울의 물이 제대에 떨어져 함께 흘러 결합되면서 가장 아름다운 보석으로 형성되는 것을 보았다. 주교는 그 보석을 황금 십자가의 중앙에 넣었고, 즉시 다른 보석들이 떨어져 나갔다. 시지베르토는 이 특별한 보석은 사악한 사람에게 광택이 안 보이지만 선한 사람에게는 찬란하게 보였고, 병자에게 건강을 주었으며 그 십자가를 공경하는 모든 사람의 신심을 증진시켰다고 덧붙였다.

나중에 랑고바르디족의 강하고 고집 센 왕 알보이누스(Alboinus)는 게피다이(Gepidae)족과 전쟁을 하여 왕을 죽이고 승리했다. 왕위를 계승받은 게피다이족의 아들은 복수를 위해 강력한 군대를 이끌고 알보이누스를 공격했지만, 알보이누스는 또다시 승리하고 그 아들을 죽이고, 왕의 두개골로 사발을 만들어 은으로 감싸 술잔으로 사용했다. 또한 그 왕의 딸인 로시문다(Rosimunda, Rosamund)를 붙잡아 아내로 만들었다.

그 당시 소(小) 유스티누스가 제국을 통치했다. 유스티누스는 내시이면서 강하고 용맹한 나르세스(Narses)를 군대 사령관으로 임명했다. 나르세스는 이탈리아 전역을 황폐하게 하였던 고트족(Gothi)을 정복하고 그들의 왕을 죽이고, 그 땅 전체에 평화를 회복했다. 이 위대한 공로가 오히려 나르세스를 향한 로마인들의 적의를 불러 일으켰고 거짓고발을 함으로써 황제는 그를 해임했다. 황제의 아내 소피아(Sophia)는 나르세스에게 하녀들과 함께 실을 잣고 양털을 뽑도록 해서 굴욕감을 주었다. 나르세스는 소피아에게 이런 대우에 대해 항변했다. "저는 살아있는 한 뚫을 수 없는 그물로 당신을 엮을 것입니다."

　　나르세스는 나폴리로 달아나서 랑고바르디족에게 판노니아의 메마른 땅을 버리고 이탈리아의 비옥한 땅을 손아귀에 넣으라고 유혹했다. 이 전갈을 받은 알보이누스는 서기 568년에 판노니아를 떠나 랑고바르디족과 함께 이탈리아로 들어갔다.

　　랑고바르디족 남자들은 매우 긴 턱수염을 기르는 관습이 있었다. 한번은 상대 정찰병들이 그들을 정탐하러 가는 길에, 알보이누스가 여성들에게 머리카락을 내리고 턱 주위로 모으라고 명령하여 정찰병들이 그들 또한 턱수염이 난 남자들이라고 생각하게 했다고 한다. 이로 인해 이 사람들을 '랑고바르디'라고 불렀으며, '바르다'(barda)는 그들의 언어로 '턱수염'을 뜻하는 단어였다. 다른 사람들은 위눌리족이 반달족과 싸우려고 할 때, 예언의 영을 가진 사람을 불러서 승리를 기원하고 축복해 달라고 요청했다고 한다. 그 선견자의 아내는 그가 아침에 동쪽을 바라보며 기도하던 창가 아래에서 만나 그들의 여자들에게 머리를 턱 아래로 묶게 하라고 충고했다. 그 선견자가 창문을 열고 이 모든 사람을 보고 외쳤다. "이 긴 수염을 가진 사람들(Langobardi)은 모두 누구인가?"라고 했다. 그의 아내 또한 그 이름으로 불리는 사람들이 승리할 것이라고 말했다.

　　랑고바르디족은 이탈리아를 황폐화시켰고 대부분의 도시를 점령하고 주민들을 학살했다. 3년에 걸친 공격 끝에 알보이누스 왕이 모든 그리스도인을 죽일 것이라고 맹세한 파비아(Pavia)를 함락시켰다. 그러나 알보이누스 왕이 도시에 들어가려고 하자, 말이 무릎을 꿇어버렸고 아무리 박차를 가해도 일어서지 못했다. 이는 한 그리스도인의 훈계에 왕이 맹세를 포기할 때까지 지속되었다. 그런 다음 랑고바르디족은 밀라노를 점령하고 로마와 로마닐리아(Romanilia, Romagna, 항상 로마와 연합하였기 때문에 "또 하나의 로마"(altera Roma)라고 불림)를 제외하고 거의 모든 이탈리아를 단시일에 정복했다.

한번은 베로나(Verona)에 있을 때, 알보이누스는 큰 잔치를 열었고 왕의 두개골로 만든 잔을 요구했다. 그런 다음 아내 로시문다(Rosamunda)에게 "너의 아버지로 마셔라!"라면서 그 잔으로 술을 마시게 했다. 그 의미를 알고 있는 로시문다는 격렬한 증오심을 느꼈다. 알보이누스의 장군 중 하나가 왕비의 하녀와 성교를 했다. 그리고 어느 날 밤 왕이 없을 때, 로시문다는 이 하녀의 방으로 들어가 하녀인 척하면서 장군을 부르며 오라고 했다. 장군이 왔고, 왕비는 그와 동침한 후에 말했다. "내가 누구인지 아십니까?" 장군은 사랑스러운 애인이라고 대답했다. 왕비는 "천만에요! 나는 로시문다이고 오늘 밤 당신은 알보이누스를 죽이거나 당신이 알보이누스의 칼에 죽을 짓을 했습니다. 그러니 당신에게 원하는 것은, 나의 아버지를 죽이고 아버지의 두개골로 술잔을 만들고 그 잔으로 술을 마시게 한 남편에게 복수해 주십시오."라고 말했다.

그녀의 말을 따르기를 꺼린 장군은 그 일을 대신 처리할 사람을 찾겠다고 약속했다. 그래서 왕비는 왕의 무기들을 치우고, 광도검(廣刀劍)을 침대 머리에 늘어뜨린 칼집에 꽂아서, 그 칼이 뽑히지 않게 했다. 그런 다음 알보이누스가 잠들자, 살인자가 침실로 들어가려고 했다. 소리를 들은 왕은 침대에서 벌떡 일어나 칼에 손을 뻗었지만 칼이 뽑히지 않자 칼집으로 대담하게 방어했다. 그러나 잘 무장한 공격자는 왕을 제압하고 죽였다. 그런 다음 모든 궁전 보물을 가지고 로시문다를 데리고 라벤나(Ravenna)로 도망쳤다. (그래서 그렇게 말한다.) 이제 그녀는 라벤나의 잘생긴 총독에게 눈독을 들였고 남편으로 원했다. 그래서 자기 연인의 포도주에 독을 넣었다. 포도주를 마신 그는 쓴맛을 느끼고 그 여자에게 나머지를 마시라고 명령했다. 거부하는 그녀에게 작은 검을 뽑아 강제로 마시게 했고 결국 둘 다 죽었다.

얼마 후 랑고바르디족의 다른 왕인 아달라오트(Adalaoth, Authari)는 그리스도교 믿음을 받아들이고 세례를 받았다. 랑고바르디족의 여왕이자 신앙심이 깊은 그리스도인인 테오돌리나(Theodolina, Theodelinda)는 몬차(Monza)에 웅장한 성당을 건립했다. 교황 그레고리오는 저서 《대화집》을 여왕 테오돌리나에게 보냈다. 그녀는 남편 아길롤푸스(Agilolfus)를 믿음으로 개종시켰다. 토리노의 공작이었던 아길롤푸스는 랑고바르디족의 왕이 되었다. 여왕은 로마 제국과 교회와 화해하도록 남편을 설득하였고, 성 제르바시오와 프로타시오의 축일에 로마인들과 랑고바르디인들 사이에 평화가 확립되었다. 그레고리오 교황(590-604)은 그 축일의 미사에서 "주님은 당신의 백성에게 평화를 말씀하실 것이다."(Loquetur Dominus pacem in plebem suam)라는 구절을 노래하도록 정했다. 랑고바르디족의 평화와 개종은 세례자 요한의 탄생 축일에 더욱 확실하게 되었다. 테오돌리나는 성 요한에 대한 특별한 신심이 있었는데, 그녀는 자기 백성의 개종을 성 요한의 공로로 돌렸다. 그리고 이 성인이 랑고바르디 민족의 수호자이고 옹호자라는 것이 한 거룩한 사람에게 계시되었다.

교황 그레고리오가 죽고 사비니아노(Sabinianus, 604-606)에게 계승되었다. 그후에 보니파시오 3세(607)와 보니파시오 4세(608-615)가 계승했다. 보니파시오 4세의 요청으로 포카스(Phocas) 황제는 서기 610년경 그리스도의 교회에 판테온(Pantheon)*을 기증했다. 포카스는 이미 보니파시오 3세의 요청으로 로마 주교좌는 모든 교회의 으뜸이라고 선언했다. 콘스탄티노폴리스에 있는 교회가 교회들 사이에서 첫째라고 주장했기 때문이다.

서기 610년경 보니파시오 4세 때, 포카스가 죽고 헤라클리우스(Heraclius)가 황제의 자리에 군림하고 있었다. 그때 거짓 예언자이자 마법사인 마구메트(Magumeth, 무함마드[Muhammad], 마호메트[Mahomet])가 사라센인들(Saracenos)이라 불리는 하갈인들(Agarenos) 혹은 이스마엘인들(Ismaelitas)을 잘못된 방향으로 이끌기 시작했다. 이것은 마구메트의 역사와 어떤 연대기에서 읽었듯이, 다음과 같은 방식으로 이루어졌다. 매우 유명한 성직자가 로마 교황청에서 그토록 열망하던 영예를 얻기 불가능해지자 매우 화가 나 바다 너머의 지방으로 달아나 속임수로 수많은 추종자를 끌어들였다. 성직자는 마구메트를 만나 무리의 우두머리가 되기를 원한다고 말했다. 그런 다음 마구메트의 귀에 씨앗 등을 집어넣고 비둘기가 쪼도록 훈련시켰다. 이 행동에 익숙해진 비둘기는 마구메트

---

* 모든 성인의 장(162장)에서 언급한 바와 같이, 본래 로마인들이 자신들의 모든 신을 숭배하려고 건축된 판테온은, 모든 순교자, 그리고 결국에는 모든 성인을 공경하는 그리스도교 성당이 되었다.

를 볼 때마다 그의 어깨에 내려앉아 부리를 귀 안에 밀어 넣었다. 그러자 성직자는 사람들을 불러 모으고 비둘기 형태인 성령이 선택하는 사람을 우두머리로 정하겠다고 했다. 훈련된 비둘기를 몰래 놓아주자, 마구메트의 어깨에 앉아 귀에 부리를 넣었다. 이것을 본 사람들은 성령이 마구메트에게 내려와 하느님의 말씀을 전한다고 생각했다. 마구메트는 이렇게 사라센인들을 속이고, 자신의 지휘 아래 페르시아 왕국을 침략하고 동방 제국을 휩쓸고 알렉산드리아까지 정복했다. 이것은 적어도 대중적인 이야기이지만, 다음의 이야기가 진실에 더 가깝다.

마구메트는 직접 법을 제정하여 구약과 신약 성경 양쪽에 특정 내용을 삽입했다. 그는 이 법과 그 요소를 성경과 비둘기의 형태인 성령에게서 받았다고 거짓말을 했다. 사실 그는 초기에 상인으로서 무역을 하고, 낙타를 타고 이집트와 팔레스티나를 두루 여행하며, 구약과 신약을 배운 그리스도인들과 유다인을 상대했다. 그래서 사라센인들이 유다인의 예식에 따라 할례를 하고 돼지고기를 먹지 않는다. 마구메트는 대홍수 후에 낙타의 똥에서 돼지가 태어났기 때문에 부정하고 더러우므로 먹어서는 안 된다고 설명했다.

사라센인들은 그리스도인과 마찬가지로 한 분이고 유일한 전능하신 하느님, 만물의 창조주를 믿는다. 또한, 거짓 예언자는 오류와 진실을 혼합하여 모세는 위대한 예언자였지만, 그리스도는 더 위대하고 모든 예언자 중 가장 높은 분이고 남자의 씨 없이 하느님의 능력으로 동정녀 마리아에게서 태어난 분이라고 가르쳤다. 또한, 자신의 《알코라누스》(Alcoranus, Quran, Koran)에서, 그리스도가 어렸을 때 진흙으로 살아있는 새를 창조했다고 말했다. 그러나 마구메트는 상당히 해로운 주장을 섞어서 그리스도가 진정으로 고통을 겪거나 죽은 자들 가운데서 부활하지 않았다고 가르쳤다. 이 일을 하였거나 적어도 죽은 사람은 그리스도를 닮은 다른 사람이라고 했다.

그때 그곳에 코로카니카(Corocanica) 지방을 다스리는 카디간(Cadigan, Khadija)이란 이름의 나이 지긋한 부인이 있었다. 그녀는 유다인과 사라센인에게 똑같이 받아들여지고 보호받는 마구메트를 보고 그 사람 안에 신적인 권위가 숨겨져 있다고 생각하고 과부로서 그와 결혼했다. 그리하여 마구메트는 그 지방 전체의 통치자가 되었다. 그는 마술로 카디간뿐만 아니라 유다인과 사라센인까지 속여서 자신이 율법에 약속된 메시아라고 공개적으로 선언했다. 그러나 마구메트는 그 이후로 빈번한 간질 발작을 겪기 시작했다. 이 일을 본 카디간은 가장 부정한 남자이자 간질병 환자와 결혼한 것을 대단히 유감스럽게 생각했다. 그는 그녀의 기분을 좋게 해주고 싶어 다음과 같은 말로 그녀를 달랬다. "대천사 가브리엘이 나에게 자주 말을 걸면서 관상(contemplatio)을 하고, 나는 그의 밝은 얼굴을 견딜 수 없어 기절하고 넘어집니다." 그래서 그녀와 다른 사람들은 그 말을 믿었다.

다른 자료에 의하면, 마구메트를 가르쳤던 세르지우스(Sergius)라는 수도승이 있었다고 한다. 세르지우스는 네스토리우스주의 이단에 빠져 쫓겨난 후 아라비아로 가서 마구메트와 어울렸다. 또 다른 자료는 그가 안티오키아 지역의 대부제(archidiaconus)였고 (그들이 말하는 것처럼) 야곱파(Jacobites)였다고 말한다. 이 종파(secta)는 할례를 행했고 그리스도는 하느님이 아니라 단지 의롭고 거룩한 남자, 성령으로 잉태되어 동정녀에게서 태어났다고 가르쳤다. 이 모든 것을 사라센인들은 단언하고 믿었다. 어쨌든 마구메트에게 구약과 신약 성경에 대하여 많은 것을 가르친 사람은 (그들이 말하는) 세르지우스였다.

마구메트는 어린 시절, 부모가 죽은 후 삼촌의 보살핌 속에 성장했다. 그는 오랫동안 모든 아랍 사람들처럼 우상 숭배를 실천했다. 그는 저서 《알코라누스》에서 하느님이 자신에게 다음과 같이 말했다고 증언한다. "너는 고아였고 나는 너를 양자로 삼았다. 너는 오랫동안 우상 숭배의 오류에 머물렀지만, 나는 너를 우상 숭배 밖으로 이끌었다. 너는 가난했지만 나는 너를 부자로 만들었다." 마구메트와 마찬가지로 모든 아랍인은 자신들의 여신으로 베누스(Venus)를 숭배했다. 이는 그리스도인에게 주일(主日, dies dominica)처럼 사라센인들에게 안식일(Sabbatum, 일주일의 6째 날/dies Veneris)이 왜 거룩한지를 설명한다.

아내인 카디간의 재산으로 부자가 된 마구메트는 아주 대담하게 아랍인의 왕권을 찬탈을 꿈꿨다. 그러나 폭력을 행사할 수 없다는 것을 알았다. 특히 자신보다 키가 큰 동료 부족원들이 자신을 업신여겼기 때문이다. 그래서 그는 무력으로 정복할 수 없는 사람, 즉 자신을 예언자로 내세우기로 결심했다. 이 점에서 그는 매우 기민한 사람인 (앞서 언급한) 스승 세르지우스의 조언을 따랐다. 마구메트는 세르지우스를 눈에 띄지 않게 하고 모든 질문에 대해 세르지오와 상의한 다음, 그의 대답을 대천사 가브리엘에게서 온 것처럼 사람들에게 전달했다. 따라서 마구메트는 예언자로 가장하여 아랍 국가 전체를 장악했으며, 사람들은 모두 기꺼이 또는 칼을 두려워하여 그를 믿었다. 이 설명은 비둘기에 얽힌 이야기보다 더 사실적이고, 그런 까닭에 받아들여야 한다.

그때 수도승이었던 세르지우스는 사라센인이 수도승 옷, 즉 두건 없이 긴 겉옷을 입고, 수도승들처럼 정기적으로 많은 장궤(長跪)와 기도하기를 원했다. 그리고 유다인은 서쪽을 향하고 그리스도인은 동쪽을 향해 기도하기 때문에, 세르지우스는 자기 사람들이 남쪽을 향하기를 원했다. 사라센인들은 오늘날 이 모든 규칙을 준수한다. 마구메트는 모세의 법에서 많은 부분을 가져왔던 세르지오가 자신에게 지시한 많은 법을 반포했다. 따라서 사라센인들은 특히 기도를 위한 준비로 자주 몸을 씻는다. 그들은 기도할 때 정결하기 위해 은밀한 부분, 손, 팔, 얼굴, 입, 그리고 온몸을 씻는다. 그들은 기도에서 동등하지도 비슷하지도 않은 한 분 하느님과 그의 예언자인 마구메트를 고백한다. 그들은 매년 한 달 동안 금식한다. 그 달 동안 밤에 음식을 먹지만 낮에는 먹지 않는다. 그래서 흰색에서 검은색을 구별할 수 있는 시간부터 해넘이까지 아무도 감히 먹거나 마시거나 아내와 접촉함으로써 자기 자신을 더럽히지 않는다. 해가 지고 다음 날 새벽까지 그들은 음식과 음료, 그리고 자신의 아내와 성행위가 허락되었다. 병자와 허약한 사람은 금식의 법에 구속되지 않았다.

그들은 신앙고백으로 1년에 한 번은 메카(Mecha, Mecca)에 있는 하느님의 집으로 가서 하느님을 흠숭하라는 명령을 받았다. 또한 솔기 없는 옷을 입고 집들을 돌며 악마에게 돌을 던지는 방식으로 창문을 통해 돌을 던졌다. 그들은 아담이 이 집을 지었고, 마침내 마구메트가 자신과 모든 백성을 위해 그 집을 차지할 때까지, 아담의 모든 자녀와 아브라함과 이스마엘을 위한 기도의 장소였다고 믿는다.

그들은 돼지고기와 피, 썩은 고기를 제외하고 모든 고기를 먹을 수 있다. 그들은 한꺼번에 네 명의 합법적인 아내를 가질 수 있으며, 그들 중 어떤 한 사람과 이혼할 수 있고 무려 세 번이나 다시 그녀를 받아들일 수 있지만, 아내의 수는 네 명을 넘지 말아야 한다. 그러나 첩이나 여성 노예는 원하는 만큼 많이 둘 수 있으며, 임신한 경우를 제외하고는 첩이든 노예든 자신이 원할 때

파는 것이 합법화되어 있다. 그들의 법은 혈통의 자손을 늘리고 자신들 사이에서 우정의 유대를 강화하기 위해 친척 중에서 아내를 갖는 것을 허용했다. 재산에 대한 다툼이 있을 때, 소송을 제기하는 사람은 증인을 내세워 자신의 입장을 입증해야 한다. 그리고 피고는 맹세로 자신의 무죄를 밝혀야 한다.

간음한 여자와 함께 붙잡힌 남자는 그 여자와 함께 돌로 맞아 죽었고, 다른 여자와 함께 죄를 지은 사람은 80번의 채찍질을 받았다. 그러나 마구메트는 하느님이 천사 가브리엘과 함께 자신에게 전갈을 보내 덕이 높은 사람과 예언자를 낳기 위해 자신은 다른 남자의 아내에게 접근할 수 있도록 허락하셨다는 것을 알렸다. 아름다운 아내를 가진 하인이 있었는데, 그 하인은 아내에게 주인과 이야기하는 것을 금지했다. 그러던 어느 날 하인은 마구메트와 대화 중인 아내를 발견하고 즉시 내쫓았다. 마구메트는 그녀를 자신의 아내들 사이에 포함시켰다. 그러나 사람들이 이것에 대해 불평할까 두려워서, 하늘에서 종이를 가져온 것처럼 가장했다. 그 종이에는 만일 누군가가 아내를 버린다면, 그 여자는 자신을 받아들이는 사람의 아내가 될 수 있다고 쓰여 있었다. 사라센인들은 그것을 오늘날까지 법으로 준수한다. 도둑은 한두 차례는 채찍질로 처벌되고, 세 번째는 한 손이 잘리고, 네 번째는 발을 잃는다. 포도주는 항상 금주하도록 규정되어 있다.

그들은 이런 계명과 다른 계명을 준수하는 모든 사람에게 하느님은 낙원과 시냇물이 넘치는 기쁨의 동산을 약속하였고, 그곳에서 영원한 거처를 갖게 될 것이라고 선언한다. 그들은 추위나 더위로부터 고통을 받지 않을 것이고, 모든 종류의 음식을 먹고, 청하는 것은 무엇이든 즉시 얻을 것이고, 각양각색의 비단 예복을 입게 될 것이다. 그들은 가장 아름다운 동정녀들과의 교제를 즐기고 모든 즐거움 속에 누울 것이다. 천사들은 술 따르는 사람처럼 움직이면서 그들 사이를 돌아다니며 금잔과 은잔을 나르고 금잔에는 우유를, 은잔에는 포도주를 따르면서 "즐거이 먹고 마십시오!"라고 말할 것이다. 마구메트는 낙원에 각각 우유, 꿀, 최고의 향을 낸 포도주가 흐르는 세 개의 강이 있을 것이라고 말한다. 또한, 가장 아름다운 천사들을 보게 될 것이고, 그 얼굴이 너무 커서 한쪽 눈에서 다른 쪽 눈까지 가는 데 하루가 걸린다고 했다.

그들은 하느님도 마구메트도 믿지 않는 사람들에게는, 지옥의 고통이 영원히 있게 될 것이라고 주장했다. 사람이 어떤 죄를 지었다 하더라도 죽음의 날에 하느님과 마구메트를 믿으면, 그 예언자가 심판에서 중재할 것이고 구원받을 것이라고 말한다.

우매한 사라센인들은 이 거짓 예언자(마구메트)가 다른 모든 사람을 능가하는 예언의 영을 가졌고, 10명의 천사가 그를 돕고 보호하고 있다고 단언한다. 그들은 하느님이 하늘과 땅을 창조하기 전에, 그 예언자는 하느님 앞에서 마구메트의 이름을 가졌고, 만일 마구메트가 존재로 운명지어져 있지 않았다면 하늘도 땅도 낙원도 결코 존재하지 않았을 것이라고 덧붙였다. 그들은 달이 언젠가 그에게 왔고, 그는 그 달을 자기 무릎에 가져다가 두 부분으로 나누었다가 다시 합쳤다고 거짓된 주장을 한다. 더구나 그들은 독살된 어린양의 고기가 그 앞에 놓인 적이 있다고 말한다. 그 어린양은 말했다. "제 속에 독이 있으니 저를 먹지 마십시오." 그러나 수년 후에 독이 그에게 주어졌고 그는 죽었다.

이제 랑고바르디족의 역사로 돌려보자. 이 사람들은 그리스도교 믿음을 받아들였지만, 로마 제국에 여전히 심각한 위협이었다. 프랑크 왕국의 궁재(major domus)인 피피누스(Pipinus, Pepin)가 죽고, 그의 아들 카롤루스(Carolus)가 계승하였으며, 그는 투티데스(Tutides)라고 불렸다. 카롤루스는 많은 승리를 획득하고 자신의 두 아들, 카롤루스와 피피누스에게 궁재직을 남겼다. 큰아들인 카롤루스는 세상의 화려함을 버리고 몬테 카시노(Monte Cassino)의 수도승이 되었고, 피피누스는 확고한 통제로 왕궁을 다스렸다. 왕인 킬데리쿠스(Childericus)는 통치자로서 걸맞은 인물이 아니었고, 피피누스는 명목상의 왕이 왕으로 있어야 하는지에 대해 자카리아 교황(741~752)에게 의견을 물었다. 교황은 사실상 왕국을 통치하는 데 있어 잘하는 사람을 왕으로 불러야 한다고 대답했다. 이 대답에 고무된 프랑크족들은 수도승원에 킬데리쿠스를 가두고 서기 740년경에 피피누스를 왕으로 만들었다.*

한편, 랑고바르디족의 왕인 아이스툴푸스(Aistulphus)는 많은 영토에 대한 로

---

* 피피누스 3세(Pippinus III, 714/715~768)가 힘없는 메로빙거 왕조의 마지막이자 무능한 왕인 힐데리쿠스 3세를 폐위하고 왕으로 선출된 것은 751년 11월이었다. – 역자 주

마 교회의 통치권을 빼앗았고, 자카리아를 계승하였던 스테파노 교황(752)은 랑고바르디족에 대항하기 위해 피피누스 왕의 도움을 얻으려고 프랑스로 갔다. 피피누스는 대군을 이끌고 이탈리아로 진군하여 아이스툴푸스를 포위했다. 피피누스는 아이스툴푸스에게서 강탈한 모든 땅을 로마 교회에 반환하고 더 이상 교회를 괴롭히지 않을 것이라는 서약과 함께 40명의 인질을 받았다. 그러나 피피누스가 철수하자 아이스툴푸스는 모든 약속을 파기했다. 그러나 얼마 후 사냥을 하던 중 갑자기 죽었고 데시데리우스(Desiderius)가 뒤를 이었다.

이 모든 것보다 앞서, 아리우스주의 이단에 물든 고트족의 왕 테오도리쿠스(Theodoricus)는 황제의 명령으로 이탈리아를 통치했다. 집정관 지위의 귀족인 철학자 보에시우스(Boethius)와 귀족인 그의 사위 심마쿠스(Symmachus)는 공화국에 영광을 가져왔고 테오도리쿠스에 대항하여 로마 원로원의 권위를 옹호했다. 테오도리쿠스는 보에시우스를 추방한 후 파비아에 투옥했다. 보에시우스는 그곳에서 저서 《철학의 위안》(De consolatione Philosophiae)을 집필했고 마침내 처형당했다. 그의 아내 엘페스(Elpes)는 '세상의 중심인 모든 축일을 통한 행복이여'(Felix per omnes festum mundi cardines)로 시작하는 베드로와 바오로 사도를 기리는 찬미가를 썼다고 한다. 또한 그녀는 다음과 같은 비문을 남겼다.

나는 엘페스라고 불렸고, 시칠리아 지방 출신입니다.
남편의 사랑으로 조국에서 멀리 떠나왔습니다.
나는 지금 한 순례자로 거룩한 문들 앞에서 쉽니다.
영원한 재판관의 옥좌 앞에 증인으로 태어나려고.*

그레고리오의 저서 《대화집》에 따르면, 테오도리쿠스는 갑작스럽게 종말을 맞았고, 한 거룩한 은수자는 환시를 보았다고 한다. 환시에서는 테오도리쿠스에게 죽임을 당했던 교황 요한과 심마코**가 그를 벌거벗기고 불카누스

---

* Elpes dicta fui, Siciliae regionis alumna, / Quam procul a patria conjugis egit amor; / Porticibus sacris jam nunc peregrina quiesco, / Judicis aeterni testificata thronum,

** 심마코(Symmachus, 498~514)와 요한 1세(Ioannes I, 523~526) 교황들을 직접 죽이지는 않았지만, 죽음에 이르도록 만들었다. – 역자 주

(Vulcanus)의 용광로 속에 던져 넣고 있었다.

어떤 연대기는 서기 677년경의 이야기를 기록하고 있다. 피피누스 이전에 오래 통치했던 프랑크족의 왕 다고베르투스(Dagobertus)가 어린 시절부터 성 디오니시오를 크게 공경하였고, 아버지 로타리우스(Lotharius)의 노여움이 두려울 때는 언제든지 그 성인의 성당으로 피신했다고 한다. 하지만 많은 성인들의 성당을 약탈하기도 했다. 다고베르투스가 죽자, 한 거룩한 사람의 환시에서 심판받기 위해 불려온 다고베르투스를 보게 된다. 많은 성인이 왕을 고발하고 있었다. 사악한 천사들이 왕을 붙잡아 지옥으로 던지려고 준비되어 있었지만, 복된 디오니시오의 중재로 그 왕은 자유롭게 되었고 형벌을 면했다. 왕의 영혼이 육체로 돌아가서 보속을 했을 수도 있다. 클로도베쿠스(Chlodovechus, Clovis) 왕은 불손하게 성 디오니시오의 시신의 덮개를 벗기고, 팔 뼈 하나를 부러뜨려 들고 도망갔다. 그 후 얼마 지나지 않아 그는 정신을 잃었다.

서기 687년경, 사제이고 수도승인 베다 존자(Beda Venerabilis)가 잉글랜드에서 빛을 발했다. 베다는 성인들의 목록에 포함되어 있지만, 교회에서는 존자(尊者)로 불린다. 그 이유는 고령으로 시력이 나빠졌을 때, 그에게는 하느님의 말씀을 설교할 도시와 마을로 자신을 인도하는 안내자가 있었다고 한다. 한번은 그들이 큰 돌로 가득 찬 골짜기를 지나가던 중 제자가 그저 장난삼아 말했다. 저기 군중들이 베다의 설교를 듣고자 조용히 기다리고 있다고 했다. 베다는 열렬하게 설교하였고, "세세에 영원히"(per omnia saecula saeculorum)라고 마무리할 때, 돌들이 큰소리로 "아멘, 공경하올 신부님!"(Amen, venerabilis pater)이라고 말한 일이 일어났다. 그 돌들이 기적적으로 그를 "공경하올 분"[尊者]으로 큰 소리로 불렀기 때문에, 그 후부터 그 칭호로 알려지게 되었다. 또는 다른 사람들이 말하는 것처럼, "공경하올 신부님, 당신은 잘 말씀하셨습니다!"라고 응답한 것은 천사들이었기 때문이다. 또 다른 이유는 베다가 죽은 후, 그에게 많은 헌신을 하였던 서기(書記)가 그 성인의 무덤에 새기기를 원했던 운문(韻文)을 작업하고 있었기 때문이다. 그 이행연구(二行聯句, couplet)는 "여기 무덤에 있다."(Hac sunt in fossa)로 시작하였고, 다음 행은 "거룩한 베다의 뼈들"(Bedae santti ossa)이라고 썼다. 그러나 그것은 운문의 음률에 맞지 않았다. 그 서기는 적절한 해결책을 찾지 못한 채 많은 생각을 했다. 그런 다음, 정확한 결말을 찾으려고 밤을 보낸 후에 서둘러 무덤으로 가서 천사의 손이 비문에 새긴 것을 발견했다.

여기 무덤에 있는
베다 존자의 뼈들*

베다는 죽음의 시간이 다가오자, 주님의 승천 축일에 자신을 제대 앞으로 옮기게 하였고, 후렴(antiphona) "아멘, 오 권능의 영광의 왕"(Amen, O Rex gloriae virtutum)을 경건하게 암송했다. 암송을 마치자 평화롭게 마지막 숨을 내쉬었고, 너무나 달콤한 향기가 그곳에 가득하여 모든 사람이 자신이 낙원에 있다고 생각했다. 그의 시신은 제노바(Genova)에서 경건하게 공경을 받는다.

같은 시기에, 서기 700년경 프리지아인의 왕 라코르두스(Rachordus)가 세례를 받으려고 했다. 왕은 한쪽 발을 대야에 담그고 자기 조상들의 대다수가 천국에 있는지 아니면 지옥에 있는지를 물으면서 다른 쪽 발을 담그기를 망설였다. 그들 대부분이 지옥에 있다는 것을 들은 왕은 세례반에서 물러나며 말했다. "소수보다 다수를 따르는 것이 더 거룩하다!" 사흘째 되는 날에 비할 데 없는 선물을 주겠다고 약속하는 악마에게 속아 넷째 날에 그는 갑자기 영원한 죽음을 맞이했다. 이 일은 이탈리아의 캄파냐(Campagna)에서 밀, 보리, 콩이 비처럼 하늘에서 떨어졌던 것과 관련이 있다.

서기 740년경에 성 베네딕도(Benedictus)의 시신이 플뢰리(Fleury)에 있는 수도원으로, 그의 동생 성녀 스콜라스티카(Scholastica)는 르망(Le Mans)으로 옮겨졌다. 몬테 카시노의 수도승 카롤로(Carolus)는 성 베네딕도의 유해를 카시노로 되돌리기를 원했지만, 이 이전(移轉)은 하느님으로부터의 기적적인 징조와 프랑크족의 반대로 저지되었다.

같은 해인 740년경에 엄청난 지진이 일어나 일부 도시가 파괴되었고 나머지는 외딴 저지대들로 여섯 번째 이정표석(4.56km) 이상 움직였다고 한다.

사도 베드로의 딸인 성녀 페트로닐라(Petronilla)의 시신이 이때 옮겨졌다. 그녀의 대리석 무덤 위에 성 베드로가 직접 쓴 "나의 가장 사랑하는 딸 아름다운

* Hac sunt in fossa / Bedae venerabilis ossa

페트로닐라에게"(Aureae Petronillae dilectissimae filiae)라는 비문(碑文)이 있었다. 지기베르토(Sigibertus)가 이것을 기록한다.

그 해에 시리아인들이 아르메니아를 침공했다. 예전에 이 나라는 전염병으로 휩쓸렸고, 사람들은 그리스도인들의 재촉으로 머리카락을 십자가 모양으로 깎았다. 이 표시를 통해 그들의 건강이 회복되었고, 그때부터 이 방식으로 머리를 깎았다.

768년, 많은 정복 끝에 단신왕(短身王) 피피누스(Pipinus Brevis)가 죽고 카롤루스 대제(Carolus Magnus, Charlemagne, Karl der Große)가 프랑크족의 왕좌를 계승했다. 그의 시대에 하드리아노 교황(772-795)은 로마의 주교좌를 다스렸고, 아버지 아이스툴푸스처럼 교회를 괴롭히던 랑고바르디족의 왕 데시데리우스(Desiderius)에 대항하여 카롤루스의 도움을 얻으려고 사절을 보냈다. 카롤루스는 순순히 대군을 소집하여 몽세니(Mont Cenis)를 지나 이탈리아로 들어왔다. 카롤루스는 왕도(王都)인 파비아(Pavia)를 포위했고, 데시데리우스는 아내, 아들, 귀족들과 함께 사로잡혀 갈리아로 유배된다. 또한 카롤루스는 랑고바르디족이 강탈했던 모든 권리를 교회에 복원시켰다. 카롤루스 대제의 군대에는 두 명의 그리스도 군인 아미코(Amicus)와 아멜리오(Amelius)가 있었는데, 그들의 기적적인 행동이 기록되어 있다. 두 군인은 카롤루스 대제가 랑고바르디족을 정복하고 랑고바르디 왕국이 종말을 고한 모르타리아(Mortaria)에서 전사했다. 그때부터 사람들은 황제들이 보낸 왕을 받아들여야 했다.

카롤루스 대제는 로마로 갔고, 교황은 154명의 주교로 구성된 교회회의를 소집했다. 이 교회회의에서 교황은 카롤루스 대제에게 로마 교회를 선택하고 사도좌 주변의 질서를 유지하는 권한을 주었다. 또한, 여러 지방 전체에 걸쳐서 대주교와 주교의 축성 전에 카롤루스 대제로부터 임명을 받아야 한다고 규정했다. 더욱이 그의 아들 피피누스는 이탈리아의 왕으로, 루도비쿠스(Ludovicus)는 아퀴타니아(Aquitania)의 왕으로 로마에서 기름 부음을 받았다. 카롤루스의 스승 알쿠이노(Alcuinus)는 이때 활약했다. 카롤루스 대제의 아들 피피누스는 아버지에 대항한 모반의 판결을 받았고 수도승으로 머리를 밀었다.

서기 780년경, 이레네 황후와 그녀의 아들 콘스탄티누스 시대에, 우리가 한 연대기에서 읽었던 것처럼, 한 남자가 트라케(Thrace)의 긴 성벽 주변을 파헤치고 있었고 석관(石棺)을 발굴했다. 그가 그 관을 깨끗이 하고 뚜껑을 열어 한 시신과 두루마리를 발견했다. "그리스도는 한 동정녀에게서 태어날 것이고 나는 그를 믿습니다. 그리고 당신은, 오 태양이여, 콘스탄티누스와 이레네 황제들의 시대에 다시 나를 보게 될 것입니다."

하드리아노 교황이 죽은 후, 보편적으로 존경받는 사람인 레오(795~816)가 로마 주교좌에 올랐다. 레오의 선출에 분개한 하드리아노의 친척들은 교황이 대기원제(litaniae majores)를 거행하는 동안 대중을 선동하여 레오의 눈을 뽑고 혀를 잘랐다. 그러나 하느님이 기적적으로 그의 말과 시력을 회복시켜 주었다.* 레오는 자신에게 주교좌를 돌려주고 범죄자를 처벌하였던 카롤루스 대제에게 몸을 맡겼다. 그 결과 교황의 지원을 받은 로마인들은 콘스탄티노폴리스에 있는 황제의 통치를 거부하고 만장일치로 카롤루스 대제에게 황제의 영예를 수여하고, 레오 교황의 손으로 황제 왕관을 씌우고, 부제(Caesar)이고 황제(Augustus)로 환호했다. 콘스탄티누스 대제 이후 황제들은 콘스탄티노폴리스를 제국의 소재지로 삼았다. 앞서 말한 콘스탄티누스가 성 베드로의 대리자들에게 로마를 양도하고 콘스탄티노폴리스를 자신의 수도라고 선언했기 때문이다. 칭호의 위엄 때문에 황제들은 로마 제국이 프랑크족의 왕들에게 이양될 때까지 여전히 "로마 황제"로 불렸다. 그 후 동방의 통치자들은 그리스 황제 혹은 콘스탄티노폴리스 황제라 불렸다. 서방은 로마 황제의 칭호를 유지했다.

위대한 카롤루스 대제에 대해 매우 이상한 점 중 하나는 그가 살아있는 동안 딸들 중 누구도 결혼을 허락하지 않았다는 것이다. 그는 딸들과의 관계를 빼앗기는 것을 원치 않았기 때문이라고 말했다. 그의 좋은 조언자 알쿠이노가 썼듯이, 카롤루스 대제는 삶의 전반적인 부분에서 행복하게 살았지만, 이 부분에 대해서는 기구하게도 운명의 악의(惡意)를 느꼈다. 따라서 알쿠이노는 이 문제에 대하여 분명히 했다. 그러나 황제는 그 상황으로 인해 제기되는 어떤 의혹도 모른 척했고, 구설수에도 불구하고 가는 곳마다 딸들을 항상 데리고 다녔다.

---

* 레오 3세 교황의 성격과 일하는 방식이 로마 귀족 사회에 적개심을 불러일으켰고, 799년 4월 25일 미사를 봉헌하러 가는 그를 반역자들이 공격했다. 교황의 눈을 찌르고 혀를 자르려고 하였지만 성공하지 못했다. - 역자 주

카롤루스 대제 때에 암브로시오식 예식이 대부분 폐기되었고 그레고리오식 예식이 장엄하게 반포되었는데, 황제의 권위가 이 변화를 크게 도왔다. 아우구스티노는 자신의 《고백록》에 따르면 암브로시오가 아리우스주의자인 황후 유스티나의 음모에 시달렸다고 한다. 자신의 가톨릭 신자들과 함께 성당 안에 갇혔을 때, 피로와 고통으로 약해지는 신자들을 보호하려고 동방의 방식에서 찬미가와 시편을 노래하는 것을 제정했다고 말한다. 후에 이 성가가 모든 교회에서 채택되었으나, 그레고리오는 많은 부분을 변경하여 추가·삭제를 했다. 확실히 거룩한 교부들은 그 예식의 아름다움에 속한 모든 것을 바로 볼 수 없었고, 나머지 교부들은 다른 부분에 주의를 기울였다. 예를 들어 미사를 시작하는 세 가지 방법이 있다. 초기에는 여전히 성 토요일에 하던 성경 독서로 시작되었다. 그런 다음 첼레스티노 교황(422-432)은 미사를 시작하기 위해 시편 노래를 제정하였고, 그레고리오는 이전에 전체를 노래하였던 시편의 오직 한 구절만 남겨두고 입당송을 노래하도록 명령했다. 더욱이 예전에는 온 회중이 제대 주변에 서서 일종의 월계관을 만들고 함께 시편을 불렀는데, 제대 주변에 있는 성당 일부를 가대(chorus)라 부른다. 그런 다음 플라비아노와 테오도로는 시편을 후렴으로 불러야 한다고 결정했다. 그들은 하느님의 계시로 배운 이냐시오에게서 이런 방식으로 노래를 불렀다. 예로니모는 시편, 서간, 복음, 성가를 제외하고 그날과 밤의 성무일도 대부분을 편곡하였고, 암브로시오, 젤라시오, 그레고리오는 기도와 성가를 추가하여 일과(日課)와 복음에 맞추었다. 암브로시오, 젤라시오, 그레고리오는 미사 때 층계송, 연송(tractus), 알렐루야는 노래되어야 한다고 결정했다. "당신을 기리나이다."(Laudamus te)와 그 뒤에 오는 것은 힐라리오(461-468)가, 또는 다른 저자에 따르면 교황 심마코(498-514) 또는 교황 텔레스포로(125?-136?)가 "하늘 높은 데서는 하느님께 영광"(Gloria in excelsis Deo)을 추가했다. 장크트갈렌(SanktGallen)의 아빠스 노케로(Nocherus, Notker)는 알렐루야의 네우마(neuma) 자리에 부속가(sequence)를 작곡한 최초의 사람이었으며, 니콜라오 교황(858-867)은 미사에서 이러한 부속가를 노래하는 것을 허락했다. 라이헤나우(Reichenau)의 절름발이 헤르만(Hermannus Contractus)은 〈전능하신 왕〉(Rex omnipotens), 〈성령은 저희에게 은총을 도와주기를〉(Sancti Spiritus adsit nobis gratia), 〈아베 마리아〉(Ave Maria), 그리고 교창(交

唱)인 〈구세주의 자애로우신 어머니〉(Alma Redemptoris Mater)와 〈시몬 바르요나〉
(Simon Barjona)를 작곡했다. 콤포스텔라(Compostella)의 베드로 주교는 〈살베 레지
나〉(Salve Regina)를 작곡했다. 그러나 시지베르토는 부속가 〈성령은 저희에게
은총을 도와주기를〉을 프랑크족의 왕 로베르투스가 작곡했다고 말한다.

투르피노(Turpinus) 대주교의 묘사에 따르면, 카롤루스 대제는 풍채가 당당
했고 사나운 눈초리를 가졌다. 그는 키가 8척(236cm)이었고, 얼굴은 한 뼘 반이
고, 턱수염은 한 뼘, 이마는 1척(약 29.5cm)이었다. 그는 갑옷을 입고 말을 탄 기
사와 그 말을 한 번의 칼질로 반으로 쪼갤 수 있었고, 자기 손에 4개의 편자를
잡고 쉽게 구부릴 수 있었다. 그는 한 손으로 똑바로 서 있는 군인을 자신의
머리 높이까지 재빨리 들어 올릴 수 있었다. 그는 저녁 식사로 산토끼 한 마리
나 닭 두 마리, 또는 거위 한 마리를 먹었지만, 물을 섞은 포도주는 조금밖에
마시지 않았다. 사실 그는 술을 매우 조금 마셨기 때문에 보통 한 끼에 두세
모금이면 충분했다. 그는 생애 동안 많은 수도승원을 건축하여 존경받았으
며, 죽었을 때 그리스도를 자신이 가진 모든 것의 상속자로 지정했다.

가장 관대한 사람인 카롤루스의 아들 루도비쿠스(Ludovicus, Louis) 1세는 서기
815년경에 제국을 계승했다.* 그의 재위기간 동안 주교와 성직자들은 금으로
짠 띠, 세심하게 만든 옷, 다른 세속적인 장식품을 벗었다. 오를레앙(Orleans)의
주교 테오둘포(Theodulphus)에 대항한 거짓 고발이 황제에게 제기되었고, 황제
는 그를 앙제(Angers)에서 체포했다. 우리가 한 연대기에서 읽은 것처럼, 성지
주일에 행렬이 테오둘포가 감금된 집을 지나고 있었다. 그는 군중이 조용해
졌을 때, 창문을 열고, 자신이 쓴 아름다운 시 "구세주, 그리스도 왕이여, 당신
에게 영광 찬미와 영예가 있으소서."(Gloria laus et honor tibi sit, rex Christe redemptor)를
낭송했다. 행렬 안에 있던 루도비쿠스는 자신이 들은 말에 만족하여 주교를
풀어주고 다시 주교좌로 돌아가게 했다. 루도비쿠스는 콘스탄티노폴리스의
미카엘 황제 사절들이 그리스어에서 라틴어로 번역된 디오니시오의 책 《위
계》(De Hierarchia)를 선물로 받고 기뻐했다. 그리고 그날 밤에 19명의 병자가 그
성인의 성당에서 치유되었다.

---

* 루도비코 1세의 재위 기간은 814~840년이다. – 역자 주

루도비쿠스가 죽자 로타리우스(Lotharius, Lothar) 1세가 황제를 계승하였지만, 그의 형제들, 카롤루스와 루도비쿠스가 그에 대항해 전쟁을 일으켰다. 양측의 대학살은 사람들 기억 속의 프랑크 왕국이 사라질 만큼 잔혹했다. 마침내 카롤루스가 프랑스의 왕이 되고, 루도비쿠스는 독일의 왕이, 제국의 칭호를 유지한 로타리우스는 이탈리아와 로타린기아(Lotharingia, Lorraine)라고 불리는 프랑스의 한 지역의 왕이 된다는 조약이 체결되었다. 로타리우스는 후에 아들 루도비쿠스 2세에게 제국을 남겨두고 수도복을 입었다.

로타리우스의 시대에 로마 태생인 세르지오(844-847)가 교황이었다. 그의 이름은 원래 오스포르치(Os Porci, 돼지 입)였으나 세르지오로 바꿨다. 그때부터 모든 교황은 새 이름을 취해야 한다는 명령이 내려졌는데, 이는 주님이 사도로 선택한 사람들의 이름을 변경했기 때문일 뿐만 아니라 교황이 이름을 변경한 것처럼 그들도 완전한 삶을 살아야 하기 때문이다. 더군다나 그렇게 높은 지위에 오른 사람은 그 누구도 품위 없는 이름을 부끄러워해서는 안 된다.

우리는 한 연대기에서 이 루도비쿠스 2세의 시대(서기 856년경)에 마인츠에 있는 한 본당에 사악한 영이 들끓었고, 망치로 집의 벽을 두드리고 함성으로 공중을 가득 채웠고 불화의 씨를 뿌렸다. 그래서 사람들은 궁지에 몰렸고 어떤 집에 들어가면 그 집들은 순식간에 전소되었다. 사제들은 호칭 기도를 노래하고 주변에 성수를 뿌렸지만, 그 원수는 그들에게 돌을 던졌고 많은 사람이 피를 흘렸다. 마침내 악령은 조용해져서 성수를 뿌릴 때 종인 것처럼 사제의 망토 아래 숨었고, 그 사제는 지방 재정관(procurator)의 딸과 함께 죄를 지었다고 고발했다.

이때 불가리아의 왕이 온 국민과 함께 참된 믿음으로 개종한 후, 장남을 왕위에 앉히고 수도승의 의복을 택하고 완전한 삶을 살았다. 그러나 아들이 이교 숭배로 되돌아가는 미숙한 결정을 내리자, 왕은 다시 무기를 잡는다. 아들을 생포하여 눈을 뽑고 감옥에 구금하고, 작은아들을 왕으로 세웠다. 그런 다음 그는 거룩한 옷을 되찾았다.

이탈리아 브레시아(Brescia)에서 3일 밤낮 동안 피가 하늘에서 비 오듯 내렸다고 한다. 같은 시기에 갈리아에서 메뚜기 떼가 나타났는데, 날개가 6개, 다리가 6개, 돌보다 더 단단한 2개의 이빨을 가져서 마치 군대의 최전선처럼 떼를 지어 날아다녔다. 하루에 네 번째 이정표석(3.04km)이나 다섯 번째 이정표석(3.8km)을 전진하며 나무와 초목의 모든 잎사귀를 베어내고 있었다. 마침내 메뚜기 떼가 브리탄니아(Britannia)의 바다에 도착했을 때, 바람이 메뚜기 떼를 물속으로 날려 익사시켰다. 그런데 대양의 조수(潮水)가 바닷가로 다시 밀어냈고, 메뚜기 떼의 부패는 공기를 오염시켰다. 이로 인해 큰 전염병과 기근이 일었고, 결국 인구의 약 3분의 1이 죽고 만다.

서기 938년 오토 1세(Otto I)가 황제가 되었다. 부활의 장엄한 날 오토는 군주들을 위한 축제 연회를 준비했다. 그들이 앉기 전에 한 군주의 아들이 어린애처럼 식탁에서 음식을 가져갔고, 시중드는 사람이 그를 몽둥이로 쳐 넘어뜨렸다. 이 상황을 본 소년의 가정교사가 즉석에서 그 시중드는 사람을 죽였다. 황제는 재판 없이 가정교사를 단죄하려고 했으나 가정교사는 황제를 땅에 넘어뜨리고 목을 조르기 시작했다. 가정교사의 손아귀에서 벗어난 오토 황제는 그 남자를 살려주라고 명령했다. 황제는 거룩한 날에 합당한 존경을 표하지 않은 자신에게 책임이 있다고 큰 소리로 선언했다. 가정교사는 석방되었다.

오토 2세가 오토 1세를 계승했다. 오토 2세는 이탈리아인들이 자주 평화를 어지럽혔기 때문에 로마로 가서 모든 귀족, 고관, 고위 성직자들을 위해 성당의 테라스(terrace)에서 큰 연회를 열었다. 오토 2세는 그들이 식사를 즐기는 동안 무장병들이 조용히 그들을 에워싸게 했고, 그런 다음 평화의 파괴에 대해 불쾌함을 표현했다. 그는 책임이 있는 사람들의 명단을 낭독하고, 그 자리에서 참수했다. 그런 다음 다른 사람들에게는 연회를 계속하도록 강요했다.

서기 984년에 '세상의 불가사의'(mirabilia mundi)라는 별명으로 불렸던 오토 3세가 오토 2세를 계승했다. 한 연대기에 따르면, 오토 3세의 아내는 한 백작과의 동침을 원했다. 백작이 그 엄청난 범죄를 저지르기를 거부하자, 그 여자는 황제에게 악의적으로 백작을 매도하였고, 심문 없이 참수했다. 백작은 처형되기 전에, 자신이 죽은 후에 시뻘겋게 단 쇠의 시련을 받아 자신의 무죄를 입증하도록 아내에게 간청했다. 황제가 과부와 고아에게 정의를 실현하겠다고 선언한 날이 오자, 백작 부인은 남편의 머리를 들고 참석했다. 그녀는 통치자에게 부당하게 사람을 죽인 사람은 어떤 죽음을 받을 만한지를 물었다. 황제는 그런 사람은 머리를 잃을 만하다고 대답했다. 그녀가 말했다. "당신이 그 사람입니다! 당신은 아내의 고발만 믿고 저의 남편을 죽이라고 명령했습니다. 이제, 제가 진실을 말하고 있다는 것을 당신이 확신할 수 있도록, 불타는 쇠의 시련을 견디어 증명할 것입니다." 그녀가 말한 대로 하는 것을 본 황제는 압도되어 그 여인에게 항복했다. 그러나 고위 성직자와 군주들이 개입했고, 미망인은 10일, 8일, 7일, 6일씩 조사가 연기되는 것에 동의했다. 그런 다음에 그 사건을 조사하고 진실을 알게 된 황제는 아내를 화형으로 죽이도록 단죄했고, 백작의 목숨값으로 미망인에게 4개의 도시를 주었다. 앞서 언급한 지연에 따라 도시 이름을 열, 여덟, 일곱, 여섯이라 지었다.

오토 3세 다음에 바이에른(Bayern)의 공작인 복된 헨리코(Henricus, Heinrich) 2세가 서기 1002년에 제국을 계승했다. 헨리코는 이교도였던 헝가리의 왕 스테파노에게 갈라(Gala)라는 이름의 누이를 아내로 주어 그 왕과 그의 모든 백성을 그리스도교 신앙으로 개종시켰다. 스테파노는 신앙심이 매우 깊었고 하느님은 많은 기적으로 스테파노를 영광스럽게 했다. 헨리코와 그의 아내 쿠네군다(Cunegundis)는 동정으로 남아 주님 안에서 잠들 때까지 독신 생활을 했다.

다음 황제는 성 헨리코의 조카딸과 결혼했던 프란코니아(Franconia, Franken)의 공작 콘라두스(Conradus) 2세였다. 그의 시대에 놀랄 만한 크기의 불타는 유성이 하늘에 나타났고, 해 질 녘에 태양을 가로질러 땅에 떨어졌다. 콘라두스는 밀라노의 대주교가 탈출했기 때문에 몇몇 이탈리아 주교들을 투옥하고 밀라노의 외곽 지역에 불을 질렀다. 성령강림 주일 도시 외곽의 작은 성당에서 황제의 대관식이 진행되는 동안 미사 중에 천둥과 번개를 동반한 거센 폭풍우가 몰아쳐 참석한 사람들 중 일부는 미치고 일부는 겁에 질려 죽었다. 그 미사를 집전한 브루노(Bruno) 주교와 주교의 비서를 포함한 다른 사람들은 미사가 진행되고 있을 때, 황제를 위협하는 성 암브로시오를 보았다고 말했다.

콘라두스의 시대인 서기 1025년경, 루폴두스(Lupoldus, Leopold) 공작은 왕의 분노를 두려워하여 아내와 함께 섬으로 도망쳐 숲속 오두막에 숨었다. 어느 날 콘라두스가 숲에서 사냥을 하고 해 질 녘에 같은 오두막에 피신했다. 만삭의 공작부인은 할 수 있는 한 남편을 편안하게 해주면서 돌봐주었다. 바로 그날 밤 그 부인은 아들을 낳았고, 콘라두스는 세 번이나 "새로 태어난 그 갓난아기가 너의 사위가 될 것이다."라는 음성을 들었다. 아침에 콘라두스는 믿을 만한 종 두 명을 호출하여 말했다. "가서 그 아기를 어머니에게서 강제로 빼앗아 반으로 나누고, 심장을 나에게 가져와라!" 종들은 서둘러 가서 어머니의 젖가슴에서 아기를 낚아챘다. 그러나 아기의 아름다움에 연민을 느낀 종들은 아기의 생명을 살려주고 나무 꼭대기에 두어 야수에게 잡아먹히지 않도록 한 후, 산토끼를 절개하여 그 심장을 황제에게 넘겨주었다.

같은 날에 한 공작이 그 길을 지나가다가 아기의 울음소리를 듣고 그 아기를 데리고 내려왔다. 아들이 없었던 공작은 아기를 아내에게 데려갔고 헨리쿠스(Henricus, Heinrich)라는 이름을 지어주고 친아들처럼 길렀다. 청년이 된 그는 출중한 외모에 유창한 말솜씨로 모든 사람의 호감을 얻었다. 그 젊은이가 얼마나 공정하고 신중한지를 본 황제는 그 청년을 달라고 아버지에게 요청했고, 청년은 궁전에서 머물게 되었다. 그러나 그때 헨리쿠스가 모든 사람에게 호의와 찬사를 받았다는 사실을 알고 있는 콘라두스는 자신을 죽이라는 명령을 계승할 운명이었던 그 아기일지도 모른다는 의심이 들기 시작했다. 그는 이 일이 일어나지 않기를 원했고, 그래서 직접 아내에게 편지를 써서 젊은 헨리쿠스와 함께 보냈다. 그 편지에는 "당신의 생명이 당신에게 소중한 것처럼, 당신이 이 편지를 받자마자 곧, 그 전달자를 죽이십시오."라고 적혀 있었다.

그 젊은이는 심부름을 하러 가는 길에 한 성당에서 쉬려고 멈추었고 편지를 담고 있는 작은 주머니를 긴 의자에 걸어놓고 잠들었다. 한 사제가 호기심으로 그 작은 주머니를 열었고 그 편지 봉인을 깨뜨림 없이 꺼내서 읽었다. 범죄 제안에 충격을 받은 사제는 "그 전달자를 죽이십시오."라는 글을 조심스럽게 지우고, "이 젊은이와 우리 딸을 혼인시키시오."라고 적었다. 왕비는 편지의 봉인을 보고 황제의 필적임을 확인하고, 군주들을 소집하여 결혼식을 거행했다. 결혼식은 엑스 라 샤펠(Aix la Chapelle, Aachen)에서 열렸다. 콘라두스는 딸이 정식으로 결혼했다는 소식을 듣고 기절하였고, 종들과 공작, 사제에게서 문제의 모든 진실을 알게 되었다. 더 이상 하느님의 뜻을 저항하는 것에 어떤 의미도 없음을 깨달은 콘라두스는 그 젊은이를 사위로 인정하고, 자신을 이어 통치할 것이라고 포고했다. 어린 헨리쿠스가 태어났던 장소에 귀족 수도승원이 설립되었고 오늘날까지 우르사니아(Ursania, Hirschau)라고 불린다.

이 헨리쿠스는 자신의 궁전에서 모든 광대를 제명하였고, 이전에 그들에게 주던 돈은 가난한 사람들에게 분배했다. 헨리쿠스의 재위 동안 교회 내 분열로 이교가 생기고 세 명의 교황이 선출된다. 그때 성직자 그라시아누스 (Gratianus)가 세 교황에게 거액을 주고 교황직을 획득한다. 헨리쿠스는 그 이교를 끝내려고 로마로 전진하였고, 그라시아누스는 헨리쿠스의 호의를 얻으려고 황금관을 주었다. 그러나 자신의 계획을 숨긴 헨리쿠스 황제는 교회회의를 소집하여 그라시아누스에게 성직매매(simonia)에 대해 유죄를 선고하고, 그 자리에 다른 교황을 앉혔다.* 그러나 보니초(Bonizo)가 마틸다(Mathildis) 백작 부인에게 보낸 책에서, 무지로 인해 현혹되었던 그라시아누스가 이교를 끝내려고 교황직을 샀고, 이후 교황은 자신의 과오를 반성하고 황제의 재촉으로 직무를 포기했다고 말한다.

다음 황제는 헨리쿠스 3세였다. 그의 시대에 브루노가 교황으로 선출되었고 레오 9세(1049-1054)의 이름을 택했다. 사도좌를 차지하기 위해 로마로 가는 길에, 그는 노래하는 천사들의 음성을 들었다. "주님이 말씀하신다, 나는 고통이 아니라 평화를 생각한다."(Dicit dominus, ego cogito cogitationes pacis et non afflictionis) 그는 많은 성인을 기념하여 성가를 작곡했다. 이때 베렌가리우스(Berengarius)가 교회의 평화를 깨뜨리는데, 그는 그리스도의 몸과 피는 실제로 제대 위에 존재하지 않고, 오직 상징적으로 있다고 단언했다. 캔터베리의 안셀모의 스승이었던 르벡(Le Bec)의 원장 란프랑코(Lanfrancus, 파비아 출신)는 베렌가리우스에 사실적으로 반박하는 글을 썼다.

헨리쿠스 4세는 서기 1057년에 황제가 되었다. 그의 시대에 란프랑코의 명성은 최고조에 이르렀다. 안셀모는 란프랑코의 뛰어난 가르침을 받으려고 부르고뉴(Bourgogne)에서 왔다. 이후 몇 년간 안셀모는 덕과 지혜로 알려졌고 르벡에 있는 수도승원의 원장으로서 란프랑코를 계승했다. 이때 사라센인들에게 빼앗긴 예루살렘이 신앙인들에 의해 회복되었다. 성 니콜라오의 유골이 바리(Bari) 시로 옮겨졌다. 이 성인과 관련하여 우리는 무엇보다도 성 십자가

---

* 베네딕도 9세(1032~1044, 1045, 1047~1048), 실베스테르 3세(1045), 그레고리오 6세(1045~1046) 사이에 일어난 이교를 설명하고 있지만, 현대의 연구 결과와는 많은 차이가 있다. 본문에서 언급하는 그라시아누스는 그레고리오 6세이다. 그리고 헨리쿠스 왕에 의해 클레멘스 2세가 새 교황으로 임명되었다. – 역자 주

의 이름을 따서 명명되고 자비의 성모 마리아 수도원에 속하는 한 성당에서 성 니콜라오의 새 성무일도가 아직 노래되지 않았다는 것을 읽었고, 수도승들은 원장에게 새 성무일도를 노래하게 해달라고 진정으로 간청했다. 그 원장은 단호히 거부하였고 오래된 관습을 새로운 것으로 교환하는 일은 부적절하다고 말했다. 그럼에도 수도승들이 고집하자 원장은 노하여 반박했다. "썩 꺼지시오, 형제들이여! 당신들은 나의 성당에서 음유시인들의 노래처럼 들리는 이 새 찬가를 부르도록 결코 허락을 받지 못할 것입니다!" 그 성인의 축일이 다가오자, 수도승들은 다소 슬프게 조과(matutinum)의 전야(Vigilia)를 노래하고 침대로 갔다. 그런데 보라! 바라보기에 무서운 니콜라오가 원장에게 나타나 머리카락을 잡고 침대에서 끌어당겨 바닥에 내던졌다. 그런 다음 손에 들고 있던 채찍으로 원장의 등을 반복적으로 세게 때리면서 따름노래(antiphona) 〈오 영원한 목자여〉(O pastor aeterne)를 읊조렸다. 그리고 천천히 끝까지 따름노래를 불렀다. 비명으로 온 공동체를 깨운 원장은 자신의 침대로 반죽음이 되어 옮겨졌다. 그는 마침내 "가시오, 그리고 지금부터 성 니콜라오의 새로운 전설을 노래하시오."라고 말할 만큼 충분히 회복되었다.

이 무렵 몰렘(Molesme) 수도승원의 수도승 21명이 로베르토(Robertus) 아빠스가 이끄는 시토(Citeaux)에서 고독을 찾았고, 자기들의 규칙을 더 엄격하게 준수하기 위해 그곳에 새로운 수도회를 설립했다.

클뤼니(Cluny)의 원장 힐데브란도(Hildebrandus)가 교황이 되었고 그레고리오 7세(1073-1085)의 이름을 선택했다. 힐데브란도는 소품(小品)에 있는 동안, 리옹(Lyon)에 교황 사절로 갔고, 그곳에서 기적에 의해 앙브룅(Embrun)의 대주교에게 성직매매의 유죄를 입증했다. 그 대주교는 모든 고소인을 매수하여 유죄를 선고받지는 않았지만, 교황사절은 그에게 "영광이 성부와 성자와 성령께"(Gloria patri et filio et spiritui sancto)를 말하도록 명령했다. 그는 빠르게 "영광이 성부와 성자께"(Gloria patri et filio)라고 말하였으나 그는 성령을 거스른 죄를 지었기 때문에 "성령"이라고 말할 수 없었다. 그는 자신의 죄를 고백하고 면직되었고, 즉시 큰 소리로 성령의 이름을 발음했다. 보니초가 마틸다 백작 부인에게 보낸 책에서 이 기적을 이야기한다.

헨리쿠스 4세가 죽고 다른 왕들과 함께 슈파이어(Speyer)에 묻혔을 때, 그의 무덤에 "아들은 여기에, 아버지도 여기에, 할아버지도 여기에, 증조부는 저기에 누워있다."(Filius hic, pater hic, avus hic, proavus jacet istic)라는 운문이 새겨졌다. 이후, 서기 1107년에 헨리쿠스 5세가 그를 계승했다. 헨리쿠스 5세는 교황과 추기경들을 사로잡은 후, 반지와 목장(牧杖)과 함께 성직 서임권을 받은 후에야 석방했다. 그의 재위 동안 베르나르도(Bernardus)와 그의 형제들이 클레르보(Clairvaux) 수도승원에 입회했다. 리에(Liège) 주에 있는 한 본당에서 암돼지가 사람의 얼굴을 한 새끼 돼지를 낳았다. 암탉이 네 발을 가진 병아리를 부화했다.

로타리우스 3세가 헨리쿠스를 계승했다. 그의 시대에 스페인에 있는 한 여자가 두 개의 육신이 결합된 괴물을 낳았는데, 얼굴은 정반대의 방향으로 돌아누워 있었고, 몸과 팔다리가 완벽한 사람의 모습이었다. 그러나 등에는 개의 얼굴과 몸과 팔다리가 있었다.

다음 황제는 서기 1138년에 계승하였던 콘라두스 3세였다. 그의 시대에 생 빅토르의 후고(Hugo de sancto Victore)가 죽었다. 그는 모든 지식에서 탁월한 박사이고 신앙심에서 독실했다. 그에 대해 말하면, 먹을 것이 없고 죽을 만큼 아플 때도 여전히 주님의 몸이 주어지기를 간청했다고 한다. 그때 수도자들은 그의 불안을 진정시키고자 주님의 몸 대신 축성되지 않은 제병을 가져왔다. 그는 성령으로 이것을 알아차리고 말했다. "형제들이여, 주님이 당신들에게 자비를 주시기를! 왜 당신들은 나를 속이려고 합니까? 당신들이 나에게 가져온 것은 나의 주님이 아닙니다!" 깜짝 놀란 그들은 달려가서 성체를 갖고 돌아왔으나, 받을 자격이 없음을 깨달은 그는 하늘로 손을 올리고 다음과 같이 기도했다. "아들은 성부께로, 나의 영혼은 그것을 창조한 하느님에게로 올라가게 해주소서." 이 말과 함께 자신의 영혼을 내쉬었고, 그 순간 주님의 몸이 사라졌다. 성 아나스타시오의 아빠스 에우제니오(Eugenius, 1145-1153)가 교황으로 취임했으나 시민 정부가 다른 사람을 임명했기 때문에 그 도시에서 쫓겨났다. 그는 자기 앞에 성 베르나르도를 보내면서 갈리아로 갔고, 베르나르도는 주님의 길을 설교하고 많은 기적을 행했다. 포레의 질베르토(Gilbertus Porretanus, Gilbert de la Porrée)가 이 시기에 활약했다.

콘라두스의 조카 프리데리쿠스(Fridericus, Frederick) 1세가 서기 1154년에 그를 계승했다. 파리의 주교인 스승 베드로 롬바르두스(Petrus Lombardus)가 그 시기에 활동했다. 그는 《명제집》(Sententiarum Libri)과 시편과 바오로의 편지들에 대한 주해집을 편찬했다. 하늘에 3개의 달이 보이는데 가운데에 십자가가 있고, 얼마 지나지 않아 3개의 태양이 보였다.

알렉산데르 3세(1159-1181)가 그때 교회법적으로 교황으로 선출되었지만, 크레마의 오타비아누스 요한(Octavianus Johannes Cremensis, 1159-1164)이 반대했다. 그래서 그의 성당은 이름만 성당인 성 갈리스토 성당이었다. 스트루마의 요한(Johannes Strumensis, 1168-1178)이 잇따라서 대립 교황으로 선출되고 황제의 지지를 받았다. 이교는 18년간 지속되었는데, 이 시기 동안 황제의 곁을 지키던 투스쿨룸(Tusculum)에 주둔한 게르만인들이 몬테 포르토(Monte Porto)에서 로마인들을 공격했다. 한니발 시대에 너무나 많은 사람이 죽음을 맞이하여 죽은 자의 손가락에서 빼낸 반지로 가득 찬 3개의 상자가 카르타고로 운송될 정도였다. 이전에는 그렇게 많은 로마인이 죽은 적이 없었는데, 특히 제9시경과 만과(晚課) 사이에 많이 죽었다. 몬테 포르토에서 살해된 사람들이 성 스테파노 성당과 성 라우렌시오 성당에 묻혔고, 그 비문에는 "1196명이 죽다."(mille decem decies sex et decies quoque seni.)라고 적혀 있다. 성지(terra sancta, Holy Land)를 여행하던 프리데리쿠스 황제는 강에서 목욕하다가 익사했다. 또는 다른 사람들이 말하는 것처럼, 그는 강 속으로 말을 몰아댔고, 그 말이 구르고 황제는 멸망했다.

1190년에 프리데리쿠스의 아들 헨리쿠스 6세가 아버지를 계승했다. 그 당시에는 천둥과 번개와 거센 바람을 동반한 폭우가 내렸고, 가장 나이 많은 사람도 결코 본 적 없었던 거센 폭풍이 불었다. 비와 함께 달걀 크기의 정사각형 돌이 나무와 포도나무와 농작물을 파괴하고 많은 사람을 죽였다. 까마귀들과 큰 새 떼가 이 폭풍 속을 날아다니며 부리에 활성탄(活性炭)을 물고 집을 불태우는 것이 목격되었다.

헨리쿠스 황제는 항상 포악하게 로마 교회를 대했다. 따라서 그가 죽었을 때, 교황 인노첸시오 3세(1198-1216)는 헨리쿠스의 아들 필립푸스(Philippus)의 계승을 반대하고 작센(Sachsen) 공작의 아들 오토(Otto)를 지지했으며, 엑스라샤펠(Aix-la-Chapelle)에서 독일의 왕으로 그를 대관했다. 많은 프랑스 남작들이 성지(聖地)를 해방시키려고 해외로 갔다. 그들은 콘스탄티노폴리스를 정복했다. 이때 도미니코회와 프란치스코회가 생겼다. 인노첸시오는 프랑스의 필립푸스 왕에게 교황 사절을 보내 남부의 알비파(Albigenses) 지역을 침입하여 이교도를 궤멸하도록 했다. 필립푸스는 그들을 체포하여 화형주(火刑柱)에서 불태웠다. 마침내 인노첸시오는 교회의 권한을 수호하겠고 서약한 오토 4세를 황제로 대관했다. 그런데 오토는 바로 그날에 자신의 서약을 어기고, 로마로 가는 순례자들을 약탈하라고 명령했다. 교황은 그를 파문하였고 제국에서 면직했다. 헝가리 왕의 딸이고 투린지아(Thuringia) 백작의 아내인 성녀 엘리사벳이 이 시대에 살았다. 그녀는 엄청난 기적 중에서 열여섯 명을 소생시켰고 장님으로 태어난 사람에게 빛을 주었다고 기록되어 있다. 그녀의 시신에서는 아직도 기름이 흘러나온다고 한다.

오토가 면직된 후, 헨리쿠스의 아들 프리데리쿠스 2세가 황제로 선출되었고 교황 호노리오 3세(1216-1227)에 의해 대관되었다. 프리데리쿠스는 교회의 자유에 찬성하고 이단들에 대항하는 훌륭한 법을 반포했다. 그는 재산과 영광을 풍족하게 누렸지만, 교만이 그의 선물을 악용하도록 이끌었다. 그는 교회에 대해 폭군이 되어 두 명의 추기경을 투옥하고 그레고리오 9세(1227-1241)가 교회회의에 소집한 고위 성직자들을 포로로 삼았다. 그런 까닭에 교황은 그를 파문했다. 마침내 그레고리오는 수많은 고난에 짓눌려 죽었고, 제노바 출신의 인노첸시오 4세(1243-1254)가 리옹에서 공의회를 소집하고 황제를 면직했다. 그 후 프리데리쿠스는 죽었고 제국의 옥좌는 오늘날까지 공석이다.

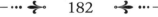

182

성당의 봉헌

성당의 봉헌은 1년 중 다른 축일 중에 교회에 의해 거행된다. 그리고 교회나 성전은 물질적일 뿐 아니라 영적인 것이기 때문에, 우리는 여기서 이 이중(二重)적인 성전 봉헌을 간략히 다루어야 한다. 물질적인 성전의 봉헌에 대해 세 가지, 즉 왜 봉헌 또는 축성되어야 하는가, 어떻게 축성되는가, 누구에 의해 더럽혀지는지를 보게 될 것이다. 그리고 교회에서 축성되는 두 가지, 즉, 제대와 성전 자체가 축성되기 때문에, 우리는 제대가 왜 축성되어야 하는지 알아야 하고, 두 번째로 성전 축성을 숙고할 것이다.

제대는 세 가지 목적으로 축성된다. 첫 번째 목적은 "노아는 주님을 위하여 제단을 쌓고, 모든 정결한 짐승과 모든 정결한 새들 가운데에서 번제물을 골라 그 제단 위에서 바쳤다."(창세 8, 20)라고 읽은 것처럼, 주님 성사의 봉헌이다. 이 성사는 그리스도의 몸과 피이며, 그리스도가 "나를 기억하여 이를 행하여라."라고 말하며 직접 명령하신 것처럼, 그분의 수난을 기념하여 봉헌하는 것이다. 우리는 주님의 수난에 대해 세 가지를 기념한다. 첫 번째 기념은 서면(書面)으로 그리스도의 수난에 대한 모습을 묘사하며, 이것은 눈으로 전달된다. 그래서 성당 안에 있는 십자가와 다른 화상(畫像)들은 우리의 기억과 신심을 일깨우고 가르침을 주기 위한 것이다. 그래서 그것은 평신도의 책이다. 두 번째 기념은 구어(口語), 즉 그리스도의 수난에 대한 설교이고, 이것은 귀에 들리는 것이다. 세 번째 기념은 성사 안에 있는데, 성사는 참으로 그리스도의 몸과 피를 우리에게 담고 있고 봉헌하기 때문에, 수난을 매우 두드러지게 표현한다. 그리고 이 기념은 미각으로 전달된다. 이런 이유로 만일 그리스도의 수난에 대한 묘사가 우리의 사랑을 강하게 불타오르게 하고 설교를 더 강하게 한다면, 우리는 아주 분명하게 표현되는 이 성사로 더 강하게 감동받을 것이다.

제대 축성의 두 번째 목적은 우리가 "아브람은 자기에게 나타나신 주님을 위하여 그곳에 제단을 쌓았다. … 주님의 이름을 받들어 불렀다."(창세 12, 7-8)라고 읽었던 것처럼, 주님의 이름의 간구(懇求, invocatio)이다. 티모테오 전서 2장에서 사도에 따르면, 주님의 이름은 악의 제거를 위한 간청인 탄원으로 얻게 될 축복을 위해 드리는 전구(轉求, intercessio)로, 이미 소유한 물건의 보존을 위해 감사로 불러야 하는 것이다.(1티모 2, 1)

제대 위에서 실행되는 간구는 '보냄'을 의미하는 라틴어 '미사'(Missa)라고 불린다. 그리스도는 하늘로부터 성부에 의해 보내졌고, 제병을 축성하고 우리를 위해 중재하려고 우리에 의해 성부께로 보내지기 때문이다. 그래서 후고(Hugo)는 다음과 같이 말한다. "성체(聖體) 그 자체를 미사라고 부를 수 있습니다. 성체는 우선 육화(肉化)를 통해 성부에 의해 전달되고, 수난을 통해 우리에 의해 성부께 전달되기 때문입니다." 마찬가지로, 이 성사에서 그리스도는 먼저 성화(聖化, sanctificatio)를 통해 성부에 의해 우리에게 보내지며, 이를 통해 그리스도는 우리와 함께 있기 시작하고, 우리를 위해 중재하는 봉헌으로 우리에 의해 성부에게 보내진다.

우리는 여기서 미사가 그리스어, 히브리어, 라틴어의 세 언어로 불리는 것에 주목해야 한다. 이는 세 언어로 쓰인 주님 수난의 제목을 나타내고, 이 세 언어가 모든 언어의 대표격이므로 세상 모두가 하느님을 찬미한다는 의미임에 주목할 수 있다. 이런 이유로, 복음, 서간, 기도, 성가는 라틴어로 되어 있다. '키리에, 엘레이손'(Kyrie, eleison)과 '크리스테, 엘레이손'(Christe, eleison)은 그리스어로, 우리가 아홉 계급의 천사들 무리에 들어가야 한다는 것을 의미하기 위해 아홉 번 반복된다. '아멘'(amen), '알렐루야'(alleluia), '사바오트'(sabaoth), '호산나'(hosanna)는 히브리어 단어이다.

제대 축성의 세 번째 목적은 "그는 제단 앞에 성가대를 자리 잡게 하여 그들의 목소리로 아름다운 가락을 노래하게 하였다."(집회 47, 9)라고 지적되는 것처럼, 제대는 성가의 노래를 위해 축성되었다. 생빅토르의 후고(Hugo de sancto Victore)에 따르면, 선율에는 세 가지 종류의 음악적 소리가 있기 때문이다. 즉 두드려서, 불어서, 노래하여 연출된다. 첫 번째는 현악기, 두 번째는 오르간, 세 번째는 노래하기가 속한다. 소리의 조화는 교회의 직무뿐만 아니라 윤리의 조화에도 적용된다. 손으로 하는 일은 두드림이나 현을 잡아당김, 마음의 신앙심은 오르간의 울림에, 구송기도(口誦祈禱)는 노래하는 목소리에 비유된다. 후고는 계속해서 말한다. "마음의 달콤함이 없는 입의 달콤함이 무슨 소용이 있겠습니까? 당신은 당신의 목소리를 훈련하고, 당신의 의지도 훈련하십시오. 당신이 목소리의 일치를 유지하고 덕의 조화를 유지하여 사실대로 말하면 모범으로 이웃에게, 의지로 주님과, 순명으로 스승과 일치하십시오." 그런 까닭에 이 세 가지 종류의 음악은 《교회 직무론》(Mitrale de officio)이 시편, 성가, 독서로 구성된 교회의 직무에 대해 말하는 것처럼, 교회 직무의 세 가지 차이점과 관련이 있다. 그래서 첫째 음악은 "주님을 찬양하여라, 수금과 비파로."(시편 150, 3)라고 말하는 것처럼, 프살테리움(psalterium)과 유사한 악기처럼 손가락의 접촉으로 만들어지고, 이 종류에 시편독송(詩篇讀誦, psalmodia)이 속한다. 둘째 음악은 불어서 만들어지는 것으로, 시편에서 "주님을 찬양하여라, 뿔 나팔 불며."(시편 150, 3)라고 말하는 것처럼 노래와 관련이 있다. 셋째 음악은 노래하기나 읽기처럼 만들어진다. 그래서 시편은 "그분께 노래하여라, 큰 소리로."(시편 33, 3 참조)라고 말한다.

성당 건물 자체의 축성에 대한 목적이 다섯 가지 있다. 첫 번째는 악마와 그 힘을 몰아내려는 것이다. 그레고리오는 저서 《대화집》에서, 아리우스주의자들에게 속했다가 신자들이 되찾은 어떤 성당을 축성하고 성 세바스티아노와 성녀 아가타의 유해를 그 성당 안으로 들여왔을 때, 그곳에 모인 사람들은 돼지가 문을 향해 달려가는 것을 느낄 수 있었다. 아무도 그 돼지를 볼 수 없었지만 다들 놀라움을 감출 수 없었다. 이것으로 주님은 부정한 거주자가 그곳을 떠나고 있음을 모두에게 분명하게 보여주었다. 다음 날 밤에 누군가 성당 지붕 위를 뛰어다니는 듯한 큰 소리가 들렸다. 그다음 밤에는 이 소리가 더 커졌고, 사흘째가 되자 마치 건물 전체가 무너져 내릴 것처럼 느껴졌다. 그러다 소란이 멈추었고, 악마의 초조함에 대한 증거는 더 이상 없었다. 그러나 악마가 일으켰던 무서운 소란은 자신이 매우 오랫동안 머물던 장소를 마지못해서 떠남으로써 비롯됐다.

성당 축성의 두 번째 목적은 성당 안으로 피신하려는 사람들을 구하기 위해서다. 땅의 영주는 일부 성당을 축성한 후 이 특권을 수여하여 추격으로부터 그 성당으로 숨은 사람들을 보호한다. 그래서 교회법은 다음과 같이 규정하고 있다. "성당은 살인을 저지른 사람들을 변호하여 그들이 생명이나 사지를 잃지 않도록 해야 한다." 그것은 요압이 주님의 장막으로 도망쳐서 제대의 뿔을 잡았던 이유이다.(1열왕 2, 28 참조)

성당 축성의 세 번째 목적은 성당에서 봉헌된 기도가 잘 들리게 하기 위해서다. 우리는 열왕기 하권 8장에서 솔로몬이 성전을 봉헌할 때 다음과 같이 말했다고 읽었다. "당신 종과 당신 백성 이스라엘이 이곳을 향하여 드리는 간청을 들어 주십시오. 부디 당신께서는 계시는 곳 하늘에서 들어 주십시오. 들으시고 용서해 주십시오."(1열왕 8, 30) 그러나 우리는 성당에서 동쪽을 향해 경배하는데, 다마스쿠스의 요한(Johannes Damascenus)의 《제4권》 5장에 따르면 세 가지 이유가 있다. 첫째, 우리가 참된 나라를 추구한다는 것을 보여주는 방식이다. 둘째, 십자가에 못 박힌 그리스도를 바라본다. 셋째, 재판관의 오심에 대한 우리의 기다림을 보여준다. 그래서 다마스쿠스의 요한은 말한다. "하느님은 동쪽에 에덴의 동산을 두셨고, 사람을 유배지로 보낼 때 낙원에서 멀리 떨어진 서방에서 살게 하셨습니다. 그러므로 우리의 오래된 고향과 하느님을 찾고 바라보며 우리는 동쪽을 향하여 흠숭합니다. 더욱이 십자가에 못 박혔던 주님은 서쪽을 향하고 있으므로 우리는 그를 바라보며 흠숭합니다. 그리고 그분이 승천할 때 동쪽으로 옮겨갔고, 그래서 사도들은 그를 흠숭하며 자신들이 그분이 하늘로 가심을 본 것처럼 그분은 다시 올 것입니다. 그런 까닭에 우리는 또한 동쪽을 향해 그분에게 기도하며 그분의 오심을 기다립니다."

성당 축성의 네 번째 목적은 하느님에게 찬미를 드릴 수 있는 장소를 마련하기 위해서다. 이것은 일곱 번의 교회법적인 시간, 즉 조과(朝課, matutinum)와 1시과(一時課, prima), 3시과(tertia), 6시과(sexta), 9시과(nona), 만과(晚課, vesperae), 종과(終課, completorium)에 따른다. 물론 하루의 매 시간마다 하느님을 찬미해야 하지만, 우리는 그럴 힘을 가지고 있지 않다. 그래서 여러 가지 측면에서 더 특전을 가졌던 조과에 하느님을 찬미하도록 규정되어 있다. 조과를 거행하는 자정에 그리스도가 태어났고, 포로가 되었고, 유다인들에게 조롱을 받았다. 또한, 그 시간에도 그분은 지옥을 괴롭혔다. 《교회 직무론》은 그 용어를 넓게 사용하여 한밤중에 지옥을 괴롭혔다고 말했고, 더 나아가 그분은 아침 해가 뜨기 전에 부활해서 제1시*에 나타났다고 말한다. 이런 이유로 예로니모는 말한다. "나는 사도적 전승이 지속되어 부활 전야에 그리스도의 오심을 기다리는 사람들이 자정 이전에 떠나지 않도록 해야 한다고 생각합니다. 일단 그 시간이 지나면 그들이 축일을 지내는 것이 안전하다고 여겨질 것입니다." 이런 이유로 우리는 그분의 탄생과 체포를 용납하신 것과 교부들을 자유롭게 하신 것에 대해 감사를 드리고, 그분의 재림을 주의 깊게 기다리기 위해 한밤중에 조과의 성무일도에서 하느님을 찬미한다. 찬미의 시편들인 아침 찬미 기도(Laudes)는 조과에 추가된다. 하느님이 이집트인들을 바다에 빠뜨리고, 세상을 창조하고, 죽은 자 가운데서 부활하신 것이 아침이었기 때문이다. 이런 이유로 우리는 이 세상의 바다에서 이집트인들과 함께 물속에 잠기지 않기 위

---

* 신약시대 유다인들의 시간표에 따르면, 제1시는 현대의 시간 기준으로는 오전 7시에 해당된다. – 역자 주

해, 우리의 창조와 그분의 부활에 대해 하느님에게 감사하려고 그 시간에 아침 찬미 기도를 노래한다.

하루의 첫 번째 시간인 1시과 때에, 그리스도는 성전에 가장 자주 왔다. 우리가 루카 복음 21장에서 읽었던 것처럼 사람들은 아침 일찍 와서 그분의 말씀을 들으려고 서둘렀다. 날이 밝자 그분은 빌라도 앞에 끌려갔다. 그리고 같은 시간에 그분은 부활하시고 여자들에게 처음으로 나타나셨다. 그래서 이 시간에 우리는 1시과의 성무일도로 하느님을 찬미하며, 그리스도를 본받고, 그분이 부활하고 나타난 것에 대해 감사하려고, 모든 것의 창조주이고 근원인 하느님에게 그날의 첫 열매들을 하느님에게 드리려 한다.

제3시(현대 시간으로 오전 9시)에 그리스도는 유다인들의 말 때문에 기둥에 묶인 채 십자가에 못 박히고 빌라도에게 채찍질을 당했다. 그 기둥에 그분의 피의 흔적이 아직도 남아 있다고 한다. 이 시간에 또한 성령이 보내졌다. 제6시(현대 시간으로 정오)에 그리스도는 십자가에 못 박힌 채 온 땅에 어둠이 덮였고, 이는 자기 주님의 죽음을 슬퍼하는 태양이 검은 상복으로 뒤덮이고 주님을 십자가에 못 박는 사람들에게 빛을 비추지 못하게 하였다. 마찬가지로 승천의 날 이 시간에 그분은 사도들과 함께 앉았다. 제9시(현대 시간으로 오후 3시)가 되자, 그리스도는 영혼을 버렸고 군인이 그분의 옆구리를 열었다. 사도들이 평소처럼 함께 기도했고 그리스도가 하늘로 승천하셨다. 이러한 특권 때문에 우리는 이 시간에 하느님을 찬미한다.

저녁(현대 시간으로 오후 6시~10시 사이)에 주님은 최후 만찬에서 자신의 몸과 피의 성사를 제정하였고, 사도들의 발을 씻었고, 십자가로부터 내려져 무덤에 놓였다. 순례자의 옷을 입고 두 명의 제자에게 자신을 나타내셨다. 그리고 이 모든 것에 대해서 교회는 만과의 성무일도에서 감사를 드린다. 해 질 녘(현대 시간으로 오후 6시)에 그분은 핏방울을 흘렸고, 그의 무덤에 경비병이 배치되었고, 그곳에서 쉬고, 부활 후에 사도들에게 평화의 인사말을 전하였다. 그리고 이것들 때문에 우리는 종과의 성무일도에서 감사를 드린다.

베르나르도는 어떻게 우리가 하느님에게 이 감사의 빚을 갚아야 하는지 설명한다. "나의 형제들이여, 찬미의 제사를 봉헌하는 중에 우리는 말에 감각을, 감각에 애정을, 애정에 기쁨을, 기쁨에 진지함을, 진지함에 겸손을, 겸손에 자유를 결합합시다."

성당 축성의 다섯 번째 목적은 성당은 성사가 거행될 수 있도록 하기 위함이다. 그래서 성당은 성사들이 보관되고 거행되는 하느님의 바로 그 숙소가된다. 이제 막 들어온 사람들에게 한 가지 성사가 거행되고 주어지는 것이 세례이다. 나가는 사람들에게 거행되고 주어지는 한 가지 성사가 있는데, 이것은 종부(終傅)이다. 그리고 일부는 머물고 있는 사람들에게 거행되고 주어진다. 이들 중 일부는 성직자이고, 성품성사가 주어진다. 어떤 사람은 투사이고, 어떤 사람은 투사로서 넘어져 그들에게 고해(告解)가 주어지고, 다른 사람은 단단히 고수하는 경우 견진(堅振)은 그들에게 영혼의 강인함과 담대함을 준다. 모든 사람에게 음식은 그들을 유지하기 위해 주어지며, 이것은 성체를 받음으로써 주어진다. 마지막으로 어떤 사람들이 걸려 넘어지지 않도록 혼인의 일치로 장애물이 제거된다.

다음으로 우리는 축성(祝聖, consecratio)이 어떻게 행해지는지를 볼 것인데, 우선 제대의 축성을 살펴본다. 이 예식은 몇 개의 행위로 구성된다. ① 제대의 모서리나 뿔에 성수로 네 개의 십자가를 그린다. ② 축성자는 제대 주위를 일곱 번 걷는다. ③ 우슬초(牛膝草, hyssop)로 성수를 제대 위에 7번 뿌린다. ④ 제대위에 향을 피운다. ⑤ 축성 성유(chrisma)로 도유(塗油)하고, ⑥ 제대를 깨끗한 천으로 덮는다. 이러한 행위는 제대에 나아가는 사람이 마땅히 가져야 하는 덕을 의미한다. 그중 처음은 십자가에서 나오는 4중의 자비, 즉 하느님에 대한 사랑, 자신에 대한 사랑, 친구에 대한 사랑, 원수에 대한 사랑이며, 이 네 개의 사랑은 제대의 네 귀퉁이에 그어진 네 개의 십자가로 상징된다. 자비의 네 뿔에 대해서 창세기 28장에서는 "너는 서쪽과 동쪽 또 북쪽과 남쪽으로 퍼져나갈 것이다."(창세 28, 14)라고 설명한다. 다시 말하면, 네 개의 십자가는 그리스도가 십자가를 통해 세상의 사방에 구원을 가져왔다는 것을 의미한다. 또는 우리는 네 가지 방식, 즉 묵상으로 마음에, 공적인 신앙고백으로 입에, 고행으로 몸에, 십자성호를 자주 그음으로 얼굴에 우리 주님의 십자가를 지녀야 한다.

그다음 제대에 오르는 사람이 제대 주위를 일곱 번 걸음으로써 상징하듯이 돌봄과 경계로 자신의 양떼를 지켜야 한다. 그래서 이때 '성읍을 돌아다니는 야경꾼들이 나를 보았네.'(Invenerunt me vigiles qui circumeunt civitatem. 아가 3, 3)가 노래된다. 그들은 자신들의 양 떼를 주의 깊게 지켜야 하기 때문이다. 질베르토(Gilbertus)는 고위 공직자의 태만을 조롱거리로 여긴다. 그는 "어리석은 것은 … 눈먼 야경꾼, 절름발이 지도자, 태만한 고위 성직자, 무지한 교사, 벙어리 전달자"라고 말하기 때문이다. 또는 제대 주위를 일곱 번 도는 것은 우리가 종종 마음속에 되새겨야 하는 그리스도의 7중의 겸손에 관한 7가지 묵상이나 고려를 의미한다. 이 7중의 덕은 다음과 같다. ① 부자였던 그분은 가난하게 되었다. ② 그가 구유에 뉘어졌다. ③ 그는 부모에게 순종하였다. ④ 그는 노예의 손 아래로 머리를 숙였다. ⑤ 도둑질하고 배신한 제자를 참고 견뎠다. ⑥ 사악한 재판관 앞에서 온유하게 침묵을 지켰다. ⑦ 자신을 십자가에 못 박는 사람들을 위해 자비롭게 기도하였다. 또 일곱 번의 회전은 그리스도의 일곱 개의 길을 의미한다. 즉 하늘로부터 자기 어머니의 태중에, 태중에서 구유로, 구유에서 세상으로, 세상에서 십자가로, 십자가에서 무덤으로, 무덤에서 고성소(古聖所, limbo)로, 고성소로부터 하늘로 다시 올라가는 것이다.

제대에 가는 사람들은 물을 뿌림으로 상징되는 주님의 수난에 대해 유념해야 한다. 일곱 번의 성수 예식(aspersio)은 그리스도가 자신의 피를 7번 흘렸음을 나타내기 때문이다. ① 할례에서, ② 동산에서 기도하는 중에, ③ 채찍질 당함에서, ④ 가시관을 씀에서, ⑤ 손의 뚫어짐에서, ⑥ 발에 대한 못질에서, ⑦ 옆구리의 열림에서였다. 이 성수 예식은 겸손과 헤아릴 수 없는 자비의 우슬초로 행해졌고, 우슬초가 하찮고 매운 나물이기 때문이다. 또는 일곱 번의 성수 예식은 세례에서 성령의 일곱 은사가 주어진다는 것을 의미한다.

또한 제대에 다가가는 사람들은 향이 타는 것으로 상징되는 것처럼, 경건한 마음으로 열심히 기도해야 한다. 향은 연기의 가벼움으로 위로 올라가고, 그 성질로 치료하며, 점도(粘度)에 의해 굳게 만들고, 향기로운 냄새로 힘을 주는 덕을 가졌다. 그러므로 기도는 하느님을 기억하게 하고, 용서를 얻어 과거의 죄로부터 영혼을 치유하고, 미래를 마주할 때 영혼에게 주의를 주고, 하느님의 보호를 얻어 현재를 강건하게 한다. 또 향은 하느님에게로 올라가기에 신앙심이 깊은 기도를 의미한다고 할 수 있다. 집회서 35장에서 "겸손한 이의 기도는 구름을 거쳐서 그분께 도달하기까지 위로를 마다한다."(집회 35, 21) 그것은 하느님에게 달콤한 냄새를 봉헌한다. 요한묵시록 5장에서 "그들은 저마다 수금과, 또 향이 가득 담긴 금 대접을 가지고 있었습니다. 향이 가득 담긴 금 대접들은 성도들의 기도입니다."(묵시 5, 8)라고 말한다. 신앙심이 깊은 기도는 불타는 마음에서 나온다. 요한묵시록 8장에서 "많은 향이 그에게 주어졌습니다. 모든 성도의 기도와 함께 어좌 앞 금 제단에 바치라는 것이었습니다."(묵시 8, 3)라고 말한다. 그리고 더 나아가 요한묵시록 8장에서 "천사는 향로를 가져다가 제단의 숯불을 가득 담아"(묵시 8, 5)라고 한다.

제대의 성직자들은 기름과 발삼(balsam)으로 이루어진 축성 성유를 상징하는 것처럼 맑은 양심의 광채와 좋은 명성의 향기를 가져야 한다. 그들은 "우리의 양심도 증언하듯이 우리가 자랑하는 바는 이렇습니다."(2코린 1, 12)라고 사도와 함께 말할 수 있는 순수한 양심을 가져야 한다. 그리고 좋은 평판에 대해 티모테오 전서 3장에서는 "바깥 사람들에게도 좋은 평판을 받는 사람이어야 합니다."(1티모 3, 7)라고 말한다. 그래서 크리소스토모는 다음과 같이 말한다. "성직자는 말과 생각과 행실과 평판에 오점이 없어야 합니다. 그들은 교회의 아름다움이고 덕이기 때문이고, 만일 그들이 악하다면 그들은 온 교회에 창피를 줄 것이기 때문입니다."

마지막으로, 그들은 선한 행위의 청결함을 가져야 한다. 이것은 제대에 덮여 있는 것처럼 깨끗한 흰색 천으로 상징된다. 의복은 덮고 따뜻하게 하고 장식하는 데 사용된다. 그래서 선행은 요한묵시록 3장의 "흰옷을 사 입어 너의 수치스러운 알몸이 드러나지 않게 하고"(묵시 3, 18)처럼, 영혼의 적나라함을 덮는다. 그들은 로마서 13장의 "어둠의 행실을 벗어 버리고 빛의 갑옷을 입읍시다. 대낮에 행동하듯이, 품위 있게 살아갑시다."(로마 13, 12-13)처럼 정직함으로 영혼을 장식한다. 그들은 욥기 37장에서 "자기 옷조차도 뜨겁게 느끼시는 당신"(욥 37, 17)처럼 자비의 불꽃을 켜서 따뜻하게 한다. 제대에 올라간 사람이 최고 위엄을 가졌지만, 최하의 삶을 가졌다면 소용이 없을 것이다. 베르나르도는 말한다. "도저히 말도 안 되는 것은, 가장 높은 지위와 최하의 삶, 최고의 단계와 가장 비천한 상태, 엄숙한 얼굴과 경박한 행동, 많은 말을 해도 결과가 없고, 큰 권위와 영혼의 변덕스러움입니다."라고 하였다.

제대가 어떻게 축성되는지를 보았으므로 이제 성당 건물을 축성하는 방식에 대해 다루어 보자. 여기에도 몇 가지 행위가 포함된다. 주교는 먼저 그 성당을 세 번 돌고, 매번 문에 왔을 때 목장으로 문을 치며 말한다. "성문들아, 머리를 들어라. 오랜 문들아, 일어서라. 영광의 임금님께서 들어가신다."(Attollite portas, principes, vestras, et elevamini, portae aeternales, et introibit rex gloriae ; 시편 24, 7) 성당의 내외부에 성수를 뿌린다. 동쪽 모서리에서 서쪽 모서리까지 비스듬히 바닥에 잿더미와 모래의 십자가를 만들고, 이 십자가 안에는 그리스어 문자와 라틴어 알파벳의 문자가 새겨진다. 성당의 벽에는 십자가가 그려져 있고 축성 성유로 도유되며 그 앞에 등불이 놓여 있다.

건물 주위로 세 번의 회전(回轉)은 그리스도가 성당의 성화를 위해 만든 3중의 회전을 상징한다. ① 그는 하늘로부터 땅으로 왔고, ② 그는 땅에서 고성소로 내려갔고, ③ 그는 고성소로부터 돌아왔고, 하늘로 승천하였다. 또는 성당이 복된 삼위일체를 기념하여 축성되었음을 보여준다. 또는 다시 교회 안에서 구원받을 사람들의 세 가지 상태, 즉, 동정인 사람들, 금욕자들, 결혼한 사람들을 나타낸다. 이 세 가지 상태는 생빅토르의 리카르도(Richardus de sancte Victore)가 증명하는 것처럼, 성당 건물의 배치에서 상징된다. 제단(sanctuarium)은 동정인 사람들의 계층을, 성가대석(chorus)은 금욕자들의 계층을, 성당의 본체는 결혼한 사람들의 계층을 나타내기 때문이다. 제단은 성가대석보다 폭이 좁고 성가대석은 성당의 본체보다 폭이 더 좁다. 동정인 사람들은 금욕자들보다 수가 적고, 동정인 사람들은 결혼한 사람들보다 더 적기 때문이다. 이와 같이 제단은 성가대석보다, 성가대석은 성당의 본체보다 더 거룩하다. 여기까지는 리카르도의 말이다.

성당의 문을 세 번 반복하여 두드리는 것은 그리스도가 교회 안에서 가지고 있는 3중 권리를 상징하며, 문이 열려야 한다. 교회는 창조권, 구원권, 성화(聖化)의 약속에 대한 권한에 의해 그리스도에게 속한다. 이에 대해 안셀모는 말한다. "주님, 당신은 저를 만드셨기 때문에, 저는 전적으로 당신의 사랑에 빚지고 있습니다. 당신이 저를 구원하셨기 때문에, 저는 전적으로 당신의 사랑에 빚지고 있습니다. 당신은 저에게 그런 위대한 것들을 약속하셨기 때문에, 저는 전적으로 당신의 사랑에 빚지고 있습니다. 참으로, 당신은 당신 자신을 주시고 당신 자신을 저에게 약속하셨기 때문에 저보다 당신이 더 크신 만큼, 저는 당신 사랑에 대해 저 자신보다 더 많은 빚을 지고 있습니다."

"성문들아, 머리를 들어라. 오랜 문들아"라는 3중 선언은 그리스도의 3중 권능이, 즉 하늘과 땅과 지옥에 있음을 나타낸다.

성당은 세 가지 목적을 위해 성수를 안팎으로 뿌린다. 첫 번째 목적은 악마를 쫓아내려는 것이다. 성수는 구마(驅魔)를 하는 특별한 능력이 있다. 이런 이유로 물에 의한 구마 예식에는 다음과 같은 말이 있다. "물아, 원수의 모든 힘을 몰아내고 배교한 천사들과 함께 악마를 근절하기 위하여 내쫓아라." 이 성수는 성분, 물, 포도주, 소금, 재로 만들어졌다. 악마를 추방하기 위한 네 가지 주요한 방법, 즉 물로 상징된 눈물의 흘림, 포도주로 상징된 영적인 기쁨, 소금에 의해 상징된 현명한 신중함, 재로 상징된 깊은 겸손함이 있기 때문이다. 두 번째 목적은 성당 그 자체를 정화하는 것이다. 이 세상의 모든 물질은 죄로 부패되고 더럽혀졌기에 장소 그 자체에 성수를 뿌려 모든 불결함과 더러움에서 해방되고 제거되고 깨끗해진다. 이것은 또한 왜 옛 율법 아래에서 거의 모든 것이 물로 깨끗해졌는지를 설명한다. 세 번째 목적은, 성수는 모든 저주를 제거하는 데 사용된다. 창조부터 땅은 땅의 과일과 함께 저주를 받았는데, 이는 과일이 사람을 속이는 수단이 되었기 때문이지만, 물은 어떤 저주도 받지 않았다. 따라서 예수님이 생선을 먹었다는 것은 사실이지만, 율법에 따라 때로는 허용되는 음식을 삼가고 때로는 먹는 예로서 파스카 어린양을 제외하고는 고기를 먹었다는 기록이 명확하게 남아 있지 않다. 그러므로 모든 저주를 제거하고 하느님의 축복이 내리기 위해 성당에 성수가 뿌려졌다.

성당 바닥에는 알파벳이 쓰여 있는데, 이것은 이방인과 유다인이란 두 민족의 결합을 의미하거나 각 성경의 한쪽 또는 우리 믿음의 조항들을 나타낸다. 그리스어와 라틴어 문자로 십자가 안에 새겨진 그 알파벳은 십자가를 통해 그리스도가 이룬 이교도와 유다 민족의 믿음의 일치를 나타낸다. 따라서 십자가는 동쪽 모서리에서 서쪽 모서리로 비스듬히 X자 모양으로 그려져 처음에는 오른쪽에 있던 사람이 왼쪽으로 넘어갔고, 머리에 있던 사람이 꼬리에 놓여 있음을 나타내며 그 반대의 경우도 마찬가지이다. 알파벳은 또한 그리스도의 십자가를 통해 두 성경이 모두 성취되었기 때문에 각 성경의 한 페이지를 나타내며, 따라서 그분은 죽으면서 말씀하셨다. "다 이루었다."(요한 19, 30)

십자가는 한 성경이 다른 성경 안에 포함되어 있고, 수레바퀴가 수레바퀴 안에 있었기 때문에(에제 1, 16 참조) 비스듬히 그려져 있다. 알파벳은 믿음의 조항을 나타내는데, 이는 성당의 포장 지역은 우리 믿음의 기초와 같고, 그 위에 적힌 글자는 아브라함이 창세기 18장에서 "저는 비록 먼지와 재에 지나지 않는 몸이지만, 주님께 감히 아룁니다."(창세 18, 27)라고 말하였던 것처럼, 자신들은 먼지이고 재라고 생각해야 하였던 두 민족 중에서 글을 못 읽는 사람과 새 신자들(neophytus)에게 성당에서 가르쳤기 때문이다.

십자가는 세 가지 목적으로 성당 벽에 그려져 있다. 첫 번째 목적은 십자가의 상징을 본 악령을 겁먹게 만들어 그 건물에서 쫓아내고, 두려워하여 감히 다시 그곳에 들어가지 못하게 하려는 것이다. 이에 대해 크리소스토모는 다음과 같이 말한다. "악령들이 주님의 상징을 보는 곳이면 어디든지 도망가서, 악령들은 자신들을 때리는 막대기를 두려워합니다." 두 번째 목적은 이후 그리스도의 승리를 보여주는 것이다. 왜냐하면 십자가는 그리스도의 깃발이고 그의 승리의 상징이기 때문이다. 그래서 그 장소가 그리스도의 주권에 종속되었음을 알리기 위해 그곳에 십자가를 그렸다. 제국의 장엄함은 이런 방식으로 나타난다. 도시가 항복할 때, 제국의 깃발은 그곳에 세워진다. 우리는 이 관행의 한 형태를 창세기 28장 18절에서 야곱이 자기 머리맡에 놓았던 돌을 들어 올렸고 권리를 위해, 즉 선언, 기억, 승리의 기념물로 깃발을 놓았다. 세 번째 목적은, 이 십자가들은 사도들을 상징한다. 십자가 앞에 있는 12개의 등불은 십자가에 못 박힌 그리스도에 대한 믿음을 통하여 온 세상에 빛을 가져갔던 12사도를 의미한다. 그러므로 이 십자가들이 빛을 받아 축성 성유로 도유되었다. 왜냐하면 그리스도의 수난 안에서 믿음을 전파한 사도들은 지식으로 온 세상을 비추고, 사랑으로 불태우며, 기름이 상징하는 깨끗한 양심과 발삼에 의해 상징된 올바른 삶의 향기로 기름부음을 받았다.

우리는 이제 세번째 질문에 도달했다. 누가 성당을 모독했는가? 우리는 예로보암, 네부카드네자르, 안티오코스가 하느님의 집을 모독했다는 것을 안다. 열왕기 상권 12장에서 우리는 예로보암이 금송아지 둘을 만들어 하나는 단(Dan)에, 다른 하나는 하느님의 집을 의미하는 베텔(Bethel)에 세웠다는 것(1열왕 12, 28-29)을 배운다. 그는 왕국이 르하브암에게 돌아갈까 봐 두려워하여 탐욕의 동기로 금송아지를 세웠다. 이로써 하느님의 교회를 더럽히고, 성직자들 사이에 탐욕이 지배한다는 것을 의미한다. 그래서 예레미야서 6장에서 "정녕 낮은 자부터 높은 자에 이르기까지 모두 부정한 이득만 챙긴다."(예레 6, 13)라고 하였다. 그리고 베르나르도는 "고위 성직자들 중에서 자신들의 악을 근절시키는 것보다 자기 신자들의 돈주머니를 비우는 데 더 관심을 기울이지 않는 사람을 저에게 보여주십시오."라고 한다. 송아지는 베텔, 즉 하느님의 집에 두었던 어린 조카이다.

성당이 탐욕, 즉 고리대금업자들과 도둑의 부정 이득으로 건축된 경우에도 예로보암에 의해 모독된다. 고리대금이나 도둑질한 돈으로 성당을 건축하고, 그 성당을 봉헌하라고 주교에게 압력을 넣었다. 주교와 그의 성직자가 봉헌 예식을 집전하고 있을 때, 고위 성직자는 악마가 주교의 제의를 입고, 왕좌가 있는 제대 뒤에 서 있는 것을 보았다. 악마는 주교에게 말했다. "왜 너는 성당을 축성하고 있는가? 즉시 멈추어라! 이 성당의 재치권(裁治權, jurisdictio)은 나에게 속한다. 이것은 고리대금과 강탈로 건축되었기 때문이다." 그 주교와 성직자는 겁에 질려 달아났고, 악마는 큰 꽝음과 함께 성당을 무너뜨려 버렸다.

열왕기 하권 25장에도 비슷한 이야기가 나온다. 네부카드네자르가 주님의 집을 불태운 사건이다. 그는 주방장이었는데, 탐식과 육식의 즐거움에 중독되어 있었다. 사도가 "그들은 자기네 배를 하느님으로 …"(필리 3, 19)라고 말하는 것에 따르면, 자신의 배를 신으로 삼는 사람들을 대표한다. 생빅토르의 후고는 저서 《속세를 떠난 사람》(Claustrale)에서 배가 어떻게 신이라 불려질 수 있는지를 보여준다. "신들에게 신전을 건축하고, 제단을 세우고, 신들을 섬기도록 신관을 임명하고, 동물을 제물로 바치고, 향을 피우는 사람들이 있습니다. 배의 신을 위한 신전은 부엌이고, 제단은 식탁이고, 신관들은 요리사이고, 제물로 바쳤던 동물들은 구운 고기이고, 향의 연기는 맛의 냄새입니다."

대단히 교만하고 야심찬 사람인 안티오코스 왕은 마카베오기 상권 1장에 나와 있는 것처럼 하느님의 집을 더럽히고 모독했다. 그는 섬기는 것이 아니라 명령하기만 열망하고, 하느님의 교회를 더럽히기를 많이 하는 성직자들 사이에 만연한 교만과 야망의 상징이다. 그 교만한 야망에 대해 베르나르도는 말한다. "그들은 주님의 재물에 영예롭게 나아가지만, 그들은 주님에게 영예를 가져오지 않습니다. 당신은 매일 그것들을 … 매춘부들의 화려함, 무대 배우들의 경박함, 왕족의 치장, 고삐와 말 안장에 있는 금, 박차에 있는 금, 제대보다 더 눈부신 그들의 고삐를 볼 수 있습니다."

그러나 성당이 이 세 사람에 의해 모독되었던 것처럼, 또 다른 세 사람이 봉헌하고 축성했다. 모세가 첫 번째, 솔로몬이 두 번째, 유다 마카베오는 세 번째로 봉헌했다. 성당을 봉헌하면서 모세가 보여준 겸손, 솔로몬의 지혜와 분별력, 유다의 참된 믿음에 대한 헌신을 가져야 한다는 점을 볼 수 있다.

이제 우리는 영적인 성전의 축성 또는 봉헌에 대해 살펴본다. 성전은 살아 있는 돌로 지어진 모든 신자들의 화합이다. 베드로 전서 2장에서 "여러분도 살아있는 돌로서 영적 집을 짓는 데에 쓰이도록 하십시오."(1베드 2, 5)라고 한다. 찬미가에서 "돌들은 많은 망치로 두드려 매끈해졌습니다."라고 말하는 것처럼, 그 돌들은 다듬어졌다. 그 돌들은 정사각형이고, 그 영적인 돌의 네 면은 믿음, 희망, 자비, 선행이고, 그 면은 동등하다. 그레고리오가 말하는 것처럼 "당신이 믿는 만큼, 당신은 많이 희망합니다. 당신이 믿고 희망하는 만큼, 당신은 많이 사랑합니다. 당신이 믿고, 희망하고, 사랑하는 만큼, 매우 많은 선행을 할 것입니다."이기 때문이다.

이 성전에서 제단은 우리의 마음이고, 이 제단 위에서 하느님에게 세 가지 봉헌물을 드려야 한다. 첫째는 영원한 사랑의 불이다. 레위기 6장에서 "제단 위의 불은 계속 타고 있어야 하며, 꺼져서는 안 된다."(레위 6, 5)라고 말한다. 즉 마음의 제단이다. 둘째 봉헌물은 달콤한 향기가 나는 기도의 향이다. 역대기 상권 6장에서 "아론과 그의 자손들은 그 가운데에서 번제 제단과 분향 제단에서 제물을 살라 연기로 바치는 일."(1역대 6, 34)이라고 한다. 셋째, 정의의 희생 제물은 보속의 제물과 완전한 사랑의 번제와 굴욕적인 육신의 송아지로 이루어져 있다. 시편은 이렇게 알려준다. "그때 당신께서 의로운 희생 제물을, 번제와 전번제를 즐기시리라. 그때 사람들이 당신 제단 위에서 수소들을 봉헌하리라."(시편 51, 21)

우리가 속한 영적인 성전은 물질적인 성전과 같이 축성된다. 첫째, 최고의 사제장(summus pontifex)인 그리스도가 직접 마음의 문이 닫힌 것을 보고 그 주위를 세 바퀴 돌면서 입과 마음과 행위의 죄를 기억나게 한다. 이 3중 회전에 대해서 이사야서 23장은 이렇게 알려준다. "수금을 들고 …"는 첫 번째 회전을, "… 마음의 성읍을 돌아다녀라."는 두 번째, "너 잊어진 창녀야."는 세 번째라고 말한다.(이사 23, 16)* 그런 다음 그리스도는 닫힌 문을 세 번 두드려 열었다. 그분은 자신의 선행과 조언과 채찍질로 마음 그 자체를 두드린다. 이 세 번 문두드림에 대해 하느님의 지혜가 사악한 사람들에게 말하는 잠언 1장에서(잠언 1, 24-25) 이렇게 말했다. "내가 손을 내밀었건만"은 수여된 선행을 언급하고, "… 그리고 너는 나의 모든 충고를 저버리고 …"는 마음에 영감을 받은 권고에 대한 것이고, "… 나의 훈계를 원하지 않았기에"는 가해진 채찍질에 대한 것이다. 혹은 그분은 죄를 인정하는 이유, 죄에 대해 슬퍼할 애정, 죄를 혐오하고 벌하려는 의지를 환기하려고 세 번 문을 두드린다.

　세 번째로 이 영적인 성전은 안팎으로 세 번 물을 뿌려야 한다. 이 3중의 젖음은 마음속으로, 때로는 외적으로 눈물을 흘리는 것이다. 그레고리오가 말한 것처럼 거룩한 사람의 영혼은 자신이 어디에 있었고, 어디에 있을 것이며, 어디에 있고, 어디에 있지 않은지에 대한 생각으로 슬픔에 사로잡혀 있기 때문이다. 자신이 있었던 곳은 죄를 의미한다고 그레고리오가 말한다. 자신이 있을 곳은 심판 때이고, 자신이 있는 곳은 비참함이고, 자신이 있지 않은 곳은 영광중이다. 그러므로 자신이 죄 안에 있다는 것을 숙고하여 내적이고 외적인 눈물을 흘리고, 심판 때 이에 대해 보고할 것이고, 그런 다음 영적인 성전은 물로 한 번 뿌려진다. 자신이 처한 비참함 때문에 찔려서 울고 나면, 그때 영적인 성전은 두 번째로 씻겨진다. 자신이 머물지 않는 영광 때문에 눈물을 흘릴 때, 그때 세 번째로 영적인 성전은 물로 뿌려진다. 혹은 물을 탄 포도주는 그리스도의 겸손을 상징하고, 소금은 모든 사람에게 신앙생활의 조미료가 되는 그리스도의 삶의 거룩함을 상징한다. 재는 그리스도의 수난을 의미한다. 그래서 우리는 이 세 가지 방법으로 우리의 마음을 뿌려야 한다. 즉 우

---

* 이사야서의 본문에는 본문의 목적을 위해 아마도 야코부스가 여기에 추가한 "마음의"(cordis)라는 단어가 포함되어 있지 않다.

리를 겸손으로 부르는 육화의 은혜, 거룩함 안에서 우리를 형성해야 하는 그리스도의 삶의 모범으로, 그리고 자선에 박차를 가함으로 그리스도의 수난을 기억함으로 우리의 마음을 뿌려야 한다.

네 번째로, 이 마음의 성전에는 영적인 알파벳, 즉 영적인 성경이 기록되어 있다. 우리의 행동을 다스리는 규칙, 하느님의 은혜에 대한 증언, 우리 자신의 죄에 대한 고발이 적혀 있다. 이에 대해 로마서 2장은 말한다. "다른 민족들이 율법을 가지고 있지 않으면서도 본성에 따라 율법에서 요구하는 것을 실천하면, 율법을 가지고 있지 않은 그들이 곧 율법이 됩니다."(로마 2, 14) 율법의 행위가 그들 마음의 따름을 보여준다. 이것이 증거다. 그들의 양심이 이것을 깨닫게 하고, 서로를 비난하거나 변호하면서 서로 생각을 교환한다.

다섯 번 째로 십자가는 반드시 그려져야 한다. 즉 보속의 엄격함이 이루어져야 한다. 그리고 십자가는 기름부음을 받고 불을 밝혀야 한다. 우리의 보속은 참을성 있게 견뎌야 한다. 도유(塗油)는 불로 상징되기 때문이다. 그래서 베르나르도는 말한다. "두려움 가운데 사는 사람은 그리스도의 십자가를 끈기 있게 견딥니다. 희망으로 전진하였던 사람은 십자가를 자진해서 견딥니다. 자비에서 완전하게 된 사람은 십자가를 열렬히 포옹합니다." 베르나르도는 또한 말한다. "많은 사람이 우리의 십자가를 보지만 우리의 기름부음 받음을 보지 못합니다."

이러한 성향을 가진 사람은 진정으로 하느님의 영광에 봉헌된 성전이 될 것이다. 그는 은총으로 그리스도가 자기 안에 살기에 온전히 합당하게 될 것이며, 그리하여 결국 그는 영광으로 말미암아 그리스도 안에 머물게 될 것이다. 이는 살아 계시고 다스리는 하느님께서 영원토록 우리에게 허락하시기를 원합니다. 아멘.

여기서 제노바의 주교,
도미니코회의 야코부스 데 보라지네(Jacobus de Voragine)의
《황금 전설》(Legenda Aurea) 또는
《랑고바르디인들의 역사》(Historia Langobardorum)가 끝났다.

색인

인명

색인

—

지명, 책명, 기타

색인

－

황금 전설

초판1쇄 인쇄 | 2023년 8월 10일
초판1쇄 발행 | 2023년 8월 22일

지은이 야코부스 데 보라지네(Jacobus de Voragine)
옮긴이 변우찬
펴낸이 이동석
펴낸곳 일파소
디자인 권숙정

출판등록 2013년 10월 7일 제2013-000294호
주소 서울특별시 영등포구 영등포로 231-1, 3층 (07250)
전화 02-6437-9114 (대표)
e-mail info@ilpasso.co.kr

ISBN 979-11-982051-2-4 (93230)